龍向洋 編

哈佛燕京圖書館書目叢刊第十四種

美國哈佛大學
哈佛燕京圖書館藏
民國時期圖書總目

Catalogue of Books of the Period of the Republic of China

Collected in

Harvard-Yenching Library, Harvard University, U.S.A.

· 4 ·

GUANGXI NORMAL UNIVERSITY PRESS
广西师范大学出版社
· 桂林 ·

008016694　9100　4843　(88)
傅暢晉公卿禮秩一卷　附晉故事一卷
傅暢撰　香港　懷荃堂　1925 年　黄氏逸書考

008016693　9100　4843　(88)
晉百官名一卷
香港　懷荃堂　1925 年　黄氏逸書考

008016695　9100　4843　(88)
荀綽晉百官表註一卷
荀綽撰　香港　懷荃堂　1925 年　黄氏逸書考

008016699　9100　4843　(89)
董勳問禮俗一卷
董勳撰　香港　懷荃堂　1925 年　黄氏逸書考

008016697　9100　4843　(89)
漢衛宏漢舊儀一卷
衛宏撰　香港　懷荃堂　1925 年　黄氏逸書考

008016700　9100　4843　(89)
唐明皇月令註解一卷
李林甫等撰　香港　懷荃堂　1925 年　黄氏逸書考

008016702　9100　4843　(90－91)
周易註一卷
鄭玄撰　黄奭輯　香港　懷荃堂　1925 年　黄氏逸書考

008016704　9100　4843　(92－93)
尚書大傳註一卷
鄭玄撰　黄奭撰　香港　懷荃堂　1925 年　黄氏逸書考

008016705　9100　4843　(94)
尚書古文註一卷
鄭玄撰　黄奭撰　香港　懷荃堂　1925 年　黄氏逸書考

008016707　9100　4843　(95)
答臨孝存周禮難一卷
鄭玄撰　黄奭輯　香港　懷荃堂　1925 年　黄氏逸書考

008016708　9100　4843　(95)
魯禮禘祫義一卷
鄭玄撰　黄奭輯　香港　懷荃堂　1925 年　黄氏逸書考

008016706　9100　4843　(95)
毛詩譜一卷
鄭玄撰　黄奭輯　香港　懷荃堂　1925 年　黄氏逸書考

008016711　9100　4843　(95)
三禮目録一卷
鄭玄撰　黄奭撰　香港　懷荃堂　1925 年　黄氏逸書考

008016709　9100　4843　(95)
喪服變除一卷
鄭玄撰　黄奭輯　香港　懷荃堂　1925 年　黄氏逸書考

008016712　9100　4843　(96)
駁五經異義一卷
鄭玄撰　黄奭輯　香港　懷荃堂　1925 年　黄氏逸書考

008016716　9100　4843　(97)
發公羊墨守一卷
鄭玄撰　黄奭輯　香港　懷荃堂　1925 年　黄氏逸書考

008016715　9100　4843　(97)
釋穀梁廢疾一卷
鄭玄撰　黄奭輯　香港　懷荃堂　1925 年　黄氏逸書考

008016713 9100 4843 (97)
孝經解一卷
鄭玄撰 黄奭輯 香港 懷荃堂 1925年 黄氏逸書考

008016714 9100 4843 (97)
箴左氏膏肓一卷
鄭玄撰 黄奭輯 香港 懷荃堂 1925年 黄氏逸書考

008016717 9100 4843 (98)
六藝論一卷
鄭玄撰 黄奭輯 香港 懷荃堂 1925年 黄氏逸書考

008016718 9100 4843 (98)
鄭志一卷
鄭小同編 黄奭輯 香港 懷荃堂 1925年 黄氏逸書考

008016719 9100 4843 (99)
論語篇目弟子一卷
鄭玄撰 黄奭輯 香港 懷荃堂 1925年 黄氏逸書考

008016720 9100 4843 (99)
論語註一卷
鄭玄撰 黄奭輯 香港 懷荃堂 1925年 黄氏逸書考

008016722 9100 4843 (100)
高密遺書序
阮文達撰 香港 懷荃堂 1925年 黄氏逸書考

008016721 9100 4843 (100)
年譜一卷
孫星衍撰 香港 懷荃堂 1925年 黄氏逸書考

007451687 9100 5067
東方國民文庫
東方國民文庫編輯委員會編 新京 滿日文化協會 1939年

007452613 9100 5067 (2)
[戲曲]發明與自由戀愛
武藤富男著 新京 滿日文化協會 1939年 東方國民文庫

007451689 9100 5067 (3)
滿洲森林與文化
藤山一雄著 新京 滿日文化協會 1939年 東方國民文庫 (m.)

007452455 9100 5067 (4)
曼殊雅頌
東方國民文庫編輯委員會編輯 長春 滿日文化協會 1938年 初版 東方國民文庫 (m.)

007452458 9100 5067 (5)
元曲菁華
東方國民文庫編輯委員會編 長春 滿日文化協會 1939年 初版 東方國民文庫 (m.)

007452468 9100 5067 (6)
清文雅正
羅振玉編輯 長春 滿日文化協會 1938年 初版 東方國民文庫 (m.)

007452456 9100 5067 (9)
舊月簃詞選
陳曾壽選 長春 滿日文化協會 1938年 初版 東方國民文庫 (m.)

007452612 9100 5067 (10)
鄭孝胥傳
葉參等合編 新京 滿日文化協會 1939年 東方國民文庫 (m.)

007219572 9100 5121
抱經堂叢書
盧文弨輯 北京 直隸書局 1923 年

007295636 9100 5121 (1－16)
經典釋文三十卷
陸德明撰 梁同書等審訂校刊 北京 直隸書局 1923 年 抱經堂叢書

007295635 9100 5121 (17－20)
經典釋文考證三十卷
盧文弨撰 北京 直隸書局 1923 年 抱經堂叢書

007297534 9100 5121 (21－26)
儀禮註疏詳校十七卷
盧文弨輯 北京 直隸書局 1923 年 抱經堂叢書

007297535 9100 5121 (27－30)
新書十卷
賈誼撰 北京 直隸書局 1923 年 抱經堂叢書

007297540 9100 5121 (31－34)
春秋繁露十七卷
董仲舒撰 北京 直隸書局 1923 年 抱經堂叢書

007297541 9100 5121 (35－40)
荀子二十卷
楊倞註 北京 直隸書局 1923 年 抱經堂叢書

007297542 9100 5121 (41－44)
白虎通四卷
班固等撰 北京 直隸書局 1923 年 抱經堂叢書

007297543 9100 5121 (45－48)
逸周書十卷
孔晁註 北京 直隸書局 1923 年 抱經堂叢書

007297544 9100 5121 (49－50)
方言十三卷
揚雄撰 郭璞註 北京 直隸書局 1923 年 抱經堂叢書

007297546 9100 5121 (51)
獨斷二卷
蔡邕撰 北京 直隸書局 1923 年 抱經堂叢書

007297545 9100 5121 (52)
西京雜記二卷
劉歆撰 北京 直隸書局 1923 年 抱經堂叢書

007297547 9100 5121 (53－59)
顔氏家訓八卷
顔之推撰 趙曦明註 盧文弨補 北京 直隸書局 1923 年 抱經堂叢書

007297548 9100 5121 (60)
三水小牘二卷
皇甫枚撰 北京 直隸書局 1923 年 抱經堂叢書

007297549 9100 5121 (71－80)
群書拾補三十九卷
盧文弨撰 北京 直隸書局 1923 年 抱經堂叢書

007297550 9100 5121 (81－87)
解春集文鈔解春集詩鈔
馮景撰 北京 直隸書局 1923 年 抱經堂叢書

007295638 9100 5121 (88－100)
鍾山札記四卷 龍城劄記三卷 抱經堂文集三十四卷
盧文弨撰 北京 直隸書局 1923 年

抱經堂叢書

007226562 9100 5332
戊寅叢編十六卷
趙詒琛、王大隆輯 香港 吴縣王氏 1939年

007226563 9100 5332 (1)
群經冠服圖考三卷
黄世發撰 香港 吴縣王氏 1939年 戊寅叢編

007228061 9100 5332 (2)
東湖乘二卷
盧生甫撰 香港 吴縣王氏 1939年 戊寅叢編

007228060 9100 5332 (2)
客越志二卷
王穉登撰 香港 吴縣王氏 1939年 戊寅叢編

007226564 9100 5332 (2)
顔氏家訓斠記一卷
郝懿行撰 香港 吴縣王氏 1939年 戊寅叢編

007228135 9100 5332 (3)
陳碩甫年譜一卷 附録行狀及傳
管慶祺撰 香港 吴縣王氏 1939年 戊寅叢編

007228066 9100 5332 (3)
歷代車戰考一卷
陳漢章撰 香港 吴縣王氏 1939年 戊寅叢編

007228063 9100 5332 (3)
雅園居士自敘一卷
顧予咸撰 香港 吴縣王氏 1939年 戊寅叢編

007228068 9100 5332 (4)
藏書題識二卷
汪璐撰 香港 吴縣王氏 1939年 戊寅叢編

007228125 9100 5332 (4)
孫淵如先生文補遺一卷
孫星衍撰 王大隆輯 香港 吴縣王氏 1939年 戊寅叢編

007998300 9100 5332 (4)
戲鷗居詞話一卷
毛大瀛撰 香港 吴縣王氏 1939年 戊寅叢編

007228069 9100 5332 (4)
戲鷗居叢話一卷
毛大瀛撰 香港 吴縣王氏 1939年 戊寅叢編

009251345 9100 5337 (10)
戰國策通檢
巴黎大學北平漢學研究所編輯 北平 巴黎大學北平漢學研究所 1948年 巴黎大學北平漢學研究所通檢叢刊 (m.)

007228072 9100 5467
擇是居叢書
張鈞衡輯 香港 吴興張氏 1913—16年

007228082 9100 5467 (1-10)
尚書註疏二十卷
孔安國傳 陸德明音義 孔穎達等疏 香港 吴興張氏 1913年 擇是居叢書

007228121 9100 5467 (11)
樂書正誤一卷
樓鑰撰 香港 吴興張氏 1913年 擇是居叢書

007228123　9100　5467　(12)
九經三傳沿革例一卷
岳珂撰　香港　吴興張氏　1913年　擇是居叢書

007228085　9100　5467　(13-14)
唐書藝文志四卷
歐陽修撰　香港　吴興張氏　1913年　擇是居叢書

007228088　9100　5467　(15-17)
唐史記論三卷
孫甫撰　香港　吴興張氏　1913年　擇是居叢書

007228089　9100　5467　(18)
唐書直筆四卷　新例須知一卷
吕夏卿撰　附校記一卷　張鈞衡撰　香港　吴興張氏　1913年　擇是居叢書

007228091　9100　5467　(19-20)
南朝史精語十卷
洪邁撰　附劄記一卷　繆荃孫撰　香港　吴興張氏　1913年　擇是居叢書

007228092　9100　5467　(21-24)
經子法語二十四卷
洪邁撰　香港　吴興張氏　1913年　擇是居叢書

007228094　9100　5467　(25-36)
吴郡志五十卷
范成大撰　附校勘記　張鈞衡撰　香港　吴興張氏　1913年　擇是居叢書

007228095　9100　5467　(37)
荀子考異一卷
錢佃撰　香港　吴興張氏　1913年　擇是居叢書

007228101　9100　5467　(38-39)
改正湘山野録一卷　續録一卷
文塋[瑩]撰　香港　吴興張氏　1913年　擇是居叢書

007228103　9100　5467　(40-41)
卻掃編三卷
徐度撰　香港　吴興張氏　1913年　擇是居叢書

007228105　9100　5467　(42-45)
賓退録十卷
趙與時撰　香港　吴興張氏　1913年　擇是居叢書

007228106　9100　5467　(46)
茅亭客話十卷
黄休復撰　香港　吴興張氏　1913年　擇是居叢書

007228109　9100　5467　(47)
反離騷一卷
揚雄撰　香港　吴興張氏　1913年　擇是居叢書

007228110　9100　5467　(48-49)
范文正公政府奏議二卷
范仲淹撰　香港　吴興張氏　1913年　擇是居叢書

007228111　9100　5467　(50-51)
寒山詩集一卷
寒山撰　附豐干拾得詩一卷　豐干、拾得撰　香港　吴興張氏　1913年　擇是居叢書

007219593　5393　7241　9100　5467　(52-55)
此山先生詩集十卷　題詠一卷
周權撰　陳旅校選　歐陽玄批點　香港　吴興張氏　1913年　擇是居叢書

007228113　9100　5467　(56)
詩品三卷

鍾嶸撰　香港　吴興張氏　1913 年　擇是居叢書

007228126　9100　5563

静園叢書

沈光瑩輯刊　香港　1918 年

007228116　9100　5563　(1)

籒史一卷

翟耆年撰　香港　1918 年　静園叢書

007228117　9100　5563　(2)

端石擬三卷　附一卷

陳齡、介亭撰　香港　1918 年　静園叢書

007228127　9100　5563　(3－6)

竹垞小志五卷

楊蟠等編　阮元訂　香港　1918 年　静園叢書

007233144　9100　5563　(7－8)

尊道堂詩鈔二卷

吴東發撰　香港　1918 年　静園叢書

007233145　9100　5563　(8)

詩畫巢遺稿一卷

吴本履[少芸]撰　香港　1918 年　静園叢書

007233146　9100　5563　(9－10)

飛白録二卷

陸紹曾、張燕昌同輯　香港　1918 年　静園叢書

007233149　9100　5563　(11)

清儀閣雜詠一卷

張廷濟撰　香港　1918 年　静園叢書

007233150　9100　5563　(12)

骨董十三説一卷

董其昌撰　香港　1918 年　静園叢書

007233151　9100　5563　(12)

玉紀一卷

陳原心撰　香港　1918 年　静園叢書

007233152　9100　5563　(13－16)

陶雅二卷

寂園叟編　香港　1918 年　静園叢書

007291328　9100　5607

中國文學精華

中華書局編輯　上海　中華書局　1936 年

007291304　9100　5607　(1)

孟子精華

中華書局編輯　上海　中華書局　1936 年　初版　中國文學精華　(m.)

007291308　9100　5607　(2)

檀弓精華

中華書局編輯　上海　中華書局　1936 年　初版　中國文學精華　(m.)

007291329　9100　5607　(3)

公羊傳精華

中華書局編輯　上海　中華書局　1936 年　中國文學精華　第 1 期

007998386　9100　5607　(3)

穀梁傳精華

中華書局編輯　上海　中華書局　1936 年　中國文學精華　第 1 期

007291309　9100　5607　(4－5)

秦漢三國文評註讀本

中華書局輯註　上海　中華書局　1936 年　初版　中國文學精華　(m.)

007291310　9100　5607　(6－7)

唐文評註讀本

中華書局輯註　上海　中華書局　1936 年　初版　中國文學精華　(m.)

007291307 9100 5607 (8－9)
宋元明文評註讀本
中華書局輯註 上海 中華書局 1936年 初版 中國文學精華 (m.)

007291314 9100 5607 (10－13)
清文評註讀本
中華書局輯註 上海 中華書局 1936年 初版 中國文學精華 (m.)

007291330 9100 5607 (14－16)
近代文評註讀本
中華書局輯註 上海 中華書局 1936年 中國文學精華 (m.)

007291305 9100 5607 (17－18)
唐詩評註讀本
中華書局輯註 上海 中華書局 1936年 初版 中國文學精華 (m.)

007291311 9100 5607 (19)
王介甫、曾子固文
茅鹿門選本 中華書局輯註 昆明 中華書局 1936年 初版 中國文學精華

007291312 9100 5607 (20)
歸震川文
(明)歸有光著 (清)曾滌生選 中華書局輯註 上海 中華書局 1936年 初版 中國文學精華 (m.)

007291301 9100 5607 (21)
汪堯峰文
(清)汪琬著 蔣劍人選 中華書局音註 昆明 中華書局 1936年 中國文學精華 (m.)

007291316 9100 5607 (22)
魏叔子文鈔
(清)魏禧著 王文濡選輯 上海 中華書局 1936年 初版 中國文學精華 (m.)

007291315 9100 5607 (23)
方望溪文
(清)方苞著 王益吾選註 上海 中華書局 1936年 初版 中國文學精華 (m.)

007291313 9100 5607 (24)
管異之、惲子居文
王益吾選本 中華書局輯註 上海 中華書局 1936年 初版 中國文學精華

007291306 9100 5607 (25)
杜少陵詩
(唐)杜甫著 沈歸愚選 中華書局輯註 上海 中華書局 1936年 初版 中國文學精華 (m.)

007293655 9100 5607 (26)
岑嘉州詩
上海 中華書局 1936年 中國文學精華 第1期

007293609 9100 5607 (26)
高渤海詩
上海 中華書局 1936年 中國文學精華 第1期

007293654 9100 5607 (26)
孟浩然詩
上海 中華書局 1936年 中國文學精華 第1期

007293608 9100 5607 (26)
王摩詰詩
上海 中華書局 1936年 中國文學精華 第1期

007293656 9100 5607 (27)
白樂天詩

上海　中華書局　1936 年　中國文學精華　第 1 期

007293653　9100　5607　(27)
柳柳州詩
上海　中華書局　1936 年　中國文學精華　第 1 期

007998376　9100　5607　(27)
韋蘇州詩
上海　中華書局　1936 年　中國文學精華　第 1 期

007293451　9100　5607　(28)
陸放翁詩
(宋)陸游著　(宋)劉辰翁選　中華書局輯註　上海　中華書局　1936 年　初版　中國文學精華　(m.)

007293450　9100　5607　(29)
吳梅村詩
(清)吳偉業著　蔣劍人選　中華書局輯註　上海　中華書局　1936 年　初版　中國文學精華　(m.)

007293611　9100　5607　(30)
舒鐵雲詩
上海　中華書局　1936 年　中國文學精華　第 1 期

007293612　9100　5607　(30)
王仲瞿詩
上海　中華書局　1936 年　中國文學精華　第 1 期

007295358　9100　5607　(31－34)
漢書精華
班固著　中華書局編輯　上海　中華書局　1939 年　中國文學精華　(m.)

007293614　9100　5607　(35)
列子精華
上海　中華書局　1936 年　中國文學精華　第 1 期

007293418　9100　5607　(36)
管子精華
中華書局編輯　上海　中華書局　1936 年　初版　中國文學精華　(m.)

007293416　9100　5607　(37)
墨子精華
中華書局編輯　上海　中華書局　1936 年　初版　中國文學精華　(m.)

007293414　9100　5607　(38)
荀子精華
中華書局編輯　上海　中華書局　1936 年　初版　中國文學精華　(m.)

007293471　9100　5607　(39－40)
南北朝文評註讀本
中華書局輯註　上海　中華書局　1936 年　初版　中國文學精華　(m.)

007293446　9100　5607　(41－42)
古詩評註讀本
中華書局輯註　上海　中華書局　1936 年　初版　中國文學精華　(m.)

007293448　9100　5607　(43－45)
清詩評註讀本三卷
中華書局輯註　上海　中華書局　1936 年　初版　中國文學精華　(m.)

007293470　9100　5607　(46－47)
韓昌黎文二卷
(唐)韓愈著　曾滌生選　中華書局輯註　上海　中華書局　1936 年　初版　中國文學精華　(m.)

007293472 9100 5607 (48)

歐陽永叔文

(宋)歐陽修著 (清)曾滌生選 中華書局輯註 上海 中華書局 1936年 初版 中國文學精華 (m.)

007293473 9100 5607 (49-50)

蘇東坡文

(宋)蘇軾著 儲同人選 中華書局輯註 上海 中華書局 1936年 初版 中國文學精華 (m.)

007293474 9100 5607 (51)

侯朝宗文

(清)侯方域著 中華書局輯註 上海 中華書局 1936年 初版 中國文學精華 (m.)

007293475 9100 5607 (52)

姚姬傳文

(清)姚鼐著 王益吾選 中華書局輯註 上海 中華書局 1936年 初版 中國文學精華 (m.)

007295305 9100 5607 (53)

音註龔定盦文江劍霞選本

中華書局輯註 上海 中華書局 1941年 3版 中國文學精華

007293449 9100 5607 (54)

李太白詩

(唐)李白著 沈歸愚選 中華書局輯註 上海 中華書局 1936年 初版 中國文學精華 (m.)

007293465 9100 5607 (55)

黃山谷詩

黃庭堅作 曾國藩選 中華書局輯註 上海 中華書局 1936年 (m.)

007295357 9100 5607 (56)

國語精華

中華書局編輯 上海 中華書局 1939年 中國文學精華 (m.)

007295244 9100 5607 (57-58)

戰國策精華

中華書局編輯 上海 中華書局 1941年 中國文學精華 (m.)

007295359 9100 5607 (59-62)

史記精華

司馬遷著 中華書局編輯 上海 中華書局 1941年 中國文學精華 (m.)

007295281 9100 5607 (63)

莊子精華

中華書局編輯 上海 中華書局 1937年 初版 中國文學精華 (m.)

007293417 9100 5607 (64)

韓非子精華

中華書局編輯 上海 中華書局 1936年 初版 中國文學精華 (m.)

007295307 9100 5607 (65-66)

宋元明詩評註讀本

中華書局輯註 上海 中華書局 1937年 初版 中國文學精華 (m.)

007295324 9100 5607 (67-68)

清代駢文評註讀本

中華書局輯註 上海 中華書局 1937年 初版 中國文學精華 (m.)

007295322 9100 5607 (69)

柳子厚文

(唐)柳宗元著 曾滌生選 中華書局輯註 上海 中華書局 1937年 初版 中國文學精華 (m.)

007295323 9100 5607 (70)
蘇明允、蘇子由文
(宋)蘇洵、蘇轍著 儲同人選本 中華書局輯註 上海 中華書局 1937年 初版 中國文學精華

007295325 9100 5607 (71)
梅伯言文
(清)梅曾亮著 王益吾選 中華書局輯註 上海 中華書局 1937年 初版 中國文學精華 (m.)

007295327 9100 5607 (72-73)
曾滌生文
(清)曾國藩著 王益吾選 中華書局輯註 上海 中華書局 1937年 初版 中國文學精華 (m.)

007295304 9100 5607 (74)
張濂亭文
張裕釗著 上海 中華書局 1941年 3版 中國文學精華

007295326 5527 6223 9100 5607 (75)
吴摯甫文
(清)吴汝綸著 中華書局輯註 上海 中華書局 1937年 初版 中國文學精華 (m.)

007295310 9100 5607 (76)
韓昌黎、孟東野詩
(清)沈歸愚選 中華書局輯註 上海 中華書局 1937年 初版 中國文學精華

007295311 9100 5607 (77)
蘇東坡詩
(宋)蘇軾著 王漁洋[士禎]選 中華書局輯註 上海 中華書局 1937年 初版 中國文學精華 (m.)

007295309 9100 5607 (78)
袁子才、蔣心餘詩選
王文濡選輯 上海 中華書局 1937年 初版 中國文學精華 (m.)

007295313 9100 5607 (79)
趙雲崧詩選
(清)趙翼著 王文濡選 上海 中華書局 1937年 初版 中國文學精華

007295312 9100 5607 (80)
黄仲則詩
(清)黄景仁著 蔣劍人選 中華書局輯註 上海 中華書局 1937年 初版 中國文學精華 (m.)

007233154 9100 5635 Film Mas 32193
指海
錢熙祚輯 錢培讓、錢培傑續輯 上海 大東書局 1936年

007233157 9100 5635 (1-2)
禹貢山川地理圖二卷
程大昌撰 上海 大東書局 1936年 指海 第1集 (m.)

007233158 9100 5635 (2)
詩説一卷
陶正靖撰 上海 大東書局 1936年 指海 第1集

007233159 9100 5635 (3)
春秋胡氏傳辨疑二卷
陸粲撰 上海 大東書局 1936年 指海 第1集

007233161 9100 5635 (4)
奉天録四卷
趙元一撰 上海 大東書局 1936年 指海 第1集

007233160　9100　5635　(4)
孟子解一卷
蘇轍撰　上海　大東書局　1936年　指海　第1集

007233163　9100　5635　(5)
炎徼紀聞四卷
田汝成撰　上海　大東書局　1936年　指海　第1集

007233164　9100　5635　(6)
譎觚一卷
顧炎武撰　上海　大東書局　1936年　指海　第1集

007233165　9100　5635　(6)
内閣小識一卷
葉鳳毛撰　上海　大東書局　1936年　指海　第1集

007233166　9100　5635　(7)
石經考一卷
顧炎武撰　上海　大東書局　1936年　指海　第1集

007233168　9100　5635　(7)
天步真原一卷
薛鳳祚撰　上海　大東書局　1936年　指海　第1集　(m.)

007233170　9100　5635　(8)
震澤長語二卷
王鏊撰　上海　大東書局　1936年　指海　第1集

007233171　9100　5635　(9)
易例二卷
惠棟撰　上海　大東書局　1936年　指海　第2集

007233173　9100　5635　(10-11)
六藝綱目二卷
舒天民撰　上海　大東書局　1936年　指海　第2集

007233174　9100　5635　(12)
烈皇勤政記一卷
孫承澤撰　上海　大東書局　1936年　指海　第2集

007233175　9100　5635　(12)
襄陽守城録一卷
趙萬年撰　上海　大東書局　1936年　指海　第2集

007233177　9100　5635　(13)
兩垣奏議一卷
逯中立撰　上海　大東書局　1936年　指海　第2集

007233185　9100　5635　(13)
條奏疏稿一卷　附續刊
蔣伊撰　上海　大東書局　1936年　指海　第2集

007233186　9100　5635　(14)
紹熙州縣釋奠儀圖一卷
朱熹撰　上海　大東書局　1936年　指海　第2集

007233187　9100　5635　(15-16)
義府二卷
黄生撰　上海　大東書局　1936年　指海　第2集　(m.)

007233189　9100　5635　(17)
春秋説一卷
陶正靖撰　上海　大東書局　1936年　指海　第3集

007233188　9100　5635　(17)
儀禮釋宮增註一卷
江永撰　上海　大東書局　1936年　指

海　第3集

007233191　9100　5635　（18–19）
論語意原四卷
鄭汝諧撰　上海　大東書局　1936年　指海　第3集

007233193　9100　5635　（20）
音學辨微一卷
江永撰　上海　大東書局　1936年　指海　第3集

007233192　9100　5635　（20）
韻補正一卷
顧炎武著　上海　大東書局　1936年　指海　第3集　（m.）

007233194　9100　5635　（21）
大業雜記一卷
杜寶撰　上海　大東書局　1936年　指海　第3集

007233195　9100　5635　（21）　FC8337
西洋朝貢典録三卷
黄省曾撰　上海　大東書局　1936年　指海　第3集

007233196　9100　5635　（22）
中西經星同異考一卷
梅文鼎撰　上海　大東書局　1936年　指海　第3集

007233197　9100　5635　（23–24）
東園叢説三卷
李如箎撰　上海　大東書局　1936年　指海　第3集

007233198　9100　5635　（24）
列朝盛事一卷
王世貞撰　上海　大東書局　1936年　指海　第3集

007233199　9100　5635　（25）
詩説三卷
惠周惕撰　上海　大東書局　1936年　指海　第4集

007233200　9100　5635　（26）
瑟譜六卷
熊朋來撰　上海　大東書局　1936年　指海　第4集

007233202　9100　5635　（27–29）
讀説文記十五卷
惠棟撰　上海　大東書局　1936年　指海　第4集

007233203　9100　5635　（30）
崑崙河源考一卷
萬斯同撰　上海　大東書局　1936年　指海　第4集

007233204　9100　5635　（31）
吕氏雜記二卷
吕希哲撰　上海　大東書局　1936年　指海　第4集

007233205　9100　5635　（32）
漱華隨筆四卷
嚴有禧撰　上海　大東書局　1936年　指海　第4集

007233207　9100　5635　（33）
尚書地理今釋一卷
蔣廷錫撰　上海　大東書局　1936年　指海　第5集　（m.）

007233206　9100　5635　（33）
易大誼一卷
惠棟撰　上海　大東書局　1936年　指海　第5集

007233209　9100　5635　（34）
字詁一卷

黄生撰　上海　大東書局　1936年　指海　第5集

007233211　9100　5635　(35)
革除逸史二卷
朱睦㮮撰　上海　大東書局　1936年　指海　第5集

007233213　9100　5635　(36)
出塞紀略一卷
錢良擇撰　上海　大東書局　1936年　指海　第5集

007233212　9100　5635　(36)
詔獄慘言一卷
燕客撰　上海　大東書局　1936年　指海　第5集

007233214　9100　5635　(37－38)
史糾六卷
朱明鎬撰　上海　大東書局　1936年　指海　第5集

007233215　9100　5635　(39－40)
手臂録四卷　附二卷
吴殳撰　上海　大東書局　1936年　指海　第5集

007233216　9100　5635　(41－42)
左傳杜解補正三卷
顧炎武撰　上海　大東書局　1936年　指海　第6集

007233217　9100　5635　(42)
論語拾遺一卷
蘇轍撰　上海　大東書局　1936年　指海　第6集

007233218　9100　5635　(43)
帝王世紀一卷
皇甫謐撰　上海　大東書局　1936年　指海　第6集

007233219　9100　5635　(44)
異域録二卷
圖理琛撰　上海　大東書局　1936年　指海　第6集

007233220　9100　5635　(45)
楓山語録一卷
章懋撰　上海　大東書局　1936年　指海　第6集

007233222　9100　5635　(46)
何博士備論一卷
何去非撰　上海　大東書局　1936年　指海　第6集

007233223　9100　5635　(47)
識小編二卷
董豐垣撰　上海　大東書局　1936年　指海　第6集

007233226　9100　5635　(48)
文選敂音一卷
趙晉撰　上海　大東書局　1936年　指海　第6集

007233224　9100　5635　(48)
紫微雜説一卷
吕本中撰　上海　大東書局　1936年　指海　第6集

007233227　9100　5635　(49－53)
讀説文記十五卷
席世昌撰　上海　大東書局　1936年　指海　第7集

007233234　9100　5635　(53)
司馬法三卷　附逸文
司馬穰苴撰　上海　大東書局　1936年　指海　第7集

007233237 9100 5635 (54)
鄧析子一卷
鄧析撰 上海 大東書局 1936 年 指海 第 7 集

007233236 9100 5635 (54)
救命書二卷
吕坤撰 上海 大東書局 1936 年 指海 第 7 集

007233239 9100 5635 (55)
商子五卷
商鞅撰 上海 大東書局 1936 年 指海 第 7 集

007233243 9100 5635 (56)
測量法義一卷 附測量異同一卷 句股義一卷
徐光啟撰 上海 大東書局 1936 年 指海 第 7 集

007233245 9100 5635 (57)
李相國論事集六卷
蔣階撰 上海 大東書局 1936 年 指海 第 8 集

007235822 9100 5635 (58 – 60)
唐才子傳十卷
辛文房撰 上海 大東書局 1936 年 指海 第 8 集

007235823 9100 5635 (61)
吴乘竊筆一卷
許元溥撰 上海 大東書局 1936 年 指海 第 8 集

007235825 9100 5635 (61 – 62)
戲瑕三卷
錢希言撰 上海 大東書局 1936 年 指海 第 8 集

007235826 9100 5635 (63 – 64)
本語六卷
高拱撰 上海 大東書局 1936 年 指海 第 8 集

007235827 9100 5635 (65)
春秋日食質疑一卷
吴守一撰 上海 大東書局 1936 年 指海 第 9 集

007235828 9100 5635 (65)
汝南遺事四卷
王鶚撰 上海 大東書局 1936 年 指海 第 9 集

007235829 9100 5635 (66)
乘軺録一卷
路振撰 上海 大東書局 1936 年 指海 第 9 集

007235830 9100 5635 (66 – 67)
蜀碧四卷
彭遵泗撰 上海 大東書局 1936 年 指海 第 9 集

007235831 9100 5635 (68 – 69)
南宋古跡考二卷
朱彭撰 上海 大東書局 1936 年 指海 第 9 集

007235832 9100 5635 (70 – 71)
淮南天文訓補註二卷
錢塘撰 上海 大東書局 1936 年 指海 第 9 集

007235833 9100 5635 (72)
觚不觚録一卷
王世貞撰 上海 大東書局 1936 年 指海 第 9 集

007235834 9100 5635 (72)
彭文憲公筆記一卷

彭時撰　上海　大東書局　1936 年　指海　第 9 集

007235902　9100　5635　(73)

九經誤字一卷

顧炎武撰　上海　大東書局　1936 年　指海　第 10 集

007235903　9100　5635　(73)

訥溪奏疏一卷

周怡撰　上海　大東書局　1936 年　指海　第 10 集

007235906　9100　5635　(74)

象臺首末五卷　附録一卷

胡知柔編　上海　大東書局　1936 年　指海　第 10 集

007235907　9100　5635　(75)

于公德政録一卷

戴兆祚撰　上海　大東書局　1936 年　指海　第 10 集

007235909　9100　5635　(76 – 79)

三魚堂日記二卷

陸隴其撰　上海　大東書局　1936 年　指海　第 10 集　(m.)

007235915　9100　5635　(80)

博物志十卷　附逸文

張華撰　上海　大東書局　1936 年　指海　第 10 集

007235917　9100　5635　(80)

樂府指迷一卷

沈義父撰　上海　大東書局　1936 年　指海　第 10 集

007235920　9100　5635　(81)

存是録一卷

姚宗典撰　上海　大東書局　1936 年　指海　第 11 集

007235925　9100　5635　(82)

辛巳泣蘄録一卷

趙與衮撰　上海　大東書局　1936 年　指海　第 11 集

007235930　9100　5635　(83)

閩部疏一卷

王世懋撰　上海　大東書局　1936 年　指海　第 11 集

007235933　9100　5635　(83)

寧海將軍固山貝子功績録一卷

上海　大東書局　1936 年　指海　第 11 集

007235938　9100　5635　(84 – 85)

脈訣刊誤二卷　附録二卷

戴啟宗撰　上海　大東書局　1936 年　指海　第 11 集

007235943　9100　5635　(86 – 87)

鈍吟雜録十卷

馮班撰　上海　大東書局　1936 年　指海　第 11 集

007235951　9100　5635　(87)

陰符經考異一卷

朱熹撰　上海　大東書局　1936 年　指海　第 11 集

007235971　9100　5635　(88)

修辭鑒衡二卷

王構撰　上海　大東書局　1936 年　指海　第 11 集

007235973　9100　5635　(89 – 90)

漢書西域傳補註二卷

徐松撰　上海　大東書局　1936 年　指海　第 12 集

007235974 9100 5635 (91－92)
坤輿圖説二卷
南懷仁撰 上海 大東書局 1936 年 指海 第 12 集

007235976 9100 5635 (93－95)
金石文字記六卷
顧炎武輯 上海 大東書局 1936 年 指海 第 12 集

007235978 9100 5635 (96)
明夷待訪録一卷
黄宗羲撰 上海 大東書局 1936 年 指海 第 12 集

007235980 9100 5635 (97)
燕寢考三卷
胡培翬撰 上海 大東書局 1936 年 指海 第 13 集

007235981 9100 5635 (98－99)
三藩紀事本末四卷
楊陸榮撰 上海 大東書局 1936 年 指海 第 13 集

007235983 9100 5635 (100－102)
先撥志始二卷
文秉撰 上海 大東書局 1936 年 指海 第 13 集

007235985 9100 5635 (103)
長春真人西遊記二卷 附録 釋
李志常撰 上海 大東書局 1936 年 指海 第 13 集

007235988 9100 5635 (104)
刀劍録一卷
陶弘景撰 上海 大東書局 1936 年 指海 第 13 集

007235992 9100 5635 (104)
桓子新論一卷
桓譚撰 上海 大東書局 1936 年 指海 第 13 集

007235994 9100 5635 (105)
洪武聖政記一卷
宋濂撰 上海 大東書局 1936 年 指海 第 14 集

007235999 9100 5635 (105－108)
嘉靖以來首輔傳八卷
王世貞撰 上海 大東書局 1936 年 指海 第 14 集

007236001 9100 5635 (109－110)
孔叢子七卷
宋咸註 上海 大東書局 1936 年 指海 第 14 集 (m.)

007236004 9100 5635 (111－112)
南華真經章句音義十四卷 附餘事 雜録
陳景元撰 上海 大東書局 1936 年 指海 第 14 集

007236005 9100 5635 (112)
莊列十論一卷
李元卓撰 上海 大東書局 1936 年 指海 第 14 集

007236013 9100 5635 (113)
高士傳三卷 附逸文
皇甫謐撰 上海 大東書局 1936 年 指海 第 15 集

007236015 9100 5635 (114)
海道經一卷
上海 大東書局 1936 年 指海 第 15 集

007236018 9100 5635 (115)
思陵典禮紀四卷
孫承澤撰 上海 大東書局 1936 年

指海　第 15 集

007236021　9100　5635　（116－117）
意林五卷
馬總撰　上海　大東書局　1936 年　指海　第 15 集

007236023　9100　5635　（118－119）
玉堂薈記二卷
楊士聰撰　上海　大東書局　1936 年　指海　第 15 集

007236025　9100　5635　（120）
震澤紀聞二卷
王鏊撰　上海　大東書局　1936 年　指海　第 15 集

007236026　9100　5635　（121）
難光録一卷
吳喬撰　上海　大東書局　1936 年　指海　第 16 集

007236029　9100　5635　（122－125）
水龍經五卷
蔣平階輯　上海　大東書局　1936 年　指海　第 16 集

007236030　9100　5635　（126）
小山畫譜二卷
鄒一桂撰　上海　大東書局　1936 年　指海　第 16 集　（m.）

007236033　9100　5635　（127－128）
名疑四卷
陳士元撰　上海　大東書局　1936 年　指海　第 16 集

007236036　9100　5635　（129－130）
孟子字義疏證三卷
戴震撰　上海　大東書局　1936 年　指海　第 17 集

007236038　9100　5635　（131－132）
晏子春秋七卷
晏嬰撰　上海　大東書局　1936 年　指海　第 17 集

007236041　9100　5635　（132）
從征緬甸日記一卷
周裕撰　上海　大東書局　1936 年　指海　第 17 集

007236043　9100　5635　（133）
傅子三卷
傅玄撰　上海　大東書局　1936 年　指海　第 17 集

007236045　9100　5635　（133）
續三十五舉一卷
桂馥撰　上海　大東書局　1936 年　指海　第 17 集

007236047　9100　5635　（134）
傳神秘要一卷
蔣驥撰　上海　大東書局　1936 年　指海　第 17 集

007236051　9100　5635　（134）
列仙傳二卷
劉向撰　上海　大東書局　1936 年　指海　第 17 集

007236049　9100　5635　（134）
隨筆漫記一卷
唐昌世撰　上海　大東書局　1936 年　指海　第 17 集

007236053　9100　5635　（135－136）
曲律四卷
王驥德撰　上海　大東書局　1936 年　指海　第 17 集

007236056　9100　5635　（137－140）
大唐郊祀録十卷　卷末　附録

王涇撰 上海 大東書局 1936 年 指海 第 18 集

007236059 9100 5635 (141)
龍沙紀略一卷
方式濟撰 上海 大東書局 1936 年 指海 第 18 集

007236062 9100 5635 (141)
塞外雜識一卷
馮一鵬撰 上海 大東書局 1936 年 指海 第 18 集

007236065 9100 5635 (142 – 143)
少廣正負術内外篇六卷
孔廣森撰 上海 大東書局 1936 年 指海 第 18 集

007236066 9100 5635 (144)
爾雅贊一卷
郭璞撰 上海 大東書局 1936 年 指海 第 18 集

007998438 9100 5635 (144)
山海經贊一卷
郭璞撰 上海 大東書局 1936 年 指海 第 18 集

007236070 9100 5635 (145)
毛鄭詩考正四卷
戴震撰 上海 大東書局 1936 年 指海 第 19 集

007238436 9100 5635 (146)
格庵奏稿一卷
趙順孫撰 上海 大東書局 1936 年 指海 第 19 集

007238438 9100 5635 (147)
對數探原一卷
李善蘭撰 上海 大東書局 1936 年 指海 第 19 集

007238440 9100 5635 (147 – 148)
封氏聞見記十卷
封演撰 上海 大東書局 1936 年 指海 第 19 集

007238444 9100 5635 (149)
道德經論兵要義述四卷
王真撰 上海 大東書局 1936 年 指海 第 19 集

007238552 9100 5635 (150 – 152)
燕樂考原三卷
淩廷堪撰 上海 大東書局 1936 年 指海 第 19 集 (m.)

007238553 9100 5635 (153 – 154)
經學卮言六卷
孔廣森撰 上海 大東書局 1936 年 指海 第 20 集

007238448 9100 5635 (155 – 156)
禮學卮言六卷
孔廣森撰 上海 大東書局 1936 年 指海 第 20 集

007238454 9100 5635 (157 – 158)
罍庵雜述二卷
朱朝瑛撰 上海 大東書局 1936 年 指海 第 20 集

007238456 9100 5635 (159)
道德真經傳四卷
陸希聲撰 上海 大東書局 1936 年 指海 第 20 集

007238205 9100 5635 (160)
守山閣剩稿一卷
錢熙祚撰 錢培讓、錢培傑校録 上海 大東書局 1935 年 指海

007238458 9100 5635 (160)
陶隱居集二卷
陶弘景撰　上海　大東書局　1936 年　指海　第 20 集

007201893 9100 5702
夷門廣牘一百七種
周履靖編　上海　商務印書館　1940 年

007202393 9100 5702 (01)
釋名一卷
劉熙撰　上海　商務印書館　1940 年　夷門廣牘

007202391 9100 5702 (01)
文章緣起一卷
任昉撰　上海　商務印書館　1940 年　夷門廣牘　(m.)

007202394 9100 5702 (02)
詩品一卷
鍾嶸撰　上海　商務印書館　1940 年　夷門廣牘　(m.)

007202396 9100 5702 (02)
談藝録一卷
徐禎卿撰　上海　商務印書館　1940 年　夷門廣牘　(m.)

007202395 9100 5702 (02)
文録一卷
唐庚撰　上海　商務印書館　1940 年　夷門廣牘

007202397 9100 5702 (03)
騷壇秘語三卷
周履靖撰　上海　商務印書館　1940 年　夷門廣牘

007202398 9100 5702 (03)
詩源撮要一卷
張懋賢撰　上海　商務印書館　1940 年　夷門廣牘

007202402 9100 5702 (04)
廣易千文一卷
周履靖撰　上海　商務印書館　1940 年　夷門廣牘

007202400 9100 5702 (04)
籟紀三卷
王叔齋撰　上海　商務印書館　1940 年　夷門廣牘

007202401 9100 5702 (04)
嘯旨一卷
闕名撰　上海　商務印書館　1940 年　夷門廣牘

007202404 9100 5702 (05)
溪蠻叢笑一卷
朱輔編　上海　商務印書館　1940 年　夷門廣牘

007202403 9100 5702 (05)
異域志二卷
周致中纂集　上海　商務印書館　1940 年　夷門廣牘

007202405 9100 5702 (06)
格古要論三卷
曹昭著　上海　商務印書館　1940 年　夷門廣牘

007202407 9100 5702 (07)
墨經一卷
晁氏著　上海　商務印書館　1940 年　夷門廣牘

007202406 9100 5702 (07)
群物奇制一卷
周履靖輯　上海　商務印書館　1940 年　夷門廣牘

007202408　9100　5702　(07)
胎息經一卷
幻真先生著　上海　商務印書館　1940 年　夷門廣牘

007202409　9100　5702　(07)
天隱子一卷
司馬承禎撰　上海　商務印書館　1940 年　夷門廣牘

007202411　9100　5702　(08)
赤鳳髓三卷
周履靖撰　上海　商務印書館　1940 年　夷門廣牘

007206821　9100　5702　(09)
金笴玄玄一卷
周履靖校　上海　商務印書館　1940 年　夷門廣牘

007202412　9100　5702　(09)
煉形内旨一卷
周履靖校　上海　商務印書館　1940 年　夷門廣牘

007206824　9100　5702　(09)
唐宋衛生歌一卷
周履靖輯　上海　商務印書館　1940 年　夷門廣牘

007206823　9100　5702　(09)
逍遥子導引訣一卷
逍遥子著　上海　商務印書館　1940 年　夷門廣牘

007206819　9100　5702　(09)
玉函秘典一卷
周履靖校　上海　商務印書館　1940 年　夷門廣牘

007206830　9100　5702　(10)
法書通釋二卷
張紳編　上海　商務印書館　1940 年　夷門廣牘

007206828　9100　5702　(10)
怪石冋單一卷
朱震亨撰　上海　商務印書館　1940 年　夷門廣牘

007206827　9100　5702　(10)
益齡單一卷
周履靖輯　上海　商務印書館　1940 年　夷門廣牘

007206832　9100　5702　(11)
干禄字書一卷
顔元孫撰　上海　商務印書館　1940 年　夷門廣牘

007206840　9100　5702　(11)
學古編二卷
吾丘衍述　上海　商務印書館　1940 年　夷門廣牘

007206842　9100　5702　(12)
畫評會海二卷
周履靖撰　上海　商務印書館　1940 年　夷門廣牘

007206845　9100　5702　(12)
天形道貌一卷
周履靖撰　上海　商務印書館　1940 年　夷門廣牘

007206850　9100　5702　(13)
羅浮幻質一卷
周履靖撰　上海　商務印書館　1940 年　夷門廣牘

007206848　9100　5702　(13)
淇園肖影二卷
周履靖撰　上海　商務印書館　1940 年

夷門廣牘

007998619　9100　5702　(14)

春谷嚶翔一卷

周履靖撰　上海　商務印書館　1940 年
夷門廣牘

007206854　9100　5702　(14)

繪林題識一卷

汪顯節撰　上海　商務印書館　1940 年
夷門廣牘

007206853　9100　5702　(14)

九畹遺容一卷

周履靖撰　上海　商務印書館　1940 年
夷門廣牘

007206855　9100　5702　(15)

山家清供二卷

林洪撰　上海　商務印書館　1940 年
夷門廣牘

007206856　9100　5702　(16－17)

茹草編四卷

周履靖著　上海　商務印書館　1940 年
夷門廣牘

007206861　9100　5702　(18)

茶寮記一卷

陸樹聲著　上海　商務印書館　1940 年
夷門廣牘

007206860　9100　5702　(18)

茶品要録一卷

黄儒著　上海　商務印書館　1940 年
夷門廣牘

007206858　9100　5702　(18)

水品全秩二卷

徐獻忠著　上海　商務印書館　1940 年
夷門廣牘

007206864　9100　5702　(18)

湯品一卷

闕名撰　上海　商務印書館　1940 年
夷門廣牘

007206865　9100　5702　(19)

易牙遺意二卷

韓奕撰　上海　商務印書館　1940 年
夷門廣牘

007206866　9100　5702　(20)

酒經一卷

朱翼中撰　上海　商務印書館　1940 年
夷門廣牘

007206868　9100　5702　(20)

緑綺新聲二卷

徐時琪撰　上海　商務印書館　1940 年
夷門廣牘

007206867　9100　5702　(20)

士大夫食時五觀一卷

黄庭堅撰　上海　商務印書館　1940 年
夷門廣牘

007206871　9100　5702　(21)

投壺儀節一卷

汪禔撰　上海　商務印書館　1940 年
夷門廣牘

007206870　9100　5702　(21)

玉局鉤玄一卷

項世芳撰　上海　商務印書館　1940 年
夷門廣牘

007210469　9100　5702　(22)

馬戲圖譜一卷

李清照撰　上海　商務印書館　1940 年
夷門廣牘

007219520　9100　5702　(22)

詩牌譜一卷

王良樞撰　上海　商務印書館　1940 年　夷門廣牘

007210470　9100　5702　(22)
五木經一卷
李翺撰　上海　商務印書館　1940 年　夷門廣牘

007219524　9100　5702　(23)
黃帝授三子玄女經一卷
闕名撰　上海　商務印書館　1940 年　夷門廣牘

007219523　9100　5702　(23)
胷陣篇一卷
袁福徵撰　上海　商務印書館　1940 年　夷門廣牘

007219522　9100　5702　(23)
丸經二卷
闕名撰　上海　商務印書館　1940 年　夷門廣牘

007219525　9100　5702　(24)
黃帝宅經二卷
闕名撰　上海　商務印書館　1940 年　夷門廣牘

007219527　9100　5702　(24)
探春歷記一卷
東方朔　上海　商務印書館　1940 年　夷門廣牘

007219557　9100　5702　(24)
握奇經一卷
公孫弘解　上海　商務印書館　1940 年　夷門廣牘

007219526　9100　5702　(24)
葬經一卷
兀欽亥註　上海　商務印書館　1940 年　夷門廣牘

007219530　9100　5702　(25)
靈笈寶章一卷
虛靖天師撰　上海　商務印書館　1940 年　夷門廣牘

007219529　9100　5702　(25)
禄嗣奇談二卷
沖一真君撰　上海　商務印書館　1940 年　夷門廣牘

007219532　9100　5702　(26)
四字經一卷
德行禪師著　上海　商務印書館　1940 年　夷門廣牘

007998625　9100　5702　(26)
天文占驗一卷
闕名著　上海　商務印書館　1940 年　夷門廣牘

007998630　9100　5702　(26)
土牛經一卷
闕名著　上海　商務印書館　1940 年　夷門廣牘

007219531　9100　5702　(26)
相法十六篇一卷
許負著　上海　商務印書館　1940 年　夷門廣牘

007219533　9100　5702　(26)
占驗録一卷
周履靖輯　上海　商務印書館　1940 年　夷門廣牘

007219548　9100　5702　(27)
蠶書一卷
秦觀著　上海　商務印書館　1940 年　夷門廣牘

007219534　9100　5702　(27)
黄石公望空四字數一巻
闕名撰　上海　商務印書館　1940 年
夷門廣牘

007219542　9100　5702　(27)
禽經一巻
師曠著　上海　商務印書館　1940 年
夷門廣牘

007219543　9100　5702　(27)
獸經一巻
黄省曾撰　上海　商務印書館　1940 年
夷門廣牘

007219545　9100　5702　(27)
相鶴經一巻
闕名撰　上海　商務印書館　1940 年
夷門廣牘

007219546　9100　5702　(27)
魚經一巻
黄省曾撰　上海　商務印書館　1940 年
夷門廣牘

007219535　9100　5702　(27)
質龜論一巻
闕名撰　上海　商務印書館　1940 年
夷門廣牘

007219550　9100　5702　(28)
促織經二巻
賈似道撰　上海　商務印書館　1940 年
夷門廣牘

007219551　9100　5702　(28)
種樹書三巻
郭橐駝著　附農桑撮要一巻　闕名撰　上海　商務印書館　1940 年　夷門廣牘

007219555　9100　5702　(29)
菊譜二巻
黄省曾撰　上海　商務印書館　1940 年
夷門廣牘

007219552　9100　5702　(29)
蘭譜奥法一巻
趙時庚撰　上海　商務印書館　1940 年
夷門廣牘

007219556　9100　5702　(29)
耒耜經一巻
陸龜蒙撰　上海　商務印書館　1940 年
夷門廣牘

007663232　9100　5702　(29)
理生玉鏡稻品一巻
黄省曾撰　上海　商務印書館　1940 年
夷門廣牘

007219553　9100　5702　(29)
梅品一巻
張功甫撰　上海　商務印書館　1940 年
夷門廣牘

007637941　9100　5702　(29)
芋經一巻
黄省曾撰　上海　商務印書館　1940 年
夷門廣牘

007215398　9100　5702　(30)
逸民傳二巻
皇甫謐撰　上海　商務印書館　1940 年
夷門廣牘

007210393　9100　5702　(31)
列仙傳一巻
劉向撰　上海　商務印書館　1940 年
夷門廣牘

007210394　9100　5702　(31)
神仙傳一巻

葛洪撰　上海　商務印書館　1940 年　夷門廣牘

007210391　9100　5702　(31)
香案牘一卷
陳繼儒撰　上海　商務印書館　1940 年　夷門廣牘

007210395　9100　5702　(31)
續仙傳一卷
沈汾撰　上海　商務印書館　1940 年　夷門廣牘

007210403　9100　5702　(32)
螺冠子自敘一卷
周履靖撰　上海　商務印書館　1940 年　夷門廣牘

007215399　9100　5702　(32)
梅墟先生别録二卷
李日華、鄭琰撰　上海　商務印書館　1940 年　夷門廣牘

007210421　9100　5702　(33－34)
梅塢貽瓊六卷
汪顯節撰　上海　商務印書館　1940 年　夷門廣牘

007215400　9100　5702　(35－36)
五柳賡歌四卷
陶潛撰　周履靖和韻　上海　商務印書館　1940 年　夷門廣牘

007210430　9100　5702　(37)
群仙降乩語一卷
周履靖撰　上海　商務印書館　1940 年　夷門廣牘

007210429　9100　5702　(37)
中峰禪師梅花百詠一卷
中峰禪師撰　上海　商務印書館　1940 年　夷門廣牘

007210431　9100　5702　(38－39)
閒雲稿四卷
周履靖撰　上海　商務印書館　1940 年　夷門廣牘

007210443　9100　5702　(40)
燎松吟一卷
周履靖撰　上海　商務印書館　1940 年　夷門廣牘

007210433　9100　5702　(40)
野人清嘯二卷
周履靖撰　上海　商務印書館　1940 年　夷門廣牘

007210445　9100　5702　(41)
千片雪二卷
馮海粟詠　周履靖和　上海　商務印書館　1940 年　夷門廣牘

007210444　9100　5702　(41)
尋芳詠二卷
周履靖撰　上海　商務印書館　1940 年　夷門廣牘

007210447　9100　5702　(42)
鴛湖唱和稿一卷
周履靖撰　上海　商務印書館　1940 年　夷門廣牘

007210448　9100　5702　(43)
泛泖吟一卷
周履靖撰　上海　商務印書館　1940 年　夷門廣牘

007215401　9100　5702　(43)
山家語一卷
周履靖撰　上海　商務印書館　1940 年　夷門廣牘

007210449　9100　5702　(44)
毛公壇倡和詩一卷
周履靖撰　上海　商務印書館　1940 年　夷門廣牘

007210451　9100　5702　(44)
香奩詩草二卷
桑貞白撰　上海　商務印書館　1940 年　夷門廣牘

007210453　9100　5702　(45)
鶴月瑶笙四卷
周履靖撰　上海　商務印書館　1940 年　夷門廣牘

007210455　9100　5702　(46)
青蓮觴詠二卷
李白撰　周履靖和　上海　商務印書館　1940 年　夷門廣牘

007215402　9100　5702　(47)
香山酒頌二卷
白居易撰　周履靖和　上海　商務印書館　1940 年　夷門廣牘

007210458　9100　5702　(48)
狂夫酒語二卷
周履靖撰　上海　商務印書館　1940 年　夷門廣牘

007215403　9100　5702　(48)
唐宋元明酒詞二卷
周履靖等撰　上海　商務印書館　1940 年　夷門廣牘

007293626　9100　5902
東方文庫
東方雜志社編　上海　商務印書館　1923 年

007293545　9100　5902　(1)
辛亥革命史
高勞著　上海　商務印書館　1923 年　東方文庫　(m.)

007293546　9100　5902　(2)
帝制運動始末記
高勞編　上海　商務印書館　1923 年　東方文庫　(m.)

007293547　9100　5902　(3)
壬戌政變記
張梓生編　上海　商務印書館　1924 年　東方文庫

007293548　9100　5902　(4)
歐戰發生史
上海　商務印書館　1923 年　東方文庫　(m.)

007293549　9100　5902　(5)
大戰雜話
堅瓠編　上海　商務印書館　1923 年　東方文庫　(m.)

007293550　9100　5902　(6)
戰後新興國研究
羅羅編　上海　商務印書館　1923 年　東方文庫　(m.)

007293551　9100　5902　(7)
華盛頓會議
黄惟志編　上海　商務印書館　1924 年　東方文庫　(m.)

007293552　9100　5902　(8)
俄國大革命記略
高勞編　上海　商務印書館　1923 年　東方文庫　(m.)

007293565　9100　5902　(9)
勞農俄國之考察
朱枕薪等著　上海　商務印書館　1923

年　東方文庫　（m.）

007293553　9100　5902　（10）
蒙古調查記
王華隆著　上海　商務印書館　1923 年　東方文庫　（m.）

007293554　9100　5902　（11）
西藏調查記
張其勤、沈與白著　上海　商務印書館　1924 年　東方文庫　（m.）

007293567　9100　5902　（12）
世界之秘密結社
東方雜志社編　上海　商務印書館　1924 年　再版　東方文庫　（m.）

007293555　9100　5902　（13）
世界風俗談
上海　商務印書館　1923 年　東方文庫　（m.）

007293518　9100　5902　（14）
日本民族性研究
謝晉青著　東方雜志社編　上海　商務印書館　1925 年　東方文庫　（m.）

007293591　9100　5902　（15）
中國改造問題
楊端六等講述　東方雜志社編　上海　商務印書館　1923 年　初版　東方文庫　（m.）

007293556　9100　5902　（16）
代議政治
王世傑撰　上海　商務印書館　1923 年　東方文庫　（m.）

007293562　9100　5902　（17）
歐洲新憲法述評
張慰慈等著　東方雜志社編　上海　商務印書館　1924 年　再版　東方文庫　（m.）

007293633　9100　5902　（18）
領事裁判權問題
周鯁生著　上海　商務印書館　1923 年　東方文庫　（m.）

007293557　9100　5902　（19）
新村市
上海　商務印書館　1923 年　東方文庫　（m.）

007293531　9100　5902　（20）
貨幣制度
壹盦編　上海　商務印書館　1923 年　東方文庫　（m.）

007293530　9100　5902　（21）
社會政策
君實、楊端六譯述　上海　商務印書館　1923 年　東方文庫　（m.）

007293532　9100　5902　（22）
合作制度
孫錫麒撰　上海　商務印書館　1923 年　東方文庫　（m.）

007293533　9100　5902　（23）
農荒豫防策
于樹德撰　上海　商務印書館　1923 年　東方文庫

007293534　9100　5902　（24）
近代社會主義
東方雜志社纂　上海　商務印書館　1923 年　東方文庫　（m.）

007293413　9100　5902　（25）
馬克思主義與唯物史觀
范壽康譯著　上海　商務印書館　1923

年　初版　東方文庫　（m.）

007293535　9100　5902　（26）
社會主義神髓
幸德秋水［幸德傳次郎］著　上海　商務印書館　1923年　東方文庫

007293536　9100　5902　（27）
婦女運動
上海　商務印書館　1923年　東方文庫（m.）

007293537　9100　5902　（28）
婦女職業與母性論
東方雜志社　上海　商務印書館　1924年　東方文庫　（m.）

007293538　9100　5902　（29）
家庭與婚姻
上海　商務印書館　1923年　東方文庫（m.）

007293539　9100　5902　（30）
新聞事業
徐寶璜、胡愈之著　上海　商務印書館　1924年　東方文庫　（m.）

007293377　9100　5902　（31）
東西文化批評
傖父著　東方雜志社編　上海　商務印書館　1923年　初版　東方文庫　（m.）

007293513　9100　5902　（32）
中國社會文化
稻葉君山［巖吉］著　楊祥蔭譯　上海　商務印書館　1923年　東方文庫（m.）

007293423　9100　5902　（33）
哲學問題
潘公展著　上海　商務印書館　1923年

初版　東方文庫　（m.）

007293412　9100　5902　（34）
現代哲學一臠
東方雜志社編　上海　商務印書館　1923年　初版　東方文庫　（m.）

007293425　9100　5902　（35）
西洋倫理主義述評
（日）深井安文著　楊昌濟譯述　上海　商務印書館　1923年　初版　東方文庫（m.）

007293430　9100　5902　（36）
心理學論叢
王平陵著　東方雜志社編　上海　商務印書館　1923年　初版　東方文庫　（m.）

007293415　9100　5902　（37）
名學稽古
東方雜志社編纂　上海　商務印書館　1923年　初版　東方文庫　（m.）

007293421　9100　5902　（38）
近代哲學家
東方雜志社輯　上海　商務印書館　1923年　初版　東方文庫　（m.）

007293422　9100　5902　（39）
柏格遜與歐根
錢智修譯述　上海　商務印書館　1923年　初版　東方文庫

007293540　9100　5902　（40）
克魯泡特金
上海　商務印書館　1924年　東方文庫（m.）

007293541　9100　5902　（41）
甘地主義
高山、化魯、亦庵合編　上海　商務印書

館 1923 年 東方文庫 （m.）

007293542 9100 5902 （42）
戰争哲學
上海 商務印書館 1923 年 東方文庫 （m.）

007293428 9100 5902 （43）
處世哲學
（德）叔本華［A. Schopenhauer］著 杜亞泉編譯 上海 商務印書館 1923 年 初版 東方文庫 （m.）

007293424 9100 5902 （44）
羅素論文集
（英）羅素［B. Russell］著 楊端六譯 東方雜志社編 上海 商務印書館 1923 年 初版 東方文庫 （m.）

007293543 9100 5902 （45）
究元决疑論
梁漱溟著 上海 商務印書館 1923 年 東方文庫 （m.）

007293544 9100 5902 （46）
科學基礎
上海 商務印書館 1923 年 東方文庫 （m.）

007293410 9100 5902 （47）
宇宙與物質
（美）奥・約・羅德格［O. J. Lodge］著 錢智修譯述 上海 商務印書館 1923 年 初版 東方文庫 （m.）

007295317 9100 5902 （48）
相對性原理
周昌壽、鄭貞文、李潤章著 上海 東方雜志社 1924 年 再版 東方文庫 （m.）

007295387 9100 5902 （49）
新曆法
上海 商務印書館 1923 年 東方文庫 （m.）

007295388 9100 5902 （50）
進化論與善種學
陳長蘅、周建人合著 上海 商務印書館 1923 年 東方文庫 （m.）

007295389 9100 5902 （51）
謎信與科學
頌久編 上海 商務印書館 1923 年 東方文庫

007295286 9100 5902 （52）
笑與夢
（美）布茹斯［H. Bruce］著 東方雜志社編譯 上海 商務印書館 1924 年 初版 東方文庫 （m.）

007295287 9100 5902 （53）
催眠術與心靈現象
東方雜志社編 上海 商務印書館 1923 年 初版 東方文庫 （m.）

007295390 9100 5902 （54）
食物與衛生
上海 商務印書館 1924 年 東方文庫 （m.）

007295391 9100 5902 （55）
石炭
上海 商務印書館 1924 年 東方文庫 （m.）

007295392 9100 5902 （56）
鐳錠
上海 商務印書館 1923 年 東方文庫 （m.）

007295393　9100　5902　(57)
飛行學要義
顧紹衣編　上海　商務印書館　1924 年　東方文庫　(m.)

007295394　9100　5902　(58)
科學雜俎
上海　商務印書館　1923 年　東方文庫　(m.)

007295290　9100　5902　(59)
近代文學概觀
愈之、澤民編　上海　商務印書館　1923 年　初版　東方文庫　(m.)

007295291　9100　5902　(60)
文學批評與批評家
東方雜志社編纂　上海　商務印書館　1923 年　初版　東方文庫　(m.)

007295289　9100　5902　(61)
寫實主義與浪漫主義
東方雜志社編　上海　商務印書館　1923 年　初版　東方文庫　(m.)

007295288　9100　5902　(62)
近代文學與社會改造
東方雜志社編　上海　商務印書館　1923 年　初版　東方文庫　(m.)

007295292　9100　5902　(63)
近代戲劇家論
陳嘏、孔常、雁冰[茅盾]編　上海　商務印書館　1923 年　初版　東方文庫　(m.)

007295395　9100　5902　(64)
近代俄國文學家論
沈雁冰[茅盾]、[胡]愈之、[鄧]澤民合編　東方雜志社編纂　上海　商務印書館　1923 年　東方文庫　(m.)

007295398　9100　5902　(65)
但底與哥德
胡愈之、幼雄、聞天合編　上海　商務印書館　1923 年　東方文庫

007295399　9100　5902　(66)
莫泊三傳
文棅、冠生合編譯　上海　商務印書館　1924 年　東方文庫　(m.)

007295284　9100　5902　(67)
美與人生
東方雜志社編　上海　商務印書館　1923 年　初版　東方文庫　(m.)

007295396　9100　5902　(68)
藝術談概
蔡元培著　上海　商務印書館　1923 年　東方文庫　(m.)

007295424　9100　5902　(69)
近代西洋繪畫
俞寄凡譯述　東方雜志社編　上海　商務印書館　1924 年　再版　東方文庫　(m.)

007295278　9100　5902　(70)
國際語運動
東方雜志社編　上海　商務印書館　1923 年　初版　東方文庫　(m.)

007295260　9100　5902　(71)
考古學零簡
東方雜志社編纂　上海　商務印書館　1923 年

007295351　9100　5902　(72)
開封一賜樂業教考
陳垣撰　上海　商務印書館　1923 年　(m.)

007295330 9100 5902 (73)
元也里可温考
陳垣撰 東方雜志社編印 上海 商務印書館 1923年 初版 東方文庫 (m.)

007295320 9100 5902 (74)
東方創作集
東方雜志社編 上海 商務印書館 1923年 初版 東方文庫 (m. w.)

007295294 9100 5902 (75)
近代英美小説集
東方雜志社編 上海 商務印書館 1924年 初版 東方文庫 (m. w.)

007295401 9100 5902 (76)
近代法國小説集
上海 商務印書館 1923年 東方文庫 (m. w.)

007295400 9100 5902 (77)
近代俄國小説集
上海 商務印書館 1923年 東方文庫 (m. w.)

007295402 9100 5902 (78)
歐洲大陸小説集
上海 商務印書館 1924年 東方文庫 (w.)

007295403 9100 5902 (79)
近代日本小説集
上海 商務印書館 1924年 東方文庫 (m. w.)

007295404 9100 5902 (80)
太戈爾短篇小説集
沈雁冰[茅盾]譯 上海 商務印書館 1923年 東方文庫 (m. w.)

007295397 9100 5902 (81)
枯葉雜記及其他
胡愈之、夏丏尊譯 上海 商務印書館 1924年 東方文庫

007295293 9100 5902 (82)
現代獨幕劇
東方雜志社編纂 上海 商務印書館 1924年 初版 東方文庫 (m.)

007215025 9100 5902.5
楝亭十二種
曹寅刻 上海 古書流通處 1921年

007215443 9100 5902.5 (01)
釣磯立談一卷
史虚白撰 上海 古書流通處 1921年 楝亭十二種

007215426 9100 5902.5 (01)
都城紀勝一卷
耐得翁撰 上海 古書流通處 1921年 楝亭十二種

007215428 9100 5902.5 (02)
墨經一卷
晁説之撰 上海 古書流通處 1921年 楝亭十二種

007215429 9100 5902.5 (02-03)
書法考八卷
盛熙明撰 上海 古書流通處 1921年 楝亭十二種

007215430 9100 5902.5 (04)
硯箋四卷
高似孫撰 上海 古書流通處 1921年 楝亭十二種

007215431 9100 5902.5 (05-06)
琴史六卷
朱長文撰 上海 古書流通處 1921年

棟亭十二種

007215433　9100　5902.5　(07－08)
梅苑十卷
黄大輿輯　上海　古書流通處　1921 年　棟亭十二種

007215434　9100　5902.5　(09－10)
禁扁五卷
王士點撰　上海　古書流通處　1921 年　棟亭十二種

007215435　9100　5902.5　(11－14)
聲畫集八卷
孫紹遠輯　上海　古書流通處　1921 年　棟亭十二種

007215436　9100　5902.5　(15－19)
後村千家詩選二十二卷
劉克莊輯　上海　古書流通處　1921 年　棟亭十二種

007215441　9100　5902.5　(20)
録鬼簿二卷
鍾嗣成撰　上海　古書流通處　1921 年　棟亭十二種

007215438　9100　5902.5　(20)
糖霜譜一卷
王灼撰　上海　古書流通處　1921 年　棟亭十二種

007644142　9100　6021
重印聚珍倣宋版五開大本四部備要様本
陸費逵總勘　高時顯、吴汝霖輯校　丁輔之監造　上海　中華書局　1931—34 年

007285863　9100　6032
四部叢刊初編三百二十三種
上海　商務印書館　1929 年　影印 (m.)

005380227　5316　2181　9100　6032
玉川子集二卷　外集一卷
陸仝撰　上海　商務印書館　1922 年　四部叢刊集部

005307565　9100　6032　(1－2)
周易九卷
王弼、韓康伯註　上海　商務印書館　1922 年　四部叢刊經部

006692518　9100　6032　(3－4)
監本纂圖重言重意互註點校尚書十三卷
孔安國傳　陸德明音義　上海　商務印書館　1922 年　四部叢刊經部

005307562　9100　6032　(5－8)
毛詩二十卷
毛亨傳　鄭玄箋　陸德明音義　上海　商務印書館　1922 年　四部叢刊經部

005307523　9100　6032　(9－14)
周禮十二卷
鄭玄註　陸德明音義　上海　商務印書館　1922 年　四部叢刊經部　(m.)

005308965　9100　6032　(15－19)
儀禮十七卷
鄭玄註　上海　商務印書館　1929 年　四部叢刊初編

005307573　9100　6032　(20－24)
禮記二十卷
鄭玄註　陸德明音義　上海　商務印書館　1922 年　四部叢刊經部　(m.)

005307574　9100　6032　(25－30)
春秋經傳集解三十卷　附春秋二十國年表一卷
杜預撰　陸德明音義　上海　商務印書

館 1922年 四部叢刊經部

005307524 9100 6032 (31–33)
春秋公羊解詁十二卷
何休學 陸德明音義 上海 商務印書館 1922年 四部叢刊經部

005307526 9100 6032 (34–35)
春秋穀梁傳十二卷
范寧集解 陸德明音義 上海 商務印書館 1922年 四部叢刊經部

005307525 9100 6032 (36)
孝經一卷
唐玄宗李隆基註 上海 商務印書館 1922年 四部叢刊經部 (m.)

005312211 9100 6032 (37–38)
論語集解十卷
何晏集解 上海 商務印書館 1922年 四部叢刊經部

005307527 9100 6032 (39–41)
孟子十四卷
趙岐註 上海 商務印書館 1922年 四部叢刊經部 (m.)

005312237 9100 6032 (42)
爾雅三卷 附音釋三卷
郭璞註 上海 商務印書館 1922年 四部叢刊經部

005307547 9100 6032 (43)
京氏易傳三卷
京房撰 陸續註 上海 商務印書館 1922年 四部叢刊經部

005307549 9100 6032 (44–45)
尚書大傳五卷 附序録一卷 辨訛一卷
伏勝撰 鄭玄註 陳壽祺輯校並撰序録辨訛 上海 商務印書館 1922年 四部叢刊經部 (m.)

005307543 423 4564E 9100 6032 (46–47)
韓詩外傳十卷
韓嬰撰 上海 商務印書館 1922年 四部叢刊經部

005307548 9100 6032 (48–49)
大戴禮記十三卷
盧辯註 上海 商務印書館 1922年 四部叢刊經部

005307544 9100 6032 (50–51)
春秋繁露十七卷
董仲舒撰 上海 商務印書館 1922年 四部叢刊經部

005307554 9100 6032 (52–63)
經典釋文三十卷
陸德明撰 上海 商務印書館 1922年 四部叢刊經部

004419729 5151 5241 9100 6032 (64)
方言十三卷
揚雄撰 郭璞著 上海 商務印書館 1929年 四部叢刊初編

005312239 9100 6032 (65)
釋名八卷
劉熙撰 上海 商務印書館 1922年 四部叢刊經部

005307545 9100 6032 (66–69)
説文解字三十卷
許慎記 徐鉉等校訂 上海 商務印書館 1922年 四部叢刊經部

005307546 9100 6032 (70–77)
説文繫傳通釋四十卷
徐鍇撰 上海 商務印書館 1922年 四部叢刊經部

005312256　9100　6032　(78－80)

大廣益會玉篇三十卷

顧野王撰　陳彭年重修　上海　商務印書館　1922 年　四部叢刊經部

007282395　9100　6032　(81－85)

廣韻五卷

陸法言撰　陳彭年等重修　上海　商務印書館　1922 年　四部叢刊經部 (m.)

005213047　2521　3122B　9100　6032　(86)

竹書紀年二卷

沈約註　上海　商務印書館　1929 年　四部叢刊初編　(m.)

005247910　2550　4291　9100　6032　(87－92)

前漢紀三十卷

荀悦撰　上海　商務印書館　1922 年　四部叢刊史部

005292049　2555　4333　9100　6032　(93－98)

後漢紀三十卷

袁宏撰　上海　商務印書館　1929 年　四部叢刊初編

005312214　9100　6032　(99－178)

資治通鑒二百九十四卷

司馬光編著　上海　商務印書館　1922 年　四部叢刊史部

005312215　9100　6032　(179－184)

資治通鑒考異三十卷

司馬光編著　上海　商務印書館　1922 年　四部叢刊史部

005178554　2512　1279.2　9100　6032　(185－194)

資治通鑒目録三十卷

司馬光撰　上海　商務印書館　1929 年　四部叢刊初編

005189175　2512　1279.9　9100　6032　(195－197)

稽古録二十卷

司馬光撰　上海　商務印書館　1929 年　四部叢刊初編

005189176　2512　1279.5　9100　6032　(198－202)

通鑒外紀十卷　目録五卷

劉恕編撰　上海　商務印書館　1922 年　四部叢刊史部

005178555　2512　1279.4　9100　6032　(203－207)

資治通鑒釋文三十卷

史照撰　上海　商務印書館　1929 年　四部叢刊初編

005189104　2513　4341B　9100　6032　(208－249)

通鑒紀事本末四十二卷

袁樞著　上海　商務印書館　1929 年　四部叢刊初編　(m.)

005312218　9100　6032　(250)

汲塚周書十卷

孔晁註　上海　商務印書館　1922 年　四部叢刊史部

005312216　9100　6032　(251－254)

國語二十一卷

韋昭解　上海　商務印書館　1922 年　四部叢刊史部　(m.)

005229837　2527　0202B　9100　6032　(255－262)

戰國策校註十卷

劉向原編　鮑彪校註　吴師道重校註　上海　商務印書館　1922 年　四部叢刊史部

005312217　9100　6032　(263－264)

晏子春秋十[八]卷

晏嬰撰　上海　商務印書館　1922 年　四部叢刊史部　(m.)

004765170　2261.5　7272b　9100　6032　（265－267）
古列女傳七卷　附續列女傳一卷
劉向撰　上海　商務印書館　1922 年　四部叢刊史部

005312225　2259.5　2943　（1）　9100　6032　（268－273）
五朝名臣言行録十卷
朱熹撰　上海　商務印書館　1922 年　四部叢刊史部

005312224　2259.5　2943　（2）　9100　6032　（274－281）
三朝名臣言行録十四卷
朱熹撰　上海　商務印書館　1922 年　四部叢刊史部

005269416　2528　4865B　9100　6032　（282－283）
吴越春秋十卷
趙曄撰　徐天佑音註　上海　商務印書館　1929 年　四部叢刊初編　（m.）

005242018　2528　4303B　9100　6032　（284－285）
越絶書十五卷
袁康撰　上海　商務印書館　1922 年　四部叢刊史部　（m.）

005312222　9100　6032　（286－288）
華陽國志十[十二]卷
常璩撰　上海　商務印書館　1922 年　四部叢刊史部　（m.）

005312223　3037　7988b　9100　6032　（289－300）
水經注四十卷
酈道元註　上海　商務印書館　1922 年　四部叢刊史部　（m.）

005312226　3079　0402　9100　6032　（301－304）
大唐西域記十二卷
玄奘譯　辯機撰　上海　商務印書館　1922 年　四部叢刊史部　（m.）

005312227　9100　6032　（305－308）
史通二十卷
劉知幾撰　上海　商務印書館　1922 年　四部叢刊史部　（m.）

005319709　9100　6032　（309－311）
孔子家語十卷
王肅註　上海　商務印書館　1922 年　四部叢刊子部

005319712　9100　6032　（312－317）
荀子二十卷
荀況撰　楊倞註　上海　商務印書館　1922 年　四部叢刊子部　（m.）

005319715　9100　6032　（318－319）
孔叢子七卷
孔鮒撰　上海　商務印書館　1922 年　四部叢刊子部　（m.）

005319691　9100　6032　（320）
新語二卷
陸賈撰　上海　商務印書館　1922 年　四部叢刊子部　（m.）

005319692　9100　6032　（321－322）
新書十卷
賈誼撰　上海　商務印書館　1922 年　四部叢刊子部

005319693　9100　6032　（323－324）
鹽鐵論十卷
桓寬撰　上海　商務印書館　1922 年　四部叢刊子部　（m.）

005319694　9100　6032　（325－326）
劉向新序十卷
劉向撰　上海　商務印書館　1922 年　四部叢刊子部

005319695　9100　6032　（327－332）
説苑二十卷
劉向撰　上海　商務印書館　1922 年

四部叢刊子部　（m.）

005319696　9100　6032　（333）
揚子法言十三卷
揚雄撰　李軌註　上海　商務印書館　1922 年　四部叢刊子部

005319697　9100　6032　（334－335）
潛夫論十卷
王符撰　上海　商務印書館　1922 年　四部叢刊子部　（m.）

005319716　9100　6032　（336）
申鑒五卷
荀悦撰　黄省曾註　上海　商務印書館　1922 年　四部叢刊子部

005319718　9100　6032　（337）
徐幹中論二卷
徐幹撰　上海　商務印書館　1922 年　四部叢刊子部

005319719　9100　6032　（338）
中説十卷
王通撰　阮逸註　上海　商務印書館　1922 年　四部叢刊子部

005319722　8911　1914E　9100　6032　（339－342）
孫子十家集註十三卷
孫子撰　魏武帝[曹操]等註　上海　商務印書館　1922 年　四部叢刊子部

005319698　9100　6032　（343）
六韜六卷
吕尚撰　上海　商務印書館　1922 年　四部叢刊子部

005319700　9100　6032　（343）
司馬法三卷
司馬穰苴撰　上海　商務印書館　1922 年　四部叢刊子部

005319702　9100　6032　（344－347）
管子二十四卷
管仲撰　房玄齡註　上海　商務印書館　1922 年　四部叢刊子部　（m.）

005319701　9100　6032　（348）
鄧析子二卷
鄧析撰　上海　商務印書館　1922 年　四部叢刊子部

005319703　9100　6032　（349）
商子五卷
公孫鞅撰　上海　商務印書館　1922 年　四部叢刊子部

005319704　9100　6032　（350－352）
韓非子二十卷
韓非撰　上海　商務印書館　1922 年　四部叢刊子部　（m.）

005319717　8033　1864b　9100　6032　（353－356）
齊民要術十卷
賈思勰撰　上海　商務印書館　1922 年　四部叢刊子部　（m.）

005319720　7924　4802b　9100　6032　（357－361）
重廣補註黄帝内經素問二十四卷
王冰註　林億等奉勅校正　上海　商務印書館　1922 年　四部叢刊子部

005319721　9100　6032　（362－365）
靈樞經十二卷
上海　商務印書館　1922 年　四部叢刊子部　（m.）

005330177　7924　1146　9100　6032　（366－367）
難經集註五卷
吕廣等集解　王九思集註　上海　商務印書館　1922 年　四部叢刊子部

005330135　9100　6032　（368－369）
金匱要略三卷

張仲景述　王叔和編　林億等詮次　上海　商務印書館　1922 年　四部叢刊子部

005319714　7932　1345　9100　6032　(370－373)
註解傷寒論十卷
張仲景撰　王叔和編　成無己註　上海　商務印書館　1922 年　四部叢刊子部

005319708　7930　1122　(1929)　9100　6032　(374－375)
脈經十卷
王叔和撰　林億等編　上海　商務印書館　1922 年　四部叢刊子部　(m.)

005319711　7970　0692　9100　6032　(376－387)
重修政和經史證類本草三十卷
唐慎微撰　寇宗奭衍義　張存惠重修　上海　商務印書館　1922 年　四部叢刊子部

005319713　7031　443　9100　6032　(388－389)
周髀算經二卷
趙爽註　甄鸞重述　李淳風等奉勑註釋　上海　商務印書館　1922 年　四部叢刊子部

005319710　9100　6032　(390－392)
九章算術九卷
劉徽註　李淳風等奉勑註釋　上海　商務印書館　1922 年　四部叢刊子部

005339772　9100　6032　(393－395)
太玄經十卷
揚雄撰　范望註　上海　商務印書館　1922 年　四部叢刊子部

005339773　9100　6032　(396－411)
易林十六卷
焦贛[延壽]撰　上海　商務印書館　1922 年　四部叢刊子部

005339803　9100　6032　(412－415)
墨子十五卷
墨翟撰　上海　商務印書館　1922 年　四部叢刊子部　(m.)

005339792　9100　6032　(416)
尹文子
尹文撰　上海　商務印書館　1922 年　四部叢刊子部　(m.)

005339791　9100　6032　(417)
愼子內編一卷　外編一卷
愼到撰　上海　商務印書館　1922 年　四部叢刊子部

005339794　9100　6032　(418)
鶡冠子三卷
陸佃解　上海　商務印書館　1922 年　四部叢刊子部　(m.)

005339823　9100　6032　(419)
鬼谷子三卷
鬼谷子撰　陶弘景註　上海　商務印書館　1922 年　四部叢刊子部

005339793　9100　6032　(420－424)
吕氏春秋二十六卷
吕不韋撰　高誘註　上海　商務印書館　1922 年　四部叢刊子部　(m.)

005339804　1140　0498　9100　6032　(425－428)
淮南鴻烈解二十一卷
劉安撰　許慎註　上海　商務印書館　1922 年　四部叢刊子部

005339795　9100　6032　(429)
人物志三卷
劉劭撰　劉昞註　上海　商務印書館　1922 年　四部叢刊子部

005339796　9100　6032　(430)
顏氏家訓二卷

顔之推撰　上海　商務印書館　1922 年　四部叢刊子部　（m.）

005339778　9100　6032　（431－432）
白虎通德論十卷
班固撰　上海　商務印書館　1922 年　四部叢刊子部

005339777　9100　6032　（433－440）
論衡三十卷
王充撰　上海　商務印書館　1922 年　四部叢刊子部　（m.）

005339774　9100　6032　（441－442）
風俗通義十卷
應劭撰　上海　商務印書館　1922 年　四部叢刊子部

005339776　9100　6032　（443－458）　9109　2124
群書治要五十卷
魏徵等奉勅輯　上海　商務印書館　1922 年　四部叢刊子部　（m.）

005339797　9100　6032　（459－460）
意林五卷
馬總輯　上海　商務印書館　1922 年　四部叢刊子部

005339798　9100　6032　（461）
西京雜記六卷
劉歆撰　葛洪録　上海　商務印書館　1922 年　四部叢刊子部

005339799　9100　6032　（462－464）
世説新語三卷
劉義慶撰　劉孝標註　上海　商務印書館　1922 年　四部叢刊子部　（m.）

005339800　9100　6032　（465－466）
山海經十八卷
郭璞傳　上海　商務印書館　1922 年　四部叢刊子部　（m.）

005229845　2525　0213B　9100　6032　（467）
穆天子傳六卷
郭璞註　范欽訂　上海　商務印書館　1929 年　四部叢刊初編　（m.）

005339775　9100　6032　（468－471）
酉陽雜俎前集二十卷　續集十卷
段成式撰　上海　商務印書館　1922 年　四部叢刊子部　（m.）

005348037　9100　6032　（472－476）
弘明集十四卷
僧祐輯　上海　商務印書館　1922 年　四部叢刊子部

005348036　9100　6032　（477－488）
廣弘明集三十卷
道宣輯　上海　商務印書館　1922 年　四部叢刊子部

005348035　9100　6032　（489－524）
法苑珠林一百二十卷
道世撰　上海　商務印書館　1922 年　四部叢刊子部

005348050　9100　6032　（525－531）
翻譯名義集七卷
法雲編　上海　商務印書館　1922 年　四部叢刊子部

005348051　9100　6032　（532）
老子道德經四[三、二卷]
老子撰　河上公章句　上海　商務印書館　1922 年　四部叢刊子部

005348052　9100　6032　（533）
沖虛至德真經八卷
列子撰　張湛註　上海　商務印書館　1922 年　四部叢刊子部

005348038 9100 6032 (534－538)
南華真經十卷
莊子撰 郭象註 陸德明音義 上海 商務印書館 1922年 四部叢刊子部

005348040 9100 6032 (539－544)
抱朴子内篇二十卷 外篇五十卷
葛洪撰 上海 商務印書館 1922年 四部叢刊子部

005348039 9100 6032 (545－576)
雲笈七籤一百二十二卷
張君房撰 上海 商務印書館 1922年 四部叢刊子部

005348020 9100 6032 (577－581)
楚辭十七卷
王逸章句 洪興祖補註 上海 商務印書館 1922年 四部叢刊集部 (m.)

005348021 9100 6032 (582－583)
蔡中郎集十卷
蔡邕撰 上海 商務印書館 1922年 四部叢刊集部 (m.)

005348022 5254 60 9100 6032 (584－585)
曹子建集十卷
曹植撰 上海 商務印書館 1922年 四部叢刊集部

005524394 5255 4898 9100 6032 (586)
嵇中散集十卷
嵇康撰 上海 商務印書館 1929年 四部叢刊初編 (m.)

005348024 5259 4222 9100 6032 (588－589)
陸士龍文集十卷
陸雲撰 上海 商務印書館 1922年 四部叢刊集部

005348029 5263 4489 9100 6032 (590－591)
陶淵明集十卷
陶潛撰 李公焕集録 上海 商務印書館 1922年 四部叢刊集部

005348025 5268 2133 9100 6032 (592－593)
鮑氏集十卷
鮑照撰 上海 商務印書館 1922年 四部叢刊集部 (m.)

005524610 5270 5496 5270 5496 c.2 9100 6032 (594)
謝宣城詩集五卷
謝朓撰 上海 商務印書館 1929—34年 四部叢刊集部 (m.)

005348026 5274 7232 9100 6032 (595)
昭明太子集五卷
蕭統撰 上海 商務印書館 1922年 四部叢刊集部

005348041 5272 7 9100 6032 (596－597)
江文通集十卷
江淹撰 上海 商務印書館 1922年 四部叢刊集部 (m.)

005348044 5276 767 9100 6032 (598－599)
徐孝穆集十卷
徐陵撰 上海 商務印書館 1922年 四部叢刊集部 (m.)

005348043 5279 7671 9100 6032 (600－602)
庾子山集十六卷
庾信撰 上海 商務印書館 1922年 四部叢刊集部 (m.)

005348069 9100 6032 (603)
寒山詩一卷
寒山撰 上海 商務印書館 1922年 四部叢刊集部

005348027 5286 1398 9100 6032 (604－607)
王子安集十六卷 附録一卷
王勃著 張燮輯 上海 商務印書館

1922 年　四部叢刊集部　（m.）

005348028　5287　0112　9100　6032　（608－609）
楊盈川集十巻　附録一巻
楊炯撰　上海　商務印書館　1922 年　四部叢刊集部

005348045　5288　1399　9100　6032　（610－611）
幽憂子集七巻　附録一巻
盧照鄰撰　上海　商務印書館　1922 年　四部叢刊集部

005348042　5289　7　9100　6032　（612）
駱賓王文集十巻
駱賓王撰　上海　商務印書館　1922 年　四部叢刊集部

005357870　5290　4256　9100　6032　（613－615）
陳伯玉集十巻　附録
陳子昂撰　上海　商務印書館　1922 年　四部叢刊集部

005937030　5293　7　9100　6032　（616－619）
張燕公集二十五巻　補一巻
張説撰　上海　商務印書館　1922 年　四部叢刊集部

005357833　5295　7136　9100　6032　（620－623）
曲江張先生文集二十巻　附録一巻
張九齡撰　上海　商務印書館　1922 年　四部叢刊集部

005357834　9100　6032　（624－633）
李太白詩文二十五巻　分類編次文五巻
李白撰　楊齊賢集註　蕭士贇補註　上海　商務印書館　1922 年　四部叢刊集部

005357830　5299　8720　9100　6032　（634－643）
分門集註杜工部詩二十五巻
杜甫撰　上海　商務印書館　1922 年　四部叢刊集部

005937035　5297　7278　9100　6032　（644）
須溪先生校本王右丞集六巻
王維撰　上海　商務印書館　1922 年　四部叢刊集部

005357860　5300　7　9100　6032　（645）
高常侍集八巻
高適撰　上海　商務印書館　1922 年　四部叢刊集部　（m.）

005357858　5296　7　9100　6032　（646）
孟浩然集四十巻
孟浩然撰　上海　商務印書館　1922 年　四部叢刊集部　（m.）

005357862　5303　1126.7　9100　6032　（647－648）
唐元次山文集十巻　拾遺一巻
元結撰　上海　商務印書館　1922 年　四部叢刊集部

005357869　5306　7　9100　6032　（649－651）
顔魯公集十五巻　補遺一巻
顔真卿撰　上海　商務印書館　1922 年　四部叢刊集部

005357861　5302　2222　9100　6032　（652）
岑嘉州詩七巻
岑參撰　上海　商務印書館　1922 年　四部叢刊集部

005357868　5303　2423　9100　6032　（653－654）
呉興晝上人集十巻
皎然撰　上海　商務印書館　1922 年　四部叢刊集部

005357857　5305　7　9100　6032　（655－656）
劉隨州集十巻　外集一巻
劉長卿撰　上海　商務印書館　1922 年　四部叢刊集部　（m.）

005357859 5304 4513 9100 6032 （657－658）
韋刺史詩集十卷 附録一卷
韋應物撰 上海 商務印書館 1922 年 四部叢刊集部

005357863 5304.9 4211 9100 6032 （659－662）
毗陵集二十卷 補遺一卷 附録一卷
獨孤及撰 上海 商務印書館 1922 年 四部叢刊集部

005357831 5306.9 8548 9100 6032 （663－664）
錢考功集十卷
錢起撰 上海 商務印書館 1922 年 四部叢刊集部

005357832 5307 5 9100 6032 （665－668）
陸宣公翰苑集二十二卷
陸贄撰 上海 商務印書館 1922 年 四部叢刊集部

005357836 5307.9 4127 9100 6032 （669－676）
權載之文集五十卷
權德輿撰 上海 商務印書館 1922 年 四部叢刊集部

005357835 9100 6032 （677－684）
朱文公校韓昌黎先生文集四十卷 外集十卷 遺文一卷
韓愈撰 朱熹考異 王伯大音釋 上海 商務印書館 1922 年 四部叢刊集部

005357842 5309 0130 9100 6032 （685－692）
增廣註釋音辯柳先生集四十三卷 別集二卷 外集二卷 附録一卷
柳宗元撰 童宗説註釋 張敦頤音辯 潘緯音義 上海 商務印書館 1922 年 四部叢刊集部

005357837 5313 5 9100 6032 （693－700）
劉夢得文集三十卷 外集十卷
劉禹錫撰 上海 商務印書館 1922 年 四部叢刊集部

005357838 5316 6631 9100 6032 （701－702）
吕和叔文集十卷
吕温撰 上海 商務印書館 1922 年 四部叢刊集部

005380186 5310 7 9100 6032 （703）
唐張司業詩集八卷
張籍撰 上海 商務印書館 1922 年 四部叢刊集部

005380187 5316 2153 9100 6032 （704）
皇甫持正文集六卷
皇甫湜撰 上海 商務印書館 1922 年 四部叢刊集部

005380188 5316 4422 9100 6032 （705－706）
李文公集十八卷
李翱撰 上海 商務印書館 1922 年 四部叢刊集部

005380189 5316 7872 9100 6032 （707）
歐陽行周文集十卷
歐陽詹撰 上海 商務印書館 1922 年 四部叢刊集部

005380190 5311 1102b （1929） 9100 6032 （708－709）
孟東野詩集十卷
孟郊撰 上海 商務印書館 1922 年 四部叢刊集部

005380191 5312.9 7 9100 6032 （710）
賈浪仙長江集十卷
賈島撰 上海 商務印書館 1922 年 四部叢刊集部

005380192 5312 5 9100 6032 （711）
李賀歌詩編四十卷
李賀撰 上海 商務印書館 1922 年 四部叢刊集部

005380193　5316　3113　9100　6032　(712－713)

沈下賢集十二卷

沈亞之撰　上海　商務印書館　1922 年　四部叢刊集部

005380205　5316　4423.4　9100　6032　(714－719)

李文饒集二十卷　別集十卷　外集四卷　補一卷

李德裕撰　上海　商務印書館　1922 年　四部叢刊集部

005380194　5315　7　9100　6032　(720－723)

元氏長慶集六十卷　集外文章一卷

元稹撰　上海　商務印書館　1922 年　四部叢刊集部

005380195　5314　1128　9100　6032　(724－747)

白氏文集七十一卷

白居易撰　上海　商務印書館　1922 年　四部叢刊集部

005380208　5317　7　9100　6032　(748－752)

樊川文集二十卷　外集一卷　別集一卷

杜牧撰　上海　商務印書館　1922 年　四部叢刊集部

005380196　5317.9　4186　9100　6032　(753－754)

姚少監詩集十卷

姚合撰　上海　商務印書館　1922 年　四部叢刊集部

005380197　5318.3　7　9100　6032　(755－756)

李義山詩集六卷

李商隱撰　上海　商務印書館　1922 年　四部叢刊集部

005380216　5318.4　2942　9100　6032　(757－758)

李義山文集五卷

李商隱撰　上海　商務印書館　1922 年　四部叢刊集部

005380222　5319　7　9100　6032　(759)

温庭筠集七卷　別集一卷

温庭筠撰　上海　商務印書館　1922 年　四部叢刊集部

005380225　5319.9　0435　9100　6032　(760)

丁卯集二卷

許渾撰　上海　商務印書館　1922 年　四部叢刊集部

005380234　5319.9　7251　9100　6032　(761)

劉蜕集六卷

劉蜕撰　上海　商務印書館　1922 年　四部叢刊集部

005380232　5319.9　1943　9100　6032　(762)

孫樵集十卷

孫樵撰　上海　商務印書館　1922 年　四部叢刊集部

005380223　5319.9　4411　9100　6032　(763)

李群玉詩集三卷　後集五卷

李群玉撰　上海　商務印書館　1922 年　四部叢刊集部

005380228　5292　445　9100　6032　(764)

碧雲集三卷

李中撰　上海　商務印書館　1922 年　四部叢刊集部

005380229　5323　4457　9100　6032　(765)

披沙集六卷

李咸用撰　上海　商務印書館　1922 年　四部叢刊集部

005380235　5321　7　9100　6032　(766－767)

皮子文藪十卷

皮日休撰　上海　商務印書館　1922 年　四部叢刊集部

005380233　5320　4946　9100　6032　(768－772)

甫里先生文集二十卷

陸龜蒙撰　上海　商務印書館　1922 年
四部叢刊集部

005380226　5325　7　9100　6032　(774－775)
司空表聖文集十卷
司空圖撰　上海　商務印書館　1922 年
四部叢刊集部

005380198　5325　7　5325　7　c.2　9100　6032　(776)
司空表聖詩集五卷
司空圖撰　上海　商務印書館　1922 年
四部叢刊集部

005380199　5322　8　9100　6032　(777)
玉山樵人集一卷
韓偓撰　上海　商務印書館　1922 年
四部叢刊集部

005380200　5323　2113　9100　6032　(778－780)
桂苑筆耕集二十卷
崔致遠撰　上海　商務印書館　1922 年
四部叢刊集部

005380201　5323　4837.7　9100　6032　(781－783)
唐黄御史文集八卷　附録一卷
黄滔撰　上海　商務印書館　1922 年
四部叢刊集部

005380202　5324　5　9100　6032　(784)
甲乙集十卷
羅隱撰　上海　商務印書館　1922 年
四部叢刊集部

005380239　5327　0211　9100　6032　(785－786)
白蓮集十卷　附風騷旨格一卷
釋齊己撰　上海　商務印書館　1922 年
四部叢刊集部

005380240　5327　7829　9100　6032　(787－788)
禪月集二十五卷
貫休撰　上海　商務印書館　1922 年
四部叢刊集部

005380241　5328　7　9100　6032　(789)
浣花集十卷　補遺一卷
韋莊撰　上海　商務印書館　1922 年
四部叢刊集部

005380242　5329　34　9100　6032　(790－792)
廣成集十七卷
杜光庭撰　上海　商務印書館　1922 年
四部叢刊集部

005443526　5331　7　9100　6032　(793－798)
徐騎省集三十卷
徐鉉撰　上海　商務印書館　1922 年
四部叢刊集部　(m.)

005443527　5333　1369　9100　6032　(799－801)
河東先生集十六卷
柳開撰　上海　商務印書館　1922 年
四部叢刊集部

005443528　9100　6032　(802－807)
王黄州小畜集三十卷
王禹偁撰　上海　商務印書館　1922 年
四部叢刊集部

005443529　5334　3122　9100　6032　(808)
小畜外集殘七卷
王禹偁撰　上海　商務印書館　1922 年
四部叢刊集部

005443530　5334.9　4933.7　9100　6032　(809)
林和靖先生詩集四卷　補一卷
林逋撰　上海　商務印書館　1922 年
四部叢刊集部

005443531　5335　5　9100　6032　(810)
河南穆公集三卷　遺事一卷
穆修撰　上海　商務印書館　1922 年
四部叢刊集部

005443542　5335.9　4123　9100　6032　(811 – 820)
范文正集二十巻
范仲淹撰　上海　商務印書館　1922 年
四部叢刊集部

005443564　5337.9　1539　9100　6032　(821 – 824)
河南先生文集二十八巻
尹洙撰　上海　商務印書館　1922 年
四部叢刊集部

005443565　5338.9　2992　9100　6032　(825 – 827)
蘇學士集十六巻
蘇舜欽撰　上海　商務印書館　1922 年
四部叢刊集部

005443532　5341　5　9100　6032　(828 – 843)
温國文正司馬公文集八十巻
司馬光撰　上海　商務印書館　1922 年
四部叢刊集部

005443674　5339.9　4451　9100　6032　(844 – 851)
直講李先生文集三十七巻　外集三巻
李覯撰　上海　商務印書館　1922 年
四部叢刊集部

005443541　5339.9　0472　9100　6032　(852 – 859)
丹淵集四十巻　拾遺二巻
文同撰　上海　商務印書館　1922 年
四部叢刊集部

005443533　5342　6　9100　6032　(860 – 869)
元豐類稿五十巻　附録一巻
曾鞏撰　上海　商務印書館　1922 年
四部叢刊集部　(m.)

005443540　5337　7　9100　6032　(870 – 881)
宛陵先生集六十巻　拾遺一巻　附録一巻
梅堯臣撰　上海　商務印書館　1922 年
四部叢刊集部

005443543　5340　7　9100　6032　(882 – 885)
伊川撃壤集二十巻　集外詩一巻
邵雍撰　上海　商務印書館　1922 年
四部叢刊集部

005443539　5338　1908　9100　6032　(886 – 921)
歐陽文忠公集一百五十三巻　附録五巻
歐陽修撰　上海　商務印書館　1922 年
四部叢刊集部

005443545　5339　5　9100　6032　(922 – 923)
嘉祐集十五巻
蘇洵撰　上海　商務印書館　1922 年
四部叢刊集部

005443536　5343　0314　9100　6032　(924 – 943)
臨川先生文集一百巻
王安石撰　上海　商務印書館　1922 年
四部叢刊集部

005443546　5345.3　1147b　9100　6032　(944 – 953)
集註分類東坡先生詩二十五巻
蘇軾撰　王十朋註　上海　商務印書館
1922 年　四部叢刊集部

005443535　5345　3265　9100　6032　(954 – 963)
經進東坡文集事略六十巻
蘇軾撰　郎曄註　上海　商務印書館
1922 年　四部叢刊集部

005443544　5346　0272　9100　6032　(964 – 983)
欒城集五十巻　後集二十四巻　三集十巻
蘇轍撰　上海　商務印書館　1922 年
四部叢刊集部　(m.)

005443547　5346　2400　9100　6032　(984 – 985)
欒城應詔集十二巻
蘇轍撰　上海　商務印書館　1922 年
四部叢刊集部

005443537　5347　5　9100　6032　(986 – 993)
豫章黄先生文集三十巻
黄庭堅撰　上海　商務印書館　1922 年

四部叢刊集部

005443538 5349 2132 9100 6032 (994 – 997)
后山詩註十二卷
陳師道撰 任淵註 上海 商務印書館 1922 年 四部叢刊集部

005460780 5348.9 1359 9100 6032 (998 – 1009)
張右史文集五十卷[六十卷]
張耒撰 上海 商務印書館 1922 年 四部叢刊集部

005460763 5348 7 9100 6032 (1010 – 1014)
淮海集四十卷 後集六卷 長短句三卷
秦觀撰 上海 商務印書館 1922 年 四部叢刊集部 (m.)

005460764 5350 5338 9100 6032 (1015 – 1022)
石門文字禪三十卷
惠洪撰 上海 商務印書館 1922 年 四部叢刊集部

005460766 5350 6133 9100 6032 (1023 – 1038)
濟北晁先生雞肋集七十卷
晁補之撰 上海 商務印書館 1922 年 四部叢刊集部

005460786 5352.9 3149 9100 6032 (1039 – 1046)
浮溪集三十二卷
汪藻撰 上海 商務印書館 1922 年 四部叢刊集部

005460783 9100 6032 (1047 – 1050)
增廣箋註簡齋詩集三十卷 無住詞一卷
陳與義撰 胡穉箋註 上海 商務印書館 1922 年 四部叢刊集部

005460784 5351 6 9100 6032 (1051)
簡齋外集
陳與義撰 上海 商務印書館 1922 年 四部叢刊集部

005460770 5358 1345 9100 6032 (1052 – 1057)
于湖居士文集四十卷 附録一卷
張孝祥撰 上海 商務印書館 1922 年 四部叢刊集部

005460778 5356 4277 9100 6032 (1058 – 1107)
晦庵先生朱文公文集一百卷 續集十一卷 別集十卷 目録二卷
朱熹撰 上海 商務印書館 1922 年 四部叢刊集部

005460774 5358 7923 9100 6032 (1108 – 1115)
止齋文集五十二卷 附録一卷
陳傅良撰 上海 商務印書館 1922 年 四部叢刊集部

005460775 5352 2238 9100 6032 (1116 – 1127)
梅溪先生廷試策奏議五卷 詩文前集二十卷 後集二十九卷 附録一卷
王十朋撰 上海 商務印書館 1922 年 四部叢刊集部

005460767 5358 4482 9100 6032 (1128 – 1157)
攻媿集一百一十二卷
樓鑰撰 上海 商務印書館 1922 年 四部叢刊集部

005460777 5357 7153 9100 6032 (1158 – 1167)
象山集三十六卷
陸九淵撰 上海 商務印書館 1922 年 四部叢刊集部

005460765 5358 3833 9100 6032 (1168 – 1179)
盤洲文集八十卷
洪适撰 上海 商務印書館 1922 年 四部叢刊集部

005460769 5355 3862 5355 3862 c.2 9100 6032 (1180 – 1184)
石湖居士詩集三十四卷
范成大撰 上海 商務印書館 1922 年 四部叢刊集部 (m.)

005460768　5353　6143　9100　6032　（1185－1216）
誠齋集一百三十三卷
楊萬里撰　上海　商務印書館　1922 年　四部叢刊集部

005460779　5354.4　4511　9100　6032　（1217－1228）
渭南文集五十卷
陸游撰　上海　商務印書館　1922 年　四部叢刊集部

005460771　9100　6032　（1229－1230）
精選陸放翁詩集前集十卷　後集八卷　別集一卷
陸游撰　羅椅、劉辰翁選　上海　商務印書館　1922 年　四部叢刊集部

005460776　5359　2309　9100　6032　（1231－1238）
水心文集二十九卷
葉適撰　上海　商務印書館　1922 年　四部叢刊集部

005460787　5361　5　9100　6032　（1239－1262）
鶴山先生大全文集一百十卷
魏了翁撰　上海　商務印書館　1922 年　四部叢刊集部

005460773　5360　4815　9100　6032　（1263－1286）
西山真文忠公文集五十一卷
真德秀撰　上海　商務印書館　1922 年　四部叢刊集部

005460772　5358.3　8484　9100　6032　（1287－1288）
白石道人集二卷　集外詩一卷　詩説一卷　歌曲四卷　歌曲別集一卷　附録一卷
姜夔撰　上海　商務印書館　1922 年　四部叢刊集部

005460762　5363　8　9100　6032　（1289－1335）
後村先生大全集一百九十六卷
劉克莊撰　上海　商務印書館　1922 年　四部叢刊集部

005488799　5365　7　9100　6032　（1336－1345）
文山先生全集二十卷
文天祥撰　上海　商務印書館　1922 年　四部叢刊集部　（m.）

005488801　5370　4820　9100　6032　（1346－1351）
閑閑老人滏水文集二十卷　附録
趙秉文撰　上海　商務印書館　1922 年　四部叢刊集部　（m.）

005488803　5371　1162　9100　6032　（1352－1357）
滹南老人集四十五卷　續一卷
王若虛撰　上海　商務印書館　1922 年　四部叢刊集部

005488796　5372　1329　9100　6032　（1358－1369）
遺山先生文集四十卷　附録一卷
元好問撰　上海　商務印書館　1922 年　四部叢刊集部　（m.）

005488795　5381　1244　9100　6032　（1370－1373）
湛然居士文集十四卷
耶律楚材撰　上海　商務印書館　1922 年　四部叢刊集部　（m.）

005488793　5381　1195　9100　6032　（1374－1397）
秋澗先生大全集一百卷　附録一卷
王惲撰　上海　商務印書館　1922 年　四部叢刊集部

005488800　5383　7　9100　6032　（1398－1403）
剡源戴先生文集三十卷
戴表元撰　上海　商務印書館　1922 年　四部叢刊集部

005488802　5386　6　9100　6032　（1404－1406）
松雪齋集十卷　詩文外集一卷
趙孟頫撰　上海　商務印書館　1922 年　四部叢刊集部

005488797　5385　7263　9100　6032　（1407－1409）
静修先生文集二十二卷

劉因撰　上海　商務印書館　1922 年
四部叢刊集部

005488828　5387　6　9100　6032　(1410 – 1425)
清容居士集五十卷
袁桷撰　上海　商務印書館　1922 年
四部叢刊集部

005488798　5381　4193　9100　6032　(1426 – 1433)
牧庵集三十六卷
姚燧撰　上海　商務印書館　1922 年
四部叢刊集部

005488805　5390　7　9100　6032　(1434 – 1445)
道園學古録五十卷
虞集撰　上海　商務印書館　1922 年
四部叢刊集部　(m.)

005488813　5389　7　9100　6032　(1446)
翰林楊仲弘詩八卷
楊載撰　上海　商務印書館　1922 年
四部叢刊集部

005488812　5392　9132　9100　6032　(1447 – 1450)
揭文安公全集十四卷　補遺一卷
揭傒斯撰　上海　商務印書館　1922 年
四部叢刊集部

005488811　5391　4221　9100　6032　(1451 – 1452)
范德機詩集七卷
范梈撰　上海　商務印書館　1922 年
四部叢刊集部

005488810　5396　3933　9100　6032　(1453 – 1456)
淵穎吴先生集十卷　附録一卷
吴萊撰　上海　商務印書館　1922 年
四部叢刊集部

005488804　5394　2159　9100　6032　(1457 – 1468)
金華黄先生文集四十三卷
黄溍撰　上海　商務印書館　1922 年
四部叢刊集部

005488806　5395　7870　9100　6032　(1469 – 1472)
圭齋集十五卷　附録
歐陽玄撰　上海　商務印書館　1922 年
四部叢刊集部

005488807　9100　6032　(1473 – 1480)
柳待制文集二十卷　附録一卷
柳貫撰　上海　商務印書館　1922 年
四部叢刊集部

005507187　5395　4145　9100　6032　(1481 – 1482)
薩天錫詩集二卷
薩都剌撰　上海　商務印書館　1922 年
四部叢刊集部

005507186　5393　1312　9100　6032　(1483)
句曲外史貞居先生詩集五卷
張雨撰　上海　商務印書館　1922 年
四部叢刊集部

005507184　5399　4533　9100　6032　(1484 – 1489)
九靈山房集三十卷
戴良撰　上海　商務印書館　1922 年
四部叢刊集部

005507153　5399　2118　5399　2118　c.2　9100　6032
(1490 – 1492)
倪雲林先生詩集六卷　附録一卷
倪瓚撰　上海　商務印書館　1922 年
四部叢刊集部

005507169　5397.4　1182　9100　6032　(1493 – 1498)
東維子文集三十一卷
楊維楨撰　上海　商務印書館　1922 年
四部叢刊集部

005507154　5397.3　2324　9100　6032　(1499 – 1500)
鐵崖先生古樂府十卷　鐵崖先生復古詩集六卷
楊維楨撰　上海　商務印書館　1922 年

四部叢刊集部 （m.）

007926726 5402 7 9100 6032 （1501－1514）
宋學士文集七十五卷
宋濂撰 上海 商務印書館 1922 年 四部叢刊集部 （m.）

005507155 5403 2281 9100 6032 （1515－1524）
誠意伯文集二十卷
劉基撰 上海 商務印書館 1922 年 四部叢刊集部 （m.）

005507270 5403.9 6814 9100 6032 （1525－1530）
清江貝先生集三十卷 詩集十卷 詩餘一卷
貝瓊撰 上海 商務印書館 1922 年 四部叢刊集部

005507185 5403.9 4922 9100 6032 （1531－1535）
蘇平仲集十六卷
蘇伯衡撰 上海 商務印書館 1922 年 四部叢刊集部

005507156 5404 2902 9100 6032 （1536－1541）
高太史大全集十八卷
高啟撰 上海 商務印書館 1922 年 四部叢刊集部

005507172 5404.4 7201 9100 6032 （1542－1543）
鳧藻集五卷 扣舷集一卷
高啟撰 上海 商務印書館 1922 年 四部叢刊集部

005507160 5406 4191 9100 6032 （1544－1555）
遜志齋集二十四卷 附録一卷
方孝孺撰 上海 商務印書館 1922 年 四部叢刊集部 （m.）

007926620 5409 2331 9100 6032 （1556－1567）
匏翁家藏集七十七卷 補遺一卷
吴寬撰 上海 商務印書館 1922 年 四部叢刊集部

005507157 5411 2924 9100 6032 （1568－1591）
王文成公全書三十八卷
王守仁[陽明]撰 上海 商務印書館 1922 年 四部叢刊集部 （m.）

005507190 5416 7 9100 6032 （1592－1603）
唐荊川文集十七卷 新刊外集三卷
唐順之撰 上海 商務印書館 1922 年 四部叢刊集部

005507158 5415 81 9100 6032 （1604－1615）
震川先生集三十卷 別集十卷
歸有光撰 上海 商務印書館 1922 年 四部叢刊集部

005507159 5440 81 9100 6032 （1616－1618）
亭林詩文集十一卷
顧炎武撰 上海 商務印書館 1922 年 四部叢刊集部 （m.）

005507161 5440.4 88 9100 6032 （1619）
亭林餘集一卷
顧炎武撰 上海 商務印書館 1922 年 四部叢刊集部

007926638 5437 81 9100 6032 （1620－1627）
南雷集二十一卷 附學箕初稿二卷
黄宗羲撰 上海 商務印書館 1922 年 四部叢刊集部

005507162 5447 4102 9100 6032 （1628－1633）
薑齋詩文集二十八卷
王夫之撰 上海 商務印書館 1922 年 四部叢刊集部

005507163 5432 7 9100 6032 （1634－1665）
初學集一百十卷
錢謙益撰 上海 商務印書館 1922 年 四部叢刊集部

005507164 5432 81 9100 6032 (1666－1677)
牧齋有學集五十卷 補一卷
錢謙益撰 上海 商務印書館 1922 年 四部叢刊集部

005507171 5434 89 9100 6032 (1678－1685)
梅村家藏集五十八卷 詩補一卷 文補一卷
吴偉業撰 上海 商務印書館 1922 年 四部叢刊集部

005507165 9100 6032 (1686－1689)
漁洋山人精華録十卷
王士禎撰 林佶編 上海 商務印書館 1922 年 四部叢刊集部 (m.)

005507166 5454 81 9100 6032 (1690－1697)
堯峰文鈔四十卷 詩十卷
王琬撰 上海 商務印書館 1922 年 四部叢刊集部

005507167 5459 81 9100 6032 (1698－1717)
曝書亭集八十一卷 附録一卷 附笛漁小稿十卷
朱彝尊撰 上海 商務印書館 1922 年 四部叢刊集部 (m.)

005507205 5456 7402 9100 6032 (1718－1731)
陳迦陵文集六卷 儷體文集十卷 湖海樓詩集八卷 迦陵詞全集三十卷
陳維崧撰 上海 商務印書館 1922 年 四部叢刊集部

005507168 5464 83B 9100 6032 (1732－1747)
敬業堂集五十卷 續集六卷
查慎行撰 上海 商務印書館 1922 年 四部叢刊集部

005518303 9100 6032 (1748－1759)
方望溪先生全集十八卷 集外文十卷 補遺二卷
方苞撰 上海 商務印書館 1922 年 四部叢刊集部 (m.)

005518304 5471 83 9100 6032 (1760－1767)
樊榭山房集十卷
厲鶚撰 上海 商務印書館 1922 年 四部叢刊集部 (m.)

005518305 5485 84 5485 84 c.2 9100 6032 (1768－1772)
惜抱軒文集十六卷 詩集十卷
姚鼐撰 上海 商務印書館 1922 年 四部叢刊集部

005518335 5479 83 9100 6032 (1773－1776)
戴東原集十二卷
戴震撰 上海 商務印書館 1922 年 四部叢刊集部 (m.)

005518343 5474 83 9100 6032 (1777－1808)
鮚埼亭集三十八卷 外編五十卷
全祖望撰 上海 商務印書館 1922 年 四部叢刊集部 (m.)

005518344 5474.3 83 9100 6032 (1809－1811)
鮚埼亭詩集十卷
全祖望撰 上海 商務印書館 1922 年 四部叢刊集部

005518302 5491 83 9100 6032 (1812－1831)
洪北江詩文集六十六卷
洪亮吉撰 上海 商務印書館 1922 年 四部叢刊集部 (m.)

005518379 5494 84 9100 6032 (1832－1839)
孫淵如先生全集二十一卷
孫星衍撰 上海 商務印書館 1922 年 四部叢刊集部 (m.)

005524611 5478 84 9100 6032 (1840－1847)
抱經堂文集三十四卷
盧文弨撰 上海 商務印書館 1929—34 年 四部叢刊集部 (m.)

005518350　5483　84　9100　6032　(1848－1863)
潛研堂文集五十卷　**詩集**十卷　**續集**十卷
錢大昕撰　上海　商務印書館　1922 年
四部叢刊集部　(m.)

005518346　5488　83　9100　6032　(1864－1865)
述學内篇三卷　**外篇**一卷　**補遺**一卷　**別録**一卷
汪中撰　上海　商務印書館　1922 年
四部叢刊集部

005518348　5488.3　83　9100　6032　(1866)
汪容甫遺詩五卷　**補遺**一卷　**附録**一卷
汪中撰　上海　商務印書館　1922 年
四部叢刊集部

005518306　9100　6032　(1867－1886)
揅經室集五十四卷
阮元撰　上海　商務印書館　1922 年
四部叢刊集部

005518307　5495　87　9100　6032　(1887－1892)
大雲山房文稿十一卷
惲敬撰　上海　商務印書館　1922 年
四部叢刊集部　(m.)

005518329　9100　6032　(1893－1895)
定盦文集三卷　**續集**四卷　**補**五卷
龔自珍撰　上海　商務印書館　1922 年
四部叢刊集部

005518308　9100　6032　(1896)
定盦文集補編四十卷
龔自珍撰　上海　商務印書館　1922 年
四部叢刊集部

005518309　9100　6032　(1897－1898)
茗柯文編初編一卷　**二編**二卷　**三編**一卷　**四編**一卷
張惠言撰　上海　商務印書館　1922 年
四部叢刊集部

005523274　9100　6032　(1899)
茗柯文補編外編補編二卷　**外編**二卷
張惠言撰　上海　商務印書館　1919 年

005518310　9100　6032　(1900－1903)
曾文正公詩集三卷　**文集**三卷
曾國藩撰　上海　商務印書館　1922 年
四部叢刊集部

005518311　9100　6032　(1904－1933)
六臣註文選六十卷
蕭統輯　李善等著　上海　商務印書館　1922 年　四部叢刊集部

005518312　5237.03　2974　9100　6032　(1934－1936)
玉臺新詠集十卷
徐陵撰　上海　商務印書館　1922 年
四部叢刊集部

005518313　9100　6032　(1937)
中興間氣集上下卷
高仲武輯　上海　商務印書館　1922 年
四部叢刊集部

005518314　5237.4　2416　9100　6032　(1938)
河嶽英靈集上中下卷
殷璠輯　上海　商務印書館　1922 年
四部叢刊集部

005518315　9100　6032　(1939)
國秀集三卷
芮挺章輯　上海　商務印書館　1922 年
四部叢刊集部

005518316　9100　6032　(1940－1942)
才調集十卷
韋縠輯　上海　商務印書館　1922 年
四部叢刊集部

005518408　9100　6032　(1943－1946)
古文苑二十一卷
章樵註　上海　商務印書館　1922 年

四部叢刊集部 (m.)

005518317 9100 6032 (1947－1962)
文粹一百卷
姚鉉輯 上海 商務印書館 1922年
四部叢刊集部

005518321 9100 6032 (1963)
西崑酬唱集二卷
楊億等撰 上海 商務印書館 1922年
四部叢刊集部 (m.)

005518318 9100 6032 (1964－1979)
樂府詩集一百卷
郭茂倩輯 上海 商務印書館 1922年
四部叢刊集部

005518319 9100 6032 (1980－2019)
皇朝文鑒一百五十卷
吕祖謙輯 上海 商務印書館 1922年
四部叢刊集部

005518320 9100 6032 (2020－2023)
翰苑英華中州集十卷 中州樂府一卷
元好問輯 上海 商務印書館 1922年
四部叢刊集部

005518322 9100 6032 (2024)
古音二卷
杜本輯 上海 商務印書館 1922年
四部叢刊集部

005518330 9100 6032 (2025)
河汾諸老詩集八卷
房祺輯 上海 商務印書館 1922年
四部叢刊集部

005518323 9100 6032 (2026－2045)
國朝文類七十卷
蘇天爵輯 上海 商務印書館 1922年
四部叢刊集部

005518324 9100 6032 (2046－2047)
皇元風雅前集六卷 後集六卷
傅習、孫存吾輯 上海 商務印書館
1922年 四部叢刊集部

005518325 9100 6032 (2048－2067)
皇明文衡一百卷
程敏政輯 上海 商務印書館 1922年
四部叢刊集部

005518326 9100 6032 (2068)
文心雕龍十卷
劉勰撰 上海 商務印書館 1922年
四部叢刊集部 (m.)

005518327 9100 6032 (2069－2084)
唐詩紀事八十一卷
計有功撰 上海 商務印書館 1922年
四部叢刊集部 (m.)

005518345 9100 6032 (2085－2096)
詩話總龜四十八卷 後集五十卷
阮閲輯 上海 商務印書館 1922年
四部叢刊集部

005518328 9100 6032 (2097－2099)
花間集十二卷
趙崇祚輯 上海 商務印書館 1922年
四部叢刊集部

005523275 9100 6032 (2100－2101)
樂府雅詞三卷 拾遺二卷
曾慥輯 上海 商務印書館 1922年
四部叢刊集部

005523276 9100 6032 (2102－2103)
唐宋諸賢絶妙詞選十卷
黄昇輯 上海 商務印書館 1922年
四部叢刊集部

005523237 9100 6032 (2104－2106)
中興以來絶妙詞選十卷

黄昇編輯　上海　商務印書館　1922 年　四部叢刊集部

005523238　9100　6032　(2107－2108)
增修箋註妙選草堂詩餘
上海　商務印書館　1922 年　四部叢刊集部

007359202　9100　6032　(2109－2110)
朝野新聲太平樂府九卷
楊朝英輯　上海　商務印書館　1922 年　四部叢刊集部　(m.)

007285957　9100　6032b
四部叢刊初編縮本
上海　商務印書館影印　1936 年

005631795　323　1136　9100　6032b　(001)
尚書十三卷
孔安國傳　陸德明音義　上海　商務印書館　1929 年　四部叢刊初編

005631796　423　2102　9100　6032b　(002)
毛詩二十卷
毛亨傳　鄭玄箋　陸德明音義　上海　商務印書館　1929 年　四部叢刊初編

005631797　9100　6032b　(005)
纂圖互註禮記二十卷
鄭玄註　陸德明音義　上海　商務印書館　1929 年　四部叢刊初編

005631798　713　4118c　9100　6032b　(006－007)
春秋經傳集解三十卷　附春秋二十國年表一卷
杜預撰　陸德明音義　上海　商務印書館　1929 年　四部叢刊初編

005631799　742　2229　9100　6032b　(008)
春秋公羊解詁十二卷
何休學　陸德明音義　上海　商務印書館　1929 年　四部叢刊初編

005631800　773　4132　9100　6032b　(008)
春秋穀梁傳十二卷
范寧集解　陸德明音義　上海　商務印書館　1929 年　四部叢刊初編

005631802　9100　6032b　(009)
論語集解十卷
何晏集解　上海　商務印書館　1929 年　四部叢刊初編

005631801　9100　6032b　(009)
孝經一卷
唐玄宗李隆基註　上海　商務印書館　1929 年　四部叢刊初編　(m.)

005631803　9100　6032b　(010)　961　4824
孟子十四卷
趙岐註　上海　商務印書館　1929 年　四部叢刊初編　(m.)

005631806　9100　6032b　(011)
韓詩外傳十卷
韓嬰撰　上海　商務印書館　1929 年　四部叢刊初編

005631804　9100　6032b　(011)
京氏易傳三卷
京房撰　陸續註　上海　商務印書館　1929 年　四部叢刊初編

005631805　9100　6032b　(011)
尚書大傳五卷　附序録一卷　辨訛一卷
伏勝撰　鄭玄註　陳壽祺輯校並撰序録辨訛　上海　商務印書館　1929 年　四部叢刊初編　(m.)

009122055　9100　6032b　(12)
春秋繁露
董仲舒撰　上海　商務印書館　1929 年

四部叢刊初編

009122045　9100　6032b　(12)
大戴禮記十三卷
戴德撰　上海　商務印書館　1929年
四部叢刊初編

005631807　9100　6032b　(013-014)
經典釋文三十卷
陸德明撰　上海　商務印書館　1929年
四部叢刊初編

005701711　9100　6032b　(017-018)
説文解字繫傳通釋
許慎撰　徐鉉等校訂　上海　商務印書館　1929年　四部叢刊初編

005631808　9100　6032b　(021-022)
前漢紀三十卷
荀悦撰　上海　商務印書館　1929年
四部叢刊初編

005631809　9100　6032b　(048-049)
資治通鑒外紀十卷　目録五卷
劉恕撰　上海　商務印書館　1929年
四部叢刊初編

005631811　9100　6032b　(057)
國語二十一卷
韋昭解　上海　商務印書館　1929年
四部叢刊初編　(m.)

005631810　9100　6032b　(057)
汲塚周書十卷
孔晁注　上海　商務印書館　1929年
四部叢刊初編

005631813　9100　6032b　(060)
古列女傳七卷　附續列女傳一卷
劉向撰　上海　商務印書館　1929年
四部叢刊初編

005631812　9100　6032b　(060)
晏子春秋八卷
晏嬰撰　上海　商務印書館　1929年
四部叢刊初編　(m.)

005631815　9100　6032b　(061)
五朝名臣言行録十卷
朱熹撰　上海　商務印書館　1929年
四部叢刊初編

005631816　9100　6032b　(062-063)
三朝名臣言行録十四卷
朱熹撰　上海　商務印書館　1929年
四部叢刊初編

005243537　2563　9213　9100　6032b　(065)
華陽國志十卷
常璩撰　上海　商務印書館　1929年
四部叢刊初編　(m.)

005631817　9100　6032b　(066-068)
水經注四十卷
酈道元註　上海　商務印書館　1929年
四部叢刊初編　(m.)

005631818　9100　6032b　(070)
史通二十卷
劉知幾撰　上海　商務印書館　1929年
四部叢刊初編　(m.)

005631819　9100　6032b　(071)
孔子家語十卷
王肅註　上海　商務印書館　1929年
四部叢刊初編

005631820　9100　6032b　(072)
荀子二十卷
荀況撰　楊倞註　上海　商務印書館　1929年　四部叢刊初編　(m.)

005631821　4311　4131B　9100　6032b　(074)
鹽鐵論十卷

桓寬撰　上海　商務印書館　1929 年　四部叢刊初編　（m.）

005631823　1145　0141c　9100　6032b　(075)
説苑二十卷
劉向撰　上海　商務印書館　1929 年　四部叢刊初編　（m.）

005631824　1150　4451c　9100　6032b　(075)
揚子法言十三卷
揚雄撰　李軌註　上海　商務印書館　1929 年　四部叢刊初編　（m.）

005631825　1164　3274　9100　6032b　(076)
潛夫論十卷
王符撰　上海　商務印書館　1929 年　四部叢刊初編　（m.）

005631826　1162　4823　9100　6032b　(076)
申鑒五卷
荀悦撰　黄省曾註　上海　商務印書館　1929 年　四部叢刊初編

005631828　9100　6032b　(076)
文中子中説十卷
王通撰　阮逸註　上海　商務印書館　1929 年　四部叢刊初編

005631827　9100　6032b　(076)
徐幹中論二卷
徐幹撰　上海　商務印書館　1929 年　四部叢刊初編

005631830　9100　6032b　(077)
六韜六卷
吕尚撰　上海　商務印書館　1929 年　四部叢刊初編

005631832　9100　6032b　(077)
司馬法三卷
司馬穰苴撰　上海　商務印書館　1929 年　四部叢刊初編

005631829　9100　6032b　(077)
孫子集註十三卷
孫子撰　吉天保輯　上海　商務印書館　1929 年　四部叢刊初編

005631831　9100　6032b　(077)
吴子二卷
吴起撰　上海　商務印書館　1929 年　四部叢刊初編

005631833　9100　6032b　(078)
管子二十四卷
管仲撰　房玄齡註　上海　商務印書館　1929 年　四部叢刊初編　（m.）

005631834　9100　6032b　(079)
鄧析子二卷
鄧析撰　上海　商務印書館　1929 年　四部叢刊初編

005631836　9100　6032b　(079)
韓非子二十卷
韓非撰　上海　商務印書館　1929 年　四部叢刊初編　（m.）

005631835　9100　6032b　(079)
商子五卷
公孫鞅撰　上海　商務印書館　1929 年　四部叢刊初編

005631837　9100　6032b　(080)
齊民要術十卷
賈思勰撰　上海　商務印書館　1929 年　四部叢刊初編　（m.）

005631838　9100　6032b　(081)
黄帝内經二十四卷
王冰註　林億等奉勅校正　上海　商務印書館　1929 年　四部叢刊初編

005631839　7924　1142B　9100　6032b　(082)
靈樞經十二卷
上海　商務印書館　1929 年　四部叢刊初編　(m.)

005631841　9100　6032b　(083)
金匱要略方論三卷
張仲景述　王叔和編　林億等詮次　上海　商務印書館　1929 年　四部叢刊初編

005631840　9100　6032b　(083)
難經集註五卷
吕廣等集解　王九思集註　上海　商務印書館　1929 年　四部叢刊初編

005631842　9100　6032b　(084)
註解傷寒論十卷
張機撰　王叔和編　成無己註　上海　商務印書館　1929 年　四部叢刊初編

005631843　9100　6032b　(085)
脈經十卷
王叔和撰　林億等編　上海　商務印書館　1929 年　四部叢刊初編　(m.)

005631844　9100　6032b　(086－088)
重修政和備用本草三十卷
唐慎微撰　寇宗奭衍義　張存惠重修　上海　商務印書館　1929 年　四部叢刊初編

005631845　1150　4131　9100　6032b　(090)
太玄經十卷
揚雄撰　范望註　上海　商務印書館　1929 年　四部叢刊初編

005701699　1740　2314　9100　6032b　(091－092)
易林註十六卷
焦贛[延壽]撰　上海　商務印書館　1929 年　四部叢刊初編

005701700　9100　6032b　(093)
墨子十五卷
墨翟撰　上海　商務印書館　1929 年　四部叢刊初編　(m.)

005701704　9100　6032b　(094)
鬼谷子三卷
鬼谷子撰　陶弘景註　上海　商務印書館　1929 年　四部叢刊初編

005701703　9100　6032b　(094)
鶡冠子三卷
陸佃解　上海　商務印書館　1929 年　四部叢刊初編　(m.)

005701702　1119　9849　9100　6032b　(094)
慎子内外編
慎到撰　上海　商務印書館　1929 年　四部叢刊初編

005701701　9100　6032b　(094)
尹文子一卷
尹文撰　上海　商務印書館　1929 年　四部叢刊初編　(m.)

005701705　1126　0202c　9100　6032b　(095)
吕氏春秋二十六卷
吕不韋撰　高誘註　上海　商務印書館　1929 年　四部叢刊初編　(m.)

005701706　9100　6032b　(096)
淮南子二十一卷
劉安撰　許慎註　上海　商務印書館　1929 年　四部叢刊初編　(m.)

005701707　1160　4206　9100　6032b　(098－099)
論衡三十卷
王充撰　上海　商務印書館　1929 年　四部叢刊初編　(m.)

005701708　9100　6032b　(100)　9133　0312
風俗通義十卷

應劭撰　上海　商務印書館　1929 年　四部叢刊初編

005701709　9100　6032b　(101－104)
群書治要五十卷
魏徵等奉勅輯　上海　商務印書館　1929 年　四部叢刊初編　(m.)

005701710　1064　7223　9100　6032b　(105)
意林五卷　補二卷　逸文一卷
馬總輯　上海　商務印書館　1929 年　四部叢刊初編

005709574　9100　6032b　(106)　9141　7280c
世説新語三卷
劉義慶撰　劉孝標註　上海　商務印書館　1929 年　四部叢刊初編　(m.)

005709534　9100　6032b　(106)
西京雜記六卷
劉歆撰　葛洪録　陶宗儀纂　龔鉄校　上海　商務印書館　1927 年　説郛

009247818　9100　6032b　(107)
穆天子傳六卷
郭璞註　上海　商務印書館　1929 年　四部叢刊初編　(m.)

005721282　5741　0213B　9100　6032b　(107)
山海經十八卷
郭璞傳　上海　商務印書館　1929 年　四部叢刊初編　(m.)

009249873　9100　6032b　(108)
酉陽雜俎二十卷　酉陽雜俎續集十卷
段成式撰　上海　商務印書館　1929 年　四部叢刊初編　(m.)

005721283　9100　6032b　(109)
弘明集十四卷
僧祐輯　上海　商務印書館　1929 年　四部叢刊初編

005721284　1867　1363　9100　6032b　(110－112)
廣弘明集三十卷
道宣輯　上海　商務印書館　1929 年　四部叢刊初編

005721285　1809　3341　9100　6032b　(113－120)
法苑珠林一百二十卷
道世撰　上海　商務印書館　1929 年　四部叢刊初編

005721289　1088　1331c　9100　6032b　(122)
沖虚至德真經八卷
列子撰　張湛註　上海　商務印書館　1929 年　四部叢刊初編

005721288　9100　6032b　(122)
老子道德經二卷
老子撰　河上公章句　上海　商務印書館　1929 年　四部叢刊初編

005721290　1111　0223d　9100　6032b　(122－123)　Film　Mas　16810
南華真經十卷
莊子撰　郭象註　陸德明音義　上海　商務印書館　1929 年　四部叢刊初編

005721292　1187　2646　9100　6032b　(124－125)
抱朴子内外篇
葛洪撰　上海　商務印書館　1929 年　四部叢刊初編　(m.)

005721293　9100　6032b　(126－130)
雲笈七籤一百二十二卷
張君房撰　上海　商務印書館　1929 年　四部叢刊初編

005721294　9100　6032b　(131)
楚辭補註十七卷
王逸章句　洪興祖補註　上海　商務印書館　1929 年　四部叢刊初編

005721295 5252 4571 9100 6032b (132)
蔡中郎文集十卷
蔡邕撰 上海 商務印書館 1929 年
四部叢刊初編 (m.)

005721296 9100 6032b (132)
曹子建集十卷
曹植撰 上海 商務印書館 1929 年
四部叢刊初編

005721300 9100 6032b (133)
箋註陶淵明集十卷
陶潛撰 李公焕集録 上海 商務印書館 1929 年 四部叢刊初編

005721297 9100 6032b (133)
陸士衡文集十卷
陸機撰 上海 商務印書館 1929 年
四部叢刊初編

005721298 9100 6032b (133)
陸士龍文集十卷
陸雲撰 上海 商務印書館 1929 年
四部叢刊初編

005721301 9100 6032b (135)
徐孝穆集十卷
徐陵撰 上海 商務印書館 1929 年
四部叢刊初編 (m.)

005721302 9100 6032b (135)
庾子山集十六卷
庾信撰 上海 商務印書館 1929 年
四部叢刊初編 (m.)

005725379 9100 6032b (136)
寒山子詩附拾得詩
寒山撰 上海 商務印書館 1929 年
四部叢刊初編

005725380 9100 6032b (136)
王子安集十六卷 附録一卷
王勃著 上海 商務印書館 1929 年
四部叢刊初編 (m.)

005725383 9100 6032b (137)
駱賓王文集十卷
駱賓王撰 上海 商務印書館 1929 年 四部叢刊初編

005725381 9100 6032b (137)
楊盈川集十卷 附録一卷
楊炯撰 上海 商務印書館 1929 年
四部叢刊初編

005725382 9100 6032b (137)
幽憂子集七卷 附録一卷
盧照鄰撰 上海 商務印書館 1929 年 四部叢刊初編

005739847 9100 6032b (139)
張説之集二十五卷 補一卷
張説撰 上海 商務印書館 1929 年
四部叢刊初編

005739848 9100 6032b (140)
曲江張先生文集二十卷 附録一卷
張九齡撰 上海 商務印書館 1929 年 四部叢刊初編

009249165 9100 6032b (143–144)
分門集註杜工部詩二十五卷
杜甫撰 上海 商務印書館 1929 年
四部叢刊初編

005739850 9100 6032b (146)
岑嘉州詩七卷
岑參撰 上海 商務印書館 1929 年
四部叢刊初編

005739849 9100 6032b (146)
顔魯公文集十五卷 補遺一卷
顔真卿撰 上海 商務印書館 1929 年

四部叢刊初編

005739851　9100　6032b　（147）

皎然集十卷

皎然撰　上海　商務印書館　1929 年
四部叢刊初編

005739852　9100　6032b　（147）

劉隨州詩集十卷　附外集一卷

劉長卿撰　上海　商務印書館　1929 年
四部叢刊初編

005739853　9100　6032b　（147）

韋江州集十卷　附録一卷

韋應物撰　上海　商務印書館　1929 年
四部叢刊初編

005739854　9100　6032b　（148）

毗陵集二十卷

獨孤及撰　上海　商務印書館　1929 年
四部叢刊初編

005739855　9100　6032b　（148）

錢考功集十卷

錢起撰　上海　商務印書館　1929 年
四部叢刊初編

005739856　9100　6032b　（149）

陸宣公翰苑集二十二卷

陸贄撰　上海　商務印書館　1929 年
四部叢刊初編

005739869　9100　6032b　（150－151）

權載之文集五十卷

權德輿撰　上海　商務印書館　1929 年
四部叢刊初編

005739870　5308　2943　9100　6032b　（152－153）

朱文公校昌黎文集四十卷　外集十卷　遺文一卷

韓愈撰　朱熹考異　王伯大音釋　上海
商務印書館　1929 年　四部叢刊初編

005739873　9100　6032b　（154－155）

唐柳先生文集四十三卷　別集二卷　外集二卷　附録一卷

柳宗元撰　童宗説註釋　張敦頤音辯
潘緯音義　上海　商務印書館　1929 年
四部叢刊初編

005739871　9100　6032b　（156－157）

劉夢得文集三十卷　外集十卷

劉禹錫撰　上海　商務印書館　1929 年
四部叢刊初編

005739859　9100　6032b　（158）

皇甫持正文集六卷

皇甫湜撰　上海　商務印書館　1929 年
四部叢刊初編

005739857　9100　6032b　（158）

吕和叔文集十卷

吕温撰　上海　商務印書館　1929 年
四部叢刊初編

005739858　9100　6032b　（158）

張司業集八卷

張籍撰　上海　商務印書館　1929 年
四部叢刊初編

005739860　9100　6032b　（159）

李文公集十八卷

李翱撰　上海　商務印書館　1929 年
四部叢刊初編

005739861　9100　6032b　（159）

歐陽行周文集十卷

歐陽詹撰　上海　商務印書館　1929 年
四部叢刊初編

005739864　9100　6032b　（160）

李賀歌詩編四十卷

李賀撰　上海　商務印書館　1929 年
四部叢刊初編

005739862　9100　6032b　(160)
孟東野詩集十卷
孟郊撰　上海　商務印書館　1929 年
四部叢刊初編

005739865　9100　6032b　(160)
沈下賢集十二卷
沈亞之撰　上海　商務印書館　1929 年
四部叢刊初編

005739863　9100　6032b　(160)
唐賈浪仙長江集十卷
賈島撰　上海　商務印書館　1929 年
四部叢刊初編

005739866　9100　6032b　(161)
李衛公集二十卷　別集十卷　外集四卷　補一卷
李德裕撰　上海　商務印書館　1929 年
四部叢刊初編

005739867　9100　6032b　(162)
元氏長慶集六十卷　集外文章一卷
元稹撰　上海　商務印書館　1929 年
四部叢刊初編

005739872　9100　6032b　(163－164)
白氏文集七十一卷
白居易撰　上海　商務印書館　1929 年
四部叢刊初編

005739868　9100　6032b　(165)
樊川文集二十卷　外集一卷　別集一卷
杜牧撰　上海　商務印書館　1929 年
四部叢刊初編

005911238　9100　6032b　(166)
李義山詩集六卷
李商隱著　上海　商務印書館　1929 年
四部叢刊初編

005911239　9100　6032b　(166)
李義山文集五卷
李商隱撰　上海　商務印書館　1929 年
四部叢刊初編

005911240　9100　6032b　(166)
温庭筠集七卷　別集一卷
温庭筠撰　上海　商務印書館　1929 年
四部叢刊初編

005911237　9100　6032b　(166)
姚少監詩集十卷
姚合撰　上海　商務印書館　1929 年
四部叢刊初編

005911245　9100　6032b　(167)
碧雲集三卷
李中撰　上海　商務印書館　1929 年
四部叢刊初編

005911241　9100　6032b　(167)
丁卯集二卷
許渾撰　上海　商務印書館　1929 年
四部叢刊初編

005911244　9100　6032b　(167)
李群玉詩集三卷　後集五卷
李群玉撰　上海　商務印書館　1929 年
四部叢刊初編

005911246　9100　6032b　(167)
披沙集六卷
李咸用撰　上海　商務印書館　1929 年
四部叢刊初編

005911242　9100　6032b　(167)
唐劉蜕集六卷
劉蜕撰　上海　商務印書館　1929 年

四部叢刊初編

005911243　9100　6032b　(167)
唐孫樵集十卷
孫樵撰　上海　商務印書館　1929 年
四部叢刊初編

005911248　9100　6032b　(168)
皮子文藪十卷
皮日休撰　上海　商務印書館　1929 年
四部叢刊初編

005911247　9100　6032b　(168)
唐甫里先生文集二十卷
陸龜蒙撰　上海　商務印書館　1929 年
四部叢刊初編

005911251　9100　6032b　(169)
司空表聖詩集五卷
司空圖撰　上海　商務印書館　1929 年
四部叢刊初編

005911250　9100　6032b　(169)
司空表聖文集十卷
司空圖撰　上海　商務印書館　1929 年
四部叢刊初編

005911249　9100　6032b　(169)
玉川子集二卷　外集一卷
盧仝撰　上海　商務印書館　1929 年
四部叢刊初編

005911252　9100　6032b　(169)
玉山樵人集一卷　香奩集附
韓偓撰　上海　商務印書館　1929 年
四部叢刊初編

005911253　9100　6032b　(170)
桂苑筆耕集二十卷
崔致遠撰　上海　商務印書館　1929 年
四部叢刊初編

005911254　9100　6032b　(171)
甲乙集十卷
羅隱撰　上海　商務印書館　1929 年
四部叢刊初編

005911255　9100　6032b　(171)
唐黄御史集八卷
黄滔撰　上海　商務印書館　1929 年
四部叢刊初編

005911256　9100　6032b　(172)
白蓮集十卷　附風騷旨格一卷
釋齊己撰　上海　商務印書館　1929 年
四部叢刊初編

005911257　9100　6032b　(172)
禪月集二十五卷
貫休撰　上海　商務印書館　1929 年
四部叢刊初編

005911259　9100　6032b　(172)
廣成集十七卷
杜光庭撰　上海　商務印書館　1929 年
四部叢刊初編

005911258　9100　6032b　(172)
浣花集十卷　補遺一卷
韋莊撰　上海　商務印書館　1929 年
四部叢刊初編

005911260　9100　6032b　(173)
徐公文集三十卷
徐鉉撰　上海　商務印書館　1929 年
四部叢刊初編

005911261　9100　6032b　(174)
河東先生集十六卷
柳開撰　上海　商務印書館　1929 年
四部叢刊初編

005911262　9100　6032b　(175)
小畜集三十卷

王禹偁撰　上海　商務印書館　1929 年
四部叢刊初編　(m.)

005911263　9100　6032b　(175)
小畜外集七卷
王禹偁撰　上海　商務印書館　1929 年
四部叢刊初編

005915762　9100　6032b　(176－177)
范文正公全集二十卷
范仲淹撰　上海　商務印書館　1929 年
四部叢刊初編

005915761　9100　6032b　(176)
河南穆公集三卷　遺事一卷
穆修撰　上海　商務印書館　1929 年
四部叢刊初編

005915760　9100　6032b　(176)
林和靖先生詩集四卷　補一卷
林逋撰　上海　商務印書館　1929 年
四部叢刊初編

005915763　9100　6032b　(178)
河南先生集二十八卷
尹洙撰　上海　商務印書館　1929 年
四部叢刊初編

005915764　9100　6032b　(179)
蘇學士文集十六卷
蘇舜欽撰　上海　商務印書館　1929 年
四部叢刊初編

005915765　9100　6032b　(180－182)
温國文正司馬公集八十卷
司馬光撰　上海　商務印書館　1929 年
四部叢刊初編

005915766　9100　6032b　(183－184)
直講李先生文集三十七卷　外集三卷
李覯撰　上海　商務印書館　1929 年
四部叢刊初編

005915767　9100　6032b　(185－186)
丹淵集四十卷　拾遺二卷
文同撰　上海　商務印書館　1929 年
四部叢刊初編

005915768　9100　6032b　(187－188)
元豐類稿五十卷　附録一卷
曾鞏撰　上海　商務印書館　1929 年
四部叢刊初編　(m.)

005915769　9100　6032b　(189－191)
宛陵先生集六十卷　拾遺一卷　附録一卷
梅堯臣撰　上海　商務印書館　1929 年
四部叢刊初編

005915770　9100　6032b　(192)
伊川擊壤集二十卷　集外詩一卷
邵雍撰　上海　商務印書館　1929 年
四部叢刊初編

005915771　9100　6032b　(193－198)
歐陽文忠公全集一百五十三卷　附録五卷
歐陽修撰　上海　商務印書館　1929 年
四部叢刊初編

005915772　9100　6032b　(199)
嘉祐集十五卷
蘇洵撰　上海　商務印書館　1929 年
四部叢刊初編

005915773　9100　6032b　(199－201)
臨川先生文集一百卷
王安石撰　上海　商務印書館　1929 年
四部叢刊初編

005915774　9100　6032b　(202－204)
集註分類東坡詩二十五卷
蘇軾撰　王十朋註　上海　商務印書館
1929 年　四部叢刊初編

005915777　9100　6032b　(205－206)
經進東坡文集事略六十巻
蘇軾撰　郎曄著　上海　商務印書館　1929 年　四部叢刊初編

005915778　9100　6032b　(207－210)
欒城集五十巻　後集二十四巻　三集十巻
蘇轍撰　上海　商務印書館　1929 年　四部叢刊初編　(m.)

005915779　9100　6032b　(210)
欒城應詔集十二巻
蘇轍撰　上海　商務印書館　1929 年　四部叢刊初編

005915780　9100　6032b　(211－212)
豫章黄先生文集三十巻
黄庭堅撰　上海　商務印書館　1929 年　四部叢刊初編

005915781　9100　6032b　(213)
后山詩註十二巻
陳師道撰　任淵註　上海　商務印書館　1929 年　四部叢刊初編

005915782　9100　6032b　(214－215)
張右史文集六十巻
張耒撰　上海　商務印書館　1929 年　四部叢刊初編

005915783　9100　6032b　(216)
秦淮海集四十巻　後集六巻　長短句三巻
秦觀撰　上海　商務印書館　1929 年　四部叢刊初編

005915784　9100　6032b　(217－218)
石門文字禪三十巻
惠洪撰　上海　商務印書館　1929 年　四部叢刊初編

005915785　9100　6032b　(219－221)
濟北晁先生雞肋集七十巻
晁補之撰　上海　商務印書館　1929 年　四部叢刊初編

005915786　9100　6032b　(222－223)
浮溪集三十二巻
汪藻撰　上海　商務印書館　1929 年　四部叢刊初編

005915787　9100　6032b　(224)
簡齋詩集三十巻　無住詞一巻
陳與義撰　胡穉箋註　上海　商務印書館　1929 年　四部叢刊初編

005915788　9100　6032b　(224)
簡齋詩外集一巻
陳與義撰　上海　商務印書館　1929 年　四部叢刊初編

005915789　9100　6032b　(225)
于湖居士文集四十巻　附録一巻
張孝祥撰　上海　商務印書館　1929 年　四部叢刊初編

009246640　9100　6032b　(226－235)
晦庵先生朱文公集
(宋)朱熹著　上海　商務印書館　1929 年　四部叢刊初編

005915790　9100　6032b　(236－237)
止齋先生文集五十二巻　附録一巻
陳傅良撰　上海　商務印書館　1929 年　四部叢刊初編

005915791　9100　6032b　(238－239)
梅溪先生全集
王十朋撰　上海　商務印書館　1929 年　四部叢刊初編

008490651　9100　6085.2　Z3101.Y446x　Suppl. vol. 15
六藝之一録目録附引得
馮續昌編目　引得編纂處　北平　該處

1940 年

007116158 9100 6138
墨海金壺一百一十四種 七百二十二卷
張海鵬輯 上海 博古齋 1921 年

007116538 9100 6138 (1-2)
吴園周易解九卷 附録一卷
張根撰 上海 博古齋 1921 年 墨海金壺

007116540 9100 6138 (3)
易説四卷
趙善譽撰 上海 博古齋 1921 年 墨海金壺

007116541 9100 6138 (4)
洪範口義二卷
胡瑗撰 上海 博古齋 1921 年 墨海金壺

007116542 9100 6138 (5-6)
禹貢説斷四卷
傅寅撰 上海 博古齋 1921 年 墨海金壺

007116544 9100 6138 (7)
五誥解四卷
楊簡撰 上海 博古齋 1921 年 墨海金壺

007116545 9100 6138 (8-15)
吕氏家塾讀詩記三十二卷
吕祖謙撰 上海 博古齋 1921 年 墨海金壺

007116546 9100 6138 (16-17)
續吕氏家塾讀詩記三卷
戴溪撰 上海 博古齋 1921 年 墨海金壺

007116547 9100 6138 (18-21)
周官新義十六卷 考工記二卷
王安石撰 上海 博古齋 1921 年 墨海金壺

007116548 9100 6138 (21)
儀禮釋宫一卷
李如圭撰 上海 博古齋 1921 年 墨海金壺

007116549 9100 6138 (22-23)
禮記訓義擇言八卷
江永撰 上海 博古齋 1921 年 墨海金壺

007120075 9100 6138 (24-25)
春秋通訓六卷
張大亨撰 上海 博古齋 1921 年 墨海金壺

007120077 9100 6138 (25)
春秋正旨一卷
高拱撰 上海 博古齋 1921 年 墨海金壺

007120078 9100 6138 (26-27)
左傳補註六卷
惠棟撰 上海 博古齋 1921 年 墨海金壺

007120079 9100 6138 (28-31)
古微書三十六卷
孫瑴撰 上海 博古齋 1921 年 墨海金壺

007120080 9100 6138 (32)
論語筆解二卷
韓愈、李翺同註 上海 博古齋 1921 年 墨海金壺

007120081 9100 6138 (33-34)
論語意原四卷

鄭汝諧撰　上海　博古齋　1921 年　墨海金壺

007120082　9100　6138　(35)
四書逸箋六卷
程大中撰　上海　博古齋　1921 年　墨海金壺

007120083　9100　6138　(36)
瑟譜六卷
熊朋來撰　上海　博古齋　1921 年　墨海金壺

007120086　9100　6138　(36)
韶舞九成樂補一卷
余載撰　上海　博古齋　1921 年　墨海金壺

007120088　9100　6138　(37)
律吕成書二卷
劉瑾撰　上海　博古齋　1921 年　墨海金壺

007120089　9100　6138　(38)
切韻指掌圖二卷
司馬光撰　上海　博古齋　1921 年　墨海金壺

007120090　9100　6138　(38)
切韻指掌圖檢例一卷
邵光祖撰　上海　博古齋　1921 年　墨海金壺

007120091　9100　6138　(39－40)
古韻標準四卷
江永撰　上海　博古齋　1921 年　墨海金壺

007120092　9100　6138　(41)
三國志辨誤三卷
上海　博古齋　1921 年　墨海金壺

007120134　9100　6138　(42－46)
續後漢書四十三卷　音義四卷
蕭常撰　上海　博古齋　1921 年　墨海金壺

007120094　9100　6138　(47－49)
春秋别典十五卷
薛虞畿撰　上海　博古齋　1921 年　墨海金壺

007120135　9100　6138　(50)
渚宫舊事五卷　補遺一卷
余知古撰　上海　博古齋　1921 年　墨海金壺

007120138　9100　6138　(51)
咸淳遺事二卷
上海　博古齋　1921 年　墨海金壺

007120095　9100　6138　(52－53)
大金弔伐録四卷
上海　博古齋　1921 年　墨海金壺

007120096　9100　6138　(54)
平宋録三卷
劉敏中撰　上海　博古齋　1921 年　墨海金壺

007120098　9100　6138　(54)
昭忠録一卷
上海　博古齋　1921 年　墨海金壺

007120100　9100　6138　(55)
江表志三卷
鄭文寶撰　上海　博古齋　1921 年　墨海金壺

007120101　9100　6138　(55)
三楚新録三卷
周羽翀撰　上海　博古齋　1921 年　墨海金壺

007120099 9100 6138 (55)
征南録一卷
滕甫撰 上海 博古齋 1921 年 墨海金壺

007120102 9100 6138 (56 – 58)
南唐書三十卷
馬令撰 上海 博古齋 1921 年 墨海金壺

007120103 9100 6138 (59 – 64)
吴郡志五十卷
范成大撰 上海 博古齋 1921 年 墨海金壺

007120104 9100 6138 (65)
吴中水利書一卷
單鍔撰 上海 博古齋 1921 年 墨海金壺

007120105 9100 6138 (65)
治河圖略一卷
王喜撰 上海 博古齋 1921 年 墨海金壺

007120106 9100 6138 (66 – 67)
中吴紀聞六卷
龔明之撰 上海 博古齋 1921 年 墨海金壺

008052081 9100 6138 (68)
箋紙譜一卷
費著撰 上海 博古齋 1921 年 墨海金壺

007120109 9100 6138 (68)
平江記事一卷
高德基撰 上海 博古齋 1921 年 墨海金壺

008052087 9100 6138 (68)
蜀錦譜一卷
費著撰 上海 博古齋 1921 年 墨海金壺

007120107 9100 6138 (68)
歲華紀麗譜一卷
費著撰 上海 博古齋 1921 年 墨海金壺

007120108 9100 6138 (68)
吴中舊事一卷
陸友仁撰 上海 博古齋 1921 年 墨海金壺

007120110 9100 6138 (69 – 71)
大唐西域記十二卷
玄奘譯 辯機撰 上海 博古齋 1921 年 墨海金壺

007235900 9100 6138 (72)
職方外紀五卷
艾儒略撰 上海 博古齋 1921 年 墨海金壺

007120113 9100 6138 (73 – 78)
五代會要三十卷
王溥撰 上海 博古齋 1921 年 墨海金壺

007120115 9100 6138 (79 – 83)
宋朝事實二十卷
李攸撰 上海 博古齋 1921 年 墨海金壺

007120116 9100 6138 (84)
謚法四卷
蘇洵撰 上海 博古齋 1921 年 墨海金壺

007120117 9100 6138 (85 – 88)
歷代建元考十卷
鍾淵映撰 上海 博古齋 1921 年 墨

海金壺

007120118　9100　6138　(89－90)
救荒活民書三卷　拾遺一卷
董煟撰　上海　博古齋　1921年　墨海金壺

007120119　9100　6138　(91－94)
荒政從書十卷　附録二卷
俞森撰　上海　博古齋　1921年　墨海金壺

007120121　9100　6138　(95)
歷代兵制八卷
陳傅良撰　上海　博古齋　1921年　墨海金壺

007120122　9100　6138　(96)
少儀外傳二卷
吕祖謙撰　上海　博古齋　1921年　墨海金壺

007120137　9100　6138　(97)
内訓一卷
仁孝文皇后撰　上海　博古齋　1921年　墨海金壺

007120123　9100　6138　(97)
準齋雜説二卷
吴如愚撰　上海　博古齋　1921年　墨海金壺

007120124　9100　6138　(98－99)
太白陰經十卷
李筌撰　上海　博古齋　1921年　墨海金壺

007120125　9100　6138　(100)
守城録四卷
陳規、湯璹撰　上海　博古齋　1921年　墨海金壺

007120126　9100　6138　(101)
陣紀四卷
何良臣撰　上海　博古齋　1921年　墨海金壺

007120127　9100　6138　(102－105)
練兵實紀九卷　雜集六卷
戚繼光撰　上海　博古齋　1921年　墨海金壺

007120128　9100　6138　(106－107)
折獄高抬貴手八卷
鄭克撰　上海　博古齋　1921年　墨海金壺

007120129　9100　6138　(108)
農桑衣食撮要二卷
魯明善撰　上海　博古齋　1921年　墨海金壺

007120130　9100　6138　(109－110)
博濟方五卷
王衮撰　上海　博古齋　1921年　墨海金壺

007120131　9100　6138　(111)
旅舍備要方一卷
董汲撰　上海　博古齋　1921年　墨海金壺

007120132　9100　6138　(111)
傷寒微旨二卷
韓祗和撰　上海　博古齋　1921年　墨海金壺

007120133　9100　6138　(112)
全生指迷方四卷
王貺撰　上海　博古齋　1921年　墨海金壺

007122951　9100　6138　(113－114)
靈棋經二卷

上海 博古齋 1921 年 墨海金壺

007122954 9100 6138 (115)

李虛中命書三卷

鬼谷子撰 李虛中註 上海 博古齋 1921 年 墨海金壺

007122957 9100 6138 (115)

珞琭子三命消息賦註二卷

徐子平撰 上海 博古齋 1921 年 墨海金壺

007122970 9100 6138 (116)

珞琭子賦註二卷

曇瑩撰 上海 博古齋 1921 年 墨海金壺

007122966 9100 6138 (117)

太清神鑒六卷

王樸撰 上海 博古齋 1921 年 墨海金壺

007122974 9100 6138 (118)

羯鼓録一卷

南卓撰 上海 博古齋 1921 年 墨海金壺

007122977 9100 6138 (118)

樂府雜録一卷

段安節撰 上海 博古齋 1921 年 墨海金壺

007122978 9100 6138 (118)

棋經一卷

晏天章撰 上海 博古齋 1921 年 墨海金壺

007122980 9100 6138 (118)

棋訣一卷

劉仲甫撰 上海 博古齋 1921 年 墨海金壺

007122982 9100 6138 (119)

宣德鼎彝譜八卷

吕震等奉勅撰 上海 博古齋 1921 年 墨海金壺

007122986 9100 6138 (120 – 121)

欽定錢録十六卷

清乾隆十六年勅撰 上海 博古齋 1921 年 墨海金壺

007122988 9100 6138 (122)

范村梅譜一卷

范成大撰 上海 博古齋 1921 年 墨海金壺

007637991 9100 6138 (122)

菌譜一卷

陳仁玉撰 上海 博古齋 1921 年 墨海金壺

007638007 9100 6138 (122)

洛陽牡丹記一卷

歐陽修撰 上海 博古齋 1921 年 墨海金壺

007638076 9100 6138 (122)

揚州芍藥譜一卷

王觀撰 上海 博古齋 1921 年 墨海金壺

007122990 9100 6138 (122)

鬻子一卷

鬻熊撰 逢行珪註 上海 博古齋 1921 年 墨海金壺

007123009 9100 6138 (123)

慎子一卷

慎到撰 上海 博古齋 1921 年 墨海金壺

007123008 9100 6138 (123)

尹文子一卷

尹文撰　上海　博古齋　1921 年　墨海金壺

007122992　9100　6138　（123）
子華子二卷
程本撰　上海　博古齋　1921 年　墨海金壺

007123010　9100　6138　（124）
公孫龍子一卷
公孫龍撰　上海　博古齋　1921 年　墨海金壺

007123011　9100　6138　（124）
人物志三卷
劉劭撰　上海　博古齋　1921 年　墨海金壺

007123013　9100　6138　（125）
化書六卷
譚峭撰　上海　博古齋　1921 年　墨海金壺

007123014　9100　6138　（125）
資暇集三卷
李匡乂撰　上海　博古齋　1921 年　墨海金壺

007123015　9100　6138　（126）
靖康緗素雜記十卷
黄朝英撰　上海　博古齋　1921 年　墨海金壺

007123016　9100　6138　（127 – 132）
能改齋漫録十八卷
吴曾撰　上海　博古齋　1921 年　墨海金壺

007123017　9100　6138　（133 – 136）
緯略十卷
高似孫撰　上海　博古齋　1921 年　墨海金壺

007123020　9100　6138　（137）
珩璜新論一卷
孔平仲撰　上海　博古齋　1921 年　墨海金壺

007123018　9100　6138　（137）
日損齋筆記一卷
黄溍撰　上海　博古齋　1921 年　墨海金壺

007123023　9100　6138　（138）
日聞録一卷
李翀撰　上海　博古齋　1921 年　墨海金壺

007123024　9100　6138　（138 – 139）
玉堂嘉話八卷
王惲撰　上海　博古齋　1921 年　墨海金壺

007123025　9100　6138　（140 – 142）
書敘指南二十卷
任廣撰　上海　博古齋　1921 年　墨海金壺

007123030　9100　6138　（143）
東齋記事五卷　補遺一卷
范鎮撰　上海　博古齋　1921 年　墨海金壺

007123026　9100　6138　（143）
雞肋一卷
趙絢撰　上海　博古齋　1921 年　墨海金壺

007123029　9100　6138　（143）
明皇雜録二卷　别録一卷
鄭處誨撰　上海　博古齋　1921 年　墨海金壺

007123039 9100 6138 (144)
玉壺野史十卷
文瑩撰 上海 博古齋 1921 年 墨海金壺

007123040 9100 6138 (145 – 148)
唐語林八卷
王讜撰 上海 博古齋 1921 年 墨海金壺

007123041 9100 6138 (149)
南窗紀談一卷
上海 博古齋 1921 年 墨海金壺

007123042 9100 6138 (149)
萍洲可談三卷
朱彧撰 上海 博古齋 1921 年 墨海金壺

007123046 9100 6138 (150)
步里客談二卷
陳長方撰 上海 博古齋 1921 年 墨海金壺

007123047 9100 6138 (150)
東南紀聞三卷
上海 博古齋 1921 年 墨海金壺

007123043 9100 6138 (150)
高齋漫録一卷
曾慥撰 上海 博古齋 1921 年 墨海金壺

007123044 9100 6138 (150)
張氏可書一卷
張知甫撰 上海 博古齋 1921 年 墨海金壺

007123049 9100 6138 (151 – 153)
萩園雜記十五卷
陸容撰 上海 博古齋 1921 年 墨海金壺

007123050 9100 6138 (154)
漢武帝内傳一卷
上海 博古齋 1921 年 墨海金壺

007123051 9100 6138 (154)
陶朱新録一卷
馬純撰 上海 博古齋 1921 年 墨海金壺

007123052 9100 6138 (154)
陰符經一卷
李筌撰 上海 博古齋 1921 年 墨海金壺

007123053 9100 6138 (155)
關尹子一卷
尹喜撰 上海 博古齋 1921 年 墨海金壺

007123054 9100 6138 (155 – 156)
文子二卷
上海 博古齋 1921 年 墨海金壺

007123055 9100 6138 (156)
亢倉子一卷
王士元撰 上海 博古齋 1921 年 墨海金壺

007123056 9100 6138 (157 – 159)
古文苑二十一卷
上海 博古齋 1921 年 墨海金壺

007123057 9100 6138 (160)
餘師録四卷
王正德撰 上海 博古齋 1921 年 墨海金壺

007128110 9100 6162
跬園集
顧震福撰輯 香港 淮安顧氏 1933 年

007128112　9100　6162　(1－2)
跬園謎稿六卷
顧震福撰　香港　淮安顧氏　1933 年　跬園集

007128114　9100　6162　(3)
凡民謎存二卷　附補遺
薛宜興撰　香港　淮安顧氏　1933 年　跬園集

007128115　9100　6162　(4)
商舊社友謎存七卷
韋宗海等撰　香港　淮安顧氏　1933 年　跬園集

007140688　9100　6213
別下齋叢書二十六種　附涉聞梓舊二十三種
蔣光煦編　上海　涵芬樓　1923 年　影印

007141045　9100　6213　(1)
龍氏易傳八卷
龍仁夫撰　上海　涵芬樓　1924 年　別下齋叢書

007141046　9100　6213　(2－3)
詩氏族考六卷
李超孫輯　上海　涵芬樓　1924 年　別下齋叢書

007141048　9100　6213　(4－7)
春秋三傳異文釋十二卷
李富孫撰　上海　涵芬樓　1924 年　別下齋叢書

007141052　9100　6213　(8)
箕田考高麗
韓百謙撰　上海　涵芬樓　1924 年　別下齋叢書

007141049　9100　6213　(8)
靖海紀略四卷
曹履泰著　上海　涵芬樓　1924 年　別下齋叢書

007141053　9100　6213　(8)
硤石山水志一卷
蔣宏任撰　上海　涵芬樓　1924 年　別下齋叢書

007141055　9100　6213　(9)
漢魏六朝墓銘纂例四卷
李富孫纂　上海　涵芬樓　1924 年　別下齋叢書

007141057　9100　6213　(9)
西洋朝貢典録三卷
黄省曾撰　上海　涵芬樓　1924 年　別下齋叢書

007141059　9100　6213　(10－11)
拜經樓題跋記五卷　附録一卷
吴壽暘纂　上海　涵芬樓　1924 年　別下齋叢書

007141069　9100　6213　(12)
澹庵長短句一卷
胡銓撰　上海　涵芬樓　1924 年　別下齋叢書

007141068　9100　6213　(12)
得全居士詞一卷
趙鼎撰　上海　涵芬樓　1924 年　別下齋叢書

007141063　9100　6213　(12)
德星堂家訂一卷
許汝霖訂　上海　涵芬樓　1924 年　別下齋叢書

007141060　9100　6213　(12)
石藥爾雅二卷

梅彪輯　上海　涵芬樓　1924 年　別下齋叢書

007141064　9100　6213　(12)

文泉子集一卷

劉蛻撰　上海　涵芬樓　1924 年　別下齋叢書

007141071　9100　6213　(12)

燕喜詞一卷

曹冠撰　上海　涵芬樓　1924 年　別下齋叢書

007141076　9100　6213　(13)

茗齋詩餘二卷

彭孫貽著　上海　涵芬樓　1924 年　別下齋叢書

007140775　9100　6213　(14－16)

甌香館集卷首　十二卷　卷末

惲格[惲壽平]著　蔣光煦輯　上海　涵芬樓影印　1923 年　別下齋叢書

007141091　9100　6213　(17)

古文緒論一卷

吴德旋講　吕璜纂　上海　涵芬樓　1924 年　別下齋叢書

007141088　9100　6213　(17)

金粟詞話一卷

彭孫遹著　上海　涵芬樓　1924 年　別下齋叢書

007141093　9100　6213　(17)

論書隨筆一卷

吴德旋撰　上海　涵芬樓　1924 年　別下齋叢書

007141086　9100　6213　(17)

七頌堂詞繹一卷

劉體仁著　上海　涵芬樓　1924 年　別下齋叢書

007140776　9100　6213　(17)

瓊花集五卷

曹璿編　上海　涵芬樓影印　1923 年　別下齋叢書

007141095　9100　6213　(17)

山静居詩話二卷

方熏撰　上海　涵芬樓　1924 年　別下齋叢書

007141098　9100　6213　(18)

曝書雜記二卷

錢泰吉著　上海　涵芬樓　1924 年　別下齋叢書

007141108　9100　6213　(19)

小蓬海遺稿一卷

翁雒著　附屑屑集一卷　上海　涵芬樓　1924 年　別下齋叢書

007141109　9100　6213　(20)

江山風月譜一卷

許光治撰　附有聲畫　上海　涵芬樓　1924 年　別下齋叢書

007209951　9100　6231

鳴沙石室古籍叢殘三十種

羅振玉編　上虞羅氏　1917 年

007219599　9100　6231　(1)

唐寫本隸古定尚書存周書顧命

香港　上虞羅氏　1917 年　鳴沙石室古籍叢殘

007219598　9100　6231　(1)

周易卷三唐寫本存噬嗑至離　又卷四存解至益

香港　上虞羅氏　1917 年　鳴沙石室古籍叢殘

007219600　9100　6231　(2)
毛詩傳箋唐寫本存召南麟趾至陳風宛印唐風以前無註　又(存國風柏舟至匏有苦葉)　又六朝寫本卷九(存鹿鳴以下)
香港　上虞羅氏　1917 年　鳴沙石室古籍叢殘

007219603　9100　6231　(3)
春秋穀梁傳集解唐龍朔寫本存莊公閔公
香港　上虞羅氏　1917 年　鳴沙石室古籍叢殘

007219602　9100　6231　(3)
春秋經傳集解唐寫本存僖公五年至十五年　又六朝寫本卷七(存僖公二十七年至三十二年)　又唐寫本(存昭公二十七年至二十八年)　又六朝寫本(存定公四年至六年)
香港　上虞羅氏　1917 年　鳴沙石室古籍叢殘

007219601　9100　6231　(3)
禮記唐寫本卷三檀弓
香港　上虞羅氏　1917 年　鳴沙石室古籍叢殘

007219604　9100　6231　(3)
論語鄭註唐寫本存子路篇數行
香港　上虞羅氏　1917 年　鳴沙石室古籍叢殘

007219606　9100　6231　(4)
漢書唐寫本存王莽傳篇末
香港　上虞羅氏　1917 年　鳴沙石室古籍叢殘

007219605　9100　6231　(4)
易釋文唐開元寫本大有以前闕
香港　上虞羅氏　1917 年　鳴沙石室古籍叢殘

007219608　9100　6231　(4)
贊老子道德經義疏卷第五
香港　上虞羅氏　1917 年　鳴沙石室古籍叢殘

007219609　9100　6231　(4)
莊子唐寫本存刻意篇、山木篇、徐無鬼篇
香港　上虞羅氏　1917 年　鳴沙石室古籍叢殘

007219610　9100　6231　(5)
略出籯金唐寫本第一二卷
李若立撰　香港　上虞羅氏　1917 年　鳴沙石室古籍叢殘

007219612　9100　6231　(6)
文選唐永隆寫本卷二存張平子西京賦　又唐寫本(存答客難及解嘲)　又卷第二十五(存恩幸傳論後數行至光武紀贊)　又隋寫本(存王文憲文集序)
香港　上虞羅氏　1917 年　鳴沙石室古籍叢殘

007219613　9100　6231　(6)
玉臺新詠唐寫本存張華情詩第五篇至王明君辭
香港　上虞羅氏　1917 年　鳴沙石室古籍叢殘

007179675　9100　6341
明滇南五名臣集
李根源輯　香港　雲南圖書館　1914 年　雲南叢書

007179677　9100　6341　(1-3)
楊文襄公集二卷
楊一清撰　香港　雲南圖書館　1914 年　雲南叢書

007179680　9100　6341　(4)
傅忠壯公集一卷
傅宗龍撰　香港　雲南圖書館　1914 年　雲南叢書

007179678 9100 6341 (4)
孫清愍公集一卷
孫繼魯撰 香港 雲南圖書館 1914年 雲南叢書

007179681 9100 6341 (4)
王忠節公集一卷
王錫衮撰 香港 雲南圖書館 1914年 雲南叢書

007179679 9100 6341 (4)
楊文毅公集一卷
楊繩武撰 香港 雲南圖書館 1914年 雲南叢書

007720097 9100 6504
京都帝國大學文學部景印舊鈔本10集
京都帝國大學文學部 京都 1922—42年

007461287 9100 6504 (1)
毛詩秦風正義殘卷
1921年 京都帝國大學文學部景印舊鈔本 第1集

007461286 9100 6504 (1)
毛詩唐風殘卷
1921年 京都帝國大學文學部景印舊鈔本 第1集

007461288 9100 6504 (2)
翰苑卷第三十
張楚金撰 1921年 京都帝國大學文學部景印舊鈔本 第1集

007461290 9100 6504 (3)
王勃集卷第九第三十
王勃撰 1921年 京都帝國大學文學部景印舊鈔本 第1集

007720100 9100 6504 (4)
講周易疏論家義記殘卷 附記
闕名撰 京都 1922—42年 京都帝國大學文學部景印舊鈔本 第2集

007720105 9100 6504 (5)
經典釋文殘卷十四 附校記
陸德明撰 京都 1922—42年 京都帝國大學文學部景印舊鈔本 第2集

007720114 9100 6504 (6)
漢書揚雄傳殘卷五十七上 附校記
班固撰 顏師古註 京都 1922—42年 京都帝國大學文學部景印舊鈔本 第2集

007720120 9100 6504 (7)
文選集註卷第四十七
闕名撰 京都 1922—42年 京都帝國大學文學部景印舊鈔本 第3集

007720122 9100 6504 (8)
文選集註卷第六十一上 下
京都 1922—42年 京都帝國大學文學部景印舊鈔本 第3集

007720128 9100 6504 (9)
文選集註卷第六十二
梁昭明太子撰 京都 1922—42年 京都帝國大學文學部景印舊鈔本 第3集

007720130 9100 6504 (10)
文選集註卷第六十六
京都 1922—42年 京都帝國大學文學部景印舊鈔本 第3集

007720133 9100 6504 (11)
文選集註卷第七十一
京都 1922—42年 京都帝國大學文學部景印舊鈔本 第3集

007720136 9100 6504 (12)
文選集註卷第七十三上 下

京都　1922—42年　京都帝國大學文學部景印舊鈔本　第4集

007720138　9100　6504　(13)
文選集註卷第七十九
京都　1922—42年　京都帝國大學文學部景印舊鈔本　第4集

007720139　9100　6504　(14)
文選集註卷第八十五上　下
京都　1922—42年　京都帝國大學文學部景印舊鈔本　第4集

007720140　9100　6504　(15)
文選集註卷第五十六
京都　1922—42年　京都帝國大學文學部景印舊鈔本　第5集

007720141　9100　6504　(16)
文選集註卷第九十一上
京都　1922—42年　京都帝國大學文學部景印舊鈔本　第5集

007720143　9100　6504　(17)
文選集註卷第九十一下
京都　1922—42年　京都帝國大學文學部景印舊鈔本　第5集

007720144　9100　6504　(18)
文選集註卷第九十四上
京都　1922—42年　京都帝國大學文學部景印舊鈔本　第5集

007720146　9100　6504　(19)
文選集註卷第九十四中
京都　1922—42年　京都帝國大學文學部景印舊鈔本　第6集

007720147　9100　6504　(20)
文選集註卷第九十四下
京都　1922—42年　京都帝國大學文學部景印舊鈔本　第6集

007720148　9100　6504　(21)
文選集註卷第一百二上下
京都　1922—42年　京都帝國大學文學部景印舊鈔本　第6集

007720151　9100　6504　(22)
文選集註卷第一百一十三上
京都　1922—42年　京都帝國大學文學部景印舊鈔本　第6集

007720152　9100　6504　(23)
文選集註卷第一百一十三下
京都　1922—42年　京都帝國大學文學部景印舊鈔本　第6集

007720154　9100　6504　(24)
文選集註卷第八
京都　1922—42年　京都帝國大學文學部景印舊鈔本　第7集

007720156　9100　6504　(25)
文選集註卷第九
京都　1922—42年　京都帝國大學文學部景印舊鈔本　第7集

007720157　9100　6504　(26)
文選集註卷第五十九上
京都　1922—42年　京都帝國大學文學部景印舊鈔本　第7集

007720158　9100　6504　(27)
文選集註卷第五十九下
京都　1922—42年　京都帝國大學文學部景印舊鈔本　第7集

007720161　9100　6504　(28)
文選集註卷第六十三
梁昭明太子撰　京都　1922—42年　京都帝國大學文學部景印舊鈔本　第

8 集

007720164 9100 6504 （29）
文選集註卷第八十六
京都 1922—42 年 京都帝國大學文學部景印舊鈔本 第 8 集

007720163 9100 6504 （30）
文選集註卷第一百一十六
梁昭明太子撰 京都 1922—42 年 京都帝國大學文學部景印舊鈔本 第 8 集

007720165 9100 6504 （31）
文選集註卷第四十三 四十八上 下
京都 1922—42 年 京都帝國大學文學部景印舊鈔本 第 9 集

007720167 9100 6504 （32）
文選集註卷第六十一 六十八
京都 1922—42 年 京都帝國大學文學部景印舊鈔本 第 9 集

007720169 9100 6504 （33）
文選集註卷第九十三 一百一十六
京都 1922—42 年 京都帝國大學文學部景印舊鈔本 第 9 集

007720171 9100 6504 （34）
尚書殘卷
孔安國傳 京都 1922—42 年 京都帝國大學文學部景印舊鈔本 第 10 集

007720175 9100 6504 （35）
毛詩二南殘卷
毛亨傳 鄭玄箋 京都 1922—42 年 京都帝國大學文學部景印舊鈔本 第 10 集

007144125 9100 6532
甲戌叢編
趙詒琛等輯 濟南 1934 年

007447406 9100 6532 （1）
庵村志一卷
曹愇撰 濟南 1934 年 甲戌叢編

007144126 9100 6532 （1）
姑蘇名賢續紀一卷
文秉論次 濟南 1934 年 甲戌叢編

007144129 9100 6532 （1）
遊黃山記一卷
楊補撰 濟南 1934 年 甲戌叢編

007382714 9100 6532 （1）
鄭崟陽寃獄辨一卷
湯修業撰 濟南 1934 年 甲戌叢編

007144128 9100 6532 （1）
鄭桐庵先生年譜二卷
鄭敷教紀 徐雲祥等編 濟南 1934 年 甲戌叢編

007144133 9100 6532 （2）
東莊論畫一卷
王昱著 濟南 1934 年 甲戌叢編

007144134 9100 6532 （2）
浦山論畫一卷
張庚著 濟南 1934 年 甲戌叢編

007144131 9100 6532 （2）
王司農題畫録二卷
王原祁著 濟南 1934 年 甲戌叢編

007144130 9100 6532 （2）
黟山紀遊一卷
汪淮撰 濟南 1934 年 甲戌叢編

007144132 9100 6532 （2）
雨窗漫筆一卷
王原祁著 濟南 1934 年 甲戌叢編

007144136　9100　6532　(3)
銅仙傳一卷
徐元潤著　濟南　1934年　甲戌叢編

007144137　9100　6532　(3)
無名氏筆記一卷
濟南　1934年　甲戌叢編

007144135　9100　6532　(3)
藝菊新編一卷
蕭清泰著　濟南　1934年　甲戌叢編

007144144　9100　6532　(4)
詞説一卷
蔣兆蘭著　濟南　1934年　甲戌叢編

007144140　9100　6532　(4)
寒蠻詩稿存一卷
辛丑年著　濟南　1934年　甲戌叢編

007144143　9100　6532　(4)
梅笛庵詞剩稿一卷
宋志沂著　濟南　1934年　甲戌叢編

007143789　9100　6532　(4)
縹緲集一卷
岳昌源撰　1934年　甲戌叢編

007144138　9100　6532　(4)
潛吉堂雜著一卷
楊秉桂著　濟南　1934年　甲戌叢編

007143790　9100　6532　(4)
如畫樓詩鈔一卷
張培敦　1934年　甲戌叢編

007144139　9100　6532　(4)
散花庵叢語一卷
葉鑛著　濟南　1934年　甲戌叢編

007447412　9100　6574
國學彙編
國學研究社編　上海　1924—25年

007235931　9100　6574　(1:2)(2:2)(3:3)
涇縣方言考證
胡樸安著　上海　1924年　國學彙編　1集

007235932　9100　6574　(1:2)(2:3)(3:3)
樸學齋讀書記
胡樸安著　上海　1924年　國學彙編　1集

007235918　9100　6574　(1:1)(2:1)(3:3)
史記漢書用字考證
上海　1924年　國學彙編　1集

007235912　9100　6574　(1:1)(2:1)(3:2)
文字學研究法
胡樸安著　上海　1924年　國學彙編　1集

007235950　9100　6574　(1:4)(2:4)(3:4)
雜俎
上海　1924年　國學彙編　1集

007235941　9100　6574　(1:3)(2:3)(3:3)
中國畫史馨香録
黄質著　上海　1924年　國學彙編　1集

007235935　9100　6574　(1:3)(2:3)
中國文學史略
胡懷琛著　上海　1924年　國學彙編　1集　(m.)

007235919　9100　6574　(1:2)(2:2)
中國政法史略
胡樸安著　上海　1924年　國學彙編　1集

007235964　9100　6574　(3:3)
《老子》讀

胡樸安著　上海　1924 年　國學彙編　3 集

007235946　9100　6574　(1:3)
常州文學之回顧
顧實著　上海　1924 年　國學彙編　1 集

007235961　9100　6574　(3:1)
從文字學上考見上古婦女之情形
胡樸安著　上海　國學研究社　1925 年　國學彙編　3 集

007235929　9100　6574　(1:2)
讀關尹子
胡樸安著　上海　1924 年　國學彙編　1 集

007235968　9100　6574　(3:3)
畫史馨香録
黄質著　上海　1924 年　國學彙編　3 集

007235966　9100　6574　(3:3)
涇縣鄉土記
胡樸安著　上海　1924 年　國學彙編　3 集

007235953　9100　6574　(2:1)
六書淺説
胡樸安著　上海　1924 年　國學彙編　2 集

007235955　9100　6574　(2:2)
墨子經説淺釋
胡樸安著　上海　1924 年　國學彙編　2 集

007235924　9100　6574　(1:2)
墨子學説
胡樸安著　上海　1924 年　國學彙編　1 集

007235928　9100　6574　(1:2)
商君學説
胡樸安著　上海　1924 年　國學彙編　1 集

007235911　9100　6574　(1:1)
尚書今古文説
胡樸安著　上海　1924 年　國學彙編　1 集

007235958　9100　6574　(3:1)
詩經文字學
胡樸安著　上海　1924 年　國學彙編　3 集

007235960　9100　6574　(3:1)
詩經言字釋
胡樸安著　上海　1924 年　國學彙編　3 集

007235957　9100　6574　(2:3)
史記補註
朱師轍著　上海　1924 年　國學彙編　2 集

007235913　9100　6574　(1:1)
史記體例之商榷
胡樸安著　上海　1924 年　國學彙編　1 集

007235956　9100　6574　(2:3)
水經注之研究
蔡璣著　上海　1924 年　國學彙編　2 集

007235967　9100　6574　(3:3)
唐寫本尚書舜典釋文箋
吴承仕著　上海　1924 年　國學彙編　3 集

007235937　9100　6574　(1:3)
性理淺説
胡懷琛著　上海　1924 年　國學彙編 1 集

007235954　9100　6574　(2:2)
荀子學説
胡樸安著　上海　1924 年　國學彙編 2 集

007235944　9100　6574　(1:3)
增輯古印一隅起緣
黄質著　上海　1924 年　國學彙編 1 集

007235940　9100　6574　(1:3)
知行淺説
胡懷琛著　上海　1924 年　國學彙編 1 集

007235948　9100　6574　(1:3)
中學適用之文學研究法
傅熊湘著　上海　1924 年　國學彙編 1 集

007235923　9100　6574　(1:2)
周秦諸子書目
胡樸安著　上海　1924 年　國學彙編 1 集

007235965　9100　6574　(3:3)
莊子内篇章義淺説
胡樸安著　上海　1924 年　國學彙編 3 集

007422707　9100　6700
國學文庫一至四十九編
文殿閣書莊輯　北平　文殿閣　1934 年

007287413　9100　6700　(1)
皇明四夷考二卷
鄭曉撰　北平　文殿閣　1937 年　國學文庫

007287414　9100　6700　(3)
契丹國志二十七卷
葉隆禮撰　北平　文殿閣　1938 年　國學文庫　(m.)

007287325　9100　6700　(4)
松漠紀聞
洪皓撰　北平　文殿閣書莊　1933 年　國學文庫　(m.)

007287323　9100　6700　(5)
膠澳租借始末電存
柳培榮輯　北平　文殿閣　1933 年　國學文庫　(m.)

007287326　9100　6700　(6)
滿清入關前與高麗交涉史料
北平　文殿閣　1933 年　國學文庫　(m.)

009125205　9100　6700　(7)
遼文萃七卷
(清)王仁俊輯　北平　文殿閣書莊　1933 年　國學文庫　(m.)

007287276　9100　6700　(8)
元史外夷傳
宋濂、王褘等修　北平　文殿閣　1934 年　國學文庫　(m.)

007287419　9100　6700　(9)
滿洲實録八卷
北平　文殿閣　1937 年　國學文庫　(m.)

007287309　9100　6700　(10)
庚子交涉偶録全
程德全撰　李遜輯　北平　文殿閣　1934 年　重印

007287321 9100 6700 (11)
邊略五種
高拱著 北平 文殿閣 1934年 國學文庫 (m.)

007287422 9100 6700 (15)
皇明留臺奏議兵防類
張翀等著 北平 文殿閣 1934年 國學文庫 (m.)

007287243 9100 6700 (16)
西齋雜著二種西齋偶得三卷 鳳城瑣録一卷
博明撰 北平 文殿閣 1934年 國學文庫

007287281 9100 6700 (17)
靖海紀略
曹履泰撰 北平 文殿閣 1935年 (m.)

007287198 9100 6700 (19)
皇明經濟文録薊州編、宣府編、大同編
萬表輯 北京 文殿閣 1935年 國學文庫 (m.)

007287331 9100 6700 (23)
諸蕃志
趙汝适撰 北平 文殿閣 1935年 國學文庫

007287316 9100 6700 (25)
蒙韃備録箋證
孟珙撰 黑韃事略箋證 彭大雅撰 王國維箋證 北平 文殿閣 1936年 國學文庫

007287312 9100 6700 (26)
島夷志略校註
汪大淵撰 北京 文殿閣 1936年 國學文庫 (m.)

007287278 9100 6700 (27)
欽定蒙古源流八卷
小徹辰薩囊台吉撰 北平 文殿閣 1936年 國學文庫 第27編

007287305 9100 6700 (29)
北虜風俗附北虜世系
蕭大亨撰 北平 文殿閣 1936年 國學文庫 (m.)

007287306 9100 6700 (31)
聖武親征録校註
王國維校註 北平 文殿閣 1936年 (m.)

009125176 9100 6700 (32)
蒙古律例十二卷 附增例
北平 文殿閣書莊 1936年 國學文庫 (m.)

007287311 9100 6700 (35)
撫夷日記
張喜撰 北京 文殿閣 1936年 (m.)

007287319 9100 6700 (36)
大金弔伐録四卷
北平 文殿閣 1936年 國學文庫 (m.)

007287324 9100 6700 (39)
柳邊紀略五卷
楊賓撰 北平 文殿閣 1936年 國學文庫 (m.)

007287318 9100 6700 (40-41)
大金國志四十卷
(宋)宇文懋昭撰 北平 文殿閣 1936年 國學文庫 (m.)

007287290 9100 6700 (42)
嶺外代答

(宋)周去非著　北平　文殿閣　1937 年　國學文庫　(m.)

007288781　9100　6700　(43)
元高麗紀事
北平　文殿閣書莊　1937 年　國學文庫　(m.)

009125160　9100　6700　(44)
長春真人西遊記校註
李志常述　王國維校註　北京　文殿閣書莊　1937 年　國學文庫　(m.)

009125135　9100　6700　(45)
北巡私記
劉佶撰　　皇明北虜考　(明)鄭曉撰　北平　文殿閣書莊　1937 年　國學文庫

007288785　9100　6700　(46)
四朝大政録
劉心學撰　　三朝大議録　顧苓撰　北平　文殿閣書莊　1937 年　國學文庫

007288787　9100　6700　(47)
契丹交通史料七種
曾公亮等撰　北平　文殿閣　1937 年　國學文庫　(m.)

007288758　9100　6700　(48)
庚申外史
(明)權衡著　北平　文殿閣　1937 年　國學文庫　(m.)

007288856　9100　6700　(49)
大元馬政記大元官制雜記
北平　文殿閣　1937 年　國學文庫

007287320　9100　6700　(20,24,34,38)
萬曆武功録
瞿九思著　北平　文殿閣書莊　1935—36 年　國學文庫

007287330　9100　6700　(28,30)
站赤附驛站(永樂大典卷一九四一六至一九四二六)
北平　文殿閣書莊　1936 年　國學文庫　(m.)

007287332　9100　6700　(18,21,33)
粤海關志三十卷
北平　文殿閣　1935—36 年　國學文庫　(m.)

007153297　9100　6715
國學珍本文庫第一輯
襟霞閣主人輯　上海　中央書店　1935 年　(m.)

007153074　9100　6715　(2)
寫心集晚明百家尺牘
(清)陳枚編　上海　中央書店　1935 年　初版　國學珍本文庫　第 1 集　(m.)

007153060　9100　6715　(3)
折獄新語
(清)李清著　王季重訂　上海　中央書店　1935 年　初版　國學珍本文庫　第 1 集　(m.)

007153071　9100　6715　(4)
冰雪攜晚明百家小品
(明)衛泳編評　上海　中央書店　1935 年　初版　國學珍本文庫　第 1 集　(m.)

007153058　9100　6715　(5)
黄山謎
(明)墨憨齋主人[馮夢龍]編著　沈亞公校　上海　中央書店　1935 年　初版　國學珍本文庫　第 1 集　(m.)

007153063 5790 8947 9100 6715 (6)
説頤八卷
明余懋學著 沈亞公校訂 上海 中央書店 1935年 初版 國學珍本文庫 第1集 (m.)

007153080 5747 3240 9100 6715 (7)
廣笑府
(明)墨憨齋主人[馮夢龍]著 沈亞公校訂 上海 中央書店 1935年 初版 國學珍本文庫 第1集 (m.)

007153059 9100 6715 (8)
霓裳續譜八卷
(清)顔自德選輯 王廷紹編訂 章衣萍校訂 上海 中央書店 1935年 初版 國學珍本文庫 第1集 (m.)

007153056 9100 6715 (9)
青樓韻語
張夢徵編 沈亞公校訂 上海 中央書店 1935年 初版 國學珍本文庫 第1集 (m.)

007153041 9100 6715 (11)
雪濤小書晚明筆記
(明)江進之輯 章衣萍校訂 上海 中央書店 1935年 初版 國學珍本文庫 (m.)

007153064 9100 6715 (12)
金陵瑣事上下卷
(明)周漫士[周暉]著 上海 中央書店 1935年 初版 國學珍本文庫 第1集 (m.)

007153082 9100 6715 (13)
五雜俎晚明筆記十六卷
(明)謝肇淛著 章衣萍校訂 上海 中央書店 1935年 初版 國學珍本文庫 第1集

007153042 9100 6715 (14)
珂雪齋近集
(明)袁中道著 章衣萍校訂 上海 中央書店 1935年 初版 國學珍本文庫 第1輯 (m.)

007153055 9100 6715 (15)
美人詩
閔正中、曾汝魯著 上海 中央書店 1935年 初版 國學珍本文庫 第1集 (m.)

007153077 9100 6715 (16)
紫桃軒雜綴竹懶説部
(明)李日華著 沈亞公校訂 上海 中央書店 1935年 初版 國學珍本文庫 第1集 (m.)

007153075 9100 6715 (17)
寫心二集晚明百家尺牘
(清)陳枚選 沈亞公校訂 上海 中央書店 1935年 初版 國學珍本文庫 第1集 (m.)

007153081 9100 6715 (18)
六硯齋筆記四卷
(明)李日華著 沈亞公校訂 上海 中央書店 1936年 初版 國學珍本文庫 第1集 (m.)

007153043 9100 6715 (19)
竹懶畫媵
(明)李日華著 上海 中央書店 1936年 初版 國學珍本文庫 第1集 (m.)

007153050 9100 6715 (20)
群芳清玩
李璵[惠時]編次 上海 中央書局 1936年 國學珍本文庫 第1集 (m.)

007164647　9100　7142
風雨樓秘笈留真
鄧實輯　香港　順德鄧氏　1917 年

007164648　9100　7142　(1)
三吴舊語
顧苓撰　香港　順德鄧氏　1917 年　風雨樓秘笈留真

007164649　9100　7142　(2)
山居隨筆
孫澤撰　香港　順德鄧氏　1917 年　風雨樓秘笈留真

007164650　9100　7142　(3)
史館稿傳
朱彝尊撰　香港　順德鄧氏　1917 年　風雨樓秘笈留真

007164652　9100　7142　(4)
石刻鋪敘二卷
曾宏父撰　何焯校　香港　順德鄧氏　1917 年　風雨樓秘笈留真

007164653　9100　7142　(5)
葦間詩稿
姜宸英撰　香港　順德鄧氏　1917 年　風雨樓秘笈留真

007164654　9100　7142　(6)
茗柯文稿
張惠言撰　香港　順德鄧氏　1917 年　風雨樓秘笈留真

007164655　9100　7142　(7)
蒼潤軒碑跋
盛時泰撰　魏錫曾手校　香港　順德鄧氏　1917 年　風雨樓秘笈留真

007164656　9100　7142　(8)
曝書亭文稿
朱彝尊撰　香港　順德鄧氏　1917 年　風雨樓秘笈留真

007164659　9100　7142　(9)
清儀閣古印附註
徐同柏撰　香港　順德鄧氏　1917 年　風雨樓秘笈留真

007164660　9100　7142　(10)
淵雅堂文稿
王芑孫撰　香港　順德鄧氏　1917 年　風雨樓秘笈留真

007174451　9100　7295
歷代小史一百五種
李栻編　上海　商務印書館　1940 年

007174938　9100　7295　(01)
路史一卷
羅泌撰　上海　商務印書館　1940 年　歷代小史

007174944　9100　7295　(02)
漢武故事一卷
班固撰　上海　商務印書館　1940 年　歷代小史

007174939　9100　7295　(02)
王子年拾遺記一卷
王嘉撰　上海　商務印書館　1940 年　歷代小史

007174943　9100　7295　(02)
西京雜記一卷
劉歆撰　上海　商務印書館　1940 年　歷代小史

007174945　9100　7295　(03－04)
世説新語一卷
劉義慶撰　上海　商務印書館　1940 年　歷代小史　(m.)

011908122　9100　7295　(05)
大業雜記一卷
杜寶撰　上海　商務印書館　1940年
歷代小史

007174951　9100　7295　(05)
隋唐嘉話一卷
劉餗撰　上海　商務印書館　1940年
歷代小史

007174950　9100　7295　(05)
隋遺録一卷
顏師古撰　上海　商務印書館　1940年
歷代小史

007174949　9100　7295　(05)
煬帝海山記
闕名撰　上海　商務印書館　1940年
歷代小史

007174947　9100　7295　(05)
煬帝迷樓記一卷
闕名撰　上海　商務印書館　1940年
歷代小史

007174953　9100　7295　(06－07)
唐語林一卷
王讜撰　上海　商務印書館　1940年
歷代小史　(m.)

007174959　9100　7295　(08)
朝野僉載一卷
張鷟撰　上海　商務印書館　1940年
歷代小史

007174958　9100　7295　(08)
次柳氏舊聞一卷
李德裕撰　上海　商務印書館　1940年
歷代小史

007174955　9100　7295　(08)
翰林志一卷
李肇撰　上海　商務印書館　1940年
歷代小史

007174963　9100　7295　(08)
開天傳信記一卷
鄭棨撰　上海　商務印書館　1940年
歷代小史

007174964　9100　7295　(08)
開元天寶遺事一卷
王仁裕撰　上海　商務印書館　1940年
歷代小史

007174957　9100　7295　(08)
松窗雜録一卷
李浚撰　上海　商務印書館　1940年
歷代小史

007174960　9100　7295　(08)
卓異記一卷
李翺撰　上海　商務印書館　1940年
歷代小史

007174972　9100　7295　(09)
北夢瑣言一卷
孫光憲撰　上海　商務印書館　1940年
歷代小史

007174970　9100　7295　(09)
避暑漫鈔一卷
陸游撰　上海　商務印書館　1940年
歷代小史

007174966　9100　7295　(09)
江行雜録一卷
廖瑩中撰　上海　商務印書館　1940年
歷代小史

007174968　9100　7295　(09)
龍城録一卷
柳宗元撰　上海　商務印書館　1940年

歷代小史

007174971 9100 7295 (09)
幽閒鼓吹一卷
張固撰 上海 商務印書館 1940 年
歷代小史

007174967 9100 7295 (09)
中朝故事一卷
尉遲偓纂 上海 商務印書館 1940 年
歷代小史

007174973 9100 7295 (10)
杜陽雜編一卷
蘇鶚撰 上海 商務印書館 1940 年
歷代小史

007174974 9100 7295 (10)
集異記一卷
薛用弱撰 上海 商務印書館 1940 年
歷代小史

007174975 9100 7295 (10)
鄴侯外傳一卷
李蘩撰 上海 商務印書館 1940 年
歷代小史

007174979 9100 7295 (11)
江南别録一卷
陳彭年撰 上海 商務印書館 1940 年
歷代小史

007174980 9100 7295 (11)
默記一卷
王銍撰 上海 商務印書館 1940 年
歷代小史

007174976 9100 7295 (11)
三楚新録一卷
周羽翀撰 上海 商務印書館 1940 年
歷代小史

007174983 9100 7295 (11)
蜀檮杌一卷
張唐英撰 上海 商務印書館 1940 年
歷代小史

007174986 9100 7295 (12)
孫公談圃一卷
孫升撰 上海 商務印書館 1940 年
歷代小史

007174985 9100 7295 (12)
燕翼詒謀録一卷
王栐撰 上海 商務印書館 1940 年
歷代小史

007174988 9100 7295 (13)
春明退朝録一卷
宋敏求撰 上海 商務印書館 1940 年
歷代小史

011908142 9100 7295 (13)
高齋漫録一卷
曾慥撰 上海 商務印書館 1940 年
歷代小史

007174992 9100 7295 (13)
談淵一卷
王陶撰 上海 商務印書館 1940 年
歷代小史

007174990 9100 7295 (13)
鐵圍山叢談一卷
蔡絛撰 上海 商務印書館 1940 年
歷代小史

011908146 9100 7295 (13)
聞見雜録一卷
闕名撰 上海 商務印書館 1940 年
歷代小史

011908133 9100 7295 (13)
行營雜録一卷

趙葵撰 上海 商務印書館 1940年
歷代小史

007174999 9100 7295 (14)
揮麈録一卷
楊萬里編 上海 商務印書館 1940年
歷代小史

007174994 9100 7295 (14)
錢氏私志一卷
錢惟演撰 上海 商務印書館 1940年
歷代小史

007174995 9100 7295 (14)
桐陰舊話一卷
韓元吉撰 上海 商務印書館 1940年
歷代小史

007174993 9100 7295 (14)
王堂雜記一卷
周必大撰 上海 商務印書館 1940年
歷代小史

007175008 9100 7295 (15)
古杭雜記一卷
李有撰 上海 商務印書館 1940年
歷代小史

007175006 9100 7295 (15)
貴耳集一卷
張端義撰 上海 商務印書館 1940年
歷代小史

007175009 9100 7295 (15)
國老談苑一卷
王君玉編 上海 商務印書館 1940年
歷代小史

007175003 9100 7295 (15)
晉公談録一卷
丁謂編 上海 商務印書館 1940年
歷代小史

007175001 9100 7295 (15)
王氏揮麈録一卷
王明清撰 上海 商務印書館 1940年
歷代小史

007175004 9100 7295 (15)
王文正筆録一卷
王曾撰 上海 商務印書館 1940年
歷代小史

007175023 9100 7295 (16)
白獺髓一卷
張仲文撰 上海 商務印書館 1940年
歷代小史

007175017 9100 7295 (16)
避戎嘉話一卷
石茂良撰 上海 商務印書館 1940年
歷代小史

007175018 9100 7295 (16)
朝野僉言一卷
闕名撰 上海 商務印書館 1940年
歷代小史

007175012 9100 7295 (16)
朝野遺記一卷
闕名撰 上海 商務印書館 1940年
歷代小史

011908156 9100 7295 (16)
艮嶽記一卷
張淏撰 上海 商務印書館 1940年
歷代小史

007175015 9100 7295 (16)
間燕常談一卷
董棻撰 上海 商務印書館 1940年
歷代小史

011908148　9100　7295　(16)
清夜録一卷
俞文豹撰　上海　商務印書館　1940 年　歷代小史

007175016　9100　7295　(16)
退齋筆録一卷
侯延慶撰　上海　商務印書館　1940 年　歷代小史

007175010　9100　7295　(16)
宣政雜録一卷
闕名撰　上海　商務印書館　1940 年　歷代小史

007175025　9100　7295　(17)
齊東野語一卷
周密撰　上海　商務印書館　1940 年　歷代小史

007175027　9100　7295　(18)
桯史一卷
岳珂撰　上海　商務印書館　1940 年　歷代小史　(m.)

007175041　9100　7295　(19)
北邊備對一卷
程大昌撰　上海　商務印書館　1940 年　歷代小史

007175034　9100　7295　(19)
北轅録一卷
周煇撰　上海　商務印書館　1940 年　歷代小史

007175031　9100　7295　(19)
金志一卷
宇文懋昭撰　上海　商務印書館　1940 年　歷代小史

007175029　9100　7295　(19)
遼志一卷
葉隆禮撰　上海　商務印書館　1940 年　歷代小史

007175040　9100　7295　(19)
蒙韃備録一卷
孟珙撰　上海　商務印書館　1940 年　歷代小史

007175033　9100　7295　(19)
松漠紀聞一卷
洪皓撰　上海　商務印書館　1940 年　歷代小史

007175042　9100　7295　(19)
西使記一卷
劉郁撰　上海　商務印書館　1940 年　歷代小史

007175043　9100　7295　(20－21)
自警篇一卷
趙善璙撰　上海　商務印書館　1940 年　歷代小史

007175045　9100　7295　(22)
韓忠獻遺事一卷
强至編　上海　商務印書館　1940 年　歷代小史

007175044　9100　7295　(22)
厚德録一卷
李元綱編　上海　商務印書館　1940 年　歷代小史

007179642　9100　7295　(22)
萊公遺事一卷
闕名撰　上海　商務印書館　1940 年　歷代小史

007175046　9100　7295　(22)
王文正遺事一卷
王素撰　上海　商務印書館　1940 年

歷代小史

007179643 9100 7295 (23)
南村輟耕録一卷
陶宗儀撰 上海 商務印書館 1940 年
歷代小史

007179647 9100 7295 (24)
稗史集傳一卷
徐顯撰 上海 商務印書館 1940 年
歷代小史

007179646 9100 7295 (24)
東園友聞一卷
闕名撰 上海 商務印書館 1940 年
歷代小史

007179648 9100 7295 (24)
翦勝野聞一卷
徐禎卿撰 上海 商務印書館 1940 年
歷代小史

007179645 9100 7295 (24)
遂昌山樵雜録一卷
鄭元祐撰 上海 商務印書館 1940 年
歷代小史

007179649 9100 7295 (25)
野記一卷
祝允明撰 上海 商務印書館 1940 年
歷代小史

007896474 9100 7295 (26)
病逸漫記一卷
陸釴撰 上海 商務印書館 1940 年
歷代小史

007179652 9100 7295 (26)
琅琊漫鈔一卷
文林撰 上海 商務印書館 1940 年
歷代小史

007764846 9100 7295 (26)
平夏録一卷
黄標撰 上海 商務印書館 1940 年
歷代小史

007179650 9100 7295 (26)
青溪暇筆一卷
姚福撰 上海 商務印書館 1940 年
歷代小史

007179653 9100 7295 (26)
震澤紀聞一卷
王鏊撰 上海 商務印書館 1940 年
歷代小史

007179655 9100 7295 (27)
北征録一卷
金幼孜撰 上海 商務印書館 1940 年
歷代小史

007179654 9100 7295 (27)
皇明紀略一卷
皇甫録著 上海 商務印書館 1940 年
歷代小史

007896457 9100 7295 (28)
北征記一卷
楊榮撰 上海 商務印書館 1940 年
歷代小史

007663865 9100 7295 (28)
否泰録一卷
劉定之撰 上海 商務印書館 1940 年
歷代小史

007179657 9100 7295 (28)
復辟録一卷
楊暄撰 上海 商務印書館 1940 年
歷代小史

007179658 9100 7295 (28)
可齋雜記一卷

彭時撰　上海　商務印書館　1940 年　歷代小史

007511055　9100　7295　(28)
西征石城記一卷
馬文升撰　上海　商務印書館　1940 年　歷代小史

007179656　9100　7295　(28)
興復哈密記一卷
馬文升撰　上海　商務印書館　1940 年　歷代小史

007179659　9100　7295　(29)
謇齋瑣綴録一卷
尹直撰　上海　商務印書館　1940 年　歷代小史

007179665　9100　7295　(30)
復齋日記一卷
許浩撰　上海　商務印書館　1940 年　歷代小史

007179660　9100　7295　(30)
古穰雜録一卷
李賢撰　上海　商務印書館　1940 年　歷代小史

007179666　9100　7295　(30)
繼世紀聞一卷
陳洪謨撰　上海　商務印書館　1940 年　歷代小史

007179667　9100　7295　(30)
江海殲渠記一卷
祝允明撰　上海　商務印書館　1940 年　歷代小史

007179662　9100　7295　(30)
兩湖麈談録一卷
許浩撰　上海　商務印書館　1940 年　歷代小史

007179668　9100　7295　(30)
損齋備忘録一卷
梅純撰　上海　商務印書館　1940 年　歷代小史

007179669　9100　7295　(31)
備遺録一卷
張芹撰　上海　商務印書館　1940 年　歷代小史

007511123　9100　7295　(31)
靖難功臣録一卷
闕名撰　上海　商務印書館　1940 年　歷代小史

007896471　9100　7295　(31)
星槎勝覽一卷
費信撰　上海　商務印書館　1940 年　歷代小史

007179671　9100　7295　(31)
真臘風土記一卷
周達觀撰　上海　商務印書館　1940 年　歷代小史

007896463　9100　7295　(32)
滇載記一卷
楊慎撰　上海　商務印書館　1940 年　歷代小史

007179672　9100　7295　(32)
炎徼紀聞一卷
田汝成撰　上海　商務印書館　1940 年　歷代小史

007283820　9100　7301.2
隨庵徐氏叢書續編
徐乃昌輯　香港　南陵徐氏　1916 年

007283701 9100 7301.2 (1)
補漢兵志
錢文子撰 徐乃昌輯 香港 南陵徐氏 1916年 随庵徐氏叢書續編

007283702 9100 7301.2 (2)
吕氏鄉約鄉儀
吕大钧撰 徐乃昌輯 香港 南陵徐氏 1916年 随庵徐氏叢書續編

007283703 9100 7301.2 (3)
劉涓子鬼遺方五卷
龔慶宣撰 香港 南陵徐氏 1916年 随庵徐氏叢書續編

007283704 9100 7301.2 (4)
廣成先生玉函經
杜光庭撰 黎民壽註 徐乃昌輯 香港 南陵徐氏 1916年 随庵徐氏叢書續編

007283685 9100 7301.2 (5)
三曆撮要
香港 南陵徐氏 1916年 随庵徐氏叢書續編

007283705 9100 7301.2 (6)
忘憂清樂集
李逸民輯 徐乃昌輯 香港 南陵徐氏 1916年 随庵徐氏叢書續編

007283706 9100 7301.2 (7)
酒經三卷
朱肱撰 徐乃昌輯 香港 南陵徐氏 1916年 随庵徐氏叢書續編

007283707 9100 7301.2 (8-9)
白虎通德論十卷
班固撰 徐乃昌輯 香港 南陵徐氏 1916年 随庵徐氏叢書續編

007283708 9100 7301.2 (10-11)
風俗通義十卷
應劭撰 徐乃昌輯 香港 南陵徐氏 1916年 随庵徐氏叢書續編

007283709 9100 7301.2 (12)
續幽怪録四卷
李復言撰 徐乃昌輯 香港 南陵徐氏 1916年 随庵徐氏叢書續編

003314908 9100 7307
學津討原
張海鵬校梓 上海 涵芬樓 1912—35年

007183694 9100 7392
學海類編四百三十種
曹溶輯、陶越增訂 上海 涵芬樓 1920年 影印

007184290 9100 7392 (01-02)
易説二卷
吕祖謙撰 上海 涵芬樓 1920年 學海類編

007184291 9100 7392 (02)
讀易私言一卷
許衡撰 上海 涵芬樓 1920年 學海類編

007184292 9100 7392 (02)
周易議卦二卷
王崇慶撰 上海 涵芬樓 1920年 學海類編

007184293 9100 7392 (03-04)
讀書叢説六卷
許謙撰 上海 涵芬樓 1920年 學海類編

007184294 9100 7392 (04)
尚書蔡註考誤一卷

袁仁撰　上海　涵芬樓　1920 年　學海類編

007184296　9100　7392　(05)
古文尚書考一卷
陸隴其撰　上海　涵芬樓　1920 年　學海類編

007184297　9100　7392　(05)
尚書古文辨一卷
朱彝尊撰　上海　涵芬樓　1920 年　學海類編

007184298　9100　7392　(05)
詩經協韻考異一卷
輔廣撰　上海　涵芬樓　1920 年　學海類編

007184299　9100　7392　(05)
詩論一卷
程大昌撰　上海　涵芬樓　1920 年　學海類編

007184295　9100　7392　(05)
禹貢圖註一卷
艾南英輯　上海　涵芬樓　1920 年　學海類編

007188059　9100　7392　(06)
毛詩或問二卷
袁仁撰　上海　涵芬樓　1920 年　學海類編

007188061　9100　7392　(06)
詩問略一卷
陳子龍撰　上海　涵芬樓　1920 年　學海類編

007188063　9100　7392　(07)
春秋集傳微旨三卷
陸淳撰　上海　涵芬樓　1920 年　學海類編

007188065　9100　7392　(08)
春秋胡傳考誤一卷
袁仁撰　上海　涵芬樓　1920 年　學海類編

007188064　9100　7392　(08)
春秋金鎖匙三卷
趙汸撰　上海　涵芬樓　1920 年　學海類編

007188067　9100　7392　(08)
春秋日食質疑一卷
吴守一撰　上海　涵芬樓　1920 年　學海類編

007188066　9100　7392　(08)
讀左漫筆一卷
陳懿典撰　上海　涵芬樓　1920 年　學海類編

007188081　9100　7392　(9－10)
讀禮志疑十二卷
陸隴其撰　上海　涵芬樓　1920 年　學海類編

007188068　9100　7392　(09)
禮經奥旨一卷
鄭樵撰　上海　涵芬樓　1920 年　學海類編

007188071　9100　7392　(09)
三禮考一卷
真德秀撰　上海　涵芬樓　1920 年　學海類編

007188077　9100　7392　(09)
三禮指要一卷
陳廷敬撰　上海　涵芬樓　1920 年　學海類編

007188078 9100 7392 (09)
檀弓訂誤一卷
毛奇齡撰 上海 涵芬樓 1920年 學海類編

007188073 9100 7392 (09)
月令七十二候集解一卷
吳澄撰 上海 涵芬樓 1920年 學海類編

007188074 9100 7392 (09)
周禮五官考一卷
陳仁錫撰 上海 涵芬樓 1920年 學海類編

007188084 9100 7392 (11)
大學本旨一卷
黎立武撰 上海 涵芬樓 1920年 學海類編

007188082 9100 7392 (11)
大學發微一卷
黎立武撰 上海 涵芬樓 1920年 學海類編

007188087 9100 7392 (11)
中庸分章一卷
黎立武撰 上海 涵芬樓 1920年 學海類編

007188086 9100 7392 (11)
中庸指歸一卷 圖一卷
黎立武撰 上海 涵芬樓 1920年 學海類編

007188088 9100 7392 (12)
孔子論語年譜一卷
程復心編 上海 涵芬樓 1920年 學海類編

008683990 9100 7392 (12)
孟子年譜一卷
程復心編 上海 涵芬樓 1920年 學海類編

007188090 9100 7392 (12)
孝經集靈一卷
虞淳熙輯 上海 涵芬樓 1920年 學海類編

007188091 9100 7392 (13)
訂正史記真本一卷
洪遵撰 上海 涵芬樓 1920年 學海類編

007188093 9100 7392 (13)
讀史漫筆一卷
陳懿典撰 上海 涵芬樓 1920年 學海類編

007188094 9100 7392 (13)
兩漢解疑二卷
唐順之撰 上海 涵芬樓 1920年 學海類編

007188095 9100 7392 (13)
三國雜事一卷
唐庚撰 上海 涵芬樓 1920年 學海類編

007188100 9100 7392 (14)
兩晉解疑一卷
唐順之撰 上海 涵芬樓 1920年 學海類編

007188102 9100 7392 (14)
南北朝雜記一卷
劉敞撰 上海 涵芬樓 1920年 學海類編

007188104 9100 7392 (14)
隋史斷一卷
南宮靖一撰 上海 涵芬樓 1920年

學海類編

007188101　9100　7392　(14)
五胡十六國考鏡一卷
石延年撰　上海　涵芬樓　1920 年　學海類編

007188105　9100　7392　(14)
新舊唐書雜論一卷
李東陽撰　上海　涵芬樓　1920 年　學海類編

007188106　9100　7392　(15)
唐史論斷三卷　附録一卷
孫甫撰　上海　涵芬樓　1920 年　學海類編

007188109　9100　7392　(16)
安禄山事跡三卷
姚汝能撰　上海　涵芬樓　1920 年　學海類編

007188114　9100　7392　(16)
平巢事跡考一卷
闕名撰　上海　涵芬樓　1920 年　學海類編

007188115　9100　7392　(17)
鑒誡録十卷
何光遠撰　上海　涵芬樓　1920 年　學海類編

007188119　9100　7392　(18)
江表志三卷
鄭文寶撰　上海　涵芬樓　1920 年　學海類編

007188120　9100　7392　(18)
南唐拾遺記一卷
毛先舒撰　上海　涵芬樓　1920 年　學海類編

007188117　9100　7392　(18)
五國故事二卷
闕名撰　上海　涵芬樓　1920 年　學海類編

007188121　9100　7392　(19)
三楚新聞三卷
周羽翀撰　上海　涵芬樓　1920 年　學海類編

007188124　9100　7392　(19－21)
涑水記聞十六卷　補遺一卷
司馬光撰　上海　涵芬樓　1920 年　學海類編

007236002　9100　7392　(101)
墨記一卷
何薳撰　上海　涵芬樓　1920 年　學海類編

007235991　9100　7392　(101)
文房四譜五卷
蘇易簡輯　上海　涵芬樓　1920 年　學海類編

007236009　9100　7392　(101)
文湖州竹派一卷
吴鎮撰　上海　涵芬樓　1920 年　學海類編

007235993　9100　7392　(101)
星象考一卷
鄒淮撰　上海　涵芬樓　1920 年　學海類編

007235995　9100　7392　(101)
學醫隨筆一卷
魏了翁撰　上海　涵芬樓　1920 年　學海類編

007236012　9100　7392　(102)
古今畫鑒一卷

湯垕撰　上海　涵芬樓　1920 年　學海類編

007236020　9100　7392　（102）

蕉窗九録一卷

項元汴撰　上海　涵芬樓　1920 年　學海類編

007236016　9100　7392　（102）

印章集説一卷

文彭述　上海　涵芬樓　1920 年　學海類編

007236014　9100　7392　（102）

寓意編一卷

都穆撰　上海　涵芬樓　1920 年　學海類編

007236069　9100　7392　（103）

飛鳧語略一卷

沈德符撰　上海　涵芬樓　1920 年　學海類編

007236071　9100　7392　（103）

筠軒清閟録三卷

董其昌撰　上海　涵芬樓　1920 年　學海類編

007236054　9100　7392　（103）

琴言十則一卷　指法譜一卷

吴澄撰　上海　涵芬樓　1920 年　學海類編

007236046　9100　7392　（103）

青烏緒言一卷

李豫亨撰　上海　涵芬樓　1920 年　學海類編

007236061　9100　7392　（103）

上池雜説一卷

馮時可撰　上海　涵芬樓　1920 年　學海類編

007236024　9100　7392　（103）

文具雅編一卷

屠隆撰　上海　涵芬樓　1920 年　學海類編

007236050　9100　7392　（103）

奕史一卷

王穉登撰　上海　涵芬樓　1920 年　學海類編

007236057　9100　7392　（103）

篆學指南一卷

趙宧光撰　上海　涵芬樓　1920 年　學海類編

007236087　9100　7392　（104）

北墅抱瓮録一卷

高士奇撰　上海　涵芬樓　1920 年　學海類編

007236075　9100　7392　（104）

老圃良言一卷

巢鳴盛撰　上海　涵芬樓　1920 年　學海類編

007236073　9100　7392　（104）

沈氏農書一卷

沈氏撰　錢爾復訂正　上海　涵芬樓　1920 年　學海類編

007236081　9100　7392　（104）

書法粹言一卷

汪挺撰　上海　涵芬樓　1920 年　學海類編

007236085　9100　7392　（104）

説硯一卷

朱彝尊撰　上海　涵芬樓　1920 年　學海類編

007236084 9100 7392 (104)
硯録一卷
曹溶撰 上海 涵芬樓 1920年 學海類編

007236078 9100 7392 (104)
裝潢志一卷
周嘉胄撰 上海 涵芬樓 1920年 學海類編

007238441 9100 7392 (105)
林泉結契五卷
王質撰 上海 涵芬樓 1920年 學海類編

007238464 9100 7392 (105)
爐火監戒録一卷
俞琰撰 上海 涵芬樓 1920年 學海類編

007238445 9100 7392 (105)
賞心樂事一卷
張鎡撰 上海 涵芬樓 1920年 學海類編

007238471 9100 7392 (105)
攝生消息論一卷
丘處機撰 上海 涵芬樓 1920年 學海類編

007238453 9100 7392 (105)
諧史一卷
沈俶撰 上海 涵芬樓 1920年 學海類編

007236088 9100 7392 (105)
延壽第一紳言一卷
愚古老人撰 上海 涵芬樓 1920年 學海類編

007238479 9100 7392 (105-106)
飲食須知八卷
賈銘撰 上海 涵芬樓 1920年 學海類編

007238511 9100 7392 (106)
二六功課一卷
石室道人撰 上海 涵芬樓 1920年 學海類編

007238500 9100 7392 (106)
拊掌録一卷
元懷撰 上海 涵芬樓 1920年 學海類編

007238515 9100 7392 (106)
攝生要語一卷
息齋居士撰 上海 涵芬樓 1920年 學海類編

007238488 9100 7392 (106)
四時宜忌一卷
瞿佑撰 上海 涵芬樓 1920年 學海類編

008683983 9100 7392 (106)
修齡要指一卷
冷謙撰 上海 涵芬樓 1920年 學海類編

007238497 9100 7392 (106)
饌史一卷
闕名撰 上海 涵芬樓 1920年 學海類編

007238520 9100 7392 (107)
花裏活三卷
陳詩教撰 上海 涵芬樓 1920年 學海類編

007238517 9100 7392 (107)
攝生三要一卷
袁黄撰 上海 涵芬樓 1920年 學海

類編

007238516 9100 7392 (107)
養生膚語一卷
陳繼儒撰 上海 涵芬樓 1920年 學海類編

007238523 9100 7392 (107－108)
養小録三卷
顧仲撰 上海 涵芬樓 1920年 學海類編

007238531 9100 7392 (108)
鹿門隱書一卷
皮日休撰 上海 涵芬樓 1920年 學海類編

007238535 9100 7392 (108)
馬氏日鈔一卷
馬愈撰 上海 涵芬樓 1920年 學海類編

007238538 9100 7392 (108)
明皇十七事一卷
李德裕撰 上海 涵芬樓 1920年 學海類編

007238542 9100 7392 (108)
事原一卷
劉孝孫撰 上海 涵芬樓 1920年 學海類編

007238546 9100 7392 (108)
新書一卷
諸葛亮撰 上海 涵芬樓 1920年 學海類編

007238555 9100 7392 (108)
刑書釋名一卷
王鍵撰 上海 涵芬樓 1920年 學海類編

007238526 9100 7392 (108)
怡情小録一卷
馬大年撰 上海 涵芬樓 1920年 學海類編

007238562 9100 7392 (109)
京東考古録一卷
顧炎武撰 上海 涵芬樓 1920年 學海類編

007238557 9100 7392 (109)
居易録談三卷
王士禎撰 上海 涵芬樓 1920年 學海類編

007238560 9100 7392 (109)
居易續談一卷
王士禎撰 上海 涵芬樓 1920年 學海類編

007238561 9100 7392 (109)
燕臺筆録一卷
項維貞輯 上海 涵芬樓 1920年 學海類編

007238563 9100 7392 (110)
封長白山記一卷
方象瑛撰 上海 涵芬樓 1920年 學海類編

007238578 9100 7392 (110)
古杭雜記一卷
李有撰 上海 涵芬樓 1920年 學海類編

007238583 9100 7392 (110)
嘉禾百詠一卷
張堯同撰 上海 涵芬樓 1920年 學海類編

007238582 9100 7392 (110)
金華遊録一卷

方鳳撰　上海　涵芬樓　1920年　學海類編

007238574　9100　7392　(110)
山東考古録二卷
顧炎武撰　上海　涵芬樓　1920年　學海類編

007238572　9100　7392　(110)
山左筆談一卷
黄淳耀撰　上海　涵芬樓　1920年　學海類編

007238569　9100　7392　(110)
先聖廟林記一卷
屈大均撰　上海　涵芬樓　1920年　學海類編

007238576　9100　7392　(110)
遊勞山記一卷
張道浚撰　上海　涵芬樓　1920年　學海類編

007238588　9100　7392　(111－113)
夢粱録二十卷
吴自牧撰　上海　涵芬樓　1920年　學海類編

007238590　9100　7392　(114)
樂郊私語一卷
姚桐壽撰　上海　涵芬樓　1920年　學海類編

007238601　9100　7392　(114)
蘇談一卷
楊循吉撰　上海　涵芬樓　1920年　學海類編

007238596　9100　7392　(114)
吴地記一卷
陸廣微撰　上海　涵芬樓　1920年　學海類編

007238599　9100　7392　(114)
吴風録一卷
黄省曾撰　上海　涵芬樓　1920年　學海類編

007238602　9100　7392　(114)
遊城南記一卷
張禮撰　上海　涵芬樓　1920年　學海類編

007238603　9100　7392　(115－116)
中吴紀聞六卷
龔明之撰　上海　涵芬樓　1920年　學海類編

007238607　9100　7392　(116)
楚書一卷
陶晉英撰　上海　涵芬樓　1920年　學海類編

007238604　9100　7392　(116)
華陽宫記事一卷
祖秀撰　上海　涵芬樓　1920年　學海類編

008684031　9100　7392　(116)
晉録一卷
沈思孝撰　上海　涵芬樓　1920年　學海類編

007238606　9100　7392　(116)
秦録一卷
沈思孝撰　上海　涵芬樓　1920年　學海類編

007238605　9100　7392　(116)
豫志一卷
王士性撰　上海　涵芬樓　1920年　學海類編

007238612 9100 7392 (117)
廣州遊覽小志一卷
王士禎撰 上海 涵芬樓 1920 年 學海類編

007238610 9100 7392 (117)
泉南雜志二卷
陳懋仁撰 上海 涵芬樓 1920 年 學海類編

007238611 9100 7392 (117)
臺灣隨筆一卷
徐懷祖撰 上海 涵芬樓 1920 年 學海類編

007238608 9100 7392 (117)
益部談資三卷
何宇度撰 上海 涵芬樓 1920 年 學海類編

007238616 9100 7392 (118)
成都遊宴記一卷
費著撰 上海 涵芬樓 1920 年 學海類編

007238617 9100 7392 (118)
滇記一卷
楊慎撰 上海 涵芬樓 1920 年 學海類編

007238615 9100 7392 (118)
桂海虞衡志一卷
范成大撰 上海 涵芬樓 1920 年 學海類編

007238614 9100 7392 (118)
桂林風土記一卷
莫休符撰 上海 涵芬樓 1920 年 學海類編

007238613 9100 7392 (118)
遊羅浮記一卷
潘耒撰 上海 涵芬樓 1920 年 學海類編

007238618 9100 7392 (119)
滇遊記一卷
陳鼎撰 上海 涵芬樓 1920 年 學海類編

008684017 9100 7392 (119)
黔遊記一卷
陳鼎撰 上海 涵芬樓 1920 年 學海類編

007238619 9100 7392 (119)
黔志一卷
王士性撰 上海 涵芬樓 1920 年 學海類編

007238620 9100 7392 (119)
溪蠻叢笑一卷
朱輔撰 上海 涵芬樓 1920 年 學海類編

007240407 9100 7392 (119)
星槎勝覽四卷
費信撰 上海 涵芬樓 1920 年 學海類編

007240416 9100 7392 (120)
安南雜記一卷
李仙根撰 上海 涵芬樓 1920 年 學海類編

007240413 9100 7392 (120)
朝鮮國記一卷
黃洪憲撰 上海 涵芬樓 1920 年 學海類編

007240409 9100 7392 (120)
使西域記一卷
陳誠撰 上海 涵芬樓 1920 年 學海

類編

007240415 9100 7392 (120)
西陲聞見録一卷
黎士宏撰 上海 涵芬樓 1920年 學海類編

007240414 9100 7392 (120)
西方要紀一卷
南懷仁撰 上海 涵芬樓 1920年 學海類編

007240410 9100 7392 (120)
西南夷風土記一卷
朱孟震撰 上海 涵芬樓 1920年 學海類編

007240408 9100 7392 (120)
西使記一卷
劉郁撰 上海 涵芬樓 1920年 學海類編

007240412 9100 7392 (120)
興復哈密國王記一卷
馬文升撰 上海 涵芬樓 1920年 學海類編

007240417 9100 7392 (120)
遊具雅編一卷
屠隆撰 上海 涵芬樓 1920年 學海類編

007363461 9100 7401
屏廬叢刻
金鉞輯 香港 天津金氏 1924年

007363463 9100 7401 (1-2)
詩禮堂雜纂二卷
王又樸撰 香港 天津金氏 1924年 廬叢刻

007363465 9100 7401 (3)
介山自定年譜一卷
王又樸撰 香港 天津金氏 1924年 廬叢刻

007363466 9100 7401 (4)
蓮坡詩話三卷
查爲仁撰 香港 天津金氏 1924年 廬叢刻

007363469 9100 7401 (5)
畫梅題記一卷
查禮撰 香港 天津金氏 1924年 廬叢刻

007363471 9100 7401 (5)
南宗抉秘一卷
華琳撰 香港 天津金氏 1924年 廬叢刻

007363470 9100 7401 (5)
書法偶集一卷
陳玠撰 香港 天津金氏 1924年 廬叢刻

007363467 9100 7401 (5)
銅鼓書堂詞話三卷
查禮撰 香港 天津金氏 1924年 廬叢刻

007363472 9100 7401 (6)
天台雁蕩紀遊一卷
金玉岡撰 香港 天津金氏 1924年 廬叢刻

007363473 9100 7401 (7)
慤思録一卷
樂立本撰 香港 天津金氏 1924年 廬叢刻

007447405 9100 7401 (7)
竈嫗解一卷

沈峻撰　香港　天津金氏　1924 年　廬叢刻

007363477　9100　7401　(8－9)
篷窗附録二卷
沈兆澐撰　香港　天津金氏　1924 年　廬叢刻

007363479　9100　7401　(10)
耄學齋晬語一卷
楊光儀撰　香港　天津金氏　1924 年　廬叢刻

007363478　9100　7401　(10)
吟齋筆存三卷
梅成棟撰　香港　天津金氏　1924 年　廬叢刻

007363480　9100　7401　(11)
古泉叢考四卷
徐士鑾撰　香港　天津金氏　1924 年　廬叢刻

007363481　9100　7401　(12)
金剛愍公表忠録一卷
金頣增撰　香港　天津金氏　1924 年　廬叢刻

007364475　9100　7422
學術叢編
廣倉學窘輯刊　香港　1916 年

007364482　9100　7422　(1－2)
大元馬政記
魏源撰　香港　1916 年　學術叢編

007364477　9100　7422　(1－2)
敦煌古寫本諸經校勘記
羅振玉撰　香港　1916 年　學術叢編

007364479　9100　7422　(1)
流沙墜簡考釋補正
王國維撰　香港　1916 年　學術叢編

007364481　9100　7422　(1)
蒙雅
魏源撰　香港　1916 年　學術叢編

007364478　9100　7422　(1)
周書顧命禮徵
王國維撰　香港　1916 年　學術叢編

007364484　9100　7422　(2)
史籒篇疏證
王國維撰　香港　1916 年　學術叢編

007364485　9100　7422　(2－7,9－10)
隨志
香港　1916 年　學術叢編

007364483　9100　7422　(2)
五宗圖記
萬光泰　香港　1916 年　學術叢編

007364492　9100　7422　(3)
倉頡篇殘簡考釋
羅振玉撰　香港　1916 年　學術叢編

007364486　9100　7422　(3)
樂詩考略
王國維撰　香港　1916 年　學術叢編

007364493　9100　7422　(3－9)
秘書監志
王士點　香港　1916 年　學術叢編

007364494　9100　7422　(3－6)
磚文考略
宋經畬　香港　1916 年　學術叢編

007364487　9100　7422　(4)
裸禮搉
王國維撰　香港　1916 年　學術叢編

007364488　9100　7422　(4)
毛公鼎銘考釋
王國維撰　香港　1916 年　學術叢編

007364489　9100　7422　(5－6)
魏石經考
王國維撰　香港　1916 年　學術叢編

007364491　9100　7422　(7)
釋史
王國維撰　香港　1916 年　學術叢編

007364490　9100　7422　(7)
周書顧命後考
王國維撰　香港　1916 年　學術叢編

007364497　9100　7422　(8－10)
漢魏博士考
王國維撰　香港　1916 年　學術叢編

007364498　9100　7422　(9－10)
小學叢殘
汪黎慶　香港　1916 年　學術叢編

007364495　9100　7422　(10－12)
韓氏三禮圖説
韓信同撰　香港　1916 年　學術叢編

007364496　9100　7422　(11)
漢代古文考
王國維撰　香港　1916 年　學術叢編

007364499　9100　7422　(12)
爾雅草木蟲魚鳥獸釋例
王國維撰　香港　1916 年　學術叢編

007364504　9100　7422　(13－16)
曲律
王驥德　香港　1916 年　學術叢編

007364503　9100　7422　(13－14,16)
日知録續補正
李遇孫撰　香港　1916 年　學術叢編

007364500　9100　7422　(13)
太史公繫年考略
王國維撰　香港　1916 年　學術叢編

007364505　9100　7422　(14)
殷卜辭中所見先公先王考
王國維撰　香港　1916 年　學術叢編

007364507　9100　7422　(14)
元高麗紀事
香港　1916 年　學術叢編

007364508　9100　7422　(15)
古本竹書紀年輯校
朱右曾撰　香港　1916 年　學術叢編

007364509　9100　7422　(15)
元代畫塑記
香港　1916 年　學術叢編

007364502　9100　7422　(16)
唐折沖府補
羅振玉撰　香港　1916 年　學術叢編

007364506　9100　7422　(16)
殷卜辭中所見先公先王續考
王國維撰　香港　1916 年　學術叢編

007364501　9100　7422　(13,15－16)
操風瑣録
劉家謀撰　香港　1916 年　學術叢編

007364511　9100　7432
又滿樓叢書
趙詒琛輯　香港　1925 年　初印本

007364513　9100　7432　(1)
民抄董宦事實一卷
無名氏撰　香港　1925 年　初印本　又滿樓叢書

007364512 9100 7432 (1)
徐巡按揭帖一卷
徐吉撰 香港 1925 年 初印本 又滿樓叢書

007364516 9100 7432 (2)
寒夜叢談三卷
沈赤然撰 香港 1925 年 初印本 又滿樓叢書

007364514 9100 7432 (2)
辛丑紀聞一卷
無名氏撰 香港 1925 年 初印本 又滿樓叢書

007364518 9100 7432 (3)
龔安節先生年譜一卷
龔紱撰 香港 1925 年 初印本 又滿樓叢書

007364517 9100 7432 (3)
龔安節先生遺文一卷
龔詡撰 香港 1925 年 初印本 又滿樓叢書

007364521 9100 7432 (4)
歸玄恭先生年譜一卷
趙經達撰 香港 1925 年 初印本 又滿樓叢書

007364522 9100 7432 (4)
汪堯峰先生年譜一卷
趙經達撰 香港 1925 年 初印本 又滿樓叢書

007364523 9100 7432 (5)
林外野言二卷 補遺一卷
郭翼撰 香港 1925 年 初印本 又滿樓叢書

007364355 9100 7432 (6)
紅葉村詩稿六卷 補遺一卷
梁逸著 香港 1925 年 初印本 又滿樓叢書

007364525 9100 7432 (7)
萬古愁校正一卷
歸莊撰 香港 1925 年 初印本 又滿樓叢書

007364526 9100 7432 (7)
新樂府二卷
萬斯同撰 香港 1925 年 初印本 又滿樓叢書

007364530 9100 7432 (8)
紅蕉詞一卷
江標撰 香港 1925 年 初印本 又滿樓叢書

007364529 9100 7432 (8)
留漚吟館詞存一卷
沈鋆 香港 1925 年 初印本 又滿樓叢書

007364528 9100 7432 (8)
鷺邊詞一卷
張思孝撰 香港 1925 年 初印本 又滿樓叢書

007364527 9100 7432 (8)
殢花詞一卷
唐祖命撰 香港 1925 年 初印本 又滿樓叢書

007364468 9100 7434
殷禮在斯堂叢書二十種
羅振玉輯 北京 東方學會 1928 年

007364392 9100 7434 (1)
廣雅疏證補正爾雅郝註刊誤
王念孫撰 北京 東方學會 1928 年 殷禮在斯堂叢書

006940420　5235.8　2398　9100　7434　(2)
今樂府
吴炎、潘檉章撰並評　北京　東方學會　1928 年　殷禮在斯堂叢書

007364393　9100　7434　(3)
三朝大議録金陵野鈔　南都死難紀略
顧苓撰　北京　東方學會　1928 年　殷禮在斯堂叢書

007364394　9100　7434　(4)
平叛記
毛霦撰　北京　東方學會　1928 年　殷禮在斯堂叢書

007364395　9100　7434　(5)
善鄰國寶記
瑞溪周鳳　北京　東方學會　1928 年　殷禮在斯堂叢書

007364396　9100　7434　(6)
廬山記
陳舜俞撰　北京　東方學會　1928 年　殷禮在斯堂叢書

007364399　9100　7434　(7)
皇華紀程
吴大澂撰　北京　東方學會　1928 年　殷禮在斯堂叢書

007364398　9100　7434　(7)
茶史
朱賡撰　北京　東方學會　1928 年　殷禮在斯堂叢書

007364401　9100　7434　(8)
畏壘筆記
徐昂發撰　北京　東方學會　1928 年　殷禮在斯堂叢書

007364400　9100　7434　(8)
續百家姓印譜考略
吴大澂撰　北京　東方學會　1928 年　殷禮在斯堂叢書

007364402　9100　7434　(9)
冷齋夜話
惠洪輯　北京　東方學會　1928 年　殷禮在斯堂叢書

007364403　9100　7434　(9)
續墨客揮犀
彭乘撰　北京　東方學會　1928 年　殷禮在斯堂叢書

007364404　9100　7434　(10)
遺山新樂府
元好問撰　北京　東方學會　1928 年　殷禮在斯堂叢書

007364405　9100　7434　(11)
虞山人詩
虞堪撰　北京　東方學會　1928 年　殷禮在斯堂叢書

007364406　9100　7434　(12)
塔影園集塔影園詩集
顧苓撰　北京　東方學會　1928 年　殷禮在斯堂叢書

007364407　9100　7434　(12)
乙丑集
朱筠撰　北京　東方學會　1928 年　殷禮在斯堂叢書

007364680　9100　7701
願學齋叢刊七種
羅繼祖撰輯　旅順　墨緣堂　1936 年

007364920　9100　7701　(01)
乘軺録一卷
路政撰　旅順　墨緣堂　1936 年　願學齋叢刊

007364921 9100 7701 (01)
遼漢臣世系表一卷
羅繼祖撰 旅順 墨緣堂 1936年 願學齋叢刊

007364922 9100 7701 (02)
明宰相世臣傳一卷
羅繼祖撰 旅順 墨緣堂 1936年 願學齋叢刊

007364923 9100 7701 (03)
李屐園先生年譜一卷 附録一卷 屐園集拾遺一卷
羅繼祖輯 旅順 墨緣堂 1936年 願學齋叢刊

007364924 9100 7701 (04)
段懋堂先生年譜一卷
羅繼祖撰 旅順 墨緣堂 1936年 願學齋叢刊

007364925 9100 7743
陟岡樓叢刊
潘承弼輯 香港 吴縣潘氏 1943—44年

007364926 9100 7743 (01)
古塤款釋
潘祖蔭輯 香港 吴縣潘氏 1943—44年 陟岡樓叢刊 甲集

007364927 9100 7743 (02)
家慶圖卷
潘世恩輯 香港 吴縣潘氏 1943—44年 陟岡樓叢刊 甲集

007366717 9100 7743 (02)
蘭陔絜養圖詠
潘世恩輯 香港 吴縣潘氏 1943年 陟岡樓叢刊 甲集

007364930 9100 7743 (03)
拙速詩存
潘祖年著 香港 吴縣潘氏 1943年 陟岡樓叢刊 甲集

007364932 9100 7743 (04)
碧雲仙官吟草
潘成穀著 香港 吴縣潘氏 1943年 陟岡樓叢刊 甲集

007364929 9100 7743 (04)
丙午使滇日記
潘曾瑩著 香港 吴縣潘氏 1943年 陟岡樓叢刊 甲集

007364928 9100 7743 (04)
使滇日記
潘世恩著 香港 吴縣潘氏 1943—44年 陟岡樓叢刊 甲集

007364931 9100 7743 (04)
竹山堂聯語
潘祖同著 香港 吴縣潘氏 1943年 陟岡樓叢刊 甲集

007366708 9100 7743 (05)
乙丑恩科鄉試監臨紀事附武鄉試監臨紀事
潘祖蔭著 香港 吴縣潘氏 1943年 陟岡樓叢刊 甲集

007366703 9100 7743 (05)
鄭盦詩文存
潘祖蔭著 香港 吴縣潘氏 1943年 陟岡樓叢刊 甲集

007366721 9100 7743 (06)
潘氏一家詩
潘志萬輯 香港 吴縣潘氏 1943年 陟岡樓叢刊 甲集

007366727 9100 7743 (06)
養閒草堂圖記附横堂泛月圖詠

潘曾瑋輯　香港　吴縣潘氏　1943 年　陟岡樓叢刊　甲集

007366731　9100　7743　(07)
霜崖詞録一卷
吴梅著　香港　吴縣潘氏　1943 年　陟岡樓叢刊　乙集

007366733　9100　7743　(08)
霜崖詩録四卷
吴梅著　香港　吴縣潘氏　1943 年　陟岡樓叢刊　乙集

007369076　9100　8203
念劬廬叢刻初編
徐彦寬輯録　1931 年

007369286　9100　8203　(1)
遲庵集杜詩一卷
孫毓汶撰　香港　1931 年　念劬廬叢刻初編

007369279　9100　8203　(1)
從戎紀略一卷　附録一卷
朱洪章撰　香港　1931 年　念劬廬叢刻初編

007369276　9100　8203　(1)
評書帖一卷
梁巘撰　香港　1931 年　念劬廬叢刻初編

007369288　9100　8203　(2)
董於定本一卷　附録一卷
譚獻撰　香港　1931 年　念劬廬叢刻初編

007369291　9100　8203　(2－3)
復堂日記補録二卷
譚獻撰　香港　1931 年　念劬廬叢刻初編

007369289　9100　8203　(2)
復堂詩續一卷
譚獻撰　香港　1931 年　念劬廬叢刻初編

007369294　9100　8203　(4)
復堂日記續録一卷
譚獻撰　香港　1931 年　念劬廬叢刻初編

007369295　9100　8203　(4)
復堂諭子書一卷
譚獻撰　香港　1931 年　念劬廬叢刻初編

007369075　9100　8220
今獻彙言三十九種
高鳴鳳編　上海　商務印書館　1937 年

007369309　9100　8220　(01)
比事摘録一卷
闕名撰　上海　商務印書館　1937 年　今獻彙言

007369307　9100　8220　(01)
明斷編一卷
程楷著　上海　商務印書館　1937 年　今獻彙言

007369303　9100　8220　(01)
正學編一卷
陳琛撰　上海　商務印書館　1937 年　今獻彙言

007369318　9100　8220　(02)
井觀瑣言一卷
鄭瑗著　上海　商務印書館　1937 年　今獻彙言

007369312　9100　8220　(02)
蘿山雜言一卷
宋濂著　上海　商務印書館　1937 年

今獻彙言

007369314 9100 8220 (02)
南山素言一卷
潘府著 上海 商務印書館 1937年
今獻彙言

007369317 9100 8220 (02)
松窗寤言一卷
崔銑著 上海 商務印書館 1937年
今獻彙言

007369313 9100 8220 (02)
未齋雜言一卷
黎久著 上海 商務印書館 1937年
今獻彙言

007369331 9100 8220 (03)
拘虛晤言一卷
陳沂著 上海 商務印書館 1937年
今獻彙言

007369329 9100 8220 (03)
讕言編一卷
曹安著 上海 商務印書館 1937年
今獻彙言

007369324 9100 8220 (03)
擬連珠編一卷
劉基著 上海 商務印書館 1937年
今獻彙言

007369326 9100 8220 (03)
西軒客談一卷
闕名著 上海 商務印書館 1937年
今獻彙言

007369327 9100 8220 (03)
詢蒭録一卷
闕名著 上海 商務印書館 1937年
今獻彙言

007369322 9100 8220 (03)
演連珠編一卷
王子充[王褘]著 上海 商務印書館 1937年 今獻彙言

007369325 9100 8220 (03)
璅語編一卷
楊慎著 上海 商務印書館 1937年
今獻彙言

007369333 9100 8220 (03)
竹下寤言一卷
王文禄撰 上海 商務印書館 1937年
今獻彙言

007369336 9100 8220 (04)
林泉隨筆一卷
張綸撰 上海 商務印書館 1937年
今獻彙言

007369334 9100 8220 (04)
青溪暇筆一卷
姚福撰 上海 商務印書館 1937年
今獻彙言

007369335 9100 8220 (04)
桑榆漫志一卷
陶輔撰 上海 商務印書館 1937年
今獻彙言

007369337 9100 8220 (05)
春雨堂隨筆一卷
陸深撰 上海 商務印書館 1937年
今獻彙言

007369340 9100 8220 (05)
損齋備忘録一卷
梅純撰 上海 商務印書館 1937年
今獻彙言

007369338 9100 8220 (05)
賢識録一卷

陸釴撰　上海　商務印書館　1937 年　今獻彙言

007369339　9100　8220　(05)
遵聞録一卷
梁億撰　上海　商務印書館　1937 年　今獻彙言

007369341　9100　8220　(06)
守溪長語一卷
王鏊撰　上海　商務印書館　1937 年　今獻彙言

007369342　9100　8220　(06)
雙溪雜記一卷
王瓊撰　上海　商務印書館　1937 年　今獻彙言

007369343　9100　8220　(07)
菽園雜記一卷
陸文量[陸容]撰　上海　商務印書館　1937 年　今獻彙言

007763610　9100　8220　(08)
北平録一卷
闕名撰　上海　商務印書館　1937 年　今獻彙言

007763614　9100　8220　(08)
平吴録一卷
闕名撰　上海　商務印書館　1937 年　今獻彙言

007764860　9100　8220　(08)
平夏録一卷
黄標撰　上海　商務印書館　1937 年　今獻彙言

007583104　9100　8220　(09)
撫安東夷記一卷
馬文升撰　上海　商務印書館　1937 年　今獻彙言

007763625　9100　8220　(09)
平定交南録一卷
闕名撰　上海　商務印書館　1937 年　今獻彙言

007762719　9100　8220　(09)
平胡録一卷
陸深撰　上海　商務印書館　1937 年　今獻彙言

007511062　9100　8220　(09)
西征石城記一卷
闕名撰　上海　商務印書館　1937 年　今獻彙言

007369346　9100　8220　(09)
興復哈密記一卷
馬文升撰　上海　商務印書館　1937 年　今獻彙言

007369347　9100　8220　(10)
東征紀行録一卷
闕名撰　上海　商務印書館　1937 年　今獻彙言

007369348　9100　8220　(10)
江海殲渠記一卷
祝允明撰　上海　商務印書館　1937 年　今獻彙言

009280017　9100　8220　(10)
平夷録一卷
趙輔撰　上海　商務印書館　1937 年　今獻彙言

007763636　9100　8220　(10)
醫閭漫記一卷
賀欽撰　上海　商務印書館　1937 年　今獻彙言

007502826 9100 8665
合衆圖書館叢書十四種第一集
合衆圖書館編 上海 該館 1940－45年

007305735 5513 6128 9100 8665 (01－02)
恬養齋文鈔四卷 補遺一卷
羅以智撰 上海 合衆圖書館 1940年 合衆圖書館叢書 第1集

007503043 9100 8665 (03)
吉雲居書畫録二卷 補遺一卷
陳驥德撰 上海 合衆圖書館 1942年 合衆圖書館叢書 第1集

007503044 9100 8665 (04)
潘氏三松堂書畫記一卷 補遺
潘志萬輯 上海 合衆圖書館 1942年 合衆圖書館叢書 第1集

007503048 9100 8665 (05)
吉雲居書畫續録二卷
陳驥德撰 上海 合衆圖書館 1942年 合衆圖書館叢書 第1集

007503049 9100 8665 (06)
李江州遺墨題跋一卷
王乃昭撰 上海 合衆圖書館 1942年 合衆圖書館叢書 第1集

007503051 9100 8665 (06)
朱參軍畫像題詞一卷
葉昌熾撰 上海 合衆圖書館 1942年 合衆圖書館叢書 第1集

007503052 9100 8665 (07)
餘冬璅録二卷
上海 合衆圖書館 1942年 合衆圖書館叢書 第1集

007503053 9100 8665 (08)
鼂舟話柄一卷
許兆熊撰 上海 合衆圖書館 1942年 合衆圖書館叢書 第1集

007503054 9100 8665 (08)
寒松閣題跋一卷
張鳴珂撰 上海 合衆圖書館 1942年 合衆圖書館叢書 第1集

007503055 9100 8665 (09－12)
閣中書畫録十六卷 首卷
黄錫蕃撰 上海 合衆圖書館 1942年 合衆圖書館叢書 第1集

007503056 9100 8665 (13)
里堂家訓二卷
焦循撰 上海 合衆圖書館 1942年 合衆圖書館叢書 第1集

007503057 9100 8665 (14－15)
論語孔註證僞二卷
丁晏撰 上海 合衆圖書館 1942年 合衆圖書館叢書 第1集

007503058 9100 8665 (16)
東吴小稿一卷
王寔撰 上海 合衆圖書館 1942年 合衆圖書館叢書 第1集

007503059 9100 8665 (16)
歸來草堂尺牘一卷
吴兆騫撰 上海 合衆圖書館 1942年 合衆圖書館叢書 第1集

007370402 9100 8665.2
炳燭齋雜著四種
江藩撰 上海 合衆圖書館 1948年

007370785 9100 9151
煙畫東堂小品
徐乃昌輯 香港 南陵徐氏 1920年

007370800　9100　9151　(1)
後村雜記
劉克莊著　香港　南陵徐氏　1920 年　煙畫東堂小品

007370787　9100　9151　(1)
康熙朝品級考
管庭芬鈔　香港　南陵徐氏　1920 年　煙畫東堂小品

007370789　9100　9151　(1)
圓明園記
黄凱鈞著　香港　南陵徐氏　1920 年　煙畫東堂小品

007370794　9100　9151　(1)
周氏宗實録
香港　南陵徐氏　1920 年　煙畫東堂小品

007370803　9100　9151　(2)
金石萃編讀
沈欽韓著　香港　南陵徐氏　1920 年　煙畫東堂小品

007370802　9100　9151　(2)
簡莊隨筆
陳鱣著　香港　南陵徐氏　1920 年　煙畫東堂小品

007370805　9100　9151　(2)
攝山紀遊集
厲鶚著　香港　南陵徐氏　1920 年　煙畫東堂小品

007370807　9100　9151　(3)
公車徵士録
全祖望著　香港　南陵徐氏　1920 年　煙畫東堂小品

007370812　9100　9151　(4)
保舉經學名單
張廷玉等保　香港　南陵徐氏　1920 年　煙畫東堂小品

007370808　9100　9151　(4)
東林同難録
徐大相著　香港　南陵徐氏　1920 年　煙畫東堂小品

007370810　9100　9151　(4)
國史貳臣表
香港　南陵徐氏　1920 年　煙畫東堂小品

007370814　9100　9151　(5)
五百羅漢名號
高道素録　香港　南陵徐氏　1920 年　煙畫東堂小品

007370817　9100　9151　(6)
嵩洛訪碑圖小記
翁方綱著　香港　南陵徐氏　1920 年　煙畫東堂小品

007370819　9100　9151　(6)
漁洋詩評選
翁方綱評選　香港　南陵徐氏　1920 年　煙畫東堂小品

007370815　9100　9151　(6)
漁洋書札
王士禎著　香港　南陵徐氏　1920 年　煙畫東堂小品

007370820　9100　9151　(7)
徐星伯小集
徐松著　香港　南陵徐氏　1920 年　煙畫東堂小品

007370824　9100　9151　(8)
瞿木夫文集孔子生卒年月辨
瞿中溶著　香港　南陵徐氏　1920 年

煙畫東堂小品

007370826 9100 9151 (9)
和林金石考
李文田著 香港 南陵徐氏 1920 年
煙畫東堂小品

007370827 9100 9151 (9)
朔方備乘札記
李文田著 香港 南陵徐氏 1920 年
煙畫東堂小品

007370825 9100 9151 (9)
西遊録註
李文田著 香港 南陵徐氏 1920 年
煙畫東堂小品

007370828 9100 9151 (10)
陳子準文集
陳揆著 香港 南陵徐氏 1920 年 煙畫東堂小品

007370830 9100 9151 (10)
董子中詩
董威著 香港 南陵徐氏 1920 年 煙畫東堂小品

007370831 9100 9151 (10)
思庵閒筆
嚴虞惇著 香港 南陵徐氏 1920 年
煙畫東堂小品

007370829 9100 9151 (10)
吴山子文
吴育著 香港 南陵徐氏 1920 年 煙畫東堂小品

007370832 9100 9151 (11-12)
宋人小説
香港 南陵徐氏 1920 年 煙畫東堂小品

007371835 9100 9440
慎始基齋叢書
盧靖輯 天津 沔陽盧氏 1923 年

007371853 9100 9440 (1)
觀書後例
田明昶著 香港 沔陽盧氏 1923 年
慎始基齋叢書

007371852 9100 9440 (1)
觀書例
姚晉圻著 香港 沔陽盧氏 1923 年
慎始基齋叢書

007371854 9100 9440 (1)
四川尊經書院記
張之洞撰 香港 沔陽盧氏 1923 年
慎始基齋叢書

007371851 9100 9440 (1)
四庫全書敘
香港 沔陽盧氏 1923 年 慎始基齋叢書

007371855 9100 9440 (2)
輶軒語
張之洞撰 香港 沔陽盧氏 1923 年
慎始基齋叢書

007371856 9100 9440 (3-4)
書目答問
張之洞撰 香港 沔陽盧氏 1923 年
慎始基齋叢書

007371857 9100 9440 (5-6)
三通序
香港 沔陽盧氏 1923 年 慎始基齋叢書

007371859 9100 9440 (7)
古今僞書考
姚際恒著 香港 沔陽盧氏 1923 年

慎始基齋叢書

007371858 9100 9440 (7)

經義韻言

喻祥麟編 香港 沔陽盧氏 1923 年 慎始基齋叢書

007371861 9100 9440 (8)

地學歌略

葉瀚、葉瀾著 香港 沔陽盧氏 1923 年 慎始基齋叢書

007371860 9100 9440 (8)

天文歌略

葉瀾著 香港 沔陽盧氏 1923 年 慎始基齋叢書

009278039 9100 9493 (1)

春秋左傳杜註校勘記一卷

黎庶昌録 成都 大關唐氏 1922 年 怡蘭堂叢書

009278315 9100 9493 (4)

四民月令一卷

崔寔撰 唐鴻學校輯 成都 大關唐氏 1921 年 怡蘭堂叢書

009278580 9100 9493 (6-7)

道德真經指歸七卷[卷七至十三] 敘一卷

嚴遵撰 谷神子註 成都 大關唐氏 1922 年 怡蘭堂叢書

特種叢書

007374852 9108 2265

約園輯佚書

張壽鏞輯 香港 四明張氏 1933 年

007870655 9108 2265 (1)

虞秘監集四卷

虞世南撰 香港 四明張氏 1933 年 約園輯佚書

007374854 9108 2265 (2-3)

賀秘監集一卷 外紀三卷

賀知章撰 香港 四明張氏 1933 年 約園輯佚書

007374867 9108 2265 (4)

孫拾遺文纂一卷 補遺一卷 外紀一卷

孫合撰 香港 四明張氏 1933 年 約園輯佚書

007374868 9108 2265 (5)

豐清敏公遺書六卷

豐稷撰 香港 四明張氏 1933 年 約園輯佚書

007374869 9108 2265 (6)

舒懶堂詩文存三卷 補遺一卷 附録一卷

舒亶撰 香港 四明張氏 1933 年 約園輯佚書

007374871 9108 2265 (7)

曹放齋詩説四卷

曹粹中撰 香港 四明張氏 1933 年 約園輯佚書

007374873 9108 2265 (8-9)

沈定川遺書二卷 附録四卷

沈煥撰 香港 四明張氏 1933 年 約園輯佚書

007870596 9108 2265 (10)

陳忠貞公遺集三卷 附録二卷

陳良謨撰 香港 四明張氏 1933 年 約園輯佚書

007374758 9108 249

貞松堂藏西陲秘笈叢殘

羅振玉編 香港 上虞羅氏 193? 年

007374705 9108 2524
經典集林三十二卷
洪頤煊撰録 孫彤校訂 香港 陳氏慎初堂 1926 年

009745862 9108 2524 (1)
别録
劉向撰 洪頤煊撰集 孫彤校訂 香港 陳氏慎初堂 1926 年 經典集林 卷十二

009745841 9108 2524 (1)
楚漢春秋
陸賈撰 洪頤煊校集 孫彤校訂 香港 陳氏慎初堂 1926 年 經典集林 卷十

009745741 9108 2524 (1)
春秋決獄
董仲舒撰 洪頤煊撰集 孫彤校訂 香港 陳氏慎初堂 1926 年 經典集林 卷二

009745822 9108 2524 (1)
春秋土地名
京相璠撰 洪頤煊撰集 孫彤校訂 香港 陳氏慎初堂 1926 年 經典集林 卷八

009740363 9108 2524 (1)
歸藏
洪頤煊撰集 孫彤校訂 香港 陳氏慎初堂 1926 年 經典集林 卷一

009745834 9108 2524 (1)
汲塚瑣語
洪頤煊撰集 孫彤校訂 香港 陳氏慎初堂 1926 年 經典集林 卷九

009745805 9108 2524 (1)
六藝論
鄭玄撰 洪頤煊撰集 孫彤校訂 香港 陳氏慎初堂 1926 年 經典集林 卷七

009745855 9108 2524 (1)
茂陵書
洪頤煊撰集 孫彤校訂 香港 陳氏慎初堂 1926 年 經典集林 卷十一

009745879 9108 2524 (1)
七略
劉歆撰 洪頤煊撰集 孫彤校訂 香港 陳氏慎初堂 1926 年 經典集林 卷十三

009745778 9108 2524 (1)
喪服變除
戴德撰 洪頤煊撰集 孫彤校訂 香港 陳氏慎初堂 1926 年 經典集林 卷四

009745719 9108 2524 (1)
石渠禮論
戴聖撰 洪頤煊撰集 孫彤校訂 香港 陳氏慎初堂 1926 年 經典集林 卷三

009745895 9108 2524 (1)
蜀王本紀
揚雄撰 洪頤煊撰集 孫彤校訂 香港 陳氏慎初堂 1926 年 經典集林 卷十四

009745788 9108 2524 (1)
五經通義
劉向撰 洪頤煊撰集 孫彤校訂 香港 陳氏慎初堂 1926 年 經典集林 卷五

009745795 9108 2524 (1)
五經要義

劉向撰　洪頤煊撰集　孫彤校訂　香港　陳氏慎初堂　1926 年　經典集林　卷六

009747547　9108　2524　(2)
白澤圖
洪頤煊撰集　孫彤校訂　香港　陳氏慎初堂　1926 年　經典集林　卷三十一

009747551　9108　2524　(2)
地鏡圖
洪頤煊撰集　孫彤校訂　香港　陳氏慎初堂　1926 年　經典集林　卷三十二

009747120　9108　2524　(2)
泛勝之書上下卷
泛勝之撰　洪頤煊撰集　孫彤校訂　香港　陳氏慎初堂　1926 年　經典集林　卷二十三至二十四

009747497　9108　2524　(2)
范子計然
洪頤煊撰集　孫彤校訂　香港　陳氏慎初堂　1926 年　經典集林　卷二十九

009746183　9108　2524　(2)
公孫尼子
公孫尼撰　洪頤煊撰集　孫彤校訂　香港　陳氏慎初堂　1926 年　經典集林　卷二十

009745963　9108　2524　(2)
漢武故事上下卷
班固撰　洪頤煊撰集　孫彤校訂　香港　陳氏慎初堂　1926 年　經典集林　卷十五至十六

009747141　9108　2524　(2)
黃帝問玄女兵法
玄女撰　洪頤煊撰集　孫彤校訂　香港　陳氏慎初堂　1926 年　經典集林　卷二十五

009747427　9108　2524　(2)
渾天儀
張衡撰　洪頤煊撰集　孫彤校訂　香港　陳氏慎初堂　1926 年　經典集林　卷二十七

009746007　9108　2524　(2)
臨海記
未詳撰人　洪頤煊撰集　孫彤校訂　香港　陳氏慎初堂　1926 年　經典集林　卷十八

009747151　9108　2524　(2)
靈憲
張衡撰　洪頤煊撰集　孫彤校訂　香港　陳氏慎初堂　1926 年　經典集林　卷二十六

009746208　9108　2524　(2)
魯連子
魯仲連撰　洪頤煊撰集　孫彤校訂　香港　陳氏慎初堂　1926 年　經典集林　卷二十一

009747516　9108　2524　(2)
夢書
不題撰人　洪頤煊撰集　孫彤校訂　香港　陳氏慎初堂　1926 年　經典集林　卷三十

009747481　9108　2524　(2)
師曠占
師曠撰　洪頤煊撰集　孫彤校訂　香港　陳氏慎初堂　1926 年　經典集林　卷二十八

009746254　9108　2524　(2)
太公金匱
姜太公撰　洪頤煊撰集　孫彤校訂　香

港 陳氏慎初堂 1926年 經典集林 卷二十二

009745981 9108 2524 (2)
鄭玄别傳
未詳撰人 洪頤煊撰集 孫彤校訂 香港 陳氏慎初堂 1926年 經典集林 卷十七

009746134 9108 2524 (2)
子思子
孔伋撰 洪頤煊撰集 孫彤校訂 香港 陳氏慎初堂 1926年 經典集林 卷十九

007193077 AA641 P391T T 9108 99
敦煌遺書第一集
ポール・ペリオ、羽田亨共編 上海 東亞考究會 1926年

007374706 9109 2124C
群書治要五十卷
魏徵奉敕撰 上海 商務印書館 1936年 國學基本叢書 (m.)

地方叢書

007374654 9110 0222
高郵王氏遺書七種
羅振玉輯 廣州 上虞羅氏輯本 1925年

007374894 9110 0222 (1-2)
王氏六葉傳狀碑志集六卷
夏之容等撰 香港 上虞羅氏 1925年 高郵王氏遺書

007374895 9110 0222 (3)
毛詩群經楚辭古韻譜一卷
王念孫著 香港 上虞羅氏 1925年 高郵王氏遺書

007374897 9110 0222 (3)
釋大一卷
王念孫著 香港 上虞羅氏 1925年 高郵王氏遺書

007374899 9110 0222 (4)
王文肅公遺文一卷
王安國著 香港 上虞羅氏 1925年 高郵王氏遺書

007374902 9110 0222 (5-6)
王石臞先生遺文詩鈔五卷
王念孫著 香港 上虞羅氏 1925年 高郵王氏遺書

007374904 9110 0222 (7-8)
王文簡公文集五卷
王引之著 香港 上虞羅氏 1925年 高郵王氏遺書

007375814 9110 0398
龍潭精舍叢刻
劉海涵編輯 香港 信陽劉氏 1921-36年

007375816 9110 0398 (01-04)
信陽詩鈔十二卷 卷首一卷
劉海涵輯 香港 信陽劉氏 1921年 龍潭精舍叢刻

007375818 9110 0398 (05-06)
何大復先生年譜一卷 附録三卷
劉海涵編 香港 信陽劉氏 1921年 龍潭精舍叢刻

007375820 9110 0398 (07-08)
師竹堂尺牘二卷
王祖嫡撰 香港 信陽劉氏 1921年 龍潭精舍叢刻

007375822　9110　0398　(09－10)
汝南遺事二卷
李本固撰　香港　信陽劉氏　1921 年　龍潭精舍叢刻

007375823　9110　0398　(11)
大復學約存目一卷
何景明撰　香港　信陽劉氏　1921 年　龍潭精舍叢刻

007375825　9110　0398　(11)
天根令語一卷　質言一卷
何家琪撰　香港　信陽劉氏　1921 年　龍潭精舍叢刻

007375828　9110　0398　(12)
報慶紀行一卷
王祖嫡撰　香港　信陽劉氏　1921 年　龍潭精舍叢刻

007375827　9110　0398　(12)
竹里談録一卷
王詔撰　香港　信陽劉氏　1921 年　龍潭精舍叢刻

007375830　9110　0398　(13)
王師竹先生年譜一卷　附録一卷
劉海涵編　香港　信陽劉氏　1921 年　龍潭精舍叢刻

007375832　9110　0398　(14)
賢首紀聞二卷
劉海涵輯　香港　信陽劉氏　1921 年　龍潭精舍叢刻

007375833　9110　0398　(15)
龍潭小志二卷
劉海涵輯　香港　信陽劉氏　1921 年　龍潭精舍叢刻

007375836　9110　0398　(16)
兩龍潭主人藏鏡圖題詞一卷
劉海涵輯　香港　信陽劉氏　1921 年　龍潭精舍叢刻

007375840　9110　0398　(17)
龍潭清話一卷
劉海涵撰　香港　信陽劉氏　1921 年　龍潭精舍叢刻

007375842　9110　0398　(18)
龍潭文存一卷
劉海涵撰　香港　信陽劉氏　1921 年　龍潭精舍叢刻

007375839　9110　0398　(19)
兩龍潭主人藏硯圖題詞一卷
劉海涵輯　香港　信陽劉氏　1921 年　龍潭精舍叢刻

007375847　9110　0398　(20)
墨莊黄稗録不分卷
劉海涵撰　香港　信陽劉氏　1921 年　龍潭精舍叢刻

007375663　9110　0859
廣東叢書第 1 集
廣東叢書編印委員會編　上海　商務印書館　1946 年

007375853　9110　0859　(1－8)
唐丞相曲江張文獻公集十二卷
張九齡撰　上海　商務印書館　1946 年　廣東叢書　第 1 集

007375756　9110　0859　(9－14)
武溪集二十卷
余靖撰　上海　商務印書館　1946 年　廣東叢書　第 1 集

007375855　9110　0859　(15－16)
北燕巖集四卷
黄公輔撰　上海　商務印書館　1946 年

廣東叢書　第 1 集

007375858　9110　0859　(17 - 19)
禮部存稿八卷
陳子壯撰　上海　商務印書館　1946 年　廣東叢書　第 1 集

007375661　9110　0859　(20 - 22)
蓮鬚閣文鈔十八卷
黎遂球撰　上海　商務印書館　1946 年　廣東叢書　第 1 集

007375862　9110　0859　(23 - 25)
喻園集四卷
梁朝鍾撰　上海　商務印書館　1946 年　廣東叢書　第 1 集

007375865　9110　0859　(26 - 28)
翁山文鈔四卷
屈大均撰　上海　商務印書館　1946 年　廣東叢書　第 1 集

007375870　9110　0859.2
廣東叢書第 2 集
廣東叢書編印委員會輯　上海　商務印書館　1948 年

007375872　9110　0859.2　(01 - 06)
皇明四朝成仁録十二卷
屈大均撰　葉恭綽訂　上海　商務印書館　1948 年　廣東叢書　第 2 集

007375758　9110　0859.2　(07 - 08)
翁山文鈔
屈大均撰　上海　商務印書館　1948 年

007375660　9110　0859.2　(09)
蒯緱館十一草
薛始亨著　上海　商務印書館　1948 年　初版　廣東叢書　第 2 集

007375667　9110　0859.3　Microfiche　C - 0385　C4
廣東叢書十種第 3 集
廣東叢書編印委員會編　上海　商務印書館　1948 年

007375899　9110　1304
豫章叢書六百五十卷
胡思敬、魏元曠等校　南昌　得廬　1916 年

007376124　9110　1304　(1 - 3)
易纂言外翼八卷
吴澄撰　南昌　得廬　1916 年　豫章叢書

007376127　9110　1304　(4)
讀易考原一卷
蕭漢中撰　南昌　得廬　1916 年　豫章叢書

007376130　9110　1304　(5 - 6)
易學變通六卷
曾貫撰　南昌　得廬　1916 年　豫章叢書

007376132　9110　1304　(7)
周易通略一卷
黄俊撰　南昌　得廬　1916 年　豫章叢書

007376134　9110　1304　(8 - 9)
券易苞十二卷
章世純撰　南昌　得廬　1916 年　豫章叢書

007376140　9110　1304　(10 - 11)
詩故十卷
朱謀瑋撰　南昌　得廬　1916 年　豫章叢書

007376141　9110　1304　(12 - 17)
周官集傳十六卷

毛應龍撰　南昌　得廬　1916年　豫章叢書

007376143　9110　1304　(18－21)
四書疑節十二卷
袁俊翁撰　南昌　得廬　1916年　豫章叢書

007376145　9110　1304　(22－23)
四書經疑貫通八卷
王充耘撰　南昌　得廬　1916年　豫章叢書

007376149　9110　1304　(24－25)
駢雅七卷
朱謀㙔撰　南昌　得廬　1916年　豫章叢書

007376151　9110　1304　(26－27)
石經考文提要十三卷
彭元瑞撰　南昌　得廬　1916年　豫章叢書

007376154　9110　1304　(28－29)
説文蒙求六卷
劉庠撰　南昌　得廬　1916年　豫章叢書

007376156　9110　1304　(30)
五代史補五卷
陶岳撰　南昌　得廬　1916年　豫章叢書

007376157　9110　1304　(31)
松漠紀聞二卷
洪皓撰　南昌　得廬　1916年　豫章叢書

007376158　9110　1304　(32－33)
江南野史十卷
龍衮撰　南昌　得廬　1916年　豫章叢書

007376159　9110　1304　(34)
通鑒問疑一卷
劉羲仲撰　南昌　得廬　1916年　豫章叢書

007376161　9110　1304　(35－36)
經幄管見四卷
曹彦約撰　南昌　得廬　1916年　豫章叢書

007376162　9110　1304　(37)
庚申外史二卷
權衡撰　南昌　得廬　1916年　豫章叢書

007376163　9110　1304　(38)
故宫遺録一卷
蕭洵撰　南昌　得廬　1916年　豫章叢書

007376164　9110　1304　(38－40)
姜氏秘史五卷
姜清撰　南昌　得廬　1916年　豫章叢書

007376166　9110　1304　(41)
北征録一卷　後録一卷
金幼孜[金善]撰　南昌　得廬　1916年　豫章叢書

007376165　9110　1304　(41)
備遺録一卷
張芹撰　南昌　得廬　1916年　豫章叢書

007376168　9110　1304　(42)
北征事跡一卷
袁彬撰　南昌　得廬　1916年　豫章叢書

007376167 9110 1304 (42)
否泰録一卷
劉定之撰 南昌 得廬 1916年 豫章叢書

007376170 9110 1304 (42)
復辟録一卷
楊暄撰 南昌 得廬 1916年 豫章叢書

007376171 9110 1304 (43)
朝鮮賦一卷
董越撰 南昌 得廬 1916年 豫章叢書

007376172 9110 1304 (44)
潯陽紀事一卷
袁繼咸撰 南昌 得廬 1916年 豫章叢書

007376173 9110 1304 (45-46)
庭聞録六卷
劉健撰 南昌 得廬 1916年 豫章叢書

007376174 9110 1304 (47)
陳節愍奏稿二卷
陳泰來撰 南昌 得廬 1916年 豫章叢書

007376176 9110 1304 (48-53)
咸賓録八卷
羅曰褧撰 南昌 得廬 1916年 豫章叢書

007376177 9110 1304 (54-59)
廬山紀事十二卷
桑喬撰 南昌 得廬 1916年 豫章叢書

007376181 9110 1304 (59)
浙西水利書三卷
姚文灝撰 南昌 得廬 1916年 豫章叢書

007376183 9110 1304 (60-62)
理學類編八卷
張九韶撰 南昌 得廬 1916年 豫章叢書

007376185 9110 1304 (63-66)
胡子衡齊八卷
胡直撰 南昌 得廬 1916年 豫章叢書

007376186 9110 1304 (67)
藏一話腴内外篇
陳郁撰 南昌 得廬 1916年 豫章叢書

007376188 9110 1304 (68)
拾遺録一卷
胡爌撰 南昌 得廬 1916年 豫章叢書

007376191 9110 1304 (69)
東谷贅言二卷
敖英撰 南昌 得廬 1916年 豫章叢書

007376192 9110 1304 (70)
慎言集訓二卷
敖英撰 南昌 得廬 1916年 豫章叢書

007376194 9110 1304 (71-74)
兵跡十二卷
魏禧撰 南昌 得廬 1916年 豫章叢書

007376195 9110 1304 (75-76)
寒夜録二卷
陳宏緒撰 南昌 得廬 1916年 豫章

叢書

007376196 9110 1304 (76)

喻氏遺書三種

喻嘉言[喻昌]撰 南昌 得廬 1916年 豫章叢書

007376197 9110 1304 (77－85)

尚論前後篇八卷

喻嘉言[喻昌]撰 南昌 得廬 1916年 豫章叢書

007376198 9110 1304 (86－94)

醫門法律六卷

喻嘉言[喻昌]撰 南昌 得廬 1916年 豫章叢書

007376199 9110 1304 (95－98)

寓意草四卷

喻嘉言[喻昌]撰 南昌 得廬 1916年 豫章叢書

007376200 9110 1304 (99－100)

天仙正理二卷

伍沖虚[伍守陽]撰 南昌 得廬 1916年 豫章叢書

007376201 9110 1304 (101)

天問天對解

楊萬里撰 南昌 得廬 1916年 豫章叢書

007376211 9110 1304 (102－103)

激書二卷

賀貽孫撰 南昌 得廬 1916年 豫章叢書

007376213 9110 1304 (104)

雲臺編三卷

鄭谷撰 南昌 得廬 1916年 豫章叢書

007376216 9110 1304 (105)

文標集三卷 外録

盧肇撰 南昌 得廬 1916年 豫章叢書

007376218 9110 1304 (106－108)

王魏公集八卷

王安禮撰 南昌 得廬 1916年 豫章叢書

007376219 9110 1304 (109－110)

曲阜集四卷

曾肇撰 南昌 得廬 1916年 豫章叢書

007376220 9110 1304 (111－112)

溪堂集十卷

謝逸撰 南昌 得廬 1916年 豫章叢書

007376222 9110 1304 (113－115)

日涉園集十卷

李彭撰 南昌 得廬 1916年 豫章叢書

007376223 9110 1304 (116－117)

雲莊集五卷

曾協撰 南昌 得廬 1916年 豫章叢書

007376225 9110 1304 (118)

飄然集三卷

歐陽澈撰 南昌 得廬 1916年 豫章叢書

007376227 9110 1304 (119)

格齋四六二卷

王子俊撰 南昌 得廬 1916年 豫章叢書

007376228 9110 1304 (120)

義豐集一卷

王阮撰　南昌　得廬　1916 年　豫章叢書

007376229　9110　1304　(121)

野處類稿二卷

洪邁撰　南昌　得廬　1916 年　豫章叢書

007376230　9110　1304　(122－123)

應齋雜著六卷

趙善括撰　南昌　得廬　1916 年　豫章叢書

007376231　9110　1304　(124)

自鳴集六卷

章甫撰　南昌　得廬　1916 年　豫章叢書

007376233　9110　1304　(125)

竹林愚隱集一卷

胡夢昱撰　南昌　得廬　1916 年　豫章叢書

007376236　9110　1304　(126)

自堂存稿四卷

陳杰撰　南昌　得廬　1916 年　豫章叢書

007376238　9110　1304　(127－134)

龍雲集三十二卷

劉弇撰　南昌　得廬　1916 年　豫章叢書

007376240　9110　1304　(135－138)

清正存稿六卷　附録

徐鹿卿撰　南昌　得廬　1916 年　豫章叢書

007376241　9110　1304　(139－148)

雪坡舍人集五十卷

姚勉撰　南昌　得廬　1916 年　豫章叢書

007376243　9110　1304　(149－153)

須溪集七卷

劉辰翁撰　南昌　得廬　1916 年　豫章叢書

007376245　9110　1304　(154－159)

碧梧玩芳集二十四卷

馬廷鸞撰　南昌　得廬　1916 年　豫章叢書

007376246　9110　1304　(160－161)

誠齋策問二卷

楊萬里撰　南昌　得廬　1916 年　豫章叢書

007376247　9110　1304　(162)

梅邊集一卷

王炎午撰　南昌　得廬　1916 年　豫章叢書

007376249　9110　1304　(163)

澗谷集三卷

羅椅撰　南昌　得廬　1916 年　豫章叢書

007376250　9110　1304　(164－166)

范德機詩集七卷

范梈撰　南昌　得廬　1916 年　豫章叢書

007376252　9110　1304　(167－172)

揭文安集十八卷

揭傒斯撰　南昌　得廬　1916 年　豫章叢書

007376253　9110　1304　(173－174)

芳谷集三卷

徐明善撰　南昌　得廬　1916 年　豫章叢書

007376254　9110　1304　（175－177）
石初集十卷
周霆震撰　南昌　得廬　1916年　豫章叢書

007376255　9110　1304　（178）
山窗餘稿一卷
甘復撰　南昌　得廬　1916年　豫章叢書

007376256　9110　1304　（179）
吾吾類稿三卷
吴皋撰　南昌　得廬　1916年　豫章叢書

007376257　9110　1304　（180－183）
静居集四卷
張羽撰　南昌　得廬　1916年　豫章叢書

007376259　9110　1304　（184）
張來儀文集一卷
張羽撰　南昌　得廬　1916年　豫章叢書

007376261　9110　1304　（185）
半廬文稿三卷
李騰蛟撰　南昌　得廬　1916年　豫章叢書

007376263　9110　1304　（186－187）
朱中尉集四卷
朱議霶撰　南昌　得廬　1916年　豫章叢書

007378149　9110　1304　（188－195）
六松堂集十四卷
曾燦撰　南昌　得廬　1916年　豫章叢書

007378151　9110　1304　（196－199）
懷葛堂集八卷
梁份撰　南昌　得廬　1916年　豫章叢書

007378159　9110　1304　（200－201）
髻山文鈔二卷
宋之盛撰　南昌　得廬　1916年　豫章叢書

007240335　5433　1183　9110　1304　（202－205）
四照堂文集
王猷定著　濟南　得廬　1915年　豫章叢書

007378170　9110　1304　（206－208）
溉園集五卷
萬時華撰　南昌　得廬　1916年　豫章叢書

007378178　9110　1304　（209－210）
字雲巢集六卷
盛大謨撰　南昌　得廬　1916年　豫章叢書

007378183　9110　1304　（211）
耻夫詩鈔二卷
楊㫤撰　南昌　得廬　1916年　豫章叢書

007378193　9110　1304　（212－216）
窗齋詩集二卷
葉蘭著　南昌　得廬　1916年　豫章叢書

007378230　9110　1304　（212－216）
春雨軒集四卷
劉炳著　南昌　得廬　1916年　豫章叢書

007378188　9110　1304　（212－216）
芳洲集三卷
黎廷瑞著　南昌　得廬　1916年　豫章

叢書

007378190 9110 1304 (212－216)
欒庵遺稿二卷
吴存著 南昌 得廬 1916 年 豫章叢書

007378192 9110 1304 (212－216)
松巢漫稿三卷
徐瑞著 南昌 得廬 1916 年 豫章叢書

007378232 9110 1304 (218－219)
豫章詩話六卷
郭子章著 南昌 得廬 1916 年 豫章叢書

007378236 9110 1304 (220－222)
舍人集一卷
孔文仲著 南昌 得廬 1916 年 豫章叢書

007378238 9110 1304 (222－227)
宗伯集十七卷
孔武仲著 南昌 得廬 1916 年 豫章叢書

007378239 9110 1304 (228－233)
朝散集十五卷
孔平仲著 南昌 得廬 1916 年 豫章叢書

007378241 9110 1304 (234－236)
暢谷文存八卷
宋昌悦著 南昌 得廬 1916 年 豫章叢書

007378242 9110 1304 (234－236)
妙絶古今四卷
湯漢著 南昌 得廬 1916 年 豫章叢書

007378244 9110 1304 (237－342)
皇明西江詩選十卷
韓陽著 南昌 得廬 1916 年 豫章叢書

007378249 9110 1304 (243)
圖考一卷
袁寧珍著 南昌 得廬 1916 年 豫章叢書

007378246 9110 1304 (243)
主客圖一卷
袁張爲著 南昌 得廬 1916 年 豫章叢書

007378250 9110 1304 (244－253)
芑山集二十三卷
張自烈撰 南昌 得廬 1916 年 豫章叢書

007378251 9110 1304 (254－256)
綱目續麟三卷
張自勳撰 南昌 得廬 1916 年 豫章叢書

007378254 9110 1304 (257)
讀史雜記二卷
鄒維璉著 南昌 得廬 1916 年 豫章叢書

007378256 9110 1304 (258)
自儆録一卷
鄒維璉著 南昌 得廬 1916 年 豫章叢書

007378259 9110 1304 (259)
禹貢山川考上卷
李榮陛撰 南昌 得廬 1916 年 豫章叢書

007378261 9110 1304 (260－261)
黑水考證四卷

李榮陛撰　南昌　得廬　1916 年　豫章叢書

007378262　9110　1304　(262)
江源考證一卷
李榮陛撰　南昌　得廬　1916 年　豫章叢書

007378264　9110　1304　(263)
年曆考二卷
李榮陛撰　南昌　得廬　1916 年　豫章叢書

007378265　9110　1304　(264)
四庫總目江西先哲遺書鈔
南昌　得廬　1916 年　豫章叢書

007383444　9110　2135
上海掌故叢書十四種第 1 集
上海通社　上海　上海通社　1936 年

007383617　9110　2135　(1)
熬波圖一卷
陳椿撰　香港　上海通社　1935 年　上海掌故叢書　第 1 集

007383618　9110　2135　(2)
吳淞甲乙倭變志二卷
張鼒撰　香港　上海通社　1935 年　上海掌故叢書　第 1 集

007383620　9110　2135　(3-5)
閲世編十卷
葉夢珠輯　香港　上海通社　1935 年　上海掌故叢書　第 1 集

007383623　9110　2135　(6-7)
滬城備考八卷
褚華纂　香港　上海通社　1935 年　上海掌故叢書　第 1 集

009146392　9110　2135　(7)
木棉譜一卷
褚華纂　香港　上海通社　1935 年　上海掌故叢書　第 1 集

007383622　9110　2135　(7)
水蜜桃譜一卷
褚華纂　香港　上海通社　1935 年　上海掌故叢書　第 1 集

007383625　9110　2135　(7)
淞南樂府一卷
楊光輔纂　香港　上海通社　1935 年　上海掌故叢書　第 1 集

007383626　9110　2135　(8)
滬城歲事衢歌一卷
張春華撰　香港　上海通社　1935 年　上海掌故叢書　第 1 集

007383627　9110　2135　(8)
夷患備嘗記一卷
曹晟撰　香港　上海通社　1935 年　上海掌故叢書　第 1 集

007383630　9110　2135　(9)
紅亂紀事草一卷
曹晟撰　香港　上海通社　1935 年　上海掌故叢書　第 1 集

007383633　9110　2135　(9)
覺夢録一卷
曹晟撰　香港　上海通社　1935 年　上海掌故叢書　第 1 集

007383637　9110　2135　(9)
梟林小史一卷
黄本銓撰　香港　上海通社　1935 年　上海掌故叢書　第 1 集

007383639　9110　2135　(10)
上海曹氏書存目録

曹驤輯　香港　上海通社　1935 年　上海掌故叢書　第 1 集

007383638　9110　2135　(10)
星周紀事二卷
王萃元輯　香港　上海通社　1935 年　上海掌故叢書　第 1 集

007384713　9110　2327
虞山叢刻
丁祖蔭輯　濟南　1912—30 年

007384714　9110　2327　(1)
天啟宫詞
秦蘭徵撰　濟南　1912—30 年　虞山叢刻

007384715　9110　2327　(2)
崇禎宫詞二卷
王譽昌撰　濟南　1912—30 年　虞山叢刻

007384717　9110　2327　(3)
吾炙集
錢謙益撰　濟南　1912—30 年　虞山叢刻

007384718　9110　2327　(4)
霜猨集四卷
周同谷撰　濟南　1912—30 年　虞山叢刻

007384721　9110　2327　(5)
東山調和集二卷
錢謙益撰　濟南　1912—30 年　虞山叢刻

007384724　9110　2327　(6)
和古人詩
毛晉撰　濟南　1912—30 年　虞山叢刻

007384727　9110　2327　(6)
和今人詩
毛晉撰　濟南　1912—30 年　虞山叢刻

007384729　9110　2327　(7)
和友人詩
毛晉撰　濟南　1912—30 年　虞山叢刻

007384733　9110　2327　(8)
野外詩
毛晉撰　濟南　1912—30 年　虞山叢刻

007384734　9110　2327　(9)
隱湖題跋續跋
毛晉撰　濟南　1912—30 年　虞山叢刻

007384735　9110　2327　(10)
以介編
毛晉撰　濟南　1912—30 年　虞山叢刻

007384737　9110　2327　(11－12)
松窗快筆十卷
龔立本撰　濟南　1912—30 年　虞山叢刻

007384738　9110　2327　(13)
煙艇永懷三卷
龔立本撰　濟南　1912—30 年　虞山叢刻

007384739　9110　2327　(14)
虞鄉雜記一卷
毛晉涵撰　濟南　1912—30 年　虞山叢刻

007384541　9110　2332
紅袖添香室叢書一至五册
高劍華、許嘯天集　沈繼光校閲　上海　群學社　1937 年　(m.)

009734648　9110　2332　(1)
補侍兒小名録

王銍著　上海　群學社　1937 年　3 版　紅袖添香室叢書　第 1 集

009734619　9110　2332　(1)
釵小志
朱揆著　上海　群學社　1937 年　3 版　紅袖添香室叢書　第 1 集

009734494　9110　2332　(1)
大業拾遺記
顔師古撰　上海　群學社　1937 年　3 版　紅袖添香室叢書　第 1 集

009734881　9110　2332　(1)
斷袖篇
吴下阿蒙編　上海　群學社　1937 年　3 版　紅袖添香室叢書　第 1 集

009734525　9110　2332　(1)
焚椒録
王鼎撰　上海　群學社　1937 年　3 版　紅袖添香室叢書　第 1 集

009734709　9110　2332　(1)
婦人集
陳維崧著　上海　群學社　1937 年　3 版　紅袖添香室叢書　第 1 集

009734721　9110　2332　(1)
婦人集補
冒丹書著　上海　群學社　1937 年　3 版　紅袖添香室叢書　第 1 集

009731210　9110　2332　(1)
漢宮春色
東晉時人撰　上海　群學社　1937 年　3 版　紅袖添香室叢書　第 1 集

009731196　9110　2332　(1)
漢雜事秘辛
無名氏撰　上海　群學社　1937 年　3 版　紅袖添香室叢書　第 1 集

009734475　9110　2332　(1)
蔣孝廉西征述異記
青溪居士撰　上海　群學社　1937 年　3 版　紅袖添香室叢書　第 1 集

009734498　9110　2332　(1)
迷樓記
闕名撰　上海　群學社　1937 年　3 版　紅袖添香室叢書　第 1 集

009734762　9110　2332　(1)
三風十愆記記色荒
上海　群學社　1937 年　3 版　紅袖添香室叢書　第 1 集

009734803　9110　2332　(1)
三風十愆記記飲饌
上海　群學社　1937 年　3 版　紅袖添香室叢書　第 1 集

009734741　9110　2332　(1)
勝朝彤史拾遺記
毛奇齡著　上海　群學社　1937 年　3 版　紅袖添香室叢書　第 1 集

009734628　9110　2332　(1)
侍兒小名録拾遺
張邦幾著　上海　群學社　1937 年　3 版　紅袖添香室叢書　第 1 集

009734601　9110　2332　(1)
武宗外紀一卷
毛奇齡著　上海　群學社　1937 年　3 版　紅袖添香室叢書　第 1 集

009734947　9110　2332　(1)
湘煙小録
上海　群學社　1937 年　3 版　紅袖添香室叢書　第 1 集

009734952 9110 2332 (1)
小螺庵病榻憶語
孫道乾著 上海 群學社 1937年 3版 紅袖添香室叢書 第1集

009734640 9110 2332 (1)
小星志
丁雄飛著 上海 群學社 1937年 3版 紅袖添香室叢書 第1集

009734675 9110 2332 (1)
續補侍兒小名録
温豫著 上海 群學社 1937年 3版 紅袖添香室叢書 第1集

009734843 9110 2332 (1)
豔囮二則
嚴思庵撰 上海 群學社 1937年 3版 紅袖添香室叢書 第1集

009734925 9110 2332 (1)
影梅庵憶語
冒襄著 上海 群學社 1937年 3版 紅袖添香室叢書 第1集

009734514 9110 2332 (1)
元氏掖庭記
陶宗儀撰 上海 群學社 1937年 3版 紅袖添香室叢書 第1集

009734507 9110 2332 (1)
趙后遺事
秦醇撰 上海 群學社 1937年 3版 紅袖添香室叢書 第1集

009735480 9110 2332 (2)
采蓮船
方絢撰 上海 群學社 1937年 3版 紅袖添香室叢書 第2集

009735087 9110 2332 (2)
補花底拾遺
張潮著 上海 群學社 1937年 3版 紅袖添香室叢書 第2集

009735153 9110 2332 (2)
纏足談
袁枚著 上海 群學社 1937年 3版 紅袖添香室叢書 第2集

009735137 9110 2332 (2)
妒律
陳元龍著 上海 群學社 1937年 3版 紅袖添香室叢書 第2集

009735142 9110 2332 (2)
婦人鞋襪考
余懷著 上海 群學社 1937年 3版 紅袖添香室叢書 第2集

009735720 9110 2332 (2)
婦學
章學誠著 上海 群學社 1937年 3版 紅袖添香室叢書 第2集

009735470 9110 2332 (2)
貫月查
方絢著 上海 群學社 1937年 3版 紅袖添香室叢書 第2集

009735131 9110 2332 (2)
閨律
芙蓉外史戲稿 上海 群學社 1937年 3版 紅袖添香室叢書 第2集

009735606 9110 2332 (2)
閨墨萃珍
上海 群學社 1937年 3版 紅袖添香室叢書 第2集

009735064 9110 2332 (2)
花底拾遺
黎遂球著 上海 群學社 1937年 3

版　紅袖添香室叢書　第 2 集

009735488　9110　2332　(2)

花燭閒談

于卺撰　上海　群學社　1937 年　3 版　紅袖添香室叢書　第 2 集

009735120　9110　2332　(2)

婚啟

陳著著　上海　群學社　1937 年　3 版　紅袖添香室叢書　第 2 集

009735558　9110　2332　(2)

閒情十二憮

蘇士琨著　上海　群學社　1937 年　3 版　紅袖添香室叢書　第 2 集

009735161　9110　2332　(2)

金園雜纂

方絢撰　上海　群學社　1937 年　3 版　紅袖添香室叢書　第 2 集

009734991　9110　2332　(2)

幃内供狀

上海　群學社　1937 年　3 版　紅袖添香室叢書　第 2 集

009735587　9110　2332　(2)

課婢約

王晫著　上海　群學社　1937 年　3 版　紅袖添香室叢書　第 2 集

009735015　9110　2332　(2)

笠翁選姿集

李漁著　上海　群學社　1937 年　3 版　紅袖添香室叢書　第 2 集

009735729　9110　2332　(2)

美人判

尤侗著　上海　群學社　1937 年　3 版　紅袖添香室叢書　第 2 集

009735054　9110　2332　(2)

美人譜

徐震著　上海　群學社　1937 年　3 版　紅袖添香室叢書　第 2 集

009735565　9110　2332　(2)

清閒供

上海　群學社　1937 年　3 版　紅袖添香室叢書　第 2 集

009735105　9110　2332　(2)

十二月花神議

俞樾撰　上海　群學社　1937 年　3 版　紅袖添香室叢書　第 2 集

009735726　9110　2332　(2)

吴絳雪年譜

俞樾編　上海　群學社　1937 年　3 版　紅袖添香室叢書　第 2 集

009735179　9110　2332　(2)

香蓮品藻

方絢撰　上海　群學社　1937 年　3 版　紅袖添香室叢書　第 2 集

009735504　9110　2332　(2)

新婦譜

陸圻撰　上海　群學社　1937 年　3 版　紅袖添香室叢書　第 2 集

009735530　9110　2332　(2)

新婦譜補

陳確著　上海　群學社　1937 年　3 版　紅袖添香室叢書　第 2 集

009735550　9110　2332　(2)

新婦譜補

查琪著　上海　群學社　1937 年　3 版　紅袖添香室叢書　第 2 集

009735043　9110　2332　(2)

鴛鴦牒

程羽文著　上海　群學社　1937 年　3 版　紅袖添香室叢書　第 2 集

009735598　9110　2332　(2)
悦容編
衛泳訂　上海　群學社　1937 年　3 版　紅袖添香室叢書　第 2 集

009735833　9110　2332　(3)
拗相公
上海　群學社　1937 年　3 版　紅袖添香室叢書　第 4 集

009735846　9110　2332　(3)
錯斬崔寧
上海　群學社　1937 年　3 版　紅袖添香室叢書　第 4 集

009735764　9110　2332　(3)
帝城花樣
上海　群學社　1937 年　3 版　紅袖添香室叢書　第 3 集

009735745　9110　2332　(3)
梵門綺語録
上海　群學社　1937 年　3 版　紅袖添香室叢書　第 3 集

009735855　9110　2332　(3)
馮玉梅團圓
上海　群學社　1937 年　3 版　紅袖添香室叢書　第 4 集

009735771　9110　2332　(3)
海鷗小譜
趙執信著　上海　群學社　1937 年　3 版　紅袖添香室叢書　第 3 集

009735797　9110　2332　(3)
碾玉觀音
上海　群學社　1937 年　3 版　紅袖添香室叢書　第 4 集

009735805　9110　2332　(3)
菩薩蠻
上海　群學社　1937 年　3 版　紅袖添香室叢書　第 4 集

009735751　9110　2332　(3)
十洲春語
上海　群學社　1937 年　3 版　紅袖添香室叢書　第 3 集

009735814　9110　2332　(3)
西山一窟鬼
上海　群學社　1937 年　3 版　紅袖添香室叢書　第 4 集

009735787　9110　2332　(3)
遊仙窟
張文成作　上海　群學社　1937 年　3 版　紅袖添香室叢書　第 4 集

009735821　9110　2332　(3)
至誠張主管
上海　群學社　1937 年　3 版　紅袖添香室叢書　第 4 集

009736011　9110　2332　(4)
比紅兒詩註
沈可培著　上海　群學社　1937 年　3 版　紅袖添香室叢書　第 5 集

009871996　9110　2332　(4)
悼亡百絶句
許傳霈著　許嘯天校録　上海　群學社　1937 年　3 版　紅袖添香室叢書　第 5 集

009735889　9110　2332　(4)
集美人名詩
冒襄著　上海　群學社　1937 年　3 版

紅袖添香室叢書　第5集

009735940　9110　2332　(4)
金粟閨詞百首
彭孫遹著　上海　群學社　1937年　3版　紅袖添香室叢書　第5集

009736872　9110　2332　(4)
儷華館吟草
高劍華著　上海　群學社　1937年　3版　紅袖添香室叢書　第5集

009736846　9110　2332　(4)
明宮詞
上海　群學社　1937年　3版　紅袖添香室叢書　第5集

009735946　9110　2332　(4)
千春一恨集唐詩六十首
黄九煙著　上海　群學社　1937年　3版　紅袖添香室叢書　第5集

009735904　9110　2332　(4)
清谿惆悵集
悔龕居士撰　上海　群學社　1937年　3版　紅袖添香室叢書　第5集

009736330　9110　2332　(4)
日本美人百詠
和久光德原輯　高劍華重選　上海　群學社　1937年　3版　紅袖添香室叢書　第5集

009736832　9110　2332　(4)
十國宮詞
孟彬著　上海　群學社　1937年　3版　紅袖添香室叢書　第5集

009735879　9110　2332　(4)
十美詩
鮑皋撰　上海　群學社　1937年　3版　紅袖添香室叢書　第5集

009739831　9110　2332　(5)
百花彈詞
錢濤著　上海　群學社　1937年　3版　紅袖添香室叢書　第6集

009739847　9110　2332　(5)
百花扇序
趙杏樓著　上海　群學社　1937年　3版　紅袖添香室叢書　第6集

009739888　9110　2332　(5)
彩雲曲
樊增祥撰　上海　群學社　1937年　3版　紅袖添香室叢書　第6集

009739821　9110　2332　(5)
春閨雜詠
許雷地著　上海　群學社　1937年　3版　紅袖添香室叢書　第6集

009736892　9110　2332　(5)
古豔樂府
楊淮著　上海　群學社　1937年　3版　紅袖添香室叢書　第6集

009739986　9110　2332　(5)
閨中十二曲
上海　群學社　1937年　3版　紅袖添香室叢書　第6集

009739789　9110　2332　(5)
六憶詞
易順鼎著　上海　群學社　1937年　3版　紅袖添香室叢書　第6集

009739879　9110　2332　(5)
盤珠詞
莊蓮佩撰　上海　群學社　1937年　3版　紅袖添香室叢書　第6集

009739907 9110 2332 (5)
十眉謡附十髻謡
徐士俊著 上海 群學社 1937 年 3 版 紅袖添香室叢書 第6集

009739976 9110 2332 (5)
十美詞紀
鄒樞著 上海 群學社 1937 年 3 版 紅袖添香室叢書 第6集

009736919 9110 2332 (5)
豔體連珠
葉小鸞著 上海 群學社 1937 年 3 版 紅袖添香室叢書 第6集

009740049 9110 2332 (5)
瑶臺片玉
施紹莘著 上海 群學社 1937 年 3 版 紅袖添香室叢書 第6集

007364541 9110 2630.2
台州叢書後集
楊晨輯 香港 黄巖楊氏 1915 年

007364542 9110 2630.2 (01)
古禮樂述一卷
李誠撰 香港 黄巖楊氏 1915 年 台州叢書後集

007364543 9110 2630.2 (01)
臨海記一卷
洪頤煊輯 香港 黄巖楊氏 1915 年 台州叢書後集

007364544 9110 2630.2 (01)
臨海異物志一卷
楊晨輯 香港 黄巖楊氏 1915 年 台州叢書後集

007364546 9110 2630.2 (02)
二徐先生祠墓録一卷
楊晨輯 香港 黄巖楊氏 1915 年 台州叢書後集

007364545 9110 2630.2 (02)
尊鄉録節要四卷
謝鐸撰 香港 黄巖楊氏 1915 年 台州叢書後集

007364547 9110 2630.2 (03-07)
三國會要二十二卷
楊晨纂 香港 黄巖楊氏 1915 年 台州叢書後集

007364548 9110 2630.2 (08)
台州金石略一卷
楊晨纂 香港 黄巖楊氏 1915 年 台州叢書後集

007364552 9110 2630.2 (09)
任蕃小集一卷
任蕃撰 香港 黄巖楊氏 1915 年 台州叢書後集

007364555 9110 2630.2 (09)
委羽居士集一卷
左緯撰 王棻輯 香港 黄巖楊氏 1915 年 台州叢書後集

007364553 9110 2630.2 (09)
項子遷詩一卷
項斯撰 香港 黄巖楊氏 1915 年 台州叢書後集

007364554 9110 2630.2 (09)
章安集一卷
楊蟠撰 香港 黄巖楊氏 1915 年 台州叢書後集

007364558 9110 2630.2 (10)
柯丹邱集一卷
柯九思撰 香港 黄巖楊氏 1915 年 台州叢書後集

007364559　9110　2630.2　(11)
南村詩集四卷
陶宗儀撰　香港　黄巖楊氏　1915 年　台州叢書後集

007364777　9110　2630.2　(12)
陳寒山子文一卷
陳函輝撰　香港　黄巖楊氏　1915 年　台州叢書後集

007364560　9110　2630.2　(13-14)
赤城別集五卷
楊晨纂　香港　黄巖楊氏　1915 年　台州叢書後集

007364781　9110　2776
仙居叢書第 1 集
李鏡渠輯　香港　1935 年

007364783　9110　2776　(1)
孫拾遺遺集一卷　外紀一卷
孫合撰　香港　1935 年　仙居叢書　第 1 集

007364782　9110　2776　(1)
項子遷詩一卷　附録一卷
項斯撰　香港　1935 年　仙居叢書　第 1 集

007364784　9110　2776　(2-5)
湖山集十卷　補遺一卷　附録一卷
吴芾撰　香港　1935 年　仙居叢書　第 1 集

007364785　9110　2776　(5)
菌譜一卷
陳仁玉撰　香港　1935 年　仙居叢書　第 1 集

007364786　9110　2776　(5)
一瓢稿剩稿一卷
翁森著　香港　1935 年　仙居叢書　第 1 集

007364787　9110　2776　(6-7)
丹邱生集五卷　附録一卷　補遺一卷
柯九思著　香港　1935 年　仙居叢書　第 1 集

007364795　9110　2776　(8-9)
圭山近稿六卷
張儉著　香港　1935 年　仙居叢書　第 1 集

007364797　9110　2776　(10-13)
容庵集十卷
應大猷著　香港　1935 年　仙居叢書　第 1 集

007364796　9110　2776　(10)
周易傳義存疑一卷
應大猷著　香港　1935 年　仙居叢書　第 1 集

007364804　9110　2776　(14)
寤齋先生遺稿一卷
吴時來著　香港　1935 年　仙居叢書　第 1 集

007364805　9110　2776　(15-17)
介山稿略十六卷
林應麒著　香港　1935 年　仙居叢書　第 1 集

007364649　9110　2776　(18-20)
萬曆仙居縣志十二卷
1935 年　仙居叢書

007370175　9110　3211B
湖北先正遺書
盧靖輯　沔陽　盧氏慎始基齋　1923 年

007370372　9110　3211B　(1-5)
漢上易集傳十一卷　卦圖三卷　叢説一卷

朱震撰　香港　沔陽盧氏慎始基齋印行　1923 年　湖北先正遺書

007370377　9110　3211B　(6－9)
周易玩辭十六卷
項安世撰　香港　沔陽盧氏慎始基齋印行　1923 年　湖北先正遺書

007370380　9110　3211B　(10－12)
易象鉤解四卷　易象彙解二卷
陳士元撰　香港　沔陽盧氏慎始基齋印行　1923 年　湖北先正遺書

007370381　9110　3211B　(13－17)
詩總聞二十卷
王質撰　香港　沔陽盧氏慎始基齋印行　1923 年　湖北先正遺書

007370382　9110　3211B　(18)
讀詩私記五卷
李先芳撰　香港　沔陽盧氏慎始基齋印行　1923 年　湖北先正遺書

007370383　9110　3211B　(19－21)
三禮圖四卷
劉績撰　香港　沔陽盧氏慎始基齋印行　1923 年　湖北先正遺書

007370384　9110　3211B　(22－23)
春秋穀梁傳註疏十二卷
范寧集解　香港　沔陽盧氏慎始基齋印行　1923 年　湖北先正遺書

007370393　9110　3211B　(24－27)
東觀漢記二十四卷
劉珍撰　香港　沔陽盧氏慎始基齋印行　1923 年　湖北先正遺書

007370394　9110　3211B　(28)
國語補音三卷
宋庠撰　香港　沔陽盧氏慎始基齋印行　1923 年　湖北先正遺書

007370395　9110　3211B　(29)
紹陶録二卷
王質撰　香港　沔陽盧氏慎始基齋印行　1923 年　湖北先正遺書

007380240　9110　3211B　(30－35)
殿閣詞林記二十二卷
廖道南撰　香港　沔陽盧氏慎始基齋印行　1923 年　湖北先正遺書

007370397　9110　3211B　(36)
荆楚歲時記一卷
宗懔撰　香港　沔陽盧氏慎始基齋印行　1923 年　湖北先正遺書

007370396　9110　3211B　(36)
南方草木狀三卷
嵇含撰　香港　沔陽盧氏慎始基齋印行　1923 年　湖北先正遺書

007370398　9110　3211B　(37)
北户録三卷
段公路撰　香港　沔陽盧氏慎始基齋印行　1923 年　湖北先正遺書

007370399　9110　3211B　(38)
益部方物略記一卷
宋祁撰　香港　沔陽盧氏慎始基齋印行　1923 年　湖北先正遺書

007370400　9110　3211B　(38)
益部談資三卷
何宇度撰　香港　沔陽盧氏慎始基齋印行　1923 年　湖北先正遺書

007370401　9110　3211B　(39－40)
嵩陽石刻集記二卷
葉封撰　香港　沔陽盧氏慎始基齋印行　1923 年　湖北先正遺書

007370408　9110　3211B　(41)
法言集註十三卷　附音義一卷
李軌註　香港　沔陽盧氏慎始基齋印行　1923 年　湖北先正遺書

007370406　9110　3211B　(41)
新語二卷
陸賈撰　香港　沔陽盧氏慎始基齋印行　1923 年　湖北先正遺書

007370409　9110　3211B　(42－43)
項氏家説十卷　附録二卷
項安世撰　香港　沔陽盧氏慎始基齋印行　1923 年　湖北先正遺書

007370410　9110　3211B　(44－49)
管子補註二十四卷
劉績撰　香港　沔陽盧氏慎始基齋印行　1923 年　湖北先正遺書

007370413　9110　3211B　(50－53)
靈臺秘苑十五卷
庾季才撰　香港　沔陽盧氏慎始基齋印行　1923 年　湖北先正遺書

007763686　9110　3211b　(54)
畫史一卷
米芾撰　香港　沔陽盧氏慎始基齋印行　1923 年　湖北先正遺書

007370416　9110　3211B　(54)
書品一卷
庾肩吾撰　香港　沔陽盧氏慎始基齋印行　1923 年　湖北先正遺書

007370417　9110　3211B　(54)
益州名畫録三卷
黄休復撰　香港　沔陽盧氏慎始基齋印行　1923 年　湖北先正遺書

007370425　9110　3211B　(55)
寶章待訪録一卷
米芾撰　香港　沔陽盧氏慎始基齋印行　1923 年　湖北先正遺書

007370429　9110　3211B　(55)
海岳名言一卷
米芾撰　香港　沔陽盧氏慎始基齋印行　1923 年　湖北先正遺書

007763701　9110　3211b　(55)
海岳題跋一卷
米芾撰　香港　沔陽盧氏慎始基齋印行　1923 年　湖北先正遺書

007370424　9110　3211B　(55)
書史二卷
米芾撰　香港　沔陽盧氏慎始基齋印行　1923 年　湖北先正遺書

007370436　9110　3211B　(56)
茶經三卷
陸羽撰　香港　沔陽盧氏慎始基齋印行　1923 年　湖北先正遺書

007370431　9110　3211B　(56)
畫鑒一卷
湯垕撰　香港　沔陽盧氏慎始基齋印行　1923 年　湖北先正遺書

007370432　9110　3211B　(56)
樂府雜録一卷
段安節撰　香港　沔陽盧氏慎始基齋印行　1923 年　湖北先正遺書

007370435　9110　3211B　(56)
硯史一卷
米芾撰　香港　沔陽盧氏慎始基齋印行　1923 年　湖北先正遺書

007370439　9110　3211B　(56)
竹譜一卷
戴凱之撰　香港　沔陽盧氏慎始基齋印

行　1923 年　湖北先正遺書

007370444　9110　3211B　(57)
鶡冠子三卷
香港　沔陽盧氏愼始基齋印行　1923 年　湖北先正遺書

007370442　9110　3211B　(57)
鬻子一卷
鬻熊撰　香港　沔陽盧氏愼始基齋印行　1923 年　湖北先正遺書

007370446　9110　3211B　(58)
鬼谷子三卷
香港　沔陽盧氏愼始基齋印行　1923 年　湖北先正遺書

007370448　9110　3211B　(59－61)
名義考十二卷
周祁撰　香港　沔陽盧氏愼始基齋印行　1923 年　湖北先正遺書

007370451　9110　3211B　(62)
筆記三卷
宋祁撰　香港　沔陽盧氏愼始基齋印行　1923 年　湖北先正遺書

007370804　9110　3211B　(63)
麈史三卷
王得臣撰　香港　沔陽盧氏愼始基齋印行　1923 年　湖北先正遺書

007370806　9110　3211B　(64－65)
東軒筆録十五卷
魏泰撰　香港　沔陽盧氏愼始基齋印行　1923 年　湖北先正遺書

007370811　9110　3211B　(66)
先進遺風二卷
耿定向撰　香港　沔陽盧氏愼始基齋印行　1923 年　湖北先正遺書

007370809　9110　3211B　(66)
張氏可書一卷
張知甫撰　香港　沔陽盧氏愼始基齋印行　1923 年　湖北先正遺書

007764825　9110　3211b　(67)
茅亭客話十卷
黄休復撰　香港　沔陽盧氏愼始基齋印行　1923 年　湖北先正遺書

007370813　9110　3211B　(68－71)
酉陽雜俎二十卷　續集十卷
段成式撰　香港　沔陽盧氏愼始基齋印行　1923 年　湖北先正遺書

007370818　9110　3211B　(72)
亢倉子一卷
庚桑楚撰　香港　沔陽盧氏愼始基齋印行　1923 年　湖北先正遺書

007370816　9110　3211B　(72)
陰符經解三卷
鬼谷子等註　香港　沔陽盧氏愼始基齋印行　1923 年　湖北先正遺書

007370822　9110　3211B　(73)
屈原賦註七卷　通釋二卷　音義三卷
戴震註　香港　沔陽盧氏愼始基齋印行　1923 年　湖北先正遺書

007370857　9110　3211B　(74－85)
庾子山集十六卷
庾信撰　香港　沔陽盧氏愼始基齋印行　1923 年　湖北先正遺書

007370855　9110　3211B　(86)
李北海集五卷
李邕撰　香港　沔陽盧氏愼始基齋印行　1923 年　湖北先正遺書

007370862　9110　3211B　(87－98)
杜工部集二十卷　文二卷

杜甫撰　香港　沔陽盧氏愼始基齋印行　1923 年　湖北先正遺書

007370871　9110　3211B　(99)
孟浩然集三卷
孟浩然撰　香港　沔陽盧氏愼始基齋印行　1923 年　湖北先正遺書

007370872　9110　3211B　(100)
丁卯集三卷
許渾撰　香港　沔陽盧氏愼始基齋印行　1923 年　湖北先正遺書

007370873　9110　3211B　(101－102)
皮子文藪十卷
皮日休撰　香港　沔陽盧氏愼始基齋印行　1923 年　湖北先正遺書

007370874　9110　3211B　(103－108)
宋元憲集三十六卷
宋庠撰　香港　沔陽盧氏愼始基齋印行　1923 年　湖北先正遺書

007370876　9110　3211B　(109－124)
宋景文集六十二卷　**拾遺**二十二卷
宋祁撰　香港　沔陽盧氏愼始基齋印行　1923 年　湖北先正遺書

007370877　9110　3211B　(125－128)
鄖溪集二十八卷
鄭獬撰　香港　沔陽盧氏愼始基齋印行　1923 年　湖北先正遺書

007370878　9110　3211B　(129)
寶晉英光集八卷
米芾撰　香港　沔陽盧氏愼始基齋印行　1923 年　湖北先正遺書

007372926　9110　3211B　(130)
北湖集五卷
吴則禮撰　香港　沔陽盧氏愼始基齋印行　1923 年　湖北先正遺書

007372932　9110　3211B　(131－138)
紫微集三十六卷
張嵲撰　香港　沔陽盧氏愼始基齋印行　1923 年　湖北先正遺書

007372934　9110　3211B　(139－144)
漢濱集十六卷
王之望撰　香港　沔陽盧氏愼始基齋印行　1923 年　湖北先正遺書

007372946　9110　3211B　(145－148)
雪山集十六卷
王質撰　香港　沔陽盧氏愼始基齋印行　1923 年　湖北先正遺書

007372950　9110　3211B　(149－151)
客亭類稿十五卷
楊冠卿撰　香港　沔陽盧氏愼始基齋印行　1923 年　湖北先正遺書

007372956　9110　3211B　(152－161)
雪樓集三十卷
程鉅夫撰　香港　沔陽盧氏愼始基齋印行　1923 年　湖北先正遺書

007372962　9110　3211B　(162－163)
經濟文集六卷
李士瞻撰　香港　沔陽盧氏愼始基齋印行　1923 年　湖北先正遺書

007372965　9110　3211B　(164)
丁鶴年集四卷
丁鶴年撰　香港　沔陽盧氏愼始基齋印行　1923 年　湖北先正遺書

007372966　9110　3211B　(165－167)
一山文集九卷
李繼本撰　香港　沔陽盧氏愼始基齋印行　1923 年　湖北先正遺書

007379948 9110 3211b (168－171)
夢澤集
王廷陳撰 沔陽 盧氏 1923 年 湖北先正遺書

007372968 9110 3211B (172－175)
松陵集十卷
皮日休撰 香港 沔陽盧氏慎始基齋印行 1923 年 湖北先正遺書

007372970 9110 3211B (176－179)
唐音十五卷
楊士弘撰 香港 沔陽盧氏慎始基齋印行 1923 年 湖北先正遺書

007372973 9110 3211B (180)
觀林詩話一卷
吳聿撰 香港 沔陽盧氏慎始基齋印行 1923 年 湖北先正遺書

007372971 9110 3211B (180)
臨漢隱居詩話一卷
魏泰撰 香港 沔陽盧氏慎始基齋印行 1923 年 湖北先正遺書

007442120 9110 3242
湖南叢書
香港 湖南叢書處 1925—26 年

007442121 9110 3242 (1)
劉蛻集六卷
劉蛻撰 香港 湖南叢書處 1925 年 湖南叢書

007442122 9110 3242 (2－3)
隋唐石刻拾遺二卷
黄本驥撰 香港 湖南叢書處 1925 年 湖南叢書

007442123 9110 3242 (4－5)
東洲草堂金石跋五卷
何紹基撰 香港 湖南叢書處 1925 年 湖南叢書

007442124 9110 3242 (6)
大隱居士集二卷
鄧深撰 香港 湖南叢書處 1925 年 湖南叢書

007442125 9110 3242 (7－11)
學林十卷
王觀國撰 香港 湖南叢書處 1925 年 湖南叢書

007442126 9110 3242 (12－17)
周易總義二十卷
易祓撰 香港 湖南叢書處 1925 年 湖南叢書

007442127 9110 3242 (18)
李群玉詩集三卷 後集五卷
李群玉撰 香港 湖南叢書處 1925 年 湖南叢書

007442128 9110 3242 (19－21)
北海三考六卷
胡元儀撰 香港 湖南叢書處 1925 年 湖南叢書

007442129 9110 3242 (22－33)
周禮總義十八卷
易祓撰 香港 湖南叢書處 1925 年 湖南叢書

007374885 9110 3272
沔陽叢書
盧弼輯 1931 年

007374886 9110 3272 (01－04)
沔陽州志十八卷
童承敘撰 1931 年 沔陽叢書

007374887 9110 3272 (05－08)
内方先生集八卷 附鈔一卷

童承敘撰　1931 年　沔陽叢書

007374888　9110　3272　(09－18)
市隱園集三十卷
費尚伊撰　1931 年　沔陽叢書

007374889　9110　3272　(19)
默耕詩選二卷
李何煒撰　1931 年　沔陽叢書

007374890　9110　3272　(20－21)
補希堂文集四卷
張泰來撰　1931 年　沔陽叢書

007374891　9110　3272　(22)
玩草園詩鈔一卷
劉掞撰　1931 年　沔陽叢書

007374892　9110　3272　(22)
玩草園文集一卷
劉掞撰　1931 年　沔陽叢書

007374893　9110　3272　(23－25)
陸文節公奏議五卷　附録一卷
陸建瀛撰　1931 年　沔陽叢書

007374896　9110　3272　(26)
聽春草堂詩鈔二卷
周揆源撰　1931 年　沔陽叢書

007374898　9110　3272　(27)
海嶽行吟草十卷
劉興樾撰　1931 年　沔陽叢書

007374900　9110　3272　(28)
子銘先生遺集二卷
李皋撰　1931 年　沔陽叢書

007374901　9110　3272　(29)
萬里遊草殘稿三卷
陸光祖撰　1931 年　沔陽叢書

007374903　9110　3272　(30)
展碧山房駢體文選二卷
邵樹忠撰　1931 年　沔陽叢書

007373882　9110　3424
安徽叢書十二種第 1 期
安徽叢書編印處輯　香港　安徽叢書編印處　1932 年

007373757　9110　3424　(1)
禹貢今釋二卷
芮曰松纂輯　安徽叢書編審會輯　香港　安徽叢書編印處　1932—36 年　安徽叢書　第 1 期

007373758　9110　3424　(2－5)
毛詩異義四卷　附詩譜
汪龍著　鄭玄撰　安徽叢書編審會輯　香港　安徽叢書編印處　1932—36 年　安徽叢書　第 1 期

007373767　9110　3424　(6－7)
韓詩外傳校註十卷
周廷寀著　安徽叢書編審會輯　香港　安徽叢書編印處　1932—36 年　安徽叢書　第 1 期

007373759　9110　3424　(8)
五聲反切正均
吴烺撰　安徽叢書編審會輯　香港　安徽叢書編印處　1932—36 年　安徽叢書　第 1 期

007373760　9110　3424　(9－11)
通鑒註商十八卷
趙紹祖著　安徽叢書編審會輯　香港　安徽叢書編印處　1932—36 年　安徽叢書　第 1 期

007373761　9110　3424　(12)
漢儒傳經記二卷

趙繼序著　安徽叢書編審會輯　香港　安徽叢書編印處　1932—36 年　安徽叢書　第 1 期

007373762　9110　3424　(13－15)
新安學系録十六卷
程瞳著　安徽叢書編審會輯　香港　安徽叢書編印處　1932—36 年　安徽叢書　第 1 期

007373763　9110　3424　(16)
畫偈
弘仁撰　安徽叢書編審會輯　香港　安徽叢書編印處　1932—36 年　安徽叢書　第 1 期

007373892　9110　3424.2
安徽叢書第 2 期
安徽叢書編印處輯　上海　安徽叢書編印處　1933 年

007373893　9110　3424.2　(1)
論學小記
上海　安徽叢書編印處　1933 年　安徽叢書　第 2 期

007373764　9110　3424.2　(1－24)
通藝録
程瑶田著　安徽叢書編審會輯　香港　安徽叢書編印處　1932—36 年　安徽叢書　第 2 期

007373894　9110　3424.2　(2)
論學外篇
上海　安徽叢書編印處　1933 年　安徽叢書　第 2 期

007373895　9110　3424.2　(2)
宗法小記
上海　安徽叢書編印處　1933 年　安徽叢書　第 2 期

007373897　9110　3424.2　(3－6)
儀禮喪服文足徵記
上海　安徽叢書編印處　1933 年　安徽叢書　第 2 期

007373910　9110　3424.2　(7－10)
考工創物小記
上海　安徽叢書編印處　1933 年　安徽叢書　第 2 期

007373898　9110　3424.2　(7)
釋宫小記
上海　安徽叢書編印處　1933 年　安徽叢書　第 2 期

007373911　9110　3424.2　(11)
磬折古義
上海　安徽叢書編印處　1933 年　安徽叢書　第 2 期

007373913　9110　3424.2　(12)
溝洫疆理小記
上海　安徽叢書編印處　1933 年　安徽叢書　第 2 期

007373914　9110　3424.2　(13)
禹貢三江考
上海　安徽叢書編印處　1933 年　安徽叢書　第 2 期

007373924　9110　3424.2　(14)
水地小記
上海　安徽叢書編印處　1933 年　安徽叢書　第 2 期

007373929　9110　3424.2　(15)
解字小記
上海　安徽叢書編印處　1933 年　安徽叢書　第 2 期

007373930　9110　3424.2　(16)
聲律小記

上海　安徽叢書編印處　1933 年　安徽叢書　第 2 期

007373931　9110　3424.2　(17)

九穀考

上海　安徽叢書編印處　1933 年　安徽叢書　第 2 期

007373932　9110　3424.2　(18)

釋草小記

上海　安徽叢書編印處　1933 年　安徽叢書　第 2 期

007373665　9110　3424.2　(19)

讀書求解一卷

程瑶田著　上海　安徽叢書編印處　1933 年　安徽叢書　第 2 期

007373933　9110　3424.2　(19)

數度小記

上海　安徽叢書編印處　1933 年　安徽叢書　第 2 期

007373936　9110　3424.2　(20)

九勢碎事

上海　安徽叢書編印處　1933 年　安徽叢書　第 2 期

007373937　9110　3424.2　(20)

釋蟲小記

上海　安徽叢書編印處　1933 年　安徽叢書　第 2 期

007373666　9110　3424.2　(21–22)

修辭餘鈔不分卷

程瑶田著　上海　安徽叢書編印處　1933 年　安徽叢書　第 2 期

007373667　9110　3424.2　(23)

讓堂亦政録一卷

程瑶田著　上海　安徽叢書編印處　1933 年　安徽叢書　第 2 期

007373938　9110　3424.2　(24)

樂器三事能言

上海　安徽叢書編印處　1933 年　安徽叢書　第 2 期

007373765　9110　3424.2　(24)

蓮飲集濠上吟稿

程瑶田著　安徽叢書編審會輯　果赢轉語記　程瑶田撰　安徽叢書編審會輯　香港　安徽叢書編印處　1932—36 年　安徽叢書　第 2 期

007373766　9110　3424.2　(25–26)

儀禮經註疑直五卷

程瑶田撰　吴承仕輯録　安徽叢書編審會輯　香港　安徽叢書編印處　1932—36 年　安徽叢書　第 2 期

007373942　9110　3424.3

安徽叢書第 3 期

安徽叢書編印處輯　上海　安徽叢書編印處　1934 年

007373768　9110　3424.3　(1–2)

字詁

黄生撰　安徽叢書編審會輯　香港　安徽叢書編印處　1932—36 年　安徽叢書　第 3 期

007373769　9110　3424.3　(3–4)

義府二卷

黄生撰　安徽叢書編審會輯　香港　安徽叢書編印處　1932—36 年　安徽叢書　第 3 期

007373770　9110　3424.3　(5–6)

古韻標準四卷　詩韻舉例

江永編　安徽叢書編審會輯　香港　安徽叢書編印處　1932—36 年　安徽叢

書　第 3 期

007373771　9110　3424.3　(7)
四聲切韻表
江永編　安徽叢書編審會輯　香港　安徽叢書編印處　1932—36 年　安徽叢書　第 3 期

007373772　9110　3424.3　(8)
音學辨微
江永著　安徽叢書編審會輯　香港　安徽叢書編印處　1932—36 年　安徽叢書　第 3 期

007373773　9110　3424.3　(9－18)
癸巳類稿十五卷
俞正燮著　安徽叢書編審會輯　香港　安徽叢書編印處　1932—36 年　安徽叢書　第 3 期

007379039　9110　3424.4
淩次仲先生遺書
淩廷堪撰　安徽叢書編審會輯　香港　安徽叢書編印處　1932—36 年　安徽叢書　第 4 期

007379231　9110　3424.4　(1－8)
禮經釋例十三卷
上海　安徽叢書編印處　1935 年　安徽叢書　第 4 期

007379232　9110　3424.4　(9－10)
燕樂考原六卷
上海　安徽叢書編印處　1935 年　安徽叢書　第 4 期

007379234　9110　3424.4　(11)
笛律匡謬一卷
上海　安徽叢書編印處　1935 年　安徽叢書　第 4 期

007379235　9110　3424.4　(12)
元遺山先生年譜二卷
上海　安徽叢書編印處　1935 年　安徽叢書　第 4 期

007378985　9110　3424.4　(13－24)
校禮堂詩集十四卷　文集三十六卷
淩廷堪撰　安徽　安徽叢書編印處　1935 年　安徽叢書　第 4 期

007379237　9110　3424.4　(25)
梅邊吹笛譜二卷
上海　安徽叢書編印處　1935 年　安徽叢書　第 4 期

007379239　9110　3424.4　(26)
淩次仲先生年譜四卷
張其錦編　上海　安徽叢書編印處　1935 年　安徽叢書　第 4 期

007374746　9110　3424.5
安徽叢書第 5 期
安徽叢書編審會輯　香港　安徽叢書編印處　1935 年

007374708　9110　3424.5　(1)
黃山圖經二卷
安徽叢書編審會輯　香港　安徽叢書編印處　1932—36 年　安徽叢書　第 5 期

007374709　9110　3424.5　(2－9)
黃山志定本七卷
閔麟嗣纂　安徽叢書編審會輯　香港　安徽叢書編印處　1932—36 年　安徽叢書　第 5 期

007374710　9110　3424.5　(10－15)
黃山志續集八卷
汪士鋐等纂　安徽叢書編審會輯　香港　安徽叢書編印處　1932—36 年　安徽叢書　第 5 期

007374711　9110　3424.5　(16)

黄山志定本續集校記二卷

程演生撰　安徽叢書編審會輯　香港　安徽叢書編印處　1932—36 年　安徽叢書　第 5 期

007379040　9110　3424.6

戴東原先生全集

戴震撰　安徽叢書編審會輯　香港　安徽叢書編印處　1936 年　安徽叢書　第 6 期

007379249　9110　3424.6　(1)

戴先生所著書考一卷

胡樸安撰　上海　安徽叢書編印處　1936 年　安徽叢書　第 6 期

007380180　9110　3424.6　(2)

戴先生年譜一卷

段玉裁編　上海　安徽叢書編印處　1936 年　安徽叢書　第 6 期

007380181　9110　3424.6　(3－4)

尚書義考二卷

上海　安徽叢書編印處　1936 年　安徽叢書　第 6 期

007380182　9110　3424.6　(5－6)

毛鄭詩考正五卷

上海　安徽叢書編印處　1936 年　安徽叢書　第 6 期

007380183　9110　3424.6　(6)

杲溪詩經補註二卷

上海　安徽叢書編印處　1936 年　安徽叢書　第 6 期

007380184　9110　3424.6　(7－8)

考工記圖二卷

上海　安徽叢書編印處　1936 年　安徽叢書　第 6 期

007380185　9110　3424.6　(9)

中庸補註一卷

上海　安徽叢書編印處　1936 年　安徽叢書　第 6 期

007380186　9110　3424.6　(10)

孟子字義疏證三卷

上海　安徽叢書編印處　1936 年　安徽叢書　第 6 期

007380195　9110　3424.6　(11)

緒言三卷

上海　安徽叢書編印處　1936 年　安徽叢書　第 6 期

007380196　9110　3424.6　(12－14)

經考五卷

上海　安徽叢書編印處　1936 年　安徽叢書　第 6 期

007380198　9110　3424.6　(14－17)

經考附録一卷　附校記一卷

上海　安徽叢書編印處　1936 年　安徽叢書　第 6 期

007380199　9110　3424.6　(18－21)

方言註疏證十三卷

上海　安徽叢書編印處　1936 年　安徽叢書　第 6 期

007380200　9110　3424.6　(21)

續方言二卷

上海　安徽叢書編印處　1936 年　安徽叢書　第 6 期

007380202　9110　3424.6　(22－23)

聲類表九卷

上海　安徽叢書編印處　1936 年　安徽叢書　第 6 期

007380206　9110　3424.6　(24)

聲韻考四卷

上海　安徽叢書編印處　1936 年　安徽叢書　第 6 期

007380222　9110　3424.6　(25)

原善三卷

上海　安徽叢書編印處　1936 年　安徽叢書　第 6 期

007380223　9110　3424.6　(25)

原象一卷

上海　安徽叢書編印處　1936 年　安徽叢書　第 6 期

007380225　9110　3424,6　(26)

續天文略二卷

上海　安徽叢書編印處　1936 年　安徽叢書　第 6 期

007380226　9110　3424.6　(27－28)

句股割圜記三卷

上海　安徽叢書編印處　1936 年　安徽叢書　第 6 期

007380229　9110　3424.6　(29)

策算一卷

上海　安徽叢書編印處　1936 年　安徽叢書　第 6 期

007380231　9110　3424.6　(29)

水地記一卷

上海　安徽叢書編印處　1936 年　安徽叢書　第 6 期

007380234　9110　3424.6　(30－31)

屈原賦註十二卷

上海　安徽叢書編印處　1936 年　安徽叢書　第 6 期

007380235　9110　3424.6　(32)

屈原賦註初稿三卷

上海　安徽叢書編印處　1936 年　安徽叢書　第 6 期

007380237　9110　3424.6　(33－36)

東原文集十二卷

上海　安徽叢書編印處　1936 年　安徽叢書　第 6 期

007374827　9110　3566

海昌叢載

羊復禮輯　香港　陝西圖書館　1917 年

007374832　9110　3566　(1)

蓉庵遺文鈔一卷　存稿一卷　附雜綴

許令瑜撰　香港　陝西圖書館　1917 年　海昌叢載

007374834　9110　3566　(1)

止谿文鈔一卷　詩集鈔一卷　附雜綴

朱嘉徵撰　香港　陝西圖書館　1917 年　海昌叢載

007374836　9110　3566　(2)

補庵遺稿一卷　詩鈔一卷　附雜綴

陳枚撰　香港　陝西圖書館　1917 年　海昌叢載

007374838　9110　3566　(2)

敬齋詩鈔

陳翼撰　香港　陝西圖書館　1917 年　海昌叢載

007374835　9110　3566　(2)

乾初先生文鈔二卷　遺詩鈔一卷　附雜綴一卷

陳確撰　香港　陝西圖書館　1917 年　海昌叢載

007374837　9110　3566　(2)

雲怡詩鈔

陳克鬯撰　香港　陝西圖書館　1917 年　海昌叢載

007374840　9110　3566　(3－4)
簡荘文鈔六卷　續編二卷　附雜綴
陳鱣撰　香港　陝西圖書館　1917 年　海昌叢載

007374842　9110　3566　(4)
河荘詩鈔一卷
陳鱣撰　香港　陝西圖書館　1917 年　海昌叢載

007374866　9110　3566　(5)
蠶桑摘要一卷　附圖説
羊復禮撰　香港　陝西圖書館　1917 年　海昌叢載

007374865　9110　3566　(5)
經驗痒子症良方一卷　經驗痒子症方一卷
闕名撰　香港　陝西圖書館　1917 年　海昌叢載

007379188　9110　3602
濰縣文獻叢刊
丁錫田輯　濰縣　和記印刷局　1932 年

007379187　9110　3602　(1)
全濰紀略
周亮工輯　濰縣　和記印刷局　1932 年　濰縣文獻叢刊　第 1 輯

007379184　9110　3602　(1)
濰縣竹枝詞
鄭燮撰　濰縣　和記印刷局　1932 年　濰縣文獻叢刊　第 1 輯

007379183　9110　3602　(1)
濰陽紀事詩
濰縣　和記印刷局　1932 年　濰縣文獻叢刊　第 1 輯

007379185　9110　3602　(1)
濰邑全城始末
丁運隆撰　濰縣　和記印刷局　1932 年　濰縣文獻叢刊　第 1 輯

007379180　9110　3602　(2)
訪碑拓碑筆札
陳介祺著　濰縣　和記印刷局　1932 年　濰縣文獻叢刊　第 2 輯

007379181　9110　3602　(2)
旭齋文鈔
宋書升著　濰縣　和記印刷局　1932 年　濰縣文獻叢刊　第 2 輯

007379179　9110　3602　(3)
白狼河上集一卷
王洵輯　濰縣　和記印刷局　1932 年　濰縣文獻叢刊　第 3 輯

007379192　9110　3602　(3)
濰縣宏福寺造像碑考
郭麐撰　濰縣　和記印刷局　1932 年　濰縣文獻叢刊　第 3 輯

007379191　9110　3602　(3)
濰縣竹枝詞
郭麐撰　濰縣　和記印刷局　1932 年　濰縣文獻叢刊　第 3 輯

007376251　9110　4244
檇李叢書
金兆蕃輯　香港　1931 年

007376040　9110　4244　(1－4)
春秋平義十二卷
俞汝言撰　金兆蕃輯　濟南　1931 年　檇李叢書　第 1 集

007376041　9110　4244　(5)
春秋四傳糾正
俞汝言撰　金兆蕃輯　濟南　1931 年　檇李叢書　第 1 集

007376042 9110 4244 (6)
采山堂遺文二卷
周貿著 余霖輯録 金兆蕃輯 濟南 1931年 檇李叢書 第1集

007376043 9110 4244 (7-8)
寒松閣談藝瑣録六卷
張鳴珂撰 金兆蕃輯 濟南 1931年 檇李叢書 第1集

007376044 9110 4244 (9-16)
嘉禾徵獻録五十卷 外編六卷
盛楓輯 金兆蕃輯 濟南 1931年 檇李叢書 第2集

007378157 9110 4321
太昆先哲遺書首集
俞慶恩輯 香港 太倉俞氏世德堂 1930年

007378060 9110 4321 (01)
五子緒言
陸世儀著 勤齋考道日録續録 諸士儼著 噻語偶存 錢敬堂撰 養正録 復性圖 王景洙輯 上海 太倉俞氏世德堂 1928—30年 太昆先哲遺書

007378061 9110 4321 (02)
學庸講義
朱用純著 上海 太倉俞氏世德堂 1928—30年 太昆先哲遺書

007378062 9110 4321 (03-07)
從先維俗議五卷
管志道撰 上海 太倉俞氏世德堂 1928—30年 太昆先哲遺書

007378063 9110 4321 (08-15)
吴梅村編年詩十二卷 附録
吴偉業撰 程穆衡原箋 楊學沆補註 俞慶恩輯 上海 太倉俞氏世德堂 1928—30年 太昆先哲遺書

007378064 9110 4321 (16)
愛蓮居詩鈔二卷
唐景星著 俞慶恩輯 上海 太倉俞氏世德堂 1928—30年 太昆先哲遺書

007378065 9110 4321 (17)
浣花廬詩鈔四卷
唐受祺著 俞慶恩輯 上海 太倉俞氏世德堂 1928—30年 太昆先哲遺書

007378066 9110 4321 (18)
浣花廬賦鈔二卷
唐受祺著 俞慶恩輯 上海 太倉俞氏世德堂 1928—30年 太昆先哲遺書

007378172 9110 4422
敬鄉樓叢書
黄群輯 香港 永嘉黄氏 1929年

007378173 9110 4422 (1-8)
習學記言序目五十卷
葉適撰 香港 永嘉黄氏 1929年 敬鄉樓叢書

007378179 9110 4422 (9)
二薇亭詩集二卷
徐璣撰 香港 永嘉黄氏 1929年 敬鄉樓叢書

007378175 9110 4422 (9)
芳蘭軒詩集三卷
徐照撰 香港 永嘉黄氏 1929年 敬鄉樓叢書

007378180 9110 4422 (10-11)
涉齋集十八卷
許及之撰 香港 永嘉黄氏 1929年 敬鄉樓叢書

007378195 9110 4422 (12)
浣川集十卷
戴栩撰 香港 永嘉黄氏 1929 年 敬鄉樓叢書

007378196 9110 4422 (13－14)
不繫舟漁集十五卷
陳高撰 香港 永嘉黄氏 1929 年 敬鄉樓叢書

007378197 9110 4422 (15)
二雁山人詩集二卷
康從理撰 香港 永嘉黄氏 1929 年 敬鄉樓叢書

007378198 9110 4422 (16)
諫垣奏議一卷
李維樾撰 香港 永嘉黄氏 1929 年 敬鄉樓叢書

007378199 9110 4422 (17)
藕華園詩二卷
釋德立撰 香港 永嘉黄氏 1929 年 敬鄉樓叢書

007378202 9110 4422 (18)
六齋卑議一卷
宋恕撰 香港 永嘉黄氏 1929 年 敬鄉樓叢書

007378203 9110 4422 (19－21)
春秋講義四卷
戴溪撰 香港 永嘉黄氏 1929 年 敬鄉樓叢書

007378208 9110 4422 (22)
育德堂外制五卷
蔡幼學撰 香港 永嘉黄氏 1929 年 敬鄉樓叢書

007378210 9110 4422 (23－36)
宋宰輔編年録二十卷
徐自明撰 香港 永嘉黄氏 1929 年 敬鄉樓叢書

007378211 9110 4422 (37)
無寃録二卷
王與撰 香港 永嘉黄氏 1929 年 敬鄉樓叢書

007378212 9110 4422 (38)
李詩辨疑二卷
朱諫撰 香港 永嘉黄氏 1929 年 敬鄉樓叢書

007378214 9110 4422 (39)
陳文節公年譜
孫鏘鳴撰 香港 永嘉黄氏 1929 年 敬鄉樓叢書

007378215 9110 4422 (39)
紅寇記
林大椿撰 香港 永嘉黄氏 1929 年 敬鄉樓叢書

007378217 9110 4422 (40)
墨商三卷
王景羲撰 香港 永嘉黄氏 1929 年 敬鄉樓叢書

007377965 9110 5232
揚州叢刻
陳恒和輯刊 揚州陳恒和書林 1934 年

007377987 9110 5232 (01)
揚州名勝録四卷
李斗撰 香港 揚州陳恒和書林 1936 年 揚州叢刻

007377988 9110 5232 (02)
焦理堂先生邗記六卷
焦循撰 香港 揚州陳恒和書林 1936 年 揚州叢刻

007377984 9110 5232 (03)
杜牧之揚州夢記一卷
喬孟符撰 香港 揚州陳恒和書林 1936年 揚州叢刻

007377980 9110 5232 (03)
項羽都江都考一卷
劉文淇撰 香港 揚州陳恒和書林 1936年 揚州叢刻

007377982 9110 5232 (03)
揚州城守紀略一卷
戴名世撰 香港 揚州陳恒和書林 1936年 揚州叢刻

007377990 9110 5232 (03)
揚州鼓吹詞序一卷
吴綺撰 香港 揚州陳恒和書林 1936年 揚州叢刻

007378279 9110 5232 (03)
揚州夢記一卷
于鄴撰 香港 揚州陳恒和書林 1934年 揚州叢刻

007377983 9110 5232 (03)
揚州十日記一卷
王秀楚撰 香港 揚州陳恒和書林 1936年 揚州叢刻

007377981 9110 5232 (03)
揚州輿地沿革表一卷
楊丕復撰 香港 揚州陳恒和書林 1936年 揚州叢刻

007377986 9110 5232 (04)
揚城殉難續録二卷
鄭章雲録 香港 揚州陳恒和書林 1936年 揚州叢刻

007377985 9110 5232 (04)
揚州禦寇録三卷
倪在田撰 香港 揚州陳恒和書林 1936年 揚州叢刻

007377989 9110 5232 (05－06)
揚州畫苑録
汪鋆輯 香港 揚州陳恒和書林 1936年 揚州叢刻

007377992 9110 5232 (06)
望江南百調一卷
惺庵居士撰 香港 揚州陳恒和書林 1936年 揚州叢刻

007377991 9110 5232 (06)
揚州竹枝詞一卷
董偉業撰 香港 揚州陳恒和書林 1936年 揚州叢刻

007379107 9110 5232 (07)
高家堰記一卷
俞正燮撰 香港 揚州陳恒和書林 1934年 揚州叢刻

007378001 9110 5232 (07)
廣陵小正一卷
香港 揚州陳恒和書林 1936年 揚州叢刻

007379109 9110 5232 (07)
洩湖水入江議一卷
葉機撰 香港 揚州陳恒和書林 1934年 揚州叢刻

007378000 9110 5232 (07)
揚州瓊花集五卷
曹璿編 香港 揚州陳恒和書林 1936年 揚州叢刻

007378287 9110 5232 (07)
揚州芍藥譜一卷
王觀撰 香港 揚州陳恒和書林 1934

年　揚州叢刻

007378002　9110　5232　(07)
揚州水利論一卷
香港　揚州陳恒和書林　1936 年　揚州叢刻

007378289　9110　5232　(07)
揚州萸灣勝覽一卷
源印編　香港　揚州陳恒和書林　1934 年　揚州叢刻

007379106　9110　5232　(07)
運河水道編一卷
齊召南撰　香港　揚州陳恒和書林　1934 年　揚州叢刻

007379110　9110　5232　(07)
治下河水論一卷
張鵬翮撰　香港　揚州陳恒和書林　1934 年　揚州叢刻

007377999　9110　5232　(08)
揚州北湖續志六卷
阮先輯　香港　揚州陳恒和書林　1936 年　揚州叢刻

007379120　9110　5646
括蒼叢書第 1 集
劉耀東輯　香港　1938 年

007379127　9110　5646　(01－02)
論語意原四卷
鄭汝諧撰　香港　1938 年　括蒼叢書第 1 集

007379126　9110　5646　(03－04)
草木子四卷
葉子奇撰　香港　1938 年　括蒼叢書第 1 集

007379121　9110　5646　(05)
鄭蒼濂奏議鈔一卷
鄭秉厚撰　香港　1938 年　括蒼叢書第 1 集

007379123　9110　5646　(05)
自怡集一卷
劉璉撰　香港　1938 年　括蒼叢書　筩 1 集

007379140　9110　5646　(06－07)
靖匪録四卷
王一中撰　香港　1938 年　括蒼叢書第 1 集

007379138　9110　5646　(08－13)
滑疑集文八卷　詩十卷
韓錫胙撰　香港　1938 年　括蒼叢書第 1 集

007379136　9110　5646　(14－15)
太鶴山人文集四卷
端木國瑚撰　香港　1938 年　括蒼叢書第 1 集

007379135　9110　5646　(16)
石門山房詩鈔二卷
端木百禄撰　香港　1938 年　括蒼叢書第 1 集

007379144　9110　5646.2
括蒼叢書第 2 集
劉耀東輯　香港　1948 年

007379018　9110　5646.2　(1－2)
項氏家説十卷　附録二卷
項安世撰　上海　1949 年　括蒼叢書

007379021　9110　5646.2　(3)
考古質疑六卷
葉大慶撰　上海　1949 年　括蒼叢書

007379022 9110 5646.2 (4)
吹劍録外集一卷
俞文豹 上海 1949 年 括蒼叢書

007379023 9110 5646.2 (5)
真山民詩集一卷
真桂芳撰 上海 1949 年 括蒼叢書

007379020 9110 5646.2 (6)
周此山詩集四卷
周權著 上海 1949 年 括蒼叢書

007379015 9110 5646.2 (7)
遂昌山人雜録二卷
鄭元祐撰 上海 1949 年 括蒼叢書

007379014 9110 5646.2 (8)
木訥齋文集五卷 附卷一
王毅著 廣州 1949 年 括蒼叢書

007379019 9110 5646.2 (9)
易齋集二卷
劉璟著 上海 1949 年 括蒼叢書

007379017 9110 5646.2 (10-12)
太鶴集十卷
陳中周著 上海 1949 年 括蒼叢書

007379016 9110 5646.2 (13)
古香室遺稿 許雨亭遺稿
端木順、許一鈞著 上海 1949 年 括蒼叢書

004411416 9110 6062.1
四明叢書第 1 集
張壽鏞編輯 香港 四明張氏約園 1932 年

007369260 9110 6062.1 (1)
任子一卷
任奕撰 香港 四明張氏約園刊 1932 年 四明叢書 第 1 集

007369262 9110 6062.1 (2)
虞秘監集四卷
虞世南撰 香港 四明張氏約園刊 1932 年 四明叢書 第 1 集

007369263 9110 6062.1 (3-4)
賀秘監遺書四卷
香港 四明張氏約園刊 1932 年 四明叢書 第 1 集

007369266 9110 6062.1 (5-6)
豐清敏公遺書六卷
張壽鏞輯 香港 四明張氏約園刊 1932 年 四明叢書 第 1 集

007369268 9110 6062.1 (7-11)
楊氏易傳二十卷
楊簡撰 香港 四明張氏約園刊 1932 年 四明叢書 第 1 集

007369269 9110 6062.1 (12-13)
史略六卷
高似孫撰 香港 四明張氏約園刊 1932 年 四明叢書 第 1 集

007369271 9110 6062.1 (14)
子略四卷
高似孫撰 香港 四明張氏約園刊 1932 年 四明叢書 第 1 集

007369273 9110 6062.1 (15)
騷略三卷
高似孫撰 香港 四明張氏約園刊 1932 年 四明叢書 第 1 集

007369275 9110 6062.1 (16-18)
夢窗四稿四卷 補遺一卷
吴文英撰 香港 四明張氏約園刊 1932 年 四明叢書 第 1 集

007369345 9110 6062.1 (19-25)
四明文獻集五卷

王應麟撰　鄭貞輯　　深寧先生文鈔摭餘編三卷　王應麟撰　葉熊輯　香港　四明張氏約園刊　1932 年　四明叢書　第 1 集

007369290　9110　6062.1　(26)
古今紀要逸編一卷
黄震撰　香港　四明張氏約園刊　1932 年　四明叢書　第 1 集

007369293　9110　6062.1　(27)
戊辰修史傳一卷
黄震撰　香港　四明張氏約園刊　1932 年　四明叢書　第 1 集

007369298　9110　6062.1　(28－30)
畏齋集六卷
程端禮撰　香港　四明張氏約園刊　1932 年　四明叢書　第 1 集

007369300　9110　6062.1　(31－32)
積齋集五卷
程端學撰　香港　四明張氏約園刊　1932 年　四明叢書　第 1 集

007369304　9110　6062.1　(33－34)
剡源文鈔四卷
戴表元撰　黄宗羲選　香港　四明張氏約園刊　1932 年　四明叢書　第 1 集

007369306　9110　6062.1　(35－36)
管天筆記外編二卷
王嗣奭撰　香港　四明張氏約園刊　1932 年　四明叢書　第 1 集

007369102　9110　6062.1　(37－44)
春酒堂遺書文存四卷　詩存六卷　詩話一卷　外紀一卷
周容著　馮貞群編　廣州　四明張壽鏞約園刊　1932 年序　四明叢書

007369319　9110　6062.1　(45－46)
杲堂詩鈔七卷
李鄴嗣撰　香港　四明張氏約園刊　1932 年　四明叢書　第 1 集

007369320　9110　6062.1　(47－50)
杲堂文鈔六卷
李鄴嗣撰　香港　四明張氏約園刊　1932 年　四明叢書　第 1 集

007369321　9110　6062.1　(51)
石經考一卷
萬斯同撰　香港　四明張氏約園刊　1932 年　四明叢書　第 1 集

007369323　9110　6062.1　(52－53)
漢書地理志稽疑六卷
全祖望撰　香港　四明張氏約園刊　1932 年　四明叢書　第 1 集

007369100　9110　6062.1　(54－56)
樗庵存稿文五卷　詩三卷
蔣學鏞撰　廣州　四明張氏約園刊本　1932 年序　四明叢書

007369101　9110　6062.1　(57)
東井文鈔二卷
黄定文撰　香港　四明張壽鏞約園刊　1932 年序　四明叢書

007369328　9110　6062.1　(58－59)
詩誦五卷
陳僅撰　香港　四明張氏約園刊　1932 年　四明叢書　第 1 集

007369330　9110　6062.1　(60)
群經質二卷
陳僅撰　香港　四明張氏約園刊　1932 年　四明叢書　第 1 集

004411419　9110　6062.2
四明叢書第 2 集

張壽鏞編輯　香港　四明張氏約園
1934 年

007370311　9110　6062.2　(1)
孫拾遺文纂一卷
孫合撰　香港　四明張氏約園開雕
1934 年　四明叢書　第 2 集

007370312　9110　6062.2　(2-3)
雪窗先生文集二卷　附録一卷
孫夢觀撰　香港　四明張氏約園開雕
1934 年　四明叢書　第 2 集

007370313　9110　6062.2　(4-5)
弁山小隱吟録二卷
黄玠撰　香港　四明張氏約園開雕
1934 年　四明叢書　第 2 集

007370314　9110　6062.2　(6-7)
清溪遺稿一卷
錢啟忠撰　香港　四明張氏約園開雕
1934 年　四明叢書　第 2 集

007370315　9110　6062.2　(8-9)
陳忠貞公遺集三卷　附録二卷
陳良謨撰　張壽鏞輯　香港　四明張氏約園開雕　1934 年　四明叢書　第 2 集

007370317　9110　6062.2　(10-15)
過宜言八卷　附録一卷
華夏撰　楊晦遵集　香港　四明張氏約園開雕　1934 年　四明叢書　第 2 集

007370318　9110　6062.2　(16-25)
錢忠介公集二十卷　附録六卷　年譜一卷
錢肅樂撰　全祖望編　香港　四明張氏約園開雕　1934 年　四明叢書　第 2 集

007370320　9110　6062.2　(26-28)
雪翁詩集十四卷　補遺一卷　附録二卷
魏畊撰　香港　四明張氏約園開雕
1934 年　四明叢書　第 2 集

007370321　9110　6062.2　(29)
愚囊彙稿二卷　補遺一卷
宗誼撰　香港　四明張氏約園開雕
1934 年　四明叢書　第 2 集

007370322　9110　6062.2　(30-37)
張蒼水集九卷　附録八卷
張煌言撰　香港　四明張氏約園開雕
1934 年　四明叢書　第 2 集

007370323　9110　6062.2　(38-40)
馮侍郎遺書八卷
馮京第撰　香港　四明張氏約園開雕
1934 年　四明叢書　第 2 集

007370337　9110　6062.2　(41)
王侍郎遺著一卷
王翊撰　香港　四明張氏約園開雕
1934 年　四明叢書　第 2 集

007370325　9110　6062.2　(42)
馮王兩侍郎墓録一卷
馮貞群輯　香港　四明張氏約園開雕
1934 年　四明叢書　第 2 集

007370326　9110　6062.2　(43)
六經堂遺事一卷
屠用錫輯　香港　四明張氏約園開雕
1934 年　四明叢書　第 2 集

007370329　9110　6062.2　(44-45)
吞月子集三卷　附録一卷
毛聚奎撰　香港　四明張氏約園開雕
1934 年　四明叢書　第 2 集

007370331　9110　6062.2　(46-49)
雪交亭正氣録十二卷　附録一卷
高宇泰撰　香港　四明張氏約園開雕
1934 年　四明叢書　第 2 集

007370332　9110　6062.2　(50－51)
海東逸史十八卷
翁洲老民撰　香港　四明張氏約園開雕　1934 年　四明叢書　第 2 集

007370333　9110　6062.2　(52－57)
宋季忠義録十六卷　附録一卷
萬斯同撰　香港　四明張氏約園開雕　1934 年　四明叢書　第 2 集

007370204　9110　6062.2　(58)
現成話一卷
羅喦撰　李世澄校　廣州　四明張壽鏞約園刊　1933 年序　四明叢書

007370334　9110　6062.2　(59－61)
管邨文鈔内編三卷
萬言撰　香港　四明張氏約園開雕　1934 年　四明叢書　第 2 集

007370336　9110　6062.2　(62)
千之草堂編年文鈔一卷
萬承勳撰　香港　四明張氏約園開雕　1934 年　四明叢書　第 2 集

004739480　2268　1347　9110　6062.2　(63－64)
寸草廬贈言十卷　附録一卷
張嘉禄編　香港　四明張氏　1934 年　四明叢書

004411423　9110　6062.3
四明叢書第 3 集
張壽鏞編輯　香港　四明張氏約園　1935 年

007370764　9110　6062.3　(1－10)
春秋集註四十卷
高閌撰　香港　四明張氏約園刊　1935 年　四明叢書　第 3 集

007370765　9110　6062.3　(11－16)
尚書講義二十卷
史浩撰　香港　四明張氏約園刊　1935 年　四明叢書　第 3 集

007370766　9110　6062.3　(17)
范文正公年譜一卷　附補遺一卷
樓鑰撰　香港　四明張氏約園刊　1935 年　四明叢書　第 3 集

007370767　9110　6062.3　(18－25)
慈湖詩傳二十卷　附附録一卷
楊簡撰　香港　四明張氏約園刊　1935 年　四明叢書　第 3 集

007370768　9110　6062.3　(26－31)
先聖大訓六卷
楊簡輯　香港　四明張氏約園刊　1935 年　四明叢書　第 3 集

007370769　9110　6062.3　(32)
棠陰比事一卷
桂萬榮撰　香港　四明張氏約園刊　1935 年　四明叢書　第 3 集

007370770　9110　6062.3　(33－34)
月令解十二卷
張虙撰　香港　四明張氏約園刊　1935 年　四明叢書　第 3 集

007370771　9110　6062.3　(35)
四明它山水利備覽二卷
魏峴撰　香港　四明張氏約園刊　1935 年　四明叢書　第 3 集

007370772　9110　6062.3　(36－37)
蒙齋中庸講義四卷
袁甫撰　香港　四明張氏約園刊　1935 年　四明叢書　第 3 集

007370773　9110　6062.3　(38－39)
六藝綱目二卷　附録二卷
舒天民撰　香港　四明張氏約園刊

1935 年　四明叢書　第 3 集

007370774　9110　6062.3　(40－43)
春草齋集十二卷
烏斯道撰　香港　四明張氏約園刊　1935 年　四明叢書　第 3 集

007370775　9110　6062.3　(44－45)
寧波府簡要志五卷
黄潤玉撰　香港　四明張氏約園刊　1935 年　四明叢書　第 3 集

007370776　9110　6062.3　(46)
海涵萬象録四卷
黄潤玉撰　香港　四明張氏約園刊　1935 年　四明叢書　第 3 集

007370777　9110　6062.3　(47－49)
讀易一鈔易餘四卷
董守諭撰　香港　四明張氏約園刊　1935 年　四明叢書　第 3 集

007370778　9110　6062.3　(50－53)
儒林宗派十六卷
萬斯同撰　香港　四明張氏約園刊　1935 年　四明叢書　第 3 集

007370779　9110　6062.3　(54－61)
鄞志稿二十卷
蔣學鏞撰　香港　四明張氏約園刊　1935 年　四明叢書　第 3 集

007370780　9110　6062.3　(62－64)
甬上水利志六卷
周道遵撰　香港　四明張氏約園刊　1935 年　四明叢書　第 3 集

004411431　9110　6062.4
四明叢書第 4 集
張壽鏞編輯　香港　四明張氏約園　1936 年

007813610　9110　6062.4　(01－03)
舒文靖公類稿四卷　附録三卷
舒璘撰　香港　四明張氏約園　1936 年　四明叢書　第 4 集

007813498　9110　6062.4　(04－05)
定川遺書二卷　附録四卷
沈焕著　張壽鏞輯　香港　張氏約園　1936 年　四明叢書　第 4 集

007813613　9110　6062.4　(06－14)
慈湖先生遺書十八卷　續集二卷
楊簡撰　周廣輯　香港　四明張氏約園　1936 年　四明叢書　第 4 集

007813614　9110　6062.4　(15)
慈湖先生遺書補編一卷　附新增附録一卷
馮可鏞輯　香港　四明張氏約園　1936 年　四明叢書　第 4 集

007813615　9110　6062.4　(16－17)
慈湖先生[楊簡]年譜二卷
馮可鏞、葉意深撰　香港　四明張氏約園　1936 年　四明叢書　第 4 集

007813616　9110　6062.4　(17)
慈湖著述考一卷
張壽鏞撰　香港　四明張氏約園　1936 年　四明叢書　第 4 集

007813617　9110　6062.4　(18)
絜齋毛詩經筵講義四卷
袁燮撰　香港　四明張氏約園　1936 年　四明叢書　第 4 集

007813620　9110　6062.4　(19)
袁正獻公遺文鈔二卷　附録三卷
袁燮撰　袁士傑輯　香港　四明張氏約園　1936 年　四明叢書　第 4 集

007813621　9110　6062.4　(20)
鼠璞二卷

戴埴撰　香港　四明張氏約園　1936 年　四明叢書　第 4 集

007813623　9110　6062.4　(21)
戴仲培先生詩文一卷
戴埴撰　香港　四明張氏約園　1936 年　四明叢書　第 4 集

007813639　9110　6062.4　(22－23)
困學紀聞補註二十卷
張嘉禄撰　香港　四明張氏約園　1936 年　四明叢書　第 4 集

007813641　9110　6062.4　(24)
丁鶴年集三卷　續集一卷　附録一卷
丁鶴年撰　香港　四明張氏約園　1936 年　四明叢書　第 4 集

007813643　9110　6062.4　(25－27)
醫閭先生集九卷
賀欽撰　香港　四明張氏約園　1936 年　四明叢書　第 4 集

007813646　9110　6062.4　(28－30)
白齋詩集九卷
張琦撰　香港　四明張氏約園　1936 年　四明叢書　第 4 集

007813650　9110　6062.4　(31－32)
竹里詩集三卷　竹里文略一卷
張琦撰　香港　四明張氏約園　1936 年　四明叢書　第 4 集

007813653　9110　6062.4　(33－34)
聞見漫録二卷
陳槐撰　香港　四明張氏約園　1936 年　四明叢書　第 4 集

007813670　9110　6062.4　(35－36)
拘虚集五卷　後集三卷　詩談一卷
陳沂撰　香港　四明張氏約園　1936 年　四明叢書　第 4 集

007813671　9110　6062.4　(36)
遊名山録四卷
陳沂撰　香港　四明張氏約園　1936 年　四明叢書　第 4 集

007813673　9110　6062.4　(37－40)
皇極經世觀物外篇釋義四卷
余本撰　香港　四明張氏約園　1936 年　四明叢書　第 4 集

007813674　9110　6062.4　(41)
書訣一卷
豐坊撰　香港　四明張氏約園　1936 年　四明叢書　第 4 集

007813675　9110　6062.4　(42－43)
陳後岡詩集一卷　文集一卷
陳束撰　香港　四明張氏約園　1936 年　四明叢書　第 4 集

007813677　9110　6062.4　(44)
碣石編二卷
楊承鯤撰　香港　四明張氏約園　1936 年　四明叢書　第 4 集

007813678　9110　6062.4　(45)
銅馬編二卷
楊德周撰　香港　四明張氏約園　1936 年　四明叢書　第 4 集

007813679　9110　6062.4　(46－47)
朿困文編六卷
王嗣奭撰　香港　四明張氏約園　1936 年　四明叢書　第 4 集

007813680　9110　6062.4　(48－49)
鼂雲文集二卷　補遺一卷
周齊曾撰　香港　四明張氏約園　1936 年　四明叢書　第 4 集

007813681 9110 6062.4 (50-52)
四明山志九卷
黄宗羲撰 香港 四明張氏約園 1936年 四明叢書 第4集

007813685 9110 6062.4 (53)
深省堂詩集一卷
萬斯備撰 香港 四明張氏約園 1936年 四明叢書 第4集

007813692 9110 6062.4 (54-55)
歷代紀元彙考八卷 附續編一卷
萬斯同撰 孫鏘校補 香港 四明張氏約園 1936年 四明叢書 第4集

007813694 9110 6062.4 (56-58)
石園文集八卷
萬斯同撰 香港 四明張氏約園 1936年 四明叢書 第4集

007813698 9110 6062.4 (59-60)
分隸偶存二卷
萬經撰 香港 四明張氏約園 1936年 四明叢書 第4集

007813699 9110 6062.4 (61-62)
審定風雅遺音二卷
史榮撰 紀昀審定 香港 四明張氏約園 1936年 四明叢書 第4集 (m.)

007813343 9110 6062.4 (63)
玉几山房吟卷三卷
陳撰撰 廣州 四明張氏約園刊本 1934年序 四明叢書 第4集

007813703 9110 6062.4 (64)
讀易别録三卷
全祖望撰 香港 四明張氏約園 1936年 四明叢書 第4集

007813344 9110 6062.4 (65)
月船居士詩稿四卷
盧鎬撰 廣州 四明張氏約園刊本 1935年序 四明叢書 第4集

007813345 9110 6062.4 (66-69)
春雨樓初删稿十卷
董秉純撰 廣州 四明張氏約園刊本 1935年序 四明叢書 第4集

007813348 9110 6062.4 (70)
存悔集一卷
范鵬撰 廣州 四明張壽鏞約園刊 1935年序 四明叢書 第4集

007813706 9110 6062.4 (71-72)
四明古跡四卷
陳之綱輯 香港 四明張氏約園 1936年 四明叢書 第4集

007813707 9110 6062.4 (73-76)
瞻衮堂文集十卷
袁鈞撰 香港 四明張氏約園 1936年 四明叢書 第4集

007813709 9110 6062.4 (77)
襄陵詩草一卷 詞草一卷 種玉詞一卷
孫家穀撰 香港 四明張氏約園 1936年 四明叢書 第4集

007813710 9110 6062.4 (78)
世本集覽一卷
王梓材撰 香港 四明張氏約園 1936年 四明叢書 第4集

007813342 9110 6062.4 (79)
補園剩稿二卷
包履吉著 廣州 四明張氏約園刊本 1936年序 四明叢書 第4集

007813711 9110 6062.4 (80)
古今文派述略一卷

陳康黼撰　張世源註　香港　四明張氏約園　1936 年　四明叢書　第 4 集

007370781　9110　6062.5

宋元學案補遺一百卷　别附三卷

王梓材、馮雲濠輯　香港　四明張氏約園　1937 年　四明叢書　第 5 集

004411433　9110　6062.6

四明叢書第 6 集

張壽鏞編輯　香港　四明張氏約園　1940 年

007370791　9110　6062.6　(01)

安天論一卷

虞喜撰　香港　四明張氏約園　1940 年　四明叢書　第 6 集

007370792　9110　6062.6　(01)

鼎録一卷

虞荔纂　香港　四明張氏約園　1940 年　四明叢書　第 6 集

007370786　9110　6062.6　(01)

廣林一卷

虞喜撰　香港　四明張氏約園　1940 年　四明叢書　第 6 集

007370784　9110　6062.6　(01)

論語虞氏贊註一卷

虞喜撰　香港　四明張氏約園　1940 年　四明叢書　第 6 集

007370782　9110　6062.6　(01)

穹天論一卷

虞聳撰　香港　四明張氏約園　1940 年　四明叢書　第 6 集

007370788　9110　6062.6　(01)

釋滯一卷

虞喜撰　香港　四明張氏約園　1940 年　四明叢書　第 6 集

007370790　9110　6062.6　(01)

通疑一卷

虞喜撰　香港　四明張氏約園　1940 年　四明叢書　第 6 集

007370783　9110　6062.6　(01)

虞徵士遺書六卷

虞喜撰　香港　四明張氏約園　1940 年　四明叢書　第 6 集

008466990　9110　6062.6　(01)

志林新書一卷

虞喜撰　香港　四明張氏約園　1940 年　四明叢書　第 6 集

007370793　9110　6062.6　(02)

頤庵居士集二卷

劉應時撰　香港　四明張氏約園　1940 年　四明叢書　第 6 集

007370795　9110　6062.6　(03－06)

勸忍百箴考註四卷

覺澂考註　香港　四明張氏約園　1940 年　四明叢書　第 6 集

007370797　9110　6062.6　(07)

三極通二卷

馮柯撰　香港　四明張氏約園　1940 年　四明叢書　第 6 集

007370796　9110　6062.6　(07－11)

貞白五書

馮柯撰　香港　四明張氏約園　1940 年　四明叢書　第 6 集

007370798　9110　6062.6　(08)

小學補一卷　質言七卷　迴瀾正論二卷

馮柯撰　香港　四明張氏約園　1940 年　四明叢書　第 6 集

007370799 9110 6062.6 (09－11)
求是編四卷
馮柯撰 香港 四明張氏約園 1940年 四明叢書 第6集

007372908 9110 6062.6 (12－13)
林衣集六卷
秦舜昌撰 香港 四明張氏約園 1940年 四明叢書 第6集

007372909 9110 6062.6 (14－15)
留補堂文集選四卷
林時對撰 香港 四明張氏約園 1940年 四明叢書 第6集

007372910 9110 6062.6 (16)
小天集二卷
秦遵宗撰 香港 四明張氏約園 1940年 四明叢書 第6集

007372911 9110 6062.6 (17－20)
純德彙編七卷
董華鈞輯 香港 四明張氏約園 1940年 四明叢書 第6集

007372912 9110 6062.6 (20)
純德彙編續刻一卷
董景沛輯 香港 四明張氏約園 1940年 四明叢書 第6集

007372913 9110 6062.6 (21－22)
甬東正氣集四卷
董琅輯 香港 四明張氏約園 1940年 四明叢書 第6集

007372914 9110 6062.6 (23)
四明詩幹三卷
董慶酉編 香港 四明張氏約園 1940年 四明叢書 第6集

007372915 9110 6062.6 (24)
四明宋僧詩一卷 四明元僧詩一卷
董濂輯 香港 四明張氏約園 1940年 四明叢書 第6集

007372916 9110 6062.6 (25－34)
全校水經酈註水道表四十卷
王楚材輯 香港 四明張氏約園 1940年 四明叢書 第6集

007372917 9110 6062.6 (35)
明堂考一卷 附射侯考一卷
胡寅撰 香港 四明張氏約園 1940年 四明叢書 第6集

007372918 9110 6062.6 (36－59)
明明子論語集解義疏二十卷
胡寅撰 香港 四明張氏約園 1940年 四明叢書 第6集

007372919 9110 6062.6 (60)
切音啟蒙一卷
胡寅撰 香港 四明張氏約園 1940年 四明叢書 第6集

007372920 9110 6062.6 (61)
大衍集一卷 附約仙遺稿一卷
胡寅撰 香港 四明張氏約園 1940年 四明叢書 第6集

007372850 9110 6062.6 (62－63)
四明人鑒三卷
(清)劉慈孚撰 四明張氏約園 1940年 四明叢書

007372921 9110 6062.6 (64)
養園剩稿三卷
盛炳偉撰 香港 四明張氏約園 1940年 四明叢書 第6集

004466257 9110 6062.7
四明叢書第7集
張壽鏞編輯 香港 四明張氏約園

1940 年

007813712　9110　6062.7　(01)
會稽典録二卷　存疑一卷
虞預撰　周樹人輯　香港　四明張氏約園　1940 年　四明叢書　第 7 集

007813713　9110　6062.7　(02)
魏文節遺書一卷　附録一卷
魏杞撰　魏頌唐輯　香港　四明張氏約園　1940 年　四明叢書　第 7 集

007813714　9110　6062.7　(03－09)
絜齋家塾書鈔十二卷　附録一卷
袁燮撰　香港　四明張氏約園　1940 年　四明叢書　第 7 集

007813715　9110　6062.7　(10)
洪範統一一卷
趙善湘撰　香港　四明張氏約園　1940 年　四明叢書　第 7 集

007813716　9110　6062.7　(11)
西麓詩稿一卷　西麓繼周集一卷　附校記　日湖漁唱一卷　附校記
陳允平撰　香港　四明張氏約園　1940 年　四明叢書　第 7 集

007813719　9110　6062.7　(12)
趙寶峰先生文集二卷　附録一卷
趙階撰　香港　四明張氏約園　1940 年　四明叢書　第 7 集

007813720　9110　6062.7　(13－14)
符臺外集二卷
袁忠徹撰　香港　四明張氏約園　1940 年　四明叢書　第 7 集

007814297　9110　6062.7　(15－26)
楊文懿公文集三十卷
楊守陳撰　香港　四明張氏約園　1940 年　四明叢書　第 7 集

007814298　9110　6062.7　(27)
碧川文選八卷　補遺一卷
楊守阯撰　香港　四明張氏約園　1940 年　四明叢書　第 7 集

007814300　9110　6062.7　(28－34)
養心亭集八卷
張邦奇撰　香港　四明張氏約園　1940 年　四明叢書　第 7 集

007814301　9110　6062.7　(35－41)
灼艾集二卷　續集二卷　餘集二卷　別集二卷
萬表撰　香港　四明張氏約園　1940 年　四明叢書　第 7 集

007814303　9110　6062.7　(42－46)
玩鹿亭稿八卷
萬表撰　香港　四明張氏約園　1940 年　四明叢書　第 7 集

007814304　9110　6062.7　(47)
續騷堂集一卷
萬泰撰　香港　四明張氏約園　1940 年　四明叢書　第 7 集

007814306　9110　6062.7　(48－55)
補歷代史表十四卷
萬斯同撰　香港　四明張氏約園　1940 年　四明叢書　第 7 集

007814308　9110　6062.7　(56－62)
昌國典詠十卷
朱緒曾撰　香港　四明張氏約園　1940 年　四明叢書　第 7 集

007814309　9110　6062.7　(63－64)
夏小正求是四卷
姚燮撰　香港　四明張氏約園　1940 年

四明叢書　第7集

007814311　9110　6062.7　(65－70)
漢書讀十二卷　首一卷　辨字二卷　常談二卷
張恕撰　香港　四明張氏約園　1940年　四明叢書　第7集

007814006　9110　6062.7　(71－74)
見山樓詩集四卷
張翊儁著　廣州　四明張氏約園刊本　1938年序　四明叢書　第7集

007814005　9110　6062.7　(75－76)
季仙先生遺稿一卷　補遺一卷
徐時榕著　張壽鏞輯　香港　四明張氏約園　1940年　四明叢書　第7集

007814312　9110　6062.7　(77)
寸草廬奏稿二卷
張嘉禄撰　香港　四明張氏約園　1940年　四明叢書　第7集

007814007　9110　6062.7　(78－81)
小謨觴館文集註四卷
彭兆蓀著　張嘉禄註　廣州　四明張氏約園刊本　1938年序　四明叢書　第7集

007814314　9110　6062.7　(82)
孔賈經疏異同評一卷　附録一卷
陳漢章撰　香港　四明張氏約園　1940年　四明叢書　第7集

007814008　9110　6062.7　(83－84)
鶴巢文存四卷　鶴巢詩存一卷
忻江明著　廣州　四明張氏約園刊　1940年序　四明叢書　第7集

004411435　9110　6062.8
四明叢書第8集
張壽鏞編輯　香港　四明張氏約園　1948年

007814317　9110　6062.8　(01)
虞預晉書一卷
虞預撰　湯球輯　香港　四明張氏約園　1948年　四明叢書　第8集

007814318　9110　6062.8　(02)
舒懶堂詩文存三卷　補遺一卷　附録一卷
舒亶撰　張壽鏞輯　香港　四明張氏約園　1948年　四明叢書　第8集

007814322　9110　6062.8　(03)
石魚偶記一卷
楊簡撰　香港　四明張氏約園　1948年　四明叢書　第8集

007814326　9110　6062.8　(04－05)
安晚堂詩集十二卷[原缺卷一至五]　補遺一卷　輯補一卷　補編二卷
鄭清之撰　香港　四明張氏約園　1948年　四明叢書　第8集

007814329　9110　6062.8　(06－08)
梅讀先生存稿十卷　附録五卷
楊自懲撰　香港　四明張氏約園　1948年　四明叢書　第8集

007814330　9110　6062.8　(09)
徐徐集二卷
王梴撰　香港　四明張氏約園　1948年　四明叢書　第8集

007814337　9110　6062.8　(10－13)
攝生衆妙方十一卷
張時徹撰　香港　四明張氏約園　1948年　四明叢書　第8集

007814338　9110　6062.8　(14)
白嶽遊稿一卷

沈明臣撰　香港　四明張氏約園　1948 年　四明叢書　第 8 集

007814340　9110　6062.8　(15)
碑帖紀證一卷
范大澈撰　香港　四明張氏約園　1948 年　四明叢書　第 8 集

007814341　9110　6062.8　(16)
西漢節義傳論二卷
李鄴嗣撰　香港　四明張氏約園　1948 年　四明叢書　第 8 集

007814342　9110　6062.8　(17－20)
杲堂文續鈔四卷　附録一卷
李鄴嗣撰　香港　四明張氏約園　1948 年　四明叢書　第 8 集

007814344　9110　6062.8　(21)
甬上高僧詩二卷
李鄴嗣輯　香港　四明張氏約園　1948 年　四明叢書　第 8 集

007814345　9110　6062.8　(22)
廟製圖考一卷
萬斯同撰　香港　四明張氏約園　1948 年　四明叢書　第 8 集

007814347　9110　6062.8　(23－30)
四明文徵十六卷
袁鈞輯　香港　四明張氏約園　1948 年　四明叢書　第 8 集

007814348　9110　6062.8　(31)
徐偃王志六卷
徐時棟輯　香港　四明張氏約園　1948 年　四明叢書　第 8 集

007814349　9110　6062.8　(32)
昧吾廬詩存一卷　文存一卷　首一卷　外紀一卷
江仁徵撰　香港　四明張氏約園　1948 年　四明叢書　第 8 集

007814355　9110　6062.8　(33－35)
容膝軒文集八卷　詩草四卷
王榮商撰　香港　四明張氏約園　1948 年　四明叢書　第 8 集

007814357　9110　6062.8　(36)
峽源集一卷
毛宗藩撰　香港　四明張氏約園　1948 年　四明叢書　第 8 集

007450659　9110　6242.1
黔南叢書第 1 集
任可澄編　香港　貴州通志局　1922 年

007450662　9110　6242.1　(1－2)
淮海易談四卷
孫應鼇撰　香港　貴州通志局　1922 年　黔南叢書　第 1 集

007450663　9110　6242.1　(3－8)
易箋八卷　卷首一卷
陳法撰　香港　貴州通志局　1922 年　黔南叢書　第 1 集

007450665　9110　6242.1　(9－10)
儀禮私箋八卷
鄭珍撰　香港　貴州通志局　1922 年　黔南叢書　第 1 集

007450667　9110　6242.2
黔南叢書十種第 2 集
任可澄編　香港　貴州通志局　1924 年

007450670　9110　6242.2　(1)
黔遊日記二卷
徐宏祖撰　香港　貴州通志局　1924 年　黔南叢書　第 2 集

007451636　9110　6242.2　(2)
滇行紀程摘鈔一卷
許纘曾原撰　文宗潞摘鈔　香港　貴州通志局　1924 年　黔南叢書　第 2 集

007450672　9110　6242.2　(2)
黔塗略一卷
邢慈静撰　香港　貴州通志局　1924 年　黔南叢書　第 2 集

007451635　9110　6242.2　(2)
黔遊記一卷
陳鼎撰　香港　貴州通志局　1924 年　黔南叢書　第 2 集

007450671　9110　6242.2　(2)
黔志一卷
王士性撰　香港　貴州通志局　1924 年　黔南叢書　第 2 集

007451638　9110　6242.2　(3－4)
黔書二卷
田雯撰　香港　貴州通志局　1924 年　黔南叢書　第 2 集

007451641　9110　6242.2　(5－6)
續黔書八卷
張澍撰　香港　貴州通志局　1924 年　黔南叢書　第 2 集

007451643　9110　6242.2　(7)
黔軺紀行集一卷
蔣攸銛撰　香港　貴州通志局　1924 年　黔南叢書　第 2 集

007451644　9110　6242.2　(8－9)
黔記四卷
李宗昉撰　香港　貴州通志局　1924 年　黔南叢書　第 2 集

007451645　9110　6242.2　(10)
黔語二卷
吴振棫撰　香港　貴州通志局　1924 年　黔南叢書　第 2 集

007372922　9110　6242.3
黔南叢書第 3 集
貴州文獻徵輯館編　香港　1936 年

007372923　9110　6242.3　(01)
雪鴻堂詩搜逸三卷　附録　補一卷
謝三秀撰　香港　1936 年　黔南叢書　第 3 集

007372924　9110　6242.3　(02－03)
敝帚集十卷
吴中蕃撰　香港　1936 年　黔南叢書　第 3 集

007372925　9110　6242.3　(04－05)
桐埜詩集四卷
周起渭撰　香港　1936 年　黔南叢書　第 3 集

007372927　9110　6242.3　(05)
秋煙草堂詩稿三卷
曹石撰　香港　1936 年　黔南叢書　第 3 集

007372928　9110　6242.3　(06－08)
碧山堂詩鈔十六卷　附録一卷
田榕撰　香港　1936 年　黔南叢書　第 3 集

007372929　9110　6242.3　(09)
瑟廬詩草三卷
章永康撰　香港　1936 年　黔南叢書　第 3 集

007372930　9110　6242.3　(10)
十五弗齋詩存一卷　文存一卷
丁寶楨撰　香港　1936 年　黔南叢書　第 3 集

007372931 9110 6242.3 (10)
樹萱背遺詩一卷
鄭淑昭撰 香港 1936年 黔南叢書 第3集

007372933 9110 6242.4
黔南叢書第4集
貴州文獻徵輯館編 香港 1936年

007372935 9110 6242.4 (01)
春蕪詞三卷
江闓撰 香港 1936年 黔南叢書 第4集

007372936 9110 6242.4 (01)
夢硯齋詞一卷
唐樹義撰 香港 1936年 黔南叢書 第4集

007372937 9110 6242.4 (02-03)
香草詞五卷 附四卷 補遺一卷 附録一卷
陳鍾祥撰 香港 1936年 黔南叢書 第4集

007372938 9110 6242.4 (04)
飣餖吟詞一卷
石贊清撰 香港 1936年 黔南叢書 第4集

007372940 9110 6242.4 (04)
海粟樓詞一卷
章永康撰 香港 1936年 黔南叢書 第4集

007372945 9110 6242.4 (05)
青田山廬詞鈔一卷
莫庭芝撰 香港 1936年 黔南叢書 第4集

007372943 9110 6242.4 (05)
影山詞二卷 附外集一卷
莫友芝撰 香港 1936年 黔南叢書 第4集

007372947 9110 6242.4 (06)
葑煙亭詞四卷
黎兆勳撰 香港 1936年 黔南叢書 第4集

007372949 9110 6242.4 (07)
琴洲詞二卷
黎庶燾撰 香港 1936年 黔南叢書 第4集

007372952 9110 6242.4 (07)
雪鴻詞二卷
黎庶蕃撰 香港 1936年 黔南叢書 第4集

007372954 9110 6242.4 (08)
姑聽軒詞鈔一卷
劉藻撰 香港 1936年 黔南叢書 第4集

007372953 9110 6242.4 (08)
枯桐閣詞稿一卷
張鴻績撰 香港 1936年 黔南叢書 第4集

007372958 9110 6242.4 (08)
夢悔樓詞一卷
趙懿撰 香港 1936年 黔南叢書 第4集

007372957 9110 6242.4 (08)
師古堂詞鈔一卷
傅衡撰 香港 1936年 黔南叢書 第4集

007372960 9110 6242.4 (09)
牟珠詞一卷 附補遺
鄧潛撰 香港 1936年 黔南叢書 第

4 集

007372961 9110 6242.4 (10)
弗堂詞二卷 附菉猗曲一卷 庚午春詞一卷
姚華撰 香港 1936 年 黔南叢書 第 4 集

007381221 9110 6242.5 (4-10)
平黔紀略二十卷
羅文彬、王秉恩編纂 濟南 1938 年序 黔南叢書 第 5 集

007372746 9110 7161
鹽邑志林四十一種
樊維城編 上海 商務印書館 1937 年

007373015 9110 7161 (01)
陸公紀易解一卷
陸績撰 上海 商務印書館 1937 年 鹽邑志林

007373016 9110 7161 (02)
陸公紀京氏易傳註三卷
陸績撰 上海 商務印書館 1937 年 鹽邑志林

007373020 9110 7161 (03)
干常侍易解三卷
干寶撰 上海 商務印書館 1937 年 鹽邑志林

007373018 9110 7161 (03)
陸元恪草木蟲魚疏二卷
陸璣撰 上海 商務印書館 1937 年 鹽邑志林

007373021 9110 7161 (04-07)
干令升搜神記二卷
干寶撰 上海 商務印書館 1937 年 鹽邑志林

007373022 9110 7161 (08-09)
顧希馮玉篇直音二卷
顧野王撰 上海 商務印書館 1937 年 鹽邑志林

007373024 9110 7161 (10)
陸廣微吴地記一卷
陸廣微撰 上海 商務印書館 1937 年 鹽邑志林

007373025 9110 7161 (10)
譚子化書一卷
譚峭撰 上海 商務印書館 1937 年 鹽邑志林

007373030 9110 7161 (11)
常竹窗修海鹽澉水志二卷
常棠撰 上海 商務印書館 1937 年 鹽邑志林

007373028 9110 7161 (11)
魯應龍閒窗括異志一卷
魯應龍撰 上海 商務印書館 1937 年 鹽邑志林

007373026 9110 7161 (11)
許梅屋樵談一卷
許棐撰 上海 商務印書館 1937 年 鹽邑志林

007373033 9110 7161 (12)
王方麓檇李記一卷
王樵撰 上海 商務印書館 1937 年 鹽邑志林

007373031 9110 7161 (12)
姚樂年樂郊私語一卷
姚桐壽撰 上海 商務印書館 1937 年 鹽邑志林

007373034 9110 7161 (13)
前令鄭壺陽靖海紀略一卷

鄭茂撰　上海　商務印書館　1937 年
鹽邑志林

007373824　9110　7161　(13)
張方洲奉使録二卷
張寧撰　上海　商務印書館　1937 年
鹽邑志林

007373825　9110　7161　(14 – 15)
徐襄陽西園雜記二卷
徐咸撰　上海　商務印書館　1937 年
鹽邑志林

007373827　9110　7161　(16)
錢公良測語二卷
錢琦撰　上海　商務印書館　1937 年
鹽邑志林

007373826　9110　7161　(16)
徐豐厓詩談一卷
徐泰撰　上海　商務印書館　1937 年
鹽邑志林

007373828　9110　7161　(16)
許雲邨貽謀一卷
許相卿撰　上海　商務印書館　1937 年
鹽邑志林

007373829　9110　7161　(17)
董漢陽碧里雜存二卷
董穀撰　上海　商務印書館　1937 年
鹽邑志林

007373830　9110　7161　(18)
鄭端簡公吾學編餘一卷
鄭曉撰　上海　商務印書館　1937 年
鹽邑志林

007373831　9110　7161　(19 – 22)
鄭端簡公今言類編六卷
鄭曉撰　上海　商務印書館　1937 年
鹽邑志林

007373832　9110　7161　(23)
鄭端簡公古言類編二卷
鄭曉撰　上海　商務印書館　1937 年
鹽邑志林

007373833　9110　7161　(24)
錢太常海石子内篇一卷　外篇一卷
錢薇撰　上海　商務印書館　1937 年
鹽邑志林

007373834　9110　7161　(24)
王沂陽龍興慈記一卷
王文禄撰　上海　商務印書館　1937 年
鹽邑志林

007373835　9110　7161　(25 – 26)
仇舜徵通史它石三卷
仇俊卿撰　上海　商務印書館　1937 年
鹽邑志林

007373836　9110　7161　(26)
仇謙謙玄機通一卷
仇俊卿撰　上海　商務印書館　1937 年
鹽邑志林

007373837　9110　7161　(26)
胡仰崖遺語一卷
胡憲仲撰　上海　商務印書館　1937 年
鹽邑志林

007373838　9110　7161　(27)
潁水遺編二卷
陳言著　上海　商務印書館　1937 年
鹽邑志林

007373839　9110　7161　(27)
鍾秉文烏槎幕府記一卷
鍾兆斗撰　上海　商務印書館　1937 年
鹽邑志林

007373844 9110 7161 (28)
鄭敬中摘語一卷
鄭心材撰 上海 商務印書館 1937 年 鹽邑志林

007373842 9110 7161 (28)
朱良叔猶及編一卷
朱元弼撰 上海 商務印書館 1937 年 鹽邑志林

007373840 9110 7161 (28)
朱武原禮記通註一卷
朱元弼撰 上海 商務印書館 1937 年 鹽邑志林

007373845 9110 7161 (29)
采常吉倭變事略四卷
采九德撰 上海 商務印書館 1937 年 鹽邑志林

007373846 9110 7161 (30)
崔鳴吾紀事一卷
崔嘉祥撰 上海 商務印書館 1937 年 鹽邑志林

007373849 9110 7161 (30)
劉少彝荒著略一卷
劉世教撰 上海 商務印書館 1937 年 鹽邑志林

007373850 9110 7161 (31)
呂錫侯筆記一卷
呂兆禧撰 上海 商務印書館 1937 年 鹽邑志林

007373852 9110 7161 (31)
彭孟公江上雜疏一卷
彭宗孟撰 上海 商務印書館 1937 年 鹽邑志林

007373856 9110 7161 (31)
吴少君遺事一卷
姚士麟撰 上海 商務印書館 1937 年 鹽邑志林

007373858 9110 7161 (32-33)
姚叔祥見只編三卷
姚士麟撰 上海 商務印書館 1937 年 鹽邑志林

007373860 9110 7161 (34-40)
聖門志六卷
吕元善撰 上海 商務印書館 1937 年 鹽邑志林

007373801 9110 7250
關中叢書
宋聯奎編纂 西安 陝西通志館 1934—36 年

007373899 9110 7250 (1-4)
孟子趙註十四卷
趙岐註 陝西 通志館 1935 年 關中叢書 第 1 集

007373900 9110 7250 (5)
三輔決録二卷
趙岐撰 陝西 通志館 1935 年 關中叢書 第 1 集

007373901 9110 7250 (6)
西京雜記二卷
劉歆撰 陝西 通志館 1935 年 關中叢書 第 1 集

007373902 9110 7250 (7)
三輔黃圖二卷
陝西 通志館 1935 年 關中叢書 第 1 集

007373904 9110 7250 (8)
十三州志一卷
闞駰撰 陝西 通志館 1935 年 關中

叢書　第 1 集

007373905　9110　7250　(9)
呂氏鄉約一卷
呂大鈞撰　陝西　通志館　1935 年　關中叢書　第 1 集

007373907　9110　7250　(10)
南山谷口考一卷
毛鳳枝撰　陝西　通志館　1935 年　關中叢書　第 1 集

007373909　9110　7250　(11－12)
周禮政要四卷
孫詒讓撰　陝西　通志館　1935 年　關中叢書　第 1 集

007373908　9110　7250　(13－16)
白虎通義四卷
班固撰　陝西　通志館　1935 年　關中叢書　第 2 集

007373915　9110　7250　(17)
考工記一卷
杜牧註　陝西　通志館　1935 年　關中叢書　第 2 集

007373916　9110　7250　(18)
匡謬正俗八卷
顔師古撰　陝西　通志館　1935 年　關中叢書　第 2 集

007373919　9110　7250　(19－20)
真珠船八卷
胡侍著　陝西　通志館　1935 年　關中叢書　第 2 集

007373922　9110　7250　(21)
河套圖考一卷
楊江著　陝西　通志館　1935 年　關中叢書　第 2 集

007373925　9110　7250　(22－24)
西疆雜述詩四卷
蕭雄撰　陝西　通志館　1935 年　關中叢書　第 2 集

007374783　9110　7250　(25)
顔氏家訓二卷
顔之推撰　陝西　通志館　1935 年　關中叢書　第 3 集

007374784　9110　7250　(26－29)
雍録十卷
程大昌撰　陝西　通志館　1935 年　關中叢書　第 3 集

007374785　9110　7250　(30)
雞山語要二卷
張舜典著　陝西　通志館　1935 年　關中叢書　第 3 集

007374786　9110　7250　(31)
歲寒集一卷
焦之夏著　陝西　通志館　1935 年　關中叢書　第 3 集

007374787　9110　7250　(32)
莘野遺書三卷
康乃心著　陝西　通志館　1935 年　關中叢書　第 3 集

007374788　9110　7250　(33)
華山經一卷
東蔭商撰並註　陝西　通志館　1935 年　關中叢書　第 3 集

007374789　9110　7250　(33)
秋窗隨筆一卷
馬位著　陝西　通志館　1935 年　關中叢書　第 3 集

007374791　9110　7250　(34)
豐川雜著一卷

王心敬著　陝西　通志館　1935年　關中叢書　第3集

007374792　9110　7250　(35)
修齊直指評一卷
楊屾著　劉光蕡評　陝西　通志館　1935年　關中叢書　第3集

007374793　9110　7250　(36)
三省山内風土雜識一卷
嚴如熤撰　陝西　通志館　1935年　關中叢書　第3集

007374794　9110　7250　(37)
摯太常遺書三卷
摯虞撰　張鵬一校補　陝西　通志館　1935年　關中叢書　第4集

007374800　9110　7250　(38)
太華太白紀遊略一卷
趙嘉肇撰　陝西　通志館　1935年　關中叢書　第4集

007374796　9110　7250　(38)
遊城南記一卷
張禮撰　陝西　通志館　1935年　關中叢書　第4集

007374801　9110　7250　(39-41)
思庵野録三卷
薛敬之撰　陝西　通志館　1935年　關中叢書　第4集

007374802　9110　7250　(42)
古今韻考四卷
李因篤撰　陝西　通志館　1935年　關中叢書　第4集

007374803　9110　7250　(43-46)
新疆建置志四卷
宋伯魯撰　陝西　通志館　1935年　關中叢書　第4集

007374806　9110　7250　(47-48)
陝境漢江流域貿易稽核表二卷
仇繼恒撰　陝西　通志館　1935年　關中叢書　第4集

007374809　9110　7250　(49)
玉函經三卷
杜光庭撰　陝西　通志館　1935年　關中叢書　第5集

007374813　9110　7250　(50)
韓翰林集三卷
韓偓撰　陝西　通志館　1935年　關中叢書　第5集

007374815　9110　7250　(50)
香奩集三卷　補遺一卷
韓偓撰　陝西　通志館　1935年　關中叢書　第5集

007374818　9110　7250　(51)
寇忠愍詩集三卷
寇準撰　陝西　通志館　1935年　關中叢書　第5集

007374820　9110　7250　(52)
華原風土詞一卷
顧曾烜撰　陝西　通志館　1935年　關中叢書　第5集

007374822　9110　7250　(53-60)
三李年譜八卷
吴懷清撰　陝西　通志館　1935年　關中叢書　第5集

007374824　9110　7250.7
關中叢書第七集
宋聯奎、王健、林朝元輯校　西安　陝西通志館　1936年

007378134　9110　8146
金華叢書續
胡宗楙輯　香港　永康胡氏夢選樓　1924 年

007378135　9110　8146　(1－4)
周易窺餘十五卷
鄭剛中撰　香港　永康胡氏夢選樓　1924 年　續金華叢書

007378136　9110　8146　(5－6)
書集傳或問二卷
陳大猷撰　香港　永康胡氏夢選樓　1924 年　續金華叢書

007378138　9110　8146　(7)
鄭氏家儀
鄭泳撰　香港　永康胡氏夢選樓　1924 年　續金華叢書

007378139　9110　8146　(8－10)
春秋左氏傳續説十二卷
吕祖謙撰　香港　永康胡氏夢選樓　1924 年　續金華叢書

007378144　9110　8146　(10)
春秋經傳辨疑一卷
童品　香港　永康胡氏夢選樓　1924 年　續金華叢書

007378148　9110　8146　(11－13)
敬鄉録十四卷
吴師道撰　香港　永康胡氏夢選樓　1924 年　續金華叢書

007378147　9110　8146　(11)
孫威敏征南録一卷
滕元發撰　香港　永康胡氏夢選樓　1924 年　續金華叢書

007378153　9110　8146　(14－15)
金華賢達傳十二卷
鄭柏撰　香港　永康胡氏夢選樓　1924 年　續金華叢書

007378156　9110　8146　(16－18)
金華先民傳十卷
應廷育撰　香港　永康胡氏夢選樓　1924 年　續金華叢書

007378160　9110　8146　(19)
金華赤松山志一卷
倪守約撰　香港　永康胡氏夢選樓　1924 年　續金華叢書

007378158　9110　8146　(19)
義烏人物記二卷
金江撰　香港　永康胡氏夢選樓　1924 年　續金華叢書

007378164　9110　8146　(20)
職源
王益之撰　香港　永康胡氏夢選樓　1924 年　續金華叢書

007378166　9110　8146　(21－24)
麗澤論説集録十卷
吕喬年撰　香港　永康胡氏夢選樓　1924 年　續金華叢書

007378167　9110　8146　(25)
格致餘論一卷
朱震亨撰　香港　永康胡氏夢選樓　1924 年　續金華叢書

007378171　9110　8146　(25)
局方發揮一卷
朱震亨撰　香港　永康胡氏夢選樓　1924 年　續金華叢書

007378174　9110　8146　(26)
金匱鉤元一卷
朱震亨撰　香港　永康胡氏夢選樓

1924 年　續金華叢書

007378182　9110　8146　(27)
革象新書重修二卷
趙友欽　香港　永康胡氏夢選樓　1924 年　續金華叢書

007378185　9110　8146　(28)
地理葬書集註一卷
郭璞撰　香港　永康胡氏夢選樓　1924 年　續金華叢書

007378189　9110　8146　(28)
欒城遺言一卷
蘇籀記　香港　永康胡氏夢選樓　1924 年　續金華叢書

007378191　9110　8146　(28)
物異考一卷
方鳳撰　香港　永康胡氏夢選樓　1924 年　續金華叢書

007378194　9110　8146　(29－30)
歷代制度詳説十五卷
吕祖謙撰　香港　永康胡氏夢選樓　1924 年　續金華叢書

007378207　9110　8146　(31)
傅大士語録四卷
傅翕撰　香港　永康胡氏夢選樓　1924 年　續金華叢書

007378201　9110　8146　(31)
齊諧記
無疑撰　香港　永康胡氏夢選樓　1924 年　續金華叢書

007378213　9110　8146　(32)
周易参同契通真義三卷
彭曉撰　香港　永康胡氏夢選樓　1924 年　續金華叢書

007378218　9110　8146　(33)
絳守居園池記註一卷
樊宗師撰　香港　永康胡氏夢選樓　1924 年　續金華叢書

007378220　9110　8146　(33)
默成文集四卷
潘良貴撰　香港　永康胡氏夢選樓　1924 年　續金華叢書

007378221　9110　8146　(34－43)
東萊吕太史文集十五卷　別集十六卷　外集五卷　附録三卷　補遺一卷
吕祖謙撰　香港　永康胡氏夢選樓　1924 年　續金華叢書

007378223　9110　8146　(44－47)
金華唐氏遺書十四卷
唐仲友　香港　永康胡氏夢選樓　1924 年　續金華叢書

007378233　9110　8146　(48－49)
香山集十六卷
喻良能　香港　永康胡氏夢選樓　1924 年　續金華叢書

007378235　9110　8146　(50)
倪石陵書一卷
倪樸撰　香港　永康胡氏夢選樓　1924 年　續金華叢書

007378237　9110　8146　(50)
癖齋小集一卷
杜旃撰　香港　永康胡氏夢選樓　1924 年　續金華叢書

007378240　9110　8146　(51－52)
靈巖集十卷
唐士恥撰　香港　永康胡氏夢選樓　1924 年　續金華叢書

007378245　9110　8146　(53)
敏齋稿一卷
吕殊撰　香港　永康胡氏夢選樓　1924年　續金華叢書

007378243　9110　8146　(53)
雲溪稿一卷
吕皓撰　香港　永康胡氏夢選樓　1924年　續金華叢書

007378247　9110　8146　(54－59)
魯齋王文憲公文集二十卷
王柏撰　香港　永康胡氏夢選樓　1924年　續金華叢書

007378257　9110　8146　(60)
史詠詩集二卷
徐鈞　香港　永康胡氏夢選樓　1924年　續金華叢書

007378253　9110　8146　(60)
學詩初稿一卷
王同祖著　香港　永康胡氏夢選樓　1924年　續金華叢書

007378260　9110　8146　(61)
存雅堂遺稿五卷
方鳳撰　香港　永康胡氏夢選樓　1924年　續金華叢書

007379098　9110　8146　(62)
紫巖詩選三卷
于石撰　香港　永康胡氏夢選樓　1924年　續金華叢書

007379099　9110　8146　(63)
竹谿稿二卷
吕浦撰　香港　永康胡氏夢選樓　1924年　續金華叢書

007379100　9110　8146　(64－67)
淵穎吴先生集十二卷
吴萊撰　香港　永康胡氏夢選樓　1924年　續金華叢書

007379101　9110　8146　(68－79)
金華黄先生文集四十三卷　附行狀一卷
黄溍撰　香港　永康胡氏夢選樓　1924年　續金華叢書

007379102　9110　8146　(80－85)
柳待制集二十卷　附録一卷
柳貫撰　香港　永康胡氏夢選樓　1924年　續金華叢書

007379103　9110　8146　(86－91)
吴禮部集二十卷　附録一卷
吴師道撰　香港　永康胡氏夢選樓　1924年　續金華叢書

007379104　9110　8146　(92)
屏巖小稿一卷
張觀光撰　香港　永康胡氏夢選樓　1924年　續金華叢書

007379105　9110　8146　(93)
藥房樵唱三卷　附録一卷
吴景奎撰　香港　永康胡氏夢選樓　1924年　續金華叢書

007379111　9110　8146　(94－95)
樵雲獨唱六卷
葉顒撰　香港　永康胡氏夢選樓　1924年　續金華叢書

007379114　9110　8146　(96)
白石山房逸稿二卷
張孟兼[張丁]撰　香港　永康胡氏夢選樓　1924年　續金華叢書

007379115　9110　8146　(96－97)
尚絅詩集五卷
童冀撰　香港　永康胡氏夢選樓　1924

年　續金華叢書

007379118　9110　8146　(98－99)
繼志齋集二卷　附蹟齋稿一卷　齊山稿一卷
王紳　香港　永康胡氏夢選樓　1924年　續金華叢書

007379122　9110　8146　(100－102)
竹澗集八卷　竹澗奏議四卷
潘希曾撰　香港　永康胡氏夢選樓　1924年　續金華叢書

007379130　9110　8146　(103－118)
少室山房類稿一百二十卷
胡應麟撰　香港　永康胡氏夢選樓　1924年　續金華叢書

007379132　9110　8146　(119)
庚溪詩話二卷
陳巖肖撰　香港　永康胡氏夢選樓　1924年　續金華叢書

007379141　9110　8146　(120)
龍川詞一卷
陳亮撰　香港　永康胡氏夢選樓　1924年　續金華叢書

007379134　9110　8146　(120)
吴禮部詩話一卷
吴師道撰　香港　永康胡氏夢選樓　1924年　續金華叢書

007379148　9110　8146　(120)
燕喜詞一卷
曹冠撰　香港　永康胡氏夢選樓　1924年　續金華叢書

007379145　9110　8146　(120)
竹齋詩餘一卷
黄機撰　香港　永康胡氏夢選樓　1924年　續金華叢書

007379036　9110　8174.1
金陵叢書甲集
翁長森、蔣國榜輯　上元　蔣氏慎修書屋　1914年

007379242　9110　8174.1　(1－2)
晚書訂疑三卷
程廷祚著　香港　蔣氏慎修書屋　1914年　金陵叢書　甲集

007379244　9110　8174.1　(3－4)
春秋識小録九卷
程廷祚著　香港　蔣氏慎修書屋　1914年　金陵叢書　甲集

007379248　9110　8174.1　(5－12)
補後漢書藝文志十卷
顧懷三著　香港　蔣氏慎修書屋　1914年　金陵叢書　甲集

007380168　9110　8174.1　(13－16)
老子翼八卷
焦竑撰　香港　蔣氏慎修書屋　1914年　金陵叢書　甲集

007380169　9110　8174.1　(17－24)
莊子翼八卷
焦竑撰　香港　蔣氏慎修書屋　1914年　金陵叢書　甲集

007380172　9110　8174.1　(25－32)
顧華玉集四十卷
顧璘撰　香港　蔣氏慎修書屋　1914年　金陵叢書　甲集

007380173　9110　8174.2
金陵叢書乙集
蔣國榜輯　香港　蔣氏慎修書屋　1915年

007380174　9110　8174.2　(1)
論語説四卷
程廷祚著　香港　蔣氏慎修書屋　1915年　金陵叢書　乙集

007380175　9110　8174.2　(2-5)
春秋本義十二卷
吴棆著　香港　蔣氏慎修書屋　1915年　金陵叢書　乙集

007380176　9110　8174.2　(5)
補五代史藝文志一卷
顧懷三著　香港　蔣氏慎修書屋　1915年　金陵叢書　乙集

007380177　9110　8174.2　(6-9)
真誥二十卷
陶弘景撰　香港　蔣氏慎修書屋　1915年　金陵叢書　乙集

007380178　9110　8174.2　(10-11)
焦氏筆乘六卷
焦竑撰　香港　蔣氏慎修書屋　1915年　金陵叢書　乙集

007380179　9110　8174.2　(12-13)
焦氏筆乘續集八卷
焦竑撰　香港　蔣氏慎修書屋　1915年　金陵叢書　乙集

007380188　9110　8174.2　(14)
陶貞白集二卷
陶弘景撰　香港　蔣氏慎修書屋　1915年　金陵叢書　乙集

007380190　9110　8174.2　(15-23)
澹園集四十九卷
焦竑著　香港　蔣氏慎修書屋　1915年　金陵叢書　乙集

007380192　9110　8174.2　(24-29)
澹園續集二十七卷
焦竑著　香港　蔣氏慎修書屋　1915年　金陵叢書　乙集

007379961　9110　8174.2　(30-32)
青溪集十二卷
程廷祚著　廣州　蔣氏慎修書屋　1915年　金陵叢書　乙集

007380203　9110　8174.3
金陵叢書丙集
蔣國榜輯　香港　蔣氏慎修書屋　1914—16年

007380205　9110　8174.3　(1)
左傳博議拾遺二卷
朱元英著　香港　蔣氏慎修書屋　1914年　金陵叢書　丙集

007380208　9110　8174.3　(2-3)
讀書雜釋十四卷
徐鼒著　香港　蔣氏慎修書屋　1914年　金陵叢書　丙集

007380210　9110　8174.3　(4-5)
赤山湖志六卷
尚兆山著　香港　蔣氏慎修書屋　1914年　金陵叢書　丙集

007380211　9110　8174.3　(6-7)
臺遊日記四卷
蔣師轍著　香港　蔣氏慎修書屋　1914年　金陵叢書　丙集

007380214　9110　8174.3　(8)
補輯風俗通義佚文一卷
顧懷三著　香港　蔣氏慎修書屋　1914年　金陵叢書　丙集

007380217　9110　8174.3　(9-10)
天方典禮擇要解二十卷
劉智著　香港　蔣氏慎修書屋　1914年

金陵叢書 丙集

007380221 9110 8174.3 (11)
金子坤集一卷
金大輿著 香港 蔣氏慎修書屋 1914 年 金陵叢書 丙集

007380219 9110 8174.3 (11)
金子有集一卷
金大車著 香港 蔣氏慎修書屋 1914 年 金陵叢書 丙集

007380228 9110 8174.3 (12-15)
石臼集十六卷
邢昉著 香港 蔣氏慎修書屋 1914 年 金陵叢書 丙集

007380232 9110 8174.3 (16-18)
曹集考異十二卷
朱緒曾著 香港 蔣氏慎修書屋 1914 年 金陵叢書 丙集

007380233 9110 8174.3 (19-21)
昌國典詠十卷
朱緒曾著 香港 蔣氏慎修書屋 1914 年 金陵叢書 丙集

007379962 9110 8174.3 (22)
梅村剩稿二卷
汪士鐸撰 蔣氏國榜慎修書屋校印 1916 年 金陵叢書 丙集

007380236 9110 8174.3 (23-25)
心燈録六卷
湛愚老人著 香港 蔣氏慎修書屋 1914 年 金陵叢書 丙集

007380239 9110 8174.3 (26-28)
懶真草堂集十三卷
顧起元撰 香港 蔣氏慎修書屋 1914 年 金陵叢書 丙集

007380241 9110 8174.3 (29-30)
何太僕集十卷
何楝如著 香港 蔣氏慎修書屋 1914 年 金陵叢書 丙集

007379966 9110 8174.3 (31-32)
顧與治詩集八卷
顧夢游撰 蔣氏國榜慎修書屋校印 1916 年 金陵叢書 丙集

007380246 9110 8174.4
金陵叢書丁集
蔣國榜輯 香港 蔣氏慎修書屋 1914—16 年

007380258 9110 8174.4 (1-4)
定山集十卷
莊昶撰 香港 蔣氏慎修書屋 1914 年 金陵叢書 丁集

007380259 9110 8174.4 (5-12)
説略三十卷
顧起元撰 香港 蔣氏慎修書屋 1914 年 金陵叢書 丁集

007379967 9110 8174.4 (13-14)
雪村編年詩剩十二卷
戴瀚撰 蔣氏國榜慎修書屋校印 1916 年 金陵叢書 丁集

007379968 9110 8174.4 (15)
白萶集四卷
戴翼子撰 蔣氏國榜慎修書屋校印 1916 年 金陵叢書 丁集

007379969 9110 8174.4 (16)
醇雅堂詩略六卷
阮鏞撰 蔣氏國榜慎修書屋校印 1916 年 金陵叢書 丁集

007379964 9110 8174.4 (17-18)
然松閣詩賦鈔四卷

顧懷三撰　蔣氏國榜慎修書屋校印　1916 年　金陵叢書　丁集

007379965　9110　8174.4　(19)
蟻餘偶筆一卷　蟻餘附筆一卷　讕言瑣記一卷
劉因之撰　蔣氏國榜慎修書屋校印　1916 年　金陵叢書　丁集

007379963　9110　8174.4　(20 – 21)
静虚堂吹生草四卷
王章撰　蔣氏國榜慎修書屋校印　1916 年　金陵叢書　丁集

007380972　9110　8174.4　(22)
荻華堂詩存一卷
蔡琳撰　蔣氏國榜慎修書屋　1916 年　金陵叢書　丁集

007379959　9110　8174.4　(22)
柳門遺稿一卷
楊後撰　蔣氏國榜慎修書屋　1916 年　金陵叢書　丁集

007380975　9110　8174.4　(23)
薄遊草一卷　附補遺
侯雲松撰　蔣氏國榜慎修書屋　1916 年　金陵叢書　丁集

007380974　9110　8174.4　(23)
西農遺稿一卷
姚必成撰　蔣氏國榜慎修書屋　1916 年　金陵叢書　丁集

007380973　9110　8174.4　(23)
子尚詩存一卷
車書撰　蔣氏國榜慎修書屋　1916 年　金陵叢書　丁集

007380976　9110　8174.4　(24)
且巢詩存五卷
周葆濂撰　蔣氏國榜慎修書屋　1916 年　金陵叢書　丁集

007380977　9110　8174.4　(25)
妙香齋集四卷
楊長年撰　蔣氏國榜慎修書屋　1916 年　金陵叢書　丁集

007380988　9110　8174.4　(26)
柏巖乙稿十五卷　丙稿一卷
淩煜撰　蔣氏國榜慎修書屋校印　1916 年　金陵叢書　丁集

007380986　9110　8174.4　(27)
括囊詩草二卷　詞草一卷
尚兆山撰　蔣氏國榜慎修書屋校印　1916 年　金陵叢書　丁集

007380987　9110　8174.4　(27)
在莒集一卷
朱桂模撰　蔣氏國榜慎修書屋校印　1916 年　金陵叢書　丁集

007380989　9110　8174.4　(28)
羅氏一家集五卷
羅笏等著　蔣氏國榜慎修書屋校印　1916 年　金陵叢書　丁集

007380992　9110　8174.4　(29)
陔餘雜著
陸春官撰　蔣氏國榜慎修書屋校印　1917 年　金陵叢書　丁集

007380991　9110　8174.4　(29)
顧伯虬遺詩二卷
顧我愚撰　蔣氏國榜慎修書屋校印　1916 年　金陵叢書　丁集

007380984　9110　8174.4　(30 – 31)　Film　Mas　200055
德風亭初集十三卷
江寧女史王貞儀撰　廣州　蔣氏國榜慎

修書屋校印 1916 年 金陵叢書 丁集

007380985 9110 8174.4 (32)
平叔詩存二卷
蔣國平撰 蔣氏國榜慎修書屋校印 1916 年 金陵叢書 丁集

007238530 5429 7244 9110 8227 (2:4-5)
澹寧居詩集二卷
馬世奇撰 上海 中華書局 1923 年 錫山先哲叢刊 第 2 輯

007381119 9110 8227 (3:2-4)
樂府山堂稿八卷
王會汾撰 上海 中華書局 1923 年 錫山先哲叢刊 第 3 輯

007381111 9110 8227 (2:2-3)
王舍人詩集五卷
王紱著 上海 中華書局 1923 年 錫山先哲叢刊 第 2 輯

007381108 9110 8227 (2:1)
浦舍人詩集四卷
浦源撰 上海 中華書局 1923 年 錫山先哲叢刊 第 2 輯

007381102 9110 8227 (1:3)
秋水文集二卷 補遺一卷
嚴繩孫著 上海 中華書局 1922 年 錫山先哲叢刊 第 1 輯

007381116 9110 8227 (3:1)
邵文莊公年譜一卷
邵曾、吴道成編 上海 中華書局 1928 年 錫山先哲叢刊 第 3 輯

007381100 9110 8227 (1)
錫山先哲叢刊第 1 輯
侯鴻鑒輯 上海 中華書局 1922 年

007381104 9110 8227 (2)
錫山先哲叢刊第 2 輯
侯鴻鑒輯 上海 中華書局 1923 年

007381113 9110 8227 (3)
錫山先哲叢刊第 3 輯
侯鴻鑒輯 上海 中華書局 1928 年

007381581 9110.28 2502
吴中文獻小叢書
江蘇省立蘇州圖書館編輯 蘇州 江蘇省立蘇州圖書館 1939—43 年

007381316 9110.28 2502 (1)
張篁邨詩
(清)張宗蒼著 蘇州 江蘇省立蘇州圖書館 1939 年 初版 吴中文獻小叢書 (m.)

007382593 9110.28 2502 (2)
吴下尋山記
黄安濤撰 王雅宜年譜 翁方綱撰 蘇州 江蘇省立蘇州圖書館 1939 年 吴中文獻小叢書

007382573 9110.28 2502 (3)
聞見闡幽録
(清)韋光黻著 蘇州 江蘇省立蘇州圖書館 1939 年 初版 吴中文獻小叢書 (m.)

007381554 9110.28 2502 (4)
王巢松年譜
王抃撰 蘇州 江蘇省立蘇州圖書館 1939 年 吴中文獻小叢書 (m.)

007382566 9110.28 2502 (5)
七姬詠林
高啟著 貝庸輯 蘇州 江蘇省立蘇州圖書館 1939 年 初版 吴中文獻小叢書 (m.)

007382565　9110.28　2502　(6)
明周端孝先生血疏題跋二卷
(清)萬福康編　蘇州　江蘇省立蘇州圖書館　1939年　初版　吴中文獻小叢書　(m.)

007382574　9110.28　2502　(7)
珊瑚舌雕談摘鈔
(清)許起著　蘇州　江蘇省立蘇州圖書館　1939年　吴中文獻小叢書　(m.)

007382562　9110.28　2502　(8)
吴音奇字
(清)孫樓編輯校正　陸鎰補遺　蘇州　江蘇省立蘇州圖書館　1939年　初版　吴中文獻小叢書　(m.)

007381556　9110.28　2502　(9)
十藥神書
葛乾孫撰　潘霨增註　蘇州　江蘇省立蘇州圖書館　1939年　吴中文獻小叢書　(m.)

007381558　9110.28　2502　(10)
石隱山人自訂年譜
朱駿聲遺著　朱師轍補註　蘇州　江蘇省立蘇州圖書館　1939年　吴中文獻小叢書　(m.)

007382567　9110.28　2502　(11)
寒山留緒
(清)趙耀輯　蘇州　江蘇省立蘇州圖書館　1940年　初版　吴中文獻小叢書　(m.)

007382570　9110.28　2502　(12)
蟋蟀在堂草
(明)顧凝遠著　蘇州　江蘇省立蘇州圖書館校印　1940年　初版　吴中文獻小叢書　(m.)

007382582　9110.28　2502　(13)
消夏閒記選存
(清)顧公燮著　蘇州　江蘇省立蘇州圖書館　1940年　初版　吴中文獻小叢書　(m.)

007382576　9110.28　2502　(14)
楊大瓢先生雜文殘稿
(清)楊賓著　蘇州　江蘇省立蘇州圖書館　1940年　初版　吴中文獻小叢書　(m.)

007381562　9110.28　2502　(15)
論古雜識
吴大澂撰　古玉圖考補正　鄭文焯撰　蘇州　江蘇省立蘇州圖書館　1939年　吴中文獻小叢書

007382578　9110.28　2502　(16)
俞曲園先生日記殘稿
(清)俞樾著　蘇州　江蘇省立蘇州圖書館　1940年　初版　吴中文獻小叢書　(m.)

007381566　9110.28　2502　(17)
箋經室所見宋元書題跋
曹元忠撰　蘇州　江蘇省立蘇州圖書館　1940年　吴中文獻小叢書　(m.)

007382572　9110.28　2502　(18)
借巢筆記
(清)沈守之著　蘇州　江蘇省立蘇州圖書館　1940年　初版　吴中文獻小叢書　(m.)

007382575　9110.28　2502　(19)
畏壘山人文集四卷
(清)徐昂發著　蘇州　江蘇省立蘇州圖書館　1940年　初版　吴中文獻小叢書　(m.)

007382568 9110.28 2502 (20)
恖進齋詩文稿
(清)姚覲元著 蘇州 江蘇省立蘇州圖書館 1940年 初版 吴中文獻小叢書 (m.)

007382583 9110.28 2502 (21)
醉鄉瑣志
(清)黄體芳著 蘇州 江蘇省立蘇州圖書館 1940年 初版 吴中文獻小叢書 (m.)

007382584 9110.28 2502 (22)
紅蘭逸乘
(清)張霞房[紫琳]輯 蘇州 江蘇省立蘇州圖書館 1941年 初版 吴中文獻小叢書 (m.)

007382579 9110.28 2502 (23)
心矩齋尺牘
(清)蔣鳳藻著 蘇州 江蘇省立蘇州圖書館 1941年 初版 吴中文獻小叢書 (m.)

007382571 9110.28 2502 (24)
澤畔吟
(清)周燦著 蘇州 江蘇省立蘇州圖書館校印 1941年 初版 吴中文獻小叢書 (m.)

007382580 9110.28 2502 (25)
蘭舫筆記
(清)常輝著 蘇州 江蘇省立蘇州圖書館 1941年 初版 吴中文獻小叢書 (m.)

007382637 9110.28 2502 (26)
虞山畫志四卷
郟掄逵撰 蘇州 江蘇省立蘇州圖書館 1941年 吴中文獻小叢書 (m.)

007382581 9110.28 2502 (27)
蘼蕪紀聞二卷
(清)葛昌楣輯 蘇州 江蘇省立蘇州圖書館 1941年 初版 吴中文獻小叢書

007382577 9110.28 2502 (28)
眉緑樓詞聯
(清)顧文彬著 蘇州 江蘇省立蘇州圖書館 1942年 初版 吴中文獻小叢書 (m.)

007381569 9110.28 2502 (29)
唯自勉齋長物志三卷 附録一卷
唐翰題撰 蘇州 江蘇省立蘇州圖書館 1942年 吴中文獻小叢書 (m.)

007381572 9110.28 2502 (30)
吴下名園記
江蘇省立蘇州圖書館編纂委員會輯 蘇州 江蘇省立蘇州圖書館 1943年 吴中文獻小叢書 (m.)

007382673 9110.29 4432
南林叢刊
周延年輯 廣州 南林周氏 1936年

007382675 9110.29 4432 (1)
南潯鎮志十卷
范來庚著 廣州 南林周氏 1936年 南林叢刊

007382680 9110.29 4432 (2)
潯溪紀事詩二卷
范鍇著 廣州 南林周氏 1936年 南林叢刊

007382685 9110.29 4432 (3)
劫餘雜識
李光霽著 廣州 南林周氏 1936年 南林叢刊

007382686　9110.29　4432　(3)
山傭遺詩一卷
蔣文勳著　廣州　南林周氏　1936 年　南林叢刊

007382684　9110.29　4432　(3)
朱文肅公詩集文集
朱國楨著　廣州　南林周氏　1936 年　南林叢刊

007382689　9110.29　4432.2
南林叢刊次集
周延年輯　上海　華豐印刷所　1939 年

007382695　9110.29　4432.2　(1)
范氏記私史事一卷
范韓著　上海　華豐印刷所　1939 年　南林叢刊次集

007382691　9110.29　4432.2　(1)
兼山續草一卷
董靈預著　上海　華豐印刷所　1939 年　南林叢刊次集

007382699　9110.29　4432.2　(1)
南潛日記二卷
董説著　上海　華豐印刷所　1939 年　南林叢刊次集

007382694　9110.29　4432.2　(1)
前身散見集編年詩續鈔一卷
黄周星著　上海　華豐印刷所　1939 年　南林叢刊次集

007382707　9110.29　4432.2　(2)
古壁叢鈔一卷
温曰鑒著　上海　華豐印刷所　1939 年　南林叢刊次集

007382701　9110.29　4432.2　(2)
堅匏盦集二卷
劉錦藻著　上海　華豐印刷所　1939 年　南林叢刊次集

007382703　9110.29　4432.2　(2)
一浮漚齋詩選三卷
沈焜著　上海　華豐印刷所　1939 年　南林叢刊次集

族姓叢書

007382630　9111　0673
諸暨馮氏叢刻
馮振音編　香港　1917 年

007382643　9111　0673　(1－4)
蒼源剩草十一卷　附行略
馮夢祖撰　香港　1917 年　諸暨馮氏叢刻

007382641　9111　0673　(5－9)
森齋彙稿
馮至撰　香港　1917 年　諸暨馮氏叢刻

007382640　9111　0673　(5)
森齋雜苴一卷
馮至撰　香港　1917 年　諸暨馮氏叢刻

007382636　9111　0673　(5)
史繹二卷
馮至撰　香港　1917 年　諸暨馮氏叢刻

007382635　9111　0673　(5)
書疑二卷
馮至撰　香港　1917 年　諸暨馮氏叢刻

007382633　9111　0673　(5)
周官序論一卷
馮至撰　香港　1917 年　諸暨馮氏叢刻

007382671　9111　0673　(6)
道學世系一卷

馮至撰　香港　1917 年　諸暨馮氏叢刻

007382672　9111　0673　(6)
古史序論一卷
馮至撰　香港　1917 年　諸暨馮氏叢刻

007382669　9111　0673　(6)
鴻文補擬二卷
馮至撰　香港　1917 年　諸暨馮氏叢刻

007382667　9111　0673　(6)
金汀拾遺二卷
馮至撰　香港　1917 年　諸暨馮氏叢刻

007382668　9111　0673　(6)
惜字三宜
馮至撰　香港　1917 年　諸暨馮氏叢刻

007382665　9111　0673　(7-8)
允都名教録八卷
馮至撰　香港　1917 年　諸暨馮氏叢刻

007382657　9111　0673　(9)
海上詩存一卷
馮至撰　香港　1917 年　諸暨馮氏叢刻

007382662　9111　0673　(9)
緑野莊詩草
馮至撰　香港　1917 年　諸暨馮氏叢刻

007382655　9111　0673　(10)
麗亭遺草一卷
馮朝陽撰　香港　1917 年　諸暨馮氏叢刻

007382687　9111　1114
先澤殘存
王元增輯　1920 年

007382697　9111　1114　(2)
先澤殘存續編
王元增輯刊　北京　京師第一監獄印刷　1926 年

007382704　9111　1124
槐蔭堂遺詩合鈔
王仲嘉輯　上海寶山　1940 年

007384708　9111　1332
二洪遺稿
洪梧輯　北平　通學齋　1931 年

007384709　9111　1332　(1-4)
初堂遺稿不分卷
洪榜撰　北平　通學齋　1931 年　二洪遺稿

007384710　9111　1332　(5)
伯初文存二卷　詩鈔一卷
洪樸撰　北平　通學齋　1931 年　二洪遺稿

007384711　9111　1357
幹溪曹氏家集二十四卷　附録雜綴
曹葆宸、曹秉章輯　北平　1937 年

007384658　9111　2170
鮑氏誦先録附鮑氏集
鮑友恪撰　濟南　1936 年

007384807　9111　2207
仁和龔氏四種
廣州　1922 年

007384810　9111　2207　(1)
豔雪軒隨記家乘述聞
龔守正撰　廣州　1922 年　仁和龔氏四種

007384811　9111　2207　(2)
盟鷗舫詩存
龔自閎撰　廣州　1922 年　仁和龔氏四種

007384812　9111　2207　(3－4)
聽緑山房叢鈔家珍拾遺　圖詠徵題
龔家尚編　廣州　1922 年　仁和龔氏四種

007384482　9111　2277
崇川劉氏叢書
劉長華編　香港　海寧陳氏慎初堂 1926 年

007384824　9111　2277　(1－2)
遂初齋文集四卷
劉邦鼎著　香港　海寧陳氏慎初堂 1926 年　崇川劉氏叢書

007384546　9111　2277　(3－6)
歷代名臣謚法彙考
劉長華撰　香港　海寧陳氏慎初堂 1926 年　崇川劉氏叢書

004544638　2253.1　7274　9111　2277　(7－12)
歷代同姓名録二十三卷　補編　一卷
劉長華撰　香港　海寧陳氏慎初堂 1926 年　崇川劉氏叢書

007384542　9111　2277　(13－16)
崇川書香録不分卷
袁景星撰　香港　海寧陳氏慎初堂 1926 年　崇川劉氏叢書

007384830　9111　2307
侯官郭氏家集彙刊
郭則澐輯　香港　侯官郭氏　1934 年

007384831　9111　2307　(01)
石泉集四卷
郭柏蔭撰　香港　侯官郭氏　1934 年　侯官郭氏家集彙刊

007384832　9111　2307　(02)
天開圖畫樓文稿四卷
郭柏蔭撰　香港　侯官郭氏　1934 年　侯官郭氏家集彙刊

007385822　9111　2307　(03)
變雅斷章衍義一卷
郭柏蔭撰　香港　侯官郭氏　1934 年　侯官郭氏家集彙刊

007385823　9111　2307　(04)
嘐嘐言六卷　續嘐嘐言四卷
郭柏蔭撰　香港　侯官郭氏　1934 年　侯官郭氏家集彙刊

007385824　9111　2307　(05)
説雲樓詩草二卷
郭式昌撰　香港　侯官郭氏　1934 年　侯官郭氏家集彙刊

007385826　9111　2307　(06)
惜齋吟草三卷　詞草一卷
郭傳昌撰　香港　侯官郭氏　1934 年　侯官郭氏家集彙刊

007385827　9111　2307　(07－10)
匏廬詩存九卷　剩草一卷
郭曾炘撰　香港　侯官郭氏　1934 年　侯官郭氏家集彙刊

007385829　9111　2307　(10)
再愧軒詩草一卷
郭曾炘撰　香港　侯官郭氏　1934 年　侯官郭氏家集彙刊

007385830　9111　2307　(11)
郭文安公奏疏一卷
郭曾炘撰　郭則澐輯　香港　侯官郭氏　1934 年　侯官郭氏家集彙刊

007385831　9111　2307　(12)
樓居偶録一卷
郭曾炘撰　香港　侯官郭氏　1934 年　侯官郭氏家集彙刊

007385788 9111 2320
纓溪集
郭漢鳴輯 香港 白雲印務局承印 1947 年

007385758 9111 2347
上海李氏易園三代清芬集
李味青輯 上海 1940 年

007385894 9111 2347 (1)
李徵士遺稿一卷
李邦黻撰 香港 上海李氏 1940 年 上海李氏易園三代清芬集

007385895 9111 2347 (1)
六宜樓詩稿一卷
姚其慎撰 香港 上海李氏 1940 年 上海李氏易園三代清芬集

007385888 9111 2347 (1)
易園文集四卷 詩集二卷 詞集一卷
李林松撰 香港 上海李氏 1940 年 上海李氏易園三代清芬集

007385891 9111 2347 (1)
優盋羅室文稿一卷 詩稿一卷
李尚暲撰 香港 上海李氏 1940 年 上海李氏易園三代清芬集

007385890 9111 2347 (1)
猶得住樓詩稿一卷 詞稿一卷
李媞撰 香港 上海李氏 1940 年 上海李氏易園三代清芬集

007385893 9111 2347 (1)
月來軒詩稿一卷
錢韞素撰 香港 上海李氏 1940 年 上海李氏易園三代清芬集

007385940 9111 3173
温氏叢書第 1 至 3 輯
温良儒編輯 香港 1936—38 年

007385941 9111 3173 (1-8)
温恭毅公文集三十卷
温純撰 香港 1936 年 温氏叢書 第 1 集

007385943 9111 3173 (9-10)
二園詩集四卷
温純撰 香港 1936 年 温氏叢書 第 2 集

007451682 9111 3173 (11-12)
嶼浮閣詩賦集十四卷
温日知撰 香港 1936 年 温氏叢書 第 2 集

007385944 9111 3173 (13-15)
海印樓集文稿七卷
温自知撰 香港 1936 年 温氏叢書 第 2 集

007385947 9111 3173 (16)
紀堂遺稿一卷
温儀撰 香港 1936 年 温氏叢書 第 2 集

007385948 9111 3173 (17)
默庵詩鈔一卷
温曾緒撰 香港 1936 年 温氏叢書 第 2 集

007385949 9111 3173 (18)
讀書一間鈔一卷
温蕙撰 香港 1936 年 温氏叢書 第 2 集

007386358 9111 3173 (19)
關中温氏族譜
温良儒撰 香港 1936 年 温氏叢書 第 3 集

007386362 9111 3173 (20)
關中温氏碑傳集

温良儒編輯　香港　1936 年　温氏叢書第 3 集

007386364　9111　3173　(21)

關中温氏獻徵集

温良儒編輯　香港　1936 年　温氏叢書第 3 集

007386365　9111　3173　(22)

關中温氏著述輯遺

温良儒編輯　香港　1936 年　温氏叢書第 3 集

007411699　9111　3671

富陽夏氏叢刻

夏震武、夏鼎武撰　香港　浙江圖書館　1912—49 年

007411702　9111　3671　(1)

悔言六卷

夏震武撰　香港　浙江圖書館　1912—49 年　富陽夏氏叢刻

007411703　9111　3671　(2)

悔言辨正六卷

夏震武輯　香港　浙江圖書館　1912—49 年　富陽夏氏叢刻

007411704　9111　3671　(2)

悔言附記一卷

夏鼎武撰　香港　浙江圖書館　1912—49 年　富陽夏氏叢刻

007411707　9111　3671　(3)

詩序辨一卷

夏鼎武撰　香港　浙江圖書館　1912—49 年　富陽夏氏叢刻

007411706　9111　3671　(3)

衰説考誤一卷

夏震武撰　香港　浙江圖書館　1912—49 年　富陽夏氏叢刻

007411705　9111　3671　(3)

寤言質疑一卷

夏震武撰　香港　浙江圖書館　1912—49 年　富陽夏氏叢刻

007411708　9111　3671　(4)

庭聞憶略二卷

寶廷撰　夏震武、夏鼎武案　香港　浙江圖書館　1912—49 年　富陽夏氏叢刻

007411544　9111　3873

顧氏家集

顧廷綸等著　顧燮光輯　濟南　會稽顧氏金佳石好樓　1929 年

007412481　9111　3873　(1)

北征日記一卷

顧廷綸撰　香港　會稽顧氏金佳石好樓　1929 年　顧氏家集

007412480　9111　3873　(1)

玉笥山房要集四卷　附文一卷

顧廷綸撰　香港　會稽顧氏金佳石好樓　1929 年　顧氏家集

007412483　9111　3873　(2)

鶴巢老人語録一卷

顧淳慶撰　香港　會稽顧氏金佳石好樓　1929 年　顧氏家集

007412482　9111　3873　(2)

鶴巢詩存一卷

顧淳慶撰　香港　會稽顧氏金佳石好樓　1929 年　顧氏家集

007412486　9111　3873　(2)

學醫隨筆一卷

顧淳慶撰　香港　會稽顧氏金佳石好樓

1929 年　顧氏家集

007412485　9111　3873　(2)
衍洛圖説一卷
顧淳慶撰　香港　會稽顧氏金佳石好樓　1929 年　顧氏家集

007412487　9111　3873　(3)
孟晉齋文集五卷　外集一卷　周列士傳一卷
顧壽楨撰　香港　會稽顧氏金佳石好樓　1929 年　顧氏家集

007412488　9111　3873　(4)
漱塵室集詩四卷　文一卷
顧迪光撰　香港　會稽顧氏金佳石好樓　1929 年　顧氏家集

007412493　9111　4153
垣曲安氏三先生剩稿
安恭已輯　香港　垣曲安氏　1921 年

007412495　9111　4153　(1－3)
雪湖先生文集四卷
安清輪撰　香港　垣曲安氏　1921 年　垣曲安氏三先生剩稿

007412494　9111　4153　(1－4)
雪湖先生遺著
香港　垣曲安氏　1921 年　垣曲安氏三先生剩稿

007412496　9111　4153　(4)
有竹草堂詩稿二卷
安清輪撰　香港　垣曲安氏　1921 年　垣曲安氏三先生剩稿

007412500　9111　4153　(5)
藹甫先生文集一卷
安清翩撰　香港　垣曲安氏　1921 年　垣曲安氏三先生剩稿

007412499　9111　4153　(5)
藹甫先生遺著
香港　垣曲安氏　1921 年　垣曲安氏三先生剩稿

007412504　9111　4153　(6)
寬夫先生文集一卷
安清翘撰　香港　垣曲安氏　1921 年　垣曲安氏三先生剩稿

007412503　9111　4153　(6－8)
寬夫先生遺著
香港　垣曲安氏　1921 年　垣曲安氏三先生剩稿

007412505　9111　4153　(7)
矩堂語録一卷
香港　垣曲安氏　1921 年　垣曲安氏三先生剩稿

007412506　9111　4153　(8)
周易比例一卷　數學指南一卷
香港　垣曲安氏　1921 年　垣曲安氏三先生剩稿

007412516　9111　4214
三漁集約鈔三卷
楊子木輯　王定鎬編選　濟南　潮安楊氏　1916 年

007412578　9111　4707
嘉興譚氏遺書
譚新嘉輯　香港　嘉興譚氏承啟堂　1936 年

007412579　9111　4707　(1－2)
憨山老人年譜自敘實録疏二卷
譚貞默撰　香港　嘉興譚氏承啟堂　1936 年　嘉興譚氏遺書

007413111　9111　4707　(3－4)
譚子雕蟲一名小化書二卷　附校補闕文

譚貞默撰　香港　嘉興譚氏承啟堂　1936 年　嘉興譚氏遺書

007413116　9111　4707　(5)
埽庵集二卷
譚貞默撰　香港　嘉興譚氏承啟堂　1936 年　嘉興譚氏遺書

007413118　9111　4707　(6)
歷代武舉考一卷
譚吉璁撰　香港　嘉興譚氏承啟堂　1936 年　嘉興譚氏遺書

007413119　9111　4707　(6)
肅松録一卷
譚吉璁撰　香港　嘉興譚氏承啟堂　1936 年　嘉興譚氏遺書

007413122　9111　4707　(6)
續刑法敘略一卷
譚瑄撰　香港　嘉興譚氏承啟堂　1936 年　嘉興譚氏遺書

007413121　9111　4707　(6)
鴛鴦湖棹歌一卷　續棹歌一卷
譚吉璁撰　香港　嘉興譚氏承啟堂　1936 年　嘉興譚氏遺書

007413123　9111　4707　(7)
康熙弋陽縣志節本二卷　卷首一卷
譚瑄纂修　譚新嘉節録　香港　嘉興譚氏承啟堂　1936 年　嘉興譚氏遺書

007413127　9111　4707　(8－12)
碧漪集内編一卷　並附録　外編三卷　並附録　續集内編一卷　外編一卷　三集内編二卷　外編二卷
譚新嘉纂録　香港　嘉興譚氏承啟堂　1936 年　嘉興譚氏遺書

007413163　9111　4777
松陵陸氏叢著
陸明桓編輯　香港　蘇齋　1927 年

007414763　9111　4777　(01)
西村詞草二卷
陸日章撰　香港　蘇齋　1927 年　松陵陸氏叢著

007413164　9111　4777　(01)
辛夷花館詩剩一卷
陸日曛撰　香港　蘇齋　1927 年　松陵陸氏叢著

007414765　9111　4777　(02－03)
夢逋草堂劫餘稿九卷
陸日愛撰　香港　蘇齋　1927 年　松陵陸氏叢著

007414766　9111　4777　(03)
夢逋草堂劫餘稿補遺一卷
陸日愛撰　香港　蘇齋　1927 年　松陵陸氏叢著

007414767　9111　4777　(03)
夢逋草堂文剩一卷
陸日愛撰　香港　蘇齋　1927 年　松陵陸氏叢著

007414769　9111　4777　(04)
少蒙詩存一卷
陸亙輝撰　香港　蘇齋　1927 年　松陵陸氏叢著

007414768　9111　4777　(04)
誦芬館詩鈔二卷
陸亙昭撰　香港　蘇齋　1927 年　松陵陸氏叢著

007414770　9111　4777　(05)
思嗜齋文剩一卷
陸廷楨撰　香港　蘇齋　1927 年　松陵

陸氏叢著

007414771 9111 4777 (06)

溉釜家書一卷

陸廷楨撰 香港 蘇齋 1927 年 松陵陸氏叢著

007414774 9111 4777 (07)

古柏重青圖題識一卷

陸日愛編 香港 蘇齋 1927 年 松陵陸氏叢著

007414772 9111 4777 (07)

陸氏文剩彙編一卷

陸明桓編 香港 蘇齋 1927 年 松陵陸氏叢著

007414775 9111 4777 (08)

壽萱集一卷

陸日愛編 香港 蘇齋 1927 年 松陵陸氏叢著

007414693 9111 5282

青箱集

王德鍾編 上海 國光書局 1915 年

007414716 9111 5447

東萊趙氏楹書叢刊

趙琪輯 香港 東萊趙氏永厚堂 1935 年

007414778 9111 5447 (01-04)

世美堂詩鈔

趙鸞掖輯 香港 東萊趙氏永厚堂 1935 年 東萊趙氏楹書叢刊

007414779 9111 5447 (05)

世美堂文鈔

趙鸞掖撰 香港 東萊趙氏永厚堂 1935 年 東萊趙氏楹書叢刊

007414781 9111 5447 (06-07)

皇綱録六卷

趙士喆撰 香港 東萊趙氏永厚堂 1935 年 東萊趙氏楹書叢刊

007414782 9111 5447 (08)

建文年譜二卷

趙士喆撰 香港 東萊趙氏永厚堂 1935 年 東萊趙氏楹書叢刊 (m.)

007414784 9111 5447 (09)

萊史五卷

趙士喆撰 香港 東萊趙氏永厚堂 1935 年 東萊趙氏楹書叢刊

007414783 9111 5447 (09)

逸史三傳

趙士喆撰 香港 東萊趙氏永厚堂 1935 年 東萊趙氏楹書叢刊

007414790 9111 5447 (10)

後漢書札記一卷

趙濤撰 香港 東萊趙氏永厚堂 1935 年 東萊趙氏楹書叢刊

007414792 9111 5447 (10)

建譜志餘一卷

趙宿膺撰 香港 東萊趙氏永厚堂 1935 年 東萊趙氏楹書叢刊

007414785 9111 5447 (10)

石室談詩二卷

趙士喆撰 香港 東萊趙氏永厚堂 1935 年 東萊趙氏楹書叢刊

007414793 9111 5447 (11)

東萊趙氏歷代綸音一卷

趙琪輯 香港 東萊趙氏永厚堂 1935 年 東萊趙氏楹書叢刊

007414794 9111 5447 (11)

東萊趙氏先世酬唱集一卷

趙琪輯　香港　東萊趙氏永厚堂　1935年　東萊趙氏楹書叢刊

007414796　9111　5447　(12)
東萊趙氏先世學行記二卷
趙琪輯　香港　東萊趙氏永厚堂　1935年　東萊趙氏楹書叢刊

007414845　9111　6687
鶚里曾氏十一世詩
曾克端編　香港　1945年

007414849　9111　6777
毗陵周氏家集
周茲萌、周惕若輯　香港　1928年

007414851　9111　6777　(1)
海上篇一卷
周情撰　香港　1928年　毘陵周氏家集

007414850　9111　6777　(1)
鷗亭詩草四卷
周溱撰　香港　1928年　毘陵周氏家集

007414852　9111　6777　(2-3)
夫椒山館詩集二十二卷
周儀暐撰　香港　1928年　毘陵周氏家集

007414853　9111　6777　(4)
餐芍華館詩集八卷
周騰虎撰　香港　1928年　毘陵周氏家集

007414854　9111　6777　(4)
春瀑山館詩存一卷
周世澂撰　香港　1928年　毘陵周氏家集

007415258　9111　7367　FC8004　Film　Mas　31879
長沙瞿氏叢刊四種
瞿宣穎輯　北平　長沙瞿氏　1933—35年

007415260　9111　7367　(1)
天逸道人存稿
瞿元霖撰　北平　長沙瞿氏　1933年　長沙瞿氏叢刊

007415064　9111　7367　(2)
蘇常日記
瞿元霖撰　北平　長沙瞿氏　1933年　長沙瞿氏叢刊

007415066　9111　7367　(3)
使豫閩日記
瞿鴻機撰　北京　長沙瞿氏　1933年　長沙瞿氏叢刊

007415261　9111　7367　(4-5)　FC8004　Film　Mas　31879
長沙瞿氏家乘十卷
瞿宣穎撰　北平　長沙瞿氏　1933年　長沙瞿氏叢刊

009013809　9111　7732
周氏家集三種
上海　上海聚珍倣宋印書局　1921年　鉛印本

007417123　9111　8247
錫山尤氏叢刊甲集
尤桐校編　濟南　無錫尤氏　1935年

007417127　9111　8300
鍾家詩鈔合集十一卷　續集一卷
(清)鍾翼雲等著　鍾玉良編　濟南　鍾惠山重刊　1931年

007417235　9111　8332
飲源集三卷
袁行泰、袁之京、袁可炳著　香港　定海袁氏　1933年

007469396 9111 9273
常氏遺著二種
井俊起編　香港　河南省立圖書館　1934 年　中州叢刻

007469398 9111 9273 (1)
臆見隨筆二卷
常茂績撰　香港　河南省立圖書館　1934 年　中州叢刻

007469400 9111 9273 (2)
石田野語二卷
常茂徠撰　香港　河南省立圖書館　1934 年　中州叢刻

個人叢書

002079762 9112 7134B
陸放翁全集
(宋)陸游著　上海　世界書局發行　1936 年　初版　(m.)

007419429 9115 2931
舜水遺書
朱之瑜[舜水]著　香港　1913 年

007419430 9115 2931 (1-11)
文集二十五卷
朱之瑜著　香港　1913 年　舜水遺書

007419431 9115 2931 (11)
釋奠儀註一卷
朱之瑜著　香港　1913 年　舜水遺書

007419432 9115 2931 (11)
陽九述略一卷
朱之瑜著　香港　1913 年　舜水遺書

007419433 9115 2931 (12)
安南供役紀事一卷
朱之瑜著　香港　1913 年　舜水遺書

007420368 9115 4846
清都散客二種
趙南星著　盧冀野校　上海　中華書局　1936 年

007423463 9117 0284
華胥赤子遺集二十卷
方鑄撰　桐城　翰寶齋　1922 年

007423464 9117 0284 (1)
周易觀我二卷
方鑄撰　桐城　翰寶齋　1922 年　華胥赤子遺集

007423465 9117 0284 (2-3)
論語傳二卷
方鑄撰　桐城　翰寶齋　1922 年　華胥赤子遺集

007423466 9117 0284 (4-8)
古今體詩十卷　文二卷　三經合說一卷　奏章一卷　尺牘一卷
方鑄撰　桐城　翰寶齋　1922 年　華胥赤子遺集

003274581 9117 0474
章氏遺書三十卷　外編十八卷　補遺一卷　附録一卷　校記一卷
章學誠撰　王宗炎編次　劉承幹校訂　廣州　嘉業堂刊　1922—23 年

007424673 9117 1181.1b
讀書雜志
王念孫著　上海　商務印書館　1933 年　國學基本叢書　(m.)

007273432 9117 2133
崔東壁遺書
崔述著　陳履和校刊　古屋流通處

1924 年

007299191　9117　2133　(1)
考信録提要二卷
崔述撰　陳履和校刊　上海　古書流通處　1926 年　崔東壁遺書

007299194　9117　2133　(2)
上古考信録補二卷
崔述撰　陳履和校刊　上海　古書流通處　1926 年　崔東壁遺書

007299195　9117　2133　(3)
唐虞考信録三卷
崔述撰　陳履和校刊　上海　古書流通處　1926 年　崔東壁遺書

007299197　9117　2133　(4)
夏考信録二卷
崔述撰　陳履和校刊　上海　古書流通處　1926 年　崔東壁遺書

007299198　9117　2133　(5)
商考信録二卷
崔述撰　陳履和校刊　上海　古書流通處　1926 年　崔東壁遺書

007299200　9117　2133　(6－7)
豐鎬考信録二卷
崔述撰　陳履和校刊　上海　古書流通處　1926 年　崔東壁遺書

007299202　9117　2133　(8－9)
洙泗考信録二卷
崔述撰　陳履和校刊　上海　古書流通處　1926 年　崔東壁遺書

007299204　9117　2133　(10)
豐鎬考信別録三卷
崔述撰　陳履和校刊　上海　古書流通處　1926 年　崔東壁遺書

007299205　9117　2133　(11)
洙泗考信餘録三卷
崔述撰　陳履和校刊　上海　古書流通處　1926 年　崔東壁遺書

007299207　9117　2133　(12)
孟子事實録二卷
崔述撰　陳履和校刊　上海　古書流通處　1926 年　崔東壁遺書

007299208　9117　2133　(13)
考古續説二卷
崔述撰　陳履和校刊　上海　古書流通處　1926 年　崔東壁遺書

007299210　9117　2133　(14)
考信附録二卷
崔述撰　陳履和校刊　上海　古書流通處　1926 年　崔東壁遺書

007469333　9117　2133　(15)
王政三大典考三卷
崔述撰　陳履和校刊　上海　古書流通處　1926 年　崔東壁遺書

007299211　9117　2133　(16)
讀風偶識四卷
崔述撰　陳履和校刊　上海　古書流通處　1926 年　崔東壁遺書

007299213　9117　2133　(17)
古文尚書辨僞二卷
崔述撰　陳履和校刊　上海　古書流通處　1926 年　崔東壁遺書

007299214　9117　2133　(18)
論語餘説一卷
崔述撰　陳履和校刊　上海　古書流通處　1926 年　崔東壁遺書

007746567　9117　2133　(18)
易卦圖説一卷

崔述撰　陳履和校刊　上海　古書流通處　1926 年　崔東壁遺書

007299215　9117　2133　(19)
五服異同彙考三卷
崔述撰　陳履和校刊　上海　古書流通處　1926 年　崔東壁遺書

007299216　9117　2133　(20)
無聞集四卷
崔述撰　陳履和校刊　上海　古書流通處　1926 年　崔東壁遺書

007299223　9117　2133　(20)
遺經樓文稿
陳履和著　上海　古書流通處　1926 年　崔東壁遺書

007273507　9117　2133b
崔東壁遺書
(清)崔述著　顧頡剛編訂　上海　亞東圖書館　1936 年　初版　(m.)

007512835　9117　3135
沈寄簃先生遺書二編
沈家本撰　1913—29 年

007512836　9117　3135　(1-22)
歷代刑法考七十八卷
沈家本撰　1913—29 年　沈寄簃先生遺書　甲編

007512842　9117　3135　(1)
總考四卷
沈家本撰　1913—29 年　沈寄簃先生遺書　甲編

007512843　9117　3135　(2-6)
分考十七卷
沈家本撰　1913—29 年　沈寄簃先生遺書　甲編

007512844　9117　3135　(7-9)
赦考十二卷
沈家本撰　1913—29 年　沈寄簃先生遺書　甲編

007512845　9117　3135　(10-12)
律令九卷
沈家本撰　1913—29 年　沈寄簃先生遺書　甲編

007512850　9117　3135　(13)
死刑之數一卷
沈家本撰　1913—29 年　沈寄簃先生遺書　甲編

007512851　9117　3135　(13)
唐死罪總類一卷
沈家本撰　1913—29 年　沈寄簃先生遺書　甲編

007512847　9117　3135　(13)
刑具考一卷
沈家本撰　1913—29 年　沈寄簃先生遺書　甲編

007512849　9117　3135　(13)
行刑之制一卷
沈家本撰　1913—29 年　沈寄簃先生遺書　甲編

007512846　9117　3135　(13)
獄考一卷
沈家本撰　1913—29 年　沈寄簃先生遺書　甲編

007512867　9117　3135　(14)
充軍考一卷
沈家本撰　1913—29 年　沈寄簃先生遺書　甲編

007512853　9117　3135　(14)
律目考一卷

沈家本撰　1913—29 年　沈寄簃先生遺書　甲編

007512852　9117　3135　(14)
鹽法私礬私茶酒禁同居丁年考合一卷
沈家本撰　1913—29 年　沈寄簃先生遺書　甲編

007512854　9117　3135　(15－19)
漢律摭遺二十二卷
沈家本撰　1913—29 年　沈寄簃先生遺書　甲編

007512855　9117　3135　(20)
明律目箋五卷
沈家本撰　1913—29 年　沈寄簃先生遺書　甲編

007512856　9117　3135　(21)
明大誥峻令考一卷
沈家本撰　1913—29 年　沈寄簃先生遺書　甲編

007512857　9117　3135　(22)
歷代刑官考二卷
沈家本撰　1913—29 年　沈寄簃先生遺書　甲編

007512837　9117　3135　(23－26)
寄簃文存八卷
沈家本撰　1913—29 年　沈寄簃先生遺書　甲編

007512859　9117　3135　(27－28)
史記瑣言三卷
沈家本撰　1913—29 年　沈寄簃先生遺書　乙編

007512838　9117　3135　(27－30)
諸史瑣言十八卷
沈家本撰　1913—29 年　沈寄簃先生遺書　乙編

007512860　9117　3135　(28－29)
漢書瑣言五卷
沈家本撰　1913—29 年　沈寄簃先生遺書　乙編

007512861　9117　3135　(29－30)
後漢書瑣言三卷
沈家本撰　1913—29 年　沈寄簃先生遺書　乙編

007512863　9117　3135　(30)
三國志瑣言四卷
沈家本撰　1913—29 年　沈寄簃先生遺書　乙編

007512862　9117　3135　(30)
續漢書志瑣言一卷
沈家本撰　1913—29 年　沈寄簃先生遺書　乙編

007512839　9117　3135　(31－33)
古書目四種八卷
沈家本撰　1913—29 年　沈寄簃先生遺書　乙編

007512864　9117　3135　(31)
三國志註書目二卷
沈家本撰　1913—29 年　沈寄簃先生遺書　乙編

007512865　9117　3135　(32)
世説註書目三卷
沈家本撰　1913—29 年　沈寄簃先生遺書　乙編

007512866　9117　3135　(33)
續漢書志註書目三卷
沈家本撰　1913—29 年　沈寄簃先生遺書　乙編

007512840　9117　3135　(34-36)
日南隨筆八卷
沈家本撰　1913—29年　沈寄簃先生遺書　乙編

007512841　9117　3135　(37-40)
枕碧樓偶存稿十二卷
沈家本撰　1913—29年　沈寄簃先生遺書　乙編

007348160　9117　3150
江都汪氏叢書十三種
汪中、汪喜荀合撰　上海　中國書店　1925年

007348299　9117　3150　(1)
年譜一卷
汪中撰　上海　中國書店　1925年　汪氏叢書

007348300　9117　3150　(2-3)
述學六卷
汪中撰　上海　中國書店　1925年　汪氏叢書

007348301　9117　3150　(4-6)
廣陵通典十卷
汪中撰　上海　中國書店　1925年　汪氏叢書

007348302　9117　3150　(7)
遺詩五卷
汪中撰　上海　中國書店　1925年　汪氏叢書

007348303　9117　3150　(8-9)
汪氏學行記六卷
汪中撰　上海　中國書店　1925年　汪氏叢書

007348304　9117　3150　(10)
孤兒編三卷
汪中撰　上海　中國書店　1925年　汪氏叢書

007348305　9117　3150　(11-13)
從政録四卷
汪中撰　上海　中國書店　1925年　汪氏叢書

007348306　9117　3150　(14)
大戴禮記正誤一卷
汪中撰　上海　中國書店　1925年　汪氏叢書

007348308　9117　3150　(15)
春秋列國官名異同考一卷
汪中撰　上海　中國書店　1925年　汪氏叢書

007348307　9117　3150　(15)
經義知新記一卷
(清)汪中著　上海　中國書店　1925年　汪氏叢書

007348309　9117　3150　(16)
國語校文一卷
汪中撰　上海　中國書店　1925年　汪氏叢書

007348310　9117　3150　(16)
舊學蓄疑一卷
汪中撰　上海　中國書店　1925年　汪氏叢書

007348311　9117　3150　(16)
喪服答問紀實一卷
汪中撰　上海　中國書店　1925年　汪氏叢書

007386290　9117　4122c
尤西堂全集
尤侗撰　上海　文瑞樓　1912—49年

007718261　9117　4344B
隨園全集
袁枚撰編　上海　文明書局石印　1918 年

007430950　9100　9493　(8－10)　9117　5837
費氏遺書三種
費密撰　成都　大關唐氏　1920 年　怡蘭堂叢書

007430951　9117　5837　(1－2)
弘道書三卷
費密撰　香港　大關唐氏怡蘭堂　1920 年　費氏遺書三種

007430953　9117　5837　(3)
荒書一卷
費密撰　香港　大關唐氏怡蘭堂　1920 年　費氏遺書三種

007430954　9117　5837　(3)
燕峰詩鈔一卷　附録
費密撰　香港　大關唐氏怡蘭堂　1920 年　費氏遺書三種

007429327　9117　8202
蘇齋叢書十九種
翁方綱撰　上海　博古齋　1924 年

007429679　9117　8202　(1－8)
兩漢金石記二十二卷
翁方綱撰　上海　博古齋　1924 年　蘇齋叢書

007429681　9117　8202　(8)
石經殘字考
翁方綱撰　上海　博古齋　1924 年　蘇齋叢書

007429682　9117　8202　(9－18)
漁洋古詩鈔五言十七卷　七言十五卷
翁方綱撰　上海　博古齋　1924 年　蘇齋叢書

007429683　9117　8202　(19－22)
七言律詩鈔十八卷
翁方綱輯　上海　博古齋　1924 年　蘇齋叢書

007429684　9117　8202　(23－26)
經義考補正十二卷
(清) 翁方綱著　上海　博古齋　1924 年　蘇齋叢書

007429685　9117　8202　(27－30)
粤東金石略十二卷
翁方綱撰　上海　博古齋　1924 年　蘇齋叢書

007429686　9117　8202　(31－32)
蘇米齋蘭亭考八卷
(清) 翁方綱著　上海　博古齋　1924 年　蘇齋叢書

007429687　9117　8202　(33－34)
石洲詩話八卷
(清) 翁方綱著　上海　博古齋　1924 年　蘇齋叢書

007429688　9117　8202　(35－36)
蘇詩補註八卷
(清) 翁方綱著　上海　博古齋　1924 年　蘇齋叢書

007432837　9117　8202　(37－38)
小石帆亭著録六卷
翁方綱撰　上海　博古齋　1924 年　蘇齋叢書

007432840　9117　8202　(39)
通志堂經解目録一卷
(清) 翁方綱訂　上海　博古齋　1924 年　蘇齋叢書

007432839　9117　8202　(39)
瘞鶴銘考一卷
翁方綱撰　上海　博古齋　1924年　蘇齋叢書

007432838　9117　8202　(39)
元遺山年譜一卷
翁方綱撰　上海　博古齋　1924年　蘇齋叢書

007432842　9117　8202　(40)
春年分年系傳表一卷
翁方綱撰　上海　博古齋　1924年　蘇齋叢書

007661409　9117　8202　(40)
嵐漪小草一卷
翁方綱撰　上海　博古齋　1924年　蘇齋叢書

007661418　9117　8202　(40)
棲霞小稿一卷
翁方綱撰　上海　博古齋　1924年　蘇齋叢書

007661395　9117　8202　(40)
青原小草一卷
翁方綱撰　上海　博古齋　1924年　蘇齋叢書

007432841　9117　8202　(40)
十三經註疏姓氏一卷
翁方綱撰　上海　博古齋　1924年　蘇齋叢書

007432843　9117　8202　(40)
詠物七言律詩偶記一卷
翁方綱撰　上海　博古齋　1924年　蘇齋叢書

007430918　9117　8204　(8)
苕雅餘集一卷
鄭文焯撰　香港　1920年　大鶴山房全書

007429363　9117　8209
大鶴山房全書十種　二十六卷
鄭文焯撰　1920年序

007430908　9117　8209　(1－2)
詞原斠律二卷
鄭文焯撰　香港　1920年　大鶴山房全書

007430907　9117　8209　(1)
高麗永樂好大王碑釋文纂考一卷
鄭文焯撰　香港　1920年　大鶴山房全書

007430906　9117　8209　(1)
揚雄説故一卷
鄭文焯撰　香港　1920年　大鶴山房全書

007430911　9117　8209　(2－3)
醫故二卷
鄭文焯撰　香港　1920年　大鶴山房全書

007430914　9117　8209　(4)
冷紅詞二卷
鄭文焯撰　香港　1920年　大鶴山房全書

007430916　9117　8209　(5－6)
樵風樂府九卷
鄭文焯撰　香港　1920年　大鶴山房全書

007430917　9117　8209　(7)
比竹餘音四卷
鄭文焯撰　香港　1920年　大鶴山房全書

007430919　9117　8209　(8)
絶妙好詞校釋一卷
鄭文焯校釋　香港　1920 年　大鶴山房全書

007430920　9117　8209　(8)
瘦碧詞二卷
鄭文焯撰　香港　1920 年　大鶴山房全書

007431765　9118　0308
佳夢軒叢著十一種
奕賡撰　北平　燕京大學圖書館　1935 年　燕京大學圖書館叢書

005298009　9118　0308　(1)
東華録綴言六卷
奕賡著　香港　燕京大學圖書館　1935 年　燕京大學圖書館叢書

007431702　5806.05　8980　9118　0308　(2)
清語人名譯漢二卷
(清)奕賡撰　北京　燕京大學圖書館　1935 年　燕京大學圖書館叢書

007431727　9118　0308　(3)
歌章祝辭輯録二卷
奕賡著　北平　燕京大學圖書館　1935 年　燕京大學圖書館叢書

007431769　9118　0308　(4)
謚法續考一卷
奕賡撰　北平　燕京大學圖書館　1935 年　佳夢軒叢著

007431770　9118　0308　(5)
本朝王公封號一卷
奕賡撰　北平　燕京大學圖書館　1935 年　佳夢軒叢著

007431771　9118　0308　(6)
封謚繙清一卷
奕賡撰　北平　燕京大學圖書館　1935 年　佳夢軒叢著

007431772　9118　0308　(7)
侍衛瑣言一卷　補一卷
奕賡撰　北平　燕京大學圖書館　1935 年　佳夢軒叢著

007431774　9118　0308　(8)
管見所及一卷　補遺一卷
奕賡撰　北平　燕京大學圖書館　1935 年　佳夢軒叢著

007431775　9118　0308　(9)
寄楮備談一卷
奕賡撰　北平　燕京大學圖書館　1935 年　佳夢軒叢著

007453522　9118　1214
雙硯齋叢著
鄧廷楨撰　香港　1922 年

007453523　9118　1214　(1-4)
雙硯齋詩鈔十六卷
鄧廷楨撰　香港　1922 年　雙硯齋叢著

007453525　9118　1214　(5-7)
雙硯齋筆記六卷
鄧廷楨撰　香港　1922 年　雙硯齋叢著

007453526　9118　1214　(8)
詩雙聲疊韻譜一卷
鄧廷楨撰　香港　1922 年　雙硯齋叢著

007453527　9118　1214　(9)
許氏説文解字雙聲疊韻譜一卷
鄧廷楨撰　香港　1922 年　雙硯齋叢著

007453528　9118　1214　(10)
雙硯齋詞鈔二卷
鄧廷楨撰　香港　1922 年　雙硯齋叢著

007469411 5508 2928 9118 2928
松龕先生全集
徐繼畬著 1915 年

007718575 9118 2928 (1)
松龕先生奏疏二卷
徐繼畬撰 1915 年 松龕先生全集

007718582 9118 2928 (2-3)
松龕先生文集四卷
徐繼畬撰 1915 年 松龕先生全集

007718583 9118 2928 (4)
松龕先生詩集二卷
徐繼畬撰 1915 年 松龕先生全集

007469412 9118 2928 (5)
兩漢幽並涼三州今地考略附沿邊十郡考略
徐繼畬撰 1915 年 松龕先生全集

007469413 9118 2928 (6)
徐氏本支敘傳
楊篤撰 1915 年 松龕先生全集

007434823 9118 3113b
蛾術堂集十六卷
沈豫撰 上海 蟫隱廬 1931 年

007434827 9118 3113b (1)
皇清經解提要二卷
沈豫撰 上海 蟫隱廬 1931 年 蛾術堂集

007434826 9118 3113b (1)
皇清經解淵源録一卷
沈豫撰 上海 蟫隱廬 1931 年 蛾術堂集

007434829 9118 3113b (2)
讀經如面一卷
沈豫撰 上海 蟫隱廬 1931 年 蛾術堂集

007434830 9118 3113b (2)
讀易寡過一卷
沈豫撰 上海 蟫隱廬 1931 年 蛾術堂集

007434828 9118 3113b (2)
群書提要一卷
沈豫撰 上海 蟫隱廬 1931 年 蛾術堂集

007945719 9118 3113b (2)
周官識小一卷
沈豫撰 上海 蟫隱廬 1931 年 蛾術堂集

007434836 9118 3113b (3)
群書雜義一卷
沈豫撰 上海 蟫隱廬 1931 年 蛾術堂集

007434832 9118 3113b (3)
袁浦札記一卷
沈豫撰 上海 蟫隱廬 1931 年 蛾術堂集

007434831 9118 3113b (3)
左官異禮略一卷
沈豫撰 上海 蟫隱廬 1931 年 蛾術堂集

007434833 9118 3113b (4)
讀史雜記一卷
沈豫撰 上海 蟫隱廬 1931 年 蛾術堂集

007434834 9118 3113b (4)
倣今言一卷
沈豫撰 上海 蟫隱廬 1931 年 蛾術堂集

007434835　9118　3113b　(5－6)
芙村文鈔二卷　學吟一卷
沈豫撰　上海　蟫隱廬　1931 年　蛾術堂集

007439830　9118　3134
十經齋遺集
沈濤撰　香港　建德周氏自莊嚴堪　1936 年

007439831　9118　3134　(1)
柴辟亭詩二集一卷
沈濤撰　香港　建德周氏自莊嚴堪　1936 年　十經齋遺集

007945397　9118　3134　(1)
十經齋文二集一卷
沈濤撰　香港　建德周氏自莊嚴堪　1936 年　十經齋遺集

007439833　9118　3134　(2)
柴辟亭讀書記一卷
沈濤撰　香港　建德周氏自莊嚴堪　1936 年　十經齋遺集

007439835　9118　3134　(2)
絳雲樓印拓本題辭一卷
沈濤輯　香港　建德周氏自莊嚴堪　1936 年　十經齋遺集

007439832　9118　3134　(2)
九曲漁莊詞二卷
沈濤撰　香港　建德周氏自莊嚴堪　1936 年　十經齋遺集

007439834　9118　3134　(2)
易音補遺一卷
沈濤撰　香港　建德周氏自莊嚴堪　1936 年　十經齋遺集

007417978　9118　4186
范聲山雜著
范鍇輯撰　北平　富晉書社　1931 年

007417989　9118　4186　(1)
樂府指迷一卷　附記一卷
張炎撰　北平　富晉書社　1931 年　范聲山雜著

007417988　9118　4186　(1)
吴興藏書録一卷
鄭元慶録　范鍇輯　北平　富晉書社　1931 年　范聲山雜著

007417982　9118　4186　(1)
吴興記一卷
山謙之撰　董斯張輯　北平　富晉書社　1931 年　范聲山雜著

007417984　9118　4186　(1)
吴興入東記一卷
吴均撰　范鍇輯　北平　富晉書社　1931 年　范聲山雜著

007417979　9118　4186　(1)
吴興山墟名一卷
王韶之撰　范鍇撰　北平　富晉書社　1931 年　范聲山雜著

007417986　9118　4186　(1)
吴興統記一卷
左文質纂　范鍇輯　北平　富晉書社　1931 年　范聲山雜著

007417987　9118　4186　(1)
吴興志續編一卷
周世南等撰　范鍇輯　北平　富晉書社　1931 年　范聲山雜著

007417990　9118　4186　(2－4)
華笑廎雜筆六卷
范鍇輯　北平　富晉書社　1931 年　范聲山雜著

007417953　9118　4344.1
獨山莫氏郘亭叢書六十六卷
香港　揚州陳履恒　1946 年

007418010　9118　4344.1　(1-16)
黔詩紀略三十三卷
黎兆勳採詩　莫友芝傳證　香港　揚州陳履恒　1946 年　獨山莫氏郘亭叢書

007418013　9118　4344.1　(17-18)
宋元舊本書經眼録三卷　附録二卷
莫友芝撰　香港　揚州陳履恒　1946 年　獨山莫氏郘亭叢書

007418014　9118　4344.1　(19)
貞定先生遺集四卷
莫與儔撰　香港　揚州陳履恒　1946 年　獨山莫氏郘亭叢書

007418015　9118　4344.1　(20)
唐寫本説文解字木部箋異一卷
(清)莫友芝著　香港　揚州陳履恒　1946 年　獨山莫氏郘亭叢書

007418016　9118　4344.1　(21-22)
郘亭遺文八卷
莫友芝撰　香港　揚州陳履恒　1946 年　獨山莫氏郘亭叢書

007418017　9118　4344.1　(23-24)
郘亭詩鈔六卷
莫友芝撰　香港　揚州陳履恒　1946 年　獨山莫氏郘亭叢書

007418018　9118　4344.1　(25-26)
郘亭遺詩八卷
莫友芝撰　香港　揚州陳履恒　1946 年　獨山莫氏郘亭叢書

007426177　9118　4442
通齋全集
蔣超伯撰輯　香港　揚州陳恒和書林　1933 年

007426178　9118　4442　(1-2)
通齋集五卷
蔣超伯撰　香港　揚州陳恒和書林　1933 年　通齋全集

007426179　9118　4442　(2)
垂金蔭緑軒詩鈔二卷
蔣超伯撰　香港　揚州陳恒和書林　1933 年　通齋全集

007426182　9118　4442　(3)
圃珖巖館詩鈔四卷
蔣超伯撰　香港　揚州陳恒和書林　1933 年　通齋全集

007426183　9118　4442　(4)
通齋文集二卷
蔣超伯撰　香港　揚州陳恒和書林　1933 年　通齋全集

007426187　9118　4442　(5)
通齋外集一卷
蔣超伯撰　香港　揚州陳恒和書林　1933 年　通齋全集

007426184　9118　4442　(5)
通齋遺稿一卷
蔣超伯撰　香港　揚州陳恒和書林　1933 年　通齋全集

007426192　9118　4442　(5)
曉瀛遺稿二卷
蔣繼伯撰　香港　揚州陳恒和書林　1933 年　通齋全集

007426193　9118　4442　(6-7)
文苑珠林四卷
蔣超伯輯　香港　揚州陳恒和書林　1933 年　通齋全集

007426195　9118　4442　(8－9)
榕堂續録四卷
蔣超伯撰　香港　揚州陳恒和書林
1933年　通齋全集

007426197　9118　4442　(10)
窺豹集二卷
蔣超伯撰　香港　揚州陳恒和書林
1933年　通齋全集

007426198　9118　4442　(10)
南行紀程一卷
蔣超伯撰　香港　揚州陳恒和書林
1933年　通齋全集

007426200　9118　4442　(11－12)
南漘楛語八卷
蔣超伯撰　香港　揚州陳恒和書林
1933年　通齋全集

007425676　9118　4835
袖海樓雜著十二卷
黄汝成撰　北京　燕京大學圖書館
193?年　燕京大學圖書館叢書

007425861　9118　4835　(1)
古今歲實考校補一卷
黄汝成撰　北京　燕京大學圖書館
1940年　燕京大學圖書館叢書

007425860　9118　4835　(1)
袖海樓文録六卷
黄汝成撰　北京　燕京大學圖書館
1940年　燕京大學圖書館叢書

007425862　9118　4835　(2)
古今朔實考校補一卷
黄汝成撰　北京　燕京大學圖書館
1940年　燕京大學圖書館叢書

007425864　9118　4835　(2)
日知録刊誤合刻四卷
黄汝成撰　北京　燕京大學圖書館
1940年　燕京大學圖書館叢書

007301978　9118　7224
周愨慎公全集卷首　四十一卷
周馥著　廣州　秋浦周氏校刻　1922年

007302193　9118　7224　(1－6)
奏稿五卷
周馥撰　香港　秋浦周氏　1922年　周愨慎公全集

007302194　9118　7224　(7)
公牘一卷
周馥撰　香港　秋浦周氏　1922年　同愨慎公全集

007302195　9118　7224　(8－9)
玉山文集二卷
周馥撰　香港　秋浦周氏　1922年　周愨慎公全集

007946379　5532.9　7224　9118　7224　(10－11)
玉山詩集四卷
周馥撰　香港　秋浦周氏　1922年　周愨慎公全集

007302198　9118　7224　(12－22)
易理匯參十二卷
周馥撰　香港　秋浦周氏　1922年　周愨慎公全集

007302199　9118　7224　(23－33)
治水述要十卷
周馥撰　香港　秋浦周氏　1922年　周愨慎公全集

007302200　9118　7224　(34)
河防雜著一卷
周馥撰　香港　秋浦周氏　1922年　周愨慎公全集

007302202 9118 7224 (35)
負暄閒語二卷
周馥撰 香港 秋浦周氏 1922年 周慤慎公全集

007302203 9118 7224 (36)
年譜二卷
香港 秋浦周氏 1922年 周慤慎公全集

007426212 9118 7231
槐軒全書
劉沅撰 成都 扶經堂書局 1930年

007426213 9118 7231 (01-10)
四書恒解十四卷
劉沅輯註 成都 扶經堂書局 1930年 槐軒全書

007426215 9118 7231 (11-16)
詩經恒解六卷
劉沅撰 成都 扶經堂書局 1930年 槐軒全書

007426216 9118 7231 (17-22)
書經恒解六卷 附序辨正
劉沅輯註 成都 扶經堂書局 1930年 槐軒全書

007426217 9118 7231 (23-28)
易經恒解五卷 卷首一卷
劉沅撰 成都 扶經堂書局 1930年 槐軒全書

007426219 9118 7231 (29-38)
禮記恒解四十九卷
劉沅輯註 成都 扶經堂書局 1930年 槐軒全書

007426220 9118 7231 (39-46)
春秋恒解八卷 附録傳餘
劉沅撰 成都 扶經堂書局 1930年 槐軒全書

007426221 9118 7231 (47-52)
周官恒解六卷
劉沅輯註 成都 扶經堂書局 1930年 槐軒全書

007426222 9118 7231 (53-58)
儀禮恒解十六卷
劉沅輯註 成都 扶經堂書局 1930年 槐軒全書

007426237 9118 7231 (59-82)
史存三十卷
劉沅撰 成都 扶經堂書局 1930年 槐軒全書

007426239 9118 7231 (83)
大學古本質言一卷
劉沅撰 成都 扶經堂書局 1930年 槐軒全書

007426242 9118 7231 (84)
孝經直解一卷 附正文便讀 辨論
劉沅撰 成都 扶經堂書局 1930年 槐軒全書

007426252 9118 7231 (85-88)
槐軒雜著四卷
劉沅撰 成都 扶經堂書局 1930年 槐軒全書

007426259 9118 7231 (089-092)
正訛八卷
劉沅撰 成都 扶經堂書局 1930年 槐軒全書

007426260 9118 7231 (093-094)
拾餘四種四卷
劉沅撰 成都 扶經堂書局 1930年 槐軒全書

007426261 9118 7231 (095)
槐軒約言一卷
劉沅撰 成都 扶經堂書局 1930年
槐軒全書

007426262 9118 7231 (096-099)
壎篪集十卷
劉沅撰 成都 扶經堂書局 1930年
槐軒全書

007426263 9118 7231 (100-101)
子問二卷
劉沅撰 成都 扶經堂書局 1930年
槐軒全書

007426264 9118 7231 (102)
又問一卷
劉沅撰 成都 扶經堂書局 1930年
槐軒全書

007426265 9118 7231 (103)
俗言一卷
劉沅撰 成都 扶經堂書局 1930年
槐軒全書

007426266 9118 7231 (104)
明良志略一卷
劉沅撰 成都 扶經堂書局 1930年
槐軒全書

007426269 9118 7231 (105)
尋常語一卷
劉沅撰 成都 扶經堂書局 1930年
槐軒全書

007426271 9118 7231 (106)
下學梯航一卷
劉沅撰 成都 扶經堂書局 1930年
槐軒全書

007426272 9118 7231 (107)
蒙訓一卷
劉沅撰 成都 扶經堂書局 1930年
槐軒全書

007300418 9118 8064
曾文正公全集
曾國藩著 香港 世界書局 1936年
(m.)

008290670 9118 8064c
曾文正公全集
(清)曾國藩著 上海 新文化書社
1937年 重版 (m.)

007300408 9119 0492
章氏叢書十三種
章丙麟[太炎]撰 杭州 浙江圖書館
1917—19年

007426145 9119 0492.2
章氏叢書續編七種
章丙麟[太炎]撰 北平 1933年

007426251 9119 0492.2 (1)
古文尚書拾遺二卷
章太炎撰 香港 1933年 章氏叢書
續編

007426246 9119 0492.2 (1)
廣論語駢枝一卷
章太炎撰 香港 1933年 章氏叢書
續編

007426250 9119 0492.2 (1)
太史公古文尚書説一卷
章太炎撰 香港 1933年 章氏叢書
續編

007426247 9119 0492.2 (1)
體撰録一卷
章太炎撰 香港 1933年 章氏叢書
續編

007426253 9119 0492.2 (2)
春秋左氏疑義答問五卷
章太炎撰 香港 1933 年 章氏叢書續編

007426255 9119 0492.2 (3)
新出三體石經考一卷
章太炎撰 香港 1933 年 章氏叢書續編

007426256 9119 0492.2 (4)
葑漢昌言六卷
章太炎撰 香港 1933 年 章氏叢書續編

007301939 9119 0492.2B
章氏叢書續編七種
章太炎撰 成都 薛氏崇禮堂 1943 年 復刊本

007302218 9119 0492.2B (1)
古文尚書拾遺二卷
章炳麟撰 香港 成都薛氏崇禮堂 1943 年 章氏叢書續編

007302208 9119 0492.2B (1)
廣論語駢枝一卷
章炳麟撰 香港 成都薛氏崇禮堂 1943 年 章氏叢書續編

007302211 9119 0492.2B (1)
太史公古文尚書説一卷
章炳麟撰 香港 成都薛氏崇禮堂 1943 年 章氏叢書續編

007302210 9119 0492.2B (1)
體撰録一卷
章炳麟撰 香港 成都薛氏崇禮堂 1943 年 章氏叢書續編

007302220 9119 0492.2B (2)
春秋左氏疑義答問五卷
章炳麟撰 香港 成都薛氏崇禮堂 1943 年 章氏叢書續編

007302221 9119 0492.2B (3)
新出三體石經考一卷
章炳麟撰 香港 成都薛氏崇禮堂 1943 年 章氏叢書續編

007302223 9119 0492.2B (4)
葑漢昌言一卷
章炳麟撰 香港 成都薛氏崇禮堂 1943 年 章氏叢書續編

007311601 9119 0492.3
章氏叢書補編
章炳麟著 廣州 1924 年

007311450 9119 1144 (43-46)
陶廬文集十二卷
王樹枏撰 廣州 新城王氏刊 1915 年 陶廬叢刻

007311453 9119 1144 (51-54)
陶廬詩續集十卷
王樹枏撰 廣州 新城王氏刊 1917 年 陶廬叢刻

007300475 9119 1164
王忠慤公遺書
王國維著 羅振玉校輯 香港 1927 年

007300482 9119 1164 (1-8)
觀堂集林二十四卷
王國維著 羅振玉校輯 香港 1927 年 王忠慤公遺書 第 1 集

007300483 9119 1164 (9)
觀堂別集三卷
王國維著 羅振玉校輯 香港 1927 年 王忠慤公遺書 第 1 集

007300485　9119　1164　(10)
觀堂外集四卷
王國維著　羅振玉校輯　香港　1927 年
王忠慤公遺書　第 1 集

007300486　9119　1164　(11)
爾雅草木蟲魚鳥獸釋例一卷
王國維著　羅振玉校輯　香港　1927 年
王忠慤公遺書　第 1 集

007300487　9119　1164　(11)
兩周金石文韻讀一卷
王國維著　羅振玉校輯　香港　1927 年
王忠慤公遺書　第 1 集

007300488　9119　1164　(12)
觀堂古金文考釋五種五卷
王國維著　羅振玉校輯　香港　1927 年
王忠慤公遺書　第 1 集

007300489　9119　1164　(13)
史籀篇疏證一卷
王國維著　羅振玉校輯　香港　1927 年
王忠慤公遺書　第 1 集

007300491　9119　1164　(14)
急就篇校松江本一卷
王國維著　羅振玉校輯　香港　1927 年
王忠慤公遺書　第 1 集

007300492　9119　1164　(14)
唐韻佚文一卷
王國維著　羅振玉校輯　香港　1927 年
王忠慤公遺書　第 1 集

007300495　9119　1164　(15－16)
唐韻校記唐寫本二卷
王國維著　羅振玉校輯　香港　1927 年
王忠慤公遺書　第 1 集

007300499　9119　1164　(17)
聯綿字譜三卷
王國維著　羅振玉校輯　香港　1927 年
王忠慤公遺書　第 2 集

007300497　9119　1164　(17)
殷禮徵文一卷
王國維著　羅振玉校輯　香港　1927 年
王忠慤公遺書　第 2 集

007300501　9119　1164　(18)
説文諧聲譜補高郵王氏一卷
王國維著　羅振玉校輯　香港　1927 年
王忠慤公遺書　第 2 集

007300510　9119　1164　(19)
簡牘檢署考一卷
王國維著　羅振玉校輯　香港　1927 年
王忠慤公遺書　第 2 集

007300504　9119　1164　(19)
釋幣二卷
王國維著　羅振玉校輯　香港　1927 年
王忠慤公遺書　第 2 集

007300511　9119　1164　(20)
魏石經殘石考二卷
王國維著　羅振玉校輯　香港　1927 年
王忠慤公遺書　第 2 集

007300512　9119　1164　(21)
漢魏博士題名考二卷
王國維著　羅振玉校輯　香港　1927 年
王忠慤公遺書　第 2 集

007300514　9119　1164　(22)
清真先生遺事一卷
王國維著　羅振玉校輯　香港　1927 年
王忠慤公遺書　第 2 集

007300516　9119　1164　(22)
耶律文正年譜二卷
王國維著　羅振玉校輯　香港　1927 年

王忠慤公遺書　第 2 集

007300517　9119　1164　(23)
五代兩宋監本考三卷
王國維著　羅振玉校輯　香港　1927 年
王忠慤公遺書　第 2 集

007300519　9119　1164　(24)
兩浙古刊本考二卷
王國維著　羅振玉校輯　香港　1927 年
王忠慤公遺書　第 2 集

007300521　9119　1164　(25)
金文著録表宋代一卷
王國維著　羅振玉校輯　香港　1927 年
王忠慤公遺書　第 2 集

007300523　9119　1164　(26－28)
金文著録表國朝六卷
王國維著　羅振玉校輯　香港　1927 年
王忠慤公遺書　第 2 集

007300524　9119　1164　(29)
竹書紀年輯校古本一卷
王國維著　羅振玉校輯　香港　1927 年
王忠慤公遺書　第 3 集

007300526　9119　1164　(29)
竹書紀年疏證今本二卷
王國維著　羅振玉校輯　香港　1927 年
王忠慤公遺書　第 3 集

007300528　9119　1164　(30)
古行記四種校録一卷
王國維著　羅振玉校輯　香港　1927 年
王忠慤公遺書　第 3 集

007300531　9119　1164　(30)
黑韃事略箋證一卷
王國維著　羅振玉校輯　香港　1927 年
王忠慤公遺書　第 3 集

007300529　9119　1164　(30)
蒙韃備録箋證一卷
王國維著　羅振玉校輯　香港　1927 年
王忠慤公遺書　第 3 集

007300534　9119　1164　(31)
聖武親征録校註一卷
王國維著　羅振玉校輯　香港　1927 年
王忠慤公遺書　第 3 集

007300540　9119　1164　(32)
西遊記校註長春真人二卷
王國維著　羅振玉校輯　香港　1927 年
王忠慤公遺書　第 3 集

007300542　9119　1164　(33－34)
浙江通志考異殘稿乾隆四卷
王國維著　羅振玉校輯　香港　1927 年
王忠慤公遺書　第 3 集

007300543　9119　1164　(35)
觀堂譯稿二卷
王國維著　羅振玉校輯　香港　1927 年
王忠慤公遺書　第 3 集

007300544　9119　1164　(36)
唐五代二十一家詞輯二十卷
王國維著　羅振玉校輯　香港　1927 年
王忠慤公遺書　第 3 集

007300547　9119　1164　(37)
後村別調補遺一卷
王國維著　羅振玉校輯　香港　1927 年
王忠慤公遺書　第 3 集

007300551　9119　1164　(37)
録鬼簿校註二卷
王國維著　羅振玉校輯　香港　1927 年
王忠慤公遺書　第 3 集

007300549　9119　1164　(37)
人間詞話二卷

王國維著　羅振玉校輯　香港　1927 年
王忠慤公遺書　第 3 集

007300554　9119　1164　(38)
宋元戲曲考一卷
王國維著　羅振玉校輯　香港　1927 年
王忠慤公遺書　第 3 集

007300564　9119　1164　(39)
古劇腳色考一卷
王國維著　羅振玉校輯　香港　1927 年
王忠慤公遺書　第 3 集

007300567　9119　1164　(39)
録曲餘談一卷
王國維著　羅振玉校輯　香港　1927 年
王忠慤公遺書　第 3 集

007300556　9119　1164　(39)
唐宋大曲考一卷
王國維著　羅振玉校輯　香港　1927 年
王忠慤公遺書　第 3 集

007300560　9119　1164　(39)
戲曲考原一卷
王國維著　羅振玉校輯　香港　1927 年
王忠慤公遺書　第 3 集

007300565　9119　1164　(39)
優語録一卷
王國維著　羅振玉校輯　香港　1927 年
王忠慤公遺書　第 3 集

007300569　9119　1164　(40－42)
曲録六卷
王國維著　羅振玉校輯　香港　1927 年
王忠慤公遺書　第 3 集

007414971　9119　1164b
海寧王静安先生遺書四十三種
王國維撰　王國華等輯　海寧　王氏
1936 年

007415181　9119　1164b　(01－10)
觀堂集林二十四卷
王國維撰　香港　海寧王氏　1936 年
海寧王静安先生遺書

007415184　9119　1164b　(11－12)
觀堂别集四卷
王國維撰　香港　海寧王氏　1936 年
海寧王静安先生遺書

007415185　9119　1164b　(13)
庚辛之間讀書記一卷
王國維撰　香港　海寧王氏　1936 年
海寧王静安先生遺書

007415186　9119　1164b　(13)
苕華詞一卷
王國維撰　香港　海寧王氏　1936 年
海寧王静安先生遺書

007415187　9119　1164b　(14－15)
静庵文集一卷　續編一卷
王國維撰　香港　海寧王氏　1936 年
海寧王静安先生遺書

007947385　9119　1164b　(16)
不嬰敦蓋銘考釋一卷
王國維撰　香港　海寧王氏　1936 年
海寧王静安先生遺書

007415188　9119　1164b　(16)
爾雅草木蟲魚鳥獸釋例一卷
王國維撰　香港　海寧王氏　1936 年
海寧王静安先生遺書

007415191　9119　1164b　(16)
觀堂古金文考釋五種
王國維撰　香港　海寧王氏　1936 年
海寧王静安先生遺書

007947373 9119 1164b （16）
克鼎銘考釋一卷
王國維撰 香港 海寧王氏 1936 年
海寧王静安先生遺書

007415190 9119 1164b （16）
兩周金石文韻讀一卷
王國維撰 香港 海寧王氏 1936 年
海寧王静安先生遺書

007415193 9119 1164b （16）
毛公鼎銘考釋一卷
王國維撰 香港 海寧王氏 1936 年
海寧王静安先生遺書

007947383 9119 1164b （16）
散氏盤考釋一卷
王國維撰 香港 海寧王氏 1936 年
海寧王静安先生遺書

007947376 9119 1164b （16）
盂鼎銘考釋一卷
王國維撰 香港 海寧王氏 1936 年
海寧王静安先生遺書

007415202 9119 1164b （17）
史籀篇疏證一卷 敘録一卷
王國維撰 香港 海寧王氏 1936 年
海寧王静安先生遺書

007415203 9119 1164b （18－19）
重輯倉頡篇二卷 敘録一卷
王國維輯 香港 海寧王氏 1936 年
海寧王静安先生遺書

007415206 9119 1164b （20）
［校松江本］急就篇一卷
王國維撰 香港 海寧王氏 1936 年
海寧王静安先生遺書

007415207 9119 1164b （21－23）
唐寫本唐韻殘卷校勘記二卷
王國維撰 香港 海寧王氏 1936 年
海寧王静安先生遺書

007415208 9119 1164b （23）
唐韻佚文一卷
王國維輯 香港 海寧王氏 1936 年
海寧王静安先生遺書

007415210 9119 1164b （24）
聯綿字譜三卷
王國維撰 香港 海寧王氏 1936 年
海寧王静安先生遺書

007415209 9119 1164b （24）
殷禮徵文一卷
王國維撰 香港 海寧王氏 1936 年
海寧王静安先生遺書

007415211 9119 1164b （25）
補高郵王氏説文諧聲譜一卷
王國維撰 香港 海寧王氏 1936 年
海寧王静安先生遺書

007415214 9119 1164b （26）
簡牘檢署考一卷
王國維撰 香港 海寧王氏 1936 年
海寧王静安先生遺書

007415213 9119 1164b （26）
釋幣二卷
王國維撰 香港 海寧王氏 1936 年
海寧王静安先生遺書

007415216 9119 1164b （27）
宋代金文著録表一卷
王國維編 香港 海寧王氏 1936 年
海寧王静安先生遺書

007415215 9119 1164b （27）
魏正始石經殘石考一卷 附録一卷
王國維撰 香港 海寧王氏 1936 年

海寧王静安先生遺書

007415217 9119 1164b (28－30)
國朝金文著録表六卷
王國維撰 香港 海寧王氏 1936 年
海寧王静安先生遺書

007415219 9119 1164b (31)
漢魏博士題名考二卷
王國維撰 香港 海寧王氏 1936 年
海寧王静安先生遺書

007415222 9119 1164b (32)
清真先生遺事一卷
王國維撰 香港 海寧王氏 1936 年
海寧王静安先生遺書

007415224 9119 1164b (32)
耶律文正年譜一卷 餘記一卷
王國維撰 香港 海寧王氏 1936 年
海寧王静安先生遺書

007415226 9119 1164b (33)
五代兩宋監本考三卷
王國維撰 香港 海寧王氏 1936 年
海寧王静安先生遺書

007415227 9119 1164b (34－35)
兩浙古刊本考二卷
王國維撰 香港 海寧王氏 1936 年
海寧王静安先生遺書

007415228 9119 1164b (36)
古本竹書紀年輯校一卷
王國維校補 香港 海寧王氏 1936 年
海寧王静安先生遺書

007415229 9119 1164b (36)
今本竹書紀年疏證二卷
王國維撰 香港 海寧王氏 1936 年
海寧王静安先生遺書

007415230 9119 1164b (37)
古行記四種校録一卷
王國維撰 香港 海寧王氏 1936 年
海寧王静安先生遺書

007947388 9119 1164b (37)
黑韃事略箋證一卷
王國維撰 香港 海寧王氏 1936 年
海寧王静安先生遺書

007415231 9119 1164b (37)
蒙韃備録箋證一卷
王國維撰 香港 海寧王氏 1936 年
海寧王静安先生遺書

007415233 9119 1164b (38)
聖武親征録校註一卷
王國維校註 香港 海寧王氏 1936 年
海寧王静安先生遺書 (m.)

007415234 9119 1164b (39)
長春真人西遊記註二卷 附録一卷
王國維撰 香港 海寧王氏 1936 年
海寧王静安先生遺書

007415235 9119 1164b (40－41)
乾隆浙江通志考異殘稿四卷
王國維纂 香港 海寧王氏 1936 年
海寧王静安先生遺書

007415236 9119 1164b (42)
觀堂譯稿二卷
王國維譯 香港 海寧王氏 1936 年
海寧王静安先生遺書

007415237 9119 1164b (42)
人間詞話二卷
王國維撰 香港 海寧王氏 1936 年
海寧王静安先生遺書

007415239 9119 1164b (43)
宋元戲曲考一卷

王國維撰　香港　海寧王氏　1936 年
海寧王静安先生遺書

007415240　9119　1164b　(44)
唐宋大曲考一卷
王國維撰　香港　海寧王氏　1936 年
海寧王静安先生遺書

007415241　9119　1164b　(44)
戲曲考原一卷
王國維撰　香港　海寧王氏　1936 年
海寧王静安先生遺書

007415242　9119　1164b　(45)
古劇腳色考一卷
王國維撰　香港　海寧王氏　1936 年
海寧王静安先生遺書

007415245　9119　1164b　(45)
録曲餘談一卷
王國維撰　香港　海寧王氏　1936 年
海寧王静安先生遺書

007415244　9119　1164b　(45)
新編録鬼簿二卷
王國維校註　香港　海寧王氏　1936 年
海寧王静安先生遺書

007415243　9119　1164b　(45)
優語録一卷
王國維輯　香港　海寧王氏　1936 年
海寧王静安先生遺書

007415246　9119　1164b　(46-48)
曲録六卷
王國維撰　香港　海寧王氏　1936 年
海寧王静安先生遺書

007413037　9119　1179
賞心山房全稿
王陳常撰　香港　1923 年

007413038　9119　1179　(1-2)
賞心山房詩草十一卷
王陳常撰　香港　1923 年　賞心山房全稿

007413039　9119　1179　(3)
賞心山房詩餘二卷
王陳常撰　香港　1923 年　賞心山房全稿

007413042　9119　1179　(4)
賞心山房存聯一卷
王陳常撰　香港　1923 年　賞心山房全稿

007413040　9119　1179　(4)
賞心山房雜著二卷
王陳常撰　香港　1923 年　賞心山房全稿

007413045　9119　1179　(5)
病中間話二卷
王陳常撰　香港　1923 年　賞心山房全稿

007413044　9119　1179　(5)
勸世箴二卷
王陳常撰　香港　1923 年　賞心山房全稿

007413049　9119　1179　(6)
子子紀略二卷
王陳常撰　香港　1923 年　賞心山房全稿

007413064　9119　1179　(7)
王陳常自訂年譜二卷
王陳常撰　香港　1923 年　賞心山房全稿

007413077　9119　1298
望奎樓遺稿

丁愷曾撰　香港　東萊趙氏永厚堂
1935 年

007413080　9119　1298　(1)
説書偶筆四卷
丁愷曾撰　香港　東萊趙氏永厚堂
1935 年　望奎樓遺稿

007413084　9119　1298　(2)
西海徵二卷
丁愷曾撰　香港　東萊趙氏永厚堂
1935 年　望奎樓遺稿

007413082　9119　1298　(2)
韻法本俗
丁愷曾撰　香港　東萊趙氏永厚堂
1935 年　望奎樓遺稿

007413086　9119　1298　(2)
治河要語
丁愷曾撰　香港　東萊趙氏永厚堂
1935 年　望奎樓遺稿

007413095　9119　1298　(3)
賈先生古詞吟論述
丁愷曾撰　香港　東萊趙氏永厚堂
1935 年　望奎樓遺稿

007413092　9119　1298　(3)
奇門占驗
丁愷曾撰　香港　東萊趙氏永厚堂
1935 年　望奎樓遺稿

007413094　9119　1298　(3)
十八活盤詳註
丁愷曾撰　香港　東萊趙氏永厚堂
1935 年　望奎樓遺稿

007413089　9119　1298　(3)
煙波釣叟歌直解
丁愷曾撰　香港　東萊趙氏永厚堂
1935 年　望奎樓遺稿

007413098　9119　1298　(4－5)
古文集四卷
丁愷曾撰　香港　東萊趙氏永厚堂
1935 年　望奎樓遺稿

007413100　9119　1298　(5)
四書制義文
丁愷曾撰　香港　東萊趙氏永厚堂
1935 年　望奎樓遺稿

007413102　9119　1298　(6)
望奎樓詩集四卷
丁愷曾撰　香港　東萊趙氏永厚堂
1935 年　望奎樓遺稿

007412956　9119　1311
寄寄山房全集
張翼廷撰　灤陽張氏　1932 年

007413107　9119　1311　(1－8)
寄寄山房叢鈔
張翼廷輯　香港　灤陽張氏　1932 年
寄寄山房全集

007413114　9119　1311　(9)
等韻切音指南一卷
張翼廷撰　香港　灤陽張氏　1932 年
寄寄山房全集

007413115　9119　1311　(10)
塞愚詩話一卷
張翼廷撰　香港　灤陽張氏　1932 年
寄寄山房全集

007413108　9119　1311　(11)
寄寄山房叢鈔續集一卷
張翼廷撰　香港　灤陽張氏　1932 年
寄寄山房全集

007413109 9119 1311 (12)
寄寄山房叢鈔又集一卷
張翼廷撰 香港 灤陽張氏 1932 年 寄寄山房全集

007413110 9119 1311 (13)
寄寄山房公牘録遺一卷
張翼廷撰 香港 灤陽張氏 1932 年 寄寄山房全集

007413117 9119 1311 (14)
鼠疫雜志
張翼廷輯 香港 灤陽張氏 1932 年 寄寄山房全集

007413120 9119 1311 (15-16)
庸庵遺集十卷
張可中撰 香港 灤陽張氏 1932 年 寄寄山房全集

007415265 9119 1392
蓤園叢書
張慎儀著 香港 1912—49 年

007415269 9119 1392 (1-8)
詩經異文補釋十六卷
張慎儀撰 香港 1912—49 年 蓤園叢書

007415270 9119 1392 (9)
續方言新校補二卷
張慎儀撰 香港 1912—49 年 蓤園叢書

007415271 9119 1392 (10-11)
方言别録四卷
張慎儀撰 香港 1912—49 年 蓤園叢書

007415277 9119 1392 (12)
廣釋親一卷
張慎儀撰 香港 1912—49 年 蓤園叢書

007469325 9119 1392 (13)
廐妟摭筆四卷
張慎儀撰 香港 1912—49 年 蓤園叢書

007469327 9119 1392 (14)
今悔庵詩一卷 補録一卷
張慎儀撰 香港 1912—49 年 蓤園叢書

007469328 9119 1392 (15)
今悔庵文一卷
張慎儀撰 香港 1912—49 年 蓤園叢書

007469329 9119 1392 (16)
今悔庵詞一卷
張慎儀撰 香港 1912—49 年 蓤園叢書

007417252 9119 2116
馬鍾山遺書
馬徵麐撰 香港 1927 年

007417253 9119 2116 (01)
大衍筮法直解一卷
馬徵麐撰 香港 1927 年 馬鍾山遺書

007417255 9119 2116 (01)
夏小正箋疏四卷
馬徵麐撰 香港 1927 年 馬鍾山遺書

007417254 9119 2116 (01)
仙源礪士參語一卷
馬徵麐撰 香港 1927 年 馬鍾山遺書

007417257 9119 2116 (02)
淡園文集不分卷
馬徵麐撰 香港 1927 年 馬鍾山遺書

007417263　9119　2116　(03)
大學古本参誼一卷
馬徵慶撰　香港　1927 年　馬鍾山遺書

007417267　9119　2116　(03)
毛詩鄭譜疏證一卷　四詩世次通譜
馬徵慶撰　香港　1927 年　馬鍾山遺書

007417268　9119　2116　(03)
尚書篇誼正蒙四卷　卷首一卷
馬徵慶撰　香港　1927 年　馬鍾山遺書

007417266　9119　2116　(03)
儀禮先簿一卷
馬徵慶撰　香港　1927 年　馬鍾山遺書

007417269　9119　2116　(04)
讀易綱領一卷
馬徵慶撰　香港　1927 年　馬鍾山遺書

007417270　9119　2116　(04)
周易正蒙不分卷
馬徵慶撰　香港　1927 年　馬鍾山遺書

007417274　9119　2116　(05)
詩經七聲四音譜四卷
馬徵慶撰　香港　1927 年　馬鍾山遺書

007417278　9119　2116　(06)
官制沿革表 1—4
馬徵慶撰　香港　1927 年　馬鍾山遺書

007417279　9119　2116　(07)
選舉沿革表
馬徵慶撰　香港　1927 年　馬鍾山遺書

007417280　9119　2116　(08)
食貨書
馬徵慶撰　香港　1927 年　馬鍾山遺書

007417282　9119　2116　(09)
馬鍾山事實清册
馬慶耀輯　香港　1927 年　馬鍾山遺書

007417281　9119　2116　(09)
孟子年譜一卷
馬徵慶撰　香港　1927 年　馬鍾山遺書

007417283　9119　2116　(09)
思古堂譔述敘目
馬徵慶撰　香港　1927 年　馬鍾山遺書

007417284　9119　2116　(09)
先伯祖鍾山公行述
馬林述　香港　1927 年　馬鍾山遺書

007417285　9119　2116　(10)
馬鍾山遺書正誤表
馬林校　香港　1927 年　馬鍾山遺書

007418011　9119　2334
壽櫟廬叢書
吴之英撰　香港　吴氏　1920 年

007418012　9119　2334　(1－6)
儀禮奭固十七卷
吴之英撰　香港　吴氏　1920 年　壽櫟廬叢書

007418019　9119　2334　(7－11)
禮器圖十七卷
吴之英撰　香港　吴氏　1920 年　壽櫟廬叢書

007418020　9119　2334　(12)
周政三圖三卷
吴之英撰　香港　吴氏　1920 年　壽櫟廬叢書

007418021　9119　2334　(13－16)
禮事圖十七卷
吴之英撰　香港　吴氏　1920 年　壽櫟廬叢書

007418022　9119　2334　(17)
漢師傳經表一卷
吴之英撰　香港　吴氏　1920 年　壽櫟廬叢書

007417949　9119　2334　(18)
天文圖考四卷
吴之英撰　傅守中校勘　香港　吴氏　1920 年　壽櫟廬叢書

007418023　9119　2334　(19－20)
經脈分圖四卷
吴之英撰　香港　吴氏　1920 年　壽櫟廬叢書

007418024　9119　2334　(21)
文集一卷
吴之英撰　香港　吴氏　1920 年　壽櫟廬叢書

007418025　9119　2334　(22)
詩集一卷
吴之英撰　香港　吴氏　1920 年　壽櫟廬叢書

007418027　9119　2334　(23－24)
卮言和天八卷
吴之英撰　香港　吴氏　1920 年　壽櫟廬叢書

007417944　9119　2916
隨庵所著書
徐乃昌撰　濟南　南陵徐氏積學齋　1915 年

009078796　9119　3132
長汀江先生著書五種
江瀚著　太原　1924 年　鉛印

007419462　9119　3172
蕙風叢書
況周頤編　香港　中國書店　1912—30 年

007419491　9119　3172　(1－3)
阮盦筆記五種八卷
況周頤撰　香港　中國書店　1912—30 年　蕙風叢書

007419493　9119　3172　(4)
香東漫筆二卷
況周頤撰　香港　中國書店　1912—30 年　蕙風叢書

007419495　9119　3172　(5)
萬邑西南山石刻記二卷
況周頤撰　香港　中國書店　1912—30 年　蕙風叢書

007419501　9119　3172　(6－9)
薇省詞鈔十卷
況周頤撰　香港　中國書店　1912—30 年　蕙風叢書

007422607　9119　3172　(10)
粤西詞見二卷
況周頤輯　香港　中國書店　1912—30 年　蕙風叢書

007422616　9119　3172　(11－12)
第一生修梅花館詞九卷
況周頤撰　香港　中國書店　1912—30 年　蕙風叢書

007422608　9119　3172　(11)
香海棠館詞話一卷
況周頤撰　香港　中國書店　1912—30 年　蕙風叢書

007422653　9119　3915
宗月鋤先生遺著八種
宗廷輔撰輯　香港　徐兆瑋印本　1917 年

007422655　9119　3915　(1)
壬子秋試行記一卷
宗廷輔撰　香港　徐兆瑋印本　1917 年　宗月鋤先生遺著八種

007949463　9119　3915　(1)
趙園觀梅記一卷
宗廷輔撰　香港　徐兆瑋印本　1917 年　宗月鋤先生遺著八種

007422658　9119　3915　(2)
古今論詩絶句一卷
宗廷輔撰　香港　徐兆瑋印本　1917 年　宗月鋤先生遺著八種

007422657　9119　3915　(2)
寓崇雜記一卷
宗廷輔撰　香港　徐兆瑋印本　1917 年　宗月鋤先生著八種

007422659　9119　3915　(3)
辨字通俗編一卷
宗廷輔輯　香港　徐兆瑋印本　1917 年　宗月鋤先生遺著八種

007949481　9119　3915　(3)
丹陽集一卷
殷璠集　香港　徐兆瑋印本　1917 年　宗月鋤先生遺著八種

007422660　9119　3915　(3)
三橋春遊曲唱和集一卷
宗廷輔撰　香港　徐兆瑋印本　1917 年　宗月鋤先生遺著八種

007422662　9119　3915　(4)
選例彙鈔二卷
宗廷輔輯　香港　徐兆瑋印本　1917 年　宗月鋤先生遺著八種

007422552　9119　4243
樸學齋叢刊
胡樸安著　香港　胡氏　1923 年

007422697　9119　4243　(1)
包慎伯先生年譜一卷
胡樸安撰　香港　胡氏　1923 年　樸學齋叢刊

007422699　9119　4243　(2)
周秦諸子書目一卷
胡樸安撰　香港　胡氏　1923 年　樸學齋叢刊

007422698　9119　4243　(2)
周秦諸子學略一卷
胡樸安撰　香港　胡氏　1923 年　樸學齋叢刊

007422700　9119　4243　(3)
筆志一卷
胡樸安撰　香港　胡氏　1923 年　樸學齋叢刊

007950296　9119　4243　(3)
律數説一卷
胡樸安撰　香港　胡氏　1923 年　樸學齋叢刊

007422702　9119　4243　(3)
奇石記一卷
胡樸安撰　香港　胡氏　1923 年　樸學齋叢刊

007422701　9119　4243　(3)
紙説一卷
胡樸安撰　香港　胡氏　1923 年　樸學齋叢刊

007422703　9119　4243　(4)
讀漢文記一卷
胡樸安撰　香港　胡氏　1923 年　樸學齋叢刊

007422704 9119 4243 (4)
歷代文章論略一卷
胡樸安撰 香港 胡氏 1923年 樸學齋叢刊

007950312 9119 4243 (4)
論文雜記一卷
胡樸安撰 香港 胡氏 1923年 樸學齋叢刊

007422705 9119 4243 (4)
餘墨一卷
胡樸安撰 香港 胡氏 1923年 樸學齋叢刊

009715183 9119 5627
讀史法
曹佐熙撰 香港 益陽曹氏 1924年

009715163 9119 5627
湖南續修方志議案
曹佐熙撰 香港 益陽曹氏 1924年

009715193 9119 5627
清史商例質疑
曹佐熙撰 香港 益陽曹氏 1924年

009714673 9119 5627
三峰曹氏通譜序例目附彦祥房支譜序 家譜流别論
香港 益陽曹氏 1924年

009714691 9119 5627
三峰曹氏通譜著述志
曹明毅纂 香港 益陽曹氏 1924年

009714648 9119 5627
三峰曹氏先德傳别録
香港 益陽曹氏 1924年

009715174 9119 5627
縣志篇目
曹佐熙撰 香港 益陽曹氏 1924年

007424957 9119 5627
益陽曹先生遺稿
曹佐熙撰 曹訓生輯 香港 益陽曹氏 1924年

009715211 9119 5627
毅庵類稿
曹佐熙撰 香港 益陽曹氏 1924年

007424683 9119 6151
遼居雜著
羅振玉撰 旅順 1929年

007424966 9119 6151 (1)
蒿里遺文目録續編一卷 附補遺
羅振玉撰 香港 1929年 遼居雜著

007424965 9119 6151 (1)
兩漢以來鏡銘集録一卷 鏡話一卷
羅振玉撰 香港 1929年 遼居雜著

007424963 9119 6151 (1)
矢彝考釋一卷
羅振玉撰 香港 1929年 遼居雜著

007424964 9119 6151 (1)
璽印姓氏徵補一卷
羅振玉撰 香港 1929年 遼居雜著

007424970 9119 6151 (2)
帝範校補一卷
羅振玉撰 香港 1929年 遼居雜著

007424967 9119 6151 (2)
敦煌古寫本毛詩校記一卷
羅振玉撰 香港 1929年 遼居雜著

007424974 9119 6151 (2)
和林金石録一卷
李文田撰 羅振玉校 香港 1929年

遼居雜著

007424968　9119　6151　(2)
宋槧本文苑英華殘本校記一卷
羅振玉撰　香港　1929年　遼居雜著

007424684　9119　6151.1
遼居雜著乙編
羅振玉撰　長春　羅氏　1933年

007424976　9119　6151.1　(1)
高昌曲氏年表一卷
羅振玉撰　香港　羅氏　1933年　遼居雜著乙編

007424977　9119　6151.1　(1)
高昌專録一卷
羅振玉撰　香港　羅氏　1933年　遼居雜著乙編

007424975　9119　6151.1　(1)
漢熹平石經集録續補一卷
羅振玉撰　香港　羅氏　1933年　遼居雜著乙編

007424979　9119　6151.1　(2)
遼帝后哀册文録一卷　附録一卷
羅振玉撰　香港　羅氏　1933年　遼居雜著乙編

007424978　9119　6151.1　(2)
唐折沖府考補一卷
羅振玉撰　香港　羅氏　1933年　遼居雜著乙編

007424980　9119　6151.1　(2)
雪堂所藏古器物圖説一卷
羅振玉輯　香港　羅氏　1933年　遼居雜著乙編

007424982　9119　6151.1　(3)
本朝學術源流概略一卷
羅振玉著　香港　羅氏　1933年　遼居雜著乙編

007424981　9119　6151.1　(3)
上虞羅氏枝分譜一卷
羅振玉撰　香港　羅氏　1933年　遼居雜著乙編

007424984　9119　6151.1　(4)
全州講習會論語講義
羅振玉撰　香港　羅氏　1933年　遼居雜著乙編

007424983　9119　6151.1　(4)
松翁未焚稿一卷
羅振玉撰　香港　羅氏　1933年　遼居雜著乙編

007424685　9119　6151.2
遼居雜著丙編
羅振玉撰　長春　上虞羅氏七星堪　1934年

007424686　9119　6151.3
永豐鄉人稿八卷
羅振玉撰　廣州　貽安堂　1920年

007424986　9119　6151.3　(1)
雪窗漫稿一卷
羅振玉撰　香港　貽安堂　1920年　永豐鄉人四稿

007424987　9119　6151.3　(2-3)
雪堂校刊群書敘録二卷
羅振玉撰　香港　貽安堂　1920年　永豐鄉人四稿

007424988　9119　6151.3　(4-5)
雪堂金石文字跋尾四卷
羅振玉撰　香港　貽安堂　1920年　永豐鄉人四稿

007424989 9119 6151.3 (6) FC3851
雪堂書畫跋尾一卷
羅振玉撰 香港 貽安堂 1920年 永豐鄉人四稿

007424990 9119 6151.5
永豐鄉人雜著
羅振玉撰 香港 1922年

007425775 9119 6151.5 (1)
補唐書張義潮傳一卷
羅振玉撰 香港 1922年 永豐鄉人雜著

007425772 9119 6151.5 (1)
高昌曲氏年表一卷
羅振玉撰 香港 1922年 永豐鄉人雜著

007425777 9119 6151.5 (1)
唐折沖府考補一卷 補遺一卷
羅振玉撰 香港 1922年 永豐鄉人雜著

007425779 9119 6151.5 (1)
萬年少先生年譜一卷 附録一卷
羅振玉撰 香港 1922年 永豐鄉人雜著

007425782 9119 6151.5 (2)
海外吉金録一卷 附補遺
羅振玉撰 香港 1922年 永豐鄉人雜著

007425783 9119 6151.5 (2)
海外貞珸録一卷
羅振玉撰 香港 1922年 永豐鄉人雜著

007425784 9119 6151.5 (2)
宋元釋藏刊本考一卷
羅振玉撰 香港 1922年 永豐鄉人雜著

007425781 9119 6151.5 (2)
徐俟齋先生年譜一卷 附録二卷
羅振玉撰 香港 1922年 永豐鄉人雜著

007425606 9119 6151.61
貞松老人遺稿甲集
羅振玉撰 北京 振雅齋 1941年

007425788 9119 6151.61 (1)
後丁戊稿一卷
羅振玉撰 北京 振雅齋 1941年 貞松老人遺稿 甲集

007425790 9119 6151.61 (2)
遼海吟一卷 附續吟
羅振玉撰 北京 振雅齋 1941年 貞松老人遺稿 甲集

007425791 9119 6151.61 (2)
俗説一卷
羅振玉撰 北京 振雅齋 1941年 貞松老人遺稿 甲集

007425792 9119 6151.61 (3)
干禄字書箋證一卷
羅振玉撰 北京 振雅齋 1941年 貞松老人遺稿 甲集

007425793 9119 6151.61 (3)
廬山記校勘記一卷
羅振玉撰 北京 振雅齋 1941年 貞松老人遺稿 甲集

007425794 9119 6151.61 (4-5)
石交録四卷
羅振玉撰 北京 振雅齋 1941年 貞松老人遺稿 甲集

007425795　9119　6151.61　(6)
集蓼篇一卷
羅振玉撰　北京　振雅齋　1941 年　貞松老人遺稿　甲集

007425607　9119　6151.62
貞松老人遺稿五種乙集
羅振玉撰　瀋陽　上虞羅氏　1942—43 年

007425796　9119　6151.62　(1－2)
墓志徵存目録四卷　附校記
羅振玉撰　瀋陽　上虞羅氏　1942 年　貞松老人遺稿　乙集

007425797　9119　6151.62　(3)
大雲書庫藏書題識四卷
羅振玉撰　瀋陽　上虞羅氏　1942 年　貞松老人遺稿　乙集

007425801　9119　6151.62　(4)
漢熹平石經殘字集録二卷
羅振玉撰　瀋陽　上虞羅氏　1942 年　貞松老人遺稿　乙集

007425802　9119　6151.62　(5－6)
貞松老人外集四卷　補遺一卷
羅振玉撰　瀋陽　上虞羅氏　1942 年　貞松老人遺稿　乙集

007425803　9119　6151.62　(7)
魏書宗室傳註校補一卷
羅振玉撰　瀋陽　上虞羅氏　1942 年　貞松老人遺稿　乙集

007425812　9119　6151.62　(8)
傳世古尺録一卷
羅福頤撰輯　瀋陽　上虞羅氏　1942 年　貞松老人遺稿　乙集

007425608　9119　6151.63
貞松老人遺稿丙集
羅振玉撰　瀋陽　上虞羅氏　1947 年

007426111　9119　6424
嚴譯名著叢刊
嚴復譯述　上海　商務印書館　1931 年

007426149　9119　7044
直介堂叢刻初編十一種
劉聲木撰　濟南　劉氏印　1929 年

007426376　9119　7044　(1)
清芬録二卷
劉聲木輯　香港　1929 年　直介堂叢刻初編

007426377　9119　7044　(2－3)
桐城文學淵源考十三卷　引用書目一卷　名氏目録一卷
劉聲木撰　香港　1929 年　直介堂叢刻初編

007426378　9119　7044　(4)
桐城文學撰述考四卷
劉聲木撰　香港　1929 年　直介堂叢刻初編

007953135　9119　7044　(5－9)　9524　3822.7
續補彙刻書目三十卷
劉聲木輯　香港　1929 年　直介堂叢刻初編

007426379　9119　7044　(10－15)
續補寰宇訪碑録二十五卷
劉聲木撰　香港　1929 年　直介堂叢刻初編

007426380　9119　7044　(16－18)
寰宇訪碑録校勘記十一卷
劉聲木撰　香港　1929 年　直介堂叢刻初編

007426381 9119 7044 (19)
補寰宇訪碑録校勘記二卷
劉聲木撰 香港 1929 年 直介堂叢刻初編

007426382 9119 7044 (19)
再續寰宇訪碑録校勘記一卷
劉聲木撰 香港 1929 年 直介堂叢刻初編

007426383 9119 7044 (20-25)
萇楚齋隨筆十卷 續筆十卷 三筆十卷
劉聲木撰 香港 1929 年 直介堂叢刻初編

007426385 9119 7044 (26)
望溪文集再續補遺四卷
劉聲木輯 香港 1929 年 直介堂叢刻初編

007426160 9119 7044 (27)
桐城文學撰述補遺四卷
劉聲木撰 濟南 1929 年 直介堂叢刻

007426386 9119 7044.2
直介堂叢刻續編
劉聲木撰 1929 年

007426387 9119 7044.2 (1-4)
御批通鑒輯覽五季紀事本末二十一卷
劉聲木撰 1929 年 直介堂叢刻續編

007426388 9119 7044.2 (5-10)
萇楚齋書目二十二卷
劉聲木撰 1929 年 直介堂叢刻續編

007426390 9119 7044.2 (10)
曾文正公集外文一卷
劉聲木編 1929 年 直介堂叢刻續編

007426389 9119 7044.2 (10)
直介堂徵訪書目一卷
劉聲木撰 1929 年 直介堂叢刻續編

007426392 9119 7044.2 (11-12)
萇楚齋四筆十卷
劉聲木撰 1929 年 直介堂叢刻續編

007426393 9119 7044.2 (13-14)
萇楚齋五筆十卷
劉聲木撰 1929 年 直介堂叢刻續編

007426395 9119 7044.2 (15)
萇楚齋隨筆目録一卷
劉聲木撰 1929 年 直介堂叢刻續編

007426394 9119 7044.2 (15)
萇楚齋隨筆引用書目一卷
劉聲木撰 1929 年 直介堂叢刻續編

007426397 9119 7044.3
直介堂叢刻鼻煙叢刻
劉聲木編輯 濟南 廬江劉氏 1929 年

007426472 9119 7282
天馬山房叢著
馬敘倫著 香港 1925 年

007426473 9119 793
審安齋遺稿
陳濤著 1924 年

007426474 9119 793 (1)
擬請設立國税局條議
陳濤撰 1924 年 審安齋遺稿

007426475 9119 793 (2)
裴氏和約私議贅言

陳濤撰　1924 年　審安齋遺稿

007426476　9119　793　(3)
南館文鈔
陳濤撰　1924 年　審安齋遺稿

007426477　9119　793　(4)
粵牘偶存
陳濤撰　1924 年　審安齋遺稿

007426478　9119　793　(5)
入蜀日記
陳濤撰　1924 年　審安齋遺稿

007426479　9119　793　(6)
審安齋詩集四卷
陳濤撰　1924 年　審安齋遺稿

007426480　9119　7943
敏求齋遺書
陳觀潯著　陳繩武輯校　香港　成都陳氏　1943 年

007426495　9120　0417
譚組庵詩草
譚延闓撰　香港　1931 年

007426496　9120　0417　(1)
慈衛室詩
譚延闓撰　香港　1931 年　譚組庵詩草

007426497　9120　0417　(2)
訒齋詩草
譚延闓撰　香港　1931 年　譚組庵詩草

007426498　9120　0417　(3)
粵遊集
譚延闓撰　香港　1931 年　譚組庵詩草

007426499　9120　0417　(4)
非庵詩草
譚延闓撰　香港　1931 年　譚組庵詩草

007426500　9120　0428
天行草堂主人遺稿叢刊
章嶔撰　香港　杭縣章氏　1935 年

007954603　9120　0428　(1)
白門日札一卷
章嶔撰　香港　杭縣章氏　1935 年　天行草堂主人遺稿叢刊

007426504　9120　0428　(1)
城西日札一卷
章嶔撰　香港　杭縣章氏　1935 年　天行草堂主人遺稿叢刊

007954600　9120　0428　(1)
海東日札一卷
章嶔撰　香港　杭縣章氏　1935 年　天行草堂主人遺稿叢刊

007426502　9120　0428　(1)
近百年來先人詩彙六卷
章嶔輯　香港　杭縣章氏　1935 年　天行草堂主人遺稿叢刊

007954608　9120　0428　(1)
井里日札一卷
章嶔撰　香港　杭縣章氏　1935 年　天行草堂主人遺稿叢刊

007426503　9120　0428　(1)
秦事通徵二卷
章嶔撰　香港　杭縣章氏　1935 年　天行草堂主人遺稿叢刊

007426501　9120　0428　(1)
史瞰一卷
章嶔輯　香港　杭縣章氏　1935 年　天行草堂主人遺稿叢刊

007426507 9120 0428 (2)
對螺山館印存一卷
章嶔撰 香港 杭縣章氏 1935 年 天行草堂主人遺稿叢刊

007426505 9120 0428 (2)
天行草堂詩六卷
章嶔撰 香港 杭縣章氏 1935 年 天行草堂主人遺稿叢刊

007426506 9120 0428 (2)
天行草堂文稿一卷
章嶔撰 香港 杭縣章氏 1935 年 天行草堂主人遺稿叢刊

007426508 9120 0428 (2)
天行草堂主人自訂年譜一卷
章嶔撰 香港 杭縣章氏 1935 年 天行草堂主人遺稿叢刊

007426514 9120 1133
焦學三種
王永祥撰 香港 榆次王氏 1933 年

007426515 9120 1133 (1)
焦里堂先生年譜一卷
王孝魚撰 香港 榆次王氏 1933 年 焦學三種

007426516 9120 1133 (2)
里堂思想與戴東原一卷 附雕菰樓集選録一卷
王孝魚撰 香港 榆次王氏 1933 年 焦學三種

007426517 9120 1133 (3)
里堂易學一卷
王孝魚撰 香港 榆次王氏 1933 年 焦學三種

007426518 9120 1139
王仁安集
王守恂撰 香港 天津金氏 1921 年

007426519 9120 1139 (1-5)
仁安詩稿二十一卷
王守恂撰 香港 天津金氏 1921 年 王仁安集

007426520 9120 1139 (6)
仁安詞稿二卷
王守恂撰 香港 天津金氏 1921 年 王仁安集

007426521 9120 1139 (7-8)
仁安文稿四卷
王守恂撰 香港 天津金氏 1921 年 王仁安集

007426522 9120 1139 (8)
仁安文乙稿一卷
王守恂撰 香港 天津金氏 1921 年 王仁安集

007426523 9120 1139 (9-10)
仁安筆記四卷
王守恂撰 香港 天津金氏 1921 年 王仁安集

007426524 9120 1139 (11)
杭州雜著四卷
王守恂撰 香港 天津金氏 1921 年 王仁安集

007426525 9120 1139 (12)
説詩求己五卷 附録
香港 天津金氏 1921 年 王仁安集

007426526 9120 1315
庸庵遺集
張可中著 香港 1927 年

007426527 9120 1315 (1)
病亡始末記

張可中撰　香港　1927 年　庸菴遺集

007426528　9120　1315　(2)
天籟閣詩存
張可中撰　香港　1927 年　庸菴遺集

007426530　9120　1315　(3)
天籟閣詩話
張可中撰　香港　1927 年　庸菴遺集

007426529　9120　1315　(3)
天籟閣諧鈔
張可中撰　香港　1927 年　庸菴遺集

007426531　9120　1315　(4)
清寧館古泉叢話
張可中撰　香港　1927 年　庸菴遺集

007426532　9120　1315　(5)
清寧館治印雜説
張可中撰　香港　1927 年　庸菴遺集

007426533　9120　1315　(5)
天籟閣談小説
張可中撰　香港　1927 年　庸菴遺集

007426534　9120　1315　(5)
天籟閣雜著
張可中撰　香港　1927 年　庸菴遺集

007426536　9120　1315　(6)
趨庭別録
張可中撰　香港　1927 年　庸菴遺集

007426535　9120　1315　(6)
趨庭隨録
張可中撰　香港　1927 年　庸菴遺集

007426537　9120　1340
南園叢稿
張相文撰　北平　中國地學會　1935 年

007428323　9120　1340　(1)
成吉思汗陵寢辨證書一卷
張相文撰　北平　中國地學會　1935 年　南園叢稿

007426538　9120　1340　(1)
耶律楚材西遊録今釋一卷
張相文撰　北平　中國地學會　1935 年　南園叢稿

007426539　9120　1340　(1)
湛然居士年譜一卷　附世系雜考
張相文編　北平　中國地學會　1935 年　南園叢稿

007428325　9120　1340　(2)
遊記一卷
張相文撰　北平　中國地學會　1935 年　南園叢稿

007428327　9120　1340　(3)
韓邊外志一卷
張相文撰　北平　中國地學會　1935 年　南園叢稿

007428331　9120　1340　(3)
南園詩存一卷
張相文撰　北平　中國地學會　1935 年　南園叢稿

007428332　9120　1340　(4－5)
南園文存一卷
張相文撰　北平　中國地學會　1935 年　南園叢稿

007428344　9120　1340　(6－8)
沌谷筆談四卷
張相文撰　北平　中國地學會　1935 年　南園叢稿

007428352　9120　1340　(9)
帝賊譜二卷

張相文撰　北平　中國地學會　1935 年　南園叢稿

007428355　9120　1340　(10－11)
中國地理沿革史二卷
張相文撰　北平　中國地學會　1935 年　南園叢稿

007428358　9120　1340　(12)
佛學地理志三卷
張相文撰　北平　中國地學會　1935 年　南園叢稿

007428350　9120　1340　(13－15)
萬法精理五卷
孟德斯鳩撰　張相文等同譯　北平　中國地學會　1935 年　南園叢稿

007428362　9120　1340　(15)
泗陽張沌谷居士年譜一卷
張星烺述　北平　中國地學會　1935 年　南園叢稿

007428364　9120　1340　(15)
泗陽張沌谷居士榮哀録一卷
張星烺輯　北平　中國地學會　1935 年　南園叢稿

007428374　9120　1348
約園所著書
張壽鏞撰　香港　四明張氏　1935—48 年

007428380　9120　1348　(01－02)
詩史初稿十六卷　首一卷
張壽鏞撰　香港　四明張氏　1935 年　約園所著書

007428381　9120　1348　(03)
約園演講集一卷
張壽鏞撰　香港　四明張氏　1935 年　約園所著書

007428383　9120　1348　(04)
史學大綱一卷
張壽鏞撰　香港　四明張氏　1935 年　約園所著書

007428386　9120　1348　(05)
諸子大綱一卷
張壽鏞撰　香港　四明張氏　1935 年　約園所著書

007428176　9120　1348　(06－12)
約園雜著八卷　續編八卷　三編八卷
張壽鏞著　香港　四明張氏　1935 年　約園所著書

007428396　9120　1348　(13)
遊蜀草三卷
張壽鏞撰　香港　四明張氏　1935 年　約園所著書

007428408　9120　1397
小雙寂庵叢書
張惟驤編輯　香港　武進張氏小雙寂庵　1925—32 年

004749858　2257　8543.4　9120　1397　(1－8)
疑年録彙編十六卷　附分韻人表一卷
張惟驤增輯　香港　武進張氏小雙寂庵　1925 年　小雙寂庵叢書

007428409　9120　1397　(9)
歷代帝王疑年録一卷
張惟驤撰　香港　武進張氏小雙寂庵　1925 年　小雙寂庵叢書

007428413　9120　1397　(10)
名人生日表一卷
孫雄輯　張惟驤增補　香港　武進張氏小雙寂庵　1925 年　小雙寂庵叢書

007428414 9120 1397 (11)
太史公疑年表一卷
張惟驤撰 香港 武進張氏小雙寂庵 1925 年 小雙寂庵叢書

007428415 9120 1397 (12)
明清巍科姓氏録二卷
張惟驤輯 香港 武進張氏小雙寂庵 1925 年 小雙寂庵叢書

007428416 9120 1397 (13－14)
歷代諱字譜二卷
張惟驤撰 香港 武進張氏小雙寂庵 1925 年 小雙寂庵叢書

007428417 9120 1397 (14)
家諱考一卷
張惟驤撰 香港 武進張氏小雙寂庵 1925 年 小雙寂庵叢書

007428419 9120 1931
鐵研齋叢書
桑宣撰 香港 宛平桑氏鐵研齋 1919 年

007428420 9120 1931 (1－2)
禮器釋名十八卷
桑宣撰 香港 宛平桑氏鐵研齋 1919 年 鐵研齋叢書

007428421 9120 1931 (3－5)
許鄭經文異同詁九卷
桑宣撰 香港 宛平桑氏鐵研齋 1919 年 鐵研齋叢書

007428422 9120 1931 (6)
補周易口訣義闕卦一卷
桑宣撰 香港 宛平桑氏鐵研齋 1919 年 鐵研齋叢書

007428423 9120 1931 (7)
磨盦雜存一卷
桑宣撰 香港 宛平桑氏鐵研齋 1919 年 鐵研齋叢書

007428424 9120 1931 (8)
綿蕞餘紀一卷
桑宣撰 香港 宛平桑氏鐵研齋 1919 年 鐵研齋叢書

007428199 9120 1941
詩史閣叢刊六卷 卷首 甲集
孫雄編 濟南 1927 年

007428425 9120 1941 (1)
丁卯元旦唱和詩一卷
孫雄撰 香港 1927 年 詩史閣叢刊甲集

007428426 9120 1941 (1)
乙丑介眉集一卷
孫雄撰 香港 1927 年 詩史閣叢刊甲集

007428427 9120 1941 (1－2)
禹齋文存二卷
孫雄撰 香港 1927 年 詩史閣叢刊甲集

007429522 9120 1941 (2)
壎篪酬唱集一卷
孫雄撰 香港 1927 年 詩史閣叢刊甲集

007428428 9120 1941 (2)
禹齋駢文一卷
孫雄撰 香港 1927 年 詩史閣叢刊甲集

007429566 9120 3132
江氏四種
江衍著 上海經學院校刊 1917 年

007429570　9120　3132　(1)
江氏易鉤一卷
江衍撰　上海經學院校刊　1917 年　江氏四種

007429573　9120　3132　(2)
江氏周易效傳一卷
江衍撰　上海經學院校刊　1917 年　江氏四種

007429577　9120　3132　(3)
金風盲後題畫詩
江衍撰　上海經學院校刊　1917 年　江氏四種

007429579　9120　3132　(4)
江氏自詩綜二卷
江衍撰　上海經學院校刊　1917 年　江氏四種

001921545　9120　3934
飲冰室合集
梁啟超著　上海　中華書局　1941 年　再版　(m.)

007429314　9120　3934　(1－16)
飲冰室合集文集
梁啟超著　上海　中華書局　1941 年　再版　(m.)

007429593　9120　3934　(17)
戊戌政變記
梁啟超著　上海　中華書局　1941 年　飲冰室合集　(m.)

007429315　9120　3934　(17－40)
飲冰室合集專集
梁啟超著　上海　中華書局　1941 年　再版　(m.)

007429604　9120　3934　(18)
中國四十年來大事記一名李鴻章
梁啟超撰　上海　中華書局　1941 年　飲冰室合集　(m.)

007429594　9120　3934　(18)
自由書
梁啟超撰　上海　中華書局　1941 年　飲冰室合集

007429606　9120　3934　(19)
新民説
梁啟超著　上海　中華書局　1941 年　飲冰室合集　(m.)

007429617　9120　3934　(19)
袁崇煥傳
梁啟超撰　上海　中華書局　1941 年　飲冰室合集

007429614　9120　3934　(19)
張博望班定遠合傳
梁啟超撰　上海　中華書局　1941 年　飲冰室合集

007429616　9120　3934　(19)
趙武靈王傳
梁啟超撰　上海　中華書局　1941 年　飲冰室合集

007429622　9120　3934　(19)
鄭和傳
梁啟超撰　上海　中華書局　1941 年　飲冰室合集

007429621　9120　3934　(19)
中國殖民八大偉人傳
梁啟超撰　上海　中華書局　1941 年　飲冰室合集

007429634　9120　3934　(20)
波蘭滅亡記
梁啟超撰　上海　中華書局　1941 年

飲冰室合集

007431865　9120　3934　(20)
朝鮮滅亡之原因
梁啟超撰　上海　中華書局　1941 年
飲冰室合集

007431862　9120　3934　(20)
朝鮮亡國史略
梁啟超撰　上海　中華書局　1941 年
飲冰室合集

007429631　9120　3934　(20)
羅蘭夫人傳
梁啟超撰　上海　中華書局　1941 年
飲冰室合集

007431866　9120　3934　(20)
日本併呑朝鮮記
梁啟超撰　上海　中華書局　1941 年
飲冰室合集

007429635　9120　3934　(20)
斯巴達小志
梁啟超撰　上海　中華書局　1941 年
飲冰室合集

007429632　9120　3934　(20)
新英國巨人克林威爾傳
梁啟超撰　上海　中華書局　1941 年
飲冰室合集

007429626　9120　3934　(20)
匈加利愛國者噶蘇士傳
梁啟超撰　上海　中華書局　1941 年
飲冰室合集

007431861　9120　3934　(20)
雅典小史
梁啟超撰　上海　中華書局　1941 年
飲冰室合集

007429629　9120　3934　(20)
意大利建國三傑傳
梁啟超著　上海　中華書局　1941 年
飲冰室合集

007431864　9120　3934　(20)
越南亡國史
梁啟超撰　上海　中華書局　1941 年
飲冰室合集

007431863　9120　3934　(20)
越南小志
梁啟超撰　上海　中華書局　1941 年
飲冰室合集

007955507　9120　3934　(21)
歐遊心影録節録
梁啟超著　上海　中華書局　1941 年
飲冰室合集　(m.)

007955524　9120　3934　(21)
新大陸遊記節録
梁啟超著　上海　中華書局　1941 年
飲冰室合集　(m.)

007432845　9120　3934　(22)
德育鑒
梁啟超著　上海　中華書局　1941 年
飲冰室合集　(m.)

007431868　9120　3934　(22)
中國國債史
梁啟超撰　上海　中華書局　1941 年
飲冰室合集

007431700　9120　3934　(22)
中國之武士道
梁啟超著　上海　中華書局　1941 年
飲冰室專集

007432846　9120　3934　(23)
王荆公

梁啟超著 上海 中華書局 1941 年
飲冰室合集 （m.）

007432847 9120 3934 （24）
管子傳
梁啟超著 上海 中華書局 1941 年
飲冰室合集 （m.）

007432851 9120 3934 （24）
國民淺訓
梁啟超撰 上海 中華書局 1941 年
飲冰室合集

007432849 9120 3934 （24）
歐洲戰役史論
梁啟超著 上海 中華書局 1941 年
飲冰室合集

007432850 9120 3934 （24）
清史商例初稿
梁啟超撰 上海 中華書局 1941 年
飲冰室合集

007432848 9120 3934 （24）
雙濤閣日記
梁啟超撰 上海 中華書局 1941 年
飲冰室合集

007432852 9120 3934 （25）
盾鼻集
梁啟超著 上海 中華書局 1941 年
飲冰室合集

007432854 9120 3934 （25）
清代學術概論
梁啟超著 上海 中華書局 1941 年
飲冰室合集

007432856 9120 3934 （26）
孔子
梁啟超著 上海 中華書局 1941 年
飲冰室合集 （m.）

007432855 9120 3934 （26）
老子哲學
梁啟超等著 上海 中華書局 1941 年
飲冰室合集

007432860 9120 3934 （26）
墨經校釋
梁啟超著 上海 中華書局 1941 年
飲冰室合集 （m.）

007432859 9120 3934 （26）
子墨子學説
梁啟超著 上海 中華書局 1941 年
飲冰室合集 （m.）

007432862 9120 3934 （27）
老孔墨以後學派概觀
梁啟超撰 上海 中華書局 1941 年
飲冰室合集

007432863 9120 3934 （27）
歷史上中國民族之觀察
梁啟超撰 上海 中華書局 1941 年
飲冰室合集

007432861 9120 3934 （27）
墨子學案
梁啟超著 上海 中華書局 1941 年
飲冰室合集 （m.）

007432864 9120 3934 （27）
中國歷史上民族之研究
梁啟超撰 上海 中華書局 1941 年
飲冰室合集

007432867 9120 3934 （28）
春秋載記
梁啟超撰 上海 中華書局 1941 年
飲冰室合集

007432869　9120　3934　(28)
地理及年代
梁啟超撰　上海　中華書局　1941 年
飲冰室合集

007432866　9120　3934　(28)
紀夏殷王業
梁啟超撰　上海　中華書局　1941 年
飲冰室合集

007432865　9120　3934　(28)
太古及三代載記
梁啟超撰　上海　中華書局　1941 年
飲冰室合集

007432868　9120　3934　(28)
戰國載記
梁啟超撰　上海　中華書局　1941 年
飲冰室合集

007417278　9119　2116　(06)
志三代宗教理學
梁啟超撰　上海　中華書局　1941 年
飲冰室合集

007432871　9120　3934　(28)
志語言文字
梁啟超撰　上海　中華書局　1941 年
飲冰室合集

007432874　9120　3934　(29)
先秦政治思想史一名中國聖哲之人生觀及其政治哲學
梁啟超撰　上海　中華書局　1941 年
飲冰室合集　(m.)

007432894　9120　3934　(30)
讀修行地道經
梁啟超撰　上海　中華書局　1941 年
飲冰室合集

007432891　9120　3934　(30)
讀異部宗輪論述記
梁啟超撰　上海　中華書局　1941 年
飲冰室合集

007432886　9120　3934　(30)
翻譯文學與佛典
梁啟超撰　上海　中華書局　1941 年
飲冰室合集

007432888　9120　3934　(30)
佛典之翻譯
梁啟超撰　上海　中華書局　1941 年
飲冰室合集

007432884　9120　3934　(30)
佛教教理在中國之發展
梁啟超撰　上海　中華書局　1941 年
飲冰室合集

007432881　9120　3934　(30)
佛教與西域
梁啟超撰　上海　中華書局　1941 年
飲冰室合集

007432876　9120　3934　(30)
佛教之初輸入
梁啟超撰　上海　中華書局　1941 年
飲冰室合集

007432880　9120　3934　(30)
佛陀時代及原始佛教教理綱要
梁啟超撰　上海　中華書局　1941 年
飲冰室合集

007432895　9120　3934　(30)
那先比丘經書
梁啟超撰　上海　中華書局　1941 年
飲冰室合集

007455912　9120　3934　(30)
説“六足”、“發智”

梁啟超撰 上海 中華書局 1941 年
飲冰室合集

007432893 9120 3934 (30)
説大毗婆沙
梁啟超撰 上海 中華書局 1941 年
飲冰室合集

007432892 9120 3934 (30)
説四阿含
梁啟超撰 上海 中華書局 1941 年
飲冰室合集

007432877 9120 3934 (30)
印度佛教概觀
梁啟超撰 上海 中華書局 1941 年
飲冰室合集

007955548 9120 3934 (30)
又佛教與西域
梁啟超撰 上海 中華書局 1941 年
飲冰室合集

007432875 9120 3934 (30)
中國佛法興衰沿革説略
梁啟超撰 上海 中華書局 1941 年
飲冰室合集

007432883 9120 3934 (30)
中國印度之交通一名千五百年前之中國留學生
梁啟超撰 上海 中華書局 1941 年
飲冰室合集

007432898 9120 3934 (31)
讀書分月課程
梁啟超撰 上海 中華書局 1941 年
飲冰室合集

007432896 9120 3934 (31)
佛家經録在中國目録學之位置
梁啟超撰 上海 中華書局 1941 年
飲冰室合集

007432900 9120 3934 (31)
國學入門書要目及其讀法
梁啟超著 上海 中華書局 1941 年
飲冰室合集

007432897 9120 3934 (31)
見於高僧傳中之支那著述
梁啟超撰 上海 中華書局 1941 年
飲冰室合集

007955572 9120 3934 (31)
要籍解題及其讀法
梁啟超著 上海 中華書局 1941 年
飲冰室合集

007432899 9120 3934 (31)
作文教學法
梁啟超撰 上海 中華書局 1941 年
飲冰室合集

007432902 9120 3934 (32)
中國歷史研究法
梁啟超著 上海 中華書局 1941 年
飲冰室合集 (m.)

007432718 9120 3934 (32)
中國之美文及其歷史
梁啟超著 上海 中華書局 1941 年
飲冰室專集 (m.)

007432903 9120 3934 (33)
中國近三百年學術史
梁啟超著 上海 中華書局 1941 年
飲冰室合集 (m.)

007432923 9120 3934 (34)
韓非子顯學篇釋義
韓非撰 梁啟超釋義 上海 中華書局

1941 年　飲冰室合集

007432924　9120　3934　(34)
漢書藝文志諸子略考釋
班固撰　梁啟超考釋　上海　中華書局　1941 年　飲冰室合集

007432910　9120　3934　(34)
漢志諸子略各書存佚真僞表
梁啟超撰　上海　中華書局　1941 年　飲冰室合集

007432907　9120　3934　(34)
淮南子要略書後
梁啟超撰　上海　中華書局　1941 年　飲冰室合集

007432906　9120　3934　(34)
尸子廣澤篇吕氏春秋不二篇合釋
梁啟超撰　上海　中華書局　1941 年　飲冰室合集

007432909　9120　3934　(34)
史記中所述諸子及諸子書最録考釋
梁啟超撰　上海　中華書局　1941 年　飲冰室合集

007432908　9120　3934　(34)
司馬談論六家要指書後
梁啟超撰　上海　中華書局　1941 年　飲冰室合集

007432913　9120　3934　(34)
圖書大辭典簿録之部
梁啟超撰　上海　中華書局　1941 年　飲冰室合集

007432921　9120　3934　(34)
荀子評諸子語彙釋
荀況撰　梁啟超彙釋　上海　中華書局　1941 年　飲冰室合集

007432912　9120　3934　(34)
中國文化史社會組織篇
梁啟超撰　上海　中華書局　1941 年　飲冰室合集

007432904　9120　3934　(34)
中國學術年表
梁啟超撰　上海　中華書局　1941 年　飲冰室合集

007432919　9120　3934　(34)
莊子天下篇釋義
莊周撰　梁啟超釋義　吴其昌筆記　上海　中華書局　1941 年　飲冰室合集

007432926　9120　3934　(35)
俄皇宫中之人鬼
梁啟超譯　上海　中華書局　1941 年　飲冰室合集

007432925　9120　3934　(35)
佳人奇遇
梁啟超譯　上海　中華書局　1941 年　飲冰室合集　(m. w.)

007955594　9120　3934　(35)
劫灰夢傳奇
梁啟超撰　上海　中華書局　1941 年　飲冰室合集

007455798　9120　3934　(35)
十五小豪傑
梁啟超著　上海　中華書局　1941 年　飲冰室全集　(m.)

007455914　9120　3934　(35)
世界末日記
佛林瑪利安撰　梁啟超譯　上海　中華書局　1941 年　飲冰室合集

007432916　9120　3934　(35)
新羅馬傳奇

梁啟超撰　上海　中華書局　1941 年　飲冰室合集

007432914　9120　3934　(35)
新中國未來記
梁啟超撰　上海　中華書局　1941 年　飲冰室合集

007455915　5697　3934　9120　3934　(36 – 37)
桃花扇註
孔尚任撰　梁啟超註　上海　中華書局　1941 年　飲冰室合集　(m.)

007432917　9120　3934　(38)
陶淵明
梁啟超著　上海　中華書局　1941 年　飲冰室合集

007955603　9120　3934　(38)
辛稼軒先生年譜
梁啟超著　上海　中華書局　1941 年　飲冰室合集　(m.)

007432918　9120　3934　(38)
朱舜水先生年譜
梁啟超撰　上海　中華書局　1941 年　飲冰室合集

007432930　9120　3934　(39)
書法指導
梁啟超講述　周傳儒筆記　上海　中華書局　1941 年　飲冰室合集

007432928　9120　3934　(39)
荀子正名篇
梁啟超講述　吴其昌筆記　上海　中華書局　1941 年　飲冰室合集

007432929　9120　3934　(39)
中國考古學之過去及將來
梁啟超講述　周傳儒筆記　上海　中華書局　1941 年　飲冰室合集

007432927　9120　3934　(39)
中國歷史研究法補編
梁啟超講述　周傳儒、姚名達筆記　上海　中華書局　1941 年　飲冰室合集　(m.)

007432933　9120　3934　(40)
古書真僞及其年代
梁啟超講述　周傳儒等筆記　上海　中華書局　1941 年　飲冰室合集　(m.)

007432931　9120　3934　(40)
儒家哲學
梁啟超講述　周傳儒、吴其昌筆記　上海　中華書局　1941 年　飲冰室合集　(m.)

007432974　9120　4134
素園叢稿五種
姚永樸著　廣州　京務印書局　1912 年

007432967　9120　4254
雲在山房類稿
楊壽枏著　1930 年

007432975　9120　4254　(1)
思沖齋文鈔文補鈔　文別鈔
楊壽枏撰　無錫　1930 年　雲在山房類稿

007432978　9120　4254　(2)
缽社偶存
楊壽枏撰　無錫　1930 年　雲在山房類稿

007432976　9120　4254　(2)
思沖齋駢體文鈔文補鈔
楊壽枏撰　無錫　1930 年　雲在山房類稿

007432977　9120　4254　(2)
思沖齋詩鈔詩補鈔
楊壽枏撰　無錫　1930 年　雲在山房類稿

007432980　9120　4254　(3)
藏奩幸草
楊壽枏撰　無錫　1930 年　雲在山房類稿

007432979　9120　4254　(3)
鴦摩館詞鈔詞補鈔
楊壽枏撰　無錫　1930 年　雲在山房類稿

007432982　9120　4254　(3)
雲邁漫録二卷
楊壽枏撰　無錫　1930 年　雲在山房類稿

007432981　9120　4254　(3)
雲邁詩話
楊壽枏撰　無錫　1930 年　雲在山房類稿

007432984　9120　4254　(4)
貫華叢録
楊壽枏撰　無錫　1930 年　雲在山房類稿

007432983　9120　4254　(4)
覺花寮雜記四卷
楊壽枏撰　無錫　1930 年　雲在山房類稿

007432986　9120　4254　(5)
秋草倡和集
楊壽枏撰　無錫　1930 年　雲在山房類稿

007432987　9120　4254　(5)
續秋草倡和詩
楊壽枏撰　無錫　1930 年　雲在山房類稿

007432988　9120　4254　(6)
秋草齋詩鈔
楊壽枏撰　無錫　1930 年　雲在山房類稿

007432989　9120　4263
餘園叢刻
柯昌濟著　香港　1935 年

007432990　9120　4263　(1－4)
韡華閣集古録跋尾十五卷
柯昌濟撰　香港　1935 年　餘園叢刻

007432991　9120　4263　(5－8)
金文分域編二十一卷
柯昌濟撰　香港　1935 年　餘園叢刻

007432995　9120　4297
潛莊叢書
葛懷民撰　香港　懷寧葛氏　1930 年

008633508　Microfiche　C－845　CH1450
雙梅景闇叢書
葉德輝　上海　雙梅閣　1927 年

007435916　9120　4433
未晚樓全集
李澄宇著　廣州　湘鄂印刷公司　1933 年

007435918　9120　4433　(1－5)
讀春秋國語四史蠡述
李澄宇撰　廣州　湘鄂印刷公司　1933 年　未晚樓全集

007435919　9120　4433　(6－7)
未晚樓文存四卷　別卷一卷　文續存三卷　別卷一卷
李澄宇撰　廣州　湘鄂印刷公司　1933

年　未晚樓全集

007435920　9120　4433　(8-9)
未晚樓書牘四卷　續存四卷
李澄宇撰　廣州　湘鄂印刷公司　1933年　未晚樓全集

007437101　9120　4641
隅樓叢書
古直撰　上海　中華書局　1926—28年

007437103　9120　4641　(1)
陶靖節詩箋四卷　餘録一卷　校勘記一卷
古直註　上海　中華書局　1926年　隅樓叢書

004946149　2273　7236　9120　4641　(2)
陶靖節年譜
古直撰　廣州　中華書局　1926年　隅樓叢書

007437108　9120　4641　(3)
黄公度先生詩箋三卷
古直註　上海　中華書局　1926年　隅樓叢書

007437109　9120　4641　(4)
隅樓集六卷
古直撰　上海　中華書局　1926年　隅樓叢書

007437110　9120　4641　(5)
詩品箋四卷
古直撰　上海　中華書局　1926年　隅樓叢書

009284697　9120　4641c
層冰堂五種
古直輯著　上海　中華書局　1935年　聚珍倣宋版

007437111　9120　4771
甘氏家藏叢稿
甘鵬雲撰　北平　潛江甘氏崇雅堂　1938—39年

007437064　9120　4771　(1-3)
經學源流考八卷
甘鵬雲述　北平　潛江甘氏崇雅堂　1938年　甘氏家藏叢稿

007437112　9120　4771　(4)
尊經社講演録一卷
甘鵬雲撰　北平　潛江甘氏崇雅堂　1938年　甘氏家藏叢稿

007437066　9120　4771　(5)
方志商二卷
甘鵬雲撰　北平　潛江甘氏崇雅堂　1938年　甘氏家藏叢稿

007437065　9120　4771　(6-9)
潛廬續稿十二卷
甘鵬雲著　北平　潛江甘氏崇雅堂　1939年　甘氏家藏叢稿

007437114　9120　4771　(10)
甘氏家譜三卷
甘鵬雲撰　北平　潛江甘氏崇雅堂　1938年　甘氏家藏叢稿

007437067　9120　4771　(11)
國學筆談十二卷
甘鵬雲述　北平　潛江甘氏崇雅堂　1939年　甘氏家藏叢稿

007437034　9120　4829
遼痕五種
黄任恒編　濟南　1925年

007437116　9120　4848
覃孾齋三種
趙椿年撰輯　香港　1936年

007436947　9120　4848　(1)
覃孯齋石鼓十種考釋
趙椿年撰　香港　1936 年　覃孯齋三種

007437117　9120　4848　(2)
覃孯齋詩存三卷
趙椿年撰　香港　1936 年　覃孯齋三種

007437118　9120　4848　(3－4)
清聲閣詞四種六卷
吕鳳撰　香港　1936 年　覃孯齋三種

007448463　9120　4901
曼殊小叢書
蘇玄瑛著　時希聖編　上海　廣益書局　1929 年

007448464　9120　4901　(1)
斷鴻零雁記
蘇曼殊著　上海　廣益書局　1929 年　曼殊小叢書　(m.)

007448353　9120　4901　(1－3)
曼殊小説
蘇曼殊著　時希聖編　上海　廣益書局　1929 年　初版　曼殊小叢書　(m.)

007957154　9120　4901　(2)
焚劍記
蘇曼殊撰　上海　廣益書局　1929 年　曼殊小叢書

007956312　9120　4901　(2)
焚劍記
蘇曼殊撰　上海　廣益書局　1929 年　曼殊小叢書

007957153　9120　4901　(2)
絳紗記
蘇曼殊撰　上海　廣益書局　1929 年　曼殊小叢書

007956302　9120　4901　(2)
絳紗記
蘇曼殊撰　上海　廣益書局　1929 年　曼殊小叢書

007448475　9120　4901　(2)
天涯紅淚記
蘇曼殊撰　上海　廣益書局　1929 年　曼殊小叢書

007448480　9120　4901　(3)
非夢記
蘇曼殊撰　上海　廣益書局　1929 年　曼殊小叢書

007448478　9120　4901　(3)
碎簪記
蘇曼殊撰　上海　廣益書局　1929 年　曼殊小叢書

007448482　9120　4901　(4)
曼殊軼事
蘇曼殊撰　上海　廣益書局　1929 年　曼殊小叢書　(m.)

007448483　9120　4901　(5)
曼殊詩文
蘇曼殊著　上海　廣益書局　1929 年　曼殊小叢書　(m.)

007448351　9120　4901　(6)
曼殊筆記
蘇曼殊著　時希聖編　上海　廣益書局　1929 年　初版　曼殊小叢書　(m.)

007448357　9120　4901　(7)
曼殊手札
蘇曼殊著　時希聖編　上海　廣益書局　1929 年　曼殊小叢書　(m.)

007448420　9120　6124
希山叢著

羅師楊著　羅秀林、羅香林校　濟南
興寧羅氏　1936 年

007448495　9120　6124　(01)
山廬詩鈔一卷
羅師楊撰　香港　興寧羅氏　1936 年
希山叢著

007448496　9120　6124　(02－04)
山廬文鈔五卷
羅師楊撰　香港　興寧羅氏　1936 年
希山叢著

007448498　9120　6124　(05－06)
亞洲史二卷
羅師楊撰　香港　興寧羅氏　1936 年
希山叢著

007448499　9120　6124　(07)
寧東羅譜禮俗譜一卷
羅師楊撰　香港　興寧羅氏　1936 年
希山叢著

007448500　9120　6124　(07)
興民學校小史一卷
羅師楊撰　香港　興寧羅氏　1936 年
希山叢著

007448798　9120　6151.6
七經堪叢刊
羅振玉撰輯　香港　上虞羅氏　1933—37 年

007448799　9120　6151.6　(1)
唐書宰相世系表補正二卷
羅振玉撰　香港　上虞羅氏　1933 年
七經堪叢刊

007448800　9120　6151.6　(2)
瓜沙曹氏年表一卷
羅振玉輯　香港　上虞羅氏　1933 年
七經堪叢刊

007448802　9120　6151.6　(2)
姚秦寫本僧肇維摩詰經解殘卷校記一卷
羅振玉校　香港　上虞羅氏　1933 年
七經堪叢刊

007448804　9120　6151.6　(3－7)
經義考目録八卷　附校記一卷
羅振玉輯　香港　上虞羅氏　1933 年
七經堪叢刊

007448806　9120　6151.6　(8)
貞松堂唐宋以來官印集存一卷
羅福頤編　香港　上虞羅氏　1933 年
七經堪叢刊

007448807　9120　6151.6　(9)
俑廬日札一卷
羅振玉選　香港　上虞羅氏　1933 年
七經堪叢刊

007448808　9120　6151.6　(10)
國朝文範二卷
羅振玉選　香港　上虞羅氏　1933 年
七經堪叢刊

007448820　9120　7159
推十書
劉咸炘著　成都　尚友書塾　1924 年

007448822　9120　7159　(1－2)
子疏十四卷
劉咸炘撰　成都　尚友書塾　1924 年
推十書

007448823　9120　7159　(3－4)
續校讎通義十七篇
劉咸炘撰　成都　尚友書塾　1924 年
推十書

007448824　9120　7159　(5)
治記緒論
劉咸炘撰　成都　尚友書塾　1924 年
推十書

007448825　9120　7159　(6)
治史緒論
劉咸炘撰　成都　尚友書塾　1924 年
推十書

007448826　9120　7159　(7－9)
四史知意
劉咸炘撰　成都　尚友書塾　1924 年
推十書

007450469　9120　7224
劉申叔先生遺書七十四種
劉師培撰　廣州　寧武南氏　1934—36 年

007450619　9120　7224　(1)
毛詩札記一卷
劉師培撰　香港　寧武南氏　1934 年
劉申叔先生遺書

007450618　9120　7224　(1)
尚書源流考一卷
劉師培撰　香港　寧武南氏　1934 年
劉申叔先生遺書

007450621　9120　7224　(2－3)
禮經舊説十七卷　補遺一卷
劉師培撰　香港　寧武南氏　1934 年
劉申叔先生遺書

007450623　9120　7224　(3)
逸禮考一卷
劉師培撰　香港　寧武南氏　1934 年
劉申叔先生遺書

007450624　9120　7224　(4)
西漢周官師説考二卷
劉師培撰　香港　寧武南氏　1934 年
劉申叔先生遺書

007450625　9120　7224　(5－6)
周禮古註集疏存十三卷
劉師培撰　香港　寧武南氏　1934 年
劉申叔先生遺書

007450626　9120　7224　(7)
春秋古經箋存三卷
劉師培撰　香港　寧武南氏　1934 年
劉申叔先生遺書

007450629　9120　7224　(7)
春秋左氏傳時月日古例考一卷
劉師培撰　香港　寧武南氏　1934 年
劉申叔先生遺書

007450628　9120　7224　(7)
讀左劄記一卷
劉師培撰　香港　寧武南氏　1934 年
劉申叔先生遺書

007450632　9120　7224　(8)
春秋左氏傳傳例解略一卷
劉師培撰　香港　寧武南氏　1934 年
劉申叔先生遺書

007956431　9120　7224　(8)
春秋左氏傳傳註例略一卷
劉師培撰　香港　寧武南氏　1934 年
劉申叔先生遺書

007450630　9120　7224　(8)
春秋左氏傳答問一卷
劉師培撰　香港　寧武南氏　1934 年
劉申叔先生遺書

007450631　9120　7224　(8)
春秋左氏傳古例詮微一卷
劉師培撰　香港　寧武南氏　1934 年

劉申叔先生遺書

007956436 9120 7224 (8)
春秋左氏傳例略一卷
劉師培撰 香港 寧武南氏 1934 年
劉申叔先生遺書

007451648 9120 7224 (9)
群經大義相通論一卷
劉師培撰 香港 寧武南氏 1934 年
劉申叔先生遺書

007956440 9120 7224 (10)
毛詩詞例舉要[略本]一卷
劉師培撰 香港 寧武南氏 1934 年
劉申叔先生遺書

007451650 9120 7224 (10)
毛詩詞例舉要[詳本]一卷
劉師培撰 香港 寧武南氏 1934 年
劉申叔先生遺書

007451652 9120 7224 (10)
荀子詞例舉要一卷
劉師培撰 香港 寧武南氏 1934 年
劉申叔先生遺書

007451654 9120 7224 (11)
古書疑義舉例補一卷
劉師培撰 香港 寧武南氏 1934 年
劉申叔先生遺書

007956445 9120 7224 (11)
小學發微補一卷
劉師培撰 香港 寧武南氏 1934 年
劉申叔先生遺書

007451655 9120 7224 (12)
爾雅蟲名今釋一卷
劉師培撰 香港 寧武南氏 1934 年
劉申叔先生遺書

007956455 9120 7224 (12)
禮學字義通釋一卷
劉師培撰 香港 寧武南氏 1934 年
劉申叔先生遺書

007451656 9120 7224 (13)
國學發微一卷
劉師培撰 香港 寧武南氏 1934 年
劉申叔先生遺書

007451657 9120 7224 (14)
周末學術史序一卷
劉師培撰 香港 寧武南氏 1934 年
劉申叔先生遺書

007956463 9120 7224 (15)
漢宋學術異同論一卷
劉師培撰 香港 寧武南氏 1934 年
劉申叔先生遺書

007451658 9120 7224 (15)
兩漢學術發微論一卷
劉師培撰 香港 寧武南氏 1934 年
劉申叔先生遺書

007956470 9120 7224 (15)
南北學派不同論一卷
劉師培撰 香港 寧武南氏 1934 年
劉申叔先生遺書

007451659 9120 7224 (16)
中國民約精義三卷
劉師培撰 香港 寧武南氏 1934 年
劉申叔先生遺書

007451660 9120 7224 (17)
中國民族志一卷
劉師培撰 香港 寧武南氏 1934 年
劉申叔先生遺書

007451662 9120 7224 (18)
古政原論一卷

劉師培撰　香港　寧武南氏　1934 年
劉申叔先生遺書

007451661　9120　7224　(18)
攘書一卷
劉師培撰　香港　寧武南氏　1934 年
劉申叔先生遺書

007451664　9120　7224　(19)
古曆管窺二卷
劉師培撰　香港　寧武南氏　1934 年
劉申叔先生遺書

007451663　9120　7224　(19)
古政原始論一卷
劉師培撰　香港　寧武南氏　1934 年
劉申叔先生遺書

007451668　9120　7224　(20)
論文雜記一卷
劉師培著　香港　寧武南氏　1934 年
劉申叔先生遺書

007451665　9120　7224　(20)
文説一卷
劉師培撰　香港　寧武南氏　1934 年
劉申叔先生遺書

007451669　9120　7224　(21－23)
周書補正六卷
劉師培撰　香港　寧武南氏　1934 年
劉申叔先生遺書

007451670　9120　7224　(23)
周書略説一卷
劉師培撰　香港　寧武南氏　1934 年
劉申叔先生遺書

007451671　9120　7224　(24)
管子斠補一卷
劉師培撰　香港　寧武南氏　1934 年
劉申叔先生遺書

007451674　9120　7224　(24)
晏子春秋校補定本一卷
劉師培撰　香港　寧武南氏　1934 年
劉申叔先生遺書

007451675　9120　7224　(25)
晏子春秋補釋一卷
劉師培撰　香港　寧武南氏　1934 年
劉申叔先生遺書

007451673　9120　7224　(25)
晏子春秋校補二卷
劉師培撰　香港　寧武南氏　1934 年
劉申叔先生遺書

007451676　9120　7224　(26)
老子斠補一卷
劉師培撰　香港　寧武南氏　1934 年
劉申叔先生遺書

007956473　9120　7224　(26)
莊子斠補一卷
劉師培撰　香港　寧武南氏　1934 年
劉申叔先生遺書

007451679　9120　7224　(27)
墨子拾補二卷
劉師培撰　香港　寧武南氏　1934 年
劉申叔先生遺書

007451678　9120　7224　(28)
荀子斠補四卷
劉師培撰　香港　寧武南氏　1934 年
劉申叔先生遺書

007451681　9120　7224　(29)
荀子補釋一卷
劉師培撰　香港　寧武南氏　1934 年
劉申叔先生遺書

007451683 9120 7224 (30)
賈子新書斠補二卷
劉師培撰 香港 寧武南氏 1934 年
劉申叔先生遺書

007451684 9120 7224 (31)
春秋繁露斠補三卷
劉師培撰 香港 寧武南氏 1934 年
劉申叔先生遺書

007452616 9120 7224 (32)
法言補釋一卷
劉師培撰 香港 寧武南氏 1934 年
劉申叔先生遺書

007452615 9120 7224 (32)
揚子法言校補一卷
劉師培撰 香港 寧武南氏 1934 年
劉申叔先生遺書

007452618 9120 7224 (33)
白虎通義斠補二卷
劉師培撰 香港 寧武南氏 1934 年
劉申叔先生遺書

007452622 9120 7224 (34)
白虎通德論補釋一卷
劉師培撰 香港 寧武南氏 1934 年
劉申叔先生遺書

007452619 9120 7224 (34)
白虎通義定本存三卷
劉師培撰 香港 寧武南氏 1934 年
劉申叔先生遺書

007452620 9120 7224 (34)
白虎通義源流考一卷
劉師培撰 香港 寧武南氏 1934 年
劉申叔先生遺書

007452623 9120 7224 (35)
楚辭考異一卷
劉師培撰 香港 寧武南氏 1934 年
劉申叔先生遺書

007452629 9120 7224 (36)
韓非子斠補一卷
劉師培撰 香港 寧武南氏 1934 年
劉申叔先生遺書

007956478 9120 7224 (36)
穆天子傳補釋一卷
劉師培撰 香港 寧武南氏 1934 年
劉申叔先生遺書

007956480 9120 7224 (36)
琴操補釋一卷
劉師培撰 香港 寧武南氏 1934 年
劉申叔先生遺書

007452624 9120 7224 (36)
周書王會篇補釋一卷
劉師培撰 香港 寧武南氏 1934 年
劉申叔先生遺書

007452630 9120 7224 (37-40)
左盦集八卷
劉師培撰 香港 寧武南氏 1934 年
劉申叔先生遺書

007452631 9120 7224 (41-60)
左盦外集二十卷
劉師培撰 香港 寧武南氏 1934 年
劉申叔先生遺書

007452633 9120 7224 (61)
左盦詞録一卷
劉師培撰 香港 寧武南氏 1934 年
劉申叔先生遺書

007452632 9120 7224 (61)
左盦詩録四卷
劉師培撰 香港 寧武南氏 1934 年

劉申叔先生遺書

007452634　9120　7224　(62)
讀書隨筆一卷
劉師培撰　香港　寧武南氏　1934 年　劉申叔先生遺書

007956484　9120　7224　(62)
讀書續筆一卷
劉師培撰　香港　寧武南氏　1934 年　劉申叔先生遺書

007452635　9120　7224　(62)
左盦題跋一卷
劉師培撰　香港　寧武南氏　1934 年　劉申叔先生遺書

007452636　9120　7224　(63)
讀道藏記一卷
劉師培撰　香港　寧武南氏　1934 年　劉申叔先生遺書

007452637　9120　7224　(63)
敦煌新出唐寫本提要一卷
劉師培撰　香港　寧武南氏　1934 年　劉申叔先生遺書

007452638　9120　7224　(64－65)
倫理教科書
劉師培編　香港　寧武南氏　1934 年　劉申叔先生遺書

007452639　9120　7224　(66)
經學教科書
劉師培撰　香港　寧武南氏　1934 年　劉申叔先生遺書

007452640　9120　7224　(67－68)
中國文學教科書
劉師培撰　香港　寧武南氏　1934 年　劉申叔先生遺書

007452641　9120　7224　(69－71)
中國歷史教科書
劉師培著　香港　寧武南氏　1934 年　劉申叔先生遺書

007452642　9120　7224　(72－73)
中國地理教科書
劉師培編著　香港　寧武南氏　1934 年　劉申叔先生遺書

007452643　9120　7224　(74)
中國中古文學史講義
劉師培撰　香港　寧武南氏　1934 年　劉申叔先生遺書

011913105　PT5822. B8　M312　1935
虚心的人
周堯譯　上海　中華書局　1935 年　新中華叢書文藝彙刊　(m. w.)

007452646　9120　7248
魯迅三十年集
周樹人撰　魯迅先生紀念委員會編　上海　魯迅全集出版社　1947 年　(w.)

007452647　9120　7248　(1)
會稽郡故書雜集
魯迅編　上海　魯迅全集出版社　1947 年　魯迅三十年集　(m.)

007452648　9120　7248　(2)
墳
魯迅著　上海　魯迅全集出版社　1947 年　魯迅三十年集　(m.)

007956491　9120　7248　(3)
集外集拾遺
魯迅著　上海　魯迅全集出版社　1947 年　魯迅三十年集　(m. w.)

007956497　9120　7248　(4)
熱風

魯迅著　上海　魯迅全集出版社　1947年　魯迅三十年集　(m.)

007452450　9120　7248　(5)
嵇康集
(魏)嵇康著　魯迅校輯　上海　魯迅全集出版社　1941年　初版　魯迅三十年集　(m.)

007956502　9120　7248　(6–7)
古小説鉤沉
魯迅撰　上海　魯迅全集出版社　1947年　魯迅三十年集

007956504　9120　7248　(8)
吶喊
魯迅撰　上海　魯迅全集出版社　1947年　魯迅三十年集

009125011　9120　7248　(9)
中國小説史略
魯迅著　香港　魯迅全集出版社　1946年　第3版　(m.)

008283979　9120　7248　(10)
野草
魯迅著　上海　魯迅全集出版社　1947年　魯迅三十年集　(m.)

007956507　9120　7248　(11)
華蓋集
魯迅著　上海　魯迅全集出版社　1947年　魯迅三十年集　(m.)

007956509　9120　7248　(12)
華蓋集續編
魯迅著　上海　魯迅全集出版社　1947年　魯迅三十年集　(m.)

007956512　9120　7248　(14)
小説舊聞鈔
魯迅著　上海　魯迅全集出版社　1947年　魯迅三十年集　(m.)

007956516　9120　7248　(15)
故事新編
魯迅著　上海　魯迅全集出版社　1947年　魯迅三十年集　(m.)

007956524　9120　7248　(16)
朝華夕拾
周樹人[魯迅]著　大連　魯迅全集出版社　1947年　大連再版　魯迅三十年集　(m.)

007956529　9120　7248　(17)
而已集
魯迅著　魯迅先生紀念委員會編纂　哈爾濱　魯迅全集出版社　1947年　魯迅三十年集　(m.)

007956533　9120　7248　(18)
三閒集
魯迅著　上海　魯迅全集出版社　1947年　魯迅三十年集　(m.)

007956568　9120　7248　(19)
唐宋傳奇集八卷　卷末一卷
魯迅校録　上海　魯迅全集出版社　1947年　魯迅三十年集　(m.)

007956574　9120　7248　(20)
漢文學史綱要
魯迅著　上海　魯迅全集出版社　1947年　魯迅三十年集　(m.)

007956579　9120　7248　(21)
二心集
魯迅著　上海　魯迅全集出版社　1947年　魯迅三十年集　(m.)

007956582　9120　7248　(22)
集外集
魯迅著　上海　魯迅全集出版社　1947年　魯迅三十年集　(m.)

007956584　9120　7248　(23)
南腔北調集
魯迅著　上海　魯迅全集出版社　1947年　魯迅三十年集　(m.)

007452476　9120　7248　(24)
僞自由書一名"不三不四"集
魯迅著　大連　魯迅全集出版社　1948年　初版　魯迅三十年集　(m.)

007452439　9120　7248　(25)
准風月談
魯迅著　魯迅先生紀念委員會編纂　哈爾濱　光華書店(總經售)　1947年　再版　魯迅三十年集　(m.)

007452655　9120　7248　(26)
兩地書
周樹人、許廣平合撰　上海　魯迅全集出版社　1947年　魯迅三十年集　(m.)

007956675　9120　7248　(27)
花邊文學
魯迅著　上海　魯迅全集出版社　1947年　魯迅三十年集　(m.)

007956682　9120　7248　(28)
且介亭雜文
魯迅著　上海　魯迅全集出版社　1947年　魯迅三十年集　(m.)

007956684　9120　7248　(29)
且介亭雜文二集
魯迅著　上海　魯迅全集出版社　1947年　魯迅三十年集　(m.)

007452654　9120　7248　(30)
且介亭雜文末編
魯迅著　上海　魯迅全集出版社　1947年　魯迅三十年集　(m.)

007455708　9120　7248.2
魯迅全集補遺
魯迅著　唐弢編　上海　上海出版公司　1946年　初版　(m.w.)

007453409　9120　7248b
魯迅全集
魯迅著　魯迅先生紀念委員會編　上海　魯迅全集出版社　1948年　(m.)

007453533　9120　7248b　(1)
墳
魯迅著　上海　魯迅全集出版社　1948年　魯迅全集　(m.)

007867098　9120　7248b　(1)
吶喊
魯迅撰　上海　魯迅全集出版社　1948年　魯迅全集

007453537　9120　7248b　(1)
野草
魯迅著　上海　魯迅全集出版社　1948年　魯迅全集　(m.)

007867043　9120　7248b　(2)
朝華夕拾
魯迅撰　上海　魯迅全集出版社　1948年　魯迅全集

007956689　9120　7248b　(2)
彷徨
魯迅著　上海　魯迅全集出版社　1948年　魯迅全集　(m.)

007867227　9120　7248b　(2)
故事新編

魯迅著 上海 魯迅全集出版社 1948 年 魯迅全集 (m.)

007867069 9120 7248b (2)
熱風
魯迅著 上海 魯迅全集出版社 1948 年 魯迅全集 (m.)

007869091 9120 7248b (3)
而已集
魯迅著 上海 魯迅全集出版社 1948 年 魯迅全集 (m.)

007867213 9120 7248b (3)
華蓋集
魯迅著 上海 魯迅全集出版社 1948 年 魯迅全集 (m.)

007867215 9120 7248b (3)
華蓋集續編
魯迅著 上海 魯迅全集出版社 1948 年 魯迅全集 (m.)

007867248 9120 7248b (4)
二心集
魯迅著 上海 魯迅全集出版社 1948 年 魯迅全集 (m.)

007453539 9120 7248b (4)
魯迅譯著書目
魯迅撰 上海 魯迅全集出版社 1948 年 魯迅全集

007867234 9120 7248b (4)
三閒集
魯迅著 上海 魯迅全集出版社 1948 年 魯迅全集 (m.)

007453540 9120 7248b (4)
僞自由書
魯迅著 上海 魯迅全集出版社 1948 年 魯迅全集 (m.)

007867293 9120 7248b (5)
花邊文學
魯迅著 上海 魯迅全集出版社 1948 年 魯迅全集 (m.)

007867279 9120 7248b (5)
南腔北調集
魯迅著 上海 魯迅全集出版社 1948 年 魯迅全集 (m.)

007453542 9120 7248b (5)
准風月談
魯迅著 上海 魯迅全集出版社 1948 年 魯迅全集 (m.)

007706069 9120 7248b (6)
且介亭雜文
魯迅著 上海 魯迅全集出版社 1948 年 魯迅全集 (m.)

007867321 9120 7248b (6)
且介亭雜文二集
魯迅著 上海 魯迅全集出版社 1948 年 魯迅全集 (m.)

007453544 9120 7248b (6)
且介亭雜文末編附集
魯迅著 上海 魯迅全集出版社 1948 年 魯迅全集 (m.)

007867253 9120 7248b (7)
集外集
周樹人撰 楊霽雲編 上海 魯迅全集出版社 1948 年 魯迅全集 (m.)

007867064 9120 7248b (7)
集外集拾遺
魯迅著 上海 魯迅全集出版社 1948 年 魯迅全集 (m. w.)

007453545　9120　7248b　(7)
兩地書三集
周樹人、許廣平合撰　上海　魯迅全集出版社　1948 年　魯迅全集　(m.)

007867073　9120　7248b　(8)
古小說鉤沉
魯迅撰　上海　魯迅全集出版社　1948 年　魯迅全集

007453556　9120　7248b　(8)
會稽郡故書雜集
魯迅撰　上海　魯迅全集出版社　1948 年　魯迅全集

007453557　9120　7248b　(9)
嵇康集十卷
嵇康撰　周樹人校輯　上海　魯迅全集出版社　1948 年　魯迅全集　(m.)

007453823　9120　7248b　(9)
中國小說史略
魯迅著　上海　魯迅全集出版社　1948 年　魯迅全集　(m.)

007867242　9120　7248b　(10)
漢文學史綱要
魯迅著　上海　魯迅全集出版社　1948 年　魯迅全集　(m.)

007867238　9120　7248b　(10)
唐宋傳奇集八卷　卷末一卷
魯迅校録　上海　魯迅全集出版社　1948 年　魯迅全集　(m.)

007867222　9120　7248b　(10)
小說舊聞鈔
魯迅著　上海　魯迅全集出版社　1948 年　魯迅全集　(m.)

007453834　9120　7248b　(11)
地底旅行
威南撰　周樹人譯　上海　魯迅全集出版社　1948 年　魯迅全集

007453836　9120　7248b　(11)
工人綏惠略夫
柯志巴綏夫撰　周樹人譯　上海　魯迅全集出版社　1948 年　魯迅全集

007956694　9120　7248b　(11)
現代日本小說集
魯迅撰　上海　魯迅全集出版社　1948 年　魯迅全集

007453827　9120　7248b　(11)
現代小說譯叢
魯迅撰　上海　魯迅全集出版社　1948 年　魯迅全集

007453825　9120　7248b　(11)
域外小說集
魯迅撰　上海　魯迅全集出版社　1948 年　魯迅全集

007453832　9120　7248b　(11)
月界旅行
威南撰　周樹人譯　上海　魯迅全集出版社　1948 年　魯迅全集

007453838　9120　7248b　(12)
愛羅先珂童話集
愛羅先珂撰　周樹人譯　上海　魯迅全集出版社　1948 年　魯迅全集

007453839　9120　7248b　(12)
桃色的雲
愛羅先珂撰　周樹人譯　上海　魯迅全集出版社　1948 年　魯迅全集

007453837　9120　7248b　(12)
一個青年的夢
武者小路實篤撰　周樹人譯　上海　魯

迅全集出版社　1948 年　魯迅全集

007453843　9120　7248b　(13)
出了象牙之塔
廚川白村撰　周樹人譯　上海　魯迅全集出版社　1948 年　魯迅全集

007453840　9120　7248b　(13)
苦悶的象徵附録
廚川白村撰　周樹人譯　上海　魯迅全集出版社　1948 年　魯迅全集

007453846　9120　7248b　(13)
思想・山水・人物
鶴見佑輔撰　周樹人譯　上海　魯迅全集出版社　1948 年　魯迅全集

007453852　9120　7248b　(14)
錶
班台萊耶夫撰　周樹人譯　上海　魯迅全集出版社　1948 年　魯迅全集　(m.)

007453862　9120　7248b　(14)
俄羅斯的童話
高爾基撰　周樹人譯　上海　魯迅全集出版社　1948 年　魯迅全集

007453850　9120　7248b　(14)
小彼得
妙侖撰　周樹人譯　上海　魯迅全集出版社　1948 年　魯迅全集

007453848　9120　7248b　(14)
小約翰附録
藹覃撰　周樹人譯　上海　魯迅全集出版社　1948 年　魯迅全集　(m.)

007453864　9120　7248b　(14)
藥用植物
刈米達夫撰　周樹人譯　上海　魯迅全集出版社　1948 年　魯迅全集

007453865　9120　7248b　(15)
近代美術史潮論附插圖
板垣鷹穗撰　周樹人譯　上海　魯迅全集出版社　1948 年　魯迅全集

007453872　9120　7248b　(15)
藝術論
盧那卡爾斯基撰　周樹人譯　上海　魯迅全集出版社　1948 年　魯迅全集

007453828　9120　7248b　(16)
壁下譯叢
魯迅編譯　上海　魯迅全集出版社　1948 年　魯迅全集

007453829　9120　7248b　(16)
譯叢補
魯迅著譯　上海　魯迅全集出版社　1948 年　魯迅全集　(m. w.)

007453874　9120　7248b　(17)
文藝與批評
盧那卡爾斯基撰　周樹人譯　上海　魯迅全集出版社　1948 年　魯迅全集

007453830　9120　7248b　(17)
文藝政策
魯迅撰　上海　魯迅全集出版社　1948 年　魯迅全集

007453873　9120　7248b　(17)
現代新興文學的諸問題
片上伸撰　周樹人譯　上海　魯迅全集出版社　1948 年　魯迅全集

007453867　9120　7248b　(17)
藝術論
普列哈諾夫撰　周樹人譯　上海　魯迅全集出版社　1948 年　魯迅全集

007453880　9120　7248b　(18)

壞孩子和別的奇聞

柴霍甫撰　周樹人譯　上海　魯迅全集出版社　1948 年　魯迅全集

007453877　9120　7248b　(18)

毀滅

法捷耶夫撰　周樹人譯　上海　魯迅全集出版社　1948 年　魯迅全集　(m.)

007453879　9120　7248b　(18)

山民牧唱附録

巴羅哈撰　周樹人譯　上海　魯迅全集出版社　1948 年　魯迅全集　(w.)

007453875　9120　7248b　(18)

十月

雅各武萊夫撰　周樹人譯　上海　魯迅全集出版社　1948 年　魯迅全集　(m. w.)

007453831　9120　7248b　(19)

豎琴

魯迅編譯　上海　魯迅全集出版社　1948 年　魯迅全集

007453530　9120　7248b　(19)

一天的工作

魯迅編譯　上海　魯迅全集出版社　1948 年　魯迅全集

007453529　9120　7248b　(20)

死魂靈

果戈里撰　周樹人譯　上海　魯迅全集出版社　1948 年　魯迅全集

002872094　9120　7248d(21)

譯叢補

魯迅著譯　香港　魯迅全集出版社　1939 年　初版　(m. w.)

007455877　9120　7901

天嬰室叢稿第一輯

陳訓正撰　香港　1925 年

007455879　9120　7901　(1)

無邪詩存一卷

陳訓正撰　香港　1925 年　天嬰室叢稿第 1 輯

007455880　9120　7901　(1)

無邪詩旁篇一卷

陳訓正撰　香港　1925 年　天嬰室叢稿第 1 輯

007455882　9120　7901　(2)

無邪雜著一卷

陳訓正撰　香港　1925 年　天嬰室叢稿第 1 輯

007455883　9120　7901　(3)

哀冰集一卷

陳訓正撰　香港　1925 年　天嬰室叢稿第 1 輯

007455884　9120　7901　(3)

秋岸集一卷

陳訓正撰　香港　1925 年　天嬰室叢稿第 1 輯

007455885　9120　7901　(3)

逃海集一卷

陳訓正撰　香港　1925 年　天嬰室叢稿第 1 輯

007455889　9120　7901　(4)

鬩逢困敦集一卷

陳訓正撰　香港　1925 年　天嬰室叢稿第 1 輯

007455887　9120　7901　(4)

庸海二集一卷

陳訓正撰　香港　1925 年　天嬰室叢稿

第 1 輯

007455886 9120 7901 (4)
庸海集一卷
陳訓正撰 香港 1925 年 天嬰室叢稿 第 1 輯

007455669 9120 7941
勵耘書屋叢刻八種
陳垣撰 北平 勵耘書屋 1931—44 年

007455890 9120 7941 (1-2)
元西域人華化考八卷
陳垣撰 香港 1931 年 勵耘書屋叢刻 第 1 集

007957510 4685 1150 9120 7941 (3-7)
沈刻元典章校補劄記六卷 闕文三卷 表格一卷
陳垣撰 香港 1931 年 勵耘書屋叢刻 第 1 集

007455892 9120 7941 (8)
元典章校補釋例六卷
陳垣撰 香港 1931 年 勵耘書屋叢刻 第 1 集

007957515 2460 7941 9120 7941 (9)
史諱舉例八卷
陳垣撰 北平 勵耘書屋 1933 年

007455894 9120 7941 (10)
舊五代史輯本發覆三卷
陳垣撰 香港 1931 年 勵耘書屋叢刻 第 2 集

007455895 9120 7941 (11)
吴漁山先生年譜二卷 附録
陳垣撰 香港 1931 年 勵耘書屋叢刻 第 2 集

007455896 9120 7941 (12-15)
釋氏疑年録十二卷 附通檢
陳垣撰 香港 1931 年 勵耘書屋叢刻 第 2 集

007455897 9120 7941 (16)
清初僧諍記三卷
陳垣著 香港 1931 年 勵耘書屋叢刻 第 2 集

009088815 9120 7942
栩園叢稿初編五卷
陳栩著 周之盛輯 上海 著易堂書局 1930—49 年 鉛印

007455900 9120 8102
湖濱補讀廬叢刻
鍾廣生撰 香港 1931 年

007455901 9120 8102 (1)
新疆志稿三卷
鍾廣生撰 香港 1931 年 湖濱補讀廬叢刻

007455902 9120 8102 (2-3)
慜盦文集四卷
鍾廣生撰 香港 1931 年 湖濱補讀廬叢刻

007455906 9120 8102 (4)
代言録一卷
鍾廣生撰 香港 1931 年 湖濱補讀廬叢刻

007455904 9120 8102 (4)
慜盦四六文一卷
鍾廣生撰 香港 1931 年 湖濱補讀廬叢刻

007455905 9120 8102 (5)
慜盦詩集四卷
鍾廣生撰 香港 1931 年 湖濱補讀廬

叢刻

中國雜著隨筆

007456823 9130 4453
最新論説文海
李春元輯 沈桐生精選增批 廣州 共和書局 1918 年

007456824 9130 4745
歷代皇帝趣事大觀四卷
蘭陵女史編輯 上海 宏文圖書館 1924 年 再版

007456727 9130 4865
古今筆記精華二十四卷
古今圖書局編譯部編 上海 廣益書局 1915 年

007456827 9130 4896
古今怪異集成三編
中華書局編 上海 中華書局 1923 年 （m.）

007274655 9133 0312.5 Film Mas C5140
風俗通義十卷 附佚文六卷
應劭著 中法漢學研究所編輯 北京 中法漢學研究所 1943 年

006858842 9133 0312.5 A91.7.P3 FC8314 Film Mas C5140 Z3101.C4795 1943x vol.3
風俗通義通檢
中法漢學研究所編輯 北京 中法漢學研究所 1943 年 （m.）

007275011 9133 0312B
風俗通義十卷
應劭撰 上海 中華書局 1930 年 四部備要

007869954 9133 7208
西京雜記六卷
劉歆撰 葛洪録 上海 商務印書館 1929 年 四部叢刊初編

007275000 9139 1345
博物志十卷
張華撰 上海 中華書局 1934 年 四部備要

007275010 9139 2122
古今註三卷
崔豹著 黄中模校 上海 中華書局 1930 年 四部備要

007869987 9139 2122b
古今註三卷
崔豹撰 上海 商務印書館 1936 年 四部叢刊

007274689 9141 4200
唐寫本世説新書
劉義慶撰 劉孝標註 濟南 上虞羅氏 1916 年跋

007269676 9141 7280
世説新語
劉義慶撰 劉孝標註 香港 1917 年

007272187 9141 7280d
世説新語三卷
劉義慶撰 劉孝標註 東京 育德財團 1929 年

007272188 9141 7280e
世説新語六卷
劉義慶撰 劉孝標註 上海 商務印書館 1935 年 國學基本叢書 （m.）

007272004 9146 4438.42 Z3101.Y446x Suppl. vol.7 pt.1－2
封氏聞見記校證附引得
趙貞信編 引得編纂處 北平 哈佛燕

京社　1933 年　引得

007275015　9148　1132
唐摭言十五卷
王定保撰　上海　中華書局　1934 年　四部備要

007276330　9150　1100.2
困學紀聞註二十卷
王應麟撰　翁元圻輯註　上海　中華書局　1933 年

007870436　9150　1100.3
困學紀聞
王應麟撰　翁元圻註　上海　商務印書館　1935 年　國學基本叢書　(m.)

007276252　9150　1100D
困學紀聞二十卷
(宋)王應麟著　上海　商務印書館　1935 年　四部叢刊　(m.)

007276339　9150　1103
唐語林
王讜撰　香港　1920 年

007276195　9150　1103B
唐語林八卷
(宋)王讜著　上海　商務印書館　1935 年　初版　國學基本叢書　(m.)

007276343　9150　1112
續世説十二卷
孔平仲撰　錢熙祚校　上海　中華書局　1930 年　四部備要

007276189　9150　1112B
續世説十二卷
(宋)孔平仲著　上海　商務印書館　1937 年　初版　國學基本叢書　(m.)

007276196　9150　1124A
麈史三卷
(宋)王得臣著　長沙　商務印書館　1941 年　初版

007290788　9150　1163
揮麈録前録四卷　後録十一卷　三録三卷　餘話二卷
王明清撰　上海　商務印書館　1934 年

007276365　9150　1174
類林雜説十五卷
王朋壽編　香港　吴興劉氏嘉業堂　1920 年　嘉業堂叢書

007273627　9150　1226
聞見前録
邵伯温撰　上海　商務印書館　1920 年

007273588　9150　1354
墨莊漫録十卷
張邦基撰　上海　商務印書館　1936 年　四部叢刊

007273272　9150　3156B
夢溪筆談二十六卷
沈括撰　上海　商務印書館　1934 年　四部叢刊續編

007273632　9150　3156C
夢溪筆談二十六卷
沈括著　香港　貴池劉氏　1915 年

007276004　9150　3833B
容齋隨筆五集七十四卷
洪邁撰　上海　商務印書館　1934 年　四部叢刊續編　(m.)

007276194　9150　3838D
容齋隨筆五集
(宋)洪邁著　上海　商務印書館　1935 年　初版　國學基本叢書　(m.)

007276167　Z3101. Y446x　vol. 13
容齋隨筆五集綜合引得
哈佛燕京學社引得編纂處　北平　哈佛燕京學社引得編纂處　1933 年　引得　(m.)

007283587　9150　4131
西溪叢語上下卷
(宋)姚寬輯　長沙　商務印書館　1941 年　初版　(m.)

007276994　9150　495
龍川略別志
蘇轍撰　上海　商務印書館　1920 年　再版

007276820　9150　6195
新編醉翁談録
羅燁編　東京　文求堂　1940 年

007290790　9150　7235
清波雜志十二卷　附校刊記
周煇撰　上海　商務印書館　1934 年

007281508　9150　7237　DS736. M34　1920x
懶真子録五卷
馬永卿　上海　商務印書館　1920 年

007281420　9150　7712
桯史十五卷
岳珂撰　毛晉訂　上海　申報館　1938 年

007290789　9150　7712b
桯史十五卷
岳珂撰　上海　商務印書館　1934 年

007281444　9150　7712. 9
愧郯録十五卷
(宋)岳珂著　上海　商務印書館　1934 年　四部叢刊

007273509　9151　5144
庶齋老學叢談三卷
(元)盛如梓著　長沙　商務印書館　1941 年　初版　(m.)

007273589　9153　1129
筆麈四卷
王肯堂撰　北平　國立北平圖書館　1930 年

008497731　PL2620. M584　1935x
明人日記隨筆選
王英編校　上海　南强書局　1935 年　初版　(m.)

007273347　9153　1147
王仁孝先生俟後編
彭定求訂　香港　承業堂　1924 年

007273642　9153　1151
震澤先生別集六卷
香港　鮮溪王氏　1921 年

007283775　9153　1343
南園漫録十卷
張志淳撰　香港　雲南圖書館　1914 年

007283776　9153　1386
宙載二卷
張合撰　香港　雲南圖書館　1924 年

007281335　9153　2303
焦氏筆乘正集六卷　續集八卷
(明)焦竑著　上海　商務印書館　1937 年　初版　國學基本叢書　(m.)

007281465　9153　2963c
湧幢小品三十二卷　卷首
朱國楨撰　上海　進步書局　192? 年

009370025　9153　3113
渾如篇

沈弘宇著　范遇安校閲　北京　北新書局　1926 年　鉛排藍印本　（m.）

007281534　9153　321b

七修類稿二卷

郎瑛撰　上海　廣益書局　1936 年（m.）

007281537　9153　4181

清賢紀六卷

尤長鏜輯　國學扶輪社校　上海　中國圖書公司　1915 年　張氏適園叢書

001781510　9153　4416

南吴舊話録

西園老人口授　尚絅補撰　漢徵引釋　蔣烈編　上海　1915 年

009013798　9153　4443

黄谷璅談四十卷

李蓘撰　香港　陶然齋　1929 年

007281539　9153　4464

紫桃軒雜綴四卷　又綴二卷

李日華撰　上海　有正書局　1927 年

007282721　9153　7232

南村輟耕録三十卷

陶宗儀撰　上海　商務印書館　1936 年　四部叢刊

007282780　9153　7232B

南村輟耕録三十卷

陶宗儀撰　香港　武進陶氏　1923 年

007282782　9153　7914

兩山墨談十八卷

陳霆著　香港　吴興劉氏刊　1919 年　吴興叢書

007380262　9155　0487

碧聲吟館談塵四卷

許善長纂　杭州　西泠印社　1912—30 年

007282762　9155　1104

柳南隨筆

王東溆［應奎］著　香港　掃葉山房　1926 年

007380260　9155　1182

蜷廬隨筆不分卷

王錫卽撰　香港　無冰閣　1912—49 年

007282809　9155　1317

不遠復齋見聞雜志十卷

張廷驤輯　蘇州　毛山珍印刷所　1915 年

007282810　9155　1321

紅蘭逸乘四卷

張霞房［紫琳］輯　蘇州　江蘇省立蘇州圖書館　1932 年　吴中掌故叢書　（m.）

009342289　9155　1343.1

評註篤素堂雜著四卷

張英著　王有宗評點　周承煦音註　上海　文瑞樓書局　1929 年　石印

007282815　9155　1357

遣愁集十四卷

張貴勝纂輯　上海　商務印書館　1925 年

007283498　9155　1425

樵隱昔［囈］二十卷　附録一卷

平步青纂　香港　山陰平氏家　1917 年跋　香雪崦叢書

007291187　9155　2084

章臺紀勝名著叢刊

朱劍芒輯校　上海　世界書局　1936 年

007283787　9155　2101
群書拾補初編
盧文弨撰　上海　商務印書館　1937 年　國學基本叢書

007809798　MLC－C
此中人語
吴再福　上海　大達圖書供應社　1934 年

008627846　Microfiche　C－1019　CH1350
此中人語
程趾祥撰　上海　大達圖書供應社　1935 年　再版　（m.）

007283793　9155　2214
三借廬筆談十二卷
鄒弢撰　香港　1913 年

007283807　9155　2303b
南野堂筆記十二卷
吴文溥撰　上海　中華國粹書社　1912 年

007283813　9155　2903
物猶如此
徐謙編　鄭湘校　蘇州　弘化社　1936 年

007286034　9155　291
清稗類鈔
徐珂編　上海　商務印書館　1928 年　5 版　（m.）

007287415　9155　2964
煙嶼樓讀書志附筆記十六卷　附八卷
徐時棟撰　香港　鄞蘧學齋徐氏　1928 年

009247446　9155　3122
中州雜俎二十一卷
汪價輯　張鳳臺厘訂　安陽　三治堂　1921 年　鉛印

007287420　9155　3148
悔翁筆記六卷
汪士鐸著　北平　燕京大學圖書館　1935 年

007287222　9155　3163
讀書堂西征隨筆
汪景祺撰　北京　國立故宫博物院　1928 年

007288864　9155　3891.4
日知録校記
黄侃著　香港　國立中央大學　1933 年

007288865　9155　3891.45
菰中隨筆一卷　又別本三卷　詩律蒙告一卷
顧炎武撰　香港　北平古學院　1945 年

007287436　9155　3891B
日知録集釋三十二卷
顧炎武撰　黄汝成集釋　上海　中華書局　1930 年　四部備要

007174984　9155　3891c
日知録
顧炎武著　上海　商務印書館　1934 年　3 版　國學基本叢書　（m.）

007288868　9155　3908
梁氏筆記三種
梁章鉅著　上海　掃葉山房　1918 年

007288869　9155　3908　（1－2）
歸田瑣記八卷
梁章鉅著　上海　掃葉山房　1918 年　梁氏筆記三種

007288870　9155　3908　（3－5）
浪跡叢譚十一卷

梁章鉅著　上海　掃葉山房　1918年　梁氏筆記三種

007288871　9155　3908　(6–8)
浪跡續譚八卷
梁章鉅著　上海　掃葉山房　1918年　梁氏筆記三種

009029582　9155　4141
慕良雜纂四卷　慕良雜著三卷　附録
莊有可著　香港　莊俞　1930年　鉛印　莊大久先生遺著

007288858　9155　4147
訂訛類編六卷　續編二卷
杭世駿撰　吴興　劉氏嘉業堂　1918年　嘉業堂叢書

007288744　9155　4248b
賓存
(清)胡式鈺著　朱太忙標點　上海　廣益書局發行　1936年　初版　文學筆記叢書　(m.)

007288750　9155　4344
隨園隨筆
(清)袁枚著　朱太忙標點　上海　大達圖書供應社　1935年　再版

007289911　9155　4380
清代軼聞十卷
裘毓麐著　上海　中華書局　1932年　10版　(m.)

007288822　9155　4404
炳燭編四卷
李鄦齋[賡芸]遺著　上海　古今圖書館　192?年

007288749　9155　4435
庸盦筆記
薛福成著　上海　商務印書館　1937年　初版　國學基本叢書　(m.)

009255167　9155　4449
舊學盦筆記
凫道人[李葆恂]撰　北京　1916年　義州李氏叢刻

007290120　9155　4453
嶺雲軒瑣記四卷
李威著　北京　榮華印刷局承印　1935年

010144780　9155　4458
花蕊夫人宫詞一卷　附俞明震履歷一卷
濟南　1911—45年　紅格鈔本

007290122　9155　448
師伏堂筆記三卷
皮錫瑞撰　長沙　楊氏積微居刊　1930年

007290140　9155　5044
樸學齋筆記八卷
盛大士著　香港　吴興劉氏刊　1920年　吴興叢書

007288878　9155　5083
弢園隨筆
史念祖撰　廣州　周肇祥　1917年

007458940　9155　6245
鯉書
易坤著　吴傳綺編輯　1920—40年

007206593　9155　7941B
庸閒齋筆記
(清)陳子莊[其元]撰　上海　大達圖書供應社　1935年　初版　文學札記説部　(m.)

009041914　9155　8103
莪厓考古録四卷　附校記
鍾褎著　鮑鼎校勘　北京　中國書店　1931 年　影印

007290149　9155　8248
讀書餘録
俞樾著　廣州　觀鑒廬　1919 年

007385845　9155　8524
屑玉叢譚六卷　初集
錢徵、蔡爾康同輯　上海　中華圖書館　1912—49 年

007290151　9155　8546
十駕齋養新録二十卷　餘録三卷
錢大昕著　上海　中華書局　1934 年　四部備要

007290043　9155　8546B　9155　8546C
十駕齋養新録二十卷
(清)錢大昕著　上海　商務印書館　1935 年　國學基本叢書　之一　(m.)

007278388　9158　2161
滄園雜著八卷
虞景璜撰　虞和欽、虞和寅校　香港　鎮海虞氏　1924 年

007278390　9159　0191
學術演講集
廣西省政府編譯委員會編　香港　廣西省政府編譯委員會　1940 年　(m.)

007278391　9159　0214
孔子之平等大義
鄺玉葵著　香港　1929 年

007278355　9159　0234
盲腸炎
郭沫若著　上海　群益出版社　1947 年　初版　(m. w.)

007278400　9159　0263
竹軒摭録八卷
龍顧山人[郭則澐]輯　1938 年

007278401　9159　0263.3
遯圃詹言十卷
郭則澐撰　香港　1936 年

007279863　9159　0404.3
窗下隨筆
章衣萍著　上海　北新書局　1929 年　初版　(m. w.)

003329644　9159　0416
章乃器論文選
章乃器著　上海　生活書店總經售　1934 年　(m.)

007279814　9159　0434
中國民族之改造與自救
章淵若著　長沙　商務印書館　1938 年　3 版　(m.)

007279927　9159　0438
三靈解
章鴻釗撰　北京　法輪印刷局　1919 年

007279899　9159　0453
朱漆馬桶民主時代
鄦挽沉[許晚成]著　上海　龍文書店　1949 年　民衆讀本　(m.)

007279964　9159　046
嘯天讀書記
許嘯天著　上海　群學社　1926 年　(m.)

011909348　PL2256.H7　1931
嘯天讀書記
許嘯天著　上海　群學社　1931 年　初版　(m.)

007279862 9159 046.6
呢喃集
許嘯天著 上海 群學書社 1933年 初版 （m. w.）

007279860 9159 0603
擺龍門陣
謝六逸著 上海 博文書店 1947年 初版 （m. w.）

011910043 AC150.T3 1929
中國史的新頁唐鉞文存二編
唐鉞著 上海 商務印書館 1929年 初版 唐鉞文存 （m. w.）

011919413 PL2765.I48 C8 1937
春草堂雜記
謝頌羔著 上海 廣學會 1937年 初版 （m.）

007279813 9159 0732
文匯叢刊
上海 文匯報館 1947年 初版

007279859 9159 1111.1
旅渝心聲
王雲五著 上海 商務印書館 1945年 初版 （m.）

009060989 9159 1111.2
做人做事及其他
王雲五講 上海 商務印書館 1946年 增訂4版 新中學文庫

007385631 9159 1113 FC4933
張菊生先生七十生日紀念論文集
胡適、蔡元培、王雲五編輯 上海 商務印書館 1937年 再版 （m.）

007281330 9159 112
學習與戰鬥
王任叔[巴人]著 上海 上海雜志公司 1946年 （m. w.）

007281192 9159 1140
説部擷華六卷
玉梅詞隱撰輯 香港 嫏福書莊 1912年

007281423 9159 1149
心史叢刊
孟森編輯 上海 大東書局 1936年

007281307 9159 1164
秋窗集
東方曦[孔另境]著 上海 秋鳴社 1939年 初版 （m.）

007281352 9159 1165
西綫生活
西北戰地服務團集體創作 香港 生活書店 1939年 初版 （m. w.）

007286005 9159 1173
中國建設概論
王覺源著 重慶 獨立出版社 1943年 （m.）

007281507 9159 1222
現代各名家主張讀經論著叢刊
香港 1936年

007281512 9159 1302
勝利的自覺
張文伯著 南京 讀者之友社 1946年 讀者之友社時代叢書 （m.）

007281468 9159 1331
論中國蘇維埃運動[及其他]北斗叢刊創刊號
廣州 北斗叢刊社 1941年

007281520 9159 1334
石琴廬叢刊二十種 二卷

張之漢著　濟南　瀋陽張氏　1931 年　（m.）

007281353　9159　1335
在西戰場
張慶泰著　漢口　上海雜志公司　1938 年　初版　戰地報告叢刊　（m. w.）

007281469　9159　1341
現代名人演講集
張越瑞選輯　長沙　商務印書館　1938 年　中學國文補充讀本　（m.）

007282617　9159　1358
西方夜譚
張慧劍編　南京　新民報館　1946 年　滬初版　南京新民報文藝叢書　（m. w.）

007282628　9159　1358.7
辰子説林
張慧劍　南京　新民報社　1946 年　（m. w.）

009054263　9159　1378
王道叢刊第一卷
王道學會編輯　香港　奉天省公署印刷局　1934 年　鉛印

007282811　9159　1404.8
于斌主教抗戰言論集
益世報宗教與文化社編　香港　真理學會　1939 年　（m.）

007282819　9159　1413
存亡的關鍵
子强等著　上海　求知出版社　1941 年　（m.）

007283348　9159　1413.1
論統一戰綫
子强等著　上海　求知出版社　1941 年　（m.）

007283768　9159　1414
人生指津
聶雲台撰　蘇州　弘化社　1934 年　（m.）

007283770　9159　1601　FC9559　Film　Mas　35999
三十年來燕京瑣録
習庵著　上海　金馬書堂　1928 年

007283666　9159　1620
一年鴻爪
雷香庭著　廣州　廣州大學文化事業公司　1948 年　（m.）

007283581　9159　1704
齋夫自由談
不除庭草齋夫[陶行知]著　上海　申報館總經售　1932 年　初版　（m. w.）

007283752　9159　2141
夢蝶叢刊
夢蝶[伍憲子]著　三藩市　世界日報社　1930 年

007283803　9159　2143
生立文選
生立叢書編纂委員會輯　福州　生立學社　1938 年

007283579　9159　2147
隨筆小品散文
任蒼厂著　上海　南光出版社　1940 年　初版　（m. w.）

007283817　9159　2152
滄波評論集
程滄波著　重慶　中央日報社　1939 年　（m.）

007283811 9159 2153
在曉莊
程本海著 上海 中華書局 1932年 5版 (m.)

007283638 9159 2156
紀念與回憶
魏東明著 瀋陽 東北書店 1949年 (w.)

011931064 D805.J3 C3 1942
囚徒
張十方著 桂林 立體出版社 1942年 (w.)

011929658 DS777.5315.W456 1941
蘇浙皖山區中報告文學
文宗山著 上海 江海出版社 1941年 初版 (m.)

008627085 FC705(N)
一九二七年底回憶
朱其華著 上海 新新出版社 1933年 初版 (m.w.)

007283814 9159 2171
僵蠶漫筆
僵蠶子撰 香港 1921年

007283367 9159 2226
抗建和平之我見
鄒魯著 重慶 商務印書館 1944年 初版 (m.)

007283586 9159 2226.1
澄廬文選
鄒魯著 上海 正中書局 1948年 初版 (m.)

007283342 9159 2226.3
澄廬文集
鄒魯著 廣州 國立中山大學出版部 1934年 初版 (m.)

007283816 9159 2226.3 (3)
澄廬文集續編
鄒魯著 廣州 國立中山大學出版部 1935年 (m.)

007283583 9159 2244
讀書偶譯
鄒韜奮著 香港 韜奮出版社 1945年 4版 (m.)

007283585 9159 2244.1
韜奮時事論文集
鄒韜奮著 上海 中流書店 1938年 (m.)

007283584 9159 2244.2
展望
韜奮著 上海 1938年 初版 (m.)

010258115 AC150.P545 1915
盲人瞎馬之新名詞雜文集
彭文祖撰 1915年

011930701 AC150.T3 1937
韜奮言論集
韜奮著 香港 大華書店 1937年 初版 (m.)

007283577 9159 2264
南北極
穆時英著 上海 湖風書局 1932年 初版 文藝創作叢書 (m.w.)

007285993 9159 2304
蕉廊脞録八卷
吴慶坻撰 香港 南林劉氏 1928年

007285997 9159 231
景陶庵讀史録
黎豫樟著 廣州 廣東省立圖書館

1948 年

007358451 9159 2314
橫陽札記十卷
吴承志撰　香港　南林劉氏刊　1922 年　求恕齋叢書

007358208 9159 2383
涵芬樓文談
吴曾祺著　上海　商務印書館　1935 年　國難後第 3 版　（m.）

007358312 9159 2424
生活在空襲中
殷作楨著　胡春水編　廣州　中山日報社　1938 年　初版　中山日報社抗戰叢書　（m.）

007219339 9159 2442
勵志集
傅彬然著　桂林　文化供應社　1943 年　初版　（m.）

007358473 9159 2546 （6）
何時總反攻
自由世界出版社編輯　香港　1947 年　自由叢刊　（m.）

007219445 9159 2546 （7）
展望大反攻
1947 年　（m.）

009124920 9159 2546 （12）
渡江前夜
香港　自由世界出版社　1948 年　自由叢刊

007219172 9159 2546 （14）
大財閥蔣介石
鍾器聲等著　香港　自由世界出版社　1948 年

007358475 9159 2546 （16）
新傀儡戲
懷湘等著　香港　自由世界出版社　1948 年　自由叢刊

007358479 9159 2758
山居書簡
田漢等著　桂林　科學書店　1941 年

007359852 9159 2882
秋齋筆譚
秋翁著　柯庵校訂　上海　中央書店　1948 年　（m.）

007359310 9159 2922
當代奇文第一集
徐行編　香港　大風書社　1934 年　初版　（m. w.）

007359421 9159 2944
安樂康平室隨筆三卷
朱彭壽撰　廣州　1940 年

007359425 9159 2982
現代論文叢刊
朱毓魁編輯　上海　文明書局　1929 年　3 版　（m.）

007359330 9159 3102
此時此地集
夏衍著　桂林　文獻出版社　1941 年　初版　野草叢書　（m. w.）

008580262 FC2937
江亢虎對時局宣言
江亢虎著　上海　民意社　1939 年　（m.）

008580393 DS777.518.J5 1941 FC3025
回向東方
江亢虎著　南京　民意社　1941 年　民意叢書　（m.）

007359394 9159 3138
樓窗雜記四卷
汪兆鏞著 劉承幹校 濟南 1943 年

007359284 9159 3139
江渠評論集
江渠撰 約翰堡 僑聲報 1941 年

007359235 9159 3173
中國的一日
茅盾主編 上海 生活書店 1936 年 （m. w.）

007359226 9159 3224
初生期
杜埃、孫鈿、畢公裔著 桂林 新知書店總經售 1940 年 初版 （m. w.）

007614778 9159 3243
織餘瑣述二卷
況卜娛著 廣州 1919 年

007359389 9159 3273
我的讀書經驗
海上學社編 上海 海上學社 1931 年

007206595 9159 3644
樵山雜著六卷
潘敬著 香港 潘敬 1931 年

007359217 9159 3696
自由之路
潘光旦著 上海 商務印書館 1946 年 初版 （m.）

007359256 9159 3696.1
政學罪言
潘光旦著 上海 觀察社 1948 年 觀察叢書 （m.）

007359464 9159 3927
得所隨筆
梁得所著 上海 良友圖書印刷公司 1932 年 （m. w.）

007359854 9159 3952
乙丑集
梁泰仁撰 太原 晉陽日報 1925 年

007359621 9159 4018 T 9159 4018
海外印象記
蔡廷鍇著 香港 東雅印務有限公司 1935 年 （m.）

007359856 9159 4060 （1）
獨立時論集第一集
獨立時論社輯 北平 北京大學出版部 1948 年 （m.）

007359715 9159 4120
橫眉集
孔另境等作 上海 世界書局 1939 年 初版 大時代文藝叢書 （m. w.）

007359867 9159 4123
健廬隨筆
杜保祺著 上海 1948 年

007359659 9159 4131
桂渝郊外
薩空了著 香港 春風出版社 1947 年

009013380 9159 4134
隨想錄一卷
杜次珊述 香港 中華書局 1916 年 鉛印

007359884 9159 4221
政治經濟宗教論文集第一輯
荊磐石著 重慶 天地出版社 1944 年 （m.）

007359718 9159 423
街頭講話

柳湜著　上海　生活書店總經售　1936年　初版　（m. w. ）

007359698　9159　4233
讀書法入門
胡適之、王雲五、陳鐘凡講　中學生讀書會編　上海　開華書局　1931年　（m. ）

007361115　9159　4236
歷代豔史大觀四卷
楊塵因、劍秋編　　民國豔史大觀　海上飄萍生編　上海　群明書局　1920年

007361021　9159　4238
零墨新箋
楊憲益著　上海　中華書局　1947年　初版

007361117　9159　4240
流星
荆有麟著　廣州　華美圖書公司　1948年

007361120　9159　4242
九儒十丐
夏衍等著　上海　野草出版社　1947年

007361061　9159　4263
投稿術
胡鳴祥著　上海　復興書局　1937年　再版　（m. ）

007361135　9159　4304
吴船集
蘇州新報社編輯　香港　蘇州新報社　1939年　（m. ）

011987772　PL2760. A4　L5　1948
兩條路
樊弘著　上海　觀察社　1948年　初版　（m. ）

007361137　9159　4323
莫伯選演講集
莫伯選講　廣東新會　文明書局　1936年

007361139　9159　4401
粵東筆記
李調元輯　上海　會文堂書局　1928年　（m. ）

009229442　9159　4401a
粵東筆記十六卷　附羊城八景全圖
李調元輯　上海　會文堂　1915年　石印　（m. ）

011910515　PN6231. S2　L519　1935　vol. 2
厚黑叢話二、三
李宗吾著　成都　華西日報發行部　1936年　（m. ）

011910539　PN6231. S2　L519　1935　vol. 1
厚黑叢話一
李宗吾著　成都　華西日報發行部　1935年　初版　（m. ）

007361114　9159　4431
厚黑學
李宗吾著　香港　春鳴書局　1946年

007362230　9159　4431b
厚黑學
李宗吾著　上海　世界文化出版社　1948年

007361147　9159　4432
隨棗勝利後演詞
李宗仁講　南寧　廣西印刷局　1939年

007361067　9159　4436
現代學術思想文選
薛時進編　上海　亞細亞書局　1933年　初版　文學基本叢書　（m. ）

007360997 9159 4442
國事諍言
李樸生著 1949年

009014686 9159 4443
景邃堂題跋三卷
李根源著 蘇州 曲石精廬 1932年 鉛印 曲石叢書

007361066 9159 4444
紅毛長談
塔塔木林[蕭乾]著 上海 觀察社 1948年 初版 觀察叢書 (m. w.)

007361151 9159 4446
李大明先生言論集
李大明著 郭秀群編 檀香山 新中國報 1939年

007362038 9159 4447
救亡圖存
韓大風主幹 上海 中國復興協進會 1937年 (m.)

007219287 9159 4460
告少年
李昂著 重慶 勝利出版社 1942年 初版 (m.)

007360980 9159 4473
迎中國的文藝復興
李長之著 上海 商務印書館 1946年 (m.)

009065686 9159 4477
春明隨筆三卷 春明隨筆續集三卷
李多興著 濟南 1933年 鉛印

007361161 9159 4495
此登臨賡筆記三卷
存悔編述 上海 中國圖書公司 1919年 再版

007361168 9159 4804
開心小言集
黃文英著 黃樂三校訂 香港 梅縣商報社營業部 1935年

007361169 9159 4810
上海報人的奮鬥
趙君豪著 上海 國光印書館 1946年 3版

007362068 9159 4837
古今宮闈秘記八卷
進步書局編輯所編 上海 文明書局 1915年 初版 稗史叢書 (m.)

007020027 9159 4847 A 2057. T
平等閣筆記
狄葆賢撰 濟南 1922年

007422634 9159 4894
中華復興十講
黃炎培著 重慶 國訊書店 1944年 (m.)

007362301 9159 4914
葉夏聲抗戰言論集
葉夏聲著 重慶 大東書局 1940年 (m.)

007362069 9159 4924
桑海摭聞
蔡焦桐著 上海 聯華出版社 1937年 初版 (m.)

007362023 9159 4928
開明書店二十周年紀念文集
葉聖陶編 上海 開明書店 1947年 初版 (m.)

007362302 9159 4933
文豹一窺
李健兒編 香港 儉廬文學苑 1939年

007362308 9159 4954
明代軼聞八卷
林慧如編 上海 中華書局 1927 年 (m.)

007362309 9159 4968
閒漁閒閒録九卷
蔡顯撰 香港 吴興劉氏嘉業堂 1915 年

007362310 9159 4972
希莊學術論叢
林履信著 廈門 1932 年 (m.)

007362103 9159 5464 (1)
褚民誼先生論文集
褚民誼著 194? 年 中華日報叢書

007362099 9159 5464 (1)
社評集
中華日報編 上海 中華日報 1939 年 中華日報叢書 (m.)

007362321 9159 5476
學術論叢
中華民國駐日留學生監督處編 上海 中華書局 1935 年 (m.)

003140128 9159 5612.7b
文思
曹聚仁著 上海 北新書局 1937 年 初版 文藝新刊 (m.w.)

011918917 PL2815.A64 F4 1947
豐富的人生
曹孚著 上海 開明書店 1947 年 初版 開明青年叢書 (m.)

007363283 9159 5638
中國社會發展遲滯的原因
文化論叢社編輯 香港 文化供應社 1941 年

007363452 9159 5723
史話與史眼
中學生社編 上海 開明書店 1935 年 (m.)

007363457 9159 5944
問心集
秦翰才著 上海 普通書店 1935 年

007363278 9159 6132
文化教育與青年
羅家倫著 上海 商務印書館 1946 年 (m.)

007363459 9159 6238
新世說八卷
易宗夔述 廣州 1922 年

007363210 9159 6243.3
追悼
紺弩[聶紺弩]著 香港 智源書局 1949 年 初版 野草新集 (m.)

007363462 9159 6484
復興中華
時敏編 上海 中國自强學社 1935 年 (m.)

007363150 9159 0323 9159 6600
呼喊五四文叢
郭沫若等著 美洲華僑青年文藝社主編 三藩市 華僑知識社 1947 年 (w.)

007363404 9159 6659
吕副委員長最近的言論
吕春榮著 陳招姤筆記 香港 1939 年

007210001 9159 6662
燕石札記
吕思勉著 上海 商務印書館 1937 年 (m.)

007363475 9159 7144
劉蔚如先生最近之言論
劉蔚如講 1940 年

011910069 PL2792. E5 H7 1949
血書
聶紺弩著 上海 群益出版社 1949 年 初版 群益文藝叢書 (m.)

007363476 9159 7156
血書
聶紺弩著 香港 野草出版社 1948 年

007364476 9159 7182
世界知識新文庫
陸翔輯選 上海 世界書局 1921 年 再版

007364480 9159 7182.9
當代名人新文選
陸翔輯選 上海 世界書局 1926 年 (m.)

007364369 9159 7203
思想・文學短論
周立波著 哈爾濱 光華書店 1949 年 初版 (m.)

007358401 9159 7205
三餘札記四卷
劉文典撰 長沙 商務印書館 1928—38 年 初版

007358287 9159 721
雉尾集
屈彊著 上海 世界書局 1947 年 初版 世界集刊 (m.)

009050091 9159 7211
開發西北之先決問題一卷 附録
馬霄石著 青海 青海印刷局 1936 年 鉛印

007358299 9159 7214
滇南散記
馬子華著 昆明 新雲南叢書社 1946 年 初版 (m. w.)

007358306 9159 7220
吴鉤集
周黎庵著 上海 宇宙風社 1940 年 初版 (m. w.)

007358256 9159 723
一日一談
馬相伯口述 王瑞霖筆記 上海 復興書局 1936 年 (m. w.)

007358369 9159 7230
學術演講録
學術演講社編 上海 新文化書社 1934 年 (m.)

011793612 PL2754. H75 L8 1948
論貧富
周憲文著 上海 中華書局 1948 年 初版 文化與經濟叢刊 (m.)

007358311 9159 7247
新語林
陶菊隱著 上海 中華書局 1948 年 再版 (m. w.)

007358310 9159 7247.1
天亮前的孤島
陶菊隱著 上海 中華書局 1947 年 初版 (m. w.)

007358218 9159 7247.3
近代軼聞
陶菊隱著 上海 中華書局 1940 年 (m.)

007358476 9159 7247.4
世界珍聞

陶菊隱編著　上海　中華書局　1945 年　再版　(m.)

007358193　9159　7247.6
最後一年
陶菊隱著　上海　中華書局　1947 年　(m.)

007358304　9159　7247.7
閒話
陶菊隱著　上海　中華書局　1940 年　初版　(m. w.)

007359309　9159　727
敝帚十年
邱關瑾著　臺北　電信界月刊社　1947 年　初版　電信界叢書　(m.)

007359429　9159　7282
讀書續記第六至七卷
馬敘倫撰　長沙　商務印書館　1939 年

007458937　9159　7905
陳部長最近言論選集
陳誠著　香港　國民政府軍事委員會　1940 年　(m.)

007359308　9159　7914
陳天華集
(清)陳天華著　上海　民智書局　1928 年　初版　革命文庫　(m.)

007219591　9159　7914.5
陳天華集
陳天華著　上海　中國文化服務社　1946 年　滬 1 版　中國國民黨叢書　(m.)

007359221　9159　7940
陳嘉庚言論集
陳嘉庚撰　新嘉坡　南僑印刷社　1949 年　再版

007801216　MLC－C
畸零集
陳載撰　寧波　春風文藝　1948 年　初版　(w.)

007359359　9159　7945
孝威抗戰論文選集
陳孝威著　香港　天文臺半周評論社　1938—39 年　天文臺半周評論叢書　(m.)

007359360　9159　7945.1　(1,2)
若定廬隨筆
陳孝威著　香港　天文臺半周評論社　1939 年　天文臺半周評論叢書　(m. w.)

007359361　9159　7965
理想的前途甲集
陳果夫著　上海　正中書局　1946 年　(m.)

007219338　9159　7999
海外見聞録
雞籠生著　臺灣基隆　雞籠生　1935 年　初版　(m.)

007359450　9159　7999.1
百貨店
雞籠生[陳炳煌]編著　臺北　新民報社　1936 年

011824874　AC150. C432　1936
激流集
章乃器著　上海　生活書店　1936 年　初版　(m.)

007359319　9159　8114
苍厂治學類稿

金兆梓著 上海 中華書局 1949 年 （m.）

007359315 9159 8210
西北東南風
大華烈士著 上海 上海良友圖書印刷公司 1935 年 初版 （m.）

007359461 9159 8221
前征
鄒梁定慧等著 國立中山大學戰地服務團出版委員會編輯 香港 該團駐香港辦事處 1939 年 （m.）

007359328 9159 8234
逸梅叢談
鄭逸梅著 上海 校經山房書局 1935 年 初版 （m. w.）

007359331 9159 8243
掛劍集
舒蕪著 上海 海燕書店 1947 年 初版 七月文叢 （m. w.）

007359307 9159 8258
困學集
鄭振鐸著 長沙 商務印書館 1941 年 初版 文學研究會創作叢書 （m.）

007359860 9159 8440
益世報言論集
上海 益世報社 1948 年 （m.）

009013514 9159 8501
錢蘇齋述學一卷
錢文霈撰 蘇州 錢氏仁壽堂 1924 年

007359714 9159 8512
巴山隨筆
味橄[錢歌川]著 重慶 中華書局 1944 年 初版 （m. w.）

011913275 AC150. Q2538 1935
韻荷存稿
錢用和著 南京 京華印書館 1935 年 （m.）

007359809 9159 8630
名人演講集
曾漢文編 廣州 國民書局 1927 年 3 版 （m.）

007359865 9159 8743
人間特寫
人間世社編 上海 良友圖書公司 1935 年 人間世叢書 （m. w.）

007359716 9159 8743. 7
人間隨筆
人間世社編 上海 良友圖書印刷公司 1935 年 人間世叢書 （m. w.）

007359870 9159 8743. 8 （2）
人間小品
人間世社編 上海 良友圖書公司 1935 年 人間世叢書 （m. w.）

007359578 9159 8934
人生對話
余家菊著 重慶 商務印書館 1945 年 上海初版 （m.）

007359767 9159 8934. 1B
中國人文檢論
余家菊著 上海 中華日報 1949 年

007359784 9159 8999 FC9471 Film Mas 35900
人性 黨性 個性
陳伯達等著 香港 潮汐社 1947 年

007359875 9159 9228
當代名人新演講集
陸翔輯選 廣文書局編輯所編輯 上海 世界書局 1924 年 重編 7 版 （m.）

007359733　9160　0417
國學概論新編
譚正璧編　上海　北新書局　1936 年（m.）

007359747　9160　0417.1
國學概論講話
譚正璧編　上海　光明書局　1937 年 7 版　（m.）

007363166　9160　0461　（v.1－3）
國故學討論集
許嘯天編　孫雪飄校閱　上海　群學社 1927 年　（m.）

007359555　9160　0490.1
章太炎國學講演集
章炳麟講　張冥飛筆述　嚴柏梁加註 上海　新文化書社　1935 年　（m.）

007447343　9160　0490.6　（1925）
國學概論
章太炎演講　曹聚仁編　上海　泰東圖書局　1922 年　（m.）

007359886　9160　0490.64
國故論衡三卷
章炳麟著　上海　第一書　1924 年（m.）

007359895　9160　0490.641
國故論衡疏證三卷
章炳麟撰　龐俊疏證　成都　華西大學 1940 年　華西大學國學叢書

007359888　9160　0490.64a
國故論衡
章炳麟著　上海　古書流通處　1924 年（m.）

007359883　9160　0490.6d
國學概論
章太炎講演　曹聚仁編述　香港　中國文化服務社　1943 年　青年文庫（m.）

011889130　PL1065.C457　1923
國學概論
章太炎先生演講　曹聚仁編　上海　泰東圖書局　1923 年　4 版　（m.）

007359806　9160　0685
國故新探
唐鉞著　上海　商務印書館　1926 年（m.）

011904542　PL1027.T3　1934
國故新探
唐鉞撰　上海　商務印書館　1934 年（m.）

007359803　9160　1142
最近日人研究中國學術之一斑
王古魯編著　常熟　生活書店　1936 年（m.）

007359902　9160　1162
國學概論
王易撰　上海　神州國光社　1932 年（m.）

007359903　9160　1162B
國學概論
王易編　上海　中國文化服務社　1943 年　（m.）

011988632　PL1065.C45　1946
國學概論
蔣逸雪著　1935 年

007359905　9160　1186
國學概論
王敏時編著　上海　新亞書店　1936 年

（m.）

007359590 9160 1230
骨董瑣記八卷 續記四卷
鄧之誠輯 1933 年

007359762 9160 1231
國學導讀
邵祖平著 上海 商務印書館 1947 年 初版 （m.）

007359908 9160 1303
國學治要
張文治編 陳棠、喻樸校 上海 中華書局 1930 年

005201516 9160 1303 （2）
史書治要二卷
張文治編 上海 中華書局 1930 年 國學治要 （m.）

007002103 5237.09 1303 9160 1303 （7）
詩詞治要三卷
張文治編 上海 中華書局 1930 年 國學治要 （m.）

007453908 9160 1303 （8） 9522 1303
書目治要三卷
張文治編 上海 中華書局 1930 年 （m.）

007359910 9160 1358
國學常識答問正續編
張振鏞編 上海 商務印書館 1938 年

007359804 9160 1358B
國學常識答問
張振鏞編纂 長沙 商務印書館 1938 年 （m.）

007359817 9160 1644
心文
露存著 上海 商務印書館 1934 年 （m. w.）

007359665 9160 2141
國學概論
伍憲子著 香港 東方文化印書局發行 1934 年 初版 博浪樓叢書 （m.）

007359802 9160 2142
國故談苑
程樹德著 長沙 商務印書館 1939 年 （m.）

007359602 9160 2923
經典常談
朱自清著 上海 文光書店 1946 年 再版 （m.）

007359914 9160 2933
國學大綱
徐英[澄宇]編 上海 華通書局 1933 年 再版 （m.）

007359915 9160 2942
梵天廬叢録
柴萼著 上海 中華書局 1925 年

007359916 9160 2942.6
國學常識
徐敬修編 上海 大東 1925 年 3 版 （m.）

007363169 9160 2944 FC7711 Film Mas 31734
蔡柳二先生壽辰紀念集
徐蔚南編 上海 中華書局 1936 年 （m.）

007359701 9160 2951
學術研究與國家建設
徐中玉著 中國 國民圖書出版社 1942 年 （m.）

007359917　9160　2963
國學纂要
徐畏潛編　南京　南京書店　1933 年　再版　(m.)

007359761　9160　3113
國學大綱
汪震、王正己合編著　北平　人文書店　1936 年　3 版　(m.)

007448630　9160　3121
梁啟超胡適二先生國學書目
汪佩琳校刊　常州　新群書社　1923 年

007361116　9160　3121b
梁任公胡適之先生審定研究國學書目
梁啟超、胡適著　上海　啟智書局　1934 年　(m.)

007359642　9160　3318
遼海引年集
遼海引年集編纂委員會編　1947 年　(m.)

007361118　9160　3621
時事新報評論集
潘公弼著　上海　四社出版部　1934 年　(m.)

007359729　9160　3811
國學研究法
洪北平編　上海　民智書局　1930 年　初版　(m.)

007359920　9160　3838
國學運動大綱
顧寔著　重慶　中華國學社　1943 年　(m.)

007361070　9160　3841
國學研究
顧藎丞編　上海　世界書局　1932 年　再版　(m.)

007361121　9160　3842
國學常識三百問答
蹇蕭然編　北平　華北科學社　1935 年　(m.)

007361060　9160　3934
中國學術論著輯要
梁啟超、章太炎編輯　北平　華北書局　1931 年　4 版

007361016　9160　3934.3
梁任公學術講演集
梁啟超著　上海　商務印書館　1926 年　(m.)

007361105　9160　4291
國學概論
胡懷琛著　上海　樂華圖書公司　1935 年　(m.)

007361126　9160　4413
國學四十講
蔣雪逸編著　上海　東方文學社　1938 年　(m.)

007361127　9160　4420
國學常識問答
李俠文編　上海　正中書局　1946 年　(m.)

007361130　9160　4430
國學常識述要
李泠衷編述　北平　1935 年　再版　(m.)

007361040　9160　4448
國學入門
蔣梅笙著　南京　正中書局　1936 年　4 版　(m.)

007361132　9160　4448A
國學入門
蔣梅笙編　上海　正中書局　1947 年（m.）

007361134　9160　4464
國學問題五百
李時編著　北平　君中書社　1935 年　再版　（m.）

007361136　9160　4464.3
國學叢談
李時著　北平　君中書社　1928 年

009211634　9160　4481
駁五經異義疏證十卷
皮錫瑞著　武福鼐、武周緒校　河北　古鑒齋　1934 年

007361143　9160　4807
國學叢論
黄毅民編著　北平　燕友學社　1935 年（m.）

007361146　9160　4820
國學常識問答
黄拜言編著　香港　時代印刷公司　1939 年

007447320　9160　4912
學生國學問答
葉北巖編　上海　商務印書館　1936 年（m.）

007447440　9160　4912　(1941)
學生國學問答
葉北巖編纂　長沙　1941 年

007361149　9160　4939
國學概論
林之棠著　北平　華盛書社　1933 年（m.）

007360967　9160　5474
國故論叢
中華學藝社編輯　上海　商務印書館　1928 年　再版　學藝彙刊　（m.）

007361152　9160　5643
國學常識
曹樸著　桂林　國文雜志社　1943 年（m.）

007361104　9160　5942
國學研究會演講録
東南大學、南京高師國學研究會編輯　上海　商務印書館　1924 年　（m.）

007361160　9160　6147
國學一勺
羅慕陶、邱園編撰　香港　潛修學舍　1948 年

007362306　9160　6722
國學彙編
濟南　齊魯大學　1932—34 年

008872075　9160　6722b
國學彙編
私立齊魯大學文學院國學研究所編集　濟南　私立齊魯大學出版部　1932—34 年

007362307　9160　7202
國學概要
陶庸生撰　上海　龍門聯合書局　1946 年　（m.）

007362000　9160　7231
國學概論
馬瀛編　上海　大華書局　1935 年　再版　（m.）

007362054　9160　7263
國學綱要

劉明水撰　重慶　商務印書館　1945 年（m.）

007362001　9160　7263A
國學綱要
劉明水著　上海　商務印書館　1947 年　上海初版　（m.）

007362209　9160　7282
讀書小記二卷
馬敘倫撰　上海　商務印書館　1933 年

007362067　9160　7282.2
讀書續記五卷
馬敘倫著　上海　商務印書館　1933 年

007362056　9160　7941
清儒學術討論集第一集
陳柱等著　上海　商務印書館　1930 年　初版　（m.）

007422535　9160　7941B
清儒學術討論集
陳柱等著　上海　商務印書館　1933 年（m.）

007362323　9160　7948
陳彬龢論文集
陳彬龢著　上海　生活書店　1933 年（m.）

007362118　9160　8153
國學概論
鍾泰著　上海　中華書局　1936 年（m.）

007362030　9160　8233
現代如何讀古書
俞寰澄講著　古岡州　1940 年

007447301　9160　8522
國學概論
錢穆著　上海　商務印書館　1933 年（m.）

007362008　9160　8544
國學文選類纂
錢基博編　上海　商務印書館　1931 年　初版　（m.）

007363199　9160.5　1920
古書讀法略例
孫德謙著　上海　商務印書館　1936 年　初版　（m.）

007363279　9160.5　4241
古書校讀法
胡韞玉［樸安］編　濟南　吴安胡氏　192？年

007447443　9160.5　7987
古書讀校法
陳鐘凡［中凡］編述　上海　商務印書館　1923 年　東南大學叢書　（m.）

日本雜著隨筆

009107845　9187　0314
足利學校見聞記一卷
廣瀬建撰　上海　中華書局　1925 年　鉛印

009146450　9187　7463
葦杭遊記一卷　附録
股野琢著　日本　1925 年　鉛印

普通雜志社刊

011890838　HN673.5.H701　1948
新社會

謝東平著　廣州　人民出版社　1948 年（m.）

011913070　DS710. C37　1936
南遊十記
趙君豪著　上海　中國旅行社　1936 年（m. w.）

011905527　DS710. Z364　1913
新體中國地理
臧勵龢編纂　謝觀校訂　上海　商務印書館　1913 年　（m.）

011888852　DS710. G8212　1940
新中國
葛雷勃爾著　唐長孺譯　上海　啟明書局　1940 年　再版　（m.）

011914766　HM251. C446　1929
群衆心理 ABC
陳東原著　上海　ABC 叢書社　1929 年　初版　ABC 叢書　（m.）

011919368　HM281. K3　1934
群衆心理學
高覺敷編　上海　中華書局印行　1934 年　中華百科叢書　（m.）

011830560　HM251. Z535　1938
群衆心理與群衆領導
張九如編　長沙　商務印書館　1938 年　3 版　（m.）

008316604　9200　2136. 1
生活第一卷彙刊
生活周刊社編　上海　中華職業教育社　1929 年

008474610　T　9200　28
先鋒第十六期
中國共産黨左派反對派北方區宣傳部編　1934 年

011592752　LC3084. S555　1916
旅歐教育運動
世界社　法國都爾　旅歐雜志社　1916 年　（m.）

011912079　BF199. K8　1935
行爲的基本原理
郭任遠著　上海　世界書局　1935 年初版　（m.）

011723233　PN4775. L443　1931
基礎新聞學
李公凡著　上海　上海聯合書店　1931 年　初版　（m.）

011723034　PN4775. R463　1937
應用新聞學
任白濤著　上海　亞東圖書館　1937 年　訂正 6 版　中國新聞學社叢書　（m.）

011892709　BF118. C5　1931
中國觀人論
邵祖平著　濟南　1931 年序

011931579　DS777. 53. C4236　1945
抗戰
蔣委員長撰　程鵬飛編輯　上海　芷江書店　1945 年

009563063　MLC – C
國府還都周年紀念特刊
上海市政府秘書處　上海　上海市政府秘書處　1944 年　（m.）

009563018　MLC – C
國民政府政綱之理論與實施
伍澄宇著　南京　政治月刊社　1942 年（m.）

008146862 9200 6244
晨報七周年紀念增刊
北平 晨報社 1928 年

008243944 9200 672.1 FC5637 FC－M1209
國立北京大學四十周年紀念論文集
國立北京大學 40 周年紀念刊編輯委員會編 昆明 國立北京大學出版組 1948 年 初版

008243927 9200 672.2 FC5638 FC－M1210
國立北京大學五十周年紀念論文集法學院
國立北京大學法學院編 北平 北京大學出版部 1948 年 （m.）

007586873 FC139
學習生活
文化教育研究會編 1941 年

007836611 MLC－C
二十三年[七月至十一月]國内學術界消息
北平 燕京大學燕京學報社 1934 年 燕京學報

007386214 9205 7500.1 L.SOC.28.43.7.4.9
慶祝蔡元培先生六十五歲論文集
歷史語言研究所研究員、外國通信員、編輯員、助理員共撰 北京 國立中央研究院歷史語言研究所 1933—35 年 歷史語言研究所集刊外編 （m.）

007386251 9205 7500.2
史料與史學
（國立）中央研究院歷史語言研究所編 重慶 獨立出版社 1944—45 年 中央研究院歷史語言研究所集刊外編 （m.）

007386252 9205 7500.3
六同别録上中下
傅斯年等編 四川南溪縣李莊 國立中央研究院歷史語言研究所 1945—46 年 中央研究院歷史語言研究所集刊外編 （m.）

007411541 9215.4 3442
暹羅華僑客屬總會二十周年紀念特刊
曼谷 暹羅華僑客屬總會 1947 年

普通會議　博物院

007411662 9231 163
西湖博覽會参必攜
商務印書館編 上海 商務印書館 1929 年

007411666 9231 1632
西湖博覽會紀念册
西湖博覽會編 上海 商務印書館 1930 年 （m.）

007411681 9231 1632.2
西湖博覽會總報告書
杭州 西湖博覽會 1931 年

007411399 9232 2126
廣州市第一次展覽會
伍千里編輯 廣州 廣州市展覽會 1933 年

007411712 9232.28 6454 FC8456 Film Mas 32529
江蘇全省物品展覽會報告
嚴壽南編輯 鎮江 江蘇省建設廳 1934 年 （m.）

007440678 9232.32 5602
廣東文物展覽會出品目録附廣東人名小史
香港 中國文化協進會 1940 年

(m.)

007412479 9238 4430
巴拿馬太平洋萬國博覽會要覽
李宣龔編輯 上海 商務印書館 1914年 (m.)

007412484 9238 7644
萬國博覽會遊記
屠坤華著 上海 商務印書館 1916年 (m.)

007412489 9238 7873
巴拿馬賽會直隸觀會叢編
嚴智怡等編 直隸 實業廳 1921年

009101652 9240 5064
中國博物館一覽
中國歷史博物館協會編輯 北平 中國博物館協會 1936年 (m.)

007412502 9240 5861
博物館學概論
費畊雨、費鴻年編 上海 中華書局 1936年 (m.)

007412398 9241 0221
文獻特刊
故宮博物院文獻館編輯 北平 故宮博物院文獻館 1935年 (m.)

007412426 9241 0221.1
文獻專刊
故宮博物院文獻館 北平 故宮博物院 1945年

007412525 9241 2331
故宮博物院前後五年經過記二卷
吳瀛編 香港 1932年

007412531 9241 3382
故宮物品點查報告五編
清室善後委員會編 北京 故宮博物院 1925—28年 (m.)

009411799 MLC-C
故宮信片第九輯
故宮博物院 北京 故宮博物院 1933年

006902171 9241 4342 A205 K95B
國立北平故宮博物院十一周年紀念文獻論叢
國立北平故宮博物院文獻館編輯會編 北京 國立北平故宮博物院 1936年

007718394 9241 4342.2
故宮圖説
故宮博物院編 北平 國立北平故宮博物院 1920年 (m.)

007412385 9241 4342.21
增訂故宮圖説
國立北平故宮博物院 北京 國立北平故宮博物院 1935年

007412361 9241 4342.3
北平故宮博物院文獻館一覽
故宮博物院文獻館 北京 北平故宮博物院 1932年

009262061 9241 4342.4
故宮物品點查報告中之古銅器類
故宮博物院編 北京 故宮博物院 1925—61年 藍色油印本

007412544 9241 4342.41
故宮博物院文獻館二十二年度工作報告及將來計劃
1933年

007412548 9241 4342.41B
故宮博物院文獻館二十二年度工作報告

及將來計劃
1933 年

008456450 MLC－C
國立北平故宮博物院二十七年工作報告
1938 年

008456451 MLC－C
國立北平故宮博物院二十八年工作報告
1939 年

009392061 9241 4342.5
北平故宮博物院報告民國十九年至二十六年
故宮博物院 北平 故宮博物院 1930—37 年 鉛印

009066143 9241 4342.7
北平故宮博物院古物館概覽
故宮博物院古物館 北平 故宮博物院 1931 年 鉛印

007412770 9242 52B FC8450 Film Mas 32508
雲南蒼洱境考古報告
吴金鼎、曾昭燏、王介忱合著 曾昭燏縮寫 李莊 國立中央博物院 1942 年 國立中央博物院專刊

007413019 9247 3142
河北博物院民國二十三年度工作會計報告
河北博物院編 天津 1935 年

普通類書

007412964 9290 1334 9290 1334b
類書流别
張滌華著 重慶 商務印書館 1943 年 （m.）

007414700 9290 4133.6
通志略五十二卷
鄭樵著 上海 中華書局 1930 年 聚珍倣宋版 四部備要

007414733 9290 4133.61
通志總序箋
張須著 上海 商務印書館 1930 年 國學小叢書 （m.）

007414721 9290 4133.6B
通志略
（宋）鄭樵著 上海 商務印書館 1933 年 國學基本叢書 （m.）

007414718 9290 4133.6c
通志略
鄭樵著 上海 商務印書館發行 1934 年 初版 國學基本叢書 （m.）

007414670 9290 4133.6D
通志略
鄭樵著 陳宗夔校 上海 世界書局 1936 年 初版 （m.）

007414660 9290 4133.907
通考序箋
陳志憲著 王雲五主編 上海 商務印書館 1935 年 初版 國學小叢書 （m.）

007226418 9290 4133.96 （index） DS735.S468 1937x Index
十通索引
商務印書館編纂 上海 商務印書館 1937 年 （m.）

007443623 9290 43
十通
上海 商務印書館 1939 年

007443624 9290 43 （21）
十通索引

上海　商務印書館　1939 年　（m.）

007415232　9296　2676
白氏六帖事類集三十卷
白居易編　香港　張芹伯　1933 年

008084251　T　9297　1184.7
册府元龜引得
陳鴻飛撰　武昌　文華圖書館學專科學校　1933 年

007417072　9297　2108
重廣會史一百卷
東京　1928 年　影印

007445382　FC4544　FC－M1834
太平御覽索引
錢亞新編　上海　商務印書館　1934 年　初版　文華圖書科叢書　（m.）

007417086　T　9297　4462.1　Z3101.Y446x　vol.23
太平御覽引得
哈佛燕京大學圖書館引得編纂處　洪業等編　北平　哈佛燕京大學圖書館引得編纂處　1935 年　引得　（m.）

007417109　9297　4462c
太平御覽一千卷　目録十五卷
李昉撰　上海　商務印書館　1935 年　四部叢刊三編

008110239　FC10431　Film　Mas　C6610　TNC　9297　7963
全芳備祖前集二七卷　後集三一卷
陳景沂編輯　祝穆訂正　濟南　1912—49 年

007417921　9299　1111
古今事物考八卷
王三聘輯　上海　商務印書館　1937 年　國學基本叢書　（m.）

007418009　9299　1481
碎金
北平　國立北平故宮博物院文獻館　1935 年

007419419　9301　2265c
酬世錦囊
鄒景陽輯　上海　普益書局　1922 年

007419293　9301　3213.1
古今圖書集成考證
陳夢雷編撰　蔣廷錫校訂　上海　中華書局　1934 年

009261615　T　9301　3213.1
古今圖書集成目録
上海　中華書局　1934 年

007359440　9301　3910
對類引端
香港　五桂堂書局　194? 年

007419450　9301　4140.4b
角山樓增補類腋
姚培謙輯　趙克宜增輯　上海　文瑞樓　1912—49 年

007419399　9301　4213
增訂駢林摘豔五十卷
胡又安編次　黎景珊等增訂　上海　科學圖書社　1924 年

007419473　9301　4385　(1920)
增補萬寶全書
諸名家合選　上海　天寶書局　1920 年

007420332　9302　4223
古今酒事
胡山源編　上海　世界書局　1939 年　初版　（m.）

007420310　9302　4243　(7)
衣冠服飾
楊蔭深編著　上海　上海世界書局　1946年　初版　(m.)

007420311　9302　4243　(9)
居住交通
楊蔭深編著　上海　上海世界書局　1946年　初版　(m.)

007420312　9302　4243　(10)
器用雜物
楊蔭深編著　上海　世界書局　1946年　初版　(m.)

007420309　9302　4243　(12)
遊戲娱樂
楊蔭深編　上海　世界書局　1946年　(m.)

007420433　9302　4243　(14)
花草竹木
楊蔭深編　上海　世界書局　1946年　(m.)

007453933　9302　6712
日用百科全書
陳鐸等編　上海　商務印書館　1925年　13版　(m.)

007453934　9302　6712　(3)
日用百科全書補編
王岫廬等編　上海　商務印書館　1925年　初版

007445391　9302　6712b
日用百科全書
黄紹緒等編　上海　商務印書館　1934年　(m.)

008433463　MLC-C
軍政商學各界適用日用寶庫
古越等編　1931年

010307268　T　9305　3245
永樂大典第19416—19426卷
解縉等奉勑撰　東京　東洋文庫　1930年　東洋文庫叢刊

008511036　9305　3245　(1917)
永樂大典卷之一萬四千六百二十八至一萬四千六百二十九　六暮
解縉等奉勑纂修　1917年

008101499　9305　3245　(1926)
永樂大典卷二千六百一十至二千六百一十一
解縉等纂修　姚廣孝等監修　高拱等重録總校　1926年　影印複製本

008474612　9305　3245　(1931)
永樂大典戲文三種
香港　古今小品書籍印行會　1931年

008099428　9305　3245　(1938)
永樂大典卷二六〇八至二七〇九　七皆
解縉等奉勑纂修　日本　京都東洋史研究會　1938年　東洋史研究叢刊

008099319　9305　3245　(1939)
永樂大典卷三五八四至三五八五
濟南　1939年

008099455　9305　3245　(1947)
永樂大典卷二二七七至二二七八　六模
解縉等奉勑纂修　1947年

007420315　9305　3245.02
永樂大典考
郭伯恭著　長沙　商務印書館　1938年　國學小叢書　(m.)

009255066　9308　0252a
古事比五十二卷

方中德輯　王梓校　上海　上海書局　1924 年　石印

009242095　9309　1141
葵書十六卷　卷首　卷末
王桂編　濟南　1919 年　鉛印

007443307　R　9310　5616
抗戰建國實用百科辭典
丁文樸等編　重慶　文化供應社　1940 年　（m.）

009124421　9310　0573
新哲學社會學解釋辭典
胡明主編　上海　光華出版社　1949 年

008317622　9310　0646
新文化辭書
唐敬杲編　上海　商務印書館　1923 年（m.）

007443042　9310　4464
現代語辭典
李鼎聲編　上海　光明書局　1940 年（m.）

007443060　9310　5412
中華百科辭典
舒新城主編　羅文漢等編輯　上海　中華書局　1930 年　（m.）

007455864　9316　0781
文匯年刊
文匯年刊編輯委員會編輯　上海　文匯有限公司出版部　1939 年　（m.）

007420675　9316　4648
大晶報鐵報聯合組織年鑒
大晶報鐵報聯合組織年鑒出版社　上海　大晶報鐵報聯合組織年鑒出版社　1935 年

007420592　T　9316　5644
中國大觀圖書年鑒 1930
伍聯德等編　上海　良友圖書公司　1930 年　（m.）

007420692　9316　5688
第一回中國年鑒
阮湘等編輯　上海　商務印書館　1924 年

007420697　9316　7332
居家必備
廈門　會文堂　1949 年　再版

007420600　9317　3712
抗戰建國實用百科辭典
文化供應社編　桂林　文化供應社　1942 年　增訂本　（m.）

007420706　9317　4043　(1947)
一九四七年手册
華商報資料室編纂　香港　華商報社　1947 年

007420567　9317　4043　(1948)
一九四八年手册
華商報資料室編纂　香港　華商報社　1948 年

007420531　9317　4043　(1949)　AY1144. I2
一九四九年手册
華商報資料室編纂　香港　華商報社　1949 年　3 版　（m.）

007692713　MLC－C
全國民衆運動概況
中國國民黨中央執行委員會民衆運動指導委員會編　南京　中國國民黨中央執行委員會民衆運動指導委員會　1934 年（m.）

008580400　FC3029
一年來中日政局的演變
光復出版社編　臺北　光復出版社印　1947年　光復小叢刊

007698959　MLC－C
中國要覽
萬言編　成都　文言出版社　1943年（m.）

007420593　9317　4221　(1945)
中國要覽
楊紀編　成都　大公報成都分館　1945年　(m.)

007698960　MLC－C
中國要覽
楊紀編　上海　百新書店　1946年（m.）

007698961　9317　4221　MLC－C
中國要覽
楊紀編　上海　中國要覽編印社　1947年　第9次改編本　(m.)

007698962　MLC－C
中國要覽
楊紀編　上海　中國要覽編印社　1948年　第10次改編本　(m.)

007420556　9317　4221.5
中國大勢
楊紀編　1940年　(m.)

007422597　9318　4101
全國文化機關一覽
莊文亞編輯　上海　世界書局　1934年　(m.)

007443299　9318　4237
全國機關公團名録
楊家駱著　南京　中國辭典館　1937年　民國史稿副刊　(m.)

007443190　9319.14　4403
北京文化學術機關綜覽
李文裿、武田熙合編　北京　新民印書館　1940年

007443187　9319.15　4403
北平學術機關指南
李文裿編　北平　北平圖書館協會　1933年　(m.)

007422601　9319.32　0301
廣州市電話簿
廣州　東升印務局　1934年

007422537　9319.32　2342
香港華僑團體總覽
區少軒主編　香港　國際新聞社　1947年

007455865　9331　6457
時事年刊第一期民國十九年至二十年
時事月報社編輯　上海　大東　1931年

012016113　9334　4677
朝鮮學典
上海　世界學院朝鮮學典館　1947年（m.）

書志學(目録學)

總録

007422629　9401　0413
現代書報批判集第一集
譚天編　上海　書報合作社　1933年

007422633　9403　0486
夜讀書記
辛笛著　上海　上海出版公司　1948年

(w.)

008627359 Microfiche C-844 CH1449
書舶庸譚四卷
董康撰 廣州 武進董氏影印 1928 年

008099286 9403 4103
書舶庸譚
董康撰 廣州 誦芬室 1939 年

007423400 9408 1111
新目録學的一角落
王雲五著 重慶 商務印書館 1943 年 (m.)

007423468 9408 2923
中國書目學
徐紹棨著 廣州 國立中山大學 193? 年

007423383 9408 4123b
中國目録學年表
姚名達編 上海 商務印書館 1940 年 國學小叢書 (m.)

007423354 9408 4423
校讎目録學纂要
蔣伯潛編著 上海 正中書局 1946 年 (m.)

007423364 9409 2186
目録學叢考
程會昌著 廣州 中華書局 1939 年 (m.)

007423355 9409 3164
目録學研究
汪國垣著 上海 商務印書館 1934 年 (m.)

007423360 9409 4123 (1934)
目録學
姚名達著 王雲五主編 上海 商務印書館 1934 年 初版 (m.)

007423421 9409 7223
目録學概論
劉紀澤著 上海 中華書局 1931 年 (m.)

007423500 9409 7259
目録學上下編
劉咸炘著 1934 年 (m.)

圖書學

007424689 9410 4929 (1-4)
書林清話
葉德輝著 1920 年

007424690 9410 4929 (5-6)
書林餘話
葉德輝著 上海 澹園 1928 年

007424833 9420 7641
中國雕板源流考
留庵編 香港 1926 年 5 版

007424677 9420 8244
中國文獻學概要
鄭鶴聲、鄭鶴春編纂 上海 商務印書館 1930 年 初版 (m.)

007424681 9420 8544
版本通議
錢基博著 上海 商務印書館 1933 年

007424718 9420.2 1077
北京印刷局概況
北京印刷局編纂會編 北京 北京印刷局 1937 年

005635496　9420.3　3112
印刷的故事
沈子復著　上海　永祥印書館　1945 年　初版　(m.)

011896169　Z186.C5　J56　1936
印刷術
金溟若編著　應成一校訂　南京　正中書局　1936 年　初版　(m.)

007424682　9422　1982
中國雕板源流考
孫毓修撰　上海　商務印書館　1934 年　國學小叢書

007424696　9422　2323
中國印刷術源流史
劉麟生譯　長沙　商務印書館　1938 年　(m.)

007424798　9422　5627
中國版本略説
南京　1931 年

009131686　9427　0395
文禄堂書影
王文進編輯　北京　王氏　1937 年

011941886　Z3102.8.B45　1933
北平修綆堂書店書目録
北京　修綆堂書店　1933 年

007448589　Z3102.P28
明代版本圖録初編十二卷
潘承弼、顧廷龍編　開明書店　1941 年跋

007448778　9427　4234.2
留真譜二編
楊守敬輯　香港　宜都楊氏觀海堂　1917 年

007448609　9427　4342
故宫善本書影初編
北平　故宫博物院圖書館　1929 年

007448779　9427　6151
漢晉書影
羅振玉輯　香港　上虞羅氏　1918 年

007448780　9427　6576　(1)
盋山書影第一輯宋本
國立中央大學國學圖書館輯　南京　國學圖書館　1929 年

007490644　9427　6576　(2)
盋山書影第二輯元本
江蘇國學圖書館編　南京　江蘇國學圖書館　1929 年

007448610　9427　7236
涉園所見宋版書影
陶湘輯　廣州　武進陶氏涉園　1937 年

008172910　9427　7914
嘉業堂善本書影六卷
劉承幹輯　上海　嘉業堂　1929 年

007453906　9428　0641
敦煌秘笈留真神田喜一郎編
神田喜一郎撰　東京　小林寫真製版所　1938 年

008099350　T　9428　0641.1
敦煌秘笈留真新編
臺北　國立臺灣大學　1947 年　(m.)

007482240　9428　4302
重整内閣大庫殘本書影
北京　故宫博物院文獻館　1933 年

008131360　T　9470.8　1122
海王村所見金石書畫記
王仁俊撰　濟南　1940 年

007425598 9470.8 4243
中國出版界簡史
楊壽清撰 上海 永祥印書館 1946 年 初版 青年知識文庫 第 3 輯 (m.)

007425799 9471 5285
青年書店改進總計劃草案
青年書店總管理處訂 重慶 青年書店 1941 年

009118546 9472 4404
琉璃廠書肆記一卷
李文藻撰 琉璃廠書肆後記一卷 附録 繆荃孫撰 北京 中國書店 1925 年 鉛印

007597213 9480 2312
經籍舊音辨證七卷
吴承仕撰 1923 年

007425706 9485 4241
書評研究
蕭乾著 王雲五主編 上海 商務印書館 1935 年 (m.)

007453717 9485 6151
雪堂校刊群書敘録二卷
羅振玉撰 1918 年

007443147 9486 8254
書評索引
鄭慧英編 廣州 廣州大學圖書館 1934 年 初版

007426074 9501 0470
校讎通義三卷
章學誠著 上海 中華書局 1927—36 年

007426159 9501 1920
劉向校讎學纂微
孫德謙撰 1923 年

007426065 9501 2232
校讎學
向宗魯著 重慶 商務印書館 1944 年 初版 (m.)

007426146 9501 4134
校讎新義十卷
杜定友著 上海 中華書局 1930 年

007426119 9501 4417
校讎學史
蔣元卿著 上海 商務印書館 1935 年 初版 (m.)

009050096 9501 4470
校勘學論文一卷
濟南 1912—49 年 油印

007428106 9501 4743
校讎學三卷
胡樸安、胡道静著 上海 商務印書館 1934 年 (m.)

007428169 9501 8510
鄭樵校讎略研究
錢亞新著 上海 商務印書館 1948 年 國立社會教育學院叢書 (m.)

007426093 Z3101. Y446x suppl. vol. 4
引得説
洪業撰 引得編纂處 北平 該處 1932 年 引得 (m.)

007428200 9507 8510
索引和索引法書籍雜志和報紙
錢亞新著 上海 商務印書館 1930 年 (m.)

007428165 9508 2177
縣政府檔案管理法

程長源編　上海　商務印書館　1936 年　（m.）

007428096　9508　2225
檔案管理與整理
何魯成編著　上海　商務印書館　1938 年　（m.）

009120977　9509　3839
研究論文格式舉要
洪業撰　北京　燕京大學研究院　1939 年

007429401　9509　7233
書志學
馬導源撰　上海　商務印書館　1934 年　百科小叢書　（m.）

007429422　9510　3894
怎樣利用圖書館
洪焕椿著　上海　開明書店　1947 年　開明青年叢書　（m.）

中國書目

書目叢刻

007453559　9521　3526
宣傳書刊目録
軍事委員會政治部第三廳編　香港　軍事委員會政治部第三廳　1941 年　（m.）

007429364　9522　4153
快閣師石山房叢書
姚振宗著　杭州　浙江省立圖書館　1931 年

007429500　9522　4153　（1－3）
漢書藝文志條理八卷
姚振宗輯　香港　浙江省立圖書館　1931 年　快閣師石山房叢書

007429493　9522　4153　（1）
七略别録佚文
姚振宗輯　香港　浙江省立圖書館　1931 年　快閣師石山房叢書

007429495　9522　4153　（1）
七略佚文一卷
姚振宗輯　香港　浙江省立圖書館　1931 年　快閣師石山房叢書

007429503　9522　4153　（3－4）
漢書藝文志拾補八卷
姚振宗撰　香港　浙江省立圖書館　1931 年　快閣師石山房叢書

007429508　9522　4153　（4）
隋書經籍考證卷一至卷四
姚振宗撰　香港　浙江省立圖書館　1931 年　快閣師石山房叢書

007482365　9522　4153B
師石山房叢書
姚振宗著　上海　開明書店　1936 年

008376752　9522　7236
陶氏書目叢刊
陶湘輯　濟南　武進陶氏　1933 年

007451706　9522　7934
書目叢刻
陳凖輯刊　香港　里安陳氏湫漻齋　1930 年

007451534　9523　1214
書目長編二卷
邵瑞彭等輯　北京　資研社　1928 年

007302953　9523　7220
書目舉要

周貞亮、李之鼎同編　南城　宜秋館刊　1920 年

007451586　9524　1974
叢書目録拾遺十二卷
孫殿起録　北平　1934 年

007429328　9524　3141
叢書書目彙編不分卷
沈乾一編纂　上海　上海醫學書局　1928 年

007429423　9524　3822.6
續彙刻書目
羅振玉輯　連平　范氏雙魚室　1914 年

007429434　9524　3822b
彙刻書目二十卷
顧修撰　朱學勤補　二編　周毓邠撰　上海　千頃堂書局　1919 年

007451708　9524　4134
叢書書目續編初集
杜聯喆編　北平　震華　1931 年　(m.)

007430695　9524　4234
叢書舉要六十卷　附校誤一卷及微刻南北宋人小啟一卷
楊守敬編　李之鼎補編　廣州　南城李氏宜秋館　1914 年

007430692　9524　4234B
[增訂]叢書舉要八十卷　附校誤一卷重訂微刻南北宋人小啟一卷
楊守敬編　李之鼎補編　南昌　宜秋館　1918 年

007430737　9525　0118
國立清華大學圖書館叢書子目書名索引
施廷鏞編輯　沈剛如助編　北平　國立清華大學圖書館發行　1936 年　(m.)

007451609　9525　1111
萬有文庫第一、二集簡編目録
長沙　商務印書館　1939 年

007430849　9525　1344
賁園書庫目録輯略
張森楷撰　成都　渭南嚴氏孝義家塾刊本　1925 年

007430690　9525　4237
叢書大辭典
楊家駱撰　南京　辭典館　1936 年　(m.)

007430900　9525　4304
叢書書名録稿本
燕京大學國學研究所編　北平　燕京大學圖書館　1931 年

007430688　9525　4429
古書源流
李繼煌編　上海　商務印書館　1926 年　(m.)

007383488　9525　5634　Z1033.L6　C45　1935x
金陵大學圖書館叢書子目備檢著者之部
曹祖彬編　南京　金陵大學圖書館　1935 年　初版　金陵大學圖書館叢刊　(m.)

007430836　9525　8123
叢書子目索引
金步瀛編　杭州　浙江省立圖書館　1931 年

007430689　9525　8123B
增訂叢書子目索引
金步瀛編　上海　開明書店　1935 年　初版　(m.)

歷代史志

007490656　9530　4237
歷代經籍志一名書目志
楊家駱著　南京　辭典館　1936 年

007453685　PL2280. C46　1931x
先秦經籍考
江俠庵編譯　上海　商務印書館　1931 年　(m.)

007432853　9532　1166.1
漢書藝文志舉例
孫德謙撰　廣州　四益宧　1918 年

007432858　9532　1166.3
漢書藝文志講疏
班固撰　顔師古註　顧實講述　香港 1924 年　(m.)

007432781　9532　1166.31
漢書藝文志講疏
顧實著　香港　1933 年　(m.)

007426115　9532　1166.4
漢書藝文志問答
葉長青編著　臺北　正中書局　1940 年　國學叢刊

008131361　T　9535　2332
四朝經籍志補不分卷
吴騫輯　濟南　1940 年

007453500　9535　4849
宋國史藝文志輯本二卷
趙士煒撰　北平　國立北平圖書館 1933 年　古佚書録叢輯

007448642　9538　2925
清代藝文略
朱師轍述　成都　華西協合大學哈佛燕京學社　1935 年

一般書目

007448782　9540　0175
四部叢刊書録
商務印書館編　上海　商務印書館 1927 年

007426081　9548　1974
販書偶記二十卷
孫殿起録　北京　通學齋　1936 年

007426370　9548　4344
郘亭知見傳本書目十六卷
莫友芝編　上海　國學扶輪社　1912—30 年

008263487　9548　4344b
郘亭知見傳本書目十六卷
莫友芝著　上海　掃葉山房　1923 年

007452666　9549　4134
普通圖書館圖書選目
杜定友編　上海　中華書局　1935 年 (m.)

007426372　9549　4237
圖書年鑒
楊家駱著　南京　中國圖書大辭典編輯館　1933 年

治學書目

007428256　9550　0134B
經籍舉要一卷
龍啟瑞編　袁昶增訂　上海　商務印書館　1937 年　國學基本叢書

007428115 9550 1333.4 9550 1333.41
書目答問補正
范希曾撰 南京 國學圖書館 1931 年

007486951 9550 1333b
增輯書目答問
張之洞著 上海 朝記書莊 1921 年

007431811 9550 1333c
書目答問
張之洞著 上海 商務印書館 1935 年 國學基本叢書

009066269 9550 2323
中國文學選讀書目一卷
吴虞重訂 成都 茹古書局 1933 年

007490660 9550 3934
讀書法講義
梁啟超著 上海 商務印書館函授學社國文科 1925—33 年

007428278 9550 3934.4
國學指導二種
梁啟超著 上海 中華書局 1941 年 3 版 (m.)

007428287 9550 3934.6
國學要籍舉目
梁啟超編 臺北 廣文書局 1912—49 年

007431625 9550 4424 (1-3)
讀書指導
李伯嘉編 上海 商務印書館 1947 年 訂正 6 版 (m.)

007428112 9550 4425
國學用書類述
支偉成編 上海 泰東圖書局 1927 年

007758591 Z3109.T7 1949
東洋文庫漢籍叢書分類目録
東京 東洋文庫 1949 年

007920125 9550 4484 Z3108.L5 L7 1927
三訂國學用書撰要
李笠著 北京 景山書社 1927 年 初版 (m.)

007450643 B 9550 5613
國學用書舉要
曹功濟編 香港 浙江省立圖書館 1932 年 (m.)

007428311 9550 4787
桂學答問
康有爲著 北京 1929 年

007450644 B 9550 8153
國學書目舉要
鍾泰編 南京 江蘇法政大學 1925 年

007430955 9557 0490
中學國文書目
章炳麟撰 香港 雙流黄氏濟忠堂 1935 年

007450645 9557 3899
譯書經眼録八卷
顧燮光輯 香港 1935 年

007430714 9557 7148
中學國文校外閱讀研究
阮真著 上海 民智書局 1929 年 初版 國立中山大學教育學研究所叢書 (m.)

004727293 PL2621.C526 1935
清代文集篇目分類索引
北京 國立北平圖書館 1935 年 (m.)

007430654　9558　4243
群書檢目
楊樹達編　北平　好望書店　1934年（m.）

雜志論文目録及索引

007490663　9559　0424
廣州定期刊物的調查 1827—1934
譚卓垣編　廣州　嶺南大學　1935年（m.）

007453493　9559　1007
雜志目録
北京　中華民國新民會　1942年　改訂版　（m.）

007450470　9559　1365　　9559　1365（1）
國學論文索引
北平北海圖書館編目科編輯　北平　中華圖書館協會　1929年　（m.）

007450534　9559　1365（2）
國學論文索引續編
北平圖書館編纂部索引組編輯　北平　中華圖書館協會　1931年　（m.）

007486847　9559　1365（3）
國學論文索引三編
北平　中華圖書館協會編　1934年　中華圖書館協會叢書　（m.）

007486959　9559　1365（4）
國學論文索引四編
劉修業編輯　北平　中華圖書館協會　1936年　中華圖書館協會叢書　（m.）

007450533　9559　2223
抗戰時期我國出版之文學史學期刊
何多源著　194？年

007450648　9559　2233
中國四十五種雜志所載漢學研究資料類編
何達編　北平　新亞洲學會　1944年

007430745　9559　2447
館藏中日文期刊目録
嶺南大學圖書館編　廣州　嶺南大學圖書館　1938年　（m.）

007443065　B　9560　2447
中文雜志索引第一集
嶺南大學圖書館編　廣州　嶺南大學圖書館　1935年　（m.）

007443251　9559　4000
教育雜志索引第一卷至第二十三卷
陳東原、吴保障、蔣元卿主編　姚子素等編　上海　商務印書館　1936年　初版

011909140　Z6958.C5　S53　1935
上海的定期刊物
胡道静著　上海　上海市通志館　1935年　（m.）

特種書目

009284672　9561　7203
四部寓眼録二卷
周廣業撰　上海　蟫隱廬　1933年　鉛印

007493582　9563　4373
永樂大典現存卷目表
袁同禮編　香港　1929年

008131363　T　9563　4813
江蘇採輯遺書目録不分卷
黄烈編　濟南　1940年

007453468　9564　0785B　v. 1
禁止圖書目録抗日之部第一輯
北平　中央指導部調查科　1939 年　（m.）

007430968　9564　0785B　v. 2
禁止圖書目録社會主義之部
新民會中央指導部調查科編　北平　新民會中央指導部調查科　1939 年　（m.）

007443179　9564　3224
清代禁毀書目四種索引
杭州　抱經堂書局　1931 年

007718200　9564　4303
清代禁毀書目四種
英廉等編　上海　商務印書館　1941 年　（m.）

007453475　Z1019. Y36　1937x
清代禁毀書目四種
姚覲元撰　上海　商務印書館　1937 年　萬有文庫　第 2 集　（m.）

007430672　9565　1319
唐人辨僞集語
張西堂輯　北平　景山書社　1935 年　辨僞叢刊　（m.）

007431737　9565　1333　(1－2)
僞書通考
張心澂編著　長沙　商務印書館　1939 年　初版　（m.）

007431767　9565　2943
朱熹辨僞書語
白壽彝編集　北平　樸社　1933 年　（m.）

007431721　9565　4179. 3
古今僞書考
姚際恒著　顧頡剛校點　北京　景山書社　1933 年　辨僞叢刊　（m.）

007431740　9565　4179. 33
重考古今僞書考
姚際恒原著　顧實重考　上海　大東書局印　1928 年　再版　（m.）

007431671　9565　4179. 4
古今僞書考補證
黄雲眉輯著　南京　金陵大學中國文化研究所　1932 年　初版　金陵大學中國文化研究所叢刊

002537407　Z3101. Y446x　Suppl. vol. 3
明代勅撰書考附引得
李晉華編著　引得編纂處校訂並引得　北平　燕大引得編纂處　1932 年　引得　（m.）

007431643　9565　4179. 8
古今僞書考考釋
姚際恒著　金受申考釋　北京　中華印刷局　1924 年

008922519　9565　4179b
古今僞書考
姚際恒著　北京　中華印刷局　1923 年

007431773　9565　4203
四部正譌三卷
胡應麟撰　濟南　1912—30 年

007431741　9565　4203B
四部正譌
顧頡剛校點　北平　景山書社　1929 年　辨僞叢刊

007431633　9565　4650
古書辨僞四種
宋濂等撰　上海　商務印書館　1935 年

國學基本叢書 （m.）

007431776 9565 7283

僞書舉例四卷

馬念祖撰 北平 螗吟社 1933年 馬氏叢著

007479094 9566 1047 Z1029.P45 1948

北京大學圖書館善本書録

趙斐雲、王有三選編 北京 北京大學圖書館 1948年 （m.）

007453585 9566 1065

京師圖書館善本簡明書目

京師圖書館 北京 京師圖書館 1916年

007493422 9566 1065.1

國立北平圖書館善本書目四十卷

趙萬里撰集 北京 國立北平圖書館 1933年

007493427 9566 1065.1 (5)

國立北平圖書館善本書目乙編四卷

趙録綽編 北京 國立北平圖書館 1935年

007493426 9566 1065.1 (6)

國立北平圖書館善本書目乙編續目四卷

北京圖書館編 北京 國立北平圖書館 1937年

008127535 FC4561 FC－M1844 T 9566 1331

五家宋元書目

繆荃孫輯 濟南 1941年

007431778 9566 1516 B 9566 1516

群碧樓善本書目六卷 寒瘦山房鬻存善本書目七卷

鄧邦述撰 廣州 1930年

008131362 FC4546 FC－M1836 T 9566 1639.2

歸安陸氏舊藏宋元本書目

陸心源編藏 濟南 1941年

007431781 9566 2447

館藏善本圖書題識

何多源編 廣州 嶺南大學圖書館 1938年 嶺南大學圖書館叢書 （m.）

007431789 9566 3390

浙江省立圖書館善本書目題識四卷

陸祖穀編 杭州 浙江省立圖書館 1932年 （m.）

007450652 9566 3390.1

浙江省立圖書館善本書目四卷甲編

毛春翔編 杭州 浙江省立圖書館 1936年

007450461 9566 3490b

江蘇第一圖書館覆校善本書目

齊耀琳撰 江蘇第一圖書館 1918年

007450653 9566 4222

海源閣宋元秘本書目四卷

楊葆彝編 香港 山東省立圖書館 1931年

007450472 9566 4342.1

故宫善本書目三卷

張允亮撰 北平 故宫博物院 1934年

007450565 9566 4342.4

故宫所藏觀海堂書目四卷

何澄一編 北平 故宫博物院圖書館 1932年

008127538 T 9566 4813.4

百宋一廛書録

黄丕烈撰 姚振宗編次 濟南 1912—30年

008099293 9566 6136
宋金元本書影
瞿啟甲輯 鐵琴銅劍樓瞿氏 1922 年

007451536 9567 4436
故宮殿本書庫現存目三卷
陶湘編 北平 故宮博物院 1933 年

008101634 9567 8592
清代進書表録存目
錢恂集志 香港 聚珍倣宋印書局 1919 年

007451559 9568 4148
南獻遺徵箋
范希曾著 香港 淮陰范氏家刻本 1931 年

008973675 T 9568 7941
道家金石略稿本目録一卷
陳垣編纂 勵耘書屋 1912—49 年 稿本

007451550 9569 1127
巴黎敦煌殘卷敘録聚珍倣宋第一、二輯
王重民撰 北平 國立北平圖書館 1936—37 年

007435827 9569 8143
讀書管見
金其源著 上海 商務印書館 1948 年 (m.)

題跋 書評

007451629 9577 2992
紅雨樓題跋二卷
徐𤊹撰 繆荃孫輯 新陽[江蘇松江縣] 峭帆樓趙氏 1914 年 峭帆樓叢書

007451631 9577 4222
南濠居士文跋四卷
都穆撰 蘇州 文學山房 1924 年

007493519 9578 2264
古文舊書考附訪餘録
島田翰撰 北京 藻玉堂 1927 年

008986257 T 9578 2964
煙嶼樓書跋一卷
徐時棟撰 香港 王雲峰 1941 年 鈔本

009024954 9578 3634
八喜齋隨筆一卷
潘祖蔭著 李少微編次 天津 文佑堂書籍鋪 1936 年 鉛印

004126838 9578 3804
思適齋集外書跋
顧廣圻撰 蔣祖詒輯 蘇州 百擁樓 1935 年

007453718 9578 4441
雁影齋讀書記
李希聖撰 羅振常重編補目 上海 蟫隱廬 1936 年

004041145 9578 4811
蕘圃藏書題識 蕘圃刻書題識
黄丕烈撰 繆荃孫等輯 香港 金陵書局 1919 年

004118265 9578 4811.2
士禮居藏書題跋補録
黄丕烈著 北京 冷雪盦印行 1929 年 冷雪盦叢書

004041158 9578 4811.3
蕘圃藏書題識續録四卷 雜著一卷
黄丕烈撰 王大隆輯 1933 年

008127549 FC4565 FC－M1847 T 9578 5033
棗花閣圖書題跋記
史寶安編藏 濟南 1941 年

007458607 9578 6129
貞松堂校刊書目解題
墨緣堂編 濟南 墨緣堂 1934 年

004018881 9578 7252
鄭堂讀書記七十一卷
周中孚撰 香港 嘉業堂 1924 年 吴興叢書

004018878 9578 7252b
鄭堂讀書記
周中孚撰 上海 商務印書館 1937 年 國學基本叢書 （m.）

008127551 FC4721 FC－M1870 T 9578 7295
學山堂書録四十卷
謝慎修編 濟南 1941 年

008127552 FC4566 FC－M1848 T 9578 7978
説郛書目考三卷
陳師曾輯 濟南 1941 年

007451705 Z3101.T36 1936x
陶輯書目
陶湘輯 香港 武進氏 1936 年

007430944 9578 858
讀書敏求記四卷
錢曾撰 上海 掃葉山房 1925 年

002357866 9578 858.8
錢遵王讀書敏求記校證
錢曾撰 管庭芬原輯 章鈺補輯 長洲章氏 1926 年

007435822 9579 1103
文禄堂訪書記五卷
王文進撰 北京 文禄堂 1942 年

007435889 9579 1316
張孟劬先生遯堪書題
張爾田撰 王鍾翰輯 北平 燕京大學歷史學會 1938 年

007493589 9579 1335
中州集略六卷
張宗泰纂輯 香港 1929 年

007435890 9579 2443
藏園群書題記第一至四集
傅增湘著 天津 大公報 1933 年 （m.）

007430658 9579 2443.01
藏園群書題記續集六卷
傅增湘撰 香港 藏園刊 1938 年

007257214 9579 3184
寐叟題跋一集
沈曾植著 上海 商務印書館 1914 年序

007453806 9579 3834
勱堂讀書記十卷
顧家相著 濟南 1928 年

007453690 9579 4327
五十萬卷樓群書跋文十五卷
莫伯驥撰 1948 年

008127355 T 9579 4340
寒雲手寫所藏宋本提要廿九種
袁克文寫 建德縣 周氏 1931 年

007430703 9579 8121
古籍叢考
金德建著 上海 中華書局發行 1941 年 （m.）

地方書目

008127557 T 9581.1 7326
長白藝文志四十卷
英浩撰　濟南　1940 年

008016832 9581.1 8183
遼海書徵六卷
金毓黻撰集　1942 年　東北文獻叢書

007453826 9581.1 8183.1
遼海書録
金毓黻撰　奉天　1934 年

009262042 9581.5 5674
曲阜清儒著述記二卷
孔祥霖輯　濟南　1915—27 年　石印

008127568 T 9581.5 5674
曲阜清儒著述記二卷
孔祥霖輯　濟南　1940 年

007493590 9582 9.31
温州經籍志三十六卷
孫詒讓撰　香港　浙江省立圖書館　1921 年

008127579 FC4725 FC－M1874 T 9582.4 1363
湖北先正遺書目不分卷
張國淦編　濟南　1941 年

007493428 9582.4 4771
潛江書徵四卷
甘鵬雲纂　潛江　甘氏崇雅堂　1936 年　崇雅堂叢書

007493482 9582.4 8135
鍾祥藝文考四卷
李權撰　鐘祥　李氏雙槐廬　1926 年

007493595 9582.9 1816
台州經籍志四十卷
項元勳編　香港　浙江省立圖書館　1915 年

007493439 9582.9 4234
金華經籍志二十七卷
胡宗楙纂　廣州　夢選樓　1926 年敘

007493598 9582.9 7193
平湖經籍志八卷
陸惟鍌纂　廣州　求是齋　1937 年

007493602 9582.9 8210
湖録經籍考六卷
鄭元慶輯　香港　吳興劉氏　1920 年

007493603 9583.1 3613
福建藝文志七十六卷　附録四卷　板本志八卷
1920—30？年

007493452 9583.2 3113 FC9804 Film Mas 37910
廣東女子藝文考
冼玉清著　長沙　商務印書館　1941 年　初版　（m.）

007453560 9583.2 4884
廣東宋元明經籍槧本紀略
黄慈博著　香港　中國文化協進會　1940 年

007493423 9584 4234.2
日本訪書志補
楊守敬撰　王重民輯　北京　中華圖書館協會　1930 年

007435892 9584 8186b
經籍訪古志初稿本　七卷
澀江全善[抽齋]、森立之[枳園]編　東京　日本書志學會　1935 年

族姓及個人書目

007435895　9590　3377
海寧渤海陳氏著録續編、補遺
陳敬璋編　陳其謙、陳大綸續編　香港　陳氏　1933 年

007494763　9590　6345
八旗藝文編目四卷
恩華輯　重光大荒落　1941 年跋

007494941　9598　1737
雪泥屋遺書目録一卷　補遺一卷
牟房輯　香港　裒殷堂　1912—49 年

007494942　9598　3914.3
梁廷枏著述録要
冼玉清著　廣州　1934 年

008127590　T　9598　4474
秦漢十印齋藏書目四十卷
蔣鳳藻藏編　濟南　1941 年

008127593　T　9598　8417
錢塘張氏原稿書目
濟南　1940 年

008127595　T　9599　0343
萬木草堂叢書目録
康有爲撰　濟南　1940 年

007494944　9599　3221
張約園遺書目録
馮貞群撰　香港　四明張氏　1946 年

書業目録

007494779　9605　1147.8
崇文總目
王堯臣等編次　錢東垣等編釋　上海　商務印書館　1939 年　初版　國學基本叢書　(m.)

007494803　9605　7973.4
中興館閣書目輯考五卷　附續目一卷
陳騤等撰　趙士煒輯　北平　國立北平圖書館　1933 年　古逸書録叢輯

008127596　T　9607　2376
秘閣書目
楊士奇等編　濟南　1940 年

007794250　MLC - C
蘇州振新書社書目
蘇州　蘇州振新書社　1932 年　(m.)

008127598　T　9607　4247
翰林院舊書目録四十卷
濟南　1940 年

008127602　T　9608　147
武英殿修書處舊存新收書目
濟南　1941 年

008127621　FC4574　FC - M1851　T　9608　1470
[清道光二十五年]俄羅斯進呈書目
清理藩院藏　佚名譯目　濟南　1941 年

007494849　9608　2162.02
四庫全書纂修考
郭伯恭著　上海　商務印書館發行　1937 年　(m.)

007494954　9608　2162.03
補鈔文瀾閣四庫闕簡記録不分卷
張宗祥撰　香港　浙江圖書館　1926 年

007494955　9608　2162.112
辦理四庫全書檔案
王重民撰　香港　國立北平圖書館　1934 年

007430785 9608 2162.14
于文襄手札
于敏中撰 北平 北平圖書館 1933 年

007453474 9608 2162.147
四庫全書考證一百卷
(清)王太岳等纂輯 上海 商務印書館 1940 年 國學基本叢書 (m.)

008127625 T 9608 2162.19
四庫全書輯永樂大典本書目
孫馮翼撰 濟南 1940 年

007430739 9608 2162.21b
四庫全書答問
任松如著 上海 啟智書局 1934 年 3 版 (m.)

009245831 9608 2162.2d
欽定四庫全書簡明目録附欽定四庫全書分架圖等
紀昀等纂 永瑢總裁 1935—57 年

007494766 9608 2162.42
四庫大辭典
楊家駱著 上海 中國書店代售 1931—32 年

007494707 9608 2162.423 PL2257.Y3
四庫全書學典
楊家駱著 上海 世界書局 1946 年 (m.)

007494889 9608 2162.441
四庫全書表文箋釋四卷
林鶴年纂 香港 吴興劉氏求恕齋 1915 年

007430706 9608 2162.59
四庫未收書目提要
阮元撰 雙流 黄氏濟忠堂 1931 年

007430742 9608 2162.59b 9608 2162.59c
四庫未收書目提要
阮元編 上海 商務印書館 1935 年 國學基本叢書 (m.)

007494901 9608 2162.7
四庫全書總目索引四卷
陳乃乾編 上海 大東書局 1926 年

007494961 9608 2162.71
四庫全書提要敘箋註
周雲青撰 上海 醫學書局 1929 年 3 版

007430962 9608 2162.8
文溯閣四庫全書提要
金毓黻輯 廣州 遼海書社 1935 年

007494962 9608 2162.81
文溯閣四庫全書要略及索引
國立奉天圖書館 奉天 該館 1938 年 (m.)

007430673 9608 2162.82
文溯閣四庫全書要略
奉天 1933 年 國立奉天圖書館館刊

007430720 9608 2162.89
四庫全書提要辨證史部四卷 子部八卷
余嘉錫著 香港 讀已見書齋 1937 年

007494843 9608 2162.9
四庫全書總目及未收書目引得
燕京大學圖書館引得編纂處 洪業等 北平 燕京大學圖書館 1932 年 引得叢刊 (m.)

007435804 9608 2162c
四庫全書總目提要 附未收書目五卷索引四卷 二百卷 卷首
永瑢總裁 紀昀總纂 陳乃乾校閲 上海 大東書局 1930 年 再版

007494787 9608 2162d
四庫全書總目提要二百卷 卷首四卷
永瑢等編撰 紀昀等總纂 上海 商務印書館 1933年 初版 (m.)

007430852 9608 2162f
四庫全書總目提要
永瑢等撰 長沙 商務印書館 1939年 万有文庫簡編 (m.)

008127622 T 9608 2162y3
經進四庫遺書目録
阮元撰 濟南 1940年

007435900 9608 2260
續修四庫全書提要
香港 1935年

008127638 T 9608 3323
浙江解進備採書目
濟南 1940年

007494768 9608 4200
四庫目略
楊立誠編纂 費寅校閲 杭州 浙江省立圖書館四庫目略發行處 1929年

007435816 9608 4740
内閣大庫書檔舊目補
國立中央研究院歴史語言研究所編 上海 商務印書館 1936年 初版

007496488 9608 4740.1
内閣大庫書檔舊目
國立中央研究院歴史語言研究所編印 上海 國立中央研究院歴史語言研究所 1933年 史料叢書

007496433 9608 4740.3
内閣大庫現存清代漢文黄册目録
故宮博物院 北平 故宮博物院 1936年 (m.)

008167457
文淵閣藏書全景
中國營造學社編 北平 中國營造學社 1935年

009277530 9609 037
文淵閣藏書全景
中國營造學社編輯 北京 1936年 影印再版

007435907 9609 6710
國民政府文官處圖書館圖書目録
中國國民政府文官處圖書館編 香港 國民政府文官處圖書館 1934年

007435908 9609 8306
鐵道部圖書室圖書目録
中國鐵道部圖書室編 南京 鐵道部圖書室 1934年 (m.)

009120806 9610 5565
國立中央圖書館入藏呈繳圖書目録
國立中央圖書館 南京 1935年

007496458 9610 5565.12
國立中央圖書館藏官書目録第一輯
國立中央圖書館籌備處編印 南京 國立中央圖書館籌備處 1934年 (m.)

008167681 9610 5565.2
國立中央圖書館善本書目初稿第一輯四卷 第二輯四卷
[國立]中央圖書館編 南京 該館 1948年

009120569 9610 5565.3
國立中央圖書館藏期刊目録第一輯
南京 1934年

007491132 9611 037
立法院圖書館開幕紀念册
1932年

007435912 9611 2400
外交部藏書目録初編七卷 二編七卷
居之敬、許同莘等同編 北京 外交部 1916—22 年

007435781 9611 4342.33
故宫普通書目六卷
故宫博物院圖書館 北京 故宫博物院圖書館 1934 年

007453740 9611 5165
滿洲國立奉天圖書館圖書分類目録
日本 滿洲奉天國立圖書館 1932 年

007453885 9611 5165
增加圖書分類目録(康得二年七月一日起至康得三年十二月底止)第一期
國立奉天圖書館編 奉天 國立奉天圖書館 1937 年 (m.)

009263701 9611 5165.2
藏書原目
國立奉天圖書館 遼寧省 奉天圖書館 1934 年

007720206 9611 5165.3
[滿洲]奉天圖書館殿版書目附滿文書目
滿洲奉天圖書館 奉天 193? 年

007720212 9612 1114.4
國立北平圖書館圖書展覽會陳列目録
國立北平圖書館 192? 年

007453515 9612 1114.5
國立北平圖書館圖書展覽會目録
趙萬里編 北平 國立北平圖書館 1930 年 (m.)

007640244 MLC - C
國立北平圖書館戲曲音樂展覽會目録
國立北平圖書館編 北京 國立北平圖書館 1934 年

007435792 9612 1165 FC9436 Film Mas C5640
北京圖書館現藏中國政府出版品目録
北京圖書館編 北京 北京圖書館 1928—32 年 (m.)

009126159 9612 1165.11
國立北京圖書館由滬運回中文書籍金石拓本輿圖分類清册
北京 國立北京圖書館 1932 年

007496442 9612 1165.30 DS782.Z99 P44 1933x
國立北平圖書館、故宫博物院圖書館滿文書籍聯合目録
李德啟編 于道泉校 北平 國立北平圖書館及故宫博物院圖書館合印 1933 年

008265834 9612 1165.4
國立北平圖書館排印卡片目録
國立北京圖書館中文編目組編 北京 國立北平圖書館中文編目組 1936—37 年 (m.)

008189857 FC4876
國會圖書館攝製北平圖書館善本書膠片
194? 年

008565054 FC2082
國立北平圖書館善本書裝箱書目
1941 年

007453492 9612 1165.6
國立北平圖書館書目目録類
蕭璋編 北平 國立北平圖書館 1934 年

007790939 9612 4365.5 MLC - C
摛藻堂四庫薈要目録
北平 故宫博物院圖書館 1933 年

007903876 9612 4365.7
故宫所藏殿板書目五卷
故宫博物院圖書館 北京 故宫博物院

圖書館　1933 年

007496547　9612　4434
雍正朱批諭旨不録奏摺總目
故宮博物院編　北平　故宮博物院 1930 年

007453562　9613　0859
廣東圖書館藏書樓書目不分卷
茅謙編　香港　廣東圖書館　1915 年

007453440　9613　2216
山西公立圖書館目録初編中國圖書新籍類
聶光甫編　太原　山西公立圖書館 1933 年　(m.)

007453563　9613　2759
山東圖書館書目九卷
劉寶泰、袁紹昂編輯　香港　1917 年

007455806　9613　3116
江西省立圖書館圖書目録
江西省立圖書館　南昌　江西省立圖書館　1935 年　(m.)

007496608　9613　3237
湖北省立圖書館圖書目録第一期
馮漢驥主編　湖北省立圖書館編　香港 1929 年　(m.)

007455811　9613　3380.2
浙江公立圖書館通常類目録五卷　補遺一卷
浙江公立圖書館　杭州　1924—25 年 重訂本

007496610　9613　3390.1
文瀾閣目索引
楊立誠撰　香港　浙江印刷公司　1929 年　初版

008191999　9613　3390.2
文瀾閣目五卷　閣目補一卷
錢恂撰　杭州?　浙江公立圖書館 1923 年

007455740　9613　3390.3
重訂浙江公立圖書館保存類目録
浙江公立圖書館　濟南　1921 年

007455636　9613　3390.4
浙江省立圖書館圖書總目中日文書第 1 輯
浙江省立圖書館　杭州　浙江省立圖書館　1935 年　(m.)

007455962　9613　3390.5
浙江省立圖書館書目提要
金濤編　香港　1931 年　(m.)

007496496　9613　3390.8
別集索引
浙江省立圖書館編　浙江杭縣　浙江省立圖書館　民國間

007430965　9613　3390.9b
浙江圖書館保存類書目四卷　附録　浙江圖書館觀覽類書目附補遺　附録
浙江圖書館編　杭州　浙江圖書館 1915 年

007500596　9613　3391
浙江省建設廳圖書館目録
1933 年

007430966　9613　3424
中文書目
安徽省立圖書館編　香港　1930 年

007478972　9613　3467
江蘇省立國學圖書館圖書總目四十四卷
江蘇省立國學圖書館　南京　1933—35 年

007478973　9613　3467　(25－30)
江蘇省立國學圖書館圖書總目補編十二卷
江蘇省立國學圖書館　南京　1936 年

007496589　9613　3467.2
江蘇省立國學圖書館現存書目二十卷
江蘇省立國學圖書館　南京　江蘇省立國學圖書館　1948 年　(m.)

007455965　9613　3481
江蘇省立第二圖書館書目續編六卷　附録三編七卷
曹允源編輯　香港　1917—21 年

007455967　9613　3490.2
河南圖書館藏書總目
河南圖書館編　香港　河南圖書館　1917 年

007455700　9613　4365
江蘇省立蘇州圖書館最近編藏圖書目録 民國二十七年二月至二十八年五月
江蘇省立蘇州圖書館　蘇州　江蘇省立蘇州圖書館　1938 年

007455805　9613　4365.2
江蘇省立蘇州圖書館圖書目録
蔣鏡寰、陳子彝編　沈維堃、金汝礪校　蘇州　江蘇省立蘇州圖書館　1933 年　(m.)

007455968　9613　5610
雲南圖書館書目初、二編
由雲龍纂輯　何秉智參訂　昆明　雲南圖書館　1915—23 年　(m.)

007456843　9614　0671
諸暨圖書館目録初編八卷
樓藜然編　香港　1919 年

007453565　9614　1181
北平市立第一普通圖書館圖書總目
北平市立第一普通圖書館編　北平　1935 年

007453566　9614　1331
天津市立圖書館圖書目録第一、二輯
天津市立圖書館編　香港　天津市立圖書館　1934 年　(m.)

007453567　9614　2135
上海市圖書館圖書雜志目録第一輯
上海市圖書館編　香港　上海市圖書館　1936 年　(m.)

009263477　9614　2365
上海市市立圖書館藏書分類目録
上海市市立圖書館　上海　上海市市立圖書館　1935 年　(m.)

007720221　9614　2378
陸氏守先閣捐助書目
吴興圖書館　香港　該館　193? 年

007720223　9614　2627
香山圖書館書目
192? 年

007456846　9614　2678
紹興縣立圖書館通常類書目
孫曾祺編　香港　紹興縣立圖書館　1934 年

007453568　9614　3765
瀏陽圖書館藏書目録六卷
瀏陽圖書館編　香港　瀏陽圖書館　1914 年

007453569　9614　4209
南京市立圖書館圖書目録
南京市立圖書館編　香港　南京市立圖書館　1934 年　(m.)

007524153　9614　4209.2
南京市立圖書館圖書目録
南京市立圖書館編　香港　南京市立圖書館　1934—36年　(m.)

007453570　9614　4370
杭州市市立兒童圖書館圖書目録
香港　杭州市市立兒童圖書館　1933年　(m.)

007457491　9614　4383
大公圖書館藏書目録
大公圖書館　無錫　1921年

007453845　9614　4386
太倉縣立圖書館藏書目八卷　補遺
徐福墉編　香港　1923年

007453847　9614　5032
威海衛通俗圖書館圖書目録
香港　1933—36年　(m.)

007453849　9614　8866
無錫縣圖書館圖書目録
無錫縣圖書館編　香港　1932年

007457806　9616　0433
交通大學圖書館圖書目録
杜定友等編　香港　交通大學圖書館　1934年

007457811　9616　0433.8
交通大學北平鐵道管理學院圖書館中西文圖書總目録
顧寶埏等編　北平　交通大學鐵道管理學院圖書館　1933年　(m.)

007453853　9616　0472
廈門大學圖書館中文書目録附補遺
楊希章編　香港　1931年

009054157　9616　1028.1
北京師範大學圖書館中文古籍書目二卷
北京師範大學圖書館編輯　北京　北京師範大學圖書館　1912—49年　油印

007457579　9616　1361
震旦大學圖書館暫編法學書目
震旦大學圖書館編　上海　震旦大學圖書館　1934年　(m.)

007453856　9616　1371
圖書目録
兩浙鹽務中學圖書館編　香港　1933年

007457625　9616　3190　(1)
河北省立女子師範學院圖書館中文圖書分類目録
陸秀編　天津　河北省立女子師範學院　1935年　(m.)

007457632　9616　3190　(2)
河北省立女子師範學院圖書館中文圖書分類目録續編
錢亞新編　天津　河北省立女子師範學院　1936年　(m.)

007455917　9616　3245
清華大學圖書館中文書籍目録第一輯
查修等編　香港　1927年

007457812　9616　3245.1
清華學校華文書籍目録
清華學校圖書室編　北平　清華學校　1915年

007453712　9616　3245.2
國立清華大學圖書館中文書目甲編
北平　國立清華大學圖書館　1931年

007458686　9616　3245.4
中文期刊目録附日文期刊目録
國立清華大學圖書館　北平　清華大學

圖書館　1933 年

007455918　9616　4272
南開大學圖書館目録第一輯
王文山等編　香港　1925 年

007453857　9616　4272.2
南開大學圖書館中文圖書目録
王文山編輯　香港　1926 年

007913957　9616　4309
圖書展覽目録
燕京大學圖書館　北京　燕京大學圖書館　1934 年　(m.)

007913946　9616　4309　(1935)
圖書展覽目録
燕京大學圖書館　北京　燕京大學圖書館　1935 年　(m.)

007913929　9616　4309　(1937)
圖書展覽目録
燕京大學圖書館　北京　燕京大學圖書館　1937 年　(m.)

007918878　9616　4357　(1－2)
蘇州中學高中部圖書館圖書目録
濟南　蘇州中學　1929 年

007918886　9616　4357　(3)
蘇州中學高中部圖書館叢書目録
濟南　蘇州中學　1929 年

007453858　9616　4857
南洋中學藏書目
陳乃乾編　香港　南洋中學　1919 年

007918579　9616　5024
國立中山大學圖書館中文古書分類目録
梁格編　廣州　中大圖書館編目部　1935 年　(m.)

009120648　9616　5024.1
國立中山大學圖書館中日文圖書目録民國十八年
梁格編　廣州　1929 年　(m.)

009120679　9616　5024a
國立中山大學圖書館中文古書分類目録
中山大學圖書館　廣州　1930 年

007496584　9616　5033
中法大學圖書館中文書目
中法大學　北京　1933 年　(m.)

007458687　9616　5503
中央航空學校圖書館書目
中央航空學校圖書館編　杭州　中央航空學校圖書館　1935 年　(m.)

007453859　9616　5923
東吴大學法律學院圖書館圖書目録
喻友信編　香港　東吴大學法律學院圖書館　1933 年

007453860　9616　5942
東南大學孟芳圖書館圖書目録第一輯
洪有豐等編　香港　1924 年

009120621　9616　5942.2
國立中央大學圖書館圖書目録
中央大學圖書館　南京　1929 年　(m.)

007720228　9616　7435
學海書院圖書館書目第一集
1936 年　(m.)

007442091　9616　9229
福建協和大學陳氏書庫福建人集部著述解題
金雲銘撰　福州　協和大學　1935 年

007453863　9618　1032
北京研究圖書資料展覽會目録
北京近代科學圖書館　北平　北京近代科學圖書館　1937 年　修正重刊

007574523　9618　1080
北京人文科學研究所藏書目録附表續目
北京人文科學研究所　北京　北京人文科學研究所　1938—39 年

007453804　9618　2340
香港華商總會圖書館圖書目録第一輯
香港華商總會圖書館　香港　華商總會圖書館　1936 年　(m.)

007448615　AC149. S82　1936x
四部備要書目提要
上海中華書局編　上海　中華書局　1936 年　(m.)

007794240　MLC – C
四庫著録河北先哲遺書輯目
北平　國立北平圖書館　1933 年

008127639　FC4562　FC – M1845　T　9618　4465
松坡圖書館書目
濟南　1912—30 年

007496619　9618　5591
中國國民黨中央黨務學校圖書目録
香港　1929 年

007496490　9619　2327　FC8449　Film　Mas　32041
焦山書藏書目
焦山書藏委員會編　鎮江　焦山書藏委員會　1934 年

007456832　9625　1202C
郡齋讀書志五卷　後志二卷
晁公武撰　上海　涵芬樓　1935 年

009120263　9625　1202d
昭德先生郡齋讀書志
晁公武撰　上海　商務印書館　1937 年　萬有文庫　(m.)

007719945　9625　7951. 1
直齋書録解題書名索引
東洋史研究會校訂　京都　東洋史研究會　1937 年

007442103　9625　7951B
直齋書録解題二十二卷
陳振孫撰　長沙　商務印書館　1939 年　國學基本叢書　(m.)

007442104　9627　0222
百川書志二十卷
高儒撰　香港　觀古堂　1915 年

007448433　9627　0390
玄賞齋書目
董其昌藏　北平　國立北平圖書館　1932—33 年

007448294　9627　1170. 3
天一閣簡目兩種方志目明試士録目
天一閣　上海　華升書局　1936 年　(m.)

007479010　9627　1170. 31
鄞范氏天一閣書目内編十卷
馮貞群編輯　鄞縣　重修天一閣委員會　1940 年

008127640　T　9627　1624
西吴韓氏書目
濟南　1940 年

008127643　FC4547　FC – M1837　T　9627　3472
汲古閣毛氏藏書目録
毛晉藏　濟南　1940 年

008127644 T 9627 4389
菉竹堂書目
葉盛編 濟南 1940 年

008127646 T 9627 4877
趙定宇書目
趙用賢編 濟南 1940 年

008127647 T 9628 0434
文淵樓藏書目録
濟南 1941 年

008127648 T 9628 0450
式訓堂續藏書目
章壽康藏編 濟南 1941 年

007448329 9628 0475
讀有用書齋書目
封文權編 韓鳴唐藏 香港 里安裒殷堂 1934 年

008064133 FC4508 FC－M1822 T 9628 1124 T 9628 1124b
五百經幢館藏書目録不分卷
葉昌熾編藏 濟南 1941 年

008127651 T 9628 1134
里安孫氏玉海樓書目
孫詒讓藏 濟南 1941 年

008127653 T 9628 1237
琴清閣書目
濟南 1941 年

008131364 FC4504 FC－M1818 T 9628 1370
石蓮闇藏書目録存
吴重熹撰 韓滋源輯鈔 濟南 1941 年

008131365 FC4512 FC－M1826 T 9628 1441
三十有三萬卷書堂目録二卷
孔廣鏞藏 濟南 1912—30 年

008127657 T 9628 1485
醉竹軒書目
濟南 1941 年

008128526 T 9628 1611
碧琳琅館藏書目録四十卷
方功惠藏編 濟南 1940 年

008128525 T 9628 1611.2
碧琳琅館藏書記
方功惠編 濟南 1940 年

008128527 T 9628 1663
西園藏書志四十卷
侯長松編 濟南 1941 年

008128533 T 9628 2227
向山閣書目四十卷
陳祖望撰 濟南 1940 年

008128535 FC4462 FC－M1814 T 9628 2240
吴氏拜經樓書目四十卷
吴騫編藏 濟南 1941 年

004028175 9628 2241.1
藝風藏書再續記
繆荃孫撰 北京 燕京大學圖書館 1940 年

007448337 9628 2459
周氏傳忠堂藏書目四卷
周星詒輯 羅振常重編 廣州 蟫隱廬 1936 年

007448331 9628 2464
傳是樓書目附馬氏鈔藏書目
徐乾學藏撰 1915 年

008128536 T 9628 3122
鳴野山房書目
沈復粲藏 濟南 1941 年

008128537 T 9628 3129
宜稼堂書目
郁松年編輯 濟南 1941 年

007448335 9628 3133
振綺堂書目四十卷
汪憲藏撰 1927 年

007448311 9628 3235
揚州吴氏測海樓藏書目録七卷
吴引孫撰 北平 富晉書社 1931 年

008128539 T 9628 3349
追來堂偶存書目一卷 附石刻目一卷
夢婕生藏編 濟南 1941 年

007456643 9628 3404
滂喜齋藏書記三卷
潘祖蔭藏 葉昌熾編 上海 海寧陳氏慎初堂 1924 年序

008128540 FC4461 FC－M1815 T 9628 3440
道古樓書目
馬思贊編藏 濟南 1941 年

008128542 T 9628 3474
安雅樓藏書目録
唐翰題藏編 濟南 1941 年

007448502 9628 4139
觀海堂書目
楊守敬撰 1911—33 年

007448774 9628 4149
觀古堂藏書目四卷
葉德輝編 香港 長沙葉氏觀古堂 1915 年

002358107 9628 4222
楹書隅録初編五卷 續編 四卷
楊紹和撰 聊城 海源閣 1912 年

008128555 T 9628 4290
越縵堂書目
李慈銘藏 濟南 1941 年

008128567 T 9628 4444
鄉嬛妙境藏書目録四十卷
麟慶編 濟南 1941 年

007448622 9628 4449
好古堂書目
首源主人手編 香港 中社 1929 年

008128578 T 9628 4634
嘉業藏書樓善本書目
劉承幹藏 濟南 1940 年

007448632 9628 4649
培林堂書目
徐秉義藏撰 1915 年

008128596 T 9628 4756
韓氏書目附徐宅書單等
濟南 1930 年

008128618 FC4515 FC－M1829 T 9628 4874
徒河趙氏藏書目録
拙懶生輯 濟南 1941 年

007676221 Z3101.C496 1933x
圖書籌備處藏書目録
國立中央圖書館籌備處編 1933—40 年

007448629 9628 4878
趙氏圖書館藏書目録附峭帆樓善本書目
趙詒琛輯 昆山 義莊藏書樓 1926 年

007448627 9628 4929
郋園讀書志
葉德輝撰 上海 澹園 1928 年

008128626 T 9628 4994
萬卷精華樓藏書記二卷
耿文光撰 濟南 1940 年

002343829 9628 5121
抱經樓藏書志
沈德壽撰 濟南 1924 年

008128629 T 9628 5124
抱經樓書目
盧址藏 濟南 1941 年

008128633 T 9628 5209
本立堂藏書目
魏維新編 濟南 1941 年

008128638 FC4511 FC－M1825 T 9628 5600
拾園張氏書目不分卷
不著編者 濟南 1941 年

007448758 9628 5638
楝亭書目鈔本
曹寅撰 北平 國立北平圖書館 1930 年

008128639 FC4514 FC－M1828 T 9628 5870
書鈔閣行篋書目
周星詒編 濟南 1941 年

008128640 T 9628 6149
四槐堂藏書録附碑帖目
倔道人藏編 濟南 1941 年

007448634 9628 633
墨海樓書録
周郇藏撰 南京 中國圖書大辭典編輯館 1933 年

008128647 T 9628 6398
思補精舍書目
秦獻廷藏編 濟南 1941 年

008154221 FC4507 FC－M1821 T 9628 6500
曝書亭藏書目
朱彝尊藏 濟南 1941 年

008128653 T 9628 6627
四明盧氏藏書目録
盧址藏 濟南 1941 年

008128655 T 9628 7148
靉豆華館璿笈小録一名汪又村藏書簿記鈔
汪适孫録 濟南 1940 年

009054177 9628 7203
四部寓眼録補遺一卷
周廣業撰 上海 蟫隱廬 1936 年 石印

007448759 9628 7210
鑒止水齋藏書目四十卷
許宗彦撰 北平 國立北平圖書館 1931 年

008128658 T 9628 7231
馬氏吟香館藏書目
馬瀛藏編 濟南 1941 年

008131350 FC4506 FC－M1820 T 9628 7290
問經堂書目
孫馮翼編 濟南 1941 年

008131351 T 9628 7354
艮軒藏書目録不分卷
熙元藏編 濟南 1941 年

008128880 FC4603 FC－M1861 T 9628 8290
含經堂藏書目
徐元文編藏 濟南 1941 年

008128881 FC4513 FC－M1827 T 9628 8390
笠澤堂書目
濟南 1941 年

008128664　FC4607　FC－M1862　T　9628　9128
怡雲仙館藏書總目不分卷　附簡明目録十六卷
陳善輯　濟南　1941 年

008128667　T　9628　9128.3
怡雲仙館藏書目録三編副編叢書總目二十卷　附叢書子目十一種
陳善輯　濟南　1941 年

008128883　T　9628　9605
怡府書目
載垣藏　濟南　1941 年

007448633　9629　044
詒莊樓書目八卷
王修撰　長興　王氏　1930 年

007448658　9629　0481
章氏四當齋藏書目
顧廷龍輯　北京　燕京大學圖書館　1938 年

007448781　9629　0833
大通樓藏書目録簿
龔禮逸編　1931 年

008128884　FC4602　FC－M1860　T　9629　1140
群玉樓四部書總目
曾[Ye]編藏　濟南　1941 年

008128887　FC4557　FC－M1840　T　9629　1440
金氏面城樓書目四卷　附補遺
金廣泳輯　濟南　1941 年

007448747　9629　1449
五十萬卷樓藏書目録初編二十二卷
莫伯驥撰　廣東東莞　1936 年

007448655　9629　1718
無錫先哲遺書目
孫祖基編　濟南　孫氏玉鑒堂　194? 年

008128889　FC4558　FC－M1841　T　9629　2440
綆古樓行篋書目四十卷
郭宗熙編藏　濟南　1941 年

007448784　9629　2443
雙鑒樓善本書目四卷
傅增湘撰　香港　藏園　1929 年

007448785　9629　2443.2
雙鑒樓藏書續記二卷
傅增湘編訂　香港　藏園　1930 年

006100899　9629　2647　Z3106.P36　1948
番禺葉氏遐庵藏書目録
潘承弼初稿　顧廷龍重編　上海　合衆圖書館　1948 年　合衆圖書館藏書分目

009024739　9629　2946
書髓樓藏書目八卷　附録
徐世昌編　濟南　徐氏　1935 年　鉛印

007448612　9629　2979
崇雅堂書録十五卷
甘鵬雲編　潛江甘氏息園　1935 年

007448628　9629　339
寶禮堂宋本書録
潘宗周、張元濟撰　廣東　南海潘氏　1939 年

007451521　9629　3717
海鹽張氏涉園藏書目録
上海　合衆圖書館　1946 年　合衆圖書館藏書分目

007430718　9629　4444
雲間韓氏藏書目
韓應陛藏撰　1930 年

007451556　9629　4647
國立北平圖書館博野蔣氏寄存書目
朱福榮輯　北京　國立北平圖書館印行

1934 年

007451639 9629 5345
東海藏書樓書目
徐允中編　香港　武林　1925 年

008133602 T 9629 6169
晚晴簃藏清人别集目録
徐世昌編　劍橋　哈佛大學圖書館
1941 年

007451595 9629 6735
瞿氏補書堂寄藏書目録
國立北平圖書館編纂部編輯　北平　國立北平圖書館　1935 年　(m.)

007430970 9629 7924
測海樓舊本書目
吴引孫藏書　陳乃乾校録　北平　富晉書店　1932 年

008128891 FC4543 FC－M1833 T 9629 8290
篋經室藏書目録
曹元忠編藏　濟南　1941 年

007451554 9629 833
梁氏飲冰室藏書目
北京　國立北平圖書館　1933 年

007430731 9629 9471
粹芬閣珍藏善本書目
粹芬閣主人編　上海　粹芬閣主人
1934 年

007451594 9630 2350
全國出版物目録彙編
生活書店編　上海　1933 年　(m.)

007451537 9631 2944
官書局書目彙編
朱士嘉編　北平　國立北平圖書館
1933 年　(m.)

007451646 9637 0175
萬有文庫目録
商務印書館編　上海　商務印書館
1929 年

007456837 9637 5700
蟫隱廬新版書目
1927 年

009428947 T 9637 7464
民國舊書店售書目録
濟南　1912—49 年

007451610 9638 2350.1
生活全國總書目
平心[趙一萍]編　上海　生活書店
1935 年　(m.)

007456839 9638 2726
郵局代購書籍目録第一期
中國交通部郵政總局編　香港　交通部郵政總局駐滬供應處　1935 年　(m.)

007451523 9638 7265
全國出版物總目録
開明書店編印　上海　開明書店　1935 年　(m.)

009126116 9639 0449
文奎堂書莊目録
文奎堂書莊　北京　1928 年　重訂

007453866 9639 1373
西泠印社書籍目録
西泠印社編　上海　西泠印社　1923 年

008128893 FC4559 FC－M1842 T 9639 4800
壽鑫齋書目
濟南　1941 年

日本書目

007451651　9645　6702

中譯日文書目録

國際文化振興會編　日本　國際文化振興會　1945 年

002537378　9649　1441　Z3101. Y446x　Suppl. vol. 6

日本期刊三十八種中東方學論文篇目附引得

于式玉編　引得編纂處校訂　北平　哈佛燕京學社　1933 年　引得　(m.)

007904330　9100　1224s　(13)　Z3101. Y446x　Suppl. vol. 13

一百七十五種日本期刊中東方學論文篇目附引得

于式玉、劉選民編　引得編纂處校訂　北平　哈佛燕京學社　1940 年　引得　(m.)

007451653　9666　349. 6

圖書寮漢籍善本書目四卷

東京　宮内省圖書寮　1935 年

其他各國書目

007452433　9698. 3　32

葛思德東方藏書庫書目

歧利斯、白炳騏合編　北京　1941 年

007452408　9698. 4　6640　FC519　FC692　FC－M159　T　9698. 4　6640

美國哈佛大學哈佛燕京學社漢和圖書館漢籍分類目録

1938—40 年　(m.)

009452264　T　9698. 4　6640. 1

漢和圖書分類法

裘開明等編　1943 年

009452342　T　9698. 4　6640. 2

漢籍分類目録存五卷

哈佛大學燕京圖書館編　波士頓　哈佛大學燕京圖書館　1930—38 年　鉛印

圖書館學

009424344　T　9702　6584

中華圖書館協會概況

1933 年　(m.)

007443585　9703　6622

圖書館學論叢續集

吕紹虞著　香港　南京大學書店　1947 年　(m.)

007453805　9706　2110

圖書學大辭典

盧震京著　長沙　商務印書館　1940 年　(m.)

007480692　9709　3174

圖書館學 ABC

沈學植著　上海　世界書局　1929 年　3 版　(m.)

007443588　9709　7908

最近中國圖書館事業之進展

陳訓慈著　濟南　浙江省立圖書館　1934 年

007434688　9710　4200

中國藏書家考略

楊立誠、金步瀛編纂　黄寅校閲　杭州　浙江省立圖書館四庫目略發行處　1929 年　(m.)

007445554　9711　0465　FC9617　Film　Mas　35912

全國圖書館調查録

許晚成編輯　上海　龍文書店　1935 年

（m.）

007457506　9712　292
圖書館學九國名詞對照表中、英、德、法、意、西、荷、瑞、丹
徐能庸編譯　上海　商務印書館　1933年　第1版　（m.）

007452426　9717　1170
天一閣藏書考
范欽藏　陳登原著　南京　金陵大學中國文化研究所　1932年　金陵大學中國文化研究所叢刊　甲種

007452656　9717　3963　FC9576　Film　Mas　35973
中國圖書館界人名録
宋景祁編輯　上海　上海圖書館協會　1930年

007434803　9719　1212
丁松生與浙江文獻
陳訓慈編　香港　浙江省立圖書館　1932年　（m.）

009013487　9719　1246
藏書百詠一卷
邢藍田著　濟南　文安邢氏　1938年　鉛印　鰈研居叢書　之一

007443119　Z3101. Y446x　vol. 28
藏書紀事詩引得
蔡金重編　哈佛燕京學社引得編纂處校訂　北平　哈佛燕京學社　1937年　（m.）

007457729　9719　8185
中國現代圖書館概況
金敏甫編　廣州　圕協會　1929年　（m.）

007457733　9730　2121
比較圖書館學
程伯群編　上海　世界　1935年　（m.）

007457736　9730　2941
民衆圖書館學
徐旭著　上海　世界　1935年　（m.）

011905114　Z845. C5　X8　1935
民衆團實際問題
徐旭著　上海　中華書局　1935年

007445434　9730　3842
圖書館組織與管理
洪有豐著　上海　商務印書館　1926年　（m.）

011912173　Z665. T88　T9　1932
圖書管理學
杜定友編　上海　中華書局　1932年

011914775　Z665. C466　1937
圖書館
陳友松、劉伍夫編著　上海　商務印書館　1937年　社會教育小叢書　（m.）

007446438　9730　4134
圖書館
杜定友著　長沙　商務印書館　1941年　（m.）

011918521　Z665. W364　1949
圖書與圖書館論叢
王重民編纂　上海　世界出版協社　1949年　（m.）

011910879　Z721. D825　1925
圖書館通論
杜定友著　上海　商務印書館發行　1925年　初版　上海圖書館協會叢書　（m.）

007445435　9730　4134.6
圖書館通論
杜定友撰　上海　商務印書館　1925 年　上海圖書館協會叢書　（m.）

007457740　9730　4264
圖書館學
楊昭悊編　香港　1926 年　再版　（m.）

011881951　Z665.C35　1928
圖書館簡説
蔡瑩編　上海　中華書局　1928 年　5 版　教育叢書　（m.）

007434781　9730　4991
圖書館簡説
蔡瑩、樓雲林編　上海　中華書局　1936 年　初中學生文庫　（m.）

007457741　9730　6565
圖書館小識
日本圖書館協會原著　通俗教育研究會譯　北京　通俗教育研究會　1917 年　（m.）

007457743　9730　723
現代圖書館序説
馬宗榮撰　上海　商務印書館　1928 年　（m.）

007480714　9730　723.12
現代圖書館經營論
馬宗榮著　上海　商務印書館　1928 年　（m.）

007480715　9730　723.3
現代圖書館事務論
馬宗榮撰　上海　世界書局　1934 年　（m.）

007457746　9730　7239.4
大學圖書館經營之實際
馬宗榮著　上海　大夏大學圖書館　1934 年　（m.）

007799042　MLC－C
圖書館管理經驗論文集
薩士武撰　福州　薩士武　1934 年

007457748　9730　7268
圖書館學要旨
劉國鈞編　上海　中華書局　1934 年　（m.）

007434800　9730　7944
圖書館
陳友松、劉伍夫編著　上海　商務印書館　1936 年　社會教育小叢書　（m.）

007457749　9730　8510
河北省立女子師範學院圖書館指南
錢亞新編　天津　河北省立女子師範學院　1934 年　（m.）

007434786　9760　4233
書籍·雜志·報紙處理法
柳宗浩著　上海　長城書局　1939 年

007457643　9762　4134
圖書選擇法
杜定友撰　上海　商務印書館　1926 年　上海圖書館協會叢書　（m.）

007445506　9766　2380
現代圖書館編目法
俾沙普著　金敏甫譯　上海　商務印書館　1937 年　（m.）

007445568　9766　4124
國立中央大學圖書館中文圖書編目規則
桂質柏著　南京　中央大學圖書館　1933 年

007445511 9766 4134
圖書目録學
杜定友著 上海 商務印書館 1926年 上海圖書館協會叢書 (m.)

011787817 Z696. D935 1925
圖書分類法
杜定友編著 1925年 上海圖書館協會叢書 (m.)

007445512 9766 4204.2
圖書分類法
村島靖雄著 毛春翔譯 上海 開明書店 1934年 (m.)

007434822 9766 4273
斯丹福大學圖書館中文部圖書編目法附英文説明
張敷榮著 美國加州 斯丹福大學 1935年

007434825 T 9766 4376
中國圖書編目法
裘開明著 上海 商務印書館 1931年 (m.)

007434782 9766 4414
中文圖書編目法
樓雲林編 上海 中華書局 1947年 (m.)

007445571 9766 8185
圖書編目學
金敏甫編 上海 正中書局 1946年 (m.)

007445572 9767 1111
中外圖書統一分類法
王雲五著 上海 商務印書館 1938年 (m.)

007445573 9767 2260.5
中國圖書十進分類法
何日章、袁湧進編 北平 師範大學圖書館 1934年 (m.)

007457751 9767 4134 (2)
杜氏圖書分類法中册
杜定友編 香港 中國圕服務社 1935年 (m.)

007457752 9767 4143 (3)
杜氏圖書分類法下册
杜定友著 上海 中國圕服務社 1936年 增訂再版 (m.)

007457753 9767 4417
中國圖書分類之沿革
蔣元卿編 上海 中華書局 1937年 (m.)

007457754 9767 5547
國立中央大學圖書館分類大全
桂質柏編 南京 國立中央大學圖書館 1935年

007443591 9767 7268
中國圖書分類法
劉國鈞編 南京 金陵大學圖書館 1929年 (m.)

007443481 9767 7268B
中國圖書分類法
劉國鈞編 南京 金陵大學圖書館 1936年 增訂再版 金陵大學圖書館叢刊 (m.)

007443599 9768 0455
圖書之典藏
許振東、王汶萊、郁望堯編 香港 浙江省立圖書館 1935年

007480716　9768　1348
中日著者號碼表
張英敏著　杭州　1933 年

007452659　9768　4365
四庫薈要排架圖
香港　故宫博物院圖書館　1933 年

007457570　9768　4365
天禄琳琅排架圖一卷　附四庫薈要排架圖
北平　北平故宫博物院　1933 年

007452603　9770　1224
中文参考書舉要
鄧衍林編　北平　國立北平圖書館　1936 年　(m.)

007431646　9770　2223
中文参考書指南
何多源編著　廣州　嶺南大學圖書館　1936 年　嶺南大學圖書館叢書　(m.)

007478974　9770　2223b
中文参考書指南
何多源編著　長沙　商務印書館　1939 年　增訂本　嶺南大學圖書館叢書　(m.)

007903460　9770　4047
燕京大學圖書館目録初稿類書之部
鄧嗣禹編　北平　燕京大學圖書館　1935 年　(m.)

008242565　9772　4342
整理檔案規則
國立北平故宫博物院文獻館編　1936 年

008855501　MLC－C
哈佛燕京圖書館檔案 1928—1965
1928 年

009452520　T　9772　6240
哈佛燕京圖書館藏零散檔案資料八份
1911—80 年

007443601　9772　7233
檔案管理法
周連寬編著　上海　正中書局　1947 年　(m.)

009424825　T　9772　8254
鋼和泰檔案資料
1930 年

007443537　9781　4134
圖書館與成人教育
杜定友編譯　上海　中華書局　1933 年　(m.)

007443611　9782　4816
鄉村巡迴文庫經營法
趙建勳編　上海　商務印書館　1935 年　(m.)

007431746　9784　2110
小學圖書館概論
盧震京著　上海　商務印書館　1936 年　(m.)

007445537　9784　2403
廣州市立第三小學校兒童圖書館概覽
吴謹心編　香港　1932 年

007445538　9784　2403.2
廣州特别市第三小學校兒童圖書館六周年紀念特刊
吴謹心編　香港　1930 年

007457676　9784　4134
學校圖書館學
杜定友著　上海　商務印書館　1928 年　(m.)

007445509　9784　8383
兒童圖書館之研究
今澤慈海、竹貫宜人著　陳逸譯述　上海　商務印書館　1924 年　（m.）

002401090　9789　5048
申報流通圖書館第二年工作報告紀念史量才先生
上海　申報館　1935 年　（m.）

007445510　9800　1116
國立北平圖書館概況
北京　1929 年

007446441　9800　1116.1
國立北平圖書館輿圖部概況
北京圖書館輿圖部　北平　1934 年

007446439　9800　5465　(1929)
全國圖書館調查表
中華圖書館協會編　北平　1929 年　第 3 次訂正　（m.）

007446475　9800　5465　(1931)
全國圖書館調查表
中華圖書館協會編　香港　1931 年　第 4 次訂正　（m.）

005826487　Z955.N36　L5　1926x
南開大學圖書館目録
王文山主編　天津　南開大學圖書館　1926 年　（m.）

007446333　9801　4170
國立北平圖書館藏碑目墓志類
國立北平圖書館編印　上海　開明書店　1941 年

007446477　9802　5565.6
國立中央圖書館籌備之經過及現在進行概況
國立中央圖書館編　南京　國立中央圖書館　1936 年

007490646　9806　3500
圖書目録
安東市立圖書館　香港　1929 年

007490650　9807　6051
國立奉天圖書館概況
香港　1934 年

007446440　9815　59
孟芳圖書館落成紀念册
東南大學孟芳圖書館　南京　1924 年　（m.）

007453802　9816　1165(4)
北平各圖書館所藏叢書聯合目録
北平圖書館協會叢書聯合目録委員會編　北平　1930 年　（m.）

007446449　9816　4309
燕京大學圖書館使用法
燕京大學圖書館　北京　燕京大學圖書館　1939 年　（m.）

007446479　9816　4309.2
燕京大學圖書館概況
燕京大學圖書館編　北平　燕京大學圖書館　1933 年　（m.）

007446480　9816　8365
北平第一普通圖書館周年紀念刊
香港　1930 年

007446481　9855　6576.1
國立中央大學國學圖書館小史
柳詒徵主編　南京　中央大學國學圖書館　1928 年

007446448　9855　8147
金陵大學圖書館概況
金陵大學圖書館　南京　金陵大學

1929 年　金陵大學圖書館叢刊　(m.)

007446482　9856　2306
上海市圖書館成立紀念册
上海市圖書館編　香港　上海市圖書館　1936 年　(m.)

007684078　Z846.L55
嶺南大學圖書館一覽
廣州　嶺南大學圖書館　1936 年　(m.)

007446483　9856　2306.1
上海市立圖書館指南
上海市立圖書館編　上海　上海市立圖書館　1947 年　(m.)

007479195　9857　3267.2
寶山縣通俗教育館概況
1929 年

007458960　9857　3825
暨南大學洪年圖書館概況
暨南大學洪年圖書館編　香港　1929 年　(m.)

007446484　9858　3390.1
浙江省立圖書館概況
香港　1931 年　(m.)

007446485　9858　3390.2
浙江省立圖書館概況與報告
香港　1933 年　(m.)

007447428　9858　3390.3
浙江省立圖書館簡説
香港　1933 年

007446490　9858　896
浙江全省圖書館概覽
浙江省立圖書館調查編輯　香港　浙江省立圖書館　1932 年　(m.)

007446491　9858　896B
浙江全省圖書館概覽
浙江省立圖書館編　香港　1933 年　(m.)

007446492　9859　3381
浙江省第一學區圖書館協會概況
香港　1932 年　(m.)

007458950　9860　0222
高郵縣立圖書館概況
香港　1928 年

007453842　9860　3381
浙江第二學區各圖書館概況專號
香港　1933 年

007452661　9864　6965
景堂圖書館指南
景堂圖書館編　新會　景堂圖書館　1933 年　(m.)

007452663　9865　5024
國立中山大學圖書館概覽
國立中山大學圖書館編　香港　1935 年

007458951　9871　8197
廣州市市立第三小學校兒童圖書館概況
香港　1927 年

007453844　9879　2390　FC8379　Film　Mas　32287
綏遠省立圖書館簡況
歸綏　綏遠省立圖書館　1935 年

報學(新聞學)

007431734　9933　1104
報人之路

王文彬編　上海　三江書店　1938 年（m.）

007435905　9933　4235
新聞史上的新時代
胡道静著　世界書局　1946 年　（m.）

007437119　9933　4817
新聞學名論集
黄天鵬編　上海　聯合書店　1930 年（m.）

007435909　9933　4889
新聞圈外
趙敏恒著　上海　中國文化出版社　1947 年　（m.）

007434706　9936　0256
新中國記者手册
集體著作　香港　智源書局　1949 年

007434724　9936　0256B
新中國記者手册
香港　神州圖書公司　1949 年

007447415　9939　1104
採訪講話
王文彬著　上海　三江書店　1938 年（m.）

007447419　9939　2614
現代新聞學概論
儲玉坤著　上海　世界書局　1939 年（m.）

007447328　9939　4131
科學的新聞學概論
薩空了著　香港　文化供應社　1946 年　1 版　（m.）

007447421　9939　4817
新聞文學概論
黄天鵬著　上海　大光書局　1935 年

007447426　9939　5352
新聞採訪與寫作
戈揚著　北京　生活·讀書·新知三聯書店　1949 年

007238343　9939　5672
新聞學
曹用先著　上海　商務印書館　1933 年　百科小叢書　（m.）

007448322　9947　2603
報業經營與管理
詹文滸編著　上海　正中書局　1948 年　滬 5 版　（m.）

007448423　9956　0227
編輯與評論
郭步陶編　上海　商務印書館　1933 年（m.）

011881527　PN99. C5　G86　1936
評論作法
郭步陶編著　上海　復旦大學新聞學會　1936 年　（m.）

007803763　PN4775. T3　1949
怎樣編寫通俗報刊
上海　新華書店　1949 年

007446474　9966　1350
中國的新聞記者與新聞紙
張静廬著　上海　現代書局　1932 年（m.）

007448471　9966　4889
外人在華的新聞事業
趙敏恒著　香港　中國太平洋國際學會　1932 年

007448473 9969 7264
報館的資料工作
劉思慕主講 香港 中國新聞學院 1949 年

011905062 PN4731. H8 1938
關於報紙的基本知識
胡仲持著 上海 生活書店 1938 年 3 版 青年自學叢書 (m.)

011825017 PN4714. A1 R46 1939
國際通訊的機構及其作用
任白濤著 梧州 商務印書館 1939 年 (m.)

011721129 Z657. M385 1938
新聞自由論
馬星野著 南京 中央日報 1938 年 (m.)

007434768 9971 0474
近百年來中國報紙之發展及其趨勢
章丹楓著 上海 開明書店 1942 年 學林社叢書 (m.)

007446471 9971 1350
中國的新聞紙
張静廬著 上海 光華書局 1928 年 (m.)

009567696 MLC－C
東亞新聞記者大會實録
國民政府行政院宣傳部編印 南京 國民政府行政院宣傳部 1941 年

007434791 9971 4810
中國近代之報業
趙君豪著 長沙 商務印書館 1940 年 修改第 1 版 (m.)

007446476 9971 4810B
中國近代之報業
趙君豪著 香港 香港申報館 1938 年 (m.)

007959972 9971 5085 FC6054 FC－M4742
中國報學史
戈公振著 潘公展校訂 上海 商務印書館 1928 年 再版 (m.)

007446486 9980 3220
新聞學文字書目引得
湯健文編 北平 燕京大學 1938 年

007446442 9980 4047
中國報界交通録附遠東各地重要刊物名録 北平燕京大學新聞學系一覽
燕京大學新聞學系編 北平 燕大新聞學系 1932 年 (m.)

010230089 T 9981. 18 1320
延安《解放日報》
1944—45 年

007457580 9985 0274
新聞報館三十年紀念册 1893—1923
新聞報館編 上海 新聞報館 1923 年 3 版

007446510 9985 5044. 2
申報概况
申報館編 上海 申報館 1935 年 (m.)

007434861 9986 0740
新民報社史
新民報社社史編纂委員會編 北京 1944 年 (m.)

007446447 9988 2164
循環日報六十周年紀念特刊
香港 循環日報 1932 年

007238267 9988 4364
華字日報七十一周年紀念刊
華字日報編輯部編 香港 華字日報營業部 1934 年

007446519 9988 6464
星華日報三周年紀念刊
張壯飛編輯 汕頭 星華日報館 1934 年 （m.）

題名索引

A

阿Q劇本/1297
阿 Q 正傳/1460
阿丹諾之鐘/1511
阿鳳/1434
阿公店溪蓄水庫工程計劃/1686
阿寄傳/1366
阿剌伯海的女神/1427
阿麗思漫遊奇境記/1497(2)
阿麗思中國遊記/1429
阿彌陀經通贊疏/107
阿木林笑史/1394
阿細的先雞/1322
哀冰集/2325
哀吹録/1525
哀蘭絶句/1814
哀烈録/200,2034
哀思録/786
藹甫先生文集/2264
藹甫先生遺著/2264
艾塘曲録/1241
艾軒詩鈔/1045
艾子雜説/1355,1995
愛/1402,1415,1455
愛的愛/1470
愛的懺悔/1454
愛的摧殘/1443
愛的靈魂/1410
愛的謎/1455
愛的三部曲/1199
愛的勝利/136
愛的十字架/1443
愛兒小傳/1528
愛國二童子傳/1522
愛國詩選/1031
愛國文選/1057(2)
愛國主義之解剖/715
愛火/1440
愛力圈外/1417
愛蓮居詩鈔/2226
愛戀/1294
愛羅先珂童話集/2323
愛眉小札/1140
愛錢就不革命/792
愛日齋叢鈔/1720,1895
愛神之火/1410
愛晚軒詩存/1155
愛薇堂遺集/1121
愛我今宵/1294
愛吾鼎齋藏器目/1946
愛吾廬詩存/1116
愛吾廬文鈔/1977
愛新覺羅宗譜/320
愛吟草/1867
愛吟前草/1867
愛用國貨慘案真相/353
愛與愁/1437
愛與諷刺/1168
愛與生命/1462
愛與欲/1428
愛之衝突/1145
愛之焦點/1418
愛之渦流/1418
愛竹齋全稿/1181
曖昧/1424(2)
璦琿縣志/432
薆園叢書/2290
安般簃詩續鈔/1972
安次縣志/435(2)
安得長者言/1897
安東縣志/430
安徽叢書/2219,2220,2221,2222
安徽段蕪乍路沿綫經濟調査/627
安徽民間歌謡/1322
安徽全省財政説明書/713
安徽全省道路建設計劃書/671
安徽全省户籍第一次調查報告書/494
安徽省/401
安徽省當塗縣土地陳報概略/641
安徽省道計劃書/811
安徽省司法彙登/866
安徽省之土地分配與租佃制度/647
安徽通志稿/450
安徽行政工作檢討/811
安徽政治建設實績/811
安酒意齋尺牘/1486
安樂康平室隨筆/2337
安樂銘/71
安樂鄉人詩・詩續・藥夢詞/1239
安樂鄉人詩集/1137

安龍紀事/255
安龍逸史/315
安禄山事跡/2175
安默庵先生集/1963
安那其淺説/601
安南傳/1851,2005
安南供役紀事/2268
安南來威圖册/1765
安南圖志/1784
安南行記/1732
安南雜記/2005,2180
安邱土語志/955
安塞縣志/444
安士全書/108
安天論/2237
安晚堂詩集/1037,2240
安慰/1453
安吴論書/1539,1951
安縣志/448
安雅樓藏書目録/2381
安雅堂詩集/1097
安陽發掘報告/166
安陽集補鈔/1047
安陽集鈔/1042
安陽縣志/441
安邑志續/443
安置移難民與創辦合作社英雄田雲貴/586
娭雅堂詩集/1857
闇齋稿/1130
唵囕集/1354,1726
按照加工程度分類之上海躉售物價指數/602
案中案/1517
暗度陳倉/1270
暗殺史/322
暗影/1449
熬波圖/2046,2205
熬波圖詠/1805
聱隅子歔欷瑣微論/1731,1904
拗碎靈芝全本/1318
拗相公/2210
拗口語選録/1610
傲霜花/1419
傲霜園詩鈔/1791
奥本海國際法/838
奥達茨戲劇集之一/1511
奥斯特羅夫斯基研究/234
澳大利亞洲新志/2006
澳門/411
澳門地理/411
澳門金融市場/704
澳門考略/411
澳門小姐失事始末記/411
澳門遊覽指南/411
澳門指南/411
澳洲及旅澳華僑/824
澳洲建國史/488
澳洲歷險記/1519

B

八寶雙鸞釵寶卷/1316
八大派人生哲學/35
八大人覺經/108
八大人覺經釋略科/119
八大山人山水册/1580
八大山人石濤上人畫合册/1580
八大山人書畫扇集/1566
八大神仙全傳/1445
八大植物/1674
八代詩精華録箋註/1033
八德須知/90
八股文小史/999,1487
八卦陣/1373
八國聯軍/334
八紘荒史/1334
八紘譯史/1334,2005
八家四六文註/1061
八駿圖/1429
八路軍百團大戰特輯/592
八路軍的英雄們/1689
八路軍的英雄與模範/1699,1700
八路軍的戰鬥力/592
八路軍的戰略和戰術/1698
八路軍光榮的過去/556
八路軍抗戰烈士紀念册/1689
八路軍學兵隊/583
八年抗戰/343
八年抗戰回憶録/351
八年抗戰經過概要/347
八年抗戰史料圖解/345
八年抗戰之經過/343
八年來的回憶/223
八年流離記/1487
八年詩選集/1149
八年啞迷於今大白/207
八旗畫録/1789
八旗藝文編目/2371
八旗制度考實/749
八瓊室金石補正/150
八十家佳作集/1406
八十九種明代傳記綜合引得/185
八十日/1526
八十一刻蘭亭記/1568
八十一夢/1421
八喜齋隨筆/2368
八仙過海/1275
八賢手札/1481
八賢書札/1485
八一七越南海防慘殺華僑案紀/823
八一三後記事詩/1130
八月的鄉村/1438
八陣圖合變説 /1921
八陣總述/52
八指頭陀詩集/1120
八指頭陀續集/1120
八指頭陀雜文/1120
巴爾克戰術/1691
巴江録别詩書畫册/1566
巴金代表作選/1164(2),1444
巴金短篇小説集/1444
巴金談創作/1165
巴金文集/1024
巴金選集/1025
巴金自傳/217
巴枯寧學説/500
巴勒斯聽歷史地理學/479
巴黎的婦人/1510
巴黎的鱗爪/1140
巴黎敦煌殘卷敘録/2368

巴黎繁華記/1518
巴黎和議後之世界與中國/832
巴黎遊記/480
巴黎之秋/1461
巴林紀程/1869
巴拿馬賽會直隸觀會叢編/2352
巴拿馬太平洋萬國博覽會要覽/2352
巴山閒話/1166
巴山隨筆/2344
巴山夜語/1169
巴士特/235
巴希歐里"計算與記録要論"漢譯/685
巴縣志/449
巴中縣志/449
芭蕉的心/1455
芭蕉谷/1024
拔宅飛昇/1274
跋南雷文定/1857
把二十萬畝荒山變成良田/594
把眼光放遠點/584(2)
把祖國推向獨立、自由、解放/565
霸亭廟/1278
霸王别姬/1282
霸縣新志/433
霸縣志/433
白茶/1516(2)
白崇禧將軍傳/212
白崇禧先生最近言論集/773
白奔山人年譜/227
白鶴仙數/99
白鶴軒集/1111
白紅餅/1592
白虎通/1890,2087
白虎通德論/71,1744,1785,1858,2061,2121,2172
白虎通德論補釋/2318
白虎通義/2247
白虎通義定本/2318
白虎通義或白虎通德論/1890
白虎通義斠補/2318
白虎通義源流考/2318
白虎通引得/71
白話本國史/295
白話詞典/966
白話短篇寫實小説/1419
白話詩文合選/1064
白話詩研究/998
白話書信/1476
白話孫子兵法讀本/1691
白話文範/956
白話文文法綱要/950(2)
白話文學史/1005(3)
白話文學史大綱/1007
白話文作法/949
白話譯解戰國策/300
白話玉梨魂/1395
白話註釋唐詩三百首/1036
白話註釋唐詩三百首讀本/1036
白話字辨/967
白話字詁/927
白金的女體塑像/1424
白蓉集/2254
白居易評傳/196
白居易詩/1078
白狼河上集/2225
白樂天詩/2091
白蓮集/2126,2143
白蓮社黎雲集/1054
白龍山人墨妙/1586
白龍山人題畫詩/1564
白鷺洲主客説詩/1955
白羅衫/1317
白毛女/589,1313
白毛女演出手册/1313
白門秋/1433
白門日札/2299
白門衰柳附記/1836
白門新柳記/1369,1836
白娘娘/190
白鳥之歌/1443
白旗手/1423
白薔薇/1297
白求恩大夫/236(2)
白求恩與阿諾夫/236
白沙語要/1800,1906
白沙子/1092
白石詞/1217
白石道人詞箋平/1234
白石道人歌曲/1210,1982
白石道人歌曲疏證/1868
白石道人集/2129
白石道人年譜/1868
白石道人琴曲古怨釋/1601
白石道人詩詞評論/1980
白石道人詩集/1037,1088,1966
白石道人詩集歌曲/1088
白石道人詩説/985
白石道人行實考/1234
白石畫集/1586
白石樵唱鈔/1046
白石樵唱集補鈔/1051
白石樵真稿/1012
白石山房詩鈔/1130
白石山房逸稿/2251
白石詩草/1140
白氏六帖事類集/2354
白氏文集/2125,2142
白氏文集校正/1883
白首青春集/1181
白水質問/1906
白絲巾/1336,1396
白蘇齋類集/1012
白獺髓/1352,1723,1990,2168
白田草堂存稿/1772
白頭少年/1526
白屋書信/1169
白屋文話/982
白屋遺詩/1178
白下瑣言/404
白相朋友/1440
白香詞譜/1036,1201(2)
白香詞譜箋/1201,1231
白香山集/1078
白香山詩集/1078(2)
白雪新音/1321
白雪遺音/1212
白楊禮贊/1157
白夜/1140
白葉雜記/1169
白銀國有論/690
白銀問題與中國幣制/688
白銀問題與中國貨幣政策/690(2)
白羽記初編/1532
白羽記三編/1533
白羽記續編/1532
白雨齋詞話/1204
白猿傳/1764
白嶽遊稿/2240
白嶽凝煙/1567
白雲集/1963
白雲小稿/1211
白雲珠海/1449
白澤圖/2195
白齋詩集/2235
白踪詩存/1155
百尺樓叢畫/1588
百醜圖/1191
百川書屋叢書/1785
百川書志/2379

百川學海/1793
百大名家著作漢書評註/302
百合花開/1432
百合集/1423
百花彈詞/1817,2211
百花扇序/1817,2043,2211
百花詩/2042
百花臺雙恩寶卷/1314
百花亭/1265
百花園夢記/1833
百貨店/2343
百件奇謀全書/1440
百爵齋叢刊/1792
百科名彙/968
百可漫志/1364,1854,1993
百陵學山/1799
百靈廟巡禮/417
百論疏/121(2)
百美詩/2042
百旻遺草/1021
百名英雄/589
百末詞/1220
百衲本二十四史/248
百衲琴/2042,2058
百年來的上海演變/405
百年來的祖國/328
百年商業/411
百鳥朝鳳/1188
百聲詩/2042
百石齋叢畫/1588
百宋一廛賦/1882,2036
百宋一廛書録/1871,2367
百歲敘譜/182
百萬分一東三省全圖/426
百俠英雄奇觀/1387
百新軍用公文程式/1481
百一廬金石叢書/146
百夷傳/174
百影詩/2042
百越先賢志/2009
百正集/1962
百磚考/1945
百字碑註/2024
柏格遜與歐根/2111
柏根氏舊藏甲骨文字/154
柏根氏舊藏甲骨文字考釋/154
柏拉圖/79
柏拉圖對話集六種/79
柏廬講稿論文集/1150
柏山發言/548
柏鄉縣志/435
柏巖乙稿/2255
柏莊/1415
擺龍門陣/2334
拜經樓藏書題跋記/1814,1883
拜經樓叢書/1813
拜經樓集外詩/1970
拜經樓詩話/997,1814,1979
拜經樓詩集/1814
拜經樓題跋記/2153
拜經日記/1811
拜經堂叢書/1811
拜經堂文集/1108
拜石山房詞/1224
拜石山房詞鈔/1983
拜月亭記曲譜/1254
稗史/1722
稗史集傳/1330,2010,2170
稗史秘笈/296
稗苑琳琅/1528
班禪額爾德尼/2034
班超/195(2)
班超定西域/1319
班固年譜/196
班馬字類/934,1925
班馬字類補遺/1876
班孟堅集/1015
班昭/195
般若波羅蜜多心經/109,117(2)
般若波羅蜜多心經幽贊/107
板橋題畫/1547,2056,2067
板橋雜記/526,1369,1833,1985
版本通議/2358
半部論語與政治/30
半村野人閒談/1993
半廬文稿/2203
半年來之甘肅貿易公司/678
半農先生詩集/1112
半農雜文/1177
半農雜文二集/1177
半山及馬廠隨葬陶器/1633
半塘定稿/1225
半隱廬叢稿/1119
半氈齋題跋/1883
半周鑰筆索引法/961
半周字彙索引/960
辦理四庫全書檔案/2371
辦學實鑒/891
邦永速記學/961
邦永速記學問答/961
幫會三百年革命史/517
傍秋亭雜記/1878
謗書/734
包安吴論書詩真跡/1575
包辦滿洲僞國爲其開幕劇/389
包得行/1303
包身工/1406
包慎伯先生年譜/2293
苞桑集/1167
褒城王屏山先生言行要略/201
雹/1465
保存保聖寺唐塑緣起及其計劃/379
保定城守紀略/251
保護僑民論/821
保加利亞短篇小説選/1415
保甲長之任務/801
保甲公文程式/1478
保甲研究/815
保甲運動宣傳綱要/805
保甲運動之理論與實際/803
保健淺説/1661
保舉經學名單/2191
保密公路國外段工程生活紀實/672
保甓齋文録/1108
保生要録/1742
保衛和平/1286
保衛華北的遊擊戰/563
保衛解放區的英雄們/581
保衛蘆溝橋/1308
保衛山東的英雄們/587
保衛勝利果實/1288
保險法概論/860(2)
保險法論/860
保險法釋義/860
保險合作經營論/632
保險學概論/632
保險業法規/697
葆光録/1720
葆化録/1346
寶貝兒/1190
寶藏論/1915
寶櫝記/1333,1363
寶光殿/1274
寶華山隆昌寺同戒録/121
寶劍金釵/1392
寶晉長短句/1208
寶晉英光集/1876,1961,2217
寶刻叢编/1950
寶刻類编/1944
寶禮堂宋本書録/2383

寶蓮燈/1283
寶綸堂集/2069
寶馬/1149
寶前兩溪志略/458
寶色燈雲/111
寶山參軍/582
寶山海塘圖説/373
寶山縣通俗教育館概況/2391
寶山縣續志/453
寶山縣月浦里志/455
寶石城/1521
寶書閣著録/2039
寶素室金石書畫編年録/2055
寶鐵齋金石文跋尾/1945
寶賢堂集古法帖校語/1753
寶顏堂秘笈/1856
寶顏堂詩/1104
寶硯堂硯辨/2051
寶硯齋硯譜/1591
寶印齋印式/1596
寶應縣志/453
寶祐四年登科録/735
寶迂閣書畫録/1562
寶薀樓彝器圖録/162
寶藴/1578(2)
寶章待訪録/1539,1554,1797,2215
寶真齋法書贊/1951
寶左盦文/1490
抱殘經舍詩録/1178
抱箭集/1471
抱經閣集/1119
抱經樓藏書志/2382
抱經樓書目/2382
抱經堂叢書/2087
抱經堂文集/1104,1976,2087,2132
抱朴子/72(2),1716,2122
抱朴子内外篇/72,1903,2139
抱朴子校補/72
抱潛詩存/2038
抱香詞/1238
抱妝盒/1266
抱拙小稿/1039
抱拙齋集/1114
豹隱紀談/1356,1715
褒碧齋詞/1225
褒碧齋詞話/1204
褒碧齋集/1181
報告文學選/1063
報館的資料工作/2393
報國與思親/777
報慶紀行/2197
報人之路/2391
報業經營與管理/2392
暴風雨前/1445
暴風驟雨/1455(2)
暴日侵略世界陰謀之大陸政策/389
暴日鐵蹄下之淞滬/280
鮑羅庭之罪惡/532
鮑明遠集/1017
鮑氏集/1072,2122,2260
鮑氏誦先録/2260
鮑臆園手劄/1945
鮑照集校補/1883
鮑照年譜/225
爆破教範草案/1705
卑賤者底靈魂/1425
杯渡齋文集/87
悲盦銘志集存/1181
悲盦賸墨/1566
悲慘世界/1510
悲觀論集/81
悲歡離合/1415
悲劇的解放/1313
悲劇論/1606
悲劇生涯/1455
碑傳集補/186
碑聯集拓/158,1568
碑録補/158
碑帖紀證/2241
碑下隨筆/1151
北邊備對/1733,2062,2169
北川縣志/446
北窗詩稿/1039
北窗炙輠/1990
北窗炙輠録/2038
北郫類稿/1150
北大年史/477
北戴河海濱導遊/391
北戴河海濱志略/392
北戴河指南/391
北道刊誤志/1892
北狄順義王俺答謝表/1765
北地王/1310(2)
北伐後之各派思潮/716
北伐行軍日記/340
北方/1195,1454
北方大港之現狀及初步計劃/767
北方木刻/1592
北方遊擊戰爭的戰略/561
北風揚沙録/1723
北郭集/1091
北國行/385
北海三考/2218
北湖集/1020,1878,2217
北湖詩餘/1208
北户録/1327,1348,1709,1757,1997,2214
北江詩話/1979
北郊配位尊西向議/1924
北京慘案真相/355
北京崇效寺訓雞圖志/1752
北京大學聘包爾格先生聘書/902
北京大學圖書館善本書録/2367
北京地圖/426
北京典當業之概況/692
北京繁昌記/390
北京宮闕圖説/380
北京宮苑名勝/389
北京乎/390
北京交通大學同學紀念册/901
北京景觀/390
北京梨園金石文字録/1250
北京梨園掌故長編/1250
北京歷史風土叢書/393
北京女伶百詠/1607
北京平民教育之現狀/892
北京人/1305(3),1633
北京人文科學研究所藏書目録/2379
北京入學指南/891
北京師範大學圖書館中文古籍書目/2377
北京市各級中小學校調査/893
北京市教育統計/880
北京圖書館現藏中國政府出版品目録/2374
北京文化學術機關綜覽/2357
北京西山地質志/1626
北京形勢大略/1752
北京鴨/1677
北京研究圖書資料展覽會目録/2379
北京印刷局概況/2358
北京之秘密/1419
北京指南/390
北涇草堂曲論/1241
北里志/1348,1718,1757,1821
北林遺稿/1199
北陵志略/389
北虜風俗/2162
北滿概觀/387
北滿礦産志/1627

北滿農業/645
北夢瑣言/1328,1732,1989,2166
北寧鐵路沿綫經濟調查報告/623
北寧沿綫物産概況一覽/626
北平第一普通圖書館周年紀念刊/2390
北平風俗類徵/508
北平歌謡續集/1321
北平各大學的狀況/893
北平各圖書館所藏叢書聯合目録/2390
北平公理會公産委員會典章/140
北平故宫博物院報告/2353
北平故宫博物院古物館概覽/2353
北平故宫博物院文獻館一覽/2352
北平國劇學會陳列館目録/1607
北平箋譜/1592
北平郊外之鄉村家庭/520
北平梨園竹枝詞薈編/1251
北平録/1850,2023,2189
北平旅行指南/391(2)
北平廟宇碑刻目録/165
北平廟宇通檢/390
北平情歌/1182
北平區公理會衆議會年會紀録/140
北平榮寶齋詩箋譜/1589
北平社政一年/808
北平生活費之分析/665
北平史表長編/393
北平史跡叢書/391
北平市籌備自治人員題名録/189
北平市工商業概況/624
北平市立第一普通圖書館圖書總目/2376
北平市統計覽要/391
北平市政府二十二年度行政統計/808
北平市政府施政概況圖表/807
北平市最新詳細全圖/426
北平税捐考略/710
北平俗曲百種摘韻/1321
北平俗曲略/1321
北平歲時志/391
北平天橋志/391
北平香山慈幼院歷史彙編/900
北平修綆堂書店書目録/2359
北平學術機關指南/2357
北平燕京大學新聞學系一覽/2393
北平夜話/390
北平一顧/391
北平音系十三轍/941
北平音系小轍編/941
北平育英中學校一九三四年度周年概況/893
北平指南/391
北齊書/249,306
北齊詠史詩/1969
北潛日鈔/1488
北橋詩鈔/1134
北曲拾遺/1255
北泉議禮録/736
北拳彙編/1612
北山樓集/1122
北山録/122,1709
北山小集/1084
北山小集鈔/1044
北山醫案/1657
北史/249,305
北史演義/1387
北使紀略/253
北使録/1849
北狩見聞録/2021
北墅抱甕録/2176
北宋二體石經禮記檀弓殘石/2047
北宋二體石經易書詩禮記周禮宋拓殘本/7
北宋方鎮年表/258
北宋嘉祐石經周禮禮記殘石/2047
北宋經撫年表/258,308
北宋拓麓山寺碑/1569
北宋拓顔魯公多寶塔碑/1569
北望集/1176
北西廂記釋義字音大全/1275
北溪陳氏宗譜/175
北溪字義/1906
北行日譜/2011
北軒筆記/1987
北巡私記/1788,2163
北燕巖集/2197
北遊鱗爪/383
北遊草/1506
北遊詞/1212
北轅録/1733,2169
北苑別録/1358,1734,1942
北嶽遺書/1121
北運河上/1446
北鎮縣志/429
北征記/1712,1850,2170
北征録/2170,2199
北征日記/419,2263
北征事跡/1841,1850,2023,2199
貝滿女中壑親特刊/902
貝殼/1191
背上了十字架/1451
背影/1154
被俘百日記/1460
被難紀實/314
被侵害之中國/834
被壓迫國的無産階級應不應領導愛國運動/572
備遺録/1332,1841,2009,2171,2199
骳稿/1040
奔/1462
奔波/1428
奔流/1409
賁園家庫記/2069
賁園詩鈔/2070
賁園詩鈔補遺附/1117
賁園書庫目録輯略/2069,2362
本草崇原集解/1664
本草撮要/1648
本草綱目/1664
本草集註序録殘卷/2046
本草品彙精要/1664
本草思辨録/1648
本草衍義/1940
本草再新/1664
本草擇要綱目/1648
本朝茶法/1358
本朝王公封號/2275
本朝學術源流概略/2295
本黨重要宣言訓令之研究/792
本黨最近之宣傳方針/795
本國史/294,295(2)
本國史表解/292
本國史參考書/292
本國文化史大綱/264
本國文學史/1004
本立堂藏書目/2382
本事詞/1203
本事詩/970,986,1348,1758,1977,2029,2064
本堂詞/1211
本校清黨言論集/355
本心齋蔬食譜/1798,1942
本學指南/736
本語/1905,2098
逼上梁山/1191,1282(3)
鼻涕阿二/1411
比紅兒詩/1348,1741,1758

比紅兒詩註/1819,2210
比較財政制度/698
比較地方自治論/728
比較法學概要/840
比較國文法圖解/948
比較教育/873,882
比較勞動政策/660
比較倫理學/87
比較民法/855
比較破産法/860
比較商法論/859
比較社會教育/897
比較市政府/727
比較圖書館學/2386
比較文法/947
比較文學史/913
比較憲法/846(2),847(3)
比較憲法綱要/846
比較憲法論/846
比較憲法學/846
比較刑法綱要/865
比較語音學概要/907
比較租税/711
比例代表法概説/846
比事摘録/1889,2187
比雅/1928
比竹餘音/2274
筆疇/2051
筆爾和哲安/909
筆法記/1548,1554
筆花醫鏡/1665
筆記/1712,1846,2216
筆記　書蕉/1992
筆記小説大觀/1367
筆箋/1947
筆經/1344
筆録/1946
筆夢敘/1333,1816
筆史/1538,2057
筆志/2058,2293
筆塵/2329
泌園詩文集/1094
畢少保傳/315
敝帚集/1136,1162,2242
敝帚十年/2343
敝帚軒剩語/1993
敝帚齋餘談節録/1818
敝帚自拾集/1187
閉塞隊紀念/1569
幣制改革中之"金單位"問題/690
幣制彙編/690
幣制與銀行/689(2)
碧玻璃/1514
碧城仙館女弟子詩/1053
碧城仙館詩鈔/1971
碧川文選/2239
碧海狂濤/1392
碧湖雜記/1330,1724
碧雞漫志/1201,1330,1720
碧里雜存/1361,1991
碧琳琅館藏書記/2380
碧琳琅館藏書目録/2380
碧色的國/1436
碧山樓傳奇/1282
碧山堂詩鈔/2242
碧聲吟館談塵/2330
碧桃花/1266
碧梧玩芳集/2202
碧綫傳/1836
碧香詞/1122
碧瀣詞/1225
碧心先生集/1033
碧血代替了唇脂/1488
碧血花/1294
碧血黄花集/1492
碧血録/254,2023
碧漪集/2265
碧雲詞/1216
碧雲集/2125,2142
碧雲騢/1354
碧雲騢録/1723
碧雲仙官吟草/2186
蔽廬非詩話/990
壁畫/1465
壁畫存影/1579
壁山閣存稿/1486
壁下譯叢/2324
避寇集/1178
避難者/1447
避戎嘉話/2168
避戎夜話/253,1328
避暑録/2033
避暑録話/1355,1987
避暑漫鈔/1330,1355,1990,2166
避暑山莊/381
編輯與評論/2392
編劇知識/1246
編類運使復齋郭公敏行録/1862
編年通載/257
編制卡片程式/1663
編纂中國文化史之研究/264
蝙蝠集/1182
邊城/1429(2)
邊城故事/1306
邊陲綫上/1461
邊防情報/274
邊風録/1176
邊鼓集/1064,1191
邊荒/414
邊紀略/1802,2004
邊疆教育法令彙編/881
邊疆教育概況/880
邊疆教育新論/900
邊疆人物志/187
邊疆社會工作/367
邊疆問題論文集/367
邊疆問題與邊疆工作/367
邊疆政教名詞釋義/716
邊疆政教之研究/367
邊略五種/2162
邊區財政實行統籌統支辦法/701
邊區黨的歷史問題檢討/643
邊區黨委關於加强農運限期建立各縣農救的決定/643
邊區的勞動互助/594,646
邊區的水利事業/507
邊區的移民工作/560
邊區二流子的改造/507
邊區繼承問題處理辦法/857
邊區實録/559
邊區行/415
邊人芻言/420
邊事小紀/1767
邊壽民蘆雁册/1583
邊外/1452
邊頤公花卉册/1583
邊政考/1784
鞭打單雄信/1271
貶黄州/1267
卞昆岡/1290
卞潤甫山水册/1580
弁山小隱吟/1090
弁山小隱吟録/2232
汴都平康記/1357
汴京勼異記/1985
汴京遺跡志/394,1782
汴宋竹枝詞/1782
汴圍濕襟録/255
辨定嘉靖大禮議/1924
辨惑編/1922

辨惑論/1738
辨歙石説/1798,1943
辨歙硯説/1544
辨物小志/1936
辨誤録/1894
辨疑志/1727
辨疫瑣言/1649
辨字通俗編/2293
辯駁大全/867
辯駁新編/868
辯士舌/301
辯言/1894
辯證的唯物論與烏里雅諾夫/82
辯證法訂補/82(2)
辯證法還是實驗主義?/541
辯證法經典/541
辯證法淺説/84
辯證法唯物論/541,542(2)
辯證法唯物論教程/540
辯證法唯物論入門/540
辯證法唯物論問答/78
辯證法唯物論與唯物史觀/84
辯證法研究/84
辯證法與資本制度/84
辯證法之理論的研究/541
辯證唯物論與歷史唯物論基本問題/541
辯證唯物論與歷史唯物論研究提綱/541
辯證唯物主義與歷史唯物主義/540
變革中的東方/248
變態心理學/1638
變態心理學 ABC/1638
變態行爲/865
變雅斷章衍義/2261
變異録/322
變徵定位考/1601
標點符號使用法/971
標點公文程式/1480
標註訓譯水滸傳/1324
標準辨字彙/967
標準草書/1561
標準國語日用會話/953
標準國語應用會話/958
標準國語應用會話新教本/958
標準漢譯外國人名地名表/245(3)
標準日華辭典/1503
標準藥性大字典/1664
標準與尺度/1154
標準語大辭典/964
驃國樂頌/1736
驫氏編鐘圖釋/157
表較新舊版"殷虛書契前編"並記所得之新材料/154
表解現代日文語法講義/1505
表現新的群衆的時代/598(3)
表現主義的文學/912
表演術/1608
表異録/1889
錶/545,2324
別國洞冥記/1340,2063
別號索引/181(2)
別集索引/2375
別録/2194
別扭集/1409
別人的幸福/1297
別下齋叢書/2153
別下齋書畫録/1755
別雅訂/1928
邠州石室録/167
賓紅閣豔體詩/1121
賓虹詩草/1167
賓退録/1709,1723,1894,1988,2044,2089
賓縣縣志/431
濱虹草堂藏古璽印/1598
蠙衣生馬記/1937
冰蘖餘生記/1529
冰蠶詞/1225
冰塊/1166
冰天漁樂記/1522
冰心代表作選/1143
冰心論/1144(2)
冰心散文集/1143,1144(2)
冰心詩集/1143
冰心文選/1416
冰心小説集/1411
冰心選集/1025
冰心遊記/382
冰雪攜/1061,2163
冰雪因緣/1523
冰言/2050
冰言補/2050
兵部問寧夏案/1766
兵法史略學/1689
兵伕團結/1288
兵跡/2200
兵農合一舉要/782
兵棋指針/1705
兵器篇/1697
兵器學/1704
兵器學摘要/1705
兵要地理/1690
兵役法令表解/750
兵役與工役/1694
兵役制概論/1695
栟櫚集鈔/1048
檳榔嶼大觀/476
檳榔嶼開闢史/475
檳榔嶼志略/476
檳榔樂府/1239
丙丁龜鑒及其他一種/1913
丙丁吟/1147
丙午使滇日記/2186
丙寅稿/1128
丙寅日記/1488
丙子叢編/1783
丙子七夕鴛湖記曲録/1240
丙子詩/1096
秉蘭録/2059
炳燭編/1897,2332
炳燭室雜文/1977
炳燭齋雜著/2190
炳爛偶鈔/1896
病鶴叢畫/1589
病驥五十無量劫反省詩/1154
病劉千/1269
病名檢查表/1659
病榻遺言/1855
病榻遺言紀録彙編/2022
病亡始末記/2300
病逸漫記/1331,1362,1855,1990,2170
病源辭典/1659
病院槍聲/1305
病中閒話/2288
波/1470
波蘭滅亡記/2304
波乃茵傳/1520
波紋的愛/1456
剥皮老爺/582
盋山書影/2359(2)
缽社偶存/2310
缽水文約/1172
播種者/1433
伯初文存/2260
伯格森之變易哲學/81
伯牙琴/1963
伯仲諫臺疏草/1919
泊居剩稿/1122

泊宅編/1356,1719
勃海國記/1866
勃拉克講演/499
博古葉子/1585
博濟方/2149
博羅縣公署周歲報告書/734
博史/1610
博士見鬼/1500
博徒别傳/1526
博望燒屯/1268
博物詞典/1634
博物館/901,902
博物館學概論/2352
博物彙志/149(2)
博物要覽/151,1948
博物志/1709,1751,1935,2037,
2062,2099,2327
博雅音/928,1928
博野尹夫人年譜遺像及碑文附/201
博異記/2064
博異志/1326,1347,1718,1762,1984
渤海國志/386
渤海國志長編/389
渤海國志長編要删/389
渤海疆域考/387
渤海史考/387
駁案彙編/844
駁斥日本反對九國公約之論點/825
駁蔣介石/576
駁景教碑出土於盩厔説/158
駁“舉一個例”/213
駁五經異義/2085
駁五經異義疏證/2348
薄命曲/1829
薄命鴛鴦/1433
薄倖郎/1525
薄遊草/2255
卜辭通纂/152
卜筮書殘卷/2046
卜易指南/97
卜子年譜/1805
哺廬文存/1136
捕蝗考/1843
捕奸録秘/1401
補庵遺稿/2224
補筆談/2044
補鈔文瀾閣四庫闕簡記録/2371
補訂急就章偏旁歌/1576
補讀室詩稿/1112
補高郵王氏説文諧聲譜/2286
補過齋文牘/1133
補過齋文牘續編/1133
補漢兵志/1921,2172
補後漢書藝文志/1775,1880,2252
補花底拾遺/1815,2208
補寰宇訪碑録校勘記/2298
補輯風俗通義佚文/2253
補晉兵志/1776,1921
補晉書藝文志/1776,1880
補歷代史表/2239
補梁疆域志/1776,1998
補遼金元三史藝文志/1776(2)
補遼金元藝文志/1881
補遼史交聘表/309
補三國疆域志/1775,1998
補三國藝文志/1775,1880
補三國職官表/1775
補三史藝文志/1881
補上古考信録/1887
補侍兒小名録/1816,2206
補宋書食貨志/1916
補宋書刑法食貨志/1776
補宋書刑法志/1916
補唐書張義潮傳/2296
補藤華館石墨目録/158
補五代史藝文志/1776,1807,1881,
2253
補希堂文集/2219
補續漢書藝文志/1880
補衍/1801
補隅軒詩稿/1120
補元史藝文志/1776,1881
補園剩稿/2236
補周易口訣義闕卦/2303
補拙草堂詩文稿/1119
不測之威/1528
不徹底之意義/83
不得已/1621
不嬰敦蓋銘考釋/2285
不匱室詩鈔/1133
不冷堂遺集/1118
不平等條約的研究/826
不平等條約概論/824
不平等條約淺説/271
不平等條約十講/827
不平等條約史/270
不平衡的偶力/1417
不忍雜志彙編/1124(2)
不三不四集/2321
不識面的情人/1465
不是集/1102
不受侵略論文集續編/780
不死日記/213
不太平/582
不忘國仇問答/344
不繫舟漁集/2227
不幸而言中不聽則國亡/334
不朽的肖像/1197
不學習文化能行嗎/925
不要殺他/1292
不夜城/1312
不遠復齋見聞雜志/2330
不知醫必要/1651
不忮求室主五十自述詩/1158
不忠實的愛/1295
不自由的故事/1457
布特哈志略/1869
步兵白話戰術學/1702
步兵操典/1701
步兵初級軍官職守白話録/1702
步兵彈擊教範/1701
步兵工作教範/1701
步兵工作教範摘要/1701
步兵教科書/1702
步兵射擊教範/1701
步兵射擊教範摘要/1701
步兵野外教練/1690
步兵野外勤務/1701
步非煙傳/1824
步里客談/1716,2152
步雪初聲/1257
部隊勞動英雄/1688
部隊勞動英雄的代表/588

C

C夫人肖像/1297
才調集/1035,2133
才鬼記/1764
財務略第二章田賦/455
財務行政考試大全/753
財務行政論/704
財務章則/745
財政部經管無確實擔保内債表/712
財政部特種公務田賦徵課會計制度草案/685
財政部新訂債券程表彙編/712
財政部職員録/752
財政法規/743
財政法規新編/743
財政改造/699
財政紀要/701
財政金融大辭典/698
財政經濟緊急處分令及有關法令彙編/743
財政經驗集/698
財政論集/698
財政清理處報告書表文件彙編/712
財政詮要/704
財政説明書/701
財政學/699,704
財政學大綱/698
財政學綱要/698(2)
財政學史/604
財政學問答/704
財政學新論/698
財政學與中國財政/700
財政學總論/699
財政淵鑒/698
裁決録/870
采常吉倭變事略/2246
采芳隨筆/1676
采菲録/513
采風録/1055
采公詩社存稿/1054
采蓮船/1333,1826,2208
采石瓜州斃亮記/2038
采石磯/1373
采山堂遺文/2226
采香詞/1225
采異記/1736
采芝集/1040
彩雲曲/1823,2211
採硫日記/2004
採訪講話/2392
採購學/698
採礦工程/1683
菜根譚/89(2),110,2052
菜園手册/594
蔡孑民先生傳略/218
蔡孑民先生言行録/218
蔡金花/1300
蔡柳二先生壽辰紀念集/2346
蔡氏古文評註補正/1058
蔡氏月令/1748
蔡氏月令章句/1811
蔡述堂先生像贊並哀啟/1492
蔡松坡/218
蔡松坡故事/218
蔡松坡軍中遺墨/1173
蔡松坡先生遺集/1173
蔡廷鍇自傳/218
蔡儀庭先生墓志銘/1192
蔡邕明堂月令論/2073
蔡邕琴操/2081
蔡邕勸學篇/2075
蔡邕月令問答/2073
蔡邕月令章句/2073
蔡元培言行録/218
蔡質漢官典儀/2084
蔡中郎集/1016,1070,2122
蔡中郎文集/1070,2140
參觀重慶附近各工廠報告/654
參加倫敦中國藝術國際展覽會出品目録/1551
參加倫敦中國藝術國際展覽會出品圖説/1551
參考資料/829
參寥集補鈔/1051
參寥詩鈔/1046
參寥子詩集/1085
參同契集解/2026
參同契正文/1903
參同直指/2024(2)
參議員選舉實務/804(2)
參議院議事録/729
參與國聯調查團中國代表提出之二十九種説帖/281
參戰案/825
參戰實録/242
餐芍華館詩集/2267
餐霞仙館集/1121
驂鸞録/1729,1999
殘碑/1430
殘兵/1198
殘蟬曳聲録/1525
殘燼集/1169
殘夢齋隨筆/1378
殘秋/1423
殘水滸/1382
殘霧/1312
殘雪/1300
殘陽/1408
殘陽影裏/1430
殘夜/1423
蠶豆華館璿笈小録/2382
蠶豆遺傳之初步研究報告/747
蠶經/1801,1942
蠶桑摘要/2225
蠶書/1804,1942,2106
粲花館詞鈔/1236
倉海先生丘公逢甲詩選/1121
倉頡篇/1847,1925,2075
倉頡篇殘簡考釋/1779,2182
倉洋嘉錯情歌/1503
滄波評論集/2335
滄海叢書/2033,2034(3)
滄海叢書目録/2033
滄海樓詞鈔/1239
滄海生平/232
滄海遺音集/1237
滄浪集補鈔/1047
滄浪集鈔/1042
滄浪詩話/985,1978,2027
滄浪詩話箋註/991
滄浪亭新志/381
滄浪吟集/1873
滄浪吟集鈔/1051
滄浪棹歌/1967
滄螺系/1020
滄趣樓詩集/1123

滄桑豔/1281
滄社古今詩選/1034
滄縣志/435
滄洲詩剩/1104
蒼洱之間/415
蒼虬閣詩存　舊月簃詞/1137
蒼潤軒碑跋/159,2165
蒼石山房文字談/925
蒼梧詞/1215,1221
蒼玉洞宋人題名/147
蒼源剩草/2259
藏奩幸草/2311
藏海居士集/1019
藏海詩話/986
藏畫紀要/2036
藏暉室劄記/1139
藏棄集尺牘新鈔/1013
藏書百詠/2386
藏書紀事詩引得/2386
藏書紀要/2068
藏書題識/2088
藏書原目/2374
藏天室詩/1179
藏霞集/381
藏一話腴/1712,1734,1874,2200
藏園居士六十自述/218
藏園群書題記/2369
藏園群書題記續集/2369
藏齋集/1135
操風瑣録/1780,2183
操觚十六觀/2058
曹彬下江南/1272
曹操的社會改革/505
曹大家女誡/92
曹放齋詩説/2193
曹集考異/2254
曹集詮評/1071(2)
曹爵起家譜/175
曹錕吴佩孚合傳/219
曹楝亭藏書目/1869
曹南文獻録/1066
曹全碑集字聯/2040
曹溪通志/379
曹憲文字指歸/2075
曹植與洛神賦傳説/1071
曹州牡丹譜/1809,1936,2050
曹子建及其詩/992
曹子建集/1016,1071,2122,2140
曹子建詩研究/1071
曹子建詩註/1071
曹子建文集/2034,2048
漕船志/1766
草窗詞/1982
草窗韻語/2035
草兒/1142
草隸存/963
草廬經略/1921
草莽奇人傳/1396
草莽私乘/1880
草莽私刊/1746
草木春秋演義/1383,1389
草木皆兵/1304,1373
草木子/1803,2229
草堂詩話/986
草堂詩餘/1216,1229
草堂雅集/1052
草堂之靈/1163
草憲便覽/850
草心樓讀畫集/1535
草衣詩鈔/1178
草原/1516
草原上/1458
草韻辨體/1561
草枕/1506
草莊頭據點的覆滅/562
草字彙/1561
册府元龜引得/2354
側帽餘譚/1249
測海樓舊本書目/2384
測候須知/1629
測量法義/1933,2098
測量經緯度報告/1628
測量異同/1933,2098
測圓海鏡細草/1932
測圜密率/1932
測字全書/97
策樞/1804,1915
策算/2224
策要/1861
參差集/1153
岑嘉州詩/2091,2123,2140
岑嘉州詩集/1075
岑學吕尺牘初編續編/1486
岑學吕詩略/1152
層冰堂五種/2312
插圖本中國文學史/1008
查抄和坤家産清單/252
查賬淺説/684
茶杯裏的風波/1439
茶董補/1942
茶花女/1510
茶花女遺事/1510
茶話集/1186
茶箋/1543,1947
茶經/1349,1543,1742,1758,1798,2215
茶具圖贊/1944
茶庫藏貯圖像目/2039
茶寮記/1942,2105
茶録/1358,1741,1798,1942
茶品要録/2105
茶山集/1966
茶陽三家文鈔/1069
茶葉産銷/1675
茶葉全書/1675
茶葉展覽特刊/1675
茶業技術討論會彙編/656
茶餘客話/1863,1988
茶餘隨筆/1064
槎上老舌/1896
察哈爾抗日實録/342
察哈爾抗日同盟軍四周年紀念册/357
察哈爾省通志/464
察南特殊事情彙集/418
察綏蒙民經濟的解剖/625
差半車麥秸/1406
釵小志/1818,2207
柴辟亭讀書記/2277
柴辟亭詩二集/2277
柴窑考證/1600
勑賜鳳山古林律寺同戒録/121
勑議或問/1849,1974
禪本草/1358
禪玄顯教编/2008
禪與健康/1660
禪月集/1966,2126,2143
禪真後史/1383
禪真逸史/1013
禪宗頌古聯珠通集/124
蟬蜕集/1451
蟾仙解老/1903
纏足談/1817,2208
讒書/1813,1904
産寶/1650
産後編/1939
産科發蒙/1655
産論/1655
産論翼/1656
産業革命講話/651

產育寶慶集/1939
產孕集/1650
產運銷章則/745
闡道淺説/128
闡道要言/129
闡教編/112
懺情記/1518
懺盦遺稿/1132
懺船娘張潤金疏/1824
懺悔/1425
懺悔録/235
懺摩録/2051
懺餘集/1162
懺餘綺語/1983
昌國典詠/2239,2254
昌化縣志/457(2)
昌樂縣續志/439
昌黎先生集/1076(2)
昌黎縣志/436
昌黎雜説/1988
昌明藝術專科學校古畫參考品選印本/1579
昌平州志/436
昌武段氏詩義指南/1955
長安宫詞/2065
長安獲古編/1865
長安看花記/1249
長安客話/390,1360
長白藝文志/2370
長阪坡/1370
長城察北的抗戰/342
長春道教源流/1787
長春真人西遊記/419(2),2005,2100
長春真人西遊記校註/2163
長春真人西遊記註/2287
長短經/1904
長副須知/727
長葛縣志/442
長公詞鈔/1157
長公吟草/1157
長跪/1169
長河/1429
長河志籍考/2000
長恨歌傳/1347,1761
長恨歌畫意/1078
長湖堤畔/1465
長江:三峽水利工程計劃/373
長江的夜潮/1414
長江集/1078,1966
長江流域的鳥類/1636
長江流域六省交通詳圖/364
長江上/1436
長江萬里圖/1579
長江下游的日本經濟獨佔組織/826
長樂縣志/459,462
長離閣集/1970
長期抗戰中的國防計劃/359
長清縣志/439
長沙:楚民族及其藝術/167
長沙古物聞見記/167
長沙會戰紀實/348
長沙瞿氏叢刊/2267
長沙瞿氏家乘/2267
長沙章氏叢稿/722
長沙證彙/1655
長生殿/1277,1281(2)
長生會/1275
長生塔/1501
長壽縣志/449
長術輯要/258
長水日鈔/1991
長泰縣志/460
長汀江先生著書五種/2292
長途/1419
長溪瑣語/2055
長夏的南洋/473
長夜行/1294(2)
長真閣集/1107
長征25000里/341
長征故事/559
長征回憶片斷/559
常平倉考/1921
常識課本/959
常識文範/1128
常氏遺著二種/2268
常侍言旨/1346,1712,1756
常熟水論/1997
常熟縣知事造送民國十年分蘆洲荒熟地灘分別徵蠲各數清册稿/703
常熟縣知事造送民國十年分秋勘田畝分別應徵應蠲應緩應減銀米斗則細數清册稿/703
常談/1894,1919
常委爲提議建立新黨及改換"反對派"名稱給全國同志的信/578
常語筆存/1907
常州情歌選/1322
常州文學之回顧/2160
常竹窗修海鹽澉水志/2244
常字壬戌年度共二十一市鄉各項捐款細數册/703
萇楚軒詩集/1146
萇楚齋書目/2298
萇楚齋四筆/2298
萇楚齋隨筆/2298
萇楚齋隨筆目録/2298
萇楚齋隨筆引用書目/2298
萇楚齋五筆/2298
腸衣之輸出貿易/683
嘗試集批評與討論/1139
嫦娥/1501
嫦娥奔月/1296(2)
唱經堂才子書彙稿/1012
唱論/1240
唱戲指南/1608
悵惘/1434
暢谷文存/2204
超廬題畫詩鈔/1160
超人/1291,1410
超人哲學淺説/81
超性學要/134
晁具茨先生詩集/1966
晁氏客語/1744,1795,1897
晁氏琴趣外篇/1228,1233
晁氏儒言/1905
巢經巢集/1110,1856
巢經巢文集/1110
巢南詩鈔/1104
巢南先生五十壽言/1137
巢縣志/451
朝城縣舊志/438
朝城縣鄉土志/438
朝城縣續志/438
朝城縣志/438
朝散集/2204
朝鮮/470
朝鮮地理/471
朝鮮賦/2200
朝鮮革命紀/471
朝鮮革命史話/471
朝鮮國記/2180
朝鮮國王來書/325
朝鮮和臺灣/471
朝鮮紀事/1364,1852,2005
朝鮮滅亡之原因/2305
朝鮮史略/1784
朝鮮通史/470
朝鮮土木事業志略/1684
朝鮮亡國史略/2305
朝鮮學典/2357

朝鮮迎接都監都廳儀軌/275
朝鮮雜志/1765
朝鮮志/2005
朝陽縣志/464
朝野類要/1917
朝野僉言/2168
朝野僉載/1326,1345,1709,1755,1988,2166
朝野新聲太平樂府/1257(2),2135
朝野遺記/1329,1724,2168
朝野雜記/1872
朝邑縣鄉土志/445
潮/1453
潮嘉風月記/1816
潮連鄉志/462
潮梅現象/412
潮汕大事記/412
潮汕檢音字表/954
潮音字類辨正/954
潮語十五音/954
潮州府志略/460
潮州歷代名人故事/190
潮州七賢故事集/190
潮州志/460
鼂采館清課/1363,1908
車里/415(2)
車廂社會/1150
扯淡歌/1278
徹底改變我們的領導作風/93
撤廢領事裁判權運動/833
臣軌/721,1812,1918
臣鑒録/1898
沉淪/1439,1459
沉落/1443
沉默/1443
沉默的果實/1169
沉淵/1308
沈吟/1188
辰州符咒大全/101
辰子説林/2335
宸翰樓叢書/1870
陳彬龢論文集/2349
陳伯玉集/2123
陳布雷回憶録/232
陳部長最近言論選集/2343
陳倉路/1271
陳誠評傳/222
陳第年譜/228
陳東塾先生遺詩/1112
陳獨秀評論/222
陳獨秀先生辯訴狀/567
陳獨秀先生講演録/547
陳獨秀與所謂託派問題/549
陳福熙創作選/1462
陳簠齋手拓古印集/1596
陳剛中詩集/1746
陳公博先生文集/780
陳公覺生紀念册/1493
陳公洽與臺灣/813
陳光甫先生言論集/695
陳寒山子文/2213
陳後岡詩集/2235
陳後山　戴石屏詩/1084
陳後山集/1874
陳後主集/1017
陳跡/1166
陳迦陵文集/2132
陳嘉庚公司分行章程/681
陳嘉庚言論集/2343
陳節愍奏稿/2200
陳景華/223
陳競存先生年譜/231
陳競存先生史略/223
陳炯明歷史/224(2)
陳炯明叛國史/355
陳克齋集/1962
陳孔璋集/1016
陳藍洲畫册/1585
陳老蓮歸去來圖卷/1581
陳老蓮離騷圖經/2052
陳老蓮水滸葉子/1381
陳亮年譜/227
陳烈女不朽録/194
陳琳救主/1374
陳龍川傳/198
陳龍川年譜/226
陳曼生花卉册/1586
陳眉公梅花詩畫册/1586
陳眉公全集/1095
陳母教子/1267
陳逆公博自白書/223
陳其美傳/223
陳乾初先生年譜/1805
陳慶笙茂才文集/1122
陳少白先生哀思録/223
陳少白先生年譜/233
陳紹禹[王明]救國言論選集/553
陳剩夫集/1964
陳石閭詩/1103
陳氏小兒病源方論/1860
陳侍御奏稿/664
陳書/249,306
陳樹元掛奬章/588
陳碩甫年譜/2088
陳司業遺書/1772
陳探花南/1318
陳天華集/2343(2)
陳摶高臥/1263
陳摶秘傳/99
陳文節公年譜/2227
陳文忠公奏議/732
陳無澤三因方/1666
陳獻孟遺詩/1787
陳蕭二家繪離騷圖/1066
陳學士文集/1976
陳謠雜詠/1767
陳儀大鬧臺灣/1398
陳儀與臺灣/813
陳毅致包瑞德上校書/598
陳英士/222
陳英士先生革命小史/223
陳英士先生紀念全集/222
陳與義詩/1085
陳圓圓/1307
陳張貴妃傳/1836
陳張事略/1842
陳長官治臺言論集/813
陳忠貞公遺集/2193,2232
陳州牡丹記/1830
陳州糶米/1261
陳子準文集/2192
陳總司令言論集/782
晨報七周年紀念增刊/2351
晨風廬唱和續集/1055
晨風廬琴會記録/1605
晨更/136(2)
塵天閣詩草/1122
讖言/2055
偁山遺集/1129
偁陽雜録/1807,1994
丞相魏公譚訓/198
成安縣志/435
成長/1421
成都府志/446
成都古今記/1712
成都顧先生詩集/1125
成都氏族譜/1874
成都西南和平法會特刊/104
成都遊宴記/2180
成功人鑒/192

成功之道/94
成華大學丁亥級畢業紀念册/903
成吉思汗傳/311
成吉思汗帝國史/312
成吉思汗陵寢辨證書/361,2301
成吉思汗陵寢之旁證/361
成吉思汗評傳/311
成吉思汗園寢發見記/362
成名以後/1414
成人的童話/1501
成唯識論述集/106
成唯識論述集科文/106
成唯識論學記/122
成唯識論掌中樞要/106
成爲時局中心的新四軍/592
成渝路區之經濟地理與經濟建設/624
成語手册/971
呈控樂亭地畝原案/708
城固縣鄉土志/445
城南柳/1265
城市計劃學/727
城市政策彙編/591
城西日札/2299
城鄉關係問題/519
城中/1450(2)
城中鬼域記/1527
城子崖/165
乘軺録/1892,2098,2185
乘異記/1712
程璧光殉國記/211
程董二先生學則/1923
程荔江印譜/1595
程山先生目録/75
程氏家塾讀書分年日程/889,1883
程氏考古編/1754
程氏曲藻/1240
程氏心法三種/1786
程氏則古/1732
程氏族譜/178
程侍郎遺集/1965
程伊川年譜/226
程朱學派之知行學説/43
誠意伯文集/1091,2131
誠齋策問/2202
誠齋集/1086,2129
誠齋集補鈔/1050
誠齋江湖集鈔/1045
誠齋樂府/1209
誠齋詩鈔/1125
誠齋詩話/986
誠齋易傳/1899
誠齋殷虚文字/153
誠齋雜記/1330,2029
澄懷閣詞/1182
澄廬詩集/1151
澄廬文集/2336(2)
澄廬文選/2336
澄清吏治建議案/748
澄秋館吉金圖/160
澄秋館印存/1596
澄宇齋詩存/1181
懲戒法規彙編/753
逞風流王焕百花亭/1261
摛藻堂四庫薈要目録/2374
鴟吻集/1495
癡盦藏金/161
癡郎幻影/1523
癡夢齋詞草/1239
癡婆子傳/1367(2)
癡人日記/1191
癡人之愛/1507
池北偶談/1863
池上草堂筆記/1377(2)
茌平縣志/438
持静齋藏書紀要/1755
持久和平問題/831
遲庵集杜詩/2187
遲鴻軒集/1113
遲開的薔薇/1515
尺牘大全/1477
尺牘釋例/1476
尺牘新鈔/1012,1014,1994
恥夫詩鈔/2203
恥堂存稿/1962
恥言/1897
赤城別集/2213
赤城詞/1208
赤都心史/1174
赤匪文件彙編/547
赤鳳髓/1908,2104
赤禍録/339
赤色檔案/355
赤山湖志/2253
赤山會語/1907
赤山會約/1915
赤水玄珠全集/1660
赤溪縣志/461
赤雅/1332,1999
赤葉河/1309
充軍考/2270
充實揚子江水利工作及擴充組織與經費之意見/373
沖出雲圍的月亮/1446(2)
沖出重圍/1308
沖冠怒傳奇殘稿/1281
沖積期化石/1419
沖漠子/1269
沖虚至德真經/50,2121,2139
沖虚至德真經釋文/1903
衝突/1462
崇拜/137
崇川劉氏叢書/2261
崇川書香録/2261
崇德老人八十自訂年譜/231
崇高的母性/1189
崇寧縣志/447
崇慶縣志/447
崇讓粹編/92
崇文社文集/1062
崇文總目/1881,2371
崇相集/1094
崇雅堂碑録/158
崇雅堂書録/2383
崇禎慘史/1383(2)
崇禎長編/253
崇禎存實書鈔/731
崇禎宫詞/1970,2206
蟲蝕/1409
重編會真雜録/1275
重編民國興漢演義全傳前集/1399
重編明儒學案/44
重編清鑒易知録/319
重編燕北録/1729
重得喬褚堂繪西浦圖詩並序/1136
重訂穀梁春秋經傳古義疏/2069
重訂滿洲祭神祭天典禮/508
重訂曲苑/1244
重訂三字經/573
重訂温熱經解/1650
重訂浙江公立圖書館保存類目録/2375
重訪英倫/486
重逢/1435
重廣補註黄帝内經素問/2119
重廣會史/2354
重劃中國省區論/366
重輯倉頡篇/929,2286
重輯張堰志/454
重見光明/1302
重建玉皇閣碑記/1572

重建之路/723
重校訂紀元編/259
重校訂新疆圖志/465
重校稽古樓四書集註/2069
重校舊本湯頭歌訣/1664
重斠唐韻考/1930
重刊補註洗寃録集證/870
重刊李扶九原選古文筆法百篇/1059
重刊宋本爾雅註疏/3
重刊宋本公羊註疏/3
重刊宋本穀梁註疏/3
重刊宋本禮記註疏/3
重刊宋本論語註疏/3
重刊宋本毛詩註疏/3
重刊宋本孟子註疏/3
重刊宋本尚書註疏/3
重刊宋本十三經註疏/3
重刊宋本孝經註疏/3
重刊宋本儀禮註疏/3
重刊宋本周禮註疏/3
重刊宋本周易註疏/3
重刊宋本左傳註疏/3
重刊武經七書/1691
重考古今僞書考/2366
重刻觀世音菩薩本行經簡集/1316(2)
重論文齋筆録/1863
重慶・東京・河内/350
重慶各圖書館所藏西南問題聯合書目/363
重慶國民黨中央執行委員會全體會議及國民參政會彙刊/794
重慶旁觀者/1188
重慶市之棉織工業/627
重慶堂隨筆/1643
重慶屋簷下/1300(2)
重慶小夜曲/1426
重慶訓練集選輯/776
重慶要覽/399
重慶政權崩潰/781
重修博興縣志/438
重修鄠都縣志/446
重修皋蘭縣志/445
重修莒縣志/438
重修林縣志/442
重修商河縣志/437
重修什邡縣志/446
重修泰安縣志/438
重修威縣志/436
重修無極縣志/436
重修昔陽縣志/443
重修襄垣縣志/442
重修信陽縣志/441
重修浙江通志初稿/455
重修鎮安縣志/445
重修鎮原縣志/445
重修正陽縣志/440
重修政和備用本草/2138
重修政和經史證類備用本草/1663
重修政和經史證類本草/2120
重修盩厔縣志/444
重印聚珍倣宋版五開大本四部備要樣本/2115
重印人範須知/91
重整内閣大庫殘本書影/2359
仇池筆記/1337,1355,1712
仇池筆記　漁樵閒話録/1989
惆悵/1196
愁城記/1301(2)
愁言[芳雪軒遺集]/1021
酬酢事變/1730
酬世錦囊/2354
疇人傳/1618(2)
疇隱居士學術史/209
疇隱居士自傳/209
疇隱居士自訂年譜/113
籌辦夷務始末/270(2)
籌辦中俄交涉事宜公署意見書/285
籌遼碩畫/1784
籌藏政策/423
躊躇集/1435
醜齋樂府/1258
出埃及記/132
出口程記/2002
出了象牙之塔/1194,2324
出賣上海灘/405
出塞紀略/1843,2097
出塞山川圖畫記/1873
出三藏記集經序/113
出土初拓王居士磚塔銘/1569
出席國民大會記/755
出行寶鏡/1913
出巡紀實/807
出獄前後/518
初白庵詩評/989
初春的風/1507
初等教育概論/883
初訪美國/488(2)
初恨/1439
初級平民學校幻燈教學法/898
初級外國語科教學法/908
初級應用文/1478
初級中學動物學課本/1636
初級中學物理學課本/1623
初級築壘學/1704
初戀情書/1486
初寮詞/1218,1230
初日樓詩　駐夢詞合刊/1175
初日樓正續稿/1179
初生期/2338
初唐四傑集/1018
初堂遺稿/2260
初拓書譜/1569
初小國語/574
初學備忘/1923
初學集/2131
初學記/1739
初學檢韻/942
初學論説文範/973
初學作文秘訣/977
初月樓古文緒論/1981
初月樓論書隨筆/1536
初月樓文談/1029
初月樓聞見録/1863
初中本國史/293
初中國文實驗教學法/975
初中記事文教學本/976
初中寫景文教學本/976
初中作文教學法/977
初中作文精華/977
樗庵存稿/2231
樗寮文續稿/1108
除夕集/1147
芻言/1904
楚霸王/1298
楚霸王自殺/1406
楚傖文存/1173
楚詞補註/1065
楚詞新論/1065
楚詞中的神話和傳説/992
楚辭/1065(3),1070,1958,2122
楚辭辨韻/1931
楚辭補註/1958,2139
楚辭地理考/1066
楚辭芳草譜/1821
楚辭概論/1065
楚辭集註/1065
楚辭考異/2318
楚辭拾遺/1066
楚辭四種/1066
楚辭天問箋/1778

楚辭校補/1066
楚辭研究/1065
楚辭易讀/1065
楚辭音/1070
楚辭音殘本/1752
楚辭韻讀/937
楚辭之研究/1065
楚辭作於漢代考/1065
楚岗志略/1997
楚方城考/400
楚國先賢傳/1341
楚漢春秋/1749,2194
楚漢諸侯疆域志/1775,1997
楚靈王/1290
楚器圖釋/166
楚史檮杌/1718,2015,2064
楚書/2179
楚王鑄劍記/1338
楚昭公/1262
楚中會條/1915
楚州城磚録/155
褚河南書陰符經墨跡/1786
褚民誼先生論文集/2341
褚氏遺書/1343,1738
褚氏易註/2071
處理食鹽布疋等鞏固蘇區金融的具體辦法/558
處女/1402
處女的夢/1450(2)
處女的日記/1446
處女的心/1289
處女的血/1440
處世家書二百封/1481
處世與交友/90
處世哲學/2112
川鹺概略/1681
川廣鐵道路綫初勘報告/1627
川江圖説集成/376
川劇序論/1251
川康遊蹤/399
川沙縣志/452
川陝鄂邊防記/400
川省田賦徵實負擔研究/627
川西南記遊/399
川湘紀行/400
川鹽紀要/746
川遊漫記/398
穿透真傳/100
船窗夜話/1356,1722
船山詩草選/1970
船山詩選/2037
船山史論評選/291
船山學譜/201
傳燈玉英集/106
傳古別録/1541
傳家之寶/1489
傳教之研究/136
傳經表/1891
傳經室文集/1109
傳奇/1466
傳奇彙考/1246(2)
傳奇品/1277
傳奇圖像十種/2052
傳神秘要/1542,1845,2101
傳世古尺録/2297
傳是樓書目/2380
傳習録/74
傳習則言/1800
傳疑録/1895
傳載/1713,1727
傳載略/1354
傳真社三種/1278
窗花/1599
窗簾/1416
窗外/1173
窗下隨筆/2333
窗齋詩集/2203
闖王外傳/1427
創痕/1447,1454
創化論/81
創傷治療原則/575
創世記/132
創世記至路德得記/132
創世紀人物志集/131
創造/1288
創造風/914
創造日彙刊/909
創造社論/1010
創造十年/207
創造新紀録運動/593
創制複決罷免三權怎樣行使/726
創作的經驗/922
創作的準備/921(3)
創作獨幕劇選/1289
創作短篇小説選/1400
創作婦女的新史實/590
創作經驗/921
創作論/922
創作三步法/921
創作十年續編/208
創作四試/1439
創作小説選/1402(2)
創作與模倣/919
吹劍録/1354,1716
吹劍録外集/2230
吹劍續録/1723
吹景集/1875
吹萬樓詩/1142
吹萬樓望江南詞/1142
吹萬樓文集/1142
吹網録/1864
吹簫人/1498
炊事員張有山/588
炊聞詞/1221
垂金蔭緑軒詩鈔/2278
春/1308(2),1444
春冰室野乘/1496
春蠶/1431,1432,1447
春草/1408
春草堂雜記/2334
春草齋集/2234
春常在/1301
春燈詞/1239
春燈集/1429
春風/1416
春風秋雨/1313(2),1449
春風堂隨筆/1363
春耕互助/1320
春谷嚶翔/1951,2105
春閨雜詠/1838,2211
春歸何處/1424
春寒/1428
春痕/1428
春花/1413
春花怒放/1304
春華/1414
春荒/1176
春暉閣詩選/1109
春暉閣遺稿/1114
春暉堂花卉圖説/1676
春暉堂印譜/1596
春腳集/1651
春酒堂文集/1099
春酒堂遺書/2231
春韭集/1304
春覺齋論畫遺稿/1563
春覺齋論文/980
春覺齋詩草/1186
春雷/601
春戀/1307

春夢集/1466
春夢録/1730,1820
春謎大觀/1493
春明隨筆/2340
春明隨筆續集/2340
春明歲時瑣記/1752
春明退朝録/1727,1794,1986,2167
春明外史/1393(2)
春畝伊藤公印譜/1596
春泥/1466
春年分年系傳表/2274
春娘傳/1829
春瀑山館詩存/2267
春琴鈔/1507
春卿遺稿/1746
春情曲/1461,1515
春秋/2079
春秋保乾圖/1908,2079
春秋本義/2253
春秋筆削大義微言考/21
春秋辨疑/2013
春秋別典/2147
春秋楚地答問/1997
春秋春王正月考/1934
春秋春王正月考辨疑/1934
春秋大義述/299
春秋啖趙集傳纂例/2013
春秋地名辨異/1997
春秋二十國年表/2115,2135
春秋繁露/20(3),1748,1785,1858,2087,2116,2135
春秋繁露斠補/2318
春秋繁露通檢/24
春秋復始/21
春秋感精符/1908,2079
春秋綱目左傳句解彙雋/22
春秋公羊解詁/2116,2135
春秋公羊禮疏/2014
春秋公羊疏殘本/24
春秋公羊傳/24(3)
春秋公羊傳讀本/2
春秋公羊傳異文釋/2014
春秋古經箋/2315
春秋古經説/2014
春秋穀梁傳/24,2014,2116,2135
春秋穀梁傳補註/25(2)
春秋穀梁傳讀本/2
春秋穀梁傳集解唐龍朔寫本/2155
春秋穀梁傳異文釋/2014
春秋穀梁傳註疏/2214
春秋規過考信/1770
春秋國際公法/837(2)
春秋漢含孳/1908
春秋合誠圖/1908,2079
春秋恒解/2280
春秋后妃本事詩/1789
春秋後國語/301
春秋胡傳考誤/2065,2173
春秋胡氏傳/20
春秋胡氏傳辨疑/2094
春秋或辯/1935
春秋集解/2013
春秋集註/2014,2233
春秋集傳/1860
春秋集傳辯疑/2013
春秋集傳微旨/2173
春秋講義/2227
春秋金鎖匙/2065,2173
春秋經傳辨疑/2249
春秋經傳集解/21,2115,2135
春秋經傳集解唐寫本/2155
春秋經傳引得/21
春秋經傳引得序/21
春秋經傳註疏引書引得/21
春秋經解/2014
春秋經論摘義/1790
春秋決獄/2194
春秋考異郵/1908,2079
春秋列國官名異同考/2272
春秋命歷序/1908,2079
春秋内事/1908,2079
春秋平義/2225
春秋潛潭巴/1909,2079
春秋日食集證/21
春秋日食質疑/1839,2098,2173
春秋三傳/3
春秋三傳學/21
春秋三傳異文釋/2014,2153
春秋詩話/1956
春秋時代的縣/803
春秋時代之世族/509
春秋識小録/1997,2252
春秋史/299
春秋世族譜/2045
春秋釋例/1847,2013
春秋述義拾遺/1771
春秋説/1839,2095
春秋説題辭/1909,2079
春秋説志/2014
春秋朔閏異同/1808
春秋四傳糾正/2225
春秋四傳異同辨/2014
春秋通訓/2146
春秋土地名/2194
春秋緯/1909
春秋緯史集傳/21
春秋文耀鉤/1909,2079
春秋握誠圖/1909,2079
春秋夏正/1934
春秋小學/930
春秋演孔圖/1909,2079
春秋元命苞/1909,2079
春秋怨/1292
春秋運斗樞/1909,2079
春秋載記/2306
春秋正義/22(2)
春秋正義殘本/22
春秋正議證釋/21
春秋正旨/2146
春秋傳禮徵/1874
春秋傳説例/2013
春秋傳註/1769
春秋總論初稿/21
春秋左氏古義/2014
春秋左氏疑義答問/23,2282(2)
春秋左氏傳補註/2014
春秋左氏傳傳例解略/2315
春秋左氏傳傳註例略/2315
春秋左氏傳答問/2315
春秋左氏傳地名補註/1997
春秋左氏傳古例詮微/2315
春秋左氏傳例略/2316
春秋左氏傳時月日古例考/2315
春秋左氏傳續説/2249
春秋左傳讀本/1
春秋左傳杜註校勘記/2193
春秋左傳分國土地名/1997
春秋左傳詁/22(2)
春秋左傳句解/23
春秋左傳淺解/23
春秋左傳異文釋/2014
春秋左傳註疏校正/1883
春秋佐助期/1909,2079
春人賦/1830,2043
春日/1026
春色新紅杏/1404
春樹閒鈔/1782
春水/1144
春水沉寃記/1439
春天/1182,1442

春天的人們/1169
春天裏的秋天/1444
春王正月/1452
春閨雜詠/1972
春蕪詞/2243
春醒/1515
春雪亭詩話/993
春黼秘記/1383
春黼秘史/1402
春英翻身/581
春雨樓初刪稿/2236
春雨樓稿/1106
春雨堂隨筆/2188
春雨軒集/2203
春雨逸響/1991
春雨之夜/1413
春在堂尺牘/1485
春在堂隨筆/1864
春之煩惱/1462
春之橋/1307
春之罪/1472
春渚紀聞/1337,1352,1730,1985,2033
春渚紀聞補闕/1883
純白齋類稿/1963
純德彙編/2238
純德彙編續刻/2238
純飛館詞續/1790
純廟御筆心經/117
淳化閣帖/1575
淳化閣帖釋文/1564,1951
淳化秘閣法帖考正/1563
淳熙稿/1966
淳熙薦士録/2010
淳熙玉堂雜記/1794
醇王妃自盡記/236
醇雅堂詩略/2254
蠢貨/1421,1516
蠢翁詞/1982
蠢子醫/1653
輟耕録/1889,2030
輟耕曲録/1240
祠部集/1960
瓷器/1600
瓷器概説/1600
瓷器與浙江/1600
詞莂/1232,1237
詞調溯源/1200
詞概/1204
詞和句/947
詞話叢編/1201
詞話叢鈔/1205
詞家辨證/1983
詞絜/1228
詞徑/1203,1205
詞林紀事/1013,1200
詞林要韻/1200
詞林韻釋/1200,1930
詞林正韻/1201(2)
詞律/1200,1201(2)
詞論/1204
詞品/1067,1201,1983(2),2059
詞品甲/1231
詞評/1983
詞曲概論講義/1206
詞曲通義/1206
詞筌/1206
詞詮/948(2)
詞史/1206
詞式/1228
詞説/1204,2159
詞壇紀事/1983
詞統源流/1983
詞學/1206
詞學 ABC/1206
詞學初桄/1231
詞學集成/1204
詞學通論/1200
詞學小叢書/1227
詞學研究/1206
詞學研究法/1200(2)
詞學指南/1200
詞謔/1253
詞餘叢話/1245
詞餘講義/1247
詞原斠律/2274
詞源/1200,1202
詞源疏證/1200
詞苑叢談/1205,1983
詞苑萃編/1203
詞韻諧聲表/1201
詞藻/1983
詞徵/1204
詞旨/1067,1202,2056
詞綜/1227
詞綜偶評/989,1203
慈悲三昧水懺申義疏/121
慈湖詩傳/2233
慈湖先生[楊簡]年譜/2234
慈湖先生遺書/2234
慈湖先生遺書補編/2234
慈湖著述考/2234
慈利縣志/450
慈壽堂文鈔/1103
慈署承查何任交代發復底册/704
慈衛室詩/2299
慈溪縣國税册稿/704
慈溪縣縣税册稿/703
慈溪縣選送田賦雜税各數簡明清册稿/704
慈禧寫照記/205
慈宗三要/104
磁縣新出魏齊墓志本末記/165(2)
雌木蘭替父從征/1276
辭海/964(5)
辭林/966
辭通/965
辭淵/964
辭源/962(6),963
辭源四角號碼索引/962
辭源續編/962(2)
辭源續編四角號碼索引/962
此登臨庱筆記/2340
此山先生詩集/2089
此山先生樂府/1214,1230
此時此地集/2337
此中人語/2331(2)
次柳氏舊聞/1327,1345,1731,1756,2166
次哲次齋遺文/1122
次哲次齋主人年譜/231
刺虎/1283
刺繡書畫録/1548
刺繡圖案集/1600
賜姓始末/315
聰山集/1975
聰山詩選/1968
聰訓齋語/86,1922
從白話文到新文字/945
從鄧演達到聞一多/186
從東北到庶聯/471
從法律之外到法律之内/356
從反高門爭説到工農幹部布爾什維克化問題/555
從古堂款識學/1807,1946
從國際形勢觀察中國抗戰前途/345
從荒島到莽原/1416
從駕記/1352
從江南到東北/579
從江西到陝北二萬五千里長征記/

557
從江西到四川行軍記/556
從九一八到七七/557
從"九·一八"到"七·七"事變/557
從舊世界到新世界的外蒙/418
從軍樂/1313
從軍日記/1187
從軍行/1189
從考古學上觀察中日古文之關係/282
從歷史的報復到報復的歷史/243
從民國十八年歸國後到現在/774
從魔掌到自由/567
從奴隸到英雄/1403
從七七到八一五/352
從前綫到邊疆/1436
從戎紀略/2187
從陝北歸來/548
從上海歸來/1154
從社會學到社會問題/496
從勝利到民主/798
從外交談判到民族戰争/283
從唯心論到唯物論/35
從文小説習作選/1429
從文學革命到革命文學/597
從文字學上考見上古婦女之情形/2160
從文自傳/213(3)
從武漢到井崗山/397
從西昌壩子到安順場等/397
從先維俗議/2226
從囂俄到魯迅/1192
從一個村看解放區的文化建設/877
從遊集/1810
從猿到人/538
從戰争到和平/243
從征緬甸日記/1842,2101
從征實録/317
從政録/2272
從政遺規/86
從中國人民政協到中央人民政府成立/741
從資本主義到安那其主義/601
從資本主義到社會主義的道路/543
從總裁指示論西北建設/383
從作者回憶中看清末政局/201
琮想詞/1222
叢桂草堂醫案/1652
叢桂偶記/1657
叢菊淚/1441
叢書大辭典/2362
叢書集成初編/1880
叢書集成初編目録/1880
叢書舉要/2362(2)
叢書目録拾遺/2362
叢書書名録稿本/2362
叢書書目彙編/2362
叢書書目續編初集/2362
叢書子目索引/2362
粗解刑統賦/2035
徂徠詩鈔/1042
促織經/2107
醋説/1824
爨龍顔碑考釋/1880
爨桐廬算剩/1618
爨文叢刻/1503
爨餘詞/1983
衰説考誤/2263
崔東壁年譜/229
崔東壁遺書/2268,2270
崔東壁遺書引得/229
崔憬易探玄/2072
崔靈恩三禮義宗/2073
崔鳴吾紀事/2246
崔清獻公集/1962
崔清獻公言行録/2011
崔舍人西垣類稿/1962
崔舍人玉堂類稿/1962
崔桐詩卷/1104
催眠術與心靈現象/2112
萃升書院講義/901
粹芬閣珍藏善本書目/2384
翠寒集體物詞/2061
翠琅玕館叢書/2065
翠墨園語/2053
翠微南征録/1088
翠英及其夫的故事/1474
村長和他的兵/1472
村樂堂/1273
村里自治全書/806
村學鄉學須知/898
村野戀人/1412
村治之理論與實施/802
村中的生活/1403
存存齋醫話稿/1653
存復齋集/1090
存復齋文集/1878
存復齋續集/1879
存古齋叢畫/1588
存漢録/1808
存悔集/2236
存人編/1922
存是録/1840,2099
存素堂絲繡録/1601
存素堂校寫幾譜/1599
存亡的關鍵/2335
存性編/1907
存學編/1907
存雅堂遺稿/2251
存餘堂詩話/985,1979
存治編/1915
寸草廬贈言/2233
寸草廬奏稿/732,2240
寸草心/1181
錯斬崔寧/2210
錯中錯/1527

D

答臨孝存周禮難/2085
答萬季野詩問/995
達爾文/1514
達夫代表作/1162
達夫代表作選/1161
達夫短篇小説集/1438
達夫傑作集/1161
達夫全集/1438
達夫詩詞集/1162
達夫遊記/384
達夫自選集/1161
達古齋古證録/148
達賴喇嘛傳/2034
達廬詩録/1117
達摩寶傳/125

達摩大師觀心論/2037
達摩劍/1613
達摩派拳訣/1612
達仁堂藥目/1665
達生編/1663
達生篇/1437
達縣志/448
達衷集/285
韃靼千年史/172
打董達/1272
打鼓罵曹/1284
打鬼/96
打韓通/1272
打虎記/1415
打回老家去/358,584
打火機/1465(2)
打馬圖經/1720
打嚴嵩/1283
打漁殺家/1283
大厂詞稿/1239
大厂居士遺墨選刊/1567
大般涅槃經敘/121
大阪神户華僑貿易調查/823
大悲經/2037
大悲咒/1316
大別山荒僻的一角/1453
大別山戰役後安徽省半年來復興工作/811
大波/1445
大財閥蔣介石/2337
大成講義/38
大成曲譜論例/1241
大乘稻芉經隨聽疏/118
大乘佛教概述/114
大乘開心顯性頓悟真宗論/2037
大乘起信論/121
大乘與人間兩般文化/115
大慈恩寺三藏法師傳/126
大戴禮記/20,1857,1923,2116,2136
大戴禮記補註/20,1924
大戴禮記解詁/1770
大戴禮記正誤/2272
大刀山晉磚記/155
大滌子題畫詩跋/1546
大地/1514
大地的海/1410
大地回春/1311(2)
大店查減鬥爭總結/642
大頂子摩崖/1569
大東亞新列國/244
大東亞宣言名論集/622
大東亞戰争言論集/622
大豆産銷/656
大都新編楚昭王疎者下船/1258
大都新編關張雙赴西蜀夢/1259
大都新刊關目的本東窗事犯/1259
大渡河/1311
大方廣佛華嚴經/118
大方廣佛華嚴經淨行品/109
大方廣佛華嚴經入不思議解脱境界普賢行願品/109
大方廣佛華嚴經十回向章/109
大方廣佛華嚴經疏鈔會本/118
大方廣如來藏經/105
大房山/368
大風雪/1422
大佛頂如來密因修證了義諸菩薩萬行首楞嚴經/119
大佛頂首楞嚴經正脈疏/119
大復學約存目/2197
大公圖書館藏書目録/2377
大孤詩集/1148
大谷大學圖書館藏西藏大藏經甘殊爾勘同目録/108
大谷山堂集/1022
大鼓研究/1319
大觀茶論/1733
大觀樓叢書/1588
大觀録/1563
大觀園圖説/1837
大光破暗集/130
大廣益會玉篇/934,1925,2117
大鶴山房全書/2274
大後方的民主運動/577
大後方的小故事/1402
大後方輿論/577
大化總歸/141
大荒歸客記/1529
大荒集/1168
大家辦合作/1287
大家好/1287
大家喜歡/1286,1288
大駕北還録/1850
大江/1410
大江南綫/351
大街/1512
大街的角落/1466
大劫牢/1273
大金弔伐録/253,310,2021,2147,2162
大金國志/310,2162
大金國志通檢/310
大金集禮/1778,1924
大晶報鐵報聯合組織年鑒/2356
大孔雀經藥 /121
大庫舊檔整理處史料彙目/324
大狼山/1372
大理縣志稿/463
大理行記/2038
大理行記及其他五種/2000
大理院法律解釋分輯/861
大理院解釋例全文/844
大理院解釋例全文檢查表/844
大理院解釋例要旨匯覽/861
大理院判決例全書檢查表/844
大理院判決録/840
大理院判例解釋現行商法大全/845
大理院判例解釋新六法大全/845
大涼山夷區考察記/400
大六壬大全/97
大六壬苗公射覆鬼撮腳/1914
大陸近代法律思想小史/843
大馬戲團/1292
大名縣志/435
大明初略/1767
大明英烈傳/1293
大漠驚鴻/1399
大漠詩人集/1159
大南一統志/477
大鬧五台山/1374
大破蚩尤/1273
大破混元錘/1373
大破洛陽城/1373
大破孟州續集/1319
大旗/1440
大氣温度/1620
大秦景教流行中國碑文/139
大清會典要義/738
大清畿輔列女傳/194
大清畿輔先哲傳/189
大清歷朝實録/323
大清歷朝實録總目録/323
大清孝定景皇后事略/2039
大取篇校註/62
大人物的小故事/1511
大上海的毀滅/1457
大上海都市計劃總圖草案報告書/402(2)
大上海指南/405
大生産運動領導問題/593

大聖文殊師利菩薩佛剎功德莊嚴經/105
大食故宮餘載/1523
大時代的插曲/1295,1422
大時代的教育/886
大時代的小故事/1403
大時代的宗教信仰/131
大時代社會教育新論/899
大時代之夢/1169
大時代中的印度/479
大事記/1738
大宋寶祐四年丙辰歲會天萬年具註曆/1860
大宋宣和遺事/1381
大唐傳載/1327,1756
大唐創業起居註/2019,2030
大唐郊祀録/1871,2101
大唐開元釋教廣品歷章/107
大唐六典/843
大唐三藏玄奘法師表啟/2046
大唐西域記/418,2118,2148
大唐新語/1756,1986
大唐正元續開元釋教録/106
大通樓藏書目録簿/2383
大同古建築調查報告/1598
大同書/721(2)
大同新論/762
大同要素/49
大同雲岡石窟寺記/379
大團圓/1308
大戲考/1283
大戲考索引/1286
大俠紅蘩蕗傳/1524
大夏大學五周紀念特刊/904
大夏大學學生手册/903
大夏大學一覽/903
大小戴記選註/20
大小九九演算法書/1619
大小宗通繹/1924
大興歲時志稿/1752
大學本旨/2174
大學初級法文/970
大學發微/2174
大學綱目決疑/27(2)
大學古本/1799
大學古本參誼/28,2291
大學古本講義/28
大學古本質言/2280
大學國文選/1063
大學教育論叢/894
大學科目表/889,893
大學六講/28
大學生日記/1489
大學石經古本/1799
大學石經古本附旁釋及申釋/1901
大學疏義/1901
大學談薈/28
大學圖書館經營之實際/2387
大學文選/957
大學衍義補/74
大學誼詁/28
大學臆古/28
大學與中國民族文化/28(2)
大學院系選習指導/894
大學章句集註/2
大學章句箋義/1890
大學正義/28
大學證釋/28
大學之行政/893
大學中庸傳註/1769
大學中庸讀本/28
大雅樓畫寶/1585
大亞細亞主義論/237
大亞洲主義論集/780
大衍集/2238
大衍筮法直解/2290
大演習全書/1690
大堰河/1196
大業拾遺記/1818,2207
大業雜記/1340,1734,1892,2096,2166
大邑縣志/448
大隱居士集/1019,2218
大隱廬詩草/1144
大庾縣志/450
大獄記/1336
大元倉庫紀/1781
大元大一統志/1767,1870
大元官制雜記/1781,2163
大元海運記/1805
大元畫塑記/1781
大元馬政記/1780,2163,2182
大元聖政國朝典章前集/1747
大元帥東征日記/772
大元帥對時局重要宣言/770
大元帥關於北伐之命令及宣言/770
大元氈罽工物記/1781
大圓文存/1145
大雲山房集/1107
大雲山房文稿/1107(2),2133
大雲書庫藏書題識/2297
大哉孔子/60
大藏經總目/104
大藏治病藥/1348,1759
大戰邳彤/1270
大戰前夕/244
大戰與南僑/823
大戰雜話/2109
大戰中的太平洋/473
大丈夫/193
大正博覽會參觀記/1856
大正新修大藏經/104
大至閣詩/1129
大中華吉林地理志/431
大中華京兆地理志/432
大中華民國分省圖/424
大中華民國三十七年陰陽合曆通書/1622
大中華民國史/338
大中華民國憲法草案補訂案/848
大中華農業史/1670
大中華演義/1396
大中華直隸省地理志/432
大中祥符法寶録/107
大中遺事/1351,1738
大衆讀本/574
大衆革命知識/726
大衆化工作研究/598
大衆集/1152
大衆教育家與大衆詩人/219
大衆經濟學講話/605
大衆文藝叢刊/970
《大衆文藝叢刊》批評論文選集/597
大衆文藝新論/916
大衆語文論戰/1010
大衆語文論戰　續編/923
大衆哲學/535(2)
大衆政治學/716
大衆資本論/537
大竹縣志/448
大杼集/1747
大轉輪/1279
大姊/1451
大字足本繡像海公大紅袍/1384
呆徒富貴/1392
代某校書謝某狎客饋送局帳啟/1824
代少年謝狎妓書/1823
代數學教科書/1619
代言録/2326
代議立法與直接立法/356

代議政治/2110
代用品/1301
岱南閣叢書/1847
岱南閣集/1848,1976
岱山鎮志/458
岱巖訪古日記/369
岱遊集/1857
待盦題畫詩存/1564
待旦録/1186
待焚詩稿/1186
待焚詩稿二集/1186
待清軒遺稿/1019
待時軒叢刊/1838
待問篇/153
帶耕堂遺詩/1113
貸粟軒稿/1180
戴安瀾遺集/1166
戴醇士爲何子貞畫山水册/1584
戴東原的哲學/75
戴東原集/1104,2132
戴東原先生全集/2223
戴東原續方言手稿/952
戴東原轉語釋補/941
戴季陶先生兩個重要的演講/765
戴南山集/1101(2)
戴南山先生全集/1101(2)
戴剡源年譜/226
戴聖石渠禮論/2084
戴氏家諭/92
戴文節公[戴熙]/1563
戴文節茭蘆庵圖卷/1585
戴文節山水册/1585
戴文節銷寒小景册/1585
戴先生年譜/2223
戴先生所著書考/2223
戴先生遺訓/1166
戴仲培先生詩文/2235
黛史/1815
丹方之研究/1656
丹桂軒詩集/1114
丹稜縣志/449
丹麥之農業及其合作/656
丹鉛續録/1896
丹鉛雜録/1896
丹青引/1556
丹青志/1952
丹丘先生曲録/1240
丹邱生集/2213
丹徒縣[江蘇]志摭餘/453
丹徒縣捕蝻設局總册/703
丹溪先生心法/1937
丹霞遊草/1150
丹陽詞/1219
丹陽集/2293
丹淵集/2127,2144
丹淵集補鈔/1047
丹淵集鈔/1043
單鞭奪槊/1265
單刀會/1267
單刀劈四寇/1271
單據作法/1479(2)
單戰吕布/1271
儋縣志/461
擔當遺詩/1097
膽汁録/1490
但底與哥德/2113
啖敢覽館稿/1965
淡墨録/2024
淡水廳志/460
淡霞和落葉/1163
淡園文集/2290
蛋歌/1322
蛋生人與人生蛋/1637
疍民的研究/174
澹庵長短句/2153
澹盦詩存/1126
澹盦文存/1126
澹盦志異/1378
澹堪詩草/1173
澹廬讀畫詩/2060
澹廬詩餘/1238
澹廬吟稿/1139
澹廬楹語/1238
澹寧居詩集/2256
澹如軒詩鈔/1122
澹山雜識/1356,1724
澹軒詩餘/1209
澹園集/2253
澹園續集/2253
澹園雜著/2333
澹齋集/1209
澹齋詩存/1134
當代八大家文鈔/1061
當代百家酬世文庫/1493
當代尺牘選註/1485
當代短篇傑作選/1402
當代經濟理論/607
當代名人畫海/1588
當代名人事略/321
當代名人書林/1577
當代名人新文選/2342
當代名人新演講集/2344
當代女作家散文/1061
當代女作家小説/1400
當代奇文/2337
當代人物/191
當代人物特寫/191
當代人物志/188
當代日語/1505
當代社會學學説/497
當代十大女作家佳作集/1402
當代史剩/335
當代小説讀本/1402
當代遊記選/247
當代中國名人辭典/186
當代中國名人録/187
當代中國名人志/187
當代中國女作家論/1011
當代中國人物志/188
當代中國實業人物志/651
當代中國史學/262
當代中國哲學/45
當代中國政治問題之解決途徑/715
當代中國政治學/717
當代中國作家論/597
當代作家自傳集/1001
當湖歷代畫人傳/1558
當湖詩文逸/1068
當前的緊急任務/356
當前時局重要問題/728
當前我國農村經濟問題/638
當前職工運動的幾個文獻/572
當日本作戰的時候/630
當他們夢醒的時候/1294
黨的建設/570
黨的群衆路綫問題/350
黨的生活創刊號發刊詞/547
黨國大事紀要/784
黨國大事討論集/356
黨國名人傳/791
黨國名人演講集/783
黨國名人重要書牘/758
黨國偉人演説録/758
黨國先進言論集/959
黨國要人言論集/758
黨國罪言/728
黨化教育概論/891
黨化教育要覽/759
黨墳/1510
黨建參考資料/590
黨内活頁文件/595

黨派問題/757
黨旗和國旗/796
黨史問答/785
黨務報告/759
黨務實施上之問題/796(2)
黨義表解彙編/760
黨義考試指南/762
黨與團的關係/793
黨員基本知識/571
黨員監察網/795
黨員教材/571(2)
黨員手册/797
黨員守則釋證/797
黨員統計/793
黨章教材/555
黨政軍工作要訣/776
檔案管理法/2389
檔案管理與整理/2361
當鑪女/1531
蕩寇志演義全傳/1391
蕩氣迴腸曲/1226
刀筆精華/867
刀劍録/1343,1547,1738,2100
刀王/1372
島居隨録/1862
島夷志略廣證/2053
島夷志略校註/1806,2162
導淮工程計劃/375
導淮工程計劃　附編/375
導淮工程計劃釋疑/377
導淮入海水道楊莊活動壩模型試驗報告書/375
導淮之根本問題/375
導江三議/1997
導善金針/87
導演論/1606
禱雨雜紀/1804,1915
到大連去及其他/1422
到和平之路/836
到經濟建設之路/619
到農村去/520
到青海去/422
到田間去/1671
到西北來/396
到雲南去/414
到中日全面和平之路/780
悼亡百絶句/2210
悼亡詞/1829
葤漢昌言/2282(2)
盜窟奇緣/1522
道慈文選/127
道德經白話解説/57
道德經輯註/58
道德經論兵要義述/2102
道德經述義/57
道德經義疏/58
道德經註/58,1647
道德精華録/129
道德文化真精神/127
道德息戰/95
道德學/85
道德哲學/87
道德真經傳/2102
道德真經集解/1903
道德真經指歸/2193
道德真經註/57
道德真經註疏/58
道德指歸論/1902(2),2026
道德自我之建立/87
道爾頓制實驗報告/887
道姑罪惡史/525
道古樓書目/2381
道漢字音/967
道家金石略稿本目録/2368
道教入門/95
道教史/128
道教史概論/128
道教徒的詩人李白及其痛苦/196
道教源流/128
道路計劃書/672
道路全書/672
道路水利及土木行政講義/801
道命録/2008
道南源委/2008
道旁散人集/1022
道清鐵路旅行指南/383
道情/2043
道山清話/1329,1356,1743,1795,1987
道善/88
道書十二種/1659
道統録/2007
道咸同光名人手札/1482
道咸以來梨園系年小録/1252
道鄉集補鈔/1048
道鄉詩鈔/1043
道學世系/2259
道遺指南/517
道腴室遺稿/1113
道餘録/1879
道餘戲墨/129
道園樂府/1214,1230
道園學古録/1090(2),2130
道院或問/129
道藏/128
道藏目録詳註/128
道藏闕經目録/2039
道藏源流考/128
道藏子目引得/128
稻作學/1674
得全居士詞/2153
得樹樓雜鈔/1873
得所隨筆/2338
得天爵齋遺稿/1122
得心集醫案/1652
德法英美四國教育概觀/873,878
德風亭初集/2255
德福正曲/1283
德國兵家克老山維茲兵法精義/1693
德國大學指導入門/894
德國的政府/600
德國各兵種野戰工作教範/1704
德國工廠議會運動/661
德國交通兵操典/1701
德國經濟與戰争之關係/484
德國軍事調查記/1699
德國軍政要義/1690
德國勞動協約法概觀/661
德國勞動争議調停法之研究/661
德國農民戰争/538,539(2)
德國騎兵操典/1703
德國全國實業聯合會中國考察團報告/625
德國實業補習教育之組織及教程/894
德國史綱/538
德國文學概論/1514
德國文學史大綱/1514
德國文學史略/1514
德國現代史/484
德國新興教育/882
德國議院章程/1916
德國職業教育發達史/894
德華大辭典/969
德華字典/969
德平縣續志/437
德浦叟雅克先生/1510
德清縣新志/456
德清縣續志/456
德清縣志/456

德人青島談/394
德式野外實施之研究/1698
德縣志/437
德星堂家訂/2153
德意志文學史/1515
德意志意識形態/81
德義日防共集團論/466
德隅齋畫品/1951
德育叢書/86
德育古鑒/128
德育鑒/2305
德芸字典/966
登封慘案/589
登科録　題名録/2010
登涉符籙/1343
登太華記/395
登泰山詩/393
登西臺慟哭記/1357
登瀛洲/1271
燈光/1190(2)
燈謎源流考/2059
燈塔/516
燈尾集/1297
燈下閒談/1338,1718,1875
等待的心/1404
等太太回來的時候/1292
等韻叢説/938
等韻輯略/924
等韻切音指南/2289
等韻通轉圖證/942
鄧粲晉紀/2083
鄧家莊/1374
鄧青城畫萃/1587
鄧石如篆書十五種/1575
鄧尉聖恩寺志/379
鄧尉探梅詩/1746
鄧文原章草真跡/1574
鄧析子/55,719(2),1732,2098,2119,2137
鄧析子校正/719
鄧演達的道路/209
鄧演達先生遺著/1147
鄧演達殉難十七周年紀念特輯/209
鄧政委解答時局與任務中幾個問題的報告/599
鄧政委在二地委會上的報告/599
鄧子/52
鐙窗叢録/1879
低眉集/916
滴天髓/99
狄岱麓與李石曾/216
狄荆門公事略/204
狄青/197
狄青比武/1374
狄青平南/1372
荻華堂詩存/2255
荻樓雜鈔/1821
笛卡兒、斯賓挪莎、萊伯尼兹/79
笛律匡謬/2222
笛律圖註/1537
笛漁小稿/1099(2),2132
敵後抗日根據地介紹/560
敵後抗戰的小故事/588
敵後抗戰故事/1422
敵乎？友乎？/278
敵軍士兵日記/1507
敵軍戰場日記/345
敵寇作戰要務令/1694
敵人不投降堅決消滅他/566
敵人口中的八路軍新四軍與中國共產黨/591
敵人在我淪陷區的經濟掠奪/622
敵僞國特聞見記/529
敵我在宣傳戰綫上/350
抵禦外侮與復興民族/777
砥齋題跋/1876
地層測算術/1683
地層下/1183
地底旅行/2323
地底下的俄羅斯/481
地方教育行政/883
地方經濟建設/626
地方民意機關與基層政治/801
地方武裝、人民武裝建設參考資料/556
地方行政會議記録/728
地方政府總論/728
地方制度改進專刊/800
地方自治/800(2),802,805,806(2)
地方自治法規/800
地方自治法規彙編/803
地方自治法規輯要/805
地方自治法令彙編/799
地方自治概論/728
地方自治概要/804,806
地方自治綱要/815
地方自治工作人員手册/804
地方自治簡述/728(2)
地方自治講義/800
地方自治理論與實施/806
地方自治全書/727
地方自治實施方案法規彙編/804
地方自治四權行使實習手册/800
地方自治通論/801
地方自治與新縣制/806
地方自治之理論與實際/805
地方自治之理論與實施/803
地方自治資料/815
地覆天翻記/1393
地價稅要論/707
地鏡圖/2195
地雷/1439
地雷陣/1400
地理辨正析義/245
地理叢談/246(2)
地理及年代/2307
地理六經註/100
地理録要/100
地理末學/100
地理學/245
地理學家徐霞客/199
地理學新論及其研究途徑/246
地理研究法/245
地理與世界霸權/246
地理與中華民族之盛衰/296
地理葬書集註/2250
地理正宗/101
地理知本金鎖秘/101
地理志略/246
地球化學/1630
地球圖説/1935
地球圖説補圖/1935
地上部隊對於飛機所必備之知識/1707
地上的一角/1452
地稅理論/708
地圖的秘密/1621
地圖投影/1627
地下/1423
地下的笑聲/1471
地形學/1629(2)
地形學教材/1705
地形學教程/1705
地學辭書/1625
地學歌略/2193
地獄/1198
地藏菩薩本願經/109
地藏菩薩九華垂跡圖贊/127
地政通詮/634
地質調查所圖書館地圖目録/425

地質礦物學/1630
地質礦物學大辭典/1625,1626
地質學名人傳/1626
地質學者達爾文/1514
地質研究所師第修業記/1625
地質專報甲種第十五號/1626
地租思想史/611
弟子職集解/86,1922
弟子職正音/1922
弟子職註/1808,1922
帝城花樣/1834,2210
帝俄侵略滿洲史/388
帝範/721,1920
帝範校補/2294
帝國主義經濟侵略中國史略/619
帝國主義侵略中國的經過/271
帝國主義侵略中國史/271
帝國主義侵略中國痛史/272
帝國主義侵略中國小史/271
帝國主義是資本主義底最高階段/533
帝國主義壓迫中國史/274
帝國主義與中國/768
帝國主義與中國政治/834
帝國主義與中華民族/832
帝國主義者在太平洋上之争霸/830
帝國主義之屠殺同胞之濺血/275
帝國主義殖民政策概要/819
帝王春秋/724
帝王紀年/1843
帝王年祚與其生活/1155
帝王世紀/2015,2097
帝王圖真跡/1579
帝賊譜/2301
帝制運動始末記/2109
第八路軍/599
第八路軍的幹部人物翦影/1689
第八路軍紅軍時代的史實/557
第八路軍行軍記/1699
第二次大戰後世界政治參考地圖/244
第二次大戰與中國/244(2)
第二次國樂演奏大會特刊/1606
第二次歐戰前夜的英美法德意/244
第二次歐洲大戰史略/243
第二次全國財政會議彙編/700
第二次世界大戰的前期與蘇聯致力和平的奮鬥/546
第二次世界大戰畫史/242
第二次世界大戰簡史/242
第二次世界大戰軍事參考資料/243
第二次世界大戰日志表/243
第二次世界大戰始末記/241
第二次世界大戰小史/243
第二次世界大戰之經濟後果/610
第二年/1029
第二年代/1457
第二期抗戰軍隊黨員訓練綱要/750
第二期抗戰之敵我形勢/348
第二奇書/1391
第二條路/1419
第九才子書捉鬼傳/1389
第六次大會後中國共産黨的政治工作/559
第六次合作講習會彙刊/727
第六次全國勞大決議/660
第六次全國勞動大會彙刊/663
第六屆全國運動會/1611
第六絃溪文鈔/1975
第七連/1455(2)
第三次長沙會戰記實/401
第三次全國財政會議彙編/701
第三代/1438
第三國際決議案/543
第三國際與蘇聯外交/543
第三屆太平洋國交討論會紀要/834
第三屆中央執行委員會訓練部工作報告/796
第三屆組織工作會議專輯/599
第四病室/1444
第四軍紀實/340
第四種國家的出路/652
第五年之倭寇經濟侵略/276
第五縱隊/1513
第一才子書/1382
第一次世界大戰簡史/242
第一號戰争罪犯/233
第一回全體聯合協議會代表名簿/752
第一回中國年鑒/2356
第一擊/1408
第一集關於小學民辦問題/892
第一階段的故事/1430,1431,1474
第一屆國民大會代表名册/755
第一屆國民大會第一次會議關於憲法提案原文/850
第一屆國民大會第一次會議紀録/755
第一屆國民大會旁聽記者通訊録/755
第一屆國民大會專輯/755
第一屆全國大學學生三民主義論文競賽/768
第一屆全國合作供銷業務會議録/667
第一流/1166,1445
第一年代/1405
第一年代續編/1405
第一生修梅花館詞/2292
棣華館小集/1019
滇邊經營論/415
滇邊散憶/415
滇詞叢録/1069
滇海虞衡志/1997
滇記/2180
滇軍公祭黄花岡烈士各界輓聯祭文彙録/1491
滇緬公路/415
滇緬南段未定界調查報告書/367
滇南碑傳集/191
滇南本草/414
滇南古金石録/1945
滇南名勝圖/415
滇南散記/2342
滇南山水綱目/414
滇南書畫録/1557
滇南外史/318
滇南憶舊録/1994
滇南朱使君生壙記/202
滇黔寄興/1175
滇黔土司婚禮記/1816,1924
滇釋紀/126
滇西經濟地理/624
滇行紀程/1999
滇行紀程摘鈔/2242
滇繹/415
滇遊記/2180
滇遊一月記/415
滇越遊記/463
滇雲歷年傳/414
滇載記/1851,2171
典當論/692
典故紀聞/1988
典論/1750,1980
典權制度論/856
典語/1872
點滴/1165,1533
佃户集/1472
殿板縮印協紀辨方/98
殿閣詞林記/2214

殿試策樣本/1487
電/1445
電機工程名詞/1687(4)
電瓶製作問答録/1681
電氣公司營業章程擬例/684
電學淺説/1687
電影界的新生活/1609
電影樓臺/1523
電影文學論/1609
電影戲劇的編劇方法/1609
電影藝術論/1609
電子姑娘/1616
刁斗集/1187
琱玉集/1888
雕蟲集/1154
雕菰集/1107(2),1965
雕菰樓詞話/1203
雕菰樓集/1755
雕菰樓集選録/2300
雕菰樓易義/9
釣璜堂存稿/1095
釣磯立談/2020,2114
釣磯文集/1080
釣渚詩選/998
調查幣制意見書/697
調查長城各口商務狀況報告書/623
調查瓊崖實業報告書/411
調查西沙群島報告書/410
調查鄉村建設紀要/520
調查浙西水道報告書/377
颱園經説/2045
蝀陼外史/1306
疊翠居文集/1875
疊山集/1089
疊山集鈔/1051
丁丑叢編/1783
丁孚漢儀/2084
丁亥詩鈔/1806
丁鶴年集/1967,2217,2235
丁晉公談録/1745,1794
丁巨演算法/1932
丁玲傳/224
丁玲代表作/1414
丁玲代表作選/1164
丁玲評傳/1164
丁玲文集/1024
丁玲文選/1164
丁玲——新中國的女戰士/224
丁玲選集/1026,1164
丁卯集/2125,2142,2217
丁卯元旦唱和詩/2303
丁年玉荀志/1249
丁寧/1186
丁濟客先生遺詩/1130
丁淑雅遺集/2059
丁松生與浙江文獻/2386
丁文江先生地質調查報告/1626
丁戊稿/1128
丁新婦傳/1341
丁易雜文/1188
鼎湖紀遊詩/1150
鼎録/1345,1547,1945,2237
定庵詩存/1174
定庵詩話/991
定庵題跋/156
定盦詞/1224
定盦集/1109
定盦全集/1109(2)
定盦文集/1110,2133
定盦文集補編/1109,2133
定盦先生年譜外紀/2038
定盦遺著/2038
定本墨子閒詁校補/63
定川草堂文集小品/1549
定川遺書/2234
定海成仁祠備録重編/190
定海縣志/457
定計化緣/1285
定軍山/1284
定山集/2254
定山堂詩餘/1220,1235
定時捉將/1270
定蜀記/255
定思小紀/317,1784
定武蘭亭肥本/1568
定縣的實驗/899
定縣賦税調查報告書/701
定縣經濟調查一部分報告書/626
定縣農村工業調查/654
定縣農村教育建設/898
定縣社會概況調查/392
定縣秧歌選/1287
定縣志/434
定香亭筆談/1980
定襄金石考/166
定宇詩餘/1213
定齋詩餘/1210
訂譌類編/2332
訂譌雜録/1896
訂立租約經過和今後的展望/649
訂續讀史論略/291
訂正官話指南/953
訂正六書通/935
訂正史記真本/2174
訂正粵音指南/954
飣餖吟詞/2243
丟掉幻想準備鬥争/835
冬兒姑娘/1410(2)
冬官紀事/1944
冬官旁求/1918
冬花庵題畫絶句/1545
冬花遺集/1122
冬青館古宮詞/1833,1971
冬青館集/1108
冬天/1190
冬天的花朵/1195
冬心畫佛題記/1537
冬心畫馬題記/1537
冬心畫梅題記/1537
冬心畫題記五種/2067
冬心畫竹題記/1537
冬心先生畫記五種/2060
冬心先生隨筆/1544
冬心先生雜畫題記/1544
冬心齋研銘/2056
冬心自寫真題記/1537
冬暄草堂師友箋存/1483
冬學綜合教材/570
冬至權度/1934
東安縣志/434(3)
東北邊防輯要/1868
東北的工業/654
東北的黑暗與光明/429(2)
東北的社會組織/506
東北的資源/623
東北地方沿革及其民族/386
東北地理/386
東北地理與民族生存之關係/386
東北地理總論/386
東北風土小志/387
東北富源圖/426
東北橫斷面/354
東北解放區短篇創作選/1404
東北九省/387
東北九省行政區域圖/426
東北抗日的鐵路政策/673
東北抗日聯軍十四年苦鬥簡史/387
東北路礦森林問題/283
東北民歌選/1604
東北年鑒/388

東北熱河後援協會報告書/280
東北人民應該走什麼道路/565
東北實地調查記/283
東北史綱/387
東北事變之國際觀/341
東北事件/280
東北四年來教育文件彙编/877
東北條約研究/279
東北鐵路問題/674
東北通史/389
東北文獻叢譚/386
東北問題/277,388(2),389
"東北問題"宣傳大綱/565
東北問題與世界和平/280
東北問題之透視/388
東北五十年來社會之變遷/507
東北系與東北民衆/386
東北現勢/389
東北現狀/386
東北縣治紀要/386
東北小史/388
東北新六省地理/387
東北新省區之劃定/387
東北亞洲搜訪記/164
東北要覽/386,388
東北移民問題/821
東北輿地釋略/1867
東北與列强/386
東北與日本/282
東北與日本之法的關係/277
東北之經濟資源/623
東朝崇養録/2039
東城老父傳/1347,1760
東城雜記/1863,2002
東村記事/318
東都事略校勘記/1872
東方白/878
東方創作集/2114
東方國民文庫/2086
東方紅/569
東方教會史/137
東方民族之音樂/1601
東方朔記/1713
東方朔傳/1338
東方文庫/2109
東豐縣志/430
東皋集補鈔/1050
東皋詩鈔/1045
東皋先生詩集/1861
東皋雜鈔/1994
東皋雜録/1353,1709,1710
東皋子集/1073
東宫備覽/1908
東宫舊事/1340
東古文存/1959
東谷所見/1356,1739,1795
東谷贅言/1363,1991,2200
東觀漢記/304,2015,2214
東觀餘論/1553,2028
東觀奏記/1713,1739
東歸隨筆/247
東郭簫鼓兒詞/1318
東海藏書樓書目/2384
東海區一年來政權工作總結報告/394
東海漁歌/1236
東海之濱/1189
東漢會要/737,1885
東漢前中國史綱/298
東漢書刊誤/1870
東漢書姓名韻/303
東漢文鑒/1861
東漢之宗教/102
東胡民族考/173
東湖乘/2088
東華録綴言/2275
東雞冠山第二堡壘碑/1569
東家雜記/2007
東江别集/1099
東江始末/251,1840
東江遺事/185,315
東晉方鎮年表/257
東晉疆域志/1776,1998
東晉南北朝學術編年/43
東晉南北朝輿地表/305,1776,1998
東京夢華録/394,1782,2004,2030
東京日記/1512
東京審判内幕/839
東井文鈔/2231
東萊博議/22(4)
東萊吕太史春秋左傳類編/22
東萊吕太史文集/2250
東萊吕紫微師友雜志/1906
東萊詩集/1087
東萊先生左氏博議/2015
東萊趙氏家乘/180
東萊趙氏歷代綸音/2266
東萊趙氏先世酬唱集/2266
東萊趙氏先世學行記/2267
東萊趙氏楹書叢刊/2266
東籬耦談/1807
東籬賞菊/1271
東籬樂府/1255
東林本末/254
東林紀事本末論/315
東林九賢象贊/1028
東林蓮社十八高賢傳/1341
東林始末/254,256
東林事略/315
東林同難録/2191
東陵盜案彙編/1793
東陵道/1136
東陵紀事詩/1783
東陵于役日記/380
東流縣民國六年秋成全案/702
東廬詩鈔/1181
東蒙風俗談/506
東蒙古遼代舊城探考記/416
東明聞見録/316
東明縣新志/435
東明縣續志/435
東南大學孟芳圖書館圖書目録/2378
東南防守利便/2004
東南紀事/251
東南紀聞/2152
東南紀行雜詠/1148
東南歐新民主國家史綱/482
東南亞洲之現在與將來/472
東南沿海作戰殉職將士忠烈録/1689
東寧草/1172
東鷗草堂詞/1225
東平府/1273
東平縣志/439
東坡赤壁藝文志/1066
東坡詞/1216
東坡和陶合箋/1083
東坡集補鈔/1047
東坡夢/1265
東坡七集/1083
東坡生活/208
東坡詩鈔/1042
東坡手澤/1724
東坡書髓/1573
東坡題跋/1949,2031
東坡文談録/1980
東坡烏臺詩案/1916
東坡先生志林集/1795
東坡逸事/198
東坡樂府/1208,1233
東坡志林/1337,1989

東莆先生文集/1093
東浦詞/1219,1230
東潛文稿/1103
東牆記/1267
東三省概論/389
東三省古跡遺聞續編/388
東三省官銀總號職務通則/694
東三省果爲日本之生命綫耶/280
東三省韓俄交界道里表/2004
東三省紀略/387
東三省金融概論/686
東三省經濟實況攬要/623
東三省明細全圖/426
東三省水田志/645
東三省物産資源與化學工業/654
東三省鹽法新志/746
東三省輿地圖説/1868
東三省之工業/654
東三省之實況/386
東山詞補/1208
東山詞上/1208
東山調和集/2206
東山國語/317
東山詩/1229
東山遺集釣業/2044
東省安危關係全國論/386
東省刮目論/388
東省韓民問題/822
東省鐵路公司合同/284
東省鐵路續訂合同/284
東事書/1767
東塾讀書記/76(4)
東塾遺書/1772
東堂詞/1208,1216
東堂老/1262
東天目山志/372
東田文集/1964
東莞詩録/1068
東莞袁督師後裔考/1752
東望集/1147
東維子文集/2130
東文法程/1503
東文實用讀本/1505
東文新教程/1505
東倭考/256
東吳大學法律學院審判實務講義/867
東吳大學法律學院圖書館圖書目録/2378
東吳小稿/2190
東武劉氏款識册目/161
東西兵學代表作之研究/1694
東西樂制之研究/1603
東西魏北齊周隋方鎮年表/257
東西文化及其哲學/35(2)
東西文化批評/2111
東西文化之一貫/264
東西文學評論/920
東西洋考/472,2005
東西洋考中之針路/472
東西洋論理學之比較研究/83
東西洋史講義/240
東溪試茶録/1798,1942
東行初録/252
東行日記/470
東行三録/283
東軒筆録/1353,1709,1986,2216
東巡記/1352
東涯集/1094
東亞聯盟論文選輯/622
東亞民族國幣舉要/163
東亞文化之黎明/264
東亞文明的曙光/148
東亞新聞記者大會實録/2393
東洋史/248
東洋天文學史研究/1621
東洋文庫漢籍叢書分類目録/2364
東陽兵變/253
東陽縣志/457
東陽夜怪録/1764
東野文編/1142
東夷考略/1766
東印度與華僑經濟發展史/475
東遊紀略/470
東原集/1104
東原録/1337
東原文集/2224
東園叢説/1889,2096
東園記/1569
東園友聞/2170
東越祭蛇記/1338
東嶽廟七十六司考證/125
東澤綺語債/1211
東齋酬唱集/1055
東齋記事/1356,1725,1986,2151
東齋小集/1039
東征紀行録/2023,2189
東周列國志/1384(2)
東洲草堂金石跋/150,2218
東洲草堂金石詩/149
東莊論畫/1536,2066,2158
董巴胡王會刻印譜/1596
董公選要覽/97
董漢陽碧里雜存/2245
董華亭書畫録/1949
董解元西廂/1275,1280
董理文字之我見/936
董禮部集/1094
董美人墓志/1569
董若雨詩文集/1099
董文敏寶鼎齋法書/1575
董仙賣雷/1502
董小宛/1312
董小宛演義/1396
董心葵事記/252
董玄宰山水/1566
董勳問禮俗/2085
董於定本/2187
董遇易章句/2070
董仲舒公羊治獄/2080
董子春秋繁露/51
董子文集/1902
董子中詩/2192
峒溪纖志/1997
洞靈小志/1376
洞靈續志/1376
洞靈真經/72
洞冥記/1325,1713,1859,1892
洞山岕茶系/2068
洞天福地記/1348,1743,1757
洞天清禄集/1540,1718,1946
洞天玄記/1269
洞庭東山會館落成報告全書/517
洞微志/1354,1740
洞霄詩集/1956
洞霄圖志/2002
洞簫記/1366,1827
洞玄升仙/1274
凍蘇秦/1262
動蕩中的荷屬東印度/474
動蕩中的中蘇關係/284
動的心理學/1642
動亂一年/1458
動物的分類/1636
動物學大辭典/1636
動物學大辭典縮本/1636
動物學問答/1636
動物學小史/1636
動揺/1430(2)
動與静/33

動員綱領與動員法令/861
斗野稿支卷/1040
豆果類水分測定法之研究/1673
豆棚閒話/1012
荳疏/1936
鬥/1433
痘科辨要/1656
竇存/2332
竇娥寃/1266
竇氏聯珠集/1032,2035,2048
竇氏名人言行/192
竇氏族譜/179
竇太師流註指要賦/1647,1939
都城紀勝/2114
都公譚纂/1991
都官集/1018
都會的一角/1289(3)
都門豢鴿記/1636
都門紀略中之戲曲史料/1252
都門藝蘭記/1676
都龐山館詩文鈔/1149
都市財政論/699
都市叢談/391
都市的男女/1466
都市相/1587
都市新談/1387
都市與公園論/1599
毒菌學者/1530
毒品問題/526
獨斷/53,737,1740,1750,1793,1858,
1917,2062,2087
獨樂園/1270
獨立時論集/2338
獨漉堂詩集/1099
獨幕劇新集/1290
獨幕劇新輯/1290
獨幕劇選/1289,1290
獨清文藝論集/1146
獨清自選集/1146
獨山莫氏郘亭叢書/2278
獨身者/1463
獨笑齋金石文考/158
獨醒雜志/1987
獨秀叢著/345
獨學庵集/1118
獨異志/1989
櫝慧山房詩草/1114
讀北山酒經/1731
讀陳焕章博士孔教講義辯謬/130
讀春秋/2014
讀春秋國語四史蠡述/2311
讀詞偶得/1206
讀道藏記/2319
讀杜韓筆記/980
讀風初編/16
讀風偶識/15,1956,2269
讀關尹子/2160
讀漢文記/2293
讀和寫/974
讀紅樓夢雜記/1834
讀畫紀聞/2060
讀畫録/1953
讀淮南子/70
讀經記/1160
讀經如面/2276
讀舊唐書隨筆/2020
讀離騷/1278
讀禮記/1923
讀禮志疑/1891,2173
讀吕氏春秋記/69
讀律心德/1916
讀毛澤東同志論聯合政府/550
讀曲隨筆/1253
讀曲小識/1253
讀騷大例/1070
讀騷論微初集/1065
讀詩經/1956
讀詩日録/2054
讀詩私記/2214
讀詩四論/988
讀詩札記/17
讀史法/2294
讀史方輿紀要/365
讀史管見/288
讀史及幼編/956
讀史紀略/294
讀史舉正/1808,2011
讀史論略/291
讀史漫筆/2174
讀史年表附引得/297
讀史剩言/2012
讀史雜記/2204,2276
讀史贅要/1790
讀史靜言/297
讀書筆記/1897
讀書草堂明詩/992
讀書刺股/1373
讀書叢録/1777,1897
讀書叢録節鈔/1792
讀書叢説/2013,2172
讀書脞録/1755
讀書的方法與經驗/910
讀書法/911
讀書法講義/2364
讀書法入門/2339
讀書方法　讀書顧問/910
讀書分月課程/2308
讀書管見/2368
讀書輯略/1563
讀書鏡/1993
讀書樓詩集/1109
讀書録録/73
讀書敏求記/1882,2369
讀書偶記/1754
讀書偶譯/2336
讀書求解/2221
讀書十鏡/111
讀書十六觀補/1923
讀書説/1907
讀書隨筆/2319
讀書瑣記/1897
讀書堂集/1124
讀書堂西征隨筆/2331
讀書文選/910
讀書問題/871
讀書小記/2349
讀書些子會心/1907
讀書續筆/2319
讀書續記/2343,2349
讀書一間鈔/2262
讀書餘録/2333
讀書隅見/1356
讀書愚見/1720
讀書與救國/776
讀書與寫作/896
讀書雜記/1805
讀書雜釋/2253
讀書雜志/2268
讀書劄記/1895
讀書指導/2364
讀説文記/2096,2097
讀説文雜識/1927
讀四書叢説/26,1890
讀通鑒論/291(2)
讀同字考/931
讀修行地道經/2307
讀雪齋金文目手稿/161
讀雪齋印譜/1595
讀易别録/1881,2236
讀易草堂文集/1126

讀易綱領/2291
讀易寡過/2276
讀易會通/9
讀易經/1900
讀易旁求/1790
讀易私言/1899,2172
讀易一鈔易餘/2234
讀易雜説/1857
讀易劄記/11
讀異部宗輪論述記/2307
讀有用書齋書目/2380
讀諸子札記/56
讀莊子天下篇疏記/66
讀子隨識/1715
讀子巵言/46
讀左持平/21
讀左管窺/2015
讀左漫筆/2014,2173
讀左劄記/2315
讀左質疑/23
賭棋山莊詞話/1204
篤論/1872
杜東原先生年譜/1805
杜甫論/196
杜甫詩/1075
杜甫詩裏的非戰思想/1075
杜工部草堂詩箋/1075,1966
杜工部集/1075,2216
杜工部詩話/1075
杜管家/1422
杜里舒及其學説/542
杜牧之揚州夢記/2228
杜秋傳/1350,1761,1829
杜少陵詩/2091
杜詩雙聲疊韻譜括略/1979
杜詩引得/1075
杜詩引得序/1075
杜氏家祠落成紀念册/380
杜氏圖書分類法/2388(2)
杜威五大講演/37
杜陽雜編/1715,1755,1989,2167
杜佑年譜/226
杜宇百美圖正續集/1588
杜子春傳/1351,1760
妬婦遺毒記/1530
妬律/1816,2208
妬誤/1509
度帆樓詩稿/1128
度黄龍/1274
度量衡法規/1623
度量衡手册/1623
度柳翠/1265
度曲須知/1245,1255
度朔君别傳/1339
渡河/1176
渡家/1023
渡江前夜/2337
渡運河/1163
蠹魚集/1173
端石擬/2090
端溪硯坑記/1536
端溪硯坑考/1546,1591
端溪硯譜/1543,1741,1797,1943
端溪硯石考/1539
端巖公年譜/1842
端夷六十後詩詞/1150
端隱吟稿/1040
短長書/1144(2)
短簡/1165
短劍集/1182
短篇名家小説集/1401
短篇小説/1140(2)
短篇小説作法/922
短篇遊記/382
段懋堂先生年譜/2186
段祺瑞/222
段祺瑞秘史/222(2)
段氏白話命理綱要/100
段氏説文註訂/1927
段王學五種/924
段硯齋雜文/907
段玉裁先生年譜/924
段註説文解字斠誤/931
斷腸詞/1234,1982
斷腸集/1051,1416
斷腸詩詞集/1087
斷鴻零雁記/1449,2313
斷水詞/1223
斷送京華記/1473
斷頭臺上/601
斷袖篇/1829,2207
斷雁哀絃記/1528
斷指團/1423
堆疊業經營概論/683
對策/1890
對床夜語/986,1978
對反民主的抗争/799
對華門户開放主義/271
對客燕談/1871
對類引端/2354
對聯作法/1491
對螺山館印存/2300
對目前時局宣言/740
對譜音樂/1603
對日問題研究/280
對日戰争/283
對山餘墨/1835
對數簡法/1933
對數探原/2102
對樹書屋叢刻/1880
對外貿易/680
對於共黨問題之檢討與吾人應取之方針/577
對於孫文主義之哲學的基礎之商榷/761
對於治理揚子江之意見/1685
對雨編/1354
對語集腋/971
對玉梳/1265
敦煌壁畫/167
敦煌掇瑣/167
敦煌古寫本毛詩校記/2294
敦煌古寫本周易王註校勘記/1779
敦煌古寫本諸經校勘記/2182
敦煌劫餘録/113
敦煌考古工作/901
敦煌秘寶唐人書金剛經/117
敦煌秘笈留真/2359
敦煌秘笈留真新編/2359
敦煌石室畫象題識/167
敦煌石室記/167
敦煌石室晉人寫經/167
敦煌石室碎金/167
敦煌石室寫經題記與敦煌雜録/167
敦煌實録/2018
敦煌隨筆/419
敦煌新出唐寫本提要/2319
敦煌遺書/2196
敦煌藝展目録/167
敦煌雜鈔/419
庉村志/2158
沌谷筆談/2301
盾鼻集/2306
遁甲符應經/1860
遁甲開山圖/2080
遁甲真傳秘書/98
鈍吟書要/1537
鈍吟雜録/995,1846,1889,2099
頓子真小傳/1821
遯庵樂府/1213,1230

遯盦叢編/1595
遯盦古鏡存/163
遯盦集古印存/1595
遯盦秦漢古銅印譜/1595
遯圃詹言/2333
遯翁隨筆/1808,1896
遯園醫案/1666
遯園雜俎/221
遯齋殘稿/1789
遯齋偶筆/1335
遯齋閒覽/1726
多産集/1176
多爾衮攝政日記　司道職名册/743
多爾衮軼事/185
多角關係/1431
多列士自傳/235
多那文包探案/1521
多桑蒙古史/310
多野齋印説/1594
多元認識論重述/77
奪先鋒/1373
垛積衍術/1618
墮淚碑/1527

E

俄國大革命記略/2109
俄國短篇小説譯叢/910
俄國法律學説/843
俄國革命全史/481
俄國革命史/483(2)
俄國合作運動史/670
俄國史/482(2),484
俄國現代史/483
俄國現代思潮及文學/917
俄國野外勤務令/1701
俄皇宮中之人鬼/2309
俄林貿易理論/698
俄羅斯的童話/2324
俄羅斯宮闈秘記/1531
俄羅斯進呈書籍記/254
俄羅斯進呈書目/2371
俄羅斯文學/234
俄羅斯音樂史綱/1602
俄羅斯佐領考/254
俄蒙協約審勘録/827
俄憲説略/852
俄語捷徑/1516
峨邊縣志/447
峨眉風光/369
峨眉山/369
峨眉山泰山國際極年觀測報告/1629
峨眉山志/369
峨眉縣續志/447
峨嵋槍法/1954
蛾術堂集/2276
鵝/1470
惡訟師刀筆故事/866
厄比鳩底樂生哲學/79
鄂棉産銷研究/1675
鄂西視察記/810
鄂州小集/1962
遏雲閣曲譜初集/1254
餓殍/1422
餓人/1466
鶚里曾氏十一世詩/2267
恩格斯/235
恩格斯傳/539
恩格斯治導黄河試驗報告彙編/374
恩平縣志/461
恩平縣志補遺/461
恩縣志/439
恩怨/1533
而庵詩話/996
而已集/2320,2322
兒歌/1501
兒科醒/1650
兒女團圓/1262
兒女英雄傳/1387(4)
兒童的教育/891
兒童的新生活/516
兒童讀物的研究/1497
兒童歌謡/1500
兒童古今通詩經童話/17
兒童故事研究/1498
兒童管理法/1498
兒童節/1452
兒童科學玩具/1499
兒童日記/1499
兒童時代青年時代與初期革命活動/568
兒童手册/1498
兒童圖書館之研究/2390
兒童文學概論/1498
兒童文學研究/1498(3)
兒童戲劇論文集/1247
兒童相/1587
兒童心理發展之例案研究/1638
兒童心理學/1638(3)
兒童心理學及其應用/1638
兒童學的新觀念/891
兒童學實地研究/1638
兒童與成人常用字彙之調查及比較/959
兒童作文/1499
兒易内儀以/1900
兒易外儀/1900
耳目記/1347,1727,1757
耳食録/1863
耳書/1869
耳新/1333,1993
爾/1569
爾撒的死與人不同/141
爾雅/927(2),1811,1927,2116
爾雅本字考釋詁/928
爾雅補郭/1928
爾雅補註殘本/1771,1928
爾雅草木蟲魚鳥獸釋例/1779,2183,2283,2285
爾雅蟲名今釋/2316
爾雅讀本/2
爾雅樊光註/2074
爾雅古義/2074
爾雅穀名考/928
爾雅顧野王音/2074
爾雅郭璞圖贊/2074
爾雅郭璞音義/2074
爾雅漢註/1927
爾雅郝註刊誤/2184
爾雅犍爲文學註/2074
爾雅匡名/1771

爾雅李巡註/2074
爾雅南昌本校勘記訂補/1886
爾雅沈旋集註/2075
爾雅施乾音/2075
爾雅疏/928,2047
爾雅説詩/928
爾雅孫炎音註/2074
爾雅謝嶠音/2075
爾雅新義/1927
爾雅學/928
爾雅義疏/928(2)
爾雅翼/1928
爾雅引得/928
爾雅贊/2102
爾雅直音/1928
爾雅衆家註/2075
爾雅註/2043
爾雅註疏/928
爾雅註疏本正誤/1771
爾雅註疏引書引得/928
邇言/1802,1906
二百八十峰草堂集/1121
二百兆平民大問題/897
二伯父恩仇記/1295
二程粹言/1905
二程大義/50
二程文集/1060,1959
二程研究/73
二程語録/73,1905
二程子鈔釋/1905
二次大戰香港華人特務警察隊特刊/529
二次大戰中的日本政治/469
二次世界大戰簡史/244
二次世界大戰歐洲戰史/242
二次世界大戰史論/242
二次世界大戰之教訓/242
"二二八"事變始末記/409
二馮詩集/1022
二谷讀書記/1906
二顧先生遺詩/2054
二洪遺稿/2260
二家宫詞/1957
二金蜨堂遺墨/1566
二非室詩餘别集/1982
二舅/1452
二老堂詩話/985,1726,1978,2027
二老堂雜志/1986
二李唱和集/1871
二六功課/2177
二馬/1463
二南密旨/1977
二年來之專賣事業/713
二農夫/1592
二千年間/296
二千年中日關係發展史/279
二十二年高等考試會計人員試題解答/889
二十二年各地工會調查總報告/666
二十二年來之膠州灣/286
二十二史感應録/1984
二十二史考異/1776
二十二史劄記/2012
二十今人志/188
二十九國遊記/246
二十九人自選集/1063
二十六年來的日蘇關係/466
二十年的蘇聯/482
二十年來的南滿洲鐵道株式會社/674
二十年來的日本/468
二十年來的蘇聯/481
二十年來的中國/335
二十年來廣東治河彙刊/377
二十年來列强環伺下之東北問題/273
二十年來之法國/485
二十年來之南通/404
二十年來之中日關係/280
二十年目睹之怪現狀/1389
二十三年[七月至十一月]國内學術界消息/2351
二十史朔閏表/259
二十世紀國際公法/837
二十世紀陰陽合曆(1901—2000)/1622
二十世紀之南洋/476
二十四畫品/1537,2041,2067
二十四年江河修防紀要/1685
二十四詩品/984,1349,1758
二十四史輯要/292
二十四孝圖説/25,183
二十歲人/1183
二十五等人圖/1805
二十五年度全國中等學校招考新生統計/892
二十五史/250
二十五史精華/250
二十五史人名索引/250(2)
二十一都懷古詩/1807,1972
二十一年二三月之插補指數/602
二十一條東京外交秘史始末記/278
二石傳/2018
二汪詩卷/1157
二王墨影/1567
二薇亭集/1014,1041
二薇亭集補鈔/1050
二薇亭詩鈔/1045
二薇亭詩集/2226
二五減租法規及其他/648
二鄉亭詞/1220
二心集/2320,2322
二徐先生祠墓録/2212
二鴉雜文/1188
二雁山人詩集/2227
二西委譚/1361
二西委譚摘録/1855
二園詩集/2262
二州山房遺集/1120

F

髮的故事/1444
發奮努力支持戰爭迎接全國革命高潮/361
發公羊墨守/2085
發掘與探檢/151
發明義理/1730
發明與自由戀愛/2086
發墨守/2013
發生學名詞/1637

發抒文/977
發微集/1169
發微論/45
發現與發明/1680
發展北平之根本政策/807
發展生産擁政愛民文獻集/590
發展心理學概論/1641
伐蛟説/1843
伐晉興齊/1270
伐木集/1183
法幣・外匯・黄金/688
法幣講話/691(2)
法宮秘史後編/1527
法宮秘史前編/1527
法官採證準繩/867
法官訓練所同學録/895
法規彙編/1694
法國步兵團以下之攻戰臨時教令/1701
法國地方政制/484
法國短篇小説集/909
法國鋼甲戰車戰鬥教令/1702
法國公民教育/484
法國漢學小史/508
法國軍官野外必攜/1698
法國騎兵陣中運用法/1702
法國社會經濟史/632
法國失敗史/485
法國文學的故事/1509
法國現代史/485
法國憲政通詮/484
法海觀瀾/109
法華三經/117
法華三昧懺儀/118
法華三昧行事運想補助儀/118
法華鄉志/454
法界緣起略述/115
法蘭西的悲劇/485
法蘭西短篇小説集/910
法蘭西内戰/485
法蘭西文學史/1509
法蘭西銀行史/694
法理學大綱/840
法理學史概論/841
法令大全/844
法令彙編/731
法令輯覽/730
法令輯覽續編/730
法令全書/730
法律/842
法律草案彙編/731
法律大辭典/840
法律大辭書/840(2)
法律的農民化/845
法律發達史/843
法律思想史/843
法律思想史概説/843
法律現象變遷史/841
法律學ABC/841
法律學通論/841
法律與階級鬥争/841
法律哲學研究/841
法律政治經濟大辭典/491
法律專册/845
法書考/1561
法書通釋/2104
法書要録/1553,1951,2028
法書苑/1344,1741
法帖刊誤/1797
法帖譜系/1554,1738,1797,1950
法帖神品目/1950
法帖釋文/1797,1950
法帖題跋/1105(2)
法帖通解/1804,1949
法網/1512
法文譯華語電碼字彙/677
法西斯德國軍事思想與軍事學派的破産/1690
法西斯蒂及其政治/518
法西斯蒂與中國革命/780
法西斯細菌/1301
法西斯意大利政治制度/518
法西斯主義的研究/518
法顯傳/126
法顯傳考證/124,125
法顯記/1713
法相辭典/114
法學大意/841
法學教程/841
法學通論/840,841(4),842(2)
法學新思潮/841
法言/1858,1902
法言補釋/2318
法言集註/2215
法言義疏/70
法嬰秘笈/1249
法語/842
法苑義林/107
法苑義林章唯識章註/118
法苑珠林/1756,2121,2139
法院組織法/867(2)
法院組織法論/867(2)
法制論叢/840
法治通史/737
法住記及所記阿羅漢考/125
番漢合時掌中珠/1503
番社采風圖考/1997
番石榴集/909
番藷雜詠/1153
翻古叢編/1727
翻身/589,593
翻身的年月/1457
翻譯論/908
翻譯論集/908
翻譯名義集/114,2121
翻譯文學與佛典/2307
翻譯小説選/1436
翻總案/729
凡民謎存/2153
煩惱的年代/1422
煩惱的網/1460,1461
樊川詩集/1079
樊川文集/2125,2142
樊川文集註/1079
樊恭廣倉/2075
樊敏碑集字聯/2040
樊南文集補編/1079
樊南文集詳註/1079
樊山公牘/732
樊山判牘/867
樊紹述集註/1077
樊榭山房詞/1222
樊榭山房集/1102(2),2132
樊園五日戰時記/2057
樊園戰詩續記/2057
樊子/1078
繁辭集/1191
繁霜詞/1132
繁星/1144(2)
反"白皮書"學習材料/287
反芻集/1195
反黨八股/571
反杜林論/539
反對法西斯/579
反對基督教運動/135
反對李立三主義/224
反對内戰保衛和平保衛解放區/361
反對五次"圍剿"運動的報告大綱/356
反俄與反共/827

反攻/589
反國聯調查團報告書/837
反國民會議的策略決議案/598
反間計/1302
反剿民要活命/578
反離騷/2044,2089
反迫害反扶日/357
反切上字解釋續編/942
反正前後/207(2)
返生香[疎香閣遺集]/1021
返鄉登記證存根　山西晉城縣　解放前後人口歸原籍的紀録　民國38年　無介紹信/492
犯罪社會學/865
犯罪心理學/865
犯罪學/526
犯罪學研究/865
泛梗集/1113
泛湖偶記/1837
泛泖吟/1968,2108
泛勝之書/2195
范伯子先生全集/1120
范長生易註/2071
范村梅譜/1737,2150
范德機詩集/2130,2202
范寧穀梁傳例/2073
范聲山雜著/2277
范石湖詩集註/1966
范石湖詩註/1778
范氏記私史事/2259
范文正公年譜/2233
范文正公全集/2144
范文正公詩餘/1207
范文正公文集/1972
范文正公遺事/1735
范文正公政府奏議/2089
范文正集/2127
范文忠公文集/1974
范縣縣志/438
范香溪先生文集/1087
范煙橋説集/1401
范曄與其後漢書/303
范張雞忝/1264
范築先/1190
范子計然/2080,2195
梵麓山房筆記/1786
梵門綺語録/1823,1825,1831,2210
梵天廬叢録/2346
販書偶記/2363
飯餘集/601
方便心論/120
方法論/724
方豪文録/1140
方壺詩餘/1211
方環山畫册/1581
方機/1656
方劑辭典/1656
方簡肅公文集/1092
方教育長言論集/1695
方泉先生詩集/1037
方生未死之間/268(2)
方氏五種/1333
方是閒居士詞/1212
方望溪全集/1102
方望溪文/2091
方望溪先生全集/1102,2132
方言/1858,1929,2087,2116
方言別録/2290
方言調查表格/954
方言箋疏/1771
方言據/1929
方言疏證/952
方言文學/1313
方言讚美歌/134
方言藻/1929
方言註商/952
方言註疏證/2223
方言字考/954
方姚文/1061
方輿紀要輯要/364
方輿考證/364
方正學先生集/1974
方志今議/429
方志考稿/363
方志商/2312
方志通義/429
方志序例/364
方志學/363
方志學發微/449
方舟詞/1210
方舟經説/1875,1890
方洲雜録/1800
方洲雜言/1991
方諸館樂府/1258
芳草天涯/1300,1301
芳杜詞剩/1178
芳谷集/2202
芳堅館題跋/2065
芳蘭軒集/1014,1041
芳蘭軒集補鈔/1050
芳蘭軒詩鈔/1045
芳蘭軒詩集/2226
芳茂山人詩録/1970
芳洲集/2203
芳洲詩餘/1213
防邊紀事/1852
防護常識/1643
防空/1708
防空必備/1707
防空常識/1707,1708
防空法規/750
防空學/1707
防空訓練/1707
防空與國防/1706
防痨運動/1663
房景先五經疑問/2074
房山山房叢書/1856
房山縣志/434
房屋/1599
仿佛如此/1411
倣今言/2276
倣宋相台五經/4
倣指南録/255
紡織五金手册/1680
訪碑拓碑筆札/2225
訪英簡筆/485
訪英日記/485
訪餘録/2368
放牛郎/1499
放射/1624
放翁詞/1217
放翁國難詩選/1086
放翁詩集/1086
放翁題跋/1949,2031
放楊枝/1278
非庵詩草/2299
非澳兩洲談薮/488
非常國語選/959
非常時期的經濟建設/626
非常時期國立中等以上學校及省私立專科以上學校規定公費生辦法/880
非常時期經濟法令及參考資料/621
非常時期之財政/699
非常時期之法律知識/870
非常時期之婦女/512
非常時期之工人/662
非常時期之國際關係/830
非常時期之精神訓練/94
非常時期之模範人物/183

非常時期之社會行政/815
非常時期之詩歌/1033
非常時期之食糧/633
非常時期之縣政/804
非常時期之雲南邊疆/414
非常時期中國經濟問題研究/620
非夢記/2313
非歐幾里得幾何學淺説/1619
非詩辨妄/1875,1955
非石日記鈔/1792,1883
非煙傳/1761,1985
非煙香法/1541
非戰公約與世界和平/824
飛白録/2090
飛兵在沂蒙山上/1403
飛刀對箭/1268
飛鳧語略/1947,2176
飛鴻堂印譜/1597(2)
飛鴻堂印人傳/2067
飛虎將軍/1370
飛機/1687,1697
飛機的由來/1693
飛機汽車操縱術入門/1687
飛將軍/1528
飛金幣/1501
飛露/1456
飛鳥集/1508
飛行機/1499
飛行學要義/2113
飛絮/1417
飛燕外傳/1368,1859
飛影閣叢畫/1589
霏雪録/1895
菲島瓊崖印象記/474
菲韓紀行/789
菲列賓研究/474
菲律賓/474
菲律賓考察記/474
菲律賓史/475
菲律賓與華僑/474
菲律賓與華僑事跡大觀/822
菲律賓獄中回憶録/215
菲律濱岷里拉中華商會三十周年紀念刊/474
朏盦客座談話/1131
匪窟生活/1473
匪區真象/567
匪石山人詩/1971
匪石先生文集/1806
斐洲煙水愁城録/1519
沸騰的歲月/1193
肺山詩存/1161
《費爾巴哈論綱》研究/540
費氏遺書三種/2070,2273
費唐法官研究上海公共租界情形報告書/821
費曉樓寫景仕女册/1585
費貞娥/1412
廢人/1436
廢省議/861
廢墟集/1151
廢墟上的花朵/1176
廢郵存底/1156
廢約問題資料/830
分/1455
分春館詞/1238
分干詩鈔/1102
分湖詩苑/1067
分考/2270
分類編輯不平等條約/826
分類尺牘正軌/1478
分類辭源/966
分類對聯合璧/1492
分類箋註文辭大尺牘/1478
分類清代人物論/186
分類四六尺牘/1476
分類通行廣州話/954
分類詳解孟子讀本/32
分類小品文選/1026
分類寫實戀愛詞選/1228
分類新尺牘大觀/1477
分類音註實用新尺牘/1477
分隸偶存/2236
分領原圈壯丁地畝册/640
分門集註杜工部詩/2123,2140
分門纂類唐歌詩/1861
分配論/612
分日遊玩蘇州次序記/371
分省新中國人物志/188
分治合作問題討論集/729
芬陀利室詞/1224
芬陀利室詞話/1204,1206
芬陀利室詩存/1192
汾河灣/1284
汾州公理會衆議會選立王景文張耀齋高喜亭三君擔任牧師之經過/137
焚劍記/1336,2313(2)
焚椒録/1818,2030,2207
焚餘草/2034
墳/2319,2321
粉墨叢談/1836
粉碎地主翻把陰謀/642
粉碎五次"圍剿"爲蘇維埃中國而鬥争/558
憤怒的臺灣/408
憤怒的謡/1321
奮鬥的人生/90
奮鬥廿年/212
封長白山記/2178
封存資金後之外匯/696
封建社會的農村生産關係/638
封建社會是什麼/521
封建制度與儒家思想/49
封泥存真/155
封泥集拓/155
封氏聞見記/1713,1893,2102
封氏聞見記校證附引得/2327
封謚繙清/2275
封鎖綫/1450
風波亭/1370
風塵集/1142
風塵三俠/1298
風塵瑣記/1425
風島女傑/1532
風風雨雨/1459
風格與表現/1194
風光好/1263
風后握奇經/52,1344
風流債/1307
風流塚/1279
風人詩話/1752
風騷旨格/986,1980,2029,2126,2143
風砂的城/1489
風聲鶴唳/1449
風水二書/96
風俗改革叢刊/508
風俗通姓氏篇/2006
風俗通義/1750,1785,1859,1893,2062,2121,2138,2172,2327(2)
風俗通義通檢/2327
風俗通義校正逸文/1883
風土記/1342
風土小記/1187
風蕭蕭/1427
風雪/1412
風雪夜歸人/1296
風雅逸篇/1957
風雨歸舟/1309
風雨樓秘笈留真/2165
風月傳/1384

風月廬剩稿/1119
風月堂雜識/1332
風雲兒女/1399
風雲集/509
風雲人物小志/187
風颸芙蓉記/1300
風箏/1144
烽火/1301
烽火歸來/583
烽火天涯/1423
烽煙萬里/350
葑門集/1177
葑煙亭詞/2243
楓窗小牘/1328,1987
楓江草堂詩集/1110
楓山語録/1844,2097
楓山章先生集/1964
楓山章先生語録/1906
楓香詞/1221
楓園集古印譜/1593
瘋狂/1466
瘋門全書/1649
豐川雜著/2247
豐富的人生/2341
豐干詩/110
豐干拾得詩/2089
豐鎬考信别録/1887,2269
豐鎬考信録/1887,2269
豐年/1427(2)
豐清敏公遺事/2011
豐清敏公遺書/2193,2230
豐饒的原野/1442(2)
豐潤縣志/433
豐收以後/1312
豐溪存稿/1746
豐鎮廳志/464
豐子愷創作選/1150
豐子愷傑作選/1150
馮安岳集/1020
馮副委員長抗戰言論集/775
馮副委員長青峨遊記/399
馮煥章先生講演集/214
馮平山先生七十壽言彙録/213
馮氏金文硯譜/1591
馮氏務滋堂家譜/177
馮氏樂書四種/1601
馮侍郎遺書/2232
馮王兩侍郎墓録/2232
馮文淑/1444
馮小青/1638
馮燕傳/1760,1827,1984
馮玉蘭/1266
馮玉梅團圓/2210
馮玉祥的總檢查/214
馮玉祥讀春秋左傳札記/21
馮玉祥革命史/214
馮玉祥回憶録/789
馮玉祥將軍紀念册/214
馮玉祥抗戰詩歌選/1158
馮玉祥先生抗戰詩歌集/1158
馮雲鵬怎樣安置移難民/586
馮在南京/214
馮在南京報告集(一)/775(2)
馮在南京第二年/775
馮在南京第一年/775
馮總司令在首都之講演/775
馮總司令治軍記/213
奉使安南水程日記/1852,2005
奉使俄羅斯日記/254
奉使録/1964(2)
奉天昌圖縣志/430
奉天等省民數穀數彙總黄册/324
奉天關岳廟碑記/1569
奉天錦縣沙鍋屯洞穴層/1633
奉天靖難記註/313
奉天録/2020,2094
奉天全省財政説明書/714
奉天沙鍋屯及河南仰韶村之古代人骨與近代華北人骨之比較/1633
奉天市商業彙編/678
奉天通志/429
奉天圖書館殿版書目/2374
奉天武廟附建昭忠祠記/1569
奉直大戰史/339
奉直二次新戰史/339
奉直戰史/338
鳳城品花記/1249
鳳城瑣録/1866,2162
鳳城縣志/430
鳳蝶外傳/598
鳳凰城/1296
鳳凰山/1318
鳳凰臺記事/1993
鳳求凰彈詞/1317
鳳山縣志/460
鳳氏經説/1891
鳳墅殘帖釋文/1950
鳳臺山館駢體文/1133
鳳臺山館題詠録/1030
鳳臺新社吟草初集/1069
鳳仙姑娘/1474
鳳陽縣略/451
鳳儀園/1407
鳳洲雜編/1854,1988
佛乘宗要論/115
佛垂般涅槃略説教誡經/109
佛典泛論/117
佛典之翻譯/2307
佛頂尊勝陀羅尼/1871
佛頂尊勝陀羅尼之研究/107
佛爾雅/114
佛法導論/109
佛法要論/115
佛法與科學之比較研究/122
佛光集/1579
佛國禪師文殊指南圖贊/2046
佛國記/126,1342,1751,2030
佛化基督教/121(2)
佛家經録在中國目録學之位置/2308
佛家名相通釋/122
佛家哲學通論/116
佛教初學課本/110
佛教初學課本註解/113
佛教答問選録/110
佛教概論/115(2)
佛教概述/114
佛教各宗大意/122
佛教弘傳史/124
佛教教理在中國之發展/2307
佛教入門/95
佛教史跡/125
佛教問答/110
佛教研究法/113
佛教與西域/2307
佛教真面目/115
佛教之初輸入/2307
佛教宗派詳註/122
佛羅利氏航海記/471
佛母般若波羅蜜多圓集要義釋論/119
佛山柵下區氏譜/178
佛山忠義鄉志/462
佛書答問/113
佛説阿彌陀經/109,111,123
佛説阿彌陀經略解/110
佛説初分説經/117
佛説大乘稻芊經/118,119
佛説大乘僧伽吒法義經/106
佛説觀普賢菩薩行法經/118
佛説觀無量壽佛經/118,123

佛説回向輪經/105
佛説開覺自性般若波羅蜜多經/105
佛説摩訶般若波羅蜜多心經密義述/121
佛説清淨毗奈耶最上大乘經/106
佛説清淨心經/105
佛説勝義空經/105
佛説十地經/105
佛説十力經/105
佛説四十二章經/109,1573
佛説隨勇尊者經/106
佛説無量壽經/123
佛陀時代及原始佛教教理綱要/2307
佛西論劇/1253
佛學 ABC/115
佛學備要/115
佛學辭典/114
佛學叢話/111
佛學叢刊/108
佛學撮要/116
佛學大辭典/113
佛學大綱/114
佛學的將來/115
佛學地理志/2302
佛學概論/115(2)
佛學綱要/115
佛學書目/112
佛學書目表/112
佛學述要/115
佛學小辭典/114
佛學研究/115
佛學易解/114
佛學指南/114
佛崖集/1167
佛遺教經/109
佛遊天竺記考釋/126
佛藏子目引得/114
佛祖統系道影/122
缶廬集/1123
缶廬近墨/1566
夫椒山館詩集/1109,2267
夫妻參戰/1287
夫妻勞軍/582
夫妻識字/586
夫妻之間/511
夫與婦/1634
伕篇校記/738
弗堂詞/2244
弗堂類稿/1160
伏侯古今註/1750,1917,2083
伏流/1185
伏廬書畫録/1563
伏廬選藏璽印彙存/1596
伏戎紀事/1852
伏生國際論文集/830
伏生授經/1278
伏園遊記/383
孚濟廟治理章程/158
扶風傳信録/1813
扶風縣石刻記/1878
扶箕迷信底研究/97
扶桑百八吟/1789
扶桑國考證/488
扶壽精方/1651
扶雅堂詩初集/1111
芙村文鈔/2277
芙蓉山館詞/1223
芙蓉外史戲稿/2208
芙蓉余仁生督營業結册/697
服虔春秋左氏傳解誼/2073
服虔通俗文/2075
服務與人生/94
服鹽藥法/1941
俘虜起居寫真/242
茯苓仙傳奇/1829
鳧藻集/1091
浮沉/1190
浮浪者/1422
浮眉樓詞/1983
浮山詩餘/1209
浮山志/1787
浮生六記/202(3),1333
浮士德百三十圖/1515
浮西施/1279
浮溪詞/1208
浮溪集/1961,2128,2145
浮溪集補鈔/1049
浮溪集鈔/1044
浮谿精舍詞/1223
浮雲集/1097
浮雲流水/1313
浮沚集/1961
桴海圖經/465
涪陵縣續修涪州志/446
涪州石魚文字所見録/2053
符臺外集/2239
福慧雙修庵小記/1789
福建財政史綱/704
福建財政廳呈請開辦福建礦務講習所全案/904
福建華僑匯款/749
福建會館教育叢刊/517
福建經濟研究/628
福建全省財政説明書/714
福建泉州開元寺平面圖/428
福建省/407
福建省財政法規彙編/813
福建省禁煙概況/525
福建省農村經濟參考資料彙編/649
福建省食糧之運銷/649
福建省統計提要/494
福建省土地陳報現行法規彙編/639
福建省五年來教育行政/881
福建省五年來社會教育/898
福建省研究院工業研究所液體燃料試驗室概況/1682
福建省一瞥/407
福建省銀行概況/694
福建省銀行五周年紀念册/693
福建省銀行職員録/694
福建市舶提舉司志/269
福建水利分局第一期報告書/373
福建通志/458
福建通志政事略/458
福建文獻研究講義大綱/407
福建協和大學陳氏書庫福建人集部著述解題/2378
福建協和大學二拾五周年校慶紀念特刊/904
福建鹽務概況/746
福建藝文志/2370
福建運司志/1766
福建之地質土壤調查/1628
福建之木材/658
福建之紙/658
福山縣志稿/438
福氏所藏甲骨文字/152
福特/236
福雅堂詩鈔/1121
福音經/131
福音書/133
福州猴王神記/1359
福州旅行指南/407
福州中日人民鬥毆案/825
鳧藻集/1091,2131
鳧舟話柄/2190
鮒溪醫論選中編/1654
甫里先生文集/2125
拊掌録/1354,1726,1985,2177
斧背/1466

斧聲集/1147
腐蝕/1431(2)
輔仁大學語文學會講演集/923
撫安東夷記/1851,2189
撫東政略/284
撫松縣志/430
撫新紀程/421
撫養/1291
撫夷日記/2162
簠室殷契類纂/152,153
簠室殷契徵文/153
簠齋藏古目/149
簠齋藏古目並題記/149
簠齋藏鏡/164
簠齋藏器目/1946
簠齋藏器目第二本/1946
簠齋尺牘/1485
簠齋傳古別録/1946
簠齋吉金録/161
簠齋金石文考釋/1788
父母與子女/896
父子/1445
父子合集經/106
父子之間/1424
阜寧縣新志/452
阜新縣志/464
負生日記/1414
負暄山館詩草/1135
負暄閒語/2280
負暄野録/1537,1946,2047
負暄雜録/1720
赴康日記/397
赴美留學指導/894
副産品/1145
婦德四箴/1833
婦女參政運動/514
婦女的新生活/512
婦女風俗史話/513
婦女和小孩的衛生常識/575
婦女解放史/513
婦女解放新論/512
婦女界之覺醒/510
婦女論/513
婦女民衆學校用婦女讀本/575
婦女年鑒/510(2)
婦女社會科學常識讀本/490
婦女識字課本/574
婦女問題/515
婦女問題的本質/513
婦女問題的各方面/515
婦女問題講話/513,514(2)
婦女問題十講/514
婦女問題文集/851
婦女問題新講/512
婦女問題重要言論集/514
婦女鄉村服務/519
婦女修養談/94
婦女與文學/969
婦女運動/2111
婦女運動 ABC/513
婦女運動的理論與實踐/595
婦女運動概論/512
婦女運動文獻/515(2),595
婦女贊成禁止娶妾律之大會議/1824
婦女之過去與將來/513
婦女職業問題/515(2)
婦女職業與母性論/2111
婦女專册/512
婦人集/194,1815,2010,2207
婦人集補/1816,2207
婦人鞋襪考/1817,2208
婦人與社會/513
婦孺釋詞/956
婦學/1817,2208
傅暢晉公卿禮秩/2085
傅暢晉諸公贊/2083
傅大士語録/2250
傅青主墨跡/1576
傅青主先生墨跡小楷金剛經/1574
傅青主先生小楷佩觽集/1574
傅氏白話文法/948
傅氏家譜/175
傅氏文典/948
傅文恪公全集/1791
傅與礪詩文集/1090
傅忠壯公集/2155
傅子/51,1902,2101
富得榮還鄉/584(2)
富貴浮雲/1306
富人之女/1456
富順縣志/448
富陽夏氏叢刻/2263
富之研究/610
復庵先生集/1123
復庵遺集/1123
復盦覓句圖題詠/1790
復仇/1153
復仇集/1443
復初齋集外詩文/1105
復旦大學農學院茶葉研究室創辦緣起組織規程研究工作進行辦法研究計劃/903
復旦大學中國詩歌原理講義/991
復道人今樂考證/1246
復古編/930
復古詩集/1747
復國/1294(2)
復國軼聞/1522
復淮故道圖説/1685
復活/1309,1516
復活的國魂/1296
復活的玫瑰/1296
復活的土地/1199
復禮堂文集/1121
復辟録/1850,2170,2200
復辟詳志/335
復社紀略/255
復社紀事/255,1840
復宿山房集/1094
復堂詞/1225
復堂詞話/1204
復堂日記補録/2187
復堂日記續録/2187
復堂詩續/2187
復堂諭子書/2187
復位南九宮詞譜/1255
復縣志略/429
復興第一年/741
復興關下人物小志/186,187
復興歷史教科書/294
復興民族之路/171
復興説話教本/957
復興中國革命之路/783
復興中國國民黨/785
復興中國新地圖/426
復興中華/2341
復性圖/2226
復員圖/1447
復員以來資源委員會工作述要/653
復齋日記/1877,1992,2171
復齋文集/1102
賦話/1980
賦史大要/999
賦稅論/706
覆宋本重修廣韻/1930
覆宋淳祐本四書/26
覆元槧古今雜劇三十種/1258
覆元泰定本廣韻/1930
覆元至正本中吴紀聞/1747
覆舟記/1463

G

噶瑪蘭廳志/460
陔餘雜著/2255
該聞録/1354,1710,1716
改革幣制法令彙編/690
改革曲阜林廟辦法駁議/103
改革鹽務報告書/744
改革中國政治外交對策/273
改建梁孝子祠徵文録/197
改進中國農業之途徑/638
改良包公案陳世美不認前妻/1318
改良訂正新詩韻/984
改良嶺南即事/1494
改良羅通掃北報仇忠孝全傳/1318
改良王月英孝燈罵燈記/1317
改良真正活神仙/1426
改良中式簿記概説/685
改造部隊文化學習/595
改造我們的學習/554
改造小學國語課程/974
改造學習/549
改造中國教育之路/871
改正海關度量衡問題/1623
改正夢窗詞選箋釋/1234
改正湘山野録/2089
改字詩令/2042
改組派之真面目/785
溉釜家書/2266
溉堂前集/1098
溉園集/2203
蓋基傳/1514
蓋平縣鄉土志/430
蓋平縣志/430,1869
干寶晉紀/2083
干寶易註/2071
干常侍易解/2244
干令升搜神記/2244
干禄字書/1925,2104
干禄字書箋證/2296
干王洪仁玕等口供/329
干巷志/454
甘地主義/2111
甘地自傳/233(2)
甘青寧經濟紀略/624
甘青藏邊區考察記/423
甘泉縣鄉土志/445
甘泉縣續志/453
甘氏家藏叢稿/2312
甘氏家譜/2312
甘肅兵役概況/810
甘肅考古志/1627
甘肅全省財政説明書/714
甘肅省/397
甘肅省改進縣地方自治財政計劃與實施方案/809
甘肅省舉辦土地陳報紀實/646
甘肅省三十年度省庫收支及整理稅捐概況/810
甘肅省田賦整理與徵實/646
甘肅省西南部邊區考察記/396
甘肅省新縣制實施概況/809
甘肅省銀行概況/810
甘肅省之土地行政/646
甘肅省之衛生事業/809
甘肅鹽法志略/746
甘肅之氣候/397
甘棠集/194
甘姓西華房族譜/177
甘澤謠/1720,1756,1984,2030
柑橘/1676
乾臊子/1988
感恩縣志/461
感化教育/530
感舊集/1053
感覺心理/1641
感想/1165
感興詩註/1812
感應經/1359,1716
感應類從志/1723
感應因果合编/128
感癥輯要/1647
感知録/1730
澉水新志/458
澉水續志/458
澉水志/458(2),2001
澉志補録/458
趕車傳/1197
趕集/1464
橄欖/1471
橄欖仙/1529
幹部必讀/532
幹部學習/547
幹部政策/817
幹活好/1287
幹溪曹氏家集/2260
贛南鎢礦志/1683
贛皖湘鄂視察記/397
贛縣陳竹香先生傳/205
贛縣七鯉鄉社會調查/507
贛榆縣續志/452
贛粵閩湘鄂剿匪軍西路清剿概要報告書/815
剛稜/905
綱鑒易知録/290(2)
綱鑒易知録續編/319
綱鑒總論/295
綱目續麟/2204
鋼和泰檔案資料/2389
鋼盔/1310
鋼鐵的隊伍/576
鋼鐵的煉成/571
鋼鐵是怎樣煉成的/1517
港澳抗戰殉國烈士紀念册/791
港澳學校概覽/878
港九工團聯合總會成立紀念特刊/666
港九剪影/410
港九職工互助社十周年紀念特刊/666
港僑須知/410
戇叟詩鈔/1968
皋蘭異人傳/1395
高渤海詩/2091
高昌/169(2)
高昌壁畫菁華/1579
高昌秘笈甲集/1765
高昌曲氏年表/2295,2296
高昌陶集/169
高昌專録/2295
高常侍集/1075,1966,2123
高淳縣志/452
高澹游寫景山水册/1581
高等國文法/948
高等利息計算法/684
高等利息計算法練習問題解法/684
高等論説新範/958

高等天文學/1620
高爾基/234(3)
高爾基傳/234
高爾基創作四十年紀念論文集/234
高爾基論美國/487
高爾基研究/234
高級日文星期講座/1504
高級統計學/491
高級中學師範科課程暫行標準/889
高加索的回憶/1309
高家堰記/2228
高科考/1766
高力士傳/1347,1760
高麗永樂好大王碑釋文纂考/2274
高密縣志/437
高密遺書序/2086
高明縣志/461
高坡異纂/1332,1362
高乾大/1437(2)
高且園書畫扇集/1581
高青邱詩集註/1091
高僧山居詩/1034
高山流水/1190
高士傳/183,1749,2009,2064,2100
高適與岑參/1075
高臺縣志/445
高太史大全集/2131
高小國語/574
高小社會/888
高小史地/574
高小算術/574
高小新公民/891
高雄機器廠產品目録/1686
高雄要覽/813
高血壓與中風之防治法/1662
高陽縣志/432
高陽許氏家譜/177
高要陳重遠博士哀思録/223
高郵王氏父子年譜/225,924
高郵王氏遺書/2196
高郵縣立圖書館概況/2391
高原短曲/1457(2)
高原上的人們/1421
高雲鄉遺稿/1790
高齋漫録/1329,1724,2152,2167
高中本國史/295
高中本國史復習指導/294
高中國文/959
高中國文復習指導/958
高中戰後新中國地理/365
高宗純皇帝起居註殘稿/323
高宗恭和避暑山莊圖詠/2052
高宗詩文大全集/1965
高宗幸張府節次略/1351
杲堂詩鈔/2231
杲堂文鈔/2231
杲堂文續鈔/2241
杲溪詩經補註/2223
稿簡贅筆/1731
藁城縣志/435
告海外同志書/774
告農民書/585(2)
告彷徨中的中國青年/91
告青年/90
告全黨同志書/345
告日本國民書/279
告日本社會主義者/531
告少年/2340
告時代青年/573
哥達綱領批判/536
哥倫布前一千年中國僧人發現美洲說/486
哥倫比亞大學中國學生同學録/906
歌,唱在田野/1164
歌場冶史/1430
歌代嘯雜劇/1280
歌德評傳/235
歌劇 ABC/1246
歌劇概論/1604,1605
歌劇素描/1605
歌麻古韻考/1931
歌曲集/588
歌詩篇/2035
歌謡/1320
歌謡與婦女/1320(2)
歌詠工作講話/1601
歌詠自然之兩大詩豪/1000
歌章祝辭輯録/2275
歌者葉記/1758,1826
鴿子姑娘/1291
革除遺事/1841
革除逸史/2097
革命的寶劍/782
革命的道理/782
革命的精神教育/777
革命的女性/188
革命的前一幕/1463
革命的同志們聯合起來/792
革命的外交/832
革命的先驅/600
革命後之俄羅斯/483
革命紀念日史略/792
革命建國韻語/336
革命軍人必讀十四種/797
革命理論與革命工作/775
革命青年行動綱領/797
革命詩文選/1030
革命史譚/792
革命書簡/777
革命文豪高爾基/234
革命先烈傳記/791
革命先烈小傳/1499
革命心理/501
革命亞細亞的展望/248
革命逸史/336
革命與反革命/775
革命與腐化/94
革命與哲學/783
革命與宗教/517
革命債券種類表/354
革命哲學/77
革命哲學的重要/783
革命之路/600
革象新書/2250
格庵奏稿/2102
格古論/1743
格古要論/2103
格式塔心理學原理/1638
格式心理學原理/1638
格物麤談/1936
格言叢輯/1489
格言大辭典/912
格言聯璧/1490(2)
格齋四六/2201
格正還魂記詞調/1277
格致餘論/2249,1937
葛存的故事/588
葛蘭威爾平面三角/1620
葛琴創作集/1436
葛思德東方藏書庫書目/2385
葛無懷小集/1040
蛤藻集/1464
隔江鬥智/1265
隔膜/1450
閣中書畫録/2190
个山遺集/1096
各大學入學試題詳解/889
各地勞資新舊合約類編/662
各國兵役行政概論/1695
各國財政史/697

各國成人教育概況/896
各國待遇華僑苛例概要/272
各國地方政治制度/723
各國地方制度綱要/727
各國婦女參政運動史/513
各國革命史略/820(2)
各國革命小史/240
各國工會制度/667
各國國歌評述/1603
各國國家總動員概觀/1690
各國航業政策實況與收回航權問題/675
各國教育制度/881
各國經濟史/631
各國經濟思潮之變遷/610
各國經界紀要/709
各國勞工運動概觀/661
各國陸軍年鑒/1689
各國民權運動史/240
各國農産物價統制實施/692
各國青年訓練述要/889
各國人事行政制度概要/725
各國社會主義運動史/531
各國所得税制度論/710
各國統計一覽/496
各國外交行政/829
各國憲法及其政府/847
各國行政研究概況/725
各國預算制度/706
各國在華領事裁判權制度/833
各國政黨史/727
各國中央銀行比較論/693
各國總動員概況/1693
各國作家論析兩年來的中日戰争/345
各機關彙送全國統計總報告材料應用表格/492
各級法院司法行政實務類編/870
各級軍官對空軍與空防必具之常識/1706
各級學校體育實施方案/1611
各解放區勞動互助經驗介紹/645
各界必需交際指南全書/1478
各經傳記小學/932
各科常識答問/893
各科學習研究法/887
各省財政説明書/713
各省獨立史别裁/321
各省高級行政人員奉召南昌集會紀録/800
各省進呈書目/1879
各省農工雇傭習慣及需供狀況/1672
各省區歷年財政彙覽/701
各省師範教育設施之演進/893
各省市實施義務教育辦法選輯/890
各省童謡集/1320
各體文選/1057
各縣市最近簡要統計/494
各業會計制度/684
個人道德與社會改造/500
個人與人民群衆在歷史上的作用/534
個人與社會/93
個性教育/871
個性教育論/891
箇道人自書詩稿/1107
給經濟壓迫青年的幾封信/89
給苦學青年/94
給魯迅/1139
給女人們/515
給青年的二十四封信/93
給青年朋友們的信/1169
給少男少女/90
給下一代/1159
給志在文藝者/914
給姊妹們/514
根本説一切有部毗奈耶雜事/119
艮廬自述詩/1130
艮軒藏書目録/2382
艮嶽記/252,1357,1944,2168
更生草/1113
更生記/213,1507
更生齋集/1106
更生齋詩餘/1222
庚辰叢編/1751
庚己編/1854
庚款興學問題/876
庚申避亂實録/329
庚申紀事/1840,2022
庚申外史/2163,2199
庚申粤人驅賊始末記/338
庚巳編/1331,1361,1991
庚午春詞/2244
庚午論文集/725
庚午日記/1488
庚溪詩話/986,1797,1978,2252
庚辛之間讀書記/2285
庚寅始安事略/253
庚子國變記/252
庚子國變彈詞/1318
庚子交涉偶録/2161
庚子剿辦拳匪電文録/334
庚子教會華人流血史/138
庚子京師褒卹録/272
庚子秋詞/1236
庚子使館被圍記/334
庚子西狩叢談/334
庚子西行記事/334
庚子銷夏記校文/2055
庚子辛亥忠烈像贊/185
庚子義和團運動始末/334
耕罷集/1175
耕禄稿/1359,1796,1995
耕莘釣渭/1601
耕煙草堂詩鈔/1867
耕者要有其田/643
耕織圖詩/2052
賡和録/1953
綆古樓行篋書目/2383
工兵操典草案/1704(2)
工兵軍官白話課程/1698
工兵坑道教範/1704
工部廠庫須知/1768
工廠安全與衛生/661
工程熱力學/1686
工段營造録/1686
工合發軔/652
工會工作參考文件/666
工會條例釋義/666
工農通訊集/644
工人寶鑒/666
工人大團結/666
工人的活路/663
工人的旗幟趙占魁/224
工人課本/574
工人詩選/1056
工人綏惠略夫/2323
工人意外遭遇統計法/665
工人政治課本/661
工商部中華國貨展覽會實録/678
工商法規彙編/746
工商管理概論/683
工商管理一瞥/683
工商會議報告録/653
工商紀要/626
工商手册/678(2)
工商統計概要/625
工商業管制法規/858
工商業家的出路/679
工業分析/1625

工業化與社會建設/653
工業化與中國工業建設/653(2)
工業化與中國國際貿易/682
工業化與中國礦業建設/657
工業化與中國勞工問題/662
工業化與中國農業建設/644
工業化與中國人口問題/612
工業建設與金融政策/651
工業政策/651,653
工業政策與職工政策/652
工業主義之倫理/89
工運參考資料/662
工運的新任務/575
工運手册/663
工運文集/666
工運問題一百個/662
工展手册/593
工資理論之發展/611
工作報告/742
工作競賽研討專輯/794
工作競賽章則輯要/794
公産處理/713
公車徵士録/2191
公禱文/134
公牘/2279
公牘通論/1479
公牘學史/1476
公法的變遷/837
公法與私法/842
公告作法/1479(2)
公穀研究/24
公教論/137(2)
公教人員應用文/1480
公教與文化/137
公庫法規彙編/744
公理會理想及原則/137
公理會小史/137
公理七年/137
公門不費錢功德録/1920
公民訓練綱要/897
公民訓練圖表/897
公墓/1424
公是弟子記/1904
公是集/1083,1960
公是先生七經小傳/5,2049
公司登記規則/859
公司法/858,859(2)
公司法 ABC/859
公司法概論/859
公司法規/858
公司法施行法暨公司登記規則/858
公司法釋義/861
公司法詳解/858
公司會計/684
公孫龍子/53,55,68,1732,2151
公孫龍子集解/68
公孫龍子斠釋/68
公孫龍子釋/68
公孫龍子懸解/68
公孫龍子註/68
公孫尼子/2195
公孫軒氏演古籀文/1908
公文程式大全/1480
公文程式全書/1480
公文程式與保管/1478(2)
公文法程/1480
公文挈要/1480
公務統計方案之意義及其擬訂程式/493
公務員懲戒制度/753
公羊何註考訂/21
公羊家哲學/24
公羊問答/2014
公羊逸禮考徵/1924
公羊義疏/24(3)
公羊註疏/24
公羊註疏質疑/1771
公羊傳精華/2090
公益衛生 財政公安/727
公營工礦事業/1680
公債論/712
功罪是非録/346
攻媿集/1962,2128
攻媿集補鈔/1050
攻媿集鈔/1045
攻媿題跋/1872
攻無不克/565
攻渝紀事/255
宫詞/1819,1970(2)
宫詞小纂/1847,1970
宫庭覩記/317
宫闈秘幕/1425
恭城縣志/462
躬恥齋詩鈔/1109
匑厂文稿/1167
碧溪詩話/986,1727
龔安節公野古集/1880
龔安節先生畫訣/1556
龔安節先生年譜/2184
龔安節先生遺文/2184
龔半千山水册/1581
龔半千山水精品/1581
龔半千授徒畫稿/1580
龔定盦全集類編/1109
龔定盦詩文真跡/1575
龔定盦研究/201
龔芝麓詩鈔/1098
鞏固黨與戰區的群衆工作/501
鞏固和平/589
鞏氏後耳目志/1718
鞏縣志/440(2)
共産黨二中全會決議案/598
共産黨情報局會議三大決議/543
共産黨宣言/533,537(2)
共産黨員的修養/573
共産黨在中國/547
共産國際第七次大會的總結/543
共産國際對中國革命決議案/543
共産國際史略/543
共産國際執委致中共中央委員會的信/557
共産主義常識/535
共産主義的批評/536
共産主義的人生觀/570
共産主義人生觀/94
共産主義與共産黨講授提綱/533
共産主義與中國/533
共産主義與祖國/533
共産主義運動中的“左派”幼稚病/533,539
共黨與西北/557
共和關鍵録/354
共和國教科書國文讀本評註/1059
共和論説指南/957
共和平議/726
共通原則論/722
共同海損論/860
貢父詩話/1743,1796,1977
貢舉條式/939
貢舉敍略/1918
句股割圜記/2224
句股截積和較算術/1932
句股義/1933,2098
句踐/195
句曲外史貞居先生詩集/2130
句餘土音補註/1103
佝僂集/1182
溝洫疆理小記/2220
鉤心集詩草/1180
鉤玄/1733

狗史/1458
狗咬吕洞賓/1279
姑存草/1113
姑姑/1410
姑蘇筆記/1734
姑蘇名賢後記/1782
姑蘇名賢續紀/2158
姑聽軒詞鈔/2243
姑溪詞/1218
姑溪居士全集/1961
姑溪題跋/1949,2031
孤本元明雜劇/1267
孤本元明雜劇鈔本題記/1253
孤本元明雜劇提要/1267
孤城落日/1291,1393
孤雛喋血/1399
孤島的狂笑/1296
孤島時代/1452
孤獨/1404
孤獨者的靈魂/1435
孤獨之魂/1506
孤兒編/2272
孤鴻/1303
孤鴻斷腸史/1393
孤靈/1183
孤露佳人/1530
孤士影/1528
孤星淚/1510,1526
孤雁/1471
孤雲傳/1336
孤忠後録/250
孤舟集/1164
菰中隨筆/1896,2331
觚庵詩存/1126
觚不觚録/1332,1846,1988,2098
觚賸/1862
古白話文選/956
古柏重青圖題識/2266
古寶賢堂法書校語/1753
古本大學輯解/1901
古本大學述義/28
古本道德經校刊/57
古本蒙求/1813
古本難經闡註/1648
古本竹書紀年輯校/1781,2183,2287
古壁叢鈔/2259
古兵法彙纂/1691
古城的怒吼/1298
古城兒女/1434
古城烽火/1303
古大明寺唐鑒真和尚遺址碑記/1569
古代兵經/1691
古代東方/479
古代法/841
古代法學文選/504
古代名家尺牘/1481
古代銘刻彙考/149
古代銘刻彙考續編/149
古代南海史地叢考/472
古代社會史/502
古代世界史綱/502
古代斯拉夫文化/241
古代文化史/239
古代幽默經典/1168
古代政治思想研究/716
古代中日關係之回溯/280
古代中日關係之研究/279
古地理學/1626
古典録略/1710
古典學派的恐慌學説/537
古方分量考/1657
古方彙精/1651
古方集解/1646
古方考/2066
古佛畫譜/127
古杭夢遊録/1357,1710
古杭新刊的本關大王單刀會/1259
古杭新刊的本關目風月紫雲庭/1259
古杭新刊的本尉遲恭三奪槊/1259
古杭新刊關目的本李太白貶夜郎/1259
古杭新刊關目輔成王周公攝政/1259
古杭新刊關目霍光鬼諫/1259
古杭新刊小張屠焚兒救母/1260
古杭雜記/1713,2004,2168,2178
古畫品録/1344,1545,1554,2028
古畫品録及其他三種/1952
古畫微/1563
古歡堂經籍舉要/1752
古籍叢考/2369
古籍舉要/5
古籍新編四書/27
古今筆記精華/2327
古今才子巧對精華/1492
古今尺牘大觀/1482
古今尺牘墨跡大觀/1567
古今詞話/1202
古今詞論/1202
古今詞選/1227
古今大哲學家之生活與思想/78
古今刀劍録/1797,1859
古今第一奇觀/1367
古今對聯大觀/1492
古今風謡/1995
古今格言大全/1489
古今宫閨秘記/2340
古今怪異集成/2327
古今廣西旅桂人名鑒/495
古今閨媛逸事/1057
古今合纂殖桑法/1678
古今滑稽聯話/1495
古今滑稽詩話/1494
古今滑稽文選/1494
古今畫鑒/1544,1952,2175
古今貨幣/690
古今貨幣的展覽/163
古今紀要逸編/2231
古今奸盜奇觀/1368
古今劍俠大全/1375
古今節義奇觀/1368
古今酒事/2354
古今聯語彙選/1491(4),1492(3)
古今律曆考/1934
古今論詩絶句/2293
古今名劇選/1257
古今名聯選註/1493
古今名人讀書法/910
古今名人墨跡大觀/1567
古今名人書牘選/1481
古今名人書畫扇譜/1565
古今名人印譜/1595
古今名人遊記選/384
古今名詩選/1032
古今名醫驗方類編/1665
古今女才子尺牘/1482
古今騙術大觀/1336
古今情海/1368
古今人物别名索引/181
古今神怪大觀/1337
古今詩範/1034
古今事物考/1930,2354
古今書法匯通/1557
古今説部叢書/1368
古今説林/1057
古今朔實考校補/2279
古今歲實考校補/2279
古今體詩/2268
古今體詩自修讀本/1033
古今同姓名大辭典/181
古今同姓名録/181,2006

古今圖書集成考證/2354
古今圖書集成目録/2354
古今推步諸術考/258
古今僞書考/1754,1792,1886,2192,2366(2)
古今僞書考補證/2366
古今僞書考考釋/2366
古今文法會通/951
古今文派述略/2236
古今文藝叢書/2056
古今文綜/1059
古今小説/1379
古今小説評林/1325
古今姓氏書辯證/2007
古今姓氏書目考證/175
古今鹽史/1425
古今藥石/1897
古今醫案按/1666
古今醫案按選/1644,1652
古今醫徹/1649
古今逸史/2061
古今印史/1945
古今楹聯類纂/1491
古今遊記叢鈔/385
古今韻考/937,2248
古今韻考附記切韻法/1931
古今詐騙奇觀/1368
古今治河圖説/1684
古今中外格言集成/94
古今忠孝奇觀/1367
古今註/1786,1893,2062,2327(2)
古今字詁疏證/929
古經服緯/1959
古經解鉤沉/6
古竟景/164
古鏡記/1340,1830
古鏡圖録/164
古劇腳色考/2285,2288
古劇説彙/1252
古雋/1893
古刻叢鈔/1949(2)
古蘭經大義/141
古蘭經譯解/141
古蘭譯解/141
古禮樂述/2212
古曆管窺/2317
古戀歌/1031
古列女傳/194,2010,2044,2118,2136
古梅吟稿/1019
古廟集/1187
古明器圖録/155
古墨齋金石跋/1950
古墓斑狐記/1339
古奇器録/1946
古器物範圖録/145
古器物識小録/151
古錢/688
古錢大辭典/163
古錢大辭典拾遺/163
古錢年號索引/163
古錢有裨實用談/163
古清涼傳/1861
古泉叢話/163
古泉叢考/2182
古泉山館金石跋/1871
古穰雜録/1360,2022,2171
古穰雜録摘鈔/1850
古瑞庭先生哀思録/217
古三墳/1857
古山樂府/1214
古聲韻討論集/940
古詩鈔/1031
古詩論/993
古詩評註讀本/2092
古詩十九首解/1957
古詩十九首研究/994(2)
古詩新畫/1587
古詩選/1031,1032
古詩源/1033(3)
古石抱守録/146
古石刻零拾/157
古史辨/297
古史輯要/2011
古史家傳記文選/295
古史考/1749
古史討論集/292(2)
古史新證/297
古史序論/2260
古史研究/297(2)
古史甄微/298
古事比/2355
古書辨僞四種/2366
古書叢刊/2043
古書讀法略例/2349
古書讀校法/2349
古書今讀法/911
古書今譯/1026
古書句讀釋例/952
古書目四種/2271
古書校讀法/2349
古書修辭例/976
古書醫言/1657
古書疑義舉例/951(2),1755
古書疑義舉例補/2316
古書疑義舉例叢刊/951
古書源流/2362
古書真僞及其年代/2310
古書之句讀/951
古戍寒笳記/1397
古樹的花朵/1190
古宋縣志/448
古算考源/1618
古陶文舂録/155
古銅瓷器考/1538
古銅器展覽/901
古銅印譜舉隅/1593
古微書/1909,2146
古文參同契集解/1903
古文詞學史/1007
古文辭類纂/1058(2)
古文辭類纂評註/1058
古文範/1060
古文關鍵/1959
古文觀止/1057(2),1058(2)
古文滑稽類鈔/1494
古文集/2289
古文家傳記文選/183
古文精言詳註合編/1060
古文舊書考/2368
古文品外録/1014
古文評註全集/1058
古文尚書辨僞/2269
古文尚書殘卷/12
古文尚書考/2013,2173
古文尚書馬鄭註/1847
古文尚書拾遺/2281,2282
古文聲系/933
古文四聲韻/942
古文四象/1027
古文孝經/25
古文孝經孔傳/1812
古文緒論/981,2154
古文苑/1027(2),1751,1848,1954,2133,2152
古文韻語/1959
古文治要/1059
古文周易參同契註/1903
古文字學導論二編/925
古屋/1187,1412
古物保管委員會工作彙報/145

古物調查表/149
古物研究/148
古溪書屋印集/1597
古璽文字徵/164
古香室遺稿　許雨亭遺稿/2230
古小說鉤沉/1368,2320,2323
古孝彙傳/183
古孝子傳/1749
古孝子傳・補遺/2008
古寫本史記殘卷/289
古寫隸古定尚書周書殘卷/1788
古行記四種校録/2284,2287
古學彙刊/2052
古學考/7
古學卮言/46
古塤款釋/2186
古言/1803
古言類編/1896
古演算法之新研究/1618
古豔尺牘/1482
古豔尺牘續編/1481
古豔樂府/1819,2211
古豔情書/1482
古佚小說叢刊/1368
古易音訓/1809
古逸民先生集/1861
古音/2134
古音復字/1929
古音後語/1930
古音輯略/924
古音略例/1930
古音駢字/1929
古音說略/939
古音餘/1930
古玉概說/159
古玉考/1549
古玉圖考/159
古玉圖考補正/1549,2257
古玉圖說/159
古玉印匯/1595
古樂復興録/1953
古月軒瓷考/1600
古韻標準/937,1931,2147,2221
古韻表集說/938,940
古韻論/1931
古韻譜/937
古韻學源流/941
古韻總論/1780
古照堂詩集/1097
古政原論/2316
古政原始論/2317
古志彙目/157
古志新目初編/158
古中國的跳舞與神秘故事/508
古周易訂詁/9
古籀彙編/933
古籀蒙求/933
古籀篇/933
古籀文彙編/933
古籀餘論/933
谷/1424
谷簾學吟/1096
谷崎潤一郎集/1507
谷聲/130
谷音/1052,1957
牯嶺之秋/1431
骨董十三說/1542,2090
骨董瑣記/2346
骨文例/153
詁經精舍文集/1959
鼓風爐旁四十年/545(2)
鼓枻稿/1879
鼓掌絕塵/1383
鼓子曲言/1319
穀梁補註/25
穀梁大義述補闕/24
穀梁疏/24
穀梁真僞考/25
穀梁補註/24
穀梁傳精華/2090
穀梁傳註疏/24
蠱惑/1292
固安文獻志/436
固安縣志/436
固始水利紀實/377
故都變遷記略/391
故都市樂圖考/1604
故宮寶譜/1593
故宮辨琴記/1602
故宮博物院前後五年經過記/2352
故宮博物院文獻館二十二年度工作報告及將來計劃/2352(2)
故宮博物院文獻館現存清代實録總目/323
故宮殿本書庫現存目/2368
故宮俄文史料/284
故宮方志目/362
故宮方志目續編/363
故宮普通書目/2374
故宮清錢譜/163
故宮善本書目/2367
故宮善本書影/2359
故宮所藏殿板書目/2374
故宮所藏觀海堂書目/2367
故宮圖說/2352
故宮物品點查報告/2352
故宮物品點查報告中之古銅器類/2352
故宮信片第九輯/2352
故宮遺録/2199
故宮已佚書籍書畫目録之一/1564
故國春深/1291
故舊文存/1064
故事詞選/1227
故事新編/1460,2320,2321
故唐律疏議/844,1847,1916
故鄉/401,1411
故鄉集/1453
顧彪尚書義疏/2072
顧伯虬遺詩/2255
顧鶴逸山水精品/1583
顧華玉集/2252
顧梁汾先生詩詞集/1100
顧寧人學譜/1098
顧千里先生年譜/229,1880
顧曲雜言/1242,1244,1245,1748,1983
顧氏讀史方輿紀要京省序詳註/364
顧氏家集/2263
顧氏金石輿地叢書/146
顧氏文房小說/1367
顧氏醫鏡/1662
顧亭林集外詩/2056
顧亭林生活/199
顧亭林先生年譜/229,2010
顧希馮玉篇直音/2244
顧繡考/1601
顧炎武文/1098
顧雁樓詩草/1198
顧與治詩集/2254
瓜豆集/1177
瓜廬詩/1015,1041
瓜廬詩剩/1137
瓜圃叢刊敘録　瓜圃叢刊敘録續編/1137
瓜圃述異/1137
瓜沙曹氏年表/2314
瓜疏/1936
瓜洲續志/453
寡婦的心/1460

寡過未能齋詩集/1109
卦本圖考/1900
卦姑罪惡史/525
卦氣集解/11
掛紅/1426
掛劍集/2344
乖崖詩鈔/1042
乖崖先生文集/2050
怪報怪事/566
怪厨單/2104
怪話/1404
怪石贊/1538
官兵關係/1695
官場現形記/1390(3)
官話萃珍/953(2)
官話和合譯本/132(3),133
官話指南/952
官爵志/1918
官僚資本論/611,618
官書局書目彙編/2384
官箴/1737,1795,1918
官制沿革備論/741
官制沿革表/2307
官子譜/1610
冠縣志/437(2)
關東租界地之國際法地位/278
關隴輿中偶憶編/1335
關洛紀行/382
關山遊俠傳/1392
關聖帝君聖跡圖志全集/104
關氏家譜/180
關氏易傳/2025
關稅案牘彙編/682
關稅概論/681
關稅論/709
關稅特別會議議事録/709
關稅文牘輯要/680
關稅與國權/681
關稅與國權補遺/681
關務署核定海關法規彙編/682
關係中國之國際公約簡表/826
關尹子/53,55,59,60,1738,1903,2152
關於報紙的基本知識/2393
關於部隊文藝工作問題/598
關於部隊執行新黨章内幾個問題的解釋與初步規定草案/757
關於城市政策的幾個文獻/361
關於創作/971
關於黨的組織工作給各級黨部及突擊隊的一封信/569
關於黨派問題/759
關於調查研究與業務之結合/94
關於發展生産勞資兩利政策的幾點説明/664
關於工商業的政策/593,653
關於共産黨員氣節問題/570
關於貫徹華中第一次群衆工作會議決議的指示　五地委關於目前群衆運動的指示/501
關於幾個問題的意見/571
關於軍隊政訓工作之指示/750
關於列寧主義底基礎/540
關於列寧主義底問題/540
關於魯迅/221
關於魯迅及其著作/221
關於麼些之名稱分佈與遷移/172
關於女人/512,1410(2)
關於前東北地下黨組織之黨員與抗聯幹部的決定/817
關於確定階級成份出身問題/505
關於三民主義/764
關於陝甘寧邊區黨高幹會經過及其經驗的總結/809
關於上海法租界内設置中國法院之協定/828
關於統計各種法規摘要/492
關於汪精衛叛國/774
關於新的知識份子幹部的一些問題/595
關於新解放區大量發展黨的問題/565
關於修改黨章的報告/553(2)
關於學習問題給淮北區黨委的信/571
關於戰後國際形勢中幾個基本問題的解釋/244
關於知識份子/576
關於知識份子的改造/576
關於執行改變富農策略給各級共産黨與蘇維埃的指示/558
關於朱執信耶穌是什麼東西的雜評/217
關羽/1308
關岳合祀典禮/103
關政/681
關中叢書/2246,2248
關中金石記/1944
關中勝跡圖志/396
關中石刻文字新篇/166
關中水道記/1996
關中温氏碑傳集/2262
關中温氏獻徵集/2263
關中温氏著述輯遺/2263
關中温氏族譜/2262
關壯繆侯事跡/196
觀滄閣藏魏齊造像記/1598(2)
觀滄閣帖/1577
觀城縣志/438
觀復草廬剩稿/1099
觀古堂藏書目/2381
觀古堂詩集/1126
觀海堂書目/2381
觀畫百詠/1563
觀林詩話/986,1978,2218
觀彌勒菩薩上生兜率天經疏/107
觀念形態論/534
觀山文稿/1143
觀石録/1535,1549,1845,2068
觀時集/1736
觀世音經箋註/118
觀世音菩薩本跡因緣/116
觀世音菩薩感應靈課/121
觀書後例/2192
觀書例/2192
觀水遊山集/1147
觀堂別集/2282,2285
觀堂長短句/1226
觀堂古金文考釋五種/2283,2285
觀堂集林/2282,2285
觀堂外集/2283
觀堂譯稿/2284,2287
觀微子/1803
觀心論/106
觀心約/1905
觀弈閒評/726
觀音靈感實卷/1315
觀魚廬稿/1160
管處士年譜/231
管郇文鈔内編/2233
管見所及/2275
管區法令填報須知/823
管天筆記外編/2231
管轄在華外國人實施條例案/854
管異之、惲子居文/2091
管仲/196,1498
管子/52,56,720(4),721,2119,2137
管子補註/2215
管子讀本/720
管子校/1886

管子校正/720(2),1856
管子斠補/2317
管子今詮/720
管子經濟思想/720
管子精華/2092
管子探源/720
管子通釋/721
管子形勢篇解要/720
管子學/720
管子傳/2306
館藏善本圖書題識/2367
館藏中日文期刊目録/2365
貫徹/817
貫華叢録/1789,2311
貫名先生治河議草稿/1685
貫月查/1333,1826,2208
祼禮搉/1779,2182
盥吟日草/1112
灌晉陽/1375
灌畦暇語/1735,2037
灌縣志/447
灌志文徵/447
灌志掌故/447
光慈遺集/1166
光福志/455
光禄寺進康熙六十一年四月分内豬鴨果品等錢糧數目黄册/324
光論/1935
光明/1445
光明畫軸二十一贊/112
光明照耀著瀋陽/1198
光榮歸於民主/591
光榮屬於勇士/1403
光山縣志約稿/442
光孝寺志/379
光緒大事彙鑒/204
光緒金華縣志/457
光緒秘記/1425
光緒秘史/1424
光緒浦江縣志/456
光緒親政記/1306
光宣列傳/186
光宣小記/333
光宣宜荆續志/453
廣安縣志/446(2)
廣播戰/1609
廣蠶桑説輯補/1942
廣倉古石録/146
廣倉學宭叢書/145
廣倉學宭叢書甲類/1778
廣成集/2126,2143
廣成先生玉函經/2172
廣成子/1275,1802
廣川詞録/1215
廣川畫跋/1556,1872,1951,2067
廣川書跋/1554,1872,1944,2028
廣德錢孝女徵文録/205
廣德壽重光集/1022
廣東稗史散記/409
廣東幣制與金融/690
廣東財政/704
廣東潮州澄海歧山鎮馬西村林氏族譜/175
廣東叢書/2197,2198(2)
廣東叢帖敘録/1565
廣東大戲考/1288
廣東的建設問題/815
廣東地方名人録/191
廣東地政/814
廣東第二次全省農民代表大會會場日刊/558
廣東各地經濟調查/624
廣東工會聯合會一周紀念特刊/666
廣東工商業固有簿記調查彙編/685
廣東國民大學第十九屆畢業同學録/905
廣東合作/669
廣東火劫記/1830
廣東及香港地理提要/412
廣東建設/814
廣東建設綱領/814
廣東建設廳[礦業專號]/1683
廣東建設廳工業試驗所年刊/655
廣東教育/881
廣東教育概況/878
廣東警務狀況/526
廣東扣械潮/410
廣東糧政/649
廣東留日學生同鄉録/823
廣東茂名廉江化縣吴川四屬地質礦産/1628
廣東名人小史/191
廣東年鑒/409
廣東農村生産關係與生産力/649
廣東農林/649
廣東農民運動報告/639
廣東農業概況調查報告/496
廣東農業概況調查報告書續編/649(2)
廣東農業三年建設計劃綱要/643
廣東女界聯合會戰時婦女服務團特刊/516
廣東女子藝文考/2370
廣東切音捷訣/954
廣東全省財政説明書/713
廣東全省地方紀要/409
廣東全省高中以上員生戰時鄉村服務參考資料彙編/343
廣東全省礦區一覽表/1683
廣東全省水災緊急救濟委員會會刊/523
廣東人民與文化/412
廣東人名小史/2351
廣東商業年鑒/678
廣東省参議會第一屆第二次大會彙编/815
廣東省單行法令彙編/814
廣東省的華僑匯款/629
廣東省電政概况/677
廣東省公路概況/672
廣東省國防公債條例及募集辦法彙編/711
廣東省抗戰經過概要/343
廣東省農民協會第一次代表大會議決案及宣言/558
廣東省三年施政計劃説明書/814
廣東省五年建設計劃/814
廣東省政府組織/731
廣東十三行考/271
廣東時人志/191
廣東受降紀述/359
廣東宋元明經籍槧本紀略/2370
廣東俗語考/954
廣東臺山上川房甘氏族譜/180
廣東糖業與馮鋭/214
廣東圖書館藏書樓書目/2375
廣東文物/409
廣東文物特輯/409
廣東文物展覽會出品目録/2351
廣東文獻輯覽/191
廣東現代畫人傳/1559
廣東宣教師夏令會報告書/130
廣東學生赴日考察團報告書/470
廣東菸酒税沿革/709
廣東研究參考資料敘録/409
廣東漁村筆記/518
廣東語辭典/954
廣東造林工作及苗圃設施之實際方法/1676
廣東賑濟/521

廣東之鑒藏家/190
廣告/685
廣告學概論/685
廣告學綱要/685
廣海剿匪辦事處進支數目徵信録/412
廣寒殿記/1366,1974
廣弘明集/122(2),2121,2139
廣集華文/956
廣篋中詞/1233
廣近思録/1906
廣經室文鈔/1772
廣九鐵路旅行指南/382
廣林/2237
廣陵潮/1390
廣陵集補鈔/1048
廣陵散譜/1603
廣陵詩鈔/1043
廣陵詩事/1980
廣陵通典/2272
廣陵先生文集/1082
廣陵小正/2228
廣陵妖亂志/1327,1346,1760
廣論語駢枝/2281,2282
廣名將傳/2009
廣寧縣志/1869
廣清涼傳/1861
廣群芳譜/1635(2)
廣善庸言/129
廣事同纂/1889
廣釋名/1928
廣釋親/2290
廣説文答問/1771
廣嗣要語/1653
廣天籟集/1118
廣田弘毅傳/233
廣西/413(2)
廣西邊務沿革史/413
廣西的軍事建設/810
廣西地層表/1629
廣西地理/414
廣西第三紀及第四紀之淡水螺化石/1631
廣西各縣地方財政統計/495
廣西各縣施政準則/816
廣西建設集評/413
廣西建設應該走的路綫/816
廣西交通問題/671
廣西經濟地理/624
廣西礦産紀要/1630
廣西糧食問題/650
廣西淩雲瑶人調查報告/173
廣西旅行記/414
廣西煤田述要/1682
廣西民團條例章則彙編/817
廣西農林/495
廣西農林設施概要彙編/1676
廣西全省財政説明書/713
廣西人事行政/816
廣西省各縣出入境大宗貨物概況/495
廣西省經濟概況/629
廣西省農村調查/650
廣西省縣行政關係/816
廣西省象縣東南鄉花籃瑶社會組織/507
廣西省政府合署辦公經過概況/817
廣西省志書概況/495
廣西實業調查團專刊/629
廣西特種部族歌謡集/1322
廣西特種教育/878
廣西通志稿/462
廣西統計叢書/494
廣西統計數字提要/495
廣西縣政/817
廣西瑶歌記音/1503
廣西一覽/413
廣西之建設/413
廣西指南/413(2)
廣笑府/2164
廣笑林/1168
廣諧鐸/1494
廣學會書目/131
廣雅/1928,2062
廣雅叢書/1769
廣雅疏證/928(2),1928
廣雅疏證補正/1780,2184
廣雅疏證拾遺/2046
廣雅碎金/1972
廣雅堂駢體文箋註/1115
廣雅堂詩集/1115(2)
廣陽雜記/1862,1994
廣易千文/2103
廣異記/1713
廣藝舟雙楫/1560(2)
廣印人傳/1594
廣右戰功録/1841,2023
廣元遺山年譜/1874
廣韻/940(4),2117
廣韻校勘記/940
廣韻聲系/940
廣韻研究/940
廣知/1715,1719
廣中原音韻小令定格/940
廣州/410
廣州標準音之研究/954
廣州城殘磚録/155
廣州城坊志/410
廣州城市及其馬路全圖/428
廣州大觀/410
廣州定期刊物的調查/2365
廣州兒歌甲集/1322
廣州工商年鑒/629
廣州公社/557
廣州黑社會秘記/517
廣州話指南/954
廣州基督教協和神學校章程/131
廣州記/1342
廣州勞資争議底分析/664
廣州律師公會會員名録/868
廣州淪陷一年實録/410
廣州内幕/410
廣州人物傳/2009
廣州三日記/315
廣州三月二十九日革命史/337(2)
廣州沙基慘案調查委員會報告書/285
廣州商埸年鑒/678
廣州市黨政軍金融機關負責人名單集/814
廣州市第一次展覽會/2351
廣州市電話簿/2357
廣州市附近地質/1628
廣州市國民教育法令輯要/881
廣州市教育局報告書/871
廣州市立第三小學校兒童圖書館概覽/2389
廣州市陸軍在鄉軍官會會員名册/190
廣州市民申報户口須知/815
廣州市人民政府一月來的工作和今後工作/815
廣州市商業調查録/629
廣州市市立第三小學校兒童圖書館概況/2391
廣州市市政概要/815
廣州市政例規章程彙編/815
廣州市自動電話概況/677
廣州事變與上海會議/356
廣州特別市第三小學校兒童圖書館

六周年紀念特刊/2389
廣州武漢革命外交文獻/272
廣州武漢時代革命外交文獻/272
廣州辛亥三月二十九日革命記/337
廣州遊覽小志/1999,2180
廣州之銀業/695
廣州指南/409
廣註古文觀止/1058
廣註詩品/992
廣註王氏續古文辭類纂/1058
廣註文心雕龍　詩品/982
廣註語譯/23
廣宗縣志/432
圭寧君奇遇記/1592
圭山近稿/2213
圭塘欸乃集/1957
圭塘樂府/1214
圭塘小稿/1782
圭齋詞/1214
圭齋集/2130
閨閣豪賭記/1379
閨律/1821,2208
閨墨萃珍/1831,2208
閨秀百家詞選/1226
閨秀詞話/991
閨秀詩話/990(2)
閨中十二曲/1824,2211
龜卜百二十五片/154
龜巢詞/1215
龜巢集/1090
龜川吟草/1161
龜甲文字概論/152
龜經/1345
龜山語録/73,2049
龜台琬琰/1816
龜溪長短句/1208
龜溪二隱詞/1212
龜溪集補鈔/1048
龜溪集鈔/1043
歸安埭溪朱氏支譜世系/1237
歸安陸氏舊藏宋元本書目/2367
歸藏/2194
歸航/1188
歸鴻/1198
歸客與鳥/1466
歸來草堂尺牘/2190
歸來軒遺稿/1116
歸納法和演繹法/82
歸去來兮/1312
歸綏縣志/464
歸田録/1337,1710,1723
歸田詩話/987,1978
歸田瑣記/1863,2331
歸玄恭先生年譜/2184
歸硯録/1644
歸有光文/1093
歸有園麈談/1897
歸愚詞/1218
歸原寶筏/112
歸雲樓題畫詩/1564
歸雲樓硯譜/1591
歸真總義/142
歸震川年譜/227
歸震川全集/1093
歸震川文/2091
歸卒來/207
媿嫿封/1832
癸丑中州罹兵紀略/329
癸亥政變記略/338
癸巳存稿/1897
癸巳類稿/2222
癸巳論語解/1901
癸辛雜識集/2032
癸酉九日掃葉樓登高詩集/1055
鬼巢/1437
鬼董/1330
鬼董狐/1376
鬼谷算命術/99
鬼谷子/54,55,64(3),1738,2044,2120,2138,2216
鬼谷子新註/64
鬼國記/1359
鬼國續記/1359
鬼火/1441
鬼窟藏嬌/1531,1534
鬼山狼俠傳/1518
鬼士官/1522
鬼土日記/1148
鬼與人心/1298
鬼塚志/1763
桂公塘/1023
桂海花木志/1821
桂海集/1136
桂海虞衡志/1330,1733,2062,2180
桂林風土記/1999,2180
桂林梁先生遺書/1126
桂林疏散記/413
桂林田海記/318
桂勝/2055
桂系解剖/799
桂馨室詩鈔/1154
桂學答問/2364
桂隱百課/2060
桂隱詩餘/1214
桂遊半月記/413
桂渝郊外/2338
桂苑筆耕集/1960,2126,2143
桂苑叢談/1327,1346,1715,1756,1989
桂政紀實/816
桂之華軒遺集/1119
桂枝香/1833
貴耳集/1716,1987,2168
貴耳録/2033
貴縣志/462
貴州革命先烈事略/791
貴州經濟/625
貴州經濟地理/625
貴州經濟研究/625
貴州苗夷歌謠/1322
貴州苗夷社會研究/173
貴州全省財政説明書/714
貴州省/416
貴州省保甲概況/817
貴州省苗民概況/174
貴州省試辦貴陽縣土地陳報報告/650
貴州省統計資料彙編/496
貴州下二疊紀之腕足類瓣腮類及腹足類化石/1631
貴族之家/1515
檜庭吟稿/1040
瞶齋稿/2252
棍術科/1613
郭給諫疏稿/1919
郭果爾短篇小説集/1516
郭果爾研究/1516
郭節母廖太夫人清芬録/194
郭靈芬手寫徐江莽詩/1108
郭沫若傳/207
郭沫若創作小説選/1471
郭沫若代表作/1141
郭沫若歸國秘記/207
郭沫若傑作選/1141
郭沫若論/207
郭沫若評傳/207
郭沫若書信/207
郭沫若文集/1024,1141
郭沫若文選/1141
郭沫若小説選/1471

郭沫若選集/1025
郭年伯母陳太宜人九秩開四壽言/208
郭璞倉頡解詁/2075
郭璞三倉解詁/2075
郭璞易洞林/2080
郭璞葬經/101
郭任遠心理學論叢/1638
郭氏傳家易説/1899
郭氏玄中記/2084
郭松齡慘史/1392
郭天錫日記/2055
郭文安公奏疏/2261
渦陽風土記/451
渦陽縣志略/451
國寶新編/1364,1853
國幣葡幣港幣黄金及投資/687
國變難臣鈔/250
國策勘研/300
國策評註讀本/300
國産食物油之分析及其方法之研究、數種著名國産陶料之分析/1624
國産植物染料染色法/1675
國朝詞綜/1232
國朝詞綜二集/1232
國朝詞綜續編/1232
國朝當機録/1768
國朝宫史/320
國朝漢學師承記/45
國朝湖州詞録/1232
國朝金文著録表/2287
國朝金文著録表校記/159
國朝經師經義目録/1891
國朝隸品/1806
國朝詩評/1979
國朝書畫家筆録/1557
國朝文範/2314
國朝文類/1028,2134
國朝先正事略/185
國朝學案小識/44
國朝印識/1594
國朝印識近編/1594
國朝中興名臣手翰/1482
國琛集/1853,2009
國恥録/270
國恥史/273
國恥史要/271
國恥痛史/271
國恥圖/274
國恥小史/271,273
國恥小史續編/273
國初禮賢録/1849
國初群雄事略/1872
國初事跡/1841
國粹與國學/1143
國大競選内幕/1397
"國大"演義/579
國地財政劃分問題/700
國定文存/1178
國都南京的認識/796
國防地理/367
國防地理新論/367
國防教育與各科教學/1697
國防經濟講話/814
國防經濟論/607,1694
國防論/1694
國防前綫外蒙古/418
國防新論/1694
國防與地方行政/802
國防與礦産/1683
國防與農業/637
國防與農業統制/637
國防與外交/832
國防與物資/1694
國防原則之戰争指導/1694
國風樂選/1034
國府還都第二年國民政府施政概況/359
國府還都後的政治情勢/831
國府還都言論集/740
國府還都周年紀念特刊/2350
國府汪主席行述/232
國府組織法研究/739(2)
國父家世源流考/178(2)
國父民初革命紀略/787(2)
國父墨寶/786
國父全集選本/760
國父思想體系述要/762
國父思想研究/768
國父孫先生年譜/231
國父孫中山底歷史哲學/761
國父遺教/760
國父哲學言論輯解/761
國父之大學時代/787
國富論/609
國賦紀略/1916
國共合作的未來/342
國共合作清黨運動及工農運動文鈔/355
國共兩黨抗戰成績比較/579(2)
國共摩擦問題/349
國共談判真相/566
國共問題/349
國故論叢/2348
國故論衡/2345(2)
國故論衡疏證/2345
國故談苑/2346
國故新探/2345(2)
國故學討論集/2345
國畫研究/1558
國會圖書館攝製北平圖書館善本書膠片/2374
國貨鑒/655
國貨特刊/655
國技論略/1612
國際裁判常設法庭規約/835
國際常識辭典/602
國際代表在中國黨第六次大會上的政治報告/504
國際代表在中國共産黨第六次全國代表大會上的報告和結論/562
國際法/837
國際法 ABC/837
國際法大綱/838
國際法典/838
國際法發達史/837
國際法庭/836
國際法庭規約/835
國際法新論/838
國際紛争與國際聯盟/825
國際公法論/838
國際公法與國際關係/837
國際公法原論/837
國際公法之將來/837
國際公法之新發展/838
國際關係論/829
國際航空公法/838
國際貨幣論集/689
國際貨幣制度之檢討/689
國際經濟地理/614
國際經濟概論/631
國際經濟戰略/609
國際經濟政策/615
國際競争中之滿洲/387
國際空戰法規論/839
國際勞工大會通過公約草案及建議書/660
國際勞工組織概要及其與中國之關係/660
國際勞工組織與中國/660

國際立法條約集/825
國際聯合會調查團報告書/836,837
國際聯合會盟約/837
國際聯合會一九三八年九月所通過於中日争議之決議案及報告書/836
國際聯合會於一九三九年一月及五月所通過關於中日争議之決議案/280
國際聯合會與國際紛争/836
國際聯合會之目的及其組織/836
國際聯盟調查團報告書/341
國際聯盟調查團對於中日問題報告書節要/837
國際聯盟概況/836
國際聯盟十年記/836
國際聯盟研究/836
國際貿易論叢/680
國際貿易統計上之貨物名目及分類/680
國際情報内幕/528
國際情報史/529
國際商事法論/858
國際商業政策史/679
國際社會運動小史/530
國際時人傳/192
國際視綫下的中日戰争/352
國際司法問題/840
國際私法/839(3)
國際私法大綱/142
國際私法典/839
國際私法論/839
國際私法商事編/858
國際私法之理論與實際/839
國際訴訟條約/833
國際條約大全/824
國際條約分類輯要/825
國際條約要義/824
國際通訊的機構及其作用/2393
國際文學/917
國際問題的縱横面/830
國際問題講話/241,581
國際問題經濟的觀察/581
國際問題研究法/829
國際現勢讀本/819,820
國際現勢與抗戰前途/834
國際新局面/820
國際新聞辭典/819
國際郵政互換包裹協約/676
國際輿論初集/359
國際與中國/829
國際語運動/2113
國際雲圖節略/1629
國際運動發達史/555
國際掌故/240
國際政治参考地圖/830
國際政治及中國革命根本問題/715
國際政治經濟一覽/725
國際智識合作運動史/836
國際組織概要及其技術問題/836
國家/718
國家建設原理/729
國家論及其他/499
國家社會主義/722
國家與革命/533
國家至上/1312
國家主義/722
國家主義概論/723
國家主義講演集/722
國家主義教育學/885
國家主義論文集/724
國家主義淺説/723
國家主義與世界潮流/724
國家總動員/740,1689
國家總動員法淺釋/740
國家總動員要義/740
國劇場面圖解/1605
國劇身段譜/1608
國劇學會圖書館書目/1245
國劇運動/1248
國劇韻典/1246
國庫制度之研究/704
國老談苑/1744,1795,1986,2168
國力之源/778
國立北京大學四十周年紀念論文集/2351
國立北京大學圖書館方志目/362
國立北京大學五十周年紀念會展覽概要/901
國立北京大學五十周年紀念論文集/2351
國立北京大學學則/902
國立北京圖書館由滬運回中文書籍金石拓本輿圖分類清册/2374
國立北平故宫博物院二十八年工作報告/2353
國立北平故宫博物院二十七年工作報告/2353
國立北平故宫博物院十一周年紀念文獻論叢/2352
國立北平師範大學一覽/902
國立北平圖書館、故宫博物院圖書館滿文書籍聯合目録/2374
國立北平圖書館博野蔣氏寄存書目/2383
國立北平圖書館藏碑目/2390
國立北平圖書館方志目録/362
國立北平圖書館概況/2390
國立北平圖書館國立西南聯合大學合組中日戰事史料徵輯會工作報告/351
國立北平圖書館排印卡片目録/2374
國立北平圖書館善本叢書/1784
國立北平圖書館善本書目/2367
國立北平圖書館善本書目乙編/2367
國立北平圖書館善本書目乙編續目/2367
國立北平圖書館善本書裝箱書目/2374
國立北平圖書館書目/2374
國立北平圖書館特藏清内閣大庫新購輿圖目録/424
國立北平圖書館圖書展覽會陳列目録/2374
國立北平圖書館圖書展覽會目録/2374
國立北平圖書館戲曲音樂展覽會目録/2374
國立北平圖書館輿圖版畫展覽目録/416
國立北平圖書館輿圖部概況/2390
國立北平圖書館中文輿圖目録/362
國立北平圖書館中文輿圖目録續編/362
國立北平研究院史學研究會歷史組史部書目稿/297
國立編譯館工作概況/743
國立奉天圖書館概況/2390
國立各院校投考手册/893
國立廣東大學法科畢業學生同學録/904
國立廣東大學演講録/905
國立江蘇醫學院十周年紀念特刊/903
國立清華大學工學院機械工程系概況/902
國立清華大學圖書館叢書子目書名索引/2362
國立清華大學圖書館中文書目/2377
國立清華大學校務進行計劃大綱/

902
國立清華大學一覽/901
國立社會教育學院概況/903
國立臺灣大學概況/904
國立同濟大學概覽/904
國立武漢大學一覽/903
國立西南聯合大學工學院各系科學程上課時間表/905
國立西南聯合大學學生分院系名册/905
國立學校教職員戰時生活補助辦法暨施行細則/888
國立政治大學簡明概況/901
國立中等學校教職員支薪及獎勵法規/888
國立中山大學二十一年度概覽/905
國立中山大學廣西瑶山採集隊採集日程/414
國立中山大學圖書館概覽/2391
國立中山大學圖書館中日文圖書目録/2378
國立中山大學圖書館中文古書分類目録/2378(2)
國立中山大學現狀/905
國立中山大學學生須知/905
國立中山大學一覽/905
國立中山大學戰地服務團工作第一年/351
國立中央大學國學圖書館小史/2390
國立中央大學圖書館分類大全/2388
國立中央大學圖書館圖書目録/2378
國立中央大學圖書館中文圖書編目規則/2387
國立中央圖書館藏官書目録/2373
國立中央圖書館藏期刊目録/2373
國立中央圖書館籌備之經過及現在進行概況/2390
國立中央圖書館入藏呈繳圖書目録/2373
國立中央圖書館善本書目初稿/2373
國立中央研究院歷史語言研究所發掘安陽殷墟之經過/166
國立中央研究院歷史語言研究所集刊/1634
國立中央研究院氣象研究所概況/1629
國立中央研究院社會科學研究所集刊/489(3)
國聯報告書及其批評/280
國聯調查團報告書/837
國聯調查團與各方言論/837
國聯工程專家考察水利報告書/1685
國聯行政院關於東案之決議/281
國聯行政院及大會關於中日事件之決議/281
國民參政會/754(2)
國民大會/755,852
國民大會參考資料/755
國民大會代表對於中華民國憲法草案發言記録/850
國民大會代表立法院立法委員監察院監察委員選舉程式/726
國民大會代表提案勘誤表/755
國民大會代表提案目録/755
國民大會代表提案原文/852
國民大會代表在京通信地址表/755
國民大會會議紀録/755
國民大會録/755
國民大會特輯/755
國民大會與憲政手册/850
國民大會制度論述/756
國民大會組織法　國民大會修正代表選舉法　國民大會修正代表選舉法施行細則/755
國民黨的綏靖政策/361
國民黨反動派對日妥協投降總賬/351
國民黨交通警察初步調查/529
國民黨六届中委各派名單/794
國民黨叛國投敵要員概觀/577
國民黨統治區的災荒和苛捐雜稅/703
國民黨統治區民主婦女運動/515
國民道德論/94
國民反共智識叢書/533
國民防空常識圖説/1707
國民防空之基礎知識/1706
國民革命北伐成功史/339
國民革命的危機和我們的錯誤/783
國民革命軍戰史/355
國民革命與國民黨/779
國民革命與農村問題/638
國民革命與中國國民黨/779(2)
國民革命中之民團問題/816
國民工役/663
國民共濟策/524
國民會議國際問題草案/832
國民會議實録/754
國民會議宣言決議案宣傳集/754
國民會議與蘇維埃/558
國民教師手册/872(2)
國民教育/896,897(2)
國民教育法規彙編/879(2)
國民教育新論/897
國民經濟調查初步研究/711
國民經濟建設運動/621
國民經濟建設之基礎/613
國民經濟建設之途徑/607
國民精神總動員/783
國民精神總動員辨歧/783
國民精神總動員綱領及其實施辦法/783
國民精神總動員應用的認識/77
國民精神總動員運動/357
國民精神總動員之理論與實施/795
國民軍革命史/1689
國民軍革命史初稿/1689
國民軍甲子革命/339
國民軍事學/1698
國民立身訓/94
國民淺訓/2306
國民所得概論/612
國民體育訓練與實施/1611
國民修養全書/89
國民政府兵工計劃大綱/772
國民政府財政部法規彙編/744
國民政府財政概況論/743
國民政府第二屆高等考試始末記/753
國民政府奠都南京以來鹽務整理之概況/745
國民政府奠都南京以來主要事業之進步/493
國民政府法規彙編/731
國民政府法令大全/731
國民政府公佈區鄉鎮制/727
國民政府還都周年紀念册/352
國民政府暨五院組織法/740
國民政府建國大綱/772
國民政府救濟水災委員會報告書/522
國民政府救濟水災委員會察勘各區工程備覽/524
國民政府軍事委員[會委員]長南昌行營處理剿匪省份政治工作報告/815
國民政府任命文武官一覽表/752
國民政府司法例規/751(2)
國民政府司法例規補編/751
國民政府田賦實況/708

國民政府文官處圖書館圖書目録/2373
國民政府現行法規/730
國民政府現行公文程式詳解/1478
國民政府新公文新法令編/730
國民政府應付内債本息統計表及説明/712(2)
國民政府政綱之理論與實施/2350
國民政府政治總報告/741
國民政府之統一廣東政策與反革命勢力/339
國民政府組織法研究/739,740
國民字課圖説/958
國名疏故/268
國内幣制改革與工商業/691
國内近十年來之宗教思潮/130
國内經濟崩潰與中國工商業/617
國内戰争六講/722
國難記/281
國難講演集/1489
國難期内的政治主張/214
國難痛史資料/282
國難文存/340
國難文學/1027
國難須知/281
國旗飄揚/1298
國慶紀念的認識/771
國慶特刊/740
國人皆曰——漢奸汪精衛/741,759
國山碑考/1813,1950
國殤/1295
國聲集/1145,1320
國史補/1740,1756
國史大綱/296
國史大事表/259
國史貳臣表/2191
國史概論/291
國史經籍志/1881
國史考異/2023
國史儒林傳敘録/2052
國史通略/293
國史研究六篇/296
國史要義/261
國史異纂/1736
國事痛/577
國事諍言/2340
國術大全/1612
國術概論/1611
國外匯兑之理論與實務/697
國文/957
國文成語辭典/963
國文大義/978
國文讀本/1057,1060
國文法表解/947
國文法草創/950(2)
國文法綱要/951
國文法之研究/951
國文故事選讀/1502
國文講話概説輯/974
國文講義/959
國文教學/975
國文評選/956
國文文法/947
國文新課本/957
國文學/959
國文自修讀本/959
國文自修書輯要/974
國文作法/975
國憲綱目/849
國憲修正論/861
國秀集/1035,2133
國學筆談/2312
國學必讀/959
國學常識/2346,2348
國學常識答問/2346
國學常識答問正續編/2346
國學常識三百問答/2347
國學常識述要/2347
國學常識問答/2347,2348
國學叢論/2348
國學叢談/2348
國學大綱/2346,2347
國學導讀/2346
國學發微/2316
國學概論/2345(7),2346,2347,2348(2),2349(2)
國學概論講話/2345
國學概論新編/2345
國學概要/2348
國學綱要/2348,2349
國學彙編/2159,2348(2)
國學蠡酌/1127
國學論文索引/2365
國學論文索引三編/2365
國學論文索引四編/2365
國學論文索引續編/2365
國學入門/2347,2348
國學入門書要目及其讀法/2308
國學書目舉要/2364
國學四十講/2347
國學文庫/2161
國學文選類纂/2349
國學問答/1128(2)
國學問題五百/2348
國學研究/2347
國學研究法/2347
國學研究會演講録/2348
國學要籍舉目/2364
國學一勺/2348
國學用書舉要/2364
國學用書類述/2364
國學運動大綱/2347
國學珍本文庫/2163
國學指導二種/2364
國學治要/2346
國學纂要/2347
國雅品/987
國藥業須知/685
國音白話註學生詞典/961
國音邦永速記術/961
國音常用字彙/943
國音分韻常用字表/943
國音基本學習表/943
國音小檢字/944
國音新檢字/944
國音新教本/943
國音新詩韻/942
國音學講義/944
國音學生字典/962
國音學生字彙/965
國音沿革/936
國音沿革六講/938
國音字典/963
國音字彙及電碼書/961
國音字母表/943
國音字母教案/945
國音字母書法體式/943
國音字母演進史/944
國營事業的範圍問題/653
國營事業論/652
國營招商局七十五周年紀念刊/676
國語/132,299(2),300(4),957,959,2014,2036,2117,2136
國語補音/2214
國語成語大全/966
國語詞典/964
國語辭典/965
國語發音學/941,943
國語概論/953
國語國策精華/299

國語會話/944,952
國語集解/299
國語校文/2272
國語教學法講義/959
國語解/936
國語精華/299,2093
國語留聲片課本/953
國語羅馬字/944,945
國語羅馬字拼音法普通教本/945
國語羅馬字入門/945
國語羅馬字聲調拼法表/946
國語羅馬字與威妥瑪拼法對照表/946
國語拼音辭彙/946
國語評註讀本/300
國語普通詞典/964
國語聲調研究/952
國語四千年來變化潮流圖/925
國語韋解補正/299
國語文典/948
國語文法/948,949(2)
國語文法概要/948
國語文法綱要六講/948
國語文法嚮導/947
國語文法與國文文法/947
國語文類選/1062
國語文修辭法/948
國語文選/1062
國語文學史/1004,1005
國語文作法/977
國語問題/925
國語詳註/299
國語信號/944
國語修辭學/973
國語虛字用法/949
國語學草創/938
國語學大綱/974
國語學生字典/963
國語翼解/1778
國語遊戲/944
國語運動史綱/953
國語正音字典/943
國語指南/953
國語註音符號/943
國語註音符號叢書/943
國語註音符號發音法/945
國語註音符號發音指南/945
國語註音符號拼音法/943
國樂新聲/1604
國粵音對照速解字彙/954
國債與金融/712
國子監訪問記/901
馘闒小史/1767
果贏轉語記/2221
果蔬/1936
果樹園藝學/1676
過庵遺稿/1781
過渡/1449
過渡及其演出/1295
過渡時代/1420
過渡時代之思想與教育/885
過關/1294
過海大師東征傳/1399
過江七事/251
過來的時代/918
過去集/597,1438
過去三十五年中之中國國民黨/785(2)
過庭録/1733,1989
過五關/1375
過墟志感/1825
過宜言/2232

H

哈代評傳/1514
哈佛大學中國學生會提案/906
哈佛燕京圖書館藏零散檔案資料/2389
哈佛燕京圖書館藏名人親筆信件/1487
哈佛燕京圖書館藏社團資料/516
哈佛燕京圖書館檔案 1928—1965/2389
哈密志/419
哈乞開斯機關槍操法/1702
海濱故人/1448
海濱外史/1878
海濱文集/1147
海藏癍論萃英/1648,1939
海藏老人此事難知/1647
海藏類編醫壘元戎/1647
海藏樓詩/1126
海藏陰證略例/1647
海槎餘録/1332,1854
海昌叢載/2224
海昌二妙集/1610
海潮説/1813,1935
海潮音文庫/110
海城陳氏三代懿行録/186
海城縣志/430
海島上/1442
海島算經/1933
海道經/1842,2100
海道經附録/1997
海底夢/1501
海東金石苑/169
海東日札/2299
海東逸史/252,2233
海東諸國紀/470
海風/1426
海豐農民運動/633
海浮山堂詞稿/1256
海剛峰集/1974
海關常關地址道里表/746
海關權與民國前途/682
海關稅務紀要/682,746
海關通志/682
海國春秋/1396
海涵萬象録/1800,2234
海軍部所屬各機關編制表/750
海軍法規彙編/750
海軍服製圖説/749
海軍江南造船所工作報告書/1705
海軍抗戰事跡/343
海軍評論文集/1706
海軍全軍職員録/750(2)
海軍生活/1706
海軍實紀/333
海軍總長程君碑/159
海寇議/1844
海陵金石略/168

海龍縣志/430(2)
海陸豐赤禍記/559
海陸豐平共記/640
海陸空軍聯合應用戰術/1698
海録/2006
海録註/246
海内十洲記/1325,1342,2062
海南島/412
海南島地理/413
海南島工礦業及其計劃/655
海南島旅行記/412
海南島漫遊記/384
海南島新志/412
海南島之産業/411
海南島之現狀/411
海南島志/412
海南土歌集/1322
海南心影/411
海寧渤海陳氏著録/2371
海寧三家詞/1216
海寧王静安先生遺書/2285
海寧鍾符卿先生實政記/223
海寧州志稿/457
海鷗小譜/1817,2210
海漚集/1148
海僑春傳奇/1282
海樵子/52,1801
海曲詩鈔/1067
海山記/1347,1726,1757,2063
海山奇遇/127
海珊詩鈔/1103
海商法論/859
海商法釋義/861(2)
海商法新論/859
海上詞/1137
海上二大名家畫譜/1586
海上風雲/1433
海上光復竹枝詞/1183
海上國際法/835
海上花列傳/1390
海上嘉月樓詩稿/1125
海上墨林/1557
海上篇/2267
海上蜃樓/1393
海上詩存/2260
海上述林/546
海上談魂録/1378
海石子/1804
海石子内外篇/1905
海市集/983
海粟樓詞/2243
海粟油畫/1589
海棠譜/1737,1799,1831,1936
海棠仙/1269
海濤集/1154
海天集/902
海天情孽/1529
海天詩話/2059
海外傳説集/1499
海外黨員手册/775
海外的感受/246
海外的鱗爪/1169
海外的情調/1427
海外二筆/246
海外工讀十年紀實/219
海外怪洋記/1359
海外吉金録/2296
海外吉金圖録/162
海外寄霓君/1486
海外見聞録/2343
海外社論選編/780
海外拾遺/1527
海外慟哭記/314,2055
海外問題言論選輯/821
海外軒渠録/1520
海外印象記/2338
海外雜筆/246
海外貞珉録/2296
海外中國銅器圖録/162
海王村所見金石書畫記/2359
海王村所見書畫録/1557
海味索隱/1366
海西草堂集/1132
海西草堂題畫詩/1564
海綃説詞/1205
海嘯/1030
海星/1197
海行雜記/480
海鹽畫史/1558
海鹽張氏涉園藏書目録/2383
海燕的歌/1183
海豔/1469
海野詞/1218
海夜歌聲/1183
海沂子/1801
海印樓集文稿/2262
海虞畫苑略/1545
海虞畫苑略補/1545
海虞詩話/998
海源閣宋元秘本書目/2367
海岳名言/1539,1741,1797,
1951,2215
海岳題跋/2032,2215
海嶽行吟草/2219
海嶽志林/1952
海雲禪藻集/1069
海雲閣詩鈔/1121
海運編/1843
海運法/859
海運新考/1766
海運摘鈔/315
海藻/1067
海藻酸化學成分之研究/1624
海騷冶遊附録/1838
海騷冶遊録/1369,1838
海騷冶遊餘録/1838
憨山老人年譜自敘實録疏/2264
含光石室詩草/1117
含嘉室詩集/1119
含經堂藏書目/2382
含中集/1868
邯鄲縣志/435
函青閣金石記/150,1865
函雅廬詩稿/1137
函雅廬文稿/1137
涵芬樓古今文鈔簡編/1058
涵芬樓古今文鈔小傳/1000
涵芬樓秘笈/1877
涵芬樓文談/2337
寒碧詩/1135
寒傖的歌/1183
寒翠詞/1239
寒風集/783
寒灰集/1438
寒笳/1178
寒蛩詩稿存/2159
寒柯堂詩/1185
寒緑吟草/1180
寒牡丹/1519
寒木居詩鈔/2033
寒檠膚見/1361
寒瓊遺稿/1139
寒山留緒/2257
寒山社詩鐘選/1055
寒山詩/2122
寒山詩集/2089
寒山拾得詩/110
寒山寺志/379
寒山堂金石林時地考/1950
寒山志傳/1782

寒山帚談/1542
寒山子詩/2140
寒山子詩集/1073
寒瘦山房鬻存善本書目/2367
寒松閣詞/1226
寒松閣談藝瑣録/1559,2226
寒松閣題跋/1549,2190
寒松堂集/1975
寒松堂詩集/1968
寒桃記/1519
寒廳詩話/995
寒秀草堂筆記/1897
寒鴉集/1198
寒夜叢談/2184
寒夜集/1424
寒夜録/1993,2200
寒夜曲/1295
寒衣曲/1500
寒雲日記/216
寒雲手寫所藏宋本提要廿九種/2369
韓邊外志/2301
韓昌黎、孟東野詩/2094
韓昌黎集/1076
韓昌黎全集/1076
韓昌黎詩全集/1076
韓昌黎文/2092
韓非的法治思想/719
韓非子/53,56,719(3),1732,2044,2119,2137
韓非子參考書輯要/719
韓非子法意/719
韓非子集解/720(2)
韓非子校釋/719
韓非子校正/1883
韓非子斠補/2318
韓非子精華/2093
韓非子考證/719
韓非子顯學篇釋義/2308
韓非子研究/719
韓奉議鸚歌傳/1359
韓國/470
韓翰林集/2248
韓集箋正/1076
韓集註補/1778
韓柳文研究法/974,1076
韓旅長斗瞻遺跡/1166
韓山人詞/1215
韓詩/2045
韓詩故/1106
韓詩内傳/2072
韓詩外傳/14(2),1741,1748,1857,1902,2116,2135
韓詩外傳補正/14
韓詩外傳疏證/1754
韓詩外傳校註/2219
韓詩遺説/1806,1956
韓詩臆説/992
韓氏三禮圖説/1779,2183
韓氏山水純全集/1952
韓氏詩外傳/2025
韓氏書目/2381
韓世忠年譜/198
韓樹園先生遺詩/1134
韓魏公集/1083,1972
韓魏公事/1735
韓魏公遺事/1735
韓文公集點勘/999
韓文考異/1076
韓文類譜/1076
韓信歷史演義/1396
韓愈/197
韓愈及其古文運動/1008
韓愈文/1076
韓愈文讀/1076
韓愈志/1076
韓忠獻别録/1710
韓忠獻公遺事/1794,2011
韓忠獻遺事/2169
汗簡/934
汗簡箋正/1771
汗漫集/378
旱稻政策/1674
旱雷製作問答録/1681
旱災/1459
漢碑徵經/1772
漢濱集/2217
漢濱詩餘/1209
漢丞相諸葛忠武侯傳/195,2048
漢代詞賦之發達/999
漢代古文考/1779,2183
漢代婚喪禮俗考/508
漢代壙磚集録/1599
漢代老學者考/58
漢代學術史略/42
漢當研室詩鈔/1182
漢賦之史的研究/999
漢宮春色/1823,2207
漢宮秋/1261
漢故穀城長蕩陰令張遷表頌集釋/195
漢官/1917,2084
漢官典職儀式選用/1918
漢官解詁/1917
漢官舊儀附補遺/1917
漢官儀/1918,1954
漢和民族之關係/171
漢和圖書分類法/2385
漢滸金石小記、漢口竹枝詞、一夢緣三種合刊/1785
漢籍分類目録/2385
漢季方鎮年表/257
漢家煙塵/1419
漢奸/1169
漢奸的子孫/1293
漢奸劊子手曾國藩的一生/205,206(3)
漢奸秘聞/187
漢奸水滸傳/213
漢奸汪精衛/213
漢晉春秋/2016
漢晉春秋輯本/1777,2016
漢晉石刻墨影/156
漢晉書影/2359
漢晉西陲木簡彙編/164
漢晉學術編年/43
漢舊儀附補遺/1917
漢劇/1288
漢口慘殺案/355
漢口大水記/400
漢口市政報告/810
漢禮器制度/1917
漢林四傳/1995
漢律考/843
漢律摭遺/2271
漢孟孝琚碑題跋/158
漢名人傳/184
漢南春柳詞/1225
漢南春柳詞鈔/1029
漢鐃歌十八曲集解/1953
漢鐃歌釋文箋正/1604
漢泉漫稿/1879
漢泉樂府/1213,1230
漢儒傳經記/2219
漢儒傳易源流/9
漢上易傳/9
漢上易集傳/2213
漢射陽石門畫象彙考/1951
漢師傳經表/2292
漢詩研究/993
漢詩總説/997

漢石經碑圖/7
漢石經殘石集/8
漢石經殘字考/1887
漢石經考異補正/1871
漢石例/1981
漢史氏述/321
漢事會最人物志/2010
漢書/249
漢書辨疑/1773,1888
漢書補註/302
漢書補註補正/302
漢書地理志稽疑/1997,2231
漢書地理志水道圖説補正/302
漢書讀/2240
漢書及補註綜合引得/302
漢書精華/2092
漢書人表考/302,1773,2015
漢書人表考校補/1773,2015
漢書食貨志/302,1916
漢書疏證/302
漢書瑣言/2271
漢書唐寫本/2155
漢書西域傳補註/1773,2099
漢書揚雄傳/2156
漢書藝文志方技補註/1645
漢書藝文志講疏/2363(2)
漢書藝文志舉例/2363
漢書藝文志拾補/2361
漢書藝文志條理/2361
漢書藝文志問答/2363
漢書藝文志諸子略考釋/2309
漢書音義/1811
漢書札記/302
漢書正誤/302
漢書註校補/302,1773,2016
漢宋學術異同論/2316
漢堂詩鈔/1164
漢堂文鈔/1164
漢銅印叢/1593
漢衛宏漢舊儀/2085
漢魏碑考/1857
漢魏博士考/2183
漢魏博士題名考/2283,2287
漢魏叢書/1857
漢魏晉宋五言詩選集註/1031
漢魏樂府風箋/1034
漢魏兩晉南北朝佛教史/124(2)
漢魏六朝名家集/1015
漢魏六朝墓銘纂例/1981,2153
漢魏六朝女子文選/1060
漢魏六朝詩選/1034
漢魏六朝文/1060
漢魏六朝文繡/1026
漢魏六朝文繡續鈔/1026
漢魏六朝文學/1008
漢魏六朝樂府文學史/1008
漢魏六朝韻譜/941
漢魏六朝塚墓遺文圖録/157
漢魏六朝專家文研究/999
漢魏六朝專文/155
漢魏小説採珍/1368
漢文萃珍/1059
漢文典/949
漢文學史綱要/2320,2323
漢武帝/195,303
漢武帝別國洞冥記/1719
漢武帝内傳/1339,2010,2152
漢武故事/1325,1892,2063,
2165,2195
漢武梁祠畫像録/156
漢武梁祠堂石刻畫像考/156
漢武氏石室畫像題字補考/156
漢武障塞考/303
漢西京博士考/2007
漢熹平石經殘字/147,159
漢熹平石經殘字集録/8(3),2297
漢熹平石經殘字譜/8
漢熹平石經集録續補/2295
漢孝武故事/1733
漢孝武内傳/1892
漢學師承記/41,45(2),2007
漢延熹西嶽華山碑考/1950
漢延熹西嶽華山廟碑續考/158
漢楊君石門頌　漢堂溪石闕銘/1569
漢藥良劣鑒別法/1658
漢藥研究綱要/1658
漢儀/1917
漢譯東西洋文學作品編目/910
漢譯古蘭經/141
漢譯科學大綱/1616
漢譯日本口語文典/1504
漢譯日本口語文法教科書/1504
漢譯世界語小辭典/908
漢譯統計名詞/491
漢譯英文歷代日本人名録/233
漢印文字類纂/1598
漢印文字徵/164
漢英大辭典/968
漢英大辭典續編/968
漢英現代軍事辭典/1688
漢英新辭典/968(2)
漢語詞類/936
漢語語法論/946
漢園集/1023
漢雜事秘辛/1340,1368,1818,
2030,2207
漢藏佛教關係史料集/120
漢張遷碑/1575
漢趙記/2018
漢徵引釋/2330
漢志水道疏證/1773,1996
漢志諸子略各書存佚真僞表/2309
漢制考/2026
漢中士女志/1342
漢字ノ四隅番號化檢字法/965
漢字辨正/960
漢字改革/935
漢字問題/935
漢字形位元排檢法/961
漢字之優點與缺點/927
翰林記/1918
翰林楊仲弘詩/2130
翰林要訣/1545
翰林院舊書目録/2371
翰林志/1744,1794,2166
翰墨志/1554,1737,1797,1951
翰苑/1869
翰苑卷第三十/2156
翰苑英華中州集/1036,2134
瀚海盆地/416
杭川新風雅集/1068
杭縣良渚鎮之石器與黑陶/168
杭州/406
杭州導遊/406
杭州府志/455
杭州會議中的滿洲問題/278
杭州市公安局感化習藝所特刊/524
杭州市經濟調查/628
杭州市經濟之一瞥/628
杭州市十九年份社會經濟統計概要/
628
杭州市市立兒童圖書館圖書目録/
2377
杭州市土地分類統計/648
杭州市徵收地價税估定地價一覽/
648
杭州雜著/2300
航海少年/1521
航空常識/1706
航空常識問答/1706

航空的常識/1707
航空發動機學/1706
航空法大要/838
航空概論/1708
航空氣象概要/1629
航空生活/1707(2),1708
航空學理論與實際/1706
航空用語辭典/1687
航空與防空/1706
航空與國防/1708
航空戰術講授録/1708(2)
航綫/1434
航業與航權/675
航業政策/675
航運/675
蒿庵集捃佚/1793
蒿庵閒話/1862,1896
蒿盦詞/1226
蒿盦類稿/1117(2)
蒿盦論詞/1204
蒿里遺文目録/158
蒿里遺文目録續編/2294
蒿里遺珍/151
蒿里遺珍拾補/145
豪譜/1988
豪異秘纂/1727
壕山大戰/1370
好人家/1445
好紗織好布/1288
好事近/1298
郝雪海先生筆記/1908
好古堂家藏書畫記/1546,1949
好古堂書目/2381
昊天塔/1264
浩歌堂詩鈔/1137
浩氣吟/1846,1968
浩然齋視聽鈔/1721
浩然齋雅談/1201,1977
浩然齋意鈔/1721
號角聲里/1466
號角在哭泣/1183
禾廬詩鈔/1130
禾廬新年雜詠/1130
合肥詞鈔/1232
合肥詩話/990
合肥執政年譜初稿/232
合汗衫/1261
合河政紀/444
合歡草/1528
合江縣志/449
合理化問題/683
合同文字/1262
合陽南渠西馬氏宗譜傳記/180
合衆圖書館叢書/2190
合作法令輯要/857
合作概要/668
合作講義/1673
合作金庫章則彙編/670
合作金融概論/668
合作經濟論/668
合作農場法令/670
合作劵研究資料/669
合作商店實施法/668
合作事業/667
合作事業工作概況/669
合作事業與合作農場/1673
合作行政/667
合作學發凡/668
合作研究集/667
合作與經濟建設/667
合作與主要經濟問題/668
合作原理比較研究/668
合作原論/668
合作運動發展史論/668
合作運動宣傳綱要/668
合作指導人員手册/668
合作制度/727,2110
合作組織與戰後救濟/667
何北山先生遺集/1962
何博士備論/1921,2097
何承天纂文/2075
何承天纂要文徵遺/2045
何大復先生年譜/2196
何典/1388(2)
何法盛晉中興書/2082
何海鳴説集/1401
何翰林集/1021
何君鴻烈紀念册/204
何禮部集/1021
何魯文鈔/1189
何孟雄意見書/357
何暖叟日記/2054
何上將抗戰期間軍事報告/344
何詩孫手書詩稿/1122
何時總反攻/2337
何氏世系源流家譜/178
何水部集/1073
何太僕集/2254
何妥周易講疏/2071
何謂文學/1194
何文秀寶卷/1314
何仙姑寶卷/1314
何子貞書廖夫人墓志/1575
何總長應欽講抗戰第六年之軍事/773
何總長應欽言論選集/773
和靖集補鈔/1047
和靖詩鈔/1042
和靖詩集/1080
和林金石考/2192
和林金石録/2294
和平的夢/1435
和平反共建國文獻/352(2),759
和平建國與國民黨/780
和平建國之路/739
和平民主的道路/564
和平民主統一方案/756
和平民主新階段的指針/564
和平與戰争/835
和平之條件/243
和聲與制曲/1603
和詩選/1199
和順縣志/443
和議與組府/780
和運史話/781
河北博物院民國二十三年度工作會計報告/2353
河北棉花之出產及販運/638
河北民政統計/493
河北省各縣普通教育概覽/880
河北省工業試驗所報告書/1682
河北省公署二周年施政紀要/807
河北省公署三周年施政紀要/807
河北省公署一周年施政紀要/807
河北省公署職員録/807
河北省立第一圖書館書目/971
河北省立農學院一覽/902
河北省立女子師範學院圖書館指南/2387
河北省立女子師範學院圖書館中文圖書分類目録/2377
河北省立女子師範學院圖書館中文圖書分類目録續編/2377
河北省良鄉縣事情/392
河北省臨時參議會第一次大會會刊/807
河北省棉産調查報告/658
河北省南運河下游疏浚委員會報告書附録/375
河北省農田水利委員會第三屆成績

書/1686
河北省清苑縣事情/392
河北省私立同仁中學新計劃概要/902
河北省綏靖實驗區工作實況/807
河北省圖/426
河北省宛平縣事情/392
河北省現行教育法規輯要/880
河北省縣長考試委員會彙刊/807
河北省縣政建設研究院定縣實驗區工作概略/808
河北省徐水縣事情/392
河北省正定縣事情/391
河北省政府法規彙編/807
河北省政府法規類編/807
河北省政府建設廳調查報告/807
河北省政府教育廳行政輯要/880
河北省治市縣沿革志略/432
河北通志/432
河邊/1466
河冰解凍的時候/1183
河東君傳/199,1825
河東先生集/1077,2126,2143
河東先生集傳/1077
河東先生龍城録/1794
河防記/1943
河防通議/1943
河防通議、至正河防記合刻/374
河防一覽/374
河防雜著/2279
河汾旅話/2035
河汾諸老集/1066
河汾諸老詩集/1958,2134
河工方略/1685
河工器具圖説/373
河工討論會議事録/376
河海崑崙録/420
河洛讖/1909
河洛理數/100
河南、湖北、安徽、江西四省棉産運銷/658
河南財政説明書/701
河南程氏遺書/73
河南分縣詳圖/427(2)
河南果品出産表/1676
河南吉金圖志剩稿/162
河南集/2035
河南監獄志稿/865
河南金石志圖/166
河南開封府花枷良願龍圖寶卷全集/1314
河南穆公集/2126,2144
河南全省財政説明書/713
河南邵氏聞見後録/1986
河南邵氏聞見録/1337,1368
河南邵氏聞見前録/1986
河南省地丁銀目録/707
河南省公署辦事細則/808
河南省農村調查/645
河南省區縣沿革簡表/394
河南石器時代之著色陶器/1633
河南食糧出産表/1676
河南蔬菜出産表/1675
河南特用作物出産表/1675
河南通志/440
河南同官録/752(3)
河南圖書館藏石跋/156
河南圖書館藏石目/156
河南圖書館藏書總目/2376
河南先生集/2144
河南先生文集/2127
河南現代名人録/189
河渠紀聞/1686
河朔古跡圖識/441
河朔新碑目/166
河溯訪古隨筆/166
河套圖考/2247
河套圖志/464
河童/1507
河圖/2076
河圖帝覽嬉/1909,2077
河圖稽命徵/2077
河圖稽耀鉤/1909,2077
河圖絳像/1909
河圖括地象/1909,2077
河圖祿運法/2077
河圖聖洽符/2080
河圖始開圖/1909,2077
河圖挺佐輔/1910,2077
河圖緯/1910,2077
河圖握矩記/1910,2077
河圖玉版/1910,2077
河圖雜緯篇/1910
河西見聞記/396
河徙及其影響/374
河陰縣志/441
河源紀略/373
河源紀略承修稿/1996
河源記/1996
河源志/1728
河嶽英靈集/2133
河莊詩鈔/2225
核桃木/1676
盍簪書屋遺詩/1110
荷法遠東殖民地行政/821
荷花/1167
荷花蕩/1277
荷花淀/1407,1422
荷香館瑣言/1783
荷心/1169
荷印法律指南/866
荷印華僑經濟志/822
荷印之茶業/656
荷牐叢談/313
荷屬東印度地理/475
荷屬東印度概況/475
荷屬東印度見聞雜記/475
荷屬東印度歷史/475
荷屬馬來西亞/475
荷屬南洋史地補充讀本/475
闔澳各界籌賑兩廣水災委員會徵信録/524
闔第光臨/1302
鶡冠子/53,55,64(3),2120,2138,2216
鶡冠子附提要/1904
鶡冠子集解/64
和古人詩/2206
和今人詩/2206
和清真詞/1218
和石湖詞/1210,1230,1982
和陶合箋/1083
和小山詞/1238
和永嘉百詠/1130
和友人詩/2206
和珠玉詞/1238
賀方回詞/1208
賀秘監集/2193
賀秘監遺書/2230
賀氏瘵學/1666
賀先生文集/1121
賀縣志/462
賀元宵/1275
褐木廬藏劇目/1246
嚇,美國嗎/1188
鶴巢老人語録/2263
鶴巢詩存/2240,2263
鶴巢文存/2240
鶴澗先生遺詩/1806
鶴窠村人初稿/1121

鶴林詞/1211
鶴林玉露/1338,1713,1990
鶴山筆録/2038
鶴山集鈔/1050
鶴山渠陽讀書雜鈔/1890
鶴山渠陽經外雜鈔/1894
鶴山題跋/1950,2031
鶴山先生長短句/1229
鶴山先生大全文集/2129
鶴壽堂叢書/2044
鶴月瑶笙/1983,2109
黑暗與光明/130,1451
黑暗之勢力/1516
黑板報/588
黑船到了東京/350
黑韃事略/416
黑韃事略及其他四種/2002
黑韃事略箋證/2162,2284,2287
黑地牢/1423
黑地獄/1302
黑蝶齋詞/1221
黑格爾的歷史哲學/238
黑格爾之歷史哲學/238
黑格爾主義與孔德主義/238
黑龍江/389
黑龍江墾殖説略/820
黑龍江流域的農民與地主/638
黑龍江全省財政説明書/714
黑龍江省施政大綱三年計劃書/806
黑龍江通志綱要/431
黑龍江外記/1778
黑龍江鄉土録/431
黑龍江輿圖説/1867
黑龍江志稿/431
黑樓情孽/1526
黑貓/207
黑美人别傳/1822
黑牡丹/1453
黑奴船/1056
黑色馬/909
黑水考證/2204
黑水先民傳/188(2)
黑太子南征録/1523
黑屋/1024
黑心符/1348,1761,1823
黑旋風/1263
黑夜/1429
黑雲暴雨到明霞/335
黑字二十八/1306
恨海/1305
恨縷情絲/1531
恨綺愁羅記/1524
恨塚銘/1825
亨利第六遺事/1529
恒産瑣言/86,1922
恒農塚墓遺文/155
恒氣註歷辯/1934
恒山/369
恒言録/1930
衡陽之戰/1291
珩璜新論/1337,1893,2151
横渡/1453
横眉集/2338
横浦集補鈔/1048
横浦詩鈔/1044
横浦文集/1087
横浦語録/1745
横山詩文集/1100
横堂泛月圖詠/2186
横陽札記/2337
横雲山館詩存/1145
衡廬日録　南嶽遊記附/1132
衡曲麈譚/1243,1244(2),1747
衡山/368
衡山縣志/450
衡陽市物價統計/692
衡齋藏見古玉圖/159
衡齋金石識小録/150
衡哲散文集/1180
衢夢詞/1983
烘堂詞/1219
弘儲/124
弘道書/2273
弘公大阿闍棃赴告/126
弘光實録鈔/253
弘明集/122,2121,2139
弘毅齋詩草/1186
弘毅齋吟草/1186
弘毅齋遊草/1186
弘治上海志/452
玒荷譜/1550
宏光朝僞東宫僞后及黨禍紀略/255
洪北江詩文集/1106(2),2132
洪承疇章奏文册彙輯/731
洪洞縣志/443
洪範大義/13
洪範口義/2012,2146
洪範統一/2239
洪溝/131
洪荒鳥獸記/1527
洪亮吉年譜/229
洪門史/517
洪門新典範/517
洪門志/516
洪容齋筆記/1376
洪深劇本創作集/1298
洪深戲劇論文集/1159
洪深戲曲集/1303(2)
洪氏集驗方/1665,1940,2036
洪武宫詞/1971
洪武京城圖志/404
洪武聖政記/1841,2100
洪憲宫闈秘史/216
洪憲紀事詩本事簿註/338
洪憲舊聞/1789
洪秀全/330,1390
洪秀全全傳/330
洪楊類纂史略/330
洪楊演義/1398
洪楊遺事/329
紅蠶繭集/1154
紅燈籠/1452
紅豆曲/1236
紅粉大俠傳/1396
紅拂記/1277
紅花岡四烈士傳/791
紅花女/1502
紅蕙山房吟稿/1970
紅蕉詞/2184
紅蕉小説集/1430
紅軍長征故事/592
紅軍長征記/559
紅軍長征隨軍見聞録/583
紅軍讀本/356
紅軍競賽宣傳單/357
紅軍卅萬/1699
紅寇記/2227
紅蘭逸乘/2258,2330
紅棃花/1264
紅棃記/2051
紅柳娃/1520
紅樓百美詩/1817,2043
紅樓夢/1385
紅樓夢本事辨證/1385
紅樓夢辨/1386
紅樓夢存疑/1837
紅樓夢附集十二種/1385
紅樓夢賦/1834
紅樓夢賦敘/1834
紅樓夢精華/1385
紅樓夢劇本/1308

紅樓夢抉微/1386
紅樓夢抉隱/1385
紅樓夢考證/1385
紅樓夢類索/1385
紅樓夢人物論/1385
紅樓夢索隱/1384
紅樓夢譚屑/1385
紅樓夢題詞/1834
紅樓夢圖詠/1582(2)
紅樓夢問答/1837
紅樓夢新考/1384
紅樓夢研究/1385
紅樓夢竹枝詞/1834
紅樓夢專號/1609
紅樓西廂合錦/2043
紅樓葉戲譜/1818
紅亂紀事草/2205
紅螺山館詩鈔/1122
紅螺山館遺詩/1122
紅毛長談/2340
紅娘子/1292,1293
紅藕莊詞/1222
紅旗歌/1310
紅旗及其他/945
紅薔薇/1188
紅區時論特輯(1)/566
紅色文獻/356
紅色舞臺/557
紅色中國的挑戰之二/585
紅石山/1440
紅武士/1291
紅霧/1418
紅俠/1398
紅綫傳/1351,1761
紅香館詩草/2051
紅鞋女妖精/1287
紅星佚史/1521
紅袖添香室叢書/2206
紅雪樓逸稿/1281
紅顔薄命記/1456
紅顔知己/1466
紅葉村詩稿/2184
紅葉詩稿/1164
紅葉童話集/1500
紅葉緣/1145
紅櫻桃/1403
紅雨樓題跋/2368
紅雨樓題跋重編/1810
紅與黑/1447
紅燭/1179
紅燭詞/2038
虹/545(2),1431,1437
虹標練習國音五彩字塊/943
虹霓集/1452
鴻寶四絶/1580
鴻泥詩草/1134
鴻慶集補鈔/1049
鴻慶集鈔/1044
鴻文補擬/2260
鴻軒詩稿/1120
鴻猷録/1852,2022
黌宫綺夢初集/1398
黌門録/438
侯朝宗文/2093
侯城雜誡/1803,1906
侯方域文/1098
侯哥彈和他的少年隊/584
侯官陳恭甫輯説文經字考/932
侯官陳石遺先生年譜/231
侯官郭氏家集彙刊/2261
侯果易註/2072
侯鯖録/1725,1729,1989
侯忠節公全集/1095
喉科秘旨/1663
后渠庸書/1800,1905
后山詩註/1966,2128,2145
后山逸詩箋/1084
厚德録/1744,1794,1922,2169
厚黑叢話/2339(2)
厚黑學/2339(2)
厚莊詩文續集/1136
厚莊文鈔/1136
後北征録/1850
後村别詞/1218
後村别調補遺/2284
後村長短句/1211
後村集補鈔/1050
後村居士集詩餘/1229
後村千家詩選/2115
後村詩鈔/1045
後村詩話/1872
後村題跋/1948,2032
後村先生大全集/2129
後村先生題跋/1872
後村雜記/2191
後丁戊稿/2296
後耳目志/1729
後方集/1402
後觀石録/1537,1549
後漢紀/303,1749,2117
後漢郡國令長考/1774
後漢三公年表/2016
後漢食貨志長編/303
後漢書/249,303(3)
後漢書辨疑/1773,1888
後漢書補表/1775
後漢書補註/304,1773,2016
後漢書補註續/303,1774,2016
後漢書殘本/1753
後漢書及註釋綜合引得/304
後漢書集解/303(2)
後漢書三公年表/1775
後漢書瑣言/2271
後漢書劄記/302
後漢書札記/2266
後漢書註補正/1774,2016
後漢書註又補/1774,2016
後漢藝文志/1874
後湖漁人詩集文集/1125
後畫録/1545,1554
後畫品録/1344
後甲集 /1965
後金國汗姓氏考/175
後涇渠志/376
後伉儷福/1397
後期革命的號角/792
後秦記/2018
後渠漫記/1361
後山詞/1219
後山叢談/1989
後山集/1084(2)
後山集補鈔/1048
後山集校/1886
後山居士詩話/1796,1977
後山詩鈔/1043
後山詩話/984,1743,2027
後山詩註補箋/1084
後水滸傳/1382
後死者/1453
後台朋友/1199
後庭花/1264,1379(2)
後魏方鎮年表/257
後雲居館詩鈔/1182
呼喊/2341
呼嚎/1434
呼蘭府志/432
呼蘭河邊/1466
呼蘭河傳/1437
呼蘭縣志/432
呼倫貝爾[黑龍江]志略/432

呼吸/1174(2)
忽與果羸/1508
滹南老人集/2129
滹南詩話/987,1978
滹南遺老集/1963
滹沱河流域/1459
滹沱河夜戰/1406
弧三角拾遺/1933
弧矢算術細草/1932
胡大川先生幻想詩/1578
胡風第四批評論文集/1193
胡風文集/1024
胡漢民先生演講集/775
胡漢民先生在俄演講録/775(3)
胡漢民先生政論選編/792
胡漢民先生最近之政見續編/792
胡漢民言行録/216
胡漢民資料集/232
胡懷琛詩歌叢稿/1163
胡笳十八拍及其他/971
胡竟良先生棉業論文選集/1680
胡敬書畫考三種/1562
胡敬齋集/1964
胡刻宋本文選/1027
胡刻通鑑正文校宋記/289
胡刻資治通鑑校字記/290
胡林翼家書/1484
胡林翼年譜/230
胡佩衡畫存/1588
胡琴研究/1606
胡氏書畫考三種/1562
胡氏族譜/180
胡適留學日記/1139
胡適論説文選/1139
胡適論學近著/1139
胡適批判/216
胡適日記/1139
胡適文存/1139
胡適文選/1139
胡適與郭沫若/597
胡適之白話文鈔/1139
胡適中國哲學史大綱批判/42(2)
胡適中國哲學史批判/42
胡思集/1495
胡文忠公年譜/230
胡文忠公全集/1111
胡文忠公語録/1692
胡先生紀念專刊/216
胡仰崖遺語/2245
胡翼南先生全集/1133
胡曾左平亂要旨/1693
胡志明/600
胡志明傳/600
胡仲子集/1964
胡主席展堂先生榮哀録/216
胡子衡齊/74,2200
壺關録/1727
壺天録/1370,1864
湖北財政紀略/701
湖北方言調查報告/955
湖北分署工作報告/522
湖北赴日視察團報告書/470
湖北革命知之録/337(2)
湖北建設最近概況/810
湖北金石詩/1945
湖北全省保安處法令彙編/810
湖北全省財政説明書/713
湖北省/400(2)
湖北省計劃教育實施概況/881
湖北省計劃教育實施綱領/877
湖北省經濟建設計劃實施綱要/810
湖北省立圖書館圖書目録/2375
湖北省民國二十四年度縣地方歲入歲出預算表/701
湖北省明細全圖/427
湖北省平價物品供應處法令彙編/747
湖北省平價物品供應處業務概況/747
湖北省三十二年度各縣經濟建設事業實施方案/810
湖北省三十一年度施政計劃大綱/810
湖北省三十一年度推進各縣經濟建設事業計劃辦法及表報彙編/810
湖北省省營工廠組織準則/654
湖北省統計年鑒/494
湖北省學生公費制度之實施/883
湖北省中等以上學校學生升學就業實施辦法/877
湖北通志/449(2)
湖北通志條議/449
湖北先正遺書/2213
湖北先正遺書目/2370
湖北縣政概況/810
湖北羊樓洞老青茶之生產製造及運銷/626
湖邊文存/1166
湖濱補讀廬叢刻/2326
湖濱秋色/1412
湖濱鹽跡/1379
湖廣荆州府永慶縣修行梅氏花殺寶卷/1315
湖海樓詞/1221
湖海樓詞集/1235
湖海樓詩集/2132
湖海飄零記/1420
湖海詩傳/1052
湖口進口税則郵包税簡章/702
湖樓筆談説文經字/933
湖録經籍考/2370
湖南鏟共彙編/401
湖南叢書/2218
湖南的西北角/401
湖南地理志/401
湖南分縣詳圖/427
湖南各縣調查筆記/492
湖南農民運動考察報告/550(2)
湖南全省財政説明書/713
湖南全省地方自治籌備處調查報告/492
湖南省第二次擴大行政會議彙編/811
湖南省金融概況/694
湖南省明細全圖/427
湖南省人口統計/492
湖南省縣政報告/811
湖南時務學堂遺編/1127
湖南續修方志議案/2294
湖南之礦業/1683
湖壖雜記/2002
湖山集/2213
湖山雜詠/1148
湖上故事/405
湖西記事/1873
湖陰曲/1288
蝴蝶/1144
蝴蝶夢/1263
鬍子和駝子/1500
虎賁萬歲/1421
虎符/1291
虎阜金石經眼録/168
虎阜志/454
虎薈/1937
虎口餘生記/255
虎窟餘生記/1489
虎鈐經/1921
虎丘詩唱和詩集/1958
虎丘義山黄氏世譜/180
虎邱弔真娘墓文/1827,2043

虎邱山小志/371
虎頭牌/1262
虎苑/2068
户籍法講義/801
户籍概要/612
户計劃家庭會議和改造懶漢老婆/593
户口事務便覽/494
扈從東渡百九詩/1134
扈從東巡日録/1866
瓠廬詩鈔/1130
鄠縣鄉土志/445
滬城備考/2205
滬城歲事衢歌/2205
滬江風月傳/1392
滬寧滬杭甬鐵路旅行指南/383(2)
滬寧滬杭甬綫/752
滬戰實録/347
滬租界前後經過概要/821
護黨救國集/1495
護黨論文選輯/780
護法論/1743
護國軍紀實/338,2065
護生畫集/1587(2)
護生畫集正續合刊/1587
花邊文學/2321,2322
花草粹編/1233
花草蒙拾/1202,1205
花草竹木/2355
花癡/1373
花叢中/1440
花村談往/1874
花當閣叢談/1846
花底拾遺/1815,2208
花蠹/1378
花萼交輝閣集/1121
花國劇談/1369,1837
花果山/1371
花甲同慶/508(2)
花間詞人研究/1205
花間集/1227(3),1229,2134
花間集版本考/1227
花間集註/1227
花間夢詞記/1205
花間楹帖/2041
花濺淚/1293
花近樓詩存續編/1181
花經/1358,1820
花九錫/1349,1759,1820
花裹活/1993,2177
花落春歸/1433
花名寶卷/1315
花木蘭/1310,1475
花鳥春秋/1831,2043
花弄影/1291
花品/2041
花蕊詩鈔/1046
花蕊夫人宫詞/2332
花紗布管制之概況/1680
花生/656
花疏/1936
花束/1192
花田金玉緣/1386
花外集/1234,1982
花王閣剩稿/1968
花溪集/2036
花溪閒筆/736(2)
花仙傳/1830
花縣志/461
花嚴大懺/111
花嚴小懺/111
花影吹笙室詞/1237
花影詞/1983
花雨樓詞草/1239
花雨樓詩草　詞草/1136
花與果/1188
花與果實/1148
花月痕/1389
花韻樓醫案/1652
花之寺/1434
花燭閒談/1335,1835,2209
華北的秋/1448
華北敵後——晉察冀/353
華北對外貿易法令彙編/680
華北革命史/505
華北古跡古物綜録/378
華北基督教公理會復員大會記録/137
華北聯大介紹/596
華北民衆食料的一個初步研究/645
華北前綫/562
華北人民政府法令彙編/591
華北水利委員會二十年來工作概況/377
華北體育聯合會年刊 1933/1611
華北五省經濟與英日/623
華北學生運動小史/889
華北運動會總報告[第十七屆]/1611
華北政務委員會施政紀要五周年紀念/801
華北政務委員會四周年施政紀要/801
華北之水文/373
華北宗教年鑒/102
華茶對外貿易之回顧與前瞻/679
華川巵辭/1803
華茨華斯及其序曲/1514
華瓷/1600
華德辭典/969
華東區外彙管理法規彙編/696
華髮集/1177
華蓋集/2320,2322
華蓋集續編/2320,2322
華光梅譜/1542
華荷經營臺灣史料/470
華會見聞録/836,1696
華南電影工作者聯誼會章程/1609
華南金融貿易須知/686
華南米業股份有限公司營業報告/697
華南商工人名録/678
華南新業特刊/1535
華牆潘氏宗譜/175
華僑/822
華僑保護論/749
華僑參政權全案/821
華僑概觀/822
華僑概況/822
華僑革命開國史/337
華僑名人故事録/183
華僑投資廣東實業要覽/629
華僑戲劇集/1290
華僑志/822
華僑中心之南洋/821
華商紗廠聯合會年會報告書/659
華盛頓會議/2109
華盛頓會議案/825
華亭鶴/1413
華屋劍光録/1392
華笑廎雜筆/2277
華胥赤子遺集/2268
華胥社文藝論集/1030
華嚴經音義/1811
華嚴念佛三昧論/109
華洋訴訟例案彙编/869
華洋訴訟判決録/840
華陽縣志/448
華陽長短句/1208
華陽宫記事/2179
華陽國志/304,305,1749,2003,2064,

2118,2136
華陽集/1084,1960
華陽人物志/189
華陽散稿/1012
華夷譯語/1878
華乙船案/825
華陰縣志/444
華英對照熱河全省榆關平津全圖/427
華英合璧/130
華英中國地名表/363
華英中國姓氏表/175
華原風土詞/2248
華州鄉土志/445
華字日報七十一周年紀念刊/2394
華族素質之檢討/170
滑稽故事類編/1495
滑稽聯話/1491
滑稽詩文集/1123,1496
滑稽外史/1524
滑稽英雄/1434
滑縣志/441
滑疑集/2229
化度寺邕禪師舍利塔銘/1568
化劫寶卷/1315
化身奇談/1523
化身太子[禽]蜍王/1318
化石人類學/1630
化書/1730,2151
化外人/909
化學辭典/1625
化學的故事/1497
化學工程名詞/1681
化學講義/1625
化學命名原則/1625
化學史通考/1625
化雪夜/1191
華嶠後漢書註/2082
華山/368
華山記/1713
華山經/2247
華氏中藏經/1937
華新羅花鳥册/1584
華新羅人物山水畫册/1584
華新羅寫景山水册/1584
華嶽日記/1488
畫跋/1845,1951
畫禪/1547,1549,1952
畫麈/1538
畫筏/1535
畫法要録/1564
畫法要録二編/1564
畫舫餘譚/1369,1836
畫偈/2220
畫繼/1555,2028
畫家知希録/1867
畫箋/1538,1947
畫鑒/1718
畫訣/1535,1536,2066
畫訣十則/1946
畫廊集/1023
畫簾緒論/1743,1795
畫林新詠/1559
畫靈/1521
畫録/1946
畫録廣遺/1547,1548
畫論/1546,1952
畫論叢刊/1556
畫墁詞/1208
畫墁集/1084,1961
畫梅百詠/1127
畫梅辯難/1562
畫梅樓倚聲/1223
畫梅題跋/1542
畫梅題記/1952,2181
畫夢録/1189
畫品/1548,1555,2058
畫評會海/2104
畫筌/1535,1556
畫筌析覽/2067
畫人行腳/1169
畫筐叢談/1562
畫山水訣/1546,1549,1555
畫史/1543,1726,1952,2029,2215
畫史別號/1558
畫史馨香録/2160
畫説/1546,1547
畫譚/1549
畫學秘訣/1758
畫學秘旨要訣大觀/1562
畫眼/1536
畫引/1537
畫友録/1537
畫友詩/1953
畫語録/1535,1556,2067
畫苑秘笈/1557
畫中九友集册/1591
話劇選/1289
話匣子/1157
話腴/1353
話雨樓碑帖目/157
話雨樓遺詩/1108
劃時代的轉變/207(2)
劃一教育機關公文格式辦法/1480
樺川縣志/431
樺甸縣志/431
淮安鵝錢鄉土地改革經驗介紹/642
淮城紀事/251
淮海詞/1216
淮海集/1084(2),2128
淮海集補鈔/1048
淮海集鈔/1043
淮海居士長短句/1208,1233
淮海題跋/1949,2031
淮海易談/2241
淮海英靈集/1958
淮河流域地理與導淮問題/375
淮南鴻烈集解/70
淮南鴻烈解/1904,2120
淮南集證/70
淮南舊註校理/69
淮南上幹會議的任務及總結/570
淮南天文訓補註/2098
淮南萬畢術/1751,1913(2)
淮南王萬畢術/2081
淮南子/53,56,69(4),70,2138
淮南子通檢/70
淮南子要略篇釋/46
淮南子要略書後/2309
淮系年表全編/375(2)
淮陽縣志/441(2)
槐樓詩鈔/1180
槐軒全書/2280
槐軒約言/2281
槐軒雜著/2280
槐蔭堂遺詩合鈔/2260
懷德縣志/431
懷德邑侯觀風集/1066
懷芳記/1249,1837
懷葛堂集/2203
懷集縣志/463
懷舊集/1161(2),1192,1958
懷陵流寇始終録/1767
懷麓堂詩話/987
懷米山房吉金圖/151
懷岷精舍金石跋尾/150
懷念/1164
懷寧縣志/452
懷柔縣志/436
懷師友詩/1969

懷汀山館詩録/1174
懷鄉集/1446
懷疑論集/1617
懷遠縣志/444
懷祖國/1189
壞孩子和別的奇聞/2325
歡喜陀與馬桶/1456
歡喜寃家/1419
桓秀外傳/1440
桓子新論/72,1750,1904,2100
寰球名人德育寶鑑/87
寰宇訪碑録/156,1949
寰宇訪碑録校勘記/2297
寰宇通志/1768
還魂草/1445(2)
還魂記/1280
還牢末/1266
還山遺稿/1874
還我故鄉/1308
還我河山/344,388
還鄉集/1434
還鄉記/1512
還鄉日記/1189
還寃記/1340
還珠豔史/1532
環溪詩話/1977
環遊二十九國記/246
環遊心影録/247
幻庵文集/108
幻燈電影/575
幻覺/1427
幻夢/1455
幻滅/1432
幻滅了的人生/1487
幻戲志/1763,1984
幻象的殘象/1411
幻異志/1763
幻影傳/1763
幻醉及其他/1409
宦海升沉録/1390
宦遊日記/1908
宦遊偶記/734
浣川集/2227
浣花拜石軒鏡銘集録/147
浣花詞/1235
浣花集/2126,2143
浣花廬賦鈔/2226
浣花廬詩鈔/2226
浣花溪/1272
浣錦集/1173
浣衣母/1402
浣玉軒集/1104
浣月山房詩集/1029
患難餘生記/1152(2)
豢龍子/1803,1905
荒/1454
荒村奇遇/1531
荒地/1442
荒古原人史/169
荒徼通考/1768
荒山野唱/1143
荒書/2273
荒唐夢/1398
荒原詞/1236
荒政叢書/2149
皇朝本記/1849,2022
皇朝類苑/1745,1747
皇朝馬政記/1766
皇朝盛事/1360
皇朝文鑒/2134
皇朝武功紀盛/2024
皇芩曲/1038
皇甫持正孫可之集校刊/999
皇甫持正文集/2048,2124,2141
皇甫曾詩集/1075
皇綱録/2266
皇國名醫傳/1654
皇漢醫學/1660
皇漢醫學叢書/1654
皇華紀程/2185
皇極經世觀物外篇釋義/2235
皇極經世書/73
皇覽/1888
皇陵碑/1974
皇明北虜考/2163
皇明本紀/1767
皇明帝后紀略/313,1766
皇明紀略/2022,2170
皇明經濟文録/2162
皇明九邊考/1784
皇明留臺奏議/2162
皇明四朝成仁録/2198
皇明四夷考/2161
皇明文衡/1028,2134
皇明西江詩選/2204
皇明象胥録/1784
皇明遺民傳/185
皇親國戚及其他/1150
皇清經解提要/2276
皇清經解淵源録/2276
皇清書人別號録/1867
皇清奏議/734
皇權與紳權/723
皇祐新樂圖記/1953
皇輿考/1766
皇元風雅/2134
皇元風雅集/1052
黄白山載酒園詩話評/991
黄埭志/454
黄澹翁醫案/1652
黄帝/195
黄帝内經/2137
黄帝内經素問集註/1662
黄帝内經素問校義/1888
黄帝内經太素/1937
黄帝授三子玄女經/2106
黄帝問玄女兵法/2195
黄帝宅經/2027,2106
黄渡詩存/1067
黄端木萬里尋親圖册/1585
黄泛區的損害與善後救濟/374
黄公度先生詩箋/2312
黄谷瑮談/1782,2330
黄海化學工業研究社廿周年紀念册/1681
黄海環遊記/470
黄海山花圖詠/371
黄河:花園口合龍紀念册/374
黄河邊上的春天/1451
黄河堵口工程/375
黄河富源之利用/376
黄河流域十年實地調查記目録/1626
黄河年表/374
黄河視察日記/373
黄河水患之控制/374
黄河水災救濟委員會報告/374
黄河志/374
黄鶴樓/1268,1311,1312
黄鶴樓感舊記/1379
黄花/1307
黄花岡/1306
黄花岡福建十傑紀實/321
黄花岡烈士殉難記/337
黄花峪/1269
黄華集/1868
黄晦聞批積跬步齋詩稿/1156
黄昏/1413
黄昏之獻/1141(2)
黄家莊/1310
黄金劫/1440

黄金迷/1303
黄金祟/1462
黄金之將來/603
黄九煙先生和楚女詩/1831
黄克强、蔡松坡軼事/232
黄克强先生尺牘/1486
黄昆圃先生年譜/2010
黄梨洲學譜/75
黄粱夢/1263
黄陵志/380
黄間山集/1094
黄梅花屋詩稿/1180
黄勉齋先生文集/1973
黄牡丹菊詩録/1055
黄泥岡/1373
黄埔操場野外筆記/1690
黄埔叢書/1696
黄埔建軍史話/1695
黄埔軍校與國民革命軍/1695
黄埔軍校之建設/1695
黄埔訓練集/1696
黄蕘圃先生年譜/2011
黄沙/1408
黄山/368
黄山叢刊/370
黄山賦/371
黄山谷詩/1084,2093
黄山攬勝集/371(2)
黄山領要録/370,1996
黄山謎/2163
黄山樵唱/1238
黄山史概/371
黄山松石譜/371
黄山圖/370(2),2047
黄山圖經/370,2222
黄山行六頌/371
黄山志定本/2222
黄山志定本續集校記/2223
黄山志續集/2222
黄石公三略/1920
黄石公素書/55
黄石公望空四字數/2107
黄氏集千家註杜工部詩史補遺/1966
黄氏醫書八種/1660
黄氏逸書考/2070
黄四如文稿/1089
黄太史精華録/1084
黄陶樓先生年譜/230
黄庭堅書松風閣詩/1573
黄土泥/1146
黄文獻集/1963
黄溪書屋吟草/1116
黄縣趙氏西支族譜/179
黄小松倣古山水册/1585
黄小松山水册/1585
黄孝子紀程/1983
黄校長敞明哀思録/218
黄興傳記/218
黄興先生演説辭彙編/791
黄旭初先生廣西教育講話/872
黄炎培考察教育日記/873
黄楊集/1091
黄膺白先生故舊感憶録/218
黄穎易註/2071
黄瘦瓢人物山水集錦/1585
黄忠節公甲申日記/199
黄仲則年譜/230
黄仲則評傳/204
黄仲則詩/1175,2094
黄仲則詩詞/1106
黄州赤壁集/400
黄竹子傳/1830
黄祝渠先生兵中懷人詩/1173
黄尊古侍初堂圖真跡/1585
惶惑/1464(2)
璜涇縣志/454
篁村遺稿/1199
篁溪歸釣圖題詞/2034
篁溪家譜/2034
灰畫集/1688
灰燼/1162
灰闌記/1264
灰色的鳥/1405
灰餘集/1169
揮塵録/1728,1794,1986,2032,
2168,2328
揮塵詩話/998,1979
揮塵餘話/1728
回部公牘/141
回部新疆附/417
回到第一次收復的名城/413
回到人民隊伍/1292
回顧集/1423
回顧録/211
回國觀光心影集/385
回回曆/1622
回回原來/142
回疆通志/465
回教教育史/142
回教考/142
回教歷史教科書/142
回教民族運動史/142
回教認一論/142
回教入門/95
回教一神論大綱/142
回教哲學/142
回教哲學史/142
回教真相/141
回娘家/584
回生集/1651
回頭看/1518
回溪先生史韻/1861
回向東方/2337
回憶/212,1198
回憶魯迅/221
回憶魯迅及其他/192
回憶魯迅先生/219,220
回憶録/223
回憶陶行知先生/219
洄溪道情/1647
洄溪脈學/1645,1646
洄溪醫案/1645,1646
迴瀾正論/2237
迴諍論/120
悔庵詩存/1308
悔復堂詩/1187
悔過自新説/75
悔廬遺集/1118
悔翁筆記/2331
悔翁詞鈔/1236
悔翁詩鈔/1110
悔言/2263
悔言辨正/2263
悔言附記/2263
悔餘生詩集/1119
卉箋/371
彗星奪堳記/1525
晦庵題跋/1948,2032
晦庵先生校正周易繫辭精義/1899
晦庵先生朱文公集/2145
晦庵先生朱文公文集/2128
晦明/1169
惠帝起居註/2017,2082
惠濟河疏浚虹吸管引水暨省會水道
整理工程報告/1684
惠民藥局記/1359
惠施公孫龍/192
惠氏讀説文記/1839,1926
惠陽廖氏家譜/180
惠澤公公/1413

惠直堂經驗方/1651
惠州府志/460
惠州圍城戰畫筆記/412
匯兑論/696
彙編奇效良方/1665
彙刻傳劇/1275
彙刻書目/2362
彙堂摘奇/1801,1950
彙帖舉要/1753
會典簡明録/1918
會琴實紀/1605
會師東京回憶/244(2)
會仙女志/1995
會議常識/727
會澤督黔文牘/733
會長歷屆新運紀念訓詞彙編/523
會真記/1350,1761
毀家紓難/1291
毀滅/1443,2325
毀滅及冬瓜湯/1298
慧超往五天竺國傳殘卷/1788
慧超往五天竺國傳箋釋/127
慧觀室謎話/2057
慧鏡智珠録傳奇/1282
慧琳一切經音義反切考/114
慧琳一切經音義引用書索引/113
蕙風詞/1226
蕙風叢書/2292
蕙襟集/1115
蕙廬全書　儒道真傳/49
蕙櫋雜記/1810
蕙娘小傳/1456
蕙蘇詞稿初編/1239
薈蕞編/1864
繪畫的理論與實際/1591(2)
繪畫概説/1552
繪畫基本理論/1591
繪畫與文學/1557
繪林題識/1951,2105
繪妙/1953
繪事發微/1538,2056
繪事津梁/1538,2067
繪圖安禄山全傳/1395
繪圖蔡明鳳辭店全本/1317
繪圖第五才子書水滸全傳/1324
繪圖東周列國志/1384
繪圖兒女濃情傳/1387
繪圖二十四孝日記故事/183
繪圖閨秀英才全傳/1474
繪圖國恥演義/1394
繪圖紅梅劫/1383
繪圖呼家將欽賜紫金鞭忠孝全傳/1320
繪圖九尾龜/1389
繪圖考註戲彙/1282
繪圖快心編全傳/1386
繪圖蘭花夢/1398
繪圖梅花戒寶卷/1315
繪圖南唐記/1317
繪圖女才子/1367
繪圖千家詩註釋/1031
繪圖前金臺蕩平奇妖傳/1382
繪圖秦雪梅三元記寶卷/1316
繪圖賽桃源/1386
繪圖殺子報全傳/1390
繪圖十二寡婦征西/1319
繪圖十美圖寶卷/1315
繪圖雙鳳奇緣/1386(2)
繪圖説岳全傳/1392
繪圖童謡大觀/1321
繪圖西廂記/1280
繪圖想當然傳奇/1280
繪圖小五義/1391
繪圖新出雞鳴寶卷/1314
繪圖新出雙剪髮寶卷/1315
繪圖新漢演義/1396
繪圖薛丁山征西全本/1317
繪圖英雲三生夢傳/1387
繪圖增批麟兒報/1388
繪圖張義雙釘記寶卷/1314
繪圖莊稼雜字/575
繪像蕩寇志/1391
繪像靈跡實記/143
昏禮辨正/1924
婚啟/1831,2209
婚姻・子女・繼承/511
婚姻法/862
婚姻法之近代化/511
婚姻訓/511
婚姻與家族/510
渾蓋通憲圖説/1933
渾然子/1905
渾如篇/2329
渾天儀/2195
渾源出土古物圖説/166
魂斷文德橋/1422
魂遊記/1509
混世魔王/1374
溷中花/1525,1534
活的文學/916
活法機要/1648,1940
活教育/891
活教育的創造/871
活教育的教學原則/891
活拏蕭天佑/1272
活提孫飛虎/1375
活體詩/1183
活躍在敵人後方/1474
活躍在農村的讀報組/596
活捉笑面虎/581
火/1444(3)
火把/1196
火車集/1465
火攻挈要/1943
火攻諸器圖/1943
火箭炮的歷史及前途/1704
火拼/1406
火燒安樂村/1373
火燒博望坡/1371
火燒草料場/1371
火燒赤壁/1370
火燒葫蘆谷/1371
火綫内/1466
火綫上的五路軍/1705
火綫上的寫實/1171
火焰山/1371
火災/1451
火葬/1437,1465
火燭小心/1294
夥伴們/1421
或問箋義/1890(2)
貨幣概論/688
貨幣問題宣傳教育大綱/689
貨幣學/689,690
貨幣學概論/689
貨幣銀行學/688
貨幣與銀行/687(2)
貨幣制度/2110
貨布文字考/163
貨郎擔/589,1266
禍民叛國紀/578
霍亂論/1644
霍亂燃犀説/1649
霍小玉傳/1351,1761
蠖樓吟草/1165
蠖園文存/1155
蠖齋詩話/996

J

几上語/1879
奇雙會/1283
屐痕處處/406
基本教育/883
基本群衆/585
基本圖案學/1599
基本土工術/1704
基本協定/743
基本字彙/960
基礎新聞學/2350
基礎戰術/1698
基督化的家庭教育/1488
基督教發達史/138
基督教概論/1488
基督教進解/131
基督教史略/138
基督教書目摘録/131
基督教與共産主義/217
基督教與社會主義運動/217
基督教與遠東鄉村建設/134
基督教與中國文化/138(2)
基督教與中國鄉村建設運動/135
基督聖教出版各書書目彙纂/130
基督傳/134
基特經濟學/601
嵇康集/2320,2323
嵇叔夜集/1016
嵇中散集/1071(2),2122
畸零集/2343
畸人集/1416,1417
畸園老人詩集/1123
箕田考/1916,2153
畿輔碑目/165
畿輔待訪碑目/165
稽古定制/1744
稽古録/2117
稽瑞/1913
稽瑞樓書目/1882
稽山會約/1915
稽神録/1337,1351,1710,1718,1763,1985,2031
緝古算經/1932
緝古算經細草/1848
機構調整概況/813
機關管理/728
機關管理一得/752
機關節約模範佟玉新/586
機關槍射擊教範草案/1701
機關養豬四英雄養豬經驗座談/586
機關組織論/726
機會主義的第三黨/758
機警/1801,1992
激變/1158
激流集/2343
激書/2201
璣司剌虎記/1524
積古齋藏器目/1946
積古齋鐘鼎彝器款識/1946
積極防空/1694
積善録/1735
積書巖詩集/1969
積微居文録/1162
積微居小學金石論叢/150
積齋集/2231
擊缽吟詩集/1068
擊劍詞鈔/1239
磯園稗史/1879
績溪廟子山王氏譜/178
績溪縣城北城後巷張氏宗譜/178
績語堂論印彙録/1544,1594
雞窗叢話/1810
雞公山指南/368
雞肋/1329,1357,1796,1888,2151
雞肋編/1338,1357,1715,1990
雞肋集/1438
雞肋集補鈔/1048
雞肋集鈔/1043
雞林類事/1357,1715
雞林志/1740
雞卵及豆麥發育時期之各態磷量變遷/1624
雞鳴録/1649
雞鳴早看天/1303
雞山漫興/1132
雞山語要/2247
雞澤縣志/433
雞蹠集/1740
雞足山志補/372
饑餓的郭素娥/1454(2)
饑餓的時候/1466
吉貝居雜記/1805
吉金文録/161
吉林方正縣志/431
吉林墾植分會籌辦調查吉省東北沿邊移墾計劃報告書/645
吉林全省財政説明書/714
吉林省之林業/1676
吉林他塔喇氏家譜/177
吉林外記/1778,2002
吉林新志/431
吉石庵叢書/2046
吉祥劇刊/1607
吉凶影響録/1710
吉雲居書畫録/2190
吉雲居書畫續録/2190
汲古叢語/1905
汲古閣景宋鈔南宋群賢六十家小集/1037
汲古閣毛氏藏書目録/2379
汲古閣説文訂/1887
汲古閣影宋鈔本緝古算經/1788
汲古閣影宋鈔本九章算經/1787
汲古閣影宋鈔本孫子算經/1787
汲古閣影宋鈔本五曹算經/1787
汲古閣影宋鈔本夏侯陽算經/1788
汲古閣影宋鈔本張丘建算經/1788
汲古閣影宋鈔本周髀算經/1787
汲古閣珍藏秘本書目/1882,2036
汲縣今志/441
汲塚瑣語/2194
汲塚周書/2015,2063,2117,2136
即東反僞頑鬥争形勢報告/564
即墨縣政府關於靈山河流莊戰役調查工作及救濟總結/811
急救選方/1657
急救章考異/1771
急就篇/955,1925,2024,2026,2283,2286
急就章/2047
急就章考異/1925
疾風/1174
棘心/1451
棘源草/1193
極樂寺志/127
殛珅志略/252

集成曲譜/1254
集翠裘/1278
集古虎符魚符考/147
集古目録/1710
集古求真/1564(2)
集古璽印存/1595
集古印譜/1595
集句詞/2042
集均考正校記/934
集醴泉銘/2041
集聯彙選初編/1492
集蓼篇/2297
集美人名詩/1832,2042,2210
集寧縣志/464
集商卜文/1147
集聖教序/2041
集詩品/2041
集石鼓文/2041
集事詩鑒/1914
集唐要法/1980
集唐楹聯/2040
集拓新出漢魏石經殘字/8
集外集/2321,2322
集外集拾遺/2319,2322
集西廂酒籌/2042
集禊帖/2041
集仙傳/1730
集易林/2041
集異記/1327,1346,1724,1763,1984,2064,2167
集異志/1327,1763,1984
集殷虚文字楹帖/1492
集殷虚文字楹帖彙編/1490
集韻/939(2)
集韻表/941
集争坐位帖/2040
集中營生活紀實/474
集註草堂杜工部詩外集/1966
集註分類東坡詩/2144
集註分類東坡先生詩/2127
集篆古文韻海/1860
輯安縣鄉土志/431
輯安縣志/430
己丑重九詩録/1054
己卯叢編/1786
沛上停雲集/1848,1958
脊椎動物的化學感覺/1637
給予者(1.28—8.13)/1456
幾何小辭典/1619
幾何原本/1933
妓虎傳/1822
季滄葦藏書目/1882,2036
季鷺文存/1148
季明封爵表/312
季木藏陶/155
季氏音述/938
季仙先生遺稿/2240
紀福王之立/316
紀古滇説原集/1765
紀剿除徐海本末/256
紀粟主殺賊事/1822
紀録彙編/1848
紀録彙編選刊/1856
紀夢編年/2010
紀念碑/1486
紀念節日史話/335
紀念節日手册/257
紀念日史料/256
紀念孫中山標語/787
紀念與回憶/2336
紀述/1803
紀太山銘集字聯/2040
紀堂遺稿/2262
紀聽松庵竹爐始末/1944
紀夏殷王業/2307
紀曉嵐家書/1484
紀曉嵐詩文集/1104
紀效新書/1692(2)
紀硯/1547
紀異録/1710
紀藝/1555
紀元編/2011
紀元通譜/259
紀元以來朔閏考/259
計劃經濟通論/608
計劃政治與計劃經濟/739
計倪子/53
計然萬物録/1888
計然萬物録補遺/1751
計有餘齋文稿/1977
計政法規匯覽/700
記丁玲/224(2)
記胡也頻/1162
記錦裾/1349
記某生爲人唆訟事/1822
記某生爲人雪寃事/1828
記事珠/1326,1350,1757
記唐六如軼事/1838
記桐城方戴兩家書案/2053
記文譚/1738
記敘文描寫辭典/972
記敘文作法講義/911
記憶與忘卻/1169
記憶之都/1024
記玉霜簃所藏鈔本戲曲/1246
記章太炎先生/209
寂寞/1453
寂寞的人們/1515
寄傲山房詩鈔/1182
寄禪遺詩/2034
寄楮備談/2275
寄寄山房叢鈔/2289
寄寄山房叢鈔續集/2289
寄寄山房叢鈔又集/2290
寄寄山房公牘録遺/2290
寄寄山房全集/2289
寄蛣廬遺集/1120
寄漚詩鈔/1117
寄生草/1307
寄小讀者/1143
寄心瑣語/216
寄簃詩存/1133
寄簃文存/2271
寄園寄所寄摘録/1838
寄雲的信/405
寄自火綫上的信/275
祭祀典禮/102
祭祀冠服圖/103
祭祀冠服制/103
暨南大學洪年圖書館概況/2391
稷下派之研究/48
稷香館叢書/1810
冀村之夜/1064
冀東防共自治政府成立周年紀念專刊/392
冀東紀念專刊/784
冀東行/389
冀魯區引水公會周年紀念册/1685
冀南行署第一次財聯會報告與總結/703
冀縣志/433
冀野散曲鈔/1258
冀越通/1801
薊州道/1278
髻鬟品/1818
髻山文鈔/2203
濟北晁先生雞肋集/2128,2145
濟公活佛全傳/1389
濟南/394
濟南慘案/278

濟南紀政/1993
濟南先生師友談記/1794,1989
濟南小組的障礙/360
濟南指南/393
濟寧縣志/438
濟寧直隸州續志/436
濟生拔粹/1647
濟陽縣志/438
濟州島實記/471
繼承法/857
繼母/1298
繼世紀聞/1852,1988,2171
繼志齋集/2252
霽山集/1962
霽山先生集/1015
加緊準備今冬舉行的三個大會/560
加强黨對各級政權的領導/549
夾漈遺稿/1088,1961
佳夢軒叢著/2275
佳人奇遇/2309
佳訊/1023
迦陵詞全集/2132
迦陵音指迷十六觀/1258
迦茵小傳/1518
家/1305,1443
家蠶微粒子病檢查法與防除法/1678
家常衛生烹調指南/1679
家乘述聞/2260
家傳太素脈秘訣/1662
家範/92
家諱考/2303
家誡要言/1922
家理寶鑒/516
家慶圖卷/2186
家世舊聞/1352,1713,1990
家塾方與方極/1657
家庭崇拜集/136
家庭禱告/135
家庭教育/896
家庭經濟學/1679
家庭秘聞/1379
家庭社會學/509
家庭食譜/1679
家庭衛生劇/1661
家庭問題/510
家庭問題討論集/510
家庭新食譜/1679
家庭研究/509
家庭與婚姻/2111
家王故事/1352,1725
家訓/1877
家語證僞/1754
家珍拾遺/2261
家族的研究/509
家族制度 ABC/509
笳聲集/1198
葭洲書屋制藝/1121
嘉定屠城紀略/251,316
嘉定縣國省地丁漕銀清册及地方費收支清册/702
嘉定縣續志/453
嘉定義民別傳/190
嘉穀堂集/1848,1976
嘉禾百詠/1019,2001,2178
嘉禾徵獻録/2226
嘉靖東南平倭通録/256,314
嘉靖南宫縣志/435
嘉靖以來首輔傳/1841,2100
嘉靖禦倭江浙主客軍考/314
嘉樂齋三蘇文範/1081
嘉量算經/1860
嘉陵江志/376
嘉隆新例附萬曆/1768
嘉慶東巡紀事/1869
嘉慶瓜洲志/453
嘉慶山陰縣志/456
嘉慶演義/1396
嘉慶一統志表/365
嘉慶重修一統志/365
嘉泰會稽志/457
嘉泰吴興志/456
嘉興藏目録/113
嘉興譚氏遺書/2264
嘉興縣農村調查/494
嘉興新志/457
嘉興乙酉兵事記/318
嘉業藏書樓善本書目/2381
嘉業堂善本書影/2359
嘉蔭簃藏器目/1946
嘉祐集/1081(2),2127,2144
甲骨卜辭/152
甲骨卜辭七集/152
甲骨地名通檢/152
甲骨吉金篆籀文字統編/150
甲骨集古詩聯上編/1493
甲骨六録/151
甲骨年表/152
甲骨書録解題/152
甲骨文編/153
甲骨文斷代研究例/151
甲骨文例/154
甲骨文録/153
甲骨文字理惑/154
甲骨文字研究/151
甲骨文字與殷商制度/153
甲骨學概況/154
甲骨學商史編/151
甲骨學商史論叢/151(2)
甲骨學商史論叢三集/151
甲骨學文字編/153
甲骨綴存/154
甲癸議/1829
甲申傳信録/253
甲申核真略/318
甲申紀事/1767
甲申記/1294
甲申三百年祭/314,315
甲申雜記/1740
甲午以來中日軍事外交大事紀要/279
甲午戰前日本挑戰史/281
甲午戰事電報録/252
甲午中日戰爭簡史/333
甲行日註/227
甲戌叢編/2158
甲乙集/2126,2143
甲乙記政録/314
甲乙剩言/1331,1364
甲乙雜著/1808,1975
甲寅雜志存稿/722
甲子北遊紀事詩/1150
甲子清室密謀復辟文證/338
賈寶玉的出家/1386
賈長江集/1078
賈島祭詩/1278
賈島年譜/225
賈島詩註/1078
賈島研究/219
賈逵春秋左氏解詁/2073
賈逵國語註/2081
賈閬仙/1279
賈浪仙長江集/2124
賈氏談録/1716
賈先生古詞吟論述/2289
賈子/1785
賈子新書/51,54,69
賈子新書斠補/2318
架橋教範/1704
假利券/1517
假數側圓求表捷術之一/1933

假仙師/1374
價值論/1629
價值哲學/85
稼村樂府/1213
稼溪詩草/1135
稼軒長短句/1229
稼軒詞/1217,1229,1234(2)
稼軒詞補遺/1210
稼軒詞疏證/1234
稼軒詩文鈔存/1087
稼軒先生年譜/1868
奸匪重要文件彙編/1698
兼明書/1716,1893
兼山續草/2259
堅庵文牘/1161
堅瓠集/1863
堅匏盦集/2259
煎餅/1696
煎茶水記/1349,1741,1758,1798
蒹葭里館詩/1153
蒹葭樓詩/1135
蒹葭堂雜鈔/1365
蒹葭堂雜著摘鈔/1855,1992
監本纂圖重言重意互註點校尚書/
2115
監察院彈劾顧孟餘案始末記/715
監國紀年/318
監酒令/1286
監獄/1413
監獄法論/530
監獄改良/530
監獄學/530(3)
箋經室藏書目録/2384
箋經室所見宋元書題跋/2257
箋經室遺集/1135
箋紙譜/1943,2148
箋註斷腸詩詞/1087
箋註劍南詩鈔/1086
箋註陶淵明集/2140
箋註莊子南華經/65
艱苦奮鬥迎接光明/360
柬埔寨志略/484
剪燈新話/1748
剪燈新話剪燈餘話合刊/1376
剪燈餘話/1748
剪髮待賓/1268
剪影集/1436
減租減息疑問解答/1670
減租生産大家好/1313
戩壽堂所藏殷虛文字考釋/146
儉德堂文存/1114
儉德齋隨筆/329
翦勝野聞/1331,1363,1853,2170
翦綃集/1041,1967
謇齋瑣綴録/1331,2171
簡便作聯法/1492
簡牘檢署考/1788,2283,2286
簡君照南哀輓録/223
簡明北平遊覽指南/391
簡明合理負擔暫行辦法/707(2)
簡明哲學辭典/34
簡明中國通史/295
簡明中西匯參醫學圖説/1664
簡平儀説/1933
簡松草堂文集/1106
簡太夫人哀思録/223
簡體字表/960
簡體字典/960
簡陽縣詩文存/449
簡陽縣續志/449
簡陽縣志/449
簡易國文法/951
簡易良方/1665
簡易字説/960
簡齋集補鈔/1049
簡齋詩鈔/1044
簡齋詩集/1085,2145
簡齋詩外集/2145
簡齋外集/2128
簡莊疏記/1874
簡莊隨筆/2191
簡莊文鈔/2225
簡莊綴文/1106
簡字論集/960
見羅李先生正學堂稿/74
見面/1291
見山樓詩集/2240
見聞紀訓/1364,1856,1984
見聞録/1710
見聞雜記/1157
見於高僧傳中之支那著述/2308
見在龕集/1116
見只編/2022
建安文學概論/999
建德縣志/455
建國大綱重要宣言/769
建國大綱淺釋/769
建國大綱淺説/768,769
建國大綱問答/785
建國的兒童訓練法/891
建國的行政/769
建國方略/768(2)
建國精神/775
建國曆詳解/792
建國詮真/723
建國問答二〇四問/723
建國新論/767
建國之路/722,768
建國忠言/723
建康集補鈔/1049
建康集鈔/1044
建康蘭陵六朝陵墓圖考/380
建立伏博士始末/1918
建寧縣志/459
建甌縣志/459
建譜志餘/2266
建設的"大衆語"文學/953
建設地理新論/622(2)
建設民主的日本/600(2)
建設碎金/496
建設委員會辦理長興煤礦之經過/
1682
建設委員會工作計劃概要/746
建設委員會整理導淮圖案報告/375
建設西北甘青寧三省芻議/419
建設新福建/407
建設新論/90
建設新中山言論集/815
建殊録/1657
建塔者/1436
建文年譜/313,2266
建炎復辟記/2021
建炎維揚遺録/2021
建炎以來朝野雜記/738,1713,1917
建炎以來繫年要録/309,1778,2021
建陽縣志/459
建築設計參考圖集/1598
健廬隨筆/2338
健吾戲劇集/1307
健餘先生尺牘/1994
健餘先生讀書筆記/1891
健餘先生撫豫條教/1920
健餘先生文集/1976
健餘劄記/1907
間諜故事一束/1688
間諜和漢奸/350
漸江大師事跡佚聞/198
漸西邨人初集/1972
劍北篇/1182
劍璧樓詩纂/1166

劍底驚螟/1426
劍底鴛鴦/1524
劍閣縣續志/449
劍南詩鈔/1045,1086
劍南詩稿/1086
劍術科/1613
劍俠傳/1327,1347,1760,1984,2064
劍俠傳 續劍俠傳/1369
澗谷集/2202
澗泉日記/1329,1731,1994
澗泉詩餘/1210
澗上草堂紀略/199
澗于集/1118
賤貨/1452
踐卓翁短篇小説/1378
薦福碑/1263
薦諸葛/1285
諫果書屋遺詩/1117
諫垣奏議/2227
鑒古齋墨藪/1590
鑒古齋日記/1489
鑒誡録/1328,1357,1716,1989
鑒史輯要/292
鑒古百一詩/1544
鑒湖隱/1278
鑒止水齋藏書目/2382
江安縣志/447
江北廳志/447
江變紀略/251
江表志/1734,2147,2175
江參千里江山圖/1579
江村書畫目/1564,1565
江東白苧/1243,1277,1747
江都汪氏叢書/2272
江都縣新志/452
江都縣續志/452
江都續修縣志局造送收支清册/701
江都續志甘泉續志/452
江峰漫稿/1094
江海殲渠記/2023,2171,2189
江漢叢談/1998(2)
江漢漁歌/1309
江紅蕉説集/1401
江湖百大俠二集/1393
江湖百大俠四集/1393
江湖百丐傳/1454
江湖長翁集/1048
江湖長翁詩鈔/1043
江湖大俠傳/1394
江湖話/967
江湖集/1147
江湖經驗秘訣/1490
江湖剩稿/1196
江湖十八俠二集/1399
江湖十八俠七集/1399
江湖夜雨集/1029
江湖異聞/1370
江淮民間文藝集/1322
江津縣志/447
江亢虎博士言論集/1156
江亢虎對時局宣言/2337
江亢虎講演録/1156
江亢虎南遊回想記/248
江亢虎思想一斑/1156
江亢虎先生言論集/1156
江亢虎新俄遊記/482
江亢虎最近言論集/1156
江鄰幾雜志/2059
江泠閣文詩集校補/1096,1099
江泠閣緒風吟/1099
江南别録/1328,1710,1734,2167
江南財政論叢/702
江南大俠傳/1395
江南風景/1410
江南録/1710,1738
江南民糧屯糧本色數目册/323
江南前綫/401
江南曲/1145
江南三唱/1293
江南史地叢考/250
江南蘇州府報恩講寺志/371
江南聞見録/251,316
江南野録/1353,1710
江南野史/2199
江南餘載/1328,2020
江南浙江沿海圖/428
江南之春/1309
江南總督洪承疇詳查舊額解南本折錢糧及酌定支用起解事宜册/324
江寧陳樹之先生遺著/1116
江寧金石待訪目/1945
江寧縣政概況/812
江寧蘭溪財政調查報告/703
江渠評論集/2338
江山村十日/1459
江山風月譜/1983,2154
江山萬里樓詩鈔/1162
江上/1438
江上詩鈔/1067
江上遺聞/251
江上雜疏/2000
江省民物志/389
江氏離騷傳/1070
江氏數學翼梅/1621
江氏四種/2303
江氏易鉤/2304
江氏音學十書/937
江氏音學敘録/1780
江氏周易效傳/2304
江氏自詩綜/2304
江蘇/404
江蘇兵事紀略/404
江蘇兵災調查紀實/404
江蘇採輯遺書目録/2365
江蘇地質志/1627
江蘇第一圖書館覆校善本書目/2367
江蘇分縣詳圖/428
江蘇歌謠集/1322
江蘇金石志/168
江蘇六十一縣志/452
江蘇清河縣志/453
江蘇全省財政説明書/713
江蘇全省物品展覽會報告/2351
江蘇省地形地質全圖/1628
江蘇省紡織業狀況/658
江蘇省鑒/404
江蘇省江都縣土地陳報概略/641
江蘇省教育行政報告書/881
江蘇省立第二圖書館書目續編/2376
江蘇省立國學圖書館圖書總目/2375
江蘇省立國學圖書館圖書總目補編/2376
江蘇省立國學圖書館現存書目/2376
江蘇省立蘇州圖書館圖書目録/2376
江蘇省立蘇州圖書館最近編藏圖書目録/2376
江蘇省明細全圖/427
江蘇省農村調查/647,648
江蘇省農民銀行/694
江蘇省農民銀行二十周年紀念刊/694
江蘇省實業行政報告書[民元 12 月至民二 12 月]/654
江蘇省鄉土志/401
江蘇省蕭縣土地陳報概略/641
江蘇省一瞥/403
江蘇太倉/453
江蘇武進南通田賦調查報告/702
江蘇武進物價之研究/692
江蘇政治狀況與黨的任務和策略/

357
江蘇中學以上投考須知/889
江灣里志/454
江文清的口袋/1440
江文通集/1017,1072(2),2122
江文也歌曲資料集/1602(2)
江西財政紀要/701
江西分宜林品三先生語録/98
江西福建省明細全圖/427
江西金石目/146
江西經濟問題/626
江西糧食調查/647
江西全省財政説明書/713
江西省/401
江西省地政概況/647
江西省工商管理處會計報告暨工作概況/811
江西省立圖書館圖書目録/2375
江西省現行法規/811
江西省現行法規彙編/811
江西詩派小序/987,1978
江西詩社宗派圖録/995,2009
江西水利局報告書/377
江西特税紀要/701
江西統税銀元簡明税則/702
江西輿地圖説/1855,2000
江西之茶/1681
江西之瓷業/1600
江西之金融/695
江西之米麥問題/647
江西之特産/627
江夏老人八十壽言/204
江行雜録/1330,2166
江淹年譜/225
江陰城守後記/251
江陰城守紀/251
江陰近事録/452
江陰縣續志/452
江陰義民别傳/189
江源考證/2205
江浙兩軍大戰史/338
江之歌/1170
江子屏先生年譜/225
姜白石全集/1088
姜氏秘史/2199
姜氏詩説/1978
姜先生全集/1099
僵蠶漫筆/2336
薑園叢書/2037
薑齋詩話/995
薑齋詩文集/2131
薑齋文集/1098
疆本堂彙編/1125
蔣百里文選/1163
蔣百里先生傳/216
蔣百里先生文選/1163
蔣黨内幕/759
蔣黨真相/576,785
蔣夫人美加行紀/487
蔣夫人遊美紀念册/487
蔣公榮壽華僑獻機命名典禮專刊/749
蔣宫秘聞/791
蔣觀雲先生遺詩/1120
蔣管區真情實録/581
蔣胡最近言論集/773
蔣介石/790
蔣介石的經濟危機/621
蔣介石的諾言與自白/576
蔣介石歷史/790
蔣介石評傳/789
蔣介石全集/779
蔣介石全書/790
蔣介石先生嘉言類鈔/777
蔣介石先生抗戰建國名言鈔/779
蔣介石先生演講集/1688
蔣介石先生演説集/781
蔣介石先生傳記/790
蔣介石先生最近之言論/776
蔣介石言行對照録/779
蔣介石言行録/777
蔣介石傳/789
蔣經國論/788
蔣經國先生思想與生活/788
蔣經國在上海/217
蔣軍必敗/576
蔣南沙花卉百鳥册/1584
蔣南沙花卉册/1584
蔣南沙花鳥草蟲册/1584
蔣南沙摹宣和寫生册/1584
蔣神靈應/1268
蔣氏家訓/1844,1922
蔣署長開幕訓詞/743
蔣廷黻親筆遺囑/216
蔣廷黻資料集/232
蔣廷錫墨花册/1584
蔣委員長駁斥近衛之聲明/279
蔣委員長故鄉名勝/789
蔣委員長究竟是怎樣的一個人物/789
蔣委員長抗戰論文集/781
蔣委員長抗戰言論集/777(2)
蔣委員長論抗戰必勝訓詞釋義/778
蔣委員長手書共通校訓/777
蔣委員長壽辰紀念畫册/789
蔣委員長書信集/569
蔣委員長五秩慶壽集/790
蔣委員長西安半月記蔣夫人西安事變回憶録/343
《蔣委員長西安半月記蔣夫人西安事變回憶録》讀後感/789
蔣委員長新生活運動講演集/516
蔣委員長一年來言論集/776
蔣委員長傳/788(2)
蔣委員長傳略/790
蔣先生之人格與修養/789
蔣鄉賢事略/189
蔣孝廉西征述異記/2207
蔣校長演講集/753
蔣中翰世略/189
蔣中正叛黨禍國之罪惡/217
蔣中正竊國證/794
蔣中正全集/776
蔣中正言行録/777
蔣中正演講録/777
蔣仲叔隸書/1576
蔣主席/789
蔣主席奮鬥史/788
蔣主席畫傳/789,790(2)
蔣主席禁煙言論集/525
蔣主席六十壽辰紀念論文集/790
蔣主席軼事/788
蔣主席戰後重要言論集/779
蔣主席治兵語録/1688
蔣子文傳/1351,1760
蔣總裁致友人書/777
蔣總司令在國民政府建都南京閱兵典禮訓話/776
蔣總司令在南京總部第五次紀念周訓話/776
蔣總司令在慶祝國民政府建都南京歡宴席上講演詞/776
獎狀/1290
講周易疏論家義記/2156
降桑椹/1268
將範/1693
將革命進行到底/360,549,566,567
將軍/1406,1443,1470
將軍的故事/1416
將軍底頭/1407

將來大戰與中國/781
將來之花園/1154
將吏法言/723
將相和/1286
絳囊撮要/1651
絳紗記/1336,2313(2)
絳守居園池記註/2250
絳帖平/1950
絳帖題跋/1564
絳雲樓俊遇/1817
絳雲樓書目/1882
絳雲樓印拓本題辭/2277
交廣印度兩道考/275
交河縣志/432
交際大全/1478
交黎剿平事略/1765
交山平寇本末/318
交涉新尺牘/1479
交通部電政法令彙刊/747
交通部法規彙编/670
交通部拼音電報研究會紀録/677
交通部上海航政局職員録/747
交通部職員録/747
交通大學北平鐵道管理學院圖書館中西文圖書總目録/2377
交通大學概況及課程一覽/901
交通大學歷年入學試題解答/889
交通大學圖書館圖書目録/2377
交通法規彙编補刊/670
交通紀實/671
交通經濟學/670
交通救國論/672
交通類編/670
交通史/671(2)
交通史電政编/747
交通史航空编/676
交通史航政编/675
交通史路政编/674
交通史郵政编/676
交通史總務编/671
交通事業治標策/672
交通學/1700
交通譯粹/670
交通銀行/693(2)
交通銀行報告/693
交通銀行業務會計規則/693
交通政策/672
交通知新小録/671
交響/1466
交響集/1180
交行摘稿/1965
交易論/698
交易所會計/684
交易所論/697
交友記/1108
交州記/2005
郊社禘祫問/1924
椒山遺囑/1846,1922
椒遠堂詩鈔/1053
焦里堂的力行哲學/90
焦里堂先生年譜/2300
焦理堂先生邗記/2227
焦理堂先生年譜/225
焦理堂先生三禮便蒙/20
焦山鼎銘考/147
焦山紀遊集/1958
焦山書藏書目/2379
焦山瘞鶴銘/157
焦氏筆乘/1992,2253,2329
焦氏筆乘續集/2253
焦氏類林/1889
焦氏易林/1913,2025,2037
焦氏易林註/97
焦頭爛額/1533,1534
焦土抗戰/351
焦學三種/2300
蛟川詩繫/1068
蛟峰集鈔/1050
膠澳志/439
膠澳租借始末電存/2161
膠東建塔委員會辦事處通知調查烈士統計數字/361
膠萊運河/375
膠州行政/808
蕉窗話扇/1599
蕉窗九録/1535,1946,2176
蕉窗日記/1898
蕉風/1321
蕉廊脞録/2336
蕉舍吟草/1159
蕉雲遺詩/1783
角力記/1954
角山樓增補類腋/2354
皎然集/2141
剿辦髮匪疏鈔/734
剿赤紀要/340
剿匪畫册/340
剿匪紀實/341
剿匪文獻/772
剿匪戰事之檢討/1689
剿匪戰術/1698(2)
剿奴議撮/325
剿説/1897
脚步集/1172
脚氣概論/1655
脚氣鉤要/1655
脚氣集/1337,1363
教童子法/1922
校碑隨筆/157
校補三國疆域志/304
校讎目録學纂要/2358
校讎通義/260(2),262,1885,2360
校讎新義/2360
校讎學/2360(2)
校讎學史/2360
校定皇象本急就章/1925
校改國音字典/965(3)
校漢書八表/1754
校輯宋金元人詞/1216
校經室文集/1116
校勘學論文/2360
校禮堂詩集/2222
校史隨筆/292
校正本草綱目/1664
校正瀕湖脈學/1653
校正古文釋義/1059
校正國藥古方彙编/1666
校正康對山先生武功縣志/2003
校正孔氏大戴禮記補註/1924
校正奇經八脈考/1653
校正四書古註群義/26
校正圖註脈訣/1653
校正元親征録/2022
校正增訂圖像二論引端詳解/29
校註人間詞話/1205
校註項氏歷代名瓷圖譜/1600
教案史料编目/131
教塲打拳/1374
教典摘要/141
教坊記/1349,1718,1758,1821,1985,2063
教觀綱宗講記/116
教誨淺説/530
教女遺規/86
教師的新方向/596
教師萬歲/1433
教授之家/1292
教習堂條約/1923
教孝编/1810
教學的七個法則/887

教學指導/883
教育播音講演集/871
教育部改進專科以上學校訓令彙編/880
教育部公佈普通心理學名詞/1637
教育部化學討論會專刊/1625
教育部視察各省市義務教育報告彙編/890
教育部視察各省市職業教育報告彙編/895
教育部天文數學物理討論會專刊/1621
教育部行政紀要/879
教育部戰區中小學教師服務團工作概況/890
教育參考資料選輯/871
教育測量法精義/888
教育叢稿/872
教育大辭書/872
教育電影概論/1609
教育電影移風易俗内容述要/1609
教育法規彙編/881
教育法令/880
教育法令彙編/880
教育法令續編/879
教育法令選輯/879
教育方法原論/870
教育改造的新途徑/873
教育概論/872,873,884(3)
教育工作手册/596
教育界的英雄模範/187
教育科學研究大綱/873
教育論文集/871
教育論文索引/872
教育社會學/886
教育社會哲學/886
教育史 ABC/874
教育史講義/874
教育視導/883
教育視導大綱/883
教育思想/884
教育通論/884
教育統計學/888
教育統計學綱要/888
教育危言/875
教育文存/715
教育文化言論集/778
教育心理/887(2)
教育心理的實驗/887
教育心理學/887(2)
教育心理學 ABC/887
教育心理學大綱/887
教育心理學論叢/887
教育行政/879(2)
教育行政之理論與實際/879
教育學/870
教育學報/870
教育學參考資料/872
教育學名詞/872
教育學問答/873
教育學心理學詞典/872
教育英雄張健華/587
教育與群治/1617
教育與學校行政原理/881(2)
教育原理/885
教育雜志索引/2365
教育哲學/884,886
教育哲學 ABC/885
教育哲學大綱/884
教育哲學講話/884
教育哲學史/886
教育之根本原理/885
教育之科學的研究/873
教育之科學研究法/873
教育之行政學的新研究/879
教育中心中國新農村之建設/897
教子圖説/93
教子要言/93
斠補隅録/1877,1886
接管城市的工作經驗/805
接吻/1507
階級論/534
階梅集/1101
揭破日本的陰謀/275
揭文安公全集/2130
揭文安公文粹/1974
揭文安集/2202
街燈下/1290
街頭集/981
街頭講話/2338
街頭劇創作集/576
街頭文談/915,921
街頭巷尾/1313
街頭演劇/1290
劫後東北的一斑/387
劫後還鄉記/413
劫後回憶録/351
劫後拾遺/1431
劫後災黎/507
劫灰/1433
劫灰録/318
劫灰夢傳奇/2309
劫王扛/1374
劫餘隨筆/1191
劫餘詞/1129
劫餘雜識/2258
捷克斯洛伐克的學校改革/882
絜園詩鐘/2042,2058
絜園詩鐘續録/2058
絜齋集/1962
絜齋家塾書鈔/2239
絜齋毛詩經筵講義/1955,2234
結合/1421
結婚/1424
結婚集/1511
結婚進行曲/1311
結婚論 ABC/511
結婚十年/1451
結親/1436
結算/1421
結鐵網齋詩集/1113
睫闇詩鈔/1125
睫巢集/1022,1102
節庵先生遺詩/1125
節庵先生遺詩續編/1125
節本康熙字典/961
節本鹽鐵論/606
節録元周達觀真臘風土記/1835
節孝集補鈔/1049
節孝詩鈔/1043
節約建國儲蓄運動/605
節制資本淺説/796
截球解義/1933
碣石編/2235
碣石調幽蘭/1953
潔古家珍/1647
潔古老人珍珠囊/1647
羯鼓録/1349,1736,1759,1953,2150
鮚埼亭集/1103,2132
鮚埼亭詩集/2132
她的彷徨/1472
她的生命/1174
她的遺書/1414
她們的生活/1176
她也要殺人/1197
解春集詩鈔/1969,2087
解春集文鈔/1975,2087
解答一個疑問/576
解放歌聲/589
解放後的上海勞資關係/663

解放軍生活/1693
解放區的工廠經營與管理/651
解放區的生産運動/1672
解放區的土地政策與實施/644
解放區短篇創作選/1400(3)
解放區工業建設/652
解放區回來/578
解放區晉察冀行/395
解放區貿易須知/593
解放區普通教育的改革問題/595
解放區群衆教育建設的道路/897
解放山歌/1193
解放是榮耀的/1514
解放運動中之對外問題/274
解放者/1409
解救/1064
解悶消愁録/1474
解散新四軍事件之認識/1698
解脱紀行録/1867
解脱通論/120
解縣志/443
解字小記/2220
介庵詞/1219
介庵經説/1891
介庵琴趣外篇/1210
介存齋論詞雜著/1203
介克先生責蔣介石書/791
介山稿略/2213
介山自定年譜/2181
介紹南區合作社/669(2)
介紹《竊國大盜袁世凱》/580(2)
介紹清華給未來的夥伴們/902
介紹選民政治學説/717
介紹中國工業合作社/670
介紹《中國之命運》/579
介休縣志/444
戒殺放生文明釋/123
戒殺放生文四種/108
戒淫寶訓格言/89
芥滄館詩集/1126
芥川龍之介集/1507
芥隱筆記/1719,1894,2029
芥子園畫譜/1561
芥子園畫傳/1561(3)
界/1294
借巢筆記/2257
借月山房彙鈔/1839
誡勖淺言/1791
巾幗英雄/1298
巾箱説/2055
今本竹書紀年疏證/1781,2287
今傳是樓詩話/983
今古不奇觀/1380
今古奇觀/1380(4)
今悔庵詞/2290
今悔庵詩/2290
今悔庵文/2290
今鏡花緣/1440
今覺盦詩/1178
今可隨筆/1199
今列女傳/1818
今年新年大不同/1056
今日德國教育/882
今日的臺灣/407
今日的外蒙/418
今日的新西南/398
今日歐美小説之動向/1508
今日青年的前途/776
今日青年事業與成功/524
今日青年之出路與成功/524
今日四大思想家信仰之自述/36
今日之華南/406
今日之美國/487
今日之磨擦問題/350
今日之歐洲/480
今日之上海/567
今日中國勞工問題/663
今生自述/201
今時唔同往日/1311
今世説/1862,1988
今世中國貿易通志/681(2)
今世中國實業通志/655
今水經/1996
今體詩鈔/1033
今文房四譜/1549
今文尚書正僞/14
今夕盦讀書絶句/1541
今夕盦題畫詩/1541
今昔集/1141
今縣釋名/366
今獻彙言/2187
今言/1362,1854
今夜的祝福/1197
今虞/1605
今樂府/2185
今之重慶/398
今字解剖/935
金安壽/1265
金鼇退食筆記/2004
金不換/516
金不換寶卷/1316
金藏雕印始末考/108
金城銀行創立二十年紀念刊/695
金川瑣記/2003
金釧記/1833
金冬心梅花册/1586
金冬心人物山水册/1586
金方鎮年表/258,1866
金粉世家/1393
金風盲後題畫詩/2304
金風鐵雨録/1524
金鳳釵/1267
金佛郎案/825
金剛般若波羅蜜經/109,117,1574
金剛般若波羅蜜經箋註/117
金剛般若波羅蜜經講義/117
金剛般若波羅蜜經增解/117
金剛般若波羅蜜經註解/117
金剛般若經贊述/117
金剛頂降三世大儀軌法王教中觀自在菩薩心真言一切如來蓮華大曼荼羅品/105
金剛頂經一字頂輪王瑜伽一切時處念誦成佛儀軌/105
金剛經　心經/117
金剛經集字聯/2040
金剛經解義/117
金剛經鳩異/1350,1764
金剛經校正本/117
金剛愍公表忠録/2182
金剛仙論/119
金谷遺音/1218
金光明經疏/119
金貴銀賤風潮/696
金貴銀賤問題叢刊/685
金貴銀賤問題之研究/688
金貴銀賤之根本的研究/697
金國志/1743
金盒記/1281
金壺七墨/1175,1864
金華陳氏族譜/180
金華赤松山志/2249
金華赤松唐氏宗譜/175
金華叢書/2249
金華黄先生文集/2130,2251
金華姜氏宗譜/176
金華經籍志/2370
金華上日宋氏宗譜/176
金華神記/1830
金華唐氏遺書/2250

金華先民傳/2249
金華賢達傳/2249
金華縣志/456
金華遊録/2001,2178
金華子雜編/1346,1718,1756,1989
金姬傳/1842
金姬傳別記/1817
金姬小傳/1817
金稷山段氏二妙年譜/224
金科輯要閏範篇/93
金口鎮店集區華山區官龍區十二月份土改工作簡單情況/594
金礦叢刊/1683
金匱鉤元/2249
金匱要略/1662,2119
金匱要略方論/1644,2138
金匱要略講義/1662
金匱玉函要略/1662
金匱玉函要略輯/1655
金匱玉函要略述義/1655
金奩集/1207
金梁夢月詞/1236
金陵叢書/2252(2),2253,2254
金陵大報恩寺塔志/379
金陵大學第二十四屆畢業紀念刊/904
金陵大學農學院總場分場及各合作試驗場第十屆討論會報告/1670
金陵大學圖書館叢書子目備檢/2362
金陵大學圖書館方志目/362
金陵大學圖書館概況/2390
金陵大學圖書館中文地理書目/363
金陵梵刹志/127
金陵賦/2001
金陵古跡/1584
金陵古跡名勝影集/403
金陵古跡圖考/403
金陵古今圖考/404
金陵癸甲紀事略/329
金陵歷代建置表/2001
金陵名勝寫生集/1589
金陵秋/1434
金陵歲時記/508
金陵瑣事/2164
金陵野鈔/2185
金樓子/1343,1751,1904
金虜海陵王荒淫/1379
金縷裙記/1820
金鑾密記/1345,1713,1740,1755
金門縣志/460
金迷之埸/1398
金泥石屑/145
金瓶梅詞話/1012
金坡遺事/1740
金錢記/1261
金泉官堰圖/1589
金荃集/1018(2)
金闕攀松集/1969
金融法規大全/686
金融法規大全補編/686
金融法規彙編/685,686
金融工商業應用文/1480
金融界服務基本知識/601
金融漫紀/686
金融市埸論/686
金融問題討論集/687
金融綫上/1405
金融與僑匯綜論/687
金融資本主義與中國/619
金色的翅膀/1197
金色童子因緣經/105
金山衛志/454
金山倭變小志/256
金山縣志/454
金山志/1744
金聖歎、陳眉公才子尺牘/1485
金聖歎七十一回本水滸傳/1381(2)
金聖歎傳/200
金詩記事/995
金石萃編/149
《金石萃編》讀/2191
金石萃編未刻稿/149
金石存/1945
金石大字典/935
金石訂例/1981
金石古文/1944
金石彙目分編/164
金石家書畫集/1565(2)
金石家書畫集小傳/148
金石家書畫集小傳初集/1565
金石經眼録/149
金石例補/1981
金石録/149,441(2)
金石録補/1876,1944
金石録補續跋/1876,1944
金石名著彙目/148
金石契/1853
金石三例/148
金石書畫叢刻/1550
金石書録目/148(2)
金石書目/148
金石索/150
金石文字辨異補編/934
金石文字記/1840,2100
金石學/148(2)
金石學録/148(2),1793,2055
金石學之原始時代/169
金石要例/1847,1981
金石餘論/2055
金石著述名家考略/149
金史/250,310
金史補脱/1883
金史詳校/1775
金氏地學粹編/101
金氏面城樓書目/2383
金氏文集/1019
金屬學及熱處理/1683
金水發微/1934
金絲髪/1522
金絲籠/1311
金筍玄玄/2104
金粟詞話/1202,1205,1536,1983,2154
金粟閨詞百首/1833,2211
金粟箋説/1542,1943
金粟逸人逸事/2054
金梭神女再生緣/1532
金臺殘淚記/1248
金臺春夢録/1531
金臺集/1747
金臺紀聞/1991
金臺紀聞摘鈔/1853
金壇圍城紀事詩/329
金壇縣志/454
金塤子/1440
金堂縣續志/449
金田起義前洪秀全年譜/229
金田之遊及其他/328,333
金汀拾遺/2260
金文编/159
金文叢考/159
金文分域編/2311
金文曆朔疏證/161
金文世族譜/175
金文續編/159
金文研究/161
金文餘釋之餘/161
金文著録表/2284(2)
金屋夢/1383(2)
金仙大丹/111
金綫池/1265
金小品傳/1822

金小史/1866
金薤留珍/1594
金軺隨筆/254
金玉詩話/1733
金玉瑣碎/1546
金冈集/1880
金淵集/1967
金元戲曲方言考/1247
金園雜纂/1333,1826,2209
金圓券的大崩潰/691
金源劄記/1808,2021
金漳蘭譜/1735,1828
金璋所藏甲骨卜辭/152
金漲銀落問題及其救濟/696
金志/2021,2064,2169
金忠潔集/1965
金子久醫案/1666
金子坤集/2254
金子有集/2254
津布聯吟集/1122
津逮秘書/2025
津門百詠/1752
緊急時期的世界與中國/830
緊急時期中的中國共産黨/345
錦帶書/1994,2033
錦帆集/1196
錦帆集外/1196
錦官堂詩續集/1114
錦里耆舊傳/2020
錦裙記/1763
錦瑟詞/1222
錦西縣志/430
錦縣志/1869
錦縣志略/430
錦秀集/1186
錦繡河山/383(2)
錦繡河山百景詩集/1186
錦繡緬甸/478
錦衣志/1855,1918
錦州府志/1866
謹告國民黨黨員同志書/775
盡言集/1919
近百年本國史/319,326
近百年古城古墓發掘史/147
近百年國際政治史略/240
近百年國曆快覽/1622
近百年來先人詩彙/2299
近百年來之東北/387
近百年來中國報紙之發展及其趨勢/2393
近百年來中外關係/273
近百年内已故名家畫展目録/1565
近百年史話/328
近百年世界外交史/830
近百年外交失敗史/271
近百年政治思想變遷史略/718
近編中華地理分志/365
近詞叢話/1204
近代辯證法史/80
近代疇人著述記/1618
近代俄國文學家論/2113
近代俄國小説集/2114
近代二十家評傳/185
近代法國小説集/2114
近代法蘭西文學大綱/1509
近代革命紀念日/257
近代革命史概要/820
近代各國社會學思想史/500
近代各國審計制度/685
近代各國外交政策/831
近代國際政治史/240
近代國家觀念/835
近代國家統一過程的研究/820
近代國難史叢鈔/283
近代基督教的自我檢討/136
近代教育史/873
近代教育思潮七講/886
近代金融學説/687
近代經濟思想史綱/609
近代經濟學説史/607
近代戀愛名論/511
近代倫理思想小史/499
近代美術史潮論/2324
近代秘密社會史料/517
近代名家尺牘/1481
近代名家短篇小説/1533
近代名人傳記選/187
近代名人畫寶/1583
近代名人詩選/1054
近代名人與近代思想/80
近代名賢印選/1597
近代農村經濟的趨向/632
近代歐美獨幕劇集/1289
近代歐洲經濟學説/500
近代歐洲外交史/480
近代歐洲政治社會史/481
近代歐洲政治史/481
近代歐洲之政治與外交/827
近代奇案大觀/1370
近代日本小品文選/1508
近代日本小説集/2114
近代弱小民族被壓迫史及獨立運動史/830
近代社會主義/2110
近代詩鈔/1053
近代十大家尺牘/1483
近代世界革命史/241
近代世界史簡編/241
近代世界殖民史略/270
近代思想/79
近代思想導論/541
近代外禍史/272
近代外交史/831
近代往生傳/126
近代唯物論史/35
近代唯心論簡釋/81
近代文讀本/956
近代文評註讀本/2091
近代文學/915
近代文學概觀/2113
近代文學十講/917
近代文學與社會改造/2113
近代文藝的背景/913
近代文藝批評斷片/1192
近代文藝批評論/918
近代物質論史/35
近代西洋繪畫/2113
近代西洋文化革命史/239
近代西洋哲學史大綱/80
近代戲劇家論/2113
近代新歷史/241
近代野史奇觀/1370
近代軼聞/2342
近代意大利史/484
近代英美小説集/2114
近代哲學的精神/80
近代哲學家/2111
近代哲學批判/80
近代哲學史/35
近代政治思潮/718
近代政治思想史略/718
近代中國地理沿革志/366
近代中國地租概説/708(2)
近代中國教育實況/874
近代中國教育史稿選存/876
近代中國教育史料/876
近代中國教育思想史/886
近代中國經濟史/616
近代中國立法史/849
近代中國留學史/876

近代中國啟蒙運動史/44,268
近代中國實業通志/620
近代中國史綱/327
近代中國市政/805
近代中國思想學説史/44
近代中國外交史資料輯要/271
近代中國文學講話/979
近代中國小學課程演變史/890
近代中國郵票圖鑒補刊/676
近代資本主義進化論/532
近代資本主義經濟思潮批判/605
近東問題/481
近二十年來之中日貿易及其主要商品/680
近二十年中國文藝思潮論/1011(2)
近峰記略/1364,1802,1988
近峰記略摘鈔/1855
近峰聞略/1364
近古文學概論/1004
近六十年全國郡縣增建志要/366
近人白話文選/957
近人傳記文選/956
近人詩録初編/1052
近人自傳選/191
近卅年國際關係小史/831
近三十年國際關係小史/831
近三十年中國思想史/45(2)
近十年目睹之怪現狀/1390
近十五年來上海之罷工停業/664
近世革命史綱/820
近世經濟思想史論/607
近世科學和安那其主義/499
近世六大家心理學/1641
近世民主憲政之新動向/718
近世民主政治論/726
近世歐洲革命史/480
近世歐洲經濟發達史/614
近世人物志/186
近世文選/1062
近世西洋哲學史綱要/80
近世一百名家畫集/1586
近世中國外交史/273
近世中日國際大事年表/279
近世中西史日對照表/260
近事叢殘/1369
近思録/1906
近思録集註/1220
近四年東三省出口貿易/679
近體樂府/1217
近衛內閣論/818
近五年來上海之勞資糾紛/667
近五十年見聞録/102
晉百官名/2085
晉北治鹺録/746
晉察冀邊區/663
晉察冀邊區的勞動互助/663
晉察冀邊區的內幕/564
晉察冀邊區印象記/559
晉察冀的控訴/350
晉察冀的小姑娘/1319
晉察冀法令彙編/846
晉察冀區復員工作文件集/394
晉察冀行/358
晉昌遺文彙鈔/1791
晉初史略/305
晉春秋/2016
晉方鎮年表/257
晉高麗好太王碑集聯拓本/1578
晉公談録/2168
晉故事/2085
晉紀/2017(5)
晉紀輯本/1777,2017
晉冀魯豫邊區政府法令彙編/560
晉冀魯豫原曲自覺團結運動的經驗/560
晉録/2000,2179
晉略/305(2)
晉省水電測量及初步計劃報告/376
晉省四河測量工作報告/376
晉十六國詠史詩/1969
晉石厂叢書/1792
晉史草/2017
晉史乘/2064
晉書/249,305(3),2017(6),2018(2)
晉書地道記/1777,1998,2082
晉書地理志校補/1774
晉書地理志新補正/1774,1998
晉書斠註/305
晉書校勘記/1774(2),1888(2)
晉書校正/1883
晉宋書故/1774
晉綏紀行/166
晉綏解放區鳥瞰/809
晉太康三年地記/1998,2084
晉太康三年墜志/1777
晉唐宋元明清名畫寶鑒/1579
晉唐指掌/1809
晉王羲之十七帖集聯拓本/1578
晉王羲之行草帖/1568
晉文春秋/2015
晉縣志料/433
晉陽秋/2017
晉陽秋輯本/1777,2017
晉之統一與八王之亂/305
晉中興書/2018
晉諸公別傳/2018
浸會在華佈道百年略史/135,138
進步黨/757
進步山西/395
進步思想論/534
進化論綱要/1634
進化論淺説/1634
進化論與善種學/2112
進化論與物源論/1634
進化與退化/1634
進軍瀋陽/1473
進口須知/593
進入新社會之前/571
進一步提高黨的工作水準/543
進一步退兩步/539
禁扁/2115
禁書總目/1882
禁煙公報/526
禁止圖書目録/2366(2)
靳以短篇小説一集/1408
縉雲集鈔/1050
燼宮遺録/1333,1871
燼餘集/1095,1846
燼餘録/1746
京本通俗小説/1379(2)
京塵劇録/1241
京調工尺大全/1603
京調指南/1283
京東考古録/2001,2178
京都帝國大學文學部景印舊鈔本/2156
京都市法規彙编/807
京都市政彙覽/808
京都義順和班京調/1282
京房易傳/1857
京房易雜占條例法/2081
京房易章句/2070
京漢工人流血記/666
京漢鐵路旅行指南/382
京漢鐵路全路幹綫橋洞一覽表/672
京滬滬杭沿綫米穀絲繭棉花販賣費之調查/656
京滬滬杭甬鐵路地域全圖/428
京滬平津行/382
京華春色/1458

京話/1192
京畿除水害興水利芻議/1684
京畿河工善後紀實/675
京畿金石考/1945
京畿水災善後紀實/377
京江相公詩稿真跡/1100
京津風土叢書/1752
京劇大觀/1282
京師城内河道溝渠圖説/390
京師坊巷志/392
京師坊巷志考正/392
京師警察法令彙纂/807
京師税務紀實/746
京師圖書館善本簡明書目/2367
京師五城坊巷胡衕集/392
京氏易傳/8,2025,2116,2135
京綏鐵路旅行指南/382
京綏鐵路沿綫風景/385
京戲詳解/1282
京相璠春秋土地名/2073
京粵京湘兩綫安徽段蕪湖市縣經濟調查報告書/628
京粵綫安徽段經濟調查總報告/627
京粵綫安徽段經濟調查總報告書/627
京兆地方行政簡要方針/806
京兆歸氏世譜/177
京兆通縣農工銀行十年史/693
京兆縣地方財政説明書/701
京鎮蘇錫遊覽指南/401
荆釵記/1255
荆楚歲時記/379,1342,1724,2214
荆棘/1453
荆軻/1303(3)
荆園進語/1844,1898
荆園小語/86,1844,1898
荆州記/1342,1738
涇川金石記/1945
涇川詩話/1980
涇林續記/1879,1993
涇縣方言考證/2159
涇縣鄉土記/2160
涇縣志/451
涇陽縣志/444
涇野先生禮問/1924
涇野先生毛詩説序/1955
涇野先生周易説翼/1899
旌德縣續志/451
旌德縣志/451
經傳釋詞/5,966(2),1931
經傳治要/6
經德堂文集/1029
經典/137
經典常談/2346
經典集林/2194
經典釋文/5,1929,2087,2116,2136,2156
經典釋文考證/1929,2087
經典釋文序録疏證/5
經典通用考/5
經典文字辨證書/1925
經典文字考異/2054
經讀考異/1754
經籍跋文/1792,1876,1883
經籍訪古志/2370
經籍舊音辨證/2360
經籍舉要/1886,2363
經籍要目答問/5
經籍籑詁/965
經濟本質論/605
經濟部農本局概況/747
經濟部全國紡織工業生産會議紀録/658
經濟財政論叢/601
經濟叢編/603
經濟的新堡壘/670
經濟地理/623(2)
經濟地理學導論/614
經濟地理學概論/623
經濟動員與統制經濟/814
經濟法規彙編/747
經濟改革方案/619
經濟改造中之中國工業問題/650
經濟會議記録/601
經濟建國論/621
經濟建設/602,768
經濟建設之途徑/607
經濟講座/603
經濟科學大詞典/604
經濟科學大綱/610
經濟理論之基礎知識/601
經濟論叢/613
經濟論文集/608
經濟侵略下之中國/617(2)
經濟史概論/614
經濟史概要/614
經濟思想發展史/605
經濟思想史/609(5)
經濟通史/613
經濟統計叢刊/602
經濟統計摘要/492
經濟文集/2217
經濟問題與財政問題/551(4)
經濟現象的體系/608
經濟新聞讀法/604
經濟學/604(3),605(2)
經濟學初步/605
經濟學辭典/604(2)
經濟學大綱/604,608
經濟學方法論/652
經濟學概論/605(2)
經濟學綱要/607(2)
經濟學講話/605(2)
經濟學教程/604(2)
經濟學名詞/604
經濟學史/606,609
經濟學史大綱/609
經濟學術論綱/608
經濟學説之危機/610
經濟學問答/604
經濟戰争與戰争經濟/631
經濟政策/608
經濟政策綱要/608
經濟之四種基本形態/610
經建五論/608
經解入門/4(2)
經進東坡文集事略/2127,2145
經進三蘇文集事略/1020
經進四庫遺書目録/2373
經考/2223
經考附録/2223
經歷/211(2)
經略復國要編/471
經絡歌訣/1665
經絡診視圖/1646
經脈分圖/2292
經師經義目録/45
經史百家簡編/1059
經史百家雜鈔/1059(2)
經史動静字音/5
經史動静字音箋證/5
經世通考傳家寶/93
經世文綜/715
經世要談/1800,1897
經術數/1621
經説管窺/2046
經天該/1934
經文及其適合之材料/136
經幄管見/2199
經穴纂要/1656

經學概論/7(2)
經學講義/6
經學教科書/2319
經學抉原/6
經學歷史/7
經學史論/7
經學提要/6
經學通詁/6
經學通論/6(2)
經學源流/7
經學源流考/2312
經學巵言/2102
經訓教科書/6
經言明喻編/6
經驗喉科紫珍集/1663
經驗奇方/1651
經驗痒子症方/2225
經驗痒子症良方/2225
經義考/4
經義考補正/1881,2273
經義考目録/4,2314
經義述聞/5(3)
經義堂詩鈔/1114,1161
經義韻言/2193
經義雜記/1811
經義知新記/1891,2272
經與經學/6
經韻樓集補編/924
經子法語/1709,2089
兢生遺稿/1167
精讀指導舉隅/975
精校古文析義/1059
精神病患者的悲歌/1427
精神病理學名詞/1642
精神病宗教治療法/1642
精神分析學 ABC/1639
精神分析學與辯證唯物論/1639
精神分析引論新編/1639
精神教育/1696
精神文化講話/501
精神哲學通論/82
精選陸放翁詩集/2129
精選新增對聯備要/1492
精忠柏史劇/1312
精忠報國/1312
精忠傳彈詞/1320
鯨背吟集/1734
驚天雷/841
井丹林先生文集/1094
井觀瑣言/1895,2187
井里日札/2299
井眉居詩鈔　續鈔/1129
井上日華新辭典/1504
井田制度有無之研究/644
井陘縣志料/436
阱中花/1519
景德傳燈録/124
景德鎮瓷業史/1600
景德鎮陶瓷概況/1600
景德鎮陶録/1542
景定嚴州續志/2001
景教碑考/140
景龍文館記/1740
景邃堂題跋/2340
景堂圖書館指南/2391
景陶庵讀史録/2336
景文集/1083,1960
景縣志/436
景行録/1735
景祐六壬神定經/1914
景祐天竺字源/106,967
景祐新修法寶録/107
景祐新修法寶録略出/112
景園彙編/1181
警庵文存/2038
警察常識/529
警察法各論/528
警察法總論/529
警察實務/529
警察實務綱要/526
警察效用/526
警察行政研究/528
警察學大綱/529
警察學問答/529
警七團的第七連/1702
警三旅八團二連的文化活動/595
警三旅的張治國運動/1696
警世通言/1380
警世鐘[亂新娘檄、金剛鑽、返村女論]合編/1319
警政/527
警政法規彙編/527
警政人員心理測驗/526
徑山遊草/2039
淨德集/1960
淨名經集解關中疏/124
淨土晨鐘/110
淨土法語/123
淨土或問/123
淨土津梁/123
淨土生無生論/123
淨土十要/123
淨土十疑論/123
淨土四經/118
淨土指歸集/123
淨土資糧/116
淨業良導/116
淨業纂要/124
竟山樂録/1953
竟無内外學/108
敬告中國青年/600
敬客書/1569,1571
敬賢集/1069
敬鄉筆述/392
敬鄉樓叢書/2226
敬鄉樓詩/1166
敬鄉録/1871,2249
敬修堂釣業/1809
敬業堂集/2132
敬業堂集補遺/1878
敬業堂詩集/1100(2)
敬齋古今黈/1889
敬齋詩鈔/2224
靖匪録/2229
靖海紀略/256,2004(2),2153,2162
靖海紀事/407
靖節先生集/1072
靖康稗史七種/1786
靖康朝野僉言/1731,2021
靖康傳信録/309,2021
靖康紀聞/2021
靖康緗素雜記/1894,2151
靖康要録/2021
靖難功臣録/1852,2171
靖夷紀事/1852,2023
靖逸小集/1039
静安八詠集/1958
静庵剩稿/1814
静庵詩稿/1153
静庵文集/2285
静海縣志/436
静佳龍尋稿/1040
静居集/1091,2203
静龕印集/1597
静惕堂藏宋元人集目/2055
静惕堂詞/1220
静庠題名録/735
静嘯齋遺文/1095
静修先生樂府/1230
静修先生文集/1963,2129

静虚室詩詞合集/1136
静虚堂吹生草/2255
静學文集/1092
静夜的悲劇/1165
静園叢書/2090
静志居詩話/993
鏡古録/291
鏡花亭/1279
鏡花緣/1387(3)
鏡鏡詅癡/1935
鏡影鐘聲/111
鏡中人/1475
鏡中人語/1456
競存論略/799
競賽著的人們/583
泂泉詩鈔/1104
究元決疑論/2112
鳩緑媚/1172
鳩那羅的眼睛/1308
九邊圖説/1765
九朝律考/843
九成宫集字範本/1559
九宫八卦陣/1273
九宫大成南北詞宫譜/1255
九宫譜定總論/1240
九宫新式/2059
九穀考/2221
九國間關於中國事件應適用各原則及政策之條約/825
九國志/307,2020
九河公語録/1735
九華山志/370
九華指南/370
九家舊晉書輯本/1777,2018
九家易集註/2071
九家易象辨正/9
九經補韻/1793,1930,2063
九經古義/1891
九經三傳沿革例/2089
九經誤字/1792,1840,2099
九經學/1807,1891
九經疑難/1860
九靈山房集/1963,2130
九靈山房遺稿/1963
九龍山/1375
九龍真逸七十述哀詩/222
九樓隨筆/1170
九品中正與六朝門閥/305
九青圖詠/1250
九曲漁莊詞/2277
九儒十丐/2339
九山遊草/372,1021
九十九籌/1767
九十九硯齋硯譜/1591
九十三年/1514
九史同姓名略/181(2),1777,2006
九世同居/1268
九勢碎事/2221
九天一草廬詩稿/1154(2)
九畹史論/2012
九畹遺容/1951,2105
九尾龜/1389(2)
九賢秘典/1921
九煙詩鈔/1098
九曜石刻録/2065
九一八的薤露歌/1153
九一八國難紀念集/341
九一八後的血淚/1473
"九·一八"十一周年紀念日之聲明/341
九一八事變後日本鐵蹄下之東北鐵路/279
"九·一八"以來/577
九一八以來國民黨對内對外政策的歷史真相/346
九一八以來國内政治形勢的演變/346
九一八以來之中日關係/280
九章算術/1619,1931,2120
九州之戎與戎禹/14
酒邊詞/1217
酒邊集/1151,1228
酒經/1731,2049,2105,2172
酒名記/1358
酒譜/1736,1798
酒史/1942,2058
酒中仙/1374
救風塵/1262
救國必須滅蔣/217
救國讜議/1495
救國南針之推/724
救荒備覽/1921
救荒策/1921
救荒活民書/1921,2149
救荒野譜/1844
救饑果報/521
救饑彙編/521
救急法概要/1705
救劫回生/102
救命書/1844,1921,2098
救世新教教綱教法彙編/143
救亡/715
救亡手册/347
救亡圖存/2340
救亡者/1455
救孝子/1263
救中國人民的關鍵/349
就日録/1719
庡妄摭筆/2290
舊編南九宫目録/1242,1244(2)
舊德述聞/177
舊都文物略/390
舊館壇碑考/1865
舊恨新愁録/1474
舊教育批判/875
舊京詞林志/1766
舊京詩存/1127
舊京瑣記/390
舊京遺事/390,1752
舊劇叢談/1250
舊曆過年風俗專號/509
舊夢/1429
舊石器時代之藝術/1551
舊唐書/249,306
舊唐書經籍志/1880
舊拓東林寺碑/1569
舊拓龍門二十品/1569
舊拓石門銘/1569
舊拓王右軍樂毅論趙松雪閒邪公傳合刻/1570
舊文明與新工業/653
舊聞記/1713
舊聞零拾/2065
舊聞證誤/2021
舊五代史/250,307(2)
舊五代史輯本發覆/307,2326
舊戲新談/1253
舊小説/1367(2)
舊新約全書/131,132
舊新約聖經/131
舊學盦筆記/2332
舊學蓄疑/2272
舊陰謀新花樣/1587
舊遊新感/246
舊約六經新解/132
舊約全書/132
舊月簃詞選/2086
舊紙幣樣本/689
居官通義/93
居濟一得/1943

居家必備/2356
居里夫人/234
居仁日覽/1693
居少柟先生遺稿/1109
居延漢簡考釋/164
居業録/1907
居業堂文集/1975
居易居詩草/1107
居易録談/1988,2178
居易堂集/1021,1098
居易續談/1988,2178
居貞草堂漢晉石影/155
居住交通/2355
拘虚集/2235
拘虚晤言/1905,2188
駒陰冗記/1360
鞠部叢刊/1608(2)
鞠部叢譚校補/1608
鞠部叢譚/1250
鞠部明僮選勝録/1251
鞠笙年譜/1791
鞠笙遺集/1791
鞠隱山莊遺詩/1115
局方發揮/1940,2249
局外中立條規釋例/839
菊部群英/1249
菊池寛戲曲集/1506
菊兒慘史/1378
菊澗小稿/1038
菊譜/1737,1799(3),1826(2),1835,1936(3),1942,2060,2107
菊臺集秀録/1250
菊潭詩集/1037
菊軒樂府/1213,1230
菊莊詞/1222
菊子夫人/1450
橘録/1740,1798,1942
橘浦記傳奇/1280
橘潭詩稿/1037
橘英男/1523
橘中秘/1610
咀華二集/980
咀華集/980
矩山詞/1211
矩堂語録/2264
榘園稿鈔/1130
舉案齊眉/1264
舉一個例/781
句讀敘述/1754
句溪雜著/1772
巨人的花園/1500
巨人的腳下/1183
巨像/1403
具茨集補鈔/1048
具茨集鈔/1043
鉅鹿東觀集/1810
聚德堂叢書/1786
聚獸牌/1270
劇本彙刊/1289
劇本論/921
劇場奇案/1517
劇場生活/1608
劇曲琳瑯/1258
劇説/1243,1244,1245,1253,1748
劇談録/1710,1756,2030
劇壇外史/1608
懼内供狀/1825,2209
娟鏡樓叢刻/2038
娟娟傳/1834
娟子姑娘/1407
鐫重校出像點板埋劍記/1280
蠲戲齋詩編年集/1178
卷施閣集/1106
卷葹/1433
捲煙統税史/709
倦遊録/1728
倦遊雜録/1353,1719
倦雲憶語/970
狷夏堂詩集/1116
雋永録/1725
獧盦詩草/1136
角色的誕生/1606
決算報告/693
決算表之編制及内容/706
珏盦詞/1239
掘火者/1187
掘金記/1197
絶倒録/1731
絶島新編/465
絶句論/988
絶妙好詞箋/1227,1231
絶妙好詞校釋/2275
絶妙好詞續鈔/1227
絶妙近詞/1232
絶俗樓我輩語/1154
絶望女/1436
譎觚/1843,1896,2095
覺花寮雜記/2311
覺夢録/2205
覺社叢書選本/104
覺書/104
覺悟起來向國民黨反動派控訴復仇/796
爝火録/317
君鑒録/1898
君憲問題文電彙編/734
君子國/1374
君子堂日詢手鏡/1331,1854,1999
軍隊對於航空機之行動/1704
軍法手册/1694
軍國民詩話/1034
軍國民詩選/1031
軍民之間/567
軍人精神教育/771
軍人修養/777
軍事防空指導要領/1707
軍事航空/1706
軍事講話/1693
軍事教育之要旨/1693
軍事委員會委員長行營政治工作報告/750
軍事心理/1641
軍事學術大全/1691
軍事學問答/1688
軍務院考實/338
軍需法規/1696
軍訓教程/1695
軍語類解/1705
軍語釋要/1688
軍政全書/1688
軍政商學各界適用日用寶庫/2355
軍中白話宣講書/896
軍中歸訊/1486
軍中記事/1421
軍中隨筆/1409
菌閣瑣談/1204
菌譜/1737,1798,2150,2213
鈞石文集/1133
郡縣時代之安南/477
郡齋讀書志/2379

K

咖啡店談話/601
喀爾巴阡山狂想曲/600
喀那註音定式/924
卡爾·馬克思/538
卡爾·馬克斯/538
開發西北之先決問題/2342
開發西南與抗戰建國/406
開封社會統計概要/493
開封一賜樂業教考/137,2113
開國民會議的基礎/756
開國政略/729
開河記/1347,1758,2063
開荒一日/1288
開皇本蘭亭序/1570
開墾荒地/1671
開灤礦歷史及收歸國有問題/657
開明國文講義/956
開明活葉文選註釋/956
開明書店二十周年紀念文集/2340
開明文學辭典/912
開明新編高級本國史/294
開明新編解析幾何學/1620
開闢龍口商埠紀事/393
開平南樓七烈士抗戰記/190
開平縣志/462
開沙志/455
開市大吉/1465(2)
開歲忽六十篇詩/1125
開天傳信記/1327,1756,1794,2166
開心小言集/2340
開顔録/1736
開元釋教録/113
開元寺志/379
開元天寶遺事/1328,1347,1756,2166
開元文字音義/2076
開原圖説/1766
開原縣志/430,1869
開展愛國民主統戰進行全民遊擊戰爭/559
開展大規模的群衆文教運動/899
開展革命工作/796
開詔救忠/1272
凱旋門/1501
刊謬補缺切韻/939
刊誤/1793,2062
刊誤引得/68
勘察揚子江復堤工程及南京至宜昌間水道報告/1685
勘處播州事情疏/1852,2023
勘金環/1273
勘書巢未定稿/1875
勘頭巾/1263
堪察加小景/1433
堪輿彙刊/100
堪輿易知/100
看！政學系/518
看護要義/1667
看花述異記/1819
看錢奴/1266
看人集/1147
看雲小集/1040
闞氏故實/175
康德/238
康德哲學/238
康範詩餘/1210
康濟録/721
康居粟特考/419
康梁徐討袁文/338
康南海傳/200
康南海梁任公文集彙編/1125
康南海書牘/1125
康南海書開歲六十篇詩/1125
康南海書一天園記/1129
康南海書一天園詩稿/1130
康南海文集/1124
康南海文集彙編/1125
康南海先生墨跡/1124
康南海先生詩集/1124
康南海奏稿/731
康熙朝品級考/1857,2191
康熙會稽縣志/457
康熙弋陽縣志節本/2265
康熙與羅馬使節關係文書/138
康熙字典/961(2)
康熙字典考異正誤/963
康有爲大同書/721
康有爲與梁啟超/334
康藏軺征/424
亢倉子/55,72,1738,1903,2152,2216
亢藝堂集/1972
抗大動態/561
抗大歸來/395
抗大與青年/1696
抗敵戰法之研討/1697
抗建讀本/957
抗建和平之我見/2336
抗建七講/351
抗日的第八路軍/1699
抗日的模範軍人/1688
抗日的偉大民衆/344
抗日根據地政策條例彙集/731(2)
抗日救國戲劇集/1298
抗日救國宣言/358
抗日救國指南/782
抗日救亡言論集/357
抗日軍隊中的政治工作/1696
抗日民族統一戰綫的分析與批判/342
抗日民族統一戰綫指南/552
抗日模範根據地晉冀察邊區/560
抗日宣傳單/357
抗日英雄特寫/193
抗日英雄洋鐵桶/1473
抗日遊擊戰術問答/1697
抗日遊擊戰争/561
抗日遊擊戰争的一般問題/551
抗日遊擊戰争的戰術問題/1705(3)
抗日戰略論/344
抗日戰術經驗談/344
抗日戰争逸話/282
抗日戰争之意義/358
抗日戰争最後勝利/353
抗戰/2350
抗戰八年來的八路軍與新四軍/1699(2)
抗戰八年木刻選集/1598
抗戰八年重慶花絮/398
抗戰必勝論/551
抗戰叢刊/347
抗戰大鼓詞/585
抗戰到底/778
抗戰的經驗與教訓/344
抗戰的新形勢與新策略/349
抗戰第八周年紀念册/358
抗戰第六周年紀念册/346

抗戰第七周年紀念册/346
抗戰第一年/347
抗戰方針/783
抗戰國策下之中國共産黨/757
抗戰後方的新廣西/413
抗戰回憶録/358
抗戰建國的文化運動/268
抗戰建國綱領釋義/740(2)
抗戰建國實用百科辭典/2356(2)
抗戰建國手册/768
抗戰建國與復興民族/346
抗戰建國與民生哲學/767
抗戰建國中之中國青年黨/757
抗戰將領訪問記/351
抗戰教育的理論實踐/876
抗戰軍隊中的政治工作/1694
抗戰軍事記略/347
抗戰六年來之財政金融/700
抗戰六年來之黨務/785
抗戰六年來之内政/748
抗戰六年來之日寇/468
抗戰六年來之社政/748
抗戰六年來之宣傳戰/346
抗戰期間的嶺南/905
抗戰期中大後方人民的生活/581
抗戰期中之福建協和大學/904
抗戰期中中共政策之蜕變/550
抗戰三年/348
抗戰三年來八路軍的英勇戰績/1699
抗戰詩歌集/910
抗戰詩歌講話/994
抗戰詩集/1196
抗戰十年來中國的戲劇運動與教育/1607
抗戰十問圖説/344
抗戰時期邊區教育建設/874
抗戰時期我國出版之文學史學期刊/2365
抗戰四年/345
抗戰四年來的外交/274
抗戰外史/347
抗戰文化陣地的建立及其運動/267
抗戰文獻/345
抗戰文選/1062
抗戰文藝叢選/1403
抗戰文藝評論集/999
抗戰文藝選刊/979
抗戰文藝諸問題/979
抗戰五周年紀念册/560
抗戰五周年中外紀念文獻選輯/274
抗戰戲劇選/1298
抗戰小説選/1405
抗戰言論集/772,779,780
抗戰以來/351(2)
抗戰以來報告文學選集/1495
抗戰以來敵寇誘降與國民黨反動派妥協投降活動的一筆總帳/343
抗戰以來托派罪行的總結/561
抗戰以來之合作運動/669
抗戰以來中國外交重要文獻/273
抗戰以來中央各種會議宣言及重要決議案彙編/759
抗戰以來重要文件彙集/563
抗戰英雄題名録/346
抗戰與敵國之現勢/622
抗戰與婦女/512
抗戰與華僑/749
抗戰與建國/779
抗戰與交通/672
抗戰與教育/874
抗戰與經濟/621
抗戰與經濟統制/618
抗戰與覺悟/350
抗戰與童軍/1611
抗戰與外交/271
抗戰與文化/872
抗戰與鄉村工作/520
抗戰哲學/344
抗戰志略/344
抗戰中的八路軍/1699
抗戰中的民生問題/620
抗戰中的女戰士/567
抗戰中的西北/344
抗戰中的西南民族問題/174
抗戰中的政黨和派别/757
抗戰中的中國教育與文化/352
抗戰中的中國經濟/352
抗戰中的中國農村動態/641
抗戰中的中國政治/352
抗戰中國的故事/1400
抗戰忠勇史畫/193
抗争/356
抗屬子女之教養/900
考查司法記/726
考察濟寧、菏澤、鄒平、定縣日程/393
考察江浙鄉村師範教育報告書/893
考察教育日記/877
考察日本斐律賓教育團紀實/878
考察日本實業補習教育紀要/895
考城縣志/441
考定檀弓/1839,1924
考工創物小記/2220
考工記/2247
考工記圖/18,2223
考古編/1848,1894
考古發掘方法論/147
考古圖釋文/1945
考古續説/1887,2269
考古學零簡/2113
考古學通論/147
考古質疑/2229
考古質疑引得/73
考利瑪竇的世界地圖/247
考槃餘事/1332,1947
考銓法規/862
考銓法規集/752
考試法規/753
考試院施政編年録/753
考試院施政編年録初稿/753
考信附録/1887,2269
考信録提要/1887,2269
考選法規輯要/753
考選銓敘教育聯繫方案/753
考選制度/735
考正白香詞譜/1201
考證音略及音略考證/1925
拷打紅梅/1317
柯長亭詞論/1239
柯丹邱集/2212
柯鳳孫追悼會紀録/215
柯家山館詞/1223
柯山集/1961
柯亭長短句/1239
珂雪詞/1222,1235,1236
珂雪齋集/1014
珂雪齋近集/2164
科布多政務總册/419
科場條貫/1854,1918
科場焰口/2043
科爾沁旗草原/1410
科學大綱/1616
科學的南洋/475
科學的山東/394
科學的文學論/1194
科學的新聞學概論/2392
科學的學庸/50
科學的哲學/84
科學發達略史/1616
科學方法論/541
科學方法漫談/570

科學概論/1616(3)
科學觀/1617
科學基礎/2112
科學教授法原理/873
科學歷史觀教程/531
科學名人傳/1616
科學上之新貢獻/1616
科學思想概論/1617
科學修養/1616
科學與軍事/268
科學與人生觀/34
科學與詩/920
科學與玄學/1617
科學與哲學/1617
科學雜俎/2113
科學哲學與人生/34
科學之價值/1616
科學之新趨勢/1617
可庵詩餘/1215
可桴文存/1134
可紀念的朋友們/1061,1147
可憐春閨夢裏人/1474
可憐的秋香/1500
可怕的鼠疫/1663
可怕的死光與毒瓦斯/1708
可書/1990
可談/1794
可笑的女才子/1510
可言/1790
可儀堂文集/1975
可齋詞/1229
可齋雜記/2170
可竹軒主人畫譜/1582
克鼎銘考釋/2286
克拉維約東使記/269
克魯泡特金/2111
克魯泡特金學說概要/499
克齋詞/1219
刻骨相思記/1395
刻絲書畫録/1547
刻意集/1189
刻燭集/1958
客窗漫畫/1587
客窗閒話/1864
客滇述/255
客方言/954
客杭日記/1994
客家研究導論/171
客人三先生詩選/1069
客亭類稿/2217
客亭樂府/1210
客問/1801
客越志/2088
客座曲語/1240
客座新聞/1360
愙齋集古録/162
愙齋詩存/1115
愙齋磚瓦録/155
課婢約/1833,2209
課花盦詞/1216
課業餘談/1928
課餘吟/1056
課子隨筆/92
肯綮録/1723,1893
墾政輯覽/822
墾殖學/635
墾殖政策/643
懇親會/1298
空城計/1285
空防綱要/1707
空江集/1167
空軍與國防/1706
空軍戰術/1708
空軍足以摧毀日本論/343
空青館詞/1225
空山霝雨/1143
空堂話/1279
空同詞/1219,1228
空同子纂/1800,1905
空襲與空防/1706,1707
空中攻擊講義/1708
空中國防論/1708
空中英雄/567
空中戰/1707
空中戰鬥術/1706
空中戰術/1708
孔北海集評註/1071
孔晁國語註/2081
孔叢子/54,69(3),1732,1750,1858,
1902,2100,2118
孔道/61
孔道我聞録/61
孔德的歷史哲學/81
孔方兄/1279
孔賈經疏異同評/2240
孔教大綱/104
孔教革命/104
孔教論/104(2)
孔教十年大事/104
孔教新編/49
孔門一貫哲學概論/49
孔廟國子監紀略/103
孔墨的思想/47
孔雀膽/1291
孔雀東南飛/585
孔雀東南飛及其他獨幕劇/1279
孔雀女/1508
孔氏弟子籍/184
孔氏談苑/1990
孔氏雜説/1329,1723
孔氏祖庭廣記/103,2007,2049
孔堂文集/1101
孔文舉集/1016
孔學漫談/30
孔學三種/60
孔衍春秋後語/2081
孔院長在黨政訓練班講演詞/772
孔子/60(3),2306
孔子弟子表/393
孔子弟子考/2007
孔子改制考/48
孔子集語/51
孔子家語/60(4),2118,2136
孔子家語讀本/60
孔子家語疏證/60,1901
孔子降生二千五百年紀念集/60
孔子論語年譜/2010,2174
孔子門人考/2007
孔子廟堂碑唐本存字/147
孔子人格學術與現代各科學派之最
高原理/61
孔子三朝記/1865
孔子生活/61
孔子生卒年月辨/2191
孔子世家譜/177
孔子書/6
孔子數理哲學初稿/11
孔子思想的研究/61
孔子新義/48
孔子訓語類釋/61
孔子與釋迦/49
孔子與戲劇/1253
孔子哲學/60(2)
孔子哲學研究/61(2)
孔子哲學之真面目/61
孔子之平等大義/2333
孔子傳/61
恐高寒齋詩/1134
恐高寒齋遊記/384
恐懼與無畏/1517(3)

控鶴監秘記/1367
控訴/1165(2)
控訴敵寇暴行/581
控訴日本軍閥的罪惡/468
口琴吹奏法/1605
扣舷集/1091,2131
寇忠愍詩集/1018,2248
枯草/1485
枯桐閣詞稿/2243
枯葉/1507
枯葉集/1170
枯葉雜記及其他/2114
哭庵賞菊詩/1250
哭存笑/1267
哭與笑/1456
哭祖廟/1286
骷髏集/1414
苦菜/1446
苦海雙星/1532
苦海餘生録/1522
苦酒集/1160
苦口談醫藥/1667
苦樂源頭/129
苦悶的象徵/917,2324
苦悶的一群/1454
苦難/1433
苦難與新生/1587
苦鐵碎金/1588
苦霧集/1165
苦姻緣/1424
苦英雄/236
苦雨齋序跋文/1177
苦竹雜記/1177
庫倫條約之始末/283
庫頁島志略/471
酷寒亭/1264
跨的日子/1191
跨過/1152
跨進了延安的大門/585
跨著東海/1405
蒯緱館十一草/2198
會稽典録/1710,2239
會稽郡故書雜集/2319,2323
會稽三賦註/1746
會稽先賢傳/1341
會計名辭彙譯/685
會計淺説/684
會計審計法規補編/705
會計學/684
會計學概論/684
會計制度調查初稿/685
快閣師石山房叢書/2361
快活林/1494
快活神仙傳/1394
快雪堂漫録/1333,1365,2038
快雨堂題跋/1563
寬城子大將/1458
寬甸縣志略/429
寬夫先生文集/2264
寬夫先生遺著/2264
寬廬遺集/1129
梡鞠録/2040
匡廬紀遊/370,1996
匡廬紀遊草/370
匡廬山居詩/1126
匡謬正俗/929,1928,2247
匡謬正俗校註/929
狂飆/1458
狂夫酒語/1964,2109
狂夫之言/1992
狂鼓史漁陽三弄/1276
狂顧録/1199
狂歡之夜/1294,1427
曠野/1196
曠野的呼喊/1437
礦床生因論/1630
礦物學名詞/1630
礦物學問答/1630
礦物岩石及地質名詞輯要/1626
礦業報告/746
礦業法/1682
礦業特刊/1682
窺豹集/2279
窺詞管見/1202
窺天外乘/1855,1988
奎府樓詩草/1129
葵青居詩録/1972
葵書/2356
暌車志/1355,1726,1985
傀儡登場第一炮/359
傀儡家庭/1531
跬園集/2152
跬園謎稿/2153
喟庵叢録/1833
愧廬聯稿/1120
愧廬詩鈔/1120
愧廬文鈔/1120
愧訥集/1098
愧郯録/1917,2329
愧齋遺稿/1116
潰退/1196
坤輿圖説/2006,2100
昆廠勞工/663
崑崙關/1148
崑崙關血戰記/348
崑崙河源考/1843,2096
崑崙及南海古代航行考/473
昆明池/1278
昆明導遊/415
昆明冬景/1156
昆明市志/464
昆明縣市經濟調查報告書/714
昆曲粹存初集/1254
昆曲大全/1604
昆曲集淨/1604
昆山[續]人物傳/189
昆山雜詠/1810
昆山趙氏家乘/178
困學集/2344
困學紀聞/2328(2)
困學紀聞補註/2235
困學紀聞註/2328
困學録集粹/1907
困學齋詩録/1117
困學齋雜録/1734
困知記/1907
括蒼叢書/2229(2)
括地志/1847
括囊詩草/2255
括異志/1376,1731
廓然子五述/1804,1905
擴大的中共中央四中全會告中國工農紅軍書/340
擴大紅軍問題決議案/557
闊人的孝道/1298

L

拉丁化概論/946
拉丁化新文字概論/945
拉丁化中國字運動二十年論文集/945
拉丁亞美利加史/488
拉薩見聞記/422
來鶴亭詩集/2036
來南録/1348,1758
來南雜俎/1135
來生債/1262
來室家乘/320
來雲閣詞鈔文鈔/1112
萊東縣民主運動總結報告/577
萊東縣政府一九四六年上半年民政工作總結/577
萊公遺事/2169
萊史/2266
萊西南縣安置難民的概況/742
萊西南縣民政科簡單總結上半年優軍工作/493
萊西南縣政府佈告/577
萊西院上區支持前綫的經驗介紹/493
萊陽縣政府關於八、九、十月份幾個問題的報告/577
萊陽縣志/438
萊州府志/436
賴古堂書畫跋/1537
賴氏明禋堂族譜/176
癩頭和尚/1371
籟典/966
籟紀/1345,2103
嵐漪小草/2274
藍蛱蝶/1462
藍公奇案/1380
藍關雪/1279
藍田叔倣古山水册/1580
藍圍巾/1517
藍衣社内幕/529
蘭舫筆記/2258
蘭陔絜養圖詠/2186
蘭臯集/1019
蘭姑娘的悲劇/1513
蘭閨恨/1395
蘭閨清課/970
蘭蕙鏡/1549
蘭蕙小史/1676
蘭譜奥法/1735,1942,2107
蘭苕館論詩百首/2061
蘭石詞/1215,1224
蘭史/1550
蘭室秘藏/1940
蘭臺軌範/1645,1647
蘭臺奏疏/1919
蘭亭博議/1735
蘭亭集/2060
蘭亭考/1950
蘭亭續考/1950
蘭溪農村調查/648
蘭軒詞/1214
蘭雪詞/1212
蘭雪集/1746
蘭雪齋詩鈔/1117
蘭熏館遺稿/1113
蘭陽縣志/441
蘭易/1550
蘭州省城修路案/672
蘭州戰役/565
蘭州之工商業與金融/654
讕言編/2188
讕言瑣記/2255
懶真草堂集/2254
懶真子/1848,1893
懶真子録/1356,1716,2329
孏窟詞/1219
攬轡録/1729,1998
郎官石柱題名/2010
郎潛紀聞/1864
郎世寧畫/1583
狼/1140
狼群/1510
狼牙山五神兵/1319
狼牙山五壯士/1502
嫏嬛妙境藏書目録/2381
琅嬛記/2030
琅嬛文集/1012
琅琊漫鈔/1331,1362,1990,2170
琅琊漫鈔摘録/1855
琅琊山志/370
朗格唯物論史/36
朗誦法/922
朗誦詩集/1141
閬風集/1089
閬仙詩/1966
浪花/1467
浪跡叢譚/2331
浪跡十年/222
浪跡續譚/2332
浪漫二詩人/197
浪漫詩人杜牧/220
浪淘沙/1298(2)
浪語集鈔/1045
勞動的光輝/590
勞動法/665
勞動法規/665
勞動法原論/665
勞動互助的典型例子和經驗/593
勞動互助社暫行組織綱要/1673
勞動經濟/655
勞動立法原理/665
勞動問題/662(2)
勞動問題與勞動法/665
勞動協約統計法/664
勞動英雄胡順義/569
勞動英雄回家/582
勞動英雄模範村長田二鴻/586
勞動在從猿到人轉變過程中的作用/539
勞動爭議調停立法論/661
勞動政策與土地政策初步檢查/642
勞工法規彙編/665
勞工法論/665
勞工教育/900
勞工結社立法之根本問題/661
勞工立法大要/661
勞工問題叢書/660
勞工問題論叢/661
勞農俄國研究/483
勞農俄國之考察/2109
勞農政府與中國/287
勞山/369
勞氏碎金/1784
勞資爭議處理法/667
嶗山志/368
老百姓打仗的故事/587

老百姓自己的軍隊/582
老殘遊記/1391(3)
老殘遊記二集/1391
老佛爺時代的西太后/205
老夫妻/1422
老雇農楊樹山/1472
老狐談歷代麗人記/1819
老虎溝山碑刻/1570
老解老/58
老君堂/1268
老孔墨以後學派概觀/2306
老墨哲學之人生觀/58
老娘婆任訓諫/1288
老牛破車/1182(2)
老圃良言/1942,2176
老少通千字課/959
老舍創作選/1182
老舍代表作選/1464
老舍傑作集/1464
老舍選集/1025,1464
老舍幽默詩文集/1495
老生兒/1262
老屋/909
老學庵筆記/1338,1356,1713,1986,2030
老學庵續筆記/1713
老學八篇/59(2)
老學究語/2050
老學蛻語/268
老圓/1279
老張的哲學/1464(4),1476
老趙下鄉/1469
老莊札記/59
老莊哲學/58
老子/57,59,1738
老子本義/57,1903
老子道德經/50,54,57,58(4),59,1902,2121,2139
老子道德經箋註/57
老子道德經解題及讀法/59
老子道德經考異/1903
《老子》讀/2159
老子讀本/56
老子分釋/59
老子古義/58(2)
老子古註/58
老子故/59
老子韓氏説/59
老子覈詁/59
老子集解/1903
老子集訓/59
老子校詁/58
老子斠補/2317
老子解/1903
老子考/57
老子述記/57
老子述義/58
老子通釋/57
老子現代語解/59
老子新註/57
老子學案/58
老子研究/57
老子研究與政治/59
老子翼/1903,2252
老子音釋/59
老子與莊子/59
老子章句新編/58
老子哲學/2306
老子哲學的研究和批評/57
老子正詁/56(2)
老子政治思想概論/57(2)
老字型大小/1464
烙印/1190
勒馬懸崖/1430
樂庵詩餘/1214
樂庵遺稿/2204
樂昌縣志/461
樂國吟/1055
樂郊私語/2179
樂静詞/1137
樂陵宋氏族譜/181
樂山集/1108
樂山縣志/447
樂善録/1745
樂縣考/1953
樂至縣志又續/447
樂志論/1785
雷/1443
雷波鐵礦/1683
雷波小涼山之倮民/172
雷次宗五經要義/2074
雷次宗儀禮喪服經傳略註/2072
雷峰塔的傳説/190
雷公炮炙論/1645
雷老婆/567
雷民傳/1762,1984
雷鳴遠司鐸/235
雷谿草堂詩/1022
雷雨/1305
雷澤遇仙/1273
壘庵雜述/2102
鐳錠/2112
耒邊詞/1222
耒耜經/1350,1759,1941,2027,2107
淚是這樣流的/1459
淚與笑/1185
類編朱氏集驗醫方/1860
類博雜言/1800
類經/1662
類聚方/1657
類聚名賢樂府群玉/1255
類林雜説/2328
類書流别/2353
類證活人書/1937
楞伽師資記/2037
楞嚴貫攝/121
楞嚴會歸評註/121
楞嚴經指要/119
楞嚴正脈疏摘科會經/119
冷邸小言/995
冷紅詞/2274
冷魂峪/1395
冷廬醫話/1659
冷廬雜識/1864
冷廬雜識節録/1823
冷落春宵/1407
冷熱集/1183
冷社詩集/1056
冷水浴/1661
冷雪盦知見印譜録目/1593
冷齋夜話/1717,1978,2029,2185
黎銹病及其防治法/1673
黎園按試樂府新聲/1257
黎園話/1246
黎園佳話/1252
黎園舊話/1250
黎園軼聞/1250
黎園影事/1251
黎嶽詩集/1079(2)
黎樹縣志/431
黎大總統文牘類編/733
黎二樵山水/1583
黎副總統書牘/733
黎副總統書牘彙編/733
黎副總統政書/733
黎錦暉歌曲集/1500
黎錦熙的國語講壇/953
黎明的通知/1196
黎明暉愛侶慘死記/214
黎明前/1441

黎明時期回教學術思想史/141
黎明之前/1411,1415
黎山詩稿/1130
黎氏續古文辭類纂/1058
黎乙真大阿闍黎赴告/126
黎雲寄傲/1257
黎子雜釋/1803
盭金案牘彙編/710
離別詞選/1238
離垢集補鈔/1103
離婚/1290,1463(2),1476
離婚法論/853
離魂記/1763
離離草/1297
離騷草木疏/1070,1936
離騷彙訂/1778
離騷集傳/2044
離騷集釋/1070
離騷研究/1070
離燕哀/1281
離憂集/1810
蠡測彙鈔/2004
蠡海集/1936
蠡勺编/1890
蠡塘漁乃/1969
蠡園遺墨四種/1577
籬下/1439
籬下集/1023
鸝吹集/1021
李、聞被害真相/192
李藹烈士哀思録/223
李白詩/1074
李白詩選/1036
李白研究/1074
李白與杜甫/196(2)
李北海集/2216
李北海書嶽麓寺碑/159
李長衡山水册/1581
李長吉歌詩/1077
李長吉集/1078
李長吉評傳/1078
李長吉詩集/1077
李長吉文集/2048
李長勝捉俘虜/582
李朝實録檢查表/471
李丞相詩集/1080(2)
李闖王/1312
李純全史軼事合刻/216
李村墓表/1578
李大明先生言論集/2340
李登聲類/2076
李杜研究/1074
李爾王/1513
李復堂花卉屏條/1559
李概音譜/2076
李公樸聞一多先生遇刺紀實/192
李公子傳/1366
李塨和父集唐人句/1041
李國瑞/584
李賀歌詩編/2124,2141
李鴻章/203(2),2304
李鴻章家書/1485
李鴻章遊俄紀事/203
李鴻章與俄國/287
李後主/1207
李後主詞/1233
李姬傳/1333
李濟深將軍在香港/776
李家莊的變遷/1448(2)
李江州遺墨題跋/2190
李嶠雜詠/1812
李敬齋第六十次生日論文/936
李菊水先生詩集/1108
李悝法經/2080
李逵負荆/1266
李笠翁曲話/1253
李笠翁十種曲/1281
李笠翁香豔叢録/1097
李烈鈞出巡記/339
李烈鈞之言論/734
李烈鈞自傳/216
李林甫外傳/1347,1760
李柳麗/1510
李龍眠九歌圖人物册/1580
李梅庵臨周散氏盤銘真跡/1578
李泌傳/1760
李莽吹笛記/1759
李母岳太夫人哀思録/222
李南川先生紀念册/203
李南桌文藝論文集/1195
李清照/198,1234
李晴江墨蘭册/1584
李權時經濟財政論文集/608
李權時經濟論文集/606
李群玉詩集/2125,2142,2218
李尚書詩集附李氏事跡/1966
李申耆年譜/230
李蜃園先生年譜/2186
李盛蘭獻古錢/1472
李師師外傳/1818
李詩辨疑/2227
李石岑講演集/33
李石渠先生治閩政略/203
李石亭文集/1976
李氏焚書/1013,1094
李氏孝經註輯本/25
李氏學樂録/1953
李氏遺書/1120
李氏易解剩義/1900,2065
李氏周易述補/9
李氏族譜/177
李世傑與俞維華/1306
李世民/307
李恕谷先生年譜/230
李似山墨竹譜/1584
李素蘭風月玉壺春/1261
李太白/1292
李太白集/1074(2)
李太白全集/1074(2)
李太白詩/2093
李太白詩集/1074
李太白詩文/2123
李太白傳/196
李鐵君先生文鈔/1868
李彤字指/2075
李娃傳/1762
李衛公會昌一品集/1079,1960
李衛公集/2142
李文公集/2124,2141
李文公集評點/999
李文焕高仲和創造了打鹽奇跡/586
李文清公日記/204
李文饒集/2125
李文忠公尺牘/732
李文忠公朋僚函稿/732
李五峰集/1015
李五峰集補遺/1015
李相國論事集/1915,2098
李相國遺文/1915
李孝美墨譜/1590
李修善牧師傳/139
李秀成供/332
李秀成供狀/332
李虚中命書/2150
李延平集/1963
李鄴侯言行録/196
李易安年譜/226
李義山戀愛事跡考/1079
李義山詩集/2125,2142
李義山詩箋註/1079

李義山詩文全集/1079
李義山文集/2125,2142
李勇大擺地雷陣/582
李有才板話/1448(4)
李元賓文集/1960
李雲卿/1274
李徵士遺稿/2262
李忠節公奏議/731
李忠愍公集/1972
李忠石先生六秩進四雙壽詩集/1492
李舟切韻/2076
李主席在省政府擴大紀念周訓詞/776
李卓吾尺牘全稿/1484
李卓吾論/199
李子瑾文録/1163
李子田詩集/1781
李宗仁將軍傳/217
李宗仁隨棗勝利後演詞/776
李宗仁印象記/217
李總司令最近演講集/776
里安孫氏玉海樓書目/2380
里昂中國大學海外部的經過、性質、狀況/906
里門吟草/1160
里民大會手册/813
里民大會政治訓練資料手册/813
里堂家訓/2190
里堂思想與戴東原/2300
里堂易學/2300
理財救國論/705
理化詞典/1623
理氣四訣/100
理生玉鏡稻品/1801,1941,2107
理想的前途/2343
理性與民主/722
理性與自由/1170
理學類編/2200
理學漫談/48
理學治要/56
理則學/83
理齋類稿/1183
禮部存稿/2198
禮部韻略/939,2049
禮斗威儀/1910,2079
禮法華經儀式/118
禮範/1731
禮規綱要/507
禮含文嘉/1910,2078
禮稽命徵/1910,2078
禮記/4,19(2),20,2115
禮記補註/1923
禮記讀本/1
禮記附記/1923
禮記恒解/2280
禮記集解/19
禮記集説/3,20(2)
禮記集説辨疑/1875,1923
禮記偶箋/1923
禮記授讀/19
禮記唐寫本/2155
禮記天算釋/1770,1935
禮記訓義擇言/1923,2146
禮記訓纂/19
禮記要義/19
禮記引得/19
禮記正義/19(2)
禮記正義校勘記/19
禮記鄭註/19
禮記註疏/19
禮記註疏校補/1884
禮記註疏引書引得/19
禮教資料彙輯/801
禮經奥旨/1890,2173
禮經舊説/2315
禮經釋例/1923,2222
禮經通論/20
禮門圓音　光明一心地藏寶懺　施食合璧/111
禮器釋名/2303
禮器圖/2291
禮事圖/2291
禮書綱目/1770
禮緯/1910,2078
禮學大義/1752
禮學卮言/2102
禮學字義通釋/2316
禮議/20
禮元剩語/1802
鯉書/2332
醴陵鄉土志/450
醴泉縣[陜西]志稿/444
力/782
力行的哲學/90
力行哲學論證/47
立法院工作報告/750
立法院圖書館開幕紀念册/2373
立法院職員録/750
立國之道/722
立山詞/1223
立體的純經濟史分期的方法論/613
吏部進道光二三年秋冬二季在京文職漢官領過俸米及職名黄册/324
吏部條法殘/2047
利津縣續志/437
利瑪竇坤輿萬國全圖/247
利瑪竇題竇像圖/1590
利娜/1443
利用外資問題/651
荔圓樓集/1185
荔枝譜/1740,1798,1942
荔枝小品/1170
荔莊詩存/1787
鬲室舊藏夏商周漢彝器考釋/160
栗子/1439
笠翁對韻/1031
笠翁劇論/1241
笠翁偶集摘録/1838
笠翁選姿集/2209
笠翁一家言全集/1097
笠翁韻對詩品詳註/1031
笠澤詞徵/1067
笠澤叢書/2044
笠澤堂書目/2382
蒞桂中外名人演講集/414
蒞戎要略/1921
厲樊榭年譜/231
厲樊榭先生年譜/231
厲行節約消費/522
勵耘書屋叢刻/2326
勵志集/89,2337
曆法通志/1622
曆學答問/1934
曆學疑問補/1934
歷朝名畫觀音寶相/127(2)
歷朝名人詞選/1226
歷朝史印/1597
歷城金石志/165
歷城縣志/439
歷代白話詞選/1227
歷代白話詩選/1034
歷代碑帖大觀/1567
歷代兵書目録/1691
歷代兵制/2149
歷代長術輯要/258
歷代潮州文概/1068
歷代車戰考/2088
歷代尺牘選粹/1483
歷代地理沿革表/1777,1997
歷代地理志韻編今釋/363(2)

歷代帝王廟謚年諱譜/259
歷代帝王年表/257,259,2011
歷代帝王疑年録/257,2302
歷代法寶記/2037
歷代方鎮年表/257
歷代符牌圖録後編/164
歷代婦女書信/1481
歷代功臣像/193
歷代貢舉志/1918
歷代古印大觀/1596(2)
歷代關市徵税記/1916
歷代閨秀詞選集評/1226
歷代户口通論/612
歷代滑稽故事選集/1370
歷代畫史彙傳補編/1558
歷代皇帝趣事大觀/2327
歷代皇帝謚諱生卒年及葬地列表/257
歷代黄河變遷圖考/374
歷代諱字譜/181,2303
歷代紀元編/259(2)
歷代紀元彙考/2236
歷代甲子考及其他三種/2011
歷代建元考/260,2011,2148
歷代疆域表/259,420
歷代疆域形勢一覽圖/364
歷代經籍志/2363
歷代酒令大觀/1610
歷代兩浙詞人小傳/190
歷代陵寢備考/380
歷代律例全書/842
歷代名臣謚法彙考/2261
歷代名畫記/1555,1952,2028
歷代名將言行録/1689
歷代名人短箋/1483
歷代名人家書/1483
歷代名人年里碑傳總表/182
歷代名人年譜/181
歷代名人年譜大成/181(2)
歷代名人生卒録/184
歷代名人生卒年表/182
歷代名人書畫/1566
歷代名人書札/1482(3)
歷代名人書札註釋/1482
歷代名人小簡/1482
歷代名人姓氏全編/184
歷代名媛傑作/1482
歷代名媛文苑簡編/1056
歷代年號通檢/258
歷代女子白話詩選/1034
歷代女子詩集/1032
歷代女子文集/1028
歷代平民詩集/1031
歷代求法翻經録/124
歷代日食考/1621
歷代三寶紀總目/113
歷代山陵考/1842
歷代社會狀況史/506
歷代神仙史/129
歷代聖哲學粹後編/46
歷代聖哲學粹前編/46(2)
歷代詩話/984,987,988
歷代詩話考索/985
歷代詩話續編/986,987
歷代詩文評註讀本/1027
歷代詩餘話/1203
歷代石經考/7
歷代史表/258(2),1777,2011
歷代壽考名臣録/1754
歷代通俗演義/1397
歷代同姓名録/2261
歷代同姓名録引得/182
歷代統紀表/259(2)
歷代屯墾研究/640
歷代屯田考/643
歷代文評選/980
歷代文章論略/2294
歷代五言詩評選/989
歷代武舉考/1918,2265
歷代賢豪傳記/192
歷代小史/2165
歷代小説筆記選/1370
歷代刑法考/2270
歷代刑官考/2271
歷代沿革表/259,364
歷代豔史大觀/2339
歷代藏經考略/107
歷代征倭文獻考/276
歷代職官表/736(2),1777,1917
歷代制度詳説/2250
歷代治河方略述要/377(2)
歷代鐘鼎彝器款識法帖/150,160
歷代著録畫目/1564
歷代著録吉金目/160
歷代自敘傳文鈔/182
歷代宗廟附考/380
歷代尊孔記、孔教外論合刻/60,103
歷劫恩仇/1530
歷年經費收支報告書/900
歷年來重要宣言及決議案/598
歷年上海物價指數彙刊/405
歷史的暴風雨/566
歷史的鏡子/1153
歷史的唯物論/531
歷史地圖/294
歷史方法概論/238
歷史感應統紀/85
歷史回憶/355
歷史教學法/237(2)
歷史人物/182
歷史人物志/184
歷史上中國民族之觀察/2306
歷史統計學/237
歷史唯物論批評/82
歷史小品/1495
歷史學派經濟學/607
歷史學習法/237
歷史研究法/237,263(2)
歷史藝術論/236
歷史哲學/238
歷史哲學大綱/238
歷史哲學教程/238,239
歷史哲學論叢/239
歷史之科學與哲學/238(2)
歷史之認識/297
歷史之重演/262
歷史轉變的年代/829
隸法指南/1561
隸經文/1891
隸篇/156
隸前考聲定韻/939
隸釋/156
櫟園真因/111
瀝血鴛鴦/1516
麗白樓自選詩/1183
麗春堂/1264
麗江麼些象形文[古事記]研究/968
麗郡詩徵/1069
麗麗/1432
麗農詞/1221
麗情集/1358,1821
麗情集附續集/1985
麗莎的哀怨/1446
麗水縣志/456
麗體金膏/1959
麗亭遺草/2260
麗藏新雕本校記/112
麗澤論説集録/2249
儷華館吟草/2211
儷體文集/2132

連環洞/1371
連環計/1266
廉矩/1801,1905
廉頗藺相如/1282
廉石居藏書記/1883
蓮邦消息/111
蓮花化身/1373
蓮花世界詩/123
蓮坡詩話/997,1979,2181
蓮瑞老人畫册/1586
蓮社詞/1209
蓮堂詩話/1978
蓮鄉題畫偶存/1550
蓮鬚閣文鈔/2198
蓮洋集/1100
蓮洋詩鈔/1100
蓮飲集濠上吟稿/2221
蓮隱詩鈔/1104
蓮子居詞話/1203
濂洛風雅/1957(2)
濂洛關閩書/75,1905
濂亭文集/1114
聯邦政治/726
聯對大全/1490
聯對作法/1492
聯俄與仇俄問題討論集/287
聯芳譜花卉册/1582
聯共(布)黨史簡明教程/544
聯合國受降見聞/350
聯合國文獻/561
聯合國憲章/836
聯綿字典/964
聯綿字譜/2283,2286
聯席會議談話/578
聯席會議宣言及決議案/793
聯語録存/1122
聯語作法/1493
聯字造句法/951
聯總物資與中國戰後經濟/618
鐮山草堂詩合鈔/1968
簾花堂殘稿/1129
臉譜/1608
楝亭十二種/2114
楝亭書目/2382
煉/1408
煉才爐/1520
煉形内旨/2104
煉獄雜憶/1411
練兵實紀/1700,1921,2149
戀愛錯綜/1418
戀愛故事/1442
戀愛・結婚・家庭/511
戀愛新論/511
戀愛與文學/919
戀愛與義務/1452
戀愛與陰謀/1302,1312
戀愛之神/1467
戀歌/1055
戀歌二百首/1320
良方大全/1665
良鄉縣志/434
良友/786
良友文藝書目/912
梁代陵墓考/168
梁公九諫/1919,2036
梁紅玉/1303,1604
梁皇寶卷全集/1315
梁簡文帝集/1017
梁京寺記/1343
梁巨川先生遺筆/1126
梁密庵先生哀輓録/788
梁啟超/215
梁啟超胡適二先生國學書目/2347
梁任公白話文鈔/1127
梁任公胡適之先生審定研究國學書目/2347
梁任公近著/1127
梁任公書牘/1486
梁任公文存/1127
梁任公文集/1127
梁任公學術講演集/2347
梁任公演説集/1127
梁山伯寶卷/1315
梁山伯祝英臺全史/1317
梁氏筆記三種/2331
梁氏飲冰室藏書目/2384
梁書/249,306
梁漱溟先生村治論文集/800
梁漱溟先生教育文録/1159
梁廷枏著述録要/2371
梁武帝集/1017
梁溪漫志/1337,1353,1710
梁彦明烈士紀念集/215
梁燕孫先生年譜/232
梁元帝集/1017
梁允達/1301
梁昭明太子集/1017
梁質人年譜/229
涼記/2018(2)
涼山夷家/172(2)
涼州記/2002
涼州異物志/1997
樑上君子/1294
糧食/495,1305,1453
糧食調查叢刊/647
糧食問題/612
糧食增產問題/638
糧政法規——配撥類/634
兩般秋雨盦曲談/1241
兩般秋雨盦隨筆/1863
兩藏樓詩/1159
兩次世界大戰/242
兩代圖/1430
兩當軒全集/1106
兩地書/1138,2321,2323
兩個角色演底戲/1299
兩個青年的悲劇/1436
兩宮鼎建記/1943
兩廣都司令部考實/338
兩廣紀略/316
兩廣叛亂内幕/340
兩廣水災籌賑會勸募委員會工作報告/523
兩廣瑶山調查/507
兩漢博聞/302,2016
兩漢不列傳人名韻編/297
兩漢紀字句異同考/1868
兩漢監察制度研究/753
兩漢解疑/1844,2174
兩漢金石記/2273
兩漢金石文選評註/158
兩漢三國學案/1751
兩漢散文選/1060
兩漢五經博士考/1918
兩漢縣政考/738
兩漢學術發微論/2316
兩漢以來鏡銘集録/2294
兩漢幽並涼三州今地考略/2276
兩湖塵談録/2022,2171
兩淮水利/376
兩淮水利鹽墾實録/376
兩間房/1415
兩晉解疑/1844,2174
兩晉南北朝史/305
兩京新記/1812,2003(2)
兩京遺編/1785
兩顆星/1199
兩罍軒藏器目/1946
兩龍潭主人藏鏡圖題詞/2197
兩龍潭主人藏硯圖題詞/2197

兩年的政治犯生活/215
兩年來的善後救濟/743
兩年來的市政概況/814
兩年來解釋判例彙編/846
兩年來責任內閣制下行政院長汪兆銘的總結算/340
兩年以來托派罪行的總結/567
兩千年中西曆對照表/260
兩山墨談/1895,2330
兩世姻緣/1264
兩宋詞人小傳/1207
兩宋思想述評/44
兩天一夜/1293
兩條路/799,1188,2339
兩條路綫底鬥争/548
兩條腿/1499
兩同書/1904
兩垣奏議/1841,1920,2095
兩粵新書/318
兩浙古刊本考/2284,2287
兩浙金石別録/168(2)
兩浙鹽務概況/745
兩浙鹽務彙編/745
兩浙佚金佚石集存/168
兩種作風/599
兩周金石文韻讀/1780,2283,2286
兩周金文辭大系/161
兩周金文辭大系考釋/161
兩周金文辭大系圖録/161
量沙紀略/648
聊齋全集/1100
聊齋文集/1100
聊齋志異外集/1377
聊齋志異外書磨難曲/1377
聊齋志異新評/1377(2)
寥寥集/1158
廖陽館詩草/1187
廖仲愷先生哀思録/206(2)
廖仲愷先生講演集/1695
廖仲愷先生逝世周年紀念特刊/206
遼籌/1767
遼邸記聞/1364
遼帝后哀册文録/2295
遼東三家詩鈔/1022
遼東行部志/1869
遼東志/429,1866
遼東志略/1744
遼方鎮年表/258,1866
遼廣實録/1784
遼海叢書/1866(3),1867(3),1868,1869(2),1870(2)
遼海書録/2370
遼海書徵/2370
遼海吟/1128,2296
遼海引年集/2347
遼漢臣世系表/2186
遼痕五種/2312
遼紀/1869
遼金乣軍及金代兵制考/310
遼金史事論文集/310
遼金元傳記三十種綜合引得/182
遼金元宮詞［三朝宮詞］/1109
遼金元三史同名録/1777
遼金元文學/1009(2)
遼金元文學史/1009
遼居稿/1128
遼居雜著/2294
遼居雜著丙編/2295
遼居雜著乙編/2295
遼陵石刻集録/156
遼寧隨筆/389
遼詩話/997,2069
遼詩紀事/995
遼史/250,309
遼史補遺/1775
遼史拾遺/1775,2021
遼史校勘記/309
遼史源流考與遼史初校/309
遼文萃/1868,2161
遼文續指/1839
遼小史/1866
遼陽北園畫壁古墓記略/165
遼陽海神傳/1832,1985
遼陽聞見録/1869
遼陽縣志/430
遼陽州志/1866
遼夷略/1767
遼志/1743,2021,2065,2169
遼中縣志/429
燎松吟/1968,2108
療妬羹記/1277
蓼花洲閒録/1355,1990
蓼園詩鈔/1125
蓼齋詞/1220
列朝后妃傳稿/320
列朝盛事/1846,1988,2096
列代名人趣事/1496
列國在華領事裁判權志要/838
列寧/544
列寧底汽車夫之回憶/544
列寧故事/544
列寧和史大林是蘇維埃國家底偉大組織者/543
列寧文選/539
列寧選集/539(2)
列寧在一九一八年/544
列寧主義初步/539
列寧主義問題/540
列寧傳/545
列女傳/189,194,1341
列女傳補註/194,1749
列女傳補註正譌/1806
列女傳校註/194
列强軍備概況/1697
列强軍縮外交戰鬥史/831
列强在中國之勢力/273
列强戰備比較論/1693
列强支配中國的經濟網/616
列仙傳/129,1341,1730,1751,2008,2064,2101,2107
列子/54,64(3),1903
列子補正/64
列子精華/2092
列子張湛註校正/1884
烈皇勤政記/1841,2095
烈皇小識/256,315
烈女李三行/1829
獵狐記/1764
林沖夜奔/1284,1296
林黛玉筆記/1385
林黛玉的悲劇/1386
林房雄集/213
林夫人墓志銘/1590
林和靖集校正/1884
林和靖先生詩集/1081,2126,2144
林家鋪子/1455
林君興學碑記/158
林肯/236
林邁可書信及文稿/1486
林琴南/218
林泉高致/1542,1555
林泉結契/1966,2177
林泉隨筆/1991,2188
林氏家傳/201
林棠風先生遺集/1135
林外野言/2184
林文直公奏稿/732
林文忠公尺牘/1485
林文忠公禁煙奏稿/732
林文忠公年譜/230

林文忠公政書/732
林屋唱酬録/1958
林屋山人集/1131
林西縣志/464
林下偶談/1895
林下詩談/1835
林衣集/2238
林義順傳/187
林語堂選集/1026
林則徐/204
林則徐家書/1485
鄰蘇老人[楊守敬]年譜/230
鄰蘇老人年譜/203,230
鄰蘇老人手書題跋/1122
磷在動物消用糖質上之關係及胰素
　與人造胰素之作用/1624
臨城縣志/436
臨池管見/1538
臨池心解/1539
臨川集補鈔/1047
臨川集拾遺/1082
臨川詩鈔/1042
臨川先生歌曲/1207
臨川先生文集/2127,2144
臨川音系/955
臨床應用漢方醫學解説/1666
臨春閣/1277,1278
臨汾縣[山西]志續編/443
臨汾縣志/443
臨海記/2195,2212
臨海縣志/457
臨海異物志/2212
臨漢隱居詩話/984,1736,1977,2218
臨河縣志/464
臨晉縣志/443
臨清基督教公理會五十周年紀念
　小史/137
臨清縣志/439
臨時增刊南社小説集/1401
臨時執政府法令文電輯要/730
臨臺故事殘本/742
臨潼鬥寶/1270
臨溪隱居詩話/2038
臨縣志/443
臨沂縣志/439
臨邑縣新志/439
臨榆田氏兩世清芬録/204
臨榆縣志/436
臨證醫典/1665
麟角集/1960
麟臺故事/1727
鱗爪録/206,1156
陵川縣志/443
陵縣續志/439
陵縣志/439
陵陽詞/1212
陵陽集/1089
陵陽集補鈔/1048
陵陽詩鈔/1043
陵陽先生室中語/1730
淩滄集/1199
淩次仲先生年譜/2222
淩次仲先生遺書/2222
淩刻臞仙本琵琶記/1280
淩煙閣功臣圖像/2052
淩煜彰先生訃告/214
菱花鏡寶卷/1315
菱鏡秋痕/1532
零陵先賢傳/1341
零墨新箋/2339
靈寶畢法/127,129
靈寶真靈位業圖/2030
靈芬館詞/1223
靈芬館詞話/1203
靈芬館詞四種/1236
靈峰志/367
靈鳳小品集/1172
靈鳳小説集/1450
靈谷紀遊稿/2056
靈怪録/1711,1764
靈鬼志/1764
靈海潮汐/1448(2)
靈護集/1021
靈笈寶章/1915,2106
靈鶼夢/1441
靈皃軒文鈔/1171
靈棋經/97,1913,2066,2149
靈鵲蒲桃鏡館詞/1237
靈肉之門/1470
靈山歌/1191
靈山縣志/461
靈石縣志/442
靈樞經/1662,2119,2138
靈臺秘苑/2215
靈物志/1831
靈憲/2195
靈修/137
靈巖集/2250
靈應傳/1761,1825
靈應録/1350,1763
靈芝慶壽/1269
領導者的工作方法/93
領館報告/833
領事裁判權/833
領事裁判權問題/833,2110
領事官職務條例/833
領袖的救國教育思想及其方法/777
領袖的青年期/789
領袖抗戰言論五集/778
領袖抗戰言論續集/778
領袖學/1643
領袖言行/790
領袖與抗戰建國/790
嶺表紀蠻/174
嶺表録異/1326,1757,1999
嶺表録異記/1348,1727
嶺海焚餘/1873
嶺海輿圖/1999
嶺南大學圖書館一覽/2391
嶺南大學西南社會經濟研究所概況/
　905
嶺南大學一九四零年級刊/905
嶺南畫徵略/1558
嶺南荔枝譜 /1942
嶺南詩存/1068
嶺南伍氏合族總譜/179
嶺南玉社叢書/159
嶺南雜記/2000
嶺外代答/1999,2162
嶺西五家詩文集/1029
嶺雲海日樓詩鈔/1121
嶺雲軒瑣記/2332
流寇隊長/1302
流寇陷巢記/315
流浪/1173
流浪集/1176
流浪少女的日記/1149
流離百詠/1156
流沙/1023
流沙墜簡/164
流沙墜簡考釋/164
流沙墜簡考釋補正/1780,2182
流水飛花/1308
流亡/1475
流亡圖/1454
流亡者之歌/1299
流星/2339
流星論/1621
流星馬/1269
留補堂文集選/2238

留東外史/1394
留東新史/1394
留滬外史/1510
留美問吟集/1056
留漚吟館詞存/2184
留青日札/253
留青日札摘鈔/1854,1991
留日指南/878
留聲機/1624
留守兵團的英雄們和模範者/588
留西外史/1399
留香小閣詩詞鈔/1113
留鞋記/1265
留學指南/894
留真譜二編/2359
琉璃廠書肆後記/1752,2360
琉璃廠書肆記/1753,2360
琉璃志/1539
琉球/470
琉球地理志略/470
琉球國志略/2005
琉球使略/1365
琉球與中國/283
榴花館詩存/1133
劉表易章句/2070
劉賓客嘉話録/1326,1722,1756,1988
劉賓客文集/1078,1959
劉伯承部千軍萬馬橫渡黄河揭開大反攻光榮序幕/360
劉伯温年譜/227
劉道薈晉起居註/2083
劉公案/1318
劉公幹集/1016
劉貴陽説經殘稿/1891
劉海粟國畫/1589
劉弘嫁婢/1269
劉洪乾象術/2080
劉胡蘭/1313,1320
劉瓛繫辭義疏/2071
劉瓛乾坤義/2071
劉涓子鬼遺方/1940,2172
劉老老/1371
劉夢得文集/1078,2124,2141
劉謙之晉紀/2083
劉巧團圓/585,1319
劉少奇同志給晉綏同志書/562
劉少彝荒著略/2246
劉申叔先生遺書/2315
劉生海從二流子變成勞動英雄/586
劉石庵真跡/1576
劉氏傳家寶詩鈔/1112
劉氏切韻指掌/941
劉氏遺書/1772
劉氏遺著/1897
劉氏雜志/1361
劉氏宗譜/179
劉氏族譜/176
劉隨州集/1075,1966,2123
劉隨州詩集/1075,2141
劉天華記譜/1604
劉天華先生紀念册/1602
劉蜕集/2125,2218
劉蔚如先生最近之言論/2342
劉文龍求官昇仙傳/1318
劉文英寶卷/1316
劉無雙傳/1351,1762,1824,1984
劉希仁文集/1972
劉香寶卷/1316(2)
劉向洪範五行傳/2081
劉向五經通義/2074
劉向孝子傳/2084
劉向校讎學纂微/2360
劉向新序/70,2118
劉向歆父子年譜/225
劉歆鐘律書/2081
劉行首/1265
劉炫春秋左氏傳述義/2074
劉炫規杜持平/22
劉炫規過/2074
劉永福傳/205
劉永福歷史草/205
劉玉厚與郝家橋/586
劉豫事跡/1842
劉知幾年譜/226
劉知幾之史學/261
劉知遠/1280
劉子/56,1904
劉子新論/1859
劉子政集/1070
劉宗周年譜/228
瀏陽圖書館藏書目録/2376
騮驊集/1460
柳邊紀略/1809,1866,1999,2162
柳待制集/2251
柳待制文集/2130
柳貫上京紀行詩/1090
柳河東集/1077(3)
柳河東全集/1077
柳河東文集/1077
柳集點勘/999
柳柳州詩/2092
柳門遺稿/2255
柳南隨筆/1846,1994,2330
柳南續筆/1846
柳氏諺文志/2037
柳塘詞話/1205
柳塘外集/1019
柳亭詩話/1011
柳溪詩徵/1068
柳亞子先生五十晉八壽典紀念册/215
柳毅傳/1351,1761,1984
柳毅傳書/1266
柳州縣志/462
柳州煙/1279
柳州醫話/1643
柳莊相法/99
柳子厚文/2093
柳宗元文/1077(2)
六朝麗指/1000
六朝陵墓調查報告/380
六朝墨妙/117
六朝墓志菁英/158
六朝時代學者之人生哲學/43(2)
六朝事跡/1357
六朝事跡編類/2004,2064
六朝隋唐寫經真跡/108
六朝文絜/1065
六朝寫本禮記子本疏義/19
六朝造像精華/150
六臣註文選/2133
六大辭源/1476
六法彙編/845
六法全書/844
六個月來的抗戰/344
六合内外瑣言/1377
六經病解/1645,1646
六經堪藏石/159
六經脈證/1646
六經堂遺事/2232
六經天文編/1933
六君子傳/337
六脈渠圖説/410
六年計劃/899
六年來廣東團務/516
六年來之貿易/680
六年隨從列寧/544
六氣感證要義/1650
六壬鬼撮腳/97
六壬神定經/1808

六壬視斯/97
六壬尋原/97
六壬摘要/97
六壬指南/98
六如畫譜/1952
六如居士畫譜/1543
六如居士全集/1092
六十年來之蔣主席/791(2)
六十年來中國與日本/276(2)
六十七國教育制度一覽/878
六十歲勞動英雄孫萬福/586
六十五年來中國國際貿易統計/680
六書辨/934
六書分毫/1925
六書分類/1561
六書賦音義/940
六書古微/929
六書解例/934
六書略/940
六書淺説/2160
六書述義/932
六書説/1926
六書條例/932
六書通/934
六書微/927,932
六書音韻表/937
六書正義/932
六書轉註録/1926
六書綜/936
六松堂集/2203
六韜/52,2080,2119,2137
六同別録/2351
六硯齋筆記/2164
六也曲譜/1254(2)
六一筆記/1740
六一詞/1216
六一居士詩話/1796,1977
六一詩話/984,2027
六一題跋/1944,2032
六宜樓詩稿/2262
六憶詞/1838,2211
六藝綱目/1889,2095,2233
六藝論/1812,1875,1891,2086,2194
六藝之一録目録/2145
六因條辨/1650
六月里的杜鵑/1452
六月以來國共談判重要文獻/564
六齋卑議/2227
六秩唱和集/1053
六子全書/50
六祖大師法寶壇經箋註/124
隆安縣志/463
隆吉集補鈔/1051
隆吉詩鈔/1046
隆裕皇太后大事記/204
龍壁山房詞/1225
龍壁山房文集/1029,1112
龍城舊聞/389
龍城録/1077,1326,1345,1739,1757,2166
龍城劄記/1896,2087
龍蟲並雕齋瑣語/1188
龍川別志/2021
龍川詞/1218,2252
龍川略別志/2329
龍川略志/1795,2021
龍川文集/1088(3),1973
龍川先生詩鈔/1120
龍顧山房駢體文鈔/1129
龍顧山房詩集/1129
龍顧山房詩餘/1129
龍泓山人印譜/1596
龍虎狗/1165
龍虎集/293
龍慧堂詩/1136
龍江船廠志/1768
龍江舊聞録/389
龍筋鳳髓判/1916
龍龕手鑒/934
龍窟/1469
龍里定水壩海[ba]苗調查報告/173
龍陵縣志/463
龍門縣志/461
龍門隱秀/1272
龍門子凝道記/1905
龍女傳/1351,1762,1985
龍泉師友遺稿合編/1022
龍沙紀略/1843,2102
龍砂八家醫案/1652
龍山夢痕/1146
龍山鄉志/462
龍蛇/1161
龍勝廳志/462
龍氏易傳/2153
龍壽丹記/1359
龍舒淨土文/123(2)
龍潭精舍叢刻/2196
龍潭清話/2197
龍潭小志/2197
龍潭文存/2197
龍套集/1171
龍頭山下/1439
龍圖奇案/1372
龍文鞭影/955(2)
龍谿精舍叢書/1748
龍谿王先生會語/1094
龍興慈記/1802,1849
龍巖縣志/459
龍游縣志/455,456
龍游縣志初稿/455
龍魚河圖/1910,2077
龍與巨怪/1499
龍雲集/2202
龍雲集鈔/1048
龍雲先生樂府/1208
龍藏宋墨題詠/1053
龍州土語/1502
龍舟會/1279
龍洲詞/1210,1218
龍洲道人詩集/1037
龍洲集/1966
隴東中學地幹班調查/596
隴海鐵路西蘭綫陝西段經濟調查報告書/627
隴秦豫海鐵路旅行指南/674
隴蜀餘聞/1334,1999
隴蜀之遊/384
隴右方志録/362
隴右金石録/167
壟上記/1764
婁塘志/455
樓閣懺/111
樓閣叢書/111
樓居偶録/2261
樓聯墨跡大觀/1575
樓山堂集/1965
樓頭的煩惱/1449
陋盦小草/1127
陋軒詩/1098
露露/1460
露絲/1304
露西亞之戀/1469
露惜傳/1526
露香拾稿/1040
盧緤晉八王故事/2083
盧緤晉四王遺事/2083
盧公書牘/1847
盧貢家族的家運/1289
盧龍縣志/433
盧騷三漫步/1533

盧山紀事/2200
盧昇之集/1073,1959
盧氏禮記解詁/1811
盧氏易註/2072
盧司馬殉忠實録/317
盧梭與自然教育/886
盧仝集/1966
盧溪集補鈔/1050
盧溪集鈔/1045
盧隱自傳/218
盧植禮記解詁/2073
盧忠肅公書牘/1994
廬江郡何氏大同宗譜/177
廬江郡何氏家記/1767
廬陵縣志/450
廬山/370
廬山陳氏甲秀堂法帖/1570
廬山二女/1827
廬山復教集/1089
廬山紀遊墨跡/1577
廬山記/1714,1996,2047,2185
廬山記略/1996
廬山記校勘記/2296
廬山外乘/370
廬山小乘/370
廬山新導遊/369
廬山訓練集/796
廬山遊記/370
廬山指南/370
廬山志/370
廬隱創作選/1448
廬隱佳作選/1448
廬州詩苑/1067
瀘縣志/447
蘆川詞/1218,1228
蘆川歸來集補鈔/1049
蘆川歸來集鈔/1044
蘆溝橋到漳河/567
蘆溝橋事變以來中日戰爭史料搜輯計劃書/345
蘆溝橋之戰/347
蘆花蕩/1422
蘆浦筆記/1895
蘆浦筆記校/1886
蘆中人/1371
爐邊/1174
爐邊閒話/1447
爐火監戒録/2177
爐藏道里新記/465
鑪山黑苗的生活/173
臚傳紀事/1918
顱顖經/1939
虜廷事實/1717
魯案善後月報特刊/277
魯案中日聯合委員會會議録/277
魯拜集/202
魯北煙塵/349
魯濱孫飄流記/1498,1519(2)
魯春秋/1871
魯府禁方/1651
魯峻碑集字聯/2040
魯禮禘祫義/2085
魯連子/2195
魯閩風雲/567
魯詩傳/1955
魯迅代表作/1138
魯迅的創作方法及其他/1138
魯迅的道路/1063
魯迅的蓋棺論定/220,221
魯迅的書/221
魯迅的思想與生活/220
魯迅訪問記/1010
魯迅和拉丁化運動/946
魯迅紀念特輯/219
魯迅論/221
魯迅論俄羅斯文學/1138
魯迅論及其他/916,918
魯迅茅盾致伊羅生信函及其他/1138
魯迅批判/221
魯迅全集/2321
魯迅全集補遺/2321
魯迅三十年集/2319
魯迅散文集/1138
魯迅事跡考/221
魯迅手册/221
魯迅文學講話/1139
魯迅先生二三事/220
魯迅先生紀念集/220
魯迅先生逝世十周年紀念特刊/221
魯迅先生笑了/219
魯迅小説選集/1460(2)
魯迅新論/220
魯迅研究/220
魯迅研究叢刊/1138
魯迅譯著書目/2322
魯迅印想記/221
魯迅與景宋的通信/1138
魯迅與中國青年/221
魯迅語録/1138
魯迅雜感集/1138
魯迅在廣東/220
魯迅正傳/221
魯迅傳/220,221
魯迅作品研究/1138(2)
魯巖所學集/1108
魯彦短篇小説集/1412
魯彦傑作選/1413
魯彦選集/1025
魯藝秧歌/589
魯應龍閒窗括異志/2244
魯齋詞/1213
魯齋集/1973
魯齋集鈔/1051
魯齋郎/1264
魯齋王文憲公文集/2251
魯中區抗日民主政權建設七年來的基本總結及今後基本任務/393
魯鄒聖跡記/393
六合縣續志稿/452
陸川縣志/462
陸地測量總局二十一、二年業務報告/750
陸放翁集/1086(2)
陸放翁全集/1086,2268
陸放翁詩/2092
陸放翁詩鈔註/1086
陸放翁之思想及其藝術/198
陸費伯鴻先生年譜/232
陸桴亭思辨録輯要/1907
陸公紀京氏易傳註/2244
陸公紀易解/2244
陸廣微吴地記/2244
陸海空軍公文程式/1480
陸皓東傳　史堅如傳/791
陸湖遺集/1126
陸機晉書/2082
陸機要覽/1343
陸績易述/2070
陸賈楚漢春秋/2082
陸稼書先生文集/1975
陸稼書演義/1397
陸軍初級軍官必攜/1699
陸軍法規/749
陸軍軍隊符號/1704
陸軍内務條例摘要/1700
陸軍術科教育計劃表/1705
陸軍統計/1704
陸軍統計簡明報告書/749
陸軍新編第一軍從軍學生復員通訊録/1689

陸軍行政紀要/1699
陸麗京雪罪雲遊記/2054
陸廉夫山水花卉蔬果禽獸合册/1589
陸廉夫十萬圖/1589
陸善經新字林/2075
陸尚寶遺文/1793
陸士衡集/1016,1071
陸士衡詩註/1071
陸士衡文集/1959,2140
陸士龍集/1016,1071
陸士龍文集/2122,2140
陸氏草木蟲魚疏/2025
陸氏經典異文補/1929
陸氏經典異文輯/1929
陸氏南唐書/308,2065
陸氏三傳釋文音義/3
陸氏守先閣捐助書目/2376
陸氏文剩彙編/2266
陸王哲學/48
陸王哲學辨微/49
陸渭南書牘/1483
陸文節公奏議/2219
陸文龍/585
陸希聲易傳/2071
陸象山尺牘/1483
陸象山先生全集/1087
陸秀夫年譜/226
陸宣公翰苑集/2124,2141
陸宣公集/1076
陸宣公文集/1972
陸宣公奏議/731
陸游詩/1086
陸元恪草木蟲魚疏/2244
陸徵祥傳/139
陸贄文/1076
陸子/54,1902
渌水亭雜識/1862
菉猗曲/2244
菉猗室曲話/1242
菉友肊説/1897
菉竹堂書目/1882,2380
逯盦蔽言/1158
鹿門隱書/2178
鹿門子/54,1897
鹿皮子集/1963
鹿樵紀聞/251
鹿茸之研究/1658
鹿忠節公年譜/2011
禄村農田/650
禄嗣奇談/1915,2106
賂史/1532
路/1430(2),1517
路加福音/133(2)
路畔薔薇/1455
路橋志略/458
路史/298,2015,2165
路綫/1472
路政提綱/673
路只有一條/361
潞安風物/1426
潞安州/1371
潞城考古録/2001
潞郡舊聞/395
潞水客談/1997
録鬼簿/1242,1747,2115
録鬼簿校註/2284
録曲餘談/2285,2288
録異記/1328,2031
録輿地考/121
麓臺題畫稿/1536
麓堂詩話/1978
麓雲樓書畫記略/1562
鷺邊詞/2184
鷺江名勝詩鈔/407
驢背集/1133
驢子和騾子/1413
閭邱先生自訂年譜/1783
吕碧城集/1175
吕村鋤園圖題詠/1056
吕東萊文集/1973
吕洞賓三度城南柳/1260
吕洞賓三醉岳陽樓/1260
吕副委員長最近的言論/2341
吕觀文進莊子義/66
吕和叔文集/2124,2141
吕衡州文集/1960
吕静韻集/2076
吕梁英雄傳/1398(2)
吕留良年譜/227
吕氏春秋/53,68(3),2120,2138
吕氏春秋補校/2045
吕氏春秋高註補正/292
吕氏春秋彙校/68
吕氏春秋集解/69
吕氏春秋集釋/68
吕氏春秋通檢/69
吕氏春秋校補/68
吕氏家塾讀詩記/15,1955,2146
吕氏鄉約/1742,2172,2247
吕氏續詩記補闕/1884
吕氏雜記/2096
吕晚村先生文集/1100
吕錫侯筆記/1896,2246
吕語集粹/1898
吕祖全書/128
吕祖醒心經/128
邵亭詩鈔/2278
邵亭遺詩/2278
邵亭遺文/2278
邵亭知見傳本書目/2363(2)
旅澳日記/411
旅廛餘記/414
旅程記/915
旅店及其它/1429
旅美華僑實録/824
旅美見聞録/487
旅美鱗爪/488
旅歐教育運動/2350
旅人的心/1413
旅舍備要方/1940,2149
旅途/1419(2)
旅途隨筆/1442
旅途通訊/1164
旅行手册/406
旅行述異/1524
旅渝心聲/2334
旅藏二十年/423
履冰子吟草/1133
履霜集/1653
履園叢話/1863
履園畫學/1536
履園譚詩/997
履齋示兒編/1889
履齋先生詩餘/1211
律令/2270
律吕成書/1953,2147
律吕母音/1953
律吕透視/1602
律吕新論/1953
律日考/2270
律詩定體/996
律詩論/989
律數説/2293
律學發軔/121
律音義/2046
緑窗紅淚/1299,1310
緑窗潑墨/1416
緑的北國/1160
緑牡丹/1277
緑綺新聲/1954,2105

緑獅羅氏宗譜/176
緑天廬吟草/1185
緑天簃詩集/1148
緑雪亭雜言/1365
緑野仙蹤/1387
緑野莊詩草/2260
緑營兵志/1695
緑珠傳/1728,1836,1892
慮得集/1746
慮尊詞/1240
勴堂讀書記/2369
勴堂文集/1122
巒頭指迷/100
欒城集/1083(2),2127,2145
欒城先生遺言/1897
欒城遺言/1742,2250
欒城應詔集/2127,2145
灤京雜詠/2002
灤口黄河橋古爲雒山淤湖説/362
灤縣志/435
灤陽録/385
鑾城遺言/1796
亂都之戀/1148
亂世男女/1311
亂彈及其他/1174(2)
亂荛集/1189
略出籯金唐寫本/2155
略讀指導舉隅/975
倫常要編/88
倫敦貨幣市塲概要/694
倫敦去來/247
倫理的研究/34
倫理建設/768
倫理教科書/2319
倫理問題 ABC/34
倫理學/87(2)
倫理學的起原和發展/88
倫理學底根本問題/34
倫理學概論/34
倫理學綱要/34
倫理學體系/87
倫理學問答/85
倫理學要領/34
倫理學原理/34
倫理宗教百科全書/95
倫書/85
淪陷八年的東北/557
淪陷七周年的東北/387
淪陷區名勝/378
輪盤小説集/1428
輪與私箋/1770
論阿 Q 正傳/1460
論北伐/355
論辯文作法/976
論布爾什維克成功的基本條件/543
論查田運動/647
論城鄉關係/591
論持久戰/550(7)
論詞隨筆/1204
論從社會主義到共産主義的過渡/533
論待人接物/88
論當前的宣傳教育工作/595
論當前青年運動/889
論黨/553
論黨的布林塞維克化十二條/560
論黨内鬥争/553
論黨與個人/553
論道集/49
論德國民族性/485
論第三方面與民主運動/756
論讀書/911
論肚子/1056
論方言文藝/1196
論個人在歷史上的作用/542
論工人文藝/916
論工商業政策/679(3)
論共産黨/555
論共産黨員的修養/572,573(4)
論古雜識/2257
論官僚資本/617
論國共合作/342
論國際主義與民族主義/243
論國民參政會/739
論國民黨改組派和中國共産黨的任務/557
論衡/71(4),1745,1750,1859,1904,2121,2138
論衡校釋/71
論衡舉正/71
論衡通檢/71(2)
論胡適與張君勱/215
論畫絶句/1538,1542
論畫山水訣/1555
論畫十則/1550
論畫雜詩/1544
論剿共戰争/354
論解放區戰埸/561(5)
論經論傳/24
論軍隊紀律/543
論軍紀/591
論抗日遊擊戰争/561
論抗日戰争的現勢及其教訓與勝利的關鍵/357
論李宗仁與中美反動派/580
論理學/83(3)
論理學 ABC/84
論理學大綱/84
論理學大全/83
論理學綱要/84(2)
論理學十六講/82
論聯合政府/549,552(6)
論聯合政府問答/552
論領導方法/572
論嶺南詞絶句/2057
論魯迅的思想/220
論魯迅的雜文/1139
論馬克思恩格斯及馬克思主義/536(2)
論馬克思主義/537
論馬列主義决定策略的幾個基本原則/360
論美國金元外交/835
論民生主義的本質/767
論民主革命/534
論民主革命的文藝運動/597(2)
論民主與修養/570
論民族形式問題/914
論民族自決權/539
論墨/1540
論目前時局/343
論農村中的工作/540
論農民問題/640
論怕老婆/1056
論批評/918
論批評與自我批評/88
論貧富/2342
論秦以後無真宰相/741
論群衆觀點/553
論群衆路綫/552,553
論人民民主專政/550(2)
論人民民主專政學習參考材料/553
論日本經濟崩潰/630
論三民主義/763
論舌實訓/134
論社會主義經濟建設/533(2)
論詩短札/999
論詩六稿/993
論世界大動亂之真正原因/76
論世界大同與促進方策/836

論世界危機/241
論書法/1545
論書十則/1550
論書隨筆/2154
論説文百法/977
論説文作法講義/976
論思想/548(2)
論思想流/1642
論宋太祖收兵權/309
論蘇維埃的民主/544
論孫中山主義/762
論所謂法西斯蒂/518
論統一戰綫/2335
論王實味的思想意識/595
論文集/33
論文連珠/2056
論文瑣言/1789
論文學藝術與哲學諸問題/544
論文藝統一戰綫/970
論文藝問題/915(2),918
論文雜記/2294,2317
論文章作法/911
論無産階級的政黨/534
論無産階級與知識份子/548
論新階段/550(3),551
論新解放區土地政策/635,642
論新民主革命/600
論新民主主義教育/885
論新政協/359
論學/1907
論學俚言/1908
論學三説/1889
論學外篇/75,2220
論學習的態度/570
論學習問題/570
論學小記/75,2220
論雅俗共賞/915
論一元論歷史觀之發展/542
論印絶句/1543,1813
論幽默/1494
論優生學與種族歧視/1635
論遊擊戰/1697(2)
論語/4,29(2),30
論語案/30
論語比考讖/1910,2080
論語筆解/2146
論語辨/30
論語大義定本/30
論語讀本/2
論語附記/1901
論語古義/30
論語話解/29(2)
論語皇疏考證/1752
論語會箋/30(2)
論語集解/2116,2135
論語集解義疏/1901
論語集釋/30
論語集註箋義/1890
論語集註考證/1901
論語孔註辨僞/1809
論語孔註證僞/2190
論語篇目弟子/2086
論語十一篇讀/30
論語拾遺/2097
論語實測/30
論語説/2253
論語竢質/1901
論語通解/30
論語通釋/1856
論語緯/1910
論語文選/1063
論語研究/30
論語要義/30
論語意原/1901,2096,2146,2229
論語陰嬉讖/1910
論語引得/30
論語虞氏贊註/2237
論語餘説/2269
論語與儒家思想/49
論語與做人/30
論語約纂/30
論語摘輔象/1911,2079
論語摘衰聖/1911,2079
論語章句集註/2
論語正義/29(3)
論語正義補/29
論語鄭氏註殘卷/29
論語鄭註唐寫本/2155
論語註/29,2086
論語註解辨訂/29
論語註疏/29
論語傳/2268
論語傳註/1769
論語撰考讖/2080
論語譔考/1911
論語足徵記/29
論約瑟夫的外套/1194
論越南八月革命/600
論戰局/565,714
論戰略反攻/546
論戰爭/358
論張學良/210
論政黨/533
論知識份子/576
論中國對美蘇的外交關係/287
論中國革命/540
論中國革命諸問題/209
論中國各黨派/756
論中國經濟的崩潰/617
論中國蘇維埃運動[及其他]/2334
論中國文學革命/981
論中國語文理論的建立/1010
論中國政治與中國文化的動向/798
論中國之命運/355
論主觀問題/918
論資本主義/611
論走私主義的哲學/916
螺冠子自敘/2108
羅布淖爾考古記/169
羅定志/461
羅芳伯所建婆羅洲坤甸蘭芳大總制考/475
羅敷采桑/1278
羅浮幻質/1951,2104
羅浮山記/1714
羅浮指南/369
羅浮志/1786,1996
羅貫中與馬致遠/198
羅湖野録/2008
羅江縣志/2003
羅經撥霧集/100
羅經解定/101
羅經透解/100,101
羅蘭夫人傳/2305
羅李郎/1266
羅兩峰蘭竹/1585
羅羅山詩文集/1112
羅馬法/715
羅馬法與現代/715
羅馬文學/1493
羅馬字母拼音檢字/258
羅馬字拼音法程/946
羅刹雌風/1525
羅刹因果録/1515,1525
羅氏一家集/2255
羅淑散文集/1179
羅斯福/236
羅斯福見聞秘録/236
羅素及勃拉克講演集/81
羅素論文集/2112

羅通遁法/98
羅吟圃記/342
羅隱年譜/226
羅郢州遺文/1962
羅豫章集/1973
羅運炎論道文選/130
羅振玉哀啟/219
羅整庵先生存稿/1974
羅鐘齋蘭譜/1549
玀猓標本圖説/489
蘿山雜言/1905,2187
邏輯/82,84
邏輯概論/84
邏輯指要/82
倮情述論/400
懡母傳/1828
洛城殿/1278
洛川縣志/444
洛寧縣志/441
洛杉磯托兒所/891
洛神賦十三行/1572
洛神傳/1985
洛氏中國伊蘭卷金石譯證/1627
洛書/2077
洛書靈準聽/1911,2077
洛書録運法/1911
洛書緯/1911
洛書摘六辟/1911,2077
洛書甄曜度/1911,2077
洛水汾河及沁河歷史研究/374
洛學傳授大義/50
洛陽伽藍記/379(2),1343,1714,
2030,2044,2063
洛陽伽藍記鉤沈/379,1750
洛陽古今談/441
洛陽花木記/1724
洛陽搢紳舊聞記/1733,1989
洛陽名園記/1724,1944,2030,2062
洛陽牡丹記/1799,1827,1831,
1936,2150
洛陽石刻録/1806
洛陽縣志/441
洛陽遊記/394
洛中紀異録/1352,1721
洛中九老會/1348,1758
珞琭子賦註/1914,2150
珞琭子三命消息賦註/2150
落帆集/1144
落帆樓文集/1110
落颿樓文稿/1977
落花/1199
落華生創作選/1143
落日/1439
落日光/1424
落日記/468
落霞孤鶩/1419
落葉/1140,1471(2)
落葉集/1054
維容縣志/462
駱賓王文集/2123,2140
駱丞集/1073,1959
駱駝祥子/1464,1465(2),1476

M

麻城縣志前編/449
麻城縣志續編/450
麻姑傳/1341
麻六甲史/475
麻溪改壩爲橋始末記/734
麻衣道者正易心法/1913,2026
麻衣相法/99
麻疹闡註/1650
馬伯樂/1437
馬成龍演義/1398
馬大少爺的奇跡/1426
馬電詮釋/214
馬端肅公三記/1851
馬恩列斯論婦女解放/515
馬恩列斯毛論農民土地問題/538
馬恩通信選集/539
馬爾居林同志的信史大林同志的答
復/540
馬凡陀的山歌/1193(2)
馬扶曦梅花册/1585
馬扶曦花鳥草蟲册/1585
馬哥孛羅遊記/247
馬關議和中日談話録/252
馬和放馬的人/1441
馬及其他蹄類/1633
馬家溝和陳德發/586
馬江香女士花鳥册/1585
馬可波羅行紀/247
馬可福音/133(3)
馬克沁步兵機關槍操典/1702
馬克思的生平/538
馬克思的哲學/536
馬克思的政治思想/537
馬克思及其地租論/537
馬克思經濟學批評/536
馬克思經濟學説的發展/538
馬克思列寧主義的理論基礎/542
馬克思與恩格斯論無産階級革命中
之農民/538
馬克思主義的破産/537
馬克思主義評論之評論/538
馬克思主義與民族問題/537
馬克思主義與唯物史觀/2110
馬克思主義與文藝/538
馬克思主義政治學教程/537
馬來半島土人之生活/508
馬來半島之橡皮事業/476
馬來鴻雪録/476
馬來群島遊記/476
馬來人及其文化/476
馬來亞華僑史綱要/823
馬來亞歷史概要/475
馬來亞人民抗日軍/823
馬來亞印象記/476
馬蘭/1424
馬連良專集/1608
馬列恩斯論經濟問題/536
馬陵道/1263,1375
馬驪精/1428
馬融儀禮喪服經傳/2073
馬融易傳/2070
馬賽底夜/1444
馬師曾特刊/1282
馬石田文集/1020
馬氏鈔藏書目/2380
馬氏國郵圖鑒/677

馬氏南唐書/308,2065
馬氏日钞/2178
馬氏日钞及其他三種/1990
馬氏文通/949,950
馬氏文通刊誤/950
馬氏文通易覽/950
馬氏吟香館藏書目/2382
馬術概要/1703
馬術教範/1703
馬術口令/1703
馬太福音/133(4)
馬戲圖譜/2105
馬先爾之經濟學説/610
馬相伯先生年譜/231
馬相伯先生文集/1136
馬巷廳志/459
馬歇爾報告書/244
馬歇爾將軍/236
馬歇爾氏兩年度報告書/244
馬敘倫言論集/287
馬學/1703
馬學彙編/1702
馬學全書/1702
馬邑縣志/444
馬寅初經濟論文集/603(2)
馬寅初演講集/603
馬贊報仇/1374
馬鍾山事實清册/2291
馬鍾山遺書/2290
馬鍾山遺書正誤表/2291
瑪麗/1446
埋憂集/1864
買愁集/1013,1032
買花錢/1279
脈經/1662,2120,2138
脈訣刊誤/1938,2099
脈訣啟悟註釋/1645,1646
脈訣乳海/1648
脈望/1908
脈望館書目/1878
脈學輯要/1656
脈藥聯珠/2066
脈因證治/2066
麥與兵隊/1507
賣國奴/1518
賣國賊蔣介石怎樣苦害冀東老百姓/217
賣馬/1285
賣藝人家/1196
鬘華室詩選/1825
蠻巢詩詞稿/1148
蠻氛彙編/330
蠻花情果/1529
蠻荒志異/1519
蠻書校譌續校/1999
蠻陬奮跡記/1520
滿城風雨/1420
滿城縣志略/434
滿宮殘照記/335
滿江紅愛國詞百首/1227
滿蒙古跡考/165
滿蒙經濟大觀/622
滿蒙論/278
滿蒙鐵路網/674
滿蒙問題/281,388
滿蒙問題講話/387
滿清稗史/321
滿清官埸百怪録/1378
滿清入關前與高麗交涉史料/2161
滿清十三朝宫闈秘史/321
滿清外史/321
滿清興亡史/321
滿日議定書調印關係/749
滿鐵事業的暴露/277
滿鐵外交論/278
滿鐵問題/278
滿文書目/2374
滿夷猾夏始末記/320
滿洲帝國地圖/426
滿洲國大系/388
滿洲國官吏録/496
滿洲國立奉天圖書館圖書分類目録/2374
滿洲國民之總意/387
滿洲國語音標全表/1503
滿洲祭神祭天典禮/1870
滿洲金石志/165
滿洲老檔秘録/325
滿洲秘檔/325
滿洲農業概況/645
滿洲森林與文化/2086
滿洲實録/325,2161
滿洲問題/386
滿洲現狀/388
滿洲與蒙古/388
曼盦壺廬銘/1545
曼娜/1486
曼殊筆記/2313
曼殊大師紀念集/1167,1168
曼殊大師全集/1167,1168
曼殊大師詩歌書信集/1167
曼殊大師詩文集/1167
曼殊留影/1566
曼殊詩集/1168
曼殊詩文/2313
曼殊手札/2313
曼殊書信/1486
曼殊小叢書/2313
曼殊小説/2313
曼殊小説集/1449
曼殊雅頌/2086
曼殊遺集/1168
曼殊遺跡/1168
曼殊逸著兩種/1167
曼殊軼事/2313
曼殊作品選集/1168
曼陀羅集/1180,1461
曼陀羅癮詞/1238
曼香詞/1222
漫畫阿Q正傳/1460
漫畫的描法/1588
漫畫概論/1559
漫畫藝術講話/1592
漫畫重慶[四川風光]/1592
漫記/1855
漫郎攝實戈/1525
漫廬遺集/1128
漫社二集/1067
漫談戲劇運動/1290
漫堂墨品/1538,1943,2068
漫堂書畫跋/1538
漫堂説詩/997,1979
漫堂隨筆/1735
漫塘詩鈔/1046
漫塘文集/1088
漫遊日記/382
漫遊志異/382
縵庵遺稿/1015
縵雅堂駢體文/1977
芒洛塚墓遺文/1788
芒市邊民的擺/172
盲腸炎/2333
盲人瞎馬之新名詞/2336
盲詩人/1454,1459
貓城記/1463(2)
毛公鼎斠釋/162
毛公鼎銘考釋/1779,2183,2286
毛公壇倡和詩/1958,2109
毛翰林詞/1221
毛刻宋六十家詞勘誤/1220
毛詩/4,14,2115,2135

毛詩草木鳥獸蟲魚疏/1936
毛詩草木鳥獸蟲魚疏廣要/1936
毛詩楚辭考/17
毛詩詞例舉要[略本]/2316
毛詩詞例舉要[詳本]/2316
毛詩多識/1870
毛詩二南殘卷/2158
毛詩古音考/936
毛詩古音諧讀/17
毛詩古樂音/1870
毛詩國風定本/2045
毛詩後箋/1770
毛詩會箋/17
毛詩或問/1955,2173
毛詩九穀釋義/2053
毛詩馬融註/2072
毛詩譜/2085
毛詩秦風正義殘卷/2156
毛詩群經楚辭古韻譜/2196
毛詩識小/1956
毛詩説/15
毛詩唐風殘卷/2156
毛詩天文考/1770
毛詩通考/1956
毛詩王基申鄭義/2072
毛詩王肅註/2072
毛詩異義/2219
毛詩引得/17
毛詩札記/2315
毛詩正韻/15
毛詩鄭譜疏證/2291
毛詩註疏/14(2)
毛詩註疏校勘記校字補/2045
毛詩註疏引書引得/17
毛詩傳箋唐寫本/2155
毛詩傳箋通釋/15,1770
毛澤東的青年時代/568
毛澤東的思想/568
毛澤東的思想及作風/568
毛澤東故事/568
毛澤東故事選/568
毛澤東救國言論選集/782
毛澤東領導政治鬥爭録/556
毛澤東論/568
毛澤東思想初學入門/548
毛澤東同志/568
毛澤東選集/549,552(3)
毛澤東選集續集/552
毛澤東印象/568
毛澤東印象記/568
毛澤東與梅傑・堡脱蘭談話/357
毛澤東在重慶/569
毛澤東自傳/569
毛澤東最近的抗戰主張/551
毛鄭詩考正/2102,2223
茅盾創作選/1431
茅盾代表作/1432
茅盾論/597
茅盾評傳/1431
茅盾散文集/1157
茅盾文集/1024
茅盾文選/1157
茅盾選集/1025
茅山下/1455
茅亭客話/1328,1352,1719,2033,2089,2216
茂陵秋雨詞/1029
茂陵書/2194
茂新福新申新總公司卅周年紀念册/659
耄學齋晬語/2182
帽檐詩鈔/1134
楙花盦詩/1971
鄮峰真隱大曲詞曲/1209
没有克服不了的困難/673
没有絃的炸彈/1064(2)
枚叔集/1015
玫瑰殘了/1452
玫瑰的刺/1448
玫瑰花箋/1176
玫瑰花女魅/1827
玫瑰花續編/1531
眉庵集/1091
眉公群碎録/1332
眉公雜著十五種/1856
眉緑樓詞聯/2258
眉山集補鈔/1049
眉山詩鈔/1044
眉山蘇氏三世遺翰/1573
眉山唐先生文集/1084
眉山縣志/449
梅邊吹笛譜/1223,1982,2222
梅邊集/2202
梅伯言文/2094
梅川譜偈/232
梅川日記/222
梅村家藏稿/1747
梅村家藏集/2132
梅村剩稿/2254
梅村詩話/996
梅村詩餘/1220
梅村文鈔/1791
梅村先生年譜/1747
梅村樂府三種/1747
梅道人遺墨/1545
梅笛庵詞剩稿/2159
梅讀先生存稿/2240
梅妃傳/1347,1728,1762
梅妃作賦/1278
梅峰語録/1907
梅光迪文録/1166
梅花百詠/1021,1967
梅花草堂筆談/1012,1014
梅花草堂曲談/1240
梅花道人詞/1214
梅花接哥哥/1458
梅花夢傳奇/1281
梅花夢詞草/1239
梅花衲/1041
梅花詩一百絶/1021
梅花書屋詩稿/1159
梅花喜神譜/1579,1951,2050
梅花易數/97
梅花園存稿/1814
梅花字字香/1967
梅磵詩話/987,1978
梅蘭芳/1608(2)
梅蘭芳歌曲譜/1604
梅蘭芳遊美記/1607
梅里備志/458
梅林文集/1024
梅嶺之春/1418
梅樓詩存/1104
梅娘婚史/1475
梅歐閣詩録/1054
梅品/1556,1831,1942,2107
梅譜/1799,1831,1936,2060
梅瞿山黄山全景精品/1584
梅瞿山黄山十九景/1584
梅瞿山墨筆山水册/1584
梅瞿山水墨山水/1566
梅什兒/1198
梅氏驗方新編/1665
梅墅集/1129
梅亭四六標準/1087
梅脱靈戲曲集/1523
梅屋第三稿/1038
梅屋詩稿/1038
梅屋詩餘/1038,1229
梅屋吟/1039

梅塢貽瓊/1955,2108
梅溪筆記/2056
梅溪詞/1217
梅溪叢話/1377
梅溪先生全集/2145
梅溪先生廷試策奏議/2128
梅喜緣/1834
梅縣學校年鑒/871
梅墟先生别録/2108
梅軒詩鈔/1143
梅雪争芳記/1393
梅陽江侍御奏議/732
梅堯臣詩/1081
梅雨之夕/1407
梅苑/2115
梅月龕詩/1124
媒孽奇談/1522
媒婆罪惡史/525
煤/657,1684
煤業概論/1683
煤之檢樣法/1630
黴瘡新書/1656
美的人生觀/1551
美的社會組織法/509
美帝扶日真相/580
美帝國主義在中國/409
美法民政之比較/847
美法英德四國憲法比較/847
美國白皮書之觀感/599(2)
美國不動産抵押放款之研究/693
美國不足懼/466
美國待遇華僑律例節要/824
美國的軍備/1693
美國對華商業/286
美國對華政策/286
美國反蘇派真面目/835
美國佛學界之中國佛教史觀/104
美國國務院對華文化援助/287
美國哈佛大學哈佛燕京學社漢和圖書館漢籍分類目録/2385
美國海軍概況/1706
美國華僑年鑒/824
美國將星録/1688
美國教育徹覽/882
美國教育制度/882
美國經濟史/486
美國勞工統計局之沿革職務及組織/660
美國聯合準備銀行制述要/693
美國派赴日本教育團報告書/878
美國侵華簡史/835
美國人的性格/486
美國人在華的最後關頭/715
美國社會經濟史/487
美國生活/487
美國實業發展史/487
美國史/486(2)
美國市政府/819
美國視察記/487
美國談薮/488
美國退還庚子賠款餘額經過情形/286
美國往何處去？/486
美國文化觀/507
美國現今的經濟革命/487
美國刑法學綱要及與我國刑法之比較/867
美國遊記/487
美國與滿洲問題/286
美國與戰後世界/487
美國與中國之關係/835
美國遠東外交政策/835
美國在太平洋的任務/486
美國戰前的遠東外交/580
美國政黨/819
美國政黨鬥争史/819
美國政府與政治/819
美國政治思想史/718
美國之重工業/632
美國總統號/1306
美蔣陰謀秘聞/579
美麗的黑海/484
美人詞/1221
美人磁/1527
美人判/1819,2209
美人譜/1815,2209
美人千態詞/1027
美人千態詩/1027,1031
美人詩/2164
美人心/1378
美人煙草/1520
美日關係論/466
美日經濟關係之研究/466
美日戰争未來記/237
美術叢書/1535
美術考古學發現史/147
美術論/1553
美蘇外交秘録/835
美蘇遠東外交政策之比較/287
美學/1551
美學概論/1551
美學綱要/1551
美學淺説/1551
美遊詩詞存稿/1160
美與人生/2113
美展特刊/1565
美洲國民黨黨員注意/775
美洲金山國民救濟局革命軍籌餉徵信録/786
美洲童子萬里尋親記/1518
美子的畫像/1467
昧吾廬詩存/2241
媚幽閣文娱/1013
寐叟題跋/2369
寐叟乙卯稿/1124
門户開放與中國/834
捫蝨談/1176
捫蝨新話/1338(2),1717,1848,1894
捫蝨新語/2029
萌芽/1444
盟邦人士的諍言/576
盟鷗舫詩存/2260
猛虎集/1140
猛悔樓詩/1146
猛醒/714
蒙城縣志/451
蒙求正文/1922
蒙泉詩稿/1039
蒙泉雜言/1905
蒙訓/2281
蒙雅/1779,2182
蒙齋集/1962
蒙齋中庸講義/2233
蒙邊鳴筑記/1397
蒙韃備録/1734,2169
蒙韃備録箋證/2162,2284,2287
蒙地歷史歌/1184
蒙古地方明細圖/428
蒙古第三紀哺乳類動物定名之訂正/1633
蒙古第三紀脊椎動物化石/1632
蒙古調查記/2110
蒙古概觀/416
蒙古概況與内蒙自治運動/416
蒙古歌集/1604
蒙古鑒/416
蒙古律例/2162
蒙古山脈志/372
蒙古社會制度史/507
蒙古史料四種/416

蒙古史略/311
蒙古史研究/311
蒙古世系譜/177
蒙古問題/416(2)
蒙古新地理/417
蒙古逸史/311
蒙古遊牧記/416
蒙古與新六省/417
蒙古與中國/416
蒙古源流/416
蒙古源流箋證/417
蒙漢合璧釋尊聖傳/125
蒙漢合璧五方母音/942
蒙漢滿文三合/1503
蒙化志稿/464
蒙疆地圖/428
蒙疆烏蘭察布盟等地圖/428
蒙旗全墾收發款目清冊/650
蒙事紀略/734
蒙文白話報/417
蒙文讀本/1503
蒙文分類辭典/1503
蒙文蒙古源流/311
蒙兀兒史記/311(2)
蒙語輯要/1503
蒙藏佛教史/125
蒙藏新志/416
蒙藏院調查内蒙沿邊統計報告書/416
蒙藏院統計表/749
蒙藏狀況/417
蒙藏資料/417
孟德斯榜夫人/1510
孟東野集/1018(2),1077
孟東野詩集/1077,2124,2142
孟東野詩註/1077
孟芳圖書館落成紀念册/2390
孟浩然集/1074,2123,2217
孟浩然詩/1073,2091
孟和文存/496
孟姜仙女寶卷/1314
孟郊詩/1077
孟晉齋文集/2264
孟良盜骨/1374
孟鄰堂文鈔/1102
孟禄博士講演録/870
孟母三移/1270
孟宥文鈔/1190
孟喜易章句/2070
孟夏集/1056
孟縣志/440
孟襄陽集/1018(2)
孟學大旨/32
孟有涯集/1782
孟子/4,31(2),2047,2116,2135
孟子本義/32
孟子弟子考/2007
孟子讀本/2
孟子附記/1901
孟子話解/31
孟子會箋/31
孟子集註箋義/1890
孟子解/2095
孟子精華/2090
孟子劉熙註/1771,2074
孟子年譜/2010,2174,2291
孟子評傳/32
《孟子》人名廋辭/2042
孟子師説/1874
孟子事跡考略/192
孟子事實録/1901,2269
孟子外書四篇/1814
孟子文法讀本/31
孟子文法研究/31
孟子新解/32
孟子學案/31
孟子學説研究/31
孟子研究/32
孟子要略/1901
孟子捐/31
孟子音義/2047
孟子引得/32
孟子雜記/1901
孟子章句集註/2
孟子趙註/2246
孟子趙註補正/1771
孟子趙註考證/1783
孟子正義/31(3)
孟子政治哲學/719
孟子註疏/31
孟子傳/31
孟子傳論/32
孟子字義疏證/31(2),2101,2223
夢/1517
夢盦藏印/1595
夢盦居士自編年譜/1782
夢碧簃石言/155
夢逋草堂劫餘稿/2265
夢逋草堂劫餘稿補遺/2265
夢逋草堂文剩/2265
夢窗詞集/1211,1234(3),1237
夢窗稿/1234
夢窗甲乙丙丁稿/1217
夢窗四稿/2230
夢蝶叢刊/2335
夢蝶先生對報告書之批評/791
夢蝶先生批評南京國民黨中央宣傳部告國人書/796
夢符散曲/1256
夢陔堂文集/1109
夢鶴軒詩/1870
夢後/1183
夢花亭駢體文集/1109
夢華録/1744
夢華瑣簿/1249
夢還集/1142
夢幻草堂詩集/1166
夢悔樓詞/2243
夢家存詩/1183
夢景/1444
夢境圖唱和詩集/1958
夢覺山莊古稀紀念集/209
夢蘭先生遺稿/1131
夢里京華/1299
夢粱録/1833,2004,2179
夢樓詩集/1104
夢緑堂槍法/1954
夢坡室獲古叢編/161
夢坡室金玉印痕/1596
夢坡先生壽言合編/1493
夢書/1345,1751,2195
夢溪筆談/1330,1715,1893,2032,2044,2328(2)
夢溪補筆談/1893
夢溪續筆談/1893
夢言/313
夢硯齋詞/2243
夢一様的自由/1438
夢鄣草堂吉金圖/160
夢遊録/1346,1759,1826
夢與醉/1165
夢月軒詩鈔/1870
夢澤集/2218
夢占逸旨/1914
夢之谷/1439
迷離/1295
迷宮/1461
迷魂陣/1422
迷樓記/1346,1726,1758,1824,2064,2207

迷娘/1515
迷信與傳説/1400
迷羊/1438
謎史/1494
謎信與科學/2112
謎語之研究/1493
糜爛/1417
縻生瘞䘏記/1339
縻信春秋穀梁傳註/2074
縻研齋印存/1595
蘼蕪紀聞/2258
米/1674
米芾尺牘/1574
米穀統計/639
米海岳畫史/1555
米海岳書史/1553
米南宮十七帖/1570
米襄陽章聖天臨殿記　孟道觀壁記真跡/1573
米有堂詩集/1096
弭兵古義/1687,1688
弭劫壽世要旨/1661
弭劫醒世要旨/1661
峚陽草堂文集/1096
秘本奇術真傳/102
秘本推背圖/102
秘傳大麻瘋方/1651
秘傳花鏡/1676
秘傳水龍經/1914
秘府略殘卷/2047
秘閣書目/2371
秘録/1365
秘密地窟/1521
秘密電光艇/1519
秘密谷/1419
秘密怪洞/1528
秘書監志/1780,2182
秘製大黄清寧丸方/1940
密庵稿/1091
密教發達志/122
密勒氏人生教育/884
密梅花館文録/1107
密司馬/1459
密縣志/441
密雲期風習小紀/914
密雲縣志/435
密韻樓叢書/2034
密齋筆記/1990
密箴/1803,1897
密支那風雲/1299
密宗要義/122
密宗要旨/123
蜜蜂和蝥蟲/587
蜜柑/1429
蜜梅花館詩録/1971
蜜梅花館文録/1977
棉/1674(2)
棉産改進事業工作總報告/659
棉花攙水攙雜取締事業工作總報告/659
棉花産銷/658
棉之不孕籽研究/747
棉子油/656
棉作學/1675
綿被/1507
綿陽縣志/446
綿竹縣志/446
綿蕞餘紀/2303
澠池會/1267
澠池縣志/441
沔陽叢書/2218
沔陽州志/450,2218
勉鋤山館存稿/2057
勉齋集鈔/1050
葂麗園詩續/1175
緬北行/243
緬北戰區戰車部隊後方勤務/348
緬北之戰/567
緬邊日記/478
緬甸/478
緬甸蕩寇志/348(2)
緬甸地理/478
緬甸鳥瞰/478
緬甸史/478
緬甸遠征記/349
緬述/2005
緬戰是怎樣打勝的/243
緬戰隨軍回憶録/348
面圃廬詩草/1129
面子問題/1312
麵包略取/499
麵包與自由/610
苗胞影薈/173
苗風百詠/173
苗歌/1995
苗荒小紀/173
苗妓詩/1823
苗家月/1296
苗族調查報告/173
描寫人生斷片之歸有光/971
描寫文辭典/972
眇公遺詩/1167
渺茫的西南風/1459
妙法蓮華經/117,118
妙法蓮華經觀世音菩薩普門品/109
妙法蓮華經玄贊/107
妙法蓮華經優波提舍/118
妙峰山/1292
妙絶古今/2204
妙女傳/1351,1762,1829,1984
妙香齋集/2255
妙選群英草堂詩餘/1227
廟産興學問題/871
廟街事件交涉案/825
廟製圖考/2241
繆斌先生新民主義講演集/773
繆斌最近言論集/773
繆氏考古録/175
滅亡/1443(3)
民本主義與教育/870
民兵的故事/1592
民兵戰鬥故事集/1472
民兵政治教材/1694
民抄董宦事實/253,2183
民初國共問題資料/349
民法繼承編修正案/857
民法繼承論/857
民法繼承實用/857
民法繼承釋義/857
民法親屬編/857
民法親屬編詳解/856
民法親屬編修正案/857
民法親屬淺釋/862
民法親屬釋義/862
民法詮解/854,856
民法實用債編各論/862
民法通義債編/855
民法問題義解/855
民法物權/856
民法物權編集解/862
民法物權概要/854
民法學詮解/856
民法要覽/855
民法要義物權編/856
民法要義債編通則/855
民法債編概要/854
民法債編各論/855,856
民法債編集解/856
民法債編總論/855
民法債總論/854,855

民法總論/854(3)
民法總則/854(2)
民法總則概要/853
民法總則集解/854
民法總則釋義/854(2)
民歌選/1321
民國財政簡史/699
民國財政論/699
民國財政史/699
民國常熟縣附稅交代登復册/703
民國常熟縣正稅交代登復册/703
民國二十二年編上海市統計/402
民國二十二年度廣西各縣概況/816
民國二十二年廣西省進出口貿易概況/495
民國二十二年之建設/340
民國二十三年河北省棉産概況/495
民國二十三年首都普通考試總報告書/736
民國二十三年新生活運動總報告/522
民國二十三年之建設/340
民國二十五年全國蝗患調查報告/747
民國二十五年全國實業概況/625
民國二十一年度廣西各縣概況/816
民國二十一年度司法統計/844
民國法規集刊/731
民國法令大全/730
民國駭聞/1425
民國紀事/446
民國江都縣續志稿鈔/452
民國江南水利志/377
民國經濟史/619
民國經世文編/715
民國舊書店售書目録/2384
民國閬中縣志/448
民國名人圖鑒/187
民國南匯縣知事交代登復册/703
民國南匯縣知事移交四柱册/703
民國年鑒/734
民國七年修改進口稅則紀事/682
民國奇案大觀/1377
民國潛山縣交代覆摺稿/702
民國渠縣志/448
民國十八年度全國初等教育概況/876
民國十六年來之民衆教育刊物/898
民國十年官僚腐敗史/1452
民國十七年各省市户口調查統計報告/492
民國十七年條約/826
民國十五年度韓江治河處報告書/377
民國十五年以前之蔣介石先生/789
民國十五年中國學生運動概況/339
民國十周紀事本末/335
民國史演義/1398
民國通俗演義/1397
民國圖治芻議/722
民國維持會勸捐簿/786
民國憲法問題/850
民國行政統計彙報/880
民國續財政史/699
民國宣漢縣志/434
民國鹽史/510
民國鹽史大觀/2339
民國以來大事年表/734
民國張北縣長徵解支欠清册/701
民國政黨史/756
民國政府建國大綱/785
民國政制史/741(2)
民國重修大足縣志/448
民間故事叢話/1494
民間故事研究/1494
民間謎語全集/1493
民間奇案/1375
民間情歌畫集/1588
民間文藝叢話/1313
民間相/1587
民間異俗/1475
民間藝術和藝人/586
民間忠勇故事集/1473
民盟批判/799
民權初步/766
民權初步淺説/766
民權素粹编/1027
民生經濟建設與合作/607
民生史觀/766
民生史觀研究/767
民生史觀研究集/767
民生哲學的新認識/767
民生主義的土地政策/644
民生主義經濟共管制/766
民生主義經濟學/767
民生主義經濟政策之理論體系/767
民生主義論戰的總清算/766
民生主義淺説/767
民生主義與廢除遺産制/767
民生主義與人口問題/770
民生主義真解/766
民生主義之綜合研究/767
民生主義之租税制度/767
民十三之故宫/381
民事審判實務/868(2)
民事訴訟法/867
民事訴訟法精義/868
民事訴訟法論/868
民事訴訟法問題義解/868
民事訴訟法要論/868(2)
民事訴訟强制執行法/868
民事訴訟詳解/867
民事訴狀程式/868
民四條約效力問題/277
民四雲南首義再造共和節略/338
民俗學/170
民俗學問題格/170
民俗藝術考古論集/151
民團政策與民族革命/816
民刑事裁判大全/845
民刑訴訟撰狀方法/868
民諺/1490
民隱詩編/1032
民元前的魯迅先生/220(2)
民約論/724
民政法規彙编/807
民鐘詩鈔/1177
民衆動員論/345
民衆歌謡/1321
民衆革命與民衆政權/781
民衆基本叢書/959
民衆基本論/357
民衆教育/899
民衆教育館/898
民衆教育館實施法/896
民衆教育名著提要/896
民衆教育新動向/898
民衆教育新論/896
民衆教育行政/1615
民衆科學教育/1615
民衆訴訟常識/867
民衆圖書館學/2386
民衆團實際問題/2386
民衆學校論文索引/899
民衆訓練方案法規彙编/794
民衆運動法規方案輯覽/794
民衆運動之三民主義訓練綱要/765
民衆職業指導/895
民主的理論與實踐/798
民主方法/722

民主化的機關管理/752
民主建設講話/574
民主講話/716
民主淺説/766
民主社會黨政綱釋義/758
民主同盟文獻/758
民主・憲法・人權/716
民主憲政論/724(2)
民主政治新論/722
民主主義與社會主義/530(2)
民族詞選註/1228
民族地理學/169
民族發展底地理因素/171
民族復興之學術基礎/782
民族革命戰争的戰略之研究/1698
民族光榮/1304
民族浩氣詩文選/1026
民族魂/1433
民族解放大學/886
民族解放戰争的戰略和戰術/344
民族抗戰史略/240
民族氣節女英雄楊懷英/588
民族生存/722
民族詩選註/1034
民族素質之改造/170
民族特性與民族衛生/171
民族文化建立論/264
民族文化論綱/264
民族文學小史/1006
民族形式討論集/914
民族性與教育/501
民族學論文集/174
民族野心/547
民族英雄百人傳/193
民族哲學大綱/169
民族正氣/1307
民族正氣文鈔/1059
民族之血/345
民族主義闡微/766
敏求齋遺書/2299
敏齋稿/2251
閩部疏/1842,1855,2001,2099
閩川閨秀詩話/989,1835
閩詞徵/1228
閩都别記/1394
閩海蠱毒記/1360
閩侯縣第二區自治職員録/752
閩侯縣第一區概覽/752
閩侯縣志/459
閩南遊記/407
閩清縣志/459
閩台漢奸罪行紀實/190
閩賢事略初稿/188
閩小紀/1333,2001
閩行隨筆/1873
閩政一年/813
閩中大會十九年度年會紀録/140
閩中海錯疏/1679
閩中金石略/168
閩中金石志/168
閩中遊草/1199
名花十友譜/1110
名畫神品目/1948
名家方選/1657
名家近作集/1030
名家日記/1487(2)
名家詩永/1053
名家説集/1401
名家五種校讀記/56
名家小説/1336
名家奕譜/1610
名家遊記/1487
名教罪人/325
名理探/83(2)
名理新論/82(2)
名理新探/84
名伶曲本/1286
名伶世系表/1607
名卿績紀/1853
名人花卉畫軸/1579
名人家書新輯/1481
名人山水畫軸/1579
名人生日表/2302
名人手札真跡大全/1576
名人書畫/1565
名人像傳/182
名人演講集/1489,2344
名人楹聯大觀/1491
名人楹聯真跡大全/1576
名儒草堂詩餘/1229,1981
名儒言行録/192
名山藏副本/1103
名山洞天福地記/1799,1996
名山詩集/1137
名山文約/1137
名山縣新志/447
名賢生日詩/1054
名香譜/1820
名學綱要/84
名學稽古/2111
名言與俗諺/912
名疑/1846,2101
名義考/2216
名優遇盜記/1529
名媛詩選翠樓集/1176
明本紀校註/312
明本排字九經直音/1929
明本釋 /1906
明漕運志/1923
明朝/1451
明朝宫闈秘史/1425
明朝紀事本末補編/1878
明朝小史/1766
明臣奏議/1920
明詞綜/1232(2)
明大誥峻令考/2271
明代版本圖録初編/2359
明代版畫書籍展覽會目録/1592
明代勅撰書考/2366
明代的軍兵/1689
明代婦人散曲集/1255
明代建築大事年表/1598
明代名人墨寶/1575
明代千遺民詩詠/1052
明代文學/1010(2)
明代倭寇犯華史略/277
明代倭寇考略/314
明代學術思想/267
明代軼聞/2341
明代禦倭軍制/314
明道集/130
明道雜志/1717,1989
明滇南五名臣集/2155
明督撫年表/312
明斷編/2187
明宫詞/1835,2211
明宫史/313
明湖顧曲集/1066
明畫録/1546,1953
明皇十七事/1347,2178
明皇雜録/1711,1726,1756,2151
明季稗史初編/317
明季北略/314
明季潮州忠逸傳/190
明季滇黔佛教考/125
明季東莞五忠傳/191
明季南略/315
明季三朝野史/317
明季社黨研究/277
明季實録/316

明季史料零拾/313
明季西洋傳入之醫學/1659
明季遺聞/316
明季之政治與社會/314
明季忠烈尺牘/1483
明紀/313
明鑒/313
明江南治水記/1997
明經説/6
明靖難史事考證稿/314
明良記/1992
明良志略/2281
明律目箋/2271
明密電碼新編/677(2)
明密碼電報書/677(2)
明明子論語集解義疏/2238
明末民族藝人傳/1001
明末清初灌輸西學之偉人/269
明末痛史演義/1397
明末野史/317
明末義僧東皋禪師集刊/126
明内廷規制考/1843
明南京車駕司職掌/747
明器圖録/146
明錢忠敏公山水畫册/1581
明清畫家印鑒/1595
明清間耶穌會士譯著提要/137
明清兩朝畫苑尺牘/1574
明清兩代宮苑建置沿革圖考/380
明清兩代嘉興的望族/189
明清兩代軼聞大觀/312
明清兩國志演義/1394
明清名人百家傳略/1574
明清名人百家手札/1574
明清名人尺牘墨寶/1567
明清扇面集錦/1367
明清詩選/1031
明清十大家尺牘/1482
明清史料/323
明清巍科姓氏録/735,2303
明清戲曲史/1251,1252
明清鹽山詩鈔/1066
明清之際黨社運動考/757
明秋館集/1120
明人創作小説選/1369
明人絶句選/1052
明人日記隨筆選/2329
明人小品集/1061
明日的文學/1194
明日之學校/883
明日之中國文化/263
明儒學案/41,44(4),1127
明詩別裁/1052
明詩鈔/1095
明詩紀事/995
明詩評/1853,1979
明十三陵小樂部/380
明實録/312
明史/250,312
明史本紀/312
明史鈔略/312
明史佛郎機吕宋和蘭意大里亞四傳註釋/312
明史紀事本末/291,2022
明史考證攟逸/312
明史例案/313
明史演義/1396
明史藝文志/1881
明史雜詠/1103
明史纂修考/312
明氏實録/1809
明事斷略/1844,2023
明事雜詠/1789
明書/312,2022
明四大家畫譜/1561
明蘇爵輔事略/199
明太祖革命武功記/313
明堂考/1944,2238
明堂問/1944
明僮合録/1249
明拓顔真卿多寶塔碑/1570
明拓雁塔聖教序/1570
明拓張遷頌/1570
明亡述略/253
明亡野史/314(2)
明文學史/1009(2)
明文在/1028
明吴門三君子法書/1575
明武宗外紀/253,314
明賢墨跡/1576
明孝陵志/380
明心集/595
明延平王臺灣海國紀/325
明夷待訪録/721,1915,2100
明懿安皇后外傳/1810
明元清系通紀/324
明雜劇選/1282
明宰相世臣傳/2186
明制女官考/1832
明治維新與昭和維新/467
明周端孝先生血疏題跋/2257
明珠與黑炭/1418
明珠緣/1384
明祝枝山書曹植詩/1574
茗壺圖録/1545
茗笈/1547
茗柯詞/1223
茗柯文編/1107(2),2133
茗柯文補編外編/1107,2133
茗柯文稿/2165
茗香詩論/996,1980
茗齋集/1095
茗齋詩餘/1235,1982,2154
茗齋雜記/1877
洺水詞/1218
冥報記/1878
冥寥子遊/1995
冥通記/1340,2031
冥祥記/1714
冥音録/1764,1820
冥影契/1802,1905
溟南詩選/1069
銘賢學校農科工作概況報告/903
鳴鶴記/1156
鳴鶴山記/1360
鳴鶴餘音/1982
鳴堅白齋詩集/1125
鳴沙石室古籍叢殘/2154
鳴沙石室佚書/167
鳴吾紀事/1993
鳴野山房書目/2380
鳴原堂論文/734
命理探原/99
命理約言/99
命譜/99
摹廬金石記/156
摹廬金石經眼録/149
摹印傳燈/1538,1594,2068
摹印秘論/1594
摹印述/1536,1594
模範黨員勞動英雄申長林同志/586
模範家庭/1531
模範抗日根據地冀察晉邊區/564
模範町村/1526
模範文選/1059
模範小品文讀本/958
模範議論文讀本/978
模型女/1456
膜外風光/1510
摩尼教流行中國考/143

摩西詞/1239
磨盒雜存/2303
磨不掉的影像/1426
磨擦從何而來/564
磨坊起家的王科/587
磨劍録/1396
魔冠浪影/1529
魔鬼的舞蹈/1149
魔合羅/1265
魔窟/1311(2)
没落/1517
没落的靈魂/1435
沫若代表作/1471
沫若詩全集/1141
沫若自選集/1471
沫若自傳/207
茉莉花/1435
陌頭柳色/1456
秣陵春/1277
秣陵盛氏族譜/1793
莫伯選演講集/2339
莫泊三傳/2113
莫泊桑生活/1514
莫干山/368
莫干山導遊/368
莫干山指南/368
莫干山志/372
莫話記略/1502
莫里哀全集/1510
莫斯科印象記/483
莫友芝正草隸篆墨跡/1576
莫雲與韓爾謨少尉/1458
漠北日記/254
漠南蒙古地理/417
墨辯疏證/63
墨辯新註/62
墨表/1541,1590,2068
墨巢詞/1164
墨巢秘笈藏影/1565
墨翟與耶穌/64
墨娥漫録/1714
墨法集要/1542,1590,1943
墨海/1590(2)
墨海金壺/2146
墨海樓書録/2382
墨記/1544,1943,2175
墨家哲學新探/63
墨箋/1947
墨經/1536,1590,1591,1943,2027,2103,2114
墨經通解/62
墨經校釋/62,2306
墨經新釋/62
墨經懸解/63
墨經易解/62
墨經哲學/50,63
墨井集源流考/1559
墨客揮犀/1723
墨崑崙傳/1351,1761
墨林星鳳/1572
墨録/1946
墨妙亭碑目考/1809
墨品五種/1590
墨譜法式/1590
墨商/2227
墨史/1590,1943,2060
墨藪/1951
墨索里尼戰時日記/235
墨索里尼自傳/235
墨學十論/63
墨學源流/62
墨餘贅稿/1546,1591
墨緣彙觀/1563
墨緣彙觀録/1949
墨緣小録/1755
墨沼疑雲録/1530
墨志/1537,1876,1943
墨竹記/1542,1556
墨莊漫録/1990,2328
墨莊蒉稗録/2197
墨子/53,55,56,62(4),63(5),1732,1904,2120,2138
墨子集解/62
墨子經濟思想/62
墨子經説淺釋/2160
墨子精華/2092
墨子刊誤/63
墨子拾補/2317
墨子閒詁/62
墨子閒詁箋/62
墨子校註/62
墨子學案/63,2306
墨子學説/2160
墨子引得/63
墨子哲學/62
墨子政治哲學/720
墨子綜釋/63
默思集演算法/1619
默厂金石三書/146
默庵詩鈔/2262
默庵樂府/1214
默盦集/1129
默盦詩存/1145
默成文集/2250
默耕詩選/2219
默記/1329,1338,1353,1731,2167
默君詩草/1148
默僧自述/210
默識齋叢稿/924
默堂先生文集/1085
默悟尋源解論參同契養病法/1660
默齋詞/1211
默齋遺稿/1020
牟珠詞/2243
牟子叢殘/1496
某中丞/1822
某中丞夫人/1819
母妻之間/1294
母親/1415
母親的夢/1299
母親的肖像/1297
母親們和年青的子弟兵/584(2)
母音/1747
牡丹榮辱記/1799
牡丹榮辱志/1737,1820,1936
牡丹亭/1280(2)
牡丹亭曲譜/1254
朋陣篇/2106
畝的差異/489
木廠/1151
木瀆小志/454
木几冗談/1897
木刻版畫概論/1592
木刻的技法/1598
木刻手册/1592
木蘭從軍/1285,1298,1499,1609
木蘭歌註/1233
木蘭詩/1278
木棉譜/1941,2205
木訥齋文集/2230
木皮散人鼓詞/1319
木石庵詩選/1121
木天禁語/985,1980
木犀/1405
木藝十講/1598
木州詩存/1199
目擊記/546
目録學/2358(2)
目録學叢考/2358
目録學概論/2358

目録學研究/2358
目前時局指南/359
目前形勢的分析/357
目前形勢和我們的任務/548(2),552
目前政治形勢與黨的任務決議/358
目前中國黨的組織問題/349
目前中國社會的病態/505
牟平縣志/437
牧庵詞/1213
牧庵集/1964,2130
牧鑒/1918
牧牛圖頌/2051
牧師與魔鬼/1436
牧暨閒談/1715
牧羊哀話/1399
牧羊小史/1468
牧齋詩鈔/1096
牧齋遺事/2054
牧齋有學集/2132
牧之隨筆/1606
墓志徵存目録/2297
幕府時代之日本外交/466
幕府燕閒録/1352,1711,1719
睦仁蒨傳/1761
慕良雜纂/2332
慕尼克會議後的世界/244
暮春唱和集/1055
穆參軍集/2035
穆旦詩集/1152
穆罕默德傳/140
穆勒名學/83
穆天子傳/299(3),1339,1749,1858,2010,2063,2121,2139
穆天子傳補釋/2318
穆天子傳的研究/268
穆天子傳西征講疏/299

N

拿飯來吃/578
拿破侖本紀/485(2)
拿破侖日記/485
那先比丘經書/2307
吶喊/1460,2320,2321
娜蘭小傳/1528
納粹德國之解剖/484
納粹統治下之德意志/484
納粹卐字旗下/1457
納蘭詞/1235(2),1982
納書楹曲譜全集/1255
納税須知/861
奶媽/1467
奈何天/1435,1461
耐盦言志/1161
耐俗軒新樂府/1235,1995
男女百孝圖全傳/183
男女風流秘密史/1398
男女節欲金鑒/511
男女三十六黨秘史/517
男女特效良方/1666
男女問題/1299
南北朝經濟史/616
南北朝文鈔/1959
南北朝文評註讀本/2092
南北朝雜記/2174
南北春秋/321
南北貨海味業須知/685
南北極/2336
南北史表/306,1776,2019
南北史帝王世系表/2019
南北史年表/2019
南北史世系表/2019
南北戲曲源流考/1252
南北響堂寺及其附近石刻目録/156
南北學派不同論/2316
南邊風情記/382
南部蒙疆略圖/428
南部新書/1328,1989
南部煙花記/1348,1758
南昌縣志/450
南朝史精語/2089
南充縣志/448
南楚新聞/1346,1739,1756
南川縣志/448
南傳阿毗達磨攝義論/119
南窗紀談/1729,2152
南窗紀談及其他兩種/1990
南澊楛語/2279
南詞敘録/1242,1245,1747
南村輟耕録/2170,2330(2)
南村觴政/2068
南村詩集/1103,2213
南都死難紀略/2185
南都詠史詩/1970
南渡/309
南渡録/253
南渡録大略/2021
南方草木狀/1343,1743,1798,1936,2214
南峰樂府/1258
南豐劉先生文集/1121
南豐先生元豐類稿/1082
南豐縣志/450
南宫縣志/435
南冠百感録/242,474
南冠草/1291
南館文鈔/2299
南廣縣各區文化部長聯席會議/557
南歸/1411
南國紅豆樓戲墨/1166
南國之夜/1442
南海百詠/1999
南海百詠續編/2069
南海地委半年來工作總結/501
南海復員委員會致縣復員委員會關於退役的空白公函/360
南海關氏南越木刻齋出品目/169
南海霍芝庭先生行狀/210
南海康先生傳/200,2034
南海普陀山志/369
南海詩墨跡/1124
南海先生遺稿/1124
南海先生傳/200
南海葉氏家譜/179
南海諸島地理志略/413
南漢地理志/1999
南漢紀/2020
南漢金石志/1945,2066
南濠居士文跋/2368
南濠詩話/987
南湖集/1142,1967
南湖詩餘/1211

南華九老會唱和詩譜/1067
南華日報社評論集第一輯"和戰問題之討論"/774
南華真經/50,2122,2139
南華真經識餘三種/66
南華真經章句音義/2100
南華真經正義/66
南華直旨/66
南匯王氏家譜/179
南匯縣林任未交案款清册/702
南匯縣續志/453
南匯縣志/453
南極登仙/1272
南澗甲乙稿/1961
南澗詩餘/1209
南澗文集/1976
南澗先生易簣記/203
南澗行/1835
南江文鈔/1792
南江縣志/448
南江札記/1809
南京/403
南京道院癸甲二周合刊/127
南京的虐殺/351
南京第一貧兒教養院二二〇貧兒之分析/524
南京古物保存所説明書/150
南京金融業概覽/687
南京糧食調查/648
南京貧兒調查/524
南京旗地問題/648
南京市各業概況調查/654
南京市立圖書館圖書目録/2376,2377
南京市市政法規彙編/812
南京市政府民國十九年工作總報告/815
南京市政府行政統計報告/812
南京市之地價與地價税/495
南京受降記/353
南京特别市政府工作總報告/816
南京印象/403
南開大學圖書館目録/2378,2390
南開大學圖書館中文圖書目録/2378
南開同學録/903
南柯記/1326,1762
南來堂詩集/1096
南牢記/1274
南雷集/2131
南雷文定/1097(2),1975
南雷學案/75
南林叢刊/2258,2259
南陵縣志/451
南滿鐵路/281
南美三强利用外資興國事例/632
南明野史/317
南明忠烈傳/193
南皮縣志/435
南平集/1149
南平縣志/459
南齊書/249,306
南遷録/2021
南潛日記/2259
南腔北調集/1138,2321,2322
南僑回憶録/222
南曲九宫正始/1257
南曲入聲客問/1241
南山谷口考/2247
南山集/1101
南山坡山/1570
南山素言/2188
南山堂自訂詩/1099
南社叢選/1030
南社紀略/971
南社詩集/1055
南史/249,306
南史演義/1388
南宋八家集/1041
南宋初河北新道教考/129
南宋宫閨雜詠/1837
南宋古跡考/2004,2098
南宋杭州的消費與外地商品之輸入/624
南宋院畫録/1547
南宋院畫録補遺/1548
南宋院畫録引用書目/1547
南宋制撫年表/258
南唐/2020
南唐澄清堂帖/1570
南唐二主詞/1231
南唐二主全集/1233
南唐二主詩詞/1233
南唐近事/1721,2020
南唐拾遺記/2175
南唐書/307,2020(2),2148
南唐書註/308
南唐雜事詩/1970
南天樂園/475
南田畫跋/1548,2059,2067
南田縣志/457(2)
南亭四話/998
南通農校棉花展覽會報告/1675
南通實業教育慈善風景/404
南通孫氏念蘐堂題詠集/201
南通張季直先生傳記/210
南翁夢録/1361,1851,1879,2005
南吴舊話録/2330
南西廂記/1276(2)
南溪詞/1220
南溪集/1137
南溪縣志/448
南戲拾遺/1279
南下記/563
南獻遺徵箋/2368
南湘室詩草/1122
南行紀程/2279
南軒易説/2035
南學製墨劄記/1591
南熏殿尊藏圖像目/2039
南巡秘記/325(2),326
南巡秘記補編/326
南巡日録/1365
南潯綫慰勞特刊/514
南潯鎮志/2258
南潯志/458
南雅樓詩斑/1132
南雅堂醫案/1666
南燕書/2018(2)
南雁蕩山志/371
南洋/476
南洋伯還鄉/1461
南洋叢談/472
南洋導遊/473
南洋地理/472,473(2)
南洋風土見聞録/472
南洋風雨/473
南洋服務須知/474
南洋概況/471
南洋各屬之教育制度/882
南洋公學新國文/972
南洋公學譯書院四種/2040
南洋歸來之筆記/1473
南洋荷屬東印度之教育制度/882
南洋華僑/822,823
南洋華僑教育調查研究/823
南洋華僑教育會議報告/822
南洋華僑史/823(2)
南洋華僑通史/822
南洋華僑問題/823
南洋華僑與經濟之現勢/822
南洋華僑與閩粤社會/822

南洋經濟地理/473
南洋獵頭民族考察記/175
南洋旅行漫記/472
南洋論/471
南洋漫記/1304
南洋貿易論/473
南洋貿易指南/472
南洋名人集傳/191
南洋霹靂華僑革命史跡/337
南洋勸業會研究會報告書/814
南洋群島一瞥/472
南洋熱帶醫藥史話/1659
南洋三月記/474
南洋商業考察團專刊/680
南洋生活/473
南洋史綱要/473
南洋淘金記/1473
南洋印度之産業/473
南洋英屬海峽殖民地志略/476
南洋英屬麻六甲明星慈善社殉難社員哀思録/823
南洋與東南洋群島志略/473
南洋中學藏書目/2378
南陽詞/1207
南陽關/1284
南陽漢畫象彙存/156
南陽漢畫象集/166
南陽集/1960
南陽集補鈔/1047
南陽集鈔/1042
南陽農村社會調查報告/646
南窑筆記/1547
南野堂筆記/2331
南蔭近草/1163
南廱志/875
南廱志經籍考/2039
南遊記/970
南遊記舊/1733
南遊詩草/1131
南遊十記/2350
南園叢稿/2301
南園叢書/2050
南園漫録/2329
南園詩存/2301
南園詩集/1135
南園文存/2301
南園行書韓詩/1570
南園真跡/1577
南越筆記/1999
南越叢録/190
南越五主傳/190
南越遊記/412
南越志/1342
南嶽導遊/369
南嶽單傳記/124
南嶽小録/1996
南嶽遇師本末/1908
南齋詞/1982
南齋集/1969
南詔野史/2056
南征散記/566
南中國的歌/1184
南中國絲業調查報告/1678
南中紀聞/1999
南宗抉秘/2181
難光録/2101
難經古義/1648
難經集註/1662,1812,2119,2138
難經經釋/1645,1646
難經疏證/1654
難經正義/1648
難民船/1406
難民的東北流亡/489
難民勞動英雄陳長安/587
難遊録/317
囊雲文集/2235
鬧天宫/1374
鬧銅臺/1273
鬧鍾馗/1275
哪吒三變/1274
訥盦類稿/1120
訥河縣志/432
訥溪奏疏/1919,2099
餒鴻詩草/1152
内板經書紀略/2038
内地農村/650
内方先生集/2218
内府藏唐房梁公碑全本/1570
内府地圖/425
内閣大庫書檔舊目/2373
内閣大庫書檔舊目補/2373
内閣大庫現存清代漢文黄册目録/2373
内閣典籍廳關支康熙二十八年秋冬二季俸米黄册/324
内閣故事/1790,1918
内閣書目/1871
内閣小識/2095
内閣小志/1790,1918
内閣志/1843,1918
内功圖解/1660
内功圖説/1923
内國公債史/712
内國公債要覽/712
内家拳太極功玄玄刀/1613
内江縣志/448
内經博議/1648
内經方集釋/1645
内經詮釋/1645,1646
内經素問/1662
内經素問校義/1648
内蒙古職員表/752
内蒙盟旗自治運動紀實/417
内蒙之今昔/417
内蒙自治史料輯要/417
内外服制通釋/2035
内外蒙古考察日記/417
内外傷辨/1937
内務部古物陳列所書畫目録/1565
内務法令輯覽/730
内務法令提綱/730
内務府墨作則例/1590
内務條令、紀律條令草案/1696
内訓/2149
内政法規/525
内政年鑒/748
嫩想盦殘稿/2038
能改齋漫録/1201,1727,1894,2151
能仁寺/1372
妮古録/1540
尼泊爾新志/479
尼布楚城考/254
尼姑罪惡史/525
呢喃集/2334
泥封印古録/1865
泥馬渡康王/1371
泥神廟/1278
泥土的歌/1190
泥腿子/1426
泥爪集/1142
倪石陵書/2250
倪文正公[元璐]年譜/2011
倪雲林先生詩集/2130
霓裳續譜/2164
霓裳羽衣/1606
霓仙遺稿/1117
你我/1022
孴古叢編/146
擬古宫詞/1971
擬古樂府通考/1787

擬故宫詞/1971
擬寒山詩類編/1091
擬合德諫飛燕書/1822
擬連珠編/1974,2188
擬請設立國税局條議/2298
擬詩外傳/1801
擬太平策/1769,1915
擬王之臣與其友絶交書/1824
擬箏譜/1603
擬中華民國憲法草案/848
拈古/1081
拈花笑/1279
年曆考/2205
年齡量尺發展的略史/888
年譜/2086,2272,2280
年譜補正/227
年譜推論/226
撚軍的運動戰/333
碾玉觀音/2210
廿二史考異/2012
廿二史劄記/297(2),1777
廿四史宫詞/1113
廿四史傳目引得/248(2)
廿五史論綱/261
廿一史四譜/260,1777
念佛三昧寳王論/123
念佛十鏡　放生八鏡/111
念劬廬叢刻初編/2187
念石齋詩/1134
念中文存/1153
念字箴言/1490
釀造醬油之理論與技術/1682
鳥的故事/1502
涅槃經悉談章/118
聶榮臻大戰孫連仲/1399
聶亦峰先生爲宰公牘/732
孽海花/1399(2)
孽海雙鶼記/1396
寧安縣志/431
寧波府簡要志/2234
寧東羅譜禮俗譜/2314
寧岡縣志/450
寧古塔紀略/2002
寧國府志/451
寧海將軍固山貝子功績録/1842,2099
寧極齋稿/1020
寧極齋樂府/1212
寧晉縣志/434
寧羅村/1395
寧明耆舊詩輯/1069
寧羌州鄉土志/445
寧壽鑒古/159
寧武關/1284
寧夏紀要/418
寧夏省考察記/418
寧夏之新節結龍化石/1633
寧鄉縣志/443
寧遠州志/1869
凝清室古官印存/1593
凝齋筆語/1800,1905
牛車上/1406
牛耕之起源/635
牛津團契是甚麼/140
牛空山年譜/228
牛郎織女/1295
牛乳研究/1677
牛氏宗譜/176
牛四的故事/1427
牛天賜傳/1463(3)
牛頭山/1372
牛羊日曆/1892
牛應貞傳/1351,1762
牛永貴掛彩/1290
牛永貴受傷/587
扭轉天平之理論/1625
紐約風土記/488
農場管理學/1672
農村辦學經驗/596
農村常識/1671
農村的歌/1191
農村調查/593,647
農村復興與鄉教運動/1672
農村改進實施法/1672
農村工學教育實施/899
農村工作講話/1672
農村合作/667
農村家庭調查/647
農村經濟/639
農村經濟底基本知識/633(2)
農村經濟概論/633
農村經濟及合作/634,638
農村經濟金融法規彙編/639
農村領袖/1671
農村三部曲/1299
農村社會/640
農村社會調查/519
農村社會調查方法/519
農村社會學/520
農村社會學大綱/520
農村生活叢談/1671
農村通訊/645
農村問題/640
農村與都市/636
農村支部如何領導群衆生産/575
農村自衛研究/519
農歌集補鈔/1050
農歌集鈔/1046
農荒豫防策/2110
農家樂/588
農民叢刊/1671
農民的新生活/509
農民教育研究集/895
農民抗戰講話/635
農民課本/575
農民淚/708
農民千字課/958
農民文學 ABC/919
農民問題/644
農民協會章程/636
農民協會章程釋義/644
農民與抗戰建國/644
農民運動與農村調查/1671
農桑撮要/1942,2107
農桑輯要/1670,1941
農桑衣食撮要/1941,2149
農商法規/746
農商法規彙編/746
農事問答彙編/1669
農書/1670(2),1941
農説/1941
農田餘話/1363
農諺/1490,1669
農業倉庫論/637
農業貸款與貨幣政策/636
農業地理/1671
農業調查報告/645
農業合作 ABC/495
農業合作經營論/1673
農業建設問題/622
農業金融/634
農業金融經營論/1672
農業金融論/1672
農業金融制度論/1672
農業經濟概論/633
農業經濟史/634
農業經濟學/633(3)
農業論文索引/1669
農業論文索引續編/1669
農業推廣/1670

農業問題/1670
農業畜牧英雄賀保元/587
農業政策/634,643
農隱廬文鈔/1146
農作物病害學/1674
濃煙/1450
弄假成真/1300
奴才小史/321
奴隸的花果/1421
奴隸制度史/521
努力發動解放區群衆/592
怒/1031
怒吼罷中國/1516
怒江戰役述要/349
怒斬關平/1271
女兵冰瑩/208
女兵十年/208
女兵自傳/208
女才子記傳奇/1281
女盜俠傳/1822
女兒國/1293
女二十四孝圖説並詩/93
女共産黨員/569
女姑姑/1273
女官傳/1827
女紅傳徵略/1548
女鑒録/1898
女傑麥尼華傳/1378
女誡淺釋/86
女科/1939
女科百問/1650
女科輯要/1644
女科精華/1647
女科醫案/1645,1646
女科醫案選粹/1647
女科證治約旨/1647
女科指要/1646
女聊齋志異/1377
女明星日記/1488
女叛徒/208
女權論辯/513
女人/1434
女人女人/1299
女人與麵包/1305
女神/1141
女神及叛逆的女性/1407
女師飲劍記/1530
女世説/2038
女四書白話解/92
女童子軍教育法/519
女俠翠雲娘傳/1822
女俠荆兒記/1822
女俠傳/1364
女孝經/2027
女性的解放/1310
女性和童話/1515
女性群像/513
女性問題研究集/514
女性與文學/1325
女學國文成績/1062
女學生/1420
女學士/1273
女學言行纂/288
女訓/92
女蜮記/1336,1396
女戰士丁玲/224
女真觀/1273
女真譯語二編/322
女狀元辭凰得鳳/1276
女子八德須知/92
女子公寓/1293(2)
女子繼承權法令彙解/857
女子繼承權詮釋/857
女子教育之問題及現狀/900(2)
女作家書信選/1170
女作家隨筆選/1062
恧庵印存/1597
諾爾曼・白求恩斷片/236(2)
諾爾曼・白求恩紀念册/235
諾皋記/1327,1763
懦夫/1475

O

欧司愛哈同先生榮哀録/235
歐化東漸史/269
歐美近代小説史/1509
歐美軍事交通考察記/1695
歐美軍事善後救濟政策/522
歐美禮俗/508
歐美漫畫精選/1588
歐美農業史/899
歐美日本的政黨/727
歐美水利調查録/1685
歐美談片/481
歐美透視/247
歐美文學評論/1192
歐美現代作家自述/233
歐美憲政真相/723
歐美小説叢談/1509(2)
歐美之光/122
歐美之社會與日本之社會/505
歐特曼教授哀思録/217
歐行觀感録/480
歐行日記/481
歐亞航空公司開航四周年紀念特刊/676
歐陽草書千字文殘本/1570
歐陽南野先生文集/1094
歐陽生尚書章句/2072
歐陽文忠公尺牘/1483
歐陽文忠公集/2127
歐陽文忠公集近體樂府/1228
歐陽文忠公全集/2144
歐陽文忠公試筆/1797
歐陽文忠集古録跋尾真跡/1573
歐陽文忠全集/1081
歐陽文忠詩補鈔/1047
歐陽文忠詩鈔/1042
歐陽行周文集/2124,2141
歐陽修全集/1081
歐陽修文選/1081
歐陽永叔集/1081
歐陽永叔文/1081,2093
歐陽在心堂家譜/180
歐遊隨筆/480
歐遊漫憶/480
歐遊散記/480(2)
歐遊心影録節録/2305
歐遊追憶録/480
歐餘山房文集/1109
歐戰春閨夢/1532

歐戰春閨夢續編/1533
歐戰發生史/241,2109
歐戰工作回憶録/242
歐戰後十五年史/240
歐戰後野戰攻擊之研究/1690
歐戰後之西洋教育/878
歐戰後之中國/619
歐戰期間中日交涉史/282
歐戰實驗/1689
歐戰之教訓與中國之將來/242
歐洲大陸小説集/2114
歐洲大戰的軍事準備/482
歐洲的二十年/546
歐洲風雲/829
歐洲近代史/240
歐洲近代文藝思潮/79
歐洲考察記初編/480
歐洲勞傭問題之大勢/662
歐洲思想史/535
歐洲談藪/481
歐洲同盟會紀實/482
歐洲文化變遷小史/239
歐洲文學史/1509
歐洲五强内幕/481
歐洲新憲法述評/2110
歐洲遠古文化史/239
歐洲戰後改造計劃/610
歐洲戰役史論/2306
歐洲哲學史/535
歐洲政治思想史/718
歐洲中古史/239
毆洲土地制度/650
甌北詩鈔/1104
甌香館集/1100,1968,2154
甌香館寫生册/1559
甌渚微吟/1039
鷗波舫詩鈔/1116
鷗波漁話/1864
鷗亭詩草/2267
鷗夢詞/1225
偶譚/1995
藕初五十自述/211
藕華盦印存/1597
藕華園詩/2227
藕廬詩草/1137
漚社詞鈔/1233
漚簃擬墨/1958

P

帕勒斯廳歷史地理學/479(2)
帕米爾高原的流脈/1440
拍案驚奇/1012
拍案驚異/1378
拍案驚異記/1377
番禺縣土壤調查報告書/1628
番禺縣續志/461
番禺葉氏遐庵藏書目録/2383
番禺雜記/1713
潘安仁集/1016
潘菲洛夫師的戰士在第一道火綫上/1517
潘齡皋行書七種/1577
潘氏三松堂書畫記/2190
潘氏一家詩/2186
潘膺祉墨評/1590
攀古小盧文/1112
槃盦詩鈔/1125
盤龍兩遊詩録/1053
盤龍山紀要/372
盤山/368(2)
盤山廳志/429
盤隱山樵詩集/1022
盤洲文集/2128
盤洲樂章/1209
盤珠詞/1825,2211
磻溪詞/1213,1230
判牘輯存/862
判豐盉/1278
泮東樂府/1256
叛徒/1447
彷徨/1459(2),1460(2),2321
彷徨歧途/85
彷徨中的冷静/1475
滂喜齋藏書記/2381
龐掠四郡/1271
龐晴嵐先生遺集/1128
龐氏家訓/1922
龐氏音學遺書/923
咆哮山莊/1511
庖犧氏先文/1908
炮兵野外勤務/1703
炮兵馭法教範/1703
炮火的洗禮/1157
炮火昇平/1299
炮火下的上海/402
炮火中流亡記/1151
匏廬詩存/2261
匏翁家藏集/2131
匏園詩集/1160
泡沫/1431
陪審制度/855
培風樓詩/1147
培風樓詩存/1147
培林堂書目/2381
裴度還帶/1267
裴啟語林/1343
裴氏和約私議贅言/2298
裴相勸發菩提心文/109
沛縣志/453
佩楚軒客談/1716
佩韋齋輯聞/1895
佩文詩韻/942
佩文韻府/964
佩文齋書畫譜/1557
佩觿/1925
盆兒鬼/1265
盆玩箋/1947
彭城集/1083,1960
彭德懷同志在北方黨的高級幹部會議上的報告提綱/350
彭公案/1386
彭公筆記/1362
彭蠡小龍記/1354
彭孟公江上雜疏/2246
彭文憲公筆記/1331,1853,1987,2098
彭玉麟家書/1484
彭玉麟梅花文學之研究/1111
蓬安縣志/447
蓬窗類記/1877

蓬萊鼓吹/1211
蓬萊吴公講話録/1131
蓬廬文鈔/1105
蓬門畫眉録/1530
蓬山密記/2054
澎湖廳志/460
澎湖遊草/1199
篷窗續録/1362
篷窗附録/2182
篷櫳夜話/1363
篷軒别記/1362
膨脹的宇宙/1620
捧腹集/2043
批本處現行事宜/742
批評的希臘哲學史/79
批評釋義音字琵琶記/1276
披沙集/2125,2142
披雲樓詩草/1165
劈刺術教範/1702
劈羅真人/1372
皮包/1172
皮包和煙斗/1412
皮黄文學研究/1253
皮藍德婁戲曲集/909
皮鹿門年譜/230
皮鹿門先生傳略/203
皮子文藪/2125,2143,2217
毗陵名人疑年録/189
毗陵畫徵録/1558
毗陵集/2124,2141
毗陵人品記/189
毗陵詩録/1067
毗陵文録/1067
毗陵周氏家集/2267
埤雅/1928
琵琶記/1280,1281
琵琶記曲譜/1254
琵琶録/1721,1821,1892
脾胃論/1647,1939
否泰録/1332,1849,2023,2170,2200
癖好堂收藏金石書目/1865
癖泉書室所藏泉幣書目/163
癖談/1916
癖齋小集/1039,2250
辟寒部/1992
辟疆園詩文彙鈔/1030
片羽集/1248
片玉詞/1217
片玉集/1208,1234
片雲集/1145
偏關志/442
駢體文鈔/1065(3)
駢體文作法/999
駢文概論/1000
駢文通義/1000
駢文學/1000
駢文與散文/1000(2)
駢文指南/999
駢雅/1839,1928,2199
駢語雕龍/1888
駢枝餘話/1151
駢字分箋/1928
騙英布/1270
漂泊雜記/1442
漂流三部曲/1471
縹緲集/2159
飄浮/1409(2)
飄零/1452
飄零集/1159
飄然集/2201
飄然先生詞/1209
瓢泉詞/1213
票據法/862
票據法集解/862
票據法釋義/862
票據法研究續編/859
票據法要論/862
票據法要義/859(2)
票據問題與銀行立法/696
拼音字譜/954
貧富興衰記/1273
貧民教育譚/900
貧士傳/2009
頻羅庵論書/1538,1951
頻羅庵書畫跋/1538
頻遭空襲的戰時首都/399
品茶要録/1359,1734
品花寶鑒/1387
娉花媚竹館宋詞集聯/1232
平壩縣志/463
平播全書/2023
平巢事跡考/2020,2038,2175
平陳記/1731
平淡的事/1467
平等閣筆記/2340
平定交南録/1365,1841,1851,2189
平東市教育概況/878
平東縣優軍工作情況彙報/360
平東縣政府關於執行省府及膠東區行政公署開展民主運動的補充指示/577
平東縣政府民政工作五個月份的情況彙報/577
平番始末/1851
平凡的死/1467
平分土地手册/643
平谷縣志/433
平漢路工人破壞大隊的産生/1192
平漢録/1841,1850
平漢年鑒/673
平漢鐵路貨運普通運價速算表/673
平漢鐵路旅行指南/673
平漢沿綫農村經濟調查/645
平濠記/2023
平胡録/1850,2023,2189
平湖經籍志/2370
平滬通車/1419
平回紀略/255
平江記事/1746,2001,2148
平江吴氏孝行徵題録/201
平江葉氏族譜/178
平津館鑒藏記/1883
平津館文稿/1976
平津館文集稿/1848
平津一帶雞卵之産銷/656
平津至山海關各國駐兵問題之研究/272
平劇彙刊/1604
平劇戲目彙考/585
平均地權淺説/796
平均地權與土地改革/633
平均地權之理論與實施/634
平寇志/315
平陸縣續志/442
平蠻録/1851,2023
平民的救星/1299
平民課本教授書/959
平民千字課/957,958(2)
平民世紀的開拓者/192
平民書信/1477
平民文學概論/981
平民文學之兩大文豪/1000
平民小叢書/956
平民學校教育實施法/898
平民政治的基本原理/726
平民字典/966
平南縣十一月至十二月份難民總結/742
平叛記/2185
平圃雜記/1752

平黔紀略/2244
平泉山居草木記/1348,1758
平泉山居記/1736
平泉書屋書畫目録/1565
平砂玉尺經/101
平山冷燕/1388
平山縣志料集/433
平時國際法/840
平時國際公法/840
平時國際公法問答/838
平叔詩存/2256
平書/1890
平書訂/1769,1915
平蜀紀事/255
平蜀記/1840,1850,2023
平宋録/253,2147
平潭縣志/459
平塘陶先生詩/1088
平屋雜文/1149
平吴録/1840,1850,2189
平吴事略/255
平西蜀文/1974
平夏録/1841,1850,2170,2189
平陽礬業調查/1626
平陽全書/100
平陽縣志/455
平妖記/1320(2)
平妖傳/1382
平夷賦/1851
平夷録/2189
平鷹墳鼓詞/1472
平園集補鈔/1049
平園近體樂府/1209
平齋詞/1219
平齋文集/1088
平政院裁決録/751
平仲清江集補鈔/1047
平仲清江集鈔/1042
屏東市“三七五”減租經過及其成果/649
屏東市實行“三七五”減租/649
屏東市政府工作概況/814
屏居十二課/1908
屏廬叢刻/2181
屏山詞/1209
屏山集補鈔/1049
屏山集鈔/1044
屏山先生文集/1087
屏巖小稿/2251
瓶花譜/1543,1947
瓶廬叢稿/1114
瓶廬詩稿/1114
瓶史/1539,1845,1947
瓶水齋詩别集/1969
瓶水齋詩集/1969
瓶粟齋詩存/1157
瓶外卮言/1383
萍鷗小舫詩鈔/1125
萍洲可談/1329,1986,2152
萍蹤寄語/480
萍蹤憶語/486
評點春秋綱目左傳句解彙雋/22
評二中全會/793
評國民黨十一中全會及三届二次國民參政會/359
評花新譜/1249
評論選集/1063
評論作法/2392
評書帖/1540,2187
評校音註續古文辭類纂/1058
評乙古文/1959
評紙帖/1541
評《中國之命運》/579(7)
評《中國之命運》與介紹《中國之命運》/579
評中西文化觀/35
評註篤素堂雜著/2330
評註漢魏文讀本/1060
評註李習之集/1079
評註論説軌範/977
評註七子兵略/1692
評註三略/52
評註司馬法/52
評註宋元明文讀本/1063
評註唐詩選/1035
評註魏三祖詩選/1035
評註周秦文讀本/1060
蘋墩閣藏書目録/210
蘋果裹/1467
蘋洲漁笛譜/1212,1235,1982
鄱陽詞/1208
破産的政治理論/576
破産法/860
破産法論/860
破産法釋義/860
破産法要論/860
破産者/1511
破除迷信全書/96
破風詩/1272
破釜沉舟/1312
破壘集/1467
破迷叢話/96
破破新唯識論/120
破涕録/1425
破涕文章/1496
破天陣/1272
破屋/1467
破曉/1195
破窑記/1267
破音字舉例/942
破殷曆譜/298
莆陽比事/1860
莆陽黄御史集/1960
菩薩蠻/2210
菩提道次第略論/120
菩提珠/187
葡萄仙子/1500
蒲劍集/1141
蒲江詞/1015,1219
蒲江詞稿/1211
蒲魯東底人生哲學/500
濮院志/458
樸學齋筆記/2332
樸學齋叢刊/2293
樸學齋讀書記/2159
樸齋省愆録/1791
樸學齋夜談/2060
圃珖巖館詩鈔/2278
浦口湯泉小志/381
浦山論畫/1556,2067,2158
浦舍人詩集/2256
浦陽人物記/2009
普會續集/124
普式庚論集/234
普式庚研究/234
普式庚傳/234
普通地質學/1626
普通福緣寶卷/1316
普通教學法/870
普通教育/883
普通軍用天文學/1621
普通圖書館圖書選目/2363
普通心理學/1639(3)
普通行政考試大全/753
普通應用心理/1639
普陀洛迦新志/372
普陀山/379
普陀山全圖/428
普陀山指南/379
普陀勝跡/379

普賢行願品別行疏鈔/118
溥儀春夢記/1395
溥儀傳/334
瀑泉集/1081
曝犢序詩鈔/1791
曝畫紀餘/1564
曝書亭藏書目/2382
曝書亭詞/1221
曝書亭集/1099(2),2132
曝書亭金石題跋/2065
曝書亭全集/1099
曝書亭詩詞全集/1099
曝書亭書畫跋/1540
曝書亭文稿/2165
曝書雜記/1883,2154

Q

七國考/737,1917
七姬詠林/2256
七家印跋/1541
七經紀聞/6
七經堪叢刊/2314
七經樓文鈔/1109
七經孟子考文並補遺/1886
七井鄧氏三修族譜/176
七克真訓/140
七録序目/1792
七略/2194
七略別録佚文/2361
七略佚文/2361
"七七"四年/563
七七〇團第二連/1702
七七宣言及其研究/728
七巧補遺文物合編/1611
七擒孟獲/1373
七人之獄/518
七省華商紗廠調查報告/658
七省沿海形勝全圖/424
七十二候考/1935
七十二烈士中的華僑/193
七四老人健康訪問記/1660
七頌堂詞繹/1202,1206,1536,2154
七頌堂識小録/1536,1949
七夕/1289
七夕夜遊記/1825
七星寶石/1520
七修類稿/2330
七言律法舉隅/990
七言律詩鈔/2273
七言詩平仄舉隅/996
七言詩三昧舉隅/996
七音譜/941
七政衍/1934
七子兵略/1692
妻/93
妻的藝術/1415
妻子的妹妹/1411
戚繼光/200(2)
棲鳧村/1441
棲霞小稿/2274
棲霞新志/454
欺騙必須揭穿/361
漆器考/1601
祁門紅茶品分級試驗報告/1675
祁門紅茶之生産製造及運銷/1675
祁忠敏公日記/198
岐山縣鄉土志/445
岐山縣志/444
岐陽世家文物圖像册/167
奇觚廎文集/1121
奇鬼傳/1764
奇寒集/1439
奇婚記/1530
奇晉齋叢書/2037
奇門遁甲統宗/98
奇門金章/1809
奇門五總龜/98
奇門元靈經/98
奇門占驗/2289
奇妙的蟲界生活/1636
奇男子傳/1351,1761
奇女格露枝小傳/1511
奇女行/1467
奇人奇事録/1425
奇石記/2293
奇聞怪見録/1378
奇聞類記摘鈔/1856
奇姓通/175
奇遇/1435
奇緣/1428
奇正方/1656
奇子雜言/1803
奇字名/2007
歧路/1470
歧途/1297
祇平居士集/1104
祈嗣真詮/1995
淇園肖影/1951,2104
棋經/2150
棋訣/2150
琪珴康陶/1509
祺祥故事/2065
旗/1149,1152
旗軍志/1869
旗聲/1450,1475
旗亭館/1278
旗下高歌/1192
齊白石年譜/231
齊伯林/235
齊東新語/1449
齊東野語/1330,1338,1357,1987,2033,2169
齊河縣志/437
齊民要術/1343,1669(3),1751,1941,2026,2119,2137
齊民要術殘卷/2046
齊丘子/55
齊山稿/2252
齊太史移居倡酬集/1053
齊太翁孟芳先生六旬百晉六壽言録/200
齊天大聖/1274
齊物論齋詞/1215,1223
齊諧記/2250
騎兵白話課程/1703
騎兵操典/1703
騎兵射擊教範草案/1702
騎兵野外勤務/1702
騎馬口令/1703
騎省集補鈔/1047
騎省集鈔/1042

蘄水湯先生遺念録/214
企業回憶録/206
屺雁哀/1021
芑山集/2204
起居器服箋/1543,1947
起來制止内戰挽救危亡/565
起起穀梁廢疾/2069
啟信雜説/112
啟秀堂文集/1160
啟渝叢書/1877
啟禎宫詞/1817,1819
啟禎野乘/184
綺市芳葩/1411
汽車與公路/670
契丹國志/309,2161
契丹國志通檢/309
契丹交通史料七種/2163
契丹史論證稿/309
契文舉例/2047
契約/1297
契約程式大全/1479
契約程式彙編/1480
契約法論/855
契約禮帖程式全書/1480
氣候與健康/1661
氣力出賣者/1458
氣象學/1629
氣英布/1265
棄婦/1296
器用雜物/2355
憩園詞話/1204
洽聞記/1714,1740
千春一恨集唐詩六十首/1831,2211
千古恨/1286(2)
千家姓讀本/955
千金寶要/1940
千金賦/101
千金骨/1397
千金諾/1456
千里獨行/1268
千片雪/1957,2108
千頃堂書目/1871
千首宋人絶句/1047
千歲人/1513
千唐志齋藏石目録/157
千五百年前之中國留學生/2308
千一齋小品/1150
千之草堂編年文鈔/2233
千字文/1573(2)
千字文萃/1840
千字音/924
汧陽述古編/146
遷安縣志/434
遷安政治紀實/736
遷都重慶/346
遷江縣志/462
謙齋詩詞集/1174
謙之文存/1154
簽訂上海特區法院協定案/827
前北征録/1851
前輩先生/1451
前奔/1158
前塵夢影録/1536,1948
前定録/1327,1347,1745,1763,1795
前定録補/1365
前定録補遺/1803
前漢紀/303,1749,2117,2136
前漢書/302(2),303
前漢書藝文志/1880
前後漢書註考證/1774
前徽録/2009
前令鄭壺陽靖海紀略/2244
前路/1409
前清歷代皇帝之東巡/321
前清滿漢陞官全圖説明書/1611
前哨/975
前身散見集編年詩續鈔/2259
前綏遠墾區清理丈放並荒租章程集/650
前聞記/1855,1991
前夕/1409
前綫/545(2)
前綫巡禮/563
前夜/1310(2),1447
前征/2344
虔婆罪惡史/525
虔臺節略/1873
虔臺倭纂/1767
乾初先生文鈔/2224
乾道稿/1966
乾道庚寅奏事録/1358
乾道臨安志/2004
乾嘉詩壇點將録/1335
乾坤大略/1921
乾坤法竅/101
乾隆寶譜/1786
乾隆帝東巡道里考/326
乾隆京城全圖/426
乾隆三年在京文職漢官俸米及職名黄册/323
乾隆十三排銅板地圖/425
乾隆英使覲見記/285
乾隆御製盛京賦/1578
乾隆御製鴉嚩簪嘎經/119
乾隆浙江通志考異殘稿/2287
乾象新書/98
乾元秘旨/1914
鈐山堂書畫記/253,1542,1949
犍爲縣志/446
錢幣考/691,1916
錢法纂要/1916
錢公良測語/1897,2245
錢公林富邕藏太夫人百齡冥紀追慶録/206
錢刊筆録/998
錢考功集/2124,2141
錢廉江陳南樓書畫合册/1586
錢録/1916
錢牧齋尺牘/1485
錢牧齋先生年譜/228
錢南園大楷墨跡/1577
錢南園先生遺集/1105
錢譜/1743,2068
錢謙益文/1096
錢士青七十壽言彙編/223
錢士青先生年譜/233
錢氏家乘/180
錢氏考古録/175
錢氏私志/1328,1352,1731,2168
錢氏所藏堪輿書提要/101
錢蘇齋述學/2344
錢太常海石子/2245
錢唐吴氏舊藏名人書柬/1481
錢唐遺事/1716
錢唐遺事校/1886
錢塘紀遊詩/406
錢塘夢/1276
錢塘瑣記/1358
錢塘張氏原稿書目/2371
錢汪二先生行述/205
錢玄同先生遺墨/1487
錢隱叟家乘文/1137
錢隱叟遺集/1137
錢隱叟遺詩/1137
錢忠介公集/2232
錢莊學/692
錢子語測/1897
錢子語測法語篇/1804
錢子語測巽語篇/1804
錢遵王讀書敏求記校證/2369
黔滇川旅行記/415

黔滇道上/415
黔記/2003,2242
黔苗竹枝詞/1822,2057
黔南陳氏族譜/180
黔南叢書/2241(2),2242,2243
黔詩紀略/2278
黔書/2002,2242
黔塗略/2242
黔軺紀行集/2242
黔遊記/2003,2180,2242
黔遊日記/2241
黔語/2242
黔志/2002,2180,2242
灊山詩餘/1209
淺見集/597
遣愁集/2330
遣散/1402
潛采堂宋元人集目/2055
潛夫論/71(2),1785,1858,1902,
2119,2137
潛夫論通檢/72
潛吉堂雜著/2159
潛江書徵/2370
潛廬續稿/2312
潛廬政論集/728
潛山縣志/451
潛室劄記/1907
潛思盦詩草/1129
潛溪邃言/1803,1904
潛虛/45
潛虛先生墓表/1101
潛虛先生年譜/1101
潛虛先生文集/1101
潛虛校正/1884
潛研堂文集/1104,2133
潛園詩草/1160
潛齋集補鈔/1052
潛齋簡效方附醫話/1643
潛齋簡效方又勸善要言/217
潛齋詩鈔/1046
潛齋醫學叢書/1643
潛齋醫學叢書十四種/1643
潛莊叢書/2311
茜窗驚魘/1456
茜窗小品/1578
倩女離魂/1263
羌戎考察記/172
腔調考原/1248
槍挑小梁王/1374
强行軍/1467
强制執行法釋義/856,868
强制執行法通義/855
彊邨詞剩稿/1237
彊邨叢書/1207
彊邨集外詞/1237
彊邨校詞圖題詠/1237
彊邨棄稿/1237
彊邨遺書/1237
彊邨語業/1226,1237(2)
牆頭草/1309
牆頭馬上/1262
敲爻歌直解/2024
喬醋/1285
喬訂憲法草案/848
喬復生王再來二姬合傳/1828
喬影/1279
僑胞復員/822
僑樂村/519
僑民運動指導/822
僑務彙編/821
僑務十五年/749
嶠南瑣記/1999
樵庵詞/1213
樵風樂府/1226,2274
樵歌/1209
樵山雜著/2338
樵叟集/1133
樵談/1742,1897
樵香小記/1896
樵隱詞/1217
樵隱昔[𡅖]/2330
樵雲獨唱/2251
橋/1432,1437
橋上/1413
橋西雜記/1994
橋梓詩林/1122
譙周法訓/2080
譙周古史考/2082
譙周五經然否論/2074
巧對續錄/1491
巧合奇寃傳/1389
峭帆樓叢書/1809
峭帆樓善本書目/2381
切近編/87
切夢刀/1164
切音啟蒙/2238
切音文字草案/945
切韻閉口九韻之古讀及其演變/942
切韻考/938
切韻指掌圖/936,940,1930,2147
切韻指掌圖檢例/1930,2147
且庵吟草/1112
且巢詩存/2255
且寄廬吟草/1133
且介亭雜文/2321,2322
且介亭雜文二集/2321,2322
且介亭雜文末編/2321,2322
且頑老人七十歲自敘/217
妾禍/1454
竊國大盜袁世凱/579,580(4)
竊聞/1021
侵略問題之國際法的研究/838
欽差大臣/1516
欽定補繪離騷圖/2052
欽定蒙古源流/2162
欽定秘殿珠林石渠寶笈續編/1565
欽定平定回疆剿捦逆裔方略/326
欽定錢錄/2150
欽定士階條例/332
欽定四庫全書簡明目錄/2372
欽定英傑歸真/332(2)
親屬法/857
親屬法要論/862
親屬法原論/862
親屬記/1772
芹曝之獻/714
秦代初平南越考/301
秦婦吟本事/994
秦婦吟箋註/1080
秦漢百壽印聚/1593
秦漢金文錄/160
秦漢美術史/1553
秦漢三國文評註讀本/2090
秦漢十印齋藏書目/2371
秦漢史/296,301(4)
秦漢瓦當文字/155
秦漢哲學史/43
秦漢政治制度/737
秦淮廣紀/526
秦淮海集/2145
秦淮畫舫錄/1369,1834
秦淮世家/1393
秦記/2019
秦金石刻辭/150
秦良玉/200
秦嶺山及四川之地質研究/1627
秦樓月/2051
秦錄/2179
秦女賣枕記/1339
秦瓊賣馬/1373

秦秋芳修士小傳/139
秦山遺稿/1199
秦史綱要/301
秦始皇/302
秦始皇帝/301
秦始皇帝傳/301
秦事通徵/2299
秦書/2019
秦書八體原委/150(2)
秦書集存/150
秦璽始末/1945
秦遊日録/395
秦輶日記/395
秦齋怨/1021
秦中歲時記/1739
秦中雜詩/1149
琴操/1953
琴操補釋/2318
琴操參禪/1278
琴歸室瓦當文鈔/155
琴鶴山房遺稿/1114
琴畫樓詞/1222
琴箋/1538,1947
琴均調絃/1601
琴録/1946
琴譜序/1823
琴清閣書目/2380
琴曲譜録/1359
琴趣外篇/1220
琴聲十六法/1946
琴石山房印譜/1596
琴史/2114
琴史補/1601
琴史續/1601
琴書存目/1605
琴書類集/1728
琴軒集/1786
琴學八則/1536,2068
琴學叢書/1605(3)
琴學入門/1605
琴言十則/1953,2176
琴齋書畫印合集/1567
琴志樓編年詩録/1117
琴洲詞/2243
禽經/1345,2107
勤有堂隨録/1897
勤齋詞/1213
勤齋考道日録續録/2226
擒拿法/1612
沁詩草堂遺詩/1111
沁源縣志/443
赺厓考古録/2333
青草堂集/1114
青城山記/1714
青城山上/1414
青城續修縣志/438
青春/1297,1307(2),1418
青春的夢/1293(2)
青春的祝福/1454
青春底悲哀/1299
青春期之宗教心理學/37
青瓷之調查及研究/1600
青村遺稿/1963
青島地番一覽圖/427
青島港務輯覽/394
青島港政局統計年報/676
青島特別市市公署行政年鑒/808
青島指南/394
青島治安維持會行政紀要彙編/808
青海/423
青海風土記/422
青海西康兩省/422
青海志略/422
青紅幫之黑幕/403
青藜影/1527
青蓮觴詠/1956,2109
青燐屑/253,316
青龍山/1373
青樓集/1821,1985
青樓詩話/991
青樓韻語/1031(2),2164
青囊回春/1665
青囊秘録/1660
青囊瑣探/1657
青年寶鑒/1477
青年必讀文選/89
青年創作指導/974
青年的愛/1418
青年的修養/89
青年的修養與訓練/90
青年的自我教育/896
青年讀書方法/974
青年讀書指導/911
青年會事業概要/139
青年婚姻指導/511
青年集/1187
青年節約獻金運動/798
青年救國之路/91
青年軍的誕生/1699
青年軍人叢書/1696
青年軍預備幹部通訊録/1699
青年農業勞動英雄李長清/587
青年期心理研究/1642
青年日記/1488
青年事業修養講話/524
青年守則十二講/89
青年書店改進總計劃草案/2360
青年説話與演講/1489
青年團在農村/573
青年文選/359
青年問題/91
青年寫作講話/976
青年心理修養/1642
青年心理與訓育/1642
青年興國準範/138
青年修養/570,595
青年修養録/90
青年修養與服務/89
青年修養雜談/94
青年訓練之理論與實際/798
青年與領袖/90
青年與生活/889
青年與文藝/1030
青年政治讀本/721
青年之路/779
青年之責任/890
青鳥集/1173
青邱高季迪先生詩集/1091
青蕤盦詞/1239
青瑞先生遺稿/1161
青紗帳/1145,1146
青山禪院大觀/372
青山集/2034
青山農書畫集/1567
青山詩餘/1213
青衫淚/1264
青松之下/1467
青瑣後集/1740
青塘録/1727
青藤書屋文集/1964
青田山廬詞鈔/2243
青銅時代/297(2)
青烏緒言/2176
青溪集/2253
青溪文集/1103
青溪暇筆/1331,1364,2170,2188
青溪暇筆摘鈔/1853
青霞醫案/1652
青縣志/436
青箱集/2266

青箱雜記/1337,1740
青學齋集/1115
青巖叢録/1362,1800
青鹽志略/745
青陽先生文集/1091
青衣記/1527
青玉版十三行/1560
青原小草/2274
青雲梯/1862
青塚志/1837
清庵先生詞/1214
清稗類鈔/2331
清波别志/1722
清波小志/2002
清波小志補/2002
清波雜志/1722,1986,2329
清財政考略/699
清操軒畫剩/1589
清朝畫徵續録/1582
清朝畫徵録/1582
清朝論詩絶句/2058
清朝奇案大觀/1370
清朝前紀/324
清朝全史/319
清朝續文獻通考/738
清朝野史大觀/322
清初流人開發東北史/386
清初六大畫家/1559
清初三大疑案考實/324
清初僧諍記/2326
清初史料四種/322
清詞玉屑/1205
清代筆記叢刊/1862
清代邊政通考/749
清代詞學概論/1206
清代地理沿革表/365
清代帝后像/1583
清代殿試考略/735
清代二十四家文鈔/1061
清代婦女文學史/1010
清代古文述傳/1001
清代官書記明臺灣鄭氏亡事/325
清代閨閣詩人徵略/1000
清代閨秀詩鈔/1053
清代貴州名賢像傳/185
清代畫史/1559
清代畫史補録/1559
清代進書表録存目/2368
清代禁毀書目四種/2366(2)
清代禁毀書目四種索引/2366
清代軍政名牘彙編/734
清代考試制度/735
清代考試制度資料/735
清代伶官傳/1607
清代秘史/320
清代名人書牘/1481
清代名人軼事/185
清代名人傳/186
清代名醫醫案精華/1660
清代毗陵名人小傳稿/189
清代駢文評註讀本/1065,2093
清代樸學大師列傳/185
清代七百名人傳/185
清代史/319
清代史論/321
清代世系表/186
清代書畫家字型大小引得/1557
清代思想史綱/44(2)
清代通史/319
清代通史卷下講稿辨論集/319
清代外交史料/270
清代文粹/1029
清代文集篇目分類索引/2364
清代文評註讀本/1061
清代文讞紀略/319
清代文字獄檔/325
清代五大家合著/983
清代西藏史料叢刊/465
清代行政制度研究參考書目/738
清代學術叢書/1856
清代學術概論/45(2),2306
清代學者生卒及著述表/185
清代學者象傳/192
清代學者整理舊學之總成績/185
清代學者著述表/185
清代燕都梨園史料/1248
清代燕都梨園史料續編/1250
清代演義/1393
清代野記/322
清代軼聞/2332
清代藝文略/2363
清代徵獻類編/319
清代駐藏大臣考/465
清黨叢書/355
清黨實録/792
清黨運動概論/355
清道人遺集/1134
清帝外記/322
清帝系后妃皇子皇女四考/320
清都散客二種/2268
清二十家畫梅集册/1583
清芬録/2297
清風室文鈔/1116
清風鎮/1427
清豐縣志/434
清宫二年記/333
清宫歷史演義/1392
清宫十三朝演義/320
清宫史略/320
清宫史續編/320
清宫述聞/390
清宫四大奇案/1462
清宫外史/1306
清宫夜談録/1424
清宫珍寶皕美圖/1583
清故光禄大夫禮部右侍郎朱公墓志銘/1237
清故光禄大夫前禮部右侍郎朱公行狀/1237
清光緒朝中法交涉史料/285
清光緒朝中日交涉史料/278
清光宣兩朝條約一覽表/270
清河縣志/434
清華大學圖書館中文書籍目録/2377
清華集/322
清華同學録/901(2)
清華學校華文書籍目録/2377
清華一覽/901
清華醫室藏書類目/1658
清畫家詩史/1559
清畫傳輯佚三種/1559
清皇室四譜/320
清會典/738
清季籌藏奏牘/734
清季各國照會目録/271
清季十年之聯俄政策/284
清季四十年之外交與海防/271
清季外交年鑒/270
清季外交史料/270(2)
清季外交史料索引/270
清季野史/321
清寂堂詩續録/1173
清嘉録/508,1863
清嘉慶三年太上皇起居註/326
清嘉慶至宣統科舉同年録/735
清閒供/1819,2209
清鑒綱目/319
清江貝先生集/2131
清江漁譜/1211
清九朝京省報銷册目録/744

清雋集鈔/1046
清軍機處檔案目録/323
清開國史料考/322
清理紅本紀/323
清涼飲料製造法/1681
清列朝后妃傳稿/320
清流萬里/1309
清流縣志/459
清秘藏/1539,2069
清秘史十葉野聞/320
清名家詞/1220
清名家詩人小傳/1001
清明集/1177
清明前後/1302(2)
清明小簡/1167
清末廣東縣級科舉取士紀實/735
清末漢陽鐵廠/1682
清末實録/321
清内閣庫貯舊檔輯刊/322
清内務府茶庫舊藏/193
清内務府造辦處輿圖房圖目初編/425
清寧館古泉叢話/2301
清寧館治印雜説/2301
清寧集/716
清平閣倡和詩/1958
清平山堂話本/1380
清平縣志/437
清人散曲選刊/1256
清人書評/1562
清人雜劇/1278
清人雜劇初集/1278
清容居士集/1090,1963,2130
清儒學案/45
清儒學術討論集/2349(2)
清昇平署存檔事例漫鈔/1608
清昇平署志略/1607
清聲閣詞四種/2313
清詩别裁/1053
清詩話/995
清詩評註讀本/2092
清史大綱/319,324
清史綱要/319
清史稿/318,319(2)
清史稿補/186
清史稿纂修體例議/318
清史稿纂修之經過/322
清史河渠志/1686
清史輯要/292
清史紀事本末/319
清史講義/319
清史列傳/185
清史商例初稿/2306
清史商例質疑/2294
清史探微/322
清史通俗演義/1397
清史要略/320(2)
清史野聞/1425
清史纂要/319
清式營造則例/1598
清室外紀/320
清謚法考/736
清書史/1867
清暑筆談/1364
清算黨内的孟塞維主義思想/350
清算日本/468
清算蕭軍的反動思想/224
清邃堂遺詩/1112
清太守曉秋徐公哀思録/202
清太祖高皇帝實録稿本三種/323
清太祖高皇帝實録人地名索引/323
清太祖努爾哈赤實録/325
清太祖武皇帝努兒哈奇實録/325
清文筆法百篇/1061
清文評註讀本/2091
清文雅正/2086
清溪遺稿/2232
清谿惆悵集/1835,2211
清賢紀/2330
清獻詩鈔/1042
清宣統朝中日交涉史料/278
清宣統三年核定各省國家歲出豫算表/706
清學案小識/41,44
清學部圖書館方志目/2055
清學部圖書館善本書目/2053
清鹽法志/744
清夜録/1353,2169
清儀閣藏器目/1946
清儀閣古印附註/2165
清儀閣所藏古器物文/149
清儀閣雜詠/1544,2090
清異録/1735
清吟閣書目/2039
清吟堂詞/1222
清于女史[惲冰]倣宋人花果真跡/1586
清語人名譯漢/2275
清苑的農家經濟/645
清苑縣志/434
清苑齋集/1015,1041
清苑齋集補鈔/1050
清苑齋詩鈔/1045
清照詞/1234
清真詞釋/1234
清真詞選箋釋/1233
清真大學/141
清真教考/142
清真居士年譜/1868
清真沐浴禮拜箴規/142
清真釋疑/141
清真先生遺事/1781,2283,2287
清正存稿/2202
清尊録/1355,1718,1820
情報局工作概況/739
情諜/1446
情海斷魂/1463
情海花/1393(2)
情海奇緣/1392(2)
情況通報/360
情盲/1299
情孽/1420
情人的故事/1446
情書一束/1485
情天外史/1250
情天異彩/1532
情窩/1529
情性故事集/1375
情緒心理/1641
情中奇/1388
晴江閣文鈔/1098
晴天/582(2)
晴韻館收藏古錢述記/163
氰氮化鈣肥料淺記/1670
請看今日之華北/385
請提前實行憲政以一人心而救國難案/852
慶長生/1275
慶弔雜件備覽/1491
慶湖遺老集/1020
慶賞端陽/1272
慶元黨禁/1916
慶雲縣志/432(2)
慶芝堂詩集/1867
慶祝蔡元培先生六十五歲論文集/2351
慶祝國民政府還都周年紀念册/740
慶祝紅軍攻克柏林特輯/589
慶祝濟南解放的偉大勝利/564
親家/1467

磬折古義/2220
罄室所藏璽印/1595
跫音/1187
邛崍縣志/446
穹天論/2237
窮漢嶺/1296,1306
窮河話海/465
窮通寶鑑/100
瓊花集/1832,1955,2154
瓊花鏡/1021
瓊琚佩語/1898
瓊南音諳摩賴幼話義/965
瓊臺詩集/1103
瓊崖/412
瓊崖各縣農業概況調査報告/650
瓊崖共産黨史略/555
瓊崖孤島上的鬥爭/413
瓊崖海寇海防實録/411
瓊崖黎患實録/411
瓊崖民謡/1322
瓊崖散憶/411
瓊崖志略/411
瓊州府志/460
瓊州雜事詩/1999
丘倉海先生念臺詩集/1175
丘海合集/1061
丘文定公詞/1211
丘隅意見及其他四種/1992
邱北縣志/464
邱東平遺著/1455
邱菽園居士詩集/1135
邱縣志/439
秋/1307,1443(2)
秋盦遺稿/1106
秋岸集/2325
秋碧樂府/1256
秋草倡和集/2311
秋草雪鴣粉畫集/1589
秋草齋詩鈔/2311
秋蟬/1439
秋窗集/2334
秋窗隨筆/997,2247
秋燈瑣憶/1095
秋風集/1187(2)
秋官志/530
秋海棠/1452
秋紅霓詠/2043
秋胡戲妻/1263
秋花/1473
秋螅吟館詩鈔/1112(2)
秋季戰役攻勢之銅版照片十二幅/566
秋笳集/1965
秋澗先生大全集/2129
秋澗先生樂府/1230
秋澗樂府/1213
秋江煙草/1039
秋瑾/212(2)
秋瑾傳/788
秋瑾女俠遺集/1119(2)
秋錦山房詞/1222
秋籟吟/1222
秋明集/1156
秋千會記/1836
秋山紅葉/1501
秋山紀行詩/1105
秋聲詩餘/1212
秋室印萃/1596
秋收/1442,1449
秋水庵花影集/1256
秋水長天/1433
秋水詞/1221
秋水文叢外集/1875
秋水文集/2256
秋水軒尺牘/1476(2)
秋水園印説/1537
秋思集/2034
秋孫吟草/1125
秋堂集/1019
秋堂詩餘/1212
秋天裏的春天/1515
秋庭晨課圖/1586
秋心集/1190
秋星閣詩話/997
秋崖集補鈔/1050
秋崖先生小稿/1230
秋崖小稿鈔/1046
秋煙草堂詩稿/2242
秋雁集/1026
秋夜月/1278
秋葉集/1158
秋音/1158
秋園文鈔/1192
秋園雜佩/1334,1538,1993
秋齋筆譚/2337
秋之淚/1178
秋子/1604
湫漻齋叢書/1864
仇謙謙玄機通/2245
仇舜徵通史它石/2245
仇文合制西廂記圖册/1566
囚緑記/1197
囚徒/2336
囚徒的夢/1435
求愛/1454
求古録禮説補遺/1924
求古齋書法研究會簡章/1553
求婚小史/1475
求籤全書/97
求生捷徑　普救神針　百年兩事/111
求是編/2238
求是齋金石跋/1874
求幸福齋隨筆/1151
求也録/254
求野録/316
求一算數/1848
求雨篇/1915
求志/1918
求志編/1802
求志山房文稿/1103
虬髯客傳/1351,1761
遒徇編/1365
裘竹齋詩集/1019
屈光學/1663
屈廬詩集/1856
屈宋方言考/1070
屈宋古音義/936,1929
屈原/1069(2),1070
屈原賦註/1070,1778,2216,2224
屈原賦註初稿/2224
屈原研究/1069
屈原與宋玉/1070
屈原之思想及其藝術/1070
屈子雜文/1778
祛疑説/1740,1795,1922
趨朝事類/1727
趨吉避凶集/360
趨庭別録/2301
趨庭隨録/2301
驅逐日本强盜出中國/344
瞿木夫年譜/231
瞿木夫文集/2191
瞿氏補書堂寄藏書目録/2384
瞿氏電報檢字/961
蘧盦遺墨/1588
臞翁詩集/1040
曲阿魏氏忠孝録/193
曲稗/1242
曲詞/1258
曲阜碑碣考/165

曲阜集/2201
曲阜孔廟建築及其修葺計劃/103
曲阜清儒著述記/2370(2)
曲阜聖跡古跡擇要略考/393
曲阜聖廟慰安事實記/77
曲阜泰山遊記/369
曲阜縣志/438
曲阜遊覽指南/393
曲概/1241
曲海/1246
曲海揚波/1242
曲海一勺/1242,1247
曲話/1244,1245,1983
曲江池/1262
曲江風度/196
曲江集/1073
曲江張先生文集/2123,2140
曲録/1244,1245,2285,2288
曲律/1243,1245,1748(2),1781,2101,2183
曲律易知/1254
曲論/2056
曲目表/1244,1245
曲目韻編/1245
曲品/1244,1245,1254,1277
曲譜/1254(2)
曲石文録/1134
曲洧舊聞/1353,1729,1986
曲沃縣志/443
曲諧/1256
曲選/1227,1258
曲學入門/1248
曲學通論/1247
曲雅/1257
曲垣遺稿/1119
曲苑/1243
曲韻舉隅/1254
曲韻探驪/1254
取火者的逮捕/1469
娶小喬/1271
去國/1410
去國草/1146
去華山人詞/1214
去荆鋤/130
趣味的短什/1472
圈門灣陳氏四修族譜/176
圈套/581
全邊略記/313
全芳備祖/2354
全國財政會議彙編/743
全國場産調查報告書/744
全國出版物目録彙編/2384
全國出版物總目録/2384
全國慈幼領袖會議實録/524
全國大反攻形勢圖之一、三/360
全國大學入學試題精解最新本/889
全國大學圖鑒/894
全國黨童子軍宣傳大綱/797
全國登記醫師名録/1659
全國第六次勞動大會/660
全國都會商埠旅行指南/385
全國風俗大觀/507
全國高等教育概況簡表/903
全國高中會考試題總覽/893
全國工人生活及工業生産調查統計/660
全國工商會議彙編/602
全國公教教育會議紀要/136
全國公路統計/672
全國公私立中等學校名稱及分佈概況/892
全國合作社統計/667
全國合作社物品供銷處第二期處務報告/667
全國合作事業討論會彙編/669
全國機關公團名録/2357
全國將領抗日談/350
全國交通會議彙编/747
全國教育會議報告/881
全國金融機構一覽/686
全國經濟會議專刊/622
全國經濟委員會會議紀要/626
全國經濟委員會章則彙編二集/742
全國糧食概況/638
全國律師民刑訴狀彙編/846
全國漫畫作家抗戰傑作選集/1589
全國民衆運動概況/2356
全國名醫驗案類編/1666(2)
全國名醫驗案類編續編/1666
全國内政會議報告書/748
全國農會聯合會第一次紀事/1670
全國青年代表作/1064
全國青年團結起來在毛澤東旗幟下前進/573
全國青年小品文精華/1170
全國商埠考察記/679
全國商品檢驗會議彙編/677
全國社會教育概況/880
全國社會教育統計/903
全國手工藝品展覽會概覽/1680
全國水文報告/373
全國鐵路職員録/752
全國圖書館調查表/2390(2)
全國圖書館調查録/2385
全國文化機關一覽/2357
全國物價統計表/692
全國鄉村建設運動概況/519
全國行政區劃表/366
全國學生反内戰反饑餓運動紀實/354
全國學生國文成績文庫/1062
全國一周/382
全國郵運航空實施計劃書/676
全國運動會史/1611
全國職業學校概況/894
全國中等教育概況/892
全國中等教育統計簡編/743
全國中等學校校名地址一覽表/892
全國中等學校一覽表/892
全國主要都市工業調查初步報告提要/625
全國註册商標索引/860
全國專科以上學校教員研究專題概覽/872
全國專科以上學校要覽/894
全國專科以上學校最近實況/894
全國專門以上學校校長會議録/893
全國專門以上學校指南/893
全國總抗戰和保證抗戰的勝利/349
全國最近鹽場録/1681
全漢三國晉南北朝詩/1033
全漢三國晉南北朝詩作者引得/1033
全毁抽毁書目/1882
全家村/1411
全家福/1313
全椒縣志/451
全校水經酈註水道表/2238
全力準備大反攻/561
全遼備考/1868
全遼志/429,1866
全面和平與中日關係/781
全民政治/721,725(3)
全民政治與議會政治/727
全民族戰爭論/1693
全盤西化言論集/268
全盤西化言論續集/268
全上古三代秦漢三國六朝文作者引得/1059
全上古三代秦漢三國六朝文作者韻編/1059
全生指迷方/1940,2149

全史會通/295
全宋詞/1216
全蘇擁護和平大會/546
全唐詞選/1231
全唐詩話/984,994,1978,2027
全唐詩話續編/997
全唐詩説/1979
全唐詩文作家引得合編/994
全唐詩逸/1957
全體農民起來平分土地/642
全圖狸貓換太子演義三集/1398
全圖儒林外史/1384
全圖足本蕩寇志/1391
全滩紀略/2225
全吴紀略/254
全五代詩/1957
全謝山年譜/231
全浙教育會聯合會民國十年八月臨時會議決案/877
全州講習會論語講義/2295
泉幣圖説/163
泉貨彙考/163
泉南雜志/2001,2180
泉山古物編/149
泉志/1916,2029
泉志菁華録/689
泉州民間傳説/1474
泉州萬安橋碑/1570
荃察余齋詩文存/1148
拳變餘聞/252
拳腳科/1612
拳藝學進階/1612
筌蹄詩草/1148
詮性/77
蜷廬隨筆/2330
銓敘制度/751
權衡度量實驗考/1623
權載之文集/2124,2141
權齋文稿/1101
券易苞/2198
勸忍百箴考註/2237
勸善録/1745
勸世白話文/89
勸世箴/2288
勸孝戒淫録/90
缺陷的生命/1456
缺齋遺稿/1119
卻掃庵存稿/1108
卻掃編/1719,1987,2030,2044,2089
雀鼠集/1145
雀蓑記/1195
愨思録/2181
確山縣志/440
闕里林廟通紀詩/103
闕里問答/1804
闕史/1327,1989
鵲華行館詩鐘/2058
裙帶風/1302
群碧樓善本書目/2367
群島之國/474
群芳清玩/2164
群輔録/1340
群猴/1304
群己權界論/725
群經大義相通論/2316
群經概論/6,7
群經冠服圖考/2088
群經義證/1754
群經音辨/929,1929
群經韻讀/937
群經質/2231
群居解頤/1726
群書檢目/2365
群書類編故事/1861
群書拾補/1884,2087
群書拾補初編/2331
群書提要/2276
群書通要/1861
群書雜義/2276
群書治要/1889,2121,2139,2196
群物奇制/1936,2103
群仙降乩語/1957,2108
群仙祝壽/1275
群星亂飛/1418
群學肄言/500
群鴉/1467
群英書義/1891
群英續集/1249
群鶯亂飛/1312
群玉樓四部書總目/2383
群運指示彙編/594
群衆工作手册/553
群衆心理/501
群衆心理 ABC/2350
群衆心理學/2350
群衆心理與群衆領導/2350

R

然燈記聞/996
然松閣詩賦鈔/2254
然犀志/1937
然脂餘韻/1033
髯刺客傳/1523
燃燒/1424
燃犀集/213
燃犀新史/788
染蒼室印存/1597
攘書/2317
讓堂亦政録/2221
蕘圃藏書題識　蕘圃刻書題識/2368
蕘圃藏書題識續録四卷　雜著一卷/2368
蕘言/2037
饒了她/1439
饒南九三府圖説/1856,2000
熱蔡綏三區旗縣新圖/426
熱風/2319,2322
熱河省人民代表會議經過及決議案/598
熱河新志/417
熱河志/464
熱戀/1436
熱情的女人/1309
熱情的書/1472
熱情交響曲/1486
熱血之花/1420
人·獸·鬼/1470
人本初著/91
人參果/1371
人参栽培法/1675
人道集/1495

人的管理/751
人的花朵/1192
人的階級性/534
人的希望/1421
人的研究/1630
人的義務/91
人地學論叢/361
人範/1772
人格心理學/1643
人格修養與訓練/776
人海淚痕/1470
人和詩/921
人虎傳/1765
人間/1517
人間愛/1406
人間詞話/1205,2284,2287
人間詞話講疏/1205
人間詞及人間詞話/1237
人間隨筆/2344
人間特寫/2344
人間味/1427
人間小品/2344
人間雜記/1180
人境廬詩草/1117,1118
人境廬詩草箋註/1118
人鏡/1489
人口地理學/612
人口動態統計方法/491
人口論 ABC/612
人口統計新論/493
人口問題/612,613
人類的前程/239
人類的學習/1641
人類的藝術/1194
人類婚姻史/511
人類社會研究/502
人類天演史/538
人類心理學要義/1641
人類行爲要義/1639
人類學/1637(2)
人力動員論/1694
人力復員問題/662
人倫大統賦/1914
人倫研究/85
人民/1193
人民城市/1311
人民大憲章學習手册/591
人民代表會講座/572
人民的大學/596
人民的軍隊/1188
人民的炮兵/1459
人民翻身記/577
人民反戰運動/354
人民歌手冼星海/1602
人民公敵蔣介石/788(2)
人民將領群像/569
人民解放軍大舉反攻/360
人民解放軍抗戰簡史/564
人民解放戰争兩周年的總結和第三年的任務/566(2)
人民軍隊/1693
人民軍隊所向無敵/1690
人民民主國家憲章/847
人民民主專政的理論與實踐/552
人民民主專政重要文獻/570
人民世紀的中國文化/268
人民是不朽的/546
人民團體組訓手册/898
人民委員會爲杭武工作給閩西的一封信/559
人民文豪魯迅/220(2)
人民英烈/192
人民與文藝/970
人民與戰争/568
人民政府的司法制度/751
人民政協三大文獻問答/741
人民之權利義務/851
人民作家印象記/186
人情與邦交/488
人權論集/716
人人讀/957
人人是堯舜/91
人人説好/581
人生採訪/1162
人生澈底觀/37
人生底開端/91
人生動物學/1636
人生對話/2344
人生二百年/1660
人生佛教/116
人生賦/1472
人生觀 ABC/36
人生觀的科學/116(2)
人生觀之論戰/34
人生基礎哲學/75
人生價值論/87
人生興趣/91
人生藝術/38
人生哲學/34,37(3),39,85
人生哲學講義/91
人生哲學其起源及其發展/499
人生哲學之研究/91
人生之理想/39
人生之體驗/77
人生之意義與價值/81
人生指津/2335
人世百圖/1143
人事法令彙編/808,813
人事管理/751
人事管理的實施/751
人事規則/745
人事論叢/683
人事訴訟非訟事件問題義解/527
人事心理問題/1643
人事行政學/751
人壽保險學/697
人鼠之間/1513
人同此心/1064
人文史觀/1635
人文藝刊/1535
人文主義與教育/885
人物品藻録/187
人物評述/191
人物志/72,1750,1785,1859,2120,2151
人物中心中國政治史/802
人像/1707
人性　黨性　個性/2344
人性的恢復/1430
人性殺戮/1412
人之初/1303
人種地理學/169
仁安筆記/2300
仁安詞稿/2300
仁安詩稿/2300
仁安文稿/2300
仁安文乙稿/2300
仁和龔氏四種/2260
仁化縣志/461
仁山集/1089,1962
仁山詩鈔/1156
仁善堂鸞降/129
仁恕堂筆記/2053
仁王般若陀羅尼釋/106
仁孝文皇后内訓/92
仁學/1117
仁齋文選/1166
壬丙間旅途詩録/1165
壬申南北漫遊日記/382
壬戌政變記/2109

壬子邊事管見/355
壬子秋試行記/2293
忍冬書屋詩集/1129
忍古樓詩/1149
忍字記/1264
刃鋒木刻集/1598
任蕃小集/2212
任風子/1266
任鈞詩選/1150
任氏傳/1765
任渭長先生畫傳/1582
任務/571
任縣志/433
任彥昇集/1017
任子/2230
紉蘭室詩鈔/1116
紉齋畫賸/1585,1586
訒盦填詞圖/1233
訒盦先生重遊泮水唱和詩録/1053
訒齋詩草/2299
認金梳/1273
認識論/85
認識論淺説/238
認識論入門/83
認識美國/486,487
認識三民主義的先決問題/763
認識時代/783
認識之方法/570
認真草/1974
日本兵的自白/351
日本兵站彈藥縱列勤務令/1700
日本併吞朝鮮記/2305
日本併吞滿蒙之秘密計劃/281
日本財閥史論/630
日本財政/704
日本參謀本部滿蒙國防計劃意見書/283
日本産業合作社的事業/670
日本赤十字社發達史/467
日本春秋/468
日本當前之危機/468
日本的國民性/174
日本的教育/878
日本的軍費膨脹與財政危機/705
日本的陸軍/1699
日本的謎底/469
日本的農業金融機關/1672
日本的新東方政策/833
日本的新滿蒙狂/277
日本的新農村/520
日本地方行政概觀/818
日本地理新志/469
日本地理研究/469
日本地志/469
日本帝國主義的特性/818
日本帝國主義對華經濟侵略/277
日本帝國主義侵略下東北的金融/705
日本帝國主義侵略中國史/280(2)
日本帝國主義下之臺灣/408
日本帝國主義之復活/631
日本電影教育考察記/896
日本東北旅行記/470
日本東京所見中國小説書目提要/1323
日本對滬投資/276
日本對華的宣傳政策/277
日本對華商業/681
日本對華投資/833
日本對華最近野心之暴露/277
日本對於殖民地之警察設施/528
日本對在華外人的暴行/466
日本對支經濟工作/630
日本法規大全解字/527
日本法西斯八年來在邊區的暴行/351
日本法西斯主義/818
日本犯華考/256
日本訪書志補/2370
日本廢除不平等條約小史/829
日本婦女運動考察紀略/515(2)
日本概觀/467
日本革命運動史話/599(2)
日本各方對於脱盟/277
日本工廠法令/660
日本工業進步之原因/613
日本工業資源論/655
日本公民教育/897
日本古寫本史記殷本紀殘卷/2047
日本管窺/470
日本國力的剖視/469
日本國勢之解剖/630
日本航空兵射擊教育暫行規則/1698
日本還能支持多久?/468
日本健康保險法令/660
日本教育史/878
日本教育行政通論/878
日本金石年表/1945
日本近代史/467
日本經濟地理/631(2)
日本經濟概況/469
日本經濟論/630
日本經濟史/630
日本警政考察記/527
日本救濟農村法規彙編/650
日本橘氏敦煌將來藏經目録/1806
日本軍閥藉口皇謨實行侵略政策之真相/281
日本軍人眼中之日美危機/466
日本考/1785
日本考略/2006(2)
日本口語法/1504
日本勞動法令補編/660
日本勞動組合法草案及其批評/661
日本歷史大綱/466
日本歷史概説/467
日本歷史講話/467
日本歷史教程/465
日本六法全書/846
日本陸軍動員計劃令/1700
日本陸軍法規輯要/1700
日本論/465
日本美人百詠/2211
日本民法要義/527,528(3)
日本民權發達史/467(2)
日本民主革命論/818
日本民族性研究/469,2110
日本内幕/466
日本南進政策的前瞻/468
日本期刊三十八種中東方學論文篇目/2385
日本欺詐外交/281
日本騎兵機關槍操典草案/1702
日本騎兵射擊教範/1702
日本强盜的法律/580,581
日本侵華大事記/343
日本侵華領袖人物/468
日本侵華之間諜史/352
日本侵略東北史/283
日本侵略東北之工具/281
日本侵略東北之新經濟政策/276
日本侵略滿蒙史/280
日本侵略滿蒙之研究/277
日本侵略中國史/279
日本侵略中國外交秘史/282(2)
日本侵佔東北真相畫刊/341
日本全史/467
日本人/174
日本人民對東北事件公論/278
日本人謀殺張作霖案/210

日本人之支那問題/280
日本柔術/1612
日本社會經濟發達史/630
日本社會經濟史/630
日本社會運動史/467
日本生活/469
日本史/467
日本視察記/470
日本勢力下二十年來的滿蒙/282
日本所藏中國佚本小説述考/1325
日本、臺灣之茶業/656
日本特務機關在中國/526
日本田中侵略滿蒙積極政策奏稿與註釋/283
日本鐵蹄下的東北農民/352
日本童話集/1508
日本投降的經過/353
日本投降後的中國共産黨/565
日本投降後中國大事記/257
日本外交/279
日本維新史/467
日本委任統治島的社會組織/474
日本文典/1504
日本文法輯要/1504
日本文化史概論/465
日本文學/1505
日本問題全面論/469
日本戲曲集/1506
日本現代名家小説集/1506
日本現代人物傳/233
日本現代史/467
日本現代語辭典/1504
日本新寫實派作品集/1507
日本刑法改正案評論/528
日本野戰兵器廠勤務令/1700
日本野戰兵器廠勤務書/1700
日本野戰金櫃處勤務書/1700
日本野戰炮兵射擊教範/1703
日本一鑒/465
日本印象記/469
日本與日本人/469
日本語法例解/1504
日本豫備馬廠勤務令/1700
日本在華的賭博/468
日本在華經濟勢力/679
日本在淪陷區/581
日本在南滿/282
日本戰時補充令/1700
日本戰時步兵短期教育/1701
日本戰時經濟概況/631
日本戰時貿易政策/681
日本戰時衛生勤務令/1700
日本戰時輜重兵營勤務令/1700
日本政黨史/818
日本政府/818
日本政府綱要/818
日本政界二十年/233
日本政治的末路/818
日本政治機構/818
日本政治史大綱/818
日本政治制度/818
日本之公債消化力/711
日本之回教政策/141
日本之軍部政黨與財閥/468
日本之棉紡織工業/658
日本之農村都市/819
日本之農村合作與農業倉庫/1673
日本之農業金融/1672
日本之實況/468
日本之文學/1505
日本之新滿蒙政策/277
日本之戰時資源/631
日本之職業教育/894
日本職業介紹法令/660
日本主義的没落/817
日本主義批判/818
日本築營教範/1704
日本資本主義研究/631
日本作戰力/630
日邊隨筆/1194
日長山静草堂詩存/1115
日程草案/210
日出/1305,1306
日帝國主義與東三省/275
日俄戰紀/467
日俄戰争/466
日俄戰争史/468
日俄戰争與遼東開放/282
日貫齋塗説/1335
日河新燈録/2042
日湖漁唱/1212,1982
日記九種/1162
日記文作法/911
日記選/1489
日記與遊記/1170
日記作法/1495(2)
日軍在中國東北虐殺民衆慘狀/357
日寇暴行實録/345
日寇侵略的新階段與中國人民鬥争的新時期/349
日録裏言/1898
日美戰争/466
日暮途窮/1433
日内瓦之花/836
日南隨筆/2272
日日夜夜/545
日山文集/1105
日涉園集/2201
日式野外實施之研究/1690
日蘇關係論/466
日損齋筆記/1889,2151
日文典綱要/1504(2)
日聞録/1895,2151
日下看花記/1248
日鮮浪人在中國各地非法行動/283
日醫應用漢方釋義/1665
日用百科全書/2355(2)
日用百科全書補編/2355
日語動詞要法/1504
日語讀本/1505
日語讀音/1503
日語漢譯辭典/1503
日語會話/1505
日語基礎讀本/1504
日語模範文選/1504
日語全璧/1505
日語入門/1505
日語文典/1504
日語文法/1503
日照丁氏藏器目/1865
日知録/2331
日知録集釋/2331
日知録刊誤合刻/2279
日知録校記/2331
日知録續補正/1781,2183
戎冠秀/589
戎馬戀/1435
戎馬書生/1532
戎幕閒談/1716
容庵集/2213
容川詩鈔/1115
容膝軒文集/2241
容齋千首詩/1022
容齋詩話/1978
容齋四六叢談/1980
容齋隨筆五集/2328(2)
容齋隨筆五集綜合引得/2329
容齋題跋/1882,2032
容莊遺稿/1107
蓉庵遺文鈔/2224

蓉城仙館叢書/2040
蓉渡詞/1215,1221
蓉灌紀行/400
蓉湖詩鈔二集/1142
蓉湖雙棲圖題詠集/1142
蓉湖水晶婚唱和集合刊/1142
蓉洲初集/1113
榕城詩話 /1979
榕南夢影録/1068
榕堂續録/2279
榕園餘瀋/1136
滎河縣志/444
滎祭酒遺文/1783,1877,1974
滎縣志/449
榮譽軍人/1297
榮譽軍人服務工作紀實/1667
榮譽軍人職業協導會工作報告/518
融春小綴/1038
融堂書解/2012
融通各教會相歸元講易舉例/10
柔克齋詩輯/1015
柔蜜歐與幽麗葉/1513
柔橋文鈔/1115
肉攫部/1350,1759
如此/1170
如此北平/1308
如此的汪精衛/213
如此家庭/1399
如此江山/1420
如此青天/1419
如此日本/469
如此齋詩/1793
如何防止走私/795
如何貫徹東北全黨的轉變?/548
如何建設新軍/1693
如何使新教育中國化/871
如何推行新政/816
如何研究哲學/39
如何運用聖經/134
如何做縣的黨務工作/795
如畫樓詩鈔/2159
如夢録/1782
如蕤/1428
如蕤集/1428
如實論/120
如意寶卷/1315
如意君傳/1391
如嬰齋文鈔/1791
如影觀　如影論/111
茹草編/2105
茹經堂文集/1129
儒道兩家關係論/48
儒佛合一救劫編/121
儒家精神/49
儒家倫理思想述要/49
儒家思想新論/49
儒家修養法/90
儒家哲學/48,2310
儒教對於德國政治思想的影響/49
儒教叛徒李卓吾/74
儒教入門/95
儒教與現代思潮/49
儒教政治哲學/48
儒林公議/1353,1721,1987
儒林譜/1891
儒林瑣記/1336
儒林外史/1384(2)
儒林宗派/2234
儒門法語/86
儒門公案拈題/1105
儒棋格/1345
儒行淺解/49
儒學/49
儒學概論/48
儒學警悟/1848
儒藏説/2039
儒志編/1014
孺慕/212
孺齋自刻印存/1597
蠕範/1936
汝城縣志/450
汝南先賢傳/1341
汝南遺事/1846,2001,2021,2098,2197
乳用山羊學/1677
辱國春秋/281
入阿毗達磨論講疏玄義/119
入大乘論/120
入佛因緣記/112
入佛指南/113
入華耶穌會士列傳/139
入門之光/135
入聲表/938,1780
入蜀稿/1145
入蜀記/399,2003
入蜀日記/2299
阮盦筆記五種/2292
阮諶三禮圖/2073
阮户部詞/1208
阮嗣宗集/1016
阮亭詩餘/1807,1982
阮退之詩/1175
阮孝緒文字集略/2076
阮元瑜集/1016
瑞桂堂暇録/1732
瑞士、德、法關於勞動協約之主要立法例/661
潤州唐人集/1067
潤州先賢録/189
若定廬隨筆/2343
若夢廬劇談/1253
箬盦畫麈/1562
箬船/1460

S

撒克遜劫後英雄略/1519
撒母耳記至詩篇/132
薩天錫詩集/2130
薩真人夜斷碧桃花/1260
塞上行/384
塞外史地論文譯叢/419
塞外血淚/561
塞外雜識/1843,2002,2102
塞愚詩話/2289
賽嬌容/1269
賽金花/1304(2)
賽金花故事/214,215
賽金花外傳/214
三百篇演論/17
三百堂文集/1783

三柏軒集文存/1096
三寶太監下西洋/1384
三伯奪魁新歌/1321
三朝大議録/2163,2185
三朝遼事實録/324
三朝名臣言行録/2118,2136
三朝聖政録/1711
三朝實録館館員功過等第册/324
三朝野記/251
三朝野史/1330,1724
三出小沛/1271
三楚新録/1729,2147,2167
三楚新聞/2175
三打祝家莊/583
三大憲章學習手册/555
三大憲章學習問答/555
三代吉金文存/161
三代秦漢金文著録表/160
三石糧/1288
三擔水/588
三訂國學用書撰要/2364
三對愛人兒/1446
三兒苦學記/219
三兒脱險記/588
三藩紀事本末/1840,2023,2100
三藩市/1520
三墳/2063
三風十愆記/1333
三風十愆記記色荒/1816,2207
三風十愆記記飲饌/1816,2207
三峰曹氏通譜序例目/2294
三峰曹氏通譜著述志/2294
三峰曹氏先德傳别録/2294
三峰傳稿/2009
三輔故事/1750,2003(2)
三輔黄圖/380,1744,1749,1870,2003(2),2063,2246
三輔舊事/1750,2003(2)
三輔決録/1343,1711,1750,2246
三婦評牡丹亭雜記/1816
三個不統一的人物/1467
三個匪共幹部脱黨後的報道/567
三公奇案/1380
三姑六婆罪惡史/524
三國典略/1343
三國方鎮年表/257
三國干涉還遼秘聞/286
三國會要/2212
三國紀年/2016
三國紀年表/1775
三國閒話/1324
三國晉南北朝文選/1060
三國經濟史/616
三國人物新論/289
三國食貨志/616
三國時代薄葬考/508
三國時期國家的三種領民/304
三國史略/289
三國水滸與西遊/1324
三國外長會議與中國/834
三國新志/304
三國演義/1382(3)
三國遺事/470
三國藝文志/1874
三國雜事/2016,2174
三國之鼎峙/304
三國職官表/1918
三國志/249,304(6)
三國志辨誤/2016,2147
三國志辨疑/1774,1888
三國志補註/2016
三國志補註續/1774,2016
三國志及裴註綜合引得/304
三國志考證/1774,2016
三國志旁證/1774,2016
三國志平話/1380
三國志瑣言/2271
三國志通俗演義/1382
三國志劄記/302
三國志證遺/1774
三國志註補/304
三國志註書目/2271
三國志註證遺/2016
三海見聞志/392
三海秘録/1425
三河縣新志/432
三河縣志/433
三蝴蝶/1500
三化邯鄲/1274
三槐書屋詩鈔/1867
三皇考/298
三極通/2237
三家村老曲談/1240
三家宫詞/1956
三家詩拾遺/1956
三家義/1313
三江筆記/321
三角題解/1620
三教合一真諦初集/122
三教平心論/1915
三教探驪/88
三教一貫/129
三借廬筆談/1864,2331
三經誼詁/7
三經音義/2037
三李年譜/2248
三禮經義附録/2045
三禮考/1890,2173
三禮目録/1812,2085
三禮圖/20,2214
三禮指要/1891,2173
三立閣史鈔/1791
三曆撮要/2172
三靈解/2333
三柳軒雜識/1356,1722
三毛從軍記/1500
三門街/1384
三門系之介殼化石/1631
三夢記/1346,1714,1759,1820,1984
三民主義/762(5),763
三民主義表解/765
三民主義辭典/763
三民主義的基本問題/765
三民主義的科學研究法/763
三民主義的立法原理及原則/766
三民主義的連環性/764(2)
三民主義的體系與原理/765
三民主義的政治學/766
三民主義的綜合研究/765
三民主義底哲學基礎/763
三民主義概述/764
三民主義革命論/765(2)
三民主義故事畫册/766
三民主義國際問題研究法/763
三民主義講演集/765
三民主義教程/765
三民主義教育法/885
三民主義教育概論/764
三民主義教育下各科教學法綱要/887
三民主義教育學/885
三民主義教育原理/886
三民主義教育哲學概論/764
三民主義精義/764
三民主義課本/764
三民主義理論之探討/768
三民主義論叢/763,764
三民主義青年團灌縣青年夏令營訓練紀實/797
三民主義青年團論文集/797

三民主義青年團在成都的一年/768
三民主義商榷/769
三民主義提要/766
三民主義問答/765(2)
三民主義下之地方自治/803
三民主義憲法論/852
三民主義新論/763
三民主義新中國/772
三民主義行政論/763
三民主義學術/765
三民主義研究/765
三民主義研究大綱/763
三民主義與地方自治/763
三民主義與共産主義/542(3)
三民主義與民主政治/769
三民主義與民主主義/764
三民主義與人口政策/612
三民主義與自由/769
三民主義哲學思想之基礎/766
三民主義者之使命/764(2)
三民主義政治淺説/766
三民主義之理論的體系/765
三民主義之理論研究/763
三民主義之理論與制度/764
三民主義之批評/769
三民主義之認識/764,796
三民主義之文化/765
三民主義之哲學體系/765
三民主義註釋與索引/766
三命指迷賦/1914
三年歌選/1604
三年後之中國/358
三年抗戰與八路軍/350
三年來的國民革命軍/355
三年來的抗戰/350
三年來之甘肅教育/877
三年來之抗戰經過/343
三年遊擊戰争/559(2)
三娘教子/586,1283
三齊略記/1343
三器圖義/1719
三千金/1302
三橋春遊曲唱和集/2293
三秦記/1750
三秋閣書畫録/1565
三全大會提案彙刊/755
三人會/1458
三人行/1432(2)
三人影/1522
三山鄭菊山先生清雋集/1088,1967
三省山内風土雜識/1999,2248
三聖經靈驗圖註/1579
三十二國風土記/247
三十二勢長拳/1611
三十國春秋/2019(2)
三十國春秋輯本/1777,2019
三十六陂漁唱/1224
三十年度抗戰建國工作實績/346
三十年度視察各省市國民教育報告/883
三十年來的蘇聯/482
三十年來燕京瑣録/2335
三十年來之西康教育/877
三十年來之中國工程/1684
三十三年落花夢/785
三十三種清代傳記綜合引得/185
三十五舉校勘記/1539
三十五年高考及格人員臨時縣長挑選挑取縣長訓練班同學録/749
三十五年教育生活史/223
三十一年度各省市合作事業工作報告/668
三十有三萬卷書堂目録/2380
三十周紀念刊/903
三史同名録/308,2006
三世修道黄氏寶卷/1315
三事遡真/1905
三事忠告/1918
三水梁燕孫先生赴告/215
三水梁燕孫先生年譜/232
三水縣志/461
三水小牘/1726,1892,2087
三四一/1320
三蘇文/1081
三台縣志/446
三唐詩品/2057
三通序/2192
三萬六千頃湖中畫船録/1540
三吴舊語/2165
三吴水利附録/1876,1997
三吴水利録/1876,1997
三吴水利論/1842,1996
三希堂畫譜大觀/1578
三俠五義/1391
三閒集/1138,2320,2322
三湘從事録/252
三孝廉集/1020
三兄弟/1416
三葉/1404
三葉集/1487
三怡堂叢書/1781
三勇士推船渡江/585
三魚堂日記/204,1994,2099
三虞堂書畫目/1564
三漁集約鈔/2264
三餘集/1020
三餘札記/2342
三餘贅筆/1361,1991
三垣筆記/315
三垣筆記叉附識/2053
三垣疏稿/1919
三願堂日記/1488
三月天/1461
三雲籌俎考/1784
三曾年譜/225
三鱣堂詩鈔/1120
三戰吕布/1268
三周歲之徐公橋/899
三妯娌/1287
三傳經文辨異/1865
三字經/136,955
三字獄/1520
散頒刑部格殘卷/1792
散花庵詞/1218
散花庵叢語/2159
散木居奏稿/733
散盤/1570
散曲叢刊十五種/1255
散曲概論/1256
散氏盤考釋/2286
散文甲選/1063
散文選/1063
散原精舍集外詩/2060
散原精舍詩/1126
桑伯勒包探案/1519
桑海摭聞/2340
桑弘羊年譜/225
桑樹栽培學/1678
桑榆漫志/2188
桑榆漫志及其他三種/1994
桑園會/1285
桑園寄子/1284
桑子庸言/1905
喪服變除/2085,2194
喪服答問紀實/2272
喪服鄭氏學/18
騷略/1796,1973,2230
騷壇秘語/1980,2103
掃葉樓集/1404
掃葉莊醫案/1652

埽庵集/2265
色彩學研究/1552
色迷寶箴/511
嗇翁自訂年譜/231
瑟廬詩草/2242
瑟譜/1786,1953,2096,2147
森齋彙稿/2259
森齋雜菹/2259
僧伽尺牘/1477
僧尼共犯/1270
沙恭達拉與宋元南戲/1251
沙恭達羅/1508
沙河逸老小稿/1969
沙基慘案紀念大會特刊/355
沙基痛史/285
沙漠/1191
沙南疍民調查/507
沙寧/1516
沙坪集/1416
沙山春人物扇集畫譜/1583
沙汀傑作選/1433
沙縣志/459
沙州記/2002
沙州文録/169
沙州諸子二十六種/56
砂丁/1442(2)
殺車槌法/1939
殺狗記/1276
殺狗勸夫/1261
殺身成仁通事吴鳳/202
紗/1681
紗廠成本計算法/684
莎士比亞/1514
山長水遠/1470
山城故事/1306
山城雨景/1453
山窗小品/1148
山窗餘稿/2203
山東/393
山東財政法規彙編/808
山東德縣衛氏博濟醫院報告書/1667
山東歌謡集/1321
山東古跡名勝大觀/393
山東膠東軍區山東省膠東區行政公署聯合公佈令/358
山東教育選輯/892
山東解放區的婦女/590
山東解放區的工商業/654
山東金文集存/165
山東舊濟南道屬農村經濟調查/495
山東軍區及山東省政府命令聯字第六號/359
山東考古録/2000,2179
山東歷城縣龍山鎮之黑陶文化遺址/165
山東兩漢經師表/393
山東棉業調查報告/654
山東民間娛樂調查/1610
山東内戰標語/360
山東全省財政説明書/713
山東人民的新生/393
山東人體質之研究/1637
山東省/394
山東省膠東區卅五年度徵糧辦法/707
山東省膠東區行政公署公佈令財字第四號/707
山東省膠東區行政公署致南海專署函/358
山東省膠東區整理土地等級陳報登記暫行辦法/642
山東省明細全圖/427
山東省圖/427
山東省行政訓練所教育綱領/808
山東省一瞥/393
山東省政府[及]山東軍區公佈之各種條例綱要辦法彙編/359
山東省政府教育廳視察報告/877
山東通志/436
山東圖書館書目/2375
山東土語研究/955
山東文化史研究甲編/393
山東問題彙刊/276
山東問題始末/272
山東鄉村建設研究院概覽/879
山東鄉村建設研究院及鄒平實驗區概況/520
山東懸案細目協定/281
山東鄒縣地理志/393
山法全書/100
山房集/1879
山房隨筆/985,1330,1724
山歌/1320
山公喪服經傳彙解考正/19
山谷/1472
山谷别集詩註/1084
山谷詞/1216
山谷集補鈔/1048
山谷内集詩註/1084
山谷年譜/1873
山谷琴趣外篇/1208,1229,1233,2049
山谷詩鈔/1043
山谷詩集註/1084
山谷詩註/1966
山谷題跋/1948,2031
山谷外集詩註/1084(2)
山谷野店/1496
山海經/53,1749,1996,2062,2121,2139
山海經地理今釋/1375
山海經箋疏/1375
山海經通檢/1375
山海經圖贊補逸/1884
山海經贊/2102
山海漫談/1094
山河淚/1296
山洪/1424
山家清供/1722,1942,2105
山家清事/1722
山家語/1968,2108
山静居畫論/1545,1556,1952
山静居詩話/998,1979,2154
山居存稿/1040
山居散墨/1163
山居書簡/2337
山居隨筆/2165
山居小品/1188
山靈/1403
山廬詩鈔/2314
山廬文鈔/2314
山民牧唱/2325
山民詩鈔/1046
山南論畫/2067
山樵暇語/1877
山青雲白軒詩草/1123
山水純全集/1542,1549,1556,1730
山水賦/1555
山水訣/1555(2)
山水論/1554,1555
山水入門/1562
山水松石格/1546,1555
山亭/1286
山頭下務本堂沈氏宗譜/176
山外樓詩稿/1122
山西村政彙編/809
山西大同武州山石窟寺記/379
山西都署現行法規彙編/809
山西汾州汾陽醫院割痧室手術傢具統計/1667

山西汾州汾陽醫院公用器具儀器建築物估價統計/1667
山西汾州汾陽醫院樓内外各部分公物統計/1667
山西公立圖書館目録初編/2375
山西河南之哺乳動物化石/1633
山西考察報告書/626
山西礦務志略/1682
山西六政三事彙編/809
山西名賢輯要/189
山西票號史/693
山西票莊考略/695
山西全省財政説明書/713
山西省第七次人口統計/493
山西省第一次政治統計總務之部/493
山西省各縣管道表/394
山西省各縣名勝古跡古物調查表/394
山西省政十年建設計劃案/809
山西私立銘義中學概覽/901
山西綏省兩署防共聯席會議召集沿河各縣縣長防共會議録彙編/809
山西太谷基督教衆議會報告書/140
山西西部陝西北部蓬蒂紀後黄土期前之地層觀察/1627
山西獻徵/189
山西造産年鑒/626
山陽録/1334
山陽死友傳/1339
山陽縣志/452
山陰汪氏譜/179
山陰縣志校記/456
山陰縣州山吴氏支譜/179
山傭遺詩/2259
山遊雜詩/1156
山右訪碑記/146
山右金石考/146
山雨/1473
山雲館文集/1160
山齋箋/1947
山齋清供箋/1543
山中白雲/1212,1235
山中牧歌/1467
山中雜記/1141
山子詩鈔/1108
山左筆談/2000,2179
山左訪碑録/146
山左漢魏六朝貞石目/165
山左塚墓遺文/165
删亭文集/1126
姍姍傳/1830
珊瑚鉤詩話/985,1743,1796,1978
珊瑚美人/1518
珊瑚木難/1874
珊瑚舌雕談摘鈔/2257
珊瑚網/1563
珊瑚網畫法/1540
珊瑚網畫繼/1540
珊瑚網畫據/1540
珊瑚網畫録/1873
珊瑚網書録/1563,1873
陝北的青年學生生活/877
陝北的群衆動員/560
陝北風光/396
陝北歸來答客問/560
陝北剪影/583
陝北輪廓畫/395
陝北民歌選/1321
陝北鳥瞰/396
陝北省蘇延安等七縣人口調查統計一覽表/492
陝北印象記/396
陝北之行/395
陝甘調查記/420
陝甘寧邊區參議會常駐會第十一次[及]政府委員會第五次聯席會議之決定及有關經濟文化建設的重要提案/591
陝甘寧邊區的勞動互助/646
陝甘寧邊區的民衆運動/560
陝甘寧邊區第二屆參議會彙刊/591
陝甘寧邊區第二屆參議會重要文獻/591
陝甘寧邊區第一屆參議會實録/560
陝甘寧邊區合作社各部業務規則/670
陝甘寧邊區合作社聯席會議決議/669
陝甘寧邊區簡政實施綱要/564
陝甘寧邊區教育方針/596
陝甘寧邊區貿易公司業務須知/659
陝甘寧邊區民間紡織業/593
陝甘寧邊區施政綱領/590
陝甘寧邊區實録/559(2)
陝甘寧邊區文教大會選輯/872
陝甘寧邊區鄉選總結/563
陝甘寧邊區政策條例彙集/591
陝甘寧邊區政府工作報告/809
陝甘寧邊區政府一年工作總結/591
陝甘寧邊區組織勞動互助的經驗/646
陝境漢江流域貿易稽核表/2248
陝潼汽車路特刊/1684
陝西長安縣草灘涇陽縣永樂店農墾調查報告/646
陝西分縣詳圖/427
陝西各縣政治視察彙刊/809
陝西葭縣志/444
陝西建設統計彙刊/494
陝西金石藝文志/166
陝西民政概況/524
陝西全省財政説明書/714
陝西省財政統計報告/809
陝西省第一屆各縣政治視察彙刊/809
陝西省合作事業概況/669
陝西省農村調查/646
陝西省施政計劃概述/809
陝西省整理保甲總報告/809
陝西實業考察/627
陝西續通志稿/444
陝行紀實/583
汕頭南洋華僑互助社社務報告/823
疝氣證治論/1655
剡北錢氏宗譜/180
剡源戴先生文集/2129
剡源集/1963
剡源文鈔/2231
剡源鄉志/458
善惡鑒/128
善果拾遺/1379
善後會議史/339
善後救濟工作的行政制度/742
善後救濟總署干什麽　怎樣干？/743
善後救濟總署上海儲運局業務綱要/522
善後救濟總署浙江分署三十五年度業務報告/743
善後救濟總署重慶難民輸送站工作總報告/742
善舉/1406
善鄰國寶記/2185
善木山房存稿/1179
善女人行品/1407
善謔集/1736
善邑王氏五修支譜/176
善誘文/1737,1795,1995
善齋吉金録/162

善齋彝器録目録/162
善齋彝器圖録/163
善之研究/77
善宗寶卷/1316
禪讓傳説起于墨家考/298
單縣志/439
膳夫經手録/1892
商標法施行細則/861
商標彙刊/861
商標註册指導/858
商代甲骨研究/151
商店經營法/683
商店組織法/683
商調蝶戀花詞/1276
商法調查案理由書/858
商法概要/858
商法問題義解/661
商法原論/859
商法總則/859
商會法通釋/861
商舊社友謎存/2153
商君書/53,718(2)
商君書集解/719
商君書解詁/719
商君書解詁定本/719
商君書之研究/719
商君學説/2160
商考信録/1887,2269
商品調查叢刊/655
商品檢驗/685
商人通例釋義/858
商人通例詳釋/862
商人團體組織規程/862
商市街/1170
商事法概要/858
商事法要義/859
商水縣志/440
商務指南/610
商鞅評傳/718
商業地理/623
商業理財/684
商業史/613
商業事務常識/683
商業通論/698
商業同業公會法規/861
商業統制機構及其法規/861
商業文件/1481
商業文件大全/1478
商芸小説/1346
商周吉金目録/161
商周文拾遺/159
商周彝器通考/160
商子/718,1859,1915,2098,2119,2137
傷兵官兵統計編制法/1663
傷風約言/1655
傷寒百證歌/2066
傷寒標本心法類萃/1938
傷寒法祖/1649
傷寒廣要/1654
傷寒家秘的本/1938
傷寒捷訣/1649
傷寒九十論/1938
傷寒括要/1649
傷寒類證/1644
傷寒六經定法/2066
傷寒論/1644,1662
傷寒論綱要/1654
傷寒論彙註精華/1662
傷寒論集成/1654
傷寒論輯義/1654
傷寒論類方/1645,1646
傷寒論述義/1655
傷寒論條辨/2069
傷寒論條辨本草鈔/2069
傷寒論條辨或問/2069
傷寒論條辨痙書/2069
傷寒論條辨痙書或問/2069
傷寒論翼/1939
傷寒脈證式/1655
傷寒明理論/1644,1938
傷寒明理續論/1939
傷寒瑣言/1939
傷寒微旨/2149
傷寒微旨論/1938
傷寒心要/1938
傷寒尋源/1649
傷寒一提金/1938
傷寒醫鑒/1938
傷寒用藥研究/1655
傷寒約編/1645,1646
傷寒證脈藥截江網/1938
傷寒之研究/1654
傷寒直格論/1938
傷寒總病論/1938,2036
傷科方書/1650
傷心詩稿/1179
賞心集　閒樂集合刊/1123
賞心樂事/1935,2177
賞心山房存聯/2288
賞心山房全稿/2288
賞心山房詩草/2288
賞心山房詩餘/2288
賞心山房雜著/2288
賞延素心録/1540,1948,2040
賞雨茆屋小稿/1103
上蔡先生語録/1905
上池雜説/2176
上當/1288
上帝的兒女們/1418
上帝的傀儡/1436
上帝的研究/134
上帝與國家/35
上帝與社會改造/136
上方山志/369
上古考信録/2269
上古秦漢文學史/1008
上古音韻表稿/939
上谷訪碑記/2053
上海/1475
上海百業人才小史/189
上海報人的奮鬥/2340
上海曹氏書存目録/2205
上海曹氏族譜/178
上海産業與上海職工/663
上海的定期刊物/2365
上海的工資鬥争/664
上海的將來/403
上海的日報/596
上海的學藝團體/402
上海地産大全/648
上海躉售輸出輸入物價指數之國幣基價/405
上海風景/403
上海港之將來/403
上海各慈善團體籌募黄河水災急賑聯合會徵信録/374
上海工人生活程度的一個研究/665
上海工業化研究/654
上海公共租界制度/833
上海廣州慘殺事件畫報/275
上海黑幕彙編/402
上海黑幕一千種/402
上海閒話/402
上海金融機關一覽/686
上海金融市場論/687
上海金融業概覽/628
上海金融組織概要/686
上海九一——九七示威之意義和教訓及今後工作之路綫/549

上海抗日血戰史/341
上海李氏易園三代清芬集/2262
上海李右之著詩文稿百篇/1165
上海鱗爪/402
上海律師公會會員名録/840(2)
上海門徑/401
上海米市調查/628
上海棉布/658
上海年鑒/405
上海廿四小時/1446
上海商埠交通圖/427
上海商事慣例/679
上海市大觀/403
上海市地價研究/635
上海市都市計劃委員會會議紀録初集/402
上海市工人生活費指數/664
上海市公用局職員録/752
上海市街道詳圖/427
上海市警察局法規彙編/527
上海市立圖書館指南/2391
上海市輪渡/675
上海市市立圖書館藏書分類目録/2376
上海市圖書館成立紀念册/2391
上海市圖書館圖書雜志目録/2376
上海市政概要/816
上海市重要法令彙刊初編/846
上海市自治志/403
上海事變與報告文學/279
上海手札/1147
上海俗語圖説/402(2)
上海特別市罷工停業統計/664
上海特別市工資和工作時間/664
上海特別市立小學團體智力測驗報告書/888
上海特別市十七年罷工統計報告/664
上海特別市市政法規彙編/812
上海特別市市政統計概要/812
上海特別市政府初周紀念特刊/812
上海通商史/679
上海文藝作家協會成立紀念册/971
上海屋簷下/1301(2)
上海吴徵君汲深暨德邕夏夫人哀輓録/211
上海縣志/452(2),454
上海嚮導/402
上海新地圖/427
上海新新股份有限公司年結册/405
上海血戰記/583
上海研究資料/403
上海研究資料續集/403
上海一律師/1293
上海銀行公會事業史/693
上海雜記/229
上海在太平天國時代/402
上海掌故叢書/2205
上海振青社書畫集/1566
上海之工業/654
上海之公用事業/752
上海之機制工業/654
上海之農業/647
上海之騙術世界/1391
上海之商業/628
上海指南/401,403
上海製造廠商概覽/651
上海租界略史/270
上海租界問題/270(2)
上林縣志/462
上饒集中營/359,1427
上善堂書目/1865
上生經疏會古通今新鈔/107
上生經疏隨新鈔科文/107
上壽拜舞記/1352
上天台/1285
上下古今談/1394
上虞羅氏枝分譜/2295
上元燈/1407
上元燈及其他/1407
上沅劇本甲集/1313
尚絅詩集/2251
尚論前後篇/2201
尚書/4,12,2135
尚書表註/2013
尚書蔡註考誤/2065,2172
尚書殘卷/2158
尚書大綱/13
尚書大義/13(2)
尚書大傳/12,2012,2116,2135
尚書大傳註/2085
尚書的政治學説/13
尚書地理今釋/1839,1997,2096
尚書帝命驗/1911,2078
尚書帝驗期/1911
尚書讀本/1
尚書古文辨/2013,2173
尚書古文考/2013
尚書古文註/2085
尚書古註便讀/13
尚書故實/1326,1345,1755,1986
尚書講義/2233
尚書校詁/13
尚書今古文説/2160
尚書今古文註疏/12(2),13,2013
尚書精義/2013
尚書舉要/13
尚書考靈曜/1911,2078
尚書考異/2013
尚書論略/13
尚書篇誼正蒙/2291
尚書駢枝/12
尚書去僞/13
尚書全解/1886
尚書伸孔篇/1770
尚書釋文/1878
尚書釋文殘卷/2046
尚書釋音/2012
尚書通檢/13
尚書緯/1911,2078
尚書五行傳/1911
尚書詳解/2012,2013
尚書刑德放/1911,2078
尚書序録/2013
尚書璿璣鈐/1911,2078
尚書研究講義/13
尚書研究講義戊種之一至四/13
尚書逸文/2013
尚書義考/2223
尚書餘義教經經解/143
尚書與古代政治/14
尚書源流考/2315
尚書運期授/1911,2078
尚書正義/12
尚書鄭註/2012
尚書中候/1911,2078
尚書註疏/12,2088
尚書註疏校正/1884
尚友記/1865
尚仲衣教授/223
燒村/1191
燒炭英雄張德勝/584
勺庵文集/1175
勺園圖録考/381
芍藥譜/1737,1820
苕華詞/2285
苕香館遺草/1111
苕雅餘集/2274
韶舞九成樂補/1953,2147
少婦日記/1511

少廣正負術内篇/2066
少廣正負術内外篇/2102
少栗風葉/1522
少林護山子門羅漢拳圖影/1612
少林拳法圖説/1612
少林拳術秘訣/1612
少陵新譜/225
少蒙詩存/2265
少奶奶的扇子/1423
少年叢書/197
少年的回顧/211
少年發明家的故事/1616
少年航空兵/1501
少年畫册/1579
少年進德録/88(2)
少年飄泊者/1446
少年時代/207
少年維特之煩惱/1515(2)
少年先鋒/358
少年先鋒隊/1502
少年弦韋/94
少年遊/1295(2)
少女懺悔録/1475
少女的心/1432
少女的追求/1437
少女書簡/1488
少女之春/1408
少山報告/349
少室山房集/1773
少室山房類稿/2252
少室山房曲考/1240
少嵒賦草箋註/1112(2)
少儀外傳/1922,2149
邵村重遊泮水詩集/1054
邵村學易/10
邵村詠史詩鈔/1130
邵二雲[晉涵]先生年譜/228
邵飛飛傳/1818
邵康節先生外紀/2010
邵念魯年譜/228
邵僧彌山水册/1582
邵氏聞見後録/1337,2033
邵氏聞見録/2033
邵氏醫案/1652
邵文莊公年譜/2256
邵武縣志/459
紹鈞代表作/1450
紹邵軒叢書/21
紹陶録/1711,2214
紹熙州縣釋奠儀圖/1925,2095
紹興歌謡/1322
紹興内府古器評/1945,2032
紹興十八年同年小録/735
紹興縣立圖書館通常類書目/2376
紹興縣志資料第一輯/456
紹興漁臨關金氏藏譜/179
紹興之絲綢/658
奢摩他室曲叢/1278
舌華録/1057
舌鑒總論/1646
舌胎圖説/1646
佘山詩話/1979
佘山小志/371
蛇女士傳/1533
蛇衣集/1154
舍人集/2204
社倉考/1921
社會保險/661
社會的解剖/506
社會的文化基礎/499
社會的政治建築/534
社會調査/506
社會調查方法/519
社會調查概要/503
社會調查與統計學/491
社會鬥争通史/531
社會發展簡史/532
社會發展史綱/536
社會發展史略/536(3)
社會法規彙編/754(2)
社會福利統計/522
社會福利與社會救濟/522
社會改造之原理/500
社會革命論叢/601
社會工作導論/498
社會黑幕/507
社會教育法令彙編/896
社會教育概況/899
社會教育概要/898
社會教育綱要/900
社會教育設施法/896,899
社會教育史/903
社會進步的哲學/38
社會進化/502
社會進化論/498
社會進化史/502(3)
社會進化史綱/502(2)
社會經濟發展史/613
社會經濟形態/533
社會救濟/523
社會科學常識講話/490
社會科學大辭典/491
社會科學底哲學基礎/532
社會科學概論/490(4),534(3)
社會科學概論選讀/490
社會科學基礎讀本/532
社會科學基礎講座/490
社會科學論文選集/489
社會科學名著題解/490
社會科學研究法/490
社會科學研究方法論/541
社會科學與歷史方法/499
社會民主黨在民主革命中的兩個策略/539
社會聲影録/1529
社會史話/502
社會史簡明教程/502
社會事業與社會行政/521
社會思想/499
社會思想史/499
社會思想史 ABC/718
社會通詮/724
社會問題/496(3)
社會問題辭典/490
社會問題大綱/497(2),498
社會問題大要/497
社會問題講演録/496
社會問題與社會政策/498
社會問題總覽/497
社會心理學新論/501
社會形態發展史/502
社會學/498
社會學方法論/497
社會學概論/498(3)
社會學綱要/497,499
社會學及現代社會問題/498
社會學教程/497(2)
社會學科之教材與教學法/491
社會學入門/498
社會學上之文化論/499
社會學史要/497
社會學問答/497
社會學小史/500
社會學要旨/496
社會學原理/498,499
社會意識學大綱/498
社會與教育/887
社會運動辭典/490
社會運動全史/503
社會哲學概論/541

社會哲學史/531
社會政策/521(2),2110
社會政策新原理/498
社會之解剖/496
社會制度發展史/502
社會主義從空想到科學的發展/533,539(2)
社會主義的新憲法/853
社會主義講話/536
社會主義入門/536
社會主義神髓/2111
社會主義史/531
社會主義思想史/536(2)
社會主義討論集/530
社會主義新史/531
社會主義與進化論/1634
社會主義與中國/531
社會主義之理論與實踐/535(2)
社會主義之思潮及運動/530
社評集/2341
射慈禮記音義隱/2073
射慈喪服變除圖/2073
射洪縣志/447
射虹/1030
射侯考/2238
射擊飛機之研究/1708
射擊學/1704
射柳捶丸/1269
射陽先生存稿/1092
涉獵筆記/1119
涉趣園集/1135
涉史隨筆/2012
涉聞梓舊/1875
涉聞梓舊二十三種/2153
涉異志/1361,1856
涉異志及其他三種/1985
涉園墨萃/1591
涉園所見宋版書影/2359
涉齋集/2226
設計教學法/888(2)
設計教學演講集/888
赦考/2270
攝大乘論講記/108
攝山紀遊集/2191
攝生論/1661
攝生三要/2177
攝生消息論/1941,2177
攝生要語/2177
攝生衆妙方/2240
攝堂詩選/1146
攝影學 ABC/1593
歙縣金石志/168
歙縣志/452
歙硯譜/1798
歙硯説/1544,1798,1943
歙州硯譜/1543,1943
申報概況/2393
申報流通圖書館第二年工作報告/2390
申報評論選/1180
申報上海市民手册/402
申端愍公詩集/1968
申端愍公文集/1974
申范/2055
申鑒/52,71,1750,1785,1859,2119,2137
申鑒附劄記/1902
申鑒通檢/71
申鑒校正/1884
申培魯詩傳/2072
申氏詩説/2025
申宗傳/1349,1761
參譜/1845
伸顧附劄記/1931
伸蒙子/52,1902
身體二十六詠/2043
身外身/576
身心性命　泗水真傳　西方清淨音/111
呻吟語/75(2)
呻吟語選/1897
深柳堂文集/1875
深寧先生文鈔摭餘編/2230
深入/1446
深省堂詩集/2236
深誓/1184
深雪偶談/1357,1978
深衣考/1839
深澤縣志/435
紳士民團縣長與農民/816
紳士淑女圖/1451
神・鬼・人/1444
神道要論/135
神的滅亡/1431
神峰通考/99
神骨冰鑒/99
神話論/96
神話學 ABC/95
神話雜論/96
神會和尚遺集/108
神機制敵太白陰經/1921
神廟留中奏疏彙要/734
神木鄉土志/445
神農本草經/1664,1940,2080
神農本草經百種録/1645,1646
神農本草經贊/1648
神奴兒/1263
神女傳/1762
神器譜/1766
神器譜或問/1766
神僧傳/1341,1745,2064
神山引曲/1826
神神怕打/1288
神室大法/2024
神樞鬼藏録/1521
神仙會/1269
神仙老虎狗/1440
神仙傳/1326,1341,1730,2107
神相全編/99
神相水鏡集/98
神相鐵關刀/99
神異記/1736
神異經/1325,1343,1859
神與人之間/1507
神州光復志演義/1392
神州論畫録/1556
神州女子新史/513
神州異産後志/2057
神州異産志/2057
神宗皇帝即位使遼語録/1869(2)
沈從文傑作選/1429
沈從文小説選/1429
沈從文選集/1025
沈從文子集/1428
沈存仲再生紀異録/315
沈定川遺書/2193
沈觀齋詩/1136
沈寄簃先生遺書/2270
沈警遇神女記/1834
沈刻元典章校補/2326
沈寐叟年譜/229
沈青門詩集/1094
沈石田集/1092
沈石田靈隱山圖卷/1580
沈氏農書/1941,2176
沈氏群峰集/1106
沈氏三先生文集/1014
沈氏四聲考/1931
沈氏醫案/1652
沈氏尊生書/1647

沈四山人詩集/1110
沈四山人詩録/1971
沈下賢集/2125,2142
沈休文集/1017
沈休文詩註/1072
沈秀英傳/1837
沈旭詩集/1157
沈尹默書晉王右軍題筆陣圖後/1577
沈禹鐘説集/1401
沈約年譜/225
沈忠敏公龜溪集/1085(2)
審安齋詩集/2299
審安齋遺稿/2298
審定風雅遺音/1931,2236
審計法令彙編/753
審計法令彙編續輯/754
審計問題/684
審計學概要/684
審計學教科書/684
審計制度/753
審判日/1511
審判心理學大意/1642
審齋詞/1220
瀋故/389
瀋館録/1869
瀋陽紀程/1867(2)
瀋陽事件/341
瀋陽縣志/430
瀋陽遊覽指南/387
甚深内義根本頌/116
慎獨齋先生全書/1200
慎疾芻言/1645,1646,1938
慎江草堂詩/1167
慎始基齋叢書/2192
慎所立齋存稿/1132
慎言集訓/1897,2200
慎宜軒詩集/1126
慎齋集/1861
慎子/55,67,1729,1904,2120,2150
慎子集説/67
慎子内外編/2138
慎子校正/67
蜃園集拾遺/2186
蜃園文集/1021
蜃園遺集/1097
升庵夫婦樂府/1235
升庵經説/1891
升庵全集/1093
升庵詩話/987,1979
昇仙夢/1268
生產、擁愛和學習/587
生產渡荒大發家/646
生產經驗談/594
生產論/534
生產三大特點/612
生產上的革命/592
生產四季花/1054
生產文獻/646
生產文選/592
生產組織與農村調查/634
生長在戰鬥中/1427
生春紅室金石述記/158
生存/1408
生存哲學/48(2)
生的哀歌/1433
生的意志/1427
生活的書/1170
生活的體驗/91
生活的藝術/77(2)
生活的智慧/89
生活第一卷彙刊/2350
生活方法新論/76
生活費指數編制法説略/602
生活費指數之編制法/692
生活紀録/509
生活教育簡述/886
生活進化史 ABC/1634
生活軍事化生產化藝術化初步推行方案/522
生活全國總書目/2384
生活素描/663
生活藝術/91
生活與理想/90
生活與美學/1552
生活與實踐/95
生活與思想/95
生活與思想之路/95
生活在空襲中/2337
生活在延安/396
生金閣/1267
生理衛生學問答/1660
生立文選/2335
生民常識/112
生命表編制法/493
生命的春天/1197
生命的飛躍/1063
生命的火把/90
生命是我們的/1309
生命樹/1163
生日/1409
生生堂治驗/1657
生絲產銷/658
生死場/1437
生死仇/1302
生死鬥争/1475
生死戀/1308,1449
生死情魔/1379
生死綫/1311
生物史觀淺説/502
生物史觀與社會/501
生物物理化學/1625
生物學的人生觀/501
生物學綱要/1634
生物學問答/1634
生物之世界/1634
生涯/1299
生藥學/1664
生意經/1401
生與死/1304
生育制度/510
生之懺悔/1023
生之勝利/1142
生之原理/762(2)
昇平署月令承應戲/1275
牲口病的治法/575
牲畜罷工記/524
陞官圖/1311
笙盤集/1052
笙月詞/1983
聲調譜/996
聲調四譜圖説/989
聲畫集/2115
聲類/1754,1931
聲類表/937,2223
聲律關鍵/1862
聲律啟蒙/1487(2)
聲律小記/2220
聲韻考/937,1931,2223
聲韻學表解/941
聲韻學大綱/942
聲韻沿革大綱/941
澠水燕談録/1338,1352,1711,1889
繩齋印稿/2057
省地方銀行泛論/695
省憲草案/801
省縣警衛/526
省債/712
省政五論/801
省制條議/801
省組織法論/801

盛宮保行述初稿/205
盛湖志/455
盛湖竹枝詞/1132
盛京故宮書畫録/1565
盛京疆域考/1869
盛京内務府順治年間檔册/322
盛明雜劇三十種/1748
盛尚書愚齋存稿初刊/732
盛世才如何統治新疆/421
盛世才與新新疆/421
盛事美談/1742
勝朝彤史拾遺記/1334,1821,2207
勝朝粤東遺民録/188,1787
勝國宮闈詩/1970
勝利版畫/1592
勝利的三年/358
勝利的指南/550
勝利的自覺/2334
勝利第一/1306
勝利與和平/836
嵊縣志/456
聖安本紀/316
聖朝頒降新例/1941
聖朝名畫評/1555
聖處女的被污/1193
聖誕老人的傳説及其他/1499
聖地考查記/174
聖跡圖/103
聖駕南巡日録/1850
聖潔的靈魂/1404
聖經辭典/133
聖經學規纂/1907
聖經一貫之真理/131
聖經與文學研究/131
聖門事業圖/1793
聖門志/2007,2246
聖母像前/1146
聖女的反面/1510
聖求詞/1219
聖書公會目録/132
聖書與中國文學/1194
聖宋掇遺/1892
聖宋九僧詩/1036
聖徒/1439
聖武記/325
聖武親征録/1734
聖武親征録校註/2162,2284,2287
聖型/1408
聖學入門書/87
聖遺詩集/1134
聖詠譯義初稿/1604
聖哲畫像記/184(2)
聖祖避暑山莊圖詠/2052
聖祖親征朔漠日録/323
聖祖仁皇帝起居註/323,324
聖祖西巡日録/323
尸櫝記/1520
尸媚傳/1764
尸子/53,68(2)
尸子廣澤篇吕氏春秋不二篇合釋/2309
失敗了的俄國革命/482
失敗者/1476
失去的風情/1426
失業/1467
失業人及貧民救濟政策/524
失業問題/661
施公案/1388
施公洞庭傳/1388
施公清烈傳/1388
施約瑟主教傳/139
師動員計劃令示例/1700
師範國文述教/973
師範教育的理論與實際/893
師範教育法令彙編/880
師伏堂筆記/2332
師復文存/601
師古堂詞鈔/2243
師覺授孝子傳/2084
師曠禽經/1719,1799
師曠占/2195
師門辱教記/219
師婆罪惡史/525
師橘沈氏家譜/179
師石山房叢書/2361
師鄦齋經説/6
師友詩傳録/996,1980
師友詩傳續録/996
師友談記/1744
師友雅言/1743
師友淵源記/1865
師竹堂尺牘/2196
師竹堂集/1782
師主篇/135
師主吟/135
獅和龍/1175
詩/990
詩本義/15
詩本音/937
詩婢家詩箋譜/1566
詩辨説/1955
詩辨妄/15
詩辯/921
詩詞精選/1033
詩詞趣話/1494
詩詞散論/993
詩詞學/988
詩詞餘話/1730
詩詞雜組/1014
詩詞治要/2346
詩詞專刊/981
詩的本質/989
詩的藝術/990
詩的作法/988
詩底原理/921
詩的/1804,1979
詩地理考/1997
詩筏/993
詩法萃编/983
詩法家數/985
詩法捷要/988
詩法入門/988(3)
詩法通微/988
詩法易簡録/990
詩泛歷樞/1912,2078
詩範/993
詩附記/1956
詩賦詞曲概論/991
詩稿/1162
詩歌/134
詩歌發蒙/972
詩歌近作集/1184
詩歌學 ABC/992
詩歌與批評/920
詩歌原理/921
詩歌中的性欲描寫/983
詩故/2198
詩國夢遊記/1155
詩含神霧/1912,2078
詩畫巢遺稿/2090
詩話/1979
詩話總龜/991,2134
詩集/1078,1184,2292
詩集傳/14
詩集傳附釋/1770
詩集傳名物鈔/1955
詩紀匡謬/1888
詩經/16(2)
詩經白話解/16
詩經大義/15

詩經讀本/1
詩經恒解/2280
詩經集傳/3
詩經集解辨正/16
詩經精華/15
詩經樂譜/1954
詩經七聲四音譜/2291
詩經情詩今譯/16
詩經通解/16
詩經通論/15(2)
詩經文字學/2160
詩經小學/1811
詩經協韻考異/1930,2173
詩經形釋/17
詩經選讀/16
詩經學/17
詩經學 ABC/992
詩經學纂要/16
詩經言字釋/2160
詩經研究/15(2)
詩經異文補釋/2290
詩經音釋/16
詩經語譯/16
詩經原始/15(2)
詩經韻讀/937
詩經正義/16
詩經之女性的研究/17
詩經傳註/1769
詩鏡總論/987
詩蠲/16
詩考/1955
詩禮堂雜纂/2181
詩廬/1528(2)
詩律蒙告/2331
詩律武庫/1888
詩律武庫後集/1888
詩倫/1956
詩論/988,989,1736,1955,2173
詩毛氏學/16
詩毛氏傳疏/15
詩夢鐘聲録/2042
詩牌譜/2105
詩品/984,991,992(2),1344,2029,2089,2103
詩品二十四則/1980,2029
詩品箋/2312
詩品詳註/1031
詩品註/992
詩評/1978
詩譜/1344
詩譜補亡後訂/1813
詩譜詳説/983
詩契齋詩鈔/1114
詩琴響了/1153
詩人解頤語/1511
詩人李賀/1078
詩人生活/990
詩人雪萊的故事/1512
詩人玉屑/984(2)
詩人主客圖/986
詩聲類/937
詩史/990
詩史初稿/2302
詩史閣叢刊/2303
詩氏族考/2006,2065,2153
詩式/984,988,1980
詩書古訓/1891
詩雙聲疊韻譜/2275
詩説/1800,1839(2),1857,1955(2),1956(2),2094,2096
詩誦/2231
詩談/1733,1802
詩體釋例/989
詩推度災/1912,2078
詩緯/1912,2078
詩文補鈔/1120
詩問略/1955,2173
詩序/1955
詩序辨/2263
詩序解/16
詩續集/1129
詩選/1032
詩學/920,991(2)
詩學發凡/993
詩學概論講義/991
詩學概要/988
詩學含英/971
詩學進階/983
詩學禁臠/985
詩學討論集/990
詩學研究/992
詩學原理/920
詩學指南/983
詩學纂聞/997
詩言志辨/16
詩讖/1916
詩疑/14,1955
詩義會通/16
詩義堂集/1106
詩音辯略/1930
詩音表/937
詩餘偶存/1564
詩與鬥争/921
詩與詩論/910
詩與真/916
詩源撮要/1980,2103
詩苑衆芳/1862,1957
詩蘊/15
詩韻/942(2)
詩韻箋略/942
詩韻譜/15,17
詩韻全璧/942(2)
詩之研究/921
詩傳孔氏傳/1800,1955
詩傳名物集覽/1936
詩傳註疏/1955
詩總聞/1955,2214
濕温時疫治療法/1650
十八般武藝全書/1612
十八活盤詳註/2289
十八家詩鈔/1033(4)
十八年來之中國青年黨/757
十八娘傳/1828
十長生/1269
十朝詩乘/995
十大作家經驗之談/922
十二詞品/2041
十二家吉金圖録/161
十二樓/1380
十二路潭腿新教授法/1612
十二門論疏/121
十二月花神議/1835,2209
十國宫詞/1817,1823,2211
十嚳謡/2212
十駕齋養新録/2333(2)
十經文字通正書/5
十經齋文二集/2277
十經齋遺集/2277
十九路軍抗日血戰史/347
十九路軍抗日戰史/342
十九路軍殺賊記/342
十駿圖/1580
十力語要/1152
十粒金丹/1397
十六長樂堂古器款識考/161
十六國春秋/305,2018
十六國春秋輯補/305,1778,2018
十六國春秋纂録校本/1778,2018
十六國疆域志/305,1776,1998
十六家墨説/1590

十六湯品/1349,1759
十眉謡/1815,2212
十美詞紀/1815,2212
十美詩/1836,2211
十畝草堂紀念册/210
十年/1400,1441
十年邊政之剖視/817
十年來的中國/340
十年來的中國共産黨/556
十年來之財務法制/700
十年來之財務人事/752
十年來之財務統計/493
十年來之財務行政/706
十年來之財政金融研究工作/700
十年來之地方財政/700
十年來之公債/712
十年來之關稅/682
十年來之國庫/707
十年來之海關/746
十年來之會計工作/707
十年來之貨物稅/711
十年來之緝私/746
十年來之金融/686
十年來之南京/812
十年來之南開大學經濟研究所/902
十年來之鹽政/745
十年來之中國經濟建設/620
十年來中國金融史略/686
十年詩草/1142
十年書/1170
十年續集/1400
十批判書/46(2)
十七史商榷/1776,2012
十七世紀南洋群島航海記兩種/472
十三調南吕音節譜/1242,1244,1245
十三經/1
十三經讀本/1
十三經讀本評點劄記/2
十三經經文/2
十三經索引/2
十三經提綱/1
十三經音略/1931
十三經證異/6
十三經註疏姓氏/2274
十三陵始末記/380
十三年來的中國共産黨/556
十三月新曆法/1622(3)
十三州志/1998,2246
十四朝文學要略/1006
十四行集/1158
十探子/1269
十通/2353
十通索引/2353(2)
十萬個爲什麼/1616
十萬金鈴館詞/1240
十五的月亮/1302
十五度中秋/1471
十五弗齋詩存/2242
十五福堂筆記/2038
十五家詞/1220
十五年代/1468
十五年來之交通概況/671
十五年來中國經濟/621
十五年寫作經驗/975
十五小豪傑/2309
十樣錦/1272
十藥神書/2257
十憶詩/1806
十友名言/146
十月/2325
十月革命/482
十月革命的經驗與中國抗戰/591
十月革命卅二周年紀念文集/543
十月教訓/540
十月十五日/1438
十韻彙編/939
十鐘山房印舉/1594
十洲春雨/1369,1835
十洲春語/2210
十洲記/1892
十字軍英雄記/1524
十字坡/1374
什麼叫做物質/36
什麼人應負戰爭責任/353
什麼是國民大會/755
什麼是階級/535
什麼是論理學/86
什麼是社會主義/531
什麼是世界的新潮/724
什麼是文學/914
什麼是心理學/1638
石倉詩集/1174
石巢傳奇四種/1748
石承的詩/1143
石初集/2203
石淙詩鈔/1093
石徂徠集/1972
石村畫訣/2067
石達開的末路/1301
石達開全集/330(2)
石達開日記/330
石埭[安徽]備志彙編/451
石埭縣續志/451
石埭縣志/451
石點頭/1012
石洞貽芳集/1954
石鼓釋文/157
石鼓爲秦刻石考/157
石鼓文考/157
石鼓文考釋/157
石鼓文考證/1865
石鼓文疏記/157
石鼓文研究/157
石鼓文音釋/1944
石湖詞/1210,1234,1982
石湖集補鈔/1049
石湖居士詩集/1086(2),2128
石湖菊譜/1737
石湖詩鈔/1045
石湖詩集/1966
石懷池文學論文集/918
石交録/2296
石經殘字考/2273
石經考/1840,1887,2095,2231
石經考文提要/2199
石臼集/2254
石刻名彙/156
石刻鋪敘/1950,2165
石刻題跋索引/157
石老太太/568
石叻吉隆聯安祥丁卯年總結册/405
石例簡鈔/156
石蓮闇藏書目録存/2380
石蓮闇詩/1115
石蓮闇樂府/1115
石林避暑録話/1337
石林詞/1217
石林家訓/1741
石林居士建康集/1085
石林詩話/985,1796,2028
石林燕語/1355,1716,1986
石林燕語辨/1848,1894
石淩華正拍/1281
石榴園/1271
石龍周氏家譜/177
石廬金石書志/148
石門碑醳/1876,1951
石門詞/1215
石門集/1186
石門山房詩鈔/2229

石門詩鈔/1047
石門題跋/1948,2031
石門題詠録/1179
石門文字禪/2128,2145
石門文字禪集補鈔/1052
石墨鐫華/1950
石墨考異/1752
石女歎五更/1317
石屏長短句/1037,1229
石屏詞/1218
石屏集補鈔/1051
石屏詩鈔/1046
石屏詩集/1087
石屏續集/1037
石譜/1538,1845,1944
石琴廬叢刊/2334
石渠寶笈/1565
石渠寶笈三編總目/1565
石渠禮論/2194
石渠意見附拾遺補闕/1891
石泉集/2261
石泉書屋藏器目/1946
石泉書屋題跋/1857
石室談詩/2266
石叟資料室共匪資料/557
石叟資料室共匪資料目録/557
石炭/2112
石炭王/1513
石濤和尚花果册/1582
石濤和尚山水集/1582
石濤畫東坡時序詩册/1582
石濤山水精品/1583
石濤上人年譜/229
石田先生詩文集/1092
石田野語/2268
石頭記/1385
石頭記分評/1837
石頭記論贊/1837
石頭記評花/1834
石頭記評贊/1834
石頭記索隱/1385(2)
石頭記題詞/1838
石頭記序/1838
石頭記總評/1838
石翁山房札記/1132
石屋續瀋/1179
石屋餘瀋/1179
石溪谿山無盡圖卷/1581
石像之秘/1437
石雪齋詩稿/1132
石雅/1627
石言館印存/1597
石藥爾雅/1940,2153
石遺室詩話/991
石隱山人自訂年譜/2257
石隱硯談/1546,1591
石友贊/1540
石魚偶記/2240
石魚齋詩選/1781
石園文集/2236
石洲詩話/1979,2273
石柱記箋釋/2002
石子船/1428
拾得詩/2140
拾遺記/1725,2020,2062
拾遺録/2200
拾遺名山記/1342
拾餘四種/2280
拾園張氏書目/2382
食貨書/2291
食貨志十五種綜合引得/616
食客與凶年/1165
食糧增産問題研究/360
食料與人口/633
食譜/1349,1759
食色紳言/1941
食物與衛生/2112
食醫心鑒/1666
時代的印象/581
時代的影子/1411
時代姑娘/1450
時代教育講稿/885
時代新聲/1184
時代與愛的歧路/1419
時代之波/1197
時的福音/500
時間經濟法/90
時間與意志自由/1643
時局論叢/350
時局人物/192
時論/578
時論選集/361
時時刻刻爲老百姓興利除弊/559
時事教材/574
時事教育參考文件/564
時事年刊第一期/2357
時事評論彙刊/594
時事文獻選集/566
時事新報每周國際彙編/242
時事新報評論集/2347
時事研究小叢書/728
時事傳/1319
時賢别紀/188
時諧/1528
實庵自傳/222
實賓録/1711
實地社會調查方法/497
實踐論/1170
實鑒本草/1648
實生論大旨/81
實施民主教育提綱/885
實現和平民主的文獻/729
實行兵農合一之商榷/782
實行國曆宣傳大綱/1621
實行全蘇區援助上海罷工工人的募捐運動/664
實行“三七五”減租/649
實行訓政宣傳大綱/794
實驗兒童心理/1639
實驗糧食管理/644
實驗宗教學教程/37
實業部工業施政概況/657
實業概論/618
實業革命史/650
實業計劃水道要論/676
實業計劃與國防/625
實業講演集/613
實業介紹初編/626
實業致富新書/683
實用辨字辭典/966
實用波華辭典/1508
實用大字典/963
實用的信仰/134
實用都市社會學/520
實用佛學辭典/114
實用公園業務概要/683
實用公文示範/1480
實用公園建築法/1599
實用國文修辭學/978
實用國音學/943
實用國語會話/958
實用航空學/1708
實用經濟辭典/604
實用經濟六講/605
實用理則學/83
實用理則學八講/84
實用美文指南/992
實用日語會話指南/1505
實用商業辭典/678
實用首都指南/403

實用投資數學/696
實用文章義法/972
實用文字學/935
實用修辭學/973
實用一家經濟法/1679
實用醫藥辭典/1659
實用政府會計/706
實用中國地名檢查表/363
實用中華掛圖/424
實用中華新地圖/247
實用珠算教程/1619
實用主義/82
蝕/1432
識小编/1897,2097
識小録/1145,1361,1877
識遺/1733
識字課本/573,957
識字運動參考材料集/898
識字運動民衆學校經營的理論與實際/897
識字運動宣傳綱要/899
史表功比説/1888
史存/2280
史大林/545
史大林論中國革命問題/540
史大林與文化/543(2)
史大林與中國革命/540
史大林傳略/545(2)
史大林最近言論集/543
史的唯物論概説/531
史的唯物論之倫理哲學/532
史地叢考/250
史地叢考續编/250
史地關係新論/245
史公論六家要指篇釋/46
史館稿傳/2165
史漢駢枝/1773
史漢研究/289
史話與史眼/2341
史懷/2012
史諱舉例/2326
史記/248,288(2),289(4)
史記扁鵲倉公傳補註/1644
史記補註/2160
史記訂補/288
史記法語/1735
史記附録/289
史記功比説/1773
史記漢書用字考證/2159
史記惠景間侯者年表校補/1884
史記會註考證/288
史記及註釋綜合引得/289
史記紀年考/288
史記校/288
史記菁華録/288
史記精華/2093
史記舊註平義/288
史記考索/288
史記毛本正誤/1773
史記評點/288
史記三書正僞/1773
史記十二諸侯年表考證/288
史記識誤/288
史記釋疑/1865
史記書後/287
史記索隱/1773
史記瑣言/2271
史記探源/288(2)
史記體例之商榷/2160
史記天官書補目/1775,1934
史記天官書恒星圖考/1620
史記通論/288
史記月表正僞/1773
史記志疑/1773,1887
史記中所述諸子及諸子書最録考釋/2309
史記註補正/1773
史見/2012
史鑒節要/293
史糾/2097
史瞰/2299
史可法/200
史可法年譜/227
史可法傳/199
史老圃菊譜/1737
史繿/245
史料叢刊初编/324
史料與史學/262,2351
史略/1881,2230
史前期中國社會研究/298
史前人類/1630(2)
史前時期之西北/169
史前史概論/147
史前藝術史/1559
史日長编/257
史事與人物/296
史書治要/2346
史泰林治下之蘇俄/481
史通/261(2),262(2),2118,2136
史通校正/1884
史通評/261
史通通釋/261,262(2)
史通削繁/261
史推拉/1515
史微/263
史學/237
史學大綱/2302
史學方法大綱/263
史學方法論/263
史學概論/237
史學概要/237,263
史學略説/262
史學述林/291
史學通論/262(2)
史學研究法/261
史學研究法大綱/237
史學纂要/261
史繹/2259
史詠詩集/2251
史載之方/1940
史之梯/237
史忠正尺牘/1484
史忠正公集/1096,1965
史籀篇疏證/2182,2283,2286
史籀篇敘録/1779
矢彝考釋/2294
使朝鮮録/284
使德日記/2006
使滇日記/2186
使遼録/1711
使遼語録/1869
使琉球紀/2005
使琉球録/1785,1852,2005
使命/917,1441(2)
使徒行傳/133(2)
使徒之時代/131
使西域記/2005,2180
使豫閩日記/2267
始安事略/318
始誦經室文録/1784
始興記/1999
始奏集/1195
士兵戰地常識問答/1688
士大夫食時五觀/1995,2105
士諤醫話/1660
士鑒録/1898
士禮居藏書題跋補録/2368
士禮居藏書題跋記續/1883
士禮居藏書題跋再續記/2053
士禮居黄氏叢書/2036

士林紀實/1741
士那補釋/1537
士青全集/1137
世本/1749,2015(3)
世本集覽/2236
世徽樓詩稿/1172
世紀的臉/1184
世界幣制問題/689
世界蠶絲業概觀/1678
世界大事年表/237(2)
世界大同之始基/240
世界大音樂家與名曲/1602
世界大戰史/242(2)
世界大戰史講話/241
世界大戰圖解/244
世界大戰我國應走的途徑/274
世界大戰之教訓/1689
世界道慈渡化應元宗壇壇訓/102
世界的石油戰爭/819
世界地理/245,246
世界地理初步/245
世界地理問答/245
世界短篇傑作選/1437
世界短篇小説集/1437
世界風俗談/2110
世界改造之原理/761
世界革命史/237
世界各國無産政黨史/531
世界各國新經濟政策/609
世界各國新社會政策/500
世界各國新藥集/1665
世界各國學制考/873
世界各國之糖業/657
世界工會聯合會第二次代表大會文獻/666
世界工人運動/662
世界共和國政要/723
世界航空現狀/1708
世界和平建設問題/830
世界紅十字會星洲分會成立十二周年紀念册/476
世界皇室奇談/1425
世界教育新潮/886
世界經濟地理/614
世界經濟會議/602
世界軍備/1697
世界空軍/1707
世界空軍大觀/1706
世界糧食問題/633
世界貿易狀況/615
世界民間故事集/202
世界名人故事/192
世界名人特寫續編/192
世界末日記/2309
世界女族進化小史/851
世界傾銷問題/605
世界燃料問題/1684
世界人口問題/613
世界人類須知/37
世界人名大辭典/191
世界弱小民族問題/821
世界社會運動史/502
世界生成論/104
世界時變觀/37
世界史綱/240
世界通史/240
世界童話集/1500
世界童話研究/1498
世界統制經濟問題/607
世界王者誰/829
世界往何處去/613
世界偉人列傳/191
世界文化史/239(3)
世界文化史問答/239
世界文庫/910
世界文學大綱/913
世界文學家像傳/923
世界文學名著講話/913
世界文學史/913
世界文學史綱/913
世界文學欣賞初步/913
世界新形勢與中日問題/282
世界新秩序與三民主義/775
世界一周/1521
世界一周之實地觀察/247
世界移民問題/820
世界語概論/908
世界語入門/908
世界原料與殖民地問題/820
世界戰爭與世界經濟/631
世界珍聞/2342
世界政治概論/830
世界政治經濟概要/829
世界政治手册/716
世界之紛亂/243
世界之經濟利源與製造業/820
世界之秘密結社/2110
世界知識十講/819
世界知識新文庫/2342
世界殖民地獨立運動/820
世界宗教史/102
世美堂詩鈔/2266
世美堂文鈔/2266
世善堂藏書目録/1882
世史正綱/290
世説/1744
世説新語/1751,2121,2139,2165,2327(3)
世説註書目/2271
世緯/1920
世要論/1872
世載堂詩/1178
仕意篇/1804
市塲學/698
市塲學原理/698
市民千字課/958
市聲草/1146
市憲議/804
市行政學/803
市隱憶稿/1144
市隱園集/2219
市政全書/805
市政新論/728
市政學綱要/728
市政學問答/800
市政研究/810
市政研究論文集/728
市政制度/802
市制新論/728
市組織論/803
式古堂書畫彙考/1557
式洪室詩文遺稿/1159
式訓堂續藏書目/2380
事變後之中國地圖及世界各國人士評論/837
事情變更原則與貨幣價值之變動/853(2)
事始/1718
事物紀原/1929
事業管理與職業修養/683
事原/1358,2178
侍兒小名録/1358,1359(3)
侍兒小名録拾遺/1816,2207
侍兒小名録拾遺及其他三種/2007
侍講日記/1733
侍衛瑣言/2275
室名索引/181(2)
柿軒遺稿/1163
柿葉庵詩選/1968
柿葉軒筆記/1810

視察各省市職業教育報告彙編/894
視聽鈔/1721
試筆/1554,1742
試擬中央及各省區國家歲入歲出預算表/707
試驗所/375
適安藏拙餘稿/1040
適適齋文集/1113
適園叢書/1871
適園語録/1906
謚法/1919,2148
謚法考/1919
謚法續考/2275
釋幣/2283,2286
釋草小記/2221
釋常談/1358,1736,1794,1895
釋蟲小記/2221
釋大/2196
釋奠儀註/2268
釋法瑶/126
釋範/2069
釋宫室/103
釋宫小記/2220
釋穀/1771
釋穀梁廢疾/2085
釋迦如來應化事跡/125
釋門自鏡録/110
釋名/928,1748,1928,2061,2103,2116
釋名補遺/928,1928
釋名疏證/1771,1928(2)
釋名疏證補/928
釋史/1779,2183
釋氏蒙求/110
釋氏十三經/108
釋氏要覽/110
釋氏疑年録/2326
釋書名/1783
釋文剩稿/162
釋智匠古今樂録/2081
釋滯/2237
收復兩京/1283
收回教育權運動/897
收回領事裁判權運動宣傳大綱/833
收穫/1027
收入及䘏貧政策/665
手臂録/1844,1954,2097
手頭字概論/960
守城録/1921,2149
守麇記略/1808
守山閣剩稿/2102
守身執玉軒遺文/1977
守望萊茵河/1511
守溪筆記/1853
守溪長語/2189
守玄閣文稿選/1186
守鄖紀略/255
首都各界慶祝國慶紀念暨全國統一大會特刊/792(2)
首都計劃/404
首都建設/812
首都新生活運動概況/523
首都志/452
首先編/88
受戒及其他/1297
受難的人民/413
受難者的短曲/1184
授經室文定/1122
授經圖/1891
授時曆故/1622
授堂文鈔/1106,1976
授衣廣訓/2050
壽昌縣志/457
壽光縣志/438
壽愷堂集/1121
壽康寶鑒/91
壽櫟廬叢書/2291
壽親養老新書/2066
壽身小補/1665
壽世青編/1653
壽鑫齋書目/2384
壽萱集/2266
壽域詞/1219
瘦碧詞/2275
瘦春詞鈔/1029
瘦東詩鈔/1157
瘦吟草/1111
獸道/1434
獸經/1937,2068,2107
抒情詞選/1231
抒情詩之研究/921
抒情小品/1196
叔苴子内篇/1905
叔鸞小説集/1468
倏遊浪語/1378
書舶庸譚/2358(2)
書蔡傳附釋/1770
書鈔閣行篋書目/2382
書牘/1804,1915
書斷/1744,1797
書法/1349,1759
書法闡微/1560
書法粹言/1543,1951,2176
書法大成/1567
書法鉤元/1553
書法精論/1557
書法考/2114
書法離鉤/1951
書法偶集/2181
書法入門/1560
書法雅言/1541,1951
書法約言/1536
書法正傳/1560
書法指導/2310
書法指南/1560
書範/1560
書畫保存會徵集/1589
書畫大觀/1567
書畫金湯/1540
書畫目録/1548
書畫史/1540,1948
書畫書録解題/1557
書畫説鈐/1949
書畫所見録/1548
書集傳或問/2249
書籍・雜志・報紙處理法/2387
書箋/1538,1947
書經/13
書經補遺/1879
書經恒解/2280
書經集傳/2
書訣/1545,2235
書訣墨藪/1739
書林詞/1215
書林紀事/1557
書林清話/2358
書林外集/1878
書林揚觶/1755
書林餘話/2358
書林藻鑒/1557
書録/1946
書目長編/2361
書目叢刻/2361
書目答問/2192,2364
書目答問補正/2364
書目舉要/2361
書目志/2363
書目治要/2346
書品/1344,2058,2215
書評/1344

書評索引/2360
書評研究/2360
書譜/1554,1797,1951
書契淵源/963
書人書事/919
書史/1540,1797,1949,2215
書史會要/1557
書事七則/1334
書勢/1548
書肆説鈴/1361
書髓樓藏書目/2383
書髓室題畫詩詞選/1028(2)
書小史/1548
書信構造法/1477
書信作法/1476
書序辨/13
書敘指南/1994,2151
書學概論/1560
書學捷要/1951
書學史/1557
書學緒聞/1544
書巖剩稿/1807,1977
書葉氏女事/1827
書疑/2259
書義主意/2013
書隱曲説/1241
書影擇録/1537
書苑菁華/2066
書齋夜話/1860
書志學/2361
書舟詞/1217
殊域周咨録/248
菽園雜記/1360,1895,2152,2189
菽園雜説摘鈔/1854
菽園贅談節録/1828
菽莊主人四十壽言/1492
疎寮小集/1038
疎香閣遺録/199
疏浚惠濟河記/377
疏影樓詞/1224
舒懶堂詩文存/2193,2240
舒鐵雲詩/2092
舒文靖公集/1088
舒文靖公類稿/2234
舒新城教育叢稿/877
樞言/1915
蔬食譜/1359,1737,1845
蔬疏/1936
尗廬札記/1807,1896
暑假期間對於救國最有效的工作是甚麼/523
鼠璞/1745,1795,1895,2234
鼠疫學/1663
鼠疫約編/1650
鼠疫雜志/2290
蜀碑記補/1949
蜀碧/256,1842,2022,2098
蜀道/398
蜀道難/1420
蜀道散記/399
蜀道征討比事/1725
蜀都雜鈔/2003
蜀箋譜/1545
蜀鑒/2003
蜀錦譜/1545,1820,2148
蜀李書/2019
蜀伶選粹/1252
蜀難敘略/316,2022
蜀石經/1570(3)
蜀石經殘字/147
蜀石經毛詩考異/1814
蜀石經校記/2052
蜀檮杌/1731,2020,2167
蜀王本紀/2194
蜀西北紀行/398
蜀行漫記/399
蜀雅/1958
蜀輶紀程/1869
蜀遊心影/400
蜀語/1929
蜀中紀遊/399
蜀中名勝記/400,2003
曙前/1197
束柴病叟詩續稿/1140
束鹿五志合刊/436
述卜筮星相學/97
述古堂藏書目/1882
述懷小序/1825
述均/940
述書賦/1547
述學/2133,2272
述學内外篇/1105
述也是園舊藏古今雜劇/1253
述異記/1326,1335,1340,1714,1721,1859
恕谷後集/1769,1975
恕谷詩集/1769
恕谷先生年譜/1769
庶務日記/1146(2)
庶齋老學叢談/1895,2329
墅談/1804,1991
漱廛室集詩/2264
漱芳齋詩存/1160
漱華隨筆/1846,1994,2096
漱溟卅後文録/1159
漱溟卅前文録/1159
漱玉詞及其他三種/1982
漱花詞/1215
數度小記/2221
數理精蘊/1617
數目字音標/924
數書九章/1619,1932
數書九章札記/1932
數術記遺/1932,2026
數學/1934
數學補論/1934
數學辭典/1617(2)
數學講義/1620
數學名詞/1617
數學遊戲大觀/1610
數學指南/2264
豎琴/2325
樹蕙編/1676
樹棠文集/1160
樹下集/1471
樹萱背遺詩/2243
樹萱録/1346,1711
率角科/1613
率性吟草/1149
率真鳴/1791
拴柱/1501
霜紅詞/1238
霜傑集/211
霜柯餘響集/1793
霜崖詞録/2187
霜崖讀畫録/1783
霜崖曲跋/1242
霜崖曲話/1257
霜崖曲録/1257
霜崖詩録/2187
霜崖三劇歌譜/1281
霜葉紅似二月花/1430
霜猨集/314,1968,2206
雙城縣志/431
雙蝶怨/1456
雙峰山曹侯溪寶林傳/106
雙鳳寶卷/1314
雙冠璽/1521
雙紅旗/1405(2)
雙忽雷本事/1277

雙花閣詞鈔/1236
雙花記/1514
雙槐歲鈔/1990
雙劍誃法言新證/51
雙劍誃古器物圖録/150
雙劍誃管子新證/50
雙劍誃韓非子新證/51
雙劍誃淮南子新證/51
雙劍誃吉金圖録/162
雙劍誃吉金文選/161
雙劍誃老子新證/51
雙劍誃吕氏春秋新證/51
雙劍誃墨子新證/51,62
雙劍誃尚書新證/13
雙劍誃詩經新證/16
雙劍誃晏子春秋新證/51
雙劍誃易經新證/10
雙劍誃殷契駢枝/154
雙劍誃諸子新證/50
雙劍誃莊子新證/51
雙鑒樓藏書續記/2383
雙鑒樓善本書目/2383
雙淚痕/1420
雙林鎮志/458
雙林坐化/1274
雙流縣志/446
雙龍紀勝/406
雙梅景闇叢書/2311
雙美奇緣/1384
雙枰記/1336,1456
雙喬記/1523
雙清詞草/1238(2)
雙清閣詩/2051
雙山縣鄉土志/431
雙獅圖/1285
雙十二與民族革命/343
雙十特刊/798
雙樹居詞/1238
雙穗樓吟草/1173
雙濤閣日記/2306
雙桐書屋詩剩/1116
雙頭牡丹燈記/1827
雙尾蠍/1474(2)
雙溪詞/1212
雙溪集/1087
雙溪集補鈔/1049
雙溪詩鈔/1044
雙溪雜記/1991,2189
雙溪醉隱詞/1215
雙溪醉隱集/1868
雙辛夷樓詞/1237(2)
雙雄較劍録/1525
雙硯齋筆記/2275
雙硯齋詞鈔/2275
雙硯齋詞話/1203
雙硯齋叢著/2275
雙硯齋詩鈔/2275
雙陽縣鄉土志/431
雙影/1472
雙影記/1277
雙虞壺齋藏器目及其他六種/1946
雙鴛侶/1511
雙照樓詩詞稿/1156,1157(2)
雙指印/1518
瀧東雲浮梁氏族譜/179
爽鳩要録/1916
誰的罪惡/1468
誰能繞著圓桌走到天堂/473
水擺夷風土記/172
水泊梁山英雄譜/1382
水道查勘報告彙編/373
水稻田之實驗誤差/1674
水稻小株正條密植淺説/1674
水底鴛鴦/1378
水地記/1996,2224
水地小記/2220
水東日記摘鈔/1854
水衡記/1342,1741
水滸/1381(3)
水滸人物論贊/1381
水滸外傳/1382
水滸續集/1382
水滸傳/1381
水滸傳與中國社會/1381(2)
水晶座/1184
水經序補逸/1884
水經注/372(3),2118,2136
水經注異聞録/372
水經注引得/372
水經注正誤/372
水經注之研究/2160
水坑石記/1548,2068
水利芻議/1685
水利法規彙編/1684
水利建設報告/376
水利圖書目録/377
水利英雄馬海旺/587
水龍經/101,1844,2101
水陸通論/111
水蜜桃譜/2205
水沫集/1468
水南翰記/1363
水南集/1093
水品全秩/2105
水平綫下/1141
水塔/1421
水西答問/1906
水西會條/1915
水西會語/1906
水仙辭/1509
水仙花/1302(2)
水鄉吟/1297,1301
水心集/1088
水心集補鈔/1051
水心詩鈔/1045
水心題跋/1948,2032
水心文集/2129
水雲詞/1212
水雲邨詩餘/1213
水雲集補鈔/1052
水雲樓詞/1225
水雲詩鈔/1046
水竹邨人集/1132
水竹軒詩鈔/1112
水族加恩簿/1360
税務法規/705
睡蓮/1457
舜典補亡/2013
舜水遺書/2268
順德簡岸簡氏家譜/178
順德李文誠公行狀/203
順德縣續志/461
順甫遺書/1791
順民/1299
順渠先生文録/1093
順適堂吟稿/1041
順義縣志/433(2)
順齋樂府/1214
順治出家/1462
順治元年内外官署奏疏/734
順宗實録/2020
説“六足”、“發智”/2307
説不得/1399
説部叢書/1517,1523,1528
説部擷華/2334
説大毗婆沙/2308
説郛/1709
説郛書目考/2369
説海精華/1403
説淮/376
説劍吟/1019

説庫/1325
説略/1877,2254
説夢/1334
説明文作法/1500
説詩菅蒯/997
説詩求己/2300
説詩晬語/981,997
説書偶筆/2289
説書小史/1610
説四阿含/2308
説聽/1332
説緯/7
説文本經答問/1771
説文辨疑/1927
説文補考/929
説文補例/1926
説文部首歌/1927
説文部首講義/933
説文部首述義/934
説文部首韻語/934
説文答問疏證/1771,1811,1927
説文大小徐本録異/1811
説文大字典/934
説文讀若字考/929,931
説文段註鈔案/1811
説文段註拈誤/1811
説文段註簽記/1811
説文段註撰要/1927
説文古本考/930
説文古文疏證/933
説文古籀補/933
説文古籀補補/933
説文古籀三補/933
説文古籀疏證/1927
説文管見/1927
説文稽古篇/931
説文假借義證/932
説文檢字/1887
説文檢字補遺/1887
説文校定本/1926
説文校議議/930
説文解字/930(2),1925,2116
説文解字讀若音訂/932
説文解字段註/931
説文解字段註考正/930
説文解字詁林/931(2)
説文解字詁林補遺/931
説文解字舊音/1926
説文解字群經正字/932
説文解字雙聲疊韻譜/1927
説文解字索隱/1926
説文解字繫傳/1926
説文解字繫傳通釋/2136
説文解字徐氏繫傳/930
説文解字敘講疏/934
説文解字研究法/931
説文解字韻隸/932
説文解字真本/930
説文解字註/931(3)
説文解字註箋/930
説文解字篆韻譜/1926
説文舉例/932
説文匡鄦/931
説文理董後編/930
説文蒙求/2199
説文目録/929
説文凝錦録/929
説文偏旁考/933
説文闕義箋/931
説文審音/1927
説文聲訂/1927
説文聲讀表/1927
説文聲類/938
説文聲系/1927
説文釋例/930(3)
説文提要/931
説文通檢/933(2)
説文通訓定聲/932(2)
説文聞載/931
説文繫傳/930
説文繫傳通釋/930,2116
説文諧聲譜/2283
説文新附考/1926(2)
説文新附通正/933
説文研究法/932
説文鑰/931
説文疑/1811
説文疑疑/1927
説文易檢/934
説文逸字/1926
説文引經考/1927
説文引經異字/929
説文引經證例/1771
説文正字/1926
説文籀文考證/930,933
説文轉註考/932
説文字原/2047
説文字原韻表/1927
説文綜合的研究/931
説硯/1540,1845,2176
説頤/2164
説音/938
説印/1593
説元室述聞/1336
説苑/70(2),1749,1858,1902,2118,2137
説苑校補/1884
説苑引得/70
説雲樓詩草/2261
朔方備乘札記/2006,2192
朔方道志/465
朔食九服里差/1933
碩果社第二集詩選/1068
碩果社集/1068
碩果詩社/1068(2)
碩果亭重九酬唱集/1055
碩果亭重九詩彙録/1055
碩果亭詩/1164
碩果亭詩續/1164
司法法令/844
司法法令彙編/844
司法交涉案/833
司法例規/750,751
司法例規補編/751(2)
司法年鑒/751
司法行政法令輯要/845
司法院解釋法律文件彙編/845
司法院解釋例要旨彙覽/846
司法院解釋要旨分類彙編/846
司法院最高法院判解例要旨彙編/845
司空表聖詩集/1080,2126,2143
司空表聖文集/2048,2126,2143
司馬彪九州春秋/2084
司馬彪戰略/2084
司馬長卿集/1015
司馬法/1691,2097,2119,2137
司馬光/197
司馬遷年譜/225
司馬遷之人格與風格/195
司馬氏書儀/1924
司馬談論六家要指書後/2309
司馬温公集/1082
司馬温公年譜/226
司馬温公詩話/1743,1977
司馬温公文集/1082,1960
司馬相如凡將篇/2075
司馬子長集/1015
私立福建協和大學一覽/904
私立滬江大學一覽/903(2)

私立嶺南大學各院系課程表/905
私立嶺南大學一覽/905
私立銘義中學校概覽/901
私立齊魯大學文理學院一覽/903
私立燕京大學一覽/902
私立震旦大學一覽/903
思庵閒筆/2192
思庵野録/2248
思補精舍書目/2382
思沖齋駢體文鈔/2310
思沖齋詩鈔/2311
思沖齋文鈔/2310
思凡/1285
思古堂譔述敘目/2291
思陵典禮紀/1841,2023,2100
思陵勤政紀/2023
思陵書畫記/1359
思嗜齋文剩/2265
思適齋集外書跋/2368
思維術/82
思維與教學/84
思文大紀/255
思無邪小記/511
思想反省選集/186
思想方法和讀書方法/570(2)
思想方法上的革命/571
思想改造範例/897
思想家大辭典/182
思想教育舉例/871
思想教育與工作方法/570
思想解放史話/130
思想領導與工作方法/897
思想・山水・人物/1508,2324
思想・文學短論/2342
思想與社會/39
思想指南/571
思玄堂詩集/1133
思玄庸言/1800,1905
思益堂詞/1225
思齋遺集/1146
斯巴達小志/2305
斯丹福大學圖書館中文部圖書編目法/2388
斯人記/1393
斯坦因西域考古記/169
絲繡筆記/1547,1600
絲繡叢刊/1601
絲業與棉業/658
絲竹芙蓉亭/1276
死/1470
死的勝利/1405
死後之勝利/1299
死魂靈/2325
死去的太陽/1444
死人之歎息/1417
死守凡爾登/1699
死水/1176
死水微瀾/1445
死亡綫外/1157
死綫上/1146
死刑之數/2270
巳瘧編/1991
四八被難烈士紀念册/188
四並集/2060
四部備要書目提要/2379
四部叢刊初編/2115
四部叢刊初編縮本/2135
四部叢刊書録/2363
四部寓眼録/2365
四部寓眼録補遺/2382
四部正譌/2366(2)
四朝鈔幣圖録/163
四朝大政録/2163
四朝經籍志補/2363
四朝聞見録/1711,1734,1986
四朝選藻/1579
四朝學案/41
四朝佚聞/322
四川/399
四川蠶絲產銷調查報告/1678
四川蠶業改進史/1677
四川茶館改良之方案/1610
四川大黄/1664
四川地理/398
四川分縣詳圖/427
四川戈老會改善之商榷/399
四川古代文化史/167
四川合作事業概覽/669
四川家畜保育及獸疫防治/1670
四川教育年報/881
四川經濟參考資料/627
四川經濟考察團考察報告/646(2)
四川郡縣志/445
四川考察團報告/646
四川歷史/399
四川農塲經營/647
四川農村經濟/495
四川農村物價/647
四川農業金融/647
四川綦江船閘模型試驗報告書/376
四川全省財政説明書/713
四川紳士和湖南女伶/1434
四川省/400
四川省各縣市國民教育調查及統計/877
四川省農村經濟調查報告/646
四川省推行農減觀感/1670
四川省縣市臨時參議會參議員手册/810
四川省一瞥/400
四川省之山貨/627
四川省之桐油/627
四川省之藥材/627
四川省之豬鬃/1677
四川省之主要物産/814
四川桐油貿易概述/679
四川桐油之生産與運銷/1682
四川新地志/400
四川鹽務報告書/746
四川蔗糖産銷調查/1681
四川之行/399
四川主要糧食之運銷/647
四川主要食糧作物生産成本/647
四川租佃問題/646
四川租佃制度/647
四川尊經書院記/2192
四存編/1768
四分律比丘戒相表記/119
四福音大辭典/133
四個民辦小學/596
四槐堂藏書録/2382
四季的物候/1499
四奸臣/193
四鑒録/1898
四角號碼檢字法/960(3)
四角號碼檢字法教學法/961
四考辨/1769
四科簡效方/1644
四庫大辭典/2372
四庫薈要排架圖/2389
四庫目略/2373
四庫全書表文箋釋/2372
四庫全書答問/2372
四庫全書薈要目/2039
四庫全書輯永樂大典本書目/1869,2372
四庫全書考證/1885,2372
四庫全書提要辨證/2372
四庫全書提要敘箋註/2372
四庫全書敘/2192

四庫全書學典/2372
四庫全書總目及未收書目引得/2372
四庫全書總目索引/2372
四庫全書總目提要/2372,2373(2)
四庫全書纂修考/2371
四庫未收書目提要/2372(2)
四庫著録河北先哲遺書輯目/2379
四庫總目江西先哲遺書鈔/2205
四郎探母/1284
四聯總處文獻選輯/695
四六叢話/1000
四六話/1980
四六金針/1981
四六談塵/1796,1980
四馬投唐/1272
四民月令/2193
四名將/1688
四明叢書/2230,2231,2233,2234,2237,2238,2240
四明古跡/2236
四明盧氏藏書目録/2382
四明清詩略/1068
四明人鑒/2238
四明山雜記/1472
四明山志/2236
四明詩幹/2238
四明宋僧詩/2238
四明它山水利備覽/1996,2233
四明文獻集/2230
四明文徵/2241
四明元僧詩/2238
四溟詩話/987,1979
四年從政録/223
四年來的財政金融/700
四年來的敵情/818
四年來的經濟建設/619
四年來的中國共産黨/564
四年來敵我情勢之比較/346
四年來校務概覽/904
四年來之敵寇經濟侵略/276
四年來之教育與文化/876
四年來之中央文化運動委員會/794
四騎士/1510
四權行使法論/739
四人及其他/1506
四三集/1450
四神祠/1372
四聲等子/1930
四聲雷/1282
四聲切韻表/937,942(2),1931,2222
四聲猿/1276
四詩世次通譜/2291
四十八鏡/111
四十二章經/2026
四十家小説/1369
四十年代/1517
四十七天衡陽保衛戰/348
四十七種宋代傳記綜合引得/182
四十詩綜/1154
四十自述/215
四時宜忌/1935,2177
四史菁華録/256
四史評議/291
四史知意/2315
四世同堂/1464(3)
四書/26
四書白話解/27
四書白話句解/27
四書白話旁訓/27
四書對/2041
四書恒解/27,2280
四書集釋就正稿/2046
四書集註/26
四書集註考證/2046
四書集註直解/26
四書箋義纂要/1890
四書解題及其讀法/27
四書經疑貫通/2199
四書考異句讀/1754
四書人名庾辭/2042
四書説略/27
四書説約/26
四書索解/1891
四書味根録/27
四書文/1890
四書五經/2
四書研究/27
四書疑節/2199
四書逸箋/1891,2147
四書翼註論文/27
四書正誤/1768
四書制義文/2289
四四字典/966
四體書勢/1344
四勿齋詩鈔/1118
四星期/1468
四雪草堂重訂通俗隋唐演義/1384
四夷館考/173
四夷廣記/1768
四憶堂詩集/1098(2)
四譯館則/880
四友齋叢説摘鈔/1854,1988
四友齋畫論/1544
四友齋曲説/1240
四友齋書論/1544
四元玉鑒細草/1619
四照堂文集/2203
四貞烈/194
四箴雜言/1805,1897
四字經/2106
四字獄/1532
汜水縣志/441
似水流年/1420
祀孔典禮/103
祀孔録/103
祀孔文電演辭彙刊/103
祀天通禮/102
泗水集/1182
泗縣志略/451
泗陽張沌谷居士年譜/2302
泗陽張沌谷居士榮哀録/2302
俟解/75
笥河文集/1976
松柏名畫集/1564
松柏山房駢體文鈔/1130
松禪戲墨/1586
松巢漫稿/2204
松窗快筆/2206
松窗寤言/1844,1897,2188
松窗寤言摘録/1855
松窗雜記/1345,1756
松窗雜録/1711,1714,1732,2037,2166
松鶴山莊詩文楹聯彙録/1491
松壺畫憶/1545,1952
松壺畫贅/1545,1952
松滬血戰回憶録/342
松滬血戰經過/342
松花江上的風雲/349
松花江下游的赫哲族/172
松江米市調查/679
松龕先生全集/2276
松龕先生詩集/2276
松龕先生文集/2276
松龕先生奏疏/2276
松客詩/1167
松鄰叢書/2038
松陵集/2218
松陵陸氏叢著/2265
松毛蟲初步研究報告/1673

松漠紀聞/1866,1717,2021,2065,2161,2169,2199
松潘縣志/448
松坡詞/1210
松坡軍中遺墨/1173
松坡圖書館書目/2379
松聲琴韻集/1053
松翁近稿/1128
松翁未焚稿/2295
松溪詩鈔/1108
松下雜鈔/1877
松雪樂府/1230
松雪齋集/2129
松厓醫徑/1649
松陽鈔存/1907
松陽講義/27
松陽縣志/457
松蔭盦漫録/1378
松隱集/1085
松隱樂府/1209
崧庵集/1019
淞濱瑣話/1114,1832,1833,1834(2),1835,1836
淞故述/2001
淞滬和戰紀事/342
淞滬抗日之血痕/341
淞滬禦日血戰大畫史/342
淞滬禦日戰史/278
淞滬戰鬥詳報/342
淞滬戰事瑣聞/278
淞滬中日血戰初集/341
淞南樂府/2205
嵩高山記/1714
嵩洛訪碑日記/1950
嵩洛訪碑圖小記/2191
嵩山文集/1085
嵩陽石刻集記/2214
嵩園詩草/1163
宋版書目/1882
宋本程氏演蕃露/2050
宋本春秋公羊疏/2050
宋本廣韻校劄/1930
宋本漢官儀/2048
宋本漢雋/2049
宋本皇朝編年綱目備要/308
宋本論語註疏/29
宋本名公書判清明集/2049
宋本清波雜志/2049
宋本説文解字/2047
宋本搜神秘覽/2050
宋本文中子中説/2048
宋本湘山野録/308
宋本嘯堂集古録/2048
宋本新修龍龕手鑒/2048
宋本續幽怪録/2049
宋本張文昌文集/2048
宋布衣集/1964
宋藏遺珍/105
宋藏遺珍敘目/105
宋朝詩的小説/1036
宋朝事實/308,1917,2148
宋朝燕翼詒謀録/1794,2021
宋程純公年譜/226
宋春舫論劇/1253
宋春舫戲曲集/1304
宋詞鈔/1232
宋詞科考/308
宋詞面目/1232
宋詞三百首/1232
宋詞通論/1207
宋詞研究/1206
宋詞媛朱淑真事略/1826
宋代的抗戰文學/1028
宋代金文著録表/2286
宋代社會中心南遷史/308
宋代蜀文輯存/1066
宋代太學生救國運動/308
宋代文學/1009
宋代文學史/1009
宋代之市舶司與市舶條例/682
宋代制舉考略/735
宋東莞遺民録/1787
宋二十家集/1018
宋賦韻讀/937
宋宮歷史演義/1392
宋國史藝文志輯本/2363
宋韓蘄王碑釋文/158
宋徽宗池塘秋晚圖/1579
宋徽宗詞/1207
宋徽宗宮詞/1957
宋徽宗聖濟經/1937
宋會要輯稿/738
宋會要研究/738
宋季三朝政要/1870,2021
宋季忠義録/2233
宋嘉泰重修三謝詩/1018
宋監本爾雅郭註/1787
宋監本周易正義/8
宋教仁/215
宋金詞七種/1228
宋金名家詩鈔/1034
宋金元本書影/2368
宋金元明本詞/1228
宋景文公筆記/1795
宋景文公集/1813
宋景文集/2217
宋景文雜説/1904
宋舊宮人詩詞/1957
宋刊巾箱本八經/4
宋刊老子道德經古本集註/2048
宋刊南華真經/2047
宋刻大觀帖/1571
宋遼金夏元史/292
宋遼金元四史朔閏考/1775
宋臨安本常建詩集/1788
宋臨安本歷代名醫蒙求/1788
宋六十名家詞/1012,1216,1220
宋論/291(2)
宋麻沙本老子道德經/1788
宋明愛國文學/1028
宋明理學綱要/43
宋平江城坊考/401
宋平子評傳/203
宋平子文鈔/1119
宋齊梁陳方鎮年表/257
宋磧砂版大藏經/104
宋槧本文苑英華殘本校記/2295
宋慶齡自傳及其言論/209
宋人創作小説選/1369
宋人法書/1573
宋人畫册/1579
宋人話本八種/1380
宋人話本七種/1380
宋人小説/1337,1380,2192
宋任窮同志六月十五日在中央局黨校關於政治工作的報告/358
宋儒與佛教/49
宋若昭女論語/92
宋紹定本樂善録/2049
宋詩別裁/1041
宋詩鈔/1047
宋詩鈔補/1047
宋詩鈔初集/1041
宋詩話輯佚/994
宋詩紀事/995
宋詩紀事著者引得/995
宋詩精華録/1052
宋詩派別論/994
宋詩研究/994
宋史/250,308

宋史紀事本末/308
宋史記凡例/308
宋史夏國傳集註/1838
宋史孝宗紀補脱/1884
宋史新編/308
宋史演義/1392
宋史藝文志/1881
宋史藝文志補/1776,1881
宋史職官志考正/308
宋史忠義傳王稟補傳/1781
宋氏過庭録/5
宋氏三姐妹/216
宋氏三姊妹/218
宋世良字略/2076
宋書/249,306
宋四家詞選/1981
宋四家墨寶/1573
宋四靈詩/1037
宋四六話/1980
宋四子鈔釋/1905
宋蘇文忠寄參寥詩卷真跡/1568
宋拓淳化閣帖/1568,1573
宋拓多寶塔碑/1571
宋拓十七帖/1571,1573
宋拓定武蘭亭/1568(2)
宋拓漢博陵太守孔彪碑/1571
宋拓皇甫誕碑/1571
宋拓九成宮醴泉銘/1573
宋拓郎官廳壁記/1568
宋拓麓山寺碑/1571
宋拓石鼓文/1571
宋拓石門頌/1571
宋拓衛景武公碑/1571
宋拓顔平原東方畫贊/1568
宋拓顔真卿書祭侄稿/1571
宋拓虞恭公碑/1571
宋拓越州石氏帖/1573
宋拓雲麾碑/1571(2)
宋臺秋唱/1787
宋臺圖詠/381
宋太夫人七旬壽言彙編/215
宋太宗實録/2053
宋提刑洗寃集録/1847,1941
宋委員長言論集/215
宋文鑒/1028(2)
宋文憲公全集/1091(2)
宋文學史/1009
宋刑統/844
宋學/43
宋學概要/43
宋學士全集/1964
宋學士文集/1091(2),2131
宋學淵源記/41,45(2),2008
宋永明禪師延壽集/124(2)
宋漁父/203
宋漁父戴天仇文集合刻/1139
宋漁父遺著/215
宋玉/1070
宋元經濟史/616
宋元舊本書經眼録/2278
宋元科舉三録/735
宋元明清儒學年表/50
宋元明詩評註讀本/1052,2093
宋元明詩三百首/1032
宋元明思想學術文選/43
宋元明文評註讀本/2091
宋元明犀象璽印留真/1595
宋元南戲百一録/1278
宋元釋藏刊本考/2296
宋元四家詩/1052
宋元戲曲考/2285,2287
宋元戲曲史/1248
宋元戲文本事/1257
宋元憲集/2217
宋元學案/41,43(3)
宋元學案補遺/2237
宋元學案人名索引/43
宋元以來俗字譜/960
宋岳武穆公全傳/1392
宋宰輔編年録/2227
宋之外交/269
宋之問集/1073
宋中興館閣儲藏圖畫記/1548
宋衷易註/2070
宋仲温急就章真跡/1575
宋仲温書張懷瓘論用筆十法墨跡/1574
宋州郡志校勘記/1775,1888
宋著長安志/444
頌橘廬詩存/1199
頌齋吉金圖録/160
頌齋吉金續録/160
頌齋書畫録/1565
頌主聖詩/135
頌主詩歌/134(2),135(3)
誦芬館詩鈔/2265
誦芬室叢刊/1746
誦芬室讀曲叢刊/1242
誦芬堂文稿/1137
搜神後記/1340,1984,2031
搜神記/1326,1340,1375,1714,1984,2031
搜神秘覽/1726
蘇北共黨解放區真相/577
蘇北歸鴻/1170
蘇北行政概況/811
蘇北真相/563
蘇常日記/2267
蘇城記變/318
蘇德戰史/482
蘇堤漁唱/1256
蘇東坡/198
蘇東坡集/1083
蘇東坡前後赤壁賦/400
蘇東坡詩/2094
蘇東坡詩集/1083
蘇東坡書懷素自敘/1573
蘇東坡文/2093
蘇俄的東方侵略/483
蘇俄的東方政策/833
蘇俄地理基礎/544
蘇俄革命慘史/482
蘇俄革命之研究/827
蘇俄積極建設論/482
蘇俄經濟生活/632
蘇俄軍備與日俄戰争/1689
蘇俄民族政策之解剖/834
蘇俄評論/483
蘇俄侵略的技術/546
蘇俄視察記/484
蘇俄外交秘幕/483
蘇俄新教育/546
蘇俄新教育概觀/546
蘇俄新勞動法/660
蘇俄與各國所訂協約/827
蘇俄哲學潮流概論/35
蘇俄之簡要報告/484
蘇俄之政治經濟社會/819
蘇俄住宅問題概觀/660
蘇娥訴寃記/1339
蘇芬衝突與國際現勢/241
蘇格拉底/79
蘇格拉底之死/1295
蘇黄尺牘選/1483
蘇黄門龍川略志/1337,2021
蘇九淫奔/1274
蘇軍簡史/1690
蘇李詩製作時代考/994
蘇聯步兵戰鬥條令/546
蘇聯財政制度/704

蘇聯黨爭文獻/544
蘇聯的城鄉關係/519
蘇聯的法院/843
蘇聯的合作社/670
蘇聯的貨幣與銀行/693
蘇聯的解剖/834
蘇聯的科學與教育/547
蘇聯的預算制度/631
蘇聯的遠東紅軍/546
蘇聯地方機構/853
蘇聯法律/853
蘇聯法院和檢察機關/853
蘇聯革命與中國抗戰/483
蘇聯工農紅軍的步兵戰鬥條令/1701
蘇聯公民的基本權利和義務/853
蘇聯共産黨（布）歷史簡要讀本/533
蘇聯共青團團章及關於修改團章的報告/545
蘇聯國家行政機關/853
蘇聯國家組織/853
蘇聯國民教育/894
蘇聯紅軍英雄故事/545
蘇聯紀行/481
蘇聯見聞録/483
蘇聯建國史/482(3)
蘇聯講話/544(2)
蘇聯教育制度/879
蘇聯經濟地理/631
蘇聯經濟建設的工作方法/631
蘇聯經濟小史/632
蘇聯經濟制度/631,632
蘇聯經建的工作方法/631
蘇聯勞動政策/663
蘇聯歷史學界諸論爭解答/502
蘇聯内戰史/483
蘇聯社會組織/853
蘇聯違反條約義務紀録/829
蘇聯文藝問題/916
蘇聯新地理/483
蘇聯新憲法研究/852(2)
蘇聯選舉制度/853
蘇聯學生的思想政治教育/895
蘇聯陰謀文證彙编/827
蘇聯遊記/421
蘇聯怎樣戰敗德國/482
蘇聯戰時經濟/546
蘇聯政府與政治/544
蘇聯政制/819(2)
蘇聯政治講話/481
蘇聯之成敗與中國抗戰/483
蘇聯最高國家權力機關/853
蘇緑綺/1404
蘇緑漪創作選/1417
蘇曼殊年譜及其他/230
蘇曼殊評傳/218
蘇曼殊全集/1168
蘇曼殊小説集/1449
蘇曼殊遺著/1168
蘇門答剌古國考/476(2)
蘇門嘯/1281
蘇門遊記/2056
蘇米齋蘭亭考/1548,1950,2273
蘇明允、蘇子由文/2094
蘇平仲集/1964,2131
蘇區的文藝/1415
蘇日協定後的中國共産黨/563
蘇沈良方/1940
蘇詩補註/1083,1966,2273
蘇詩查註補正/1778
蘇氏演義/1327,1741
蘇氏演義引得/72
蘇氏易傳/1899,2025
蘇氏族譜/177
蘇軾詩/1083(2)
蘇四郎傳/1827
蘇談/1331,1361,1855,1991,2179
蘇維埃俄羅斯/484
蘇維埃社會共和國聯邦憲法/827
蘇維埃遠東/471
蘇維埃政府法令/558
蘇維埃中國/557
蘇文忠公海外集/1083
蘇文忠天際烏雲帖/1573
蘇沃羅夫元帥/546
蘇武/196,1303(2)
蘇小小考/1829
蘇辛詞/1232
蘇學士集/1081,2127
蘇學士文集/2144
蘇齋叢書/2273
蘇齋唐碑選/1950
蘇齋題跋/1876
蘇齋遺稿/1176
蘇浙皖各地保甲概況/811
蘇浙皖礦志/1683
蘇浙皖三省明細圖/428
蘇浙皖山區中/2336
蘇賑紀要/748
蘇州風俗/508
蘇州話詩經/402
蘇州振新書社書目/2371
蘇州織造李煦奏摺/732
蘇州指南/404
蘇州致命紀略/139
蘇州中學高中部圖書館叢書目録/2378
蘇州中學高中部圖書館圖書目録/2378
蘇子由全集/1083
俗説/2296
俗言/1896,2281
俗語典/963
俗語對/2041
俗語考原/967
俗語詩/2043
涑水記聞/1337,1353,1717,1986,2175
素履子/52,1902
素女方/1941
素圃醫案/1652
素書/52,1744,1858,1920
素書解/1692
素問病機氣宜保命集/1939
素問紹識/1654
素問識/1654
素問玄機原病式/1939
素園叢稿/2310
速成日語讀本/1505
速寫三篇/1416
速寫與隨筆/1157
宿店/1415
宿莽/1430
宿遷縣志/453
訴琵琶/1279
訴訟程式狀式大全/867
肅反/558
肅清特務土匪鞏固革命秩序/361
肅松録/2265
肅雝集/1879
肅忠親王遺稿/1137
酸甜樂府/1256
算迪/1932
算經十書/1617
算舊賬/340
算略/1933
算剩/1934
算術/1619
算術講義/1619
算術課本/574
算學辭典/1618

睢寧縣舊志/453
隋史斷/2174
隋書/249,306
隋書經籍考證/2361
隋書經籍志/1880
隋書律曆志十五等尺/306
隋唐尺牘/1483
隋唐嘉話/1326,1722,1755,2166
隋唐石刻拾遺/2218
隋唐時代農民運動研究/635
隋唐時代西域人華化考/269
隋唐文學批評史/981
隋唐五代史/306
隋唐燕樂調研究/1602
隋唐以來官印集存/164
隋唐制度淵源略論稿/738(2)
隋徐智竦墓志考/158
隋煬帝集/1017
隋遺録/1742,1794,2166
綏服紀略圖詩/465
綏廣紀事/1852,2023
綏靖區合作工作人員手册/668
綏靖區總體戰之研究/354
綏寇紀略/2023
綏蒙輯要/428
綏乘/428
綏陽縣志/463
綏遠及察哈爾西南部地質志/1626
綏遠省分縣調查概要/418
綏遠省各縣鄉村調查紀實/417
綏遠省立圖書館簡況/2391
綏遠省實業視察記/630
綏中縣志/429
隨庵所著書/2292
隨庵徐氏叢書續編/2171
隨筆/1745
隨筆二十篇/1150
隨筆漫記/2101
隨筆三種/1170
隨筆小品散文/2335
隨筆兆/1805
隨軍漫記/563
隨軍三月/352
隨軍散記/569
隨軍西行見聞録/577(2)
隨軍西征記/583
隨糧代徵/1407
隨手檔/323
隨手雜録/1741
隨思隨筆/1155
隨聽疏/119
隨想録/2338
隨隱漫録/1338,1711,2060
隨園全集/2273
隨園詩話/990
隨園詩説的研究/998
隨園詩文集/1104
隨園詩選/1096
隨園隨筆/2332
隨園先生年譜/230
隨園雅集圖題詠/1029
隨園軼事/203
隨棗勝利後演詞/2339
隨志/1780,2182
遂安縣志/457
遂昌山樵雜録/1330,1721,2170
遂昌山人雜録/2230
遂初堂集外詩文稿/1783
遂初堂書目/1725,1882
遂初齋文集/2261
遂寧新志/447
歲寒集/1149,2247
歲寒居詞話/1204
歲寒堂詩話/987,1726,1978
歲華紀麗/1888,2029
歲華紀麗譜/2148
歲計法令彙編/705
歲計制度論/706
歲時廣記/1888
歲時景物日詠大全/1034
歲時令節/509
歲實消長辯/1935
碎海樓自怡草/1753
碎金/2354
碎琴樓/1423
碎音集/1447
碎簪記/2313
誶范叔/1265
穗港旅行手册/410
邃漢齋謎話/1493
邃雅堂集/1107
邃雅齋叢書/1865
孫大總統廣州蒙難記/787(2)
孫府君廷綸家傳/201
孫公談圃/1329,1737,1796,2167
孫過庭書譜/1568
孫洪伊文/338
孫繼高賣水紅燈記全部/1317
孫科先生最近之言論/791
孫可之文集/2048
孫愐唐韻/2076
孫內翰北里志/1985
孫樵集/2125
孫卿子/56
孫清愍公集/2156
孫盛晉陽秋/2083
孫拾遺文纂/2193,2232
孫拾遺遺集/2213
孫氏祠堂書目/1882
孫氏爾雅正義拾遺/1814
孫氏契文舉例/153
孫氏書畫鈔/1877
孫氏醫學叢書/1645
孫威敏征南録/2249
孫文學説疏證/761
孫文學説問答/762
孫文與共産黨/556
孫文主義詳釋/763
孫文主義研究集/763
孫文主義之哲學的基礎/761
孫文主義總論/761
孫武子/195
孫夏峰李二曲學譜/185
孫夏峰先生年譜/2010
孫先生之思想及其主義/766
孫先生致蔣先生手札墨跡/771
孫詒讓年譜/228
孫逸仙傳記/787(2)
孫毓毛詩異同評/2072
孫淵如外集/1106
孫淵如先生全集/1106,2132
孫淵如先生文補遺/2088
孫哲生先生言論集/772
孫哲生傳/210
孫真人海上方/1652
孫中山/786,787
孫中山底哲學/761
孫中山革命奮鬥小史/787
孫中山革命演義/1393
孫中山年譜/232
孫中山評論集/761,786
孫中山書牘/771
孫中山先生北上與逝世後詳情/787
孫中山先生兵工計劃論/772
孫中山先生的國家論/761,772
孫中山先生紀念特刊/786
孫中山先生經濟學説/608
孫中山先生年譜/795
孫中山先生十講/771
孫中山先生實業計劃圖/768

孫中山先生外集/772
孫中山先生文集/771
孫中山先生選集/760
孫中山先生演講集/771
孫中山先生演説集/771
孫中山先生遺教/760(2)
孫中山先生逸語/772
孫中山先生由上海過日本之言論/771
孫中山先生與中國/786
孫中山先生傳/786
孫中山先生傳略/786
孫中山先生追悼大會報告/787
孫中山先生最近講演集/771
孫中山演説集/771
孫忠靖公全集/1095
孫子/1692(2),1920
孫子兵法/1692
孫子兵法史證/1691
孫子兵法校釋/1692
孫子兵法新檢討/1691
孫子兵法之綜合研究/1691
孫子集註/2137
孫子淺説/1692
孫子十家集註/2119
孫子十家註/52,1692(2),1847,1920
孫子算經/1932
孫子新詮/1691
孫子新研究/1691
孫子敘録/1920
孫子遺説/1920
孫子著作時代考/1691
孫總理思想的研究/210
筍譜/1738,1798,1892
損齋備忘録/2171,2188
娑羅館清言正續/1995
娑羅館逸稿/1967
縮本飲冰室全集/1127
縮本中華大字典/964
縮小省區草案/366
所安遺集/1879
所得税發達史/710
所得税法規/711
所得税納税便覽/703
所得税原理及實務/711
所南集鈔/1052
所南文集/1973
所南翁一百二十圖詩集/1967
所謂邊區/627
所謂"解放區"的真象/581
所謂修文殿御覽者/158
所聞録/322
索引和索引法/2360
瑣聞録/318
瑣語/1735
瑾語編/2188
鎖白猿/1274
鎖魔鏡/1268

T

T. V. 宋豪門資本内幕/215
他們是怎樣學習文化的/899(2)
他山石/576
他死在第二次/1195
塔/1471
塔景亭案牘/733
塔里的女人/1470
塔里木盆地/422
塔影園集/2185
塔子溝紀略/1867
撻虜紀事/1852
台州叢書後集/2212
台州府志/455(2)
台州金石録/168
台州金石略/2212
台州經籍志/2370
胎産新書/1650
胎息經/1802,1908,2027,2104
胎息經疏略/1908
台兒莊大會戰/347
台兒莊之戰/1292
台詩四録/1068
台山歌謡集/1322
台山廣海剿匪記/412
台山梁滋耀潤生先生榮哀集/208
台山糧荒救濟會辦事處及放賑會議録/412
台山糧荒救濟會辦事處糧食作物種籽蕃殖場實施計劃大綱/412
台山糧荒救濟會徵信録/412
台學統/182
苔岑叢書/1055
苔莉/1418
臺北市政府民國三十六年總報告/814
臺高同學會會員名簿/904
臺海使槎録/2004
臺灣/408
臺灣"三七五"地租運動的透視/649
臺灣暴動事件紀實/409
臺灣産業界之發達/654
臺灣大甲溪水力發電計劃/1686
臺灣的高山族/174
臺灣的租佃制度/1671
臺灣地理/408
臺灣地質文獻目録/1625
臺灣二月革命/408
臺灣番族之原始文化/174
臺灣府志/460
臺灣概況/407
臺灣概覽/408
臺灣革命史/408(3)
臺灣共産黨秘史/187
臺灣光復/407
臺灣話/955
臺灣紀略/2004
臺灣紀行/408
臺灣近世史/408
臺灣經濟提要/629
臺灣經濟展望/629
臺灣居民生命表/494
臺灣郡縣建置志/460
臺灣抗日史/409
臺灣考察報告/409
臺灣林産管理概況/1677
臺灣貿易五十三年表/680
臺灣民間文學集/1476
臺灣農林叢刊/649
臺灣農林法規輯要/1670

臺灣農業氣候/1673
臺灣農業與漁業/1671
臺灣全志/460
臺灣森林/1677
臺灣省地方自治研究會專刊/808
臺灣省第一屆全省教育會議實録/882
臺灣省各機關職員録/813
臺灣省工業研究所研究報文摘要/1682
臺灣省國民學校及中心國民學校管理規則/892
臺灣省教育要覽/878
臺灣省經濟調查報告/629
臺灣省立農學院概況/904
臺灣省立中興大學教職員録/904
臺灣省民意機關法令輯覽/813
臺灣省農會與合作社合併文彙/1670
臺灣省社會事業統計/493
臺灣省水利要覽/1686
臺灣省推行"三七五"地租法令輯要/649
臺灣省五十一年來統計提要/494
臺灣省行政長官公署各單位及臺北市各公共機關職員録/813
臺灣省行政長官公署工作計劃/813
臺灣省行政長官公署提出省參議會第一屆第一次大會施政報告/813
臺灣省行政長官公署職員通訊録/813
臺灣省煙酒事業概況/713
臺灣省政府交通處主管事項概況/671
臺灣時人志/190
臺灣史/406,409
臺灣史綱/406
臺灣事變内幕記/409
臺灣事變真相與内幕/409
臺灣隨筆/2004,2180
臺灣糖業概況/656
臺灣通史/407,408
臺灣統計地圖/494
臺灣偉人吴鳳傳/202
臺灣文化史説/408
臺灣問題/409
臺灣現況參考資料/494
臺灣縣志/460
臺灣新志/460
臺灣研究/409
臺灣一九四八年至一九五二年剪報資料/408(2)
臺灣一年來之交通/671
臺灣一年來之會計行政/702
臺灣一年來之礦務行政/657
臺灣一年來之礦業/657
臺灣一年來之農林/649
臺灣銀行職員録/694
臺灣與琉球/408
臺灣雜記/2004
臺灣戰紀/334
臺灣樟腦事業概況/1682
臺灣鄭氏始末/325
臺灣之幣制與銀行/695
臺灣之茶/624
臺灣之煤炭/1684
臺灣之米/624
臺灣之水力資源/1686
臺灣之糖/624
臺灣之香蕉/624
臺灣指南/407
臺灣總督府職員録/813
臺遊日記/2253
臺遊追紀/407
臺中市政府工作檢討報告/814
臺中縣之土壤/1673
太白陰經/2149
太倉縣立圖書館藏書目/2377
太倉州志/453
太常因革禮/1778,1924
太常因革禮校識/1924
太戈爾短篇小説集/2114
太戈爾戲曲集(1)/1508
太公金匱/2195
太古蠶馬記/1339
太古及三代載記/2307
太谷基督教衆議會第十六次年會記録/140
太谷基督教衆議會第十七次年會記録/140
太谷縣志/443
太和正音譜/1255,1879
太鶴集/2230
太鶴山人文集/2229
太恨生傳/1830
太湖縣志/451
太華太白紀遊略/2248
太極操/1611
太極粹言/11
太極劍/1613
太極圖考/11
太極圖説考原篇/11
太極圖象作法之研究/11
太極正宗/1612
太康縣續修縣志/441
太康縣志/441
太昆先哲遺書首集/2226
太曼生傳/1831
太平廣記/1367(2)
太平廣記篇目及引書引得/1367
太平花/1420
太平寰宇記/1998
太平經國之書/1917
太平救世歌/331
太平軍廣西首義史/333
太平軍目/331
太平禮制/331
太平清調迦陵音/1258
太平清話/1332,1992
太平山水詩畫/370
太平詩史/329
太平天國/330
太平天國叢書/331
太平天國的社會政治思想/329
太平天國革命故事/329
太平天國革命史/329,330
太平天國革命思潮/332
太平天國革命文化史/330
太平天國革命運動/331
太平天國宫闈秘史/1425
太平天國癸好三年新曆/331
太平天國曆法考定/1622
太平天國起義記/332
太平天國詩文鈔/333
太平天國史/330
太平天國史叢考/333
太平天國史綱/332
太平天國史考證集/333
太平天國史料第一集/330
太平天國史事論叢/329
太平天國史事論著題跋/329
太平天國史事日志/329
太平天國文鈔/333
太平天國文書/330
太平天國文藝三種/1175
太平天國辛酉拾壹年新曆/331
太平天國野史/330
太平天國有趣文件十六種/333
太平天國雜記/333(2)
太平天國詔諭/332
太平條規/331

太平仙記/1270
太平洋大戰秘史/243
太平洋島嶼志要/488
太平洋的暴風雨/244
太平洋的暖流/1472
太平洋鼓吹集/1056
太平洋國際地理/488
太平洋軍事地理/834
太平洋上的歌聲/1179
太平洋問題與中國/832
太平洋問題之解剖/835
太平洋巡示/247
太平洋戰後的世界/244
太平洋戰争之研究/243
太平洋諸島概觀/473
太平洋諸國的經濟鬥争與二次大戰/831
太平御覽/2354
太平御覽索引/2354
太平御覽引得/2354
太平願/1460
太平詔書/331
太平治跡統類/1874
太清樓侍宴記/1352
太清神鑒/1914,2150
太上道德經淺註/59
太上感應篇直講/128
太上老子道德經集解/1903
太史公古文尚書説/2281,2282
太史公書義法/288
太史公繫年考略/1781,2183
太史公疑年表/2303
太素脈秘訣/1648
太素齋詞鈔/1225
太歲超辰表/1935
太微仙君善過格/1490
太霞曲語/1241
太霞新奏/1257
太行區1944年國民經濟調查初步研究/711
太行區税務工商工作歷年來重要決定指示命令/711
太行區司法工作概況/751
太行山邊/583
太行行署1946年重要文件彙集/754
太虚大師寰遊記/1168
太虚法師文鈔初集/112
太玄經/70,2120,2138
太玄真一本際經/1806
太學題詁追記/76
太陽研究之新紀元/1621
太陽照在桑乾河上/1415
太乙北極真經/128
太原王氏皋橋支譜/179
太原指南/395
太宗皇帝實録/308
汰存録/1807
汰存録紀辨/255
泰安州志/438
泰國/477
泰國風土志/477
泰國近代史略/477
泰律/1603
泰山/369
泰山殘石樓藏畫/1567
泰山道里記/1996
泰山紀勝及其他四種/1996
泰山生令記/1339
泰山石刻記/2055
泰山石堂老人文集/1099
泰山小史/369
泰山指南/368
泰西名小説家略傳/1509
泰熙録/1804,1919
泰軒易傳/1812,1899
泰嶽府君記/1339
泰族僮族粤族考/172
貪官污吏傳/321,1405
灘/1435
覃揅齋三種/2312
覃揅齋詩存/2313
覃揅齋石鼓十種考釋/2313
潭腿/1613
潭腿十二路全圖/1612
潭柘紀遊詩/1142
彈詞考證/1318
彈詞小説評考/1288
彈詞選/1318
彈劾共産黨兩大要案/795(2)
彈指詞/1221,1236(2)
談賓録/1711,1739
談道録/134
談方言/952
談鬼神/98
談虎集/1177
談解放區的政治與軍事/562
談壘/1711
談龍録/996
談輅/1805
談録/1711
談美/1552
談石/1542
談藪/1354,1725
談文人/1001
談文學/915
談新詩/998
談修養/89
談選/1714
談藝録/985,992,1546,1562,2103
談因/127
談淵/1329,1354,1727,2167
談真/82
談助/1334,1741
曇波/1249
曇花夢/1518
檀道鸞續晉陽秋/2083
檀弓叢訓/1924
檀弓訂誤/1924,2174
檀弓精華/2090
檀青引/1251
檀香山中華總商會成立二十周年紀念特刊/678
譚公石屏榮哀録/208
譚節婦祠堂記/1824
譚瀏陽全集/1117
譚輅/1366
譚墅吴氏宗譜/177
譚嗣同集/1117
譚嗣同書簡/1484(2)
譚襄敏公年譜/227
譚鑫培唱腔集/1609
譚延闓詩札/1129
譚友夏合集/1012
譚友夏鍾伯敬先生批評綰春園傳奇/1281
譚苑醍醐/1895
譚子雕蟲/2264
譚子化書/2244
譚祖安先生手寫詩册/1143
譚祖安先生書麻姑仙壇記/1566
譚組庵詩草/2299
鐔子/1468
坦庵詞/1217,1221
坦白集/1152
坦齋筆衡/1720
坦齋通編/1358,1725
探春歷記/1344,1914,2106
探寒窑/1284
湯媪傳/1823
湯爾和先生/209

湯品/2105
湯潛庵集/1975
湯若望傳/139
湯頭歌訣/1665
湯溪縣志/456
湯顯祖及其牡丹亭/1280
湯顯祖與還魂記/1247
湯引總義/1646
唐白行簡賦殘卷/1572
唐百家詩選/1035,1036
唐碧落碑/1568
唐伯虎全集/1097
唐才子傳/1812,2098
唐朝名畫録/1542,1555
唐丞相曲江張文獻公集/2197
唐大詔令/1872
唐代財政史/699
唐代長安與西域文明/306
唐代叢書/1755
唐代的戰争文學/1009
唐代底勞動文藝/1009
唐代地方行政史/738
唐代海東藩閥志存/233
唐代經濟史/616
唐代女詩人/1001
唐代社會概略/505
唐代詩學/1009
唐代文化史研究/307
唐代文獻叢考/307
唐代文學/1009
唐代文學概論/1009
唐代文學史/1009
唐代小説研究/1324
唐代政治史述論稿/307(2)
唐代之交通/671
唐多寶塔碑宋拓本/1568
唐方鎮年表/258
唐甫里先生文集/2143
唐宫二十朝演義/1392
唐固國語註/2082
唐國史補/2031
唐懷素草書千字文/1572
唐皇甫冉詩集/1075
唐黄御史集/2143
唐黄御史文集/2126
唐會要/737,1917
唐繼堯/209
唐賈耽記邊州入四夷道里考實/269
唐賈浪仙長江集/2142
唐鑒/2020
唐荆川文集/2131
唐絶句選/1035
唐俊公先生陶務紀年表/205
唐開成石經/7
唐開成石經考異/1783
唐兩京城坊考/2004
唐劉蜕集/2142
唐柳先生文集/2141
唐六名家集/1035
唐六如畫譜/1580
唐陸宣公奏議讀本/731
唐律疏議/844
唐律通論/843
唐孟郊年譜/225
唐明二翁詩集/1035
唐明皇月令註解/2085
唐明律合編/843
唐女郎魚玄機詩/1080
唐濮王泰等括地志/2084
唐慶增經濟論文集/603
唐慶增經濟演講集/603
唐確慎公集/1108
唐人八家詩/1035
唐人辨僞集語/2366
唐人傳奇選/970
唐人創作小説選/1368,1379
唐人故事詩/1035
唐人説薈/1755
唐人萬首絶句選/1036
唐人小説/1369
唐人寫金剛般若波羅蜜經/117
唐三藏取經詩話/1381(2)
唐僧寶卷/1314
唐僧懷素自敘帖/1572
唐詩别裁/1036
唐詩初箋簡編/1035
唐詩概論/993
唐詩合選詳解/1036
唐詩紀事/994,2134
唐詩紀事著者引得/995
唐詩酒令/2042
唐詩評選/1035
唐詩評註讀本/2091
唐詩三百首/1036(2)
唐詩三百首註釋作法/1036
唐詩三百首註疏/1036
唐詩宋詞選/1036
唐詩談叢/1979
唐詩選/1035
唐詩研究/994
唐石經考異/1878
唐石經考正/1887
唐史記論/2089
唐史論斷/2020,2175
唐史通俗演義/1397
唐書偶註/306
唐書藝文志/1880,2089
唐書宰相世系表補正/2314
唐書直筆/2089
唐墅詩存/1067
唐死罪總類/2270
唐四名家集/1035
唐宋八大家古文/1060
唐宋八大家文鈔/1959
唐宋傳奇集/1368,2320,2323
唐宋傳奇選/1368
唐宋詞選/1231
唐宋大曲考/2285,2288
唐宋帝國與運河/375(2)
唐宋金元詞鉤沈/1228
唐宋貿易港研究/269
唐宋名家詞選/1226,1231
唐宋散文選/1057
唐宋詩舉要/1036
唐宋詩體述略/994
唐宋十大家尺牘/1482
唐宋衛生歌/2104
唐宋文舉要/1060
唐宋文舉要甲編/1060
唐宋文選/1060
唐宋文學史/1009
唐宋以來三十四個歷史人物心理特質的估計/1642
唐宋元明酒詞/1981,2109
唐宋元時代中西通商史/269
唐宋之繪畫/1559
唐宋諸賢絶妙詞選/1228,2134
唐孫樵集/2143
唐拓化度寺邕禪師舍利塔銘/1571
唐拓全石唐順陵碑孤本/1571
唐文粹/1028
唐文讀本/1060
唐文絜/1060
唐文評註讀本/2090
唐文選/1028
唐五代詞選/1227,1231,1252
唐五代二十一家詞輯/2284
唐五代四大名家詞/1231
唐五代西北方音/955
唐溪詩話/1738

唐寫本隸古定尚書/2154
唐寫本尚書舜典釋文箋/2160
唐寫本世説新書/2327
唐寫本説文解字木部箋異/1926,2278
唐寫本唐韻殘卷校勘記/2286
唐寫殘本尚書釋文考證/13
唐雁塔聖教序集聯拓本/1578
唐葉慧明碑宋拓本/1572
唐音/2218
唐音審體/997
唐寅年譜/227
唐虞考信録/1887,2269
唐虞盛世詞/1380
唐語林/1329,1986,2152,2166,2328(2)
唐元次山文集/2123
唐月令續考/2045
唐月令註跋/2045
唐月令註補遺/1935(2)
唐月令註續補遺/2045
唐鉞文存/1142
唐鉞文存二編/2334
唐韻/937
唐韻别考/1780
唐韻輯略/923
唐韻四聲正/938,1780
唐韻校記/2283
唐韻佚文/2283,2286
唐張司業詩集/2124
唐昭陵石跡考略/1950
唐折沖府補/2183
唐折沖府考/1792
唐折沖府考補/1781,2295,2296
唐摭言/2328
唐摭言校/1886
唐子西文録/985
棠村詞/1221
棠棣之花/1291
棠湖詩稿/1037,1814,1967
棠陰比事/844(2),2233
棠陰比事續編補編/1916
棠陰比事原編/1916
糖鑒/657
糖霜譜/1545,2115
螳螂拳散手/1612
弢樓遺集/1124
弢園隨筆/2332
濤園集/1119
韜奮的死及其他/569
韜奮漫筆/1152
韜奮時事論文集/2336
韜奮言論集/2336
韜園筆記/1376
韜園詩集/1149(2)
匋齋藏瘞鶴銘兩種合册/1578
匋齋藏印/1594
匋齋古玉圖/159
逃禪詞/1219
逃海集/2325
逃荒/1442
桃大王因果録/1531
桃符記/1274
桃花女/1264
桃花女破法嫁周公/1260
桃花扇傳奇/1281(2)
桃花扇註/2310
桃花吟/1278
桃花源/1278,1313
桃金娘/1499
桃色的雲/2323
桃潭合鈔詩/1053
桃溪客語/1813,2001
桃葉渡江/1278
桃園結義/1270
桃源慘獄/1407
桃源夢/1473
桃源手聽/1725
桃源漁父/1278
陶庵集/1096
陶庵夢憶/1013,1333,1993
陶風樓藏名覽手札/1576
陶風樓藏書畫目/1565
陶集版本源流考/1072
陶集發微/1072
陶輯書目/2369
陶靖節集/1018
陶靖節年譜/2312
陶靖節詩話/1071
陶靖節詩集/1965
陶靖節詩箋/2312
陶靖節先生詩/1813
陶樓文鈔/1114
陶廬百篇/1126
陶廬詩續集/2282
陶廬文集/2282
陶密庵遺集/1097
陶母烹飪法/1679
陶然詩集/1056
陶山集/1961
陶社叢編丙集/1056
陶詩彙評/1083
陶詩集評/2061
陶氏書目叢刊/2361
陶説/1335,1542,1600,2068
陶峴傳/1761
陶行知/219
陶行知的生平及其學説/219
陶行知教育論文選輯/886
陶行知先生紀念集/219
陶學士醉寫風光好/1261
陶雅/2090
陶隱居集/2103
陶邕州小集/1019
陶淵明/1072,2310
陶淵明集/1017,1072,2122
陶淵明批評/1072
陶淵明生活/220
陶淵明詩/1072,2049
陶淵明詩話/1071
陶淵明詩箋註/1071
陶淵明之思想與清談之關係/196
陶元暉中丞遺集/315
陶元暉中丞遺集續編/1095
陶齋金石文字跋尾/1806
陶齋志果/122
陶貞白集/2253
陶朱新録/1354,1729,2152
淘金記/1433
討蔣文電彙編/356
特别最新過番歌/1322
特刊/901
特務批判/529
特種稻作學/1674
滕縣續志/439
藤花亭鏡譜/164
藤氏醫談/1657
藤墅儷言/1132
藤香館詞/1225
藤陰雜記/1335
騰沖青齊李氏宗譜/180
騰越杜亂紀實/333
鍗砂/1441
啼笑皆非/1171
啼笑因緣/1420
提案及書面意見補篇/755
提倡國貨運動宣傳綱要/679
提意見/1287
稊園詩集/1179
題畫偶録/1535
題畫詩/1845,1952

題畫詩選/1257
題解中心代數學辭典/1619
題解中心幾何學辭典/1619
題解中心三角法辭典/1620
題解中心算術辭典/1617
題解中心續幾何學辭典/1620
體驗哲學淺説/33
體育概論/1611
體撰録/2281,2282
惕齋見聞録/318,1784
替美國算命/835
殢花詞/2184
天步真原/1914,1934,2095
天才夢/1400
天才心理與教育/900
天長地久/1291
天朝田畝制度/331
天潮閣集/1102
天池草/1172
天地會文獻録/517(3)
天地會研究/516
天地間集/1046,1957
天鵝集/1155
天發神讖碑考/157
天方典禮/140,141
天方典禮擇要解/2253
天方性理/140
天方正學/140
天方至聖實録/140
天放樓詩集/1181
天放樓詩季集/1181
天放樓文言/1181
天父上帝言題皇詔/331
天父詩/332
天根令語/2197
天根詩鈔/1781
天工開物/1680(3),2050
天國春秋/1310
天國偉人/139
天河怪/1372
天河配/1419
天荒地老録/203
天潢玉牒/1849,2022
天際烏雲帖考/1540
天界共和/1397
天津比租界收回案/828
天津地方協會報告書/522
天津地毯工業/626
天津市概要/436
天津市立圖書館圖書目録/2376
天津市農業調查報告/649
天津市税捐概況/710
天津市小學教育之研究/877
天津市主要統計資料手册/626
天津事變/276
天津特別市物質建設方案/808
天津衛志/433
天津縣新志/433(2)
天津楊柳青小志/1753
天津遊覽志/392
天津織布工業/1680
天津志略/392
天津中華基督教會沈王莊會堂五周年紀念册/138
天津租界及特區/807
天京録/333
天爵堂筆餘/1365
天開圖畫樓文稿/2261
天籟閣舊藏宋人畫册/1579,1580
天籟閣詩存/2301
天籟閣詩話/2301
天籟閣談小説/2301
天籟閣譜鈔/2301
天籟閣雜著/2301
天亮了/1188
天亮前的孤島/2342
天禄閣外史/1988
天禄琳琅叢書/1787
天禄琳琅排架圖/2389
天禄識餘/1334
天律聖典大全/141
天馬山房叢著/2298
天門縣志/450
天門陣/1372
天目山/367
天女離魂記/1529
天彭牡丹譜/1831
天瓶齋書畫題跋/1549,1783
天啟宫詞/1819,1971(2),2206
天氣預告學/1629
天橋一覽/390
天情道理書/331
天囚懺悔録/1524
天全先生遺事/1331
天然和尚年譜/126
天壤閣甲骨文存並考釋/152
天壤閣雜記/1539,1948
天人四論/36
天山南路的雨水/1673
天山之麓/422
天上人間/1297,1377
天上玉女記/1339
天聲集/1609
天聖釋教總録/107
天水冰山録/253,1944
天水關/1285
天順日録/1362,1850
天蘇閣叢刊/1790
天孫之女/1418
天台山/371
天台山記/1996
天台山遊覽志/371
天台山指南/371
天台雁蕩紀遊/2181
天堂與五月/1184
天條書/331
天外/1513
天外歸槎録/2058
天文歌略/2193
天文考古録/1620
天文書/1878
天文圖考/2292
天文學名詞/1620
天文儀器志略/1621
天文占驗/1914,2106
天問/1462
天問閣集/1808,1975
天問閣文集/1096
天問略/1934
天問天對解/2201
天下金石志/146
天下郡國利病書/365
天下名山遊記/382
天下同文/1207,1230
天下同文集/1806
天下有山堂畫藝/1562
天仙秘解全宗/128
天仙真訣/1805
天仙正理/2201
天香閣隨筆/1991
天香樓偶得/1334
天嘯殘墨/1154
天嘯樓集/1181
天行草堂詩/2300
天行草堂文稿/2300
天行草堂主人遺稿叢刊/2299
天行草堂主人自訂年譜/2300
天形道貌/1951,2104
天涯海角篇/1188
天涯紅淚記/2313
天一閣藏書考/2386

天一閣簡目兩種/2379
天逸道人存稿/2267
天隱堂文録/1113
天隱子/55,1722,1904,2104
天嬰室叢稿/2325
天慵庵筆記/1809,1952
天雨花/1318(2)
天竺遊蹤瑣記/126
天主教傳入中國概觀/138
天主教傳行中國考/135
天主教十六世紀在華傳教志/135
天主實義/134
田單救主/1284
田賦案牘彙編/708
田賦芻議/708
田賦法令/708
田賦附加稅調查/1672
田賦改徵實物論集/709
田賦會要/708
田賦問題研究/707
田賦徵實概論/708
田賦徵實制度/709
田漢代表作/1309
田漢散文集/1197
田漢戲曲集/1309
田漢選集/1025
田間詩選/1034
田間書/1731
田錦、保定、宜、元氏、正德、欒亭等共產黨地方或特支組織每周報告表各一份/342
田景全圖/1589
田居乙記/1361
田畝比類乘除捷法/1932
田氏保嬰集/1648,1939
田野的雜草/1636
田園工廠手工場/500
田園集/1459,1589
田園之憂鬱/1507
恬養齋文鈔/2190
恬致堂詩話/1979
甜夢中的風波/1447
填詞百法/921
填詞淺説/1203
填詞雜説/1202
條奏疏稿/1841,2095
蜩螗集/1141
蜩笑偶言/1800,1897
苕溪漁隱叢話/989(2),1201,1978
苕溪樂章/1209
調解爲主審判爲輔/869
調笑録/1168
調燮類編/1889
調謔編/1355
跳躍著的人們/1417
鐵道部考察日本鐵道機廠團報告/675
鐵道部統一鐵道會計統計委員會/674
鐵道部圖書室圖書目録/2373
鐵道經濟與財政/674
鐵拐李/1262
鐵拐李度金童玉女/1261
鐵函齋書跋/1876,1950
鐵花/1474
鐵華館藏書目/1865
鐵老詩録/1159
鐵老文録/1159
鐵冷叢譚/1461
鐵冷碎墨/1459
鐵嶺縣志/430,1866
鐵流/546
鐵路材料賬目則例/673
鐵路發展農工業之方策及其組織/674
鐵路管理學/673
鐵路貨等運價之研究/673
鐵路貨運管理/673
鐵路借款合同彙編/826
鐵路警察大意/526
鐵路通論/673
鐵路與抗戰及建設/674
鐵路運輸經驗譚/674
鐵路運輸學/674
鐵錨手/1520
鐵煤及石油/657
鐵苗/1422,1474
鐵牛翁遺稿/1019
鐵扇公主/1609
鐵樹花/1432
鐵圍山叢談/1329,1721,2167
鐵血將軍/1297
鐵崖古樂府註/1090
鐵崖三種/1090
鐵崖先生復古詩集/2130
鐵崖先生古樂府/1747,2130
鐵崖先生詩集/1747
鐵研齋叢書/2303
鐵傭叢録/1158
鐵雲藏龜/151
鐵雲藏龜零拾/152
鐵雲藏龜拾遺/152
鐵雲藏龜之餘/152
鐵汁/1461
帖箋/1538,1947
帖録/1946
帖木兒帝國/312
桯史/1354,1744,1990,2169,2029,2329(2)
聽潮的故事/1412
聽春草堂詩鈔/2219
聽春新詠/1248
聽颿樓書畫記/1548
聽雷集/1158
聽緑山房叢鈔/2261
聽秋聲館詞話/1204
聽泉山館詩鈔初集/1131
聽水齋詞/1123
聽心齋客問/1904
聽雨紀談/1331,1361,1991
聽雨樓詩/1972
聽雨軒文存/1117
聽園西疆雜述詩/2000
亭林全集/1098
亭林詩文集/1124,2131
亭林學術述評/75
亭林餘集/2131
庭聞録/2200
庭聞述略/1802
庭聞憶略/2263
庭訓格言/94
停驂録摘鈔/1854
停戰文獻/564
挺進大別山/566
艇齋詩話/986,1728
艇齋詩話附校訛/1978
通詁/1928
通化縣志/429
通惠河志/1766
通貨膨脹論/692
通貨新論/691
通鑒補正略/290,1809
通鑒地理通釋/1997,2026
通鑒輯覽/290
通鑒紀事本末/291,2117
通鑒目録/290
通鑒外紀/2117
通鑒問疑/2026,2199
通鑒學/290
通鑒研究/290

通鑒註商/2219
通介堂文集/1113
通静二庠題名録/735
通考序箋/2353
通史它石/2012
通史新義/237(2)
通俗編/1930
通俗辯證法講話/85(2)
通俗法制經濟/356
通俗經濟講話/604
通俗經濟學講話/605
通俗内科學/1649
通俗社會科學二十講/490
通俗唯物論講話/542
通俗文/1865
通俗文藝五講/918
通天臺/1277
通縣志要/434
通庠題名録/735
通行警察法規彙編/528
通玄真經/64,1903,2049
通疑/2237
通義堂文集/1114
通藝録/2220
通齋集/2278
通齋全集/2278
通齋詩話/990
通齋外集/2278
通齋文集/2278
通齋遺稿/2278
通占大象曆星經/1914,2027
通志略/2353(4)
通志堂詞/1222
通志堂經解目録/1881,2273
通志堂經解提要/2
通志總序箋/2353
通制條格/738
通州滯縣地畝原案/708
通州志/434
同安縣志/459
同岑集/1068
同窗小品/1501
同功繭/2061
同官縣志/444
同光朝名伶十三絶傳略/1252
同護共和花/785
同戒録/121
同里志/455
同命鳥/1397
同情/1445
同人唱和詩/2037
同人唱和詩集/1958
同聲假借字考/929
同文集/1857
同文算指前編/1932
同文算指通編/1932
同鄉組織之研究/517
同志，攻進城來了/1196
同志，你走錯了路！/1304
同治重修圓明園史料/381
彤奩續些/1021
桐庵存稿/1783
桐庵文稿重編/1810
桐城文派論/1010
桐城文派評述/1010(2)
桐城文學淵源考/2297
桐城文學撰述補遺/2298
桐城文學撰述考/2297
桐城吴先生日記/201
桐江集/1861
桐舊集/1066
桐楷副墨/2068
桐譜/1724,1875,1936
桐溪耆隱集/1958
桐溪耆隱集附補録/1958
桐鄉勞先生遺稿/1137
桐埜詩集/2242
桐陰舊話/1721,1986,2168
桐陰詩集/1107
桐油/656
桐油産銷/1675
桐月修簫譜/1784(2)
童話/1155
童話大觀/1502
童話概要/1498
童話論集/1498
童話評論/1501
童話學 ABC/1498
童話與兒童的研究/1498
童蒙訓/1746
童蒙養正詩選/1032
童年的悲哀/1413
童年的夢/1404
童年回憶録/201
童年時代/207
童山詩集/1969
童山文集/1976
童叟古諺/1490
童星録書陰騭文大楷/1577
童謡/1502
童子軍規律/890
童子軍中級課本/900
童子偵探隊/1532
銅鼓考略/164
銅鼓書堂詞話/1203,2181
銅馬編/2235
銅鏖館剟書/2050
銅琵金縷/1027
銅山縣圖志廿一篇/454
銅仙傳/1548,2159
銅絃詞/1223
銅闉雪恨録/1529
統籌滿洲方略/386
統計表中之上海/489
統計方法/491
統計論叢/491
統計學概論/492
統計學原理/491
統計與測驗名詞英漢對照表/492
統一與民主/717
統一戰綫下的中國共産黨/563
統一戰綫諸問題/548
統制經濟研究/608
痛斥僞組織特輯/741
痛饑懼怒時的身體變化/1639
痛史/315
偷閒小品/1178
偷閒絮語/1406
投筆從戎/1297
投稿術/2339
投壺儀節/1954,2105
投軍別窑/1286
投考指南/889
投桃記/1280
投甕隨筆/1332
投轄録/1338,1355,1729
投影集/1144
投資數學/696
投資算術/696
突擊隊/1511
突圍/1414
徒河趙氏藏書目録/2381
徒然小説集/1427
荼坪詩鈔/1101
荼史/2185
屠刀下/1300
屠光禄奏疏/732
屠户/1295
屠龍集/1173
圖畫歌/1554

圖畫見聞志/1563,1952,2028
圖畫精意識/1544
圖畫考/1562
圖畫手册/574
圖繪寶鑒/1558(2),1871,1952,2028
圖解珠算全書/1618
圖考/2204
圖南集/1791
圖南齋著卜/1790
圖書編目學/2388
圖書籌備處藏書目録/2381
圖書大辭典簿録之部/2309
圖書分類法/2388(2)
圖書管理學/2386
圖書館/2386(2),2387
圖書館管理經驗論文集/2387
圖書館簡説/2387(2)
圖書館善本書録/902
圖書館通論/2386,2387
圖書館小識/2387
圖書館學/2387
圖書館學 ABC/2385
圖書館學九國名詞對照表/2386
圖書館學論叢續集/2385
圖書館學要旨/2387
圖書館與成人教育/2389
圖書館與民衆教育/897
圖書館組織與管理/2386
圖書寮漢籍善本書目/2385
圖書目録/131,2377,2390
圖書目録學/2388
圖書年鑒/2363
圖書選擇法/2387
圖書學大辭典/2385
圖書與圖書館論叢/2386
圖書展覽目録/2378(3)
圖書之典藏/2388
圖騰藝術史/170
圖詠徵題/2261
圖註八十一難經/1653
土餅/1158
土地登記制度/634
土地法/639(2)
土地法理論與詮解/639
土地法令彙集/639
土地法論/642
土地法釋義/639
土地法要義/639
土地改革後的政策/634
土地改革論/634
土地改革與新中國之道路/635
土地改革與整黨/635
土地改革之路——中共能解決土地問題嗎? /625
土地工商怎樣在改革/645
土地金融問題/633
土地經濟學/632
土地經濟學導論/632
土地問題/641
土地問題與土地法/639
土地行政/644
土地政策及其實驗/644
土地政策述要/635
土地政策學習參考文件/635
土地政策重要文件彙集/642
土地總結報告/642
土耳其革命史/481
土耳其恢復國權之經過/481
土改整黨典型經驗/594(2)
土苴集/1879
土牛經/1360,1719,1914,2106
團長訓示/797
團的兒子/584
團結的大會勝利的大會/562
團結抗戰反對內戰/566
團結立功/583
團結與民主/781
團結與統一/778
團結禦侮的幾個基本條件與最低要求/774
團聚/1406
團契聖歌集/134
團員須知/797
推步法解/1934
推窗集/1178
推進兵役宣傳運動/795
推進浙省農業生産建設實施方案/643
推蓬寤語/1362
推十書/2314
推行“三七五”地租問答/649
推行“三七五”地租工作須知/649
退庵詞/1211
退庵隨筆/1863
退庵遺集/1041
退耕堂集/1132
退廬疏稿/731
退思廬醫書四種合刻/1647
退齋筆録/1732,1987,2169
退齋雅聞録/1732
蜕庵詩集/1747
蜕變/1305(3)
蜕變中的中國社會/504
蜕石文鈔/1110
蜕私軒集/1160
蜕私軒易説/10
蜕翁草堂全集/1101
蜕翁詩詞文續存/1198
蜕學齋詞/1216
蜕巖詞/1214,1235,1982
吞月子集/2232
屯留縣[山西]志補記/443
屯田詞鈔/1233
芚厂治學類稿/2343
托拔廛叢刻/1746
托爾斯泰之社會學説/500
托洛斯基主義/544
托派在中國/556
脱韁的馬/1426
脱了軌道的星球/210(2)
沱江流域蔗糖業調查報告/496
橐園春燈話/1493
橢圓術/1932
橢圜正術/1933
唾莽詩集/1174
唾窗絨/1256
唾餘集/1069
唾玉集/1733

W

瓦德西拳亂筆記/334
瓦爾加批判/537
瓦釜集/1184
瓦削文字譜/169
歪毛兒/1463
外報輿論一斑/281
外國工人在蘇聯工作和生活的自述/632
外國記者眼中的延安及解放區/599
外國遊學指南/893
外國語文學習指南/908
外海鄉陳氏族譜稿/179
外匯統制問題/696
外匯統制與貿易管理/696
外家紀聞/1789
外交報/830
外交本質論/831(2)
外交部藏書目録/2374
外交部儲藏條約原本編號目録/826
外交部儲藏約章合同原鈔本編號目録/826
外交部地圖目録/424
外交部福建交涉署交涉節要/273
外交部河南交涉署交涉節要/272
外交部湖北交涉署交涉節要/273
外交部條約研究會報告/826
外交部沿革紀略/749
外交部浙江交涉署交涉節要/273
外交部職員録/748(2)
外交大辭典/830
外交綱要節本/832
外交官/833
外交官銜名録/748
外交監督與外交機關/832
外交秘事/1528
外交年鑒/748
外交史[國民政府]/273
外交統系表節本/826
外交文牘/825
外交新紀元/286
外交行政制度研究/832
外交政策論及其他/831
外交指南/832
外科傳薪集/1651
外科方外奇方/1651
外科精義/1939
外蒙古/418
外蒙近世史/418(2)
外蒙始末紀要/418
外蒙之現勢/418
外切密率/1933
外人目睹中之日軍暴行/352
外人在華的新聞事業/2392
外人在華礦業之投資/831
外人在華投資統計/832
外人在華投資之過去與現在/831
外人在華沿岸及内河航行權問題/832
外人在華之地位/833
外省人爲啥到川省來嗎/582
外史鱗爪/1128
外事警察與國際關係/830
外治壽世方/1651
外資礦業史資料/1682
外族侵略中國史/269
外族音樂流傳中國史/1603
丸經/1954,2027,2106
完白山人印譜/1596
完縣新志/434
完縣志/434
玩草園詩鈔/2219
玩草園文集/2219
玩鹿亭稿/2239
玩易意見/1899
紈袴鏡/1391
頑固分子/1475
頑石點頭/1296
頑潭詩話/1810
宛陵集/1081
宛陵詩鈔/1042
宛陵先生集/2127,2144
宛陵先生文集/1081
宛平歲時志稿/1753
宛丘集補鈔/1048
宛丘詩鈔/1043
宛丘題跋/1882,2031
宛委別藏/1859
宛轉歌/1258
晚翠軒集/1121
晚翠軒詩鈔/1110
晚禱/1191
晚近美學説和美的原理/1552
晚明二十家小品/1482
晚明民變/317
晚明史籍考/313
晚明思想史論/44
晚明小品/1061
晚明小品文選/1061
晚清五十年經濟思想史/608
晚清小説史/1324
晚晴簃藏清人別集目録/2384
晚晴簃詩匯/1053
晚書訂疑/2252
晚宋民族詩研究/993
晚唐詩選/1035
晚唐五代文學批評史/981
晚聞齋稿待焚録/732
晚霞/1457
晚香集/1022
晚香書札/1810
晚香堂詩存/1118
晚香堂小品/1013
晚笑堂竹莊畫傳/1786
晚學集/1976
晚宜樓集/1096
晚殷長曆/259
晚周諸子經濟思想史/606
婉娥香豔日記/223
琬琰集删存/184
皖南事變的真相及蘇北事變的真相/357
皖省志略/450
皖壽許公仁齋暨德配蔣夫人哀榮録/201
皖雅初集/1067(2)
皖優譜/1607
皖中稻米産銷之調查/647
輓聯大全/1490
卍齋璅録/1896
萬八山房詩鈔/1117
萬寶山/1458
萬寶山事件及朝鮮排華慘案/341
萬法精理/2302
萬古愁/2184
萬古樓叢書/1583

萬國博覽會遊記/2352
萬國紅十字會收支簡明清册/1661
萬國通語論/908
萬花集/1257
萬花漁唱/1814
萬機論/1872
萬季野先生遺稿/1793
萬卷精華樓藏書記/2382
萬卷書屋詩存/1971
萬里行程記/1999
萬里遊草殘稿/2219
萬曆刊本橘浦記/1280
萬曆三大征考/279
萬曆武功録/2163
萬曆仙居縣志/2213
萬曆秀水縣志/456
萬柳溪邊舊話/1987
萬木草堂藏畫目/1565
萬木草堂叢書目録/2033,2371
萬年如意/1622
萬年少先生年譜/227,2296
萬年少遺詩/2054
萬年書/1622
萬全縣志/464
萬泉縣志/443
萬仞約/1023
萬善花室詞/1224
萬善花室文稿/1977
萬善先資/108
萬世師表/1306
萬世太平治安策/28
萬壽衢歌樂章/1969
萬樹松齋詩鈔/1108
萬邑西南山石刻記/2292
萬有文庫第一、二集簡編目録/2362
萬有文庫目録/2384
萬源縣志/448
萬韻新書/965
萬丈高樓從地起/1407
翫江亭/1268
汪羅彭薛四家合鈔/1061
汪案紀要/213
汪本隸釋刊誤/1887
汪漢溪先生哀輓録/212
汪輝祖傳述/202
汪悔翁乙丙日記/202
汪近人花卉册/1583
汪精衛賣國密約/359
汪精衛詩存/1156
汪精衛是什麼東西？/788
汪精衛説詞/774
汪精衛文存/782
汪精衛文選/1156(2)
汪精衛先生復國行實録/788
汪精衛先生庚戌蒙難實録/788
汪精衛先生關於和平運動之重要言論/774
汪精衛先生抗戰言論集/781
汪精衛先生行實録/788
汪精衛先生遺稿真跡/774
汪精衛先生致各黨部同志書/774
汪精衛先生重要建議/774
汪精衛先生重要聲明/774
汪精衛先生最近講演集/774
汪精衛先生最近言論集/715,774
汪精衛先生最近演説/774
汪精衛先生最近演説集/774
汪精衛先生最近之言論/774
汪精衛先生最近之言論集/774
汪精衛言行録/792
汪精衛演講録/774
汪精衛與日本/213
汪精衛主義讀本/781
汪孟慈文集/1865
汪穰卿先生傳記/202
汪穰卿遺著/1119
汪日密約/828
汪容甫文箋/1105
汪容甫遺詩/2133
汪氏學行記/2272
汪氏振綺堂宗譜/179
汪文摘謬/1099
汪堯峰文/2091
汪堯峰先生年譜/2184
汪又村藏書簿記鈔/2382
汪兆銘庚戌被逮供詞/2034
汪直傳/1842
汪主席和平建國言論集/780
汪主席和平建國言論集續集/782
亡國鑒/270
亡命十六年/599
亡蜀遺恨/1310(2)
亡友魯迅印象記/219
王安石/197
王安石評傳/197(2)
王安石全集/1082
王安石生活/197
王安石詩/1082
王安石文/1082
王安石新政綱要暨其政論文選/721
王安石政略/721
王冰鐵印存/1596
王伯申文集補編/924
王勃集/2156
王粲登樓/1263
王粲英雄記/2083
王長次兄親耳共證福音書/332
王巢松年譜/2256
王陳常自訂年譜/2288
王充論衡/71
王充哲學/71
王船山集/1098
王船山學譜/201
王翠翹傳/1822
王大覺先生追悼録/209
王道叢刊/2335
王德明擁政愛民/589
王德鎖減租/1313
王獨清創作選/1146
王獨清詩歌代表作/1184
王獨清選集/1025
王方麓檇李記/2244
王夫人的日記/1488
王復齋鐘鼎款識/147
王公四六話/1742,1796
王古愚先生遺集/1128
王觀堂文選/1138
王光祈旅德存稿/1147
王貴與李香香/1195(2)
王黄州小畜集/2126
王季重十種/1013
王家營志/454
王嬌傳/1828
王節婦女範捷録/92
王節愍公遺集/1813
王介甫、曾子固文/2091
王介甫尺牘/1483
王荆公/2305
王荆公年譜考略/226
王荆公文註/1082
王荆文公詩箋註/1082
王荆文公詩註/1082
王静安的貢獻/209
王静安先生紀念號/1138
王居士磚塔銘/1571
王覺斯分書八關齋會記/1575
王覺斯楷書八關齋會記/1575
王可莊書千字文/1575
王克勤班/582
王蘭卿/1270

王廉州倣古山水十二幀/1582
王烈婦/1983
王烈婦劉夫人哀輓録/231
王臨川集/1082
王臨川全集/1082
王隆漢官解詁/2084
王麓臺倣古山水册/1581
王夢樓絶句/2057
王夢樓書金剛經/117
王摩詰/1559
王摩詰集/1074
王摩詰全集箋註/1074
王摩詰詩/2091
王念慈先生山水畫譜/1586
王蓬心山水册/1581
王璞的國音示範/952
王璞的國語會話/952
王璞的模範語/952
王清明合同記/1317
王秋澗先生題跋/1089
王仁安集/2300
王仁孝先生俟後編/2329
王壬秋尺牘/1484
王若飛、葉挺、秦邦憲、鄧發榮哀録/569
王韶之晉安帝紀/2083
王少司馬奏疏/1919
王舍人詩集/2256
王師竹先生年譜/2197
王石谷倣古山水册/1581
王石谷載竹圖卷/1581
王石臞文集補編/924
王石臞先生遺文詩鈔/2196
王士禎詩/1100
王氏復仇記/1334,1818
王氏揮塵録/2168
王氏家譜/178
王氏經説/1891
王氏蘭譜/1735,1828
王氏六葉傳狀碑志集/2196
王氏曲藻/1240
王氏詩地理考/2025
王氏詩考/2025
王氏醫案/1644
王氏宗譜/177
王侍郎遺著/2232
王守仁/74
王守仁與明理學/74
王叔和脈經/1662
王叔師集/1015
王司令員在後勤會議上的總結報告/360
王司農題畫録/2158
王蘇州遺書/1116
王肅國語章句/2082
王肅喪服要記/2084
王肅儀禮喪服註/2073
王肅易註/2070
王堂雜記/2168
王統照短篇小説集/1413
王統照選集/1025
王維詩/1074
王維與孟浩然/1001
王魏公集/2201
王文成公全書/1092(2),2131
王文簡公古詩平仄論/996
王文簡公文集/2196
王文簡公行狀/1805
王文敏公遺集/1116
王文肅公遺文/2196
王文正筆録/1328,2168
王文正公筆録/1794
王文正遺事/2169
王文忠詞/1214
王無功集/1959
王西樓先生樂府/1256
王羲之評傳/196
王羲之研究/196
王小梅寫景人物册/1581
王心齋先生遺集/1093
王旭高臨證醫案/1652
王學淵源録/74
王學質疑/1908
王雅宜年譜/2256
王煙客集/1097
王陽明/74,198
王陽明及其思想/74
王陽明生活/74
王陽明先生圖譜/198
王陽明學説及其事功/74
王陽明之生平及其學説/73
王沂陽龍興慈記/2245
王以仁的幻滅/1471
王義士輞川詩鈔/1969
王廙易註/2071
王隱晉書/2082
王右丞集/1074
王右丞集箋註/1074(2)
王右軍書/1568
王原祁倣古山水/1581
王圓照倣古山水册/1582
王圓照山水册/1581(2)
王雲五大辭典/965
王雲五小辭典/965(3)
王雲五小字彙/966
王雲五新詞典/965
王章詩存合刻/1145
王昭君/195
王震南征記/224
王徵士詩/1861
王政三大典考/2269
王制管窺/1915
王制井田演算法解/1933
王制里畝演算法解/1933
王忠節公集/2156
王忠慤公哀輓録/1138
王忠慤公遺墨/1138
王忠慤公遺書/2282
王忠文公集/1974
王仲初倣宋元山水真跡/1580
王仲瞿詩/2092
王仲宣集/1016
王周士詞/1209
王狀元集百家註編年杜陵詩史/1074
王子安集/1073,2122,2140
王子安集註/1073
王子年拾遺記/1859,2165
王遵巖集/1093
王佐斷臂/1372
往古來今/1499
往何處去/1439
往事/1410(2)
網/1454
網舊聞齋調刁集/1123
網溪詩集後編/1133
妄想狂/1188
妄言妄聽/1533
忘懷録/1355,1721
忘憂草/1172
忘憂清樂集/2172
望炊樓叢書/1746
望春草/1161
望道文輯/1179
望都縣志/432
望海潮/1419
望江南百調/2228
望江亭/1266
望奎樓詩集/2289
望奎樓遺稿/2288
望奎縣志/432

望廬劫餘印存/1597
望蒙山門箭/1375
望南山/1440
望舒草/1166
望舒詩稿/1166
望溪全集/1102
望溪文集再續補遺/2298
望溪先生全集/1102
望巖堂奏稿/732
危巢墜簡/1409
危城記/1421,1452
威爾基在中國/236
威爾斯自傳/235
威海衛通俗圖書館圖書目録/2377
威海衛志/439
威海問題/393
威尼市/1184
威縣志/435
威遠縣志三編/449
微波/1431
微波詞/1223,1983
微量磷之另一比色定量法/1624
微尚老人自訂年譜/232
微尚齋詩初集/1113
微尚齋詩續稿/1126(2)
微尚齋詩續集/1113
微尚齋雜文/1133
微神集/1463
薇蕨集/1438
薇省詞鈔/2292
韋刺史詩集/2124
韋護/1414
韋江州集/2141
韋居聽輿/1357,1722
韋烈士紀念集/204
韋蘇州集/1075(2)
韋蘇州集校正拾遺/1884
韋蘇州詩/2092
韋先生詞/1207
韋齋集/1085
韋齋集補鈔/1049
韋齋詩鈔/1044
韋昭辨釋名/2075
韋自東傳/1984
唯生進化論/764
唯生論/33,762
唯生論政治學體系/723
唯識的科學方法/120
唯識今釋/120
唯識抉擇談/120
唯識研究/120
唯亭志/455
唯物辯證法/541
唯物辯證法論戰/540
唯物辯證法批判/540
唯物辯證法入門/540
唯物論綱要/542
唯物論與法律學/842
唯物史觀/531
唯物史觀的根本問題/532
唯物史觀的文學論/544(2)
唯物史觀的哲學/532
唯物史觀解説/532
唯物史觀精義/532
唯物史觀批判/531
唯物史觀淺釋/532
唯物史觀研究/533,538
唯物史觀與倫理之研究/532
唯物史觀與民生史觀析論/767
唯物史觀之批評的研究/537
唯心史觀與唯物史觀/80
唯行論/767
唯一領袖/134
唯自勉齋長物志/2258
圍城/1470
圍爐詩話/1847,1873,1980
圍爐瑣談/1530
圍棋闖局/1276
爲政善報事類/1860
爲政與制産/724
爲政忠告/721
違礙書目/1882
違警罰法/527
違警罰法概論/526
違警罰法通詮/528
維摩經講話/118
維摩精舍叢書/108
維摩室遺訓/87
維摩疏記/106
維揚殉節紀略/1842
濰縣宏福寺造像碑考/2225
濰縣文獻叢刊/2225
濰縣竹枝詞/2225(2)
濰陽紀事詩/2225
濰邑全城始末/2225
委曲求全/202
委屈/1431
委巷叢談/1365
委羽居士集/2212
委員長抗戰言論/779
委員長生活漫記/790
偉大的二·二二青年愛國運動/353
偉大的蔣主席/789,790
偉大的領袖/789
偉大的魯迅/220
偉大的母教/93
偉大怪惡的藝術/914
偉人黄興政見書/724
葦碧軒集/1014,1041
葦碧軒集補鈔/1051
葦碧軒詩鈔/1045
葦杭遊記/2349
葦航紀談/1356,1716
葦間詩稿/2165
僞府内幕/730
僞經考/4(3)
僞擴大會議與汪逆精衛/759
僞蒙政治經濟概況/630
僞齊録校補/309
僞書舉例/2367
僞書通考/2366
僞自由書/2321,2322
僞組織政治經濟概況/620
緯略/1717,1894,2151
緯史論微/7
韡華閣集古録跋尾/2311
未婚夫婦/1401
未婚妻/1441
未婚之妻/1417
未寄的情書/1171
未刻珍品叢傳/1026
未來之上海/1458
未入藏經卷目/2053
未死的兵/1506
未晚樓全集/2311
未晚樓書牘/2312
未晚樓書牘續存/1485
未晚樓文存/2311
未厭集/1450
未厭居習作/1172
未園集略/1132
未齋雜言/2188
位西先生遺稿/1971
味檗齋文集/1974
味静齋集/1132
味雋齋詞/1224
味水軒日記/199
味蘇齋集/1121
味蘇齋日記/1121
味筍齋詩鈔/1160

味辛詞/1236
味雪齋詩鈔/1110
味隱遺詩/1130
畏壘筆記/2185
畏壘山人文集/2257
畏廬短篇小説/1450
畏廬論文/1123
畏廬漫録/1123
畏廬詩存/1123(2)
畏廬瑣記/1123
畏廬文集/1123(2)
畏齋藏鈢/1597
畏齋集/2231
尉繚子/52,1920
爲純潔黨的組織而鬥争/643
爲東北的和平民主而鬥争/565
爲獨立和平民主而鬥争/565
爲法小品集/1170
爲反抗帝國主義野蠻殘暴的大屠殺告全國民衆/777
爲豐衣足食而鬥争/594
爲工業品的全面自給而奮鬥/593
爲加强世界工聯而鬥争/543
爲堅決執行優待紅軍條例切實檢查優待紅軍工作/340
爲建設新農村而奮鬥/636
爲奴隸的母親/1447
爲勝利而歌/1189
爲什麽我們必須實行批評與自我批評/93
爲什麽中國共産黨的領導破産/578
爲臺灣説話/407
爲無産階級政黨的革命路綫而鬥争/543
爲幸福而歌/1191
爲制止内戰而鬥争/565
爲中國謀國際和平/834
爲中國謀政治改進/798(2)
爲祖國而歌/1193
渭川居士詞/1210,1231
渭南詞/1228
渭南文集/1086,2129
渭水河/1373
渭塘奇遇/1274
蔚藍色的地中海/488
蔚雲新語前編/102
衛公兵法輯本/1920
衛公故物記/1350,1759
衛生寶鑒/1648
衛生家寶産科備要/1939
衛生課本/574
衛生淺説/1660
衛生行政/1661
衛生運動宣傳綱要/1661
衛生針/1293
衛生之道/1661
衛元嵩易元包/2081
衛藏通志/465,2000
魏公題跋/1948,2032
魏漢博士考/1780
魏皇覽/2081
魏晉的自然主義/43
魏晉風流及其文潮/999
魏晉六朝文學批評史/981
魏晉清談思想初論/43
魏晉詩歌概論/1008
魏晉世語/1344
魏晉之清談/43
魏精拓放大馬鳴寺碑/1571
魏良輔曲律/1244,1245
魏略輯本/305
魏琪爾/235
魏慶之詞話/1201
魏三體石經遺字考/1887
魏三字石經集録/7
魏石經殘石考/2283
魏石經考/1779,2183
魏叔子年譜/229
魏叔子文鈔/2091
魏書/249,306
魏書地形志集釋/1871
魏書校補/1884
魏書校勘記/1775,1888
魏書宗室傳註/306
魏書宗室傳註校補/2297
魏王花木志/1821
魏文帝典論/2080
魏文帝集/1016
魏文節遺書/2239
魏文毅公奏議/1920
魏武帝集/1016
魏張黑女志/1568
魏貞庵先生年譜/2010
魏徵改詔/1271
魏正始石經殘石考/2286
魏鄭公集/1959
魏鄭公諫録/1919
魏鄭公諫續録/1919
魏莊渠先生集/1974
温病之研究/1655
温典祥班和張緒友排/564
温飛卿集箋註/1079
温公詩話/1797
温公續詩話/984
温恭毅公文集/2262
温國文正司馬公集/2144
温國文正司馬公文集/2127
温江縣志/447
温熱論箋正/1650
温柔鄉記/1828
温氏叢書/2262
温氏母訓/92,1095,1922
温庭筠集/2125,2142
温文節公集/1157
温疫論私評/1655
温忠烈公遺稿/1095
温州經籍志/2370
文安縣志/432
文白降龍/1372
文豹一窺/2340
文筆考/1980
文筆散策/1174
文編/1057,1059
文標集/2201
文博士/1463
文昌旅語/1802,1992
文昌雜録/1329,1725,1987
文丞相祠紀念册/197
文成公主/1308
文粹/2134
文待詔題跋/1948
文道希先生遺詩/1118
文登縣志/437
文定公徐上海傳略/227
文定集/1961
文二十八種病/989
文法大要/947
文法解剖 ABC/947
文法津梁/977
文法與作文/949
文房器具箋/1543,1947
文房四譜/1943,2175
文房四友除授集/1796,1995
文公集補鈔/1049
文公集鈔/1045
文公朱先生感興詩/1967
文恭集/1960
文館詞林/1812,1872,1954
文海披沙摘録/1825
文衡山瀟湘八景册/1580

文衡山拙政園詩畫册/1574
文湖州竹派/1545,1953,2175
文化春秋/1309
文化翻身/573
文化教育與青年/2341
文化教育政策/880
文化論/170
文化起源論/820
文化人的崗位/796
文化人類學/170
文化社會學/499
文化形態史觀/240
文化學及其在科學體系中的位置/500
文化學論文集/240
文化與教育/267
文化與政治/498
文化哲學/239
文匯叢刊/2334
文匯年刊/2356
文集/2268,2292
文簡公詞/1209
文件/545
文鍵/950
文教工作新方向/877
文具雅編/1943,2176
文奎堂書莊目録/2384
文瀾閣目/2375
文瀾閣目索引/2375
文禄堂訪書記/2369
文禄堂書影/2359
文録/1977,2103
文論要詮/915
文脈/1802,1980
文盲的造成及其解決/945
文廟從祀先賢先儒考/1925
文木山房集/1103
文品彙鈔/915
文評/1980
文泉子集/1972,2154
文人國難曲/1468
文人畫像/1002
文人剪影/1002
文瑞樓藏書目録/1882
文山導遊/407
文山詩補鈔/1051
文山詩鈔/1046
文山題跋/1948,2038
文山先生全集/1088,2129
文史通義/260(5),262,1887
文始真經/60
文始真經言外經旨/1903
文士傳/1341
文書處理程式/1479
文説/2317
文思/2341
文溯閣四庫全書提要/2372
文溯閣四庫全書要略/2372
文溯閣四庫全書要略及索引/2372
文壇回顧與國防/1149
文壇史料/1001
文壇逸話/1186
文壇憶舊/1002
文壇印象記/1001
文堂集驗/1651
文體論/983
文體論 ABC/976
文體論纂要/980
文天祥/193
文天祥年譜/226
文微/980
文文山傳信録/197
文文山年譜/226
文文山全集/1088
文文山詩註/1088
文文山文集/1962
文無館詩鈔/1180
文武兩朝獻替記/1892
文物研究所/901
文溪詞/1219
文獻叢編/323
文獻叢編增刊/325
文獻特刊/2352
文獻通考經籍校補/1884
文獻專刊/2352
文心/976
文心雕龍/982(7),1751,1785,1981,2134
文心雕龍校讀記/983
文心雕龍札記/982
文心雕龍註/982(2)
文選/1027(2)
文選筆記/1754
文選集註/2156(6),2157(16),2158(5)
文選集註殘本/1027
文選考異/1027,1954
文選敂音/1954,2097
文選類詁/1026
文選李善註/1026
文選李註補正/1954
文選李註義疏/1026
文選理學權輿/1954
文選理學權輿補/1954
文選六臣註/1027
文選唐永隆寫本/2155
文選學/1026
文選註引書引得/1027
文學百題/915
文學常識/908,969
文學尺牘大全集/1478
文學尺牘全書/1483
文學大綱/909
文學的調查研究/911
文學的畸人/1512
文學的紀律/920
文學的藝術/1194
文學讀本/914
文學方法論者普列哈諾夫/544
文學概論/916(3),917(6)
文學概論講義/918
文學集刊/970
文學閒談/1194
文學講話/920
文學講義/969
文學津梁/982
文學理論/918
文學論/908,981,982(3)
文學論集/916
文學論文集/918
文學論文索引/910
文學論文索引三編/910
文學論文索引續編/910
文學漫談/1161
文學名著研究/1192
文學批評的新動向/919
文學批評與批評家/2113
文學評論/597
文學評論之原理/919
文學淺説/914
文學入門/918
文學山房叢書/1754
文學生活/1192
文學十講/909
文學手册/912
文學術語辭典/912
文學通論/1194
文學問答集/979
文學小史/1007
文學新論/978(2)
文學研究法/916,974

文學研究會創作叢書/1022,1023
文學研究會世界文學名著叢書/909
文學要覽/1004
《文學》一周紀念特輯/918
文學異名之研究/1155
文學與青年/1194
文學與社會生活/917
文學原理/918
文學源流/913
文學之社會學的批評/919
文學之社會學的研究/919
文學之社會學的研究方法及其適用/919
文學枝葉/919
文學作品選讀/910
文言白話大衆話論戰集/952
文言尺牘入門/1485
文言虚字/951
文陽端平詩雋/1038
文藝筆談/920
文藝創作辭典/971
文藝創作概論/975
文藝創作講座/918
文藝辭典/912
文藝的欣賞/980
文藝的新方向/1194
文藝方法論/1552
文藝概論/918
文藝家的新生活/516
文藝講座/914
文藝街頭/916
文藝論/969
文藝論叢/1192
文藝論集/913,916
文藝論集續集/914
文藝論文集/598(2),979
文藝批評 ABC/919
文藝批評概説/919
文藝批評論/920(2)
文藝批評淺説/919,920
文藝批評史/919
文藝三十年/1011
文藝賞鑒論/917
文藝史學與文藝科學/1515
文藝書簡/1194
文藝思潮論/912
文藝思潮小史/913(2)
文藝譚/918
文藝通論/914
文藝通訊/568
文藝小辭典/912
文藝小叢書/970
文藝寫作經驗談/922,977
文藝心理學/1552
文藝欣賞之社會學的分析/920
文藝新論/916
文藝學習講話/914
文藝學習論/1194
文藝與批評/2324
文藝與社會/1192
文藝與性愛/1195
文藝與宣傳/913
文藝政策/2324
文藝自由論辯集/914
文淵閣藏書全景/2373(2)
文淵閣書目/1881
文淵樓藏書目録/2380
文淵樓叢書/1754
文原/1981
文源/933
文苑導遊録/1030(2)
文苑滑稽談/1494
文苑談往/1496
文苑英華辨證/1888
文苑珠林/2278
文則/1981,2060
文章辨體式/983
文章病院/949
文章概論/999
文章構造法/951
文章及其作法/973
文章講話/973
文章例話/1063
文章評選/973
文章體例/976
文章學初編/973
文章學纂要/949
文章緣起/1981,2103
文章作法講話/948
文章作法全集/946
文昭關/1286
文徵明彙稿/1559
文徵明全集/1092
文徵明小楷離騷經/1574
文徵明正草千字文/1575
文正王公遺事/1794
文中子/1739
文中子考信録/72
文中子中説/53,2137
文忠集/1959
文仲清江集補鈔/1047
文仲清江集鈔/1042
文狀元/1468
文子/55,64(2),2152
文子通玄真經/1734
文子纘義/54,64,1903
文字辨正/936
文字歷史觀與革命論/926
文字通詮/926
文字系/936
文字形義學/927
文字學初步/926
文字學發凡/927
文字學概論/926
文字學概説/925
文字學淺説/926
文字學形義篇/926
文字學研究法/2159
文字學音篇/941
文字學纂要/935
文字音韻學論叢/939
文字源流/925
文字指正/935
聞歌述憶/1251
聞過齋集/1090
聞見闡幽録/2256
聞見近録/1741
聞見録/1711,1717
聞見漫録/2235
聞見前録/2328
聞見雜録/1354,2167
聞奇録/1350,1764
聞申嶽先生事略/223
聞喜縣志/443
聞一多/222
聞一多的道路/222
聞一多全集/1179
穩婆罪惡史/525
問答録/1995
問花樓詞話/1067,1203
問經堂書目/2382
問菊軒畫集/1589
問梅山館詩詞鈔/1125
問山亭遺詩/2051
問山亭主人遺詩/1095
問水集/375
問松里鄭氏詩存/1053
問蘇小小鄭孝女秋瑾松風和尚何以同葬於西泠橋試研究其命意所在/1824

問題在那裏？/575
問心集/2341
問學録/1907
問月詞/1164
問字堂集/1848,1976(2)
翁比部詩鈔/1106
翁常熟手札/1577
翁母周太夫人像贊並哀啟/1493
翁山文鈔/2198(2)
翁山文外/1100
翁松禪家書/1485
翁松禪墨跡/1577
翁松禪遺畫/1586
翁蘇齋書金剛經真跡/1577
翁覃溪校勘本淳化閣帖/1572
翁鐵庵年譜/1842
翁文恭公軍機處日記/205
翁文恭公日記/205
翁文灝先生言論集/603
翁小海花鳥草蟲册/1586
甕牖閒評/1893
甕牖餘談/1864
倭變事略/256,2023
倭寇内部的危機/468
倭寇侵略中之南洋/472(2)
倭奴遺事/1767
倭情考略/1782
倭情屯田議/256
倭文端公家書墨跡/1484
倭伊鑒哲學/80
倭志/1767
倭制滿洲國/276
蝸樓隨筆/1190
蝸牛居士集/1148
蝸牛廬詩草/1119
蝸牛在荆棘上/1454
我/1179
我川書畫記/1544
我川寓賞編/1544
我的半生/222(2)
我的讀書經驗/2338
我的讀書生活/214
我的兒時日記/1487
我的奮鬥/234
我的父親/214
我的故事/1500
我的國家/1511
我的國民黨觀/791
我的家信/1499
我的結婚/207
我的兩家房東/1408
我的旅伴/1442
我的母親/194
我的青年時代/214
我的日記/206
我的生活/213,214(3),1195
我的詩生活/1189
我的探險生涯/247
我的童年/209
我的往事/216
我的學校/892
我的幼年/206
我的丈夫郭沫若/207
我的中學時代/188
我的自學小史/215
我的宗教經驗譚/130(2)
我對於教育之今昔意見/874
我對於抗戰的意見/547
我對於中日關係之根本觀念及前進目標/792
我佛山人筆記/1376
我國不平等條約之修訂/826
我國的工業/651
我國的交通/671
我國的礦業/1683
我國佃農經濟狀況/645
我國對日抗戰史/344
我國工會法研究/861
我國關税自主後進口税率水準之變遷/682
我國經濟建設之途徑/607
我國救亡運動史/347
我國棉産改進事業/658
我國“行”的問題/672
我國修改條約之運動/824
我國戰時糧食管理/640
我和教育/223
我和嫂嫂/1447
我教你寫字/1497
我軍主力據此以拔爾靈山壘碑/1572
我看臺灣經濟/629
我控訴/243
我們的動物園/1497
我們的讀書生活/186
我們的公民/94
我們的國家與人民/264
我們的國族/170
我們的花園/1497
我們的華北/386
我們的領袖/789
我們的領袖蔣主席/790
我們的旅行記/890
我們的七月/1151
我們的日記/1501
我們的社會/504
我們的書信/1501
我們的思想家/39
我們的西北/383
我們的鄉村/584
我們的寓言/1501
我們的政治意見書/358
我們的中國/365
我們的主張/565
我們的祖國/1497
我們的祖先/538
我們斷然有救/346
我們今後怎樣工作/346
我們決不屈服/1308
我們七個人/1506
我們十四個/1488
我們唯一的路綫/772
我們現在爲什麼爭鬥/346
我們怎樣打進緬甸/348
我們怎樣讀書/887
我是勞動人民的兒子/1517
我所認識的馮玉祥及西北軍/792
我所認識的蔣介石/789
我所知道的國民軍與國民黨合作史/338
我相信中國/359
我一遊記/384
我與文學/918
我與文學及其他/915
我在六十歲以前/221
我在歐洲的生活/209
我在蘇聯的生活/217
我在霞村的時候/1415
我怎樣恢復健康的/1661
我這一輩子/1463
我之歷史/215
我之日本觀/469
沃土/1454
沃野/1474
沃洲詩存/455
沃洲文存/455
臥廬詞話/1179
臥薪嘗膽/1372
臥雪堂聯語/1492
臥雪堂詩集/1134
臥遊録/1908
臥雲東遊詩鈔/1179

臥雲樓筆記/1173
臥雲樓筆記續刊/1173
臥雲詩話/990
握蘭軒隨筆/1897
握奇經/2027,2106
握奇經續圖/52
巫娥志/1832
屋頂下/1412
屋裏先生散記/224
烏槎幕府記/2023
烏江自刎/1372
烏將軍記/1984
烏魯木齊雜詩/1847,1969
烏蒙紀年/414
烏青鎮志/458
烏鵲雙飛/1295
烏絲詞/1235(2)
烏衣鬼軍記/1339
烏雲稿略/1108
鎢/1683
鎢鉬鎳鈷四金屬概要/1682
吴保安傳/1984
吴寶煒鐘鼎文音釋三種/161
吴禪國山碑集聯拓本/1578
吴昌碩書對聯/1572
吴昌碩書畫册/1567
吴昌碩先生遺作集/1566
吴朝宗先生聞過齋集/1974
吴乘竊筆/1783,2001,2098
吴處長演講集/773
吴船集/2339
吴船録/1729,2000
吴待秋花卉册/1588
吴地記/1348,1758,2000,2062,2179
吴芳吉婉容詞箋證/1239
吴風集/1176
吴風録/1363,1801,2179
吴耿尚孔四王合傳/316
吴公懷久哀輓録/212
吴鉤集/2342
吴穀人尺牘/1484
吴觀岱南湖詩意册/1588
吴江詩録/1068
吴江楊氏宗譜/178
吴絳雪年譜/1835,2209
吴君婉女士遺詩/1153
吴郡丹青志/1541
吴郡二科志/1853,2009
吴郡金石目/1945
吴郡圖經續記/2000,2035
吴郡西山訪古記/168
吴郡志/2000,2089,2148
吴愙齋尺牘/1484(2)
吴愙齋臨古山水册/1583
吴愙齋先生年譜/229
吴禮部詞話/1202
吴禮部集/2251
吴禮部詩話/987,1978,2252
吴録/1712
吴滿有/569
吴滿有鼓詞/569
吴梅村編年詩/2226
吴梅村畫中九友畫箑/1582
吴梅村年譜/229
吴梅村詩/2092
吴門弟子集/1029
吴門畫舫録/1369,1836
吴門畫舫續録/1836
吴門袁氏家譜/179
吴宓詩集/1152
吴南屏文選/1111
吴逆取亡録/1335
吴女紫玉傳/1339
吴漚煙語/1236
吴潘今樂府/2054
吴佩孚/211(2)
吴佩孚將軍/211
吴佩孚將軍生平傳/211
吴佩孚將軍傳/211
吴佩孚全傳/211
吴佩孚書牘全編/1486
吴佩孚戰史/232
吴佩孚政書/1152
吴奇偉將軍印象記/212
吴起敵秦/1270
吴清卿摹彝器款識真跡/161
吴秋農人物山水精品/1582
吴騷合編/1231
吴山子文/2192
吴少君遺事/2246
吴社詩鐘/2058
吴省長言論集/736
吴詩集覽/1097
吴氏拜經樓書目/2380
吴氏詩話/1978
吴氏世譜/176
吴氏遺著/1772
吴松厓年譜/229
吴淞甲乙倭變志/2205
吴太史遺稿/1100
吴鐵城先生周甲榮壽特刊/787
吴兔床日記/2054
吴王張士誠載紀/312
吴西諸山遊記/404
吴下名園記/2258
吴下田家志/1743
吴下尋山記/2256
吴縣勘災會調查表/494(2)
吴縣志/452
吴興備志/456
吴興藏書録/1792,2277
吴興記/2277
吴興入東記/2277
吴興山墟名/2277
吴興統記/2277
吴興掌故集/405
吴興志/456
吴興志續編/2277
吴興晝上人集/2123
吴音辣體字典/953
吴音奇字/2257
吴友如畫寶/1583(2)
吴虞文録/48(2)
吴漁山山水册/1583
吴漁山先生年譜/1559,2326
吴玉章同志革命故事/569
吴園周易解/1899,2146
吴越備史/307
吴越春秋/301,1294(2),1749,2015,2064,2118
吴越春秋校/1886
吴越文化論叢/405
吴稚暉白話文鈔/1131
吴稚暉陳公博辯論集/773
吴稚暉尺牘/1131
吴稚暉近著/1131(2)
吴稚暉論政及其他/783
吴稚暉全集/1131
吴稚暉書信集/1486(2)
吴稚暉文集/1131(2)
吴稚暉先生文存/1132
吴稚暉先生最近對於黨國之意見/773
吴稚暉學術論著/1131
吴稚暉言行録/1131
吴稚暉最近言論集/1131
吴摯甫文/2094
吴中故語/1364
吴中舊事/1746,2001,2148
吴中水利書/1996,2148

吳中往哲記/1366
吳中文獻小叢書/2256
吳子/52,1692,1920,2137
吾師録/1908
吾汶稿/1089
吾吾類稿/2203
吾學録初編/737
吾炙集/2206
吾炙集小傳/2056
吾竹小稿/1039
梧桐葉/1265
梧桐雨/1262
梧溪集/1967
梧葉兒/1256
無冰閣絲繡叢刊/1601
無病詞/1236
無産階級底哲學/542
無産階級政黨之建設/534
無産階級之哲學——唯物論/540
無産階級作家高爾基/234
無長物齋詞存/1239
無敵民兵/1290
無敵三勇士/1407
無獨有偶/1295
無根樹詞註解/127
無根樹解/2024
無垢先生横浦心傳録/1084
無軌列車/1450
無赫齋詩草/1131
無脊椎動物圖説/1636
無咎題跋/1948,2031
無可奈何的供狀/286
無理要求/729
無量義經/117
無夢軒遺書/1113
無名的犧牲/1468
無名公傳/1739
無名氏筆記/2159
無能子/55,1904
無妻之累/1411
無上秘要/1806,1904
無聲的英雄/1421
無聲詩史/2067
無師自習學戲秘訣/1247
無事爲福齋隨筆/1994
無雙譜/2052
無梯樓雜筆/1189
無題草/1174
無題集/1404
無望村的館主/1474
無違集/1145
無聞集/2270
無錫風景/404
無錫概覽/812
無錫工人生活費及其指數/664
無錫國學專修館文集初編/1061
無錫先哲遺書目/2383
無錫縣臨時參議會紀念册/812
無錫縣圖書館圖書目録/2377
無錫縣知事楊承查貴任地方賦税交代登復册/703
無錫縣知事楊承查貴任經手正雜國省税款交代登復册/703
無錫張聿青先生醫案/1666
無絃琴/1143,1185
無絃琴譜/1214
無綫電宣傳戰/716
無綫電與中國/1686
無綫電原理及應用/1687
無邪詩存/2325
無邪詩旁篇/2325
無邪堂答問/1772
無邪雜著/2325
無寃録/2035,2227
無元哲學/82
無政府共産黨宣言/601
無政府共産主義/600
無政府集/601
無政府主義還是社會主義/540
無政府主義名著叢刻/601
無政府主義討論集/600
無治黨之道德/600
無終始齋詩文集/1130
無住詞/1085(3),1209,1220,2128,2145
蕪湖縣志/451(2)
五二〇血案畫集/578
五百家香豔詩/1053
五百經幢館藏書目録/2380
五百羅漢名號/2191
五百四峰堂續集/1105
五筆檢字法之原理效用/961
五曹算經/1932
五常寶卷/1314
五朝門第/306
五朝名臣言行録/2118,2136
五朝七律詩選/1031
五朝小説大觀/1338
五車樓古印存/1597
五城奏疏/1919
五大建設述要/768
五代春秋/2020
五代花月/1828
五代會要/1917,2148
五代紀年表/1776
五代兩宋監本考/2284,2287
五代詩話/994(2),1979
五代十國正賦苛捐考/707
五代史/307
五代史補/2199
五代史補考/1873
五代史記/250
五代史記纂誤補/2020
五代史評話/1748
五代史纂誤/2020
五代文學/1009
五代新説/1735
五代詠史詩/1970
五藩檮乘/1790
五峰會/1313
五服圖解/1860
五服異同彙考/2270
五誥解/2012,2146
五國故事/1328,1736,2175
五侯宴/1267
五胡十六國考鏡/1888,2175
五季方鎮年表/258
五家宋元書目/2367
五教入門/95
五教指南/37
五金貨名華英英華對照表/657
五經算術/1932
五經通義/2194
五經文字/1925
五經文字九經文字樣箋正/5
五經要義/2194
五經正義表/1885
五劇箋疑/1276
五奎橋/1303
五柳賡歌/1956,2108
五六境/1167
五龍朝聖/1275
五龍縣救濟委員會春荒救濟工作總結/521
五龍縣善後救濟委員會安置難民工作彙報/521
五龍縣政府土地改革總結/642
五龍縣政府致南海專署關於即東縣幹部抗屬來五龍避難函/577
五龍陣/1372

五馬破曹/1271
五畝園題詠、桃塢百詠、五畝園懷古/1746
五畝園志/1746
五木經/1350,1760,1954,2027,2106
五年來河南政治總報告/808
五年來之福建統計事業/406
五年來之廣東建設/814
五年來之抗戰經過/343
五年來之浙江民運概略/812
五女興唐傳/1389
五千年來中華民族愛國魂/296
五强海縮會議全史/1706
五權憲法/770
五權憲法草案精義/851
五權憲法大綱/769
五權憲法釋義/848
五權憲法問答/770
五權憲法之思想與制度/770
五權憲政論集/850
五卅後之上海學生/516
五卅事件臨時增刊/274
五卅痛史/274
五卅外交史/663
五卅兇手之供狀/339
五卅血案實録/339
五色連珠/2041
五色綫/1929,2030
五山志林/1994
五聲反切正均/2219
五十回憶/218
五十年來北平戲劇史材前後編/1248
五十年來的世界/242
五十年來的中國/335
五十年來蔣先生與中國/791
五十年來之臺灣/408
五十年來之中國經濟/620
五十年來中國之文學/980
五十世紀中國歷年表/259(2)
五十萬卷樓藏書目録初編/2383
五十萬卷樓群書跋文/2369
五十元/1449
五十自述記/219
五石瓠/1752
五石瓠節録/1827
五史評議/292
“五四”卅周年紀念專輯/339
五四談文藝/981
五四運動史/339
五四運動之史的評價/339
五松園文稿/1848,1976
五台縣河邊村村政十年建設計劃案/809
五台山/367
五台山下/1458
五唐人集/1018
五唐人詩集/1018
五五憲草及有關法規彙編/851
五五憲草修正案/851
五五憲草有關文獻/851
五五憲草之評議/851
五五憲法草案之研究與修正/848
五星行度解/1934
五刑考略/1790
五行大義/1812,1913
五續疑年録/181
五言詩平仄舉隅/996
五言雜字/955
五院政府研究集/739
五月丁香/1310
五嶽遊記/2059
五雜俎/2164
五寨縣志/442
五知齋夢蝶逸譜補本/1605
五種遺規/87
五種遺規輯要/87
五子緒言/2226
五姊妹/1294
五宗圖記/2182
五宗圖説/1779
五總志/1732,1894
五祖黄梅寶卷/1315
午夢堂全集/1014,1021
午社詞/1232
午時牌/1272
伍廷芳/210
伍廷芳歷史/211
伍廷芳軼事/211
伍員吹簫/1263
伍秩庸先生公牘/733
武安縣志/440
武昌城下/1141
武昌革命真史/337
武川寇難詩草/329
武當劍俠傳/1398
武德論/773(2)
武功書院世譜/177
武漢風雲/1397
武漢特別市政府周年紀念特刊/810
武漢退卻後上蔣委員長書/733
武漢之工商業/627
武漢指南/400
武侯八陣兵法輯略/1920
武侯心書/1744
武進西營劉氏清芬録/178
武經七書/2050
武經七書直解/1688
武康縣志/456
武林金石記/168
武陵虎嘯/1421
武陵山人雜著/1897
武勝縣新志/446
武聖關壯繆遺跡圖志/104
武術匯宗/1612
武松打虎/1375
武松故事新編/1381
武溪集/2197
武溪集補鈔/1047
武溪詩鈔/1042
武俠叢畫/1367
武俠叢談/1367
武俠拳藝特種小説癡婆子/1392
武鄉試監臨紀事/2186
武鄉縣志/442
武鄉新志/442
武宣縣志/462
武訓先生的傳記/201
武訓先生畫傳/201
武訓傳/201
武夷山/368
武夷棹歌註/1812
武英殿聚珍版程式/1546
武英殿聚珍版叢書目録/1790
武英殿修書處舊存新收書目/2371
武英殿彝器圖録/162
武則天四大奇案/1386
武則天外史/1389(2)
武者小路實篤戲曲集/1506
武仲清江集鈔/1042
武裝暴動/557
武宗外紀/1832,2207
兀良哈及韃靼考/172
勿庵曆算書目/1881
勿軒長短句/1212
戊辰修史傳/2231
戊壬録/321
戊戌六君子遺集/1022
戊戌履霜録/334
戊戌政變記/334,2304
戊寅叢編/2088

物産證券與按勞分配問答/697
物怪録/1765
物價繼漲的經濟學/611
物價論/611
物價問題/611
物價與幣值/611
物價指數論提要/602
物類相感志/1360,1744,1936
物理的現象/1497
物理講義/1622
物理論/1750,1904
物理世界的漫遊/1623
物理學計算問題解法/1623
物理學名詞/1623
物理學問答/1623
物理學小史/1623
物理學之基礎概念/1623
物理與政理/725(2)
物權法提要/856
物權法要論/856
物權新論/855
物妖志/1830
物異考/1985,2250
物猶如此/2331
物原/1888
物質救國論/606
物質與記憶/1643
物資調節/713
務民義齋算學/1933
悮入桃源/1265
悟道録/2024
悟園詩存初稿/1155
悟真篇後序/110
悟真篇外集/110
悟真篇御製序/110
悟真直指/2024
寤言質疑/2263
寤齋先生遺稿/2213
誤失金環/1274
霧/1445
霧及其他/1408
霧中人/1520
霧重慶/1304
鶩音集/1200

X

X 射綫/1624
夕紅樓詩集/1136
西庵集/1090
西班牙宫闈瑣語/1527
西北/419,420
西北叢編/384
西北的剖面/420
西北地理/419
西北東南風/2344
西北各界救國聯合會爲擁護張楊兩將軍救國主張宣言/523
西北國防經濟之建設/627
西北剪影/385
西北建設論/396(2)
西北攬勝/385
西北區域地理/420(2)
西北散記/383
西北史地 唐代西北史料 清代史學書録 南北朝高僧傳/419
西北史綱/420
西北視察記/420
西北視察日記/396
西北水利議/1997
西北隨軺記/385
西北特區的戰時總動員/563
西北問題/382
西北行/383
西北行吟/1175
西北鹽産調查實録/630
西北羊毛與畜牧事業/1677
西北遊擊戰/349
西北遊牧藏區之社會調查/420
西北戰地服務團戲劇集/1307
西北之地文與人文/382
西北壯遊/396
西伯利東偏紀要/1868
西伯利亞開發史/471
西部亞洲地理/479
西昌縣志[四川]/446
西昌之行/397
西塍稿/1020
西疇常言/1742,1795
西疇老人常言/1897
西窗集/909
西陲石刻録/1788
西陲史地研究/296
西陲聞見録/2002,2181
西陲要略/2000
西陲總統事略/465
西村詞草/2265
西大法規一覽/881
西諦所藏善本戲曲目録/1246
西渡詩集附補遺/1966
西番譯語/1931
西方啟信録/127
西方要紀/2006(2),2181
西方夜譚/2335
西方願文略釋/123
西風/1400
西皋殘草/1971
西歸直指/108
西海紀行卷/2058
西海徵/2289
西漢會要/737(2),1917
西漢節義傳論/2241
西漢年紀/302,2015
西漢書姓名韻/302
西漢演義/1388
西漢周官師説考/2315
西河詞話/1202
西河記/2002,2019
西河舊事/2002
西河文集/1099
西湖/378(2)
西湖百景/378
西湖百絶/1144
西湖百詠/1033
西湖博覽會參必攜/2351
西湖博覽會紀念册/2351
西湖博覽會總報告書/2351
西湖叢話/377
西湖二集/1013
西湖風景畫/378
西湖古今名勝楹聯大觀/1492

西湖古今談/378
西湖紀遊/1843,2002
西湖快覽/378
西湖老人繁勝録/1877
西湖六橋桃評/1832
西湖漫拾/1198
西湖夢尋/1013
西湖名勝快覽/378
西湖錢王祠落成紀念册/175
西湖三女史傳/194
西湖詩詞叢話/991
西湖手鏡/1843
西湖寺院題韻沿革考/378
西湖蘇文忠公祠從祀議/1813
西湖臥遊圖題跋/1540
西湖小史/1817
西湖新志/378
西湖遊幸記/1832
西湖志/378
西華縣續志/440
西疆雜述詩/2247
西京/395
西京遊覽指南/395
西京雜記/1340,1714,1721,1751,1858,2030,2063,2087,2121,2139,2165,2246,2327
西京職官印録/1593
西康/398
西康茶葉/1682
西康地質調查旅行記/398
西康詭異録/507
西康紀事詩本事註/398
西康紀要/397
西康建省記/174,445
西康疆域溯古録/398
西康社會之鳥瞰/397
西康圖經/397
西康問題/398
西康沿革考/398
西康夷語會話/954
西康札記/397
西康之神秘水道記/397
西康之實況/398
西康綜覽/398
西崑酬唱集/1036,1957,2134
西崑發微/1847,1873,1966
西來宗譜/142
西利亞郡主别傳/1524
西曆回曆/259
西遼立國始末/2053
西遼史/309
西林獨幕劇集/1292
西泠詞萃/991
西泠閨詠後序/1838
西泠懷古詩/1130
西泠三閨秀詩/1034
西泠十子詩評/2061
西泠異簡記/1336
西泠印社書籍目録/2384
西陵各陵陵基地圖/380
西流集/318
西柳集/1150
西樓鬼語/1531,1534
西麓繼周集/1212,1235,2239
西麓詩稿/1039,2239
西盟會議始末記/417
西南邊疆民族論叢/263
西南采風録/1321
西南工業建設方案/654
西南經濟地理/623(3)
西南經濟地理綱要/623
西南經濟資料索引/624
西南攬勝/397
西南旅行雜寫/383
西南民族文化論叢/263
西南三千五百里/406
西南行散記/1182
西南亞細亞文化史/479
西南夷風土記/2006,2181
西南異動始末之回想/413
西南印象/397
西農遺稿/2255
西奴林娜小傳/1524
西平縣志/440
西圃詞説/1203
西圃題畫詩/1755
西樵紀遊詩/1150
西樵野記/1361
西樵語業/1217
西青散記/1012
西清筆記/1994
西清續鑒/162
西清彝器拾遺/162
西儒耳目資/946
西山/368(2)
西山名勝圖説/381
西山日記/1878
西山題跋/1948,2032
西山一窟鬼/2210
西山逸士畫集/1588
西山真文忠公文集/2129
西山政訓/1918
西山之雲/1441
西施及其他/1023
西使記/2169,2181
西使記及其他三種/2022
西事彙略/337
西臺集/1961
西臺摘疏/1920
西太后秘史演義/1396
西太后軼事/205
西堂日記/1992
西塘集補鈔/1048
西塘集耆舊續聞/1987
西塘詩鈔/1043
西突厥史料/172
西王母傳/1339
西魏書/1777,2018
西吴韓氏書目/2379
西吴里語/1873
西溪槀語/1357
西溪叢語/1717,1879,1894,2029,2329
西溪懷古詩/1130
西溪集補鈔/1049
西溪集鈔/1043
西夏番漢合時掌中珠補及西夏民族語言與夏國史料/1502
西夏官印集存/164
西夏國書略説/1838
西夏國書字典音同/1503
西夏紀/310
西夏事略/2021
西夏書事/310
西夏文存/310,1839
西夏姓氏録/1805
西夏研究/310(3)
西夏譯蓮華經考釋/118
西綫風雲/417,1063
西綫生活/2334
西綫隨征記/568
西鄉隆盛傳/233
西廂記/1275
西廂記古本校註/1276
西廂記曲譜/1254
西廂記曲文/1280
西廂記釋義字音/1276
西廂記五劇五本解證/1276
西廂酒令/2042
西星集/1162

西行訪問記/188
西行記/395
西行見聞記/397
西行亂唱/1160(2)
西行漫記/341
西行日記/143,167
西行散記/1154
西行書簡/1023
西行豔異記/385
西軒客談/2188
西學東漸記/203
西巡大事記/334
西巡回鑾始末記/252
西巖贅語/1898
西洋朝貢典録/1842,2096,2153
西洋道德史/499
西洋歌劇考略/1605
西洋古代教育/874
西洋古格言/1489
西洋話劇指南/1605
西洋家族制度/510
西洋教育史/874
西洋教育思潮發達史/883
西洋教育思想史/886(2)
西洋教育制度的演進及其背景/881,882
西洋近代文化史大綱/239
西洋倫理學史/500(2)
西洋倫理主義述評/2111
西洋美術史/1553
西洋史學史/263
西洋文化簡史/240
西洋文化史大綱/239
西洋文學的研究/913
西洋演劇史/1508
西洋音樂小史/1602
西洋音樂與詩歌/1602
西洋哲學/535
西洋哲學 ABC/535
西洋哲學概論/535
西洋哲學講話/535
西洋哲學史/78(4),79
西洋哲學史綱要/535
西洋哲學史簡編/535(2)
西洋制譜學提要/1603
西營劉氏大分老七房長房支譜/178
西營劉氏五福會支譜/178
西瀅閒話/1180
西遊補/1333
西遊記/1382(3),1383
西遊記校註/2284
西遊録/419
西遊録今註/362
西遊録註/2005,2192
西遊原旨/2024
西隃山房全集/1113
西域地名/419
西域地名今釋/126
西域爾雅/1502
西域番國記/1784
西域南海史地考證譯叢/246
西域三種/419
西域史族新考/174
西域釋地/2005
西域文明史概論/275
西域行程記/1784
西域研究/420
西域遺聞/419
西域之佛教/124
西域志/1741
西垣類稿/1813
西原借款真象/282
西園藏書志/2380
西園唱和集/1054
西園聞見録/313
西園雜記/1991
西苑叢書/1799
西藏大呼畢勒罕考/2034
西藏地方詳圖/429
西藏調查記/2110
西藏風俗志/424
西藏佛教史/125
西藏佛學原論/125
西藏記/2000
西藏交涉紀要/424
西藏交涉略史/285
西藏考/1808,2000
西藏六十年大事記/422
西藏奇異志/424
西藏日記/423
西藏聖跡考/2034
西藏史/424
西藏史地大綱/423
西藏始末紀要/423
西藏通覽/465
西藏外交文件/422
西藏王統記/423
西藏文文法/968
西藏問題/423(2),424
西藏政教合一制/423
西藏政教史略/424
西藏之過去與現在/423
西藏志/424
西齋話記/1714
西齋淨土詩/1915
西齋偶得/2162
西齋雜著二種/2162
西戰場速寫/350
西哲學説一臠/1128
西征道里記/2003
西征記/1365,1714,1723,1974
西征日録/1851,2023
西征石城記/1851,2171,2189
西州合譜/1366
西州後賢志/1342
西周年代考/260
西周史徵/299
西子湖/378
西子湖邊/1453
希伯先生/1441
希德/1509
希古樓金石萃編/150
希古堂集/1135
希臘埃及時代之葬銘/169
希臘三大哲學家/79
希臘神話/1521
希臘文化東漸史/481
希臘興亡記/1527
希臘哲學史/79(2)
希山叢著/2313
希山叢著山廬詩存/1174
希特勒/234
希特勒的傑作/1516
希通録/1720
希望/970,1447
希姓録/2007
希莊學術論叢/2341
昔夢詞/1237
昔時賢文/1490
奚蒙泉詩書畫册/1566
奚鐵生樹木山石畫法册/1583
晞髮集補鈔/1051
晞髮集鈔/1046
晞髮近稿鈔/1046
晞露集/1468
悉曇字記/114
惜抱軒尺牘/1105
惜抱軒集/1105
惜抱軒全集/1105(2)
惜抱軒詩文集/1105
惜抱軒文集/2132

惜惜盦詩稿/1179
惜香樂府/1217
惜陰日記/5
惜齋吟草/2261
惜字三宜/2260
犀黄之研究/1658
犀利尖刻現代新刀筆/868
稀齡酬唱集/1055
溪蠻叢笑/1330,1714,2103,2180
溪堂詞/1217
溪堂集/2201
熙朝新語/1863
熙豐日曆/1352
熙豊[熙豐]知遇録/226
熹朝忠節死臣列傳/255
錫嘏堂壽言/1493
錫金續識小録/453
錫山二母遺範録/206
錫山先哲叢刊/2256(3)
錫山尤氏叢刊甲集/2267
蟋蟀寫詩集/1098
蟋蟀在堂草/2257
谿山臥遊録/1544
谿山餘話/1364
犧牲/1405
犧牲者/1451
郋園北遊文存/1126
郋園讀書志/2381
郋園小學四種/929
席上腐談/1355,1741,1895
席氏讀說文記/1840,1926
習庵叢刊/1792
習慣論/1641
習劇隨筆/1253
習苦齋畫絮/1563
習學記言序目/2226
習鑿齒漢晉春秋/2083
習齋記餘/1768,1975
習齋先生辟異録/1768
習齋先生年譜/1768
習齋先生言行録/1768
習字範本四種/1567
隰西草堂集拾遺/227
隰西草堂詩集/1020
洗寃録集證大全/1661
喜劇論/1606
喜馬拉雅/372
喜馬拉雅山上雪/1309
喜相逢/1300
喜訊/1289
喜筵之後/1462
喜詠軒叢書/2050,2051
喜詠軒叢書戊編/2052
璽印集林/1595
璽印姓氏徵/175
璽印姓氏徵補/2294
細菌學免疫學名詞/1661
戲典/1279
戲海/1242(6)
戲鴻堂法書/1575
戲劇/1291
戲劇 ABC/1607
戲劇創作講話/1246
戲劇春秋/1301
戲劇大觀/1608
戲劇大衆化之實驗/1247
戲劇的化妝術/1608
戲劇短論/1247
戲劇概論/1606
戲劇技法講話/1607(2)
戲劇講座/1609
戲劇教育行政/1247
戲劇教育之理論與實際/1248
戲劇腳色名詞考/1246
戲劇論/1248
戲劇論集/1247
戲劇手册/1246,1247
戲劇欣賞法/1606
戲劇與教育/1246
戲劇作法講義/1246
戲考/1283(2)
戲迷傳/1473
戲擬青年上政府請弛禁早婚書/1824
戲鷗居詞話/2088
戲鷗居叢話/2088
戲曲/1282
戲曲叢譚/1248
戲曲大觀/1283
戲曲甲選/1289
戲曲考原/1245,2285,2288
戲曲論叢/1243
戲瑕/1366,1846,1993,2098
戲學顧問/1286
瞎子開荒/1287
瞎子算命/1287
俠黑奴/1520
俠廬論著/1195
俠女記/1336
俠女郎/1525
俠女破奸記/1528
俠女希光傳/1833
俠義的故事/1379
俠隱記/1510
峽江灘險志/373
峽源集/2241
硤石蔣氏支譜/177
硤石山水志/2002,2153
遐庵詞甲稿/1239
遐庵彙稿/734,1173
暇日記/1357,1715
霞川花隱詞/1225,1236
霞川花隱詞補/1236
霞浦縣志/459
霞棲詩鈔/1136
下花園發電廠的管理與工會工作/592
下邳余氏源流本房世系譜/176
下西洋/1273
下鄉集/1428
下學梯航/2281
夏峰先生集/1965
夏閨晚景瑣説/1829
夏侯鬼語記/1339
夏侯陽算經/1932
夏津縣志/437
夏考信録/1887,2269
夏口縣志/450
夏内史集/1965
夏侍郎年譜/228
夏威夷之華僑/822
夏小正/2036
夏小正戴氏傳/1935
夏小正集解/2036
夏小正箋/1935
夏小正箋疏/2290
夏小正解/1935
夏小正經傳集解/1935
夏小正舉異/1935
夏小正考註/1935
夏小正求是/2239
夏小正疏義/934
夏小正正義/1935
夏小正傳/1935,2065
夏邑縣志/440
廈門城市全圖/428
廈門大觀/406
廈門大學暑期學校一覽/901
廈門大學圖書館中文書目録/2377
廈門大學招生簡章/901
廈門工商業大觀/629

廈門南普陀寺志/379
廈門市街圖/428
廈門要覽/406
廈門音系/953
廈門音新字典/953
廈門英租界收回換文/827
廈語拼音字之改進/954
仙佛丹道要篇/129
仙佛奇蹤/2052
仙居叢書/2213
仙吏傳/1761
仙吏傳及其他五種/2008
仙源礪士參語/2290
先撥志始/256,1841,2022,2100
先伯石州公年譜/228
先伯祖鍾山公行述/2291
先鋒/2350
先公談録/1729
先進遺風/1364,1987,2216
先考佩孚府君哀輓録/212
先烈史略稿/788
先秦國際法之遺跡/837
先秦貨幣史/616
先秦教育思潮/885
先秦經籍考/2363
先秦經濟史/616
先秦經濟思想史/606
先秦史/298(2)
先秦天道觀之進展/47
先秦文學/1008(2)
先秦文學大綱/1008
先秦文學選/1028
先秦學術概論/42
先秦學術思想史/42
先秦學説述林/42
先秦寓言選/1493
先秦韻讀/938
先秦政治思想史/717,2307
先秦諸子繫年/42
先秦諸子批判/47
先秦諸子學説/47
先秦自然學概論/1616
先生的墳/1502
先生學則/1923
先聖大訓/2233
先聖廟林記/1925,2179
先聖生卒年月日考/1772
先史考古學方法論/147
先天集/1088
先天集鈔/1046
先澤殘存/2260
先澤殘存續編/2260
先哲格言/1490
先哲醫話集/1657
先正讀書訣/1885
先資本主義的社會經濟形態論/613
暹羅/477
暹羅古代史/477
暹羅華僑客屬總會二十周年紀念特刊/2351
暹羅民族學研究譯叢/175
暹羅史/477
暹羅王鄭昭傳/477
暹羅現代史/477
暹羅與中國/477
暹羅雜記/477
鮮庵遺稿/1015
鮮血染赤了白山黑水/1148
纖維工業辭典/1680
纖言/252
咸賓録/2200
咸淳遺事/2147
咸平集/1080
咸同滇變見聞録/333
咸同貴州軍事史/415
絃歌必讀/1605(2)
閑閑老人滏水文集/1089,1973,2129
閒處光陰/1335
閒窗括異志/1985
閒話/2343
閒話美國/486
閒話揚州/404
閒居十八年剩草/1178
閒情十二憮/1815,2209
閒書/1162
閒説/1803
閒談録/1719
閒邪公傳/1477
閒燕常談/1353,2168
閒漁閒閒録/2341
閒餘筆話/1818
閒雲稿/1964,2108
閒齋琴趣外篇/1228
閒者軒帖考/2061
閒中今古録/1363
閒中今古録摘鈔/1853,1990
賢妮小傳/1530
賢識録/2022,2188
賢首紀聞/2197
賢奕編/1993
顯道/76
顯考雲五陳府君行述紀略/222
顯微鏡下之醒獅派/758
峴傭説詩/998
現成話/2233
現代幣制論/690
現代處世尺牘/1479
現代創作散文選/1063
現代創作文庫/1025
現代創作小品選/1063
現代創作小説選/1402
現代創作遊記選/247
現代獨幕劇/2114
現代短劇譯叢/1289
現代法學/842
現代法學通論/842
現代法制概論/356
現代翻譯小説選/1533
現代婦女/970
現代婦女問題叢談/514
現代各名家主張讀經論著叢刊/2334
現代工商領袖成名記/651
現代廣東人物辭典/191
現代國際法問題/835
現代國際公法/838
現代國際關係史綱/241
現代國際問題/581
現代國家學/762
現代漢英詞典/968(2)
現代會計學/685
現代活葉文選/792
現代貨幣學/689
現代交際尺牘大全/1480(3)
現代交通/671
現代教育思潮/884
現代教育學説/884(2)
現代捷克斯拉夫政治/834
現代經濟財政評論集/603
現代經濟動態/618
現代經濟思想/610
現代經濟新論/603
現代精神病學/1637
現代警察行政/529
現代警察研究/527
現代戀愛小説選/1403
現代陸軍軍事教育之趨勢/1699
現代倫理學/86
現代論文叢刊/2337
現代邏輯/83
現代美學思潮/1552

現代民謡/588
現代民治的趨勢/726
現代民治政體/725
現代名畫/1588
現代名劇精華/1289
現代名人演講集/2335
現代名人傳/191
現代女性/515
現代女子書信/1479
現代女作家散文選/1062
現代女作家詩歌選/1056
現代女作家小説選/1401
現代歐洲社會經濟史/614
現代歐洲政治經濟/614
現代票據法論/862
現代普通尺牘大全/1476
現代青年/1420
現代青年傑作文庫/1064
現代情書選/1482
現代日本短篇傑作集/1506
現代日本社會運動家及思想家略傳/531
現代日本文學評論/1506
現代日本小説/1506
現代日本小説集/1506(2),2323
現代日本小説譯叢/909
現代日記文傑作選/1488
現代日記文選/1487
現代日記選/972
現代如何讀古書/2349
現代散文選/1062
現代社會科學講話/498
現代社會科學趨勢/489
現代社會事業/521
現代社會學/497
現代社會學理論大綱/500
現代詩歌論文選/998
現代詩論/920
現代詩壇/1155
現代十大家詩鈔/1054
現代十國論/241
現代史料/336
現代世界的文化/239
現代世界經濟史綱要/614
現代世界文壇鳥瞰/1192
現代市政通論/804
現代書報批判集/2357
現代思潮批評/81
現代圖書館編目法/2387
現代圖書館經營論/2387
現代圖書館事務論/2387
現代圖書館序説/2387
現代外國人名辭典/191
現代外交的基本知識/831
現代外交家傳記/192
現代外蒙之概觀/418
現代唯物論/542
現代文化概論/239
現代文明史/239
現代文選/1063
現代文學評論/1193
現代文學十二講/1509
現代文藝雜論/1193
現代吳語的研究/953
現代物權法論/855
現代西藏/423(2)
現代憲政論/847
現代小品文精選/1171
現代小品文選/1062,1064
現代小説過眼録/1182
現代小説選/1400(2),1403
現代小説譯叢/1533,2323
現代心理學/1639
現代心理學概觀/1639
現代心理學派別/1639
現代心理學之趨勢/1639
現代新詩選/1056
現代新聞學概論/2392
現代新興文學的諸問題/2324
現代行政法總論/528
現代學術思想文選/2339
現代藝術論/1552
現代語辭典/2356
現代哲學/80(3)
現代哲學讀本/541
現代哲學概觀/80
現代哲學概論/36
現代哲學思潮/81
現代哲學思潮綱要/80
現代哲學小引/80
現代哲學一臠/2111
現代哲學引論/80
現代哲學之科學基礎/38
現代政治概論/721
現代政治思潮/718
現代政治思想/723
現代知識/1617
現代職業/894
現代中國短篇小説集/1403
現代中國工商業美術選集/1599
現代中國經濟教程/617(2)
現代中國經濟思想/608
現代中國名人外史/187
現代中國女作家/1002
現代中國女作家創作選/1030
現代中國女作家小説專集/1404
現代中國散文選/1062(2)
現代中國散文乙選/1062
現代中國社會變遷概論/506
現代中國社會問題/506(2)
現代中國實業志/655
現代中國外交史/272
現代中國文學論/920
現代中國文學史/1010
現代中國文學作家/1011
現代中國文藝界/1011
現代中國戲劇選/1290
現代中國小品散文選/1064
現代中國小説選/1400(2),1404
現代中國與科學/1615
現代中國政治教育/718
現代中國作家筆名録/181,182
現代種族/1637
現代作家書簡/1481
現代作家文叢/1024
現階段的建國論/799
現階段的文學論戰/969
現階段的文藝問題/978
現階段文藝論戰/979
現任青浦縣縣長許承查韋貴任經手正雜各税交代登復册/702
現任吴江縣知事林承查沈任交代登復册稿/702
現社會病態及其治法/531
現身説法/1531
現實主義/116
現實主義哲學的研究/79
現署金山縣知事鄧造送朱任地方費交代各款登復册/702
現行保安制度/527
現行保甲制度/802,804
現行保甲制度續編/802
現行標點公文程式詳解/1479
現行地方民意機構制度/800
現行地方自治法規彙編/807
現行地方自治法規釋義/799
現行地方自治法令講義/800
現行法規選輯/845
現行法令彙集/591
現行法上租賃之研究/854

現行公文程式集成/1479
現行公文程式例解/1480
現行關係地方自治各項法規/800
現行貨物統税重要法規彙編/706
現行繼承法論/857
現行家蠶新品種性狀概説/1678
現行教育法令大全/880
現行親屬法論/857
現行銓敘法規彙編/753
現行商標法釋義/863
現行訴願法釋義/870
現行特別刑事法規/866
現行土地税制述要/707
現行違警罰法釋義/527
現行行政區劃一覽表/366
現行行政區域一覽表/366
現行重要教育法令彙編/880
現行自治財政各税重要法規彙編/706
現在的新疆/816
現在華北秘密宗教/517
現中國的兩種社會/506
綫下/1450
憲法草案研究/848
憲法綱要/847,848
憲法歷史及比較研究/847
憲法論/851
憲法平議/848
憲法起草委員會會議録/849
憲法提要/852
憲法學原理/726
憲法要覽/847
憲法與教育/847
憲法知識讀本/863
憲政黨章程/757
憲政法規/851
憲政建設重要文獻彙編/852
憲政實施的認識/849
憲政實施協進會對五五憲草意見整理及研討結果/849
憲政實施與婦女/851
憲政問題參考資料/848
憲政問題常識問答/849
憲政問題討論集/848
憲政問題研究/849
憲政要覽/849
憲政要義/848
憲政運動參考材料/850
憲政運動論文選集/847
縣保甲户口編查辦法詮釋/803
縣長考試大全/801
縣地方財政/701
縣各級民意機關/801
縣各級組織/806
縣各級組織綱要及地方自治參考材料/805
縣各級組織綱要釋義/810
縣各級組織綱要要義/804
縣户口普查方案/748
縣水利建設/377
縣司法處關係法規詳釋/728
縣太爺/1411
縣行政概論/803
縣政大觀/802
縣政府檔案管理法/2360
縣政輔導法令彙編/814
縣政管窺/802
縣政全書/801
縣政人員訓練/803
縣政實際問題研究/801
縣志篇目/2294
縣自治法論/804
縣自治提要/800
獻醜集/1742,1796,1973
獻給人民團體/89
獻給鄉村的詩/1196
獻給自然的女兒/1184
獻蟠桃/1275
獻曝/1164
獻身者/1468
獻縣志/433
獻心/1171
相貝經/1344,1719
相城小志/454
相持階段中的形勢與任務/560
相對性原理/2112
相兒經/1344
相法十六篇/2106
相鶴經/1344,1719,2107
相見禮/103
相理衡真/99
相牛經/1344
相山居士詞/1209
相手板經/1345
相鼠有皮/1512
相術衡真/99
相臺書塾刊正九經三傳沿革例/1883
相雨書/1914
相宗綱要/122
相宗綱要續編/122
香案牘/2108
香本紀/1822
香草詞/1179,2243
香草箋/2057
香島煙雲/1459
香東漫筆/2292
香港/411
香港百年史/413
香港保良公局徵信録/522
香港暴風雨/1306
香港潮僑通覽/410
香港導遊/411
香港東華三院籌賑兩廣水災特輯/666
香港工商手册/678
香港漢文讀本/957
香港華僑團體總覽/2357
香港華人名人史略/190
香港華商總會圖書館圖書目録/2379
香港華商總會辛酉年徵信録/678
香港基督教會史/138
香港教育之制度之史的研究/878
香港精武體育會精武實録/1611
香港嶺南大學同學録/905
香港淪陷記/410
香港淪陷日記/215
香港閩僑商號人名録/678
香港如何應變/410
香港商務人名録/678
香港聖保羅書院卅一周年紀念特刊/905
香港通/411
香港永安有限公司廿五周年紀念録/518
香港漁民概況/1678
香港指南/411
香港中山僑商會特刊/678
香鉤情眼/1529
香閨夢/1474
香國/1549
香海棠館詞話/2292
香河縣志/433
香箋/1543,1947
香咳集選存/1828,1829
香蓮品藻/1333,1826,2209
香奩集/970,1018(2),2248
香奩詩草/1968,2109
香斂集發微/1080
香録/1947
香譜/1737,1798,1875,1943

香山慈幼院發展史/900
香山慈幼院教育一覽表/900
香山慈幼院收録正額學生章程/900
香山風景/368
香山集/2250
香山酒頌/1956,2109
香山詩略/1069
香山鐵城張氏族譜/178
香山圖書館書目/2376
香山縣志/461
香山縣志續編/461
香山小欖何氏九郎族譜/178
香石詩説/991
香天談藪/1815
香畹樓憶語/1335,1370
香溪集/1962
香溪集補鈔/1049
香溪集鈔/1044
香消酒醒詞/1224
香屑集/1102
香雪小山詞合刻/1236
香研居詞麈/1953
香巖尚書壽言 合肥相國壽言/1994
香豔叢話/1057
香豔叢書/1815
香影餘譜/1752
香祖筆記/1376,1863
鄉長先生/1412
鄉愁/1442
鄉村工業示範/655
鄉村建設大意/520
鄉村建設論文集/895
鄉村建設實驗/519(2)
鄉村建設運動/521
鄉村教育/895(2),897,899
鄉村教育綱要/898
鄉村求愛/1513
鄉村社會調查大綱/520
鄉村社會學綱要/519
鄉村生活與鄉村教育/895
鄉村小學行政/596
鄉村巡迴文庫經營法/2389
鄉村織布工業的一個研究/645
鄉間的悲劇/1023
鄉里善人/1530
鄉寧縣志/442
鄉農的書/575
鄉俗居喪辟繆/288
鄉談集/1159
鄉土地理研究法/363
鄉土志叢編/445
鄉土中國/520
鄉土重建/520(2)
鄉下/1413(2)
鄉下姑娘/909
鄉賢録/189
鄉約/2004
鄉鎮保甲人員全書/805
鄉鎮自治題要/804
湘北大捷/348
湘北大捷紀實/348
湘北會戰/347
湘城訪古録/146
湘滇百事/322
湘滇綫雲貴段經濟調查總報告書/714
湘娥淚/1457
湘管齋寓賞編/1548
湘桂黔鐵路/674
湘軍新志/332
湘軍援鄂戰史/339
湘纍/1288
湘綺樓詞/1226
湘綺樓日記/202
湘山野録/1328,1723,2032,2044
湘潭神沖李氏四修家譜/176
湘潭楊叔姬詩文詞録/1133
湘西/401(2)
湘西苗區之設治及其現狀/174
湘西苗族調查報告/173
湘西苗族考察紀要/173
湘行散記/1023,1429
湘煙閣詩鐘/2057
湘煙小録/1832,2207
湘陰荆塘李氏弟四修聞富公支譜/176
湘政六年統計/811
湘政三年/811
湘政五年統計/811
湘中記/1342
湘中怨詞/1758
緗素雜記/1717
襄理軍務紀略/1805
襄陵詩草/2236
襄陽會/1267
襄陽集補鈔/1048
襄陽耆舊傳/1341
襄陽詩鈔/1043
襄陽守城録/2095
襄助報務及陳英士營葬捐款簿/785
降妖記/1518
祥林嫂/1496
詳訂古文評註全集/1058
詳解九章演算法/1931
詳解九章演算法劄記/1931
詳註分類女子高等尺牘/1477
詳註聊齋志異圖詠/1377(2)
詳註女子高等尺牘/1478
詳註十八家詩鈔/1033
詳註四部精粹/1059
詳註通用尺牘/1477
詳註震川先生集/1093
詳註中華高等學生尺牘/1477
享金簿/1539
享帚録/1135
想定作爲及戰術統裁法講義録/1697
響屧譜/1333,1826
饗禮補亡/1924
向炮口要飯吃/354
向日葵/1193
向山閣書目/2380
向太陽/1196
向惕齋先生集/1102
向秀易義/2071
向銀寶/1501
向祖國/1190
巷戰之夜/1420
象教皮編/1915
象棋譜大全/1610
象山集/2128
象山全集/1087
象山萬無割並之理由/405
象山先生全集/1087
象臺首末/2011,2099
象形文釋/1811
象牙戒指/1448
象言破疑/2024
項氏家説/1890,2215,2229
項英將軍言論集/781
項羽都江都考/2228
項子遷詩/2212,2213
橡湖仙影/1520
宵練匣/1802
消防彙編/527
消費合作社之理論與實際/670
消費論/698
消寒詩話/998
消寒新詠/1250
消閒大觀/1426
消滅蟲害/594
消滅麻痹傾向撲滅特務匪徒/361

消夏閒記選存/2257
消夏閒記摘鈔/1877
逍遥巾/1281
逍遥子導引訣/1908,2104
梟林小史/2205
嘐嘐言/2261
銷魂新語/1496
銷夏部/1992
霄——孽的續集/1432
蕭冰厓詩集拾遺/1089
蕭伯納的研究/1513
蕭伯訥/235
蕭尺木離騷圖經/2052
蕭公石齋年譜/232
蕭廣濟孝子傳/2084
蕭紅散文/1148
蕭紅小傳/210
蕭軍傑作選/1438
蕭軍思想批判/224
蕭山塘灣井亭徐氏宗譜/179
蕭山縣志稿/457
蕭山湘湖志/378
蕭淑蘭/1266
蕭爽齋樂府/1747
瀟鳴社詩鐘選甲集/1030
瀟湘記/1757
瀟湘録/1326,1347,1712,1726
瀟湘淑女/1308
瀟湘雨/1262
簫臺公餘詞/1210
簫心劍氣樓詩存/1149(2)
簫心劍氣録/1468
小彼得/2324
小倉山房尺牘/1484
小倉山房詩文集/1103
小滄浪筆談/1980
小草庵詩鈔/1972
小重山房詩詞全集/1109
小城春秋/1432
小城故事/1306
小乘佛教概述/114
小乘佛學概論/114
小窗幽記/95
小翠微館文集/1120
小董永賣身寶卷/1316
小兒藥證真訣/1939
小爾雅/1928,2062
小爾雅訓纂/1748,1771
小爾雅義證/928
小二黑結婚/1448
小婦人/1513
小哥兒倆/1434
小庚詞/1224
小鬼鳳兒/1296
小忽雷/1277
小花/1405
小化書/2264
小槐簃吟稿/1116
小腳文/1824
小校經閣金石文字/162
小劇場經營法/1609
小倦遊閣文稿/1108
小楷法帖二種/1477
小楷滋蕙堂靈飛經/1561
小塊文章/1496
小玲瓏閣詞/1226
小螺庵病榻憶語/1826,2208
小羅浮社唱和詩存/1032
小麥杆黑粉病之防除試驗/1674
小麥及麵粉/1673
小名録/1350,1760,2007
小謨觴館詩餘/1223
小謨觴館文集註/2240
小難民自述/1495
小鳥集/1199
小蓬海遺稿/2154
小蓬海遺詩/1971
小蓬萊閣畫鑒/1556
小蓬萊閣獵古集/1556
小品妙選/1060
小品文和漫畫/999
小品文講話/921
小品文描寫辭典/972
小品文作法/911(2)
小坡的生日/1465
小青之分析/199
小曲工尺譜/1603
小曲子/589(2)
小泉八雲及其他/1508
小泉八雲文學講義/1512
小人小事/1445
小三松堂詩集/1158
小三吾亭詞話/1205
小三子/1301
小山詞/1207,1217
小山詞箋/1233
小山畫譜/1539,1845,1952,2067,2101
小山集/1040
小山樂府/1256
小詩選/971
小詩研究/980,990
小石帆亭五言詩續鈔/1957
小石帆亭著録/2273
小石林居詩稿/1173
小瘦紅闇詩存/1188
小樹葉/1024
小雙寂庵叢書/2302
小説/1406,1724
小説叢刊/1423
小説的研究/922(3)
小説法程/922
小説概論/1324
小説彙刊/1404
小説甲選/1405
小説閒話/1325,2058
小説閒談/1325
小説精華/1403
小説舊聞鈔/2320,2323
小説舊聞記/1345,1757
小説舊聞録/1733
小説考證/1323,1324(2),2057
小説考證集/1324
小説考證拾遺/1323
小説考證續編/1323
小説零簡/1128
小説論叢/1324
小説通論/1324(2)
小説五年/1402
小説戲曲新考/1324
小説選/1404
小説研究十六講/922
小説與民衆/1512
小説原理/922,1325
小説綜論/1325
小説纂要/1325
小説作法/1325(3)
小説作法講義/1325
小説作法之研究/922
小松圓閣書畫跋/1537
小檀欒室鏡影/164
小天集/2238
小腆紀敘/317
小突擊員/574
小屯/166
小萬柳堂王惲畫目/1142
小魏的江山/1461
小巫集/1153,1425
小五義/1391
小西涯詩意圖/1585

小西遊記/1397
小戲典/1286
小巷嬌梅/1392
小小十年/1435(2)
小小説/1370
小星志/1815,2208
小型喜劇集/1290
小畜集/1080,2143
小畜集補鈔/1047
小畜集鈔/1042
小畜外集/2126,2144
小學/2076
小學補/2237
小學初告/925
小學叢殘/2183
小學叢殘四種/1779
小學的教材與教法研究/891
小學發微補/2316
小學紺珠/1888,2026
小學各科教材及教學法參考資料/890
小學各科新教學法之研究/890
小學國防教育的實施/890
小學國語教學討論集/974
小學後編/884
小學或問/884
小學稽業/1769,1922
小學集解/88,1772,1922
小學集註/86
小學兼辦社會教育指導/890
小學教科書的改革/870
小學教師的語文知識/925
小學教學法概要/890
小學教育/891
小學教育法令大全/863
小學考目録/1839
小學考證/884
小學課程研究/871
小學歷史教師手册/888
小學模範作文辭典/1501
小學識餘/1811
小學釋詞/936
小學釋文/884
小學圖書館概論/2389
小學研究/924
小學義疏/883
小學自然科詞書/1616
小雪/1449
小荀子/55
小言論/1152
小言論選集/1152
小意思集/1181
小隱書/2009
小隱餘音/1258
小英雄/1402
小瀛壺詩鈔/1172
小雨點/1175
小尉遲/1263
小約翰/2324
小珍集/1468
小竹里館吟草/1137
小主婦/1404
小字録/181
小自立齋文/1790
曉庵新法/1934,2066
曉瀛遺稿/2278
孝感記/1336
孝感文徵/1066
孝經/4,25(3),26(2),2079,2116,2135
孝經本義/1914
孝經雌雄圖/2080
孝經讀本/2,26
孝經鉤命決/1912,2080
孝經集靈/2174
孝經解/2086
孝經救世編/25
孝經内記圖/2080
孝經内事圖/1912
孝經述註/1839
孝經説/26(2)
孝經通考/26
孝經通論/26
孝經外傳/1914
孝經威嬉拒/1912
孝經緯/1912,2080
孝經要義/26
孝經義疏補/25,1914
孝經翼/25,1914
孝經右契/1912
孝經援神契/1912,2080
孝經鄭氏解/25
孝經鄭氏解輯本/1914
孝經鄭註/1875,1914(3)
孝經鄭註補證/1914
孝經鄭註疏/25
孝經直解/2280
孝經中契/1912
孝經註/2043
孝經註疏/25
孝經宗旨/1914
孝經左契/1912
孝女耐兒傳/1523
孝詩/1967
孝肅包公奏議/1919
孝威抗戰論文選集/2343
孝獻莊和至德宣仁温惠端敬皇后行狀/2039
孝義家塾叢書/2069
孝友鏡/1530,1534
孝友堂家規/1922
孝友堂家訓/1922
孝與中國文化/87
孝傳/2008
孝子傳/2008(8),2009(2)
孝子傳補遺/2009
咲吟集/1153
效颦集/1745
校長的新生活/889
校長先生/1421
校官碑集字聯/2040
笑禪録/1366
笑裹刀/1526
笑林集説/1495
笑山詩鈔/1120
笑笑詞/1211
笑與夢/2112
笑之研究/1642
嘯盦詩存/1130
嘯堂集古録/147,159
嘯堂集古録校補/1885
嘯天讀書記/2333(2)
嘯亭雜録/1334
嘯月樓印賞/1546
嘯旨/1349,1759,1954,2103
歇洛克奇案開場/1523
歇浦潮/1395
歇浦春夢/1395
協和會之概貌/165
協商及參戰各國與奥國間之和平條約/824
協商及參戰各國與德奥匈等國間之和平條約附件/824
協商及參戰各國與德國間之和平條約暨議定書/824
協商及參戰各國與匈國間之和平條約/824
協作社的效用/667
斜川集/1085(2),1961
斜月杏花屋詩鈔/1112

諧鐸/1863
諧噱録/1326,1350,1757
諧聲表/938,1780
諧聲補逸/1926
諧聲譜/932
諧史/1330,1723,2177
諧韻瑚璉/939
擷華小録/1249
寫劇原理/1253
寫禮廎遺詞/1783
寫禮廎遺著四種/1118
寫實主義與浪漫主義/912,2113
寫算大全集/1618
寫心二集/2164
寫心集/2163
寫信必讀/1477
寫憂剩稿/1175
寫在人生邊上/1185
寫竹雜記/2067
寫字速成指導/1560
寫作的故事/972
寫作經驗談/977
寫作正誤/972
洩湖水入江議/2228
屑屑集/1971,2154
屑玉叢譚/2333
嶰谷詞/1982
謝冰瑩創作選/1187
謝疊山集/1973
謝法曹集/1017
謝府君赴告/209
謝金吾/1263
謝晉元日記鈔/208
謝康樂集/1017,1072
謝康樂年譜/225
謝康樂詩註/1072
謝靈運晉書/2082
謝廬隱先生傳略/139
謝啟昆小學韻補考/1930
謝沈後漢書/2082
謝氏後漢書補逸/303
謝氏家藏同光諸老尺牘/1481
謝希逸集/1017
謝小娥傳/1762
謝宣城集/1017,1072
謝宣城詩集/1072,1813,1965,2122
謝宣城詩註/1072
謝幼槃文集/2050
謝元香/1261
瀉疫新論/1655
蟹蓮郡主傳/1525,1534
蟹略/1728
蟹譜/1799,1937
心/268
心病/1457
心的探險/1417
心燈録/2254
心範/1696
心防/1301
心湖公遺草録/1113
心境華嚴念佛圖　五教説/111
心矩齋尺牘/2258
心理的改造/501
心理建設論/767
心理建設論證/768
心理問題/1640
心理學/1640(4)
心理學初步/1642
心理學大綱/1638,1641
心理學大意/1640
心理學導言/1641
心理學概論/1640(3),1641
心理學講話/1640
心理學講義/1640
心理學論叢/2111
心理學論文引得/1637
心理學史/1642
心理學問答/1637
心理學要領/1637(2)
心理學與道德/1637
心理學與軍人/1641
心理學之哲學的研究/1640
心理與力學/1643
心理原理實用教育學/887
心理雜志選存/1637
心靈電報/1437
心曲/1171,1186,1592
心泉詩餘/1212
心日齋詞/1224
心聲稿草/1135
心史叢刊/2334
心書/52,1057,1920
心太平室集/1130
心文/2346
心鄉往齋集/1110
心言/565
心遊摘稿/1039
心與物/81
心獄/1293
心之新解釋/1640
心字/1151
忻代寧保十三縣調查物産説明書/626
忻縣古跡名勝詩文録/395
辛博森夫人事件/235
辛丑紀聞/2184
辛丑日記/334
辛亥革命北方實録/336
辛亥革命回憶録/336
辛亥革命史/336(2),2109
辛亥革命與列强態度/336
辛亥革命與袁世凱/336
辛亥開國史/354
辛亥首義史跡/336
辛亥殉難記/336(2)
辛稼軒評傳/197
辛稼軒先生年譜/226(2),2310
辛臼簃詩讔/1137
辛棄疾評傳/197
辛勤廬叢刻/1753
辛壬春秋/337
辛壬癸甲録/1248
辛壬揚子水災賑務報告/524
辛巳泣蘄録/2021,2099
辛夷花館詩剩/2265
辛夷廬吟稿/1165
莘廬遺詩/1116
莘野遺書/2247
莘野纂聞/1360
新安縣志/440
新安學系録/2220
新庵筆記/1057
新版峨山圖志/369
新北京/390
新編大一國文/956
新編分門古今類事/1985
新編改訂性史批評/1634
新編關目晉文公火燒介子推/1260
新編國恥小史/271
新編合同記寶卷/1316
新編金匱要略方論/1937
新編金童玉女嬌紅記/1280
新編録鬼簿/1244,1277,2288
新編南九宮詞/1278
新編南樓寶卷/1315
新編清風亭寶卷/1315
新編曲調工尺大觀/1604
新編詩義集説/1860
新編泰西學案/79
新編田素貞寶卷/1316

新編五代史平話/1379
新編戲學彙考/1283(2)
新編岳孔目借鐵拐李還魂/1260
新編藏漢小辭典/1503
新編張仲景註解傷寒百證歌/1938
新編張仲景註解傷寒發微論/1938
新編中國文學史通論/1003
新編足本鬪目張千替殺妻/1260
新編醉翁談録/2329
新兵軍事教材/1688
新兵馬術教育必攜/1702
新兵制與新兵法/1695
新財政學大綱/605
新測實用北平都市全圖/426
新昌縣志/455
新成都/399
新城縣志/432,437
新塍鎮志/458
新籌安會/354
新出曹正榜繡鞋記全本/1317
新出顧二麻子分屍記/1317
新出漢魏石經考/7
新出繪圖金枝寶卷/1316
新出繪圖劉子英打虎雙珠球寶卷/1316
新出繪圖雙玉燕寶卷/1314
新出校正楊貴妃演義/1397
新出搶生死牌寶卷/1316
新出三體石經考/2282(2)
新出繡像繪圖真正原稿八竅珠演義全傳/1391
新出薛仁貴跨海征東全集/1317
新傳奇品/1244,1245
新傳統/1511
新辭典/962
新從軍日記/208,1409
新村建設/1672
新村市/2110
新大陸遊記/1128
新大陸遊記節録/2305
新道德叢譚/88
新道德論/88
新的人民的文藝/586
新登縣志/455
新雕大唐三藏法師取經記殘卷/2046
新雕洞靈真經/2049
新雕李燕陰陽三命/2049
新雕註疏珞琭子三命消息賦/2049
新定國音發音法/944
新定説文古籀考/933
新訂中外條約/826
新訂中州劇韻/1255
新東北指南/386
新都見聞録/399
新都年鑒/398
新都勝景/404
新都縣志/446
新都巡禮/208
新二十六史/295
新發明之高射防空箭/1687
新法令彙編/845
新反切法/924
新飛艇/1522
新婦女生活講話/513
新婦譜/1819,2209
新婦譜補/1819(2),2209(2)
新歌選集/589
新工人讀本/662
新工商政策/592
新公司法解釋/858
新古文筆法百篇/1061
新古文辭類纂稿本/1061
新官場家庭繁華史/1426
新官塲現形記/576
新廣東觀察記/816
新廣陵潮/1390
新廣州名勝風景/409
新廣州手册/410
新廣州遊覽指南/410
新閨怨/1314
新國際公法/838
新國家論/725
新國音讀本/944
新國音一九學生字典/965
新國語留聲片課本/946
新杭州導遊/405
新河縣志/432
新紅 A 字/1457
新紅樓夢/1386
新湖北建設計劃大綱/810
新户籍法釋義/748
新華春夢記/1396
新華文字典/968
新婚的夢/1300
新婚之夜/1451
新貨幣學/689
新貨幣學講話/689
新輯分類古今奇案彙編/1336
新輯改良小説怡情佚史/1387
新輯隸字彙/1561
新加九經字樣/1925
新嘉量/1572
新嘉坡風土記/473,2006(2)
新嘉坡福建會館改組後第一屆議案及帳目報告/517
新嘉坡福建會館章程/517
新嘉坡南洋鶴山同鄉會第一期報告/822
新嘉坡廈門公會拾周年紀念特刊/476
新嘉坡指南/477
新嫁娘/1465
新剪紙藝術/1599
新劍俠/1398
新疆變亂記略專輯/422
新疆芻議/817
新疆第二期三年計劃/817
新疆第一期三年計劃/817
新疆風物/421
新疆風雲/421
新疆概觀/421
新疆古城探險記/421
新疆紀遊/421
新疆見聞/421
新疆建置志/465,2248
新疆經營論/421
新疆禮俗志/507
新疆内幕/421
新疆鳥瞰/422(2)
新疆全省財政説明書/713
新疆沙漠遊記/422
新疆省地理報告表/420
新疆詩文集粹/1066
新疆實業郵電鹽産電綫道里圖/428
新疆史地大綱/421
新疆史地及社會/422
新疆視察記/421
新疆問題/422
新疆研究/421
新疆伊犁外交問題研究/284
新疆遊記/420
新疆與回族/420
新疆之經濟/421
新疆之戀/422
新疆之水利/421
新疆志稿/2326
新疆志略/420
新絳縣志/442
新教育論文選集/871
新階段/570

新捷克/600
新解放區的群衆生産/592
新津縣志/446
新進作家小説選/1468
新經濟學/610
新經濟學大綱/607
新舊家庭/1394
新舊時代/1461
新舊唐書互證/1775,2020
新舊唐書雜論/1844,2020,2175
新舊遺詔聖書/331
新舊英雄/1420
新舊約全書/132(7)
新鐫繡像後宋慈雲太子逃難走國全傳/1389
新軍言論集/561
新刊的本散家財天賜老生兒/1260
新刊的本泰華山陳摶高臥/1259
新刊的本薛仁貴衣錦還鄉/1259
新刊關目陳季卿悟道竹葉舟/1259
新刊關目閨怨佳人拜月亭/1260
新刊關目漢高皇濯足氣英布/1260
新刊關目好酒趙元遇上皇/1259
新刊關目看錢奴買寃家債主/1260
新刊關目馬丹陽三度任風子/1260
新刊關目全蕭何追韓信/1260
新刊關目嚴子陵垂釣七里灘/1259
新刊關目詐妮子調風月/1259
新刊關目張鼎智勘魔合羅/1260
新刊關目諸葛亮博望燒屯/1259
新刊繪圖劉全進瓜借尸還魂/1318
新刊良朋彙集/1665
新刊七真因果/1390(2)
新刊全相成齋孝經直解/25
新刊死生交范張雞黍/1260
新刊五百家註音辯昌黎先生文集/1076
新伉儷/1383
新科學辭典/1616
新刻白馬馱尸劉文英還魂玉帶記/1317
新刻海棠花歌全本/1317
新刻還金鐲寶卷/1315
新刻黄糠寶卷/1315
新刻金瓶梅詞話/1383
新刻洛陽寶卷/1315
新刻天花藏批評玉嬌梨/1384
新刻王和尚大鬧相國寺混禪記/1317
新刻繡像走馬春秋/1397
新傀儡戲/2337
新理學/76(2)
新曆法/2112
新戀愛觀與新家庭觀/511
新六法大全/845
新路/1423
新倫理觀/37
新論/72,1750,1800
新論校正/1885
新論理學/82
新羅馬傳奇/2309
新羅山人百獸圖/1584
新羅山人畫册精品/1584
新羅山人集/1103
新莽貨布範/163
新緬甸與中國/478
新民報社史/2393
新民耳食録/1377
新民法一束/863
新民法總則提要/854
新民會新綱領簡釋/518
新民會中央總會會務概況/518
新民精神/773(2)
新民事訴訟法評論/863
新民説/2304
新民縣志/429
新民主國家論/481
新民主經濟論/609
新民主農村的勞動互助/594
新民主手册/547
新民主義/773
新民主政治讀本/533
新民主主義本質論/554
新民主主義城市政策/555
新民主主義的道德/93
新民主主義的革命與前途/553
新民主主義的經濟/606
新民主主義工商政策/554
新民主主義經濟的工業發展方針/651
新民主主義經濟論/606
新民主主義經濟政策的商榷/592
新民主主義論/554(11)
新民主主義文化教育/871
新民主主義問答三百條/554
新民主主義學習問答/554
新民主主義研究初步/555
新民主主義與中國經濟/553
新民主主義哲學論/554
新民主主義政治經濟文化/549
新民族觀/171
新名詞學習辭典/490
新目録學的一角落/2358
新南京/404
新南京地圖/427
新南京志/403
新年春節文娱材料/1321
新年風俗志/509
新年獻詞/360
新寧縣志/461
新農村建設意見書/634
新品種養蠶概説/1678
新平縣志/463
新齊諧/1377
新倩籟/1366,1853,2009
新橋楊氏弘公房譜/176
新橋字典/966
新青年之自我教育/88
新秋海棠/1457
新曲苑/1240
新人生觀/76,91
新人生觀的創造/77
新人生觀講話/77(2)
新人生觀與新文藝/971
新日語捷徑/1505
新商法商人通例、公司條例釋義/863
新上海/403
新少年文庫/1497
新社會/2349
新社會的戀愛婚姻與家庭/509
新社會的新教師/875
新社會的新女性/576
新社會的知識分子/509
新社會經濟原論草案/608
新社會哲學論/490
新生/359,1400,1406,1442,1507
新生代/1407
新生的内蒙/417
新生的中國/264
新生活初步/523
新生活叢書/523
新生活掛圖/522
新生活論叢/523
新生活須知/523
新生活與婦女解放/513
新生活與舊社會/523
新生活與民生史觀/523
新生活與民族復興/523
新生活與政治改革/523
新生活運動綱要/523
新生活運動須知/522

新生活運動宣傳綱要/523
新生活運動要義/523
新生中的國民黨/785
新詩的理論基礎/998
新詩概説/990
新詩話/998
新詩集/1198
新詩年選/1054
新詩雜話/988
新詩作法講義/920
新時代的沉滓/1399
新時代底曙光/545
新時代國語教科書/958(2)
新時代三民主義教科書/764(2)
新時代之大同教/143
新時期的路標/359
新史學/261
新世界的哲學/34
新世説/2341
新世訓/76
新式標點白話女子尺牘大觀/1476
新式標點古今情史類纂/1367
新式標點曾國藩文集/1111
新式標點真本隔簾花影/1383
新式華文打字機練習課程/961
新式旗語/677
新式契約撮要/856
新式學生辭林/963
新事論/76
新書/69(2),1750,1858,1902,1920,2087,2118,2178
新術語辭典/962
新四軍二支隊前身奮鬥史/559
新四軍事件真相/357
新訴狀彙編/867
新談彙/1426
新唐書/249,307(2)
新唐書糾謬/307,2020
新唐書糾謬校補/1885
新唐書宰相世系表引得/306
新體白話信/1486
新體國文典講義/951
新體中國地理/2350
新體中國歷史/295
新天方夜譚/1523
新通書/1622
新圖案學/1599
新土地法論/639
新土耳其/479
新土耳其建國史/479
新屯堡/586
新外匯政策的分析/696
新唯識論/120(3)
新違警罰法釋義/528
新文化辭書/2356
新文庫/1064
新文選/1030
新文學概論/917
新文學概要/979
新文學家傳記/1002
新文學教程/911
新文學淺説/974
新文學研究/913
新文學研究法/913
新文藝辭典/912
新文藝描寫辭典/972
新文藝描寫辭典續編/972
新文藝批評談話/919
新文字與新文化運動/935
新聞報館三十年紀念册/2393
新聞報三十年紀念册/596
新聞採訪與寫作/2392
新聞工作指南/597
新聞圈外/2392
新聞史上的新時代/2392
新聞事業/2111
新聞文學概論/2392
新聞學/2392
新聞學名論集/2392
新聞學文字書目引得/2393
新聞自由論/2393
新五代史/307
新五年計劃的生産戰士/545
新武器與未來大戰/1697
新西安/395
新溪文述/1068
新戲劇講話/1607
新縣政研究/803
新縣政之管理/804
新縣制的理論/802
新縣制的實施/802
新縣制法規彙編/802
新縣制概論/804
新縣制綱要淺説/806
新縣制講演集/804
新縣制論文集/802
新縣制述要/803
新縣制與地政/802
新縣制之理論與實際/804,805(2)
新鄉縣續志/440
新小學教師應用文/1479
新校晉書地理志/1998
新寫實主義論文集/912
新興的世界教育思潮/883
新興文學概論/908
新興文藝短論/1195
新興文藝論集/597
新興藝術概論/1195
新刑法各論/866
新刑法問題義解/863
新刑法原理/864
新刑法之理論與實用/865
新刑法總論/863
新刑法總則大綱/866
新刑律集覽/864
新刑律理由箋釋/865
新刑事訴訟法精義/869
新形勢與文藝/913
新形勢與新政策/553
新性道德討論集/896
新修閿鄉縣志/442
新序/1749,1858,1902
新序校補/1885
新序校註/70
新序通檢/70
新續高僧傳四集/126
新選謎語大全/1494
新選普通尺牘/1476
新學究/1307
新學商兑/76
新學僞經考/4
新學僞經考駁誼/4
新學制公民教科書/491
新學制社會教科書/491
新眼界/247
新燕語/322
新藥業/1663
新一般戰術講授録/1697
新一軍戰鬥寫真/348
新儀象法要/1933
新譯孫子兵法/1691
新英國巨人克林威爾傳/2305
新英國與新世界之建設計劃/609
新遊記彙刊/384
新幼學句解/956
新幼稚教育/892
新幼稚園教育概論/892
新與舊/584,1428(2)
新語/51,69(2),1785,1858,2118,2215

新語校註/1750
新語林/2342
新元史/311
新元史考證/311
新原道/76
新原人/76(2)
新約全書/132,133
新粵謳解心/1322
新越南/478
新樂府/2184
新運婦女指導委員會工作八年/512
新運婦女指導委員會十周年紀念特刊/512
新運婦女指導委員會四周年紀念專號/512
新增格古要論/1946
新哲學/38
新哲學大綱/542(2)
新哲學的人生觀/37
新哲學讀本/38
新哲學教程/534
新哲學論叢/33
新哲學論集/541
新哲學漫談/33
新哲學社會學解釋辭典/2356
新哲學談話/542
新哲學體系/36
新哲學體系講話/33
新哲學之建立/38
新政治講話/718
新政治學/724
新政治學大綱/722
新政治學底基本問題/532
新鄭出土古器圖志/165
新鄭古器發見記/166
新鄭古器圖録/165
新鄭彝器/162
新知録/1362
新知録摘鈔/1856,1992
新知識辭典/966
新知言/76
新制萬年曆/1621
新制諸器圖説/1943
新中國/2350
新中國版畫集/1592
新中國大地圖/425
新中國的雛型/563
新中國的誕生/566
新中國的工商政策/592
新中國的合作社/592
新中國的婚姻問題/863
新中國的經濟/622
新中國的曙光/354
新中國的土地政策/593
新中國的新婦女/595
新中國記者手册/2392(2)
新中國金融問題/687
新中國經濟地理教程/623
新中國經濟問題講話/615
新中國論/557
新中國貿易經營指南/678(2)
新中國人物集/188
新中國未來記/2310
新中國憲法研究/863
新中國鹽業政策/1681
新中國要從我們的手裏創造出來/792
新中國與新政治/799
新中國之縣政建設/806
新中華教育概論/885
新中華教育史/874
新中華民衆教育/898
新中學論理學概論/84
新中學人生哲學/534
"新中央政權"是什麽?/282
新重慶/399
新竹臺中烈震報告/814
新竹縣山林管理所概況/1677
新主義辭典/491,967
新著國語教學法/953(3)
新著國語文法/948
新著文章作法/972
新著西洋近百年史/241
新著中國文學史/1004
新著中國文字學大綱/926
新撰白話註解千家詩/1031
新撰分類尺牘觀海/1483
新撰普通尺牘/1478
新字典/964(2)
新纂門目五臣音註揚子法言/50
新作文指導法/976
馨兒就學記/1423
馨香的没藥/235
鐔津文集/1081
信及録/254
信託法論/858
信託公司交易所精義合刻/697
信行基督教之要道/130
信陽詩鈔/2196
信仰/137
信仰指略/136
信義志稿/1176
星/1470
星變志/1855
星槎勝覽/1843,1852,2171,2180
星槎勝覽校註/473
星閣史論/2012
星閣正論/1907
星華日報三周年紀念刊/2394
星華義勇軍戰鬥史/831
星火集/1189
星經/1859,1934
星録小楷/1577
星湄詩話/1810
星命須知/1622
星體圖説/1621
星象考/1934,2175
星象統箋/1621
星巌紀遊詩/1150
星巌今志/381
星雨集/1171
星周紀事/2206
星洲日報二周年紀念刊/477
星洲日報四周年紀念刊/406
星洲十年/477
惺盦詩稿/1178
惺默齋集/1146
惺齋詩課/1793
興城縣志/430
興復哈密國王記/1851,2181
興復哈密記/2171,2189
興國論/717
興化李審言先生與東莞張次溪論文書/1753
興化李氏傳略/180
興京縣志/430
興民學校小史/2314
興寧縣志/462
興平縣志/445
興學與求學/892
興業何諏詩鈔/1151
興業縣志/462
興中會革命史要/284
刑部問寧王案/1766
刑法大意/866
刑法分則實用/866
刑法理由判解彙編/865
刑法提要/864
刑法通義/866
刑法新論/866

刑法新詮/863
刑法敘略/1916
刑法要覽/865
刑法義例/866
刑法總論/866
刑法總則/866
刑法總則釋義/864
刑具考/2270
刑事警察/527
刑事審檢實務/866
刑事審判實務/866
刑事訴訟法/869
刑事訴訟法教程/869
刑事訴訟法論/869
刑事訴訟法釋疑/869
刑事訴訟法釋義/869
刑事訴訟法通論/869
刑事訴訟法問題義解/869
刑事訴訟法新論/869
刑事訴訟法要義/869(2)
刑事訴訟實務/869
刑事訴訟條例/867
刑事訴訟條例施行條例/867
刑事訴狀程式/869
刑事特別法通義/865
刑書釋名/1916,2178
刑統/844
刑統賦/2035
刑統賦解/2035
刑統賦疏/2035
行邊紀聞/1784
行動哲學/46,1642(2)
行都紀事/1354,1721
行軍總要/332
行路難/1470
行録解脱文/1904
行年四十/1163
行人司重刻書目/1786
行書備要/1577
行素軒詩集/1185
行爲的基本原理/2350
行爲學的基礎/490
行憲法規/852
行刑之制/2270
行修應元寶誥/129
行吟的歌/1141
行吟雜録/1867
行營雜録/1330,2167
行輿日課/116
行雲流水/581
行在陽秋/251,316
行政法撮要/726
行政法各論/870(2)
行政法總論/730
行政管理/751
行政淺説/727
行政三聯制的涵義與運用/741
行政三聯制發凡/741
行政三聯制概論/726
行政三聯制文告法令輯要/740
行政三聯制與行政權的運用/726
行政訴訟及訴願/742
行政統計/748
行政文牘/1478
行政學概論/522
行政學總論/522
行政院善後救濟總署河南分署業務報告/743
行政院善後救濟總署稽核規程彙編/743
行知詩歌集/1178
行知詩歌選/1176
行總之食糧賑濟/742
形而上學序論/85
形聲輯略/923
形聲字典/967
形勢比人還强/243
形勢心理學原理/1640
滎陽紀事/1069
省盦法師勸發菩提心文/108
省躬草堂同門録/518
省吾廬詩存/1147
省心短語/1898
省心録/1897
省心詮要/1727
省齋集補鈔/1049
省齋詩餘/1211
醒世恒言/1379
醒世千家詩/1034
醒世文/332
醒世姻緣/1386
杏花寶卷/1315
杏花天鼓詞/1319
杏花香雪齋詩/1115
杏林擷秀/1251
杏林莊/1271
杏樓詩餘/1114
杏樓吟草/1114
杏廬遺集/1116
杏軒醫案/1652
姓解/2006
姓氏考略/2006
姓觿/2007
姓觿刊誤/2007
幸草亭詩鈔/1120
幸存録/251,316
幸福/1158,1444
幸福的泉源/1468
幸福之家/1300
幸蜀記/1731
性的危機/1634
性教育新論/1634
性理精義/54
性理淺説/2161
性理學大義/50
性命古訓辨證/42(2)
性史/1634
兄妹開荒/1604
匈加利愛國者噶蘇士傳/2305
匈奴民族考/172
匈奴史/174
匈牙利叛國案/484
胸潮/1185
雄縣新志/435
雄崖區王村區九、十兩月份對頑反特政治攻勢簡單總結/563
熊廷弼評傳/199
熊勿軒先生文集/1973
熊希齡呈請查辦京東河道案件書/377
熊魚山文集/1097
休復居詩集/1110
休寧陳研樓傳家格言/1489
休寧衛溪程氏烈婦合傳/194
休息/1185
修懺要旨/118
修辭的方法/973
修辭格/908,976
修辭鑒衡/978
修辭講話/911
修辭學/972(2),976
修辭學比興篇/976
修辭學發凡/977(2)
修辭學發微/973
修辭學講話/976
修辭學提要/978
修辭學通詮/976
修辭學要略/973
修辭餘鈔/2221
修訂平劇選/1283

修訂浙江全省輿圖並水路道里記/428
修防瑣志/374
修改税則案/825
修改税則始末記/682
修齡要指/2177
修齊直指評/2248
修齊治平語録/48
修身寶璧/91
修身詩教/88(2)
修唐書史臣表/2020
修慝餘編/1898
修文御覽/1751
修武縣志/440
修習般若波羅蜜菩薩觀行念誦儀軌/105
修學指導/595
修養指南/572
修真辨難/2024
修真九要/2024
修真蒙引/142
修正國際裁判常設法庭規約議定書暨美國加入國際裁判常設法庭規約議定書批准案/835
修正上海輸入物價指數説明/602
髹飾録/1601,1746
朽木舟/1522
秀華續詠/1838
秀萍室詩稿/1165
秀容掃琴/1317
秀水董氏五世詩鈔/1790
秀子姑娘/1435
岫巖縣志/429
岫巖志略/1867
袖海樓文録/2279
袖海樓雜著/2279
袖珍廣東分縣明細圖/428
袖珍中華新輿圖/424
袖中記/1343
繡川陳氏宗譜/176
繡谷亭熏習録/2039
繡譜/1542,2051
繡襦記/2051
繡像大明奇俠前後傳/1390
繡像第九才子書捉鬼傳/1389,1390
繡像訂正隋煬帝豔史/1383
繡像閨門秘術/1391
繡像郭秀下兩廣/1319
繡像紅燈記/1319
繡像繪圖兩晉演義/1382
繡像繪圖雙鏢記/1319
繡像金鞭記/1381
繡像金臺全傳/1391
繡像吕純陽三戲白牡丹/1282
繡像緑野仙蹤/1387
繡像蜜蜂記寶卷/1315
繡像南宋飛龍傳/1383
繡像全圖包公奇案/1384
繡像四才子平山冷燕/1388
繡像素梅姐全傳/1391
繡像太平天國演義/1175
繡像五龍傳/1319
繡像西湖緣全傳/1381
繡像新紅樓夢/1386
繡像瑶華傳/1386
繡像英雄淚/1389
繡像雲外飄香百花臺/1319
繡餘草/1134
繡子先生集/1108
盱江集補鈔/1049
盱江集鈔/1044
胥石詩文存/1104
虚詞典/948
虚谷閒鈔/1330,1354
虚靖真君詞/1208
虚空樓閣/111
虚空樓閣答問　樓閣音聲/112
虚心的人/2319
虚雲老和尚事跡/126
虚齋名畫續録/1564
虚齋樂府/1229,1235
虚助詞典/946
虚字表神/951
虚字使用法/950(2)
虚字説/1931
虚字指南/951
須静齋雲煙過眼録/1541
須曼精廬算學/1618
須溪詞/1212
須溪集/2202
須溪先生校本王右丞集/2123
徐處長在太行區司法會議上之總結報告/751
徐大總統詩集/1132
徐電發楓江漁父小像題詠/1538
徐都講詩/1099
徐豐厓詩談/2245
徐幹中論/1785,2119,2137
徐公集/1080
徐公橋/898
徐公文集/1080,2143
徐光啟/199
徐廣晉紀/2083
徐海本末/1840
徐海水/582
徐季和先生橋梓遺稿/1115
徐季龍先生遺詩/1154
徐君曰哲哀思録/212
徐郎小傳/1822
徐烈婦詩鈔/1096
徐靈胎醫書三十二種/1646
徐邈易音註/2071
徐母郝太夫人褒揚徵文録/216
徐母罵曹/1286
徐娘自述詩記/1830
徐騎省集/1080,2126
徐清正公詞/1211
徐森玉集拓漢魏石經殘字/159
徐上海特刊/1095
徐氏本支敘傳/2276
徐氏醫書十六種/1645
徐世昌/212
徐壽臧年譜/225
徐樹錚秘史/212
徐樹錚軼事/212
徐樹錚正傳/212
徐水縣新志/434
徐俟齋先生年譜/230,2296
徐天池墨筆山水人物花卉册/1580
徐偉長集/1016
徐文長故事集/1494
徐文長全集/1097
徐文長逸稿/1014
徐文定公集/1095
徐文定公逝世三百年紀念文彙編/199
徐文惠存稿/1019
徐錫麟傳/788
徐霞客遊記/383(3)
徐霞客遊記附圖/383
徐襄陽西園雜記/2245
徐孝穆集/1073,2122,2140
徐孝穆集箋註/1073
徐星伯小集/2191
徐徐集/2240
徐旭生西遊日記/385
徐巡按揭帖/2184
徐偃王志/2241
徐愚齋自敘年譜/229
徐元歎先生殘稿/1968
徐志摩創作選/1140

徐志摩傑作選/1140
徐志摩年譜/232
徐志摩選集/1025
徐州續詩徵/1067
徐籀莊年譜/2055
栩園叢稿/1180
栩園叢稿初編/2326
許白雲先生文集/1090
許昌縣志/440
許地山語文論文集/925
許鼎霖墓志/1577
許國公奏議/1919
許季茀先生事略/199
許傑短篇小説集/1409
許魯齋集/1973
許梅屋樵談/2244
許欽文創作選/1411
許然明先生茶疏/1943
許慎淮南子註/1904,2081
許氏詩譜鈔/1814
許氏説文解字雙聲疊韻譜/2275
許文肅公外集/1115
許學測議/929
許學考/929
許學四書/929
許學四種/929
許彦周詩話/1797,1978
許用晦文集/2048
許玉孫先生暨陳淑姝夫人珠婚詩畫集/208
許雲邨貽謀/2245
許鄭經文異同詁/2303
許鄭學廬存稿/1108
旭齋文鈔/2225
畜德録/1853,1923
敘事詩/959
敘述文範/956
敘圃詞/1238
敘異齋文集/1135
敘永縣志/449
緒訓/1730
緒言/1907,2223
續安陽縣志/441
續百家姓印譜考略/2185
續板橋雜記/1836
續辦福建廈龍鐵路計劃書/674
續辨別録/1901
續博物志/1712,1935,2062
續補漢書藝文志/1775
續補寰宇訪碑録/2297
續補彙刻書目/2297
續補侍兒小名録/1816,2208
續補虞鄉縣新志/443
續詞品/2041
續詞選箋註/1227
續丹徒縣志/454
續杜工部詩話/2060
續對數簡法求表捷術之一/1933
續二十年目覩之怪現狀/1394
續方言/952,1929,2223
續方言補正/1929
續方言新校補/2290
續封泥考略/155
續公羊墨守/21(2)
續古文筆法百篇/1061
續古文辭類纂/1058
續古文觀止/1059
續古文苑/1057,1954
續古逸叢書/2047
續古摘奇演算法/1932
續穀梁廢疾/21
續海上繁華夢/1394(2)
續漢書辨疑/1774,1888
續漢書志瑣言/2271
續漢書志註補校正/1885
續漢書志註書目/2271
續和戰問題之討論/345
續河南通志/440
續紅樓夢/1386(2)
續後漢書/303,2015,2016,2147
續後漢書札記/303,2015,2016
續畫品/1545,1554,2028
續畫品録/1349,1546,1554,1759,2028
續彙刻書目/2362
續積善録/1736
續雞肋/1738
續髻鬟品/1832
續校讎通義十七篇/2314
續結婚十年/1451
續今古奇觀/1380
續近思録/73,1906
續晉陽秋/2017
續考古圖/1945
續梁溪詩鈔/1068
續列女傳/2118,2136
續吕氏家塾讀詩記/1955,2146
續孟子/52
續名賢小記/1878
續墨客揮犀/1723,1877,2185
續墨子閒詁/63
續孽海花/1399
續平度縣志/437
續齊諧記/1340,1737,2064
續前定録/1745
續黔書/2003,2242
續竊聞/1021
續清涼傳/1861
續瓊花集/508
續秋草倡和詩/2311
續三十五舉/1539(2),1593,1845,1945,2101
續騷堂集/2239
續詩話/2028
續詩品/998
續詩人玉屑/984
續世説/1861,1987,2328(2)
續事始/1718
續釋常談/1358,1727,1895
續釋名/928,1928(2)
續書法論/1547,2061
續書譜/1554,1741,1797,1951
續樞言/1915
續數學/1934
續巳編/1362
續宋編年資治通鑒/2021
續宋中興編年資治通鑒/309
續宋中興編年資治通鑒校/1886
續搜神記/1715
續訴琵琶/1279
續談助/1892
續唐書/1777,2020
續天文略/2224
續天下郡國利病書/365
續天下名山勝景記/378
續骫骳説/1728
續文章緣起/1981
續吴郡志/1872
續吴先賢贊/1853,2009
續武陟縣志/440
續西行漫記/341(2)
續俠隱記/1525
續仙傳/1730,2108
續賢妮小傳/1530
續嘐嘐言/2261
續小五義/1389
續笑裏刀/1526
續新金瓶梅/1383
續刑法敘略/1916,2265
續滎陽縣志/442

續幸存録/251,316
續修博山縣志/438
續修廣饒縣志/437
續修南鄭縣志/444
續修平原縣志/437
續修四庫全書提要/2373
續修嵩明州志/463
續修無棣縣志/439
續修中牟縣志/442
續黏體連珠/1821,2041
續一個青年底夢/1300
續一切經音義/113
續夷堅志/1985
續音説/938
續殷文存/161
續甬上耆舊詩/1068
續幽怪録/1347,1376,1719,1764,2172
續幽明録/1340
續虞山畫志/1558
續藏史鑒/125
續棹歌/2265
續竹譜/1737
續資治通鑒/290(4)
續纂清河縣志/453
續左氏膏肓/21
續佐治藥言/1918
宣傳部現行法規彙輯/795
宣傳法規彙編/795
宣傳書刊目録/2361
宣傳心理研究/501
宣大山西三鎮圖説/1765
宣德別録/314
宣德鼎彝譜/1541,1945,2051,2150
宣德彝器譜/2051
宣德彝器圖譜/2051
宣和北苑貢茶録/1359,1735
宣和奉使高麗圖經/471(2),1787,2004
宣和奉使高麗圖經校/1886
宣和畫譜/1952,2028
宣和臨古十七家/1580
宣和六鶴圖/1579
宣和論畫雜評/1546,1556
宣和石譜/1720
宣和書譜/1951,2028
宣和遺事/1329,1381(2),2037
宣化盆地/418
宣化縣新志/464
宣講拾遺/89
宣教事業平議/135
宣靖妖化録/1730
宣爐博論/1541
宣爐歌註/1541
宣爐彙釋/162
宣爐小志/2051
宣南零夢録/1250
宣南雜俎/1249
宣室志/1729,1757,1985
宣統帝大婚記/335
宣統政紀/335
宣威縣志/463
宣驗記/1340
宣政雜録/1724,2169
宣宗皇帝御製詩/1849
宣宗御製詩/1967
軒渠録/1355,1716
玄蓋副草/1094
玄機通/1804
玄覽堂叢書/1765
玄覽堂叢書續集/1767
玄廬文存/1417
玄秘塔集字範本/1559
玄妙洞天記/1832
玄妙經/128
玄賞齋書目/2379
玄武湖之秋/1474
玄武湖志/377
玄武門之變/1435
玄奘/126(3)
玄真子/1904
玄真子外篇/55
玄中記/1715
旋風二十年/469
旋磨蟻/1171
漩渦裏外/1447
璿璣錦/1279
懸笥瑣探/1331,1361
懸笥瑣探摘鈔/1855,1990
懸榻齋集/1787
懸崖之戀/1311
選佛譜/110
選舉法綱要/847
選舉文件/591
選舉沿革表/2291
選例彙鈔/2293
選詩/1026
選詩叢話/1000
選詩句圖/1796,1956
選學膠言/1754
選學齋書畫寓目筆記/1557
選擇正宗/98
選針三要集/1656
選註規李/1954
薛苞認母/1270
薛伯陵將軍指揮之德安萬家嶺大捷回憶/348
薛方山紀述/1897
薛敬軒先生文集/1974
薛靈芸傳/1339
薛仁貴/1262
薛仁貴征東/1390
薛仁貴征東考/307
薛濤詩/2069
薛文清公讀書録/1906
薛諧孟先生筆記/317
薛瑩漢後書/2082
薛虞易音註/2072
薛著憲政論/723
薛子道論/1801,1906(2)
薛子庸語/1093
學蔀通辨/1786,1907
學詞初步/1200
學鐸社叢書/11
學佛實驗譚/113
學福齋雜著/1896
學古編/1539,1554,1945,2104
學古發凡/147
學古瑣言/1896
學詁齋文集/1772
學規類編/1907
學海類編/2172
學海書院圖書館書目/2378
學畫秘訣/1349
學畫淺説/1539
學畫雜論/2059
學箕初稿/2131
學津討原/2172
學科考略/1918
學禮/1924
學禮録/20
學林/1894,2218
學圃餘力/1332
學圃雜疏/1936
學曲例言/1254
學山堂書録/2369
學山堂印存/1595
學射録/1954
學生創作選甲集/978
學生詞典/962
學生辭源/966
學生從軍紀實/344

學生國學問答/2348(2)
學生救國全史/355
學生漫畫/1587
學生相/1587
學生與藝術/1195
學生字典/964,966
學生作文指導/974
學詩辨體法/984
學詩初步/984
學詩初稿/1038,2251
學詩筏程/983
學詩入門/988
學詩指南詩法菁華/983
學壽堂日記/1488
學壽堂詩集/1132
學壽堂詩説/15
學書筆法精解/2061
學書雜論/2059
學術辨/1907
學術叢編/2182
學術論叢/2341
學術思想論文集/1062
學術文/45
學術研究與國家建設/2346
學術演講集/2333
學術演講録/2342
學統/2007
學文示例/956
學問之增進/238
學務調查/881
學習定律分析/887
學習國文的新路/959
學習生活/2351
學習與戰鬥/2334
學習之基本原理/887
學校風潮的研究/519
學校黑幕/1414
學校家庭傳染病預防消毒及救急療法/1661
學校兼辦社會教育/885
學校劇/1606,1607
學校令及學校規程/882
學校圖書館學/2389
學校問/1923
學校戲劇概論/1247
學醫隨筆/1937,2175,2263
學易筆談/10
學易叢見/11
學易集/1961
學易記/1899
學易居筆録/1897
學蔭軒集/1123
學吟/1038
學庸講義/2226
學庸新義/27
學庸正説/27
學源堂文集/1099
學樂録/1769
學齋佔畢/1742,1793,1894
學制/873
學制改革論/882
學治説贅/1918
學治續説/1918
學治臆説/1918
雪/1444,1451
雪庵字要/1879
雪朝/1054(2)
雪窗漫稿/2295
雪窗先生文集/2232
雪窗小集/1041
雪村編年詩剩/2254
雪的除夕/1418
雪竇頌古集/1081
雪峰覆瓿集/1179
雪峰文集/1024
雪峰志/372
雪鴻詞/2243
雪鴻集/871
雪鴻淚史/1395(2)
雪鴻堂詩搜逸/2242
雪鴻小記/1369,1837
雪湖先生文集/2264
雪湖先生遺著/2264
雪花園/1526
雪華館叢編/1790
雪屐尋碑録/1870
雪交亭正氣録/2232
雪林删餘/1039
雪樓集/2217
雪樓紀事/275
雪樓樂府/1230
雪梅寶卷/1314
雪泥廬詩集/1185
雪泥屋遺書目録/2371
雪蓬稿/1041
雪坡舍人集/2202
雪坡小稿/1038
雪橋詩話/998
雪橋詩話三集/998
雪橋詩話續集/998
雪橋詩話餘集/998
雪山寶卷全集/1314
雪山詞/1210
雪山集/1961,2217
雪市孤蹤/1527
雪堂藏古器物目録/149
雪堂叢刻/1805
雪堂金石文字跋尾/2295
雪堂墨品/1538,1943,2068
雪堂書畫跋尾/2296
雪堂校刊群書敘録/2295,2360
雪堂所藏古器物圖説/2295
雪堂專録/155
雪濤談叢/1366
雪濤小書/2164
雪翁詩集/2232
雪壓軒集/1175
雪巖集鈔/1051
雪巖吟草/1037
雪巖吟草甲卷忘機集/2035
雪夜/1430
雪宧繡譜/2051
雪與村莊/1151
雪舟脞語/1734
血泊鴛鴦/1526
血潮彙刊/352
血花集/192
血淚仇/588,1286,1287,1310
血淚黄浦史/1393
血淚交流話廣州/410
血手印/1423
血書/1514,2342(2)
血寫的故事/568
血液型/1667
血與淚/1404
血債/353
血戰八年的膠東子弟兵/583
血戰南口記/347
血戰在晉冀魯豫邊區/561
吷盦詞/1238
壎篪酬唱集/2303
壎箎集/2281
巡檢招婿/1371
荀綽晉百官表註/2085
荀綽晉後略/2083
荀卿學案/67
荀爽易言/2070
荀註訂補/67
荀註訂補補/67
荀子/50,51,67(6),1902,2087,

2118,2136
荀子補釋/2317
荀子詞例舉要/2316
荀子讀本/67
荀子非十二子篇釋/46
荀子柬釋/67
荀子教育學説/68
荀子校/1886
荀子斠補/2317
荀子精華/2092
荀子考異/2089
荀子評諸子語彙釋/2309
荀子學説/2161
荀子學説研究/67
荀子研究/67
荀子哲學/68
荀子哲學綱要/67
荀子正名篇/2310
尋常語/2281
尋芳詠/1968,2108
尋夢記/1424
尋夢者/1412
循分新書/87
循夫先生集/1093
循環日報六十周年紀念特刊/2393
循園古塚遺文跋尾/157
詢蒭録/1930,2188
潯溪紀事詩/2258
潯陽紀事/2200
潯陽江/1371
殉難姓名録/457
殉情/1312
殉身録/2009
訊翂/1279
訓導討論會訓詞選輯/784
訓導原理/888
訓詁學引論/927
訓練的目的與訓練實施綱要/776
訓蒙摘要/136
訓女寶箴/93(2)
訓俗遺規/86
訓育論/889
訓育原理與實施/888(2)
訓真書屋遺稿/1116
訓正東洋史地人名日漢滿同文辭林/182
訓政時期地方行政計劃/802
訓政時期調查户口之意見/612
訓子言/1922
巽齋小集/1039
遜國記/1364
遜齋文集/1115
遜志齋集/1092(3),2131
遜渚唱和集/1020
愻盦詩集/2326
愻盦四六文/2326
愻盦文集/2326
濬縣彝器/162
顨盦集/1118

Y

鵶岡鄉陳氏族譜/180
鵶片事略/254,525
鵶片戰争前中英交涉史料/285
鵶片戰争史/328(2)
鵶片戰争史事考/329
鵶片之今昔/526
鴨緑江上/1446(2)
鴨子/1156
牙牌神數/98
牙婆罪惡史/525
厓山集/1878
雅安縣志/446
雅典小史/2305
雅林小稿/1038
雅舍小品/1159
雅學考/928
雅園居士自敘/2088
亞澳工會會議介紹/660
亞麗安娜/1443
亞媚女士别傳/1526
亞森羅蘋俠盜案/1510
亞細亞的怒潮/1300
亞細亞民族第一次大會始末記/466
亞洲各國史地大綱/248
亞洲古兵器與文化藝術之關係/163
亞洲史/2314
亞洲談藪/248
亞洲文化論叢/248
咽喉脈證通論/1939
胭脂紀事/1815
崦樓遺稿/1121
焉用齋遺集/1129
煙波釣叟歌/98
煙波釣叟歌直解/2289
煙草産銷/1675
煙草路/1513
煙畫東堂小品/2190
煙火馬/1529
煙禁問題/525
煙酒税史/709
煙苗季/1455
煙圈/1468
煙絲集/1417
煙臺要覽/394
煙艇永懷/1841,2206
煙霧/1442
煙霞伴侶/1462
煙霞草堂文集/1117
煙霞萬古樓詩選/1970
煙霞萬古樓文集/1977
煙葉/656
煙葉及捲煙葉須知/657
煙嶼樓讀書志/2331
煙嶼樓書跋/2368
煙雲供養録/1562
煙雲集/1432
燕北雜記/1715
燕楚遊驂録/389
燕大三年/902
燕丹子/54,1375,1847
燕都叢考/391
燕都風土叢書/391
燕都名伶傳/1251
燕都名勝志稿/1753
燕都商榜圖/1589
燕歸來簃隨筆/1251
燕京大學畢業同學録/904
燕京大學畢業資料/902
燕京大學藏殷契卜辭/153

燕京大學代哈佛大學購書收據/516
燕京大學近代文编/957
燕京大學圖書館概況/2390
燕京大學圖書館目録初稿/2389
燕京大學圖書館使用法/2390
燕京大學宗教學院簡章/902
燕京訪古録/390,1753
燕京紀遊/392
燕居修史圖志/1753
燕蘭小譜/1248
燕青博魚/1262
燕市百怪歌/1753
燕市風沙録/1292
燕市負販瑣記/1753
燕市貨聲/1753
燕市雜詩/1968
燕書/2019
燕宿崖/1458
燕臺筆録/1997,2178
燕臺鴻爪集/1248
燕臺花史/1251
燕臺花事録/1249,1833
燕臺集豔/1251
燕臺再遊録/385
燕魏雜記/2001
燕下鄉脞録/1864
燕志/2019
燕子丹傳/1984
閼逢困敦集/2325
延安大學概況/903
延安的女性/512
延安訪問記/395
延安風光/395
延安歸來/353(2)
延安見聞録/353
延安《解放日報》/2393
延安内幕/396
延安生活/1198
延安新文字獄記詳/571
延安一月/395
延陵吴宅催領户簿/709
延露詞/1221,1236
延平二王遺集/1768
延慶州志/464
延秋室詩稿/1135
延壽寶卷/1314
延壽第一紳言/1941,2177
延壽客齋遺稿/1117
延綏攬勝/396
言舊録/228
言錢别録/688
言文對照高等新文範/1064
言文對照漢譯日本文典/1504
言文對照女子尺牘大全/1477
言文對照新撰女子尺牘大全/1477
言文譯範/956
言行先河/87
言醫選評/1643
言語學大綱/907
言語學概論/907
言語學通論/907
岩石發生史/1629
岩石學/1629
沿邊十郡考略/2276
炎徼紀聞/173,1840,1852,2023,
2095,2171
炎徼瑣言/1768
研幾圖/1906
研究各國變更庚款辦法意見書/826
研究論文格式舉要/2361
研究拼形簡字母之一得/960
研究殷代年曆的基本問題/1622
研史/1547
研堂見聞雜記/256
研習資本論入門/537
揅經室集/1107,1108,1965,2133
揅經室詩録/1970
揅經室續集/1108,1965
顔李叢書/1768
顔魯公集/1076,2123
顔魯公書裴將軍詩卷/1568
顔魯公文集/2140
顔師古年譜/225
顔氏家藏尺牘/1481,1994
顔氏家訓/86,92(2),1343,1751,
1859,1922,2069,2087,2120,2247
顔氏家訓斠記/2088
顔氏學記/75(2),1856
顔氏族譜/179
顔書编年録/2066
顔習齋先生辟異録/1922
顔習齋先生年譜/2010
顔習齋先生言行録/1907
顔習齋哲學思想述/75
顔延年集/1017
顔元與李塨/75
顔真卿韻海鏡源/2076
顔子/1739
閻伯川先生復興言論集/782
閻伯川先生救國言論選集/782
閻伯川先生南行言論集/782
閻伯川先生言論類編/782
閻伯川先生與山西政治的客觀記述/
233
閻伯川先生最近言論集/782
閻古古集/1097
閻古古年譜/227
閻潛邱先生年譜/2010
閻司令長官對軍隊政治工作之指示/
750
閻司令長官建軍的理論與實施/1693
閻司令長官抗戰復興言論集/781
閻錫山批判/580(2)
閻院長博採衆議録/782
閻貞憲先生遺稿五種/1102
嚴範孫先生手劄/1485
嚴芙孫説集/1401
嚴復思想述評/1123
嚴幾道年譜/232
嚴幾道詩文鈔/1123
嚴廉訪遺稿/1426
嚴陵集/1954
嚴彭祖春秋盟會圖/2074
嚴氏兄弟/585
嚴修能手寫宋本東萊書説/12
嚴譯名著叢刊/2297
嚴重的香港/410
嚴州金石録/168
嚴州圖經/2002
巖窟藏鏡/164
簷曝偶談/1331,1363
簷醉雜記/1789
巖陵講義/1906
巖棲幽事/1908
巖下放言/1355,1725
鹽埸/1430
鹽城縣志/453
鹽城魚節母陳太夫人褒榮録/194
鹽的故事/1434
鹽法考略/1916
鹽法起草經過及社會輿論/744
鹽法私礬私茶酒禁同居丁年考/2271
鹽法通志/745
鹽警章則/745
鹽山新志/436
鹽鐵論/606(3),1750,1785,1847,
2044,2118,2136
鹽鐵論集釋/606
鹽鐵論考證/2044
鹽鐵論校補/1885

鹽務法令彙編/745
鹽務革命史/745
鹽務合作問題/1681
鹽務會計統計人員應用法令手册/745
鹽務稽核所統計報告書撮要/744
鹽務討論會會議彙编/744
鹽務通令彙編/745
鹽邑志林/2244
鹽章彙録/745
鹽政辭典/744
鹽政叢刊/746
鹽政概要/744
鹽政彙編/745
鹽專賣法規彙編/745
奄城金山訪古記/168
弇州山人詞評/1202
衍波詞/1221,1982,1983
衍極/1548
衍洛圖説/2264
衍琵琶行/1817
衍祥堂述聞/1489
偃曝餘談/1332
眼睛亮了/582
眼科錦囊/1656
眼科名詞辭彙/1663
郾城縣志/442
演繁露/1734,1848
演講初步/922
演講集/772
演講術/923
演講術例話/922
演講・雄辯・談話術/922
演劇漫談/1607
演劇術/1606
演劇藝術講話/1607
演孔/60
演連珠編/1974,2188
演説學/923
演説學 ABC/922
演説學大綱/923
演説學概要/923
演算法通變本末及其他三種/1933
演習計劃及實施/1690
演新戲/582
儼山纂録/1800,1895
彦周詩話/985,2027
晏海澄先生年譜/231
晏元獻遺文/1020
晏子/54
晏子春秋/53,61(4),1902,2044,2101,2117,2136
晏子春秋補釋/2317
晏子春秋集解/61
晏子春秋校補/2317
晏子春秋校補定本/2317
晏子春秋校正/1885
晏子春秋校註/61
晏子春秋音義/1930
堰頭黄氏宗譜/176
硯箋/1591,1948,2114
硯林脞録/1591
硯林拾遺/1540
硯林印款/1544
硯録/1539,1845,1892,1947,2177
硯譜/1742,1798
硯史/1543,1742,1798,1943,2215
硯亭詩鈔/1111
硯谿先生遺稿/1752
硯小史/1591
雁蕩山/369
雁門關/1269
雁山吟/1020
雁影齋讀書記/2368
雁影齋詩/2039
燕蹴筝絃録/1396
燕峰詩鈔/2273
燕几圖/1944
燕郊集/1198
燕寢考/2100
燕寢怡情/1581
燕石近體樂府/1214
燕石札記/2341
燕喜詞/1982,2154,2252
燕閒清賞箋/1546
燕翼詒謀録/1329,1745,2167
燕樂考原/1603,1953,2102,2222
燕知草/1496(2)
燕子箋傳奇/1281
燕子箋記/1280
燕子山僧集/1168
贋爵案/1531
鷃林子/1992
鹽囮二則/1333,1816,2208
鹽史十二種/1369
鹽體連珠/1816,2041,2212
鹽雪軒隨記/2260
鹽陽天/1305
鹽異編/1376
秧歌劇初集/1288
秧歌劇選集/1287
秧歌劇與花燈戲/1604
秧歌論文選集/1287
鴦摩館詞鈔/2311
羊城八景全圖/2339
羊棚外的奇遇/1502
洋鐵桶的故事/1473
陽春白雪/1257,1862,1981
陽春集/1209
陽復齋詩偈集/110
陽穀縣志/439
陽關三迭/1605
陽江志/462
陽九述略/2268
陽明全集/1092
陽明全書/1092
陽明先生保甲法/1920
陽明先生傳纂/74
陽明先生鄉約法/1920
陽明學/74
陽明學派/73
陽明與禪/77
陽明與禪書後/77
陽明哲學講話/74
陽明至良知學/74
陽山志/1810
陽武縣志/442
陽羨名陶録/1537,1813
陽羨茗壺系/2068
陽羨摩崖記略/2053
陽羨砂壺圖考/168
陽信縣志/439
陽休之韻略/2076
陽原縣志/465
陽宅辟謬/1922
陽宅撮要/1845
陽宅大全/101(2)
陽宅紫府寶鑒/101
揚城殉難續録/2228
揚荷集/1238
揚雄蒼頡訓纂/2075
揚雄説故/2274
揚州北湖續志/2229
揚州變略/252
揚州城守紀略/2228
揚州叢刻/2227
揚州鼓吹詞序/2000,2228
揚州畫苑録/2228
揚州夢/1264,1335
揚州夢記/1351,1762,1985,2228

揚州名勝録/2227
揚州瓊花集/2228
揚州芍藥譜/1799,1936,2150,2228
揚州十日記/251,316,2228
揚州水利論/2229
揚州吴氏測海樓藏書目録/2381
揚州萸灣勝覽/2229
揚州輿地沿革表/2228
揚州禦寇録/2228
揚州竹枝詞/2228
揚子/1739
揚子法言/51,70(3),2119,2137
揚子法言集解/70
揚子法言校補/2318
揚子江防洪問題之初步計劃/1685
揚子江防汛專刊/1686
揚子江漢口吴淞間整理計劃草案/1685(2)
揚子江航業/675
揚子江流域地文發育史/1627
揚子江流域巫山以下之地質構造及地文史/1628
揚子江灤白河幹支流堵口復堤工程/1685
揚子江水道整理委員會第六、七期年報合編/1685
揚子江水利考/373
揚子江下游鐵礦志/1627
揚子江之秋及其他/385
揚子江之水利/373
揚子前綫/348
揚子雲集/1015
暘谷漫録/1353,1739
楊伯起碑/1567
楊娼傳/1762
楊朝臣是退伍軍人的旗幟/587
楊承慶字統/2076
楊誠齋詩/1085
楊楚孫先生詩集/1133
楊大洪集/1975
楊大洪先生忠烈實録/1792
楊大瓢先生雜文殘稿/2257
楊娥傳/1822
楊公梅南哀思録/216
楊公政績紀/2011
楊龜山集/1085,1972
楊貴妃之死/1292
楊濠叟篆書詩經真跡/1576
楊輝演算法剳記/1933
楊會崖的伏擊/562
楊椒山先生言行録/199
楊靖宇和抗聯第一路軍/592
楊聯陞日記/212
楊了公先生手寫詩詞稿/1163
楊林兩隱君集/1069
楊龍友山水册/1566
楊麽事跡考證/309
楊墨哲學/50
楊岐山詩集/1163
楊淇園先生年譜/227
楊泉物理論/2080
楊氏易傳/2230
楊氏重闈紀念二集/203
楊太后宫詞/1957
楊太真外傳/1348,1728,1762
楊文公談苑/1356,1722
楊文襄公集/2155
楊文襄公事略/199
楊文毅公集/2156
楊文懿公文集/2239
楊杏佛講演集/603
楊杏佛文存/1163
楊沂孫篆書法帖/1576
楊盈川集/2123,2140
楊忠烈公、左忠毅公遺札合璧/1484
楊忠愍公傳家寶訓/1786
楊忠愍公集/1974
楊忠愍公全集/1094
楊忠愍公遺筆/1922
楊朱/65(2)
楊朱的著作及其學派考/50
楊著中國金融論/686,687
楊祖岐山復品昇仙理育醒世鐸/127
煬帝海山記/2166
煬帝開河記/1731
煬帝迷樓記/2166
仰逋居遊記/385
仰山脞録/1365
仰視千七百二十九鶴齋叢書/1806
仰子遺語/1804,1897
養復園詩集/1150(2)
養和精舍詩鈔/1153
養雞學/1677
養菊法/1550
養菊須知/1550
養廬詩文稿/1163
養蒙先生詞/1213
養民經濟論/608
養生膚語/2178
養壽詩歌/1034
養壽園奏議輯要/733
養吾齋詩餘/1214
養閒草堂圖記/2186
養小録/1942,2178
養心亭集/2239
養魚經/1720,1801
養園剩稿/2238
養真草廬詩集/1118
養真室詩存/1129
養真堂詩鈔/1174
養正録/2226
養正軒琵琶譜/1606
養正遺規/86
養拙齋詩存/1114
妖婦齊王氏傳/1820
妖怪學講義總論/96
妖妄傳/1765
姚黄集輯/2059
姚姬傳文/2093
姚江詩録/1068
姚梅伯題任渭長人物/1582
姚秦寫本僧肇維摩詰經解殘卷校記/2314
姚少監詩集/2125,2142
姚叔祥見只編/2246
姚文敏公遺稿/1964
姚惜抱先生文稿/1576
姚信易註/2071
姚雨平先生革命史/788
姚樂年樂郊私語/2244
姚雲東年譜/1788
窑工/1307
窑器説/1537
堯峰文鈔/2132
堯山堂曲紀/1241
遥遠的愛/1439
遥遠的城/1408
瑶峰集/1868
瑶歌/1995
瑶民概況/173
瑶山散記/173
瑶山詩草/1181
瑶臺小録/1250
瑶臺片玉/1820,1823,1836,2212
謠言的心理/501
要籍解題及其讀法/2308
藥方論/1644
藥房詞/1215
藥房樵唱/2251
藥療學/1666

藥品名彙/1663
藥婆罪惡史/525
藥譜/1350,1760
藥師瑠璃光如來本願功德經/109
藥堂雜文/1177
藥王考與鄭州藥王廟/1659
藥味集/1177
藥物名彙/1664
藥性切要/1646
藥性詩解/1646
藥學名詞/1664
藥言/1922,2050
藥用植物/2324
藥用植物實驗栽培法/1636
藥徵/1658
藥徵續編/1658
藥症忌宜/1653,2066
藥治通義/1656
椰子集/474
椰子與榴槤/1304
耶教入門/95
耶律楚材西遊録今釋/2301
耶律文正年譜/2283,2287
耶穌基督/139
耶穌生活/139
耶穌小傳/139
耶穌眼裏的中華民族/140
耶穌之死/1430
耶穌傳/139
也頻詩選/1162
也頻小説集/1469
也是録/254,316
也是山人醫案/1653
冶父山志/370
冶遊賦/1824
冶遊自懺文/1825
野百合花/598
野菜博録/1636
野草/2320,2321
野處類稿/2202
野服考/1543
野谷詩稿/1037
野鴻詩的/997
野火/1473
野火花/1303
野火集/1181
野獲/317
野記/2170
野記及其他三種/1987
野客叢書/1717,1894,2061
野玫瑰/1312
野鳥集/1424
野薔薇/1428,1432
野人閒話/1357,1720
野人清嘯/1968,2108
野史/1728
野説/1729
野叟曝言/1387
野棠軒全集/1134
野棠軒詩集/1134
野棠軒文集/1134
野外勤務書摘要/1691
野外詩/2206
野香亭集/1022
野心家/1304
野雪鍛排雜説/1718
野戰工兵廠勤務令/1700
野戰炮兵兵器保存白話問答/1703
野戰炮兵操典/1703
野戰炮兵操典草案/1703(2)
野戰炮兵初級軍官白話應用戰術/1703
野戰炮兵射擊教範/1703(2)
野戰築壘教範/1704
夜/909
夜奔/1412
夜叉傳/1765
夜店/1305
夜讀鈔/1177
夜讀書記/2357
夜風/1159
夜工/1441(2)
夜光杯/1293
夜航集/1185
夜記/1138
夜景/1469
夜哭/1153
夜獵記/1449
夜漫漫/1294
夜深沉/1056
夜宿集/1412
夜霧/1457
夜行集/1146
夜鶯曲/1423
夜雨秋燈録/1864
掖縣四續志/438
葉案批繆/1646
葉伯/1469
葉大嫂摇船渡江/585
葉光大堂世守書/92
葉劍英抗戰言論集/552
葉靈鳳創作選/1172(2)
葉青哲學批判/491
葉紹鈞代表作選/1172
葉紹鈞文選/1172(2)
葉紹鈞選集/1025
葉聖陶文集/1024
葉氏菉竹堂碑目/1949
葉氏印譜存目/1593
葉天寥年譜/227
葉天寥四種/1013
葉天士女科醫案/1663
葉天士幼科醫案/1663
葉遐庵先生年譜/232
葉夏聲抗戰言論集/2340
業儒臆説/1907
鄴侯外傳/1348,2167
鄴下塚墓遺文二編/166
鄴中記/1341,1739,1749,2017
鄴中片羽/154
謁林日記/103
謁唐昭陵記/1950
1700—1937年中國銀貨輸出入的一個估計/692
1931—1941年間美國之外交政策/835
1938之中國電影/1609
1942年星洲保衛戰/831
一把钁頭/1288
一百二十回的水滸/1381
一百二十名家制義/1487
一百七十五種日本期刊中東方學論文篇目/2385
一百種抗戰劇本説明/1252
一般問題/510
一般作文法/973
一部没有男人的三幕悲劇/1298
一草亭目科全書/1939
一仇三怨/1522
一串新鑰匙/573
一得集/1653
"一·二八"的一些紀念品/278
"一·二八"淞滬抗日周年紀念專刊/276
"一二·九":劃時代的青年史詩/342
"一二·九"與青年/342
一二·一慘案特輯/564
一二·一的回憶/353
一二·一民主運動紀念集/353
一浮漚齋詩選/2259

一個被迫害的女人/1436
一個從血泊中逃出者的自述/284
一個婦人的日記/1428
一個工人的供狀及其他/556
一個共產黨員的改造/572
一個國文教師寫給作文自修者/911
一個家庭的戲劇/234
一個倔强的人/1461
一個民主的鬥士/1514
一個女兵的自傳/208
一個女人的悲劇/1442
一個女人翻身的故事/1414(2)
一個女子戀愛的時候/1429
一個女作家/1462
一個青年的懺悔録/1452
一個青年的夢/2323
一個人的誕生/1414
一個人的煩惱/1453
一個人的談話/1473
一個日本人的中國觀/268
一個商人與賊/1470
一個上海商人的改變/217
一個少女懺悔録/1452
一個實驗的鄉村教會/135
一個天才的通信/1428
一個唯情論者的宇宙觀及人生觀/40
一個鄉村小學教員的日記/895
一個小學十年努力記/904
一個新農村/519
一個戰士的遺詩/1198
一吼堂詩鈔/1175
一家/1458
一家人/1286
一家言中之居室器玩/1599
一束緣/1519
一江春水向東流/1451
一角編/2040
一九二八重慶劃條與現水問題論集/399
一九二七年底回憶/2336
一九二三年瑞典之家庭生計調查/602
一九二五年至一九二七年的中國大革命史/556
一九三〇年的世界文學/1193
一九三九年以來英國散文作品/1512
一九三六年/829
一九三六年的國際政治經濟概況/610
一九三五年的國際政治/820
一九三五年的世界文學/1193
一九三五年的世界藝術/1553
一九三一年的世界文學/1193
一九四八年手册/2356
一九四〇第一季的國際/243
一九四二年的日本國力/631
一九四二年的太平洋/244
一九四九年手册/2356
一九四六至一九四九國共内戰大事月表/354
一九四七年鬥争任務與前途/550
一九四七年上半年來區黨委關於土改運動的重要文件/594
一九四七年手册/2356
一九四七年以來中國共産黨重要文件集/547
一九四三年的勞動英雄/662
一九四三年留守兵團生產建設/561
一九四三年生產運動中的經驗/590
一九四四年冬學運動總結/590
一九四五年的任務/551
一顆未出鏜的槍彈/1414
一簣草堂詩鈔/1120
一笠庵北詞廣正譜/1255
一粒鑽/1513
一柳齋詩草/1167
一夢漫言/110
一夢緣/1752
一年/1164(2),1416(2)
一年鴻爪/2335
一年集/1191
一年間/1301
一年來的擁政愛民工作/590
一年來陝北共黨之動態/563
一年來之甘肅糧政/646
一年來之杭州社會/405
一年來之貨運/673
一年來之浙江地政/648
一年來之中共/565
一年來之中國公債/712
一年來中國經濟概況/622
一年來中日政局的演變/2357
一年中幼稚園教學單元/891
一捧雪/1284
一瓢稿剩稿/2213
一瓢詩話/997
一千一百個基本漢字使用教學法/957
一切的峰頂/910
一切經音義/113,1915
一切經音義通檢/113,114
一切經音義引説文箋/113
一切經音義正編/113
一切如來心密秘全身舍利寶篋印陀羅尼經/119
一日一談/2342
一山詩存/1145
一山文存/1129
一山文集/2217
一生幸福的前途/89
一士譚薈/183(2)
一歲芳華/1831,2043
一歲之廣東蠶業改良實施區/1677
一歲之廣州市/412
一壇酒/1411
一天/1415
一天的工作/2325
一亭考古雜記/151
一萬九千磅/1521
一萬元/1499
一位英雄/1469
一位中國奉教太太/139
一行居集/1105
一葉/1413
一元兩面人生觀之建立與中國之統一/92
一元哲學/82
一盞燈/590
一周年工作報告/679
一周年紀念册/1679
一字一淚/1395
伊川擊壤集/2127,2144
伊犂定約中俄談話録/254
伊里奇快醒了/545
伊洛淵源録/2008
伊墨卿先生自書詩册/1576
伊寧事變目擊紀實/284
伊闕石刻圖表/156
伊人思/1021
伊斯蘭教概論/141
伊索寓言/1509
伊索寓言選/1493
伊瓦魯河畔/1422
伊尹耕莘/1268
伊尹事録/48
衣襖車/1269
衣冠服飾/2355
衣冠禽獸/1302
衣錦還鄉/1270
衣萍書信/1171

衣萍文存/1187
衣萍小說選/1408
依舊草堂遺稿/1111
依蘭縣報告書/806
依蘭縣志/431
猗覺寮雜記/1830,1893
揖堂詩存/1145
欹枕集/1380
漪香山館文集/1153(2)
醫砭/1643
醫碥/1665
醫便/1651
醫斷與斥醫斷/1657
醫方簡義/1651
醫古微/1644
醫故/2274
醫貫砭/1645,1646
醫籍考/1654,1658
醫寄伏陰論/1650
醫家千字文/1654
醫經溯洄集/1938
醫經小學/1649
醫經正本書/1937
醫林尚友録/1659
醫問集/1867
醫閒漫記/1365,1854,2189
醫閒先生集/2235
醫略鈔/1657
醫略十三篇/1649
醫門補要/1653
醫門法律/2201
醫權初編/1653
醫剩/1657
醫師典/1659
醫事啟源/1654
醫説/1660
醫先/1801,1938
醫學初階/1654
醫學傳燈/1649
醫學綱目/1666
醫學津梁/1664
醫學史話/1659
醫學源流論/1645,1646
醫藥發明/1647
醫藥衛生的模範/586
醫醫偶録/1653
醫醫小草/1653
醫餘/1658
醫政漫談/782
黟山紀遊/2158
圯橋進履/1267
夷白齋稿/1091
夷白齋詩話/986,1979
夷氛紀聞/329
夷患備嘗記/2205
夷堅續志/1874
夷堅志/1376,1985
夷堅志陰陽/1745
夷困文編/2235
夷門廣牘/2103
沂公筆録/1893
宜賓縣志/447
宜昌縣志/450
宜川縣鄉土志/445
宜春傳信録/1726
宜都記/1342
宜稼堂書目/2381
宜良縣志/463
宜麟策/1653
宜廬詩稿/1161
宜録堂收藏金石記/150
宜興陶業之初步化學觀察/1624
宜陽縣志/441
宜齋野乘/1894
宜州乙酉家乘/1994
怡府書目/2383
怡情小録/1908,2178
怡松軒金石偶記/1880
怡雲仙館藏書目録三編/2383
怡雲仙館藏書總目/2383
怡志堂文集/1029
移林館吉金圖識/150
移民交涉/821
移民問題/821
移行/1415
詒晉齋集/2069
詒莊樓書目/2383
貽清白齋詩鈔/1120
飴山詩餘/1223
飴山堂詩文集/1101
疑盦詩/1140
疑難急證簡方/1652
疑年録彙編/2302
疑耀/1896
疑雨集/1094
疑雲集/1094
儀封縣志/440
儀禮/18(2),1923,2115
儀禮讀本/1
儀禮古今異同/1770
儀禮管見/1923
儀禮恒解/2280
儀禮集釋/1923
儀禮經註疑直/2221
儀禮喪服文足徵記/2220
儀禮識誤/1886
儀禮奭固/2291
儀禮釋宮/1943,2146
儀禮釋宮增註/1943,2095
儀禮釋例/1923
儀禮疏/18(2)
儀禮私箋/1770,2241
儀禮先簿/2291
儀禮逸經傳/1923
儀禮引得附鄭註及賈疏引書引得/19
儀禮與禮記之社會學的研究/18
儀禮正義/18(2)
儀禮鄭氏註/2036
儀禮註疏/18
儀禮註疏校正/1885
儀禮註疏詳校/1923,2087
儀宋堂集/1110
儀孝堂詩集/1147
儀徵劉孟瞻年譜/231
儀鄭堂駢體文/1106
儀鄭堂文/1976
遺産税/710,711
遺産税法/711
遺産税法規/711
遺産税問題/711
遺經樓文稿/2270
遺山題跋/1948,2038
遺山先生文集/1089,2129
遺山新樂府/2185
遺山樂府/1213,1230
遺詩/2272
遺史紀聞/1329
遺珠/1449
頤庵居士集/1966,2237
頤和園詞/2059
頤和園導遊/381
頤和園簡明圖説/381
頤情館詩/1114
頤瑣室詩/1133
頤堂詞/1208
頤堂先生文集/1087,2048
頤淵詩集/1150
頤志齋感舊詩/1806
頤志齋文鈔/1806
頤志齋文集/1112

彝齋詩餘/1211
彝齋文編/1089
乙丑恩科鄉試監臨紀事/2186
乙丑集/2185,2338
乙丑介眉集/2303
乙亥叢編/1782
乙亥志稿/453
乙卯避暑録/1717
乙堂文存/1197
乙酉揚州城守紀略/252
以黨治國的真義/794
以佛法感化管理刑事人犯之建議/530
以介編/2206
以身作則/1307
以孫子兵法證明日本必敗/1692
倚晴樓詩餘/1224
倚枕日記/208
扆華堂集/1095
蟻術詩選/1090
蟻餘附筆/2255
蟻餘偶筆/2255
亦樂亭詩集/1791
亦檄軒詩集/1136
佚存叢書/1812
抑抑堂集/1131
易辨終備鄭氏註/2077
易卜生研究/1511
易卜生傳/1500
易藏叢書/10
易程傳/1899
易村手工業/630
易大誼/2096
易卦圖説/2269
易漢學/1900
易河圖數/1912
易稽覽圖/1912
易稽覽圖鄭氏註/2078
易箋/2241
易經恒解/2280
易經通註/1900
易經增註/1900
易九厄讖/1912
易考原/2198
易坤靈圖/1912
易坤靈圖鄭氏註/2077
易理匯參/2279
易理中正論/11(2)
易例/1839,1900,2095
易林/97,1751,2120
易林分類集聯/1491
易林釋文/1770
易林註/2138
易領/1899
易乾坤鑿度鄭氏註/2077
易乾元序制記鄭氏註/2078
易乾鑿度鄭氏註/2077
易是類謀鄭氏註/2078
易筮類謀/1913
易釋/1769
易釋文/2025
易釋文唐開元寫本/2155
易書詩禮四經正字考/5
易説/1898,1899,2146,2172
易通/11(2),12
易通卦驗/1913
易通卦驗鄭氏註/2078
易通統圖/1913
易統驗元圖/1913
易圖/1899
易圖存是/1901
易圖明辨/1900
易緯/1913,2077
易緯坤靈圖/1908
易緯略義/1770
易緯乾坤鑿度/1908
易緯乾元序制記/1908
易緯乾鑿度/1908
易緯是類謀/1908
易縣清西陵/380
易象鉤解/1899,2214
易象通義/1900
易象意言/1899
易小傳/9
易學變通/2198
易學濫觴/1875,1899
易學討論集/11
易學象數論/1770
易學演講録/11
易學真詮/11
易牙遺意/2105
易言/937
易音補遺/2277
易隱/97
易餘曲録/1241
易原/1870,1899
易原窺餘/10
易園文集/2262
易雜家註/2072
易雜緯/1913
易齋集/2230
易之哲學/10
易傳燈/1899
易纂言外翼/2198
奕史/2176
奕載堂古玉圖録/159,1865
弈理析疑/1610
弈理指歸圖/1610
弈譜彙選/1610
疫痧爛喉合集/1663
益部方物略記/1936,2214
益部方物志/2029
益部漢隸集録/1561
益部談資/2003,2180,2214
益都耆舊傳/1342
益公平園續稿鈔/1044
益公省齋稿鈔/1044
益公題跋/1948,2032
益古演段/1932
益齡單/2104
益母草子[茺蔚子]及其油之化學成分之研究/1624
益世報言論集/2344
益修文談/915
益陽芭茅灘曹氏支譜/176
益陽曹先生遺稿/2294
益陽秦氏四修族譜/176
益齋長短句/1215
益齋集/1965
益芝先生八十壽言/1490
益智圖/1611
益州名畫録/1555,2215
益州書畫録/1557
異方便淨土傳燈歸元鏡三祖實録/1316
異疾志/1760
異林/1366
異伶傳/1250
異平同入考/942
異聞/1728
異聞記/1353
異聞録/1712
異聞總録/1985
異物志/1997
異行傳/195
異魚圖贊/1937
異魚圖贊補/1937
異魚贊閏集/1937
異域録/1843,2006,2097
異域志/1331,2006,2103

異域竹枝詞/2006
異苑/1326,1341,2031
萩林伐山/1895
逸經補正/1873
逸老堂詩話/987
逸禮大義論/1786
逸禮考/2315
逸梅叢談/2344
逸梅小品/1426
逸孟子/1901
逸民傳/2009,2107
逸史/1723
逸史三傳/2266
逸周書/298,299,1858,2015,2087
逸周書集訓校釋/299
逸周書校釋/299
逸莊子/2081
意大利大觀/485
意大利故事/1516
意大利建國三傑傳/2305
意大利憲法新論/853
意國留蹤記/1417
意見/1362,1993
意見及信仰/1642
意林/56,1718,2101,2121,2139
意林逸文/1886
意識論/1638
意外的驚愕/202
意外緣/1388(2)
意義學/1643
意園遺集/1118
義倉考/1921
義大利銀行史/694
義兒/1405
義豐集/2201
義豐集鈔/1046
義府/1896,2095,2221
義和團運動史/334
義和團運動與辛丑和約/272
義黑/1525
義虎傳/1365
義門題跋/1876
義山雜纂/1349,1757
義士贈刀/1371
義烏人物記/2249
義務勞動之理論與實際/662
義縣志/431
裔乘/1765
毅庵類稿/2294
毅成論法選集/863
毅齋經説/1906
毅齋詩集別録/1861
毅齋奏疏/1919
瘞鶴銘考/147,1876,2274
憶/1445
憶江南館詞/1225,1237
憶蘭州/396
憶書/1809,1994
憶雲詞/1224,1983
翼城縣志/442
翼譜叢談/1548
臆乘/1358,1722,1895
臆見隨筆/2268
藝風藏書再續記/2380
藝風老人年譜/231
藝風堂詩存/1122
藝海一勺/1549
藝蘅館詞選/1227
藝菊簡易/1550
藝菊書/1801,2058
藝菊新編/2159
藝蘭記/1536
藝蘭室文存/1122
藝蘭要訣/1550
藝林名著叢刊/1556
藝林外史/1509
藝能編/2056
藝圃擷餘/986,1979,2056
藝圃折中/1725
藝術叢話/1535
藝術教育學/1593
藝術科學論/544
藝術類徵/145
藝術論/2324(2)
藝術論集/1551
藝術漫談/1551
藝術史的問題/1551
藝術談概/2113
藝術通論/1551
藝術文集/1551
藝術與科學/1550
藝術與社會/1551
藝術與社會生活/917
藝術與生活/920
藝術哲學 ABC/1551
藝香詞/1221
藝用人體解剖簡明圖/1590
藝苑交遊記/1558
藝苑卮言/987,1202
藝芸書舍宋元本書目/1754,1882
藝舟雙楫/1560,2066
繹山碑集字聯/2040
繹史/298
繹志/1907
譯叢補/2324,2325
譯史補/311
譯史紀餘/2005
譯書經眼録/2364
譯語/1854
議會規則/750
議論文選講義/1060
囈語偶存/2226
[Yin]齋所刻書/2035
因話録/1720,1721,1757,1988
因論/1795,1904
因明大疏蠡測/120
因明大疏刪註/120
因明綱要/116
因明論理門十四過類疏/106
因明入正理論模象/83
因明入正理論疏/107
因明新例/116
因明學/85,116
因明之研究/116
因爲你/1500
茵夢湖/202
音匏隨筆/1783
音同義異辯/1925
音學備考/941
音學辨微/937,1840,1931,2096,2222
音學四種/938
音學五書/936
音樂初步/1603
音樂辭典/1601(2)
音樂的文學小史/1007
音樂教育/1601
音樂通論/1601,1602
音樂之淚/1448
音韻闡微/940
音韻常識/938
音韻學/938
音韻學叢書初編/936
音韻學通論/939
音韻餘説/1780
音韻指南/941
音註龔定盦文/2093
音註韓文公文集/1076
音註陸放翁詩/1086
音註孟子/2046
音註舒鐵雲、王仲瞿詩/1107

殷卜辭中所見先公先王考/1780,2183
殷卜辭中所見先公先王續考/2183
殷禮在斯堂叢書/2184
殷禮徵文/2283,2286
殷曆譜/298
殷契粹編/152
殷契鉤沉/153
殷契通釋/153,154
殷契遺珠/154
殷契佚存考釋/152
殷契摭佚/153
殷商疑年/298
殷文存/145
殷虚卜辭講話/154
殷虚古器物圖録/145
殷虚霾契考/154
殷虚器物存真/166
殷虚書契/153
殷虚書契後編/145,153
殷虚書契脊華/153
殷虚書契考釋/153(2)
殷虚書契考釋小箋/154
殷虚書契前編集釋/154
殷虚書契續編/153
殷虚書契續編校記/154
殷虚銅器五種及其相關之問題/160
殷虚文字記/152
殷虚文字類編/153
殷墟出土獸頭刻辭拓片/1572
殷墟甲骨文字圖例第一期龜甲十版/154
殷芸小説/1893
殷周青銅器銘文研究/160
殷周制度論/1780
陰常侍詩集/1965
陰符經/53,1803,2152
陰符經解/2216
陰符經考異/2099
陰符經註/1647,2024
陰山破虜/1272
陰陽二宅全書/101
陰陽管見/1800
陰陽鐘/1374
陰症略例/1939
陰騭文圖證/129
陰騭文廣義/108
吟邊燕語/1518
吟紅館遺詩/2051
吟梅閣集唐/2057
吟齋筆存/2182
鄞范氏天一閣書目内編/2379
鄞縣通志/457
鄞志稿/2234
銀産量與銀價之趨勢/602
銀海滄桑/1304
銀價變遷與中國/691
銀價問題與遠東/689
銀價之研究/685
銀鈴/1184
銀龍集/1413
銀瓶徵/1835
銀臺遺稿/1200
銀問題/691
銀行法規/860
銀行法務論/859
銀行行員的新生活/693
銀行會計/695
銀行實踐/695
銀行學/687
銀行學原理/693
銀杏之果/1461
銀與中國/690
銀字集/1324
蟫香館使黔日記/204
蟫隱廬新版書目/2384
尹和靖集/1972
尹健餘先生年譜/2010
尹少宰奏議/1920
尹氏小學大全/883
尹文子/55,66(3),1732,2120,2138,2150
尹文子校正/66
引得説/2360
引力/1440
蚓竅集/1091
飲冰室叢著/1127(2)
飲冰室合集/2304(3)
飲冰室文集/1127
飲冰室自由書/1128
飲虹閣詩鈔/1119
飲虹簃論清詞百家/1226
飲虹五種/2070
飲虹簃所刻曲/1256
飲流齋説瓷/1546,1600
飲露詞/1162
飲馬長城窟/1300
飲膳正要/1679(2)
飲食須知/1942,2177
飲水詩集/1969
飲源集/2267
隱湖題跋/2206
隱居通議/1889
隱窟雜記/1357
隱窟雜志/1712
隱緑軒題識/1876,1950
隱求堂日記節要/1488
隱怡山房小詠/1133
螾廬曲談/1252
螾廬未定稿/1129
印典/1594
印度的偉大/479
印度佛教概觀/2308
印度佛教史略/124
印度復國運動/479
印度概況/479
印度革命與甘地/233
印度古代文化/479
印度古佛國遊記/479
印度科學/1615
印度歷史故事/478
印度邏輯/116
印度文學/1508(2)
印度現代史/479
印度哲學概論/78
印度哲學史綱/77
印度哲學史略/78
印度哲學宗教史/78
印度周遊記/126
印光法師嘉言録/110
印光法師文鈔/112(2)
印花税法規/861
印花税例規釋補輯覽/710
印緬遠征畫史/348
印緬之征戰/349
印母/1550
印尼民族運動/475
印尼社會發展概觀/474
印歐民間故事型式表/1509
印譜考/1593,1839
印譜知見傳本書目/1593(2)
印人畫像/1568(2)
印識/1594
印史/1594
印氏宗譜/176
印刷的故事/2359
印刷術/2359
印説/1540,1594
印談/1594
印文詳解/1597(2)
印象·感想·回憶/1157

印學集成/1594
印雪軒隨筆/1376
印藏佛教史/124
印章集説/1539,1945,2176
英、加拿大、新西蘭勞資争議調解及仲裁法/660
英德法美比較都市自治論/728
英德法文讀音之比較/907
英德縣續志/461
英格蘭銀行史/694
英國采風録/485
英國的司法與司法制度/666
英國發展史綱/485
英國工會運動史/486
英國教育要覽/882
英國經濟史/632
英國勞動組合法/666
英國勞動組合論/486
英國侵略西藏史/285
英國人論/485
英國人之生活與思想/819
英國社會經濟史/632
英國詩文研究集/1512
英國史/486
英國文學史/1512
英國文學研究/1512
英國現代史/486
英國小品文選/202
英國小説發展史/1512
英國行政法論/666
英國一瞥/485
英國議會訪華團實録/285
英國戰時財政金融/705
英國政府綱要/819
英國政府刊佈中國革命藍皮書/285
英國政治組織/819
英漢對照百科名彙/968
英漢對照紅雲/1511
英漢對照教育學小詞典/872
英漢對照軍語詞典草編/1688
英漢雙解航空辭典/1687
英漢政治法律商業教育辭典/497
英華合璧/958
英華華英合解建築辭典/1686
英吉利廣東入城始末/1807,2024
英吉利文學/1512
英傑歸真/330
英美報章雜志論中國/351
英美勞動運動史/662
英美日産業問題/650
英美協調與國際的分惠/243
英美言語辨異/908
英美銀行制度及其銀行業之現狀/693
英人、法人、中國人/485
英日同盟/466
英山縣志/451
英孝子火山報仇録/1518
英雄/1415
英雄的晉察冀子弟兵/588
英雄的十月/1473
英雄溝/1064
英雄會/589
英雄譜圖贊/1592
英雄與美人/1513
英雄傳/567(2),1761
英軺私記/2006
英勇奮鬥十七年/555
英勇抗戰故事/584
英勇壯士二萬五千里長征/559
英雲夢傳/1387
英屬馬來半島/476
英屬馬來出入口貨物一覽表/680
英屬馬來亞地理/476
滎經縣志/449
嬰/1447
嬰兒的誕生/1184
嬰屍/1056
應德璉集/1016
應梅文録/1181
應劭漢官儀/2084
嚶鳴集/1174
嚶鳴社詩鈔/1055
櫻海集/1464
櫻花時節/1417
櫻桃園/1516
鶯花小譜/1249
纓溪集/2262
鷹之歌/1140
鸚鵡舍利塔記/1765
鸚鵡之戀/1457
迎中國的文藝復興/2340
盈盈集/1180
楹聯叢話/1491(2)
楹聯第二輯/1491
楹聯三話/1491
楹聯作法/1493
楹書隅録初編/2381
營養新論/1660
營業税法/711
營業預算論/683
營造法式/1598,1893
營造算例/1598
螢窗異草/1377
螢燈/1499
螢雪叢説/1738,1795,1848,1990
瀛談/1679
瀛涯勝覽/1852,2006
瀛涯勝覽集/1852
瀛涯勝覽校註/474
瀛州古調/1606
瀛洲訪詩記/470
蠅塵酬唱集/1054
景宋本白氏諷諫/2035
景宋本中興間氣集/2035
景宋紹熙本禮記正義/19
影/1469
影兒集/1186
影梅庵憶語/1334,1818,2208
影山詞/2243
影宋鈔繪圖爾雅/927
影戲劇本作法/1247
影戲小説三十種/1402
影戲研究/1608
影寫隸古定尚書商書殘卷/1788
影印明刻閨範/93
影印宋磧砂版大藏經目録/105
影印足本芥子園畫譜/1561
影元人寫京本通俗小説/1379(2)
潁川語小/1895
潁水遺編/1974,2245
瘿庵詩集/1135
應酬文作法/1479(2)
應力與彈性之變形/1623
應用國語會話/953
應用會計學/684
應用聯語粹編/1491
應用審計學/684
應用碎金/1792
應用統計/491
應用唯識學決定生淨土論/128
應用文/596(2),1478
應用文程式集成/1480
應用文件舉要/1480
應用武學問答/1693
應用心理學/1640
應用新聞學/2350
應用楹聯大觀/1490
應齋詞/1210
應齋雜著/2202

庸庵尚書重賦鹿鳴集録/1493
庸庵遺集/2290,2300
庸盦筆記/1864,2332
庸海二集/2325
庸海集/2326
庸閒齋筆記/1864,2332
庸園集/1147
庸齋小集/1039
傭廬經過自述/1134
傭廬日記語存/1134
傭廬唐詩三百首新評/1036
傭廬文存/1134
雍和宫法物展覽會佛像物品説明册/127
雍録/2063,2247
雍熙樂府/1278
雍園詞鈔/1233
雍正朝上諭檔/323
雍正謀皇秘史/1398
雍正時代之密奏政治/325
雍正朱批諭旨不録奏摺總目/2375
雍州金石記/1945
擁愛好榜樣/583
擁護八路軍/589
擁護臨時中央政府對日宣戰動員的決議案/341
擁絮迂談/1364
擁政愛民/1696
永安縣經濟調查/629
永昌府文徵/1069
永昌府志/463
永春縣志/459
永定河治本計劃/377
永豐鄉人稿/2295
永豐鄉人雜著/2296
永觀堂海内外雜文/1781
永和縣志/443
永績軍艦歌詠集/588
永嘉集/1014
永嘉詩人祠堂叢刻/1014
永嘉先生八面鋒/1973
永嘉真覺大師證道歌/124
永久之歌/1427
永樂别録/1870
永樂大典/2355(6)
永樂大典本水經注/2050
永樂大典考/2355
永樂大典書目考/1869
永樂大典戲文三種/2355
永樂大典現存卷目表/2365
永曆紀年/254
永慶昇平後傳/1388
永慶昇平前傳/1388
永生的人們/1292
永順縣風土志/450
永泰縣志/459
永憲録/2053
永陰集/1236
永遠結不成的果實/994
甬東正氣集/2238
甬上高僧詩/2241
甬上水利志/2234
甬諺名謂籀記/402
俑廬日札/2314
勇敢的人們/546
勇盧閒詰/1537,1807,1943,2058
勇士們/1512
湧幢小品/2329
詠歸堂集/1784
詠懷堂丙子詩/1096
詠懷堂詩集/1096
詠史詩/1080
詠史註/1090
詠物詞/2042
詠物七言律詩偶記/2274
詠雪/1279
用筆九法是用科學方法寫漢字/1560
用表推日食三差/1933
用科學來改造中年後之命運法/1635
用逵遺詩/1124
用藥總論/1940
幽叢小憩圖題詠集/1055
幽憤/1414
幽怪録/1347,1720,1764
幽閨記/2051
幽閒鼓吹/1328,1346,1721,1756,2167
幽蘭居士東京夢華録/394
幽蘭女士/1311
幽林/1459
幽靈/1402
幽夢續影/1898
幽夢影/2068
幽明録/1340,1712
幽默筆記/1494
幽默的叫賣聲/1062
幽默古文選/1494
幽默詩話/1494
幽默詩文集/1182
幽默文選/1168,1495
幽憂子集/2123,2140
憂鬱的歌/1462
優盋羅室文稿/2262
優待抗屬條例摘要/358
優古堂詩話/986,1977
優孟衣冠傳新書/1390
優生與抗戰/1635(2)
優生原理/1635
優語録/2285,2288
尤射/1345
尤氏喉科/1844
尤氏喉科秘本/1939
尤西堂全集/2272
由國語到國文/972
由里山人菊譜/1588
由迷信中抽科學/98
由日本回來了/1405
由僧缽到皇權/313
由文學革命到革文學的命/1011(2)
由香港到新疆/384
由於工農紅軍衝破第三次"圍剿"及革命危機逐漸成熟而產生的黨的緊急任務/340
由戰時經濟到平時經濟/618
柚子/1469
郵電新編/677
郵局代購書籍目録/2384
郵吻/1184
郵政便覽/747
郵政儲金匯業局法規彙編/693
郵政法總論/677
郵政規程/747
游泳成功術/1611
猶得住樓詩稿/2262
猶及編/1993
猶賢集/1494
遊廛瑣記/388
遊城南記/2003,2179,2248
遊赤壁/1279
遊丹霞日記/1150
遊滇紀事/415
遊宦紀聞/1355,1719,1990
遊黄山記/2158
遊擊戰術/1697
遊擊戰術綱要/1705
遊擊戰術與遊擊活動/1705
遊擊戰爭/349
遊擊戰爭的戰略問題/552,1705
遊擊戰爭理論與實際的一般/1704
遊擊戰之運用/1698

遊集/247
遊記/2301
遊記選/385(2)
遊記作法/974
遊居杮録/1011
遊具箋/1543,1948
遊具雅編/2181
遊客話江西/401
遊勞山記/2179
遊歷記存/1998
遊梁瑣記/1335
遊羅浮記/2180
遊美短篇軼事/583
遊美心痕/487
遊美印象記/487
遊美指南/487
遊名山録/2235
遊歐獵奇印象/480
遊歐通訊/480
遊蜀草/398,2302
遊絲集/1185
遊蘇漫憶/484
遊武廟/1285
遊戲大觀/1610
遊戲文學叢刊/1496
遊戲娛樂/2355
遊仙窟/1368,2210
遊仙夢記/1360
遊雁門集/1112
遊藝塾續文規/999
遊藏紀程/423
遊志續編/1057
輶軒博記續編/1781
輶軒紀事/2005
輶軒絶代語/1343
輶軒使者絶代語釋别國方言/952(2),1929(2),2061
輶軒語/2192
友邦大日本/470
友古詞/1219
友古堂詩集/1134
友會談叢/1353,1729
友論/1915
友情/1408
友聲集/1030
友石山人遺稿/1090
有不爲齋文集/1168,1171
有刺的薔薇/1151(2)
有島武郎集/1507
有關北伐抗戰軍事史料/340
有關法令/813
有關戲劇的短論散文雜感/1191
有關政治協商會議文件彙集/754
有關中國共産黨文獻/556
有獲齋文集/1110
有進無退/1191
有清一代之中俄關係/284
有聲畫/1971,2154
有事和群衆商量/553
有萬憙齋石刻跋/156
有音四聲記號説/924
有正味齋詞/1223
有正味齋駢體文箋註/1105
有竹草堂詩稿/2264
有竹齋藏璽印/1595
酉陽續雜俎/2029
酉陽雜俎/1327,1376,1728,1763,1893,2029,2121,2139,2216
酉陽雜俎校/1886
酉陽雜俎續集/1728,2139
黝曜室詩存/1136
又佛教與西域/2308
又話一年/1171
又滿樓叢書/2183
又問/2281
右白叢書/1155
右白詩集/1155
右軍父子四人法帖/1567
右軍年譜/1548
右任詩存/1149
右文説在訓詁學上之沿革及其推闡/929
右旋性穀合亞酸誘導體之味/1624
幼兒之教育/892
幼科證治大全/1656
幼學白話句解/955
幼學詩/331
幼學堂文稿/1772
幼稚教育論文集/891
幼稚園與初等小學詩歌/1604
幼主詔書/332
祐山雜説/1992
迂言百則/1898
渝江集/1147
于斌主教抗戰言論集/2335
于公德政記/1842
于公德政録/2099
于湖詞/1218
于湖居士文集/1087,2128,2145
于湖居士樂府/1229
于湖題襟集/1955
于湖先生長短句/1229
于湖小集/1958(2)
于潛令樓公進耕織圖詩/1941
于文襄手札/2372
于役志/1358
于右任先生草書正氣歌真跡/1560
于右任先生詩文選粹/1149
予且短篇小説集/1434
余君叔巖手録譚本劇詞/1287
余紹賢堂族譜/177
余氏醫述/1658
余之秘密任務/235
余之妻/1395(2)
余知古渚宫舊事/2084
於陵子/53
盂鼎銘考釋/2286
盂平英雄歌/1197
俞明震履歴/2332
俞曲園書札/1485
俞曲園先生日記殘稿/2257
俞三姑傳/1825
禺邗王壺考釋/162
娱生軒詞/1238
娱書堂詩話/987,1717,1978
娱萱室小品六十種/2040
萸江吟社詩文/1030
隅樓叢書/2312
隅樓集/2312
魚/1447
魚腸劍/1373
魚兒坳/1417
魚海淚波/1534
魚鶴箋/1948
魚計軒詩話/1875
魚經/1937,2107
魚籃記/1274
魚目集/1142
魚汛/1435
愚庵小集/1097
愚盦書碑話合刊/1562
愚谷文存/1814
愚廬文緣前集/1030
愚囊彙稿/2232
愚溪詩稿/1971
榆關抗日戰史/342
榆林城守紀略/252
榆林事記/396
榆溪詩鈔/1968
榆溪詩話/1979

楡園雜興詩/1972
瑜伽師地論/119
瑜珈師地論記/107
瑜珈師地論略纂疏/107
瑜伽師地論釋/119
瑜珈師地論義演/107
虞伯生詩續編/1020
虞伯生詩續集/1789
虞初近志/1370
虞初新志/1862
虞初續志/1862
虞初支志/1376
虞初志/1369
虞翻國語註/2082
虞翻易註/2071
虞美人詩録/1055
虞美人傳/1830
虞秘監集/2193,2230
虞山/368
虞山叢刻/2206
虞山畫志/2258
虞山人詩/2185
虞山妖亂志/1334
虞山遊覽指南/371
虞氏易事/1807,1900
虞氏易消息圖説初稿/1900
虞氏易義補註/9
虞書命羲和章解/1935
虞喜志林/1341
虞鄉雜記/1843,2206
虞預晉書/2082,2240
虞徵士遺書/2237
漁夫和魚/1500
漁光曲/1609
漁磯漫鈔/1149
漁樵對問/1793,1905
漁樵記/1264
漁樵閒話/1273,1722
漁樵問對/1744
漁石集/1964
漁溪詩稿/1040
漁洋古詩鈔/2273
漁洋山人精華録/1100(2),2132
漁洋山人精華録訓纂/1100
漁洋山人秋柳詩箋/1968
漁洋詩/2191
漁洋詩話/996
漁洋書札/2191
漁洋夜譚/1369
漁陽公石譜/1720
漁業/1679
漁業法規/1679
餘波詞/1222
餘冬詩話/1979
餘冬序録摘鈔/1854
餘冬序録摘鈔内外篇/1896
餘冬璅録/2190
餘杭縣志/457
餘墨/2294
餘墨偶談節録/1823
餘生録/1808
餘師録/1980,2152
餘姚兩孝子萬里尋親記/1984
餘姚六倉志/458
餘姚史氏宗譜/180
餘園叢刻/2311
輿地碑記目/1949
輿地廣記/364,1998,2036
宇宙鋒/1285
宇宙疑謎發展史/38
宇宙與物質/2112
羽化登仙/129
羽琌山民逸事/2054
羽書/1152
羽書集/350
雨/1445
雨窗集/1380
雨窗漫筆/1536,2067,2158
雨村詞話/1203
雨村劇話/1241
雨村曲話/1244,1245
雨航雜録/1363,1993
雨季/1421
雨景/1142
雨屋深燈詞三編/1237
雨屋深燈詞續稿/1237
雨濯蓮花/1475
禹貢班義述/1770
禹貢川澤考/14
禹貢地理今釋/14(2)
禹貢集解/14
禹貢今釋/2219
禹貢三江考/2220
禹貢山川地理圖/1996,2094
禹貢山川考/2204
禹貢説斷/14,1995,2146
禹貢圖註/1996,2173
禹貢指南/1995
禹貢註解/14
禹齋駢文/2303
禹齋文存/2303
禹鐘小説集/1428
庾開府全集/1073(2)
庾嶺勞人説/1388
庾子山集/1073,2122,2140,2216
與陳獨秀沈玄廬辯道/217
與俄羅斯國定界之碑/254
與物傳/1802
與衆曲譜/1240
語怪/1366
語窺今古/1362
語石/157
語堂隨筆/1171
語堂文存/1168
語體模範文學/908
語體日記文作法/1497
語體詩歌選/1054
語體文法表解/949
語體文選及其作法/956
語體文研究法/949
語體文應用字彙/960
語體應用文作法/923
語文論戰的現階段/1010
語文通論/923
語文通論續編/923
語言底魔力/101
語言和文字/927
語言文字書目/924
語言學概要/907
語言學論叢/907
語言學通論/907
語言學原理/907
語言與文學/969
語音學概論/908
語音學綱要/908
窳横日記鈔/1783
嶼浮閣詩賦集/2262
玉岑遺稿/1143
玉禪師翠鄉一夢/1277
玉蟾集鈔/1052
玉蟾先生詩餘/1210
玉城奏疏/1919
玉尺樓畫説/1550
玉楮集/1782
玉楮集鈔/1051
玉川子集/2115,2143
玉窗遺稿/1814
玉定金科例誅輯要/91
玉斗山人詞/1214
玉斗山人文集/2036

玉凫詞/1216,1221
玉鉤斜哀隋宮人文/1827
玉函經/2248
玉函秘典/2104
玉禾山人集/1022
玉壺春/1263
玉壺清話/1353,1717
玉壺山房詞/1224
玉壺山房詞選/1236
玉壺詩話/1978
玉壺野史/2152
玉暉堂詩集/1972
玉几山房畫外録/1539
玉几山房聽雨録/2055
玉几山房吟卷/2236
玉笈竇函暗時燈/129
玉紀/1536,2090
玉紀補/1536
玉紀正誤/1600
玉澗雜書/1356,1717
玉鑒堂詩集/1111
玉椒詞/1215
玉井搴蓮集/1857,1969
玉鏡臺/1261
玉局鉤玄/2105
玉瀾集/1085
玉瀾集補鈔/1050
玉瀾集鈔/1044
玉棃魂/1395
玉曆至寶鈔勸世文/88
玉樓慘語/1528
玉樓花劫/1524
玉梅後詞/1827
玉茗堂還魂記/1277,1280
玉茗堂南柯記/1277
玉篇/934
玉篇零本/934
玉篇零卷/1925
玉篇直音/1925
玉琴齋詞/1235
玉泉山名勝録/407
玉泉子/1757
玉泉子真録/1718
玉蘂樓詞鈔/1238
玉蘂辨證/1936,2029
玉山草堂續集/1970
玉山璞稿/1967
玉山樵人集/2126,2143
玉山詩集/2279
玉山文集/2279
玉山逸稿/1967
玉生香傳奇/1278
玉樹調查記/423
玉笥集/1967
玉笥山房要集/2263
玉笥詩談/1979
玉臺畫史/1335,1547,1829,2067
玉臺書史/1335,1547,1821,2066
玉臺新詠/1032(3)
玉臺新詠集/2133
玉臺新詠考異/1956
玉臺新詠唐寫本/2155
玉堂春/1284
玉堂逢辰録/1352,1725
玉堂薈記/315,1846,1993,2101
玉堂嘉話/1895,2151
玉堂類稿/1813
玉堂漫筆/1991
玉堂漫筆摘鈔/1854
玉堂雜記/1742,2031
玉溪編事/1989
玉溪詩謎/1079
玉谿生年譜會箋/226
玉谿生詩箋註/1079
玉谿生詩詳註/1079
玉璽譜/1597
玉箱雜記/1715
玉笑零音/1897
玉雪留痕/1519,1533
玉雅/1600
玉煙堂本急就章/1576
玉燕樓書法/1546
玉雨堂書畫記/1541,2040
玉照堂梅品/2060
玉照新志/1328,1338,1986
玉燭寶典/1935
芋經/2107
育才學校手册/891
育德堂外制/2227
育兒法教子有方/1679
育王寶卷/1314
郁達夫代表作/1438
郁達夫的流亡和失蹤/216
郁達夫論/216
郁達夫評傳/1162
郁達夫文集/1438
郁達夫選集/1161(2)
郁離子/54
郁離子微/1803
郁曼陀先生遺作/1163
棫堂山居詩/110
域外所藏中國古畫集/1578
域外所藏中國古畫集續集/1578
域外文人日記鈔/1533
域外小説集/1405,2323
欲海回狂/108
欲魔/1310,1311
喻氏遺書/2201
喻選古方試驗/1652
喻園集/2198
寓庵詞/1215
寓崇雜記/2293
寓簡/1894
寓圃雜記/1363,1855
寓無竟齋詩存/1113
寓意編/1540,1948,2038,2176
寓意草/2201
御碑亭/1284
御結茶縻/1317
御刻三希堂法帖釋文/1567
御批通鑒輯覽五季紀事本末/2298
御前清曲/1320
御試備官日記/1994
御香縹緲録/205
御選歷代詩餘/1231
御寨行程/1352
御製避暑山莊詩/1101
御製避暑山莊圖詠/381
御製恭和避暑山莊圖詠/1101
御製廣寒殿記/1849
御製皇陵碑/1849
御製紀夢/1849
御製蓮華心輪回文偈頌/106
御製平西蜀文/1849
御製千字詔/332
御製西征記/1849
御製孝慈録/1849
御製周顛仙人傳/1849
御註金剛般若經疏宣演/106
御註孝經/25
御撰資治通鑒綱目/289
裕昆言/92
遇恩録/1362,1849
馭交記/2011
愈愚録/1772
預防出水出斑病/575
預算法/706
獄考/2270
獄務大全/529,530
獄中草/1258

獄中記/562
獄中與逃獄/500
獄中雜感/215
痛壄堂詩集/1124
豫變紀略/1782
豫材封翁哀思録/204
豫鄂邊區施政綱領/590
豫河三志/373
豫河續志/376
豫河志/376
豫冀魯三省黄河圖/375
豫章叢書/2198
豫章古今記/1342,1733
豫章黄先生文集/2127,2145
豫章漫鈔/1362
豫章漫鈔摘録/1854
豫章詩話/2204
豫志/2001,2179
諭對録/1849,1919
諭俗文/1922
鬻子/54,1732,2150,2216
鬱輪袍傳/1829
鬱洲遺稿/1093
寃家債主/1265
寃獄賠償言論集/841
寃債志/1764
淵海子平/98
淵雅堂文稿/2165
淵穎吴先生集/2251
淵穎集/1967
淵穎吴先生集/2130
鴛湖唱和稿/1958,2108
鴛盟離合記/1522
鴛鴦被/1261
鴛鴦牒/1815,2209
鴛鴦湖棹歌/2265
鴛鴦樓/1374
鴛鴦夢/1021
鴛鴦七志齋藏石目録/157
鴛鴦條傳奇/2051
鴛鴦小印/1457
鴛鴦子/1195
元八家法書/1574
元包經傳/1913
元包經數/2026
元包數總義/1913,2026
元本佩韋齋文集/1788
元朝秘史/310(2),2022
元朝名臣事略/2009
元朝怯薛及斡耳朵考/311
元城先生盡言集/731
元城語録/1746
元城語録解/1904
元初行省年表/258
元詞斠律/1255
元次山集/1075(2)
元大都宫殿圖考/380
元大都宫苑圖考/381
元代八百遺民詩詠/1130
元代白話碑/158
元代畫塑記/2183
元代經略東北考/311
元代蒙漢色目待遇考/311
元代奴隸考/521
元代社會階級制度/521
元代雲南史地叢考/414
元代征倭記/312
元旦/1199
元旦特刊/798(2)
元典章校補釋例/2326
元牘記/158
元風雅/1862
元豐九域志/364,1998
元豐類稿/1082,2127,2144
元豐題跋/1949,2032
元蓋副草/1094
元高麗紀事/1781,2163,2183
元宫詞/1971
元故宫遺録/2004
元廣東遺民録/190
元海運志/1923
元好問詩/1089
元和郡縣圖志/364,1998
元和郡縣志/1847
元和姓纂四校記/175
元婚禮貢舉考/2053
元江志稿/463
元經薛氏傳/1858
元劇聯套述例/1255
元劇研究 ABC/1251
元柯九思畫竹譜/1580
元秘史補註/311
元秘史譯音用字考/311
元明清曲選/1258(2)
元明人書集册/1574
元明散曲小史/1252
元明樂府套數舉略/1232
元曲/1258(2)
元曲别裁集/1279
元曲大觀/1260
元曲概論/1248
元曲概説/1254
元曲菁華/2086
元曲三百首/1256
元曲選/1261,1267(2)
元曲研究/1247
元人百種曲/1261
元人雜劇輯逸/1279
元人雜劇全集/1011
元人雜劇序説/1253
元詩别裁/1032
元詩紀事/995(2)
元詩紀事著者引得/995
元史/250,310
元史備忘録/1846
元史弼違/1880
元史紀事本末/291
元史氏族表/1776
元史通俗演義/1397
元史外夷傳/2161
元史學/311
元史演義/1392
元史譯文證補/310,1775,2022
元氏長慶集/1078,2125,2142
元氏縣志/433
元氏掖庭記/1819,2208
元氏志録/157
元四大家集/1020
元統元年進士録/735
元微之文集校補/1885
元魏滎陽鄭文公摩崖碑跋/1951
元文類/1028(2)
元文類簡編/1028
元西湖書院重整書目/2039
元西域人華化考/195,2326
元憲集/1082,1960
元行省丞相平章政事年表/258
元盱郡覆宋本論語集解/1787
元盱郡覆宋本孟子趙註/1787
元也里可温考/137,2114
元遺山年譜/2274
元遺山詩集/1089
元遺山詩集箋註/1089
元遺山先生年譜/2222
元佑黨籍碑考附慶元僞學逆黨籍/1916
元趙松雪章草千字本集聯拓本/1578
元中子碑/1901
沅君卅前選集/1158
沅水流域識小録/401

沅湘通藝録/1890
垣曲安氏三先生剩稿/2264
爰居閣詩/1159,1160
爰園詞話/1202,1205
原板校正繪圖足本地理大成/100
原本玉編殘卷/934
原本指珠算法統宗/1619
原動力/1446
原李耳載/1332
原人論/109
原善/2224
原詩/997
原始佛教思想論/115
原始社會之土地形態的研究/633
原戲/1254
原象/2224
原野/1306(2)
原哲/36
原子淺釋/1624
袁崇焕傳/2304
袁大總統書牘/733
袁大總統書牘彙編/733(4)
袁大總統文牘類編/733
袁督師集附録/2033
袁督師配祀關岳議案/2034
袁督師事跡/2011
袁督師遺集/2033
袁家三妹合稿/1022
袁簡齋尺牘/1103
袁了凡四訓/108
袁了凡王鳳洲綱鑒合編/290
袁枚評傳/1104
袁浦札記/2276
袁前大總統略傳/338
袁山松後漢書/2082
袁氏當國史/338
袁氏盜國記/338
袁氏藝文金石録/1882
袁氏傳/1765
袁世凱/1390
袁世凱家書/1486
袁世凱演義/1394
袁世凱與中華民國/338
袁世凱之禍黔/416
袁小修日記/1011,1014
袁正獻公遺文鈔/2234
袁中郎尺牘全稿/1482
袁中郎全集/1095(2)
袁中郎文鈔/1482
袁忠節公手札/1484
袁州石刻記/167
袁子才、蔣心餘詩選/2094
園丁野話/872
園林計劃/1599
園林午夢/1276
園冶/1598,2052
圓謊記/1297
圓明園東長春園圖/381
圓明園記/2191
圓明園考/381
圓明園歐式宫殿殘跡/380
圓明園圖四十葉/381
圓明園遺物與文獻/381
圓石案/1521
圓圓傳/1828
源安泰醬園第廿七期營業總結册/697
緣督廬日記鈔/204
緣緣堂隨筆/1150
緣緣堂再筆/1150
蝯叟臨漢碑十種/1576
轅固齊詩傳/2072
遠東的危機/279
遠東各地重要刊物名録/2393
遠東和平的先決條件/276
遠東和平基礎/243
遠東歷史略圖/424
遠東民族革命問題/248
遠東史/248
遠東問題與大亞細亞主義/248
遠東新形勢/343
遠方/1517
遠近/1441
遠鏡説/1934
遠人集/1196
遠生遺著/724
遠天的冰雪/1408
遠西奇器圖説録最/1943
遠行集/1469
遠志齋詞衷/1202,1205
怨偶奇獄/1473
願體醫話良方/1643
願學齋叢刊/2185
約法會議記録/849
約翰福音/133(3)
約拿/132
約仙遺稿/2238
約言/1803,1905
約園輯佚書/2193
約園所著書/2302
約園演講集/2302
約園雜著/2302
月波洞中記/2066
月滄文集/1029
月船居士詩稿/2236
月光曲/1296(2)
月河所聞集/1376
月黑夜/1440
月壺題畫詩/1095
月季花譜/1550
月界旅行/2323
月來軒詩稿/2262
月令解/2233
月令七十二候集解/1935,2174
月令氣候圖説/1935
月令問答/1345
月令章句疏證敘録/20
月滿樓詩别集/1970
月明之夜/1500
月浦文徵/1067
月泉吟社詩/1957
月山詩話/1980
月山詩集/1969
月詩/2043
月下小景/1429(2)
月牙集/1465
月夜/1444
月夜彈琴記/1825
岳飛/198,1304(2)
岳飛及其他/1303
岳飛精忠/1273
岳飛評傳/198
岳家莊/1283
岳起齋詩存/1781
岳武穆年譜/226
岳陽風土記/2062
岳陽樓/1263
岳陽縣志/444
悦容編/1815,2210
悦生隨鈔/1356,1718
悦生所藏書畫别録/1549
悦心集/1954
悦雲山房詩存/1110
粵詞雅/1205
粵氛紀實/746
粵東筆記/2339(2)
粵東簡氏大同譜/179
粵東金石略/2273
粵東拼音字譜/954
粵牘偶存/2299

粵匪雜録/330
粵風/1995
粵歌/1995
粵海關進出口貿易統計年報特刊/680
粵海關志/2163
粵漢路全綫博訪録/673
粵漢鐵路備覽/673
粵漢鐵路廣韶段史略/673
粵漢鐵路圖/364
粵劍編/1768
粵江流域人民史/173(2)
粵劇救亡服務團長征三月/518
粵逆陷寧始末記/329
粵謳/1322
粵派拳師陸阿采别傳/1378
粵葡辭典/969
粵省對外貿易調查報告/629
粵詩搜逸/1957
粵述/1999
粵臺徵雅録/1971
粵西詞見/2292
粵西得碑記/169
粵西偶記/1999
粵行紀事/2024
粵音韻彙/954
粵遊集/2299
粵遊見聞/317
粵遊雜詠/2044
粵語解/936
粵戰場/350
粵戰七年/349
越畫見聞/1545
越嶠書/275
越絶書/301(2),1749,2015,2064,2118
越縵堂筆記/2061
越縵堂詞録/1237
越縵堂讀史札記/297
越縵堂菊話/1250
越縵堂日記/204
越縵堂日記補/204
越縵堂日記鈔/2054
越縵堂詩初集/1115
越縵堂詩話/990
越縵堂詩續集/1115
越縵堂書目/2381
越縵堂文集/1115
越南/478
越南佛典叢刊/108
越南民族運動史/478
越南史要/478
越南受降日記/478
越南亡國史/2305
越南問題/478
越南小志/2305
越南新志/478
越南雜記/478
越器圖録/1600
越畹女史小傳/1826
越中三不朽圖贊/189(2)
越州紀略/329
閲讀書報雜志的經驗/911
閲讀與寫作/973
閲史郄視/1769,2012
閲世編/2205
閲微草堂筆記/1863
閲藏知津/112
樂動聲儀/1910,2078
樂夫開閤/1278
樂府補題/1207,1981
樂府傳聲/1241,1647
樂府古辭考/1206
樂府古題要解/986,2032
樂府山堂稿/2256
樂府詩集/1032(3),2134
樂府詩選/1257
樂府釋/2057
樂府新編陽春白雪/1255
樂府雅詞/1231,1981,2134
樂府雅聯/2040
樂府餘論/1203,1206
樂府雜録/1350,1710,1759,1953,2063,2150,2215
樂府指迷/1067,1202,2099,2277
樂府指迷箋釋/1206
樂話/1603
樂稽耀嘉/1910,2079
樂經律吕通解/1953
樂律舉要/1953
樂律全書/1603
樂律正俗/1954
樂器三事能言/2221
樂清縣志/456(2)
樂詩考略/1779,2182
樂書要録/1812,1953
樂書正誤/2088
樂陶居詩稿/1118
樂緯/1910,2078
樂協圖徵/2079
樂學軌範/1603
樂葉圖徵/1910
樂毅論翻刻表/1577
樂毅圖齊/1270
樂章集/1207,1216
樂章習誦/1031
樂資春秋後傳/2073
躍動的夜/1149
芸庵詩餘/1210
芸窗詞/1219
芸居遺詩/1041
芸居乙稿/1041
芸娘外傳/1378
芸生文存/1186
芸香館遺詩/2051
芸隱横舟稿/1038
芸隱倦遊稿/1038
鄖溪集/2217
鄖襄賑濟事宜/1921
雲彩霞/1300
雲巢集補鈔/1049
雲巢詩草/1158
雲巢詩鈔/1044
雲窗叢刻/1788
雲窗夢/1269
雲杜故事/1988
雲峰詩餘/1213
雲谷雜記/1356,1725
雲海争奇記/1395
雲鶴先生遺詩/2059
雲麾李秀全碑/1572
雲笈七籤/128,2122,2139
雲間[江蘇]雜識/452
雲間第宅志/2000
雲間韓氏藏書目/2383
雲間兩徵君集/1026
雲間三子新詩合稿/1810
雲間雜志/2038
雲蕉館紀談/1993
雲郎小史/1250,1789
雲林石譜/1546,1720,1944
雲林遺事/1365,1842
雲麓漫鈔/1742,1876,1894
雲邁漫録/1789,2311
雲邁詩話/2311
雲夢藥溪談/1366
雲南備徵志/463
雲南邊地問題研究/463
雲南邊疆地理/415
雲南邊疆教育問題與計劃/878

雲南蒼洱境考古報告/2353
雲南地震考/1628
雲南東部志留紀動物化石/1631
雲南對外貿易近況/624
雲南風俗改良會彙刊/508
雲南工商業概況/655
雲南古代民族之史的分析/174
雲南機務鈔黄/1851
雲南金石目略初稿/169
雲南經濟/624
雲南看雲集/597
雲南棉業概況/658
雲南内幕/353
雲南農村戲曲史/1252
雲南全省財政説明書/713
雲南山川志/2038
雲南省/414
雲南省地志/463
雲南省經濟問題/624
雲南省農村調査/648,650
雲南省政府工作報告/817
雲南省之自然富源/624
雲南省中等教育概覽/743
雲南實業公司營業計劃書/629
雲南首義擁護共和始末記/338
雲南水道考/373
雲南通志/463
雲南圖書館書目/2376
雲南外交問題/414
雲南温泉志補/414
雲南問題/286
雲南行政紀實/817
雲南鹽政紀要/744
雲南遊記/414
雲南之財政/704
雲南志略/1728
雲片/1378
雲棲志/379
雲岐子保命集論類要/1647,1937
雲岐子論經絡迎隨補瀉法/1647
雲岐子七表八裏九道脈訣論並治法/1647
雲起軒詞/1226
雲氣占候篇/1914
雲阡續詠/1131
雲泉詩/1038
雲泉詩集/1037
雲雀/1309
雲臺二十八將/2052
雲臺編/2201
雲臺金石記/2053
雲臺門/1271
雲臺山/367
雲外朱樓集/1417
雲臥詩集/1040
雲溪稿/2251
雲溪山館畫稿/1582
雲溪詩草/1112
雲溪友議/1376,1715,1757,1989
雲霞出海記/1458
雲仙散録/1724
雲仙雜記/1326,1376,1989
雲霄廳志/459
雲煙過眼録/1541,1946
雲煙過眼續録/1541,2038
雲陽縣志/446
雲養集/1200
雲謠集雜曲子/1207,1237
雲怡詩鈔/2224
雲遊/1140
雲在山房叢書/1789
雲在山房類稿/2310
雲齋廣録/1369,1712
雲中紀程/1998
雲中事記/1365,1851,2023
雲莊詞/1210
雲莊集/2201
雲莊四六餘話/1980
雲莊四六餘語/1722
雲莊印話/1594
雲莊樂府/1256,1258
雲自在堪筆記/2054
雲左山房文鈔/1109
筠廊偶筆/1334
筠娘遺恨記/1420
筠軒清閟録/1947,2176
筠軒文鈔/1866
篔窗詞/1211
允都名教録/2260
隕落的星辰/187
惲敬文/1106
惲南田花卉王石谷山水合璧/1586
惲南田書詩札真跡/1575
運河/1190(2)
運河水道編/2229
運氣辯/1660
運氣掌訣録/1644
運使復齋郭公言行録/1860
運輸學/670
運油船/546
韞輝齋藏唐宋以來名畫集/1578
韻補/936,1930
韻補正/936,1840,1930,2096
韻丞詩存/1135
韻典/964
韻法本俗/2289
韻荷存稿/2344
韻鏡/1930
韻蘭序/1824
韻略易通/940
韻珊先生遺稿/1134
韻石齋筆談/1544,1948,2060
韻史/292,938
韻文拾得/1155
韻學源流/939
韻語陽秋/985,989,1978

Z

雜拌兒/1198
雜病源/1645,1646
雜感集/1143
雜劇選/1279
雜類名方/1648,1940
雜事秘辛/1326
雜説/1739
雜談蘇聯/482
雜文的藝術與修養/917
雜文偶存/1791
雜詠百二十首/1965
雜症會心録/1649

雜志/1712
雜志目録/2365
雜俎/2159
雜纂/1715,1995
雜纂二續/1360
雜纂三續/1366
雜纂續/1360
災難的明天/1408
再給女人們/515
再見/1421
再見,冷荇!/1462(2)
再愧軒詩草/2261
再生集/1171
再生記/1764
再生記及其他三種/1984
再生緣/1318
再生緣寶卷/1314
再世從良/1318
再世爲人/1531
再續寰宇訪碑録校勘記/2298
再續三十五舉/1539,1945
再續賢妮小傳/1530
再續景楷帖三十種/1572
再造天/1394
再增國語註解幼學故事瓊林/955
在白森鎮/1457
在變動中/564
在城市裏/1416(2)
在重慶霧中/1185
在大龍河畔/1469
在敵人後方/1309
在反日運動中我們的出路是什麽/559
在甘地先生左右/233
在和平勞動之國/632
在黑暗中/1415
在華領事裁判權論/833
在華外僑之地位/832
在混亂里面/1193
在激變中/981
在家必讀内典/108
在教堂歌唱的人/1436
在莒集/2255
在困難中前進/560
在聯席會議上所發表之意見/578
在民主革命中社會民主黨的兩個策略/539(2)
在民主與團結的基礎上加强抗戰争取最後勝利/591
在摸索試驗中成長的楊家灣小學/596(2)
在旗下/1198
在日本獄中/209
在三全擴大會中關於傳達國際決議的報告/349
在山泉詩話/2059,2060,2061
在世界之頂上/246
在文藝座談會上的講話/914
在西北原野/1434
在西戰塲/2335
在曉莊/2336
在軒詞/1212
在延安文藝座談會上的講話/914(2),915(2)
在園曲志/1241
在園雜志/1867
在中國四年/282
簪雲樓雜説/1334
贊老子道德經義疏/2155
臧大咬子傳/1411
臧榮緒晉書/2082
葬度/1802
葬經/2026,2106
葬經箋註/1845
葬經翼/2026
葬學/100
藏漢集論辭彙/967
藏漢小辭典/967
藏文讀本初稿/968(3)
藏要/108
藏逸經書/2039
遭難前後/219(2)
遭遇了支那間諜網/276
棗花閣圖書題跋記/2369
棗林集/2056
棗强縣志料/436
棗陽縣志/450
造各表簡法/1933
造化通/96
造林學通論/1676
造林運動宣傳綱要/1677
造路運動宣傳綱要/672
造形美術/1590
造園學概論/1599
竈嫗解/2181
則堂詩餘/1212
責備餘談/2012
擇是居叢書/2088
擇選名喬尺牘/1483
澤古叢鈔/1839
澤畔吟/2258
澤瀉集/1177
賊情彙纂/330(2)
賊史/1524
怎樣辦理警衛/528
怎樣編寫通俗報刊/2392
怎樣辨别真僞/83
怎樣才能使機關學校化/736
怎樣從事文藝修養/915
怎樣動員農民大衆/575
怎樣動員千百萬農民/644
怎樣讀歷史/1497
怎樣讀書/910
怎樣分析階級/551
怎樣改進中國農村/634
怎樣幹事業/95
怎樣管理企業/593
怎樣劃分農村各階層/634
怎樣集體講話/923
怎樣建設革命文學/597
怎樣建設農村新文化/575
怎樣建設三民主義文學/978
怎樣進行覆查的參考材料/642
怎樣利用圖書館/2361
怎樣練習寫作/1497
怎樣領導/1643
怎樣求得新知識/595
怎樣實行三民主義肅清貪污團結救國/770
怎樣使有錢者出錢有力者出力/547
怎樣肅清立三路綫/224
怎樣推行減租/1670
怎樣向韜奮學習/211
怎樣寫報告文學/1496
怎樣寫新聞通訊/598(3)
怎樣寫作/975
怎樣欣賞藝術/1497
怎樣選下蛋多的雞/1670
怎樣學文學/975
怎樣學習俄文/1516
怎樣學習國文/973
怎樣學習人民政協三大文獻/756
怎樣研究社會科學/497
怎樣研究文學/919
怎樣研究哲學/783
怎樣研究政治經濟學/604,652
怎樣養成水稻强健幼苗/1674
怎樣養娃/575
怎樣閲讀文藝作品/911
怎樣種棉花/1680

怎樣自我學習/896
怎樣組織起來/645
怎樣組織縣各級民意機關/806
怎樣作工作總結/94
怎樣做調查研究工作/570
怎樣做農工行政？/805
曾滌生立達要旨/206
曾滌生文/2094
曾滌生之自我教育/206
曾鞏文/1082
曾國藩/206(2)
曾國藩及其幕府人物/206
曾國藩評傳/205,206
曾國藩詩集/1111
曾國藩之民族思想/205
曾國藩之生平及事業/205
曾胡治兵語録/1692
曾胡治兵語録註釋/1692
曾胡左兵學綱要/1687
曾南豐尺牘/1484
曾南豐先生年譜/227
曾氏女訓/93
曾文正公胡文忠公批牘/732
曾文正公集外文/2298
曾文正公家書/1485
曾文正公嘉言鈔/1116
曾文正公全集/2281(2)
曾文正公詩集/1111,2133
曾文正公詩文集/1111(2)
曾文正公學案/75
曾元高先生榮哀録/208
曾仲鳴先生行狀/715
曾仲鳴先生殉國周年紀念册/223
曾子/1732
曾子大孝編註/25
曾子十二篇/2070
曾子十篇/1902
曾子十篇註釋/2070
曾子問講録/2070
增補本草備要/1664
增補辨證録/1662
增補訂正蔣委員長西安蒙難記/343
增補湖南雲南廣西三省之威寧系珊瑚化石/1632
增補繪圖胎産心法/1663
增補菊部群英/1249
增補考正字彙/960
增補曲苑/1243
增補曲苑革集/1243
增補曲苑金集/1243
增補曲苑木集/1243
增補曲苑匏集/1243
增補曲苑石集/1243
增補曲苑絲集/1243
增補曲苑土集/1243
增補曲苑竹集/1243
增補萬寶全書/2354
增補星平會海命學全書/99
增補醫方一盤珠全集/1665
增補醫林狀元壽世保元/1660
增補曾胡治兵語録註釋/1693
增城縣志/461
增訂碑别字/158
增訂不可録/91
增訂叢書子目索引/2362
增訂故宮圖説/2352
增訂吉林地理紀要/389
增訂教育論文索引/872
增訂歷代符牌圖録/164
增訂駢林摘豔/2354
增訂三體石經時代辨誤/7
增訂傷暑全書/1650
增訂實用北京指南/390
增訂趙古泥印存/1596
增訂中國旅行指南/381
增訂中國憲法史/850
增訂註解國音常用字彙/963
增訂資本制度解説/611
增改最近上海金融史/686
增廣海上名人畫譜采新/1583
增廣箋註簡齋詩集/1085(2),2128
增廣考正白香詞譜/1201
增廣山西洪洞古大槐樹志/395
增廣詩韻全璧/942
增廣太平惠民和劑局方/1940
增廣唐著寫信必讀/1476
增廣笑林廣記/1495
增廣音註唐郢州刺史丁卯集/1079
增廣致富奇書/1669
增廣鐘鼎篆韻/1860
增廣註釋音辯柳先生集/2124
增輯古印一隅起緣/2161
增輯書目答問/2364
增加圖書分類目録/2374
增校清朝進士題名碑録/735
增進行政效率之方法/741
增刻乾坤正氣録/104
增批古文觀止/1057,1058
增批歷史綱鑒補註/289
增評加批金玉緣圖説/1385
增評加註全圖紅樓夢/1385
增入名儒講義皇宋中興聖政/1860
增删卜易/97
增像十美緣圖詠/1319
增修東萊書説/2012
增修箋註妙選草堂詩餘/2135
增修膠志/439
增註奇逢全集/1380
增註四書人物類典串珠/27
增註洗寃録集證/870
憎恨/1410
查東山年譜/230(2)
查梅壑山水畫册/1584
查他山年譜/230
鍘美案/1286
鮓話/1808,1869
乍浦九山補志/372
乍浦遊簡/405
摘星譜/1610
齋夫自由談/2335
翟子易義/2071
窄門集/1176
占婆史/478
占驗録/2106
詹詹集/1406
霑化縣志/437
瞻衮堂文集/2236
瞻回東戰場/347
瞻回印緬戰場/348
鸇巢記/1533
鸇巢記續編/1533
展碧山房駢體文選/2219
展開反對巫神的鬥爭/596
展望/2336
展望大反攻/2337
斬健蛟/1274
站赤/2163
站在抗戰的立場上對於新四軍事件講幾句公道話/357
湛此心齋詩集/1120
湛然居士年譜/362,2301
湛然居士文集/1089,1963,2129
湛淵静語/1895
湛淵遺稿/1963
湛園題跋/1547,1876,1950
戰場畫報/599
戰場上/1422
戰塵集/1180
戰地/970
戰地日記/1171

戰地血花/1407
戰地遊擊區宣傳綱要/795
戰鬥/1291
戰鬥的韓江/1192
戰鬥的江南季節/1162
戰鬥的兩年/347
戰鬥的女性/1302
戰鬥的素繪/1495
戰鬥的唯物論/35
戰鬥唯物論講話/82
戰鬥員阿列克賽・顧里珂夫/546
戰鬥在晉西北的英雄們/585
戰鬥在太行山上/585
戰鬥中的解放區民兵/592
戰鬥中的新四軍/1698
戰鬥中的新越南/600
戰鬥中的一年/568
戰國策/300(7),2014,2036
戰國策補註/300
戰國策菁華/300
戰國策精華/2093
戰國策釋地/1778,1997
戰國策通檢/2088
戰國策校註/2117
戰國策詳註/301
戰國秦漢間人的造僞與辨僞/301
戰國宰相表/301
戰國載記/2307
戰國縱橫家學研究/48
戰果/1438
戰後第一期鐵道計劃/1686
戰後各國外交政策/830
戰後各國新憲法之研究/356
戰後國際幣制論/691
戰後國際和平導論/831
戰後國際人力復員/662
戰後交通建設概論/672
戰後經濟調查會報告書/625
戰後列國大勢與世界外交/829
戰後美國/486
戰後美國之國民教育/883
戰後南洋經濟問題/472
戰後歐遊見聞記/480
戰後歐洲土地改革/656
戰後歐洲之經濟/614
戰後日本問題/469
戰後上海暨全國各大工廠調查録/654
戰後世界金融/610
戰後世界金融史/602
戰後世界經濟與政治/829
戰後世界政治地理講話/245
戰後世界殖民地問題/820
戰後首都之研究/385
戰後蘇聯教育新動向/547
戰後蘇聯印象記/482
戰後太平洋問題/237
戰後問題論文集/237
戰後新版世界經濟地理講座/614
戰後新興國研究/2109
戰後新中國/353,384
戰後銀行組織問題/694
戰後英國的小學教育/890
戰後之日本/469
戰後之世界/241
戰後中國工業建設之路/652
戰後中國建設問題/622
戰後中國農民問題/594
戰後中美文化關係論叢/287
戰火紛飛/1458
戰局在開始變動/361
戰略學/1690
戰略學教程/1690
戰略與策略/536
戰雞和亦不易/352
戰前中國新詩選/1054
戰區經濟工作/619
戰神翼下的歐洲問題/834
戰時報學講話/597
戰時財政/698
戰時財政金融法規彙編/700
戰時的經濟問題與經濟政策/607
戰時的青年運動與青年工作/890
戰時的鄉村社區政治/804
戰時的中國經濟/618
戰時對外貿易/681
戰時兒童保育會六周年紀念刊/524
戰時兒童國語選/574
戰時兒童救濟工作之理論與實踐/524
戰時兒童日記/1498
戰時法規及新頒重要法規合編/863
戰時法規述要/845
戰時法律常識/740
戰時法律概要/863
戰時紡織女工/664
戰時婦女手册/513
戰時各國馬克斯主義者是怎樣的/538
戰時各省糧食增産問題/636
戰時工業問題/653
戰時公務員須知/736
戰時廣東金融問題/629
戰時國際法/839
戰時國際法講義/838
戰時國際法述要/838
戰時國際公法/839(3)
戰時國際公法問答/839
戰時國民軍事組訓整備綱領/1695
戰時國土防空之理論與實際/1707
戰時及戰後蘇聯經濟/631
戰時交通政策/672
戰時教育方針/876,886
戰時教育之改造/882
戰時經濟/607
戰時經濟參考書目/603
戰時經濟建設/617
戰時經濟論/618
戰時經濟論文集/621
戰時經濟問題/603(2)
戰時經濟原理/609
戰時經濟總動員論/621
戰時警察行政/529
戰時勞動政策/665
戰時糧食問題/641
戰時農村工作方案/643
戰時農村經濟動員/642
戰時青年訓練/890
戰時全國各大學鳥瞰/893
戰時人民法定行爲之析述/844
戰時日本財政/704
戰時日本經濟/630
戰時日本全貌/468
戰時日本文壇/1505
戰時日本物價管制/692
戰時日本之外交/278
戰時日記/1495
戰時上海經濟/628
戰時社會教育/898
戰時蘇聯遊記/483
戰時田賦徵實與戰後糧食問題/708
戰時皖南行政資料/811
戰時衛生勤務/1704
戰時文學論/979
戰時物價平定問題/611
戰時物價特輯/611
戰時物價統制/611
戰時物價之變動及其對策/610
戰時西南/384(2),415

戰時西南經濟問題/625
戰時相/1587
戰時鄉村建設論/520
戰時宣傳技術/714
戰時宣傳技術講話/501
戰時移墾邊疆問題/1671
戰時英國/485
戰時與戰後教育/873
戰時整理田賦問題/707
戰時政治工作/1694
戰時政治建設/740
戰時政治經濟評論集/620
戰時政治之改進/740
戰時之正義/241
戰時中國的銀行業/694
戰時中國工業建設概論/651
戰時中國經濟輪廓/622
戰時中國經濟研究/617
戰時中國物價問題/611
戰時中國之科學/1615
戰時租税制度/707
戰術綱要/1691
戰術學教程/1690
戰術摘編/1699
戰術作業之參考/1697
戰太平/1285
戰宛城/1284
戰綫/1453
戰猇亭/1371
戰爭・飲食・男女/208
戰爭乎？和平乎？/825
戰爭前夜的阿比西尼亞/488
戰爭與經濟/607
戰爭與生産/1592
戰爭與條約/824
戰爭與文學/916
戰爭哲學/2112
戰爭中/1422
戰爭中日本陸軍諜報工作/1694
張霸尚書百兩篇/2081
張北縣志/464
張碧梧説集/1401
張博望班定遠合傳/2304
張蒼水集/2232
張成仁和馬坊掌/587
張初元/586
張初元的故事/1461
張船山詩集/1107
張大元帥哀輓録/210
張東蓀哲學批判/77
張發奎將軍/210
張璠後漢紀/2082
張璠易集解/2071
張方景昭先生哀輓録/209
張方洲奉使録/2245
張鳳蘭勸夫/589
張公集/1116
張鼓峰事件鳥瞰/466
張光弼詩集/1090
張光直教授個人學校檔案/224
張果星宗/99
張穌庵朱夢廬詩畫合刊/1587
張横渠集/1973
張衡年譜/225
張煌言年譜/227
張篁邨詩/2256
張惠肅公年譜/229
張籍詩註/1077
張季子九録/1124
張季子詩録/1124
張家口附近地質志/1627
張家口概況/464
張家口收復記/392
張謇批選四書義/1487
張江陵年譜/228
張江陵書牘/1483
張江陵傳/198
張居正評傳/198
張菊生先生七十生日紀念論文集/2334
張來儀文集/2203
張老傳/1836
張連賣布/582
張廉卿先生遺墨/1575
張濂亭文/2094
張靈崔瑩合傳/1826
張孟劬先生遯堪書題/2369
張南通詩文鈔/1124
張南軒先生文集/1973
張溥年譜/227(2)
張遷碑/1575
張騫西征考/269
張清益創辦義倉/587
張慶豐運鹽起家/587
張丘建算經/1932
張曲江詩文事跡編年考/225
張瑞辦合作社/1419
張三豐先生全集/127
張嗇庵先生實業文鈔/1124
張嗇庵先生文概註/1124
張上將自忠畫傳/786
張舍我説集/1401
張生煮海/1266
張氏吉金貞石録/149
張氏可書/2152,2216
張氏三娘賣花寶卷全集/1314
張氏詩説/1956
張氏書畫四表/2066
張氏文通/947
張氏易註/2072
張市工人首屆代表大會彙刊/663
張司馬定浙二亂志/1851,2023
張司業集/2141
張司業詩集/1077
張司直玄静先生碑/1568
張天師/1261
張天師斷風花雪月/1261
張天翼文集/1024
張天翼選集/1026
張天佐先生榮哀録/209
張蜕庵詩集/1090
張文厚公文集/1118
張文節公遺集/1971
張文烈集附録/2033
張文烈遺集/2033
張文襄公集/732
張文襄公年譜/228(2)
張文襄公全集/732
張文襄公榮哀録/201
張文襄書翰墨寶/732
張文忠公全集/1094
張文忠公詩文集/1094
張無頗傳/1985
張夕幢先生年譜/228
張學良的自由問題/210
張學良關係文書/210
張雪鴻花卉册/1582
張勳逃匿和蘭使館案/825
張巡/196
張燕公集/1073,1959,2123
張陽和文選/1964
張揖古今字詁/2076
張揖埤倉/2075
張憶娘簪華圖卷題詠/1949
張友池和三連的文化學習/596
張右史文集/2128,2145
張玉蘭參加選舉會/1319
張愈光詩文選/1093
張元春桐廬山水手卷/1580
張約園遺書目録/2371
張説之集/2140

張占義改造伙房/588
張枕緑説集/1401
張振財和城壕村/587
張治國/582
張忠烈公(煌言)年譜/1809
張忠烈公年譜/2011
張仲景醫學全書/1644
張資平評傳/1148
張資平小説選/1417
張資平選集/1025
張子鈔釋/1905
張子大義/50
張子全書/73(3)
張子祥課徒畫稿/1582
張子野詞/1207,1233,1981
張子語録/73,2049
張自忠/1312
張作霖歷史/1393
章安集/2212
章炳麟/209
章草草訣歌/1574
章草考/1557
章草墨本/1577
章句論/949
章力生政法論文集/714
章練志/454
章乃器論文選/2333
章泉稿/1962
章實齋方志論文集/363
章實齋文鈔/2054
章實齋先生年譜/228(3)
章氏叢書/2281
章氏叢書補編/2282
章氏叢書續編/2281,2282
章氏四當齋藏書目/2383
章氏遺書/2268
章臺紀勝名著叢刊/2330
章臺柳傳/1351,1762,1984
章太炎白話文/1126
章太炎尺牘/1485
章太炎國學講演集/2345
章太炎文選/1127
章先生語録/1906
章衣萍創作選/1187
章與句/951
彰化縣志/460
漳河曲/1603
漳平縣志/459
掌固零拾/322
掌握布爾什維克領導經濟的方法/610
長物志/1331,1546,1944
杖扇新録/1543
瘴瘧指南/1650
朝華夕拾/2320,2321
朝話/1159
朝暾/1423
朝聞道韻渠傳記/136
朝霧/1465
招待須知/1696
招魂/1448
招山小集/1040
招商局三大案/675
招隱山志/371
昭代經濟言/1915
昭代經師手簡/1576
昭代名人尺牘小傳/2065
昭代王章/1766
昭德先生郡齋讀書志/2049,2379
昭德新編/1725
昭覺縣志稿/449
昭君和番/1398
昭陵碑録/166
昭昧詹言/983
昭明太子集/1072(2),2122
昭平縣志/462
昭萍志略/450
昭通縣志/464
昭通縣志稿/464
昭陽趣史/1394
昭忠録/2009,2147
召對紀實/314
召對録/2022
詔書蓋璽頒行論/331
詔獄慘言/1841,2097
照膽經/99
照世杯/1412
肇論中吴集解/1871
趙柏巖集/1167
趙寶峰先生文集/2239
趙次隴先生講話/1489
趙次閒印譜/1596
趙待制詞/1215
趙待制遺稿附詞/1963
趙定宇書目/2380
趙侗之死/218
趙飛燕别傳/1726
趙飛燕全傳/1394
趙飛燕外傳/1340,1726
趙亨德大闊正太路/585
趙洪氏宗譜/180
趙后外傳/2064
趙后遺事/1820,2208
趙撝叔花卉册/1584
趙撝叔書漢鐃歌真跡/1576
趙撝叔印存/1596
趙客亭先生年譜紀略/1793
趙蘭坡所藏書畫目録/1549
趙禮讓肥/1264
趙魯庵先生集/1121
趙孟頫讀書樂/1572
趙孟頫六體千文/1574
趙孟頫鵲華秋色真跡/1580
趙孟頫壽春堂記/1572
趙孟頫閒邪傳/1572
趙盼兒風月救風塵/1261
趙岐三輔決録/2084
趙秋谷詩集/1101
趙秋谷所傳聲調譜/996
趙少昂畫集/1589
趙聲傳/204
趙氏孤兒/1259,1266
趙氏家法筆記/1878
趙氏圖書館藏書目録/2381
趙氏一門法書/1574
趙氏族譜/180
趙書/2019(2)
趙松雪蘭亭十三跋/1572
趙松雪書金剛般若波羅蜜經/1574
趙松雪書六體千文/1574
趙望雲塞上寫生集/1589
趙望雲西北旅行畫記/385
趙文敏公虞文靖公法書/1574
趙五娘上京尋夫琵琶記/1317
趙武靈王傳/2304
趙夏雲自傳/218
趙元遇上皇/1267
趙園觀梅記/2293
趙雲崧詩選/2094
趙之謙楷書法帖/1576
趙仲穆臨李伯時人馬卷/1580
趙子固二十四孝書畫合璧/1566
趙子曰/1464
遮那德自伐八事/1526
折沖府考補/749
折聚英/1414
折獄高抬貴手/1745,1916,2149
折獄奇聞/1403
折獄新語/2163
折獄卮言/1916

哲匠金桴/1888
哲理與心理/1640
哲學常識/36
哲學初步/39
哲學辭典/34
哲學大綱/36(3),81
哲學的改造/78
哲學的學習與運用/541
哲學概論/35(4),38
哲學及其根本問題/37
哲學講話/36(2)
哲學階梯/38
哲學解蔽論/39
哲學論叢/33
哲學論文集/39
哲學淺説/535
哲學上之討論/33
哲學史/79
哲學思想之史的考查/78
哲學通論/38
哲學唯物論/538
哲學問題/78,532,2111
哲學問題淺説/34
哲學新論/38
哲學選輯/536
哲學研究/33
哲學研究提綱/541
哲學要論/38
哲學與科學/38
哲學與論理/36
哲學與生活/37
哲學與現代思想/36
哲學之改造/78
哲學之故鄉/79
摺扇案/1372
柘榴花/1418(2)
柘西精舍詞/1222
柘軒詞/1215
浙鹺紀事/1916
浙東紀略/254
浙東學派溯源/44
浙江財政紀略/702
浙江地方銀行農業貸款概況/695
浙江第二學區各圖書館概況專號/2391
浙江分縣詳圖/428
浙江公立圖書館通常類目録/2375
浙江杭州府錢塘縣白蛇寶卷/1314
浙江嘉興府秀水縣刺心寶卷/1316
浙江建德縣經濟調查/815
浙江教育輔導制研究/883
浙江解進備採書目/2373
浙江經濟調查/628
浙江經濟紀略/625
浙江經濟統計/628
浙江糧食調查/495
浙江臨安縣農村調查/648
浙江民政統計特刊/812
浙江全省財政説明書/713
浙江全省圖書館概覽/2391(2)
浙江省/401
浙江省保甲施行準則/812
浙江省財政一覽/703
浙江省第一學區圖書館協會概況/2391
浙江省二十二年度行政統計/494
浙江省二十九年擴種冬作總報告/495
浙江省各縣雜税統計表/703
浙江省杭縣土地統計/648
浙江省建設事業統計圖表/494
浙江省建設廳清理公路資産報告/672
浙江省建設廳圖書館目録/2375
浙江省立圖書館概況/2391
浙江省立圖書館概況與報告/2391
浙江省立圖書館簡説/2391
浙江省立圖書館善本書目/2367
浙江省立圖書館善本書目題識/2367
浙江省立圖書館書目提要/2375
浙江省立圖書館圖書總目/2375
浙江省明細全圖/428
浙江省農村調查/648
浙江省農業改進史略/640
浙江省生産會議報告書/815
浙江省食糧之運銷/628
浙江省史地紀要/405
浙江省水利局/812
浙江省田賦一覽表/707
浙江省現行法規彙編/812
浙江省現行建設法規彙編/812
浙江省一年來的土地行政/648
浙江省一瞥/405
浙江省營業税法一覽/703
浙江省政府公報法規專號/812
浙江省之植物油料/624
浙江通志/455
浙江通志考異殘稿/2284
浙江圖書館保存類書目/2375
浙江圖書館叢書/361
浙江下奥陶紀之三葉蟲化石/1631
浙江孝節録/190
浙江新志/455
浙江之農産/648
浙江之特産/628
浙江之紙業/658
浙江制憲史/863
浙西水利書/2200
這不過是春天/1024,1307
蔗盦痛心録/212
蔗山筆麈/1988
鷓洞詩鈔/1122
珍本醫書集成/1648
珍廬詩集/1185
珍席放談/1986
珍珠船/1992
珍珠米/1162
珍珠旗/1372
貞白五書/2237
貞定先生遺集/2278
貞婦屠印姑傳/1827
貞觀公私畫史/1541,1555,1759
貞觀政要/738(3)
貞觀政要講義/738
貞居詞/1214,1235,1982
貞烈黄翠花傳/1830
貞蕤稿略/1977
貞松老人外集/2297
貞松老人遺稿/2296,2297(2)
貞松堂藏歷代名人法書/1567
貞松堂藏西陲秘笈叢殘/2193
貞松堂吉金圖/160
貞松堂集古遺文/160
貞松堂集古遺文補遺/160
貞松堂集古遺文續編/160
貞松堂校刊書目解題/2369
貞松堂唐宋以來官印集存/164,2314
貞素齋詩餘/1215
貞一齋詞/1214
貞一齋詩説/997
貞一齋文/1861
貞一齋雜著/1874
真草隸篆四體大字典/1560
真好唱/1288
真誥/1739,1904,2253
真跡日録/1563
真結/1185
真臘風土記/1331,1729,2063,2171
真靈位業圖/1342
真率記事/1736

真娘墓詩/1759
真偶然/1521
真情假愛/1292
真如室詩/1790
真山民詩集/2230
真松閣詞/1224
真西山先生集/1973
真現實論/116
真修寶卷/1316
真真曲/1828
真珠船/1896,2247
針經節要/1647
針經摘英集/1647
針灸學綱要/1656
針心寶卷/1316
針學通論/1656
偵探必攜/1705
甄家莊戰鬥/585
箴言/132
箴言至瑪拉基書/132
箴友言/1898
箴箴何篇/21
箴左氏膏肓/2086
枕碧樓叢書/2035
枕碧樓偶存稿/2272
枕經堂金石題跋/149
枕上集/1407
枕上隨筆/1187
枕上語/1879
枕譚/1332,1896
枕亞浪墨/1132(2)
枕中記/1327,1762
診脈三十二辯/1649
診餘舉隅録/1653
陣地新戰術/1690
陣紀/1921,2149
振綺堂書目/2381
賑豫紀略/1921
賑災彙刊/522
震川文集/1093
震川先生集/2131
震川先生全集/1093
震旦大學圖書館暫編法學書目/2377
震旦人與周口店文化/174
震動世界的八百壯士/357
震驚中外的皖南慘變面面觀/560
震澤長語/1363,1845,1889,2095
震澤長語摘鈔/1853
震澤紀聞/1363,1845,2101,2170
震澤先生別集/2329
鎮東縣志/431
鎮海縣志/457
鎮江英租界收回案/828
鎮平縣自治概況/809
鎮平自治之紀念/808
鎮洋縣志/453
鎮揚遊記/168
鎮澶州/1285
争報恩/1262
争取解放/781
争取全面抵抗的勝利/564
争執的問題/543
争自由的女兒/1471
征南録/2148
征途訪古述記/151
征途書簡/1197
征倭論/275
征西全傳/1389
掙扎/1502
筝船詞/1223
睁眼瞎子/1287
徵兵委員/1402
徵工築路實施方法/664
徵印三民主義一百萬册運動報告書/763
整頓隊伍/562
整頓三風[二十二個文件]/571
整頓三風[二十二種文件]/571
整頓三風文獻/571
整頓僧伽制度論/112
整風參考文選/572(2)
整風文件/572
整風文獻/571(2),572(2)
整理檔案規則/2389
整理東濠下游報告書/1684
整理水道改良土壤彙刊/376
整理債務案進行概要/712
整政問題/572
《正報》讀者愛報運動紀念册/582
正本雙珠鳳奇緣寶卷/1314
正倉院考古記/1553
正道居感世集/1139
正德遊江南/1388(2)
正德遊江南全傳/1388
正定王氏雙節永慕録/194
正定楊氏家譜/177
正訛/2280
正法念處經閻浮提洲地志勘校録/120
正反合/1441
正蒙會稿/1906
正氣/1309
正氣歌/1295
正氣歌本事/1317
正任銅山縣知事署理南匯縣知事李承查朱任經手正雜各款交代登復册/702
正社選藝/1487
正史概論/289
正史考略/297
正疏三角疏義/1935
正太鐵路接收紀念刊/673
正統北狩事跡/1850,2023
正統臨戎録/1850,2023
正味遺音/2061
正邪略意/134
正學編/2187
正學續/2007
正義/1512
正義的呼聲/361
正義進化與奮鬥/92
正義與自由/34
正誼堂文集/1101,1975
正在想/1305
正傳袁世凱/756
政本論/723
政黨概論/727
政法論叢/715
政府公報分類彙編/734
政府會計審計法規/754
政府解決勞資争議之方法/661
政府抗敵的準備/357(2)
政府審計/754
政府審計原理/754
政工會議訓詞集/784
政和縣志/459
政令宣傳輯要/770
政論/1873
政權與治權淺説/796
政聞時言/1128
政協文獻/754
政學録/1918
政學私言/799(2)
政學真詮/723
政學罪言/2338
政制改革的途徑/799
政治報告/871
政治暴徒評論/578
政治常識講話/718
政治典範要義/725

政治法律大辭典/716
政治改造/714
政治綱領參考資料/590
政治工作論叢/598
政治建設/768,769
政治建設的建議——生産建設/783
政治建設論/717
政治建設與制度精神/739
政治講演大綱/769
政治教育引論/93
政治經濟學/497(2),534
政治經濟學史大綱/609
政治經濟宗教論文集/2338
政治課材料/356
政治理想/725
政治論/661
政治思想與經濟狀況/499
政治協商會代表群像/186
政治協商會人物志/567
政治協商會議/754
政治協商會議始末記/755
政治協商會議文彙/852
政治協商會議文獻/754
政治協商會議之檢討/754
政治學/714
政治學大綱/722
政治學的諸重要問題/722
政治學概論/714,723(2)
政治學綱要/716(2)
政治學史概論/499
政治學説史/718
政治學問答/716
政治藝術論/716
政治與教育/715
政治偵探/578
政治之基礎知識/661
政治中之人性/725
鄭盦詩文存/2186
鄭板橋評傳/205
鄭板橋全集/1103
鄭板橋四子書真跡/26
鄭蒼濂奏議鈔/2229
鄭成功/200(3),1282
鄭成功傳説/200
鄭德璘傳/1985
鄭端簡公古言類編/2245
鄭端簡公今言類編/1987,2245
鄭端簡公吾學編餘/1987,2245
鄭和/200,1498
鄭和南征記/200
鄭和下西洋考/472(2)
鄭和遺事彙編/200
鄭和傳/2304
鄭洪年一年來國難中之教育言論/887
鄭敬中摘語/2246
鄭開陽雜著/367
鄭康成集/1015
鄭克基藝術設計/789
鄭鄤事跡/2054
鄭埊陽寃獄辨/2158
鄭樵校讎略研究/2360
鄭氏爾雅註/2025
鄭氏家儀/2249
鄭氏周易註/1898
鄭守愚文集/1080,2048
鄭堂讀書記/2369(2)
鄭堂札記/1808,1897
鄭桐庵筆記/1783
鄭桐庵筆記補遺/1784
鄭桐庵先生年譜/2158
鄭縣志/442
鄭孝胥傳/2086
鄭玄別傳/2196
鄭學書目/1792
鄭易馬氏學/1782
鄭振鐸傑作選/1469
鄭振鐸選集/1182
鄭志/1890(2),2086
鄭忠肅奏議遺集/731
鄭塚古器圖考/165
鄭衆國語解詁/2081
鄭子尹年譜/231
鄭總理大臣王道講演集/1126
證道歌/1014
證道一助/1488
證人社約/1915
證治要訣類方/1940
證治摘要/1654
證治指南/1646
之東/406
支那經濟、財政、金融關係資料目録/617
支那經濟關係資料目録/604
支那農業關係資料目録/618
支那女兒/1454
支那之法理學/842
支諸皐/1327,1763
支配日本少壯軍人思想之日本改造法案/818
支票之處理與法律/696
支社詩拾/1055
芝蘭與茉莉/1435
芝麻/656
芝田録/1355,1712,1739
巵辭/1897
巵林/1896
巵言和天/2292
枝山前聞/1360
知白齋墨譜/1591
知不足齋叢書/1814
知常先生雲山集/1229
知非集/1105
知悔齋詩文鈔/6
知稼翁詞/1220,1228
知稼翁集補鈔/1051
知稼翁集鈔/1045
知難行易説與知行合一説/761
知聖道齋讀書跋/1755
知識份子與教育問題/595
知識學基礎/238
知識與文化/77
知堂文集/1178
知行淺説/2161
知行詩歌集/1178
知行書信/1178
知之集/912
知足齋進呈文稿/1976
知足齋文集/1976
祗欠盦集/1874
脂粉議員/1524
織女/1827
織餘瑣述/2338
直講李先生文集/2127,2144
直接民權大綱/766
直接税法令彙編/705
直介堂叢刻/2298
直介堂叢刻初編/2297
直介堂叢刻續編/2298
直介堂徵訪書目/2298
直隸風土調查録/392
直隸高等審判廳判牘集要/845
直隸教育統計圖表/881
直隸名勝/392
直隸全省財政説明書/714
直隸省京兆地方明細全圖/426
直隸五河圖説/376
直齋書録解題/1882,2379
直齋書録解題書名索引/2379
執行中央五四指示的基本總結及今後任務/642

植跋簡談/1722
植棉英雄郭秉仁/587
植樹節/1469
植物名實圖考/1635
植物名實圖考長編/1635
植物色素/1635
植物學大辭典/1635(2)
植物學問答/1635
植物學小史/1635
植杖閒譚/1357
殖民地保護國新歷史/820
殖民地獨立運動/820
殖民地與半殖民地/821
殖民政策/819
摭庵遺稿/1136
摭青雜説/1353,1728,1984
摭言/1328,1350,1757
摭異記/1346,1763
職方外紀/2148
職分論/89
職工會工作手册/666
職工運動的方向/666
職工運動文獻/572
職工運動問題的報告與結論/572
職工運動議決案/572
職業婦女/1294
職業教育/895
職業教育參考書/894
職業教育法令彙編/879
職業教育之理論及職業之調查/895
職業指導/894
職源/2249
職源撮要/1872
止庵詩存/1136
止庵詩外集/1136
止廬詩存/1152
止室筆記/418
止堂集/1962
止谿文鈔/2224
止園集/1180
止園寓言/76
止齋集補鈔/1051
止齋詩鈔/1045
止齋題跋/1948,2032
止齋文集/2128
止齋先生文集/2145
只有蘇維埃能夠救中國/558
只齋印譜/1595
咫進齋詩文稿/2258
指法譜/2176
指海/2094
指環黨/1518
指南針/2025
指事説/935
指數之編制與應用/492
指頭畫説/1539,1868
指紋法/527
指紋學/527
指中秘録/1521
紙幣概論/689
紙幣樣本/689
紙箋/1948
紙録/1947
紙墨筆硯箋/1543
紙説/2293
紙醉金迷/1420
至誠張主管/2210
至剛詩鈔/1122
至書/1906
至味唱和詩/1054
至游子/1904
至元法寶勘同總録/112
至元法寶勘同總録略出/112
至正妓人行/1828
志盦遺稿/1129
志道集/1966
志怪録/1350,1764,1856
志浩詩集/1189
志賀直哉集/213
志林/1745
志林新書/2237
志廬藏印/1595
志銘廣例/1981
志摩的詩/1140
志摩日記/212
志親堂集/1111
志三代宗教理學/2307
志舒生遇異/1832
志許生奇遇/1832
志雅堂雜鈔/1545,1717
志頤堂詩文集/1133(2)
志語言文字/2307
志圓梅譜/1579
制府疏草/1919
制府雜録/1851,2023
制憲芻議/851
制義科瑣記/1919
制止内戰保衛和平/361
治安要義/1786
治磁政要録存/808
治匪紀略/736
治蠱新方/1941
治國學門徑/1143
治河論叢/374
治河圖略/1943,2148
治河要語/2289
治淮施工計劃圖/676
治黄芻議/374
治輝一年報告書/808
治記緒論/2315
治家格言/1489
治臨公牘/733
治閩公牘/733
治螟新法/1673
治滫記/806
治史緒論/2315
治世餘聞/1988
治世餘聞録/1852
治水述要/2279
治外法權/838
治下河水論/2229
治印術/1594
治印雜説/1594
治油早/1287
炙轂子雜録/1730
陟岡樓叢刊/2186
秩序/600
致青年書/896
致翼堂文集/1029
致知篇/724
智慧測量/1642
智謀全書/1497
智聖道齋讀書跋/1883
智識的來源/1641
智降秦叔寶/1272
智永真草千文真跡/1573
智勇定齊/1268
稚暉文存/1131
雉尾集/2342
製茶新譜/2061
製曲十六觀/1983
製曲枝語/1241,1536
製絲學/1678
製糖新法及糖業/1681
摯太常遺書/2248
質龜論/1720,2107
質孔説/1907
質言/2197,2237
質疑/1807,1891
中庵詩餘/1213
中奥通商條約/828

中白詞/1226
中部縣鄉土志/445
中部縣志/444
中朝故事/1346,1717,1755,1989,2167
中丹友好通商條約/286
中德外交史/286
中德文學研究/1515
中德協約及附件/825
中等國文/574
中等國文典/947
中等國文法/951
中等教育/892
中等學校適用現代本國地圖/425
中東古今和戰端委考/256
中東路交涉史/285
中東路問題/284
中東路問題重要論文彙刊/674
中東鐵路與遠東問題/283
中俄邊境之新關係/834
中俄關係述略/284
中俄關係與中東鐵路/284
中俄關於中東路之交涉史略/284
中俄會訂條約/284
中俄會議文件/827
中俄舊約節要/827
中俄立約始末記/827
中俄臨時協定/827
中俄外交史/285(2)
中俄問題往來文件/827
中俄問題之全部研究/283
中俄協商草案/827
中法大學圖書館中文書目/2378
中法外交史/286(2)
中法越南關係始末/285
中風大法/1646
中峰禪師梅花百詠/2108
中共不法行爲及破壞抗戰事實紀要/356
中共布林塞維主義化的道路和列寧主義在中國的勝利/556
中共的土地改革政策及其四大組織的運用/644
中共反受降行動之批判/566
中共割據下之政治/591
中共關於幹部問題的決議/817
中共抗戰一般情況的介紹/563(2)
中共六烈士小傳/569
中共三整風運動之面面觀/572
中共問題評議/560
中共問題提要/556
中共延安時代史料/556
中共之秘密軍事工作/816
中共中央三中全會材料/570
中共中央關於抗日根據地土地政策的決定/644
中共中央通過關於反對黨内機會主義與托洛茨基主義反對派的決議/548
中共中央文件/569
中古歐洲史/240
中古文學概論/1004
中古文學史/1008
中觀論疏/122
中國愛司托尼亞友好條約/287
中國奧陶紀及志留紀之筆石/1632
中國八大詩人/1001
中國罷工史/664
中國百名人傳/184
中國版本略説/2359
中國版畫史圖録/1592
中國幫會三百年革命史/517
中國保甲制度/806(2)
中國保甲制度之發展與運用/805
中國保險法論/860(2)
中國報界交通録/2393
中國報學史/2393
中國北部奧陶紀動物化石/1630
中國北部本溪系及太原系之頭足類化石/1632
中國北部本溪系及太原系之腹足類化石/1632
中國北部的兵差與農民/640
中國北部寒武紀動物化石/1631
中國北部上寒武紀之三葉蟲化石/1631
中國北部太原系海百合化石/1631
中國北部太原系之瓣腮類化石/1632
中國北部下奧陶紀之筆石/1632
中國北部之麒麟鹿科化石/1632
中國北部之蜓科/1631
中國北部之新生界/1627
中國被侵略之領土與權利/271
中國比較憲法論/847
中國比納西蒙智力測驗之經過/888
中國幣制改革論/691
中國幣制改造問題與有限銀本位制/691(2)
中國幣制及生計問題/691
中國幣制問題/691
中國邊疆/273
中國邊疆問題講話/367
中國邊疆問題十講/367
中國兵的畫像/1145
中國波蘭友好通商航海條約/828
中國博物館一覽/2352
中國不能以農立國論争/621
中國不亡論/781
中國財務行政論/707
中國財政叢書第六編/709
中國財政論/700
中國財政史輯要/699
中國財政史講義/705
中國財政史略/699
中國財政統計大綱/700
中國財政問題/700(2)
中國財政小史/705
中國財政之病態及其批判/699
中國財政制度史/700
中國參加之國際公約彙編/826
中國蠶絲/1678
中國蠶絲問題/1678(2)
中國蠶業概況/1678
中國蠶業史/1678
中國倉儲制度考/1672
中國藏書家考略/2385
中國茶葉問題/1681
中國茶業/656
中國茶業復興計劃/656
中國産業革命概觀/620
中國娼妓史/526
中國長城沿革考/367
中國長身貝科化石/1631
中國出版界簡史/2360
中國傳統思想之檢討/39
中國創作小説選/1403
中國詞史大綱/1207
中國詞史略/1206
中國存亡問題/272
中國大辭典編纂處第五次總報告書/963
中國大辭典編纂處一覽/963
中國大觀/2356
中國大教育家/873
中國大赦考/864
中國大事年表/259
中國大勢/2357
中國大文學史/1002
中國大學生日記/1488
中國大學學術講演集/902

中國大衆教育問題/899
中國大狀師/868
中國當代名人逸事/186
中國當代名人傳/187
中國當代政黨論/757
中國當前之通貨外匯與物價/620
中國黨派/756
中國盜匪問題之研究/525
中國道教史/266
中國的幫會/516
中國的邊疆/367
中國的財政改良與公債整理問題/705
中國的産業組織和資本主義的發展/617
中國的出路/729
中國的大教育家/873
中國的地方制度及其改革/806
中國的革命運動/336
中國的工業/651
中國的國際貿易/681
中國的紅星/188
中國的基本教育/874
中國的建設問題與人的訓練/505
中國的警察/529
中國的抗戰/343
中國的農民運動/296
中國的前途/772
中國的取消主義和機會主義/578
中國的森林/1676
中國的少數民族/172
中國的手工業/655
中國的文藝復興/1004
中國的西北角/396
中國的鄉村建設/520
中國的新貨幣政策/691
中國的新生/343
中國的新體制/717
中國的新聞記者與新聞紙/2392
中國的新聞紙/2393
中國的新西北/556
中國的畜牧/1677
中國的一日/2338
中國的銀行/693
中國的遊擊隊/559
中國的運河/375
中國的政治改進/798
中國的資源/618
中國的宗教觀/95
中國敵後抗日民主根據地概況/560
中國地方行政制度/800
中國地方行政制度史略/802
中國地方志備徵目/362
中國地方志目録/363
中國地方志綜録/362
中國地方志綜録補編/362
中國地方制度沿革/802
中國地方自治概論/800
中國地方自治問題/803
中國地方自治之實際與理論/803
中國地價稅問題/635
中國地理大綱/365(2)
中國地理概論/364
中國地理基礎教程/366
中國地理教科書/2319
中國地理教科圖/426
中國地理課本/365
中國地理通論/364
中國地理圖籍叢考/425
中國地理問答/365
中國地理新講/366(2)
中國地理新志/366
中國地理沿革史/2302
中國地名大辭典/363
中國地史/1626
中國地史上之爬行動物/1628
中國地勢變遷小史/1629(2)
中國地圖學考原/362
中國地形研究/1629
中國地學論文索引/362(2)
中國地質圖説明書/1626
中國地質文獻目録/1628
中國地質學發展小史/1626
中國地租問題討論集/611
中國第三紀後期之食肉獸類化石/1632
中國第一奸臣/1470
中國第一忠臣/1470
中國典當業/692
中國電報綫路圖/677
中國電報新编/677
中國電界論壇/1687
中國電影明星大觀/513
中國電政意見書/677
中國雕板源流考/2358,2359
中國東北鐵路問題彙論/674
中國東北現勢圖/426
中國都市工業化程度之統計分析/651,653
中國都市交通警察/529
中國獨立運動的基點/273,339
中國度量衡/1623
中國度量衡史/265
中國短篇小説/1368
中國短篇小説集/1368(2)
中國對日戰事損失之估計/345
中國對外經濟政策之研究/615
中國對外貿易/681
中國兒科醫鑒/1656
中國兒童的無限制聯想/891
中國二千年之預言/102
中國發展東北之努力/388
中國法幣史之發展/688
中國法幣問題總論/688
中國法家概論/843
中國法律大辭典/840(2)
中國法律發達史/842
中國法律思想史/265
中國法律與中國社會/504
中國法律在東亞諸國之影響/842
中國法律之批判/843
中國法西斯派的陰謀與我們鬥爭的任務/576
中國法西斯特務往那裏去/529
中國法西斯特務真相/579
中國法制及法律思想史講話/843
中國法制史/842(3),843
中國方志學通論/429
中國防洪治河法彙編/1685
中國紡織品産銷志/1680
中國紡織染業概論/659(2)
中國紡織學會第五屆年會論文集/1680
中國分省分縣明細圖/425
中國分省圖/425
中國分省新地圖/425
中國分省新圖/425(2)
中國封建社會/504
中國封建社會史/505
中國風景/378
中國風俗史/507
中國佛法興衰沿革説略/2308
中國佛教史/125(3)
中國佛教史略/124,125
中國佛教文學與美術/125
中國婦女大翻身/590
中國婦女大事年表/509
中國婦女第一次全國代表大會/514
中國婦女第一次全國代表大會重要文獻/514

中國婦女奮鬥史話/512
中國婦女經濟問題/510
中國婦女生活史/267,515
中國婦女史話/512
中國婦女慰勞自衛抗戰將士廣東分會工作概況/514
中國婦女慰勞自衛抗戰將士總會戰時兒童保育會規程/524
中國婦女文學史/1001,1002
中國婦女問題/512
中國婦女問題討論集/513,514
中國婦女與文學/1002
中國婦女運動/515
中國婦女在法律上之地位/514
中國改造問題/2110
中國革命/549,556(2)
中國革命常識講話/565
中國革命的根本問題/548
中國革命的戰略與策略/549
中國革命讀本/736
中國革命基本問題/356,724(2)
中國革命紀事本末/354
中國革命記/336
中國革命論/340
中國革命名人傳/187
中國革命日記/321
中國革命史/335(3),354
中國革命史話/336
中國革命問題/356(2),548(2)
中國革命問題概觀/548
中國革命問題論文集/548
中國革命問題與反對派/548
中國革命新形勢/547
中國革命與反對派/578
中國革命與共產黨/578(2)
中國革命與機會主義/578
中國革命與叛徒/578
中國革命與中共的任務/504
中國革命與中國共產黨/549(2),551(3)
中國革命與中國社會各階級/504(2)
中國革命運動二十六年組織史/785
中國革命運動史/328
中國革命運動與國防/336
中國革命戰爭的戰略問題/551(2),1698
中國革命中之爭論問題/549
中國革命最近的嚴重局勢之由來/549
中國各大電廠紀要/1687
中國各黨派之史略與批判/756
中國各地的風俗/1498
中國各交易所交易品市況統計/697
中國各省地租/638
中國各省煤質分析/1684
中國各省小麥之適應區域/1674
中國各小黨派現況/756
中國工兵政策/1703
中國工程人名録/1684
中國工程師手册/1684
中國工程師學會會員録/1684
中國工人運動的經驗教訓和任務/575
中國工人運動史/663
中國工商要覽/652
中國工商業的出路/652
中國工業調査報告/653
中國工業合作運動/652,653
中國工業合作運動寫真/670
中國工業化的途徑/652
中國工業化計劃論/653
中國工業化通論/653
中國工業建設與對外貿易政策/681
中國工業建設之資本與人材問題/652(2)
中國工業資本問題/650
中國公庫制度/702
中國公路交通圖表彙覽/672
中國公路旅行指南/397
中國公司法論/858
中國公學校史/898
中國共產黨不法行爲及破壞抗戰事實紀要/578
中國共產黨黨章/555(2)
中國共產黨黨章及關於修改黨章的報告/555(2)
中國共產黨黨章教材/555(2)
中國共產黨的六中全會文件/562
中國共產黨的政策/549
中國共產黨第六次全國大會議決案/562
中國共產黨第七次全國代表大會文獻/562
中國共產黨第七次全國代表大會原始材料彙編/562
中國共產黨第五次全國代表大會宣言/562
中國共產黨對目前時局宣言/562
中國共產黨對於廣東時局宣言/562
中國共產黨對中華民族的貢獻/563
中國共產黨攻擊陳獨秀等的反響/291
中國共產黨紅軍第四軍第九次代表大會決議案/551,598
中國共產黨抗戰文獻/563
中國共產黨烈士傳/569
中國共產黨年表/569
中國共產黨青年運動史論/518
中國共產黨史略/556
中國共產黨五年來之政治主張/556
中國共產黨與革命戰爭/560
中國共產黨與共產黨員/553
中國共產黨與土地革命/634
中國共產黨與遊擊戰/1705
中國共產黨與中華民族/781
中國共產黨政策/549
中國共產黨之發展及其沒落/556
中國共產黨之觀察/547
中國共產黨致中國國民黨書/342
中國共產黨中央給中國國民黨三中全會電/358
中國共產黨中央委員會二中全會決議案/599
中國共產黨中央委員會告同志書/599
中國共產黨中央委員會擴大的第四次全體會議議決案/599(2)
中國共產黨中央委員會爲“七·七”九周年紀念宣言/599
中國共產軍發展史/592
中國古代法理學/843
中國古代公産制度考/616
中國古代教育/875(2)
中國古代教育思潮/885
中國古代經濟史/616
中國古代經濟思想及制度/616
中國古代軍事考證/1691
中國古代旅行之研究/96
中國古代農民運動研究/635
中國古代社會史/503,505
中國古代社會新研/504
中國古代社會研究/506
中國古代社會與老子/57
中國古代史/293
中國古代史問答/296
中國古代氏姓制度研究/510
中國古代思想學説史/42
中國古代跳舞史/1606
中國古代文物展覽會目録/1551
中國古代文藝論史/1008(2)

中國古代學術流變研究十篇/40
中國古代學術思想變遷史/40
中國古代哲學史/42(2)
中國古代政治哲學批判/717
中國古代宗族移殖史論/170
中國古典社會史論/503
中國古今地名大辭典/363
中國古生代後期之菊石化石/1632
中國古生代珊瑚化石/1631
中國古史的傳說時代/298
中國古田制考/640
中國古音學/939(2)
中國官僚政治研究/798
中國關内區對外貿易輸出入物量物價分類指數/680
中國關税史/710
中國關税史料/680
中國關税問題/681,682(3)
中國關税制度論/681
中國觀人論/2350
中國國防經濟建設/609
中國國防論/1697
中國國貨工廠史略/651
中國國籍法/750
中國國際法溯源/838
中國國際貿易概論/680
中國國際貿易史/681
中國國際貿易統計/677
中國國際貿易小史/682
中國國際商約論/832
中國國際私法論/839
中國國際條約義務論/832
中國國家社會黨宣言/531
中國國家主義青年團第一、二兩屆國内外代表大會宣言/758
中國國民兵役史略/1695
中國國民黨黨史/784
中國國民黨黨史檔/784
中國國民黨黨史概要/785
中國國民黨黨史概要初稿/785
中國國民黨黨史紀要/784
中國國民黨黨義問答/760
中國國民黨黨義研究綱要/759
中國國民黨黨員須知/797(2)
中國國民黨黨員訓練大綱/797
中國國民黨黨員在宣傳工作上對於階級鬥争應取的態度/784
中國國民黨的階級基礎問題/793
中國國民黨的危機/791
中國國民黨的新階段/758,786
中國國民黨第二次全國代表大會各省區黨務報告/759
中國國民黨第二次全國代表大會會議紀録/793
中國國民黨第二次全國代表大會宣言及決議案/793
中國國民黨第二屆中央執行委員會第五次全體會議紀録/793
中國國民黨第二屆中央執行委員會第五次全體會議提案彙録/759
中國國民黨第六次全國代表大會重要議題參考文件/793
中國國民黨第六次全國代表大會資料輯要/793
中國國民黨第六屆三中全會紀要/794
中國國民黨第三次全國代表大會快覽/759
中國國民黨第三次全國代表大會宣言及決議案/780
中國國民黨第三次全國代表大會宣言及議決案宣傳大綱/793
中國國民黨第五次全國代表大會代表題名/793
中國國民黨第一、二、三次全國代表大會彙刊/793
中國國民黨第一次全國代表大會宣言/793
中國國民黨二十年史跡/784
中國國民黨概史/784
中國國民黨告同志書/775
中國國民黨工業政策/652
中國國民黨幾個根本問題/779
中國國民黨講演集/782
中國國民黨抗戰建國綱領/769
中國國民黨懇親大會始末記/794
中國國民黨歷次會議宣言及重要決議案彙编/794
中國國民黨歷年宣言彙刊/770
中國國民黨糧食政策/633
中國國民黨内幕/786
中國國民黨全國代表大會[1924]特號/797
中國國民黨全國訓練會議報告書/797
中國國民黨全美懇親大會祝詞/794
中國國民黨全美洲同志第二次懇親大會始末記/794
中國國民黨實業講演集/651
中國國民黨史/784
中國國民黨史概論/784
中國國民黨史稿/784(3)
中國國民黨史料/759
中國國民黨史略/784
中國國民黨肅清共産黨之緣起及經過/342
中國國民黨所代表的是什麼?/783
中國國民黨土地政策/643
中國國民黨外交政策/834
中國國民黨五十年來外交奮鬥史/770
中國國民黨宣言集/770(3)
中國國民黨宣言訓令集/770,780
中國國民黨與農人/770
中國國民黨整理黨務法令彙刊/793
中國國民黨政策/773
中國國民黨政綱政策概要/773
中國國民黨政綱政策及決議/770
中國國民黨政綱政策與實施概況/779
中國國民黨政綱政策之史的發展/780
中國國民黨中央黨務學校圖書目録/2379
中國國民黨中央執行委員會宣傳部十七年度部務一覽/796
中國國民黨重要宣言及議決案/775
中國國民黨重要宣言訓令集/783
中國國民黨駐美國總支部歷年黨務概要/759
中國國民黨駐三藩市總支部所屬部處代表大會始末記/759
中國國民黨總章/780(2)
中國國民黨左派 ABC/794
中國國民道德概論/94
中國國民道德原論/94
中國國民革命的前路/786
中國國民革命史略/339
中國國民革命之使命/761
中國國民經濟/615
中國國民經濟的改造與建設/617
中國國民經濟概況/619
中國國民經濟史/615
中國國民經濟在條約上所受之束縛/617
中國國民所得[1933]/712
中國國民所得[1933]修正/712
中國國體制度史/737
中國國外匯兑/696
中國國文法/949

中國國債史/2305
中國國債指掌/712
中國過渡時代的家庭/510
中國海關進口税則/709
中國海關鐵路主要商品流通概況/625
中國海關之組織及其事務/710
中國海商法論/860
中國海外移民史/821
中國海洋漁業現狀及其建設/1679
中國海員大西洋飄流記/1472
中國航空公司京平漢宜二綫開航紀念特刊/676
中國航業/675
中國航業論/675
中國航政建設/675
中國合會之研究/667
中國合作經濟問題/669
中國合作經濟政策研究/669
中國合作社會計論/684
中國合作事業考察報告/668
中國合作運動史/669(2)
中國合作運動小史/668
中國合作運動之研究/669
中國合作之路綫/669
中國和中國人的鏡子/1138(2)
中國河工辭源/1686
中國河渠水利工程書目/372
中國紅十字會/1661
中國紅十字會收支簡明清册/1661
中國户口行政/748
中國化學工業社二十周紀念刊/1625
中國化學史/1625
中國畫家人名大辭典/1558
中國畫論體系及其批評/1563
中國畫史馨香録/2159
中國畫討論集/1562
中國畫學淺説/1562
中國畫學全史/1558(2)
中國話寫法拉丁化/946
中國回教近東訪問團日記/143
中國回教史/141
中國回教史鑒/142
中國回教史研究/143
中國回教小史/142
中國回民問題論叢/141
中國惠工事業/664
中國繪畫理論/1561
中國繪畫上的六法論/1562
中國繪畫史/1558(2)
中國繪畫學史/1562
中國婚姻史/265
中國婚姻制度小史/511
中國貨幣金融問題/688
中國貨幣論/688
中國貨幣史綱/690
中國貨幣問題/688,690
中國貨幣問題叢論/688
中國貨幣沿革史/691
中國貨幣制度往那裏去/688
中國基督教教育事業/138
中國基督教史綱/138
中國及其未完成的革命/337
中國集郵圖譜/676
中國紀元通檢/259
中國家庭改造問題/510(2)
中國家庭問題/510
中國家庭狀況調查表/510
中國家族社會之演變/503
中國監察史略/753
中國檢字問題/960
中國見聞録/351
中國見聞雜記/1513
中國建設概論/2334
中國建設協會成立紀念專刊/518
中國建設與廣西建設/413
中國建築史/266,1598
中國疆域沿革略/364
中國疆域沿革史/267
中國交通史/265
中國交通與外國侵略/671
中國交通之發展及其趨向/671
中國交易所/697
中國交易所論/697
中國教會問題的討論/140
中國教育辭典/872
中國教育改革之途徑/876
中國教育改造/875
中國教育及教育思想史講話/875
中國教育建設方針/886
中國教育民主化之路/871
中國教育史/874(2),875(3)
中國教育史大綱/874
中國教育史要/875,876
中國教育思想史/266
中國教育統計概覽/877
中國教育問題之討論/875
中國教育行政/879
中國教育行政大綱/879
中國教育行政制度史略/882
中國教育一瞥録/877
中國教育之改進/876
中國教育之經濟觀/874
中國教育指南/876
中國教育制度討論專刊/882
中國教育制度沿革史/874
中國接骨圖説/1655
中國階級制度小史/521
中國解放區的兒童/590
中國解放區的婦女翻身運動/514
中國解放區的南丁格爾們/590,1659
中國解放區婦女參戰運動/595
中國解放區婦女運動文獻/595
中國解放區見聞/562
中國解放區農村婦女翻身運動素描/515,595
中國解放區農村婦女生産運動/590(2)
中國解放區實録/562
中國解放區戰場上的民兵/564
中國今日之邊疆問題/416
中國今日之財政/705
中國今日之農村運動/636
中國金融論/686
中國金融研究/687
中國金融資本論/687
中國金石學講義/149
中國金銀鎳幣圖説/697
中國近百年革命運動史/327
中國近百年史/319,326,327(2),328
中國近百年史概述/327
中國近百年史綱要/326
中國近百年史教程/293
中國近百年史十講/328(3)
中國近百年史問答/327
中國近百年史要/326
中國近百年史資料/323
中國近百年史資料續編/323
中國近百年政治史/328
中國近代幣制問題彙編/691
中國近代邊疆沿革考/366
中國近代教育制度/876
中國近代經濟發展史/619
中國近代軍事變遷史略/1689
中國近代戀歌選/1055
中國近代青年運動史/890
中國近代人物逸話/188
中國近代社會史解剖/505
中國近代詩學之過渡時代論略/992
中國近代史/326(2),327(3)

中國近代史參考資料/326
中國近代史大綱/327
中國近代史講話/326(2)
中國近代史研究大綱/326
中國近代史研究綱要/326(2)
中國近代書畫/1567
中國近代思想發展簡史/44
中國近代統一運動/327
中國近代外交概要/270
中國近代戲曲史/1252
中國近代學制變遷史/882
中國近代政治發展史/328
中國近代政治史/717,738
中國近代政治思想史料/716
中國近代之報業/2393(2)
中國近三百年學術史/45(3),2308
中國近三百年哲學史/45
中國近十年散文集/1064
中國近時外交史/274
中國近世史/320
中國近世史上的教案/138
中國近世思想學說史/44
中國近世文化史/267
中國近世戲曲史/1252
中國禁煙法令變遷史/525
中國經濟/620
中國經濟的道路/618(2)
中國經濟的分析與改造/620
中國經濟的改造/592,615
中國經濟地理/622,623
中國經濟動向/620
中國經濟改造/621
中國經濟建設/606,618
中國經濟建設論叢/617
中國經濟建設與農村工業化問題/622
中國經濟建設之路/613,652
中國經濟建設中之財政/699
中國經濟論文集/620
中國經濟内幕/581
中國經濟年報/602
中國經濟史/614,615(2)
中國經濟史長編/614
中國經濟史概論/615
中國經濟史概要/614
中國經濟史綱/615
中國經濟史料/616
中國經濟史眼/615
中國經濟思想史/614
中國經濟統制之我見/620
中國經濟危機及其前途/619
中國經濟問題/602,603
中國經濟問題研究/626
中國經濟問題之研究/621
中國經濟現勢講話/619,620
中國經濟學說/606
中國經濟研究/617
中國經濟研究緒論/815
中國經濟政治演進史/614
中國經濟志/625
中國經濟制度變遷史導論/618
中國經學史/7,264
中國經學史概說/7
中國經營西域史/420
中國警察法/526
中國警察行政/527
中國警政概況/529
中國境界變遷大勢考/366
中國酒精廠開幕紀念册/1681
中國救荒史/266
中國巨大變化的一年/360
中國劇場史/1608
中國劇之組織/1246
中國軍備與國防/1697
中國軍事史略/1689
中國軍制史/1690
中國抗日大戰紀/344
中國抗戰地理/365
中國抗戰畫史/346
中國抗戰軍事發展史/343
中國抗戰史/345(2)
中國抗戰史講話/347
中國抗戰史演義/347
中國抗戰文藝史/1010
中國抗戰形勢圖解/359
中國抗戰與國際形勢/830
中國考古小史/148(2)
中國考古學史/265
中國考古學之過去及將來/2310
中國考試制度史/734
中國考試制度研究/735
中國科舉時代之教育/875
中國科學二十年/1615
中國科學社北美分社檔案資料/1615
中國科學社概況/1615(2)
中國科學社社員録/1615
中國科學社社章/1615
中國科學史舉隅/1634
中國空軍抗戰史畫/756
中國空軍之軍的精神/1695
“中國狂想曲”及其他/1475
中國礦産/1683
中國礦産志略/1627
中國礦業調查記/657
中國礦業紀要/1626,1628(6)
中國勞動法令彙編/665
中國勞動法之理論與實際/863
中國勞動問題/663
中國勞動問題之現狀/661
中國勞工法/665
中國勞工立法/665
中國勞工生活程度/665
中國勞工問題/660,662(2)
中國勞工運動史/663
中國釐金史/710
中國離婚的研究/511
中國禮俗研究/508
中國立國大方針商榷書/799
中國利比理亞國友好條約/287
中國歷朝統系圖/260
中國歷朝文學史綱要/1007
中國歷代卜人傳/183
中國歷代尺度考/1623
中國歷代大事記/292
中國歷代黨争史/756(2)
中國歷代法家著述考/840
中國歷代法制考/842
中國歷代耕地問題/640
中國歷代甲子考正/1621
中國歷代疆域戰争合圖/364
中國歷代經界紀要/640
中國歷代民族英雄傳/193
中國歷代名人録/183
中國歷代名人年譜目録/224
中國歷代名人社會對聯輓聯大全/1492
中國歷代名人傳/183
中國歷代名人傳略/184(2)
中國歷代年號索引/258
中國歷代勸農考/1671
中國歷代人物之地理的分佈/188
中國歷代社會研究/504
中國歷代生計政策批評/616
中國歷代食貨志/616
中國歷代世紀歌/287
中國歷代水利述要/377
中國歷代天災人禍表/259
中國歷代統一之地理觀/364
中國歷代文學理論/980
中國歷代興亡鑒/291

中國歷代災況與賑濟政策/742
中國歷代徵兵制度考/1695
中國歷代政治大要/737
中國歷史/294
中國歷史參考圖譜/260
中國歷史的翻案/261
中國歷史的上帝觀/102
中國歷史讀本/294
中國歷史婦女演義/1396
中國歷史簡編/293(2)
中國歷史講話/294
中國歷史教程/293
中國歷史教科書/2319
中國歷史課本/294(2)
中國歷史論集/261
中國歷史密達表/258
中國歷史散論/261
中國歷史上民族之研究/2306
中國歷史上之民族英雄/184
中國歷史通論/293(2)
中國歷史問答/889
中國歷史小辭典/257
中國歷史新研究法/263
中國歷史研究法/261(2),292,2308
中國歷史研究法補編/2310
中國歷史要題解答/295
中國歷史之理論的分析/292
中國歷史之轉變與動向/295
中國煉丹術考/129
中國戀愛的故事/1026,1475
中國糧食地理/640(2)
中國糧食對外貿易/636
中國糧食問題/636,638
中國糧政史/641
中國林業建設/1676
中國伶人血緣之研究/1607
中國領土内帝國主義者資本戰/834
中國六大文豪/1000,1001
中國六大先哲傳論/47
中國六大政治家/717
中國六法全書/845
中國陸路關税史/709
中國旅行指南/382
中國倫理觀及其學理的根據/85
中國倫理思想/86
中國倫理思想 ABC/86
中國倫理思想述要/86
中國倫理學史/85,86,266
中國倫理政治大綱/86
中國裸子植物志/1636
中國買辦制/683
中國煤礦/1630
中國美術/1553
中國美術的演變/1552
中國美術發達史/1553
中國美術工藝/1599
中國美術年表/1552(2)
中國美術史/1552(2),1553
中國秘密社會史/516(2)
中國棉産改進史/659
中國棉産統計/1675
中國棉貨總産銷量之結算/602
中國棉業調查録/659
中國棉業論/658
中國棉業問題/659
中國棉業之發展/659
中國棉作害蟲/1675
中國民法繼承論/857
中國民法親屬編論/857
中國民法物權論/856
中國民法債編總則論/855
中國民法債篇總論/855
中國民法總論/854
中國民歌千首/1321
中國民歌研究/1320
中國民間傳説集/1497
中國民間文學概説/980
中國民食論/635
中國民食史/615
中國民事訴訟法論/868
中國民約精義/2316
中國民衆文藝論/983
中國民主社會黨/758
中國民主社會黨分裂之經過/758
中國民主社會黨宣言及政綱/758
中國民主社會黨專輯/758
中國民主社會黨總章/758
中國民主社會黨組織委員會宣言/758
中國民主同盟三中全會緊急聲明政治報告宣言/758
中國民主憲政運動史/327
中國民主政治的原理/724
中國民主之路/354
中國民族的病源及治療法/506
中國民族的由來/171
中國民族海外發展狀況/821
中國民族解放運動史/328(2)
中國民族女英雄傳記/194(2)
中國民族氣質與文化/267
中國民族史/170,266
中國民族史講話/171
中國民族文學史/1004
中國民族學會十周年紀念論文集/174
中國民族演進史/294
中國民族英雄列傳/183
中國民族運動/272
中國民族之改造與自救/2333
中國民族志/171,2316
中國民族自救運動之最後覺悟/800(2)
中國名畫/1578
中國名畫觀摩記/1564
中國名將録/193
中國名人/192
中國名人畫史/184
中國名人生活/184
中國名人傳/184
中國名相傳/193
中國名學/83
中國明器/155
中國明器圖譜/155
中國木本植物屬志/1636
中國木材學/1677
中國目録學年表/2358
中國目録學史/266
中國目前的政治行勢與中共當前的主要任務/741
中國内閣制度的沿革/742
中國内科醫鑒/1654
中國内幕/715,729
中國内外債詳編/702
中國内戰中的兩條路綫/729
中國男兒/1300
中國南部下三疊紀之頭足類化石/1632
中國南部之二疊紀地層/1626
中國南部之蜓科/1631
中國南海古代交通叢考/275
中國南滿第三紀初期之植物化石/1630
中國南洋交通史/265
中國泥盆紀腕足類化石/1631
中國農場管理學/1672
中國農村崩潰原因的研究/640
中國農村動態/641
中國農村復興聯合委員會年來工作概況及在川發展農建情形/1671
中國農村復興問題/520

中國農村工業問題/655
中國農村建設計劃/1671
中國農村教育概論/895
中國農村經濟常識/638
中國農村經濟的透視/637
中國農村經濟關係及其特質/637
中國農村經濟論/637
中國農村經濟論文集/637
中國農村經濟問題/635
中國農村經濟研究/638,641
中國農村經濟研究之發軔/641
中國農村經濟之特性/638
中國農村經濟資料/637
中國農村經濟資料續編/637
中國農村描寫/645
中國農村社會經濟學/637
中國農村社會性質論戰/641
中國農村社會研究/520
中國農村問題/637,641
中國農村問題之研究/639
中國農村信用合作運動/667
中國農佃問題/636(3)
中國農工民主黨參考資料/757
中國農民革命運動史話/296
中國農民及耕地問題/641
中國農民問題論/636
中國農民問題與農民運動/636
中國農民銀行土地金融業務條例放款規則/695
中國農民運動近況/636
中國農民戰爭之史的研究/615
中國農書/637
中國農書目録彙編/1669
中國農業概況估計/1671
中國農業建設方案/643
中國農業教育問題/895
中國農業金融/641
中國農業金融概要/638
中國農業經濟史/642
中國農業經濟問題/636,638
中國農業政策/643(2)
中國農業之改進/1671
中國農業之經濟觀/640
中國奴隸社會史/521
中國女名人列傳/194
中國女性的文學生活/1000(2)
中國女性文學史/1000
中國盆景及其栽培/1599
中國駢文概論/993
中國駢文史/265
中國票據法論/859
中國拼音文字的出路/946
中國拼音文字的整理/946
中國拼音文字概論/945
中國拼音文字運動史簡編/945
中國貧窮問題/620
中國破産法釋義/860
中國普及教育問題/874
中國七大哲人傳/39
中國奇俗記/507
中國器樂常識/1605
中國前瞻與後顧/352
中國錢莊概要/694
中國親屬法概論/857
中國親屬法論/863
中國親屬法溯源/856
中國親屬法原理/856
中國青年黨黨史及政綱/757
中國青年黨公開黨名宣言/757
中國青年黨史略及政綱/757
中國青年組訓問題/798(2)
中國青銅器時代考/160
中國區域地理/366
中國全面抗戰大事記/346
中國泉幣沿革/697
中國熱帶作物/1675
中國人地關係概論/363
中國人口論/612
中國人口密度圖/613
中國人口問題/612
中國人口問題之統計分析/493(2)
中國人口與食糧問題/612
中國人類化石及新生代地質概論/1627
中國人民大勝利/547
中國人民解放軍入城政策/566
中國人民解放戰爭三年戰績/566
中國人民偉大領袖毛主席近影集/568
中國人民政治協商會議第一屆全體會議重要文獻/756
中國人名大辭典/182(2)
中國人名大辭典索引/182
中國人生地理/364
中國人事問題新論/752
中國人文地理/263(2)
中國人文檢論/2344
中國人文思想概觀/40
中國人文小史/264
中國人物傳選/184
中國人與中國文/975(2)
中國人之宇宙觀/1621
中國人之宗教社會及人生觀/38
中國人種考/171
中國日本交通史/267
中國三大思想之比觀/42
中國散文史/266
中國喪地史/272
中國僧伽之詩生活/993
中國紗廠一覽表/659
中國山東白堊紀下部鱸科之新種屬/1632
中國善後救濟總署/743
中國商事法/858
中國商事法概論/858
中國商業史/265,615(2),616,679
中國商戰失敗史/680
中國上古天文/1620
中國上古中古文化史/267
中國社會的解剖/506
中國社會的經濟結構/619
中國社會發展遲滯的原因/2341
中國社會發展史/506
中國社會發展史概述/504
中國社會發展史綱/503
中國社會服務事業協進會會務概況/496
中國社會教育行政/896
中國社會經濟改造問題研究/606
中國社會經濟結構/619
中國社會經濟史/615
中國社會經濟史綱/614
中國社會經濟史上的奴隸制問題/521
中國社會科學名著介紹/490
中國社會生活的發展與訓練/504
中國社會史大系/505
中國社會史綱/504
中國社會史教程/503
中國社會史論戰批判/504
中國社會史問題論戰/503
中國社會史研究/503
中國社會思想概觀/503
中國社會思想史/503
中國社會文化/2111
中國社會問題之理論與實際/525
中國社會現象拾零/504
中國社會性質問題論戰/503
中國社會與中國革命/769(2)
中國社會政策/503

中國社會之變化/506
中國社會之結構/505
中國社會之史的分析/504
中國社會之現狀/506
中國社會之研究/503
中國社會組織/505
中國神話/96(3)
中國神話研究 ABC/96
中國生産教育問題/894
中國聲韻學/941
中國聲韻學概要/941
中國聲韻學通論/939
中國省地方銀行概況/692
中國省行政制度/801
中國聖哲之人生觀及其政治哲學/717,2307
中國師範教育論/893
中國詩詞概論/991(2)
中國詩詞曲之輕重律/984
中國詩的新途徑/993,1155
中國詩人/1001
中國詩史/1006
中國詩選/1034
中國詩學大綱/988,989
中國詩學通論/989
中國詩學通評/993
中國詩學研究/993
中國十七世紀思想史/44
中國石炭之分類/1630
中國食用作物/1674
中國實業要論/650
中國實業志/627,628
中國實業志[浙江省]/628
中國史/287,292(2),295
中國史部目録學/297
中國史乘中未詳諸國考證/246
中國史的新頁/2334
中國史綱/294(2),296(3)
中國史話/294,296(2)
中國史講義/294
中國史論集/292
中國史前時期之研究/298
中國史學 ABC/260
中國史學概要/261
中國史學史/260(2),262,263
中國史學史概論/262
中國史學通論/262
中國史學之進化/267
中國手工業概論/655(2)
中國書目學/2358
中國書史/1558
中國書學淺説/1560
中國書院制度/875
中國蜀黍論/1674
中國數學大綱/1618
中國水利史/266
中國水利問題/373
中國税制史/266
中國司法制度/843
中國思想/41
中國思想對於歐洲文化之影響/264
中國思想小史/41
中國思想研究法/39
中國絲絹西傳史/1678
中國絲業/659
中國四大家族/580(5)
中國四大政治家評傳/729
中國四十年來大事記/2304
中國四十五種雜志所載漢學研究資料類編/2365
中國蘇維埃政權底經濟政策/558
中國俗曲總目稿/1321
中國俗文學概論/1313
中國俗文學史/266
中國速記學/961
中國訴訟法溯源/867
中國算學史/265,1618
中國算學小史/1618
中國算學之特色/1618
中國所得税/710
中國所得税論/710
中國所得税逃税論/710
中國陶瓷史/265
中國特務内幕/527
中國體育史/1611
中國體育圖書彙目/1611
中國天文學會一覽/1620
中國天災問題/1673
中國天主教傳教史/136
中國天主教傳教史概論/137
中國天主教史論叢/136(2)
中國田賦史/265
中國田賦問題/637,708
中國田賦研究/709
中國田制史略/635
中國鐵道便覽/675
中國鐵道建設/673
中國鐵道史/1686
中國鐵礦志/1627
中國鐵路史/675
中國鐵路轉運公司/674
中國通貨膨脹論/692
中國通史/295(3)
中國通史綱要/293
中國通史簡編/294,295
中國通史講義/293
中國通史選讀/293
中國通史要略/293
中國通俗小説書目/1323
中國通郵地方物産志/625
中國桐油貿易概論/657
中國桐油業/657
中國童子軍總章/900
中國統計學社概況/493
中國統一芻議/783
中國統制經濟論/608
中國痛史/270
中國圖書編目法/2388
中國圖書分類法/2388(2)
中國圖書分類之沿革/2388
中國圖書館界人名録/2386
中國圖書十進分類法/2388
中國土地法論/639
中國土地改革問題/593
中國土地利用調查説明書/645
中國土地問題/594,636,642
中國土地問題和商業高利貸/634
中國土地問題及其對策/637(2)
中國土地問題講話/594
中國土地問題教程/641
中國土地問題與土地改革/635
中國土地問題之史的發展/634
中國土地問題之統計分析/639
中國土地新方案/642
中國土地政策/643
中國土地制度/642
中國土地制度研究/640
中國土司制度/749(2)
中國鴕鳥化石/1633
中國外交關係略史/269
中國外交年鑒/274(3)
中國外交史/269(2)
中國外交行政/832
中國外交之路/271
中國外事警察/528,834
中國外債彙編/702
中國萬歲/1291
中國往何處去/799
中國往那裏去/799(2)
中國危機之救濟/619

中國偉人的生活/184
中國衛生行政設施計劃/1660
中國温泉考/1628
中國文詞學研究/975
中國文的過去與未來/926
中國文法/949
中國文法初階/949
中國文法革新論叢/950
中國文法講話/950
中國文法論/947
中國文法淺説/949
中國文法通論/950(3)
中國文法學初探/947
中國文法要略/949
中國文法語文通解/948
中國文化的出路/267
中國文化史/263,264(2)
中國文化史叢書/264
中國文化史講話/264
中國文化史略/264
中國文化史社會組織篇/2309
中國文化史問答/263
中國文化輸入日本考/278
中國文化小史/267
中國文化演進史觀/267
中國文化與基督教/138
中國文化與現代化問題/1153
中國文化與中國的兵/263
中國文化運動的性質/268
中國文盲問題/897,898
中國文人故事/183
中國文人畫之研究/1563
中國文人日記鈔/1488
中國文體論/983
中國文獻學概要/267,2358
中國文學/1003
中國文學 ABC/915
中國文學八論/969
中國文學百科全書/971
中國文學辨正/983
中國文學變遷史/1006
中國文學發凡/980
中國文學發展史/1006
中國文學概論/969,1003,1004
中國文學概論講話/969
中國文學概説/969
中國文學家大辭典/1000
中國文學家列傳/1001
中國文學家傳記/1001
中國文學鑒賞/915
中國文學講座/915
中國文學教科書/2319
中國文學進化史/1002
中國文學精華/2090
中國文學流變史/1007
中國文學流變史論/1003
中國文學論集/969(2)
中國文學論略/982
中國文學年表/1006
中國文學批評/978
中國文學批評論集/979(2)
中國文學批評論文集/978(2)
中國文學批評史/978,983
中國文學批評史大綱/979
中國文學批評通論/979(2)
中國文學評價/597
中國文學史/1002,1003(5),1005,1006(4),1008(3)
中國文學史表解/1003,1006
中國文學史參考書/1003
中國文學史大綱/1002,1004(2),1005,1007(3)
中國文學史讀本/1003
中國文學史發凡/1007
中國文學史分論/1003
中國文學史概要/1005
中國文學史綱/1005,1006,1007
中國文學史綱要/1005(2),1007
中國文學史話/1004
中國文學史簡编/1006(2)
中國文學史講話/1002,1004,1007
中國文學史解題/1002
中國文學史略/1002(3),1005,2159
中國文學史提要/1008
中國文學史外論/1007
中國文學史新编/1003(2),1005
中國文學史研究問題二四/1007
中國文學史要略/1004
中國文學述評/980
中國文學思想史綱/981
中國文學體例談/980
中國文學體系/999
中國文學通論/981
中國文學小史/1005
中國文學欣賞初步/978
中國文學欣賞舉隅/979
中國文學選讀書目/2364
中國文學沿革概論/1005
中國文學沿革一瞥/1005
中國文學研究/1323(2)
中國文學研究譯叢/1323
中國文學與日本文學/978
中國文學源流/1005
中國文學源流纂要/1008
中國文學雜論/980
中國文學珍本叢書/1011
中國文學指南/979
中國文學重要問題及名著提要/925
中國文藝變遷論/1003
中國文藝叢選/1027
中國文藝論戰/980
中國文藝思潮史略/1004(3)
中國文字變遷考/927
中國文字的過去現在和將來/927
中國文字的演變/926(3)
中國文字改革的理論和方案/945
中國文字構造論/936
中國文字拉丁化全程/946
中國文字拉丁化文獻/946
中國文字學/925,926,935
中國文字學大綱參考書/926
中國文字學大意/926
中國文字學概論/935
中國文字學概要/935(2)
中國文字學概要參考書/936
中國文字學綱要/926(2)
中國文字學講義/963
中國文字學史/265
中國文字學新编/935
中國文字與書法/1560
中國文字之起源及變遷/925
中國文字之原理及其構造/963
中國文字之原始及其構造/926
中國問題/506(2)
中國問題的分析/503
中國問題文獻/565(2)
中國問題之回顧與展望/506
中國問題之綜合的研究/729
中國鎢礦論/1683
中國五大偉人手札/1481
中國五千年秘史大觀/1368
中國五權憲法制度之史的發展與批判/770
中國西北部之經濟狀況/630
中國西部考古記/167
中國西南部古生代及中生代動物化石/1632
中國西南部後期二叠紀之腕足類/1631(2)
中國西南部之植化石/1630

中國習慣法論/849
中國戲劇概論/1247
中國戲劇概評/1253
中國戲劇簡史/1252
中國戲劇史/1251
中國戲劇史略/1252
中國戲劇小史/1252
中國戲曲概論/1247
中國下石炭紀管狀珊瑚化石/1632
中國下石炭紀珊瑚化石/1632
中國先哲人性論/46
中國現代革命運動史/327(3)
中國現代交通史/671
中國現代教育/876
中國現代經濟史/606
中國現代軍政要人肖像書/193
中國現代女子教育史/900
中國現代女作家/1001
中國現代史讀本/328
中國現代圖書館概況/2386
中國現代小品散文集/1063
中國現代藝術史/1553
中國現代語法/947
中國現行糧政概論/634
中國現行行政法論/739
中國現行主計制度/706
中國現狀與中共任務/553
中國憲法/852
中國憲法大綱/848
中國憲法淺釋/848
中國憲法史/850,852
中國憲法史綱要/849
中國憲法釋論/849
中國憲政黨宣言大綱/757
中國憲政黨總部對時局之嚴重宣言/758
中國憲政的經濟基礎/850
中國憲政發展史/850(2)
中國憲政論/847
中國憲政手册/729
中國憲政問題研究/850
中國憲政原理/850
中國縣政概論/802
中國縣制改造/806
中國縣制史綱/803
中國鄉村合作實際問題/669
中國鄉村建設批判/640
中國鄉村人口問題之分析/612
中國鄉村衛生行政/1661
中國象類化石/1633
中國小説的起源及其演變/1323
中國小説發達史/1323
中國小説概論/1323
中國小説史大綱/1323
中國小説史料/1323
中國小説史略/1323(2),2320,2323
中國小説研究/1323,1324(2)
中國新本草圖志/1624(2)
中國新地圖/425
中國新工業發展史大綱/651(2)
中國新工業建設近世史觀/621
中國新教育概況/877
中國新教育行政制度研究/879
中國新舊監獄比較録/530
中國新民主運動中的黨派/756
中國新民主主義青年團/573
中國新民主主義青年團第一次全國代表大會文獻/573
中國新民主主義青年團工作綱領/573
中國新女性/514
中國新文化運動概觀/1010
中國新文壇秘録/981
中國新文學叢刊/1030
中國新文學大系/1026
中國新文學大系導論集/1011
中國新文學的源流/1006
中國新文學概論/1011
中國新文學史講話/1011
中國新文學運動史資料/1010
中國新文學運動述評/1010
中國新文學運動一瞥/1004
中國新文字底文法和寫法/949
中國新文字概論/935
中國新文字理論/945
中國新憲法論/848
中國新鄉村教育/900
中國新字尋音字典/967
中國信用貨幣發展史/688
中國刑法溯源/864
中國行政法總論/870
中國行政新論/740(2)
中國形勢詳圖/424
中國形勢一覽圖/424
中國姓名學/102
中國修辭學/977(2)
中國宣傳文選/1057
中國選舉史略/851
中國學生大團結/573
中國學生的當前任務/573
中國學生運動的當前任務/519
中國學術大綱/41
中國學術概論綱目/39
中國學術家列傳/183
中國學術論著輯要/2347
中國學術年表/2309
中國學術史講話/41
中國學術思想史/40
中國學術思想演進史/39
中國學術體系/40
中國學術文藝史講話/1006
中國學術源流/40
中國學術之趨勢/41
中國學制史/875
中國訓詁學史/266
中國沿革地理淺説/364
中國沿海及内河航路標識總册/376
中國鹽税與鹽政/702
中國鹽務之現狀/744
中國鹽業/657
中國鹽業最近狀况/744
中國鹽政實録/744(3)
中國鹽政史/265
中國鹽政小史/745
中國要覽/2357(5)
中國藥物學大綱/1658
中國藥物學集成/1666
中國藥學大辭典/1664
中國藥一百種之化學實驗/1658
中國醫界指南/1659
中國醫學大辭典/1658(2)
中國醫學史/265
中國醫學書目/1658
中國醫學源流論/1659
中國醫學院第一届畢業紀念刊/904
中國醫學院婦科講義/1663
中國醫藥匯海/1664
中國醫藥論文集/1658
中國藝術家徵略/1552
中國藝術家徵略正編/1558
中國藝術論叢/1553
中國藝術史概論/1552
中國議會史/851
中國音樂史/266,1602
中國音樂史話/1602
中國音樂文學史/1003
中國音樂小史/1602(2)
中國音韻學/938
中國音韻學導論/939
中國音韻學史/266

中國音韻學研究/936
中國銀行業的農業金融/632
中國銀價物價問題/692
中國隱士與中國文化/195
中國印度之交通/2308
中國印刷術源流史/2359
中國營業稅之研究/710
中國油桐與桐油/1682
中國郵電航空史/676
中國郵票圖集/676
中國郵驛發達史/676
中國郵政/676
中國遊藝研究/1610
中國漁業史/266
中國與暹羅/477
中國與戰後世界/272
中國與中國人/171
中國語法綱要/948
中國語法講義/947
中國語法理論/947(2)
中國語根字源學導言概論/931
中國語文的新生/945
中國語文的整理與發展/926
中國語文概論/925
中國語文學研究/927
中國語言學研究/925
中國語與中國文/925
中國寓言初編/1493
中國寓言研究/1493
中國預言七種/102
中國豫算制度芻議/706
中國御史制度的沿革/753
中國原人史要/1626
中國原始社會/503
中國原始社會史/504
中國原始社會研究/505
中國原始社會之探究/172
中國原子哲學/96
中國韻文概論/979
中國韻文史/266,988
中國韻文通論/1007
中國韻文演變史/939
中國宰相制度/742
中國在戥盤上/739
中國在統一中/548
中國造紙股份有限公司計劃書/1680
中國債權法總論/864
中國戰後建都問題/382
中國戰後經濟問題研究/617
中國戰後農業金融政策/644(2)
中國戰區中國陸軍總司令部處理日本投降文件彙編/353
中國戰區中國陸軍總司令部受降報告書/353
中國戰時交通史/671
中國戰時教育/876
中國戰時經濟/621
中國戰時經濟法規彙編/747
中國戰時經濟建設/621
中國戰時經濟特輯/620
中國戰時經濟問題研究/618
中國戰時經濟政策/620
中國戰時經濟志/621
中國戰時糧食問題及其政策/637
中國戰時稅制/699
中國戰時物價與生產/610(2)
中國戰時學術/268
中國戰史研究/291
中國哲學大綱/39
中國哲學十講/38
中國哲學史/39,40(2),41(2),42
中國哲學史補/40
中國哲學史大綱/42
中國哲學史概論/40
中國哲學史綱要/40(2),41
中國哲學史通論/40
中國哲學史之唯物的研究/39
中國哲學思想/41
中國哲學思想史/40
中國哲學小史/40
中國哲學之精神/76
中國針灸科學/1666
中國正史編纂法/262
中國政黨史/265,757
中國政法史略/2159
中國政府/739(3)
中國政府大綱/729(2)
中國政府會計/706(2)
中國政府會計論/705
中國政府會計制度/706
中國政府審計/754
中國政略學史/717
中國政區都市圖/426
中國政體制度史/737
中國政制概要/736
中國政制建設的理論/741
中國政治地理/365
中國政治二千年/736
中國政治分析/705
中國政治理想/717
中國政治內幕/715
中國政治人物/187
中國政治史/505
中國政治史講話/737
中國政治史要/717
中國政治思想史/266,717(3)
中國政治思想史大綱/717
中國政治問題/798
中國政治問題講話/553
中國政治與民生哲學/716
中國政治之建設問題/799
中國政治制度論/739
中國政治制度史/737(2)
中國政治制度小史/737
中國之幣制/688
中國之幣制與匯兑/687
中國之儲蓄銀行史/693
中國之地方自治問題/803
中國之電信事業/677
中國之都市/365
中國之紡織業及其出品/659
中國之固有道德/85
中國之航空/1708
中國之合會/667
中國之合作事業/668
中國之婚姻問題/511
中國之家庭問題/509(2)
中國之交通/671
中國之金融與匯兑/696
中國之抗戰/352
中國之路/170
中國之旅行家/248
中國之買辦制/683
中國之美文及其歷史/989,2308
中國之棉紡織業/658
中國之民族思想與民族氣節/171
中國之命運/778(5)
《中國之命運》批判/579
《中國之命運》提要/778
《中國之命運》詳解/327
《中國之命運》研究/778
《中國之命運》研究大綱參考書目/778(2)
中國之農性/641
中國之農賑/1672
中國之水利/1685
中國之武士道/1127,2305
中國之新貨幣制度/690
中國之新金融政策/686
中國之畜牧/1677

中國之郵政事業/676
中國之友威爾基先生/236
中國之預算與財務行政及監督/706
中國之元學及道德哲學/96
中國知行學説簡史/41
中國直接税叢書/711
中國直接税概要/710
中國直接税制度/705
中國殖民八大偉人傳/2304
中國殖民史/265
中國職工運動的當前任務/575
中國職工運動簡史/555(2),663
中國職工運動文獻/575
中國紙幣發行史/690
中國制憲史/848
中國中部第艾家層下部之腕足類化石/1631
中國中古文學史講義/2319
中國中生代植物/1630
中國重要商品/655
中國重要銀行最近十年營業概況研究/695
中國竹紙料之蒸解及其韌力之研究/1624
中國資本主義的發展/616
中國資本主義之發展/619
中國字之結構及其形母創説/935
中國自由社會黨/757
中國自由之路/76
中國宗教思想史大綱/102
中國租佃制度之統計分析/635
中國租税史略/708
中國租税問題/709
中國最低限度應取消之不平等條約/834
中國最高領袖蔣介石/790
中國最高領袖蔣介石及其著名將領/789
中國最近八十年來的革命與外交/273
中國最近三十年史/334
中國作物論/1674
中國作物育種學/1673
中候考河命/1913
中候握河紀/1913
中候雜篇/1913
中候摘洛戒/1913
中華白鐵製造股份有限公司招股章程/657
中華百科辭典/2356
中華幣制史/688
中華玻利非亞通好條約/828
中華成語詞典/1489(2)
中華尺牘大全答函/1477
中華詞選/1231
中華大地圖/425
中華大字典/964
中華地理全志/366
中華兒童機特刊/904
中華二千年史/293
中華婦女纏足考/512
中華復興十講/2340
中華古今畫範/1587
中華古今註/1746,1794,1893,2062
中華歸主/138
中華國貨展覽會紀念特刊/679
中華國語大辭典/963
中華漢英大辭典/968
中華基本教育小字典/962
中華基督教會廣東協會三十周年紀念會第二十三屆年會專刊/130
中華基督教文字索引/130
中華景象/384
中華警察學術研究社第四屆年會特刊/528
中華開國史/336
中華歷代大教育家史略/873
中華民法/853
中華民國的國土演説/505
中華民國的內閣/742
中華民國第五次教育統計圖表/879
中華民國二十二年度國家普通歲出十三類假預算/705
中華民國二十二年份國有鐵路統計總報告續編貨物分等運輸統計/675
中華民國二十七年農本局業務報告/1669
中華民國二十三年度廣西省各縣普通歲入歲出概算書/704
中華民國二十三年度全國社會教育統計/880
中華民國二十四年度全國教育統計簡編/879
中華民國罰則彙纂/866
中華民國法規大全/730
中華民國法規彙編/730(3)
中華民國法令大全/730
中華民國法令大全補編/864
中華民國革命全史/335
中華民國革命史/354
中華民國各地經緯度及古名/363
中華民國各種考試章程/736
中華民國公路路綫圖/672
中華民國國會組織法選舉法淺釋/851
中華民國國民政府/731
中華民國國民政府赴日答禮專使陳公博先生言論集/283
中華民國國民政府組織法令/731
中華民國國有鐵路平漢路沿綫物產一覽/626
中華民國海關出口税税則/495,496
中華民國海關進口税税則/682(2)
中華民國海關進口税税則特刊/709
中華民國海關轉口税税則/593
中華民國建國史/335
中華民國疆域沿革録/366
中華民國教育新法令/881
中華民國搢紳全書/752
中華民國開國前革命史/337(2)
中華民國開國前革命文獻/337
中華民國開國史/355
中華民國開國史之親歷/232
中華民國歷史四裔戰爭形勢圖説附論/1698
中華民國聯省憲法草案及説明書/864
中華民國臨時政府二周年紀念/739
中華民國六法理由判解彙編/844,845
中華民國陸海空軍軍人讀訓淺釋/1696
中華民國民事訴訟法/868
中華民國民主憲法十講/852(2)
中華民國三十五年度全國中等學校一覽表/892
中華民國省區全志/365
中華民國省縣地名三彙/363
中華民國詩三百首/1053
中華民國十八年湖南全省賦税國防警察司法統計概要/492
中華民國十八年湖南全省户口統計/492
中華民國十八年湖南全省教育統計/492
中華民國十八年湖南全省農礦工商統計概要/492
中華民國十二年交通部統計圖表/670

中華民國史/335
中華民國四川地理學/400
中華民國鐵路國内聯運規章/675
中華民國鐵路貨物運輸辦事細則/674
中華民國鐵路統計規則/747
中華民國外交史/272(3)
中華民國維新政府成立初周紀念册/352
中華民國物權法論/864
中華民國現行法規大全/730
中華民國憲法/849(2),850
中華民國憲法草案/852
中華民國憲法草案初稿/849
中華民國憲法草案説明書/851(2)
中華民國憲法芻議/851
中華民國憲法論/769
中華民國憲法史/848,852
中華民國憲法史料/848
中華民國憲法釋義及表解/848
中華民國新地圖/425
中華民國新舊刑法條文比較/864
中華民國刑法/864
中華民國刑法集解/865
中華民國刑法解釋圖表及條文/865
中華民國刑法例解/865
中華民國刑法釋例彙纂/865
中華民國刑法總則釋義/866
中華民國刑事訴訟法/869
中華民國行政區域簡表/366
中華民國學生聯合會總會第七屆全國代表大會宣言及議決案/516
中華民國訓政時期約法/849,850
中華民國訓政時期約法釋義/864
中華民國醫事綜覽/1659
中華民國元年贛省臨時議會議決案/815
中華民國再造史/355
中華民國暫行刑律釋義/865
中華民國政府大綱/729
中華民國政治史/335
中華民國紙幣/690
中華民國最新分省地圖/425
中華民族的人格/193(2)
中華民族的偉大兒女/224
中華民族發展史綱/170(2)
中華民族革命史/331
中華民族解放鬥争史/170
中華民族抗戰史/172
中華民族史/170
中華民族拓殖南洋史/823
中華民族小史/171
中華民族新論/171
中華民族在一切民族革命鬥争中的領導地位/267
中華民族整個共同的責任/779
中華民族之國外發展/337
中華名人文選/1062
中華名人傳紀讀本/183
中華女子尺牘/1477
中華全國風俗志/508
中華人民共和國開國文獻/756
中華人民史/295
中華省市地方新圖/426
中華詩選/1034
中華蘇維埃共和國的選舉細則/557
中華蘇維埃共和國第二次全國代表大會文獻/558
中華蘇維埃共和國國家政治保衛局湘鄂贛省分局佈告/558
中華蘇維埃共和國臨時中央政府西北辦事處佈告/558
中華蘇維埃共和國湘鄂贛省蘇維埃政府佈告/558
中華蘇維埃共和國中央政府[駐]西北辦事處訓令/701
中華蘇維埃人民共和國中央政府駐西北辦事處佈告/558
中華蘇維埃人民共和國中央政府駐西北辦事處土地部訓令/1673
中華通史/292
中華圖書館協會概況/2385
中華物權法論綱/856
中華析類分省圖/425
中華戲曲選/1255
中華新法治國論/727
中華新韻/941
中華新字母發明書/946
中華刑法論總則/865
中華學術思想文選/40
中華藥典/1665
中華銀行會計制度/685
中華銀行史/695
中華應用文件大全/1478(2)
中華債法論綱/855
中華職業教育社之農村事業/895
中級國文讀本/574
中級國文選/574
中江講院建立經誼治事兩齋章程/1881
中江縣志/448
中江尊經閣藏書目/1881
中捷友好通商條約/829
中麓畫品/1543
中旅第六年/1608
中論/72,1750,1859
中論附劄記/1902
中論科判/121
中論潤文略解/119
中美關係紀要/286
中美關係之蠡測/618
中美農業技術合作團報告書/638
中美人事行政比較/742
中美外交關係/287
中美外交史/286
中美之間/287
中美中英新約文獻/827
中秘稿/1096
中緬關係史/275
中緬關係史綱要/275(2)
中緬界務問題/275
中墨條約展限協議換文/828
中南半島/472
中南半島華僑史綱要/823
中南半島經濟地理/473
中南美洲談藪/488
中歐各國農業狀況/656
中秋月/1160
中秋之夜/1432
中衢一勺/1977
中日八年戰爭回顧/344
中日締約與大東亞戰爭/622
中日關係的檢討/278
中日關係條約彙釋/828
中日國際史/280
中日基本條約及其意義/828
中日甲午戰爭之外交背景/276
中日交涉始末/281
中日交通史/279
中日解決山東懸案臨時會議録/825
中日軍事協議共同防敵案/825
中日空軍血戰記/568
中日聯運規章彙覽/828
中日貿易統計/680
中日上海停戰及日方撤軍協議/828
中日實力的對比/467
中日事變解決的根本途徑/359
中日條約彙纂/828(2)
中日條約全輯/828
中日同盟/277

中日外交史/282
中日文化協會廣州分會工作狀況報告/281
中日文化之交流/278
中日問題/279
中日問題講話/280
中日問題批判/281
中日問題與各家論見/277
中日問題與世界問題/781
中日問題之研究/282
中日問題之真象/281
中日協定/828
中日戰争/276
中日戰争與國際/346
中日戰争與中國經濟/618
中日著者號碼表/2389
中山出世後中國六十年大事記/328
中山叢書/760
中山大辭典"一"字長編/962
中山革命史/786
中山欖鎮菊花大會彙編/1069
中山狼圖/1591
中山陵園大觀/380
中山全書/759
中山詩話/984,2028
中山外集/760
中山文選/760,761
中山先生倫敦蒙難史科考訂/787
中山先生親征録/784
中山先生思想概觀/762
中山先生思想概要/761
中山先生所説的故事/771
中山先生遺教/760
中山先生之教育思想/885
中山縣統計計劃大綱/494
中山政治 ABC/769
中山主義概論/769
中世世界史/241
中書典故彙紀/741
中説/50,72(2),1902,2119
中蘇關係/284
中蘇文化之交流/283
中蘇友好同盟條約/827
中蘇友好同盟條約論文集/284
中算史論叢/1618
中外病名對照表/1659
中外地名辭典/245
中外訂約失權論/826
中外度量衡幣比較表/1623
中外度量衡表/1623
中外度量衡換算表/1623
中外革命史/726
中外合辦煤鐵礦業史話/657
中外貨幣政策/689(2)
中外人名辭典/191
中外人士心目中之李宗仁先生/217
中外條約彙編/825
中外條約司法部份輯覽/826
中外圖書統一分類法/2388
中外文化交通史論叢/268
中外文學家辭典/182
中外文學名著辭典/912
中外物價指數彙編/692
中外新舊條約彙刻/826
中外醫學史概論/1659
中外漁業概觀/1679
中文標準補充文選/957(2)
中文參考書舉要/2389
中文參考書指南/2389(2)
中文期刊目録/2377
中文書目/2375
中文圖書編目法/2388
中文孝經/1914
中文雜志索引/2365
中吳紀聞/1722,2001,2148,2179
中西度量權衡表/1935
中西對譯日本現代人名地名表/233
中西對照歷代紀年圖表/258
中西格言類鈔/1490
中西合法擬草/1935
中西同史日曆/260
中西交通史/269
中西交通史料匯篇/268
中西經星同異考/1934,2096
中西文化交通史譯粹/269
中西文化之關係/267
中西相人探原/99
中希通好條約/829
中溪全集/1093
中夏系統中之百越/171
中小學及地方教育行政公文書牘大全/1479
中小學民主教育的探索/905
中興備覽/1876,1920
中興鼓吹/1151(2)
中興館閣書目輯考/2371
中興集/1197
中興閒氣集/1035,2133
中興將帥别傳/186
中興小紀/309,1778,2020
中興以來絶妙詞選/1226,1230,2134
中學國文補修讀本/956
中學國文教學法/975
中學國文教學概要/975
中學國文教學論叢/975
中學國文教學問題/974
中學國文書目/2364
中學國文校外閲讀研究/2364
中學教師專册/892
中學教育/893
中學教育法令彙編/892
中學課程標準/889
中學論説新範/958
中學生創作/1496
中學生讀書指導/892
中學生教育與職業指導/893
中學生日記/1496
中學生童話/1502
中學生文藝/958
中學生文藝精選/958
中學生小説/1409
中學生作文指導/977
中學師範國文作文教學法/973
中學時代/1475
中學適用之文學研究法/2161
中學作文法/976
中央頒行縣各級民意機關法規/800
中央各機關及所屬統一會計制度實例/741
中央關於江蘇省委工作的決議/358
中央廣播事業指導委員會管理處職員録/677
中央航空學校圖書館書目/2378
中央合作指導人員訓練所開學詞/667
中央接管後之契税/708
中央局給各級黨部的信:關於反 A. B 團及其他反革命派别的鬥争問題/558
中央陸軍軍官學校成立十五周年紀念册/749
中央陸軍軍官學校史稿/750
中央人事行政會議彙編/752
中央蘇區反帝大同盟章程/559
中央統計聯合會統計演講集/491
中央信託局同人録/696
中央信託局業務内規/696
中央宣傳講習所第三屆畢業學員紀念刊/795
中央訓練團講詞選録/797

中央亞細亞的文化/471
中央銀行發行兑换券處理規則/696
中央銀行概論/694
中央銀行稽核處稽字通函/695
中央銀行同人録/694
中央銀行之理論與實務/694
中央銀行制度概論/694
中央預算制度/706
中央造幣廠工作經過報告書/690
中央政府發行各項公債條例彙刊/712
中央政府公務統計方案綱目/493
中央政務機關三十年度工作成績考察報告/742
中央政務機關三十一年度上期工作進度抽查報告/736
中央政治局關於國民會議問題決議案/341
中央政治學校畢業同學録/904
中央政治學校附設地政學院一覽/797
中央直轄滇軍幹部學校同學録/749
中醫教育討論集/1667
中譯日文書目録/2385
中印歷代關係史略/275
中印緬道交通史/275
中英滇緬疆界問題/285
中英法外交辭典/830
中英交收威海衛專約及協定/828
中英歷史關係之新頁/285
中英日化學譯名/1625
中英外交史/285
中庸本解附提要/1901
中庸補註/2223
中庸道德參契/29
中庸分章/1901,2174
中庸古本/1799
中庸講話/1769
中庸切己録/28
中庸説/28,2050
中庸爲中華民族之領袖倫理學 周易爲中華民族之憂患倫理學/29
中庸新讀本/28
中庸臆測/28
中庸章句/2
中庸章句箋義/1890
中庸證釋/28
中庸指歸/2174
中庸傳/1875
中魚集/1158
中原的蠻族/394
中原歸來/397
中原突圍記/592,1689
中原音韻/940,1244
中原音韻研究/940
中原音韻作詞十法疏證/1256
中樂尋源/1602
中藏界務意見書/367
中支建設資料整備事務所/604,617
中州集/1747
中州集略/2369
中州金石記/1944
中州金石考/146
中州金石目/1945
中州切音譜贅論/1242
中州詩徵/1066
中州文徵續編/1066
中州藝文録/1066
中州樂府/1036,1207,1229,2134
中州樂府音韻類編/1240
中州雜俎/2331
中舟藏墨録/1591
中洲野録/1361
忠經/51,1858,1918,2027
忠烈祠祭禮/103
忠愍公詩集/1081
忠肅集/1961
忠王李秀成/1310
忠孝節義二度梅全傳/1388
忠孝全/1285
忠義千秋/1308(2)
忠裕堂集/1975
忠傳/1877
終南十志/1349,1758
鍾秉文烏槎幕府記/2245
鍾伯敬合集/1013
鍾記室詩品箋/992
鍾家詩鈔合集/2267
鍾馗傳/1390,1399
鍾吕問答試金石全旨/129
鍾情傳鼓詞/1320
鍾嶸詩品之研究/992
鍾山縣志/463
鍾山札記/1896,2087
鍾祥方言記/955
鍾祥藝文考/2370
鍾一峰文學之一斑/1181
鍾裔申印存/1597
鐘/1029,1144
鐘擁鐘隧考/1601
鐘南淮北區域志/404
鐘乳髑髏/1526
塚中人/1522
種族與歷史/142
仲安集鈔/1052
仲長統論/1904
仲瞿詩録/1970
重臣傾國記/1532
重商制度及其歷史意義/605
重要演講/771
衆家晉史/2083
衆妙集/1957
衆香詞/1232
衆香國/1251
種菜常識/594
種痘心法/1844,1939
種痘指掌/1844,1939
種菊法/2058
種樹集/1143
種樹書/1942(2),2107
種橡實者/1511
種學堂詹詹吟稿/1099
種榆仙館詩鈔/1108
種玉詞/2236
種芋法/1801,1942
種芸仙館詞/1224
種子要方/1646
州縣提綱/1920
舟山紀略/318
舟中/1469
周髀算經/1618,1931,2026,2120
周髀算經述/1931
周髀算經音義/1787
周初曆法考/1622
周詞訂律/1233
周此山集/1020
周此山詩集/2230
周顛仙人傳/1367
周端孝先生血疏貼黄真跡附録/1786
周端孝血疏/2023
周恩來鄧穎超最近言論集/553
周恩來與鄧穎超/224
周公/192
周公測景臺調查報告/1620
周公讜印説删/1550
周公瑕墨蘭/1566
周官干寶註/2073
周官恒解/2280
周官集傳/2198
周官馬融傳/2073

周官識小/2276
周官新義/2146
周官序論/2259
周賀詩集/1080
周甲和詩/1055
周姜詞/1232
周金文存/145
周口店儲積中一個荷謨形的下臼齧/1633
周口店第一地點之偶蹄類化石/1633
周口店第一第三地點之魚類兩栖類總行類化石/1633
周口店洞穴層採掘記/1627
周口店猿人産地之肉食類化石/1633
周口店中國猿人地點之小哺乳類化石/1633
周禮/4,17(2),2115
周禮讀本/1
周禮古註集疏/2315
周禮釋文問答/1886
周禮疏/18
周禮五官考/1917,2174
周禮序官考/1839
周禮醫師補註/1644
周禮疑義舉要/1917
周禮引得/18
周禮正義/18(3)
周禮政要/2247
周禮鄭氏註/18,1917
周禮鄭註/17,2036
周禮註疏/17
周禮註疏校勘記校字補/2045
周禮總義/2218
周櫟園奇緣記/1823
周濂溪集/1960
周濂溪先生全集/72
周美成詞片玉集/1229
周夢坡先生年譜/232
周末列國有令郡縣考/2045
周末學術史序/2316
周秦金石文選評註/150
周秦刻石釋音/1944
周秦兩漢文學批評史/981
周秦行紀/1347,1762,1985
周秦哲學史/42
周秦諸子概論/46
周秦諸子書目/2161,2293
周秦諸子選粹/56
周秦諸子學略/2293
周全平創作選/1460
周慤慎公百齡紀念圖詠/205
周慤慎公全集/2279
周生烈子/1902
周氏傳忠堂藏書目/2380
周氏家集/2267
周氏冥通記/1915
周氏曲品/1241
周氏易註/2072
周氏印人傳/2067
周氏宗譜/177
周氏宗實録/2191
周瘦鵑説集/1401
周書/249,306
周書補正/2317
周書顧命後考/1779,2183
周書顧命禮徵/1779,2182
周書略説/2317
周書王會篇補釋/2318
周銅祭器十事拓本/160
周銅器/163
周文短篇小説集/1455
周無専鼎銘考/1946
周易/4,8(4),2115
周易本義/2
周易本義辨證補訂/10
周易本義考/1901
周易本義爻徵/1900
周易本義註/1900
周易比例/2264
周易参同契考異/9,1903
周易参同契通真義/2250
周易襌解/9
周易闡微/10
周易大綱/10
周易的構成時代/12
周易讀本/1
周易對象通釋/12
周易古經今註/10
周易古史觀/10
周易古筮考/96
周易古義/11
周易觀我/2268
周易集解/8,1898,1900,2025
周易集解補釋/9
周易集解略例/2025
周易集解纂疏/1900
周易集義/10
周易集傳/1899
周易解故/1769
周易解題及其讀法/12
周易經疑/1859
周易舉正/1870,1898,2026
周易卷三唐寫本/2154
周易口訣義/1898
周易窺餘/2249
周易兩讀/11
周易盧氏學/10
周易略解/1900
周易略例/1857
周易略例校正/1885
周易論略/12
周易時義/12
周易述/10
周易述補/9
周易通解/9
周易通略/2198
周易玩辭/2214
周易象理證/10
周易消息/9
周易消息大義/96
周易新講義/1813
周易爻物當名/1900
周易姚氏學/9
周易要義/9
周易義例釋/11
周易議卦/1899,2172
周易引得/12
周易虞氏學/10
周易雜卦證解/11
周易哲學/12
周易正蒙/2291
周易正義/8
周易鄭康成註/8
周易鄭註/1898
周易質/10
周易註/2085
周易註疏/8
周易註疏校正/1885
周易傳義存疑/2213
周易傳註/1769
周易總義/2218
周盂鼎拓片影本/1572
周政三圖/2291
周止檣先生别傳/221
周中丞集/1080
周忠介公燼餘集/1964
周子鈔釋/1905
周子大義/50
周子全書/72
周子通書/72

周作人論/1177
周作人散文鈔/1177
周作人文選/1178
周作人選集/1025
啁啾漫記/1336,1426
妯娌爭光/589
宙載/2329
晝簾緒論/1920
晝夢集/1175
㑳梅香/1265
皺水軒詞筌/1202,1206,1547
籀範初編/1589
籀膏述林/1118
籀膏遺文/1118
籀史/1944,2090
朱參軍畫像題詞/2190
朱鳳晉書/2082
朱富勝翻身/1472
朱彊邨先生手書詞稿[彊邨語業卷三手稿]/1238
朱涇志/454
朱九江先生傳/202
朱筠年譜/229
朱衎廬先生遺稿/1119
朱良叔猶及編/2246
朱漆馬桶民主時代/2333
朱氏家譜/179
朱氏經書敂/1487
朱氏説文通訓定聲序註/932
朱淑真斷腸詩詞/1087
朱舜水/199
朱舜水全集/1097
朱舜水先生年譜/2310
朱笥河先生年譜/229
朱文公校昌黎文集/2141
朱文公校韓昌黎先生文集/2124
朱文公書牘/1076
朱文公武夷棹歌/1967
朱文公政訓/1918
朱文肅公詩集/2259
朱臥庵藏書畫目/1542
朱武原禮記通註/2246
朱熹/197(2)
朱熹辨僞書語/2366
朱元璋故事/1475
朱元璋傳/313(2)
朱執信集/774
朱執信文存/773(2)
朱執信先生殉國六周年紀念册/212
朱執信傳/212
朱中尉集/2203
朱子/197
朱子鈔釋/1905
朱子尺牘墨跡/1573
朱子大全/1087
朱子大義/50
朱子年譜/2010
朱子文集/1086,1973
朱子學的/1906
朱子學歸/1906
朱子學派/73
朱子語類/73
朱子語類輯略/1906
朱子語類評/1768
朱子語類日鈔/1772
朱自清創作選/1155
洙泗考信録/1887,2269
洙泗考信録評誤/297
洙泗考信餘録/1887,2269
株萍鐵路旅行指南/384
株守/1425
珠河縣志/431
珠江梅柳記/1837
珠江名花小傳/1833
珠江奇遇記/1837
珠樓遺稿/1814
珠落集/1408
珠樹重行録/1474
珠算大全/1619
珠算捷訣/1619
珠算入門/1619
珠算速計法/1619
珠玉詞/1216
硃痕記/1284
硃砂擔/1262
硃砂魚譜/1543
硃砂痣/1285
蛛網集/1153
諸城王氏金石叢書提要/148
諸法集要經/105
諸法十鏡/111
諸蕃志/2006,2162
諸蕃志校註/246
諸葛孔明全集/1071
諸葛亮/195
諸葛亮新論/195
諸葛穎桂苑珠叢/2076
諸集拾遺/1742
諸暨馮氏叢刻/2259
諸暨圖書館目録初編/2376
諸家藏書簿/1948
諸家人性論評述/1155
諸教的研究/95
諸羅縣志/460
諸名流題詠/1582
諸儒奧論策學統宗前集/1862
諸史考異/1777
諸史然疑/1887
諸史然疑校訂附引得/292
諸史拾遺/1777
諸史瑣言/2271
諸司職掌/1766
諸天講/1620
諸傳摘玄/1716
諸子百家考/47
諸子辯/46
諸子大綱/2302
諸子概論/47(3)
諸子概論講義/46
諸子考略/46
諸子平議/47,48
諸子通誼/47
諸子文粹/54
諸子學派要詮/46
諸子學述/47(2)
諸子學纂要/47
諸子與理學/47
諸子治要/56
豬鬃/659
豬鬃産銷/659
竹垞老人晚年手牘/2056
竹垞小志/2090
竹窗詞/1215
竹窗三筆/110,127
竹刀/1198
竹夫人傳/1823
竹澗集/2252
竹澗奏議/2252
竹懶畫媵/1541,2164
竹懶墨君題語/1541
竹懶續畫媵/1541
竹里畫者詩/1544
竹里詩集/2235
竹里談録/2197
竹里文略/2235
竹林八圩志/458
竹林的故事/1432
竹林愚隱集/2202
竹眠詞/1223
竹平安館詩鈔/1135

竹坡詞/1219
竹坡詩話/985,1743,1797,1978,2028
竹譜/1345,1542,1737,1799,1893,
1936,2215
竹譜詳録/1556,1951
竹人録/1542
竹如意館遺集/1111
竹山詞/1212,1217,1230
竹山堂聯語/2186
竹山堂文剩 竹山堂詩補/1119
竹書紀年/298,2014,2063,2081,2117
竹書紀年輯校/2284
竹書紀年疏證/2284
竹書紀年統箋/54
竹書紀年義證/298
竹疏/1936
竹素園叢譚/1789
竹所吟稿/1039
竹汀先生日記鈔/1792
竹屋癡語/1210,1218
竹塢聽琴/1266
竹西花事小録/1370,1833
竹溪十一稿詩選/1038
竹谿稿/2251
竹下寤言/1804,1905,2188
竹軒摭録/2333
竹葉舟/1264
竹友詞/1208
竹園陶説/1549
竹齋詞/1210
竹齋集鈔/1051
竹齋詩餘/1218,2252
竹齋先生詩集/1087
竹洲集補鈔/1050
竹洲詩鈔/1044
竹莊小稿/1040
竺道生與涅槃學/118
竺國紀遊/422
逐鹿記/1363
燭虚/1156
主滇回憶録/817
主計法規要義/705
主計法規摘要彙編/811
主計法令彙編/699
主客圖/1977,2204
主席訪日隨行記/583
渚宫舊事/2002,2047,2147
渚山堂詞話/1202
煮泉小品/1332
麈筆雙揮戊集/60
麈史/1338,1723,1889,2216,2328
麈餘/1335
囑咐/1422
助字辨略/950
苧蘿夢/1279
柱國方氏宗譜/177
祝福/1188
祝家莊/1375
祝嘉書學論叢/1556
祝月隱先生遺集/1871
祝枝山詩文集/1092
著作權律釋義/864
註本隸釋刊誤/2037
註解傷寒論/2120,2138
註解語録總覽/967
註釋尺牘進階/1477
註釋清代小説選/1384
註釋清鑒輯覽/319
註釋唐詩易讀/1035
註釋中國民族詩選/1257
註釋中外名人日記選/972
註疏纂要/1890(2)
註音符號傳習小册/943
註音符號發音法/944
註音符號發音原理/944
註音符號課本/944
註音符號書法體式/944
註音符號問答/944
註音符號無師自通/943
註音符號小史/943,944
註音漢字/943
註音實用尺牘大全/1477
駐春園/1386
駐港美總領事報告書的批判/824
駐外使領館職員録/748(2)
築/1291
築營教範/1704
抓壯丁/583
爪哇三寶瓏華英中學廿周年紀念刊/
906
爪哇一瞥/474
爪哇與東印度群島/475
專愛集/1198
專利制度概論/1680
專門名家/146
磚文考略/1780,2182
轉變/1475
轉變期的中國/615
轉變中的世界/242
轉蓬集/1137
轉移/582
轉運翻身/1186
轉註古義考/1926
轉註古音略/1930
傳記文選/974
傳記學/923
篆法入門/1561
篆法指南/1577
篆刻入門/1593
篆隸萬象名義/967
篆文老子/58
篆文四書/27
篆學指南/1544,1945,2176
篆字彙/935
賺蒯通/1261
饌史/2177
妝樓記/1348,1760,1985
粧臺記/1818
莊河縣志/430
莊稼漢手册/1673
莊靖先生樂府/1213
莊列十論/2100
莊史案輯論/325
莊氏史案考/313
莊氏易義/2071
莊諧筆記/1370
莊周夢/1268
莊子/54,65(3)
莊子補正/66
莊子集解/65
莊子集釋/65
莊子集註稿本/66
莊子校釋/65(2)
莊子斠補/2317
莊子精華/2093
莊子内篇章義淺説/2161
莊子内篇證補/65
莊子淺説/65
莊子淺訓/65
莊子詮詁/65
莊子釋滯/66
莊子司馬彪註/2081
莊子唐寫本/2155
莊子天下篇講疏/65
莊子天下篇釋義/2309
莊子新疏/65
莊子新探/66
莊子學案/66
莊子雪/66
莊子研究/66

莊子義證/66
莊子翼/2252
莊子引得/66
莊子札記/65
莊子哲學/65
莊子正/66
裝潢志/1536,1948,2068,2177
壯悔堂集/1098
壯悔堂文集/1098(2)
壯陶閣書畫録/1563
壯陶閣帖目/1564
狀元會唱和詩集/1958
追/1416
追悼/2341
追悼"四・八"遇難烈士/567
追悼中日陣亡將士死難民衆及祈禱平和大會紀念册/279
追擊與反攻/606
追來堂偶存書目/2381
追求/1431(2)
追述戰勝法蘭西始末/333
追昔遊集/1018(2)
追尋/1181
綴白裘/1279
綴網勞蛛/1409
綴遺齋彝器款識考釋/162
准風月談/2321,2322
準伯遺稿/1179
準齋雜説/1906,2149
卓君庸真草縮印/1577
卓文君/1269
卓異記/1346,1724,1763,2020,2166
拙存堂碑帖題跋/2059
拙存堂題跋/1547,1857
拙速詩存/2186
拙軒詞/1213
拙軒集/1963
拙齋學測/1907
拙政園詩集/1814
倬盦詩稿/1130
捉放曹/1284
捉鬼/1292
捉鬼篇/1412,1413
捉鬼傳/1295
捉彭寵/1271
涿縣志/434
涿州戰紀/340
灼艾集/2239
酌中志/2022
濯纓室詩鈔/1164
滋溪文稿/1873
滋陽曲阜泰山遊行心影録/393
資本論補遺勘誤/537
資本主義底最高階段帝國主義/539
資本主義乎？社會主義乎？/767
資本主義經濟的危機/537
資本主義經濟學之史的發展/537
資本主義經濟之剖視/532
資本主義前的社會/502
資本主義社會史論/611
資本主義世界新形勢/537
資本主義之解剖/611
資敬堂家訓/1783
資平小説集/1418
資平自傳/210
資暇集/1734,1893,2151
資源委員會法規彙編/742
資源委員會臺灣各事業一覽/653
資治通鑒/289(2),290(2),2117
資治通鑒讀法/289
資治通鑒考異/289,2117
資治通鑒目録/2117
資治通鑒釋文/2011,2117
資治通鑒外紀/2136
資治通鑒序補逸/1885
資治通鑒註/290
資中縣續修資州志/448
緇林尺牘/1482
緇門崇行録/110
輜重兵操典/1701
輜重兵軍官白話課程/1701
輜重兵軍士教程/1701
輜重兵捆載教範/1701
輜重兵野外工作教程/1701
輜重兵野外勤務/1701
輜重人力運送法/1701
子不語/1863
子産評傳/196
子弟兵/1309
子二十六論/47
子貢詩傳/2025
子固齋詩存/1114
子貫附言/1907
子華子/56,1732,1904,2151
子華子醫道篇註/1645
子彙/54
子愷近作漫畫集/1587
子愷漫畫全集/1587
子略/46(2),1796,1881,2230
子銘先生遺集/2219
子墨子學説/2306
子母三十六棍/1613
子平真詮/98
子尚詩存/2255
子書四十八種/51
子疏/2314
子思子/2196
子問/2281
子午綫/1453
子夏詩序/2025
子夏易傳/2070
子馨文在/1189
子學常識/46
子夜/1431
子夜歌/970
子雲文筆/1157
子子紀略/2288
姊妹們的消息/1190
梓橦士女志/1342
紫洞艇/1469
紫歌劇集/1289
紫姑神/1279
紫花梨記/1760
紫江朱氏家乘/178
紫泥法/1543,1845,2068
紫泥宣/1272
紫葡萄/1404
紫山大全集/1089
紫桃軒雜綴/2164,2330
紫微宫/1275
紫微集/2217
紫微詩話/985,1744,1796,2028
紫微雜記/1725
紫微雜説/1906,2097
紫巖朱氏宗譜/177
紫巖詩選/2251
紫陽縣志/444
紫陽真人詞/1207
紫雲/1457
紫竹山房遺稿/1101
字辨/963,967(2)
字辨補遺/967
字觸/1914
字詁/2096,2221
字監/935
字鑒/934,1925
字類辨正/967
字類標韻分韻撮要合編/961
字例略説/927
字首不字排檢法/961

字書/2076
字體明辨/967
字通/1925
字相的實驗研究/1641
字學新編摘鈔/1554
字學憶參/1542
字義類例/927
字原學講義/932
字雲巢集/2203
自反録/781
自耕農扶植問題/633
自貢之鹽業/1681
自號録/2007
自己的寫照/1189
自己的園地/1177
自己描寫/1496
自鑒/39
自儆録/2204
自警篇/1922,2169
自救/1293(2)
自力主義民族復興之基本原理/170
自鳴集/2202
自然科學辭典/1616
自然科學講話/1617
自然論略/1626
自然美謳歌集/1180
自然堂遺詩/1104
自然淘汰與中華民族性/171
自然哲學概論/541
自山草堂文稿/1127
自述及其他/774
自堂存稿/2202
自衛隊/1304
自衛與覓食之政治觀/798
自我創造/88
自修適用日語漢譯讀本/1505(2)
自怡集/2229
自怡室詩稿/1125
自怡悦草堂詩鈔/1161
自由的靈魂/1290
自由魂/1300
自由結婚新小説/1398
自由女請禁婚嫁陋俗稟稿/1825
自由史觀/113
自由書/2304
自由印尼/475
自由哲學/81
自由之路/2338
自娱齋詩稿/1130
自治財政論/701
自治叢書/727
自治法規、區自治施行法釋義/727
自治外蒙古/418
自治組織　財政警衛　農村教育/727
自傳之一章/188
宗伯集/2204
宗禪辯/1915
宗法小記/2220
宗教概論/131
宗教基礎/131
宗教教育論文集/136
宗教教育書目/131
宗教界六大偉人之生平/139
宗教律蓮諸象/122
宗教名言集/136
宗教心理學/37
宗教學 ABC/95
宗教與近代思想/37
宗教之真面目/130
宗經串解/1621
宗經算解/1621
宗鏡録/124
宗鏡録法相義節要/124
宗譜備要/180
宗月鋤先生遺著八種/2292
宗忠簡公集/1961
椶窗雜記/2338
綜合春秋左氏傳索引/23
綜合英漢大辭典/968(2)
總裁的教育思想/885
總裁地方自治言論/805
總裁地方自治言論續編/805(2)
總裁對推行兵役之訓示/1695
總裁對於人事制度之訓教/776
總裁關於糧食問題的訓示/644
總裁抗戰言論集/778
總裁思想/777
總裁爲"九一八"第九周年、雙十節紀念日告全國同胞書/777
總裁訓詞特輯/779
總裁言論/778
總裁言論簡輯/779
總裁言行/790,791
總裁傳記/790
總裁重要言論表解/762,783
總動員/1312
總動員與總崩潰/561
總督四鎮奏議/1767
總管内務府現行則例/741
總建築師/1511
總考/2270
總理哀思録節要/796
總理安葬紀念宣傳叢刊/795
總理地方自治遺教/802
總理奉安實録/786
總理關於農人的遺教/760
總理關於商人的遺教/771
總理函電集/772
總理開始學醫與革命運動五十周年紀念史略/786
總理陵園小志/380
總理全集/760
總理全書提要/760
總理史料目録彙刊/787
總理事略/787
總理談話集/771
總理演講集/771
總理遺教表解/762
總理遺教建國大綱重要宣言/769
總理遺教教本/760
總理遺教六講/761(3)
總理遺教論文集/772
總理遺教全集/760
總理遺教索引/760
總理遺教摘要/760,795
總理遺教重要演講/771
總理遺囑淺説/762
總理之一貫哲學/761
總理重要宣言合刊/795
總理總裁倫理思想之研究/772
總統府暨五院組織法專刊/741
總務行政管理/683
鄒魯文存/773
鄒平民間文藝集/1066
鄒平實驗縣户口調查報告/613
鄒平縣志/437
鄒容/201
鄒崖六十自述/211
走/1497
走向十字街頭/1508(2)
走雪山/1284
奏對筆記/2052
奏稿/2279
租核/638
租界問題/832
租界與中國/821
租界制度與上海公共租界/821
租借地/834
租税/711

租稅論/708
租稅總論/710
租約/709
足本芥子園畫譜全集/1561
足利學校見聞記/2349
族國主義論叢/725
祖國紀行/384
祖國夢遊記/1501
祖先墳墓碑記圖考/180
祖英集/1081
組完女士哀輓録/201
組織工業合作社須知/670
組織工作讀本/756
組織起來/550,1671
組織形式與工作制度改變後支部工作的做法/759
詛咒之歌/585
鑽探術/1683
纂圖互註禮記/2135
纂喜堂詩稿/1971
纂要/2076
纂譯天方性理/140
最高法院解釋法律文件/844
最高法院解釋法律文件彙編/845
最高法院判決解釋例要旨彙覽/846
最高法院判決例要旨彙覽/864
最高法院判例要旨/846(2)
最高法院刑庭會議記録類編/846
最後的使者/1410
最後的微笑/1446
最後的幸福/1419
最後勝利/352
最後勝利是我們的/245
最後五分鐘/945
最後一年/2343
最佳劇選/1290
最佳抗戰劇選/1290
最近的世界文學/1193
最近二十年中國文學史綱/1010
最近各國經濟現勢確報/613
最近各省金融商況調查録/687
最近官紳履歷彙録/186
最近康梁文牘/1484
最近列强海軍政策實力與太平洋問題/829
最近日本政治的剖視/817
最近日本之國際收支/704
最近日人研究中國學術之一斑/2345
最近三十年中國教育史/876
最近三十年中國軍事史/354
最近三十年中國外交史/274(2)
最近三十年中國文學史/1011
最近三十年中國政治史/327
最近三十五年之中國教育/876
最近商業統制法規及組織/864
最近上海金融史/693
最近十年黑社會大寫實/517
最近十年中俄之交涉/284
最近世界外交史/830
最近適用世界公約中外專約彙編/824
最近太平洋問題/274
最近天津詳圖/392
最近田賦紀要/709
最近一年之清華/901
最近之東北經濟與日本/276
最近之日本/467
最近之日本教育/878
最近之蘇俄/484
最近之五十年/335
最近之英日外交/466
最近中國財政史/700
最近中國教育行政四講/879
最近中國圖書館事業之進展/2385
最近中日外交史略/283
最近中外地名更置録/245
最近重要事變宣傳大綱/279
最近重要戰役之檢討/1698
最前哨/1055
最淺學詞法/1200
最先留美同學録/900
最新百美豔影大觀/1588
最新北京全圖/427
最新北平市指南/390
最新兵器與國防/1696
最新兵役法規彙編/1694
最新刀筆精華/868
最新公文程式/1481
最新國際公法/824
最新繪圖梁山伯祝英臺夫婦攻書還魂團圓記/1317
最新軍事航空學/1707
最新六法全書/845
最新論説文海/2327
最新南洋華僑小學國語讀本/890
最新南洋華僑小學歷史課本/890
最新女子國文成績/1477
最新契約大全/1478
最新日本口語文法/1504
最新商業簿記/683
最新商業重要法規稅則彙編/858
最新實驗新聞學/597
最新世界航空大觀/1708
最新首都指南/404
最新天津地圖/427
最新物質建設精解/772
最新詳註分類尺牘全書/1483
最新學詩必讀/992
最新宜昌街市全圖/427
最新銀行論/687
最新中國内外債券要覽/712
最新中國文學流變史/1006
最新中國新地圖/426
最新中華形勢一覽圖/426
最新中外地名辭典/245
罪人之書/134
罪惟録/312
辠言/1803,1991
醉白樓詩草/1153
醉華吟/1506
醉畫圖/1279
醉裹/1453
醉靈軒詩存/1180
醉鷗墨君題語/1541
醉翁琴趣外篇/1228
醉翁談録/1873
醉翁亭/1279
醉鄉日月/1349,1734,1760
醉鄉瑣志/1789,2258
醉醒石/1748
醉竹軒書目/2380
檇李叢書/2225
尊道堂詩鈔/2090
尊古齋所見吉金圖/151
尊古齋陶佛留真/127
尊經閣藏書目/1882
尊經閣募捐藏書章程/1882
尊經社講演録/2312
尊孔史/103
尊孟辨/1901
尊前集/1207
尊聞録/1152
尊鄉録節要/2212
尊元政論集/799
遵聞録/2189
遵義鄭徵君遺著/1110
昨非庵日纂/1057
昨夢録/1329,1355,1723
昨夜之歌/1178
左盦詞録/2318

左盦集/1139,2318
左盦集箋/1753
左盦詩録/2318
左盦題跋/2319
左盦外集/2318
左官異禮略/2276
左孟莊騷精華録/6
左女彙記/2045
左女同名附紀/2045
左氏春秋考證/23
左氏春秋義例辨/23
左氏蒙求/1812
左氏蒙求註/1922
左氏秦和傳補註/1644
左氏摘奇/1861
左氏傳説/2014
左太沖集/1016
左文襄公年譜/230
左文襄公在西北/203
左文襄公征西史略/333
左淫類記/2046
左忠壯公殉難四十年紀念録/204
左傳/23
左傳博議拾遺/2253
左傳補註/2146
左傳讀本/23
左傳杜解補正/1839,2097
左傳杜解集正/1873
左傳官名考/1917
左傳精華/23
左傳快讀/22(2)
左傳禮説/23
左傳器物宫室/1944
左傳通論/23
左傳通釋/2045
左傳同名彙記/2045
左傳微/23
左傳文法研究/23
左傳擷華/23
左傳真僞考/23
左傳真僞考及其他/23
左傳職官/1917
左傳註疏/22
左宗棠家書/1484
左宗棠評傳/203
左宗棠軼事/203
佐治藥言/1918
作辭須知/1201
作基督徒的真意義/135
作家的條件/911
作家論/1001
作家語録/912
作農民運動者須知/585
作品與作家/1533
作詩百日通/921
作詩法講話/993
作詩門徑/989
作爲進化科學底歷史哲學/238
作文辭典/971
作文辭海/971
作文講話/924
作文教學法/2308
作文津梁/977
作文類典/966
作文門徑/973
作文描寫辭典/971
作文七七法/974
作文題目五千個/977
作文文法指導合編/951
作文研究/977
作文與人生/973
作文指南/959
作邑自箴/721
作義要訣/1981
做白話文秘訣/948
做父親去/1171
做人、做事及男女問題/90
做人做事及其他/2334

著者索引

A

A. A. Milne/945
A. C. /1698
A. D. K. Owen/819
A. Novlkov Pritoi/202
A. Smedley/563
A. 拉佐莫夫斯基/546
A. 羅斯金/234
A. 亞尼克斯德/234
Andrew J. Grajdanzev/629
Arthur N. Young/613
阿部次郎/34
阿朵拉茨基/542
阿爾納/1633
阿桂/1870
阿克西/1524
阿壟/921
阿世格/142
阿思哈/440
阿特麗/348
阿印/1386
阿英/272,283,983,1011,1012(5),1013(5),1014,1288,1312(3),1313(2),1318,1324,1325
阿英[錢杏邨]/1185
阿湛/1441
阿湛[李健吾]/1441
阿志巴綏夫/1516
藹・夏逖卡斯/343
藹覃/2324
艾寒松/726
艾華/1504,1505
艾懷瑜/644
艾黎/1164
艾明之/1446,1466
艾衲居士/1012
艾南英/1996,2173
艾啟蒙/1580
艾青/569,1195(2),1196(6)
艾秋/1514
艾蓉/214
艾儒略/2148
艾生/491
艾思奇/36,37,355,531,535(2),536,541(3),542(2),561,570,571,579,911,969,1287
艾維章/246
艾偉/491,887,925,935
艾蕪/912,1024,1182,1436,1442(12),1449,1467,1469
艾香德/131
艾薩滋/430
愛得娜温飛爾/1527
愛特伽・斯諾/341
愛德迦・史諾/569
愛丁頓/1620
愛爾次巴赫/500
愛爾金/694
愛爾烏德/496,498
愛芙蘭・海/216
愛華/341
愛理司・斯密司/1289
愛倫堡/487
愛倫凱/891
愛羅先珂/2323(2)
愛潑斯坦/569
愛斯猛/143
愛絲女士[趙景深]/1031
愛特伽・斯諾/341,351
愛特加・斯諾/1403
愛虛老人/1651
安秉安/134
安承龜/77
安淳煥/77
安東尼・賀迫/1524
安度闌俱/1521
安恭已/2264
安井衡[息軒]/1488
安井小太郎/912
安雷特/1624
安林木/1287
安平/410
安岐/1563,1949
安清翩/2264
安清翹/2264
安清輪/2264(2)
安世高/108
安特生/1633
安藤正次/907
安田莊司/655
安文溥/1870
安熙/1214,1963
安簣/2059
岸田國士/1606
敖士英/1006
敖陶孫/1040,1978
敖英/1363,1365,1897,1991,2200(2)
奧・約・羅德格/2112
奧本海/837,838
奧爾珂德/1513
奧奈爾[歐奈爾]/1513
奧斯托洛夫斯基/1517
奧玄寶/1545
奧茲本/1639

B

B. Malinowski/170
Bernhard Karlgren/925,936
Bertrand Russell/1617
Buschke and Jacobsohn/1634
八彬貞利/1516
巴別爾/1517
巴德文/1521
巴狄德水/1488,1498
巴爾克/1691
巴爾勒斯/1519
巴爾姆格倫/1633
巴格力/486
巴金/88,217,234,480,601(2),1151,1164(2),1165(7),1308,1403,1442(5),1443(10),1444(10),1445(7),1495,1501,1515(2)
巴金[李芾甘]/610,1023,1165(2),1442,1443(7),1444(5),1445(3),1501
巴克/631
巴克霍森・約阿喜謨/312
巴克雷/1531
巴枯寧/35
巴雷/1140,1141,1150,1404,1413,1429,1433,1438,1454,1469
巴里客延/1114
巴魯薩/1525
巴羅哈/2325
巴寧/1011
巴人/248,1138,1139,1176(3),1310,1412
巴山/1454
巴蘇謹/1529
巴特/1632
巴特里克/1640
巴彥/1454
巴佐特/725(3)
白炳騏/2385
白采/1154
白陳群/655,807
白崇禧/810,816,1699
白滌洲/943(2)
白動生/890,957
白斗鏞/967
白寒/1154
白鶴/442
白堅/8
白蕉/338
白居易/1078(4),1348,1758,1956,2035,2109,2125,2142,2354
白克令/506
白來登女士/1522
白郎脫/1522
白朗/1154,1422(2),1427,1488
白眉初/263,365,418,423,772
白銘庵/142
白鳥庫吉/173,419(2)
白鵬飛/718
白樸/1276
白仁甫/1262(2),1267
白刃/1422
白瑞華/152(3)
白壽彝/142,265,333,2366
白水/224,343,398
白韜/219(2),570
白桃/575,877
白珽/1895,1963
白薇/1258,1290,1455
白文貴/1599
白行簡/1346,1572,1714,1759,1762,1820,1984
白岫雲/444
白雪亭/808
白雁/897
白揚采/571
白永貞/430(2)
白愚/255
白羽/1426
白玉蟾/1903
白玉江/1296,1306
白雲霽/128
白志謙/197,379
白髭拜/1521
百藥山人/984
百一居士/1370,1864
柏爾/423,424(2)
柏格森/81,85,1642,1643(2)
柏拉蒙/1520
柏拉圖/79
柏雷/78
柏起宗/251,1840
柏森/1490
柏應理/139
班慈/237
班固/71,249,302(4),1015,1325,1339,1645,1733,1744,1785,1858,1880,1890,1892(2),1916,2010,2015,2061,2063,2087,2092,2121,2156,2165,2172,2195,2247,2309,2363
班台萊耶夫/2324
班昭/86,92
般福德倫納/1520
般福德倫約/1521
般剌密帝/119,121
板垣鷹穗/2324
半標子/1249
半粟/833
包超時/710
包爾得温/485
包發鸞/450
包惠僧/1706
包凱/1594
包可華/1293
包賚/227
包蕾/1294,1500(2)
包履吉/2236
包鳴泉/464
包樸夫/538
包起權/1300
包清岑/1062
包汝楫/1999
包世臣/1108,1539,1560,1575,1951,1977,2066
包天笑/1456,1532
包醒獨/325,1457
包拯/1919
包遵彭/339,518,835,890
保爾/1193
保羅梵樂希/1509
保越/2021
葆光子/1492
葆恒/1233
寶慈/127
寶輝/1653
寶廷/2263
抱殘生/1425
抱恨生/510,768,1059,1201
抱甓外史/1855
抱甕老人/1380(2)
豹翁/1379
鮑彪/2117
鮑德澂/650
鮑鼎/146,151,169,228,2333
鮑東里/293
鮑臯/1836,2211
鮑格度/498
鮑根生/514
鮑賡生/330,333,1071
鮑康/1945
鮑鼇人/825
鮑羅廷/715
鮑明鈐/832(2)
鮑山/1636
鮑少游/1186
鮑寔/451
鮑廷博/1814,1967
鮑維湘/1490
鮑文傑/1002
鮑俠影/596
鮑相璈/1665
鮑筱齋/1288
鮑協中/1832
鮑友恪/2260
鮑雨/1294,1300,1474
鮑照/1017,1072,2122
鮑振方/1981

北村澤吉/48
北山道修/1657
北山道長/1657
北一輝/818
北澤直吉/818
北芝/1309
貝德士/217
貝爾德/819
貝爾斯/835
貝華/335,776,779
貝警華/523
貝靈/234
貝納/891
貝青喬/1823
貝瓊/1828,2131
貝庸/2256
倍倍爾/513
本間久雄/514,917(2)
本田成之/7(2)
本莊俊篤/1656
彼得巴厘/1527
俾耳德/239,486
俾沙普/2387
畢範宇/136
畢公天/281
畢公裔/2338
畢恭/429,1866
畢華珍/1953
畢奂午/1197
畢懋第/439
畢匿克/690
畢時達滿特/839
畢樹棠/1175
畢新生/621
畢修勺/729
畢彦/1197
畢以珣/52,1920
畢永崗/103
畢沅/53(3),63,68,290(4),396,1749,1771,1774,1777,1891,1903,1904,1925(2),1926,1928(2),1935,1944(2),1998(3),2003
畢原/847
畢仲詢/1352,1711,1719
畢仲游/1961
碧波/1287
碧螺山人/1559
碧野/583,1406,1421,1469
邊大綬/255
邊理庭/479
邊守靖/436
邊壽民/1583
邊浴禮/1225
邊章五/577
邊振方/83
卞斌/9
卞年美/1633
卞乾孫/392(4)
卞文瑜/1580
卞永康/442
卞永譽/1557
卞之琳/909,1023,1142(2)
卞宗孟/386
遍照金剛[空海]/989
辯機/418,2118,2148
别克/1517(3)
賓符/343,482,819,820,830
濱田耕作/147,148(2),159,264
濱田恒一/822
冰心/382,1061,1143(3),1144(2),1291,1410(7),1411(2)
冰心[謝婉瑩]/1147,1410(3)
秉志/799
波爾・拉發格/538
波格達諾夫/498,610
波將金/546
波拉克/499
波樸夫/630
波洽特/531
波士俾/1522
波特/884
播花居士/1251
播磨巖/1657
伯爾/1521
伯人/581
伯希和/275,472(2)
伯陽真人/2024
伯子/911
孛來姆/1519
孛蘭肸/1767,1870
勃拉克/81
勃藍姆司道格/1520
勃利司・潘莱/921
勃脱蘭/343,562
博古/537,538,539,542
博古[秦邦憲]/533,541
博克老夫斯基/481
博明/1866,2162
薄承硯/1791
薄一波/642
卜陳彝/1897
卜凱/1672
卜商/2070
卜少夫/467,1189
卜西君/880
不才子/1420
不除庭草齋夫[陶行知]/2335
不空/105(5),106
不平生/1422
不奇生/1389(2)
不肖生/1394(2)
不肖生[向逵]/1394
布谷/635
布哈林/531(2),644
布拉文[布朗]/475
布莱資須納德/309
布烈特/834
布茹斯/2112
布若布軟斯基/611
布施勝治/833
布士維/1678
布司白/1530
布斯俾/1527
布哇/312
步達生/1626,1633(2)
步林/1632
步翔芬/1131
步翼鵬/242,1034

C

C. B. Faweh/240
C. C. Andrews/1529
C. F. Andrews/233
C. H. Becker/876
Carl Ewald/1499
Charlotte Sophia Burne/170
采九德/256,2023,2246
蔡焯/261
蔡郕/321,1492
蔡澄/1810
蔡持正/1388
蔡楚生/1451
蔡傳奎/1128
蔡東帆[藩]/1397
蔡東藩/1397(3)
蔡侗/228
蔡鍔/1173(2),1692,1693
蔡爾康/256,2333
蔡邇賓/1674
蔡冠洛/185
蔡昊/1384
蔡和霽/1121
蔡鴻鑒/1121
蔡璣/2160
蔡繼倫/1707
蔡建賢/459
蔡焦桐/2340
蔡金/2386
蔡京/1352,1557
蔡經濟/706
蔡君啟/420
蔡戡/1210
蔡琳/2255
蔡龍孫/261
蔡陸仙/1664

蔡夢弼/986,1075,1966(3)
蔡丏因/966
蔡模/1812,1967
蔡乃煌/2042,2058(2)
蔡南橋/1493
蔡謙/629,680
蔡芹香/875
蔡清/1803,1897
蔡汝堃/26,67
蔡汝霖/348
蔡上翔/226
蔡尚思/39,41,42,58,61,263
蔡伸/1219
蔡沈/2,1906
蔡宷之/1724
蔡世鈸/459,2020
蔡守/1139
蔡受百/688
蔡壽昌/1110
蔡樞衡/843,869
蔡嵩雲/1206,1239
蔡絛/1329,1721,1733,2167
蔡鞗/2021
蔡廷幹/58
蔡廷鍇/218,342,2338
蔡文星/473,477(2)
蔡錫勇/961
蔡顯/2341
蔡襄/1358,1359,1570,1740,1741,1798(2),1942(2)
蔡曉丹/724
蔡燕惱/136
蔡瑩/1255,2387(2)
蔡邕/53,737,1016,1070(2),1345,1740,1748,1750,1793,1858,1917,1953,2062,2073(3),2075,2081,2087,2122,2140
蔡詠春/1488
蔡幼學/2227
蔡羽/1985
蔡語邨/1196
蔡淵/1899
蔡元培/34,36,86,96,218,266,784,958,1011,1120,1385(2),1553,2113,2334
蔡源明/623
蔡雲/1748,1773,1916,2015
蔡瑋/961
蔡真雲/217
蔡楨/1200
蔡振堅/459
蔡振紳/90,92
蔡正華/1032
蔡正性/680
蔡正雅/680
蔡質/1918,2084
蔡鑄/1058
蔡卓勳/1172
參恩/1531
參寥子[高彦休]/1327
倉頡/1908
傖父/2111
滄江漫叟/185
蒼弁山樵/1335
蒼木/533
藏進巧/462
曹安/2188
曹白/351,1174(2)
曹百川/917
曹葆宸/2260
曹葆華/538,540,541,545,920(2),1174
曹寶清/1707
曹本榮/1900
曹冰嚴/1481
曹秉浚/1121
曹秉章/2260
曹炳章/1643
曹伯韓/98,245,328(4),490,501,595(2),716,766,926(2)
曹伯啟/1213,1230,1879
曹操/1016
曹臣/1057
曹粹中/2193
曹大同/1620
曹爾堪/1220
曹鳳蕭/868
曹孚/91(2),2341
曹福元/1121
曹功濟/2364
曹恭翊/737
曹谷冰/484
曹鵠雛/1384,1483
曹冠/1982,2154,2252
曹貫一/616,620
曹廣權/1135
曹浩/178
曹弘忻/214
曹華/1586
曹驥觀/444
曹家駒/1334
曹嘉之/2017
曹傑/857
曹經沅/1055
曹靖華/483,545,1516(3),1517(2)
曹九錫/97
曹聚仁/221,260,262,292(2),346,351,788,981,1063,1174,1253,2341,2345(3)
曹君覺/1124
曹立瀛/657
曹麗順/672
曹梁廈/1512
曹林/19
曹履泰/2004,2153,2162
曹楙堅/1783
曹明詳/439
曹明毅/2294
曹丕/1016,1750
曹樸/949(2),2348
曹仁虎/1926,1935,1958
曹溶/1220,1539,1842,1845,1923,2055,2172,2177
曹榮/321
曹汝霖/204
曹潤堂/1121
曹紹濂/481
曹繩彦/1665
曹晟/2205(3)
曹石/2242
曹士冕/1554,1738,1797,1950
曹樹銘/825
曹樹勳/900
曹思彬/923
曹松葉/295,365
曹廷傑/1868(3)
曹未風/241,244
曹文麟/1124
曹無逸/529,762,765,770,785(2),873
曹錫黼/1278
曹憲/1928(2),2075
曹驤/2205
曹心泉/1255
曹辛漢/504,1480
曹秀先/1817
曹繡君/1368,1496
曹瑢/97,1832,1955,2154,2228
曹學佺/400,1753,2003
曹雪芹/1385
曹雪松/1055
曹勳/1085,1209,2021
曹訓生/2294
曹亞伯/337
曹彦約/2199
曹養吾/1064
曹鄴/1347,1762
曹儀孔/479
曹寅/1869,2114,2382
曹應鍾/1965
曹穎甫/1034
曹穎僧/396
曹用礪/1477
曹用先/2392
曹禺/1305(6),1306(3),1513
曹禺[萬家寶]/1305
曹元弼/9,1121
曹元愷/485
曹元忠/20,1135,2257,2384
曹緣皋/1174
曹樂齋/1644
曹雲祥/143
曹允源/452,2376
曹載春/977
曹載奎/151
曹增美/271
曹霑/1385(3)
曹慞/2158
曹昭/1743,1946,2103
曹貞吉/1222,1235,1236
曹振峰/588
曹振鏞/326
曹振昭/695
曹之璜/1832
曹植/1016,1071(2),2034,2048,2122,2140

曹宗璠/1335
曹祖彬/2362
曹佐熙/2294(6)
草明/1446
岑參/1075,2123,2140
岑德彰/270,822,838(2),848
岑家梧/147,170,263,1559
岑麒祥/908
岑文本/1571
岑錫祥/1121
岑象求/1710
岑學吕/1152,1486
岑勳/1568,1571
岑仲勉/126,175
柴萼/2346
柴霍甫/2325
柴蓮馥[也愚]/138
柴汝楨/395
柴紹武/327
柴望/1019,1212
禪山/954
懺庵居士/1034
懺綺龕主人[廖恩燾]/1322
懺餘/1054
長白浩歌子/1377
長谷川如是閒/174
長谷真逸/1363
長虹/1169,1416
長井金風/12
長訥/1502
長尾藻城/1657
長野朗/337,505,640,834
長澤規矩也/1006
長澤龜之助/1617,1619(3),1620(2)
長征/600
常導之/873,878,881,882
常道直/519
常福元/1621
常工/1473
常功/1287
常輝/2258
常紀/1867
常建/1035,1788
常鈞/419(2)
常茂績/2268
常茂徠/1806,2268
常乃德/41
常乃德[燕生]/171,239,240,267,496,716
常磐大定/1569
常璩/304,305,1342(3),1749,2003,2019,2064,2118,2136
常任俠/151
常榮/318
常棠/458,2001,2244
常琬/454
常望雲/1470(2)
常惺法師/115
常燕生/501,502,700,737
常沂/1764
常煜/1109
常贊春/189
超超/1449
超然道人/1393
晁補之/1043,1048,1220,1228,1233,1948,2031,2128,2145
晁沖之/1043,1048,1966
晁次膺/1228
晁公武/2049,2379(2)
晁貫之/1590
晁季一/2027
晁迥/1725
晁説之/1085,1536,1591,1744,1795,1875,1897,1905,2114
晁載之/1741,1892
巢幹卿/1530
巢鳴盛/1942,2176
朝日胤一/488
車爾尼舍夫斯基/1552
車垓/2035
車煥文/430
車江英/1279(2)
車銘深/49
車頫/2019
車若水/1337,1363
車書/2255
車萬育/1487(2)
車毅/1472
車載/548
陳阿平/1787
陳咏/433
陳靄麓/959,977
陳安仁/43(2),172,267(4),295,642,717(2),738,766,918,1028
陳白塵/1169,1180,1246,1253,1301,1311(8),1426,1461(2)
陳白虚/1336
陳柏心/728,806(3)
陳邦福/154,1865
陳邦懷/154
陳邦賢/265,454
陳邦瞻/291,308
陳邦倬/447
陳葆泉/433
陳寶琛/160,732,1123,1596
陳寶璐/1122
陳寶泉/882,951
陳豹隱/604,605,724
陳豹隱[啟修]/541,608
陳北鷗/563,1171
陳必復/1040
陳必聞/450
陳碧笙/415(2)
陳碧雲/514
陳壁/732
陳壁如/910
陳彬龢/5,60,310,466,488,766,982,1180,1552(2),1558,1560,2349
陳彬蔭/224
陳柄德/451
陳炳堃/1011
陳炳權/613
陳炳元/1695
陳波兒/590,1304
陳伯吹/1498(2)
陳伯達/77,490,542,553,579(11),580(13),592,593,640,653,708(2),762,788(2),2344
陳伯驥/724
陳伯陶/26(2),188,222,369,1137
陳伯莊/608,625,632,645,1673
陳勃/1502
陳博文/282,285,393,394,397,400
陳荀/1781
陳布雷/232,789
陳步墀/1109,1240
陳步武/448
陳殘雲/1461,1489
陳燦/615(2)
陳滄來/657
陳昌浩/241,534
陳昌齊/1931
陳昌源/434
陳長方/1716,2152
陳長蘅/487,491,612(2),767,851,2112
陳長舉/437
陳焯/1548,1567
陳朝爵/46
陳澈/1653,2066
陳琛/2187
陳忱/1382
陳承澤/528,865,950(2)
陳誠/347,750,782,784,798,810,1784,2005,2180,2343
陳崇桂/174
陳崇祖/418(2),1115
陳楚/131
陳楚光/298
陳楚淮/1311
陳傳德/453
陳傳鋼/636,642,861
陳春/1916
陳春華/451
陳春隨/1399
陳椿/1805,2046,2205
陳淳/1906
陳此生/65(2),211,631
陳從周/232
陳存悔/1033
陳存仁/1654(15),1655(16),1656(16),1657(16),1658(10),1664
陳達/222,612,662,822
陳達叟/1359,1737,1798,1845,1942
陳大悲/1311,1607,1608
陳大燈/1526(3)
陳大庚/1839
陳大經/259
陳大綸/2371
陳大年/234
陳大齊/84,120,1641,1642
陳大同/411
陳大猷/2249

陳大章/1936
陳代青/641
陳澹然/102,1250
陳道南/1116
陳德明/1282
陳德榮/194,1642
陳德武/1212
陳德英/499
陳德芸/181,233,966
陳德徵/91,696,891
陳登元/68,284,642,1035
陳登原/75,200,262,265,268,2386
陳登澥/950
陳第/936(2),1882,1929
陳蝶衣/791,1131
陳鼎/371,1136,1816,1818,1924,2003,2180(2),2242
陳定/1604
陳定祥/230
陳東曉/222
陳東原/205,267,515,875(4),2350,2365
陳棟/1241,1279
陳棟樑/445
陳獨秀/222,345(4),346,358(2),531,547(3),567,927
陳度/691
陳端生/1318
陳端志/339,498
陳敦常/537,630
陳鐸/294,425,426,467,613,1256,1257,2355
陳爾壽/364
陳法/2241
陳方海/1977
陳芳績/1777,1997
陳芳生/1843
陳非璜/1516
陳奮澄/242,474
陳鳳章/233
陳敷/1941
陳伏廬/1564
陳孚/1746
陳扶搖/1676
陳福華/779
陳福熙/1462(2)
陳傅良/1045,1051,1948,2032,2128,2145,2149
陳復光/284
陳蓋/1080
陳幹卿/1493
陳綱/866
陳高/2227
陳高傭/259
陳戈/583,1288,1311
陳庚仝/1179
陳耕道/1663
陳賡雅/397,420
陳公博/223(2),283,402,780,783(3),786
陳公亮/2002
陳公恕/529
陳公哲/411,1181
陳功甫/272,282,334,335,468
陳恭禄/287,326(2),467
陳恭澍/529
陳恭尹/1099
陳觀/1531,2113
陳鵠/1987
陳顧遠/265,639,719,720,801,838,843,858,860(2)
陳冠同/1007
陳冠宇/295
陳觀潯/2299
陳觀奕/1531
陳光甫/695
陳光淞/1650
陳光垚/960,983,1610
陳光虞/911
陳規/1921,2149
陳瑰瑋/789
陳桂清/1663
陳國符/128
陳國鈞/173(2),1322
陳國權/285
陳國治/186
陳果夫/508,726,782,876,1181,1416,1609,1661,1667,2343
陳海超/680
陳含光/1120
陳函輝/2213
陳漢光/409
陳漢平/819
陳漢章/2088,2240
陳翰伯/243
陳翰笙/489(2),638(2),649,820
陳豪/1585
陳澔/3
陳禾章/621(2)
陳和祥/60,720,1321,1483,1502,1560
陳鶴/313
陳鶴琴/222(2),871,891(4),896,960
陳恒和/2227
陳衡恪/1597
陳衡恪[師曾]/1563
陳衡哲/513,1180,1400
陳宏謀/75,86,87(2)
陳宏緒/1993,2200
陳洪範/253
陳洪進/821
陳洪謨/1852(2),1988(2),2171
陳洪綬/1066,1381,1581
陳鋐/2011
陳鴻/1347(2),1760,1761(2)
陳鴻飛/2354
陳鴻逵/1674
陳鴻壽/1108,1586
陳厚耀/2045
陳後方/456
陳瑚/87,1810(3)
陳華/1707
陳華元/1691
陳槐/2235
陳懷/320(2),326,969
陳懷白/328
陳懷書/1610
陳緩蓀/490
陳幻/544
陳奐/15,1783,1865,1924,2053
陳煥/457
陳煥章/49,103,104(2)
陳暉/671
陳徽言/412
陳晦/1354
陳基/1091
陳紀瀅/422(2)
陳濟成/271,1498
陳濟棠/782
陳繼德/2057
陳繼儒/95,175,325,1012,1013,1014,1095,1276,1280,1332(4),1366,1485,1540(3),1586,1856,1896(2),1897,1908,1937,1942,1947,1948,1979,1992(6),1993,2010,2058,2108,2178
陳繼訓/1136
陳霽辰/956
陳霽學/446
陳驥德/2190(2)
陳家錕/679
陳家麟/1511(2),1515,1524,1525(5),1526(8),1527,1529(5),1530,1531(6),1532(6),1533(5),1534(3)
陳家慶/371
陳嘉庚/222,672,2343
陳嘉震/513
陳甲林/371
陳稼軒/678
陳兼善/1626,1630(2),1634(2)
陳堅/1529,1530(3)
陳建/1786(2),1787,1907
陳建侯/931
陳建華/1696
陳建民/239,486
陳健夫/74,417,424
陳健民/116
陳劍恒/487
陳鑒/1861,2058
陳鑒之/1039
陳絳/429,1936
陳杰/1651,2202
陳捷/142,172,279,310,311(4),334,1623
陳介白/972,1194
陳介祺/149(2),161(2),164,1541,1594,1596,1788,1945,1946(3),2225
陳玠/2181
陳金鏞/95
陳僅/2231(2)
陳瑾昆/361,595,855

陳晉/152,928,931
陳晉賢/136
陳藎/1898
陳京/1346
陳經/282,2012
陳景山/1181
陳景寔/222
陳景沂/2354
陳景元/1103,1903,2100
陳景雲/1783,1882
陳景鐘/2002
陳敬/1875
陳敬第/1485
陳敬容/1171,1180(2)
陳敬棠/395
陳敬璋/230,2371
陳鏡清/434
陳鏡如/183
陳競堂/1180
陳炯明/783
陳玖學/1692(2)
陳居霖/1173
陳舉/649
陳覺/282,283(2)
陳均/308
陳浚/29(2)
陳浚介/950(2)
陳凱聲/1699
陳楷/463
陳侃/1365,1785,1852,
2005
陳衎/1896
陳康/1560
陳康黼/2236
陳康祺/1864(2)
陳考威/213
陳可璋/766
陳克/1208,2004
陳克咫/2224
陳克寒/564,583
陳克家/313
陳克繩/419
陳揆/1882,2192
陳葵龍/93
陳騤/1981,2371
陳夔/1240
陳夔麟/1562
陳夔龍/1181,1493
陳坤/410,456
陳蘭亭/66
陳朗/1387
陳烺/1563,1834
陳雷/354
陳磊/1161,1464
陳冷汰/320,333,334
陳理昂/882
陳里特/821
陳澧/68,76(4),938,
1112,1225,1237,1536,
1594,1772(2),2054,
2055
陳禮江/887,899
陳禮頌/175,477
陳立/24(3),1772
陳立夫/33,215,523,667,
762(3),782,876,886,
961
陳櫟/1213,1359,1897
陳槤/1996
陳蓮痕/1462(2)
陳蓮塘/1755(7),1756
(17),1757(17),1758
(17),1759(17),1760
(16),1761(17),1762
(16),1763(16),1764
(17),1765(7)
陳璉/1786
陳煉/1537
陳良烈/893
陳良謨/98,1364,1856,
1984,2193,2232
陳亮/1088(3),1218,1973,
2016,2252
陳琳/1016
陳繗/1069
陳淩雲/522
陳齡/2090
陳靈谷/352
陳龍正/1920(2)
陳録/1737,1795,1995
陳籙/180,311,418
陳旅/2089
陳履/1787
陳履和/2268,2269(17),
2270(3)
陳鸞鑣/1117
陳曼/1784
陳漫郎/769
陳懋鼎/1180
陳懋恒/314
陳懋烈/467
陳懋仁/1981(2),2001,
2180
陳懋森/452
陳枚/2163,2164,2224
陳枚安/473
陳梅/978
陳夢家/59,162(2),260,
1183
陳夢雷/2354
陳夢林/460
陳夢韶/1297
陳夢韶[陳敦仁]/762
陳妙英/960
陳敏/1562
陳名珂/1056,1180
陳明/1302,1307,1320(2)
陳明鑾/709
陳明中/1246,1462
陳銘珪/1787(2)
陳銘海/1103
陳銘鑒/440
陳銘樞/412,759,786
陳銘勳/650
陳模/1908
陳穆如/918,922
陳乃乾/146,181(4),
1065,1138,1216,1220,
1243,1244,2372(2),
2378,2384
陳耐煩/927
陳鼐/1364,1854,1993
陳念本/165
陳念中/728(2),801,806
陳念祖/1666
陳槃/23
陳泮藻/700
陳培桂/460
陳培珽/457
陳培瑋/760
陳培源/1625
陳裴之/1335,1370
陳佩/391
陳彭年/934,940(4),1328,
1710,1734,1918,1925,
1930,2117(2),2167
陳鵬超/1181
陳品全/448
陳璞生/865
陳普/1812,1967
陳岐/1649
陳其棟/463
陳其鹿/634,687
陳其謙/2371
陳其鎔/1117
陳其瑞/1648
陳其田/695
陳其旋/1117
陳其元/1864
陳耆卿/1211
陳起/1041(2)
陳啟肅/1311
陳啟天/184,490,718,719
(2),724(2),843,1692
陳啟彤/927
陳啟修/699
陳啟育/212
陳棨仁/168
陳器/1523
陳樵/1963
陳琴/631
陳勤先/115
陳青之/875
陳清初/206(2)
陳清華/694
陳清泉/7,47,172,266(2),
310,311(3),387,
470,477
陳慶年/1689
陳慶麒/259
陳秋草/1589
陳蘧/1180
陳去病/1067,1068
陳全三/28,440
陳銓/919,1198,1311,1312
(2),1458,1462(5),1463,
1475,1515
陳確/1819,2209,2224
陳仁錫/1917,2174
陳仁玉/1737,1798,2150,
2213
陳任中/66,1201
陳日章/401
陳榮廣/286
陳榮衮/956
陳融顒/1180
陳柔/878
陳茹玄/726,850(2)
陳汝衡/1610
陳汝惠/896

陳汝珍/373
陳汝舟/824
陳瑞鵬/668
陳瑞祺/967
陳鋭/1181,1204,1225
陳三立/1126(2),1237,1577,2060
陳三聘/1210,1982
陳掃花/1399(2)
陳森/1281,1387
陳善/1338(2),1717,1848,1894,2029,2383(2)
陳善甫/1061
陳善鈞/329
陳善同/441,664
陳尚古/1334
陳尚志/1053,1186(2)
陳少白/284
陳少敏/549
陳劭先/760
陳紹箕/1489
陳紹欽/448
陳紹賢/282
陳紹禹/349,553,556
陳紹禹[王明]/553,558
陳深/1212
陳詵/385
陳慎言/1463,1473
陳聲暨/231
陳繩武/2299
陳省欽/21
陳盛智/475
陳師道/984,1043,1048,1084(3),1219,1743,1796,1874,1966,1977,1989,2027,2128,2145
陳師凱/97,1913
陳師文/1940
陳師錫/182
陳師曾/1558,2369
陳詩/1067(3)
陳詩教/1993,2177
陳詩重/370
陳時夏/528
陳湜/411,631
陳士鐸/1662
陳士傑/39,845
陳士珂/60,1754,1901
陳士礦/1916,1997
陳士元/1846,1899,1901,1914,1915,1998(2),2007,2101,2214
陳氏尺蠖齋/1382
陳世材/753
陳世崇/1338,1352(2),1711
陳世隆/1987
陳世鎔/1857
陳式諶/433
陳是集/1069,1096
陳適/1070,1180
陳受頤/295
陳壽/249,304(5),1342
陳壽昌/66
陳壽凡/723,859
陳壽彭/473
陳壽祺/932,1971,1982,2012,2116,2135
陳瘦竹/1461,1467
陳叔兑/386
陳叔方/1895
陳叔亮/574,1599
陳叔諒/242,480
陳叔通/1483,1596
陳書/1586
陳淑均/460
陳淑雨/778
陳束/2235
陳述/309
陳漱琴/16
陳樹霖/309
陳樹人/626,1180(3),1198
陳樹鏞/1122
陳舜俞/1018,1714,1996,2047,2185
陳思/181,452,1405,1548,1737,1799,1831,1868(3),1936,1950,2066
陳思德/627,709
陳思明/350
陳思謙/726
陳夙之/1576
陳隨隱/2060
陳泰/1879
陳泰交/2013
陳泰來/2200
陳棠/2346
陳濤/634,2298(3),2299(4)
陳韜/263
陳陶聲/657
陳體强/666,832
陳天表/694
陳天池/1391
陳天河/569
陳天華/2343(2)
陳天民/1136
陳天錫/447,753(2)
陳天秩/644
陳田/995
陳鐵梅/431
陳鐵卿/432
陳鐵生/784,1613(2)
陳廷焯/1204
陳廷璠/239
陳廷棻/463
陳廷傑/1692
陳廷敬/961,1891,2173
陳廷儒/1653
陳廷煒/2006
陳廷章/444
陳霆/1093,1202,1895,2330
陳霆鋭/134
陳同新/1623
陳摶/100
陳蜕庵/1198
陳婉芬/229
陳萬里/167,381,400,407,1600(3)
陳望道/34,85,116,498,950,957,977(2),999,1179
陳唯實/33,82,85(2),542
陳惟壬/451
陳惟彦/734
陳維/515(2)
陳維安/1878
陳維德/573
陳維崧/194,1221,1235(3),1815,1981,2010,2132,2207
陳維彦/1125
陳煒庵/412
陳煒謨/909
陳文波/1606
陳文會/149
陳文榮/180
陳文瑞/611
陳文述/1559,1857,1971
陳文濤/409,1616
陳文蔚/1962
陳文淵/267
陳文元/411
陳文中/1860
陳問咸/624
陳無咎/63
陳希豪/422,626,785(2)
陳希夷/1913
陳熙晉/1770,1771
陳熙雍/437
陳錫麒/329
陳曦/455
陳習刪/446,448
陳俠/890,891
陳霞洲/629
陳夏常/370
陳先澤/486
陳顯微/1903
陳獻榮/412
陳獻章/1092,1800,1906
陳香伯/137(2)
陳香宇/1321
陳襄/1869,1920
陳翔鶴/1463
陳向元/710
陳小白/559
陳小航/1517
陳筱梅/1081,1127,1150,1495
陳孝威/244(2),347,1056,2343(2)
陳笑予/822
陳嘯江/616
陳燮樞/90
陳辛木/829
陳興亞/186
陳杏影/1462
陳性/1536
陳修園/1653,1664
陳秀明/1978,1980
陳栩/1254,2326
陳旭/1631
陳序經/174,267,477,507,521
陳玄胤/2015
陳選善/875,887
陳學才/609

陳學恂/501
陳學昭/395,567(2),1181,1462
陳雪屏/501
陳恂/1896
陳洵/1205
陳循/1768
陳訓慈/2385,2386
陳訓正/402,457,2325(9),2326
陳延傑/7,16,992,1077,1086,1088
陳延謙/1180
陳言/420,1666,1974,2245
陳炎冰/1628
陳炎林/648
陳研樓/1489
陳巖肖/986,1738,1797,1978,2252
陳衍/13,458,459,932,991(2),995(4),1052,1053
陳琰/2043
陳彦衡/1250
陳燕方/1396
陳堯聖/240
陳耀文/1233
陳野萍/753(2)
陳一/801
陳一百/1071
陳沂/404,411,1853,1905,1923,2188,2235(2)
陳詒紱/404
陳詒先/320,333,334
陳儀/1976
陳彝蓀/1552
陳易嘉/1609
陳易園/407
陳奕禧/1876,1950
陳挹翠/1399(2)
陳益軒/863
陳翊林/198
陳翊林[啟天]/184,498,876,1693
陳翊忠/205
陳逸/944,2390
陳毅/357,575,1136,1672,1783,2065
陳毅夫/491,727
陳翼/2224
陳繹曾/1344,1545
陳懿典/2014,2173,2174
陳懿祝/872
陳蔭培/1473
陳蔭翹/430
陳寅/1117
陳寅恪/196,307(2),738(2)
陳寅生/1824
陳英才/1623
陳應康/455,1067
陳應科/1136
陳應嵩/223
陳應性/865
陳熒/1198
陳瀛/433
陳穎光/638
陳映璜/1637
陳永標/705
陳永奎/1606
陳詠聲/1611
陳友端/887
陳友琴/398
陳友三/627,709
陳友松/2386,2387
陳有揆/510,514
陳槱/1537,1946,2047
陳于陛/1362,1993
陳于逸/349
陳畬/455
陳愚/596,1375
陳瑜/1606
陳虞孫/1256
陳與粲/527
陳與義/1044,1049,1085(4),1209,1220,2128(2),2145(2)
陳玉琪/1825
陳玉澍/1805
陳玉祥/466,756
陳郁/1353,1712,1734,1874,2200
陳遇夫/1898,2007,2012
陳適聲/1123
陳淵/1085
陳元德/42
陳元靚/1888
陳元龍/1234,1816,2208
陳元禄/2038(2)
陳元佑/1763
陳元柱/1322
陳垣/113,125,129,137,138,259,260,307,311,1559,2113,2114,2326(9),2368
陳垣[援庵]/195
陳原/192,248,366,716,908
陳原心/2090
陳源/1180
陳雲/501
陳雲章/370
陳雲翥/179
陳允/868
陳允平/1039,1212(2),1235,1982,2239
陳允升/1585,1586
陳允文/529(2)
陳允中/564
陳運溶/146
陳載/2343
陳載耘/767
陳造/1043,1048
陳澤淮/836
陳曾矩/85
陳曾壽/1137,2086
陳曾則/959
陳增輝/131
陳增敏/418
陳增善/1321
陳鱣/1106,1777,1792,1874,1876,1883,1890,1891,1914,2020,2191,2225(2)
陳章侯/1585
陳招姤/2341
陳釗/99(2)
陳兆奎/932
陳兆慶/895
陳兆元/372
陳照/530
陳趙鵠/1927
陳哲彙/453
陳哲民/849
陳哲敏/137
陳貞慧/251,1334(3),1538,1993
陳真晟/1964
陳真逸/1786(4),1787(7)
陳振紀/444
陳振鷺/900
陳振孫/1882,2379
陳正江/760
陳正謨/81,352,638,1672
陳正祥/397,406,413,414,420(2),422,469,473,479,1673
陳政/35(2),487
陳之綱/2236
陳之遴/1097
陳之邁/93,714,739(2),741
陳之錡/1180
陳知行/761
陳直/149,156,1066,1357,1722,2066
陳直夫/824
陳植/412,1599(2)
陳芷莊/1574
陳志良/168,1322,1678
陳志明/398
陳志憲/2353
陳陟/1064
陳贊和/1033
陳中獄/1137
陳中周/2230
陳鍾浩/831(2),832
陳鍾祥/2243
陳鐘凡/44,47,983,1007,1008,2339
陳鐘凡[中凡]/2349
陳仲鴻/1971
陳仲星/959
陳仲子/1904
陳重/564
陳重民/681(2)
陳重生/385
陳重爲/398
陳洙/1664,1856(2),1857(10),1880
陳柱/12,13,24,26,47(3),59(6),63(2),68,266,1035,1186(3),1234,2349(2)
陳著/1211,1831,2209
陳翥/1724,1875,1936
陳築山/38,79,85,716
陳瑑/1778
陳撰/2055,2236
陳準/159,934,1118,1864,1865(8),2361

陳卓凡/1147
陳倬/1752
陳灼如/993
陳子昂/2123
陳子褒/936
陳子京/1394
陳子龍/1810,1955,2173
陳子虛/1603
陳子彝/259,2376
陳子展/16,972,1007,1009(3),1253,1498
陳子莊[其元]/2332
陳子壯/1915,2198
陳梓秋/678
陳自得/1270
陳宗蕃/391
陳宗經/704
陳宗夔/2353
陳宗熙/830,837
陳宗彝/147(2),1883
陳祖潤/244
陳祖望/2380
陳祖虞/1772
陳纂/1720
陳醉雲/302,633,959
陳尊統/1007
陳遵嬀/1621(3)
陳遵楷/676
陳遵統/959,1028,1060
陳作樑/822
陳作霖/113,114,404(2),1897
諶國鈞/1696,1706(2)
諶克終/1676
諶亞達/366,1629
成德/1232
成滌軒/14
成多祿/1173
成倣吾/537,597,877,917,1173,1405,1441
成鷟/2010
成康/1125
成倪/1603
成親王/2069
成蓉鏡/2045
成榮鎬/690
成孺/1770,1773,1775,1888
成紹宗/235
成廷寀/735
成無己/1644(2),1938,2120,2138
成諝/735
成玄英/58,66
成肇麟/1231(2)
成智/785
承齡/1225
承培元/1771(2)
乘風/567
程本/56,1645,1732,2151
程本海/2336
程珌/1218
程碧冰/1422(2)
程秉釗/1999
程伯群/138,503,874,2386
程滄波/2335
程昌祺/1692
程長源/2360
程充/1937
程沖斗/1786
程從龍/1595
程村/1600
程達翹/178
程大昌/1209,1732,1733,1734,1754,1848(2),1894,1899,1955,1996,2050,2062,2063,2094,2169,2173,2247
程大位/1619
程大約/1590,1591
程大璋/1130
程大中/1891,2147
程道元/178
程德全/2161
程德音/447
程端禮/889,1883,2231
程端學/2231
程恩榮/1319
程恩澤/1965
程方/802
程復心/2010,2174(2)
程垓/1217
程光銘/842
程國璋/832
程瀚章/1659
程浩/241
程顥/1060,1959
程灝/679
程會昌/915,2358
程際盛/952,1928,1929
程玠/1649
程今吾/570
程錦熙/454
程景沂/1890
程迥/1719,1937
程俱/742,1044,1084,1727
程鉅夫/1230,2217
程俊英/873
程開祜/1784
程楷/2187
程寬正/200
程鄰芳/726
程潞/364
程懋型/527,802
程綿莊/1103
程敏政/1028,2134
程穆衡/1839,1924,2226
程訥/846
程鷗/890
程鵬飛/2350
程辟金/57
程其保/400,491,881,891
程啟槃/9
程棨/1356,1722
程濳/1150(2)
程榮/71,1857(6),1858(17),1859(15)
程森/456
程善之/970,1151,1382,1423
程時煃/1150
程始仁/238
程世爵/1377
程式/91
程叔度/709(2)
程樹德/30,842,843(2),847(2),931,2346
程思三/1288
程天放/847
程廷恒/429
程廷祚/1997,2252(2),2253(2)
程庭鷺/1537,1562,1782
程瞳/2220
程途/215
程萬里/592
程維嘉/525
程文憲/1361
程文囿/1652
程希孟/610
程先甲/1113,1150,2001
程湘帆/879,883
程小青/1423(3),1437
程幸超/802
程雄/1536,2068
程煦元/458
程學恂/992
程琰/1032
程演生/256,330,381(2),1059,2223
程瑶田/75,1547,1548,2220,2221(6)
程耀臣/1516
程一岳/518
程頤/1060,1899,1959
程崟/983
程瀛章/1624
程餘齋/1481(2)
程羽文/1240,1815,1819,1831,2043,2209
程淯/60
程鈺慶/209
程雲生/194
程允升/955(2)
程造之/1423(2),1474
程宅安/122
程瞻廬/1390,1394(2)
程兆胤/1978,1979
程哲/1537
程謫凡/900
程振基/34,725
程振鈞/811
程正誼/1095
程芝雲/99
程知恥/1600
程趾祥/2331
程中行[程滄波]/481
程祖慶/1945
澄觀/118
嗤嗤道人/1391
池紀解/98
池崎忠孝/466
池田獨美/1656
池澤匯/624
池仲佑/333
沖和居士/1383
沖一真君/1915,2106
疇隱居士[丁福保]/114
廚川白村/912,917(2),1192,1194,1508(3),

2324(2)
鋤月山人/1391
楚絲/1004
楚雲/583
褚柏思/802
褚保時/690
褚葆一/610,682
褚藏言/1032,2035
褚成允/1119
褚澄/1343,1738
褚東郊/1082
褚鳳儀/696(2)
褚亨奭/1782
褚華/1941,2205(3)
褚嘉猷/1520
褚峻/149
褚民誼/77,480,508(2),1604,1611,2341
褚人獲/1384,1863
褚遂良/1570(2),1763,1786
褚寅亮/1923
褚仲都/2071
儲安平/277,485(2)
儲兒學/236
儲禕/789
儲菊人/1063,1368,1379,1400,1482,1491,1494,1561
儲瑞棠/362
儲同人/2093,2094
儲皖峰/989
儲欣/1079
儲禕/334
儲泳/1740,1795,1922
儲玉坤/284,356,829,848,2392
川島/1368
川俣馨一/467
川越衡山/1655
川越正淑/1655
傳燈/123
吹萬居士[高燮]/1142
春夢生/1456
春申弔夢人/788
春雨雜/1951
淳于真人/2024
慈忍室主人/110
慈生/756
慈正/755
次眉/1420
从紹卿/432
崔豹/1786,1893,2062,2327(2)
崔朝慶/1621
崔旦/1923
崔旦伯/1843
崔敦禮/1904
崔敦詩/1813,1962(2)
崔公度/1830
崔公甫/439
崔光笏/432
崔龜圖/1997
崔鴻/305,2018
崔嘉祥/1993,2246
崔憬/2072
崔静輝/1708
崔立言/1107
崔蓮峰/432
崔玲/781
崔靈恩/2073
崔靈驥/735
崔令欽/1349,1718,1758,1821,1985,2063
崔龍/1146,1186
崔尚辛/611
崔師貫/1150(2)
崔寔/2193
崔士傑/376
崔適/21,29,288(2)
崔書琴/727,763,837
崔述/15,1105,1887(11),1901,1956,2268,2269(17),2270(3)
崔斯哲/1124
崔通約/232
崔桐/1104
崔萬秋/290,829,1423,1457,1506(2)
崔嵬/1299
崔銑/1361,1800,1844,1855(2),1897,1904,1905,2188
崔曉岑/689(2)
崔曉林/1752
崔應榴/457
崔映棠/446
崔永楫/708
崔友文/1599
崔與之/1962
崔育林/110
崔允常/395
崔允明/574
崔載瓦/1150
崔載陽/1641
崔正峰/430
崔致遠/1960,2126,2143
粹芬閣主人/2384
村島靖雄/2388
村井杝/1658
村上等順/1657
存悔/2340
寸開泰/463

D

Dora Black/499
笪重光/1535(2),1556
達孚/1498,1519(2)
達居/118
達克/546
達受/2055
達修/370
大厂居士[易孺]/1597
大埸彌平/1707
大成/1472
大村西崖/122,1552(2)
大島與吉/674
大華烈士/2344
大江/811
大傑/1508
大津淳一郎/1506
大迫尚敏/1570
大橋尚因/1655
大西伍一縮/502
大鹽龜雄/270
大野俊一日/1516
大勇法師/120
大佑/110,123
大智/562
大塚敬節/1654,1656
大仲馬/1524,1525,1527(2)
大竹博吉日/827
待盦老人[李寶章]/1564
戴靄廬/702
戴安瀾/1166
戴邦楨/453
戴表元/1963,2129,2231
戴咼/1046,1050
戴淳/1110
戴道騶/753
戴德/20,1857,1923,1935,2136,2194
戴東培/410
戴鷚/150
戴蕃豫/303
戴芳瀾/1673
戴孚/1713
戴復古/1037(2),1046,1051,1087,1218,1229
戴冠/1875,1923
戴廣德/348
戴瀚/2254
戴亨/1867
戴洪恒/294,365
戴鴻熙/456
戴戟/342
戴季陶/20,273,419,761,765(2),779(3)
戴季陶[傳賢]/339,465,667

戴稷/1967
戴景素/1057,1233
戴絅孫/432,1110
戴君仁/936
戴鈞衡/1102,1113
戴凱之/1345,1737,1799,1893,1936,2215
戴克敦/963
戴坤/1833
戴禮澄/1678
戴笠/251,578,1166,1767
戴良/1963(2),2130
戴鎦齡/485
戴璐/1335
戴湄川/373
戴敏/1045,1050
戴名世/251,252(2),255,1101(4),2228
戴慕真/203
戴培基/92
戴平凡[平萬]/1446
戴起芬/1120
戴啟偉/1546
戴啟宗/1938,2099
戴日鑣/708
戴善夫/1261,1263
戴善甫/1268
戴聖/2084,2194
戴叔清/912,923
戴書紳/432
戴天仇/1139
戴萬葉[平萬]/1447
戴望/75(2),720(2),721,1856(2)
戴望舒/1012(2),1166(2)
戴渭清/730,857,913,949(2),1480
戴魏光/517
戴文波/1511
戴文節[熙]/163
戴溪/1955,2146,2227
戴熙/1052,1535,1584,1585(3)
戴錫章/310
戴鑫修/830
戴修瓚/856,869
戴栩/2227
戴煦/1933(4)
戴逸庵/236
戴逸青/1603
戴翼子/2254
戴應觀/887
戴元禮/1940
戴嶽/1553
戴增元/926
戴兆祚/2099
戴震/18,31(2),372(2),937(2),952(3),1070,1104(2),1617,1778,1907,1929(2),1931(2),1996,2101,2102,2132,2216,2223
戴埴/1745,1795,1895,2234,2235
戴梓/1867
戴自俺/872(2)
戴祚/1365,1714,1842
丹米安/1531
但燾/319
但杜宇/1588
但明倫/1377
淡癡尊者/129
党金衡/457
島崎藤村/1507
島田翰/2368
島田重禮[篁村]/1199
道安/1741
道璨/1019
道誠/115
道爾西/1639
道濟/1535,1546,1556,2067
道開/2039
道潛/1046,1051,1085
道世/1756,2121,2139
道宣/122(2),2121,2139
道氤/106
稻葉君山[巖吉]/2111
稻葉巖吉/319
得一齋主人/232
德[惠]洪/2031
德波林/35(2),82
德洪[惠洪]/1948
德立/2227
德菱公主/333,334,1424
德齡女士/201,205,1424
德羅尼/1525
德溥/464
德日進/1627
德日閱/1316
德森/370
德星堂家/1922
德行禪師/2106
登太/663,1010
鄧邦述/2367
鄧蘗/10
鄧粲/2017,2083
鄧超/410
鄧初民/490,502(3),503,534,553,722,798
鄧傳安/2004
鄧春澍/1587
鄧椿/1555,2028
鄧萃功/1706
鄧定人/619,735
鄧爾慎/1147
鄧方達/434
鄧高鏡[秉鈞]/62
鄧公玄/480,716,837
鄧恭/101
鄧恭三[廣銘]/198(2),1006
鄧廣銘/198,226,231,308,1087
鄧寄芳/995
鄧家彥/714,794
鄧嘉緝/2053
鄧凱/254(2),316
鄧珂雲/221
鄧力群/326
鄧濂/1118
鄧林/1038
鄧祿普奈特/1641
鄧名世/2007
鄧牧/1963,2002
鄧潛/2243
鄧秋枚/1586
鄧鎔/1148
鄧少琴/1561
鄧深/2218
鄧紳/1019
鄧石如/1575,1596
鄧實/161,1535,1546,2052,2056,2165
鄧士芬/461
鄧樹勳/398
鄧嗣禹/734,1367,2389
鄧肅/1048
鄧廷楨/1203,1927,2275(6)
鄧文儀/625,772,789,796,1688,1695,1696
鄧文原/1574
鄧析/52,55,719(2),1732,2098,2119,2137
鄧熙/94
鄧小平/599(2)
鄧欣廉/394
鄧虛舟[雲霄]/995
鄧衍林/2389
鄧演達/549,1147
鄧彥華/815
鄧毅生/609
鄧穎超/553
鄧玉函/1943
鄧元鼎/43
鄧苑/1939
鄧雲特/266
鄧澤民/2113
鄧澤如/784
鄧澤原/1293
鄧之誠/202,293(2),338,741,2065(2),2346
鄧植儀/1628
鄧中夏/555(2),663
鄧鍾玉/457
鄧鐘/1784
鄧宗禹/285
狄葆賢/2340
狄超白/592,594(2),605(2)
狄慈根/542
狄驥/484,837
狄君厚/1260
狄克多那文/1521
狄克遜/34
狄平子/150
狄仁傑/1919
狄雲鼎/1097
荻岸山人/1388(2)
荻原朔太郎/921
笛卡兒/724
第・博雅/142
棣輝/1104
蒂克/1441
諦閒/121
顛公/1391
刁包/1907
刁敏謙/832
刁英華/188
迭肯/926
瓞生/237
蝶廬主人/1426

蝶薌仙史/1385
蝶也/1419
丁白/2039
丁寶楨/2242
丁丙/991
丁秉仁/1386
丁伯騮/1147,1606
丁督盦/245
丁傳/1896
丁傳靖/1281,1789(2)
丁達/835
丁道謙/625(2)
丁滌生/187
丁諦/1414
丁丁/1055
丁度/939(3),2049
丁恩/744
丁斐之/468
丁奮/1064(2)
丁佛言/933
丁孚/1917,2084
丁福保/57,73,88(3),113(3),116,118,124,163(3),209(2),688,689,929,931(4),932,986,987,995,1015,1026,1033(2),1036,1071,1635
丁輔之/1147,1565(2),2115
丁桂/1109
丁國鈞/1776,1783,1880
丁鶴廬/1583
丁鶴年/1967,2217,2235
丁洪/588,1293
丁惠康/1600,2059
丁堅/93
丁傑/1898
丁錦/1648
丁敬/168,1544,1596
丁鏡心/171
丁巨/1932
丁愷曾/2288,2289(11)
丁克辛/1472(2)
丁瞉音/956
丁立誠/1116
丁立中/1130
丁麟年/150
丁玲/396,909,1024,1064,1162,1164(4),1307,1402,1403,1414(3),1415(6)
丁玲[蔣冰之]/1400,1414
丁留餘/263,296,365,704,800
丁楙五/932
丁佩/1542
丁謙/361,372,456,2053
丁强遜/1497
丁仁/1566,1596
丁仁[輔之]/1566
丁仁長/461,1130
丁山/296,931,933
丁紹桓/366,964(4)
丁紹基/1874
丁紹儀/1204
丁時霈/455
丁實存/465
丁世平/437
丁壽昌/9
丁壽田/1231
丁素心/131
丁泰/1807,1896
丁特起/2021
丁同力/665,692
丁煒文/670
丁謂/1745,1794,2168
丁文策/182
丁文江/383,425(3),1503,1626,1627,1628,1682
丁文雋/1557
丁文樸/2356
丁文治/618
丁西林/1292(3)
丁錫田/1792,2225
丁曦/1687
丁顯/1685
丁憲勳/279
丁翔華/1148
丁翔熊/1148
丁曉先/491
丁燮/456
丁馨伯/698(2)
丁雄飛/1815,2208
丁緒賢/1625
丁晏/1071(2),1112,1769,1770(3),1773,1778,1806(2),1873,2190
丁以此/15
丁亦飛/1231
丁易/1188,1449
丁毅/588
丁英/969,1415
丁穎/1674
丁用晦/1355,1712,1739
丁有煜/1107
丁雨山/831
丁元薦/1878
丁元普/842,843,860,867
丁芸/989
丁運隆/2225
丁瓚/268,1642
丁振一/683,834
丁芝宇/1096
丁鍾山/788
丁宗恩/553
丁宗一/1529,1530(3)
丁祖蔭/526,2206
鼎澧逸民/309
定慧/116
冬山/232
東川/1293
東方蝃蝀/1451
東方明/2049
東方朔/97,1325(2),1342,1343,1344,1736,1859,1892,1913,1914,2062,2066,2106
東方曦/604
東方曦[孔另境]/2334
東海郁藍生/1254
東魯古狂生/1748
東臺逸民[李澍丞]/1588
東鄉平八郎/1569
東軒主人/1335
東亞病夫/1514
東粵浮生/224(2)
董必武/562
董秉純/2236
董秉清/459
董常/1626
董潮/1215,1994
董成勳/520
董純才/575,598,1499,1616
董棻/1353,1954,1986,2168
董份/1094
董豐垣/1897,2097
董穀/458,1361,1802,1803,1905(2),1991,2245
董浩/868,1480(3)
董鴻禕/527
董華鈞/2238
董基誠/1215
董汲/1940,2149
董家遵/521
董堅志/1476,1480,1491
董傑/1919
董解元/1275,1280
董金榜/1865(8),1866
董金鑒/1938,2000
董景安/135
董景沛/2238
董康/840,857,1215,1216,1245,1246,1746,1747(16),1748(10),2358(2)
董琅/2238
董濂/2238
董霖/235,739,750,832,852
董靈預/2259
董魯安/972
董每戡/1252,1297
董沛/1068
董其昌/734,1536,1542,1566,1575(3),1918,1947,2090,2176,2379
董啟俊/387
董濳/97
董欽德/457
董慶西/2238
董秋蟬/1317
董秋水/387
董秋斯/1634,1639
董任堅/894
董時進/633,637,643(2),667
董士錫/1215,1223
董世寧/458
董守諭/2234
董受祺/1216
董壽慈/1838
董思靖/1903
董斯張/456,1095,1875,2277
董嗣成/1094

董嗣杲/1033
董同龢/939
董宛/1402
董威/2192
董偉業/2228
董渭川/871,875,898
董熠/1921,2149
董文渙/989
董文中/620
董問樵/607,1694
董希白/142
董哲薌/1480
董顯光/790(2)
董修甲/356,607,728(3),803(2),804
董暄樵/1615
董勳/2085
董洵/1594
董瑶林/437
董以寧/1215,1221
董毅/1216,1227(2)
董應舉/1094
董逌/1554,1556,1872(2),1944,1951,2028,2067,2068
董佑誠/1215,1224
董俞/1216,1221
董遇/2070
董元愷/1215,1221
董越/1765,2200
董説/737,1099,1333,1541,1917,2259
董允輝/262
董詔/929
董鎮南/94
董之學/240,424,485,820
董志成/775
董仲佳/712
董仲舒/20(3),51,1748,1785,1858,1902,2080,2087,2116,2135,2194
董重/444
董作賓/151,152,153,154,166,298(2),1620,1622
洞陽山人/2061(3)
凍山/1191
兜率宫侍者/1251
竇常/2035
竇爾丁/512
竇革/1736
竇鴻年/179
竇季良/517
竇蒙/1547
竇默/1647
竇蘋/1798
竇田來/824
竇垿/732
竇儀/844
竇毓壎/179
竇鎮/192,453,1557
竇臮/1547
都印/1361,1991
都彬如/1600
都德/1140
都穆/987,1331,1361,1540,1948,1991(2),2038,2176,2368
都有幹/1663
獨存居士/1378
獨孤及/2124,2141
杜埃/718,2338
杜安世/1219
杜保祺/2338
杜寶/1734,1892,2096,2166
杜本/1052,1957,2134
杜邊/1304
杜冰波/273
杜冰坡/331
杜伯/1523
杜常立/440
杜呈祥/201
杜次珊/2338
杜從古/1860
杜大珪/184
杜道堅/54,64,1903
杜道周/372
杜定友/960,1640,2360,2363,2377,2386(3),2387(2),2388(4),2389(2)
杜烽/584
杜甫/1074,1075,2091,2123,2140,2216
杜綱/1387,1388
杜光庭/1328,1348,1743,1757,1799,2031,2126,2143,2172,2248
杜國庠/666
杜翰生/459
杜衡/1166,1446,1447(3)
杜蘅之/989
杜濟美/440
杜嘉志/620
杜久/718
杜君慧/513,514
杜克展/241
杜蘭/78
杜里舒/81
杜連[聯]喆/185
杜聯喆/735,2362
杜民/502
杜牧/1079(2),1350,1761,1829,2125,2142,2247
杜其堡/1616,1625,1626
杜其垚/1616
杜青荑/1764
杜若城/1629(2)
杜紹文/597
杜師業/501(2)
杜氏[預]/21
杜守素[杜國庠]/47
杜恕/1872
杜思敬/1647(5),1648
杜斯托愛斯基/1436
杜臺卿/1935
杜天縻/982
杜廷絢/286
杜綰/1546,1720,1944
杜威/37,78(2),79,82,84
杜畏之/35
杜文瀾/1201,1204,1225
杜惜冰/347
杜修昌/656
杜荀鶴/1345,1714,1756
杜亞泉/37,1610,1616,1623,1636(2),2112
杜延年/630
杜延業/2016
杜彦耿/1686
杜燕孫/1675
杜穎陶/1246
杜友定/961
杜預/22(2),1644,1847,2013,2115,2135
杜元勳/2043
杜旃/1039,2250
杜詔/291
杜重遠/215,387,421
杜子楙/438
杜佐周/881(2),883,894,959
渡邊海旭/104
渡邊氏/1521
渡邊秀方/40
渡部温/963
端方/159,1594
端木百禄/2229
端木埰/1225
端木賜/1800,1955,2025
端木國瑚/2229
端木蕻良/1399,1403,1410(5)
端木順/2230
端納/600
段安節/1350,1710,1721,1759,1821,1892,1953,2063,2150,2215
段庵旋/1168
段長基/259(2),364,420
段朝端/452
段成己/1213,1230
段成式/1327(4),1347,1350(2),1376,1728(2),1759,1760(2),1763(3),1764,1765,1893,2029(2),2121,2139,2216
段承澤/201
段方/100
段公路/1327,1348,1709,1757,1997,2214
段龜龍/2002,2018
段國/2002
段繼李/519
段金成/443
段搢書/259
段雋原/1708
段柯古/1818
段可情/1461(2)
段克己/1213,1230
段克興/424
段汝耕/392
段玉裁/924,930,931(4),937,1811,1887,2223
段育華/1618
段子武/1955
對㠶老人/93
敦巴/693
敦棻/1099

敦復/203
遁倫/107
鈍根/1283
多爾脱/1629
多紀元堅/1654(2),1655(2),1656
多紀元簡/1654(2),1655,1656,1657(3)
多紀元胤/1654(2),1658
多列士/235
多隆阿/1870(2)
多瑪士[湯瑪斯]/239

E

E. Chavannes/172
E. H. Parker/172
E. Pittard/142
E. 茹科夫/467
E. A. 柯斯銘斯基/241
E. H. Parker/174
E. 安德列夫/612
Edgar Rice Burroughs/1512
Edward Westermarck/511
Ernest O. Hauser/405(2)
俄德諾/1631
莪默/202
鵝湖逸士/1819
鄂爾泰/325,1101
鄂盧梭/301
恩格倫/171
恩格斯/81,533(2),536(2),537(2),538(2),539(4)
恩華/2371
恩尼·派爾/1512
恩錫/1201
恩席希/602
恩裕如/1610
兒島獻吉郎/17,47,981,1003(2)
二宮獻/1655
二石生/1369,1835

F

F. L. Hawks Pott/270
F. Sefton Delmer/1512
F. Y. Blanford/889
Franz Staffen /1515
Freda Utley/468
Fryke/472
法成/118
法舫/119
法海/124
法護/105
法捷耶夫/2325
法式善/1585
法斯特/1514
法偉堂/146
法顯/1341,1342,1751,2030
法應/124
法雲/114,2121
法拯耶夫/219
法尊/423(2),968(3)
番加/600
樊彬/165
樊炳清/34,1637(2)
樊綽/1999
樊從予/912
樊樊山[增祥]/1123
樊封/2069
樊芾棠/468
樊恭/2075
樊光/2074
樊弘/519,611,665,689,799,2339
樊明茂/680
樊山/2057(2)
樊紹述/1078
樊維城/1991,1993,2000,2001,2244
樊心華/1193
樊星南/80
樊學圃/448
樊蔭南/187
樊英/509
樊宇/584(2)
樊裕發/1791
樊增祥/732,867,1123,1136,1140,1823,2042,2056,2211
樊仲雲/513,544,581,614,631
樊宗師/2250
梵琦/1915
泛勝之/2195
范硒誨/60,264
范炳勳/429
范長江/347,384,396,417,567,1063
范長生/2071
范成大/1045,1049,1086,1210,1230,1234,1330,1729(3),1733,1737(2),1799(2),1821,1831,1835,1936(2),1966,1982,1998,1999,2000(2),2060,2062,2089,2128,2148,2150,2180
范誠/221
范大澈/2241
范大溎/450
范大全/431
范當世/1120
范德機/985(2)
范迪瑞/258,509,635(2)
范定九/135
范多玨/961
范箈/1494,1495
范鳳源/1708
范耕研/63
范公稱/1989
范古農/108,110(2)
范光文/1873
范韓/2259
范翰芬/1626
范和鈞/1681
范亨/2019
范季隨/1730
范家相/1754,1956
范劍嘯/1456
范景文/1974
范坰/307
范浚/1044,1049,1962
范鍇/1792,2258,2277(7)
范康/1259,1264
范況/989
范來庚/2258
范騋/98
范蠡/1669,1720
范茂松/444
范冕/453
范寧/2,24(2),2014,2073,2116,2135,2214
范梈/1980,2130,2202
范鵬/2236
范錡/35,761,886

范欽/2121,2386
范泉/131,221,916,1160,1467
范任宇/273,764,766,884
范瑞卿/434
范適/1659
范壽金/1068
范壽康/37,38,39,40,43,83,238(2),871,884,887,897,1551,1607,2110
范壽銘/157
范攄/1376,1715,1757,1989
范天祥/134
范望/2120,2138
范惟一/1092
范文瀾/6,193,205,206(3),294,297,327(2),331,355,574,595,982(2)
范希曾/2364,2368
范晞文/986,1978
范祥善/1480
范勳/1866,1869(3)
范煙橋/404,989,1401,1417,1449
范彥矧/1530
范曄/249,303(4),1753
范禕/94
范禕[范皕誨]/268
范宜賓/101
范義田/174
范應元/2048
范予隧/754
范遇安/2329
范毓桂/459
范御龍/888
范苑聲/509,767
范鎮/1725,1986,2151
范正敏/1726
范致明/2062
范仲淹/1207,1972,2089,2127,2144
范子田/294
范祖禹/2019,2020
范纂/1741
范作乘/183
飯藿老人/333
方安/1512
方苞/1061,1102(4),1773,2010(2),2091,2132
方賓觀/943(2),962(2),966
方兵孫/679
方秉孝/372
方潮聲/592,617
方成/1370
方成珪/934,939,1076
方成培/1953
方重/1512
方大鎮/1361
方燾/1108
方德修/386
方鼎英/1695
方東美/34
方東樹/983,1755,1857
方法斂/152(3)
方範九/416
方方山/46
方逢辰/1050
方鳳/1985,2001,2178,2250,2251
方公溥/1660
方功惠/2380(2)
方光/386
方光燾/918,919
方光漢/413(2)
方國瑜/4(2)
方寒松/782
方豪/136(2),199,268,1136,1140,1384
方回/1330,1354,1861
方濟川/1053
方敬/1141,1142(3),1169
方覺慧/313
方君璧/1586
方君逸/1291
方俊/425(2),1627,1628
方浚師/230
方浚益/162
方愷/1774,1998
方孔照/313
方樂天/86
方良永/1092
方霖/569
方履籛/1224,1977
方懋福/261
方敏/889
方鵬/2012
方千里/1218
方青/581
方秋葦/367
方仁榮/2001
方溶/458
方瑞生/1590(2)
方若/157,688
方勺/1356,1719
方時軒/1676
方士庶/1581,1809,1952
方式濟/1843,2102
方守彝/1123
方授楚/62
方樹梅/191,1053,1557
方朔/149
方思/389
方蘇生/322
方土人/235
方望溪/288
方聞/233
方問溪/1246,1606
方西/1407
方錫庚/1111
方顯廷/610(2),617(3),626,650,658,1680
方象瑛/2178
方孝孺/1092(3),1803,1906,1974,2131
方孝岳/21,23,841,843,978
方昕/1914
方信孺/1999
方旭/447
方絢/1333(2),1826(4),2208(2),2209(2)
方學成/437
方學武/1660
方雪鴣/1589
方熏/998,1545,1556,1952,1979,2154
方巖/1595
方耀/553
方以智/318
方毅/363,927,936,945,962(7),964,965,966(3)
方友石[玉潤]/15
方有執/2069(5)
方與嚴/219,886(2),914,1169,1499
方玉潤/15
方育庚/329
方岳/1046,1050,1230,1357,1978
方展圖/666
方貞元/1618
方振武/617
方志超/721
方治平/617
方秩音/677
方中德/2355
方鑄/2268(4)
方壯猷/173
芳草[彭家煌]/1160
芳賀矢一/912
芳衛廉/236
芳信/1289
房福安/622
房公秩/1302
房景先/2074
房龍/130
房祺/1066,1958,2134
房千里/1762
房融/119
房玄齡/52,305,720,2119,2137
房兆楹/185,735
非耳格林/245
非非室主/1393(2)
非非子/102
非昔/241
飛錫/123
菲里波維/665
斐民/44,511
斐希特/238
斐孝源/1541
斐有文/141
費保彥/339
費伯雄/1648
費長房/113
費丹旭/129,1111,1585
費爾樸/369
費畊雨/2352
費鞏/847
費鞏[福熊]/819
費穀祥/1673
費袞/1337,1353,1710
費鴻年/542,1636,1679,

2352
費潔心/890
費琅/473,476
費理樸/1677
費密/2070,2273(4)
費怒春/1692,1693
費青/356
費尚伊/2219
費師洪/1106
費唐臣/1267
費文星/710
費錫璜/997
費孝通/170,486(2),488(3),507,510,520(3),650(2),716,723
費信/1843,1852,2171,2180
費寅/2373
費有容/186,1061
費元禄/1363,1908
費振東/475
費只園/977
費著/1545(2),1820,1943,2148(3),2180
廢名[馮文炳]/1432
芬次爾/1676
芬利它行者/1370,1833
封文權/2380
封演/1713,1893,2102
風早八十二/818
峰下鐵雄/1658
楓村居士/1523
瘋子/1159,1290
豐村/1422
豐坊/1545,2235
豐干/110,2089
豐稷/2193
豐子愷/201,917,1117,1150(4),1170,1460,1500,1535,1551,1552,1557,1587(13),1588,1602
酆裕坤/527
酆中鐵/1592
逢行珪/1732,2150
馮班/995,1537,1846,1889,2099
馮保燮/1099
馮賓瑛/115(2)
馮炳南/95(6)
馮伯撰/1621
馮昌奕/1869
馮焯芬/714
馮超/760
馮朝陽/2260
馮辰/230,1769,1975
馮承輝/1594
馮承鈞/115,120,124,125,139,140,143,158,167,172,243,246(4),247,248,250(2),265,275,301,310,311(2),312,416,419,472(2),473(2),474,476(2),1642
馮瀓/21
馮次行/630,658,1699
馮大椿/655
馮登府/168,1224,1873
馮鼎/967,1560
馮都良/1232,1434
馮恩榮/268
馮放民/769
馮光武/614
馮桂芬/930,1927
馮海粟/1957,2108
馮漢/1560
馮漢驥/2375
馮浩/1079(4)
馮和法/520,637(3)
馮集梧/290,1079(2)
馮驥聲/1119
馮家昇/309
馮家勳/763,1691
馮葭初/982
馮鑒/1718
馮傑/342
馮節/240,709
馮今白/722,799(2)
馮金伯/1067,1203
馮錦/453
馮京第/2232
馮經/1900,1931,1933
馮景/1969,1975,2087
馮菊/816
馮柯/2237(3),2238
馮可鏞/2234(2)
馮昆霨/177
馮李驊/22
馮勵青/227
馮夢龍/1258,1320,1379(3),1380,1382,1384(2),1478,1767
馮夢禎/1333,1365,1918,2038
馮夢周/1736
馮夢祖/2259
馮泌/1594
馮乃超/914
馮品蘭/84,497
馮平/1158
馮清文/1434
馮取洽/1212
馮汝弼/1992
馮汝玠/935
馮鋭/520,643
馮山/1020
馮善徵/1117
馮聖澤/456
馮石竹/243,268,399
馮時化/1942
馮時可/1362,1363,1993,2176
馮時行/1050
馮叔鸞/1468
馮舒/1334,1888,1958
馮恕/185,1591
馮水/1601,1665
馮泰運/434
馮特/1641
馮惟敏/1256,1270
馮惟訥/2061
馮文炳/998,1402,1432
馮文瑞/443
馮武/1560
馮憲章/1183,1195
馮雄/239,1115,1560
馮秀瑩/1115
馮煦/453(2),454,1117(2),1204,1226
馮續昌/2145
馮雪冰/134
馮雪峰/597(3),1024,1191(2)
馮巽/803
馮延巳/1351,1761
馮瑶林/278
馮一鵬/1843,2002,2102
馮亦代/919,1513
馮翊/1327,1346,1715,1756,1989
馮應榴/1158
馮攸/269,472
馮友蘭/39,40(4),76(8)
馮有真/421
馮玉奇/1395,1396,1432(2),1433(9),1456
馮玉祥/21,214(4),344(4),399,400,466,468,723,775(5),789(2),837,910,1158(2),1184,1688,1696(2),1697
馮沅君/1006(3),1158,1252,1253,1279,1433(2)
馮瑗/1766
馮雲鳳/1433
馮雲濠/2237
馮雲鵬/150
馮雲鵷/150
馮允京/433
馮貞群/2231,2232,2371,2379
馮振音/2259
馮震/739
馮至/1158,2259(6),2260(7)
馮志沂/1113
馮贄/1326(2),1348,1350,1376,1724,1757,1758,1989
馮仲雲/387
馮子材/333
馮子超/345
馮子明/686
馮子韶/1507
馮紫崗/494,646,648
馮自由/336,337(3),531,785
奉寬/323
鳳倩生/1398
鳳岡/232(2)
鳳韶/1891
鳳應韶/1897
鳳子/1176,1457
佛林瑪利安/2309
佛那次基[弗那次基]/482
佛尼司地文/1523
呋庵[夏敬觀]/1054
弗老尉佗/1531
弗領/238

弗洛伊特/1639
伏蒼居士/1132
伏琛/1343
伏侯/1750
伏廬/37
伏勝/2012,2116,2135
伏無忌/1917,2083
伏志英/1431
芙蓉外史/1821
芙蓉主人/1367(2)
芾甘[巴金]/499,500
服部宇之吉/912
服虔/2073,2075
浮丘公/1344
浮田和民/88
符燦炎/681
符定一/4,964
符廷銓/464
符曾/1103,1793
符璋/455
符竹因/1057(2)
福爾/907
福爾倍/1590
福爾曼/562
福爾奇斯休姆/1517
福開森/160,1564,1600
福克斯/830
福偶/837
福慶/2006
福斯脱/1512
福珠朗阿/447
凫道人[李葆恂]/2332
輔廣/1930,2173
傅葆琛/895
傅抱石/229,1001,1497,1552(2),1559(2),1561,1598,1599
傅彬然/89,2337
傅暢/2083,2085
傅春官/2001(2)
傅代言/128
傅德雍/1707
傅東華/196(2),198,909,913,915,918,919(3),920(2),921,957(2),969,974,1033,1072,1073,1074(2),1075,1078,1234,1436
傅庚生/979(3)
傅肱/1799,1937
傅光遜/446
傅國/1784
傅衡/2243
傅煥/1562
傅煥光/380,404
傅旡退/389,1693
傅家麟/649
傅堅白/686
傅角今/365,366,387,401,470(2),614
傅介石/926(2)
傅蘭林/1630
傅亮/1350
傅霖/2035(2)
傅懋績/954,968
傅眉壽/302
傅祺敏/1503
傅勤家/128,266,419,424
傅青主[山]/303
傅任達/831
傅汝鳳/436
傅汝楫/701,1200
傅瑞華/799
傅鋭/1684
傅潤華/187,652
傅若川/1090
傅若金/1090
傅若愚/958(2)
傅山/302,1574(2),1576,1939(2)
傅尚霖/664
傅少華/1504
傅紹先/1200
傅世垚/1561
傅守中/2292
傅斯年/42(2),166,387,2351
傅崧卿/1935
傅嵩炑/174,445
傅銅/499
傅統先/38,141,884,1551,1638
傅宛/1123
傅維鱗/312,2022
傅維森/1119
傅緯平/240,264,265(6),266(2),267(2)
傅無悶/406,477
傅惜華/1245
傅翕/2250
傅習/1052,2134
傅向榮/1378
傅斆/1153
傅新德/1791(2)
傅熊湘/450,2161
傅玄/51,1902,2101
傅學仁/344
傅學文/970
傅汛際/83(2)
傅巖/512
傅以漸/1900
傅以禮/156
傅寅/14,1995,2146
傅應奎/1561
傅又新/1486
傅幼圃/270
傅于琛/418,716
傅宇芳/537
傅芸子/1553
傅運森/237,240,269,276,467,962(2)
傅增湘/218,381,395,735,1066, 1132, 1561, 2369(2),2383(2)
傅哲泉/845
傅振倫/226,261(2),429,432
傅築夫/525
傅子東/532,948(2)
傅宗龍/2155
傅作霖/418
富伯平/751
富察敦崇/204
富俊/419
富善/953(2)
富士川遊/1658

G

G. 史坦因/563
G. R. 阿爾納烏托夫/895
George W. Hollister/132
Gerhard Graefe/882
Granville/1620
改七香[琦]/1582
改琦/1224,1236,1582
蓋茨/1638
蓋達爾/1517
蓋恩夫人/235
蓋爾/1623
蓋爾佶/437
蓋婆賽/1526
干寶/1326,1338,1339(3),1340,1375,1714,1984,2017,2031,2071,2073,2083,2244(2)
干藻/897
甘暢謀/180
甘導伯/575
甘復/2203
甘公[德]/1934
甘乃光/606,740(2),779,805
甘鵬雲/158,2312(7),2370,2383
甘梯雲/446
甘天聽/410
甘爲霖/953
甘熙/404
甘亞子/1609
甘暘/1539,1595
甘豫源/898
甘作霖/103
肝若/1425
紺弩/1188

紺弩[聶紺弩]/2341
岡井慎吾/5
岡田昌春/1655
岡田朝太郎/528
岡田挺之/1914
岡西爲人/1656
岡澤秀虎/1516
高本漢/23,925,936(2)
高秉/1539
高秉坊/1676
高秉澤/1868
高伯時/1478
高博林/131
高博彦/326,416
高步瀛/31,1026,1036,1060(2)
高長虹/1184,1417
高長柱/367
高超/1129
高承/1929
高承勳/1988
高承元/272(2)
高崇民/576
高崇信/1117
高達觀/503
高岱/1852,2022
高島久貫/1655
高島久也/1655
高道素/2191
高德基/1746,2001,2148
高德明/865
高東嘉/1280
高斗樞/255,1808
高爾柏/272,355,490,491,768,769,786
高爾德/398
高爾庚/1129
高爾基/487,1144,1516,1517(2),2324
高爾松/272,355,530,636,768,786,826
高鳳樓/1866
高崗/553,559,643
高歌/206
高拱/1852(5),1855,1905,2022,2023(2),2098,2146,2162,2355
高拱元/1129
高覾國/1210,1218
高覾廬/78
高觀如/114(3),124,125
高寒/414,1187
高亨/10,56(2)
高亨庸/801
高槐川/506
高焕然/457
高晦叟/1986
高簡/1581
高建勳/434
高劍華/2206,2211(2)
高覲昌/454
高覲光/447
高九萬/1038
高覺敷/872,1639,1640(2),1642,2350
高閔/2014,2233
高瀨・甘粕/1551
高瀨武次郎/41
高蘭/1141
高朗亭/567
高勞/2109(3)
高濂/1546
高良佐/283,336,385,786
高淩雲/158
高令公/1959
高柳松一郎/681
高魯/1621
高閭/2019
高羅佩/126
高漫/1687
高懋功/1998
高美士/969
高夢旦/367,1622(3)
高民/1790
高敏夫/1319(2)
高名凱/80,946
高明/919,922,1015,1276,1280
高明鏡/338
高鳴鳳/2187
高木公三郎/363
高沐鴻/358
高乃同/218
高楠順次郎/78,104
高平叔/651,831
高平子/257,1620
高岐/269
高其佩/1581
高企/452
高啟/1091(2),2131(2),2256
高橋清吾/502
高清岳/767
高去疾/1026
高如圭/454
高儒/2379
高潤生/928
高桑斯/1532,1533
高森駒吉/263
高山/2111
高時顯/2115
高士奇/1222,1334,1564,1866,1936,2004,2054,2176
高事恒/471
高視明/100
高適/1075,1966,2123
高叔康/617,642,655(3)
高斯得/1962
高似孫/46(2),1038,1591,1717,1728,1796(3),1881(2),1894,1956,1973,2114,2151,2230(3)
高松/1473
高蘇垣/71
高太癡/1456
高天/343
高天原/233
高田休廣/878
高田忠周/147,933
高廷梓/606,675
高彤皆/433(2)
高爲雄/134
高維昌/46,239,496
高維嵩/595
高温和/1666
高文虎/1355,1990
高文秀/1259,1263,1267(3)
高希聖/503,555,716,829
高希聖[爾柏]/509,604
高熙喆/439
高燮/1142(2)
高信/495
高星權/100
高彦休/1989
高野侯/163,285,381,1565,1567(3),1571,1575,1577,1579,1580,1583(3),1584(3),1585(3),1586(2)
高一涵/716,718,727,742,753
高弋虬/1583
高奕/1244,1277
高詠/1407
高誘/53(2),68,69,300(4),2014,2036,2120,2138
高宇泰/2232
高語罕/541,583,973(2),975,976,1476
高毓浵/436
高允/1959
高皛素之/497,611
高贊非/1152
高擇/1726
高澤佘/436
高齋漫/1989
高兆/1535,1539,1549,1819,1845,1944,2068
高珍/959
高植/1402,1471
高塚疆/1706
高仲武/1035,2035,2133
高卓/884,1640
郜郁文/1707(2)
戈寶權/234(2),544(2)
戈本捷/1686
戈福鼎/647(2),1672
戈公振/471,2393
戈果理/1516
戈金/1451
戈魯陽/1451
戈明/486
戈揚/2392
戈載/1201(2)
戈直/738
哥德/1515
哥爾斯華綏/1512
哥爾斯華綏[高斯華綏]/1512
哥列夫/532
哥温/466
歌德/1295,1515(4)
歌焚/582
格得史密斯/1511
格蘭奈/508
格勞秀斯/838

格離痕/1522
格利哥萊/887
格魯賽/311
格羅斯曼/546
格桑澤仁/420
葛陛綸/291
葛昌楣/2258
葛昌楹/1595
葛長庚/1210
葛長庚[白玉蟾]/1052
葛承訓/959
葛赤峰/471
葛扶南/359
葛洪/72(3),1326,1341(2),1343,1714,1716,1721,1730,1858,1903,2012,2030,2107,2121,2122,2139(2),2327
葛懷民/2311
葛建初/1403
葛建時/878
葛敬中/1678
葛勒石/366
葛雷/1521
葛蕾勃爾/2350
葛立方/985,989,1218,1978
葛利普/1630,1631(4)
葛麗裴史/1528
葛名中/84
葛南/451
葛其仁/1928
葛起耕/1040
葛啟揚/363
葛乾孫/2257
葛琴/385,910,1063,1436(3)
葛尚德/425
葛勝仲/1219
葛綏成/169,245(3),246(2),247,363,366(2),399,429,471,488,671,835
葛天民/1040
葛禧/1701
葛信益/907
葛虛存/185
葛宜/1814
葛寅亮/127
葛雍/1938
葛之莫/453
葛質/58
葛中選/1603
葛祖蘭/1504,1505(2)
葛遵禮/1005
个道人/1604
箇中生/1369,1836
耕耘/547
庚桑楚/2216
耿愛德/688
耿步蟾/442,1682
耿道沖/1109
耿定向/1364,1987,2216
耿極/1915
耿濟之/1516
耿文光/2382
耿文田/755,772,848
耿小的/1419
耿曉提[小的]/1419(2)
耿愔/442
耿之光/436
公孫弘/52,1344,2027,2106
公孫佳/1312
公孫龍/53,55,68,1732,2151
公孫尼/2195
公孫起孟/36
公孫鞅/1859,1915,2119,2137
公孫愈之/641
公直/482
宮島新三郎/919,1506
宮崎滔天/785
宮天挺/1259,1260,1264
宮廷璋/423,424,974
龔彬/490
龔冰廬/1411
龔德柏/210,275(2),282(3),343,631
龔鼎臣/1337,1893
龔鼎孳/1098,1220,1235,1810
龔端禮/1860
龔鈇/1709,1714,2139
龔紱/2184
龔復初/1485
龔稷/716
龔家驊/115
龔家尚/2261
龔駿/651(3),653
龔禮逸/2383
龔立本/1841,2206(2)
龔明之/1722,1747,2001,2148,2179
龔敢昌/1003
龔慶宣/1940,2172
龔守正/2260
龔書熾/1008
龔樹森/684
龔崧林/441
龔廷賢/1651,1660
龔熙正/1358,1895
龔賢/1535,1556,1580,1581(2),2066
龔翔麟/1222
龔向農/13
龔心銘/381
龔詡/1880,2184
龔煦春/445
龔學遂/671,821
龔頤正/1719,1727,1894,2029
龔用卿/284
龔昱/1810
龔原/1813
龔鉞/840
龔自閎/2260
龔自珍/1109(5),1110,1224,1575,2133(2)
龔自知/973
鞏豐/1718,1729
鞏懿修/1790,1791
共丕耶達嗎鑾拉查奴帕/477
貢安國/1094
貢少芹/102,1123,1378,1397,1513
勾延慶/2020
孤桐/1420
辜鴻銘/1126
辜訓略/335
古柏爾/820
古藏室史臣/253
古層冰/993
古城貞吉/117
古邗鐵冷/1478
古濟勳/462
古力/1660
古力高/589
古力齊/1628
古列索夫/1704
古楳/510,635,874,895,898
古勝祥/217
古斯達夫·梅爾/539
古耀乾/223
古應芬/772
古有誠/1513
古愚[陳邦直]/1102
古元木/589
古越/2355
古越東帆[蔡東帆]/1397
古直/992,1069,1105,2312(7)
谷春帆/653(3),691(2)
谷劍塵/1248,1299(2),1608
谷崎潤一郎/1507(3)
谷上隆介/1591
谷神子/2193
谷思慎/372
谷應泰/151,291,1948,2022,2023
谷雲階/139
谷鍾秀/355
谷子敬/1260,1265
股野琢/2349
骨勒茂才/1503
顧寶埏/2377
顧彪/2072
顧炳元/665,667
顧彩/1277
顧春/50,1236
顧淳慶/2263(3),2264
顧德華/1652
顧德隆/1512
顧迪光/2264
顧棟高/226
顧敦鍒/851
顧恩瀚/1789
顧非熊/1351,1762,1829,1984
顧鳳城/182,359,908,912,972,1435
顧鳳藻/1935,2036
顧佛影/921(2),948,1159,1201,1282
顧復/520
顧杲/2054

顧公燮/1877,2257
顧觀光/1897
顧光濬/1320
顧光修/379
顧廣圻/53,1882,1886,1927,2037,2368
顧翰/1224,1983
顧皜/1072
顧紅梵/1482
顧鴻原/735
顧懷三/1776,1807,1881,2252,2253(2),2254
顧歡/58
顧惠民/1321
顧季慈/1067
顧家相/1122,2369
顧頡剛/13(4),14,15,23,42,262,267,288,297,298(2),301(2),2270,2366(2)
顧岕/1332,1854
顧金柟/735
顧藎丞/931,976,2347
顧景炎/370
顧靖遠/1662
顧均正/1435,1616,1623
顧愷之/2010,2044
顧康伯/239,264,1030
顧璘/1364,1853,2009,2252
顧苓/2163,2165,2185(2)
顧鹿/183
顧禄/508,1550,1863
顧夢游/2254
顧名儒/1784
顧明道/1396(2),1435(2)
顧凝遠/1537,2257
顧彭年/485,1075
顧起綸/987
顧起元/1240,2254(2)
顧器重/821
顧謙吉/1676,1677
顧青海/387,1023
顧清/1878
顧秋心/201
顧曲散人/1241
顧汝雲/1159
顧潤卿/499
顧山貞/255
顧韶/1562
顧紹衣/2113
顧師軾/1747
顧寔/2347
顧實/65,299,926,988,1004,1660,2160,2363(2),2366
顧壽白/1637,1661,1665
顧壽楨/2264
顧樹森/546,656
顧嗣皋/1086
顧嗣立/995,1079,1086,1782,1783
顧綏人/513
顧隨/1236
顧廷龍/155,229,734,2359,2383(2)
顧廷綸/2263(3)
顧微/1342
顧維鈞/281,833
顧文彬/2258
顧文薦/1356,1720,1722
顧文淵/628
顧我愚/1116,2255
顧西曼/79
顧禧/1966
顧湘/1595,2054
顧燮光/146,155,157,158,166(3),167,168(2),441,2263,2364
顧杏卿/242
顧雄藻/963,967
顧敻/1765
顧修/2362
顧學裘/1664,1677
顧詢/684
顧炎武/316(2),317,365,936(2),1098(2),1124,1792,1839,1840(4),1843,1887,1896(2),1930,2000,2001,2056,2095(2),2096,2097,2099,2100,2131(2),2178,2179,2331(3)
顧野王/934(4),1925(3),2074,2117,2244
顧一樵/214,1159,1303(8),1304(2)
顧一樵[顧毓琇]/1023,1435
顧翊群/622
顧因明/475,508
顧印愚/1125,1486
顧瑛/1052,1967(2),1983
顧有孝/1096,1098
顧予咸/1079,2088
顧餘/1494
顧鈺/1107
顧毓琇/615,1004
顧元慶/986,1331,1363,1365,1367,1369,1842,1979
顧沅/158
顧遠薌/998
顧嶽中/876
顧雲/1869
顧雲臣/1114
顧在埏/1599
顧曾煥/735
顧曾烜/2248
顧貞觀/1100,1221,1232,1236(2)
顧震福/2152,2153
顧鎮/2010
顧執中/395,422
顧鍾秀/98
顧仲/1942,2178
顧仲彝/1302(6),1303(3),1312,1501
顧祝同/778
顧準/685,706
顧準曾/1030
顧子静/953
顧宗泰/1969(3),1970(5)
顧祖禹/365
怪人[胡懷琛]/1404
冠生合/2113
關百益/8,156,163,165,166(3)
關葆謙/165
關楚璞/477
關恩肇/428(3)
關賡麟/1179,1679
關漢卿/1254,1259(3),1260,1261(3),1262,1263,1264,1265,1266(2),1267(5),1275
關懷國/794
關吉玉/621(2),708(2)
關口鯉吉/1621
關朗/2025
關麟徵/344
關露/1179,1461
關冕鈞/1565
關萍/1178
關慶順/1311
關頌聲/180
關棠/11
關文瑛/2
關一博士/653
管道中/73
管葛山人[彭孫貽]/315
管國全/1663
管懷琮/632
管禮昌/119
管洛聲/392
管歐/870(2)
管慶祺/2088
管時敏/1091
管世駿/231
管庭芬/1047,2191,2369
管同/6
管效先/1233
管葉羽/902
管玉衡/1649
管震民/1185
管志道/2226
管仲/52,720(4),2119,2137
管周桂/1656
貫名菘翁[貫名海屋]/1685
貫休/1966,2126,2143
貫雲石/1256
灌頂/119
灌隱主人/1747
灌園耐得翁/1710
觀渡廬/354
觀如/113
光未然/576,1322
廣部鳥道/1506
廣貴/123
廣瀨建/2349
廣原/86
歸玠/1093
歸静先/319
歸有光/1093(5),1876,1997,2091,2131
歸兆籛/177
歸莊/1093,2184
歸子寧/1876,1997

鬼谷子/64,2120,2138,2150,2216
桂邦傑/452
桂坫/461
桂馥/1278,1539,1806,1811,1845,1945,1976,2101
桂華山/215
桂林/377
桂榮/1875
桂紹熙/687
桂萬榮/844(2),1916,2233
桂文燦/14,1752,1783
桂裕/202
桂質柏/2387,2388
桂質良/1637
郭柏蔭/2261(4)
郭頒/1339,1344
郭葆昌/205,1600(2),1602
郭畀/1994,2055
郭斌佳/263
郭秉文/874
郭伯恭/1000,1008,2355,2371
郭步陶/722,780,947,973,2392(2)
郭焯瑩/1070
郭超群/444
郭諶/1561
郭誠德/613
郭崇階/660
郭傳昌/2261
郭春藻/430
郭淳/1767
郭大力/36,537,539,609
郭登峰/182
郭鼎堂[沫若]/1471
郭棐/1768
郭鳳洲/444
郭鈇/1954
郭根/350
郭更/673
郭光復/1782
郭廣瑞/1388
郭漢鳴/646,647,2262
郭後覺/952,966
郭化若/1705
郭輝堂/215
郭稽中/1939
郭際雲/1487
郭家麟/686
郭家聲/1129,1528
郭家珍/93
郭堅白/971
郭介梅/87
郭京/1870,1898,2026
郭居業/183
郭可誠/1129
郭克興/431
郭奎銓/448
郭逵/430
郭立志/13,93
郭廖/1067,1108,1203,1223,1236,1981,1983(3),2059,2225(2)
郭麟閣/999
郭茂倩/1032(3),2134
郭沫若/81,207,351
郭夢良/34
郭沫若/12,42,46(2),47,147,149(2),151,152(2),157,159,160,161(4),182,206,207(11),208,219,283,297(2),314,315,350(2),403,481,502,506,597,896,913(2),914,1024,1056,1069(3),1141(10),1288,1291(5),1313,1399,1403,1405(2),1406,1407,1470(2),1471(9),1487,1506,1512,1515(3),1602,2333,2341
郭乃意/1509
郭璞/2,53,100,299(3),927(3),952,1375,1749(2),1787,1811,1858(2),1927,1929(3),1996,2010,2015,2043,2062,2063,2074(2),2075(2),2080,2087,2102(2),2116(2),2121(2),2139(2),2250
郭奇遠/1666
郭慶藩/65
郭慶琳/449
郭人驥/1661
郭仁/213
郭任遠/490(2),609,1638,2350
郭榮生/692
郭若虛/1563,1952,2028
郭尚賓/1919
郭尚先/2065
郭紹虞/915,923(2),956,978,994
郭湜/1347,1760
郭世勳/667
郭式昌/2261
郭壽生/675,829
郭思/1555(2),1952
郭松年/2038
郭泰/532
郭泰棣/1094
郭泰祺/286
郭廷序/1093
郭廷以/327,329,1622
郭彖/1355,1726,1985
郭橐駝/1942,2107
郭維城/464
郭衛/844(7),845(2),863,864,865(2)
郭文彬/910
郭文芳/409
郭文瀾/1112
郭希汾/301,1027,1323,1611
郭熙/1542,1555
郭憲/1325,1338,1340,1713,1719,1859,1892,2063
郭祥伯/2041
郭祥正/2034
郭象/50,54,65,66,2047,2122,2139
郭象升/1753
郭孝成/354
郭新/290
郭行正/1618
郭休/103
郭秀群/2340
郭虛中/196,980
郭勳/1278
郭延謨/825
郭演公/1529
郭彥/235
郭堯臣/2043
郭一岑/1639
郭挹清/960
郭逸樵/497
郭翼/2184
郭銀田/198,1070
郭應祥/1211
郭雍/1899
郭永芬/455
郭有守/896,897
郭宇屏/398
郭玉堂/157
郭毓麟/1142
郭豫亨/1967
郭御青/97
郭垣/199,624(2),707,708(2)
郭源新/1469
郭源新[鄭振鐸]/1023
郭雲觀/826,867
郭允蹈/2003
郭則澐/177,1129,1376,2261(2),2333
郭曾炘/2261(4)
郭湛波/45(2),82,84
郭真/497,503,511,604,716,829
郭真[高爾松]/336
郭箴一/512,1408
郭智石/1511
郭中襄/776
郭忠恕/934,1925
郭子瀞[慶藩]/1481
郭子雄/826
郭子章/1937,2204
郭子貞/1495
郭宗蕃/526
郭宗熙/2383
郭遵賢/945
國富信一/1620
國木田獨步/1506
果戈里/2325
果滿/1089
過珙/1058(2)
過守一/868
過探先/404,1674
過耀根/79

H

H. A. 第威特/242
H. Bernard/135
H. J. Laski zhu/536
H. R. Wells/954
H. H. Davies/1307
H. S. R. /567
Harold R. Isaacs/354
Herbert Hoove/831
Herbert W. Schneider/518
Hesketh Bell/821
Howard Robinson/485
Hugh Gibson/831
Hussien Al-Gisr/141
哈達清格/1867
哈代/1436
哈葛德/1518,1519(2),1520(2),1524,1525,1526(2),1529(2),1532,1533
哈勒爾/538
哈模/239
哈特/501
海兵/1063
海岑/1158
海潮/1935
海達兒/1878
海德斐/1637
海丁氏/133(2)
海頓/175
海爾法里耶/631
海甫定/1641
海後宗臣/878
海傑/1611
海蒙/1158
海明威/1513
海默/588,1302
海樵子/1905
海瑞/1916,1974
海山/942
海上客/1434
海上飄萍生/2339
海上漱石生/1394
海上説夢人/1395
海士[赫士]/725
海思/240
海斯[赫士]/481
海沂子/1905
海岳/371
海雲/569
海運/1923
海忠介/1061
憨融上人/317
憨山大師[德清]/27(2)
邗江小遊仙客/1249
含沙/221
涵虚子/1983
涵虚子[朱權]/1255
寒光/218
寒山/110,1073,2089,2122,2140
寒生[陽翰笙]/1489
韓百謙/1916,2153
韓邦奇/1953
韓淲/1210,1329,1731,1994
韓秉衡/862
韓逋仙/839
韓崇/1945
韓楚原/1036,1201
韓德生/916,922
韓德章/629
韓鄂/1888,2029
韓非/53,719(2),1732,2044,2119,2137,2308
韓非木/395,1248
韓棐/183
韓國鈞/1660
韓護/1403
韓嘉會/442
韓稼夫/644,655
韓錦雲/1111
韓垌/443
韓駒/1043,1048
韓康伯/8(2),2115
韓蠡/923
韓敏修/432
韓鳴唐/2380
韓琦/1042,1047,1083,1972
韓起/545
韓起祥/585,1319(3)
韓啟農/326(2)
韓啟桐/345,374
韓尚義/1598
韓侍桁/597,1506
韓太行山人/1727
韓泰華/1541,1994,2040
韓菼/22(2),23,251
韓濤/563
韓維/1042,1047,1207
韓文舉/1134
韓文山/332
韓汶/977
韓偓/970,1018(2),1345,1346,1347(2),1713,1740,1755,1757,1758(2),2126,2143,2248(2)
韓希梁/1403
韓錫胙/2229
韓信同/1779,2183
韓彥直/1740,1798,1942
韓陽/2204
韓奕/1215,2105
韓嬰/14(2),1741,1748,1857,1902,2025,2072,2116,2135
韓應陛/2383
韓幽桐/851
韓玉/1219,1230
韓愈/1076(9),1988,2020,2092,2124,2141,2146
韓元吉/1209,1721,1961,1986,2168
韓雲階/806
韓澤/345
韓祇和/1938,2149
韓拙/1542,1549,1556,1730,1952
韓滋源/2380
韓祖德/628
韓組康/196
厂民/188
漢丁薩維/421
漢夫/535
漢人[黄玉齋]/408
漢先/173
翰斯/518
杭海/1661
杭立武/485,725
杭世駿/292,952,1887,1891,1929,1979,2016,2332
杭蘇/239
杭辛齋/10(2)
杭約赫[曹辛之]/1199
杭雲龍/439
郝赤/1708
郝傑/1785
郝經/303,2016
郝景盛/1636(2),1676
郝敬/1899
郝理士特/923
郝立權/225,1071,1072(2)
郝欽銘/1675
郝慶柏/1869
郝世楨/442
郝懿行/928(2),1375,1774,1776,1916(2),2088
郝玉璞/429
郝浴/1908
郝志翔/849
浩然[夏康農]/566
何丙勳/444
何秉智/2376
何炳松/44,191,228,237(5),240(2),245,261,263,329,334,479,882,968(2)
何炳賢/607,681
何粲/72,2049
何焯/1876,1889,2055,2165
何超/305
何承天/97,1913,2075
何澄一/2367
何遲/582
何崇祖/1767
何礎/1294

何春蓀/1625
何悰/379
何達/684,2365
何達安/988
何大復/1805,1897
何大章/411
何道增/464
何德奎/679
何德明/660
何德潤/329
何棟如/2254
何多源/603,2365,2367,2389(2)
何爾玉/472
何法盛/2018,2082
何封/538
何福海/461
何干之/44,268,503(2),615,616,619,1138(2)
何歌/533,894
何格恩/43,225
何穀天/1455
何光/1728
何光遠/1328,1357,1716,1989,2175
何海鳴/503,821,1151,1401(2),1703
何漢文/285,482,619,662,822
何漢章/755(2),787
何恒/762
何晦/1350
何惠群/1119
何基/1962
何基鴻/847
何紀/450
何家/918
何家槐/568,1161,1424(3),1512
何家琪/1781,2197
何甲斯/479
何建民/843
何建章/410
何健民/124,125,172,269,275,416
何鍵/28,103,401
何京/1651
何景福/1019
何景明/2197
何靜安/1679
何鏡華/343
何炯璋/461
何舉帆/649
何峻/1289
何楷/9
何可人/1156
何廉/704
何廉臣/1666(2)
何聯輝/178
何良臣/1921,2149
何良傅/1021
何良俊/1021,1240,1544(2),1854,1988,2056
何林渥斯/1641
何魯/1189
何魯成/2361
何魯之/239,723
何夢桂/1046,1052
何夢梅/1388(3)
何夢瑶/1665,1932,1953
何孟春/1854,1896,1979
何孟雄/357
何敏求/364
何名忠/611,763
何明齋/1600
何銘/1101,1323,1384
何乃民/670
何鵬/979
何樸庵/1395
何其昌/551
何其芳/349,569,1189(4)
何喬新/1852,2023
何絜/1098
何清儒/894
何秋濤/254(2),2022
何去非/1921,2097
何任清/840,864
何日章/166,2388
何容/918,947
何如偉/446
何汝霖/1867
何瑞瑶/186,187
何若瑶/1771,1774
何紹基/149,150,1575(2),1576,2040,2054,2218
何實睿/1476
何士驥/57,156
何士晉/1768
何世枚/1531
何世基/996
何壽民/1394
何漱霜/23,31
何思敬/536
何思源/615
何崧齡/245(3),819
何遂/1238
何坦/1742,1795,1897
何鏜/1091
何瑭/1800
何天穀[周文]/1423
何天行/168,1065
何天言/341
何鐵華/348,378,789
何廷珊/100
何廷璋/95
何妥/2071
何維凝/1681
何維樸/1122
何薳/1337,1352,1359,1730,1943,2033,2175
何畏/544
何文煥/984(10),985(17),986(2),987
何文龍/527
何西亞/525
何錫麟/536,539
何先/1353
何曉柳/1131
何孝怡/705
何心石/897
何新吾/386
何興任/178
何休/2,24(2),2116,2135
何琇/1896
何須忍/1026,1172
何萱/938
何遜/1073
何晏/29(4),1787,1901,2116,2135
何厭/1294
何耀/1152
何貽焜/75,205,206
何翼雲/411
何應龍/1037
何應銘/1036
何應欽/343(3),344
何永佶/739,798(2),834,848
何有林/1014
何宇度/2003,2180,2214
何育禧/1481
何煜/1565
何鈺麟/2057
何毓琪/177
何元錫/1792
何遠/1544
何雲梯/183
何藻翔/211
何增元/326
何兆清/84,1617
何振岱/378,1068
何震彝/734
何志浩/1189,1448
何仲簫/222
何仲英/926(2),927,956
何柱國/342,1702
何茲全/304,467
何子恒/79,727
何諏/1151,1423
何奏簧/457
何作霖/726
和苞/2018
和久光德/2211
和坤/464
和寧/465
河村壽重/171
河上公/50,58,1788,2121,2139
河上肇/542,604,607
河西太一郎/538
賀炳銓/1002
賀昌群/43,124,486,925,1248
賀川豐彦/136
賀川玄迪/1656
賀川玄悦/1655
賀次君/805
賀古壽/1656
賀敬之/589,1287,1313
賀覺非/398
賀凱/935,936,1005
賀麟/45,49,81,724,761
賀緑汀/584
賀湄/366(2)
賀孟斧/1513
賀培新/1057
賀欽/1365,1854,1867,2189,2235
賀裳/1202,1206,1547
賀聖鼐/876

賀濤/1121
賀維翰/448
賀揚靈/625,994(2),1233
賀依/543
賀宜/1501(2)
賀貽孫/2201
賀玉波/216,911(2),1001,1447
賀嶽僧/232,280,335,420,664,772
賀澤/449
賀之才/1510
賀知章/2193
賀衷寒/792
賀仲軾/1943
賀鑄/1020,1208(3),1229
赫爾岑/234
赫拉/1520,1526
赫勒/1630
赫穆/1520
赫欽孫/1687
鶴沖元逸/1657
鶴見佑輔/2324
鶴鳴/352
黑丁/422
黑格爾/238
黑田源次/1658
黑炎/1453
黑巖淚香/1519,1522
亨德/1639,1670
亨利・柯饒/613
亨利・瓦特/1530,1531
亨利考狄/247
亨利玉爾英/247
恒仁/1969,1980
橫蒼老人[劉耕雲]/1178
橫井時敬/1526
衡塘退士/1036(2)
衡塘退士[孫洙]/1036(2)
弘仁/2220
弘一/127,1587(2)
宏仁/370
宏徒/1186
洪榜/2260
洪北平/956,2347
洪炳暉/1392
洪波/412,1159
洪承疇/2052
洪芻/1359,1737,1798,1943
洪滌塵/248,421,423
洪葭卿/1014
洪浩/1159
洪皓/1208,1717,1866,2021,2065,2161,2169,2199
洪煥椿/2361
洪家祿/435
洪金鼎/1665
洪錦棠/351
洪荊山/1385
洪鈞/310,1775,2022
洪鈞培/273,837
洪适/156,1209,1943(2),2128
洪亮吉/22(2),305,451(2),1106(4),1222,1770,1775,1776(2),1926,1928,1979,1998(3),2132
洪靈菲/1458,1475(2)
洪邁/1036,1354,1359(3),1360,1376(2),1735,1745(2),1805,1882,1978,1980,1985,2032,2089(2),2202,2328(2)
洪懋熙/426
洪謨/1302(2)
洪楩/1380
洪樸/2260
洪啟翔/279
洪棄父/334
洪秋藩/1385(2)
洪球/998
洪仁玕/329,332
洪仁和/1068
洪瑞堅/647
洪深/957,1159,1166,1298,1299(2),1303(6),1307,1309,1607,1609(2)
洪昇/1277,1279,1281(2)
洪琛/1219,1228
洪遂/1358
洪濤/535,1435,1468
洪悌丞[汝怡]/1133
洪煨蓮/1075
洪爲法/974,988,989,992,993,1001,1169,1170,1171,1478
洪文科/1362
洪梧/1754,2260
洪希文/1214
洪錫桓/855
洪興祖/1065(2),1958,2122,2139
洪巽/1353,1739
洪炎/1966
洪彥林/94
洪焱祖/1928
洪業/12,17(2),18,19(2),21(3),30,32,71,114,158(2),182(3),229,247,302,304(2),306,381,616,928(2),995(3),1027,1033,1059,1075,1102,1367,1559,2354,2360,2361,2372
洪飴孫/1775,1918
洪頤煊/298,299(2),1749,1773,1777,1792,1865,1866,1897,1914,1996,2010,2014,2194(15),2195(14),2196(2),2212
洪齮孫/1776,1998
洪應明/89(2),2052(2)
洪有豐/2378,2386
洪淵/215
洪鋆/800
洪曾荃/1684
洪震煊/934
洪咨夔/1088,1219
洪子良/16,523
洪自誠/110
洪尊元/799
洪遵/689,1665,1916,1940,2029,2036,2174
紅風/911
紅梅閣主人/1053
侯長松/2380
侯暢/803
侯德封/1628(3)
侯甸/1361
侯峒曾/1095
侯方域/1098(3),2093
侯干城/571
侯光陸/437,1684
侯果/2072
侯鴻鑒/1154,2256(3)
侯厚吉/607,698(2),707,1672
侯厚培/277,614,615,619,627,680,682,691,698,1672
侯競寰/1708
侯康/303,1774(2),1775(2),1880(2),2014,2016(2)
侯坤元/462
侯寧極/1350,1760
侯仁之/365
侯樹彤/686
侯外廬/42,44(2),57,268,502,503(2),534,764
侯學愈/1068
侯延慶/1732(2),1987,2169
侯曜/1247,1296(5)
侯一元/456,1906
侯疑始/1687
侯毅/68,72,671,1789
侯毓材/442
侯元棐/456
侯元慶/1298
侯雲松/2255
侯寘/1219
後覺/908,964
後藤省/1655
忽思慧/1679(2)
胡安國/20
胡北堂/1403
胡秉虔/1900,1927,1931,2007,2013
胡炳文/1213
胡步蟾/1667
胡步伍/1633
胡才甫/989,991,1034
胡昌熾/1676
胡長齡/329
胡長清/511,528,804(3),854(3),855(3),856
胡承珙/451,928,1770
胡承諾/1907(2)
胡承譜/1994
胡春冰/1298,1300,1306
胡春霖/47,189
胡春水/792,2337

胡次威/804
胡次威[長清]/800
胡次威[胡長清]/739,801,804(2)
胡存琮/447
胡存忠/839
胡達聰/1096
胡大華/28
胡大恂/1490
胡丹沸/584
胡道静/200,596,2360,2365,2392
胡道南/1120
胡德潤/771
胡定安/1660
胡定芬/348
胡鈍俞/537
胡鄂公/180,336
胡方/1900
胡封華/1679
胡風/914(3),920,999,1024,1143,1193(2),1403
胡鳳丹/1088,1089,1837,1949
胡佛/632
胡福相/528
胡光岱/2058
胡光斗/1484
胡光煒/154
胡廣/1917,2084
胡國華/647
胡國楨/101
胡海/584
胡憨珠/1247,1396
胡漢民/39,243,248,518,532,760,764(5),775(4),792,796,1133
胡翰/1964
胡浩川/656
胡鶴齡/1574
胡厚宣/151(3),152,160
胡懷琛/96(2),208,220,402,597,911,926,946,949,958,960,963,970,971,973(5),974(2),977(2),980,983,988,990(4),992,993,1001,1002,1005(2),1009,1077(2),1093,1139,1163,1320,1321,1323(3),1324,1370,1440,1493,2057,2059,2060(2),2159,2161(2),2347
胡焕庸/245,366,367,374,376(2),398,408,469,471,623(2)
胡吉廬/398
胡吉宣/935
胡季委/589(2)
胡紀常/680
胡寄塵/971,1096,1396,1440
胡寄塵[懷琛]/321,970(3),1439,1440,1467
胡濟濤/958,1514
胡繼先/1792
胡家依/1482
胡嘉/294,463
胡鑒民/81
胡鑒瑩/451
胡傑/115
胡今/608
胡經明/847
胡竟良/659,1680
胡敬/1562,1805
胡居仁/1907,1964
胡具慶/1103
胡遽然/672
胡君復/368,1061,1192,1491(4),1492(4),1530(2)
胡鈞/228,521,705
胡克/1528
胡克家/1027
胡爌/2200
胡葵蓀/1604,1605
胡魁鳳/434
胡昆/279
胡蘭成/352,781(2)
胡禮垣/1133
胡林閣/663
胡林翼/1111,1484,1687,1692
胡麟/353
胡倫清/978(2),1028,1060(2),1062,1257,1258,1483
胡夢昱/2202
胡明/467,483,614,2356
胡明復/1616
胡明樹/1439,1440
胡鳴龍/804
胡鳴祥/2339
胡鳴玉/1896
胡納/1710
胡耐安/47
胡培翬/18(2),2100
胡佩衡/1562,1586,1588
胡朋/1501
胡樸安/10,17,48,265,266,508,849,889,970(2),971,1009,1057,2159(5),2160(11),2161(3),2223,2293(9),2294(3),2360
胡樸安[韞玉]/90
胡錡/1359,1796,1995
胡虔/1810
胡慶育/274,544,841
胡秋原/273,790,1497
胡去非/336,379,401,760,787,1100
胡銓/2153
胡人鳳/454
胡仁/463
胡仁源/1513
胡榮江/180
胡榮銓/1630,1683
胡三省/289,290(2)
胡山源/91,96,189,190,1201,1298,1325,1437,1494(2),1678,2354
胡善恒/486,704,706
胡紹軒/1305
胡繩/37,170,540,570(2),787,834,1063,1170,1185
胡師安/2039
胡石明/819,830
胡士瑩/1238
胡世安/1078,1937(2)
胡仕/1804
胡式鈺/2332
胡侍/1896,1991,2247
胡適/36(2),42,75,78,108,215,228(3),231,370,506,644,716,898,902,910,916,980,1005(4),1139(7),1140(2),2334,2347
胡適之/2339
胡叔異/516
胡澍/1648,1888
胡樹棻/779
胡思敬/731,1022,1133,2198
胡思培/446
胡誦/456
胡宿/1960
胡綏之/306
胡太初/1743,1795,1920
胡天游/1829,1934
胡鐵君/831
胡珽/1938,2000
胡萬凝/443
胡薇元/1122,1204
胡爲和/1161
胡維新/1785(12)
胡渭/1900
胡文楷/1056
胡文英/65
胡錫年/467,1006
胡錫銓[佩衡]/1562
胡曦/1120
胡先驌/1635,1677
胡銜/1114,1161
胡憲仲/1804,1897,2245
胡祥翰/378
胡祥麟/1900
胡翔雲/1681
胡協寅/1057,1082,1096,1318,1376,1377,1386,1389
胡行之/1003,1004,1161
胡緒昌/463
胡宣明/1661
胡雪/535
胡延/2065
胡衍鶚/6,1161
胡也頻/1162(2),1297,1298,1439(2),1467,1468,1469
胡一貫/498
胡一臧/709
胡伊默/634
胡沂生/620
胡貽穀/90,134,139,518
胡以魯/938

胡以莊[敬]/1562
胡毅/1641
胡翼/450
胡寅/2238(4)
胡應庚/453
胡應麟/433,1240,1331,1364,1773,2252,2366
胡用賓/456
胡又安/2354
胡雨人/206
胡玉縉/1120
胡玉昆/1584
胡愈之/216,271,341,344,387,483(2),764,830,2111,2113(2),2114
胡毓寰/32(2),61,192,1005
胡元暉/1907
胡元倓/1161
胡元儀/1067,1784,2218
胡元玉/928
胡元適/1089
胡元質/1861
胡遠芬/1133
胡遠浚/58,65,452
胡瑗/1953,2012,2146
胡越/74
胡雲翼/197,220,300,972,980,994(2),1004(2),1009,1028,1031(2),1035,1036,1098,1160,1206(3),1207,1227(3),1231(2),1300,1390,1403,1437
胡韞玉/1030,2058
胡韞玉[樸安]/932,963,970,2349
胡曾/1080
胡昭華/804
胡肇椿/147,159
胡哲敷/49,58,206,237,303,485
胡珍元/1624(2)
胡貞惠/958
胡震亨/1904,1979
胡征/1401
胡知柔/2011,2099
胡直/74,2200
胡穉/1085(3),2128,2145
胡忠閥/449
胡仲參/1040
胡仲持/247,341(2),912,1513,1515,2393
胡重/1079,1927
胡助/1963
胡卓英/849
胡仔/989(2),1201,1978
胡紫萍/187
胡自立/187
胡宗鍔/1403
胡宗楙/26,2249,2370
胡宗虞/443
湖上笠翁/1383
湖上漁隱/1390
葫蘆道人/1767
護花主人/1385
花庵詞客/1228
花井重次郎/1629
花也憐儂/1390
滑稽山人/1474
滑惟善/1333,1363
化魯/2111
化青/235
華愛國/399,1158
華超/531,759
華忱之/225
華純/1287(2)
華德/89
華蒂/975
華爾登/1520
華復蠡/316
華崗/261,328(2),536,556
華光/1542
華光和尚/1556
華漢/538,1446
華漢光/690
華洪濤/812
華鴻/1664
華嘉/1196,1447
華嶠/2082
華君武/1176
華俊升/883
華侃/188
華錕/942(2)
華樂斯/1634
華連圃/1227,1248
華林/1166,1170,1551
華林一/481,784,922
華琳/2181
華倫/1641
華孟/1673
華南圭/484
華標韡/1746
華企雲/273,286,388(2),422,423
華山/565,1403,1473,1502
華善學/170
華盛頓・歐文/1523
華實孚/1665
華世芳/1618
華世奎/158,202
華司/1521
華堂/1091
華特/501
華特生/1530
華佗/1660,1937
華夏/2232
華興鼐/747
華胥大夫/1248
華學瀾/334
華學涑/150(2),936
華嵒/1103,1584(5)
華伊爾/1531
華翼綸/1546
華印椿/1619
華應申/569
華岳/1088
華湛恩/1775,2016
華振中/347
淮南子/69
懷德/269(2)
懷庶/581
懷素/1572(2),1573(3)
懷鄉/580
懷湘/2337
懷雅德/134
懷玉/622
懷遠/1649
桓範/1872
桓寬/606(5),1750,1785,1847,2044,2118,2136
桓驎/1339
桓譚/72,1750,1904,2100
還初道人[洪應明]/129
還珠樓主/1395
還珠樓主[李壽民]/1395
幻真先生/1908,2027,2104
荒草/584
荒煤/916,1305,1436(2),1462
荒蕪/487
皇甫禄/1988
皇甫録/2022,2170
皇甫枚/1726,1761,1824,1892,1985,2087
皇甫謐/183,1341,1647,1749,2009,2015,2064,2097,2100
皇甫冉/1075
皇甫湜/2048,2124,2141
皇甫松/1349,1734
皇甫嵩/1760
皇甫誟/2009,2107
皇甫庸/1364(2),1802,1855
皇侃/1901
皇象/2047
黄安濤/2256
黄百家/43,1832
黄拜言/2348
黄般若/1583
黄葆戉/1558(2),1567
黄寶熙/1856(6)
黄寶馨/177
黄本驥/2066,2218
黄本溥/11
黄本銓/2205
黄標/1850,2170,2189
黄賓虹/198,1535,1550
黄賓虹[黄質]/1563
黄秉鐸/88
黄秉鏞/494
黄炳堃/1135
黄伯思/1553,1797,2028
黄伯耀/354,1397
黄滄漁/958
黄懺華/77,78,80,111,122,125
黄昌穀/771,1616
黄昌毅/787
黄昌源/522
黄長睿/1944
黄超曾/1857
黄朝琴/337
黄朝英/1717,1894,2151
黄徹/986,1727
黄成/1601,1746
黄成埒/311
黄成章/433
黄承吉/1109

黄誠沅/462,463
黄崇惺/1535
黄純垓/738
黄淳耀/199,1096,1908,2000,2179
黄慈博/2370
黄次書/200,423
黄淬伯/114
黄存厚/409
黄大受/369,1040
黄大興/2115
黄道/1995
黄道明/578
黄道周/2,2009
黄德福/334
黄棣華/1135
黄鼎/159
黄定文/2231
黄東崖/1908
黄端儒[天培]/1166
黄兑楣/1665
黄敦涵/409
黄敦漢/870
黄二明/759
黄方剛/79
黄奮生/187,367,416,417(2)
黄峰/234,1511,1699
黄馮明/842
黄佛頤/410
黄郛/241,242
黄福/1852,2005
黄幹/1050,1973
黄幹因/799
黄高啟/478
黄歌/1288
黄公度/1045,1051,1220,1228
黄公輔/2197
黄公覺/848
黄公紹/1212
黄公偉/188
黄公渚/150,158,305,1081,1084,1096
黄攻素/466
黄谷柳/1295,1449(2),1470
黄光大/1735
黄光學/767
黄國瑾/1116
黄國俊/376
黄涵秋/1605
黄漢/720
黄鶴/1966
黄洪憲/456,2180
黄鴻壽/319
黄厚光/87
黄華表/1486
黄晃/1675
黄暉/71
黄惠龍/784
黄惠泉/188
黄姬水/2009
黄機/1218,2252
黄汲清/422,1626,1627,1631(2)
黄楫清/529
黄寄萍/514
黄薊/1029(11)
黄家駒/474
黄家遴/2011
黄嘉德/77(2),908,1513
黄嘉音/85
黄堅叔/1690
黄建中/87
黄諫/1843
黄鑒/1356,1722
黄傑/790
黄節/991(2),1034,1071,1072,1135
黄潔如/949
黄玠/1090,2232
黄金石/1838
黄溍/1889,1963,2130,2151,2251
黄兢初/822
黄景柏/752,855
黄景量/214
黄景仁/131,1106,1175,1223,2094
黄警頑/90,337,401,474,771
黄静英/1530
黄静淵/172
黄競初/183
黄九如/194
黄九煙/1826,1831,2211
黄覺民/894
黄鈞宰/1175,1864
黄俊/715,2198
黄俊耀/1287
黄浚/127,150,151,154,159,1665
黄開山/722
黄開繩/1625
黄凱鈞/2191
黄侃/982,2331
黄枯桐/1672
黄寬/1104
黄郎軒/1031
黄樂三/2340
黄棃洲/44
黄立猷/148,156
黄連兆/967
黄烈/2365
黄林復/1719
黄鄰谷/1576
黄霖生/641
黄麟書/303
黄淩霜/502
黄廬隱/218
黄閏山/1094
黄履思/459
黄倫/2013
黄倫芳/281
黄茅/1167,1592
黄懋/1698
黄夢樓/859
黄苗子/1589
黄明曦/2022
黄銘/629
黄鳴岐/218
黄寧嬰/1196
黄培/325
黄培芳/991
黄佩蘭/451
黄彭年/1114
黄鵬霄/163
黄丕烈/1871,1882,1883,1887,1923,1938,1958(4),2036(2),2037(3),2053,2367,2368(3)
黄萍蓀/1163(2)
黄菩生/502
黄溥/1363,1853,1990
黄樸存/1559
黄乾瑋/1167
黄强/351,476
黄慶瀾/89
黄秋萍/234
黄群/1166,2226
黄人/1239,1336
黄人影/207,597,1001,1010,1011
黄仁宇/567
黄任/2057
黄任恒/156,183,2065,2312
黄容惠/435
黄榮昌/865
黄榮康/1173,1239
黄榮良/828
黄榮熙/461,1116
黄鎔/447
黄儒/1359,1734,2105
黄汝成/2279(5),2331
黄瑞/168
黄潤玉/1800,2234(2)
黄嗇名/673
黄裳/1196,1253
黄尚毅/446(2)
黄紹昌/1069
黄紹第/1015
黄紹竑/218
黄紹華/1569
黄紹箕/1015
黄紹緒/1671,2355
黄慎/1585
黄生/991,1896,2095,2096,2221(2)
黄昇/1218,2134(2)
黄師樵/187
黄石/1239
黄石公/52(2),55,1692,1744,1858,1920
黄實/1135
黄士復/115,968(2)
黄士恒/1660
黄士淇/1529
黄士謙/247
黄世發/2088
黄世芳/430
黄世仲/1390
黄仕欽/815
黄式三/1769
黄式敘/1167
黄奭/2070,2085(11),2086(6)
黄綬/738
黄綬芙/369

黄叔燦/1845
黄叔賜/1230
黄叔璥/146,2004
黄叔琳/982(3),1751
黄淑賢/705
黄述寧/1652
黄澍/104
黄樹穀/1878
黄霜華/911
黄水平/1063
黄嗣艾/75
黄嵩年/1163
黄素/72
黄素封/129,472,475(2),1659
黄坦/368
黄棠/1196
黄滔/1960,2126,2143
黄陶庵[淳耀]/1078
黄特/542
黄體芳/1789,2258
黄天鵬/2392(2)
黄天石/1151,1171
黄廷鑒/1931,1975
黄庭槐/444
黄庭堅/1043,1048,1084(4),1208,1216,1229,1233,1573,1948,1966,1994,1995,2031,2049,2093,2105,2127,2145
黄通/614,633,641,644
黄統/729
黄惟志/2109
黄維翰/188(2),432,1135,1866
黄維榮/1638(2)
黄維時/406
黄偉涵/556
黄偉磐/1053
黄韙/1877
黄文弼/169(3),195
黄文燦/389
黄文琛/1125
黄文雷/1040
黄文山/240,346,497,500
黄文暘/1246
黄文英/353,2340
黄文中/467
黄文仲/1862
黄臥松/1062
黄希閔/1680
黄晞/1731,1904
黄錫蕃/2190
黄錫淩/954
黄錫銓/746
黄曦峰/609
黄废千/1629
黄仙裴/1239
黄先舒/2061
黄現璠/308,505
黄憲/1988
黄香山/755
黄象冕/439
黄小配/1390
黄筱蘭/1128
黄曉滄/474
黄孝方/495
黄孝堅/1983
黄孝紓/1167
黄孝先/271
黄協塤/1067,1121
黄燮清/1224,1232
黄興/791,1486
黄興洛/1032
黄興中/244(2)
黄省曾/1363,1750,1801(8),1804,1842,1859,1937(2),1941,1942(3),1971,2058,2068,2096,2107(5),2119,2137,2153,2179
黄雄略/484
黄休復/1328,1352,1555,2033,2089,2215,2216
黄栩園/476
黄旭初/413,817,872
黄序鵷/614,682
黄軒祖/1335
黄學圯/1597
黄雪蓑/1821,1985
黄璿/1873
黄炎培/353(2),368,369,370,378(2),398,406,412,452,470(2),625,680,752(2),873,875,877,878,895,1167(3),1416,2340
黄巖/455
黄彦平/1020
黄堯/1592
黄藥眠/328,484,836,916,1194,1196,1421,1449
黄衣青/384
黄以周/53
黄貽楫/203
黄佾/460
黄易/369,1106,1585(2),1638,1950
黄逸之/230,384,1086
黄毅/338
黄毅民/2348
黄毅芸/1116
黄翼/1638,1640
黄蔭萊/617,625
黄蔭普/664,685(2),695
黄寅/2385
黄英/1002
黄穎/2071
黄永/1830
黄永亮/1390
黄永年/2014
黄永鎮/941
黄右昌/715,845,854,856(2),862,863
黄幼雄/1708
黄迂/1167
黄瑜/781,1990
黄虞稷/1871
黄宇楨/605
黄雨/571
黄與堅/1889
黄玉明/668
黄煜/254,2023
黄元彬/690
黄元炳/11,65
黄元吉/1269
黄元庸/954
黄元御/1660
黄元直/463
黄源/909,1498
黄緣芳/1257
黄遠庸/724
黄月波/825
黄越/1058
黄越川/645
黄鉞/1537(2),2041,2058,2067
黄雲眉/228,2366
黄允交/1366
黄贊鈞/49
黄澤/127,1875,1899
黄澤蒼/393,475,478,1673
黄澤普/1678
黄兆棟/608
黄兆枚/1126
黄肇年/536
黄哲真/474,815
黄蓁/184(2)
黄振祺/874
黄振雲/6
黄震/1987,2231(2)
黄震遐/1457,1699
黄正厂/977
黄正賓/1768
黄之雋/1102
黄治基/1660
黄質/1167,1598,2159,2160,2161
黄質[賓虹]/1595
黄中慧/155
黄中廑/479
黄中美/88
黄中模/2327
黄仲良/169
黄仲琴/1166
黄仲蘇/922,1196,1448,1509
黄仲元/1089
黄仲則/1106
黄周星/1098,1241,1536,2259
黄著勳/1683
黄築巖/1058
黄準/588
黄卓豪/629
黄卓生/38
黄倬南/61
黄子發/1914
黄子高/1539,1593,1957
黄子逸/1063
黄子雲/997
黄梓林/191
黄宗昌/368
黄宗江/1196,1308
黄宗羲/41(3),43(2),44(4),254,255,315,721,1097(2),1127,1622,1770,1807,1839,1847,1874,1915,1975,1981,1996,2055,2100,2131,

2231,2236
黄祖英/328,891
黄組方/706
黄尊傑/180
黄尊生/729
黄尊素/1877
黄遵楷/697
黄遵憲/1117,1118(2)
黄佐/875,1841,1918,2009
輝群/1325
悔盦居士/1835,2211
惠迪人/46,768,1642(2)
惠棟/10,304,1100,1773,
1839(2),1891,1898,
1900(2),1901,1926,
2010,2016,2095,2096
(2),2146
惠洪/1047,1052,1717,
1978,2029,2128,2145,
2185
惠凱/1744
惠霖勞克/1530
惠能/124
惠年/1563
惠泉/1142
惠然居士/1404
惠遠/1996
惠周惕/1752,1839,1956,
2096
慧寶/122
慧達/1871
慧地/128
慧光/2037
慧立/126
慧琳/113
慧日/1358
慧祥/1861
慧圓居士[史一如]/114
慧苑/1811
火雪明/1470
火野葦平/1507
火源潔/1878
霍布孫/532
霍得元/574
霍潔塵/1135
霍金/36(2)
霍林渥斯/1640
霍茂生/134
霍門/610
霍明志/148,149(2)
霍普德曼/1515
霍韜/1877
霍衣仙/618,1003(2),1010

J

J. A. Thomson/1616
J. H. Robinson/261
J. Kroell/838
J. Stalin/540
J. V. Davidson-Houston/
1688
J. Welton/889
J. 斯特拉齊/535
Jack Chen/670
James A. B. Scherer/466
James H. Ingram/1666
John George Glover/487
Joseph Conrad/1307
Julean Arnold/618
基特[紀德]/601
姬佛陀/145,146,235
姬覺彌/141,929
姬翼/1229
姬振鐸/1642
嵇含/1343,1743,1798,
1936,2214
嵇康/1016,1071(2),
2122,2320,2323
嵇懋基/1067
嵇文甫/44
嵇永仁/1278
嵇翥青/477
嵇曾筠/455
雞林冷血生/1389
雞籠生/2343
雞籠生[陳炳煌]/2343
吉備真備/1812
吉貢士/830
吉村忠三/418
吉爾波丁/234
吉塞爾/1553
吉特/873
吉天保/52,1847,2137
吉田虎雄/690
吉田静致/500
吉田熊次/878
吉廷彦/442
吉益爲則/1656,1657(4),
1658
吉藏/121(3)
亟齊居士/1663
季德/670
季蕁/1026
季灝/838,841,845,1207
季理斐/138
季廉方/938
季孟[師陀]/1474
季麒光/2004
季嬰/1843
季振宜/1882,2036
紀成虎一/1001
紀大奎/100
紀黄中/440
紀鉅維/1122
紀君祥/1259,1266
紀奎/1915
紀坤/1968
紀蘭香/1280
紀磊/9(4),10
紀慶曾/1875
紀容舒/1930,1956
紀映鍾/1968
紀昀/261,373,736,982,
1104,1484,1591,1777,
1847,1863,1931(2),
1969,2236,2372(2),
2373
紀雲龍/592
紀梓楨/1611
計成/2052
計發/1875
計六奇/314,315
計柟/1546(3),1591
計全/1411
計然/53
計碩民/24(2)
計無否[成]/1598
計有功/994,2134
寂寞程生/1336
寂園叟/2090
寂園叟[陳瀏]/1593
寄塵/379
寄塵居士/339
寄明/1287
寄泉/1306
寄齋寄生/1251
冀汸/1149
加倫・湯姆/1528
加藤武夫/1630
加藤玄智/102
迦葉摩騰/2026
家禾[鄭學稼]/233,468
家鉉翁/1212
嘉惠爾/487
郟掄逵/2258
甲克孫/240
賈昌朝/929,1929
賈島/1078(2),1966,1977,
2124,2142
賈德懷/699
賈恩紱/434,435,1066
賈豐臻/10,30,43,74,88
(2),114
賈公彦/17,18(4),1644
賈霽/1246
賈景德/1149(3)
賈開宗/1098
賈逵/2073,2081
賈立言/134
賈茗/1377

賈銘/1942,2177
賈銘恩/438
賈如誼/464
賈善翔/1339
賈伸/512
賈士毅/681(2),699(3),
712,836,1696
賈思紱/436
賈思勰/1343,1669(3),
1751,1941,2026,2046,
2119,2137
賈似道/1356,1718,2107
賈廷琳/436
賈霞/1294
賈仙洲/1257
賈逸君/335(2)
賈誼/51,54,69(3),1750,
1785,1858,1902,2087,
2118
賈應寵/1319
賈永琢/189
賈仲名/1261,1265(2),
1266,1268
堅瓠/2109
堅瓠閣/157
間宮不二雄/965
翦伯贊/238,239,262,292,
296(3)
蹇駒/2038
蹇先艾/1023,1159,1434
(4),1435,1465,1469
蹇蕭然/2347
簡伯邨/800
簡朝亮/178,179,202,
992,1124
簡貫三/653
簡經綸/1567
簡琴齋[簡經綸]/1493
簡日華/223
簡通/1898
簡又文/89,134,328,332,
333(3),792
簡照南/2050
見月山人/1091
閑閑/1399
間鷗/1475
間園鞠農/1753
劍秋/2339
箭内亙/172,310,311(4)
踐卓翁/1378
鑒梅山人/1398
江阪佐太郎/520
江標/1890,1949,2011,
2184
江不平/1485
江參/1579
江昌緒/814
江朝宗/23
江春霖/732
江大鯤/1766
江蝶廬/1402
江楝良/584
江藩/4,9,41(2),45(4),
1883,1891(2),1953,
1977,2007,2008,2190
江海颿/866,869
江涵暾/1665
江瀚/1132(2),2292
江恒源/34,46,519,680,
882,898,926,988,1060
江紅蕉/1401,1430
江懷廷/1113
江介石/1495
江進之/2164
江闓/2243
江康黎/803
江亢虎/248,407,482,496,
717(2),801,849,1156
(5),2337(2)
江考卿/1650
江克讓/451
江陵/570,572
江銘忠/1559
江慕雲/407
江萍/1428
江謙/74,110,121,938
江渠/2338
江瑔/46
江人/399
江仁徵/2241
江上孤忠/2022
江少虞/1745,1747
江紹原/81,96,116
江聲/1901,1926(2),2013
江叔良/411
江順詒/1204
江思/544
江天一/1603
江鐵/968,1624
江萬里/1724
江俠庵/7,1252,2363
江杏溪/966,1754(11),
1755(9)
江休復/1712,2059
江煦/407
江淹/1017,1072(2),2122
江衍/1070,2303,2304(4)
江詒/1823
江蔭香/16,1370,1441
江應梁/174,263
江盈科/1366
江庸/1156,1488
江庸[翼雲]/1156
江永/937(3),942(2),
1220,1621,1770,1840,
1917,1923(2),1931
(3),1934(8),1935(3),
1943,1953,2095,2096,
2146,2147,2221,2222
(2)
江有誥/937,1780(5)
江畬經/1370
江裕昌/673
江兆虎/485
江肇基/348
江震/1
江鎮三/863,866
江之春/255
江之淮/1028
江仲瓊/943,944(2)
姜長英/1680
姜宸英/1099,1547,1876,
1950,2165
姜成之/1652
姜貴[王林渡]/1145
姜豪/721,1470
姜季辛/818
姜君辰/241,347(2),498,
622,825
姜君衡/218
姜夔/985,1037,1088(2),
1210,1217,1234,1554,
1741,1797,1868,1966,
1950,1951,1978,1982,
2129
姜亮夫/182,385,941,1227
姜南/1332(3),1993
姜琦/94(2),767,878,
879,883,900
姜卿雲/455
姜清/2199
姜紹書/1544,1948,2060,
2067
姜實節/1806
姜書閣/876,1010(2)
姜太公/2195
姜俠魂/296
姜孝維/370
姜堯章[姜夔]/1088
姜曰廣/2005
姜蘊剛/236,505
姜兆蘭/1112(2)
姜震瀛/826
姜證禪/951
姜中/1541
姜忠奎/7,29,49
姜忠奎[叔明]/932(2)
僵蠶子/2336
蔣昂/1480
蔣邦彥/393
蔣寶素/1649
蔣抱玄/1076,1104
蔣冰之[丁玲]/1307,1406
蔣炳然/1532
蔣伯潛/6,47(2),925,
935,951,975,980,990,
1000,1028,2358
蔣超伯/990,1916,2278
(8),2279(4)
蔣超原/369
蔣成堃/959
蔣鋤歐/1695
蔣春霖/1225
蔣大鴻/1844
蔣大始/1772
蔣德勳/447
蔣殿襄/1065
蔣鼎黼/790
蔣敦復/1204,1206,1224
蔣藩/441
蔣方駿/6
蔣方震/89,174,1163(2),
1692,1694,1695
蔣防/1351,1761,1763,
1984
蔣鳳藻/2258,2371
蔣斧/169
蔣恭晟/273,286(2)
蔣光赤/1446(2)
蔣光赤[光慈]/1446

蔣光慈/1166,1446(5),1486
蔣光鼐/342
蔣光煦/1047,1100,1755,1875,1877,1886(5),2153,2154
蔣國/101
蔣國榜/2252(2),2253,2254
蔣國平/2256
蔣國珍/336
蔣國祚/1868
蔣瀚澄[鏡寰]/381
蔣和/1576,2059(2),2061,2067
蔣衡/1547,1857,2057,2059
蔣宏任/2002,2153
蔣鴻元/165
蔣煥文/236,740
蔣濟/1339,1872
蔣繼伯/2278
蔣驥/1065,1542,1547,1845,2059,2060,2061,2101
蔣堅忍/280,781,1695
蔣建白/896
蔣劍人/1037,1107,2091,2092,2094
蔣鑒璋/1005
蔣階/2098
蔣捷/1212,1217,1230
蔣傑/612,636
蔣潔之/644
蔣介石/523(2),729,761(2),775,776(2),777(4),778(3),779(2),783,787,792,890(2),1604,1693
蔣津/1356
蔣經國/217,1195
蔣景緘/576,1286,1378(4),1397,1420(2),1441,1516
蔣徑三/79,886
蔣静一/723
蔣鏡芙/943,958(2)
蔣鏡寰/2376
蔣居祉/1648
蔣君章/421,478,623(4),625
蔣瀾/984
蔣樂庵/1577,1584
蔣禮鴻/67
蔣烈/2330
蔣齡益/430
蔣梅笙/993,1183,2347,2348
蔣夢麟/726,885
蔣明祺/754
蔣銘勳/1116
蔣牧良/1441(3),1467
蔣乃鏞/216,652,659(2)
蔣南翔/596
蔣念學/189
蔣平階/101,254,315,1914,2101
蔣琦齡/2040
蔣旗/1307
蔣器/203
蔣清翊/1073
蔣仁/535
蔣溶/1628
蔣儒林/954
蔣汝藻/2034(3),2035(5)
蔣汝中/1134
蔣瑞藻/990,1061,1323(3),1324(2),2057(2),2060(2),2061
蔣森/1677
蔣山青/1439
蔣善國/17,926,963,1027,1034
蔣慎吾/805
蔣師轍/2253
蔣士超/2058
蔣士銓/1223,1281
蔣叔雍/1497
蔣述彭/177
蔣宋美齡/130(2),343
蔣坦/1095
蔣堂/1746
蔣天樞/231
蔣天佐/337,916
蔣廷黻/271,327(2),725,743(2)
蔣廷黼/689
蔣廷錫/1584(5),1839,1997,2096,2354
蔣彤/230
蔣萬里/2061
蔣唯心/108
蔣維喬/40,41(2),43,45,49,50,68,115(2),125(2),367,368(4),369,371,379,1003,1059,1640
蔣委員長/50,2350
蔣委員長[介石]/777,778,779,783
蔣委員長[中正]/776
蔣文勳/2259
蔣希名/368,369
蔣錫昌/58,65
蔣湘南/376,1109
蔣星德/94,205,729,788
蔣星煜/195
蔣玄佁/167
蔣學楷/466
蔣學鏞/2231,2234
蔣雪逸/2347
蔣彦士/1674
蔣雁行/1705
蔣一彪/1903,2026
蔣一葵/390,1241,1360
蔣一前/935
蔣伊/1841,1844,1920,1922,2095
蔣易/1862
蔣逸雪/226,227(2),2345
蔣應杓/728
蔣用宏/613
蔣攸銛/2242
蔣友仁/1935
蔣玉伯/1666
蔣元亮/111
蔣元卿/2360,2365,2388
蔣匀田/620
蔣澤澐/1115
蔣兆蘭/453,1204,1239,2159
蔣兆燮/65
蔣貞金/1123
蔣震華/834
蔣鎮/638
蔣正陸/911
蔣正子/1724
蔣正子[子正]/985
蔣之翹/1077,1819,1971
蔣旨昂/498,804
蔣致中/228
蔣智由/171,362,1120
蔣中正/194,279,343,516,523,525,569,674,761,776(2),778(2),781,792,796,802,805,1693,1696(2)
蔣中正[介石]/355,523,606,753,778(3),787
蔣仲川/697
蔣主忠/1861
蔣著超/990,1027,1475,1496
蔣子正/1330
蔣總司令/776(2)
蔣祖怡/6,47,261,949(2),951,990,1000(2),1325,2368
蔣尊簋/328
亶良耶舍/118,123
焦秉貞/2052
焦封桐/440
焦贛[延壽]/2120,2138
焦國理/445
焦竑/1881,1889,1903,1992,2252(2),2253(4),2329
焦菊隱/1153,1289,1426,1516
焦琳/16
焦敏之/240,482,502,544,623
焦樹森/435
焦廷琥/1107,1770,1865,1971,1977
焦勖/1943
焦循/20,31(3),1107,1203,1241,1243,1244,1245,1253,1748,1755,1809,1856,1965,1994,2190,2227
焦延壽/97(2),1751,1913,2025,2037
焦以敬/454
焦袁熹/1891
焦振鵬/1119
焦之夏/2247
嬌德/80,541
膠西逸叟/1391
皎然/984,1980,2123,2141

揭傒斯/1974,2130,2202
劫後生/1456
傑克/1428(3)
介克/791
介亭/2090
芥川龍之介/1507
堺利彥/513
今村亮/1654,1655
今關天彭/50
今西春秋/323
今西龍/471
今澤慈海/2390
今中次麿/818
金安清/256
金百順/179
金保康/834
金堡/1873
金葆光/682,726
金賁亨/1899
金伯銘/695
金步瀛/1678,2362(2),
2385
金長佑/818
金朝覲/1867
金宸樞/1677
金城/322,1137
金澄/27
金大車/2254
金大輿/2254
金德純/1869
金德建/2369
金丁/186
金東平/353
金斗奉/471
金鶚/1924
金爾尼斯特/1706
金筏初/102
金帆/1181
金烽/691
金福佑/1006
金公亮/42,992
金恭/1550
金古良/2052
金廣泳/2383
金湝生/1067
金國寶/621,659,691,
696,711
金國璞/1380
金國珍/699,700
金和/1112(2)
金惠/806
金吉堂/143
金集/1200
金家鳳/671
金江/2249
金景芳/11
金敬淵/1807
金九經/508,2037(3)
金秬香/999,1000
金涓/1963
金君卿/1019
金開英/1684
金科豫/1867
金克木/1182
金蘭生/91
金雷/502
金立煌/427
金立輝/427
金良驥/434
金梁/186(3),320,322
(2),325(2),333,431,
1137(2),1565,1597
金履祥/1089,1901(2),
1957,1962,2013
金鑾/1747
金輪海/638,1672
金曼輝/386
金門詔/1776,1881
金瀰格/134
金民天/1106
金泯瀾/528
金敏甫/2386,2387,2388
金溟若/191,239,1169,
2359
金鳴盛/766,850,864
金木山人/1383
金尼閣/946
金念祖/479
金農/1537(5),1544(3),
1586,2056,2060,2067
金蟠/17,18,24,25,31,927
金其源/2368
金且同/154
金擎宇/425,426
金人瑞/1485
金人瑞[金聖歎]/1012
金仁傑/1260
金榮/1100
金汝礪/2376
金汝盛/1095
金潤璧/433
金聲/78
金聖歎/102,1324,1381
金詩伯/895
金石聲/1455
金石文/1665
金士堅/434
金士宣/674(4)
金式如/971
金受申/48,68,2366
金叔遠/228
金松喬/320
金粟頭陀/1258
金檀/1091(2)
金湯/1055
金濤/2375
金天錫/605
金天羽/1181(3)
金天柱/141
金廷蔚/650
金文翰/1067
金文華/391
金息侯/336
金錫鬯/163
金星軺/1882
金絜如/75
金鉉/1965
金冶井谷/833
金一明/1611
金頤增/2182
金纓/1490(2)
金盈之/1873
金幼孜/1850,1851,2170
金幼孜[金善]/2199
金玉岡/2181
金毓黻/156,262,263,295,
389(3),1868(2),1870
(4),2370(2),2372
金元鈺/1542
金原省吾/1559
金岳霖/84
金鉞/929,2181
金雲銘/228,2378
金允高/1072
金允植/1200
金曾澄/282,1181
金湛廬/1480
金兆蕃/1114,1137,1239,
2225(3),2226(3)
金兆豐/231,295,304,324
金兆棪/211
金兆梓/272,285,286(2),
483,485,921,951,978,
2343
金照/598(3)
金震/1181
金正喜/1807,1959(2)
金知温/1498
金埴/2055
金志安/101
金仲華/242,244,247,352,
515(2),830,889
金子久/1666
金子馬治/535
金子築水[馬治]/79
金紫光/1287
金宗鎬/191
金惣特/106
金祖孟/364
金祖同/154(2),168,174
津田左右吉/48,387
襟霞閣主[襟亞]/1484,
1486
襟霞閣主[平衡]/1491
襟霞閣主人/2163
襟霞閣主人[平衡]/866
襟亞/1377
近藤明/1657
近衛家熙/843
近衛文麿/233
勁雨/409
晉銅鼓齋主人/1565
晉駝/1421
靳策義/1701
靳鞏/528
靳蘄/1480
靳榮藩/395
靳以/1023,1143,1169,
1408(9),1409,1467,
1473
靳以[章方敘]/1408,1409
靳淵然/439
靳雲鵬/1161
京房/8,1857,2025,2070,
2081,2116,2135
京鏜/1210
京圖/99
京相璠/2073,2194
荆浩/1548,1554,1555
荆磐石/273,2338

荆有麟/221,2339
荆執禮/1860
經亨頤/1150
經司頓/1522
經元智/1118
井村熏雄/659
井俊起/2268
井上翠/1504
井上圓了/96
井水/1458
井蔚卿/880
井巖盾/585
景昌極/39,919
景大啟/395
景方昶/1867
景渙/1715
景焕/1357,1720
景宋/1138
景宋[許廣平]/219(2),
1138
景學鈐/746
景學鑄/1681
景幼南/38,84
景雲/511
警民/212
警衆/1425
淨覺/2037
敬安/1120,2034
敬虛子/2009
敬隱漁/1446
敬之/246,294
境野哲/125
静光/1650
静琴/1694
静志女史/1478
鏡昇/622
鏡松/357
鳩摩羅什/111,117(8),
118(2),119,121,123
九龍真逸[陳伯陶]/191
久保得二[天隨]/1199
久保田晴光/1658
居巢/1541(2)
居衡/861
居覺生[居正]/222
居溥/1109
居益鋐/1240
居月/1359,1728
居正/232
居之敬/2374
駒井和愛/504
鞠承潁/890
鞠清遠/616,699
菊池寬/1506
菊池貞二/388
菊華/335
橘春暉/1654
倦遊逸叟/1250
狷盦/1134
倔道人/2382
崛内文次郎/1660
覺澂/2237
君實/2110
君朔/1527(2)
君羊/786
俊生/1056,1062(3),
1401,1482,1487

K

卡達耶夫/1517
卡爾/81,243
卡爾・馬克思/485
卡爾佛登/919
卡拉施尼柯夫/894
卡耐基/90
卡儂/1639
卡贊寧/623
凱豐/88
堪頒布爾/1687
堪伯路/1532
坎寧亨/81
坎人[郭沫若]/1513
闞鐸/175,381,1386,1601
(2)
闞騶/1998,2246
康白情/1142
康璧城/1007
康從理/2227
康丹/345
康定/1187
康恩/234
康范生/255
康福民/134
康光鑒/63
康海/1093,1256,1270,
2003
康煥楝/855,868,869
康基田/1686
康進之/1266
康乃心/2247
康南海/1124
康駢/1710,1756,2030
康僧鎧/123
康生/553
康士坦丁諾夫/80,534
康斯坦丁諾夫/534
康耀辰/201
康有爲/4(4),21,29,48,
200,334,338,606,705,
721(3),726,731,848,
1124(6),1125(5),
1129,1130,1484,1560
(2),1565,1620,2033,
2034,2364,2371
康與之/1329,1355,1723
康濯/1408(2),1467
亢倉子[庚桑楚]/2049
亢真化/801
抗敵老人/280
考夫卡/1638
考活/1678
考克蘭德/1513
柯・萊賽/238
柯庵/2337
柯柏年/498,539,542,
604,962
柯昌濟/2311(3)
柯昌頤/197
柯敦伯/197,1009
柯爾夫婦/614
柯伐列夫/509
柯橫/61,75
柯槐青/971
柯璜/104
柯九思/1580,2212,2213
柯藍/589(2),1473,1501
柯淩漢/855,856,864
柯靈/1161,1169,1305(2)
柯侖泰/513
柯南・道爾/1514
柯南達利/1523,1524,1526
(2),1527
柯南李登/1531
柯琴/1939
柯寨/235
柯劭慜/1120
柯劭忞/25(2),311(3),
318,1125
柯台山/408,723
柯特威斯圖/218
柯維騏/308
柯錫列夫/519
柯象峰/397,523,620
柯雪飛/542
柯寅/432
柯瀛/609,1697
柯政和/1601
柯志巴綏夫/2323
柯志仁/1660
柯仲平/1183,1192,1290
珂羅倔倫/23
科爾内楚克/545
科南達利/1523(3),1524
可竹軒主人/1582
克伯屈/870
克夫/1027
克拉維約/269(2)
克萊德/387
克老山維兹/1693
克雷莫夫/546
克里孟索/1510
克魯泡特金/88,499(2),
500(3),600(3),

601,610
克農/1456
克全/356
克仁/292
克胥/694
刻提斯/1672
客溪樵隱/316
肯列/689
空海/967
孔安國/25,1812,2088,2115,2135,2158
孔常/2113
孔晁/298,299,1858,2015,2063,2081,2087,2117,2136
孔傳/2007
孔達/1595
孔德/1603
孔邇/1993
孔繁霖/222,851,1473
孔鮒/54,69(3),1732,1750,1858,1902,1928,2062,2118
孔廣彬/177
孔廣海/439
孔廣居/1927
孔廣林/1279,2012
孔廣牧/1770,1772,1935
孔廣森/20,937,1106,1924,1976,2066,2070,2102(3)
孔廣鏞/2380
孔伋/2196
孔繼芬/1118
孔繼涵/1617
孔繼鑅/1110
孔繼堯/1550
孔厥/592,1414(3)
孔令甲/1128
孔令偉/487
孔另境/663,976,1147(2),1292(3),1323,1481,2338
孔平仲/1042,1329,1337,1723,1861,1893,1987,1990,2151,2204,2328(2)
孔慶萊/1635(2)
孔融/1016,1071
孔尚任/1277,1281(2),1539,2310
孔士諤/820
孔倜/1730
孔廷章/366
孔文卿/1259
孔文仲/1042,1047(2),2204
孔武仲/1042,2204
孔憲鏗/739
孔祥百/1128
孔祥鐸/1707
孔祥霖/165,2370(2)
孔祥熙/189,376
孔雪雄/636
孔衍/301,2081
孔衍栻/1536,2067
孔曄/1339
孔穎達/8,12(2),14(2),19(4),22(4),1644,2088
孔元措/103,2007,2049
孔雲白/1593
孔昭度/461
孔昭焱/851
孔昭曾/393,438
孔志澄/233,631,704,711,818
孔仲南/954
寇守信/1490
寇準/1018,1081,2248
寇宗奭/1940,2120,2138
枯雷頓/84
苦海餘生/1608
蒯德模/1113
匡超/439
匡亞明/496
狂生斯威佛特/1520
況卜娛/2338
況又韓/1232
況周頤/1226,1238,2292(8)
鄺海量/1407
鄺露/1332,1999
鄺明清/831
鄺念慈/791
鄺松光/692,1690
鄺玉葵/2333
鄺震鳴/892,897(2)
曠望生/1824
窺基/106(4),107(7),117,120
揆敘/1101
魁陞/177
夔德義/37
昆岡/738
髡殘/1581

L

L. Brontman/246
L. I. Moffett/1636
L. 索勃列夫/1517
Lewis Carroll/1497(2)
Luang Wijit Watkan/477
拉柴列甫/485
拉德克/292
拉姆貝爾/1192
拉蘇莫夫斯基/533
蠟山政道/522
來集之/955
來青閣主人/1248
來瑞/241
來裕恂/949,1160
萊姆斯/613
萊維/125
賴承裕/1174
賴德懋爾/367
賴季宏/704
賴際熙/461(2)
賴克思堡/838
賴彥于/413
賴志衍/805
賴佐唐/449
瀨江濁物/222
藍鼎元/1380
藍光策/1160
藍海/1010
藍浦/1542
藍文海/907
藍文徵/306
藍瑛/1580
藍孕歐/387
闌莊/1360
蘭陵女史/2327
蘭茂/414,940
蘭自我/49
爛柯/1137
爛柯山人/1336
爛柯山人[章行嚴]/1456
郎承詵/446
郎擎霄/31,58,66,615,803
郎士寧/1580(2)
郎廷槐/996,1980
郎廷極/1925,1980
郎醒石/775
郎曄/1020,2127,2145
郎瑛/1362,2330
朗格/36
浪舟/1607
勞達夫/559
勞紡/86
勞幹/164
勞格/1774,1888
勞和/911
勞經/1792
勞乃宣/439,1137
勞潼/1921
勞孝輿/1956
勞亦安/385
勞貞一/301
老吏/321(2)
老馬/1436
老舍/918,1031,1064,1182

(5),1312(5),1320,
1402,1403,1405,1463
(11),1464(11),1465
(6),1476(2),1495
老舍[舒慶春]/1463,1464
老太婆[許興凱]/1411
老談/1336(3),1396(2)
老向/1146(3),1169,1411
老朽/340
老子/2121,2139
勒白朗/1510
勒東路易/1529
勒方錡/1225
勒格克司/1532
勒基/499
勒克斯洛德/1639
樂林司郎治/1522
樂山人/1383
樂天居士[孫毓修]/315
雷補同/1130
雷琛/1617
雷澄林/503
雷次宗/1342,2072,2074
雷飛鵬/1149
雷斐德/632
雷圭元/1599
雷海宗/240,263,293
雷輯輝/710
雷季尚/541
雷加/1421
雷家駿/1593
雷瑊/991
雷瑨/734,991(2),1027,
1030,1031,1052,1053,
1086,1494(2),2040
雷君彥/1062,1477
雷可升/459
雷亮功/318
雷琳/1149
雷石榆/1149
雷通群/883,900,907
雷香庭/2335
雷斅/1645
雷學淇/298,1891,1959,
2015
雷延壽/736
雷乙鳴/501
雷殷/284,763
雷宇同/291
雷振華/130
雷震/94,183,322,414
雷正琪/1670
雷鍾德/1118
雷鐏/1959
累那爾/614
冷昌言/1032
冷風/1367
冷紅生/1510
冷紅生[林紓]/1434
冷謙/1946,2177
冷秋江/1096
冷士嵋/1099
黎澄/1361,1851,1879,
2005
黎德芬/440
黎東方/60,82,238(2),
291,293(2),298
黎耳[瑞爾]/485
黎二樵[簡]/1078
黎風/1401
黎光/1426
黎光明/314
黎國廉/1238
黎熯生/823
黎浩亭/1600(2)
黎暉/1308
黎簡/1105,1583
黎傑/381
黎傑材/672
黎錦暉/953,1320,1500
黎錦明/919,1153,1426(2),
1465,1466,1467,1468
黎錦熙/43,231,380,429,
444(2),925,943(3),
947,948(2),953(5),
957,963,976,1280
黎晉偉/413,421
黎經誥/929
黎景珊/2354
黎久/2188
黎久之/1803
黎君亮/919
黎立武/1901,2174(4)
黎烈文/909(2),1189,
1379(2),1381,1469,
1507,1509
黎民魂/355
黎民壽/2172
黎明/948
黎乃涵[黎澍]/336
黎朋/501(2),1642
黎青/1153,1602,1603
黎騷/841,1099
黎士宏/2002,2053,2181
黎世衡/612,616
黎庶昌/1058(2),1930,
2193
黎庶燾/2243
黎庶蕃/2243
黎遂球/1815,1900,2068,
2198,2208
黎廷瑞/1213,2203
黎維嶽/944
黎文輝/803
黎祥品/462
黎翼群/948
黎永椿/933(2)
黎豫樟/2336
黎元洪/733(4)
黎兆勳/2243,2278
黎照寰/773
黎震寰/676
黎正甫/257,477
黎之/1186
黎子雲/411
蠡舟/277
李安唐/443
李安宅/18,101,367,
1551,1643
李昂/383,557,2340
李翺/1079,1346,1348,
1350,1724,1758,1760,
1763,1954,2020,2027,
2106,2124,2141,2146,
2166
李白/1074(5),1956,
2093,2109,2123
李白鳳/1441
李白水/1604
李白英/280,1307
李百川/1387(2)
李百藥/249,306
李邦棟/474
李邦黻/2262
李保/1731
李葆恂/1122(2),1557
李寶嘉/998
李寶淦/54,292,1164
李抱宏/287
李本固/1846,2001,2197
李壁/1082(2)
李彬/703
李濱/1576
李丙榮/453
李秉衡/731
李秉彝/809
李炳/1649
李炳煥/609
李炳衛/363,964
李伯嘉/2364
李伯球/209,547
李伯通/1396,1441
李伯賢/1683
李伯元/1390(3)
李伯元[寶嘉]/1318
李伯釗/569
李搏程/1184
李步青/895,1789(2)
李材/74
李滄/1636
李滄溟[攀龍]/1035
李昌來/90
李昌齡/1745,2049
李昌隆/657
李昌祺/1376,1748
李長傅/265,273,404,473
(2),475,823(3)
李長祥/1096,1808,1975
李長之/195,196,197,221,
1165,1515,1563,2340
李超孫/2006,2065,2153
李超英/620,698,893
李朝鎏/1134(2)
李朝威/1351,1761,1984
李辰冬/971,1194,1324,
1385
李成/1555
李成霖/1708
李承三/398
李誠/373,2212
李誠毅/348
李澄叟/1546,1555
李澄宇/1485,1531,2311
(3),2312
李沖昭/1996
李琡/1895,2151
李崇淮/715
李崇基/39
李崇元/1001
李初梨/597

李楚材/1195
李處權/1019
李春芳/1094,1384
李春霖/955
李春坪/225
李春榮/1386
李春曦/464
李春昱/1626,1683
李春元/2327
李純青/408,468,469,1164
李淳風/1618,1619,1716,1720,1787(4),1788,1931(2),1932(4),1933,2120(2)
李綽/1326,1345,1755,1986
李詞傭/1239
李慈銘/204(2),297,302,456,990,1115(4),1225,1236(2),1237,1250,2054,2061,2381
李次民/631,1706
李次山/723
李次温/791
李從心/442,634
李從周/1925
李達/483,497(2),532,534,613,620,681,689
李大防/46,1239
李大明/824,2340
李大年/662,696
李大中/1096
李岱青/361
李待琛/411,483
李旦丘/152,153,161
李澹吾/1477
李道純/1214
李道平/1110,1900
李道清/1162
李道在/222
李德啟/2374
李德裕/1079,1327,1345,1347,1348,1731,1736,1756,1758,1892,1960,2125,2142,2166,2178
李登/2076
李登雲/456
李滌生/579
李杕/1095
李殿圖/203
李調元/1203,1241,1244,1245,1828,1896,1897,1901,1917,1919,1923,1925,1928,1929,1935(2),1937,1948,1949,1957,1958,1969,1976,1979,1980,1982,1983,1995,1999,2002,2003,2007,2024,2339(2)
李鼎/1817,1995
李鼎芳/206
李鼎聲/2356
李鼎聲[平心]/191,326
李鼎禧/449
李鼎祚/8,1898,2025
李定夷/236,312,1397(2),1426,1441,1456,1457
李東陽/987,1844,1978,2020,2175
李侗/1963
李斗/1241,1686,2227
李杜/429(2)
李惇/2045
李多興/2340
李恩綬/453,955,1120
李耳/54
李耳[老子]/57
李發才/358
李凡/1599
李凡夫/616
李蕃/491
李蘩/1348,1760,2167
李方桂/936,1502(2)
李方進/604
李方膺/1584
李芳階/442
李昉/1367(2),1871,2354
李放/1122,1552,1558,1789,1867(2)
李朏/1339
李芾甘/499,1024,1164,1444(2)
李芾甘[巴金]/1402,1406
李風公/1600
李奉璋/435
李鳳苞/2006
李鳳公/1600
李鳳蓀/1675
李敷仁/595
李孚青/1022(3)
李扶九/1059
李拂一/415(2)
李涪/1793,2062
李符/1222
李紱/1087,1483
李輔/1866
李黼平/980,1108
李富孫/1900,1981,2014(4),2065,2153(2)
李復言/1347,1376,1719,1764,2049,2172
李概/2076
李幹忱/96
李剛濱/1239
李綱/309,2021
李皋/2219
李杲/1647,1648,1937,1939,1940
李格非/1724
李根源/168(2),169,180,372,404,1069,1134,2155,2340
李賡芸/1897
李公耳/1679
李公凡/1446,2350
李公煥/2122,2140
李公麟/1580
李公樸/345,353,876,896
李公佐/1326,1762(2)
李塨/1041,1768(4),1769(11),1907(2),1915(2),1922,1924,1953,1954,1959,1975,2010,2012
李鼒/1967
李覯/1044,1049,2127,2144
李孤帆/675
李觀/1960
李觀瀾/870(2)
李觀森/217
李灌時/601
李光地/54,940
李光霽/2258
李光廷/1874
李光夏/867
李光炘/1120
李光宇/443
李光原/592
李光昭/434
李光忠/614
李廣田/919,922,990,1023,1194(2),1195,1440(2)
李圭/254,525
李軌/50,51,70,2119,2137,2215
李袞/1781,1782,2330
李國幹/420
李國傑/1165
李國模/1232
李國柱/423
李果/11,1929
李海奇/1311
李涵秋/1390(3)
李涵虛/127
李漢/1076(2),1594
李漢魂/226,480(2)
李漢俊/513
李翰穎/1867
李瀚/1813,1922
李瀚章/1111
李好古/1266
李浩培/666
李浩吾/874
李何林/221,980,1011(2),1324
李何煒/2219
李賀/1077(2),1078,2035,2048,2124,2141
李鶴鳴/840
李衡之/541
李洪/1210
李紅葉[鯤]/1164
李鋐/1503
李鴻綸/338
李鴻章/252(2),732(2),1033(2),1059,1485
李華卿/980,1380
李化龍/2023
李化柟/1976
李樺/1592
李寰/421,1066
李璜/239,508,723
李簧/1104
李暉吉/955(2)
李輝英/567,1171,1403,1427,1446,1458,1496
李會嘉/1541
李積新/635

李積貞/449
李吉甫/364,1847,1998
李籍/233,1787
李季/42(2),256(2),279,504,530,541,613,1195(2)
李季達/497
李季谷/283
李既明/1281
李濟/160,165,166,902,1633
李繼本/2217
李繼煌/48,263,2362
李繼楨/1634
李霽/242
李霽野/90,1192
李家孚/990
李家煥/1916
李家煌/1195
李家瑞/508,960,1321(2)
李嘉/236
李嘉績/146
李嘉言/225
李見荃/442
李建德/657
李建明/790
李建萍/1064
李建文/264
李建勳/873,877,1080(2)
李健/1134
李健兒/205,1559,2340
李健人/441
李健吾/202,1024,1164,1298,1299(2),1300(2),1301,1307(8),1441(3),1457,1468(2),1510(2)
李劍華/526,530,665(2),865
李劍農/327,328(2),714
李薦/1548,1555,1744,1794
李鑒堂/967
李江/1022,1913,2081
李絳/1915
李嶠/1965
李劼人/1445(5)
李絜非/287,388,408
李介/1991
李介人/313
李誡/1598,1893
李金杜/833
李金髮/1165,1191
李錦成/447
李晉華/312,2366
李京/1728
李經野/438,439
李經鈺/1134
李兢西/519
李景漢/392,497,520,626,1287
李景黄/1584
李景康/168,990,1165(2)
李景亮/1765
李景銘/682,700
李景禧/841
李景新/409
李景星/291
李璟/1231,1233(2)
李警衆/1490
李敬齋/936
李靖/1920
李鏡渠/2213
李九思/1705
李菊休/244,913
李厥猷/1556
李君達/706,1503
李俊/742,1673
李俊承/479
李俊甫/1860
李俊民/1213
李峻寰/197
李浚/1345,1346,1711,1732,1763,2037(2),2166
李浚之/27,1559
李駿耀/690
李開福/1556
李開泰/1752,1753
李開先/1094,1276,1543
李楷林/11
李鍇/1022,1102,1868(2)
李衎/1542,1556,1951
李康復/962
李匡乂/1734,1893,2151
李悝/2080
李萊老/1212
李蘭增/432
李冷衷/226,2347
李藜初/396
李俚人/506
李理斐/133
李立/567
李立三/548(2),664
李笠/63,288,980,2364
李笠翁[李漁]/1599
李廉方/974
李濂/394,1782,1985
李聯珪/1163
李良/1130
李良俊/448
李良年/1222,1983(2)
李烈鈞/216,734
李林甫/843,2085
李林馥/1665
李林瀚/1674
李林奎/433
李林松/9,2262
李琳/926
李霖/207,212
李霖燦/415
李淩/1604
李流芳/1540,1581
李流謙/1209
李劉/1087
李柳溪/507
李六如/605
李龍公/1396
李魯/1095
李呂/1209
李麥麥/620
李麥麥[劉胤]/717
李曼瑰/590
李昴英/1219
李夢庚/1569
李夢陽/1093,1365,1800,1905
李孟符/1496
李泌/1327,1762,2026
李勉/552,554,615
李渺世/1485
李明/569
李明架/423
李謨/855
李墨巢/1565,1579
李牧/584
李南力/1401
李南桌/1195
李淖/1739
李能/410
李念文/223
李耦/430
李培/456,1688
李培恩/683
李培南/594
李培天/607
李培元/946
李培枝/463
李彭/2201
李彭老/1212
李頻/1079(2)
李普/562,591
李樸/2011
李樸生/790,2340
李樸園/1551,1552,1553,1607(2)
李祁/1514
李祺生/460
李齊賢/1215,1965
李啟宇/403
李啟沅/1165
李謙/141
李喬蘋/1625
李翹/58,1070
李琴聲/443
李欽彙/808
李青/1611
李青廷/449
李青崖/910,1193,1475,1510
李清/315,2053,2163
李清照/1720,2105
李慶長/425
李慶成/425
李慶芳/1056
李慶銓/1133
李慶森/1287
李慶鏞/588
李筌/1921,2149,2152
李琭/1510
李權/2370
李權時/534,606,608(3),612,614,682,698(2),700,711
李確/372,1021
李群玉/2125,2142,2218
李飪/457
李日華/199,1276,1363,1541(3),1979,2108,2164(3),2330

李溶華/1441
李榮/58
李榮陛/2204(2),2205(2)
李鎔經/1791(2)
李冗/1989
李如圭/1923,1943,2146
李如篪/1889,2096
李如一/1363
李茹/708
李汝珍/1387(3)
李瑞清/1134,1578
李鋭/704,1932
李潤生/575
李潤章/2112
李若立/2155
李若水/308,1424,1972
李薩雪如/1321
李善/1027(4),2133
李善蘭/2102
李鱔/1559
李商隱/1079(5),1349,1715,1757,1995,2125(2),2142(2)
李尚文/974
李尚暲/2262
李少微/2368
李紹崧/22
李紹文/452
李紹武/437
李紹忠/528
李紳/1018(2)
李慎儒/1120
李聲玄/271
李繩武/440
李盛基/2057
李盛謨/441
李聖五/185,388,417,513,603,613,658,725,820,824,838,839,841,875,886,1616
李聖悦/500
李石/1210,1712,1875,1890,1935,2062
李石岑/33(3),36,37(2),38,79,80,81,294,535
李石涵/352
李時/2348(2)
李時珍/1653,1664(2)
李實/1320,1849,1929,2023
李史翼/411
李士淳/1096
李士豪/266,1679
李士勤/1135
李士濤/224
李士瞻/2217
李士珍/528(2)
李世昌/435
李世澄/2233
李世禄/374
李世瑜/517
李世中/1524
李仕良/1116
李栻/2165
李壽齡/1666
李壽卿/1263
李書鼎/443
李書田/373
李漱泉/1507(2)
李樹枏/462
李樹青/126,504
李睡仙/355
李思純/311
李四光/1625,1629(3),1631
李嗣真/1349,1546,1554,1759,2028
李遂/314
李太疎/1573
李泰/2084
李泰初/280
李泰棻/14,161,169,237,241,294,299,363,465
李棠階[文清]/204
李濤/4,1039
李騰蛟/2203
李媞/2262
李天馥/1022
李天根/317,934
李天民/768
李天隨/327
李天秀/444
李天植/1097
李田意/1514
李畋/1354,1710,1716
李鯈/1440
李廷安/1659
李廷翰/900
李廷榮/1866
李廷耀/98
李庭/1215
李仝/2049
李彤/2075
李桐蔚/177
李圖/439
李威/2332
李葳/234
李薇香/1527
李維/990,1916
李維賓/100
李維漢/224
李維翰/1288,1463
李維世/1781
李維樾/2227
李未農/1512
李味青/1165,2262
李蔚然/1134
李温民/279
李文鳳/275
李文漢/1069
李文輝/97
李文傑/711
李文林/1069
李文祷/1593,1611,2357(2)
李文泉/513
李文叔/2062
李文田/1868,2005,2006,2022,2192(3),2294
李文蔚/1262,1267,1268
李文信/165
李文雄/478
李文藻/203,1753,1976,2360
李文釗/1195
李文治/317
李文仲/934,1925
李雯/1220
李西書/165,1569
李西月/127(2)
李希聖/2039,2368
李希同/1144(2)
李熙/459
李錫禎/1165
李俠文/2347
李遐齡/1108
李夏/1294
李夏器/1068
李仙根/447,2005,2180
李先芳/2214
李先良/358
李暹/1784
李咸用/2125,2142
李賢/303,1360,1362,1850(3),2022,2171
李賢濤/101
李顯承/537
李獻民/1369,1712
李獻璋/1476
李祥麟/834
李詳/1751
李響泉/1580
李小峰/499,1499
李曉峰/1131
李曉泠/432
李孝光/1015
李孝美/1590(2)
李肖白/1560(2)
李肖龍/2011
李笑吾/1367
李心傳/309,738,1713,1778,1872,1917,2008,2021(2)
李心衡/2003
李心莊/44
李欣/584
李馨畹/466
李鑫垚/700
李惺/2050(4)
李行道/1264
李雄/1195
李修易/1556
李秀成/332(2)
李秀潔/375
李虚中/2150
李鄦齋[賡芸]/2332
李詡/1872
李旭/218,307,754
李旭旦/376
李續賓/1398
李宣龔/1047,1055,1164,2352
李宣倜/1608
李煊/1835
李玄伯[宗侗]/504
李玄玉[李玉]/1255
李學詩/180
李學訓/800
李雪庵/1879
李雪荔/511,512
李巡/2074

李遜/2161
李遜梅/1378,1496
李遜之/251,314
李延翰/872
李延濟/1027
李延壽/249(2),305,306
李言恭/1785
李衍白/224
李儼/265,1618(3)
李鍈/990
李耀寰/239
李冶/1889,1932(2)
李業/456
李鄴嗣/2231(2),2241(3)
李一超/104
李一鳴/1011
李一删/591
李沂/997
李宜琛/857(2)
李儀祉/1685
李亦人/398
李益/1966
李翊灼/121,125,2053
李逸民/2172
李義駿/1916
李毅士/1078
李毅之/833
李因篤/937,1931,2248
李蔭棠/429
李隱/1326,1347,1712,1726,1757
李英/451
李英元/1080
李應莘/1116
李邕/159,1569(2),1571(3),1572,2216
李顒/75
李攸/308,1917,2148
李友榕/461
李有/1713,2004,2168,2178
李于潢/1782
李瑜/1163
李漁/1097(2),1202,1241,1253,1281,1380,1561,1828,1838,2209
李璵/2164
李宇奇/1707
李玉文/171
李玉汶/968(2)
李浴日/1691(2),1694
李裕/473
李遇春/1697
李遇孫/148(2),1781,1793,1886,2055(2),2183
李煜/1231,1233(3)
李毓田/280,466,818
李豫亨/1362,1905,2176
李豫曾/319,1134
李淵府[賓凱]/1558
李淵碩/203
李淵庭/803
李元/1936
李元弼/721
李元度/185
李元綱/1793,1794,1922,2169
李元陽/463,1093
李元卓/2100
李圓淨/119,1034
李源澄/47,301
李遠/1727
李約瑟/1615
李昀/157
李雲恒/1569
李運隆/435
李則芬/1692
李則綱/262
李澤遠/433
李澤彰/491
李曾伯/934,1229,1925
李曾裕/435
李璋煜/1946
李昭祥/1768
李兆洛/259(3),363(2),1065(3),1536,2011
李兆民/510
李肇/1740,1744,1756,1794,2031,2166
李哲暹/450
李禎/1828
李振湘/575
李振鏞/1005
李震明/406
李震一/401
李鎮華/429
李徵慶/1164
李證剛/11
李之鼎/2361,2362(2)
李之棟/435
李之華/1441
李之屏/639
李之彥/1356,1739,1795
李之儀/1218,1949,1961,2031
李之藻/83(2),1932(2),1933
李直夫/1262
李執中/279,468
李植/942
李植嘉/429
李植泉/491
李至同/1871
李志常/419(2),2005,2100,2163
李志中/575
李致遠/1266
李鷹/1944,1951,1989,2030
李贄/1094
李中/2125,2142
李中馥/157,1332
李中昊/926
李中嚴/635
李中正/1812,1899
李中梓/1649
李鍾漢/770
李鍾珩/444
李鍾珏/217,473,2006(2)
李鍾豫/1251
李仲丹/1131
李仲公/525
李仲融/79,542,1295
李重華/997
李舟/2076
李周翰/1027
李竹候/1196
李竹虛/1096
李鑄晉/236
李卓/168
李卓吾/427,1468
李卓吾[李贄]/1013,1484
李梓材/197
李紫翔/640
李宗諤/1711,1729
李宗昉/2003,2242
李宗黃/776,784,800,804(5),805(2),806,816,817
李宗鍠/447
李宗禕/1237
李宗蓮/150
李宗仁/413,776(2),2339
李宗吾/41,274,1643,2339(4)
李宗武/469
李宗鄴/1111,1227,1257
李宗禕/1237
李祖默/1108
李祖年/437
李祖偉/418
李祖蔭/855
李左庵/1582
李佐賢/1857,1946
李祚輝/609,864
里夫/224
里見常次郎/77
里人何求/1394
力耕/644,1672
力工/1305
力宏/379
力鳴/589,1320
力樹蘐/1525,1529
力斬/592
立華/754
立雲/1287
利登/1040
利類思/134,2006(2)
利瑪竇/1915,1932(2),1933(2),1934
利普斯/34
利璋/461
栗寄滄/618
栗生武夫/511
厲厂樵/1178
厲鶚/991,995,1102(2),1222,1231,1335,1547(3),1548,1775,1821,1863,2002,2021,2066,2132,2191
厲爾康/1694
厲家禎/457
厲式金/461
麗尼/1140,1141,1170,1515
麗尼[郭安仁]/1140,1141
麗亞/548
酈承銓/934
酈道元/372(3),2050,

2118,2136
酈琥/1995
酈禄琦/1617
連横/407
連浚/623
連士升/384
連文鳳/1962
連雅堂/408
廉布/1355,1718
廉臣/556,577,583(2)
廉建中/1142(2)
廉泉/517,1125,1142(3)
廉宣/1820
漣清/1024
蓮儒/1547,1952
蓮塘居士[陳世熙]/1755
俍工/911
俍工[孫俍工]/1325
梁賓/1072
梁伯蔭/459
梁朝傑/1160(2)
梁辰魚/1243,1277,1747
梁崇鼎/462
梁儲/1093
梁萃英/1191
梁達善/1490
梁大鯤/437
梁得所/384,1601,2338
梁鼎芬/1125(2)
梁棟/1046,1051
梁端/194
梁恩覃/443
梁份/2203
梁格/2378(2)
梁恭辰/1377(2),1491,1830
梁觀喜/462
梁光復/1495
梁國正/1828
梁寒操/768,775(2),1160(2)
梁禾青/1529
梁鴻志/1159,1160
梁慧梅/159
梁濟/1126(2)
梁嘉彬/271
梁建章/464
梁敬錞/657,833
梁鏡球/412
梁九圖/1542
梁矩章/674
梁巨文/694
梁寬/23
梁昆/994
梁堃/1010
梁廉夫/1651
梁令嫻/1227
梁龍/666
梁夢龍/1766
梁乃治/1186
梁培熯/462
梁培忠/462
梁岐山/501
梁啟超/40(2),45(4),48,62,63,185,197,200,201,203,261(2),296,334,715,717(2),728,989,1072,1116,1124,1125,1127(12),1128(7),1173,1234,1484,1485,1486,2033,2304(13),2305(17),2306(16),2307(16),2308(16),2309(17),2310(11),2347(3),2364(3)
梁啟讓/451
梁啟雄/67,248(2)
梁啟勳/258,979,1206
梁清標/1221
梁慶椿/633(2),687,689,1675
梁慶桂/1159
梁任公/1485
梁上椿/164
梁紹壬/1110,1241,1824,1829,1863
梁紹文/472
梁盛志/978
梁實秋/716,920(2),1159,1513
梁述孔/1791
梁漱溟/35(2),78,192,215,520,800(2),803,871,895,898,1159(4),2112
梁樹棠/48,1160
梁樹勳/179
梁思成/103,240,808,1598(4)
梁思達/668
梁泰仁/2338
梁天錫/1765
梁天詠/886
梁廷燦/182,1127
梁廷枏/164,190(2),329,1244,1245
梁同書/1335,1538(4),1943,1951,2057,2087
梁蔚卿/1069
梁武帝/1344
梁錫佑/788
梁香/1602
梁孝元皇帝/1751
梁效鈞/1597
梁心/271
梁雪清/789
梁巘/1540,2187
梁彥/819
梁乙真/193,199,399,1004(2),1010,1252
梁逸/2184
梁億/2189
梁寅/1215,1861
梁永康/437
梁友檍/464
梁又銘/756,789
梁玉繩/302,1773(2),1887,1981,2015
梁遇春/202,1185,1307
梁元帝/1343,1546,1555,1904,2006,2076
梁元帝[蕭繹]/181
梁園東/309
梁在平/1603
梁占梅/512
梁章鉅/989,1491(3),1774,1835,1863(2),2016,2331(3),2332
梁昭明太子/1026,2156,2157,2158
梁朝鍾/2198
梁哲若/700
梁楨/663
梁鎮/234
梁中銘/193,790
梁宗岱/910,916,1191,1509
兩極/852
亮樂月/851
寥園主人/2040
廖苾光/982
廖璧光/631
廖道南/2214
廖道謙/714
廖德珍/168
廖恩燾/1232
廖飛鵬/432
廖輔叔/978
廖紀/1108
廖競存/60,721
廖炯然/173
廖覺/506
廖凱聲/489
廖慷/1698
廖立勳/943
廖鳴韶/1532(2)
廖佩鋆/180
廖平/7,2069
廖人祥/887
廖世承/887(2),893
廖世英/449
廖淑倫/48,410,814
廖庶謙/756
廖廷相/1924
廖文奎/91
廖行之/1211
廖琇昆/1525
廖遜我/411
廖燕/1279
廖毅甫/788
廖瑩中/1077,1330,2166
廖源/593
廖芸皋/671
廖仲愷/725(3),1238,1695
廖仲凱[愷]/1238
廖子東/344
廖宗澤/2069
了慰/123
了因數[黃厚光]/87
列昂節夫/534
列德萊/530
列寧/533(5),536(2),538,539(2),553
列文/1640
列禦寇/54,553,1903
列子/64,2121,2139
林靄民/1173
林百克/787(2)
林柏生/715
林保元/377

林葆恒/1053,1228
林伯生/774(2)
林伯渠/572
林伯桐/1956(2)
林伯修[杜國庠]/1436
林博愛/191
林逋/1042,1047,1080,1081,1727,1897,2126,2144
林參天/1450
林長民/850
林長植/16
林昶/1135
林超/641
林朝元/2248
林辰/221
林傳鼎/1641,1642
林傳甲/389,431,432(2)
林淙/969
林存和/658
林大春/1094
林大椿/1228,1233,1235,2227
林大魁/372
林大欽/1093
林淡秋/200,235,343,544,1451(2),1466
林德榮/244
林迭肯/946(3)
林鼎章/857
林東辰/608
林東海/830
林侗/1950
林爾嘉/168,1055(2)
林凡/1515
林昉/1731
林風眠/1553
林豐/1288
林芙美子/1507
林福源/1125
林黻楨/1054
林輔華/133
林輔華[愛倫]/139
林剛/1676
林剛白/1308
林庚/1182
林庚白/1183
林光朝/1045
林光瀓/171,1623
林桂圃/761,772
林國賡/461
林國相/460
林漢達/945
林憾/1186
林翰/739
林豪/460
林和成/641
林鶴鳴/730
林鶴年/1121,2372
林洪/1722(2),1942,2105
林煥平/385,916,980,999
林輝/593
林徽因/1404
林惠祥/96,170(2),174,266,489
林惠元/1512
林慧如/2341
林佶/1100,1868,2132
林紀東/818
林稷/238
林家浚/1122
林家枏/1177
林家瑞/739
林藺庵[時對]/313
林健人/1172(2)
林金相/98
林景熙/1015,1046,1051,1962
林競/384,422
林玨/1449
林君溥/1489
林鈞/148
林俊千/1171
林柯/1308(2)
林科棠/49,85,1618
林克多/1697
林騤/919
林坤/1330,2029
林蘭/1475,1494,1496,1502(3)
林立/235
林礪儒/34,875
林林/1196
林陵/234
林履信/654,1513,2341
林洛/916,1290
林曼青[洪靈菲]/1451
林孟工/312
林木順/408
林穆光/408
林培廬/190(2)
林平/243,660
林萍/93
林樸山/1030
林謙光/2004
林謙三/1602
林琴南/1533
林慶桑/104
林任/977
林榕/1196
林如稷/1289
林如斯/208
林汝珩/878
林蹇/1634
林森/783,1492
林尚仁/1040
林少農/957
林紹年/229,732
林慎思/52(2),1902
林時對/2238
林世勤/1888
林世權[柏生]/849
林紓/6,23,65,291,485(2),969,974,980,1070,1076,1123(7),1498,1510,1511(2),1515,1523(8),1524(14),1525(10),1526(2),1529(7),1530(2),1531(7),1532(6),1533(6),1534(7),1563,1590
林淑華/1449
林曙光/608
林樹臣/1595
林樹熙/1135
林思進/189,1173
林斯德/994
林蘇林/1295
林泰輔/192
林惕安/231
林天明/724,799
林天行/715
林廷琛/867
林廷柯/856
林廷玉/1122
林庭弼/1674
林同/1967
林同濟/240,1197
林萬里[白水]/158
林維英/690
林畏廬/980
林文慶/104
林無雙/208
林夕/218
林希謙/244,830,836
林希逸/1038
林錫光/11
林錫麟/636
林俠子/1688
林曉峰/765
林興炯/410
林興祖/1862
林修竹/1182
林秀/632
林旭/1121
林熏南/1694
林遜之/1160
林炎/171
林燕典/1111
林堯叟/22
林耀華/172(2)
林一新/35(2)
林疑今/1450(2),1475(2),1512
林軼青/188
林義光/16,933
林億/1662(3),2119(2),2120,2137,2138(2)
林懿均/453
林蔭南/958
林尹/939
林英/1615
林應麒/2213
林盈/413
林友蘭/1511
林禹同/307
林語堂/77(2),171,202,208,264(2),907,1002,1026,1063,1168(4),1171(3),1186,1288,1449
林元漢/720
林沅/1065
林遠凡/126
林鉞/2049
林雲銘/1059,1065
林則徐/116,254,732(2),1109,1482,1485(2)
林真/715
林振翰/744,746

林振鏞/528,1695
林震/403
林之光/823
林之奇/1886
林之棠/16,45,2348
林直清/935
林植夫/537,1507
林志茂/446
林志石/95
林志遠/486
林中川/477
林衆可/728
林朱贊/1127
林子英/650
林子中/1728
林宗禮/896,1322
林祖涵/591(2)
林纘春/411
麟慶/373,2381
伶玄/1340,1368,1726,1859,2064
泠風/1529,1530(5)
泠西/1434
凌純聲/172,173,416,1606
凌道揚/640,1676
凌德/1026
凌獨見/1004
凌浩/1104
凌鶴/1302(2)
凌鶴書/461
凌鴻勳/1104
凌奂/1651
凌亢/580,581
凌濛初/1012,1276
凌啟鴻/380,1158
凌青/344,467
凌善清/330,377,846,1227,1283(2)
凌紹雯/961(3)
凌叔華/1434(3)
凌曙/1748,2014
凌泗/1116
凌惕安/185,415
凌廷堪/1223,1603,1923,1953,1982,2102,2222(2)
凌文淵/712,744
凌霞/1113,1865
凌揚藻/1890
凌堯倫/456
凌煜/2255
凌雲翰/1215
凌雲生/1396
鈴村串宇/460
鈴木虎雄/225,999,1008(2)
靈澈/1348,1759
靈慧[周爲奇]/129
靈君/1412
嶺光電/400
令狐澄/1351,1738
令狐德棻/249,306
流金/1191
留庵/2358
留春閣小史/1248
留仙後人/1377
留正/1860
劉安/53,70(2),1751,1904,1913(2),2081,2120,2138
劉安瀾/1121
劉安世/731,1919
劉白羽/566,568,573,581,1198(2),1404,1407,1458(3)
劉百川/343,896,897
劉百閔/49,828
劉攽/984,1083,1743,1796,1870,1954,1960,1977,2028,2048
劉半農/950,1177
劉半農[劉復]/285,950
劉邦/746
劉邦鼎/2261
劉邦驥/1692
劉寶楠/29(3),1771,1772,1981
劉寶書/483
劉寶泰/2375
劉北汜/1197,1472
劉表/2070
劉秉麟/604,605,650,698,705,708
劉秉忠/101
劉昞/1750,1859,2018,2120
劉炳/2203
劉炳恩/385
劉炳藜/502,632,762,765
劉伯/1648,1662
劉伯誠/1701
劉伯剛/614
劉伯奎/275,284,476
劉伯明/79
劉伯明[經庶]/80
劉伯明[劉經庶]/82
劉伯温/102
劉不同/767
劉滄浪/1310
劉草衣/1178
劉昌/1331,1361,1611,1855,1990
劉昌詩/1895
劉長華/2261(3)
劉長卿/1075(2),1966,2123,2141
劉敞/5,1083,1904,1960,2013,2174
劉朝陽/259,1622
劉辰/1841
劉辰翁/1086,1212,2092,2129,2202
劉成禺/338,1178
劉承幹/8,18,150(2),167,169,229,305,313,392,998,1022(4),1114,2268,2338,2359,2381
劉承漢/677
劉城/1817
劉誠甫/1601,1605
劉澄清/519
劉崇本/433,435
劉崇遠/1346,1718,1756,1989
劉楚湘/338
劉傳瑩/1901
劉春堂/452
劉椿年/959
劉純/1649
劉慈孚/2238
劉次源/11
劉次莊/1797,1950
劉粹恩/1064,1170
劉存/1718
劉達/1608
劉達人/478,830,837
劉達武/463,1173
劉大白/259(2),982,1006(2),1169,1178(2),1184,1186
劉大傑/912,920,1006,1012,1061,1198,1297,1405,1436,1454(2),1459(2),1465,1508,1511,1514
劉大鈞/611,645,653(4),654,814,832
劉大年/835
劉大勤/996
劉大元/791
劉道醇/1555
劉道薈/2083
劉道開/121
劉燾/1346
劉德暄/842
劉德儀/1116
劉定之/1332,1361,1849,2023,2170,2200
劉東生[兑]/1280
劉端生/646
劉敦元/1110
劉敦楨/380,1598,1620
劉墩/461
劉鶚/151,1391(4)
劉爾炘/445
劉法曾/26,319
劉範猷/191
劉方矩/488
劉坊/1102
劉斐/1689
劉奮熙/1121
劉逢源/1969
劉鳳/1853,2009(2)
劉鳳誥/1075
劉孚京/1121
劉富梁/1254
劉復/167,215,333,907,939,950(3),960,1177,1184,1321,1602
劉賡/1913
劉公任/304,1695
劉公旭/448
劉恭冕/29(2),1772
劉共之/1194
劉貫一/347
劉光蕡/1117,2248
劉光華/643
劉光藜/730
劉光炎/830

劉國斌/438
劉國昌/433
劉國定/1178
劉國鈞/2387,2388(2)
劉國明/708
劉過/1037,1210,1218,1966
劉海涵/2196(3),2197(8)
劉海生/354
劉海粟/480,1562,1579,1589(2)
劉含章/857
劉翰/1040
劉翰棻/1136,1239(2)
劉衡/1916
劉蘅靜/851
劉洪/2080
劉洪闢/450
劉鴻煥/170
劉鴻漸/864
劉鴻逵/432,442
劉鴻書/434
劉鴻萬/612,662
劉虎如/245,261(2),383,418,422,472,475
劉華瑞/160
劉懷仁/339
劉瓛/2071(2)
劉徽/1619,1787,1931,1933,2120
劉惠之/293
劉惠宗/1869
劉豁公/1283(2)
劉基/54,97,99,101,1091,1803,1913,1974,2131,2188
劉璣/1906
劉績/2214,2215
劉及辰/605
劉佶/446,1788,2163
劉季辰/425(2),1628,1683
劉季子/1228
劉紀澤/2358
劉濟群/1170
劉繼宣/797,823
劉繼增/1117
劉佳/1292
劉家駒/424
劉家謀/1780,2183
劉家水/1379
劉嘉猷/1178
劉建康/1615
劉建韶/458
劉建翁/1398
劉健/2200
劉健群/783
劉健之/1570(3)
劉劍横/532
劉鑒/5(2),93
劉將孫/1214
劉階平/621,651
劉傑/626
劉節/166,170
劉絜敖/514,652,683,846
劉介/878
劉介廉/140(4)
劉金泉/674
劉金聲/1612
劉瑾/1953,2147
劉錦標/11(2)
劉錦堂/438
劉錦文/1891
劉錦藻/738,2259
劉經庵/1320(2)
劉景堂/1239
劉景文/429
劉璟/2230
劉淨密/128
劉敬/460
劉敬叔/1326,1341,2031
劉靖宇/439
劉靜蘅/1460
劉靜文/848,850(2)
劉靜陽/93
劉覺/184
劉覺民/613,696
劉鈞/1822
劉鈞仁/363
劉俊/736
劉開榮/1324
劉侃元/40,532
劉軻/1892,1972
劉克莊/987,1045,1050,1211,1218,1229,1872(2),1948,1978,2032,2115,2129,2191
劉揆一/218
劉焜/334
劉覽之/1056
劉朗泉/858
劉立千/124,125
劉蓮青/440
劉聯珂/517(2)
劉璉/2229
劉良/1027
劉良模/1310
劉麟生/265,364,717,915(2),969,991(2),1000,1006,1032,1228,1239,2359
劉柳影/791
劉陸民/766
劉履/1026
劉履芬/1225
劉鑾/1752,1827
劉曼卿/424
劉茂華/1674
劉懋官/444
劉美麗/1642
劉夢揚/808
劉蒙/1737,1799,1826,1936
劉謐/1915
劉冕執/691
劉敏誠/1497
劉敏中/253,1213,2022,2147
劉名譽/29
劉明水/2348,2349
劉慕耘/1286
劉乃誠/723,739,806
劉訥言/1350
劉泥清/1136
劉盼遂/441,442,924(3),939
劉培德/446
劉平/820,863
劉魄生/1383
劉奇/84,923
劉淇/950,1136
劉跂/1357,1715,1961
劉祺/178
劉麒麟/179
劉起凡/1869
劉啟戈/240
劉啟瑞/1136
劉謙之/2017,2083
劉潛/1112
劉强/38
劉清楊/563
劉群/91,548
劉人俊/450
劉人駿/1122
劉仁甫/380
劉仁航/1660,1661
劉任濤/1309
劉如輝/178
劉儒/945,959
劉汝霖/43(2)
劉瑞恒/1665
劉瑞璘/442
劉潤圃/1492
劉若谷/101
劉若詩/84
劉若愚/313,2022,2038
劉善述/701
劉尚友/317,1784
劉少奇/350(2),534,553(6),555(2),562,571,572,573(5),594(2)
劉劭/72,1750,1785,1859,2081,2120,2151
劉紹寬/1136(2)
劉詵/1214
劉慎詒/1136
劉聲木/2297(7),2298(15)
劉聲元/373
劉盛亞/1295,1382
劉師復/601(2)
劉師培/181(2),951,1008,1139,1254,1753,2315(14),2316(17),2317(16),2318(17),2319(11)
劉石心/815
劉時舉/309,2021
劉士木/472,475,821,822,882
劉世長/727
劉世傳/522
劉世珩/1275(3),1277
劉世教/2246
劉世傑/416
劉世仁/708
劉仕義/1362,1856,1992
劉叔琴/1634
劉書年/1891
劉書旗/433
劉淑英/1096

劉恕/2117,2136
劉樹屏/826(2),832
劉樹鑫/435
劉爽/431
劉水/534
劉思慕/245,468,469,2393
劉思訓/1553
劉思源/428
劉泗橋/1666
劉嗣綰/1223
劉肅/1756,1986
劉餗/1326,1722,1727,1755,2166
劉台拱/1772
劉坦/288
劉唐卿/1268
劉體仁/1202,1206,1536(2),1949,2154
劉體恕/91,128
劉體智/162(3)
劉天和/375
劉天錫/449
劉天予/499,537
劉鐵冷/734,801,971,977,1459,1461,1475,1477
劉廷芳/140,1473
劉廷鳳/451
劉廷璣/1241,1867
劉廷遴/941
劉蛻/1972,2125,2142,2154,2218
劉完素/1938(2),1939(2)
劉萬源/436
劉萬章/411,1233,1322
劉王立明/515
劉望蘇/684
劉惟志/1554
劉維坊/1597(2)
劉蔚如/2342
劉霨淩/846
劉文典/66,2342
劉文海/397
劉文玠/183
劉文瀾/101
劉文敏/1685
劉文淇/1536,1775,1997,2228
劉文泰/1664
劉文蔚/971,1036
劉文儼/1597
劉伍夫/2386,2387
劉悟元/127
劉西渭[李健吾]/980(2)
劉希寧/293
劉熙/450,928,1748,1928,2061,2074,2103,2116
劉熙載/1204,1241
劉羲仲/2026,2199
劉錫蕃/173,174
劉錫鴻/2006
劉錫琳/582(2)
劉錫齡/691
劉錫信/2001
劉喜海/147,163,169,1865(2),1946
劉禧延/1242,1897
劉仙倫/1040
劉先觀/385
劉咸/1615(2),1636
劉咸炘/66,291,2314(3),2315(3),2358
劉咸滎/446
劉獻捷/1708
劉獻廷/1862,1994
劉湘/446
劉湘客/316
劉庠/1114,2199
劉向/60,70(4),194,300,1065,1070,1341,1730,1749(3),1751,1858(2),1902(2),1958,2008,2009,2010,2044,2064,2074,2081,2084,2101,2107,2117,2118(3),2136,2137,2194(3)
劉象豫/1791
劉曉桑/1695
劉孝標/2121,2139,2327(4)
劉孝孫/1340,1358,1788,1932,2178
劉效藜/817
劉熽芬/1069
劉勰/72,982(9),1751,1785,1859,1981,2134
劉心學/2163
劉心瑶/1536
劉欣期/2005
劉新桂/436
劉歆/1340,1714,1751,2063,2081,2087,2121,2139,2165,2194,2246,2327
劉興樾/2219
劉熊祥/271,284
劉修如/765(3)
劉修業/910(2),2365
劉昫/249,306,1880
劉續/52
劉瑄/1862,1957
劉選民/2385
劉炫/2074(2)
劉學海/563
劉學箕/1212
劉雪蕉/1475
劉熏宇/1620
劉壎/1213,1889
劉恂/1326,1348,1727,1757,1999
劉荀/1906
劉亞/1603
劉延陵/1530
劉延世/1329,1737,1796
劉炎/1691,1802,1906
劉弇/1048,1208,2202
劉衍淮/1673
劉彥/274(4),282,834
劉掞/2219(2)
劉燕谷/49
劉仰之/843
劉垚/529
劉耀東/1179,2229(2)
劉耀桑/608
劉一鶚/563
劉一飛/193
劉一明/2024(4)
劉一清/1716
劉一止/1209
劉宜之/532
劉以𢠽/1452
劉以鍾/38
劉易士傑/1512
劉異/278
劉義方/1708
劉義慶/1340(3),1712,1744,1751,2121,2139,2165,2327(4)
劉廙/1873
劉毅/724
劉熼元/731
劉翼/1039
劉翼南/1091
劉因/1213,1230,1963,2129
劉因之/2255
劉蔭岐/439
劉寅/1688
劉英士/512
劉應時/1966,2237
劉瀛/1837
劉墉/1576
劉永德/809
劉永濟/56,982,1006,1034
劉永植/369
劉有定/1548
劉幼新/1528,1530
劉宇/927
劉宇光/1006
劉禹錫/1078(2),1795,1904,1959,2124,2141
劉語石/1239
劉玉/1991
劉玉麐/1771,1928
劉郁/2169,2181
劉馭萬/274
劉毓珂/463
劉毓盤/1006,1206
劉毓崧/1114
劉御/574
劉元凱/2059
劉元卿/1993
劉元慶/1112
劉元熙/447
劉沅/27,2280(15),2281(9)
劉源/2052
劉源溥/1866
劉粵聲/138
劉雲/485
劉雲份/1176
劉雲若/1458(2)
劉筠/1916
劉檃壽/453
劉允鵬/1916
劉運熙/461
劉宰/1046,1088
劉載賡[昶]/63
劉再蘇/378,1058,1493,1576(2)

劉澡/899
劉藻/2243
劉澤沛/1186
劉澤榮/284
劉賾/941
劉兆吉/977,1321
劉珍/304,2214
劉貞安/446
劉貞晦/1006
劉真/49,879
劉楨/1016
劉枕青/1559
劉振東/377,400,691(2)
劉振統/965
劉震/862
劉鎮華/440,852
劉鎮泉/613
劉鎮中/862
劉正平/1064
劉正學/450
劉芝明/224(2),611
劉知幾/261(3),262(4),
2118,2136
劉直/1489
劉志宏/894
劉治平/967
劉峙/1693,1695
劉致平/1598
劉智/141,2253
劉摯/1961
劉中龢/267
劉忠/29
劉鍾英/435(2),857
劉鍾岳/867
劉仲甫/2150
劉仲璟/1362,1849
劉仲廉/619
劉仲容/83
劉書/56,1750,1904
劉莊/818
劉子芬/1549(2)
劉子翬/1044,1049,1087,
1209
劉子敬/448
劉子静/67,136
劉子久/571,596
劉子翔/439
劉宗堯/462
劉宗彝/1122
劉宗周/1915
劉祖春/1472
劉尊棋/486,630
劉佐人/687,695,741(2)
鎦洪/1938
鎦績/1895
柳存仁/1008,1162
柳大綱/1624(2)
柳得恭/385,1807,1972
柳定生/399
柳公權/1345,1572,1733,
1757
柳貫/2130,2251
柳開/2126,2143
柳克述/479,829,830
柳培潛/405,1623
柳培榮/2161
柳棄疾[亞子]/1137
柳青/1439
柳陞祺/979
柳湜/573,604,652,1170,
2338
柳樹芳/1067
柳樹任/1007
柳絲[楊邨人]/974
柳遂/1096
柳理/1346,1712,1756
柳維垣/1698
柳無彼/230
柳無非/187
柳無垢/187
柳無忌/187,913,1167(2),
1168,1508
柳僖/2037
柳下/757(2)
柳亞子/215,272,971,1055
(2),1068,1161,1168(3)
柳詒徵/261,264,1100,
2390
柳永/1207,1216,1233
柳宗浩/2387
柳宗元/50,1077(7),
1326,1345,1739,1757,
1794,2093,2124,2141,
2166
六十七/1997
龍柏/2066(2)
龍寶鑫/905
龍城居士/1581
龍顧山人/995,1205
龍顧山人[郭則澐]/2333
龍袞/1353,1710,2199
龍國禄/460
龍夢蓀/75
龍眠[張仲沅]/1101(2)
龍沐勳/988,1237(2),1483
龍沐勳[榆生]/1226,1231,
1481
龍啟瑞/1029(3),1225,
1886,2363
龍仁夫/1899,2153
龍樹菩薩/119,121
龍特氏/1641
龍文明/436
龍顯銘/854
龍象/817
龍毓峻/206
龍澤洲/526
龍正/1921
龍之章/1653
龍子猶/1382
龍遵敘/1941
瀧川資言/288
瀧熊之助/7
隴西山人/1282
隴西約翰/218
婁東/404
婁機/934,1876,1925
婁箱木/589
婁學熙/624
婁壯行/484
婁子匡/509,1322
樓卜瀍/1090(2)
樓昉/1733
樓風/1513
樓藜然/2376
樓棲/1195(2)
樓人傑/1673
樓適夷/1472(2)
樓璹/1941
樓桐孫/718,722,765,
832,841
樓杏春/1236
樓鑰/1045,1050,1872,
1962,2088,2128,2233
樓逸夫[適夷]/911
樓英/1666
樓雲林/247,399,2387,
2388
樓祖詒/676
鏤冰室主/801
露存/2346
露絲/1294(2)
盧弼/2218
盧辯/1923,1924,2070,
2116
盧炳/1219
盧緋/2083(2)
盧村禾/425
盧逮曾/707
盧鳳閣/333,386
盧鎬/2236
盧鴻/1349,1758
盧冀野/421,940,979,
1011,1151(2),1184,
1194,1247,1254,1281,
1282,1368,2268
盧冀野[盧前]/1253
盧見曾/148,1053
盧劍波/482,1151(3)
盧金錫/464
盧景貴/1620
盧靖/2192,2213
盧静/1423
盧峻/839
盧那卡爾斯基/2324
盧枏/1280
盧前/333,1151,1251,
1256,1258(3),1487,
1508
盧前[冀野]/1151,1175,
1252,1255,1256,1257
(2),1279
盧前[盧冀野]/999,1031,
1253,1258,2070
盧慶家/448
盧任鈞/909
盧若騰/1862
盧騷/235,724
盧森/1294,1423
盧少泉/438
盧紹稷/237,327,876,
885,886
盧生[王統照]/1413
盧生甫/2088
盧世侯/127
盧守耕/668
盧壽籛/511,683,1062
盧仝/1966,2143
盧彤/1698
盧維時/10

盧維亞/1678
盧温甫/382
盧文弨/51(2),69,1104,1751,1881,1883(8),1884(17),1885(13),1896(2),1902(2),1922,1923,1929,1976,2069,2087(6),2132,2331
盧逶/1629
盧錫榮/70
盧先駱/1834
盧襄/1723
盧象昇/1847,1994
盧信/83
盧學溥/458,1137
盧言/1739
盧以治/442
盧毅安/758
盧瀛洲/836
盧于道/1616
盧豫冬/343,729
盧湛/104
盧昭德/663
盧照鄰/1073,1959,2123,2140
盧湛/104
盧肇/2201
盧震京/2385,2389
盧正/507
盧植/2073
盧沚/2382(2)
盧摯/1230,1258
盧祝平/1150
盧子俊/1150
盧子駿[湘父]/462
盧宗棠/461
盧祖皋/1015,1211,1219
盧作孚/489,505
廬隱/1448(6)
廬隱[黄英]/1448
蘆荻/1192
蘆焚[師陀]/1147(3),1424(2)
蘆谷重常/1498
魯葆如/822,866
魯濱孫/501
魯大東/62
魯斗威司/1533(2)
魯風/576,577
魯婦/512
魯傑/344
魯魯山人/1580
魯芒/560
魯莽/385
魯煤/1405
魯泌/210
魯明善/1941,2149
魯謀/1310
魯佩章/451
魯平/396
魯慶恩/6
魯銓/451
魯儒林/397
魯少飛/359
魯世英/895
魯屯道夫/1693
魯維/1633
魯夔光/146
魯學瀛/483
魯迅/546,922,1138(9),1139,1194,1323,1368(2),1459,1460(5),1508,1592,2319(4),2320(14),2321(16),2322(15),2323(9),2324(3),2325(3)
魯迅[周樹人]/1030,1138,1459,1460
魯彦/1145,1192,1412(2),1413(4),1437,1449,1473
魯彦[王衡]/1412,1413,1466
魯一士/80
魯一同/227,453,1548
魯一貞/1546
魯易/583
魯訔/1074,1075,1966
魯應龍/1985,2244
魯元/1154(2)
魯雲奇/1397
魯齋/1896
魯直之/355
魯仲連/2195
陸奥宗光/282(2)
陸埰/1896
陸保璿/321
陸伯羽/511
陸伯周/1825
陸采/1276,1991
陸粲/1331,1361,1366,1854,1991,2094
陸長春/1109(2)
陸長源/1727
陸春官/2255
陸淳/2013(2),2173
陸次雲/1334(2),1828,1997,2002,2005(2)
陸達節/290,772(2),1691
陸丹林/188,672,792,805
陸儋辰/1660
陸德明/1(2),2(3),3,5(2),8(2),17(2),22(3),29,50,54(2),1644,1878,1929,2012,2025,2046,2047,2087,2088,2115(5),2116(3),2122,2135(6),2136,2139,2156
陸地/975,1454,1475
陸佃/53,64(4),1904,1927,1928,1961,2120,2138
陸定圃[以湉]/1659
陸定一/244
陸遯翁/1398
陸爾奎/363,962,964(3),966
陸法言/1930,2117
陸放翁/1086
陸費逵/94,715,890(2),963,2115
陸費執/968,1670
陸輔之/2056
陸亙輝/2265
陸亙昭/2265
陸光祖/2219
陸廣微/1348,1758,2000,2062,2179,2244
陸龜蒙/1349,1350(2),1759,1760,1763,1941,2007,2027,2044,2107,2125,2143
陸浩/22
陸和九/149,963
陸鴻圖/1629
陸恢/1589
陸翽/1341,1739,1749,2017
陸機/1016,1071(2),1343,1959,2017(2),2082,2140
陸璣/1936(2),2025,2244
陸績/1857,2025,2070,2244(2)
陸楫/1365,1855,1992
陸繼輝/150
陸賈/51,54,69(2),1749,1785,1858,1902,2082,2118,2194,2215
陸建瀛/2219
陸晶清/1001,1171,1176,1455
陸精治/635
陸景/1872
陸九淵/1087(2),2128
陸開鈞/156
陸侃如/23(2),1006(3),1070(3),1206,1279
陸蠡/1197(2),1198
陸隴其/27,204,1891,1907(3),1975,1994,2013,2099,2173(2)
陸履中/462
陸律西/1064,1398
陸曼炎/188,191,337,354,420
陸懋德/42,263,847
陸梅僧/685
陸敏車/1006
陸明桓/1176,2265,2266
陸乃翔/200
陸培文/747
陸平一/1654
陸圻/252,1819,2055,2209
陸謙祉/231
陸秋心/1530
陸銓/168
陸人驥/481,530,884
陸仁壽/671,683
陸日愛/2265(3),2266(2)
陸日曛/2265
陸日章/2265
陸容/1360,1854,1895,2152
陸善格/430
陸善經/181,2006,2075
陸善祥/1424
陸上之/384

陸紹曾/2090
陸紹治/441
陸深/1362,1363,1364,1365,1800,1850(3),1853,1854(4),1895(2),1918,1946,1991(2),2003,2023,2188,2189
陸師道/1793
陸師通/1612
陸時化/1949
陸時雍/987
陸士諤/1398(3),1456,1660,1663
陸士寅/138
陸世鴻/59,63
陸世儀/255,1907,2226
陸世益/772
陸叔昂/899,1672
陸樹枏/1176
陸樹聲/1364,1905,1906,1942,1991,2105
陸樹芝/66
陸思紅/399,863
陸隨庵/526
陸廷珍/1650
陸廷楨/2265,2266
陸仝/2115
陸同一/1612
陸惟鍌/2370
陸維釗/1060
陸位/99
陸文量[陸容]/2189
陸問梅/944(2)
陸希聲/2071,2102
陸錫熊/1896
陸翔/959,2342(2),2344
陸象山/1483
陸象賢/623
陸小曼/212,1140,1290
陸心源/1070,2367
陸莘行/2054
陸信陵/1286
陸興祺/424
陸行直/1067,1202
陸秀/2377
陸續/2116,2135
陸煊[陸烜]/2037(2),2038(4)
陸旋/1674
陸瑨卿/371
陸烜/2037
陸勳/1327,1350,1763,1764,1984
陸延枝/1332
陸衣言/943,944(9),945,953,963(2)
陸詒/422,563
陸以湉/1823,1864
陸釴/1331,1362,1855,1990,2022,2170,2188
陸鎰/2257
陸鎣/1203
陸瑩/1067
陸永恒/1011
陸泳/1743
陸游/307,308(2),1045,1086(11),1217,1228,1330,1338,1352,1355,1356,1483,1713(3),1730(2),1831,1949,1986,1990,2003,2020,2030,2031,2065,2092,2129(2),2166,2268
陸友/1590,1943,2060
陸友白/949,1383
陸友仁/1746,2001,2148
陸羽/1349,1742,1758,1798,2215
陸雲/1016,1071,2122,2140
陸曾禹/721
陸增祥/150
陸肇域/454
陸指伶/1286
陸志鴻/1683
陸志韋/17,501,891,932,939,1176,1639,1640
陸贄/731(2),1076,1972,2124,2141
陸中傑/579
陸宗輿/28(2),219
陸祖穀/2367
陸祚蕃/1999
菉猗女史李氏[梁李晚芳]/288
逯斐/1302,1307
逯中立/1841,1920,2095
鹿地亙/275,467,468,1506
鹿善繼/26,1974
鹿亭翁/1550
路卜洵/909
路翎/1309,1454(5)
路沙/1460
路順德/1941
路韋思/271
路文卿/429
路孝愉/444
路孝植/895
路易士/1197
路易司地文/1523
路振/307,1892,2020,2098
路政/2185
吕本中/985,1087,1355,1716,1725,1737,1744,1746,1795,1796,1906(2),1918,1978,2028,2097
吕毖/1766
吕碧城/122,1175
吕濱老/1219
吕不韋/53,68(3),2120,2138
吕超如/1659
吕諶/1680,1687
吕誠/2036
吕誠之/511,521,737(2)
吕澂/113,116,117,120,124,125,1551,1552(2),1593
吕熾/2010
吕春榮/2341
吕從慶/1746
吕大亨/1020
吕大鈞/1742,2172,2247
吕德/837
吕調陽/767
吕定/1019,1052
吕洞賓/59,128
吕鳳/2313
吕復/728,846
吕高/1094
吕廣/2119,2138
吕海瀾/896
吕皓/2251
吕何均/1083
吕紅俠/1398
吕璜/981,1029(2),1981,2154
吕家瑞/850
吕劍/921
吕金録/475,959,1499
吕静/2076
吕浚堃/462
吕坤/75(2),93,1844,1897,1921,2098
吕林鍾/441
吕留良/1047,1100
吕履恒/443
吕美蓀/470,1120,1175
吕枏/1899,1905(5),1924,1955,2014
吕培/229
吕佩芬/6
吕平登/495
吕浦/2251
吕喬年/2249
吕佺孫/1945
吕瑞廷/295
吕尚/2119,2137
吕紹虞/2385
吕勝己/1210,1231
吕世宜/1977
吕釋斌/366
吕叔湘/949,951
吕殊/2251
吕思勉/42,261,263,271,294,295(3),298,301,305,307,927(2),949,1009,2341
吕棠/2051
吕陶/1960
吕天成/1277
吕天石/79
吕晚村[留良]/1041
吕望/52,2080
吕維祜/1914
吕維祺/880,1914
吕温/1960,2124,2141
吕希哲/1730,1733,2096
吕夏卿/2020,2089
吕咸/464
吕咸熙/93(2)
吕向/1027
吕學海/268
吕巖/127,129
吕巖論/128
吕耀鈐/457(2)
吕一鳴/513
吕一舟/175

吕夷簡/107,112
吕頤浩/2001
吕頤壽/368,370,378(2)
吕寅東/450
吕熒/234,1192
吕元亮/1793
吕元善/2007,2246
吕雲彪/913,949(2),977,1493
吕湛恩/1377(2)
吕兆禧/1896,2246
吕振羽/261,281,295,298,504(2),717
吕震/1945,2051(2),2150
吕震名/1649
吕徵/1553
吕植/434
吕祉/2004
吕中/517
吕中清/429
吕宗傑/1879
吕祖[純陽帝君]/2024(2)
吕祖謙/12,15,22(5),1028(2),1738,1788,1809,1888(2),1899,1908,1922,1955,1959,1973,2014,2015,2019,2020,2134,2146,2149,2172,2249,2250(2)
吕作新/165
侶倫/1427
履中/1111
緑荷女士/96
緑蕉/1508(2)
緑豔紅香室主/1166
緑漪女士[蘇雪林]/1451
緑原/1155
欒調甫/7
欒立本/2181
欒鍾垚/437
略柢[維奥]/1534
輪應/1650
羅皚嵐/1452(2)
羅拔高/1453
羅寶珩/1281
羅璧/1733
羅賓蓀/563
羅炳之/879
羅常培/35(2),936,939(2),942,944,952,953,955(2),975(2),999,1321
羅琛/1452
羅傳珍/1484
羅春霖/449
羅從彦/1973
羅達哈葛德/1521
羅大經/1338,1713,1990
羅丹/1309,1553
羅迪先/917
羅點/1717
羅鼎/857(2)
羅惇曧/252(2),1135,1608
羅敦偉/504,510,511,538,608,621,625,726,762
羅爾綱/219,229,330,332(2),333(3),517(3),1695
羅芳洲/1064,1127,1168,1206,1290
羅焚/1690
羅烽/1298,1453(3),1458,1466
羅福萇/1579,1838(3)
羅福成/118,219,322,1503
羅福頤/159,160(2),164,165,313,323(2),324(3),1593,1838(2),1839(3),2297,2314
羅伽/186,890
羅剛/765
羅根澤/32(2),63,720,981(4)
羅古/349
羅貫中/1382(7)
羅光/139
羅果夫/1138
羅果托夫/543
羅含/1342
羅黑芷/1453
羅洪/1452(3)
羅鴻詔/83
羅笏/2255
羅焕辰/1490
羅翽雲/954
羅繼祖/229,309,2185,2186(4)
羅迦陵/104,141
羅家衡/851
羅家倫/76,171,335,546,726,787,872,901,902,1174,1175(2),2341
羅嘉/1453
羅傑/1174
羅介夫/700
羅金聲/137
羅金元/446
羅靖華/473
羅焌/47(2)
羅駿聲/447
羅克涵/459
羅克汀/534,541,1617
羅棱斯/1436
羅濂/1175
羅隆基/341,716
羅羅/2109
羅邁/224
羅曼羅蘭/1510
羅曼諾夫/388
羅美/1648
羅泌/298,2015,2165
羅明/94
羅鳴白/1148
羅牧/1708
羅慕陶/259,957(2),2348
羅聘/1585(2)
羅平/347
羅普/88
羅頎/1888
羅欽順/1907,1974
羅瓊/515,593
羅虬/1348,1349,1741,1758,1759,1820
羅汝芳/1914
羅瑞卿/877,1696
羅森塔爾/541
羅師楊/1174,2313,2314(5)
羅詩夫人/146
羅時暘/212
羅士琳/1618,1619,1808,1932,1946
羅綬香/446
羅叔韶/458
羅淑/1417,1452
羅斯/478
羅素/78,81,241,725,892,1617,2112
羅蓀/1175,1453
羅塔/1472
羅天尺/1994
羅天益/1648
羅廷光/240,873(2),889
羅廷光[炳之]/873
羅廷欽/355
羅爲雄/340,1708
羅文/1688
羅文彬/2244
羅文漢/2356
羅文亮/1532
羅西[歐陽山]/1452
羅香林/171(2),178(2),205,225,295,297,307,475,787,1174,1197,2313
羅孝建/1472
羅莘田[常培]/415
羅興志/446
羅秀林/2313
羅繡/1726
羅喦/2233
羅燁/2329
羅鄴/1351,1760
羅儀/529(2)
羅以智/2190
羅椅/1086,2129,2202
羅亦農/534
羅隱/1327,1760,1813,1904(2),2126,2143
羅瘦公/1250
羅邕/333(2)
羅永培/1309(2)
羅有高/1827
羅與之/1038
羅玉東/710
羅郁/195
羅淵祥/665
羅元黼/447
羅元焕/1971
羅元鯤/263
羅原覺/1564
羅願/1928,1962
羅曰褧/2200
羅越峰/1652
羅運炎/91,96,130,526,665
羅澤南/1112
羅振常/5,199,1020,1108,2368,2380
羅振玉/4,8(3),12,145

(5),146(2),149,150,151(2),152,153(6),155(5),156,157,158(3),159,160(4),161,163,164(8),165,166(2),167(2),168,175,227,230,233,259(2),301,304,306,323(3),324(2),738,749,1020(2),1021(2),1128(5),1490,1492,1567,1572,1574,1576,1579,1593,1595,1779(2),1781,1788(3),1792(5),1793(10),1805(12),1806(12),1870(5),1871(4),2046,2047,2086,2154,2182(2),2183,2184,2193,2196,2282(3),2283(17),2284(17),2285(7),2294(8),2295(17),2296(17),2297(8),2314(7),2359,2360,2362
羅振鋆/158
羅正鈞/230
羅志仁/1734
羅志如/489,493
羅志希[家倫]/1617
羅志淵/800,849,850(2),862
羅致知/215
羅仲言/615
羅倬漢/288
羅佐夫斯基/557
蘿摩庵老人/1249,1837
洛黎史密斯/339
洛里哀/913
洛平革拉/1530
洛挈斯/78
洛文/413
洛羊/486
珞琭子/1914
落華生[許地山]/209,1143,1409(3)
落魄京華一少年/1145
駱賓基/210,1310,1461(2)
駱賓王/1073,1959,2123,2140
駱超平/191
駱傳華/663
駱亨之/209
駱鴻凱/1026
駱介子/488
駱青/524
駱無涯/1398
駱雲/1869

M

M. Henri Sée/82
M. 左琴科/545
M. F. Morris/843
M. 洛静泰爾/34
Mandell. M. Bober/537
Mary Cholmondeley/1513
Matsuhei Matsuo/1578
Max Beer/531
Meyrick Booth/80
麻海如/137
麻麗五/464
麻三衡/1537,1876,1943
麻席珍/166
馬昂/163
馬北拱/524
馬璧/61,94,210,766(2)
馬伯援/338
馬勃/1642
馬采/36
馬超俊/660,662,663
馬呈圖/461
馬乘風/615(2)
馬尺芒忒/1526
馬崇淦/977
馬傳芝/449
馬純/1354,1729,2152
馬從聘/1919
馬達木/589
馬大年/1908,2178
馬大英/707
馬大中/338
馬導源/225,229,2361
馬德新/141
馬德璋/933
馬敦仁/451
馬爾頓/91
馬爾諸夫/578
馬爾騰/95
馬凡陀[袁水拍]/1056,1193(2)
馬烽/1398(2),1461
馬奉琛/738
馬浮/1097,1178
馬福江/131
馬福祥/417
馬縞/1746,1794,1893,2062
馬國亮/515(2),1178(2),1198,1460
馬國英/944,945
馬寒冰/224,566
馬翰如/96
馬龢鳴/459
馬鶴天/417
馬衡/157,306,1497
馬歡/1852,2006
馬輝/1898
馬佶人/1277
馬季廉/279
馬季鈴/396
馬繼楨/442
馬加/1459(2)
馬嘉/638
馬戞爾尼/285
馬堅/141,142(2)
馬建忠/252,283,949,950
馬健/342
馬健翎/588,1286(3),1287,1288,1310
馬精武/888
馬静軒/651,1683
馬君玠/1176
馬君碩/870
馬君武/82,524,616,651,665,724,969,1514
馬俊良/1001,1368,1959
馬俊如/944,964
馬俊生/852
馬駿/1698
馬駿超/1675
馬開科/141
馬可/586,589,1313
馬克馬利/888(2)
馬克思/81,533,536(2),537(3),539,541
馬克斯/536
馬客談/1593
馬寬裕/1060
馬黎元/742
馬驪/1460(2)
馬利民/586
馬廉增/330
馬良/131,1136,1612,1613(3)
馬林/610,2291(2)
馬鄰翼/141
馬淩甫/180,653
馬令/308,2020,2065,2148
馬隆/52
馬羅世彌[羅淑]/1179
馬念祖/1179,2367
馬寧/473,1459,1475
馬培之/1651
馬丕緒/1591
馬其昶/7,16,28,59
馬啟榮/142
馬慶耀/2291
馬慶雲/1612,1613
馬荃/1585
馬任全/677
馬榮/878
馬融/1,51,1858,1918,

2027,2070,2072,2073(2)
馬瑞辰/15,1770
馬瑞圖/142
馬銳籌/409
馬潤卿/968
馬潤生/677
馬生龍/1993
馬世名/142
馬世奇/2256
馬壽齡/1927
馬思贊/2381
馬驌/298
馬太元/463
馬特/541
馬廷鸞/2202
馬韋石/780
馬位/997,2247
馬文升/1851,2171(2),2181,2189(2)
馬咸/691(2)
馬相伯/2342
馬霄石/2342
馬歇爾/244
馬星野/2393
馬敘倫/59,66,69,157,221,287,931,934,1179(2),2298,2343,2349(2)
馬彦祥/1195,1290,1298,1303,1309(2),1497,1609
馬垚/631
馬一/393
馬一龍/1941
馬以愚/142,376,1622
馬義/471
馬毅/389
馬寅初/603(4),605(2),613,621(3),682,686,691,696,700
馬嬰/1198
馬瀛/942,965,966,2348,2382
馬雍/994
馬永卿/1356,1716,1746,1848,1893,1904,2329
馬玉麟/1861
馬玉璞/605
馬愈/2178
馬毓琛/442
馬元/379
馬元材/225,301(2)
馬元馭/1585(2)
馬曰琯/995,1958(2),1969,1982
馬曰璐/1969,1982
馬劄亞爾/641
馬震東[大中]/338
馬徵麐/28,2290(5),2291(11)
馬支孟德/1524
馬芷庠/391(2)
馬志柏/1497
馬致遠/1255,1259,1260(2),1261,1263(4),1264,1266(2)
馬中良/129
馬中錫/1803,1964,1991
馬忠駿/221
馬鍾琇/435(2)
馬仲殊/999,1472
馬子華/1472,2342
馬宗霍/264,917,927,939,1557(2)
馬宗榮/74,521,879,886,897,899,900,2387(4)
馬宗素/1938
馬宗薌/103,152,928
馬總/56,1718,2101,2121,2139
馬祖常/1020
馬祚琛/1613
瑪林・克羅福/1528
瑪志尼/91
麥參史/1638
麥朝樞/479
麥大非/1306
麥華三/1557
麥惠庭/510(2)
麥健增/687,704
麥君澤/957(2)
麥開柏/169
麥克唐納/423
麥肯基/943
麥浪/600
麥美德/135
麥美德[麥因納]/37
麥寧/90
麥青/219
麥區蘭/1521
麥耶夫/1517
曼努意斯基/543
曼碩/1590
曼陀羅庵[倪鴻]/1233
毛邦偉/874
毛霦/2185
毛萇/1955
毛承霖/439
毛春翔/2367,2388
毛大瀛/2088(2)
毛鳳苞/1952
毛鳳枝/2247
毛福全/1674
毛貴銘/2057
毛浩/1122
毛亨/1,14,2115,2135,2158
毛晃/1995
毛會侯/2042
毛繼成/1701
毛家騏/841
毛幵/1217
毛晉/1014,1018(12),1035(3),1037,1041,1216,1220,1549,1843,1888,1936,1948,1949,1952(3),1956,1957,2025(16),2026(16),2027(16),2028(17),2029(17),2030(16),2031(17),2032(17),2033(8),2206(6),2329,2379
毛晉涵/2206
毛聚奎/2232
毛謨/1887
毛乃甫/312
毛滂/1208,1216
毛奇齡/253,314,1099,1202,1221,1334,1537,1549,1821,1832,1891,1923,1924(6),1944,1953,1955,2013,2070,2174,2207(2)
毛起/21
毛起鵬/239,245,604,1636,1637,1660
毛起鵕/170,498,531
毛起森/468
毛起鶤/497,1623,1630,1634,1635
毛啟瑞/1688
毛慶善/199
毛慶臻/151
毛勝/1360
毛思誠/789
毛汶/310
毛先舒/1241,2020,2175
毛祥麟/1835
毛珝/1039
毛一波/536,1417
毛扆/1882,2036
毛應龍/2198
毛瑩/1096
毛雝/1669
毛元仁/1361
毛嶽生/1110
毛在增/1987
毛澤東/220,357,359,548(2),549(7),550(16),551(15),552(11),554(13),558,571(3),592,593,598,634(2),647(2),763,782(2),871,899,914(3),915(3),1671,1698(3),1705
毛張曼殊/1566
毛子晉/1012
毛子林/166
毛宗藩/2241
毛宗崗/1382
茅盾/96,383,483,913,921(3),971,979,1001,1024,1030,1138,1157(6),1302(2),1403,1430(8),1431(15),1432(10),1474,1497,1517,1533,2338
茅盾[沈雁冰]/234,482,1157,1431,1432(2)
茅坤/256,1840,1968
茅鹿門/2091
茅乃文/326,362(4),372
茅謙/1161,1685,2375
茅瑞徵/279,1766,1784
茅一相/1944,1953
茅以思/1472
茅仲英/575
茆泮林/1749(3),1750,

1751(2),1913,1917,1935,2008,2015(2),2045(7)
冒褒/2010
冒丹書/1816,2207
冒廣生/1014(7),1015(9),1084,1205,1250,1789
冒起宗/2011
冒襄/1334,1541,1818,1832,2042,2208,2210
枚乘/1015
眉山居士/102
梅碧華/287
梅彪/1940,2153
梅成棟/2182
梅純/1991,2171,2188
梅丁斯基/879
梅根/531
梅公毅/478
梅光迪/919,1166
梅光羲/118,122(2),124
梅花館主/391,1283
梅魂/1446
梅際郇/1134
梅毅成/1881
梅立德/136
梅林/1024(2),1447,1466
梅林格/597
梅娘/1447
梅啟昭/1665
梅謙次郎/527,528(3)
梅清/1566,1584(3)
梅汝璈/842
梅生/510(2),513,514,1403
梅士斐兒/1513
梅文鼎/1881,1934(4),2096
梅文明/1120
梅文昭/431
梅心如/398
梅堯臣/1042,1081(3),1354,1723,1989,2127,2144
梅衣/1166
梅漪老人/1922
梅益/343,1144
梅英傑/230
梅影庵主/1397
梅原末治/160
梅澤和軒/1559
梅曾亮/2094
梅仲協/859
梅鶩/2013,2039
梅子/221
美林孟/1528
美濃部達吉/726(2),842,847
美森/1533
門羅氏/728
夢筆生/1383(2)
夢蜨生/2381
夢蝶/342,2335
夢花館主[江陰香]/1036
夢麟/1022
夢鷗女史/1475
夢秋/577
夢畹生/1836
夢遊上海人/1390
蒙德留斯/147
蒙思明/505,521
蒙塔求/570
蒙文通/6,58(2),298
蒙正發/252
孟彬/1817,2211
孟超/1382,1414
孟沖/326
孟德斯鳩/2302
孟定恭/1869
孟繁彬/582
孟珙/1734,2021,2162,2169
孟光宇/646
孟漢卿/1260,1265
孟浩然/1018(2),1073,1074,2123,2217
孟郊/1018(2),1077(4),2124,2142
孟君/510
孟軻/31
孟奎/2035
孟明/773
孟南/593
孟普慶/894
孟棨/970,986,1348,1758,1977,2029,2064
孟森/8,324(3),528,749,2334
孟文翰/1528
孟文瑞/1651
孟溪/1500
孟喜/2070
孟憲承/82,84,870,872,874(2),884
孟心如/1635
孟洋/1782
孟元老/394(2),1744,1782,2004,2030
孟雲橋/763
孟昭鴻/1598
孟昭章/438
孟宗寶/1956,2002
彌沙/1517
糜耕雲/1054
糜文煥/359
糜文開/478
糜月樓主/1249(2)
縻信/2074
米德峻/131
米丁/541(2),542(2),545
米爾波/1401
米夫/549,623
米芾/1043,1048,1208,1539(2),1540(2),1541,1543(2),1547,1553,1554,1555,1570,1573,1574,1726,1741,1742,1797(3),1798,1876,1943,1949(2),1951,1952,1961,2029,2032,2215(6),2217
米哈伊洛夫/482
米留庫夫/827
米星如/1498
米友仁/1209
宓崇暉/1501
宓公幹/692
宓亨利/822
密克哈羅夫/483
密勒/1633
密羅/1522
眠鶴主人[魏秀仁]/1389
勉之/222
苗夔/1927(2),1931
苗[Le]/896
苗培時/585(2),589
苗文華/389
苗毓芳/432
妙侖/2324
妙欽/108,125
妙舟/125
繆斌/717,773(5)
繆崇群/1151(2),1466,1468
繆爾紓/57
繆鳳林/80,120,293(2)
繆福照/1941
繆艮/1830,1837(2)
繆公恩/1870
繆谷瑛/1588
繆果章/463
繆鴻基/411
繆潛/371
繆秋傑/744,1681
繆秋笙/135
繆荃孫/146,175,231,392,436,452,526,1122,1752,1872,2052(2),2053,2054,2055,2089,2360,2367,2368(2),2380
繆訒言/727
繆天瑞/1602
繆天綬/16(2),31,43,44
繆彤/1918
繆希雍/2026
繆襲/1345
繆鉞/993
繆雲章/464
繆振東/175
繆篆/76
民耿/388
民尉/779
敏茨/1690
敏德威捷夫/600
敏丁/587
敏曦/371
閔[齊伋]/934
閔昌術/446
閔爾昌/181,186,225
閔麟嗣/371,2045,2222
閔廷楷/1550
閔文振/1361,1365,1856
閔敘/1999
閔寓五/935,1276
閔正中/2164
名教中人/1384

明恩博師母/135
明華/566
明仁孝皇后/1745
明士義/151
明世宗/1849,1974
明太祖/1367,1849(6),1974(3)
明駝/396
明宣宗/1366,1849(2),1967,1974
明義士/154(3)
明誼/460
明志/827
鳴晦廬主人/1251
摩伊曼/1552
莫伯/2339
莫伯驥/2369,2383
莫泊桑/909
莫爾/1639,1677
莫君陳/1376
莫克明/342
莫厘山人[葉九如]/1578
莫里哀/1510(2)
莫洛/187,1163(2)
莫汝非/211
莫是龍/1547,2038(2)
莫庭芝/2243
莫下涓/951
莫休符/1999,2180
莫萱元/622
莫湮/620
莫友芝/939,1576,1755,1926,2243,2278(6),2363(2)
莫雨澗/1163
莫與儔/2278
莫朝豪/1599
莫朝英/1599
莫志恒/1579
墨翟/53,55,62(3),63,1732,1904,2120,2138
墨憨齋主人[馮夢龍]/1012,2163,2164
墨索里尼/235
默涵/981,1175
牟房/2371
牟貴蘭/124
牟里/416
牟融/1496
牟巘/1089,1212
牟原/565
牟宗三/96
木村泰賢/78,115
木村毅/913,922
木村增太郎/705
木宮泰彥/279
木圭/1451
木下半治/818
沐鴻/1159
沐良[沐紹良]/1659
沐紹良/612,974,1159
牧虹/584
牧野輝智/1672
穆旦/1152(2)
穆恩/240
穆罕默德·阿布篤/142
穆濟波/1003,1062
穆勒約翰/83,725
穆木天/585
穆穆/1299
穆尼閣/1914
穆女/921
穆詩樵/1425
穆時英/1424(2),1453,2336
穆文富/141
穆湘玥/211
穆祥仲/435
穆欣/809
穆修/2035,2126,2144

N

N. G. Gee/1636
N. Peffer/243
N. S. B. Gras/899
N. Voznesenski/631
Nym Wales/341
那蘭長海/1022
那沙/1292,1300,1415
納蘭性德/1222,1235(2),1862,1969,1982
納延/1747
納忠/141
乃超/1194
耐庵/1786
耐得翁/1357,2114
男士[冰心]/512,1410(2)
南宮靖一/2174
南國紅豆樓主/1166
南懷仁/2006,2100,2181
南腔北調人/1279
南山/566
南園嘯客/255
南致善/546
南鐘萬/374
南卓/1349,1736,1759,1953,2150
内堀維文/1505
内崎作三郎/913
内山完造/268
内藤虎/304,1490
内藤虎次郎/1561
尼可拉司/1533
尼司/549
倪燦/1776(2),1881(2)
倪超/421
倪賜/1067
倪德基/1617
倪璠/1073(3)
倪海曙/402,945(4),946
倪會鼎/2011
倪家襄/839
倪菊裳/505
倪輅/2056
倪樸/2250
倪謙/1364,1852,2005
倪青/1592
倪士毅/1981
倪守約/2249
倪摶九/1282
倪蛻/414,1101
倪文瀾/1129
倪錫恩/1093
倪錫英/369,394(2),395,403,406,410
倪貽德/1092,1169,1189,1423(2),1474,1558
倪元璐/1580,1900(2),1916
倪遠甫/405
倪在田/2228
倪瓚/2130
倪枝維/1650
逆旅過客/391
鳥居龍藏/164,165(2),173,1630
聶崇岐/308,309,735
聶崇一/461
聶崇義/20
聶爾康/732
聶奉先/1977
聶紺弩/513,576,945,1026,1188(3),1199,1296,2342(2)
聶光甫/2375
聶國青/634
聶欽/1996
聶榮臻/560
聶士成/2004
聶雲台/2335
聶曾紀芬/231
聶肇靈/673
寧柏青/710,860
寧恩承/491
寧李泰/1691
寧戚/1344
寧湘/446
寧協萬/861
寧振銳/352
牛布衣/1422
牛昶煦/433
牛誠修/166,1790(5),1791(16)
牛爾裕/431

牛傅岩/363,964
牛光夫/655,1516
牛惠生夫人/129
牛介眉/438
牛滿川/948
牛嶠/1764
牛僧孺/1347,1720,1762,
1985
牛山/248
牛樹梅/1490
牛肅/1984
牛先達/1791
牛應貞/1984
牛運震/149
牛渚/1153
鈕承棨/1117
鈕少雅/1257,1277
鈕樹玉/1792,1806,1883,
1925,1926,1927,1971
鈕琇/1862
農山/520
農樾/1069
諾阿布羅克士/1520
諾埃·克爾司/1525
諾愛爾拜勃/468

O

O. M./1151
Othmar Spann/610
區灌歟/178
區季鸞/695
區江東/757
區克宣/609
區少軒/2357
區爲梁/461
區衍餘/178
區子韶/178
歐大任/2009
歐漫郎/1475
歐司愛哈同/141
歐文/1311
歐陽/1573
歐陽澈/1209,2201
歐陽翠/1461
歐陽德/1094
歐陽凡海/221,1194
歐陽樊/818
歐陽鳳/1403
歐陽輔/1564(2)
歐陽瀚存/115,123,650,
861
歐陽漸/30,108(2),121,
1231
歐陽竟無/120
歐陽理庵[歐陽純]/96
歐陽忞/364,1998,2036
歐陽蘋/647
歐陽溥存/964,1006,1007
歐陽山/1437(2),1438(2)
歐陽山[楊儀]/1437
歐陽生/2072
歐陽溪/842,854(2)
歐陽修/15,249,250,307
(3),984,1042,1047,
1081(4),1216,1228
(2),1337,1358,1483,
1554,1710(2),1723,
1740,1742,1796,1797,
1799,1827,1880,1924,
1936,1944,1977,2027,
2032,2089,2093,2127,
2144,2150
歐陽玄/374,1214,2089,
2130
歐陽雪峰/1179
歐陽詢/1349,1570,1571
(3),1573,1759
歐陽頤/260
歐陽纓/263,425
歐陽永叔[修]/1081
歐陽予倩/1310(2),1311,
1484(2),1604
歐陽元/1943
歐陽詹/2124,2141
歐陽宗/729
歐陽祖經/227
歐意祖/1698
歐振華/340
歐宗佑/726,745
蕅益[智旭]/9,123
藕香室主人/330
漚廬/677

P

P. R. Heyl/1623
Percival R. Cole/883
帕刻[派克]/870
潘昂千/278
潘昂霄/1728,1996
潘寶疆/463
潘博/193
潘超公/1380
潘檉章/2023,2054,2185
潘成穀/2186
潘承弼/2186,2359,2383
潘承厚/1483,1574,1588
潘楚基/643
潘傳棟/706
潘大道/499,988,989
潘大逵/849
潘道根/1488,1810
潘德衡/1035
潘定祥/744
潘敦先/1158
潘飛聲/1205,2057,2058
(2),2059,2060,2061
潘菲洛夫/546
潘孚美/2043
潘府/2188
潘公弼/2347
潘公展/242,335,355,532,
789,799,2111,2393
潘公昭/407,1390(2)
潘公昭[潘朗]/418
潘谷神/1623
潘光旦/171(2),189,199,
509(2),871,1607,1635
(4),1638,2338(2)
潘漢年/1476
潘恒勤/687
潘鴻聲/647
潘季訓/374
潘既閒/481
潘驥/1684
潘加勒/1616
潘孑農/1302,1313,1516
潘潔泉/438
潘景鄭/1483
潘敬/2338
潘敬元/1378
潘衎/196
潘朗/93,509,519
潘耒/1783,2180
潘力田[檉章]/1099
潘廉方/764
潘良貴/2250

潘齡皋/1577,1578
潘眉/1774,2016
潘念之/182,191,502
潘慶年/371
潘容卿/1817
潘如海/443
潘世恩/2186(3)
潘世傑/697
潘世徵/384,415
潘菽/1640
潘樹藩/838,852
潘泰封/399
潘天授/1558
潘緯/2124,2141
潘霨增/2257
潘文安/473,511,698,894(2),911,1480
潘文鳳/460(2)
潘希曾/2252
潘信中/634
潘醒儂/477
潘杏初/1664
潘序倫/684(4),685,706,711,754,859
潘益民/654
潘音/1019
潘蔭東/1133
潘應榮/1069
潘膺祉/1590
潘游龍/1366
潘予且/1434
潘源來/605
潘遠/1738
潘岳/1016
潘載和/460,954
潘曾瑋/2186
潘曾沂/379,1755
潘曾瑩/1755,2186
潘肇元/1158,1159(2)
潘正煒/1548
潘之淙/1951
潘之賡/889
潘志萬/2186,2190
潘子豪/694
潘梓年/82,483,535(2),916,1642,1643
潘宗鼎/508(2),1030,1133,1404
潘宗周/19,2383
潘祖年/2186
潘祖同/1119,2186
潘祖蔭/395,1867,2186(3),2368,2381
潘遵祁/1541
龐安常/2036
龐安時/1938
龐大堃/923(3),924(2)
龐尚鵬/1922
龐樹階/1140
龐樹森/634
龐淞/680
龐維新/1128
龐翔勳/959
龐新民/507
龐虛齋/1585
龐元濟/1564
龐元英/1329,1354,1725(2),1987
匏夫/1336(2),1426
泡爾生/34
培根/238
培里/922(2)
培利/921
培良/1253
裴斐/276
裴景福/420,1125,1563,1564
裴景仁/2019
裴克/243
裴啟/1343
裴慶餘/1188
裴然/582
裴松之/249,304,2017
裴廷裕/1713,1739
裴文中/169,298,1551,1627,1633
裴小楚/193
裴孝源/1555,1759
裴休/109
裴一中/1643
裴駰/288,289(2),1644
裴遠萍/507
沛那/1522
佩福爾勃爾格/1640
朋九萬/1916
朋其/1453
彭百川/1874
彭成慧/1192
彭乘/1723(2),1877,2185
彭程萬/411
彭楚珩/673
彭大銓/885,898
彭大雅/2162
彭德懷/350(3),1705
彭迪先/537,689
彭定求/86,2329
彭鳳昭/737
彭光欽/548
彭龜年/1962
彭國棟/198,777
彭赫生/755
彭基相/82,238,724
彭際清/109
彭家煌/1439,1467
彭錦章/136(2)
彭焜基/462
彭樂善/1609
彭蓮棠/607
彭輅/1106
彭寧求/1916
彭仁山/872
彭榮仁/484,831
彭汝讓/1897
彭紹升/1105
彭師勤/668
彭時/840,1331,1362,1768,1846,1853,1987,2098,2170
彭叔夏/1888
彭淑珍/944
彭述先/1126
彭述之/548,578(2)
彭崧毓/2005
彭孫貽/1095,1235,1873,1877,1878,1982,2154
彭孫遹/1202,1205,1221,1236,1536,1833,1983(3),2154,2211
彭葦森/82
彭味初/494
彭文凱/830
彭文治/448
彭文祖/2336
彭希涑/1984
彭曉/2250
彭學沛/689(2),727
彭延慶/457
彭燕郊/1162
彭雨新/627,701
彭玉麟/1484
彭昱堯/1029
彭元瑞/1755,1883,1965,1969,1980,2199
彭澤益/332
彭兆蓀/1223,1959,2051,2240
彭真/643
彭震球/884
彭子明/408,610,656,706
彭子儀/195,196,212
彭宗孟/2000,2246
彭遵泗/256,1842,2022,2098
彭作楨/181,434
捧花生/1369,1834,1836
丕强/336
皮藍德婁/909
皮名舉/203
皮名振/230
皮日休/54,1897,2125,2143,2178,2217,2218
皮錫瑞/6,7,25,1489,2332,2348
匹爾斯柏立/1642
片倉元周/1655,1656,1657
片上伸/2324
朴齊家/1977
朴一源/530
朴淵祚/77
平步青/2330
平凡/556
平岡嘉言/1656
平岡龍城/1324
平剛先生/791
平衡/853,868,1567
平江引年生/1383
平井氏/1657
平林初之輔/919(2)
平且/1421
平泉書屋主人/1565
平山周/516
平生/38
平宋/2022
平心/344,490,890
平心[李平心]/90,95,220(3),489
平心[趙一萍]/756,798,2384
平竹傳三/631
萍浪生/313

萍水文郎[文公直]/354
評花館主/1550
婆藪槃豆/118
菩提流支/118
普明/1316(2)
蒲伯英/1298
蒲處貫/1742
蒲道源/1214
蒲殿欽/446
蒲風/994
蒲徠斯/725
蒲洛克/1638
蒲韌/296
蒲梢/910
蒲士/512
蒲壽宬/1212
蒲斯培/1522
蒲松齡/1100(2),1318,1377(4)
蒲庭橘/1100
蒲西曆/327
濮蘭德・白克好司/320
濮士韋/135
濮文暹/1116
浦乃鈞/327,484
浦起龍/261(2),262(3),1102
浦士釗/1661
浦翔春/1970
浦源/2256
普本拿/1635
普度/1089
普紀呂司基/115
普拉特/337
普列哈諾夫/2324
普列漢諾夫/35(3),532,542(2),917
普列列特/487
普明/2051
普體德/136
普聞/1736
樸笛南・姆威爾/334
溥儒/369,1569,1588
譜萱/80

Q

七弦河上釣叟/1807
戚飯牛/1397
戚輔之/1716
戚桂華/670
戚繼光/1692(2),1700,1921(2),2149
戚維翰/1074
戚星巖/430
戚學標/929
棲霞居士/1389
棲霞逸叟/128
漆樹芬/617(2)
漆運鈞/682
祁彪佳/198
祁承爍/747
祁駿佳/1808,1896
祁仍奚/278,834
祁述祖/1032
祁韻士/465,1999,2000,2005
歧利斯/2385
齊德之/1939
齊東野人/1383
齊爾/81
齊公衡/380
齊己/986,1980,2029,2126,2143
齊家本/1607
齊敬鑫/1676(2)
齊禮/559(2)
齊勉蒂/853
齊洋林/880
齊如山/1246(2),1604,1607(2),1608
齊生/651
齊世傑/396
齊樹平/148
齊思和/49,301,635,1691
齊太和堂/200
齊鐵恨/945,946,952
齊同/1407,1408,1468
齊文/568,599
齊燮元/1142
齊燕銘/1002
齊耀琳/2367
齊耀珊/455
齊毓川/1053
齊召南/257,259,1053,1103,2011,2069,2229
齊仲甫/1650
齊周華/1103
綺紋/422
契耳諾夫/538
契嵩/1081
憇園女史/1477
千兒/786
千鳳岐/129
千家駒/344,520,605,611,619,629,636,637,640,688
錢安定/721
錢保塘/175,184,1116,1925,2004,2053
錢寶琮/1618(2)
錢病鶴/1589
錢伯留/1117
錢彩/1392
錢昌緒/445
錢長澤/1610
錢朝鼎/1548,2068
錢沖父/1586
錢椿年/2061
錢大昕/1104,1751,1754,1775,1776(3),1777,1792,1878,1881,1930,1931,1935,2012,2054,2133,2333(2)
錢大昭/1773(2),1774(3),1775(2),1880,1888(4)
錢稻孫/275,282,1590
錢德蒼/1279
錢德洪/2023
錢佃/1886,2089
錢坫/5,147,161,937,1915
錢東垣/1881,1890,2371
錢侗/1930
錢杜/1545(2),1582,1952(2)
錢端升/486,600,741(2),846
錢端義/924
錢萼孫/1118
錢爾復/1941,2176
錢方琦/1122
錢灃/1105,1570,1577
錢諷/1861
錢淦/453
錢杲之/2044
錢歌川/884,908,918,1193,1436,1504(2)
錢公來/507
錢公俠/1030,1170,1291,1406
錢功/1356
錢古訓/174
錢桂笙/1137
錢浩/1139
錢鶴書/992
錢洪翔/889,893
錢化佛/184
錢慧安/1586
錢基博/5,12,27,29,30,56,59,66,959,983,1000,1010(3),1076(2),1693,2349,2358
錢季寅/1597
錢健夫/521
錢江/459
錢江春/484
錢敬堂/2226
錢九威/853
錢君匋/1184
錢俊瑞/347(2),549,609,622,688,767
錢康公/1722
錢康功/1357
錢堃/919,1290

錢良擇/997,1843,2097
錢林/1970
錢履和/1112
錢綸光/1586
錢枚/1223,1983
錢梅溪/1569
錢梅溪[錢泳]/1377
錢勉醒/960
錢愐/1328,1352
錢穆/32,38,42,45,63(2),74,192(2),195,225,267,296,799(2),2349
錢納水/622
錢迺澂/684
錢南揚/1258(2),1278,1494
錢能欣/406
錢培傑/2094,2102
錢培名/1904
錢培讓/2094,2102
錢琦/1804(3),1897(2),1915,2245
錢起/2124,2141
錢啟忠/2232
錢綺/1872
錢謙吾[阿英]/972(2),1497
錢謙益/1093,1096(2),1485,1872,1882,2131,2132,2206(2)
錢尚濠/1013,1032
錢少明/812
錢少雲/404
錢生可/402,403
錢時/2012
錢史彤/445
錢士禮/1141
錢世昭/1731
錢釋雲/760
錢瘦鐵/1566
錢書侯/330
錢肅樂/2232
錢泰吉/1883,2154
錢塘/188,1865,2098
錢濤/1817,2211
錢天達/1678
錢王倬/85
錢薇/1804,1905,2245
錢惟演/1352(2),1725,1740,2168
錢文/206
錢文霈/2344
錢文選/101,180,205,415,1137(2)
錢文子/1921,2172
錢希乃/887
錢希言/1364,1366,1846,1993,2098
錢熙祚/64,66(2),1027,1662,1904,1930,1933,1956,2010,2094,2102,2328
錢祥保/452,453,734
錢小晦/1592
錢嘯秋/1299
錢辛/1586
錢帆/253
錢杏邨/1011,1013(3)
錢杏邨[阿英]/920
錢玄同/941,1487
錢選青/192,891
錢恂/527,1930,2368,2375
錢亞新/2354,2360(2),2377,2387
錢一鳴/972(3)
錢儀吉/1776,1921
錢乙/1939
錢以法/180
錢亦石/269,539,616,641,651,698,737,830,834
錢易/1328,1354,1740,1989
錢益璋/285
錢繹/1771
錢泳/997,1536,1863(2),2056(2)
錢用和/2344
錢育仁/1185
錢岳/1232
錢韞素/2262
錢曾/1882(2),2369(2)
錢振常/1079
錢振東/1008
錢振鍠/1137(2)
錢振倫/1079
錢徵/2333
錢之鼎/1236
錢智修/274,2111,2112
錢忠敏/1581
錢鍾書/992,1185,1470(2)
錢宗濂/180
錢佐元/1322
淺田惟常/1654
潛夫/852
强汝諤/10
强汝詢/1618
强我/640
强幼安/985
强運開/157,933
强至/1735,1794,1960,2011,2169
彊邨老人[朱祖謀]/1237(3)
悄吟/1437
悄吟[蕭紅]/1170
喬本序/600
喬光鑒/740
喬吉甫/1261,1264(2)
喬孟符/2228
喬木/970
喬木[冠華]/242,835,836
喬木[喬冠華]/243(2)
喬啟明/612,636,637
喬特/81
喬汶荃/885
喬一凡/733,848
喬已百/436
喬有豫/459
樵川/1916
樵叟/1916
樵西灌灌老人/521
樵雲山人/1389
橋川時雄/1072
橋爪政之/1505
譙周/1749,2074,2080,2082
竊名/2059
秦邦憲/544,781
秦伯未/1597,1660,1666
秦朝釬/998
秦醇/1726,1820,2208
秦篤輝/1890,1900,2012
秦恩復/64
秦汾/1619
秦更年/158,2059
秦觀/1043,1048,1084(2),1208,1216,1233,1804(2),1942,1949,2031,2106,2128,2145
秦含章/638,1682
秦翰才/192,203,335,2341
秦宏濟/1680
秦煥/1112
秦簡夫/1262,1264,1268
秦劍雄/1490
秦鑒/1890
秦景阜/709
秦絅孫/158,1568
秦九韶/1619,1932
秦蘭徵/1971,2206
秦林舒/828
秦柳芳/575
秦敏樹/2042,2058
秦明/723
秦牧/913,1452
秦佩珩/474
秦潛/1564
秦仁山/88
秦榮光/1174
秦瑞玠/864
秦尚志/843
秦慎安/97(7),98(10),99(9),100(3)
秦瘦鷗/205,1425,1452(3),1688
秦綬章/377
秦樹銛/2057
秦舜昌/2238
秦似/234,235
秦同培/23,60,299(2),300(2),720,958(2),1061
秦文錦/1578(5),1589
秦錫田/453,1135
秦獻廷/2382
秦選之/929
秦耀曾/369
秦元邦/633
秦越人/1653
秦雲/1823,2042,2058
秦再思/1352,1710,1721
秦兆陽/1400
秦振夫/459
秦之濟/1174
秦仲文/1562
秦子忱/1386(2)
秦祖永/1538,1541,2067
秦遵宗/2238

琴石山人/378,1036,1389,1481
欽榆/1289
青勃/1183(2)
青浮山人/1949
青眉/1281
青木正兒/969,978,980,981,1252(2),1253
青目菩薩/119
青鋭/238
青山/533
青韋/213
青烏先生/2026
青溪居士/2207
青溪散人/715
青野季吉/534,1195
青芝山人[吴照]/933
青子/1452
卿汝楫/579,681
清高宗/98,290,1101,1916 1920,1954,1965
清高宗弘曆/117
清暉樓主人/1053
清聖祖/138,964,1101(2),1557,1617,1635
清世宗/325,1954
清世祖/25,2039
清素/107
清溪道人/1013,1383
清谿漁隱/190
清心居士/1383
輕影/1472
情癡子/1367
晴村/1170
慶桂/320
慶吉祥/112(2)
慶善徵/1619
慶澤彭/79,81
瓊樓主人/1387(2)
丘斌存/690
丘長春/1230
丘處機/1213,2177
丘處機[丘長春]/1941
丘琮/1121
丘東平/352,1455
丘度/1092
丘逢甲/1121(2),1175
丘復/1068,1095
丘公明/1953
丘光庭/1716,1893
丘漢平/527,696,841,842,859
丘鶴儔/1604,1605(2)
丘景尼/1640
丘濬/74,290,1365,1841,1851,1906,1916(2)
丘密/1211
丘瓊蓀/991
丘璩/1820
丘日興/749
丘石常/1807
丘守愚/475,476
丘文莊/1061
丘曉滄/1506
丘瓆/1737,1799,1936
丘遠/1602
丘祖銘/826
邱昌渭/806,817
邱椿/873,878,879
邱東平/1455
邱多廉/139
邱峨/440
邱關瑾/2343
邱瑾璋/833
邱覺心/884
邱培豪/716,838,839
邱人鎬/694
邱石木/1454
邱煒萲/1135,1828
邱心坦/1116
邱友錚/882
邱沅/452
邱園/2348
邱韻鐸/1472
邱致中/471,520
邱祖謀/425
秋風/1382
秋楓/592
秋吉質/1655
秋江/600
秋瑾/1119(2)
秋生/561
秋田雨雀/1192
秋翁/2337
秋雪/971
秋雲/1190,1295
秋澤修二/78
仇鼇/393
仇繼恒/2248
仇俊卿/1804,2012,2245(2)
仇汝功/443
仇同/1683
仇英/194
仇遠/1214,1722,1967(2)
仇曾祜/440
仇章/276
虬道人/1379
裘爾・俾奴/1526
裘吉生/1648(13),1649(16),1650(16),1651(16),1652(16),1653(14)
裘開明/2385,2388
裘可桴/1134
裘璉/1278
裘淩仙/1120
裘屈羅・斯坦因/1514
裘萬頃/1019,1051,1087
裘昔司/679
裘玉/2009
裘毓麐/2332
裘蔗邨/1100
曲殿元/696
曲乃鋭/443
曲直生/638,645
屈大均/315,1100,1827(2),1925,2179,2198(3)
屈德澤/450
屈復意/1079
屈彊/318,2342
屈曲夫/1461
屈若搴/266
屈舒/555
屈爔/418
屈原/1070
屈章/532
瞿白音/546
瞿昌文/2024
瞿兑之/738,993
瞿兑之[蜕園]/202,1032
瞿鴻機/2267
瞿九思/2163
瞿菊農/80
瞿菊農[世英]/531
瞿明宙/1671
瞿其美/316,317
瞿啟甲/2368
瞿秋白/490(2),546,549,578(2),981(2),1174(3)
瞿潤緡/153
瞿史公/1608
瞿世英/80(2),885
瞿世英[菊農]/79,886
瞿世英[瞿菊農]/36(2)
瞿世瑛/2039
瞿式耜/1846,1968
瞿同祖/504(2)
瞿熙邦/1784
瞿宣穎/231,363,393(2),2267(2)
瞿應紹/1095
瞿佑/987,1376,1748,1935,1978,2177
瞿元霖/2267(2)
瞿元錫/253,318
瞿鉞/356
瞿中溶/147,156,159,231,870(2),1865,1871(2),2191
瞿重福/961
全秉熏/82
全漢昇/375(2),624,1682
全紹武/138
全文晟/1629
全增祜/271
全祖望/41,43,1068,1103(2),1881,1997,2132(2),2191,2231,2232,2236
荃麟/202,597,970,1194
荃麟[邵荃麟]/910,918
詮明/107
權伯華/975,1435
權德輿/2124,2141
權衡/2163,2199
卻而司・迭更司/1523(2),1524(3),1526
卻洛得・倭康/1525

R

R. Niebuhr/500
R. W. 休格/242
Roswell S. Britton/152
Ruth Dewey Groves/1429
讓廉/1752
饒鼎華/1137
饒鍔/1181
饒景星/1702
饒魯/1923
饒孟侃/1513
饒慶捷/1107
饒榮春/638
饒尚慶/822
饒宗頤/460,1066,1181
仁孝文皇后/92,2149
任白濤/277,511,914,2350,2393
任畢明/293,509,922
任弼時/571
任蒼厂/89,214,1381,1423,2335
任傳藻/435(2),736
任二北/1200
任二北[任訥]/1200
任蕃/1346,1759,1826,1985,2212
任昉/1017,1326,1340,1714,1721,1859,1981,2103
任扶善/662
任廣/1994,2151
任桂林/583
任國南/772
任弘烈/438
任虹/1311
任環/1094
任嘉堯/186
任矜蘋/714
任覺吾[五]/800
任鈞/998,1150,1183,1189
任可澄/2241(2)
任洛/1866
任美鍔/365,382,488,622(2)
任夢雲/1630
任乃强/397(2)
任訥/1242,1255(2),1256(5),1258(2),1279
任還喬/589(2)
任時先/266
任世熙/1104
任守禮/1091
任曙/651,815
任松如/2372
任松如[啟珊]/372
任泰/1807,1891
任筱莊/507
任熊/1582(2)
任奕/2230
任淵/1084(3),1966,2128,2145
任越庵/1649
任兆麟/454
任肇新/444
任致遠/312
任中敏/1240
任中敏[任訥]/94,1206,1256
任重/487,952
任卓宣/526,760(2)
日稱/105,106
容庚/148,153,154,156,157,159(2),160(4),162(5),163,164,960,1563,1565,1567,1568
容閎/203
容廬/1191
容媛/5,148(2),195
容肇祖/43,719,1004,1007,1400
榮惠人/864
榮漣/1104
榮肇/1783,1877,1974
榮柱/1882
柔石/1447(2)
茹春浦/852
茹皆耀/1673
阮諶/2073
阮承信/1897
阮充/1594
阮大鋮/1096(2),1281,1748
阮篤成/821
阮潘僑/440
阮福/25,257,1914,1945,1980
阮亨/257,2011
阮籍/1016
阮葵生/1863,1988
阮其新/870(2)
阮紹元/1175
阮繩祖/394
阮文達/2086
阮文藻/451
阮無名/981
阮先/2229
阮咸/2063
阮湘/2356
阮孝緒/1792,2076
阮逸/50,53,72,1858,1902,1953,2048,2119,2137
阮毅成/715,740,839(2),842,847,850,855,857,863,870
阮印長/96
阮鏞/2254
阮瑀/1016
阮堉/1135
阮毓崧/66
阮元/965,1107,1108(2),1618(2),1859,1860(16),1861(15),1862(7),1891,1902,1935,1946(2),1950,1958,1959,1965(2),1970,1976,1980(3),2070,2090,2133,2372(2),2373
阮閱/1208,2134
阮章競/581,1309
阮真/2364
阮子平/662
蘂珠舊史/1248,1249(3)
芮恩施/726
芮佳瑞/530
芮挺章/1035,2133
芮逸夫/173
芮曰松/2219
瑞恰慈/920
瑞思義/133
瑞永/507
若俊/534
若人/1447

S

S. W. Bushell/1553
S. Y. /1457
S. M. /1185
S. 拉比諾維契/483
Schweitzer/472
Somerset Maugham/1513
薩都剌/2130
薩空了/215(2),384,501,1475,2338,2392
薩孟武/538,661,710,718,723,725,726,770,825(2),847,852,1381(2)

薩師炯/800
薩士武/2387
薩英額/1778,2002
薩鎮冰/1160
塞甫琳娜/1436
塞諾博/239
賽金花/215
賽珍珠/1514
三江遊客/321
三浦藤作/85,500
三上義夫/1618
三塩柱史/1388
三硬蘆圩耕叟/1376
三餘氏/317
三豬信三/856
桑戴克/1641
桑喬/2200
桑欽/372
桑紹良/1270
桑世昌/1735,1950
桑田熊藏/662
桑宣/2303(6)
桑原騭藏/269(4)
桑悅/1800,1905
桑貞白/1968,2109
騷隱居士/1243,1244(2),1747
色伽蘭/167
澀江全善[抽齋]/2370
森川光郎/250
森川覺三/484
森谷克已/615
森口繁治/514,726
森立之[枳園]/2370
森山啟/982
森泰次郎/993
森五六/241
森正藏/469
僧祐/122,2121,2139
僧贊寧/1798
僧肇/1915
沙爾列·拉波播爾/238
沙發諾夫/506
沙夫/912
沙馥/1583
沙海昂/247
沙克什/374
沙克什[贍思]/1943
沙蕾/1486
沙林/172
沙美/808
沙鷗/480,1191(4)
沙平/1501
沙坪/1603
沙千里/511,518
沙青巖/934
沙士比/1518
沙斯惠夫人/1522
沙汀/569,1158,1402,1433(5),1434(3)
沙畹/143,248
沙爲楷/683(2)
沙午峰/245
沙溪/581
沙學浚/367
沙元炳/1133(2)
莎士比亞/1513,1529
山本健兒/1708
山本悌二郎/1001
山本喜代人/678
山本有三/1506
山川均/84,536,611
山丁/1427
山根新次/1626
山井鼎/1886,2013
山口武/477
山內一雄/819
山謙之/2277
山田武吉/277
山田孝雄/302
山田元倫/1657
山田正珍/1654
山縣君/465
山尊/1287
杉本重利/1658
杉江房造/427
杉勇/479
善耆/1137
善遇/123
單鍔/1996,2148
單復/1197
單士元/1598
單學傅/998
單巖基/473
單友軒/431
商莅若/5
商承祖/173
商承祚/152(2),156,161(2),167,1564
商鴻逵/215
商輅/1988
商企翁/1780
商鞅/53,718(3),2098
上官靈芝/1569,1571
上官融/1353,1729
上官周/1786
上野理一/1595
尚秉和/96,97,337,506
尚絅/2330
尚佩秋/1517
尚慶翰/437
尚希賓/436
尚鉞/1466
尚兆山/2253,2255
尚仲賢/1259,1260,1265,1266
尚仲衣/547
少侯/1131,1156,1164,1400,1411,1416,1429,1486
少侯[唐少侯]/1140,1172,1417
少言/561
邵寶/1871
邵伯棠/973,979
邵伯温/1337,1368,1986,2033,2328
邵博/1337,1986,2033
邵成萱/950
邵光祖/936,1930,2147
邵桂子/1734
邵鶴亭/888
邵亨貞/1090
邵金鐸/685
邵晉涵/307,1792,1809
邵潻容/511
邵鈞軒/1415
邵蘭生/1652
邵力子/203
邵履均/851
邵彌/1582
邵鳴九/28,938
邵裴子/238
邵飄萍/1679
邵啟賢/74
邵清淮/526
邵荃麟/1402(2),1415(2)
邵瑞彭/1238,2361
邵銳/162
邵森棣/512
邵慎之/1621
邵樹忠/2219
邵思/1729,2006
邵松年/1558,1781
邵惕公/1675
邵廷采/251
邵惟/1289
邵無恙/1474
邵伍/1704
邵洵美/789,1184,1473,1494
邵循正/285
邵懿辰/20,25,1971
邵瑛/22,932
邵雍/73,97,100,1739,1744,1793,1905,2127,2144
邵灘祥/933
邵元沖/171,223,237,385(2),666,722,761,767,772,773(2),802,820(2),1031,1059
邵越崇/426
邵曾/2042,2256
邵章/1130
邵長光/1035
邵振璣/530
邵子藩/1283,1286
邵子風/152
邵子南/582,1400
邵祖平/925,1147(2),2346,2350
紹特韋爾/263
紹新/559
紹英/2039
佘守德/198
佘賢勳/1185
佘貽澤/749(2)
射慈/2073(2)
申丙/1173
申涵光/86,1844(2),1898(2),1968,1975
申涵盼/1975
申涵煜/1898
申佳胤/1968,1974
申居鄖/1898
申蘭生/702
申培/1800,1857,1955,2025,2072

申時行/2022
申叔舟/470
申頲/1235,1995
深井安文/2111
深心/789
神林隆淨/123
神田豐穗/912
神田喜一郎/2359
神秀/2037
沈岸登/1221
沈百先/377
沈百英/870,888,957,974
沈拜言/735
沈炳巽/1101
沈炳震/260,1777
沈伯經/1058
沈步洲/907,1532(2),1533
沈彩/1106
沈昌眉/1157
沈長洪/328
沈常/315
沈辰垣/1231
沈成章/1126
沈承恩/442
沈赤然/2184
沈寵綏/1245,1255
沈初/1994
沈俶/1330,1723,2177
沈從文/213(5),224(2),401(2),597,1023,1025,1156(4),1162,1428(8),1429(14)
沈達材/999,1071
沈大成/1896
沈德符/1242,1244,1245,1748,1818,1945,1947,1983,1993,2176
沈德鴻/69,70,1493
沈德鴻[茅盾]/65
沈德潛/981,997,1033(3),1036,1052,1053,1060
沈德壽/2382
沈德先/1992
沈登階/1652
沈登瀛/1875
沈度/1085
沈端節/1219
沈端先/513,1507(2)
沈端先[夏衍]/1406
沈恩孚/88,974,1111
沈璠/1652
沈斐成/1499
沈汾/1730,2108
沈風人/378
沈逢吉/1825
沈復/202(2),1333
沈復粲/2380
沈該/9
沈剛如/2362
沈遘/1014,1043,1049
沈光瑩/2090
沈歸愚/2091,2093,2094
沈浩初/1606
沈皡日/1222
沈顥/1538
沈弘宇/2329
沈淮/439
沈懷遠/1342
沈煥/2193,2234
沈鍠/1838
沈慧/957
沈蕙纕/1919
沈既濟/1761,1762,1765,1984
沈寂/1430(2)
沈繼光/2206
沈繼孫/1542,1590,1943
沈繼先/1117
沈家本/2035(2),2270(13),2271(16),2272(2)
沈家莩/888
沈兼士/330,929,940
沈健民/1679
沈劍知/1575
沈節甫/1848,1849(17),1850(16),1851(17),1852(17),1853(16),1854(17),1855(17),1856(6)
沈金鼇/1647
沈謹學/1110,1971
沈覲鼎/1505
沈璟/1255,1280
沈巨塵/737
沈厥成/472,475(2)
沈鈞/1133
沈鈞儒/774,847,1158(2),1660
沈峻/2181
沈可培/1819,2210
沈焜/2259
沈括/1014,1330,1355,1358,1359,1554,1715,1721,1893(2),1940,2032,2044,2328(2)
沈蘭徵/1133
沈樂善/436
沈雷春/621(2)
沈練/1942
沈遼/1014,1044,1049
沈麟/1650
沈邁行/787
沈懋德/1620
沈夢麟/2036
沈明/1191
沈明臣/2240
沈銘彝/1774,2016
沈乃正/484,819
沈鵬/801
沈鵬飛/410
沈瓶庵/1384,1477
沈其昌/1606
沈其光/1157(2)
沈起/230(2)
沈起鳳/1863
沈起予/544,911,1406,1430(2),1456,1466,1510
沈啟無/970
沈謙/1099,1202,1834(2)
沈乾一/2362
沈欽韓/1082,1772,1778(2),1966,1997,2014,2191
沈清瑞/1106
沈訒/1186
沈鎔/299,941,951,1060(2),1062(2)
沈汝瑾/1125
沈沙白/89
沈嵊/1281
沈聖時/1001
沈時棟/1227
沈士駿/1602
沈士龍/1904
沈世榮/1319,1380,1384,1394
沈仕/1094,1256
沈守之/2257
沈壽宇/529
沈叔羊/1660
沈叔之/278
沈淑/1917,1929(2),1944,1997
沈樹德/1103
沈思/357(2)
沈思孝/2000,2179(2)
沈嗣莊/531
沈蘇約/919,1324(2)
沈太侔/1250
沈泰/1748
沈濤/251,930,1809,1901,2277(7)
沈天葆/916
沈廷芳/87
沈廷桂/1830
沈廷文/1889
沈同/1660
沈桐生/2327
沈惟驤/454
沈維鈞/155,948
沈維堃/2376
沈味之/319
沈蔚德/1301
沈文浩/319
沈文華/1375
沈文浚/273
沈文林/430
沈文偉/1236
沈文耀/1471
沈西苓/1290,1301
沈禧/1215
沈祥龍/1204
沈心池/1430(2)
沈星煒/1829
沈興文/1477(2)
沈雄/1202,1205
沈修/1132
沈旭/1157
沈玄廬/1417
沈旋/2075
沈璿/1620,1621
沈學源/654
沈學植/2385
沈荀蔚/316,2022
沈亞公/1380,2163,2164(6)
沈亞之/1758(2),1760,1826,1827,1984,2125,

2142
沈延國/209
沈雁冰/1006
沈雁冰[茅盾]/69,268,1065,2113,2114
沈燕萍/958
沈垚/325,1110,1977
沈耀楣/1377,1388
沈野/1594
沈沂曾/1111
沈宜修/1021(2)
沈怡/374
沈義父/1067,1202,1206,2099
沈毅/278
沈熼燔/98
沈翼機/455
沈議/1028
沈尹默/1156,1577
沈鋆/2184
沈櫻/1462(2)
沈瀛/1210
沈永椿/413(2)
沈有乾/1640
沈瑜慶/458,1119
沈禹鐘/1401,1428
沈與白/2110
沈與求/1043,1048,1085(2),1208
沈喻/1101,2052
沈豫/2276(12),2277
沈元暉/891
沈約/249,298,306,1017,1343,2014,2017,2063,2117
沈説/1039
沈雲/325,1132
沈載華/381
沈瓚/1369
沈藻采/455
沈澤民/891
沈澤棠/1132
沈曾植/311,417,1124,1204,1238,2053,2369
沈璋寶/2038
沈兆澐/2182
沈志明/845
沈志遠/77(2),80(2),482,490(2),496,502,532(4),537,607(2),610,635,829
沈仲緯/2035
沈仲文/1488
沈周/1092(2),1360,1580,1805
沈朱坤/92
沈兹九/567
沈子復/2359
沈子善/196,897
沈紫若/1395
沈宗瀚/1674
沈宗畸/1132,2058
沈宗元/198
沈祖基/333(2)
沈祖憲/733
沈作喆/1894
慎到/55,67,1729,1904,2120,2138,2150
慎懋賞/1768
慎言[陳慎言]/1399
蜃橋逸客/1251
生克昭/439
昇曙夢/1509
盛炳偉/2238
盛成/219,1417
盛大謨/2203
盛大士/1544,2332
盛恩頤/205
盛楓/2226
盛弘之/1342,1738
盛俊/602,682,746
盛克猷/777
盛朗西/875
盛隆/91
盛慕傑/747
盛沛東/840
盛如梓/1895,2005,2329
盛時泰/158,159,1793,2165
盛叔清/1559
盛熙明/1561,1562,2114
盛襄子/174
盛莘夫/1631
盛敘功/364,407(2),425,1671
盛宣懷/732
盛昱/1870
盛子明/818
勝田主計/282
聖旦[劉仲蘅]/993
聖多瑪斯/134
尸佼/53,68
尸羅達摩/105(2)
施伯珩/687,692
施補華/998
施翀鵬/1564
施存統/498,610
施定庵[襄夏]/1610
施伏量[施存統]/84
施復亮/497,606
施復亮[存統]/542
施復亮[施存統]/90
施國祁/1089(2),1775,1805,1808,2021
施亨利/238
施宏勳/844
施鴻/1866
施護/105(2),106,117
施畸/975,983
施紀雲/446
施濟美/1407
施建生/654
施景琛/149
施景舜/440
施括乾/946
施琅/407
施樂/556
施良/474
施霖/868
施落英/789
施密特/79
施耐庵/1324,1381(6)
施乾/2075
施清臣/1879
施閏章/996,1540
施若霖/454,1406
施紹莘/1256,1820,1836,2212
施慎之/1002
施淑儀/1000
施樞/1038(2)
施廷鏞/2362
施錫軒/955
施顯卿/1856
施彥執/1990,2038
施養成/801
施瑛/171,326,788,1030,1170,1291,1379,1406
施友忠/34,79,570
施約瑟/131
施則敬/941,942
施澤臣[施沛生]/867
施章/66
施兆貴/1706
施兆亨/1065
施蟄存/235,1011,1012(3),1013(6),1014(3),1186,1407(6),1468,1482,1533
師丹斯基/1632,1633
師復/600
師覺授/2008,2084
師曠/1345,2107,2195
師連舫/527
師田/1424
師陀/1292,1305,1424(2)
石濱知行/631
石倉主人/330
石承進/1711
石川達三/1506
石川光昭/1659
石川三四郎/502
石川一郎/481
石達開/330
石大偉/1677
石鐸/1688,1698
石光/349
石光瑛/1161
石廣權/208,925,931
石宏規/173
石華父/1294
石懷池/918
石揮/1188
石嘉吉/1972
石介/1042,1972
石晉昌/385
石君寶/1259,1262,1263
石凱福/640
石克士/405
石瀾/555
石梁/1561
石靈/1294
石茂良/253,1328,2168
石梅林/348
石民/918
石坪居士/1250
石橋五郎/612
石青陽/716
石渠/1972
石榮暲/103,312,444,

471,2040
石山福治/953
石申/1859,1934
石室道人/2177
石松/866
石濤/1580,1582(2)
石丸藤太/789(2)
石葦/235,921
石文/1421
石西民/814
石孝友/1218
石嘯沖/482,820,829
石延年/1888,2175
石瑶燦/451
石一參/720
石永楙/66
石玉昆/1391
石韞玉/1278,1970,2037
石贊清/2243
石章如/166
石兆棠/1169,1616
石芝齡/165
石知恥/1513
石志泉/863
石子章/1266
辻善之助/278
拾得/110,2089
拾風/1452
時甫/233
時瀾/2012
時敏/388,2341
時希聖/216,758,792,856,1131,1383,1454,1679(2),2313(4)
實叉難陀/118
實夫/524
實人/545
史邦燮/630
史寶安/2369
史弼/1735
史秉慧/1148
史傳遠/442
史達林/533(2),537,540(6),897
史達祖/1217
史道源/1677
史得威/1842
史蒂生/279,341
史典/1643
史東山/1300,1308,1314
史篤/913
史恩綿/934
史國綱/725,820,1512
史國衡/663
史浩/1209,2233
史季温/1084
史家康/341
史家祺/841,842
史潔珵/128
史敬先/1268
史靖/222
史久鼇/686
史俊民/280
史堪/1940
史可法/1096,1484,1965
史良書/180
史邁士/510
史美煊/546
史夢蛟/1103
史沫特萊/1511
史念海/267,375
史念祖/2332
史諾/483,790
史容/1084(3)
史榮/1931,2236
史若虚/585
史尚寬/665,854,858
史繩祖/1742,1793,1894
史太璞/861
史坦因・根室/585
史特其[J. 斯特拉齊]/535
史提文森/1526(2)
史天秀/1632
史維焕/610
史無弓/1697
史襄哉/259
史虚白/2020,2114
史玄/390,1752
史延壽/440
史岩/167,1456,1591(2)
史悠明/367
史游/955,1925(2),2047
史照/2011,2117
史蟄夫/936
史震林/1012(2),1377
史徵/1898
史正志/1737,1799,1826,1936,2060
矢内原忠雄/408,474
矢野恒太/630
世次郎[黄世仲]/1175
世界室主人/483
市河世寧/1957
市隱/1144
侍桁[韓侍桁]/1153,1512
室伏高信/278
適夷/213,1516,1517
適園主人[張鈞衡]/392
奭良/1134(2)
釋心/130
守安/1492
守遂/2026
守一增/122
首源主人/2381
壽春園/781
壽進文/611,694
壽景偉/423,491,704
壽碌堂主人/1601
壽勉成/668(2),669(4),689
壽鑈/1239
壽寧/1958
壽鵬飛/429,1385
壽潛廬/958
壽孝天/851
叔本華/81,513,1194,2112
叔棣/242
叔孫通/1917
叔羊/1158
叔子/1526
疏達/364
舒伯炎/1687
舒昌森/1125
舒亶/2193,2240
舒頔/1215
舒芬/1804
舒繼英/1914
舒連景/933
舒聯瑩/1677
舒璘/1088,2234
舒羅塞/1632
舒夢蘭/1036,1201(4),1231
舒夢齡/451
舒啟/462
舒慶春/1025
舒慶春[老舍]/1464(4),1465(2)
舒群/568,970,1312
舒舍予/918
舒天民/1889,2095,2233
舒位/1335,1786,1822,1969(2)
舒蕪/2344
舒新城/223,378,382,400,401,534,876(4),877(2),886(2),887,896,897,962,964(5),1170,1199,1517,1639,1640,1642,1661,2356
舒遜/1215
舒湮/1298,1312(2),1607
舒岳祥/1089
舒詔/2066
舒宗僑/346
蜀西樵也/1249,1833
束世澂/200,285,286(2),523,823
墅西逸叟/1825
漱石生/1473
雙石軒/1529(2)
雙影盦生/1249
爽梭阿過伯/1525
水夫/545
水心/897
水中龍/99
水竹邨人/1132
水竹邨人[徐世昌]/1564(2)
司丟阿忒/1524
司各德/1519,1524(2),1526
司空圖/984,1080,1349,1758,1980,2029,2048,2126(2),2143(2)
司馬彪/1339,1341,2081,2084(2)
司馬蒼/264
司馬承禎/55,1722,1904,2104
司馬光/45,50,70,92,289(3),290(4),936,940,984,1082(2),1337,1353,1717,1735,1743,1797,1898,1924,1930,1960,1977,1986,2028,2117(4),2127,2144,2147,2175
司馬遷/248,288(4),289(5),1015,1644,2093
司馬穰苴/52,1691,2097,

2119,2137
司馬文森/186,223,914,921,1063,1289,1421(5),1473,1500,1604
司馬仙島/716
司馬相如/1015,2075
司馬相世/576
司馬訏/1188
司馬貞/288,289,1644
司徒安/1478
思明/920
思奇/1472
斯班/610
斯賓諾沙/724
斯賓塞/218(2),500
斯基爾/544
斯邁爾斯/89
斯密甫/479
斯密史/479(2)
斯密司/415
斯諾/1511
斯諾夫人/188
斯塔斯/79
斯文赫定/247
斯行健/1630
斯植/1040
四不頭陀/1249
四橋居士/1383,1386
四願齋主/1483
寺岡謹平/838
寺田精一/865
松本龜次郎/1504(2)
松本雋/506
松本蒸治/859
松村松年/1636
松村武雄/1195,1498
松華/372
松下大三郎/1504
松蔭盦主/1378
松雲/1387(2)
松筠/465
松滋山人/1383
宋保/1926
宋汴/1736
宋伯魯/465,2248
宋伯仁/1020,1037,1051,1579,1951,2035,2050
宋曹/1536
宋昌悦/2204
宋長白/1011
宋超/1290
宋春舫/1246,1253,1304
宋慈/870(2),1847,1941
宋大業/419
宋大章/434
宋大樽/996,1980
宋登春/1958,1964
宋鳳嫻/1607
宋剛/233
宋高宗/1554,1737,1951
宋躬/2008
宋桂煌/130,501,916,922,1639
宋衡/1119
宋衡之/614
宋徽宗/1556,1733,1957
宋家泰/387,408
宋家修/602
宋嘉俊/447
宋教仁/215
宋晶如/22,23,299,1058(3),1059,1060
宋經畬/1780,2182
宋景昌/1931,1932,1933
宋景祁/2386
宋景文/431
宋敬臣/437
宋褧/1214
宋居白/1731
宋雷/1873
宋濂/46,250,310,1091(4),1803,1841,1904,1905(2),1964,1981,2009,2100,2131,2161,2187,2366
宋聯奎/2246,2248
宋霖/1435
宋犖/371,997,1221,1334,1538(4),1943,1979,2068
宋美齡/130,512
宋綿初/2045
宋敏求/444,1727,1794,1872,1986,2167
宋明德/961
宋某/1985
宋佩韋/102,1009(2)
宋佩韋[雲彬]/74
宋祁/1083,1712,1795,1813,1893,1904,1936,1960,2029,2214,2216,2217
宋其正/1671
宋千金/786
宋慶齡/209,781
宋若華/92
宋若瑜/1486
宋若昭/1351,1762,1984
宋善良/832
宋士冕/1120
宋世良/2076
宋書升/2225
宋曙/449
宋恕/2227
宋太宗/106
宋同福/708
宋琬/1097,1220
宋文翰/947,948
宋文蔚/932(2),933,977
宋無/554,1354,1726
宋希尚/376,1685
宋希庠/639,1671
宋咸/50,69,1928,2100
宋咸熙/5,1809
宋憲章/437
宋庠/1082,1356,1722,1960,2214,2217
宋翔鳳/5,1203,1206,1223,1748,1771(2)
宋小濂/284
宋星五/1754(5)
宋煊/447
宋纁/1897
宋揚/296
宋楊皇后/1957
宋應昌/471
宋應祥/1090
宋應星/1680(3)
宋漁父/1139
宋玉卿/321
宋育仁/2057
宋元懷/1985
宋垣忠/38,764
宋樾/1435
宋雲彬/126,319,1138,1435
宋雲公/1644
宋蘊璞/392,476
宋哲元/215,464
宋徵輿/318
宋之的/1301,1304(4),1306,1312
宋之盛/2203
宋之問/1073
宋直方/318
宋志沂/2159
宋衷/2015(3),2070
宋子安/1798,1942
頌德弘/124
頌久/2112
蘇寶藏/904
蘇伯衡/1964,2131
蘇誠鑒/303
蘇鶚/1327,1715,1741,1755,1893,1989,2167
蘇廣平/1139
蘇瓌/1792
蘇過/1085(2),1961
蘇何/1789
蘇洪寬/448
蘇鴻賓/821
蘇季常/191
蘇甲榮/426(3),427,768
蘇金傘/1173,1183
蘇晉仁/738
蘇康甲/1069
蘇勒通/462
蘇利哀·莫郎/1510
蘇霖/1553
蘇麟善/1101
蘇曼殊/1167(2),1168(3),1449(3),2313(13)
蘇曼殊[玄瑛]/1168
蘇民/322,430
蘇平寧/210
蘇其照/444
蘇耆/1719
蘇青/1173,1451(2)
蘇灦/318,1784
蘇上達/685(2),834
蘇紹泉/464
蘇時學/63
蘇士琨/1815,2209
蘇軾/400,1042,1047,1083(5),1208,1216,1233,1337(2),1355(3),1360(2),1573(3),1712,1715,1722,1724,1744,1745,1795,1899,1936(2),1940,1949,1989

(2), 1995 (3), 2025, 2031, 2093, 2094, 2127 (2), 2144, 2145
蘇舜欽/1042, 1047, 1081, 1354, 2127, 2144
蘇頌/198, 1933, 1948, 2032
蘇潭道人/1391
蘇體嚴/177
蘇天爵/1028(4), 1873, 2009, 2134
蘇天祥/177
蘇廷鑒/177
蘇頲/1764
蘇汶/914
蘇象先/198
蘇玄瑛/1167, 1168(3), 2313
蘇玄瑛[曼殊]/1167, 1168 (2), 1486
蘇雪安/1292
蘇雪林/193, 913, 993, 1009 (2), 1079(2), 1173(2), 1308, 1404, 1417, 1451
蘇雪林[蘇梅]/1173
蘇洵/1081(2), 1778, 1919, 2094, 2127, 2144, 2148
蘇演存/366
蘇一華/349
蘇一平/1287(2)
蘇易簡/1943, 2175
蘇逸雲/1173
蘇廙/1349, 1759
蘇英/610
蘇佑/1365, 1851, 2023
蘇郁文/1167
蘇裕德/191
蘇淵雷/12, 36, 38, 60, 82 (2), 126, 203, 264(2), 715, 1033, 1060, 1119, 1172
蘇源明/1913, 2026, 2081
蘇澤東/199, 381
蘇轍/1083(3), 1337, 1360, 1795, 1903, 2013, 2021, 2094, 2095, 2097, 2127(2), 2145(2), 2329
蘇志皋/1854
蘇籀/1087, 1742, 1796, 1897, 2250
蘇宗仁/370(5), 371(6), 1564
素雅[李贊華]/1162
素一/128
速水滉/1639
宿慶斌/433
宿士平/393
粟伯隆/802
粟海庵居士/1248
粟顯運/802(2)
隋樹森/17, 196, 969, 1003, 1253, 1254
隋育楠/1194
隨園[袁枚]/1377
燧初/1283
穗積重遠/840
穗青/1426
孫百剛/1502
孫百急/802
孫邦正/883
孫葆田/436, 1116
孫本文/268, 489, 496, 498, 499(3), 503, 506(2), 612
孫濱/583
孫伯亮/1133
孫超烜/602(2)
孫朝棟/438
孫成/1866
孫承佩/483
孫承澤/1841(2), 1950, 2023(2), 2061, 2095, 2100
孫誠温/153
孫澄方/726, 763
孫瘳侯/226
孫傳庭/1095
孫傳祝/127
孫春澤/1117
孫從添/1865, 2068
孫存吾/1052, 2134
孫錯/230
孫導五/630
孫道乾/1826, 2208
孫道昇/50
孫道毅/1142
孫德謙/46, 76, 224, 288, 1000, 1200, 2349, 2360, 2363
孫覿/1044, 1049
孫殿起/2362, 2363
孫鈿/1149, 2338
孫鼎/155, 1860
孫鼎宜/1645
孫爾瓚/190
孫芳/856
孫蕡/1090
孫馮翼/72, 1664, 1750, 1888, 1904(2), 1913, 1927, 1940, 1980, 2015, 2372, 2382
孫馮翼[彤]/1869
孫鳳/1877
孫鳳藻/457
孫伏園/220, 383
孫福熙/390, 1188
孫甫/2020, 2089, 2175
孫輔世/373
孫顧[頠]/1762
孫覲/438
孫光憲/1328, 1732, 1989, 2166
孫廣/1349
孫國藩/446
孫過庭/1554, 1568, 1569, 1797, 1951
孫海波/7, 153(3), 162 (3), 925, 933
孫寒/600
孫寒厓/1142
孫灝/440
孫合/2193, 2213, 2232
孫鴻猷/1066
孫懷仁/615, 620, 699
孫奐侖/807, 1112
孫吉元/519
孫幾伊/374
孫季叔/1149
孫繼芳/1879
孫繼魯/2156
孫家穀/2236
孫家琇/1294(2)
孫嘉淦/970
孫嘉會/505
孫嘉猷/519
孫肩/1808, 1975
孫劍秋/1370
孫鑒/1765
孫晉墀/1112
孫經世/966
孫鏡亞/761
孫菊仙/1394
孫瑴/1908(7), 1909(16), 1910(17), 1911(17), 1912(16), 1913(10), 2146
孫覺/2014
孫楷第/1253, 1280, 1323 (2)
孫 科/272, 284, 772 (4), 791, 848
孫可庵/142
孫克剛/348(3)
孫犂/1407, 1422(3)
孫良學/199
孫俍工/7, 40, 917(2), 920, 921, 947, 969, 976, 981, 1008(2), 1009, 1034, 1231, 1246, 1255, 1300, 1325
孫了紅/1449
孫麟趾/1203, 1205
孫陵/1422
孫樓/2257
孫潞/869
孫梅/1000
孫梅生/423
孫夢觀/2232
孫愐/2076
孫默/1220
孫慕迦/393
孫穆/1357, 1715
孫能傳/1871
孫怒潮/40, 947, 1034, 1231, 1255
孫鵬/1103
孫其敏/40
孫奇逢/1922(2), 1965
孫起孟/89, 922, 947, 959
孫棨/1348, 1718, 1757, 1821, 1985
孫鏘/1100, 2236
孫鏘鳴/2227
孫强/934(2)
孫樵/2048, 2125, 2143
孫慶璋/464
孫渠/39
孫臞/1188
孫人和/71, 72, 1034
孫汝梅/161, 1595

孫珊馨/943
孫紹康/665(2),824,869
孫紹遠/2115
孫升/1329,1737,1796,2167
孫盛/2017,2083
孫識齊/233
孫世慶/890
孫世揚/262
孫奭/31,1059,2046,2047
孫壽芝/456
孫漱石/370,1394
孫思昉/57(2)
孫思敬/1118
孫思邈/1652,1660,1940(2)
孫蓀意/1983
孫韡/1558
孫堂/1898
孫濤/997
孫廷銓/1539
孫廷璋/1972
孫同超/2060,2061
孫同元/1808,1922
孫彤/1996,2194(15),2195(14),2196(2)
孫桐崗/567
孫婉如/1149
孫望/1054
孫偉/1665
孫頠/1349,1761,1763
孫蔚民/574
孫文/759,760,762(2),766,770,771(3)
孫文[逸仙]/272,762,768,771
孫文青/156,225
孫文郁/1682
孫文昱/925
孫武/52,1692,1920
孫武[孫子]/1692(2)
孫希旦/19
孫錫麒/2110
孫席珍/1062,1400,1422(3),1474,1514
孫筱默/818
孫曉樓/833
孫鑫源/79
孫星烈/2003
孫星衍/1(2),12(2),13,51,52,53,61,68,156,1057,1106(2),1664,1692(3),1775,1847(11),1848(9),1882,1883(2),1887,1900,1902,1915,1917(4),1918,1920,1925(2),1930,1934,1935,1937,1940,1941,1945,1949(2),1954,1958,1970,1976(6),1984,1998,2003,2013(2),2055,2065,2086,2088,2132
孫醒東/637,1674
孫雄/201,529,530(2),865(2),1054(3),1067,1127,2302,2303(6)
孫煦初/285
孫學勤/1829
孫雪飄/2345
孫恂/1764
孫溽/155
孫炎/1814,2074
孫琰/1708
孫曜/509
孫冶方/34
孫一芬/89,1479
孫一奎/1660
孫宜/1767
孫詒讓/12,18(3),62,153,933,1118(2),2047,2247,2370,2380
孫奕/1889
孫逸仙/760(4),761,763,769(3),771(6),786,795(2),796,802
孫逸園/896,899
孫應鼇/2241
孫永清/1104
孫毓/1878,2072
孫毓棠/1149
孫毓汶/2187
孫毓修/103,126,197(3),198,301,1493,1509(2),1877(14),1878(18),1879(16),2359
孫原理/1747
孫岳頒/1557
孫悅民/516
孫雲章/431,1066
孫雲鑄/1631(2),1632(2)
孫橒/1823
孫澤/2165
孫曾祺/2376
孫增慶/2036
孫肇圻/1149(2)
孫哲生[孫科]/351
孫振烈/231,1122
孫振麟/1558
孫之儁/201
孫之騄/1077
孫枝蔚/1098
孫至誠/1071
孫志勁/1502
孫志曾/491,967
孫志祖/303,1755,1954(3)
孫陟甫/1566
孫中山/237,760(2)
孫仲寬/247
孫仲霞/117
孫仲章/1263
孫洙/1036(3)
孫壯/160
孫子/2119,2137
孫宗翰/1869
孫宗鑒/1353,1709(2)
孫祖基/840,2383
孫祖烈/114
孫祖禄/1118
孫祖蔭/693
孫佐齊/637
孫作/1020
梭羅古勃/909
索非/908,1171
瑣緑山人/253
鎖司倭司/1525

T

T. K. /394
T. S. /783
Theodor Storm/202
Theodor Wilhelm/882
Toshiwo Etoh /1578
塔林斯基/546
塔塔木林[蕭乾]/2340
台爾・卡乃基/1511
台靜農/221,1436
台隆阿/1867
邰爽秋/92,871(2),872,874,876,879,1479
太戈爾/722(2)
太和/143
太上隱者/1761
太田孝太郎/1593(2),1595
太虛/112(2),115(2),116
太虛大師/110,115,116
太虛法師/113,115(2),116,119
太虛上人/116(2)
泰羅/169
談鳳池/529
談倫/95
談泰/1933(3)
談鑰/456(2)
曇昉/119
曇林同/118
曇鸞/1336(2)
曇摩伽陀耶舍/117(2)
曇摩蜜多/117,118
曇無讖/119
曇瑩/1914,2150
檀萃/1997
檀道鸞/2017,2083

檀仁梅/872
譚焯宏/837
譚春霖/725
譚恩闓/1237
譚鳳儀/461
譚吉璁/1918,2265(3)
譚季强/954
譚計全/548
譚介[戒]甫/62
譚金孫/1862
譚俊/483
譚侃/1621
譚林/1601
譚丕模/44(2)
譚平/704
譚平山/779,816
譚平章/954
譚遷/2056
譚峭/55,1730,2151,2244
譚勤餘/1630
譚紉就/511
譚榮光/954(3)
譚史/462
譚澍青/1112
譚嗣同/1117(3),1484
譚惕吾/417
譚天/597,2357
譚天成/1067
譚天凱/272
譚微中/338
譚熙鴻/625
譚錫疇/1626
譚錫康/218
譚獻/1065,1204,1225,2187(5)
譚新嘉/2264,2265(2)
譚瑄/1916,2265(2)
譚延闓/1129,1143,1566,1577,2299(5)
譚儀/1953
譚友夏[元春]/1280
譚玉麟/1187
譚元春/1012
譚雲山/126
譚載華/1387,1388
譚澤闓/1576
譚貞默/2264(2),2265
譚震林/570
譚正璧/56,67,913,935,947(3),949,956(2),958,967,972(2),976,983,1000(4),1002(3),1323,1325,1455,1479,1481(2),1485(2),1499,2345(2)
譚鍾嶽/369
譚卓垣/2365
坦蕩蕩齋主/187
坦齋通/1895
湯寶榮/1133
湯本求真/1660,1665
湯本四郎/1666
湯彬華/336,513,847
湯斌/1907,1975,2010
湯燦華/1069
湯澄波/922(2),1194,1523
湯傳楹/1818
湯春生/1829
湯達/662
湯逋厂/1425
湯爾和/164,278,387,388,389,1671,1676
湯漢/1813,1965,2204
湯垕/1544,1546,1718,1952,2175,2215
湯化龍/214
湯化培/449
湯惠蓀/1670(2)
湯濟滄/1143
湯建勳/554
湯健文/2393
湯金釗/86
湯浚/458
湯冷秋/1425
湯良禮/409
湯馬斯維斯基/1707
湯銘鼐/433
湯姆・格倫/1531
湯球/305,1777(5),1778(2),2016,2017(2),2018(3),2019,2240
湯如望/1934
湯若望/1943
湯壽銘/75,1076,1281,1596
湯壽潛/1104
湯璹/1921,2149
湯潄玉/1335,1547,1829,2067
湯湯/1185
湯顯/1612
湯顯祖/1254,1277(2),1280(4),1376
湯祥瑟/942(2)
湯心儀/628
湯修業/2158
湯冶我/136
湯貽汾/1223,1281,2067
湯逸人/1677
湯用彬/390
湯用彤/78,118,124(2),126
湯元炳/698
湯元吉/1515(2),1624
湯約翰/134
湯約生/652
湯允謨/1541,1946,2038
湯增揚/1158,1176
湯朝/1783
湯中/229,738
湯子炳/406
唐邦治/291,320
唐本心/462
唐壁/745
唐璧黄/91
唐璧黄[唐鉞]/78
唐才常/2056
唐昌世/2101
唐昌言/961,962
唐長孺/2350
唐次顔/1411
唐大圓/120,1145
唐岱/1538,1549,2056
唐燾源/1624
唐鼎元/1145
唐風/1481
唐庚/985,1018,1044,1049,1084,1977,2016,2103,2174
唐固/2082
唐光坤/815
唐圭璋/1201,1216
唐海/410,663,1411
唐翰/2258,2381
唐鴻學/2193
唐積/1543,1798,1943
唐吉生/1567
唐季涵/441
唐紀翔/839,854
唐繼堯/733
唐鑒/41,44(2),1108,2019
唐錦/452,454,1967
唐景星/2226
唐敬杲/62(2),191,719,720,1098,2356
唐君毅/77,87
唐柯三/397
唐蘭/152(2),925,935,945
唐臨/1878
唐龍/1964
唐盧鋒/184,191,1030
唐曼胥/1535
唐納/1291
唐努適/1509
唐啟賢/492
唐啟宇/639,640
唐慶增/286,603(2),614,679
唐人傑/1526,1706
唐少侯/1146,1178,1187,1417,1448,1471
唐紹華/1252
唐慎微/1663,2120,2138
唐士恥/2250
唐守常/272
唐受潘/447
唐受祺/2226(2)
唐壽源/1624
唐書直/2020
唐樞/1801,1802,1853,2009
唐樹森/484
唐樹義/2243
唐順之/1841,1844(2),1867,2023,2131,2174(2)
唐太子賢/249,303
唐太宗/249,305,721,1920
唐弢/1144(4),1145,2321
唐駝/1676
唐威/540
唐文治/1(2),2,13,15,25,28,30,50(4),96,223,453,972,978,1061,1129
唐賢龍/409
唐孝剛/699
唐性天/1514
唐熊/1392
唐旭之/632

唐玄度/1925
唐玄宗/25(2),843,1935,2043,2116,2135
唐烜/436
唐詢/1892
唐亞屏/755
唐晏/379,386,1080,1750,1751
唐晏[震鈞]/334,1125
唐耀/1677
唐寅/1092,1097,1543,1580,1952
唐幼峰/403
唐宇昭/1971
唐玉虬/1320
唐玉書/933
唐鉞/872,908,976,1142,1641,1642,2334,2345(2)
唐在田/1380
唐張垍/1367
唐兆民/173
唐真如/1425
唐志才/1674
唐仲冕/1092
唐仲友/1920,2250
唐子長/242,1698
唐宗輝/1026
唐祖命/2184
濤聲/570
韜奮/211(2),351(2),486,799,848,1152(5),2336(2)
韜奮[鄒恩潤]/234(2)
韜廬子/1914
韜園/745
桃園梃秀[司徒俊慰]/190
陶百川/542,839,863
陶保霖/851
陶弼/1019
陶炳熙/1179
陶承熹/1651
陶增/462
陶大鏞/481,536(2)
陶德琨/690
陶德怡/535
陶端予/596(3)
陶方琦/1782,1826,2057
陶福履/1919
陶輔/2188
陶穀/1735,1760
陶弘景/64(3),1340,1342,1343,1547,1548,1738,1739,1797,1859,1904,1915,2030,2031,2044,2100,2103,2120,2138,2253(2),2046,
陶鴻慶/56(6),59
陶華/1938(3),1939(3)
陶臯曾[陶希聖]/858
陶臯曾[希聖]/843
陶劍青/1705
陶今也/1604
陶晉英/2179
陶晶孫/1405
陶菊隱/192,211,216,240,248,337,481(3),488(3),515,829,1459,1617,2342(4),2343(2)
陶覺先/1388
陶亢德/188,391,415,470,487,526,1176,1405
陶朗先/315,1095
陶樂勤/292,720
陶隆僎/610
陶履恭/843
陶懋立/362
陶夢桂/1088
陶孟和/496(2),530,613,665(2),887,1502,1639
陶明志[趙景深]/1177
陶牧/429
陶圻/1907
陶潛/1017,1071,1072(2),1083,1340(2),1375,1715,1813,1956,1965,1984,2008,2031,2108,2122,2140
陶秦/216
陶秋英/999,1002,1479
陶汝鼐/1097
陶紹萊/1067
陶師承/67
陶世鳳/1123
陶式玉/1662
陶叔淵/1708(2)
陶澍/1018,1072
陶陶然/1460
陶惟坻/454
陶煒/1928
陶希聖/49,271,282(2),504(2),505,506,510,616(2),717,737,769(2),826,834
陶湘/1228,1591,1746(9),1785,1786(7),1790,2050(3),2051(4),2052,2359,2361,2368,2369
陶小姚/1679
陶嘯秋/517
陶行知/875,885,886,891(2),899,957,959,1176,1178(3)
陶煦/638
陶軒氏/1610
陶亞東/860
陶庸生/2348
陶玉珂/1113
陶毓英/181
陶淵明[陶潛]/1018
陶元琳/754
陶元藻/1545
陶元珍/616
陶岳/2199
陶越增/2172
陶雲逵/172
陶貞懷/1318(2)
陶正靖/1839(2),1956,2094,2095
陶知行[行知]/1170
陶祝年/1528
陶宗儀/1057,1240,1557,1709,1714,1746,1819,1880,1889,1949(2),1967,2030,2139,2170,2208,2213,2330(2)
陶祖光/1786
特渴不厄拔伃/1521
特來御可夫/1516
特來生/1520
特偉/243,1191
滕甫/2148
滕輔/1729
滕固/147,151,380,1417,1457,1461(2),1465,1467,1553
滕萬卿/1648
滕仰支/899
滕元發/2249
滕仲黄/445
滕柱/245
藤岡啟/388,622
藤井健治郎/499
藤森成吉/916
藤山雷太/472
藤山一雄/2086
藤堂高象/1697
藤田豐八/127,275,420,682,1806
天懺生/216,232
天爾/411,1322
天憤/1475
天嘏/321(2),322
天和子/1736
天花才子/1386
天花藏主人/1384
天瀑山人/1812(13),1813(4)
天瀑山人[林述齊]/1812
天然癡叟/1012
天笑[包天笑]/1528
天笑生[包天笑]/1393,1423
天嘯/1395
天心/600
天行/1527
天虛我生/1180,1462,1473,1665
天虛我生[陳栩]/1030,1236
天游/1528
天柱外史氏/1607
田保橋潔/281
田邊碧堂/1199
田邊尚雄/266
田斌/702
田伯烈/352
田村壽原/822
田風/347
田鎬/810
田漢/563,1197,1309(5),2337
田桓/159
田繼綜/185
田家/945
田家英/734
田間/1197(3)
田間[童天鑒]/589
田況/1353,1721
田明昶/2192
田明凡/993

田鳴岐/1494
田奇璊/1631,1632
田崎仁義/616(3)
田潛/58,113
田榕/2242
田融/2019
田汝成/173,1365,1366,1784,1840,1852,1869,2023,2095,2171
田汝康/172
田山花袋/1507
田實發/1022
田士懿/148,149,165
田世英/246
田壽昌[田漢]/1487
田曙嵐/412,414
田濤/970,1452,1453(3),1454(3)
田同之/1203
田惟均/444
田維翰/1114
田文鏡/440
田雯/2000,2002,2242
田惜庵/1616
田錫/1080
田藝蘅/253,1332,1854,1897,1899,1991
田瑗/434
田芸生/440
田蘊瑾/390
田中湖月/917
田中隆吉/468
田中慶太郎/1138,1380
田中榮信/1655
田中玉/204
田中忠夫/638
田仲/53
田仲濟/917,1169
田宗漢/1650
畑惟和/1657
苕溪生/990(2)
鐵戈/1198(2)
鐵心/600,601
鐵錚/102
聽濤館雪庵氏[王雪庵]/1392
聽雲居士/1281
通荷/1097
佟瑚玉/889
佟世思/1808,1869,1994
佟世雍/446
佟柱臣/165
桐廬主人/1386
桐蔭館主/1397
童伯章/1258(2)
童承敘/450,1841,1850,2218(2)
童斐/1602
童冀/2251
童蒙正/681,687,709(2),710
童品/2249
童晴嵐/1140,1184
童潤之/519
童世亨/206,364,424(3),425,426(2),427
童式規/1577(2)
童書業/299,364
童星録/1577
童行白/767
童葉庚/1611
童冀駒/1953
童玉民/633
童哲/533
童振福/227
童振海/508
童振華/952
童振華[曹伯韓]/926
童振藻/414,629,1628
童之弦/1606
童宗説/2124,2141
徒然/1427
涂晉生/1859
涂開興/822
屠哀爾士/1517
屠本畯/1366,1547,1679,1937
屠楚漁/824
屠爾門/1642
屠格涅夫/1515
屠寄/311(2),1867
屠景山/729,862
屠坤華/2352
屠隆/1332,1369,1538(4),1543(7),1943,1944,1947(13),1948(4),1967,1995(2),2176,2181
屠仁守/732
屠汝涑/824
屠紳/1377
屠思聰/425
屠蘇/1972
屠孝實/84
屠用寧/1549
屠用錫/2232
屠雲甫/411
屠哲隱/282,654,751
屠準伯/1179
圖理琛/1843,2006,2097
土方久元/1199
土屋光春/1569
土屋喬雄/630
摶沙拙老/1335
退廬居士[胡思敬]/334
托爾司泰/1529,1531
托爾斯泰/1309(2),1516,1517,1525,1526,1531
托羅茨基/545
托洛茨基/356
托洛次基/356,540(2)
脱脱/250(3),308,309,310,1881
拓荒/211,1197,1452(2),1475
拓牧/946

U

Unokichi Hattori/927

V

V. J. Jerome/910

W

W. Karamisheff/630
W. H. Hudson/1194
Wallas Graham/725
Werner Mahrholz/1515
William Bouck Cornell/487
Wm. M. McGovern/116
瓦特/397
瓦托夫/670
完颜景賢/1564
玩花主人/1279
挽沉/358
萬表/1844,2162,2239(2)
萬承勳/2233
萬德涵[梅子]/1471
萬德昭/1674
萬迪鶴/1437(2),1488
萬放習/479
萬奉桓/1661
萬福康/2257
萬光泰/929,1779,2006,2182
萬國鼎/258,362,648,702,899,966,1678
萬家寶[曹禺]/1305(4),1306
萬經/1857,2236
萬鈞/122
萬籟聲/1612
萬良炯/241,279,388,820
萬曼/1163
萬民一/767
萬青藜/287
萬瑞蓮/531
萬尚父/1904
萬時華/2203
萬壽祺/1020,1540(2),1541,1590,1594,2054,2068
萬樹/1200,1201(2)
萬斯備/2236
萬斯大/1923
萬斯年/307
萬斯同/258(2),1777,1793,1843,1996,2011,2096,2184,2231,2233,2234,2236(2),2239,2241
萬泰/2239
萬廷謙/456
萬希槐/6
萬言/2233,2357
萬以增/454
萬亦吾/920
萬異/831
萬應隆/2009
萬友正/459
萬卓志/479
萬自逸/865
汪昂/1664
汪辟疆/1369
汪炳焜/196
汪昌厚/1596
汪長禄/964
汪呈因/1674
汪承烈/434
汪澄之/857
汪篪/451
汪處廬/1378
汪達鈞/1115
汪達之/1170
汪大捷/1505
汪大俠/1378
汪大燮/179
汪大義/828
汪大淵/1806,2162
汪道昆/194
汪德禕/1527
汪德全/1641
汪德振/226
汪奠基/38,83
汪放莽/1404
汪馥泉/40,264,468,531,546,562,915,981,999,1323,1509
汪馥蓀/712
汪馥炎/846,848,864
汪鎬京/1543,1845,2068
汪鞏/1299
汪閎/1596
汪國垣/2358
汪國鎮/926
汪翰章/840,855
汪灝/1635
汪鐄/1583,1588(3)
汪宏聲/258
汪洪度/370,1996
汪洪法/613,668,1504
汪胡楨/377,1684
汪淮/2158
汪煌輝/852
汪輝祖/181(2),308,1918(5),2006(2)
汪繼培/53,68,71(2),1902
汪家駒/1663
汪家禧/1777(2)
汪家正/892
汪價/2331
汪堅/441
汪劍餘/1004
汪今鸞/424
汪金相/449(2)
汪近聖/1590
汪精衛/340,523,622,774(6),781,784,785,792,832,1157
汪精衛[兆銘]/832
汪景祺/2331
汪敬熙/570,1430
汪静之/233,911,921,1031,1057(2),1074,1474
汪君蔚/1590
汪康年/1119
汪珂[砢]玉/1873(2)
汪砢玉/1540(2),1563(2)
汪适孫/2382
汪黎慶/1779,2183
汪立名/942,1078(2)
汪蓮石/1662
汪瀧/1567
汪龍/2219
汪璐/2088
汪鸞翔/1122
汪懋麟/1222
汪懋祖/870,882,1697
汪夢斗/1212
汪明賢/1071
汪乃剛/1380
汪佩琳/2347
汪淇/99,1281
汪啟濩/129
汪啟淑/1593,1596(2),1597(2),2067
汪潛/1599
汪仁壽/934,935
汪刃鋒/1598
汪日昌/816,1687
汪榮寶/70,319,1133
汪睿昌/416
汪森/1227
汪少倫/87,169,170,888(2)
汪紹達/27
汪紹元/1156
汪燊/400
汪昇遠/452
汪師韓/997,1954
汪詩儂/322
汪鉽/1111
汪士鐸/202,1110,1236,2254,2331
汪士鋐/147,2222
汪士慎/1583
汪士賢/1071
汪士元/1562
汪士鐘/1754,1882
汪漱碧/1286,1489
汪思清/1600
汪倜然/908,976,1029,1437
汪廷訥/1280
汪挺/1543,1951,2176
汪琬/2091
汪薇/1956
汪惟甫/1583
汪文炳/461(2)
汪文璣/527
汪文琦/1649
汪錫鵬/1158,1432
汪喜孫/1865(2)

汪喜荀/2272
汪顯節/1951,1955,2105,2108
汪憲/2381
汪筱謝/683
汪嘯凡/291
汪協如/1279,1380,1390
汪莘/1211
汪烜/1953
汪炎昶/1861
汪怡/941,943,963(2),965
汪詒年/202,1119
汪蔭元/636(3),692,1672
汪吟龍/72,1157
汪應辰/1848,1894,1961
汪永澤/421
汪鈺孫/733
汪元亨/1258
汪元量/1046,1052,1212,1957
汪元治/1113
汪原放/1381(2),1382(5),1384,1385,1387(2),1390,1391(2)
汪曰楨/258(2),1111,1935
汪鋆/2228
汪藻/1044,1049,1208,1961,2128,2145
汪曾武/1789
汪兆銘/77,715(2),740,774(3),781,782(2),792,1156(4),1157(2)
汪兆麒/2042
汪兆銓/1146(2),1157
汪兆鏞/155,179,232,1112,1126(2),1133,1237(2),1558,2338
汪震/60,951,973,1183,1639,2347
汪之昌/1115
汪之元/1562
汪禔/1954,2105
汪中/1105(2),1891,2133(2),2272(14)
汪仲賢/402(2),1430
汪晫/1210
汪宗衍/126
汪宗沂/1786,1920(2)
汪祖華/981
王藹人/390
王厂青/341
王安國/2196
王安節/1561
王安禮/2201
王安石/1035,1036,1042,1047,1082(7),1207,1483,2127,2144,2146
王安中/1218,1230
王鏊/1363(2),1828,1845(2),1853(2),1889,2095,2101,2170,2189
王柏/14,1051,1906,1955,1973,2251
王柏心/1915,1997
王邦采/1778(2)
王邦傳/1648
王邦鎮/1503
王邦屏/434
王保定[定保]/1757
王保譿/453
王堡/179
王葆心/449,1376,1785
王寶仁/1928
王弼/8(5),54,57,59,1857,1902,2025,2115
王辟塵/272
王壁文/1598
王璧岑/692
王璧如/913
王抃/2256
王采薇/1970
王斌/382
王冰/646,1662(2),2119,2137
王秉恩/2244
王炳成/1393
王炳燂/374
王伯成/1259
王伯大/2124,2141
王伯匠/1414
王伯倫/497(2)
王伯祥/23,39,292
王伯沆[瀣]/1597
王勃/1073(2),2122,2140,2156
王博謙/95
王補/450
王粲/1016,2083
王燦芝/1119(2),1706
王梃/2240
王昌傑/190
王長春/1031,1199
王長簡[師陀]/1424
王昶/149(2),1052,1222,1232(4)
王朝渠/1887
王朝佑/390,469
王辰/161
王宸/1581
王陳常/2288(9)
王偁/2021
王成敬/623,624
王成組/425
王呈祥/1881
王承緒/883,890
王承志/687
王承治/999
王乘六/262
王遬汝/1476
王充/71(4),1745,1750,1859,1904,2121,2138
王充耘/2013,2199
王崇簡/1334
王崇慶/52,1801,1899,1904,1905,2172
王崇武/312,313,314
王崇植/1686,1687
王寵惠/272
王寵佑/1630,1683
王初桐/1502
王楚材/2238
王楚香/1478(2)
王傳璧/841
王[春林]/1147
王春鵬/430
王椿林/451
王次回[彦泓]/1094
王次清/1129
王琮/1038
王萃元/2206
王存/364,1998
王達/683
王達夫/618
王大錯/983,1283
王大化/1604
王大隆/159,1135,1751,1782,1783(5),1784(4),1786(5),2088(2),2368
王大炘/1596
王旦/441
王旦華/475
王淡如/696
王讜/1329,1986,2152,2166,2328(2)
王道/354,802,851,1093
王道成/127
王道純/1664
王道亨/100,101
王道焜/1349,1813
王得臣/1338,1723,1889,2216,2328
王德華/264
王德楷/1238
王德亮/205
王德潤/135
王德森/1488
王德昭/314,347(2),397,833
王德箴/42
王德鍾/2266
王登義/861
王鼎/934,1818,2030,2207
王定安/1033
王定保/1328,2328
王定鎬/1129,2264
王定九/401,1061,1400
王定祥/1099
王東溆[應奎]/2330
王棟/690
王獨清/209,256,1025,1146(4),1170,1184(2),1292
王篤/15
王度/438,1340,1830,2018
王度公/1598
王度公[濬剛]/1598
王度廬/1392(2),1411
王端履/1863
王端淑/1255
王敦化/1227,1593(2)
王鐸/1575(2)
王莪孫/269
王鶚/2021,2098
王恩/457
王恩綬/1621
王爾德/562
王爾綱/1053
王爾烈/1868
王凡西/35

王方慶/1919
王斐蓀/502
王棻/182,1115,2212
王豐園/1010
王逢/1967
王逢辛/705,820
王鳳喈/874(2),887
王鳳翔/441(2)
王鳳藻/438
王夫之/75,291(5),995(2),1098(2),1279,2131
王符/71(2),1785,1858,1902,2119,2137
王紱/2256
王福慧/126
王黻煒/846
王復/1890(2),2013
王概/1539,1561(5)
王贛愚/798
王剛/200
王高明/1138
王艮/1093
王艮仲/636
王鞏/1740,1741(2)
王構/978,2099
王古魯/419,907,1252,2345
王穀君/1414
王官壽/1232
王觀/1737,1799,1820,1936,2150,2228
王觀國/1894,2218
王冠青/540
王管/68
王瓘/1892
王光承/1968
王光魯/1846
王光祈/203,283,286(2),334,336,422,631,907,984,1147,1601,1602(2),1603(4),1605
王光仁/636
王洸/675(4)
王廣圻/179
王廣業/1105
王珪/1960
王桂/2356
王貴笙/437
王貴學/1735,1828
王衮/2149
王國華/2285
王國良/367
王國瑞/1123
王國聲/733
王國維/146,160,164(2),297,416,1138(2),1205(2),1226,1237,1244,1245(2),1248,1641,1778,1779(16),1780(16),1781(9),1788,2059,2162(2),2163,2182(5),2183(10),2282(3),2283(17),2284(17),2285(16),2286(17),2287(17),2288(7)
王國憲/1069
王國祥/1643
王國梓/1752,1785
王海波/821
王漢强/676
王翰/1090
王好古/1647(2),1648,1939(2)
王浩/1146,1378
王鶴儀/266
王亨彥/372
王恒/688
王恒德/1139
王衡/1145
王弘願/107
王宏/1876
王鴻儒/1800,1905
王厚之/147
王虎榜/1476
王華/1369
王華隆/386,427,2110
王化成/838
王槐榮/463
王懷增/437
王焕鑣/227,380,452,978(2)
王焕猷/1233
王暉/1540
王褘/1974
王翬/1581
王惠德/736
王惠民/386
王會汾/2256
王慧琴/239
王基/2072
王畿/1094
王擊瑲/1976
王績/1073,1959
王集成/178
王集叢/978
王輯五/267
王幾道/286
王季/2163
王季烈/204,1129,1240,1252,1254,1267(2)
王季平/544
王季銓[季遷]/1595
王季深/628
王季同/83,122
王紀元/270
王寂/1213,1869,1963
王暨英/449
王濟/1331,1854,1999
王濟川/1662
王驥德/1245,1258,1276,1748,1781,2101,2183
王家桂/1122
王家駒/859
王家屏/1094
王家齊/1291
王家棫/1414,1467
王家楨/1919
王家禎/256
王嘉/1339(2),1342,1725,1859,2062,2165
王嘉禄/1784
王嘉詵/454
王稼祥/542,560,598
王檢/242,835
王謇/401
王建/1035
王建新/637
王建章/129,1580
王建祖/601,693
王健/796,2248
王健生/722
王劍迷/1392
王劍琴/849
王劍秋[沈志遠]/541
王鍵/1916,2178
王鑒/449,1581(2),1582(2)
王傑/1565
王結/1214
王介忱/2353
王介平/1188
王金紱/365,382,418,419
王金鑒/439
王金吾/968
王金嶽/439
王金鐘/588
王璡/873,1624
王錦/1823
王錦第/882
王晉伯/707,802
王晉之/1022
王進珊/1188
王覲/865
王涇/1871,2101
王景祜/439
王景暉/2018
王景琦/1569
王景文/1236
王景羲/2227
王景洙/2226
王警濤/770
王敬儀/1129
王敬之/1224
王静如/310(3),1502
王鏡清/400
王九思/1662,1812,2119,2138
王雋/1906
王覺源/481,893,2334
王君綱/1238
王君玉/1360,1715,1744,1795,1986,1995,2168
王均安/799
王鈞初/1552
王筠/288,930(3),1811,1897,1922(2),1935
王峻/302
王駿觀/288
王駿聲/897
王駿圖/288
王開時/1636
王開寅/1125
王開祖/1014
王愷鑾/66,719
王闓運/202,1226,1484,2065
王康[史靖]/962
王克仁/874,883,891

王克泰/431
王肯堂/1664,2329
王眖/1940,2149
王逵/1936
王夔武/1785
王琨/1869
王鯤/157
王鯤徙/1566
王藍/1467
王蘭修/1053
王理堂/292,1420
王禮錫/186,1078,1146(2),1495
王力/57,582(2),925,938,947(4),1493
王曆農/1636,1673
王連儒/439
王良樞/2105
王亮/270(4),334
王亮功/1790(3),1791
王了一/1188,1401
王了一[王力]/83,935,1510
王烈/1634
王臨亨/1768
王玲/1114
王齡/410
王靈皋/956
王靈皋[高語罕]/973
王令/1043,1048,1082
王隆/1917,2084
王龍章/742
王魯彦/1413,1469
王魯彦[魯彦]/1025
王魯彦[王衡]/1413
王禄昌/447
王履/1938
王芒/835
王楙/1717,1894,2061
王懋/299,301
王懋竑/1772,2010
王懋昭/447
王梅痕/1400
王夢樓/1563
王夢鷗/20,1292,1393
王夢阮/1384
王夢生/1252
王夢漁/1609
王夢曾/1003(2)
王孟戌/439
王孟英/1643,1649
王勉三/74
王敏時/2345
王名元/616,923
王明/220,349(3),553,557,741
王明[陳紹禹]/556
王明清/1328,1338(2),1352,1353,1355,1728(2),1729,1829,1984,1986(2),2032,2168,2328
王鳴盛/1776,2012
王默君/43
王慕寧/386
王慕陶/88
王乃昭/2190
王枏/157
王念慈/1586
王念倫/366
王念孫/924,928(2),937,1780,1806,1811,1928,2184,2196(3),2268
王念中/1007
王念祖/734
王臬/1561
王磐/1256
王培槐/782
王培祺/747
王培孫/1096
王培棠/401
王佩瑶/455
王佩箴/451
王芃生/350,763
王朋壽/2328
王鵬運/1225,1234,1236,1238
王丕煦/438
王闢之/1338,1352,1711,1889
王聘珍/1770,1807,1891
王平陵/516,535,979,1145,1299,1393,1412(2),1497(2),1609,2111
王婆楞/275(3),276
王蒲園/441
王璞/677,952(3),958
王溥/737,1917(2),2148
王樸/959,2150
王琦/1074(2),1077
王錡/1363,1855
王芑孫/148,1222,2165
王棨/1960
王千秋/1220
王潛剛/1562,1577
王樵/2244
王琴堂/435
王勤堉/386,416,423
王青芳/1257
王清穆/1146
王清源/1651
王慶昌/1237
王慶麟/1922
王慶通/1525(2),1529,1530,1531,1534(3)
王慶曾/1619
王瓊/1991,2189
王秋帆/1390
王秋田/1289
王俅/147,159,2048
王蘧常/46,229,232
王去非/855,860,862
王佺懿/1670
王荃善/448
王人路/1497
王仁俊/1868,2161,2359
王仁堪/1116,1575
王仁勉/576
王仁昫/939
王仁裕/1328,1347,1756,2166
王任叔/474(2),1146
王任叔[巴人]/910,914,1023(2),1412(2),1413(2),1467,2334
王韌/455
王日休/123(2)
王榮/264
王榮佳/509
王榮搢/376
王榮商/457,2241
王榮先/450
王如金/994
王汝荃/1530
王汝玉/1786
王阮/1046,2201
王瑞霖/2342
王銳/1292
王若水/35
王若望/1405
王若虚/987,1963,1978,2129
王若愚[光祈]/1688
王三才/1651
王三聘/1930,2354
王三尊/1653
王森然/185,233,975,978
王森文/1876,1951
王尚義/436
王韶生/994
王韶之/1999,2008,2083,2277
王少静/1414
王少平/474
王紹蘭/1108,1805,1806,1891
王紹清/1300
王紹沂/459
王紳/2252
王燊/1053
王宋廷/437
王慎名/604,962,1484
王慎中/1093
王繩祖/240
王師晉/1783
王蓍/1561
王十朋/1074,1083,1746,2127,2128,2144,2145
王石華/1926
王石渠/1052
王時來/439
王時敏/1097
王時任/447
王時宇/1083
王寔/2190
王實甫/1264,1267,1275,1276,1280
王實味/598,1185
王士點/1780,2115,2182
王士菁/220
王士濂/2044,2045(5),2046(5)
王士禄/1221
王士美/434
王士琦/1784
王士性/2001,2002,2059,2179,2180,2242
王士雄[孟英]/1643(7),1644(5)

王士元/55,1738,1903,2152
王士珍/194
王士禎/994,996,1053,1100(3),1334,1807,1863(2),1979,1982,1999,2132,2178(2),2180,2191
王士禎[禛]/1032
王士禛/996(5),1036,1221,1999
王士正/996(2),1202,1205,1988
王士正[士禎]/1377(2)
王世/1594
王世管/719
王世傑/821,846,2110
王世懋/986,1361,1842,1855(3),1856,1936(7),1979,1988,2000,2001,2056,2099
王世鼐/1146
王世憲/751
王世穎/495,632,668,1146
王世裕/861
王世貞/289,290,987,1202,1240,1332,1360,1841,1846(2),1851(2),1853(2),1854,1855,1918,1979(3),1980,1988(2),2005,2023,2096,2098,2100
王世禎/1376
王世錚/88
王式通/1129,1687,1688
王軾/1851,2023
王禔[壽祺]/1595
王守誠/1028(2)
王守存/1619
王守仁/1092
王守仁[陽明]/74,1092(2),1799,1800,2131
王守恂/272,2300(7)
王首春/711
王壽昌/1805
王壽康/907
王綬/1673
王叔承/1970
王叔和/1644,1653,1662(5),1937,2119,2120(2),2138(3)
王叔惠/766
王叔岷/64,65,68
王叔明/858
王叔英/1092
王叔齋/1345,2103
王書林/874
王書奴/526
王紓運/23
王恕/1891,1899
王澍定/1563
王樹枏/20,165(2),304,429,432,433,465,507,732,746,928,1064,1126,1924,2282(2)
王樹萍/588
王樹榮/21(5)
王思任/1280
王思任[季重]/1013
王思曾/1313
王思章/461
王思貞/88
王斯睿/67
王嗣奭/2231,2235
王嗣鋆/438
王崧/7,463,1108
王嵩儒/322
王頌蔚/312,1118,1783,1792
王素/1581,1794,2169
王肅/60(4),2070,2072,2073,2082,2084,2118,2136
王隨/106
王孫録/848
王太愚/1385
王太岳/1885,2372
王曇/1970(2),1977
王倘/872
王弢夫/270
王韜/1114,1250,1369,1376,1832,1833,1834(2),1835,1836,1837,1838(3),1864
王陶/1329,1354,1727,2167
王陶廬[樹枏]/155
王特夫/36,104,783
王天雷/76
王鐵崖/824
王廷陳/2218
王廷鼎/1543
王廷珪/445
王廷紹/2164
王庭珪/1045,1050
王庭筠/1868
王通/50,53,72(2),99,1739,1902,2119,2137
王通經/1858
王同惠/507
王同祖/1038,2251
王桐齡/170,248,292,470,756(2)
王統照/1025,1056,1145(3),1146(2),1299,1413(6),1414,1449,1467
王摶今[示錫]/246(2)
王琬/2132
王萬恩/582(2)
王萬鍾/761
王望/395
王望如/1324
王唯真/540
王惟儉/308
王維/1074(6),1349,1554,1555,1758,2123
王維克/1509
王維廉/1623
王維亮/1856
王維屏/365
王維樸/148
王維堂/1594
王維賢/434
王維新/442
王維珍/434
王偉模/490
王文彬/437,2391,2392
王文墀/464
王文燾/158
王文煥/229
王文傑/138
王文進/2359,2369
王文鈞/684
王文禄/1799(4),1800(17),1801(17),1802(16),1803(17),1804(17),1805(4),1849,1903,1905(4),1908,1915(2),1918,1919,1938,1979,1980,1992(2),2188,2245
王文清/141
王文濡/1027,1035,1052,1054,1058,1065,1124,1127,1139,1205,1325,1483,1490,2091,2094(2)
王文山/2378(2),2390
王文顯/202,1299
王文新/1638
王文萱/1671
王文英/785,1388
王文英[王石之]/26
王文照/446
王文治/117,1104,1255,2057
王汶萊/2388
王無咎/1059
王武科/1672
王西神/1417
王西彦/917,1412(6)
王希和/920
王希堅/1393,1472
王希夷/827
王羲之/1344,1567(2),1568(4),1570(2),1571,2060
王錫/1891
王錫闡/1934(2),2066
王錫愷/2330
王錫衮/2156
王錫極/455
王錫齡/91
王錫綸/270,1706
王錫榮/163
王錫振/1225
王喜/1943,2148
王先謙/65,302,303(2),928,1058,1604,1775,1888
王先强/635
王先慎/720(2)
王賢敏/1288
王憲煦/628
王獻/1730
王獻唐/203
王獻之/1567
王相/92,1031
王湘綺[闓運]/932

王襄/152,153(2)
王向立/1188
王向榮/27,30
王向升/724
王象/2081
王象春/1095
王象之/1949(2)
王小航[照]/7
王小逸/1494
王孝泉/704
王孝通/265,615,858(3),859,860(2),1788,1848,1932
王孝魚/201,2300(3)
王效文/636,639(2),642(2),859(3),860(3),861,862(2)
王嘯平/1292(2)
王心敬/2247
王心湛/61,69,70,719,1092
王莘/582
王新民/63
王新命/1458
王歆/2008
王馨一/227
王信忠/276(2)
王星北[辰]/1561
王星拱/541
王星誠/1971
王惺岸[定綽]/1147
王行巖/1414
王修/1286,2383
王秀楚/251,316,2228
王秀琴/1056
王秀文/440
王岫廬[雲五]/1616
王岫廬/2355
王袖滄/1392
王旭/1214
王旭高/1652
王學浩/2067
王學權/1643
王學文/616,843
王學哲/819,968(2)
王血波/582
王洵/2225
王迅中/467
王亞南/511,606(2),607,609(2),798
王亞平/196,994,1145,1183,1188(2)
王沿津/672
王炎/582,1044,1049
王炎午/1089,2202
王衍梅/2043
王彥泓/1094
王彥威/270,334
王陽明/74,1092
王揚濱/839
王錫恩/437
王養沖/775
王養度/453
王養濂/1753
王堯臣/1881,2371
王藥雨/1664
王冶秋/220(2),1414
王一鶚/1767
王一鴻/885
王一榴/1184
王一亭/25,1586
王一新/276
王一中/2229
王伊同/306
王揖唐/270,470,1022(6),1032,1145
王禕/1362,1363,1800,1803,1897,1974,2161
王沂/1861
王沂暖/423
王沂孫/1234,1982
王沂淵/463
王怡柯/519,689
王詒壽/1977,1983(2)
王以敏/2057
王以寧/1209
王以仁/1471(2)
王亦鶴/260
王易/976(2),1729,2345(2)
王易今/241
王奕/1214,2036
王奕清/1203,1254(2)
王弈曾/1869
王益論/1556
王益吾/2091(2),2093,2094(2)
王益崖/245,292,1625
王益之/302,1872,2015,2249
王翊/2232
王逸/1015,1065,1070,1958,2122,2139
王逸塘[揖唐]/983
王義山/1213
王廙/2071
王毅/2230
王毅存/1145
王懿榮/1116,1539,1948,2053
王蔭樵/395
王蔭泰/1129
王寅山/437
王寅生/638,640
王尹孚/1478
王引民/1640
王引之/5(4),924,966(2),1931,2196
王隱/912,1998,2018,2082
王英/1482,1484,2329
王瑛曾/460
王罃/1861
王應奎/1846(2),1994
王應遴/325
王應麟/1,8,1847,1888,1898(2),1925,1933,1955,1997(2),2012,2025(2),2026(4),2230(2),2328(3)
王應榆/373
王瑩/93,1292
王瀛洲/382
王庸/362(4),425
王鏞/1147
王永江/10,1490
王永祥/2300
王棫/1329,1745,1794,2021,2167
王悠然/1226
王猷定/2203
王有珩/1490
王有三/2367
王有臺/61
王有忠/1664
王有宗/935,2330
王又華/1202
王又槐/870(2)
王又民/495
王又樸/2181(2)
王又申/477(2)
王右銘/537
王幼僑/166,441
王漁邨/608,614
王漁洋[士禎]/1084,2094
王餘佑/1921
王雨桐/276
王禹偁/1042,1047,1080,2126(2),2143,2144
王禹卿/61,73
王與/2227
王玉汝/443
王玉章/1255,1279
王玉璋/262,449
王育李/613
王郁文/436
王郁雲/430
王昱/1536,2066,2158
王毓瑚/196,610
王毓霖/492
王毓英/839
王豫/1101,1898
王譽昌/1970,2206
王元臣/457
王元啟/1104,1773(2)
王元增/2260(2)
王原培/1478
王原祁/1536(2),1550,1581(2),2067,2158(2)
王源/1975,2010
王源魯/317
王遠/1146,1569
王芸生/195,276(2),1186
王雲五/21,185(2),191,261,264(2),265(6),266(2),267(2),300,310,317,388,417,485(2),513,603,613,658,683,803,820,824,841,875,886,925,956,958,960(3),962,965(7),966(2),968(4),1000,1001(2),1075,1487,1512,1574,1616,1683,1880(2),2334(3),2339,2353,2358(2),2360,2388
王澐/1969,2000
王允文/974
王允中/433
王惲/1089,1213,1230,

1347,1354,1548,1764,1895,2129,2151
王蘊章/1033
王載庵/1074
王再咸/2041
王在晉/324,1842
王贊中/178
王造時/238,496,503
王則譽/1147
王澤民/848
王澤浦/992
王澤齋/1032
王曾/1328,1794,1893,2168
王曾善/143
王張桂楨/1679
王章/2255
王章洪/177
王章煥/83
王昭圓/1749
王兆符/1102
王兆吉/457
王兆雷/1052
王兆元/433
王兆雲/998,1979
王詔/2197
王照青/437
王照圓/194,1751
王肇晉/435
王哲之/444
王貞儀/2255
王真/231,2102
王禎/1670(2)
王臻善/821
王振/425
王振鐸/1599
王振鵬/103
王振先/843
王振瑄/83
王振垚/1128
王震/77
王震[一亭]/1564
王震之/1299,1302
王鎮屏/1628
王鎮中/658
王徵/1943(2)
王拯/1029(3),1112
王正/2347
王正德/1980,2152
王正功/741
王正己/983,2347
王正朋/71
王正廷/270
王正旺/630
王正雄/506
王正延/285
王之臣/465
王之道/1209
王之幹/1487(2)
王之瑚/455
王之平/1687
王之望/1209,2217
王之相/284
王之珍/243
王知敬/1571
王止善/1623
王芷章/1248,1607(2)
王志成/472
王志高/463
王志堅/1889
王志瑞/614,616
王志文/396
王志莘/693,1672(2)
王治安/1291
王治心/7,39,40(2),60,62,102(2),138,763
王致和/448
王智公/988
王銍/1329,1338,1353,1359,1731,1742,1796,1816,1980,2167,2206
王質/1210,1711,1955,1961,1966,2177,2214(2),2217
王稺登/1541,1952,2068,2088,2176
王中立/430
王中樞/466
王鍾/454
王鍾翰/322,2369
王鍾俊/1129
王鍾麒/200,289,304(2),305(2),317,329
王仲桓/860
王仲嘉/2260
王仲廉/281
王仲明/395
王仲鳴/636
王仲文/1263
王仲武/491
王重民/57,297,1106,1799,2368,2370,2371,2386
王舟瑶/455,1068,1129,1145(2)
王洙/1764
王著/1564,1572
王卓民/1529,1531,1533
王卓然/828,830,877
王灼/1087,1201,1208,1330,1545,1720,2048,2115
王晫/1819,1833,1862,1988,2209
王緇塵/289
王子充/1368
王子充[王褘]/2188
王子達/88
王子堅/887,910
王子建/658(2)
王子俊/2201
王子笙/431
王子羊/1287
王子野/535
王子一/1265
王子毅/470
王子雲/502
王子昭/1740
王梓材/2236,2237
王梓仲/136(2),137(4)
王紫珖/1598
王紫珊/184
王宗培/667
王宗炎/223,1545,2268
王宗元/1319
王宗截/173
王祖嫡/1782,2196,2197
王祖岐/526
王祖文/1706
王祖畬/2(2),23,453
王祖源/983,1660,1931,1968
王祖箴/1386,1388
王尊三/569,1319
王佐/446,1801,1950
王佐才/1184
王作新/1689
危素/1923
危稹/1039
威柏爾/78(2)
威伯爾/535
威達/413
威爾格斯/725
威爾確斯/725
威爾斯/235,240,341
威蘭/240
威利孫/1529
威連・勒格克司/1528
威廉・李卜克内西/538
威廉・米兹爾/1708
威廉・齊夫/242
威廉・烏克斯/1675
威南/2323(2)
威士/1518
微波閣主/1577
微沫/561,567
韋叢蕪/1166
韋端符/1350,1759
韋臯/1765
韋光黻/2256
韋縠/1035,2133
韋健夫/644
韋傑瑞/37
韋居安/987,1978
韋巨源/1349,1759
韋烈/1528
韋麟書/448
韋倫/949
韋千里/99
韋慤/892
韋氏[昭]/299,300(2)
韋述/1812,2003(2)
韋維清/855
韋息予/203
韋驤/1207
韋休/294
韋續/1739,1951
韋絢/1326,1716,1722,1756,1988
韋燕章/413
韋應物/1035,1075(2),2124,2141
韋雨蘋/1440(2),1446
韋月侶/1390,1447(4),1456
韋昭/299(2),300(2),2014,2036,2075,2117,2136
韋莊/1080,2126,2143

韋宗海/2153
唯明/1516
唯真/533,536(2),537,540,542,545(2)
惟公/60
惟淨/105,106,107,967
惟宗時俊/1654
維德/287
維爾特/1405
維諾格拉多夫/911
維琴/1288
維特/203
維辛斯基/543,853
尾崎德太郎/1520(2)
尾崎紅葉/1519
尾崎士郎/385
尾臺逸/1658
偉大法師/967
未冉/585
味橄[錢歌川]/390,1185,1406(2),2344
味那兹基/1630
畏廬老人[林紓]/1450
尉遲樞/1346,1739,1756
尉遲偓/1346,1717,1755,1989,2167
尉繚/52,1920
衛伯/604
衛布/486
衛德耿/1515
衛德明/969
衛恒/1344
衛宏/1917(2),2085
衛惠林/609
衛聚賢/148(2),163(2),195,237,265,297(2),307,405,516,688,690,693,1324
衛聽濤/1528
衛挺生/632,698,699,705,706
衛泳/1061,1815,2163,2210
衛瑜章/931,1070
衛元嵩/1913,2026,2081
衛宗武/1212
魏冰心/848
魏伯陽/1903(2),2026
魏承先/277
魏春桂/1600
魏東明/2336
魏畊/2232
魏焕/1784
魏稼孫/159
魏建功/939,941,943
魏校/1974
魏金枝/975,1423,1467
魏鏡/394
魏浚/1999
魏荔彤/2010
魏良輔/1243,1244,1245,1748
魏了翁/9,19,1050,1229,1743,1890,1894,1937,1950,2031,2038,2129,2175
魏乃勷/1117
魏念先/193
魏培樫/442
魏杞/2239
魏青銈/441
魏慶之/984(2),1201
魏如晦/1294
魏如晦[阿英]/1289
魏聲龢/389,431
魏收/249,306
魏松聲/440
魏頌唐/625,628,701,702,2239
魏泰/984,1353,1709,1736,1977,1986,2038,2216,2218
魏廷珍/1843
魏維新/2382
魏文帝/1980,2080
魏文翰/859,860
魏文舉/750
魏武帝[曹操]/1920,2119
魏錫曾/1544(2),1594,2165
魏禧/1898,1921,2091,2200
魏峴/1996,2233
魏象樞/1968,1975
魏學仁/1497
魏喦壽/1625(2)
魏野/1810
魏野疇/486
魏以新/538
魏易/485(2),1509,1523(7),1524(12),1525,1533(2)
魏裔介/1898,1920
魏應麒/204,230,260(2),973
魏永弼/435
魏友枋/1150
魏友棐/1385
魏毓蘭/389
魏元曠/450,2198
魏源/57,325,1779,1903,2182(2)
魏肇基/77
魏徵/249,306,1573,1889,1959,2121,2139,2196
魏之琇/1643
魏志誠/508,1387
魏中天/194,421,1150,1423
魏仲舉/1076
魏重慶/500,682
温秉忠/900
温徹斯特/919
温純/2262(2)
温大雅/2019,2030
温革/1357,1712
温公頤/85
温光熹/116
温璜/92,1095
温蕙/2262
温建公/36
温晉城/31
温聚民/229
温良儒/2262(3),2263(2)
温謙山[汝能]/1083
温日知/2262
温如玉/1572
温汝能/1083
温睿臨/1873
温肅/462,738,1157
温廷敬/190,1069
温庭筠/1018(2),1079,1207,1988,2125,2142
温雄飛/822
温訓/462
温儀/2262
温儀鳳/961
温以介/1922
温裕民/30
温豫/1359,1816,2208
温曰鑒/1871,1875,2259
温曾緒/2262
温肇桐/1552,1559
温之英/683
温梓川/1320
温自知/2262
文彬/397
文秉/256(2),315,1841,2022,2100,2158
文榛/2113
文寵/1289
文非/1428
文公直/283,335,339,354,468,727(2),1167(3),1168,1392,1611
文慧/108
文嘉/253,1542,1949
文康/1387(3)
文林/1331,1362,1855,1990,2170
文彭/1594,1945,2176
文啟/742
文慶/270(2)
文賽閎/1291
文聖律/498
文素松/169
文天祥/1046,1051,1088(3),1948,1962,2038,2129
文廷式/48,1118,1226
文同/1043,1047,2127,2144
文惟簡/1717
文顯謨/446
文祥/1869
文翔鳳/1366
文向珠/581(2)
文儀/555
文逸/1010
文瑩[瑩]/2089
文瑩/308,1328,1353,1717,1723,1978,2032,2044,2152
文元模/1616
文載道/1064,1187
文震亨/1331,1546,1944
文震孟/255
文徵明/1092,1559,1574(2),1575,1580,1948
文正方/507

文治平/1291
文子[辛鈃]/64
文宗潞/2242
文宗山/2336
聞谷音/566
聞捷/1407
聞鈞天/806(2)
聞普天/830
聞齊/383
聞秋/1056
聞汝賢/634
聞天/2113
聞野鶴/998,1006
聞一多/1066,1176,1179
聞亦博/47,634,641
問天/420
翁必邃/1059
翁長森/2252
翁承贊/1035
翁大草/1182
翁大年/1806,1865
翁獨健/128
翁方綱/147(2),1083,1105,1540,1548,1577(2),1876,1881(2),1887,1901(2),1923,1950(2),1956,1957,1966,1979,2191(2),2256,2273(12),2274(8)
翁廣平/1984
翁輝東/1035
翁輝東[子光]/1068
翁吉人/1182
翁敬棠/861
翁卷/1014,1041,1045,1051
翁克齋/1114
翁禮馨/658
翁雒/1586,1971(2),2154
翁森/2213
翁叔元/1842
翁樹培/1106
翁同龢/205(2),1114(2),1485,1560,1577(2),1586(2)
翁萬達/1035,1094
翁文灝/425(3),603,617,622,1625,1628,1630
翁永綱/996(3)
翁元圻/2328(2)
翁照垣/342
翁之藏/398
翁洲老民/252,2233
翁擢秀/496
倭鏗/81
窩德亞搭/656
窩爾德/278
我妻榮/855
沃邱仲子/222,1426
沃邱仲子[費行簡]/1452
臥雲/1179
臥雲居士[蘇逸雲]/1173
渥丹/945
巫寶三/610,612,636(2),649,712(2)
巫春子/771
巫峽逸人/1790
屋裏先生/224
烏爾累斯/614
烏爾韋克/38
烏斯道/1824,2234
烏特窪/1642
烏一蝶/1495
鄔翰芳/469(2)
鄔侶梅/468
鄔慶時/26,364,461
鄔西野叟/330
鄔佑/2051
毋鱍/1391
毋忘/37
吳藹宸/421
吳拔萃/385
吳半農/607,629,652,653,657
吳保初/1122
吳保障/2365
吳寶炬/450
吳寶銘/432
吳寶三/1115
吳寶煒/8,161
吳本履[少芸]/2090
吳辟疆/1557
吳炳/1277(2)
吳伯簫/1152,1426
吳博/1153
吳博民/40
吳闓思/1996
吳昌齡/1261(2),1265
吳昌祺/1152
吳昌綬/320,1590,1784,2038
吳昌碩/1566,1567,1572,1588
吳焯/2039(2)
吳超然/1114
吳琛/1295
吳成/512
吳成章/749,827
吳承恩/1092,1382(3),1383,1397
吳承洛/265,655
吳承湜/366
吳承仕/5,69,932,2160,2221,2360
吳承禧/632,693
吳承烜/1282
吳承志/269,302,1115,1375,2337
吳乘權/290(2),1057(2),1058(4)
吳澄/57,101,1923,1935,1953,2174,2176,2198
吳熾昌/1864
吳楚材[吳乘權]/1057
吳處厚/1337,1740
吳傳鈞/640(2)
吳傳綺/2332
吳傳頤/860
吳傳澐/1550
吳從先/1821,1822(5)
吳萃/1721
吳存/1214,2204
吳大澂/26,155,161,162,933,1115,1484(2),1583,1623,2185(2),2257
吳大受/993
吳大業/611
吳大職/1057(2),1058(4)
吳代/1995
吳道成/2256
吳道存/468
吳道晉/1115
吳道鎔/1126(2)
吳德培/697
吳德旋/1536,1863,2154(2)
吳德準/448
吳低旻/956
吳調侯[吳大職]/1057
吳鼎/1499
吳鼎昌/736(2)
吳東發/159,1876,2090
吳東巖/1071
吳篤/2019
吳遁生/956,957
吳蕚/706(2)
吳恩裕/532,537
吳恩元/1676
吳蕃昌/1874
吳枋/1894
吳斐丹/468
吳豐培/419,465,734
吳芾/2213
吳紱徵/753
吳福同/1611
吳福楨/747
吳皋/2203
吳个厂/1494
吳庚/442
吳耕莘/948
吳耕民/668
吳賡虞/866
吳公雄/1394
吳孤鵬/939
吳穀民/27
吳穀祥/1582
吳顧毓/613,803
吳觀岱/1588
吳管/2061
吳貫因/237,615,706(2),925,1027
吳光/1100
吳光國/431
吳光傑/243(2),508,1699
吳光昇/462
吳廣成/310
吳廣霈/1865
吳國倫/1842
吳海/1090,1974
吳海清/459
吳晗/296,313(3),723,1153,1689
吳瀚濤/277
吳航野客/1386
吳沆/1977
吳鬲皋/456
吳鶴聲/1510

吴鶴雲/1691
吴衡照/1203
吴化龍/1812,1922
吴懷清/2248
吴惠人/536
吴箕/1894
吴楫/2253
吴濟生/399
吴家鎮/873
吴嘉博/790
吴嘉紀/1098
吴嘉洤/1110
吴稼竳/1094
吴幵/986,1735,1977
吴趼人/1376,1389
吴建原/1659
吴健/410
吴劍芬/1153
吴劍嵐/202
吴劍秋/1173
吴江楓/1608
吴金鼎/1637,2353
吴謹心/2389(2)
吴經熊/840,841,845,846,848,864,1604
吴兢/738(2),986,2032
吴景敖/296
吴景超/507,652(3)
吴景果/436
吴景鴻/865
吴景奎/1215,2251
吴景旭/988,1099
吴景洲/398
吴儆/1044,1050
吴敬安/1707
吴敬敷/1672(2)
吴敬恒/169,292,503,531,773,897,1131(8),1394,1486
吴敬梓/1103,1384(2)
吴靖文/469
吴静山/1593
吴坰/1732,1894
吴覺農/277,278,656,1681
吴覺先/613
吴君勉/1684
吴君如/273
吴均/1340,1737,2064,2277
吴俊卿/1123,1566
吴俊升/83,84
吴凱聲/826
吴愷/1923
吴闓山/1034
吴闓生/13(2),16,23,31,161,201,1029,1060
吴康/10,13
吴可/986,1019
吴克剛/607,670,834
吴克堅/483
吴克潛/1659
吴寬/1823,1840,1850,2131
吴昆吾/824
吴萊/1330,1967,2130,2251
吴蘭/482,545,554,2066
吴蘭庭/1104,2020
吴蘭修/1830,1945,1999,2020
吴烺/2219
吴雷川[震春]/64,138(2)
吴雷發/997,1815
吴黎平/485,531,534(2),539,571
吴理屏/84
吴力生/233
吴曆/1583
吴廉銘/962,1489(2)
吴亮增/189
吴烈/939
吴麟徵/1922
吴淩雲/1772
吴留村/1058
吴龍翰/1019
吴履福/436
吴鷺/163
吴曼君/761,764,767,771(2),772,777
吴莽漢/1231
吴梅/1009,1055,1132,1200(2),1227,1242,1246,1247(3),1251,1254,1257(3),1258,1278,1281,1606,1783,2187(2)
吴梅核/1254
吴美繼/263
吴夢蘭[之藻]/1131
吴夢醒/37
吴孟舉[之振]/1041
吴宓/1152
吴秘/50
吴旻/1651
吴敏樹/1111
吴鳴鈞/1110
吴命新/443
吴母音/1845
吴訥/1916(2)
吴念慈/604,962
吴念中/1153
吴甌/645,1810,1811(8)
吴佩孚/6,21,23,87,1131,1152,1486
吴鵬飛/730
吴丕績/225(2)
吴平/2015
吴普/1664,1940,2080
吴岐/856
吴其昌/161,175,215,1189,2309,2310(2)
吴其浚/1635(2)
吴其敏/1131
吴耆德/453
吴起/52,1692,1920,2137
吴啟瑞/1320
吴啟太/952
吴綺/1221,2000,2051,2228
吴綺緣/382,1425
吴契寧/935,1060
吴騫/315,997,1537,1543,1562,1783,1805,1813(13),1814(16),1883,1904,1950,1969,1970,1979,2001,2053,2054,2363,2380
吴潛/1211,1919
吴喬/995,1847(2),1873,1966,1980,2101
吴芹/1054,1062
吴琴孫/833
吴青震/1596
吴清卿[大澂]/159
吴清友/482,547,631(2),693,704,819(2),820
吴擎天/48
吴慶坻/455,1119,2336
吴秋士/382
吴慤/413
吴人/1816
吴人驥/52,1692(2),1920
吴仁傑/1070,1936
吴仁敬/265
吴容/449
吴榮光/181,737
吴榮桂/431
吴融/1764
吴如愚/1906,2149
吴汝霖/1236,2115
吴汝綸/69,201,999,1031,1077,2094
吴汝弌/1040
吴瑞書/867,869,1479
吴若/2004
吴山/852
吴山秀/1824
吴山尊/1061
吴尚默/1920
吴尚鷹/639
吴紹璘/421
吴紹荃/520
吴紹曾/673
吴深/1020
吴升/1563
吴繩海/330
吴省蘭/373,1996,1997
吴盛德/131
吴勝己/816
吴師道/987,1202,1871,1978,2117,2249,2251,2252
吴時來/2213
吴士宏/859
吴士鑒/305,1119
吴士權/371
吴世昌/1153
吴世漢/789
吴式芬/164
吴守一/1839,2098,2173
吴受福/1559,2041
吴壽暘/2153
吴壽寬/452
吴壽彭/619
吴壽暘/1814,1883
吴殳/1767,1844,1954,2097
吴曙天/908
吴樹滋/1321
吴雙熱/871

吴菘/371
吴頌皋/661,831,838,1641
吴涑/1131
吴韜/1185
吴檮/1525
吴體仁/882
吴天/601,1189,1295,1424,1516
吴天敏/888
吴鐵城/726,773
吴鐵修/429
吴廷錫/444
吴廷爕/232,257,308,312,314,699,1866(2),1870
吴桐林/201
吴圖南/1611,1613(2)
吴惟明/1084
吴爲/212
吴維孝/7
吴偉業/251,255,996,1097,1220,1277(3),1278,1582,1747,1840,2023,2092,2132,2226
吴渭/1957
吴文炳/163
吴文暉/637(2)
吴文溥/2331
吴文祺/979
吴文英/1211,1217,1234(3),1237,2230
吴雯/1100(2)
吴聞天/820
吴吴山/1035
吴奚如/1425,1469
吴錫疇/1019
吴錫璜/201,459,1666
吴錫麒/1105,1223,1481,1484
吴下阿蒙/2207
吴相熱/1424
吴湘浦/435
吴祥鴻/177
吴小甫/688
吴筱朋/1623
吴孝侯/819
吴肖鬶/1153
吴笑生/1153
吴心穀/1558
吴心文/484
吴醒濂/190
吴醒亞/619
吴熊/1181,1586
吴修/1542,2065
吴旭初/501,661
吴宣易/334
吴學信/897,903
吴學義/853(2),868(2)
吴學周/1954
吴雪/583
吴雪帆/1031
吴雅純/406
吴炎/2023,2054,2185
吴研因/883,890,1295
吴岩/1425
吴硯雲/733
吴耀麟/798(3)
吴耀宗/130,131,233
吴一心/352
吴宜常[寳焯]/117
吴翌鳳/1222,1752,1879
吴逸之/696
吴逸志/348
吴毅/237,786
吴蔭培/201
吴引孫/2381,2384
吴隱/163,179,1566(2),1593,1595(3),1596
吴英華/674
吴英荃/641
吴英威/211
吴應楓/139
吴應箕/254,255,1965
吴應奎/1109
吴應逵/1942
吴應圖/858
吴瀛/949,2352
吴穎芳/930
吴永/334
吴永福/695
吴永立/463
吴泳/1211
吴用威/1153
吴友如/1583(2)
吴予天/952
吴虞/48(2),2364
吴虞公/216,1394,1396
吴玉/984
吴玉搢/1806,1927,1928
吴玉書/438
吴玉樹/458
吴玉章/935
吴聿/986,1978,2218
吴育/2192
吴棫/936,1930
吴毓昌/1664
吴毓江/62
吴淵/1041,1211
吴曰慎/1900
吴雲/1946
吴雲蒸/929
吴篔孫/376
吴允德/476
吴載耀/1617,1619(2),1620(2)
吴再福/2331
吴在橋/678
吴藻/1279
吴藻汀/1474
吴藻溪/643
吴則禮/1020,1208,1878,2217
吴澤/74,292,293(2),334,505
吴澤霖/173(3),613,660,1637
吴澤炎/853
吴曾/1201,1727,1894(2),2151
吴曾輝/449
吴曾祺/299,300,319,1058,1118,1153(2),1367(2),1482(4),1492,2337
吴曾懃/369
吴增/1153
吴增芥/883,1325(2),1476,1479(6),1495(2),1500
吴齋仁/1126
吴兆騫/1965,2190
吴兆莘/266
吴兆宜/1032(2),1073(2)
吴兆元/92
吴照華/1706
吴哲生/726
吴貞懿/1029
吴縝/307,2020(2)
吴振臣/2002
吴振棫/2242
吴振周/1781
吴震方/2000
吴鎮/1214,1545(2),1953,2175
吴徵/1588
吴拯寰/213
吴正/647
吴之本/912
吴之椿/89
吴之英/2291(5),2292(6)
吴之章/1113
吴之振/1047
吴芝圃/594
吴芝瑛/1142(2)
吴知/645
吴禔/1937
吴至信/664
吴志騫/892
吴志青/1612
吴稚暉/1131(3),1486
吴稚暉[敬恒]/1131
吴質生/407
吴中蕃/2242
吴仲/1766
吴仲孚/1037
吴仲卿/820
吴重翰/277,1247,1295
吴重熹/1115,1122,2380
吴壯達/283
吴卓/1681
吴甦/1845
吴子良/1978
吴子修[慶坻]/336
吴子垣/1417
吴自牧/1041,1833,2004,2179
吴自强/622
吴自修[慶坻]/336
吴宗愛/1096
吴宗慈/370(3),848
吴宗燾/684(3),687,688,693
吴宗汾/625
吴宗濂/2006
吴祖光/1199,1295(4),1296(5)
吴祖耀/745
吴組緗/601,1150,1424
吴尊任/1630
吾丘衍/1539,1554,1944,1945,2104

無愁/136,1379(2)
無瑕/1171
無疑/2250
五鳳樓主人/51
五來欣造/48,49
伍冰壺/527
伍澄宇/2350
伍沖虚[伍守陽]/2201
伍純武/614,632
伍達光/761
伍大光/210
伍端龍/1815
伍憤時/1319
伍光建/485,1510
伍禾/1183
伍稼青/1322
伍況甫/1638
伍賴信/134
伍蠡甫/921,1562
伍聯德/384,2356
伍平一[澄宇]/74
伍啟元/618(2),652(2),
1010
伍千里/2351
伍詮萃/179
伍叔民/562
伍頌圻/173
伍廷芳/487,722,733
伍廷光/211
伍頑立/688
伍憲子/6,2335,2346
伍燕昌/787
伍于瀚/1030
伍餘福/1360,1842,1996
伍玉璋/668(2)
伍遠資/200
伍莊/487
伍子先/142
武阿仁/1569
武德渥斯/1639,1640
武福鼐/2348
武珪/1715
武漢臣/1260,1261,1262,
1263,1267
武后/1812,1918
武桓/1684
武可桓/1615
武敏之/2019
武穆淳/441
武内義雄/40
武平一/1740
武啟圖/65
武三思/1571
武尚權/386,417
武藤富男/2086
武田豐四郎/479
武田熙/2357
武同舉/375(2)
武仙卿/616
武延緒/65
武衍/1040
武億/1106,1754(3),
1890,1976,2013
武英尼/1531
武堉幹/328(2),623,680
(2),681(2)
武元恒[北林]/1199
武兆榮/657
武者小路實篤/1506(2),
2323
武周緒/2348
兀欽亥/2106
勿提提犀魚/105
物觀/1886
悟癡生/1118
悟元老人[劉一明]/2024
(2),2025
悟真子/125

X

汐見三郎/710
西・甫・里默/681
西厂/287
西疇農父[崇彝]/1593
西川寧/1566
西村真次/465
西諦[鄭振鐸]/1592
西虹/1421
西湖安樂山樵/1248
西洛可夫/540
西尼亞維爾/1602
西清/1778
西戎/1313,1398(2)
西山/279
西田幾多郎/77
西田直養/1945
西溪山人/1369,1836
西園老人/2330
西周生[蒲松齡]/1386
希伯來/602
希耳/134
希勒格/246
希麟/113(2)
希洛/1525
希夷先生/2026
郗若霖/767
郗朝俊/855,856
奚楚明/187,755
奚爾恩/248,424
奚岡/1545,1566,1583
奚如/1153,1307,1425(2)
息齋居士/2177
惜紅館主/1387
惜蓄居士/1483
惜蔭堂主人/1388
溪隱/1396
熙洽/1056
熙時子/1814
熙元/2382
席佩蘭/1107
席世昌/1840,1926,2097
席書/1766
席文彙/429
席吳鏊/1843,1918
席徵庸/350,1319,1407
習庵/2335
習艮樞/735
習鑿齒/1341,2016,2083
俠安居士/1124
下津壽泉/1656
下中彌三郎/400
夏寶晉/146
夏倍頤/1101
夏秉衡/1226
夏察理氏/136
夏承燾/1234
夏承堯/513
夏粹若/245(3)
夏大觀/1487(2)
夏鼎武/2263(4)
夏庚復/228
夏賡英/688
夏光南/275,414
夏珪/1579
夏侯陽/1788,1932
夏劍丞/1081
夏金年/165
夏晉麟/270
夏敬觀/941,1077,1081,
1082,1085(2),1089,
1149,1181,1200,1238
夏敬渠/1104,1387
夏君虞/43
夏康農/215
夏綠蕉/1192
夏丏尊/956,973(2),976,
1149,1400(2),1441,
1507,1634,2114
夏明如/133
夏目漱石/982,1506
夏佩樂/822
夏勤/869
夏仁虎/377,1130,1282
夏受祺/1130
夏壽田/340
夏樹芳/175
夏思沺/1112(2)
夏竦/942
夏孫桐/1237
夏田藍/1109
夏完淳/251,316,1258,
1965
夏威/766

夏文彦/1558(2),1952,2028
夏文彦[士良]/1871
夏錫祺/38
夏燮/940,1754
夏辛銘/458
夏炘/938,940
夏炎德/914,1509
夏炎顯/786
夏衍/346,567,568,1056,1191,1289,1297(3),1300,1301(10),1304(2),1309,1516,2337,2339
夏衍[沈端先]/1190,1191,1289,1428
夏驷/318
夏有文/454
夏雨/421
夏育民/931
夏元鼎/1211,1908
夏雲奇/259
夏允彝/251,316
夏曾德/165
夏曾佑/293
夏震武/2263(6)
夏征農/220,871,979,1149,1294,1421
夏之容/2196
夏忠道/719,1488
夏僎/2013
鮮于樞/1734
冼得霖/1004
冼群/1246,1247,1301(2)
冼玉清/190,213,1156,1565,2370,2371
顯明/116
顯微/724
相國道/1722
相王旦[唐睿宗]/1571
香棣方/1697
香海吾知/223
香溪漁隱/1249
香崖先生/1113
香葉夫人/1394
香月居主人/1257
湘亭/1382
向程/1093
向楚/449
向達/87,169,172,174,233,237,269,306,381
向警予/532
向愷然/1613
向林冰/40
向孟/1360
向培良/921,1194,1289,1295(2),1298,1468,1551,1606
向羣/565
向尚/383
向紹軒/28(2)
向秀/2071
向璿/1102
向愚/551
向真/36
向子堙/1217,1228
向宗魯/20,2360
項安世/1890,2214,2215,2229
項霦/1839
項懷述/1561
項蕙/1869
項軍/1287
項夢原/1944
項名達/1932
項穆/1541,1951
項士元/379
項世芳/2105
項斯/2212,2213
項廷紀/1224,1983
項維貞/1997,2178
項燕北/1096
項元汴/1535,1541,1600,1946(7),1947(3),2176
項元勳/2370
項遠村/242,1254
逍遥子/1908,2104
蕭伯納/1513
蕭伯納[蕭専]/1513(2)
蕭伯章/1666
蕭参/1720
蕭常/2015,2147
蕭楚/2013
蕭純錦/604
蕭次尹/768
蕭聰/354
蕭大亨/2162
蕭德馨/442
蕭迪忱/945
蕭滌非/1008
蕭恩承/886
蕭方/2019
蕭該/1811
蕭贛/81,240,541
蕭公權/717
蕭冠英/480
蕭廣濟/2009,2084
蕭漢中/2198
蕭紅/219,1148,1437(3)
蕭紅[張乃瑩]/220,1437
蕭鴻藻/438
蕭吉/1812,1913
蕭濟川/1053
蕭繼炳/1908
蕭家仁/232
蕭劍青/402,482,524,1440
蕭晉安/417
蕭經方/839
蕭剘/1213
蕭軍/1300,1438(5)
蕭浚/294
蕭浚華/135
蕭開瀛/377
蕭愷/970
蕭黎玉/553
蕭立/1089
蕭立道/1673
蕭立坤/487
蕭良榦/1907,1915
蕭良有/955(2)
蕭龍/1287
蕭明新/635,804
蕭枘森/1683
蕭乾/1023,1024,1156,1162(3),1439(5),2360
蕭清泰/2159
蕭紉秋/1168
蕭瑞麟/414,1133
蕭潤生/411
蕭三/220,221,545,568(4)
蕭森/1480
蕭山/954
蕭石君/1510
蕭士贇/1074,2123
蕭式明/90
蕭奭齡/2053
蕭棠/611
蕭汀/584
蕭統/1017,1027(4),1072(2),1994,2033,2122,2133
蕭望卿/1072
蕭文哲/518(2),740
蕭下/1161
蕭向榮/598,1171
蕭瀟/187
蕭曉亭/1649
蕭孝嶸/887,1638(4),1639(2),1640,1641,1643(2)
蕭協中/369
蕭雄/2000,2247
蕭洵/2004,2199
蕭衍/1017
蕭彦/1919
蕭也牧/584(2)
蕭野/1192
蕭一山/185(2),206,319(3),331(15),332(9),517
蕭迻山/1063
蕭繹/1017
蕭尹言/778
蕭雍/1907,1915
蕭友玉/472
蕭瑜/90
蕭虞廷/610
蕭雲/574
蕭雲從/370,1066,2052
蕭璋/2374
蕭錚/633
蕭志蘢/854
蕭志仁/610
蕭子顯/249,306,2017
蕭子雲/2018
囂俄/1514
小阪營昇/1656
小徹辰薩囊台吉/417,2162
小川市太郎/609
小川正行/882
小方/567
小横香室主人/322
小岵[吴大年]/1495
小笠原豐光/878
小林丑三郎/697
小林照郎/505
小淩/662
小柳司氣太/128
小路實篤加藤/1507

小默/480
小牧實繁/169
小泉八雲/268,469,909,918,1512
小山愛司/182
小寺謙吉/237
小田切萬壽之助/1200
小田嶽夫/221
小鐵篴道人/1248
小野得一郎/1659
小野匡輔/1657
小野清一郎/843
小原國芳/878
小雲/662,1399
小雲石海崖/25
小澤文四郎/231
小仲馬/1510,1529
筱梅/1143,1431
筱梅[陳筱梅]/1155,1172,1460,1462
筱薇/1468
曉風/261
曉風山人/1528
曉歌/471
曉公偉/1521
曉瑩/2008
曉齋主人/1510
孝閎納/125
孝光/702
笑世意/1429
笑我/1056,1061
笑笑生/1012
嘯侶/1281
解縉/1849,1951,2355(5)
解樹民/296
謝艾群/502
謝翱/1046,1051,1357,1821,1957
謝保昌/209
謝寶書/1068
謝彬/272,285,382(2),414,416,420,676,756,832,1686
謝冰/893
謝冰季/1409
謝冰瑩/93,208(5),209,1187(2),1409(5)
謝采伯/1990
謝采江/1143
謝朝徵/1201
謝承/1341
謝鼎鎔/1067
謝東平/2349
謝鐸/2212
謝枋得/1031(2),1051,1330,1955,1973
謝憤生/1678
謝扶雅/34,86(2),87,487
謝功肅/1066
謝冠能/129
謝觀/241,1658(2),1659,1664,2350
謝國楨/75,185,313,322(2),386,757,1098
謝海華/257
謝赫/1344,1545,1554,2028
謝洪賚/139
謝煥廷/1674
謝惠連/1017
謝慧霖/382
謝伋/1796,1980
謝家福/1746(6)
謝家駿/1663
謝家榮/831,1627,1628(2)
謝嶠/2075
謝傑/1767
謝介鶴/329
謝金鑾/460
謝晉青/17,469,500,2110
謝晉元/208
謝覲虞/1143
謝君哲/670
謝開勳/286
謝康/407,1304
謝薖/1208
謝堃/1546,1548
謝良佐/1905
謝霖/859
謝靈運/1017,1072(2),2017,2082
謝六逸/95,213,919,1186,1195,1324,1468,1499,1505(2),1507,1508,2334
謝美雲/956
謝南谷/1290
謝南光/817
謝啟昆/1777,2018
謝蒨茂/400
謝青/574
謝清高/246
謝秋萍/972
謝汝銓/1129
謝三秀/2242
謝森/784,845
謝善繼/1111
謝沈/2082
謝慎修/2369
謝盛之/355
謝崧岱/1591
謝崧梁/1549
謝頌羔/34,95(2),139,190,535,583,1170,1499,2334
謝素聲/1251
謝肅/1091
謝堂燕/192
謝朓/1017,1072(3),1813,1965,2122
謝廷鈞/447
謝桐森/736
謝婉瑩/1144
謝婉瑩[冰心]/1144
謝葦豐/292,935
謝衛樓/135
謝文洊/28,75
謝無量/15(2),39,60,71,73(2),94(2),114,198,640,716,972,983,992,999,1000(2),1001(2),1002(2),1065,1200
謝希深/68
謝錫文/437
謝星煥/1652
謝興堯/329(5)
謝行惠/1481
謝宣/1610
謝璿/954
謝璿增/1059
謝雪影/412
謝循初/1639,1640
謝延祉/441
謝彥華/931
謝燕子/1289
謝詒徵/238,269
謝逸/1217,2050,2201
謝應芳/1090,1215,1738,1922
謝瀛洲/729(2),739(2),740,769(2)
謝墉/51,1902
謝幼偉/87,1640
謝元淮/1203
謝遠達/526
謝越石/863
謝章鋌/1204,1811
謝肇淛/1766,1825,2055,2164
謝榛/987,1979
謝稚柳/167
謝重開/1205
謝莊/1017
謝宗素/1108
謝佐禹/85
謝作民/749
心禪/1653
心韋/556
忻江明/2240
辛安潮/265
辛安亭/573,574,1499(2)
辛丑年/2159
辛笛/2357
辛克萊/1513,1689
辛勞/1187
辛勞山人/791
辛明/1291
辛啟泰/1087
辛棄疾/253,1087,1210,1217,1229(2),1234(2)
辛紹業/1886,1901,1918
辛味白/1011
辛文/1751
辛文房/1812,2098
辛鈃/1734
辛苑/1551
辛質/342,1510
辛鍾靈/364
新波/1592
新城新藏/1620,1621
新覺/761
新羅山人華嵒/1103
信愛/791
信夫淳平/825
星星/89
惺庵居士/2228
興中/589
行均/934,2048

邢必信/789
邢昺/2,25,29(2),928(2),2047
邢崇光/1791(2)
邢慈静/2242
邢昉/2254
邢翩桐/442
邢凱/1358,1725,1895
邢藍田/2386
邢鵬舉/237
邢璹/8,1857,2025
邢澍/156,1949
邢雲路/1934
邢之襄/161
幸德秋水[幸德傳次郎]/2111
熊伯徵/1173
熊賜履/2007
熊大經/486,632
熊得山/78,503,609
熊蕃/1359,1735
熊佛西/1247,1253(2),1295(2),1299,1304,1422,1474(2)
熊公哲/67,721
熊禾/1212,1973
熊會貞/230
熊濟熙/435
熊開元/1097
熊克/309,1778,2020
熊理/13
熊羅宿/290
熊夢/62
熊鳴岐/1766
熊朋來/1953,2096,2147
熊起磻/1119
熊稔寰/1278
熊三拔/1933
熊紹堃/116
熊紹龍/442
熊十力/120(5),122,1152(2)
熊式輝/632
熊松之/19,1111
熊希齡/377,900
熊元翰/833,859
熊在渭/669
熊知白/386
熊仲虚/707
休文/741
修和/1995
修名傳/463
修竹鄉人/510
虚白/910
虚靖天師/1915,2106
徐愛/1092
徐昂/10,12,17,915,938(2),942,1070
徐昂發/1819,2185,2257
徐璈/1066
徐白/434
徐百齊/730,845(2)
徐百益/683
徐榜/1906,1908,1993
徐葆炎/1297
徐寶璜/2111
徐寶謙/135
徐寶山/401,405
徐寶田/438
徐賁/1091
徐本/325
徐碧暉/465
徐冰/536,537
徐秉義/2381
徐炳昶/298
徐炳昶[旭生]/535
徐伯璞/1247
徐燉/372,1679,1810,1937,2368
徐步垣/866
徐燦/1814
徐滄水/693,712,859
徐昌霖/1297,1299,1300(2)
徐朝弼/1564
徐沉泗/1025(15),1026(2),1161,1182
徐誠斌/1449
徐澄宇/16
徐遲/1183,1427,1514,1605
徐楚樵/183
徐楚畹/2042
徐處長/751
徐傳保/837
徐傳詩/1810
徐達源/199
徐大焯/1746
徐大椿/1241,1643,1645(12),1646(15),1647(2)
徐大相/2191
徐翿/746
徐道鄰/278,843
徐德嶙/803
徐德培[徐南村]/606
徐德源/842
徐砥平/837,838,839
徐釣溪/687
徐調孚/1253
徐東/1860
徐東僑/1067
徐度/1719,1987,2030,2044,2089
徐敦璋/836
徐方烈/254
徐枋/1021,1098
徐斐然/1061
徐逢吉/1275,2002
徐鳳石/203
徐鳳書/1526
徐孚遠/1095,1965
徐福墉/2377
徐傅/455
徐復初/1385
徐復祚/1240,1846,2056
徐淦/1427
徐幹/72,1016,1750,1785,1859,1902,2119,2137
徐綱/1067
徐梗生/657
徐公美/896,1297,1299,1606,1609(2)
徐美公[公美]/1247
徐公肅/833
徐孤星/349
徐谷生/1620(2)
徐官/1945
徐貫之/443
徐光溥/2007
徐光啟/139,1095,1933(4),2098
徐廣/2083
徐國楨/271
徐浩/261
徐灝/930,1113,1811
徐鶴椿/651
徐鶴林/1190
徐宏祖/383(3),2241
徐槐廷/117
徐懷璋/449
徐懷祖/2004,2180
徐煥斗/1066
徐煥奎/388
徐煥謨/1119
徐慧公/1532
徐璣/1014,1041,1045,1050,2226
徐積/1043,1049
徐吉/2184
徐集孫/1039
徐寄廎/686,693
徐繼孺/1066
徐繼畬/1753,2276(5)
徐家瑞/445
徐家錫/280
徐嘉/1132
徐嘉瑞/197,994,1004(2),1247
徐堅/1593,1739
徐建生/1125
徐建寅/1915,1916
徐江/533
徐金銘/436
徐錦/451
徐縉璵/1708
徐京/1550
徐經孫/1019,1211
徐兢/471,1787,2004
徐景薇/824
徐敬修/46,938,2346
徐迥千/1498
徐炯/38,1873
徐鈞/2251
徐鈞達/637
徐俊鳴/364,365,387
徐鍇/930(3),1926(2),2116
徐闓瑞/212
徐康/1536,1948
徐珂/368(2),391,1034(3),1204,1206(2),1226,1242,1491,1790(6),2331
徐昆/1335
徐朗西/1551
徐陵/1032(3),1073(2),2122,2133,2140

徐淩霄/1253
徐靈府/64,1903,1996,2049
徐靈胎/2043
徐靈胎[大椿]/1938
徐鹿卿/1211,2202
徐曼仙/1818,1825
徐懋庸/236,536,913(2),915(2),921
徐夢成/1702
徐勉之/2021
徐邈/2071
徐敏/1689
徐名驥/1512
徐明善/1732,2202
徐慕雲/1251(2),1283
徐乃昌/164,451,735,1226,2171,2172(8),2190,2292
徐鼐霖/284,1572
徐能庸/2386
徐攀鳳/1954
徐培根/1689
徐謙/854,988,1154,2331
徐乾學/1923,2380
徐沁/1546,1953
徐釚/1205,1222,1983
徐蘧軒/61
徐如珂/255
徐瑞/2204
徐潤/229
徐森玉/159
徐善宏/341
徐善祥/1619
徐商濟/1122
徐紹榘/745
徐紹棨/1769(3),1770(17),1771(16),1772(17),1773(17),1774(16),1775(17),1776(17),1777(16),1778(16),2358
徐紹楨/15,57,934,1132,1488
徐升/98
徐聲/663
徐聲越/1036
徐晟/1878
徐石麒/1221,1279(2),1918
徐時棟/2241,2331,2368
徐時琪/1954,2105
徐時榕/2240
徐士圭/635
徐士俊/1815,1833,2212
徐士鑾/392,2182
徐士鍘/912,1489
徐士燕/225,2055
徐士瀛/1130
徐世昌/45,189,194,619,723,1053,1132(4),1591,2383,2384
徐世大/10
徐世溥/251,1935,1968,1979
徐式圭/753,864
徐式莊[圭]/699
徐壽眉/788
徐壽卿/403
徐壽彝/1113
徐淑希/277(2),278
徐舒懷/395
徐樹敏/1232
徐樹丕/1877
徐樹錚/723
徐舜英/383
徐碩朋/410
徐思達/853
徐嗣幹/179
徐嗣同/490
徐松/419,738,1773,1809,2004,2039,2099,2191
徐松石/140,172,173(2),500
徐嵩齡/344
徐頌周/633
徐蘇靈/421
徐泰/1802,2245
徐濤/1108(2)
徐特立/556,1704
徐天麟/737(3),1885,1917
徐天閔/1031
徐天嘯/513,1154,1392
徐天佑/1749,2118
徐天璋/16,30
徐填/380
徐霆/416
徐同柏/1807,1946,2165
徐桐侯/1490
徐桐續/92
徐圖/1786
徐萬鈞/541
徐望之/1479
徐瑋/371
徐畏潛/2347
徐渭/1242,1244(3),1245(2),1276,1280,1580,1747,1964
徐渭仁/1970
徐蔚南/359,402,405,658,1146,1169,1404(5),1428,1466,1551,1599,1601,2346
徐文長[徐渭]/1014,1097
徐文範/305,1776,1998
徐文靖/54
徐文鏡/933
徐文珊/288,792
徐文忠/206
徐問志/1895
徐希廉/432
徐錫九/948
徐錫麟/1863
徐錫齡/897
徐曦/387
徐霞村/480,909,1402,1436,1509
徐弦/243,662(2),831(2)
徐咸/1991,2245
徐賢恭/1615
徐賢懷/693
徐顯/1330,2010,2170
徐獻忠/405,2105
徐相春/77
徐相任/183
徐相雨/387
徐湘/448
徐祥/968
徐筱汀/1283,1297
徐孝喆/464
徐協貞/153,154
徐諧鐸/1494
徐燮均/489
徐新六/1790(11)
徐星鈐/1101
徐星洲/1597
徐行/2337
徐行素/1385
徐醒/570
徐熊飛/993
徐訏/318,1154(3),1169,1296(2),1297(4),1304(2),1427(5),1458,1468,1501
徐旭/396(2),897,2386(2)
徐旭生/385
徐鉉/930(3),1042,1047,1080(3),1337,1351,1710,1718,1763,1925,1985,2031,2047,2116,2126,2136,2143
徐學聚/256,314
徐學謨/1897
徐學易/1424
徐血兒/203
徐彥/24,2050
徐彥寬/2187
徐養原/456,1537,1770
徐瑤/1830
徐夜/1807
徐一士/183(2),965
徐怡/278
徐嶷/1765
徐益棠/172,320,414
徐逸樵/718
徐逸如/1170,1486
徐義森/1702
徐義生/742,816
徐寅/1080
徐英/154
徐英[澄宇]/30(2),988,2346
徐英[徐澄宇]/371
徐英明/1682
徐應昶/1498,1499
徐盈/344,567,651,1402
徐映川/294
徐永宣/1101
徐永祚/685
徐用儀/296
徐友梧/459
徐有成/1706
徐有明/733
徐有壬/1932,1933(7)
徐羽冰/277
徐玉諾/1154
徐裕孫/693
徐毓枏/607
徐淵若/637,1672(2),1673

徐元誥/299,964(2)
徐元潤/1548,2159
徐元歎/1968
徐元文/254,2382
徐岳/1932
徐雲/1489
徐雲祥/2158
徐鋆/1238(2),2060
徐允希/139(2)
徐允中/2384
徐再思/1256
徐瓚/955(2)
徐則恂/428
徐增/996
徐增詳/1101
徐朝陽/856,864,867
徐照/1014,1041,1045,1050,2226
徐肇台/314
徐哲東/1612
徐哲身/734,1395
徐貞/1814
徐貞明/1997
徐禎稷/1897
徐禎卿/985,1331,1363,1366(2),1853(2),2009,2103,2170
徐枕亞/1132(2),1392,1395(9),1402
徐畛/1276
徐震/1815,2209
徐正學/386,640,1671
徐政傑/1644
徐之圭/822
徐之楨/568
徐知耕/425
徐植仁/787(2)
徐志摩/212,486,1140(7),1290,1428
徐致祥/1115
徐致軒/464
徐雉/1465
徐穉麟/1283
徐中舒/157
徐中玉/1194,2346
徐忠/1823
徐仲年/1166,1171,1416,1427,1466,1474(2)
徐仲堯/652,691
徐鑄成/186
徐轉蓬/1428
徐卓/1606
徐卓呆/1168
徐卓槑/1612
徐卓英/499
徐蘺/2253
徐子長/1490
徐子光/1922
徐子平/2150
徐子室[慶卿]/1257
徐子爲/407
徐子陽/1331
徐自明/2227
徐宗浩/1132
徐宗科/953
徐宗澤/137(2),199,227,269,1095,1155
徐總幹/1899
徐祖繩/711
徐作霖/1069
栩園居士/1113
栩園同社生/1030
許昂霄/1203
許寶善/1387,1388
許寶生/428
許炳璈/1144
許炳漢/698
許伯逵/327
許承宣/1997
許承堯/452,1140
許重熙/251
許崇灝/275,411,417,420,422,612,736
許崇清/78
許傳霈/2210
許椿生/873
許尊舫/1618
許次紓/1943
許達/1289
許達年/1508
許道齡/165,390
許德珩/498
許德厚/1477
許德鄰/976
許德士/317
許滌新/553,566,606(2),611,617(3),618(3),679
許地山/97,128,285,925,1143(3),1499(2),1508
許洞/1921
許遯翁/292
許棐/1038(4),1229,1742(2),1796,1897,1973,2244
許奉恩/2061
許伏民/27
許負/2106
許高陽/1697
許公武/412,1144
許觀/1356,1895
許光清/1886(3)
許光治/1971,1983,2154
許廣平/2321,2323
許桂馨/798
許國霖/167
許國英/319(2),1059,1482
許瀚/929,1112,1927,1928
許浩/1877,1992,2022,2171(2)
許浩基/197,226
許衡/1213,1899,1973,2172
許鴻槃/364
許渾/1079,2048,2125,2142,2217
許及之/2226
許集美/683
許濟菜/229
許家慶/1508
許葭村/1476
許傑/1182,1195,1304,1409(4),1631
許進/1851
許景澄/1115
許景迓/1718
許敬言/1493
許敬宗/1571,1812,1872,1954
許靖/673
許九埜/1250
許玨/1123(2)
許夔臣/1828,1829
許雷地/1838,2211
許立群/296(2)
許槤/1065
許麟英/1866
許令瑜/2224
許默/1760
許慕羲/1336(2),1383,1392(4)
許乃濟/1922
許乃章/1697
許南明/1623
許鵬飛/865
許起/1649,2257
許棄疾/1392
許謙/26,1090,1814,1890,1955,1963,2013,2172
許欽文/917,921,1144(2),1411(6)
許容/1597(2)
許榮森/1632(2)
許汝霖/1922,2153
許善長/2330
許少蓮/177
許慎/930(6),931(3),1925,2081,2116,2120,2136,2138
許師慎/385
許實/463
許世英/275,371,671,733
許仕廉/498,519(2),612
許壽民/1496
許壽裳/209,219,220
許叔微/1938(3),2066
許舜屏/1036
許舜屏[德厚]/1036
許思湄[葭村]/1476
許棠/1351,1761
許天醉/801
許同範/1123
許同莘/228,732,1476,2374
許晚成/189,398,401,654,1560,2385
許維漢/474
許維遹/68
許畏之/186
許文浚/733
許文奇/1086
許文雨/1205
許聞詩/464
許相卿/2245
許曉霞/402(2)
許嘯天/300,632,1002,1007,1098,1117,1390,1392,1476,1489,1706,2206,2210,2333(2),2334,2345

許新堂/1105
許興凱/275,1642
許幸之/1291,1402
許性初/705
許璿/612,633(2)
許恂儒/1688
許巽行/1754
許衍灼/1676
許仰安/426,427
許堯佐/1351,1762,1984
許一鈞/2230
許顗/985,1797,1978,2027
許亦非/917
許逸超/386,1629
許印芳/983(2),1071(2)
許印林/1927
許應鑅/1489
許瑩漣/519
許穎池/517
許友/1096
許友梅/1143
許有成/967
許有壬/1214,1782,1957
許玉瑑/1114
許棫/1927
許鈺/472
許豫/1369,1836(2)
許譽卿/1919
許元方/396
許元溥/1783,2001,2098
許月卿/1046
許雲樵/471,477(2)
許增/1980
許兆熊/2190
許貞幹/1061
許振東/2388
許之衡/1254,1546,1600,1602(2)
許之獬/1935
許植方/1624
許止淨/85,369,372
許指嚴/320,325(2),326(2),330,734,,871,1425(2),1588
許指嚴[國英]/335
許志豪/1283(2)
許志傑/867
許稺人/1409
許鍾璐/287
許卓山/365
許自昌/1280(2)
許宗海/437
許宗衡/1994
許宗彥/2382
許纘曾/1999,2242
鄦挽沉[許晚成]/2333
續文金/430
宣達爾斯/104
宣鼎/1864
宣浩平/923,1010
宣若海/1869
軒轅黃帝/2024
玄都/101
玄覺/124
玄女/2195
玄燁/289
玄逸/107
玄奘/117,119,418,2046,2118,2148
玄珠[沈雁冰]/96
薛伯康/742
薛澄清/238,516
薛傳均/1771,1927
薛次莘/1599
薛代强/274
薛德炯/1617,1619(2),1620(2)
薛典曾/821,826
薛鳳昌/983,1493
薛鳳祚/1934,2095
薛福成/1864,2332
薛崗/1365
薛格洛夫/535(2)
薛冠雄/1480
薛桂輪/396
薛漢/1090
薛恨生/1101,1377,1384,1386,1399
薛鴻志/877
薛慧上/1315
薛蕙/1803,1903,1905
薛季宣/1045
薛嘉穎/15
薛建吾/1066,1185,1322,1661
薛敬之/2248
薛居正/250,307(2)
薛俊/2006(2)
薛賚時[沙拉斯]/698
薛礪若/1207
薛蓉橋/356,497(2),520,604,605,633(2),638
薛凝度/459
薛紐伯/239
薛農山/615
薛品軒/640
薛人仰/882
薛汕/916,1321
薛尚功/150,160
薛尚質/1997
薛紹銘/415
薛寀/317
薛師石/1015,1041
薛時進/2339
薛時雨/1225
薛始亨/2198
薛收/1858
薛壽/1772
薛思明/1128
薛濤/2069
薛天沛/1557
薛調/1351,1762,1824,1984
薛文蔚/885
薛熙/1028
薛祥綏/916
薛瑄/73,1801,1906(3),1974
薛學海/723
薛學潛/723
薛雪/997,1652
薛延年/1914
薛一謣/1526(3),1527
薛宜興/2153
薛貽源/625
薛應旂/1093,1803,1897
薛瑩/1351,1762,2082
薛瀛伯/734
薛用弱/1327,1346,1724,1763,1984,2064,2167
薛嵎/1038
薛虞/2072
薛虞畿/2147
薛岳/341
薛允升/843
薛昭/1985
薛昭蘊/1763
薛鎮心/1377
薛志亮/460
薛仲三/260
薛柱斗/433
薛祚光/836
雪澄/1156
雪非女士/1030
雪峰/918
雪峰[馮雪峰]/916,917,1191
雪萊/921
雪倫/1422
雪樵主人/1386,1398
雪蛆/1377
雪生/1526
雪葦/597
雪香老人/1495
雪巖/1650
雪映/1488
雪韻堂/1280
雪莊大師/2047
荀綽/2083,2085
荀況/50,51,1902,2118,2136,2309
荀爽/2070
荀悅/52,55,71,303,1749,1750,1785,1859,1902,2117,2119,2136,2137
荀子/67
遜人/1158
押川春郎/1525
押川春浪/1519

Y

Yi. 巴克梯利夫/546
雅各武萊夫/2325
亞波倭得/1532
亞當士/698
亞當斯密/609
亞丁/1518
亞凡/582
亞里斯多德/920
亞利斯多德/83
亞歷山大洛夫/545
亞瑟毛利森/1521
煙水山人/1474
燕北老人/321,1425
燕歸來簃主人/1753
燕客/1841,2097
燕齊倦遊客/1473
燕生/757
燕石/1607
燕義權/49,761,765
延一/1861
言渙彰/1619
言守元/193
言心哲/521,524,612,647
岩崎榮/233
研旅/1075
研因/1172
顏白貞/655
顏滄波/1625
顏復禮/173
顏艮昌/209
顏光敏/1481,1994
顏季亨/1767
顏欽賢/179
顏師古/249,302(3),929,1645,1742,1794,1818,1880,1916,1925,1928,2026,2156,2166,2207,2247,2363
顏士璋/1118
顏武/353
顏虛心/226
顏延之/1017
顏一煙/588(2)
顏幼明/97,1913
顏元/1768(5),1769(5),1907(2),1915,1922,1975
顏元孫/1925,2104
顏雲美/199
顏真卿/1076,1566,1568(2),1569,1570,1571(2),1959,2076,2123,2140
顏之推/86,92(2),1340,1343,1751,1859,2069,2087,2120,2247
顏自德/2164
顏宗儀/1112
閻寶航/595
閻伯川/782
閻純璽/1663
閻爾梅/1097
閻金鍔/1251,1288
閻金聲/437
閻立本/1579
閻廷獻/437
閻吾/587
閻錫山/531,599(2),697,781,782(4)
閻秀卿/1853,2009
閻選/1764
閻哲吾/1247,1606,1608
閻鎮珩/1121
嚴遨/1117,2070
嚴柏梁/2345
嚴昌堉/1026,1067,1175
嚴長明/1047,1105,1857,1969(2)
嚴辰/1197
嚴成/111
嚴重/111
嚴從簡/248
嚴德一/415
嚴獨鶴/968
嚴諤聲/679,862
嚴芙孫/1401,1454
嚴復/59,83,500,724,725,1123,1124,2297
嚴宮方/1649
嚴觀/1945(2)
嚴恒敬/669
嚴蘅/2038(2)
嚴鴻瑶/1617
嚴鴻志/1647
嚴既澄/887,1083(2),1175,1617
嚴寄洲/585,1288
嚴濟寬/194(2)
嚴金清/1426
嚴鏡/111
嚴可均/938,1829,1914
嚴濂/1490
嚴良才/1453
嚴靈峰/42,58,606,626
嚴露清/469
嚴懋德/473
嚴懋功/319,1104
嚴夢/1488
嚴明/765
嚴彭祖/2074
嚴青萍/473
嚴群/79
嚴仁賡/703,704
嚴仁穎/488
嚴如熤/400,1999,2248
嚴慎修/808
嚴慎予/812
嚴繩孫/1221,2256
嚴師古/955
嚴式誨/936,1654,2069(2)
嚴壽南/2351
嚴樹森/230
嚴思庵/1816,2208
嚴嵩/1944
嚴綏之/437
嚴遂成/1103
嚴廷楨/1135
嚴廷中/1278
嚴萬里/718
嚴萬里[可均]/53
嚴偉/453
嚴渭漁/1477
嚴蔚/1752
嚴文井/1453
嚴問天/353
嚴希慎/447
嚴新農/401,416
嚴修/204,1485
嚴衍/290,1809
嚴一程/111
嚴永華/1116
嚴有禧/1846,1994,2096
嚴虞惇/1333,2192
嚴羽/985,991,1051,1873,1978,2027
嚴元照/1223,1771,1810
嚴章福/5,930
嚴智怡/2352
嚴智鍾/1665
嚴中平/659
嚴仲達/643
嚴周穎芳/1320
嚴助/1344
嚴遵/1902(2),2026,2193
鹽谷温/969,1254,1323
鹽見聖策/282
演培/108
彦悰/126,1545,1554
彦涵/1592
晏才傑/708,712
晏幾道/1207,1217
晏殊/1020,1216
晏天章/2150
晏陽初/958(2)
晏嬰/53,54,61(2),1902,2044,2101,2117,2136
晏兆平/442
雁冰[茅盾]/2113
燕塵/1425
燕古老人/1399
燕南萍道人[陳萍青]/1398
羊達之/1008
羊復禮/2224,2225
羊冀成/679
羊棗[周揚]/244
昜喬/1290
陽翰笙/1310
陽翰笙[歐陽繼修]/1310
陽湖陶氏/1575

陽瑪諾/1934
陽壽祺/463
陽休之/2076
揚旡咎/1219
揚雄/50,51,70(4),952(3),1015,1343,1739,1858(2),1902,1929(3),2044,2061,2075,2087,2089,2116,2119,2120,2137,2138,2194
揚義旂/478
楊葆初/464
楊葆彝/2367
楊葆寅/1163
楊寶琛/418
楊寶珊/376
楊鑣/1866
楊賓/1809,1866,1876,1950,1999,2162,2257
楊繽/500,504
楊丙辰/139,485,882
楊秉桂/2159
楊炳春/1111
楊炳南/246,2006
楊炳乾/923
楊波/654
楊伯峻/948
楊伯夔/2041
楊伯嵒/1358,1722,1793,1895,1930,2063
楊補/2158
楊步墀/431(2)
楊昌棟/134
楊昌濟/500,2111
楊昌星/278
楊長年/2255
楊朝英/1255,1257(3),2135
楊臣諍/955(2)
楊晨/458,2212(5),2213
楊廛因/1396,2339
楊成志/170,412,1509
楊承厚/702,706
楊承鯤/2235
楊承慶/2076
楊承禧/449(2)
楊澄甫/1612
楊重野/568
楊初子/2051
楊傳第/1931
楊春芳/943,1803
楊椿/1102
楊從清/1752
楊邨人/1402
楊村彬/1306
楊達初/955
楊達奇/1396
楊大鶴/1086
楊大金/620,655
楊大鈊/14(2)
楊大膺/31,40,41(2),43,61(2),67
楊大堉/18
楊大震/420
楊亶驊/1901(2)
楊得馨/433
楊德恩/226,227
楊德森/694(3)
楊德周/2235
楊鄧/326
楊滌新/269
楊鼎昌/1120
楊東蓴/41,264,294
楊峒/1807,1977
楊篤/2276
楊杜宇/375
楊端六/680,681,685,687(2),2110(2),2112
楊敦頤/320
楊鐸/150,228,1865
楊恩壽/1245
楊耳/577
楊爾理/631
楊芳燦/1223
楊朏/1360
楊鳳鳴/1163
楊孚/1997
楊馘田/443
楊剛/1440
楊戈/1287
楊公達/727
楊公道/185,203,205
楊公權/469
楊公庶/1233
楊恭桓/17
楊冠卿/1210,2217
楊光輔/2205
楊光先/317,1621
楊光儀/2182
楊寒光/234
楊漢輝/718
楊翰/169
楊和甫/1721
楊鶴賓/1069
楊亨/1369
楊虹邨/244
楊鴻烈/262,263,265,842(2),879,980,989,1104
楊鴻修/1613
楊垕/2203
楊後/2255
楊虎城/357,627
楊淮/1819,2211
楊懷真/790
楊奐/1874
楊輝/1931,1932(2)
楊晦/1192,1290
楊晦遵/2232
楊慧鏡/126
楊基/1091
楊積芳/458
楊旡咎/1333,1826
楊紀/347,384,849,2357(5)
楊繼盛/1094,1786,1846,1922,1974
楊霽雲/2322
楊家駒/444
楊家駱/187,216,279(2),971,1035,2357,2362,2363(2),2372(2)
楊家銘/339
楊嘉聰/177
楊甲/1019
楊堅芳/479
楊簡/2012,2146,2230,2233(2),2234,2240
楊踐形/11(4)
楊江/2247
楊絳/1300,1512
楊角木/586
楊傑/195,1694,1707
楊潔/1107
楊勁支/419
楊晉豪/574,974,979,1437
楊景賢/1265
楊景雄/425
楊景曾/2058
楊倞/50,51,67(2),1902,2087,2118,2136
楊敬慈/466
楊敬修/141
楊敬之/141
楊静盦/227
楊炯/2123,2140
楊菊生/1314
楊巨源/1351,1759,1761
楊鈞/1163
楊銁/1860
楊浚明/349
楊開道/640,1671,1672(2)
楊開渠/408,909
楊侃/302,2016
楊寬/50,63,436,1623
楊奎章/519
楊夔生/1224
楊坤明/102
楊堃/441
楊力/1472
楊立誠/2373,2375,2385
楊曆樵/483
楊廉/888(2),902
楊廉夫[維禎]/1090
楊漣/1484,1975
楊聯陞/212
楊鍊/148(2),269(2),420,479,481,504
楊烈/1192
楊露/446
楊魯/657
楊陸榮/1840,2023,2100
楊履乾/464(2)
楊懋春/1637
楊懋建/1113
楊懋修/1113
楊没累/1169
楊夢齡/806
楊敏曾/294,457
楊明/352,1601
楊明齋/35,1517
楊慕馮/502
楊慕時/334
楊慕之/534
楊乃斌/1440
楊南邨/1396
楊寧生/469
楊蟠/2090,2212
楊培新/620,689,692
楊芃棫/1127
楊彭年/585

楊鵬/859
楊丕復/2228
楊平/1486
楊溥/2008
楊溥泉/1065
楊圻/1251
楊齊賢/1074,2123
楊起元/460
楊啟高/288,980,1009
楊謙/443
楊清磬/1566
楊慶鵬/397
楊瓊/30
楊泉/1750,1904,2080
楊銓/603,622
楊銓[杏佛]/1163
楊榮/1850,2170
楊榮國/44,47,521
楊汝梅/685,698,699,743
楊汝泉/1493,1495,1496
楊睿聰/1052
楊騷/1024,1184,1186,1295,2024
楊山松/314
楊上善/1937
楊紹翰/458
楊紹和/2381
楊紹廉/934
楊紹萬/1472
楊紹宗/429
楊屾/2248
楊慎/987,1072,1081,1093,1201,1235,1269,1851,1888,1891,1893,1895(2),1896(3),1924,1929(2),1930(2),1937,1944(2),1948,1950,1957,1959,1979,1983,1985,1995,2007,2038,2056,2171,2180,2188
楊生福/1319
楊繩武/2156
楊石喬/1766
楊時/1085,1905,1972,2049
楊時寧/1765
楊時中/16,28,37(5)
楊實/560
楊士/1550
楊士聰/315,1846,1993,2101
楊士弘/2218
楊士奇/1881,2371
楊士修/1550
楊士勳/24(2)
楊世驥/1496
楊仕聰/318
楊鈰森/847
楊守陳/2239
楊守敬/203,230(2),1122,2359,2362(2),2370,2381
楊守址/2239
楊壽寶/1113
楊壽杓/1133
楊壽標/651,700
楊壽枏/1789(16),2310(4),2311(10)
楊壽清/2360
楊樞/2001
楊樹達/11,30,58(2),150,299,302,508,940,948(4),950,951,952,977,1162,2365
楊朔/1406,1440(5)
楊嗣昌/314
楊松/242,326,534
[楊]陶先畹/1134
楊天受/1120
楊鐵夫/1233,1234,1238(2)
楊廷傑/1161
楊廷瑞/1558
楊廷樞/254
楊同桂/389,1869
楊萬里/986,1045,1050,1085,1086,1209,1794,1899,2010,2129,2168,2201,2202
楊王休/1548
楊惟德/1808
楊維嶓/430
楊維德/1860,1914
楊維銓/268
楊維新/471
楊維楨/1747(2),1090,2130(2)
楊維中/448
楊蔚/611
楊文/1305
楊文安/1496
楊文驄/1566
楊文鼎/1685
楊文會/110,112,113,122
楊文奎/1262
楊文煊/66
楊文瑛/477
楊文瑩/1120
楊文苑/977
楊西孟/665,667
楊希閔/196,226(2)
楊希堯/422
楊希章/2377
楊熙時/737
楊錫章/1163
楊先凱/348
楊先義/392
楊顯之/1262,1264
楊峴/1113
楊憲益/1391,2339
楊湘年/673,674
楊祥蔭/2111
楊向奎/298
楊效春/575,898
楊效曾/1559
楊笑湛/356
楊歗谷/1600
楊燮酃/967
楊興勤/744,745,746
楊杏佛/500
楊暄/2170,2200
楊衒之/379(3),1343,1714,1750,2030,2044,2063
楊學沆/2226
楊學可/1809
楊學洛/443
楊學沂/178
楊循吉/1258,1331,1361,1362,1364,1366,1855,1866,1991,2179
楊雅覺/608
楊炎正/1217
楊曄/1892
楊一帆/506
楊一峰/768
楊一葵/1765
楊一清/1093,1851(2),2023(2),2155
楊沂孫/1576(2)
楊儀/1332,1362,1842,1992
楊乙厂/778
楊以敬/1113
楊以瀅/1902
楊易霖/1233
楊逸/1557
楊逸棠/1147
楊億/1036,1356,1722,1957,2134
楊殷夫/207
楊蔭芳/430
楊蔭芬/430
楊蔭鴻/78
楊蔭溥/604,686(2),687(2),697(2)
楊蔭深/183(3),384,509,980,1001(2),1005,1008,1009,1075,1207,1313,1321,1456,1486,1610,2355(5)
楊蔭棠/28
楊蔭渭/78
楊英/317
楊應彬[楊石]/345
楊游/977
楊幼炯/265,266,482,637,717(2),718,729,764,770,799,820,834,849
楊玉清/721
楊昱/1918
楊裕芬/1120
楊豫孫/1992
楊譽龍/926,963
楊困道/1980
楊元彪/845
楊元煥/444
楊越/314
楊雲飛/1506
楊筠如/13,305
楊允孚/2002
楊載/985,2130
楊增新/1133
楊增之/418
楊掌生/1241
楊昭悊/2387
楊昭智/710
楊兆泰/442
楊兆鋆/1618

楊肇基/446
楊肇遇/692
楊哲明/804
楊喆/966
楊貞一/1930
楊振鍔/227
楊振泰/134
楊鎮華/971
楊正宇/85
楊之華/512,583,1001,1192
楊支/1532
楊枝/1306
楊志濂/699
楊質夫/967,1503
楊鍾寶/1550
楊鍾健/247,420,1626,1627,1628,1633(4)
楊鍾羲/320,457,989,998(4),1134
楊鍾鈺/87
楊仲華/397
楊仲佐/1133
楊周翰/1511
楊宙康/820
楊莊/1133
楊卓林/396
楊卓孫/1621
楊子木/2264
楊梓/1259
楊自懲/2240
楊宗稷/1605(3)
楊祖賢/203
楊纘緒/816,817
姚寶猷/818,1678
姚必成/2255
姚伯麟/237
姚茝/1122
姚傳淦/698
姚傳鏗/757
姚椿/1108
姚從吾/345
姚琮/527,1160
姚德超/129
姚爾吉/134
姚福/1331,1364,1853,2170,2188
姚福奎/2042
姚公鶴/402
姚公振/644(2)
姚穀孫/1480
姚光/205
姚廣孝/1879,2355
姚漢源/195
姚漢章/319,1482,1483
姚合/2125,2142
姚和都/2018
姚荷生/172
姚衡/1897
姚宏/300
姚洪淦/370
姚華/1160,1242(2),1247,2244
姚悔盦/378
姚惠泉/895
姚際恒/15(2),1546,1754,1792,1886,1949,2192,2366(4)
姚晉圻/2192
姚覲光/2053
姚覲元/1539,1887,2258,2366
姚靖瀾/1560
姚可成/1844
姚克/1298,1304
姚寬/1357,1717,1879,1894,2029,2329
姚夔/1964
姚靈犀/511,513,1026,1383
姚梅伯[燮]/1385
姚孟起/1542
姚勉/2202
姚名達/226,228(4),229,266,2310,2358(2)
姚明輝/14
姚乃麟/247,868,971,1001,1063(2),1402,1479
姚鼐/1033,1058(3),1105(5),2093,2132
姚枏/470,472(3),476,478,823
姚培謙/2354
姚配中/9
姚蓬子/1164,1184,1436
姚鵬圖/1789
姚其慎/2262
姚倩/1122
姚汝能/2175
姚若琴/1665
姚紹華/229,890
姚士麟/1987,1993,2022,2246(2)
姚世錫/2009
姚壽昌/434
姚壽祁/1187
姚述堯/1210
姚舜牧/1922
姚舜欽/35,43
姚舜生/509,1396
姚思廉/249(2),306(2)
姚思慕/367
姚崧齡/689
姚燧/1213,1964,2130
姚堂/189
姚廷傑/1810
姚廷鑾/101
姚桐壽/2179,2244
姚薇元/329
姚慰祖/1792(11)
姚文登/942
姚文灝/2200
姚文枏/452
姚文田/1107,1927
姚驤/854(2)
姚燮/1068,1224,1246,1582,1827(2),2043,2239
姚欣宜/885
姚信/2071
姚鉉/1028,2134
姚雪垠/355,1406,1435(2)
姚循義/459
姚亞影/1304
姚晏/1539,1945(2)
姚益華/1666
姚寅仲/790
姚穎/1192
姚鏞/1041
姚永概/1126
姚永樸/10,46(3),261,974,1160,2310
姚虞/1999
姚漁湘/1562
姚宇陶/1160
姚裕廉/454
姚鵷雛/1300,1396
姚元滋/1160
姚曾廙/243
姚曾蔭/629
姚曾癮/694
姚璋/80
姚振宗/1874(2),2361(7),2367
姚震/723
姚震襄/6
姚之鶴/869
姚之駰/303
姚仲拔/966
姚仲明/1304
姚子素/2365
姚子莊/451
姚梓芳/1192
姚紫/1435
姚宗典/1840,2099
姚祖恩/288
姚最/1344,1545,1554,2028
堯開/556
杳鶴/1447
耀如/1157
耶草/1415
耶考蕪萊夫/544
耶律楚材/362,419,1089,1963,2005,2129
耶律鑄/1215,1868
耶司克/968
也是山人/1653
野阪参三/599,600(2)
野草/559(2)
野村七郎/1625
野風/1405(2)
野夫/1592
野鶴老人/97
野澤源之亟/388
葉柏恒/191
葉柏華/1642
葉北巖/2348(2)
葉秉敬/1361,1365
葉波澄/779
葉昌熾/157,167,204,379,1121,2190,2380,2381
葉長青/231,2363
葉承宗/1279
葉楚傖/215,512,513,516,523(2),634,796,889,978(2),1030,1172,1173,1257,1397
葉春/800

葉春墀/393
葉大鏘/447
葉大慶/2229
葉大莊/1226
葉德備/1677
葉德輝/6,199,929(4),930,931,933,1126(2),1379,1563,2311,2358(2),2381(2)
葉德均/1243
葉鼎洛/1472
葉爾安/158
葉爾愷/1578(5)
葉爾寬/1538,1594,2068
葉法無/34,500
葉帆/1029
葉芳華/1505
葉芳模/446
葉非木/241
葉封/2214
葉鳳毛/1790,1918,2095
葉蓋廛/1477
葉恭綽/107,168,192,413,672,734,1118,1125,1173,1233,1239,1578,2198
葉光球/942
葉桂/1663
葉國慶/66
葉瀚/2193
葉灝明/179
葉恒嵩/435
葉懷英/279
葉鐄/2159
葉悔亭/97
葉蠖生/294(3)
葉機/2228
葉劍英/552,563
葉金/189,1451
葉金壽/1545
葉九升/100
葉均禧/189
葉籟士/946
葉瀾/2193(2)
葉蘭/2203
葉聯芬/1105
葉良輔/416,1628
葉量/602,1680
葉霖/1648
葉靈/1753(6)
葉靈鳳/1169,1172(4),1437,1450(5)
葉留/1860
葉隆禮/309,1743,2021,2065,2161,2169
葉眉/1867
葉夢得/1044,1049,1085,1217,1337,1355(3),1356,1716,1717(2),1725,1741,1796,1894,1986,1987,2033,2047
葉夢珠/2205
葉名澧/1994
葉明華/555(2)
葉銘/1593,1594
葉木青/805
葉尼/1290
葉培元/178
葉啟芳/531,1194
葉淺予/1592
葉青/533,540,717,722,798
葉青[任卓宣]/77,216,757,761,763(2),766,769(2)
葉瑞/1612
葉森/181,2006
葉少蘊/985,2028
葉紹純/613
葉紹鈞/2,20,74,973,976,1404,1405,1450(4)
葉紹鈞[聖陶]/67,1034,1172(3),1232(2),1450(2)
葉紹鈞[葉聖陶]/973,975(3)
葉紹翁/1039,1711,1734,1986
葉紹袁/227,1013,1014,1021(3)
葉申薌/1203
葉參/2086
葉盛/1854,1882,1949,2380
葉聖陶/956,977,1024,1063,1172,1404,1450,2340
葉聖陶[紹鈞]/1451
葉世偁/1021
葉世佺/1021
葉世傛/1021
葉適/1045,1051,1088,1948,2032,2129,2226
葉舒璐/1102
葉苔痕/476
葉堂/1255
葉天倪/278
葉天士/1664
葉廷琯/1864(2),1971
葉廷珪/1820
葉同春/1117
葉紈紈/1021
葉忘憂/1025(15),1026(2),1161,1182
葉爲耽/174,1633
葉爲銘/168
葉夏聲/787(2),2340
葉小鳳[楚傖]/1300,1397,1451
葉小鸞/1021,1816,2041,2212
葉小紈/1021
葉笑山/620
葉燮/997,1099
葉心安[與仁]/1173
葉熊/2230
葉衍蘭/1121
葉頤/1707
葉以群/1495
葉奕苞/1876(2),1944(2)
葉翊舟/92
葉意深/2234
葉茵/1041
葉英華/1112
葉顒/2251
葉永盛/1916,1919
葉永蓁/1435(2)
葉酉/1104
葉于紹/869
葉于沅/1510
葉玉麟/13,289,299,300(2),955,1081,1171,1691
葉玉森/152,153,154
葉遇春/1605
葉樾/1797
葉昀/67
葉雲笙/191,241
葉鋆生/264
葉在均/869
葉璋伯[希明]/1605
葉兆晉/1753
葉之華/1502
葉枝/790
葉織雯/1619
葉至善/1404
葉志詵/1648
葉寘/1720
葉中薌/1224
葉舟/224,514,1450,1593
葉祝九/233
葉子奇/1803,2229
葉紫/1470
葉自本/1927
葉祖灝/418
葉作舟/1502
一廣/322
一鳴/588
一青/1411
一騷/1188
一色直太郎/1658
一文/1187
一翁/1057
一葉/1500
伊巴臬兹/1510
伊達源一郎/915
伊德欽/1503
伊東忠太/266
伊凡羌寧/1530
伊科微支/544
伊科維兹/544
伊可維支/544
伊利亞/893
伊林/1616
伊世珍/2030
伊藤博文/1596
伊藤武雄/617
伊吾/563
伊豫專安/1658
伊砧/1205
依・拉甫捷夫/537
依凡/531
壹盦/2110
怡庵主人/1604
移模/478
貽穀/650
頤道居士/194
以沛/478,600
以羣/351,915,1427
倚虹/1458

刈米達夫/2324
亦庵/2111
亦門/1143,1408
亦石/36
易白沙/724
易本烺/1931,1988,1997,2007
易大厂/1550
易大誼/1901
易祓/2218(2)
易鞏同/1421
易國幹/733
易季和/451
易家鉞/515(2),1453
易家鉞[君左]/497,510(3)
易君左/39,193,396,399,404,717,1197
易坤/2332
易夢枚/49
易喬/1298
易榮膺/672
易孺/1239,1535,1567,1597
易順鼎/1117,1250,1830,2043,2058,2211
易揚/358
易宗夔/2341
易作霖/944
奕賡/2275(10)
弈文/591
挹爽軒主/1066
翊勳/576,759,785
義淨/119
毅漢/1528
毅生/863
藝蘭生/1249(3)
殷廑/207
殷都/256
殷璠/2133,2293
殷格蘭姆/521
殷湝深/1254(4)
殷海光/547
殷基/1341
殷吉墀/845
殷敬順/50,54,1903
殷李源/1475
殷佩斯/1500(2)
殷汝耕/784
殷汝驪/270,411
殷石臞/999
殷惟龢/452
殷楊/410
殷芸/1346,1724,1893
殷震夏/642
殷祖赫/898
殷作楨/789,1468,2337
陰國垣/443
陰鑒/1965
蔭餘軒主人/1398
尹昌衡/76,112
尹昌鉉/967
尹達/503
尹德華/922
尹庚/1188
尹畊/2004
尹耕南/798
尹光忠/100
尹會一/201,1891,1898(6),1907,1918,1920(2),1976,1994
尹嘉銓/883
尹介甫/1055
尹良瑩/1677,1678(2)
尹若/351
尹世積/14
尹壽松/828(2)
尹樹生/668
尹思美/578
尹焞/1972
尹文/55,66(2),1732,2120,2138,2150
尹喜/53,55,59,60,1903,2152
尹贊勳/1632(3)
尹直/1331,1850,2171
尹洙/2020,2127,2144
印光/91,108(4),116,127(2),369,379
印煥門/446
印鸞章/290,313,319,990
印南峰/783
印順/108,125,968(2)
印維廉/757
英浩/2370
英和/1
英廉/1882,2366
應瑒/1016
應成一/1600,2359
應大猷/2213(2)
應廉耕/647
應啟墀/1187
應劭/1750,1785,1859,1893,1918,2006,2062,2084,2121,2138,2172,2327(2)
應廷吉/316
應廷育/2249
應喜臣/253
應雄圖/1690
嚶鳴/755
櫻井彥一郎/1519,1522
鷹航/589
鷹隼[阿英]/1313
盈亨利/1663
瀛若/1333
映波/909
庸夫/557
雍公叡/1869
雍家源/705
雍陶/1761
永瑢/736(2),1917,2372(2),2373(2)
永珊/125
永盛/124
永田廣志/542
永頤[山老]/1037
幽溪無盡大師/123
尤炳圻/268,1117
尤長鏜/2330
尤乘/1653,1939
尤侗/1220,1227,1278(2),1819,2041,2209,2272
尤兢[于伶]/1293(2)
尤列/104
尤袤/984,994,1725,1882,1978,2027
尤玘/1987
尤夙真/1386
尤桐/2267
尤西堂/1485
尤惜陰/127
由雲龍/156,991,1115,1174,1237,2376
由稚吾/913,1514
游國恩/1008(2),1065(2)
游悔原/355
游九言/1020,1211
游彌堅/1505
游日章/1888
游無爲/1504,1505
游省園/1480(3)
游毅/624
游毅之/1281
游藝/988(2)
游藝[子六]/988
猶琴/34
有高巖/521
有賀長雄/726
幼松/209
幼雄/2113
于皚/1335,2209
于潮/268
于大千/488
于道泉/1503,2374
于道源/1415
于定一/201
于恩德/525
于非/782
于逢/1421
于傅林/1489
于賡虞/1149,1183,1184
于觀文/1636
于光遠/538,736
于國翰/1054
于海晏[安瀾]/941
于懷/243
于桓/329
于健/1010
于君/1421
于楷/100
于伶/1293(8),1294(2),1301,1304,1309
于敏中/320,2372
于能模/142,825
于琪/361
于清泮/437(2)
于尚齡/457
于紹年/410
于省吾/10,13,16,50(2),51(8),62,150,154,161,162
于石/2251
于氏[海晏]/1556
于世琦/508
于式玉/2385(2)
于書雲/453
于恕/1084
于樹德/670,1673,2110
于樹生/610
于樹樟/1687

于樹滋/453
于逖/1350,1763,1764
于文熙/1084
于熙儉/239
于小蓮/371
于燕芳/325,1968
于鄴/1351,1762,1985,2228
于奕正/146
于義方/1348,1761,1823
于毅夫/565
于右任/789,1149(2),1560,1561
于佑虞/1672
于雲峰/430
于照/1636,1676
于照儉/883
于肇/1358
于振江/451
于震寰/1611
于志寧/1571
予且/1415(2)
余本/2235
余長河/660,663,667
余誠/1059
余重耀/74,1137
余春台/100
余耳/569
余觀復/1039
余光黄/406
余光顯/912
余航/422
余好辯/1319
余懷/1235,1369,1817,1822,1833,1985,2208
余繼登/1988
余家菊/30,48,68,81,86,223,500,519,876,882,885(2),886,889,951,1643,2344(2)
余家洵/1685
余嘉錫/2372
余捷瓊/691,692
余錦源/287
余晉芳/449,450
余靖/1042,1047,2197
余覺/868
余俊民/648
余良/446
余霖/2226
余霖徵/458
余曼翁[余懷]/526
余懋學/2164
余梅年/227
余牧人/95,135,136,184(2),791
余慕陶/239,1457,1466
余楠秋/922,923
余鵬年/1809,1936
余丕承/461
余其鏘/216,1137
余啟中/664,709
余榮昌/391,862
余榮謀/462
余群宗/639
余仁山/1056
余潤棠/757
余上沅/1313(2)
余上源/1248
余紹宋/455(2),1185,1557,1564(2)
余叔巖/1287
余樹堂/446
余松筠/670
余天休/215
余維垣/1185
余文炳/1515
余文鳳/438
余文儀/460
余錫森/1008
余祥森/245(3),1515
余蕭客/6
余秀豪/529(2)
余研因/1141
余巖/1658,1659
余一/1470
余毅恒/1206
余誼密/451
余允文/1901
余載/1953,2147
余增史/1529
余章彦/176
余兆麒/834
余照/942
余振新/177
余震/449
余正東/444,491,965
余知古/2002,2047,2084,2147
余仲華/556
余宗信/325
俞弁/987,1877
俞斌祺/1611
俞長城/1975
俞焯/1730
俞成/1738,1795,1848,1990
俞成華/235
俞承/866
俞承修/864
俞誠之/717
俞大猷/1613
俞丹林/1567
俞德鄰/1788,1895
俞荻/188
俞鼎孫/1848(7)
俞度恩/1490
俞敦培/1610
俞桂/1040
俞寰澄/2349
俞煥斗/951
俞寄凡/1602,2113
俞家驥/443
俞建章/1632
俞劍華/147,170,1558,1560
俞蛟/1816
俞經/1848(7)
俞錕[劍華]/1558
俞蘭浦/183
俞鯉庭/609
俞林/1469
俞陸雲/1137
俞明謙/951
俞明震/1126
俞銘璜/91
俞平伯/17,202,1198(2),1206,1234,1386,1391,1496(2)
俞橋/1653
俞慶恩/2226(5)
俞慶棠/84,575,870,1671
俞汝言/2225(2)
俞森/1921(4),2149
俞世貴/1643
俞壽滄/291
俞壽璋/1182
俞叔平/527
俞思敬/878
俞思謙/1935
俞斯錦/748
俞松/1950
俞萬春/1391(3)
俞渭/1494
俞文豹/1353,1354,1716,1723,1733,2169,2230
俞希稷/696
俞湘文/420
俞省羞/283
俞言/1475
俞棪/64
俞琰/1355,1741,1860,1895,2177
俞彦/1202,1205
俞義範/278
俞印民/1182
俞永濟/411
俞樾/47,48,933,951(3),1279,1485(2),1755,1835(3),1864(2),2040(7),2209(2),2257,2333
俞震/1644,1652,1666
俞鎮/1232,1897
俞正燮/254,1897,2222,2228
俞鍾穎/1114
俞子丹/369
俞子夷/870,872,884,895,1171
俞宗本/1942
禺山老人/1388
魚海岑/194
魚豢/305,1343
魚玄機/1080
魚翼/1545(2)
愚古老人/1941,2177
虞伯舜/413
虞淳熙/2174
虞翻/2071,2082
虞公[吴虞公]/1425
虞和欽/2333
虞和寅/746,2333
虞集/1020,1090(2),1214,1230,1789,1982,2130
虞景璜/2333
虞堪/1879,2185
虞侃/95
虞荔/1345,1547,1945,

2237
虞念蓤/344
虞棨佑/2008
虞山遺民/255
虞世南/2193,2230
虞聳/2237
虞喜/1341,2237(7)
虞愚/83(2),116,379
虞預/1710,2082,2239,2240
虞豫/2017
虞兆漋/1334
虞兆清/449
漁洋山人[王士禛]/994,1369
餘不釣徒/1249
宇井伯壽/121
宇同[張岱年]/39
宇文懋昭/310,1743,2021,2064,2162,2169
宇文紹奕/1716
宇野浩二/1502
宇野哲人/60
羽山/569
羽田亨/275,2196
羽溪了諦/124
雨山居士/1591
庾恩暘/338
庾季才/2215
庾肩吾/1344,2215
庾信/1073(3),2122,2140,2216
庾翼/1339
玉壘山人/256
玉梅詞隱/2334
玉泉樵子/1826,1829
郁達夫/192,384,406,1161(5),1162(5),1248,1438(9),1439(3),1533
郁華/1163
郁藍生/1244,1245
郁慕俠/402,1489
郁茹/1439(2)
郁松年/303,2015,2016,2381
郁望堯/2388
郁嶷/862
郁懿新/869
郁永河/2004
喻歸/2002,2019
喻嘉言[喻昌]/1652,2201(4)
喻良能/2250
喻昧庵[喻謙]/126
喻謨烈/899
喻樸/2346
喻守真/17,385
喻祥麟/2193
喻血輪/1379,1385
喻永浩/1055
喻友信/2378
喻兆明/893
愈之/912,2113
鬻熊/54,2150,2216
淵若/278
元費/1874
元革/1350,1954
元好問/1036,1089(3),1213,1230,1747,1948,1985,2038,2129,2134,2185
元淮/1880
元懷/1354,2177
元結/1075,2123
元覺/1014(2)
元賢/121
元應/1915
元玉/1099
元稹/1078,1350,1761,2125,2142
沅君/1428
沅浦癡漁/1249
原昌克/1657
原景信/583
原頌周/1674
原田淑人/282
原野/587
員興宗/1894
袁寶璜/1120
袁彬/1841,1850,2023,2199
袁伯琪/543
袁伯樵/892
袁昌英/1163(2),1279,1300
袁昶/465,1484,1881,1882,1886,1955,1958(2),1972(3),1994,2363
袁焯/1652
袁承業/1093
袁崇焕/2033
袁大化/421
袁道豐/830
袁定安/30,139,1488
袁棟/1241
袁樊/1575
袁福徵/2106
袁甫/1962,2233
袁復禮/1633
袁公爲/764
袁國欽/837
袁宏/303,1749,2117
袁宏道/1095(2),1369,1482(2),1539,1845,1947
袁焕仙/108
袁黄/289,290,999,1922,1995,2177
袁繼咸/2200
袁嘉穀/199,415,990,1134,1492
袁嘉穀[樹圃]/184
袁見齊/630
袁郊/1720,1756,1984,2030
袁金鎧/1036,1056,1134(3)
袁景星/2261
袁静安/949
袁炯/1958(2)
袁褧/1328,1987
袁桷/1090,1963,2130
袁鈞/2236,2241
袁俊/1511
袁俊[張駿祥]/1306(6)
袁俊翁/2199
袁康/301(2),1749,2015,2064,2118
袁可炳/2267
袁克文/216,2369
袁勵準/384,1134,1591
袁良/807
袁履方/1111
袁履泰/443
袁枚/990,998,1029,1103(2),1104,1484,1863,2208,2273,2332
袁孟琴/1489
袁牧/1817
袁牧之/1299,1606,1607
袁寧珍/2204
袁丕濟/680
袁清平/183
袁仁/1955,2065(2),2172,2173(2)
袁仁林/1903,1931
袁榮叜/439
袁山松/1342,2082
袁紹昂/2375
袁紹基/291
袁紹英/291
袁申儒/1725
袁士傑/2234
袁士元/1215
袁世紀/1977
袁世凱/733(5),1486
袁守定/93
袁書鼎/393
袁樞/291,2117
袁樹珊/97,99(3),183
袁水拍/910,1193(4)
袁似瑶/565
袁頌平/179
袁韜壺/22,1375,1392,1483
袁廷檮/1970
袁同疇/820(2)
袁同禮/2365
袁渭漁/1882
袁文/1893
袁文章/1505
袁文彰/674
袁希濤/368,379,381
袁孝政/1859,1904
袁笑星/1299
袁燮/1955,1962,2234(2),2239
袁行泰/2267
袁彦章/1878
袁耀樞/1569
袁業裕/510
袁頤續/1328,1987
袁湧進/181,182,2388
袁愈佺/684
袁月樓/39,764
袁張爲/2204
袁振業/1972
袁振英/1436,1500,1634
袁之京/2267

袁袠/1920
袁中道/1011,1014(2),1823,2164
袁忠徹/99(2),2239
袁仲耀/412
袁宗道/1012
園田湖城/1596
園田一龜/188,321,326
圓照/106
源印/2229
源元凱/1655
轅固/2072
苑綰/1891
願爲明鏡室主人/1834
約翰·温澤爾/847
約翰·海爾賽/1511
約翰·麥茜/913
約翰·史坦倍克/1513
約翰·沃克森罕/1524
約翰生/129,1635
約克魁迭斯/1531
月湖漁隱/1391
月亭/1455(2)
岳伯川/1260,1262
岳岑/1698
岳昌源/1664,2159
岳岱/1810
岳光/541
岳珂/1037,1051,1354,1744,1782,1814,1883,1914,1917,1951,1967,1990,2029,2089,2169,2329(3)
岳永武/448(2)
岳元聲/1929
岳障東/1136
岳正/1800
越山平三郎/1489
越裔/405(2)
樂嘉藻/1598
樂鈞/1223,1863
樂史/1348,1728(2),1762,1892,1998
樂嗣炳/874,941,953,974,1678
樂天/1395
樂資/2073
芸麗氏/1431
雲川道人/1651
雲後/1491
雲間顛公/1378
雲間子/1383,1389
雲聲/1491
雲實誠/349,350,382
雲瀛橋/1131
雲游居士/1282
雲游名士/1490
雲莊/370
允禮/423
允禄/98
惲冰/1586
惲炳孫/1122
惲代英/769,792
惲格/1548,1845(2),1968,2059
惲格[壽平]/1100,1951,1952,2154
惲鶴生/230
惲敬/1106,1107(3),2133
惲壽平/1559,1575,1586
惲樹玨/402,1493
惲鐵樵/203,1530(3)
惲元復/1586
惲震/1686,1687
惲正叔/2067

Z

匝胤瑳次/466
載齡/742
載垣/2383
昝殷/1666
贊寧/1354,1713,1738,1892
臧渤鯨[廣恩]/171
臧達德/1653
臧晉叔/1261
臧晉叔[懋循]/1261,1267(2)
臧克家/1189(4),1190(8),1426(2)
臧禮堂/1914
臧勵龢/182(2),300(2),363,1060,1076,2350
臧琳/1811,1812(2)
臧懋循/291,1260(4),1261(6)
臧念宣/1610
臧啟芳/609
臧榮緒/2017,2082
臧壽恭/2014
臧庸/25,1108,1806,1811(9),1812(2),1865,1878,1956
臧鏞堂/1914,1927
臧玉海/1637
臧玉洤/1639
臧雲遠/1174,1183,1296
臧志仁/27
藏原惟人/912
早川二郎/465,502
迮朗/1540
則次希洛/1525
擇金斯基/650
澤民/2113
澤田總清/266
曾寶蓀/37,1470
曾參/1732,1901(2)
曾燦/2203
曾大鈞/883
曾滌生/2091,2092,2093(2)
曾覿/1218
曾爾鴻/1124
曾繁/214
曾福謙/1124
曾福順/385
曾格/1503
曾公亮/2163
曾鞏/1082(3),1484,1949,2032,2127,2144
曾貫/2198
曾廣源/941
曾國藩/184(2),332,734,1027,1033(4),1059(3),1111(5),1116,1485,1687,2093,2094,2133,2281(2)
曾國荃/1059
曾漢文/2344
曾宏父/1950(2),2165
曾幾/1966
曾季貍/986,1728,1978
曾紀桐/691
曾紀澤/254
曾繼梧/492
曾蹇/412
曾鑒/448
曾傑/756
曾今可/1199(5),1470(2)
曾金/328
曾覺之/918,1553
曾克/566
曾克端/1199,2267
曾克念/478
曾鯤化/208,675
曾茂林/449
曾敏行/1987
曾樸/1399(2)
曾琦/340
曾慶昌/448
曾慶錫/783
曾汝魯/2164
曾瑞卿/1265
曾三異/1721
曾少俊/731
曾繩點/484
曾聖提/233
曾世英/425(5),1627
曾紓/1733
曾松友/172
曾同春/659
曾威林/412

曾唯一/100
曾問吾/420
曾協/1210,2201
曾虛白/529,1311
曾學傳/447
曾仰豐/265
曾[Ye]/2383
曾鄴/1728
曾彝進/924(6)
曾益/1079
曾義/1624(2)
曾毅/1008(2)
曾毅公/154(2),165
曾鏞/1102
曾友豪/269,729,862
曾有翼/430
曾元澄/1114
曾慥/1231,1329,1724,1730,1981,1989,2134,2152,2167
曾展謨/891
曾昭掄/400,415,470,478,1624
曾昭燏/902,2353(2)
曾釗/1935,1997,2005
曾肇/2201
曾志陵/285
曾仲鳴/247,1550
曾資生/737,770
曾子敬/188,751
曾宗鞏/1498,1526,1527
增德/117
查彬/1676
查鐸/1094,1906(2),1915(2),1919
查繼佐/312,317,1809,1871,2044(2)
查禮/1203,1542,2181(2)
查良鑒/483,868
查猛濟/90,1057,1558
查琪/1819,2209
查容/1235
查慎行/989,1100(2),1222,1873,1878,2132
查士標/1584
查士元/1506
查爲仁/997,1231,1979,2181
查修/2377
查燕緒/1114
查餘穀/230
齋藤久輔/1702
翟藹/2012
翟楚/827
翟放/533
翟鳳鑾/973
翟灝/1754,1928,1930
翟鶴亭/122
翟翬/996
翟克/639
翟理斯/1059
翟耆年/1944,2090
翟强/582
翟善/1766
翟思忠/1919
翟台/1906(2)
翟玄/2071
翟永坤/1414
翟云升/156
詹寶光/341
詹玠/1329
詹姆士/82,1642
詹念祖/403,414
詹文滸/78(2),94,247,535,723,2392
詹自佑/623
瞻廬[程瞻廬]/1457
輾然子/1726
湛然/106,118
湛若水/1800
湛愚老人/2254
湛之/846
張愛玲/1400,1466
張安國/873,882
張安世/829
張鏊/1765
張霸/2081
張白雲/1164
張邦基/1357,1830,1990,2328
張邦畿/1359,1816,2207
張邦奇/2239
張邦永/961(3)
張保福/710
張寶德/1951
張寶鑒/454
張寶森/1308
張弼/831
張碧梧/1401
張璧/1647(3)
張表臣/985,1743,1796,1978
張彬/1609
張冰/965
張秉潔/535
張伯淳/1213
張伯端/1207
張伯謹/472
張伯行/72,73(3),75,88,1082,1083,1085,1086,1101,1772,1905,1906(4),1907(2),1922,1943,1957,1959,1975,2007
張伯英/431,1067
張伯楨/200,2033(8),2034(15)
張勃/1712
張博惠/429
張步先/847
張采苓/182
張采田[爾田]/263,320
張查理/1661
張昌圻/297
張昌祈/821
張長弓/978,993,1003(2),1319
張敞/1340
張潮/1815,1831,1862,2043,2068,2208
張宸/1752
張陳卿/719,992
張成孫/932
張承熊/443
張承緒/10
張誠孫/285
張澂/1547,1548
張墀/434
張熾章/1148
張翀/1905,2162
張丑/1543,1544,1563,2066
張楚金/1869,2156
張楚叔/1231
張船山[問陶]/1107
張傳普/1514
張傳元/227
張春帆/1389(3)
張春風/893
張春華/2205
張純明/736
張純一/10,57,61,62(2),121(2)
張純照/97
張淳/1886
張次溪/390(2),788(3),1248,1250
張從申/1568
張萃農/847
張存惠/2120,2138
張達善/893
張大復/1012,1014
張大庚/190
張大亨/2146
張大齡/1809
張大千/167
張岱/189(2),1012,1013(2),1333,1993
張紞/1851
張道藩/1293(2)
張道浚/2179
張道行/818
張道芷/444
張道宗/1765
張德純/141
張德廣/229
張德華/444
張德輝/1089(2)
張德堅/330(3)
張德培/1637
張德彝/1116
張德瀛/1204
張德澤/271
張登九/368
張登壽/1639
張登雲/441
張滌華/2353
張鼎彝/428,433
張定夫/487
張東蓀/33(2),34,36,39,77(2),79,80(2),81,85(2),86,87,530(2),540,722,1617,1639,1643
張讀/1729,1985
張篤慶/996
張度/1098,1926(2)
張端義/1716,1987,2033,2168

張惇德/464
張敦仁/606,1848(2),1932,2044
張敦實/45
張敦頤/1357,2004,2064,2124,2141
張萼蓀/966
張諤/1587
張諤臣/1514
張恩書/526
張爾岐/1,1793,1862,1896
張爾田/119,226,322,417,1232,1237,2369
張法祖/652
張帆/1587
張璠/2071,2072,2082
張方/849,1341
張方墀/439
張方仁/686
張芳/1815
張鈁/157
張非/1292
張飛霞/191
張芬/1254
張奮啟/213
張鳳/164,1183
張鳳岐/414
張鳳臺/1781(7),1782(10),2331
張鳳翼/1277,1366
張鳳藻/100
張佛/1669
張敷榮/2388
張孚敬/1849,1919
張虙/2233
張福僖/1935
張輔良/489,836
張富康/246
張復/1580
張蓋/1968
張綱/1084,1208
張杲/1660
張根/1899,2146
張庚/358,1287,1544,1556,1582,1957,2067,2158
張庚金/429
張賡麟/444
張弓/915
張公輝/1693
張公權/672
張公權[嘉璈]/693
張公雅/348
張功甫/1831,1942,2107
張拱垣/430
張固/1328,1346,1721,1756,2167
張觀光/2251
張光人/1193
張貴勝/2330
張國安/819
張國賓/1266
張國賓/1259,1261,1262
張國常/445
張國忱/827
張國燾/342
張國淦/7(2),2370
張國平/212
張國銓/70
張國權/595
張國瑞/323
張國維/667
張海漚/1396,1474
張海鵬/56,1839(14),1840(16),1841(17),1842(17),1843(16),1844(17),1845(17),1846(16),1847(6),1923,1970,2000,2146,2172
張含/1093
張含清/885
張含英/374(2),377(2)
張淏/252,1356,1357,1725,1944,2168
張合/2329
張何承徽/1147
張和重/760
張龢庵/1587
張鶴/1605
張鶴騰/1650
張恨水/1148,1381,1393(5),1419(5),1420(11),1421(2)
張亨嘉/1118
張珩/1578
張衡/2195(2)
張宏英/471
張泓/1994
張虹/168
張鴻/426,648,1148,1643
張鴻績/2243
張鴻椝/1366
張鴻藻/1148
張弧/52,1902
張華/1325,1343,1345,1709,1719,1723,1736,1751,1799,1935,2037,2062,2099,2327
張華年/874
張懷瓘/1744,1797
張懷民/68
張懷奇/78
張煌言/2232
張璜/168
張輝/635
張惠言/932,1107(3),1223,1770,1807,1900,2133(2),2165
張惠衣/379
張惠衣[任政]/1031
張慧劍/2335(2)
張機/2138
張輯/1211(2)
張輯顏/684,686
張籍/1077(2),2048,2124,2141
張季純/1293
張季炘/853
張季信/879
張洎/1716
張寄岫/512
張濟時/761
張繼/633
張繼文/228
張繼先/1208
張繼祖/590
張霽/136
張驥/447,1644(4),1645(4)
張家賜/178
張家璠/432
張家駒/308
張家驤/687,688(2)
張家玉/2033
張家珍/2033
張嘉璈/673
張嘉祿/732,2233,2235,2240(2)
張嘉謀/48,440
張嘉森/722,801,825
張嘉森[君勱]/81
張儉/2213
張謇/231,1054,1124(4),1487,1577
張健庵/1473
張健初/1626
張健甫/293
張劍萍/556
張鑒/1108,1809,1833,1875,1935,1971,2177
張鑒安/463
張江裁/391(4),1140,1250(3),1251(3),1752(9),1753(10)
張江裁[張次溪]/165
張江美/410
張傑/583
張介賓/1662
張介石/829
張戒/987,1726,1978
張金鑒/718,725,751
張金吾/228,1918,1928
張縉璜/440
張景博/1128
張景琨/499
張景星/1032,1041
張敬熙/877
張靜廬/1012(3),1013(3),1014,1323,2392,2393
張鏡秋/414
張鏡心/1900,2011
張鏡予/667
張競生/235,509,914,1551,1634
張九成/28,31,1044,1048,1084,1087,1745,2050
張九齡/1073,2123,2140,2197
張九如/885,887,976(2),1419,2350
張九韶/2200
張居正/26,1094(2),1483
張駒賢/1998
張菊如/2052
張渠/1219
張雋青/866
張爵/392
張君房/128,1358,1821,

2122,2139
張君俊/170(2),385
張君勱/479,481,722(2),758,782,852(2),1693
張君勱[嘉森]/263
張君約/643
張均/1161,1164(2),1172
張軍光/503
張鈞衡/1871(12),1872(12),1873(16),1874(16),1875(4),2088,2089(2)
張浚/1876,1920
張可久/1256
張可中/2290,2300(2),2301(9)
張克標/1507
張恪惟/673
張逵/667
張魁善/1282
張樂平/1500
張耒/1043,1048,1717,1823,1882,1955,1961,1989,2031,2128,2145
張冷佛/1473
張黎雲/1148
張禮/2003,2179,2248
張禮千/472(3),475(2),476(2),822
張立英/1062
張立志/248,289,393,424
張粒民/596
張厲生/171,796
張廉/1650
張濂卿[裕釗]/1114
張聯斗/453
張聯奎/1791
張良/53
張良臣/1041
張梁任/676,821
張亮采/309,507
張烈/1908
張遴白/317
張麟之/1930
張凌虛[鳳翼]/1805
張令澳/275
張柳星/444
張六合/1393(2)
張龍雲/1130
張龍志/1670
張盧白/867
張魯庵/1597
張履鸞/692
張履祥/1923
張掄/1209,1945,2032
張淪波/618
張綸/2188
張綸言/1991
張茂節/1752
張茂炯/1130
張茂滋/1808
張懋建/460
張懋賢/1980,2103
張夢麟/914
張夢徵/1031(2),2164
張孟兼[張丁]/2251
張孟劬/320
張孟聞/1634
張泌/1348,1760,1764,1985
張綿周/48
張淼/656,705
張明/1419
張明仁/910
張明煒/387
張明養/602
張冥飛/287,1396,1471,2345
張冥飛[冥飛]/1325
張銘慈/993
張銘鼎/36,238
張鳴鳳/2055
張鳴珂/1226,1549,1559,2190,2226
張鳴韶/1631
張末士/1036
張默君/716,1148
張默生/57,195,201,210
張目寒/399
張牧野/1552
張穆/229,416,1811,2010(2)
張乃修/1666
張乃燕/242
張乃瑩[蕭紅]/1406
張鼐/1767,2205
張南莊/1388(2)
張柟/99
張難先[南軒]/337(2)
張能臣/1358
張念式/600
張念祖/377
張嵲/2217
張寧/1800,1964(2),1991,2245
張培敦/2159
張培剛/628,645,650
張培爵/463
張佩綸/720,1118
張彭春/210
張篷舟/197,382
張鵬翱/436
張鵬翮/254,2229
張鵬一/305,464,2248
張鵬雲/968(2)
張丕介/614,632,643
張丕矩/393
張平/1415
張坪/435
張潑/1840,2022
張溥/291,1017
張其丙/438
張其昌/443
張其淦/10,23,1052,1054,1068,1130(3)
張其鍠/62
張其錦/2222
張其浚/451
張其勤/465,2110
張其昀/171,361,363,365,382,405,487,622,789,873,1689
張琦/1223,1997,2235(2)
張齊賢/1733,1989
張企泰/856
張起南/1493
張洽/1860
張謙/1508
張謙德/1543(3),1947
張芹/1332,1841,2009,2171,2199
張琴撫/241,497
張欽士/130
張慶泰/481,2335
張秋蟲/1393,1417
張詮/2018
張人價/1683
張仁美/1843,2002
張仁熙/1538,1943,2068
張蓉/604
張如心/35(2),542,568(2)
張汝瑚/1093
張汝霖/1956
張汝漪/436
張汝釗/1148(2)
張瑞仁/663
張銳/727,728,808,1478(2)
張若谷/208(2),231,480,975,1192(2),1246,1510
張若虛/1487
張若英/1010
張森楷/2069,2362
張善孖/1582
張商英/1743,1858,1861,1915,1920
張上龢/1236
張尚溎/447
張韶舞/340
張紹傑/588
張紹堂/393
張紹言/668
張舍我/922,1401,1531
張參/1925
張申府/359
張紳/1951,2104
張慎伯/175,363
張慎儀/2290(9)
張昇/1852
張聲玠/1279
張聖瑜/1498
張師顔/2021
張師正/1353,1719,1728,1731
張師竹/79
張十方/1505,2336
張時徹/2240
張實居/996
張士超/755
張士珩/1124,1664
張士佩/940
張世禄/266,484,907(2),908,925,935,936,938,939(2),940,941,1003
張世南/1355,1719,1990
張世文/519,654,1287
張世賢/1653(2)
張世源/2236
張仕章/217(2)

張式/1549
張栻/195,1901,1973,2035,2048
張守節/288,289,1644
張守能/196
張守義/423
張守約/1091
張受長/1920(2)
張授/1670
張壽林/993,1175,1234
張壽卿/1264
張壽鏞/398,2193,2230(2),2231,2232,2233,2234(3),2237,2238,2240(3),2302(7)
張瘦郎/1257
張叔通/371
張叔嚴/1531
張恕/2240
張漱六/944
張澍/175,1750(4),1805,1902,1965,1966,1997,1998,2002,2003(5),2006,2242
張澍粹/2015
張澍若/1862
張樹菜/363
張樹梅/437,439
張樹聲/1476
張樹勳/446
張舜典/2247
張舜民/1084,1208,1961
張舜琴/1118
張思俊/574
張思孝/2184
張思巖[宗橚]/1200
張思巖[張宗橚]/1013
張思政/1376
張斯涵/183
張嗣良/430
張松如/935
張嵩年/80
張素民/618,683,688,1629
張太素/1648,1662
張泰/1891
張泰來/995,2009,2219
張唐英/307,1731,2020,2167
張濤/230
張韜/1278
張騰霄/959
張體乾/1100
張天福/802
張天復/1766
張天化/192
張天若/1168
張天翼/1023,1024,1148,1386,1400,1405,1406(2),1415,1416(9),1417
張天雨/1982
張天澤/607
張畋/1735
張鐵君/33(2),533,560,763,766
張鐵任/27
張鐵生/344,537
張廷棟/1660
張廷顯/826
張廷華/300,956,984(2),1032,1033,1060(3),1063
張廷濟/149,1544(2),1946,2090
張廷壽/1118
張廷相/1546
張廷驤/2330
張廷休/257,820
張廷玉/250,312(2),325,1881,2191
張庭馥/440
張同光/956
張退公/1542,1556
張拓/276,386
張宛青/1313
張宛如/131
張萬華/944
張望騫/885
張薇/1112
張惟驤/181,189(2),257,735,2302(4),2303(4)
張爲/986,1977
張維/167,362,1060,1708
張維翰/1148
張維華/312,400
張瑋/1778,1793
張蔚瑜/925
張慰慈/513,722,802,819,2110
張慰西/361(2),362(3)
張慰祖/24
張謂/1757
張文/634
張文伯/560,1860,2334
張文成/2210
張文成[鷟]/1368
張文虎/453
張文開/130(2)
張文瀾/208
張文麟/1842
張文洤/1549
張文實/353
張文天/915
張文佑/1629,1682
張文治/6,56(2),962,976,1059,1869,2346(4)
張聞天/81,561,562,1293(2),1419(2),1509,1642
張問陶/1582,1970,2037
張我軍/982,1148,1504(2),1506
張西曼/174,355
張西堂/7,25,201,2366
張希渠/1662
張希哲/739
張希之/84,1003
張奚若/336
張錫昌/519,618
張錫恭/18,1752
張錫麟/1130
張錫圻/1067
張錫瑜/1773,1888
張習/746
張喜/2162
張銑/1027
張遐/548
張霞房[紫琳]/2258,2330
張先/1207,1233,1981
張先辰/624
張嫻/1678
張憲/1967
張憲和/1068
張相/319,1028,1059,1482
張相時/821
張相文/1097,2301(10),2302(3)
張祥河/1109,1335,1918
張祥晉/941
張祥齡/1204,1238
張翔鸞/1027
張霄鳴/330,640
張小柳/124,125
張孝若/210,1124
張孝祥/1087,1218,1229(2),2128,2145
張孝宜/97
張孝友/960
張肖梅/276,618,624,625,627(2),630,657
張效良/634
張笑俠/1246,1605
張燮/472,1073,2005,2122
張心澂/671,837,2366
張心一/636,1671
張新吾/27
張新曾/438
張星烺/247,268,269,2302(2)
張行/2058
張行成/1913,2026
張行帆/186
張行孚/1927
張行簡/1914
張熊/1582
張修爵/501
張秀亞/1468,1469
張盱/914
張虛白/865
張須/290,973,1478,2353
張旭/1568
張旭初/1231
張旭光/170(2)
張煦/967,968
張萱/313,1896
張學華/1130
張學禮/2005
張學良/357
張雪懷/790
張雪蕾/1003
張雪門/892(2)
張塤/149
張恂子/1393
張洵/1971
張洵如/941(2)
張訓華/510
張雅南/1684
張炎/1200,1202,1212,1235,2277
張儼/1339

張彥遠/1553,1555,1951,1952,2028(2)
張雁/935
張燕昌/1542,1943,2090
張揚明/396
張養浩/721,1256,1258,1918
張堯同/1019,2001,2178
張曜孫/1650
張耀翔/1637,1640,1641(2)
張野/1214
張掖/905
張葉舟/568
張一凡/593,657,685(2),688,698,831
張一麐/1130(2)
張一夢/683
張一志/276
張一中/486
張揖/928,1928(2),2062,2075,2076
張沂[炘]/442
張怡庵/1254
張彝鼎/863
張以寧/1934
張弋/1039
張亦鏡/217(2)
張益弘/268
張翊/1358,1820
張翊儁/2240
張義澍/1537
張憶梅/1616
張憶敏/349
張翼人/86
張翼廷/2289(5),2290(3)
張蔭桓/1201
張蔭麟/294,298
張蔭潭/1634
張蔭桐/465,822
張寅/457
張隱/1341
張印堂/245,624
張英/86,1922(2),2330
張英敏/2389
張渼/1706
張煐齊/435
張應文/1539,1549,2069
張應召/1572
張永和/435
張永年/178
張永清/444
張勇年/623
張詠/1042,2050
張友/582,589
張友鸞/1280
張友松/202
張友漁/466,847
張有/930
張又新/1349,1741,1758,1798
張餘生/276
張餘蓀/1254
張羽/1091,2203(2)
張雨/1214,1235,1784,2130
張敔/1582
張玉/1212,1746
張玉倫/1870(2)
張玉書/432,961,964,1100
張聿飛/383
張郁文/454
張裕釗/1575,2094
張遇春/464
張毓賓/482
張淵若/822
張元忭/1964
張元長/1240
張元幹/1044,1049,1218,1228
張元際/445
張元濟/193(2),287,292,367,961,1022,1578,1878,2383
張元鈞/437,438
張元生/649
張元素/1647(2)
張元禎/1964
張援/1034
張圓成/119
張月超/235
張説/1073,1351,1761,1959,2123,2140
張越瑞/191,956,1054,1289,1400,2335
張嶽崧/460
張贇/516
張匀/1384(2)
張雲璈/1106,1754
張雲華/1490
張雲石/216
張雲濤/350
張雲逸/547
張允亮/2367
張蘊/1040
張韻華/621
張載/73(4),1973,2049
張載華/989
張則堯/636
張澤厚/1148(2)
張澤南/629
張曾勤/2044
張熷/1808,2011
張湛/50,54,64,1903,2121,2139
張照/98,1549,1565,1783
張肇崧/392,393
張肇熼/1971
張肇元/858
張趙才/449
張哲惠/92
張真人/2024(2)
張甄陶/27
張枕綠/1401,1416
張振珮/311
張振秋/756
張振鏞/947,1003,2346(2)
張振之/419,505,517
張震科/434
張震南/293,454
張拯滋/1649
張正藩/478
張正茂/1816
張政/449
張之純/64,67,68,718,720,925,1003(2),1692
張之洞/732(2),1115(3),1972,2192(3),2364(2)
張之綱/162
張之漢/2334
張之江/1488
張之毅/421,628,649,1677
張知甫/1990,2152,2216
張執一/757
張至龍/1039
張志淳/2329
張志聰/1662,1664
張志和/55,1904
張志民/581
張志潭/1577
張志熙/439
張志智/885(2)
張治中/618,789(2),790
張忠紱/272(3),466,580
張仲景/1662(4),1937,2119,2120,2138
張仲景[張機]/1644(2)
張仲實/482,539,819,852(2)
張仲文/1352,1990,2168
張仲炘/449
張仲友/440
張柱/640
張翥/1090,1214,1235,1747,1982
張壯飛/2394
張戆盦/335
張鷟/1326,1345,1347,1709,1755,1757,1916,1988,2166
張資平/210(3),916,951,1417(5),1418(16),1419(4),1456,1457(2),1469,1514(2),1626(3),1629,1630(3)
張鼒銘/431
張諮/2018
張鎡/1211,1967,2060(3)
張子高/1616
張子和/82
張子榮/455
張子三/1194
張子毅/630
張子柱/724
張梓生/339,2109
張字成[均]/951
張自烈/2204
張自勳/2204
張宗蒼/2256
張宗江/1130
張宗麟/891,1498
張宗泰/1108,1771,2369
張宗文/499
張宗祥/2371
張宗元/85
張宗載/436
張惣/2068
張祖廉/2038(2)
張祖佑/229
張遵孟/439

張佐華/1694
張作霖/1569
張作人/538
章柏雨/636(3),692
章鑣/450
章炳麟/23,573,1485,2282(8),2345(4),2364
章炳麟[太炎]/955,2281(2)
章炳文/1726,2050
章大來/1807,1965,1994
章丹楓/2393
章鼎峙/684
章爾華/777
章甫/2202
章圭瑑/1067
章漢夫/718
章衡/257
章鴻賓/1281
章鴻釗/39,1625,1626,1627(2),2333
章建侯/1129
章進/274(3),287
章巨膺/1659
章君瑜/1599
章駿騎/836
章克標/912,918,1506
章淪清/85
章懋/1844,1906,1964,2097
章泯/1291,1606(2)
章乃羹/1143
章乃器/244(2),357,518,688(2),2333,2343
章乃文/829
章啟勳/966
章啟宇/425
章樵/1027(2),1751,1954,2133
章嶔/292,2299(8),2300(4)
章梫/1129,1145
章慶/971
章榮/22,1058,1059
章聖慈仁皇太后/92
章石承/1143
章士超/983
章士釗/82,722(2),947,1139,1336
章世純/2198
章壽棟/943
章壽康/2380
章太炎/262,2281(4),2282(4),2345(3),2347
章泰笙/219
章唐容/390
章鐵民/1511
章廷華/1789
章廷謙/78
章希呂/1382(2),1387
章熙林/479
章錫琛/241,260(2),514,896,917(2),950
章錫光/1129
章錫深/1177
章燮/1036
章心培/370
章新一/34
章性良/1099
章熊/742
章學誠/260(5),262,1817,1885,1887,2054,2208,2268,2360
章衣萍/204,208,924,976,1143,1170,1171,1184,1187(7),1408(2),1485,1487,1498,2164(4),2333
章詒燕/297
章永康/2242,2243
章友江/631,681,846
章鈺/289,433,1114,1490,2369
章淵/1731
章淵若/170,356,523,581,714,847,851,2333
章元善/519(2),667,683
章楨/1033
章之汶/286
章植/632
章中如/735(2)
章子惠/190
章宗元/697
長孫訥言/939
長孫無忌/844(2),1847,1880,1916
招麥漢/1398
招子庸/1322
昭槤/1334
昭衛特/79
趙安仁[宋]/107
趙邦鑅/900
趙邦彥/452,453
趙弼/1745
趙抃/1042
趙抃志/1994
趙秉文/1089,1903,1973,2129
趙秉忠/1855,2000
趙炳坤/528,834
趙炳麟/1167
趙長卿/1217
趙昶/438(2)
趙超構/395
趙琛/530,730,845,864,866(2),870
趙澂璧/295
趙崇嶓/1211
趙崇鉘/1039
趙崇絢/1329,1357,1738,1796,1888
趙崇祚/1227(3),1229(2),2134
趙傳雲/673
趙椿年/2312,2313(2)
趙戴文/1489
趙德/1890(5),1955
趙殿成/1074(4)
趙鼎/2021,2153
趙鼎銘/434
趙鼎元/652
趙冬垠/538,605
趙東階/441
趙爾巽/318,319(2),1686
趙藩/372
趙蕃/1962,1966(2)
趙斐雲/2367
趙棻/1837
趙豐田/608
趙逢吉/789
趙鳳喈/514,857
趙紱章/1397
趙輔/1851,2189
趙概/1711
趙古泥/1596
趙古農/1828
趙廣志/691
趙國華/1114,2058
趙國先/441
趙㴔/1950
趙鶴清/415
趙亨奎/179
趙衡/1135
趙洪繩武/180
趙鴻祥/136,137
趙虎廷/943
趙華基/292
趙懷玉/1222,1748
趙慧深/1300,1308
趙輯寧/741
趙季良/1696
趙紀彬/38,41(2),828
趙繼序/2219
趙家璧/384,1026,1508,1511
趙家幹/430
趙嘉肇/2248
趙建勳/2389
趙江/1612
趙階/2239
趙金科/1629,1682
趙謹三/342
趙晉/1954,2097
趙搢/1945
趙經達/2184(2)
趙景深/908,911,913,916,917,920,958,972,991,1002(2),1005(3),1006,1167,1192,1193(3),1228,1253,1257,1279,1318(2),1319,1324(3),1325(2),1400,1488,1494(2),1498(3),1501,1533
趙景松/37
趙景源/651,961,1498,1501(4),1683
趙敬襄/1897
趙九成/1945
趙君豪/247,368,388,397,2340,2350,2393(2)
趙君卿/1618,1931,2026
趙均/1950
趙可任/608
趙克宜/2354
趙葵/1330,2167
趙蘭坪/41,469,500,531,605,620,681,686,690
趙立言/1503

趙連和/1613
趙漣/1653
趙聯元/1069
趙煉之/594
趙良猷/1901
趙良霨/451,1900,1923,1956,2014
趙繚/1617
趙璘/1720,1757,1988
趙令畤/1276,1725,1729,1989
趙龍文/1995
趙録綽/2367
趙侶青/1498
趙鸞掖/2266(2)
趙孟頫/1230,1477,1572(4),1574(5),1580,2129
趙孟堅/1089,1211,1566
趙孟奎/1861
趙眠雲/1378
趙敏恒/247,2392(2)
趙敏求/367
趙明/1690
趙明誠/149
趙明高/497
趙明倫/1803,1905
趙明松/447
趙銘/1114
趙南柔/630
趙南星/27,1974,2268
趙汸/2065,2173
趙霈濤/458
趙鵬超/1167
趙普/98(2)
趙樸/1712
趙岐/31(2),1343,1711,1750,1787,2046,2047,2084,2116,2135,2246(2)
趙琦美/1878
趙琪/180,393,808,2266(3),2267
趙起士/1838
趙錢公/450
趙青藜/1898,1907,2012,2015
趙清閣/1307,1308(4),1404,1448
趙慶熺/1224
趙泉澄/365
趙泉天/280
趙人俊/602
趙仁山/437
趙榮光/961
趙如珩/404,805
趙如琳/1308
趙汝鈞/1628,1683
趙汝适/246,2006,2162
趙汝礪/1358,1734,1942
趙汝鐩/1037
趙蕤/1904,2025
趙善括/1210,2202
趙善瑻/1922,2169
趙善湘/2239
趙善詒/14
趙善譽/1899,2146
趙善政/1988
趙苕狂/1397
趙少昂/1173,1589
趙紹祖/1754,1775,1945,1950,2020,2219
趙慎一/472
趙昇/1917
趙盛圭/326
趙師俠/1217
趙師秀/1015,1041,1045,1050,1957
趙時庚/1735(2),1828,2107
趙士卿/1661
趙士松/180
趙士煒/2363,2371
趙士喆/313,2266(5)
趙士楨/256,1766(2)
趙世傑/1028,1032
趙世修/1135
趙授承/346
趙叔向/1723,1893
趙叔愚/286
趙述/430
趙樹理/1448(7)
趙爽/1787,2120
趙順孫/2102
趙順翔/1492
趙思明/444
趙崧/1117
趙宿膺/2266
趙台鼎/1908
趙坦/1108
趙濤/2266
趙倜/440
趙天錫/1121
趙萬里/157,1216,2367,2374
趙萬年/2095
趙望雲/385,1589(2)
趙惟仁/450
趙偉甫[烈文]/329
趙魏/2010
趙文/1213
趙文琴/439
趙文山/649
趙文喆/1857
趙聞禮/1862,1981
趙聞偉/1477
趙希鵠/1540,1718,1889,1946
趙希槐/1039
趙惜夢/1677
趙熙/449,575
趙錫蕃/453
趙曦明/1751,1922,2069,2087
趙夏雲/218
趙羨漁/390
趙湘/1960
趙祥俊/437
趙新儒/369
趙星五/1167
趙杏樓/1817,2043,2211
趙絢/2151
趙學南/1376
趙恂九/922
趙循伯/627,1307,1317
趙亞曾/1627,1631,1632
趙演/632,878,900,1617,1641(3)
趙彥稱/1488
趙彥端/1210,1219
趙彥衡/1742
趙彥暉/1653
趙彥衛/1352(2),1876,1894
趙彥修/1953
趙耀/436,2257
趙曄/301,1338,1339,1749,2015,2064,2118
趙一波/575
趙一肩/340
趙一萍/327,541
趙一清/304,1103
趙宧光/1542,1544,1782,1945,2176
趙詒琛/229,1549,1751,1782(7),1783(13),1784(3),1786(5),1809(3),1810(16),1880(7),2088,2158,2183,2381
趙詒璹/103
趙詒翼/178
趙頤年/833
趙以夫/1229,1235
趙釴/1992
趙軼琳/217,1699
趙意空/443
趙翼/297(2),1104,1777,2012,2024,2094
趙懿/2243
趙蔭棠/940,1194,1469
趙寅/1735
趙雍/1215,1580,1963
趙詠清/1589
趙用賢/2380
趙友欽/2250
趙與衮/2021,2099
趙與時/1709,1723,1894,2044,2089
趙與虤/987,1717,1978
趙玉森/273,294
趙燏黄/1624
趙元禮/1135
趙元溥/1067
趙元任/936,942,943,945,946(2),953(2),955(2),1497(2),1503(2)
趙元一/2020,2094
趙元益/2006
趙元祚/414
趙雲忠/426
趙澐/1096,1098
趙蘊琦/725
趙曾珏/403,672,676,677,752
趙曾望/1135
趙湛/1972
趙貞信/30
趙振武/143
趙振宇/348,1697

趙震/1061,1067(2)
趙鉦鐸/90
趙正平/30,32,1166
趙之琛/1596
趙之謙/1537,1566(2),1576(2),1584,1596,1806(2),1807(14),1808(13),1809(12),1943,2011,2058
趙之偉/223
趙知希/1980
趙執信/996(3),1101(2),1223,1817,2210
趙志嘉/841
趙志新/383
趙仲全/1907
趙仲宣/1176
趙梓湘/438
趙紫宸/131,134,139(2)
趙宗賢/949
趙宗預/90(3),94,596,751
趙祖抃/1005
趙祖銘/1135
趙尊嶽/1238,1528,1529,1532
趙作雄/498
哲之/1455
浙四明/945
真達/379
真德秀/1890,1918,1922,1948,1973,2032,2129,2173
真桂芳/2230
真回老人[王岱輿]/141
真鑒/119
真民/601
真樸/379
真人元開/1399
真山民/1046
真吾/129
甄伯權/1619
甄冠南/763
甄克思/724
甄鸞/1618,1787,1788,1931,1932(3),2120
甄偉/1388
枕流/1526
枕漱軒逸盧氏/1392
枕亞/1475
枕亞閣主/1383
枕亞主人/1456
震瀛/35,600
征農/535
錚錚/192(2)
正知/123
鄭拔駕/407
鄭柏/2249
鄭必仁/806
鄭杓/1548
鄭斌/500,609,832,839,840,853
鄭賓于/1007
鄭秉厚/2229
鄭伯彬/460,622
鄭伯奇/356,1458,1465(2)
鄭伯謙/1917
鄭伯英/1566
鄭常/1714,1740
鄭昶/821,1553,1558(2)
鄭成功/1768
鄭重光/1652
鄭處誨/1711,1726,1756,2151
鄭春霆/1198
鄭次川/956,957,1509
鄭德暉/956
鄭德輝/1268(4)
鄭德坤/155(2),167,236,372
鄭德如/466
鄭定文/1451
鄭篤/1064
鄭端/1906,1918
鄭方坤/994,1001,1979
鄭飛卿/394
鄭賁/1764
鄭奮揚/1650
鄭鳳仙/409
鄭敷教/1783(2),1784,1810,2158
鄭復光/1935
鄭剛中/2003,2249
鄭公玄/87
鄭恭和/1117
鄭辜生/1497
鄭谷/1080,2048,2201
鄭穀貽/1056
鄭冠松/787
鄭觀應/122
鄭光昭/347
鄭光祖/1259,1263(2),1265
鄭國翰/448
鄭國枏/857
鄭國勳/1748(6),1749(17),1750(16),1751(16)
鄭漢生/1708
鄭合成/630
鄭鶴春/267,2358
鄭鶴聲/196,200(2),225,226,260,267,289,297,320,335,2358
鄭洪年/887,1030
鄭厚/1725
鄭厚博/669(3)
鄭還古/1326,1347,1351,1718,1760,1762,1829,1984,2064
鄭慧英/2360
鄭蕙馨/431
鄭緝之/2008
鄭極普/1490
鄭季楷/629
鄭家璦/1466
鄭健廬/474
鄭鑒/425
鄭錦標/176
鄭敬中/1897
鄭競毅/840(2),868
鄭君里/1606
鄭君哲/79
鄭克/1745,1916,2149
鄭克堂/196
鄭勵儉/400,470
鄭廉/1782
鄭蓮珠/1465
鄭烈/321,1312
鄭林寬/749
鄭林莊/634
鄭麐/27,1375,1692
鄭麟同/840
鄭留/242
鄭洛書/452
鄭鄤/1096
鄭茂/256,2004,2244
鄭謐/101
鄭民/474
鄭敏/1184
鄭起/1046,1967
鄭起潛/1862
鄭啟/138
鄭棨/1327,1794,2166
鄭綮/1756
鄭騫/226,1236
鄭樵/15,940,1088,1890,1961,2025,2173,2353(4)
鄭翹松/459
鄭欽/1919
鄭清寰/436
鄭清文/1512
鄭清之/1037,1796,1995,2240
鄭全望/1650
鄭汝璧/313,1766
鄭汝諧/1901,2096,2146,2229
鄭銳/1919
鄭若曾/367
鄭善夫/1800,1897
鄭紹偉/656
鄭師文/1569
鄭師許/164,1601
鄭守昌/461
鄭壽麟/267
鄭淑昭/2243
鄭舜功/465
鄭思肖/1052,1967,1973
鄭蘇/1032
鄭太樸/241,1623
鄭天忱/407
鄭天嘉/132
鄭天挺/322
鄭廷誨/1346
鄭廷玉/1258,1260,1262,1264(2),1267
鄭婉娥/223
鄭萬瞻/1182
鄭位三/555
鄭文寶/1328,1721,1734,2020(2),2147,2175
鄭文焯/1226,1549,2257,2274(9),2275(2)
鄭午昌/1582(2),1583
鄭兀/959
鄭禧/1730,1820
鄭俠/1043,1048
鄭相如/1995

鄭湘/2331
鄭小同/1890(2),2086
鄭曉/1362,1802,1803,1854,1867,1896,1987(2),2004,2161,2163,2245(3)
鄭曉滄/1513
鄭孝胥/49,1055,1126(2),1569
鄭嘯厓/48
鄭獬/2217
鄭燮/26,1103,1547,2056,2067,2225
鄭心材/1897,2246
鄭興裔/731
鄭行巽/197,199,616
鄭熊/1713
鄭瑄/1057
鄭玄/1(5),12,14,17(3),18(3),19,25,29,1015,1644,1875,1890(3),1891,1898,1908(4),1917,1918,1923,2012(2),2013,2077(4),2078(4),2085(11),2086(5),2115(4),2116,2135(3),2158,2194,2219
鄭學川/111(11),112
鄭學稼/221,283,605,630,654,1011(2)
鄭琰/2108
鄭彥棻/736,801
鄭瀁原/967
鄭堯柈/741
鄭瑤/2001
鄭耀烈/452
鄭業建/978,1060
鄭業斅/158
鄭倚虹/1312
鄭易里/542(2)
鄭逸梅/187,1324,1378,1426,2344
鄭應方/111
鄭應齋[官應]/1369
鄭永邦/952
鄭泳/2249
鄭友揆/682
鄭友賢/52,1920
鄭友周/1791
鄭裕孚/464,1753(2)
鄭毓旒/836
鄭毓秀/836,847
鄭元慶/20,1792,2002,2277,2370
鄭元勳/1013
鄭元祐/1330,1721,2170,2230
鄭元佐/1087(2)
鄭爰諏/846,854,856,865
鄭瑗/1800,1895,1897,2187
鄭雲齡/307
鄭允端/1879
鄭允恭/839(2)
鄭章雲/2228
鄭肇經/266,727,1685
鄭珍/1110(3),1770(2),1771,1772,1792,1856,1926(2),2241
鄭貞/2230
鄭貞文/188,1616,2112
鄭振鐸/147,260,266,481,909,910(2),918,969(2),1008,1023,1182(2),1246,1278(3),1323(2),1368(3),1379,1469,1499,1508,1516,1578(3),1592,1765(9),1766(17),1767(15),1768(10),2344
鄭震/169,1252,1476,1720
鄭證因/1399
鄭之成/434
鄭之光/1064,1139
鄭之章/1053,1068
鄭知同/1771,1856
鄭植昌/464
鄭芷朋/1114
鄭鐘靈/448
鄭仲夔/1333,1993
鄭重/394,449,450
鄭衆/2081
鄭灼/19
鄭資約/413
鄭子褒/1283,1286
鄭子健/415,1489
鄭子田/505
鄭子雅/49
鄭子瑜/1162
鄭子展/232
鄭宗海/595,873,878,884
鄭宗楷/529
鄭作民/1007
證忠居士/1315
支豐宜/1244,1245
支恒貴/280
支機生/1833
支偉成/13,61,63,65,70,185,312,719,721,1057,1065,1691,2364
芝庵/1240
芝峰/115
芝嶼樵客/1650
枝巢子/390
知禮/118(2)
植野木州/1199
植野武雄/1199
植原悦二郎/467(2)
芷石/708
志剛/739
志賀直哉/213
志圓/1579
智達頌/1316
智孤/129
智廣/114
智吉祥/106
智匠/2081
智炬/106
智旭/112
智顗/118,119
智顗大師/106
智者大師[智顗]/123
摯虞/1750,2084,2248
中川成章/1654
中島竦/963,1597
中峰禪師/2108
中峰禪師[明本]/1967
中谷武世/248
中井履軒/939
中山龍次/677
中神琴溪/1657
中田直久/202
中尾萬三/1658
中穩樓主/1252
中西惟忠/1654
中暇/1513
中野江漢/390
中原與茂九郎/479
中澤毅一/1636
鍾伯敬[惺]/1013
鍾朝煦/448
鍾重金/517
鍾崇敏/1678,1681(2)
鍾道贊/893
鍾方/419
鍾鳳年/300
鍾復光/542
鍾廣生/2326(6)
鍾國仁/1515
鍾洪聲/855,863
鍾化民/1921
鍾褱/2333
鍾吉宇/425
鍾紀明/590,1288(2),1463
鍾建閎/725(3),830,841
鍾敬文/220,992,1170,1171,1198,1313,1322,1509
鍾離權/127,129
鍾廖/5
鍾錂/1768,1907,1922
鍾魯齋/873(2),890
鍾輅/1327,1347,1745(2),1763,1795
鍾茂芳/1667
鍾乃可/856
鍾器/91
鍾器聲/2337
鍾任壽/352
鍾嶸/982,984,991,992(4),1344,2029,2089,2103
鍾壽昌/951
鍾斯/82
鍾嗣成/1242,1244,1258,1277,1747,2115
鍾泰/41,67,2349,2364
鍾桃/649
鍾悌之/283
鍾天心/1181
鍾薇/1767
鍾文烝/24,25
鍾顯堯/91
鍾相業/456
鍾歆/373
鍾惺/1478(2),2012
鍾雄/946
鍾熊祥/1125

鍾一峰/1181
鍾以敬/1597
鍾翼雲/2267
鍾英/602
鍾應梅/1181
鍾玉良/2267
鍾毓/1682
鍾淵映/260,2011,2148
鍾岳年/923
鍾韞/1814
鍾兆斗/2245
鍾兆年/2023
鍾兆璿/602
鍾震/599
鍾正懋/448
鍾之模/1622
鍾子岩/1498
仲並/1209
仲長統/1785,1904
仲持/343
仲廷機/455
仲偉儀/130
仲學輅/1664,1942
衆香主人/1251
舟橋永哉/114
周藹聯/422
周藹如/1754(5)
周邦導/883
周邦道/1616
周邦彦/1208, 1217, 1233 (2),1234
周保琛/435
周葆濂/2255
周葆鑾/695
周本齋/257
周必大/985,1044,1049, 1209, 1217, 1358, 1726, 1742, 1794, 1936, 1948, 1978, 1986, 2027, 2029, 2031,2032,2168
周弼/1038
周辨明/908, 954, 960, 961 (2)
周斌/1068
周賓所/1361
周秉彝/442,1177
周伯棣/607,631,690 (3),708
周伯琦/2047
周伯勤/1666
周燦/2258
周昌壽/1697,2112
周朝槐/461
周成/800,801(2)
周承烈/461
周承煦/2330
周誠滸/1663
周誠之/462
周處/1342
周傳儒/48,153,400(2), 471,2310(5)
周春/114, 997, 1813, 1914 (2),1935,1979,2069
周春霆/1481
周春學/1931
周純全/1705
周淙/2004
周萃機/1681
周存培/434
周達/1178
周達觀/1331, 1729, 1835, 2063,2171
周大烈/1136
周道隆/1683
周道遵/2234
周德輝/177
周德清/940,1244
周德炎/1619
周殿垣/1026
周調陽/888
周鼎/1879
周定枚/844
周東白/845
周東郊/422
周敦禮/453,665,836
周敦頤/72(2),1960
周萼芳/2042(2)
周恩來/349(4),553,563
周而復/236(5),349,354, 358,395,1176,1288, 1290,1309,1457(3), 1458
周二學/1540,1948,2040 (2)
周方白/1591
周斐/1341
周鳳/2185
周佛海/234, 601, 762, 765 (2)
周孚/1875,1955
周復俊/1880
周馥/202,2279(8),2280
周幹庭/16,24,59,955(2)
周鋼鳴/1054,1496
周高起/2068(2)
周戈/1287
周賡昌/864
周鯁生/274,480,481,827, 831, 832, 833, 835, 838 (2),842,2110
周拱生/542
周谷城/267, 295, 505 (2), 506(2),609
周光午/1239
周光倬/367
周廣/2234
周廣業/1105,1886,1989, 2365,2382
周桂笙/1057
周國鈞/476
周寒梅/476
周漢章/404
周賀/1080
周弘正/2072
周宏業/88
周厚强/805
周華嚴/964
周郇藏/2382
周煥/817
周煌/2005
周暉/1241
周煇/1722(2),1733,1986, 2049,2169,2329
周緝熙/171
周濟/305(2),1203,1224, 1981
周繼/101(2)
周繼銓/835
周家禄/1121,1774,1888
周家謙/1125
周嘉猷/306,1775,1776 (2),2019(4)
周嘉胄/1536,1948,2068, 2177
周筧[周揚]/918
周建人/1634,1635,1636 (3),2112
周劍雲/1608(2)
周鑒文/889
周傑/401
周傑智[周希霖]/1198
周璡/85
周進/155(2)
周覲光/27
周鯨文/267,287,850
周景濂/198
周景式/2008
周静/959
周駿章/1512
周開慶/385,406
周楷/128
周克復/110
周克堃/446(2)
周揆源/2219
周夔/492
周喟/371
周閬風/1078
周樂山/282
周楞伽/1459(5),1466, 1467
周黎庵/192,1177(3),2342
周立波/559,563,1455(2), 2342
周連寬/2389
周亮登/1660
周亮工/1012,1013,1014, 1333,1537(2),1914, 1953,1994,2001,2067, 2225
周苓仲/209
周玲蓀/1589
周龍章/452
周魯倭/1532
周履靖/1908,1914(3), 1936,1937,1942(2), 1951(5),1954(2),1956 (3),1957(2),1958(2), 1964(2),1967,1968(5), 1980,1981,1983,2103 (4),2104(10),2105(3), 2106,2108(11),2109(6)
周羅莊/1179
周漫士[周暉]/2164
周茂蘭/1786
周美成/1229
周夢蝶/526,912,1386, 1388
周夢柟/1389
周夢棠/307
周夢顏/108(4),112,1907

周孟由/112
周密/1201,1212,1231,1235,1330,1338,1351,1357,1359,1541,1545,1717,1721(2),1832,1946,1977,1982(2),1987,2032,2033,2035,2169
周名輝/933
周明景/1597
周明泰/155,225,1232,1248,1252,1608
周默秋/623
周木齋/328
周慕橋/1585
周慕橋[權]/1589
周南/1879
周南瑞/1806
周念明/710
周槃/964
周佩嵐/277
周聘侯/1060
周祁/2216
周其勳/1512
周齊曾/2235
周起渭/2242
周起應/234
周啟剛/821
周綺/1834
周溱/2267
周清源/1013
周情/2267
周慶森/1136
周慶雲/161,190,367,372,458,745,1055,1596,1601,1605(2)
周去非/1999,2162
周全/799
周全平/919,920,1198,1449,1460(3),1461
周權/1020,1214,1230,2089,2230
周群玉/1007
周日朝/664
周日用/1751
周容/1099,2231
周榮亞/400
周如暉/490
周瑞玉/1022
周瑞之/878
周善培/11,950(2)
周尚木/288
周尚文/1310
周紹濂/456
周生/1335
周生烈/1902
周石林/253
周時錞/1053
周世澂/2267
周世輔/766
周世南/2277
周世勳/403
周守忠/1788
周壽昌/302,1225,1773,1774(2),2016(3)
周壽臣/213
周瘦鵑/1057,1168,1401,1457,1466,1468
周叔迦/116,120,1496
周叔陶/221
周曙山/467,531,780
周樹模/1136
周樹人/1460,2239,2319,2321,2322,2323(8),2324(13),2325(5)
周樹人[魯迅]/2320
周順昌/1846,1964
周思真/875
周斯億/444
周泗/440
周太玄/1630
周太炎/1636
周鏜/450
周騰虎/2267
周體元/451
周惕若/2267
周天步/276
周天旦/707
周天籟/936,967,1458
周天鵬/806,1368
周天球/1566
周鐵鳴/676,1694
周鐵錚/464
周廷寀/1902,2219
周霆震/2203
周同谷/314,1968,2206
周同愈/1126
周退盦/1486
周威堂/278
周爲/1459
周爲奇/129
周爲群/1619
周維城/1638
周維立/1097
周維梁/694
周煒/163,838
周渭賢/431
周文/546,1176,1286,1424,1455(4),1457
周文璞/1037
周文玘/1736
周文郁/1767
周希丁[康元]/1597
周希武/423
周錫三/1623
周璽/460
周咸堂/616
周憲文/282,498(2),604,605,608(2),609,621,630,2342
周湘/183
周祥光/748
周祥鈺/1241,1255
周孝庵/597
周效璘/2057
周斅肅/1483
周新/242,482
周新民/192,856
周星蓮/1538
周星詒/1783,2380,2382
周星譽/1225
周行己/1961
周敘/1724
周學熙/205,1136
周延年/313,2258,2259
周延礽/232
周巖/1648,1650
周揚/538,586(2),598(3),1400,1517,1552
周養初/1076
周堯/2319
周繇/1080
周伊武/466(3)
周怡/1919,2099
周貽白/1252(2),1297,1299,1310(6),1475,1608
周儀暐/1109,2267
周易藻/378
周異斌/850(2)
周蔭棠/460
周嬰/1896
周應賓/1766
周應昌/1136
周映昌/1676
周永晉/11
周永年/379,1885,2039
周泳先/1228
周友良/1837
周有光/687
周酉村/242
周幼海/467
周予覺/1693
周予同/7,45,197(2),295(2),959
周俞文/1612
周宇澄/256
周羽翀/1729,2147,2167,2175
周郁浩/203,1097,1306,1496
周郁年/762,1377
周裕/1842,2101
周鈺宏/405
周毓邠/2362
周毓齡/1087(2)
周毓英/597,780
周元青/1064
周元瑞/1618
周元暐/1879,1993
周元詠/1136
周越/1344,1741
周越然/908,1375,1514
周雲/1175
周雲青/1080,1132,2372
周質/2226
周在浚/308
周在浚[雪客]/157
周贊元/463
周曾錦/1179
周兆基/942
周兆沅/927
周貞亮/2361
周振甫/39,1123
周振鶴/423,508
周正朝/734
周之鳴/538
周之琦/1224,1236
周之盛/1462,2326
周之楨/438,455

周芷穎/399
周志輔[明泰]/1252
周志驊/389,655,820
周志煥/1869
周志靖/453
周致中/1331,2006,2103
周中孚/1808,1897,2065,2369(2)
周中一/815
周鍾麟/934
周鍾瑄/460
周鍾游/982
周鍾嶽/1178
周莊萍/908
周準/1052
周茲萌/2267
周子蘅/1651
周子敘/1660
周子亞/192,271,543,832,833,838
周子義/54
周紫芝/985,1219,1743,1797,1916,1978,2028
周宗麟/463
周宗洛/463
周祖謨/940
周遵道/1356
周佐治/195
周作人/920,1006,1144,1177(10),1178,1194,1405,1506(2),1509,1533(2)
朱翺/930,1926
朱白房/161
朱百度/1772
朱邦興/663
朱苞/1907
朱保祥/1572
朱寶瑩/988
朱本昭/1113
朱弁/1353,1728,1729,1986
朱彬/19
朱彬元/688
朱炳海/1629
朱炳南/605
朱炳煦/1009
朱炳勳/1528
朱伯郊/1479
朱伯康/347,607,615
朱布可夫/1690
朱采真/528,742,769,837,840(2),841(2),842,869,1185
朱昌燕/1119
朱長文/2000,2035,2114
朱朝瑛/2102
朱倆/1587
朱承爵/985,1979
朱承勳/1101
朱純衷/1663
朱淳/199
朱存理/1874
朱奄/1580
朱大可/933
朱大韶/1874
朱道俊/1643
朱得之/1802
朱德/349,359,550,561(7),599,1697(2),1698
朱德君/187
朱德潤/1090,1878,1879
朱德章/381
朱鼎元/1498
朱東潤/288,979(3),988
朱棟/454(2),1591
朱端/1558
朱端章/1939
朱敦儒/1209
朱爾鄴/1610
朱方/842,856,858
朱方藹/1952
朱芳圃/151,153,209,228
朱楓/1945
朱鳳/2017,2082
朱鳳起/1082,1098
朱佛定/811
朱芾/1583
朱芾煌/57,114
朱福榮/2383
朱輔/1330,1714,2103,2180
朱榑/1044,1050,1085
朱賡/2185
朱公準/709
朱肱/1731,1937,2172
朱觀/869
朱光/815
朱光濳/89,715,915(2),1190,1552(2)
朱廣福/31
朱珪/1976(2)
朱桂模/2255
朱桂曜/65
朱袞/1803,1905
朱國衡/451
朱國鑾/1119
朱國楨/479,2259,2329
朱浩懷/788
朱和羹/1539
朱和中/482,808
朱鶴皋/1663
朱鶴齡/1079,1097
朱衡/2008
朱洪章/2187
朱鴻達/799,846,854,856,861,862(2),863,864,865,866(2),1595
朱鴻壽/1612(2)
朱化雨/823
朱奐/1238
朱煥堯/195
朱暉/1731
朱惠元/1155
朱會龍/99
朱基俊/484
朱繼芳/1040
朱家驊/367
朱家駒/1055
朱家清/505
朱家相/1766
朱家治/274(2)
朱嘉徵/2224
朱建邦/675
朱建民/838
朱建霞/1636
朱建新/1175,1257
朱琭/932
朱劍芒/6,959,977,1095,1556,2330
朱劍農/633
朱劍心/1061
朱劍心[建新]/148
朱諫/2227
朱鑒/71,1057,1389
朱傑/516
朱傑勤/196,201,269,1553
朱晉楨/1610
朱進/562
朱經農/300,310,466,872,884,886,957
朱景蕭/1610
朱景玄/1542,1555
朱景昭/1113
朱敬一/135
朱鏡蓉/932(2)
朱鏡宙/476
朱居易/1220
朱君毅/188,492,887,888(2)
朱君允/1190(2)
朱鈞/1065
朱駿聲/13,932(2),1109,1811(2),2257
朱凱/1268
朱克敬/1336
朱克勤/755
朱孔陽[彰]/380
朱孔彰/186,1119
朱揆/1326,1757,1818,2207
朱昆田/1099(2)
朱蘭/1101,1112
朱雷/1290
朱笠夫/557
朱聯華/1388
朱亮/368
朱琳/516
朱麟/1036
朱鷺/1364
朱履貞/1951
朱棆/1971
朱懋德/434
朱美予/656,657,1678
朱孟樂/900
朱孟震/1979,2006,2181
朱妙端/1814
朱民威/401,1707
朱敏章/831
朱名世/1734
朱明/540
朱明鎬/2097
朱銘槃/1119
朱沬/1427
朱謀瑋/1839,1928,2198,2199
朱睦㮮/1891,2097
朱乃一/389
朱南傑/1038
朱念慈/1480

朱佩我[其華]/504
朱彭/2004,2098
朱彭城/1394
朱彭壽/2337
朱樸/210
朱其華/505,619(2),2336
朱其華[佩我]/637
朱其石/933
朱琦/1029
朱企霞/1190
朱起鳳/965,967
朱啟鈐/178,1155,1547(2),1548(2),1598,1599,1600,1601(2)
朱謙甫/1183
朱謙吉/1114
朱謙之/12,40,46,77,81(2),82,212(2),238(3),239,264,330,486,488,499,607,1003,1007,1154,1169
朱彊邨[祖謀]/1233
朱青選/442
朱慶堂/1004
朱慶餘/1078,1764,1820
朱瓊/715
朱權/1240,1269(2),1879,1970
朱然藜/1640
朱讓栩/1971
朱日宣/373
朱榮邦/447
朱汝華/1624
朱汝珍/381
朱少逸/422
朱紹曾/1486
朱紹之/524,1141,1402,1429,1469
朱申/22
朱師轍/719(2),1238,2160,2257,2363
朱士端/150,1926
朱士嘉/362(3),2384
朱士楷/458
朱世傑/676,1619
朱世綸/235
朱世全/393
朱世鏞/446
朱壽麟/1682
朱壽仁/1678,1681
朱壽田/271
朱壽延/1154
朱書/1998
朱書紳/1252
朱書田/459
朱淑真/1051,1087(2),1234,1982
朱雙雲/1286
朱順麟/403
朱思本/1214,1861,1874
朱斯煌/619
朱松/1044,1049,1085
朱嵩/179
朱太忙/732,1071,1096,1101,1377,2332(2)
朱倓/195,277
朱天鎬/1079
朱天民/1320
朱通九/641,655
朱桐仙/1297
朱維公/1376
朱維魚/2035
朱維之/199,1004(3),1251
朱偉文/474
朱文長/199,1154
朱文黼/837
朱文翰/456
朱文娟/1825
朱文洽/1101
朱文叔/890
朱文鑫/1620(2),1621,1622
朱文藻/231
朱雯/208,1458,1468,1488
朱西周/1674
朱希濟/1765
朱希祖/175,262,309(2),325,330,1004
朱晞顔/1213
朱溪/1155
朱熹/1,2(7),3,9,14,26(4),73(5),86,1045,1049,1065,1076(2),1086,1087,1220,1573,1903,1905(2),1906,1918,1923,1925,1948,1955,1967(2),1973,2008,2025,2032,2095,2099,2118(2),2124,2128,2136(2),2141,2145
朱羲農/681
朱羲冑/980,1155
朱錫/1898
朱錫恩/457
朱洗/98,538,1637,1641
朱壐/1154
朱霞天/1612
朱顯廷/430
朱湘/909,1186,1194,1486
朱襄廷/325
朱翔宇/1663
朱象賢/1594
朱孝臧/1207,1232
朱孝臧[朱祖謀]/1232
朱孝臧[祖謀]/1237(2)
朱斅春/383,1694
朱契[偰]/581
朱偰/277,370,378,380(4),399,403(2),478,619,688(2),696,699,700,709,710
朱新繁/504,616
朱新繁[佩我]/619,637
朱星元/48,992,1007
朱繡/422
朱緒曾/2239,2254(2)
朱學範/662
朱學勤/2362
朱琰/1335,1542,1600,2056,2068
朱彥俯/1499
朱一新/392,1772
朱衣點/431(2)
朱揖文/404
朱彝尊/4,1099(4),1221,1227(2),1540(2),1845,2007,2013,2055,2056,2065,2132,2165(2),2173,2176,2382
朱亦松/499,521
朱奕梁/1844,1939
朱益明/60
朱翊清/1864
朱翊新/293,344,1479
朱翌/1209,1830,1893
朱義方/1597
朱義析/690
朱翼中/2105
朱議雱/2203
朱蔭龍/87,215
朱應會/913
朱永昌/510
朱用純/1098,1489,2226
朱有燉/1269(5),1971
朱有畇/1530
朱右白/993,1155(9)
朱右曾/299(2),2183
朱愚齋/1378
朱雨尊/1493
朱玉岑/292
朱育蓮/244
朱彧/1329,1794,1986,2152
朱鈺/1055
朱毓芬/728
朱毓魁/1062,2337
朱元弼/1901,1993,2246(2)
朱元亮/1031(2)
朱元善/299,300
朱元英/2253
朱雲錦/450
朱筠/1976,2185
朱載堉/1603,1786,1860
朱在勤/1697
朱澤甫/347,1176
朱章寶/84,639,841
朱兆萃/84,94,887
朱肇洛/1247
朱貞木/1427
朱枕薪/2109
朱振新/1124,1127
朱震/9,2213
朱震亨/1647,1648,1937(2),1940(3),2066,2104,2249(3)
朱徵蘭/805
朱之赤/1542
朱之洪/449
朱之英/452
朱之瑜/2268(4)
朱之瑜[舜水]/1097
朱之倬/1289
朱執信/764,773,774
朱志泰/1247
朱智賢/871,885
朱中翰/294
朱仲/1344,1719
朱竹垞[彝尊]/993
朱竹坪/381

朱撰卿/441(2)
朱拙存/183
朱子辰/764
朱子陵/1007
朱子爽/344,633,643,652,773,803(2),834
朱子素/251
朱梓/1032
朱紫貴/1110
朱紫垣/530
朱自清/16,915,975(3),988,1022,1054(2),1154(2),1155,1179,2346
朱宗萊/926
朱祖晦/493
朱祖謀/1226,1232,1234,1237,1238,2040
朱祖文/2011
朱佐/1365,1803,1860
珠江舊史/318
珠泉居士/1369(2),1836,1837
袾宏/123(2)
諸純鑒/982
諸福坤/1116
諸葛亮/52,98(2),99,1071,1744,1920,2178
諸葛汝楫/292
諸葛羲基/1071
諸葛穎/2076
諸葛倬士/1071
諸錦/1924
諸九鼎/1538,1845,1944
諸可寶/1618,1951
諸青來/728,769
諸尚一/684
諸士儼/2226
諸宗元/1129,1560,1562
諸祖耿/262
豬谷善一/487
竹貫宜人/2390
竹添光鴻[進一郎]/17
竺法蘭/2026
竺可楨/199
祝誠/1978
祝充/1076
祝純嘏/250
祝慈壽/615
祝嘉/1034,1556,1557,1562
祝穆/2354
祝實明/998
祝世康/607
祝苕香/1111
祝桐君/1605
祝秀俠/195,289,1169,1469
祝幼珊/1111
祝淵/1871
祝允明/1092,1360,1365,1366,1574,1855,1856,1897,1991,2023,2170,2171,2189
祝肇/1853
莊昶/2254
莊綽/1338,1357,1715
莊鼎彝/297,1120
莊陔蘭/438
莊季銘/879
莊季裕/1990
莊嘉農/408
莊勁庵/1067
莊逵吉/53,2003
莊蓮佩/1825,2211
莊孟英/1528
莊啟/480
莊前鼎/902
莊慶祥/925
莊瑞源/1191,1435
莊世驥/1771
莊適/23,61,68,303(2),957,963,982,1061,1076,1106
莊受祺/87
莊綬甲/1783
莊述祖/86,1922,1927
莊嵩/201
莊廷鑨/312
莊畏仲/1659
莊文亞/2357
莊炘/1915
莊學本/172
莊炎/385
莊有可/15,20,930,932,2332
莊俞/367(2),368(2),369,378,384,876,951,1491
莊宇逵/1067
莊棫/1226
莊元臣/1905
莊蘊寬/1594
莊澤宣/384,480,501,871(2),872,881,882,883,884,885,886,895,957,960,1640
莊周/54,2081,2309
莊鑄九/1608
莊子/2122,2139
壯遊客/1370
卓從之/1240
卓定謀/1557,1560,1576
卓宏謀/416
卓君庸[定謀]/1577(2)
卓立/1001
卓獻書/1707
卓孝復/1590
卓宣謀/693
拙懶生/2381
酌元亭主人/1412
兹/1336
資耀華/693,697
子强/2335(2)
紫虹/791
紫薔/585
紫髯狂客/1012
自明/819
自由生/1514
宗白華/1487
宗華/632
宗稷辰/1109
宗喀巴大師/120
宗亮東/1609
宗亮寰/764
宗懍/379,1342,1724,2214
宗慶煦/435
宗受于/375
宗天風/1253
宗廷輔/2292,2293(7)
宗威/1030
宗惟恭/163,862
宗孝忱/1160
宗彝/104
宗誼/2232
宗幼澤/766
宗源瀚/428,1114
宗澤/1961
縱白踪/1155
鄒安/145(3),146(3),149,963
鄒柏森/168
鄒秉文/643,895
鄒炳泰/1944
鄒熾昌/947,948
鄒存淦/1651
鄒德謹/911
鄒登龍/1039
鄒登泰/1097
鄒荻帆/1151(2),1152
鄒東廓[守益]/198
鄒兑金/1279
鄒恩潤/870
鄒恩潤[韜奮]/1170
鄒方鍔/1550
鄒浩/1043,1048
鄒淮/1934,2175
鄒景陽/2354
鄒敬芳/604,697
鄒浚明/1131
鄒梁定慧/2344
鄒琳/746
鄒魯/211(2),246(3),337(3),773,784(6),874,1151,2336(4)
鄒緑芷/234
鄒慕農/790
鄒謙/35(2)
鄒仁達/1385
鄒森/1905
鄒聖脈/955
鄒式金/1279
鄒壽祺/161
鄒樞/1815,2212
鄒弢/1864,2331
鄒韜奮/480,1152(2),2336(2)
鄒韜奮[韜奮]/683
鄒維璉/2204(2)
鄒文耀/1706(2),1707
鄒興鉅/263,425
鄒旭圃/1682
鄒崖逋者[何藻翔]/1068
鄒雅/1588
鄒一桂/1539,1582,1845,1952,2067,2101
鄒漪/184,316
鄒應龍/463
鄒有梅/1060
鄒允中/438
鄒兆麟/461

鄒之麟/1364
鄒衹謨/1202,1205,1221
鄒志鶴/959
祖士衡/1714
祖珽/1751
祖秀/2179
祖植桐/438
醉紅生/1385
醉犀生/2043
醉竹居士/2051
尊我齋主人/1612
左幹臣/1436
左圭/1793(7),1794(17),1795(16),1796(17),1797(17),1798(16),1799(12)
左宏禹/757
左念恒/1125
左欽敏/1059
左丘明/22,23(5),299,300(3),1644
左權/1701
左樹夔/460
左樹珍/744
左舜生/323(2),336
左思/1016
左緯/2212
左文質/2277
左鎰/1919
左永澤/398
左宗棠/1484,1687
佐伯筤四郎/1504,1505
佐臨/1289,1294
佐藤春夫/1507(2)
佐藤富江/125
佐藤富子/207
佐藤利信/1656
佐藤清勝/389
佐野袈裟美/293
佐佐木一雄/1689
坐觀老人/322